KUDÜS

Pegasus Yayınları: 1500
Tarih: 3

KUDÜS
BİR ŞEHRİN BİYOGRAFİSİ
SIMON SEBAG MONTEFIORE
Özgün Adı: Jerusalem The Biography

Yayın Koordinatörü: Yusuf Tan
Editör: Dilek Yücel
Düzelti: Kemal Küçükgedik
Sayfa Tasarımı: Meral Gök

Baskı-Cilt: Alioğlu Matbaacılık
Sertifika No: 11946
Orta Mah. Fatin Rüştü Sok. No: 1/3-A
Bayrampaşa/İstanbul
Tel: 0212 612 95 59

1. Baskı: İstanbul, Kasım 2016
ISBN: 978-605-299-035-3

Yayıncı Sertifika No: 12177

Pegasus Yayıncılık Tic. San. Ltd. Şti.
Gümüşsuyu Mah. Osmanlı Sk. Alara Han
No: 11/9 Taksim / İSTANBUL
Tel: 0212 244 23 50 (pbx) Faks: 0212 244 23 46
www.pegasusyayinlari.com / info@pegasusyayinlari.com

SIMON SEBAG MONTEFIORE

KUDÜS

BİR ŞEHRİN BİYOGRAFİSİ

İngilizceden Çeviren:
CEM DEMİRKAN

PEGASUS YAYINLARI

"Mutlaka okunması gereken bir tarih... Bir başyapıt."

David Sexton, *Evening Standard*

"Şimdiden bir klasik – modern dinî, siyasi ve etnik sürtüşmelerini ancak üç bin yıl öncesinin şartları bağlamında anlamanın mümkün olduğu bir şehre dair sürükleyici ve insanı düşünceye sevk eden bir çalışma. Montefiore ilginç tarihî detayları canlı, hassas ve yoğun bir bakış açısıyla ele alıyor."

Tony Barber, *Financial Times*

"Kudüs'ün döneme uygun ve insanı hayrete düşüren portresi, baştan sona ilgi uyandırıcı."

Christopher Hart, *Sunday Times*

"Hayret verici derecede cüretkâr ve muhteşem, destansı bir tarih... Akıcı, gözlerini yıldızlara dikmiş ama ayakları da yere sağlam basan bir kitap... Kudüs semavi bir şehir olabilir ama en az onun kadar bu dünyanın da bir parçasıdır. Bu harikulade kitabın en büyük başarısı bu ikisini aynı biyografide bir araya getirebilmesidir."

Tom Holland, *Daily Telegraph*

"Montefiore'nin kitabı nefes kesici ve çoğu zaman tüyler ürpertici detaylarla, heyecan verici savaş, ihanet, yağma, tecavüz, katliam, işkence, fanatizm, kan davası, zulüm, yolsuzluk, ikiyüzlülük ve maneviyat hikâyeleriyle dolu... Montefiore'nin anlatımı dikkat çekici derecede objektif... Güvenilir ve ilgi uyandırıcı bir kaynak."

Antony Beevor, *Guardian*

"Sürükleyici... Bir şaheser... Montefiore detayları sezebilen harika bir romancı, insan kusurlarını sezebilen harika bir gazeteci ve geçmişi günümüze getirmek için doğru kaynakları seçmeyi bilen harika bir tarihçi olduğunu göstermiştir... Aşırı iddialı... Makul, detaycı ve hassas... Bir tarih bu şekilde yazıldığında size kesinlikle fazla gelmez."

Michael Gove, *The Times*

"*Kudüs* okuyucuyu hem tüketen hem de sarhoş eden bir hayal gücü ve enerjiyle yazılmış fevkalade başarılı bir eserdir. Çöken surlar, kırıp geçirmeler, katliamlar ve herkesin bir öncekinin üzerine bir şeyler inşa ettiği bir şehre dair sayısız tarihî vakanın bir elde toplanması... Bu kitabı okuyun."

John Cornwell, *Financial Times*

"İhtişamlı... Devasa ve büyüleyici bir destan, *On Emir, Ben Hur* ve *Roma İmparatorluğu'nun Çöküşü* gibi Hollywood filmlerinin bir dengi."

Peter Burton, *Daily Express*

"Simon Sebag Montefiore'nin Kudüs tarihi, sevginin ve akademisyenliğin bir ürünüdür. Çok ciddi bir başarıdır... Kendisi geçmişin maceralarını ve anormalliklerini yakalama konusunda ayrı bir hünere sahiptir... Sürükleyici... Akıcı, ilgi uyandırıcı, dopdolu, düşündürücü ve bilgi verici."

Barnaby Rogerson, *Independent*

"Olağanüstü... Son derece objektif, hassas bir şekilde kaleme alınmış ve eğlenceli."

Saul David, *Mail on Sunday*

"Simon Sebag Montefiore'nin Kudüs şehri biyografisi, zihin açıcı olduğu kadar insanın tüylerini de diken diken eden ve neredeyse tüm diğer meşhur kitaplardan daha çok satmış bir eser... Kutsal mekânlarda yapılan kutsal olmayan şeylere dair anlattıkları nefes kesici hikâyeler... Sürekli tartışma konusu olan bir mekânın tarihine ek olarak bu kutsal mekânı işgal eden tüm güç ve kişilerin işledikleri suçların, ebedi ikiyüzlülüklerinin ve nadir cömertliklerinin hikâyesi."

Boyd Tonkin, *Independent*

"Kudüs'ün hikâyesi insan zalimliğinin, açgözlülüğünün, nefretinin, ukalalığının, kibrinin, fanatikliğinin ve çılgınlığının herhangi bir yerin tarihinde de karşılaşabileceğimiz sayısız örneğiyle doludur. Bu kitabı baştan sona dikkatle okumanızı tavsiye ediyorum. Tek bir gereksiz sayfa bulamayacaksınız."

Charles Moore, *Daily Telegraph*

"Simon Sebag Montefiore son eserinde yeteneğini ve titizliğini öfkenin şehri Kudüs'ün hizmetine sunuyor. Bir şaheser. Büyük bir başarı... Bu konuda bilgi sahibi olan kişilere bile sanki Kudüs hakkında hiçbir şey bilmiyormuş gibi hissettirmek için anlaşılan bir Montefiore olmak gerekiyormuş. Göz kamaştırıcı bir fresk."

Christian Makarian, *L'Express*

"Harikulade. (Montefiore) bu şehirde yaşamanın nasıl bir şey ve şehrin neden herkes için bu denli önemli olduğunu hakkıyla aktarmayı başarmış... Şehre âşık oluyor ve insanlar bir türlü barışamadığı için üzülüyorsunuz... Bu bir hazine. Harika bir kitap."

Bill Clinton, *The Today Show* (NBC)

"İddialı ve çarpıcı. *Kudüs: Bir Şehrin Biyografisi* büyük bir başarı, ukalalık etmeden bilgilendirici ve detaylı arkeolojik bilgileriyle de içten... Dinlerin mücadelesini anlatması bakımından kusursuz... *Kudüs: Bir Şehrin Biyografisi* çift yönlüdür: Bir yönüyle akademik bir eser, diğer yönüyle de popüler bir tur rehberidir."

Colin Thubron, *New York Review of Books*

"Simon Sebag Montefiore'nin muhteşem Kudüs biyografisi şehrin üç bin yıllık tarihindeki tüm ihtişamı ve gelgitleri bünyesinde barındırmaktadır. Araştırma alanındaki mahareti ve esere hayat vermedeki becerisiyle hem akademisyenler hem de sıradan kişiler için nefes kesen bir çalışma ortaya koymuştur."

Henry Kissinger

"Montefiore ender rastlanan bir şahsiyet: kendisi tarihi sürükleyici romanlar gibi yazmayı başarabilen bir tarihçi. Stalin biyografisi başarılı HBO belgesellerinden farksızdı. Yeni Kudüs biyografisinin de ondan aşağı kalır yanı yok. Sebag tarihi okunur kılan şeyi bulma yönünde eşsiz bir kabiliyete sahip. İki bin yıl önce ölen kişilere tekrar hayat verip nefes almalarını mümkün kılmış. Sebag'ın psikopat tiranların zihinlerini okuma konusunda öyle bir yeteneği var ki insan keşke ABD Dışişleri Bakanlığı'nda çalışsaydı diye düşünmeden edemiyor."

Philip Kerr, *Newsweek*

"İnsanı içine çeken ve akıcı... Montefiore, detayları ve anekdotları en renkli şekilde bizlere sunmada mahir bir insan... Kitabı son derece tarafsız ve dengeli."

Jackson Diehl, *Washington Post*

"Kudüs hakkında yazılmış sayısız tarih kitabı vardır... Ama Montefiore şehrin biyografisini yazan ilk kişi olmuştur – şehrin yöneticileri ve sakinleri, kahramanları ve kötüleri, fahişeleri ve azizlerinin hayatının detaylı aktarımı. Montefiore bizi şehrin nefes kesen ve gerilim yüklü hikâyesinin içinde dolaştırırken tek bir olay ya da karakteri dahi atlamıyor."

Norman Lebrecht, *Wall Street Journal*

"Elden bırakmak imkânsız... Pek çok enfes yönü bulunan okuması keyifli bir tarih... Montefiore, detayları tespitte yetenekli ve iyi bir hikâye anlatma konusunda usta bir yazar... üç bin yılı anlatan bir kitap için bu başarılması kolay şey değildir."

Jonathan Rosen, *New York Times Book Review*

"*Kudüs: Bir Şehrin Biyografisi*, karmaşık karakterleri –krallar, rahipler, Yahudi dostu ve düşmanları– ve etkileyici anekdotlarıyla sürükleyici bir romandan farklı değil. Ayrıca bölgede günümüzde sürmekte olan çatışmayı da mercek altına alıyor."

Dan Ephron, *Newsweek and Daily Beast*

"Hâkimane... (Montefiore) Tüm hayatı boyunca bu kitabı yazmak için hazırlık yapmış ve konunun nasıl ele alınması gerektiğini çok düşünmüş. Kudüs'ün hikâyesi onu şekillendiren erkek ve kadınların hayatları üzerinden kronolojik olarak anlatılmış ve bu doğrudan yaklaşım gerçekten de işe yaramış. Bay Montefiore dinî düşmanlıklar ve siyasi entrikalara hiç bulaşmadan apolitik bir ton kullanmaya dikkat etmiş. İngilizcesi olmayan kaynakları da ekleyerek eserini daha da zenginleştirmiş... Bir yazar olan Bay Montefiore mahirane bir anlatım yeteneği ve insanın içine işleyen anekdotları seçme konusundaki farklı bir kabiliyete sahiptir... Bu detaylar *Kudüs*'ü okuması çok daha eğlenceli bir kitap haline getiriyor."

Economist

"Üç Semavi dinin dünyasına hayat veren göz kamaştırıcı bir tarih ansiklopedisi... Şaşaalı tarihî karakterleri arasında sinsi krallar ve kraliçeler, kana susamış derebeyleri ve cani imparatorlar, gözü dönmüş kâhinler ve çekici fahişeler yer almakta... Üç dinin tarihini ve menşeini öğrenmek isteyenler için ideal bir kaynak... Günümüz dünyasını şekillendiren dinlerin gücünü ve etkisini anlamak isteyenler kesinlikle bu kitabı okumalıdır... Gayet adil ve düşünceye sevk eden bir eser."

Adam LeBor, *Literary Review*

"*Kudüs* – biyografi, tarih, arkeoloji ve zekânın mükemmel bir karışımı."

Kate Mosse, *Woman & Home Magazine*

"Bu kitap önemli olduğu derecede okunabilir de bir kitap ."

Bettany Hughes, *Daily Express*

"Hayranlık verici derecede tarafsız... Canlı, etkili, anekdotlarla bezeli, çılgın, hevesli ve sıra dışı karakterlerle dolu."

Sue Arnold, *Guardian*

"Ustaca ve doğru zamanda yapılmış eğlenceli bir eser."

Victor Sebestyen, *Evening Standart*

"İddialı, siyasi açıdan cesur... Sürükleyici ve muhteşem bir tarih."

Rebecca Abrams, *New Statesman*

"Bir yetenek gösterisi."

Philip Mansel, *Spectator*

"Kudüs'ün biyografisini yazmaya kalkışmak herkesin harcı olmasa da Simon Sebag Montefiore bu sorumluluğun altına girmekten hiç çekinmemiştir. Kitap, Filistin sorununun temelini anlamak ya da Kudüs'ü ziyaret etmek isteyen herkese tavsiye edilebilir – ya da sadece güzel bir kitap okumak isteyenlere. Yazar özellikle arkeoloji konusunda çok başarılı... Taşlara can verip onlara şarkı söyletiyor. Arkeolojik bir tur için harika bir rehber kitap olabilir."

Bruce Anderson, *Prospect*

"Titizlik ve salahiyetle kaleme alınmış."

Diarmaid MacCulloch, *London Review of Books*

"Harika bir kitap."

Paul Levy, *Wall Street Journal*

"Kudüs harika bir biyografi yazarı gerektirirdi ve Montefiore de son zamanların en iyisi olduğunu ispatladı."

Seth J. Frantzman, *Jerusalem Post*

"Bu konu üzerinde yazılmış sayısız eseri düşündüğümde hiçbirinin bunun yakınına bile gelemediğini anlıyorum... Elden bırakılması mümkün olmayan bir kitap. *Kudüs: Bir Şehrin Biyografisi* ancak kanında Kudüs'ü taşıyan birisi tarafından yazılabilecek bir şaheser... Siyasi ve dinî ön yargılardan uzak bir tarih... Bu muhteşem şehir hakkında bir şeyler öğrenmek isteyen herkes tarafından okunabilecek bir kitap."

Başpiskopos Andrew White, *Third Way*

"Stalin hakkında iki eser (*Young Stalin* ve *Stalin: The Court of the Red Tsar*) yazmış olan İngiliz yazar ve tarihçinin bu kitabı inanılmaz derecede iddialı bir proje olmakla birlikte –içerdiği pek çok dipnot ve göndermeye rağmen– dramatik sahneleri, beklenmedik gelişmeleri ve canlı insan portreleriyle bir cinayet romanı kadar da sürükleyici."

Tygodnik Powszechny, *Polish Catholic Weekly*

"Simon Sebag Montefiore, 'Kudüs'ün tarihi dünyanın tarihidir,' diyor çünkü bu şehir dünyanın merkezi olma özelliğini hiç kaybetmemiştir. Şehrin hikâyesini inanılmaz bir cazibe ve zekâyla aktarmaktadır. Kesinlikle okunması gereken bir kitap."

Tomasz Bielecki, *Gazeta Wyborcza*

"Simon Sebag Montefiore'nin eseri *Kudüs: Bir Şehrin Biyografisi* – tuhaf bir yol seçip sondan başa doğru okuyorum!"

David Cameron, *Spectator*

"*Kudüs: Bir Şehrin Biyografisi*, yılın en nefes kesici ve iddialı kitaplarından biri. Dünyanın en muhteşem şehri, Montefiore'nin şahsında en kusursuz biyografi yazarına kavuşmuş. Şehir sadece savaşlarla değil onu inşa eden insanlarla da anlatılmış. Manevi, yıkıcı ve destansı, son sayfasına kadar elinizden bırakamayacağınız bir öykü."

Dan Jones, *Daily Telegraph*

"Capcanlı bir hikâye... Adil ve heyecan verici, Montefiore her dinî geleneğe eşit mesafede durarak en iyi popüler tarihçilerden biri olma unvanını hak ettiğini gösteriyor."

Dominic Sandbrook, *Sunday Times*

"Şehrin görkemli biyografisi. Akıcı ve eğlenceli olduğu kadar taş ve topraktan oluşan şehrin ötesindeki semavi Kudüs'ü görmek isteyenler için de ideal bir kaynak."

Tom Holland, *Guardian*

"Süper."

Lesley Chamberlain, *New Statesman*

"Cinayetin ve dinin tarihi beni tümüyle kendisine bağladı."

Frances Osborne, *Evening Standard*

"Kapsamlı, Gibbon tarzı eğlenceli dipnotlarıyla dinamik bir tarih."

Hermione Eyre, *Evening Standard*

Yazar Hakkında

1965 doğumlu Simon Sebag Montefiore, Cambridge Üniversitesi, Gonville & Caius College'da tarih eğitimi almıştır. *Catherine the Great & Potemkin* ile Samuel Johnson, Duff Cooper ve Marsh biyografi ödüllerine layık görülmüştür. *Stalin: Kızıl Çar'ın Sarayı* İngiliz Kitap ödüllerinde Yılın Tarih Kitabı Ödülü'nü kazanmıştır. *Genç Stalin*, Costa Biyografi ödüllerini (İngiltere), *LA Times* Biyografi Kitabı Ödülü'nü (ABD), Le Grand Prix de la Biographie Politique (Fransa) ve Kreisky Siyasi Edebiyat Ödülü'nü (Avusturya) kazanmıştır. Montefiore'nin kitabı 35'ten fazla dile çevrilmiştir. Ayrıca *Saşenka* romanının da yazarıdır. Kraliyet Edebiyat Cemiyeti'nin bir üyesi olarak Buckingham Üniversitesi Beşerî Bilimler Araştırma Enstitüsü ziyaretçi profesörü olarak görevlendirilmiştir. Ayrıca BBC'deki *Jerusalem: The Making of a Holy City* adlı programı hazırlayan ve sunan kişi de kendisidir. Londra'da, yazar eşi Santa Montefiore ve iki çocuğuyla birlikte yaşamaktadır. Daha fazla bilgi almak ya da yazarla temasa geçebilmek için www.Simonsebag-montefiore.com sitesini ziyaret edebilirsiniz.

Sevgili kızım Lily Bathsheba'ya

"Kudüs'ün görüntüsü bizzat dünya tarihinin kendisidir; hatta daha fazlasıdır; göklerin ve yerin tarihidir."

Benjamin Disraeli, *Tancred*

"Şehir tahrip edildi, tekrar inşa edildi, tekrar tahrip edilip tekrar yapıldı. Kudüs ölene kadar bir âşıktan diğerine koşan bir nemfomanyak gibidir, eşini bir yandan yutarken diğer yandan hâlâ ilişkiye girmeye devam eden bir karaduldan farksızdır."

Amos Oz, *A Tale of Love and Darkness*

"İsrail ülkesi dünyanın merkezidir; Kudüs bu ülkenin merkezidir; Tapınak ise Kudüs'ün merkezinde bulunur; Kutsalların Kutsalı, Tapınak Dağı'nın merkezidir; Ahit Sandığı, Kutsalların Kutsalı'nın merkezidir ve Temel Taşı da Ahit Sandığı'ndan önce kurulmuş dünyanın bir parçasıdır."

Midraş Tanhuma, *Kedoşim 10*

"Dünyanın sığınağı Suriye, Suriye'nin sığınağı Filistin'dir. Filistin'in sığınağı Kudüs, Kudüs'ün sığınağı Tapınak Dağı'dır; Tapınak Dağı'nın sığınağı ibadet yeri, ibadet yerinin sığınağı da Kubbetüs Sahra'dır."

Thaur Bin Yezid, *Fezâil*

"Kudüs şehirlerin en meşhurudur. Yine de bazı dezavantajlara sahiptir. Bu yüzden Kudüs'ün 'içi akrep dolu altın bir kadeh' olduğu söylenir."

Mukaddasi, Filistin de dâhil olmak üzere Suriye'nin tasviri

İÇİNDEKİLER

BÖLÜM İKİ: PAGANİZM

ÜÇÜNCÜ BÖLÜM: HRİSTİYANLIK

DÖRDÜNCÜ BÖLÜM: İSLAM

BEŞİNCİ BÖLÜM: HAÇLI SEFERLERİ

BÖLÜM ALTI: MEMLÛKLER

BÖLÜM YEDİ: OSMANLILAR

BÖLÜM SEKİZ: İMPARATORLUK

BÖLÜM DOKUZ: SİYONİZM

AİLE AĞAÇLARI

HARİTALAR

Önsöz

Kudüs'ün tarihi dünyanın tarihidir ama aynı zamanda Yahudiye tepeleri arasında bulunan mağrur bir vilayetin de geçmişidir. Kudüs, zamanında dünyanın merkezi olarak kabul edilirdi ve günümüzde bunun doğru olduğunu her zamankinden daha açık şekilde görmekteyiz: Şehir semavi dinler arasındaki mücadelelerin merkezinde yer alır, Hristiyan, Yahudi ve Müslüman köktendincilerin gözünde kıymeti her geçen gün artmaktadır, medeniyetler çatışmasının stratejik savaş alanıdır, ateizm ve inanç arasındaki cephe hattıdır, seküler ilginin odak noktasıdır, komplo teorileri ile internet efsanelerinin başlıca konusudur ve haberlerin yirmi dört saat yayınlandığı bir dünyada tüm kameraların ilgi odağıdır. Dinî, siyasi ilgi ve medyanın ilgisi birbirini besleyerek Kudüs'ü dünya üzerinde en çok didiklenen bölge haline getirmiştir.

Kudüs, Kutsal Şehir'dir ama bir yandan da her zaman hurafelerin, şarlatanların ve yobazlığın yuvası olmuştur; hiçbir stratejik önemi olmadığı halde tüm imparatorlukların arzusudur; pek çok mezhebin kozmopolit anavatanıdır ve bu mezheplerin tümü de şehrin sadece kendilerine ait olduklarına inanmaktadırlar. Kudüs pek çok adı olan bir şehirdir – yine de her gelenek o kadar mezhepçidir ki diğerlerinin kullandığı isimleri kabul etmez. Burası öyle zarif bir mekândır ki Yahudi edebiyatında hep dişi olarak zikredilir – arzulu ve yaşayan bir kadın, her zaman güzel, kimi zaman arsız bir orospu, kimi zamansa âşıkları tarafından unutulmuş yaralı bir prenses. Kudüs, Tek Tanrı'nın evidir, iki halkın başkentidir, üç dinin kutsal mekânıdır ve iki âlemde birden var olan tek şehirdir – cennette ve dünyada: Yeryüzündeki emsalsiz zarafeti, semadaki azametinin yanında hiç kalmaktadır. Kudüs'ün hem dünyevi hem de semavi oluşu şehrin her yerde var olabileceğinin göstergesidir: Dünyanın dört bir yanında yeni Kudüsler kurulmuş ve herkes kendi görüşüne göre Kudüs'e hayat vermiştir. Bu topraklar üzerinde İbrahim'in, Davud'un, İsa'nın ve Muhammed'in yürüdüğü söylenmiştir. Semavi dinler burada doğmuştur ve Mahşer'de dünya yine burada sona erecektir. Ehli Kitap gözünde mukaddes olan Kudüs aynı zamanda Kitabı Mukaddes'in de şehridir: Kitabı Mukaddes pek çok açıdan Kudüs'ün tarihidir ve Yahudilerden ilk Hristiyanlara, Müslüman fatihlerden Haçlılara ve günümüzde Amerikan Evanjelistlere kadar pek çok grup Kitabı Mukaddes kehanetlerini yerine getirebilmek için şehrin tarihini değiştirip durmuşlardır.

Kitabı Mukaddes önce Yunancaya, ardından da Latince ve İngilizceye çevrildiğinde evrensel bir kitap haline gelip Kudüs'ü de evrensel bir şehir haline getirmiştir. Her büyük kral bir Davud, her özel halk bir Ben-i İsrail ve her asil medeniyet yeni bir Kudüs, kimseye ait olmayan ama herkesin rüyalarını süsleyen şehir haline geldi. Bu durum şehrin trajedisi kadar büyüsünün de kaynağı olmuştu: Kudüs hayalleri kuran İsa'nın havarilerinden Selahaddin'in askerlerine kadar tüm ziyaretçiler, Viktorya dönemi hacılarından günümüzdeki turist ve gazetecilere kadar herkes otantik bir Kudüs görmek hayaliyle gelmiş ve gördükleri karşısında büyük hüsrana uğramışlardır: durmadan büyüyüp küçülen ve defalarca yıkılıp yeniden yapılmış bir şehir. Ama Kudüs herkesin mülkü olduğundan onlar da ancak kendi hayallerinin doğru olduğu konusunda ısrarcı olmuşlardı; lekeli ve sentetik gerçeklik mutlaka değiştirilmeliydi; herkesin kendi zihnindeki "Kudüs'ü" Kudüs'e dikte ettirme hakkı vardı – ve kılıç ve ateşle bunu pek çok kez yaptılar.

Kitabında zikrettiği hadiselerin kiminin iştirakçisi kiminin de kaynağı olan on dördüncü yüzyıl tarihçisi İbni Haldun şöyle demişti: "Tarih herkesin peşinde olduğu bir şeydir. Sokaktaki insanlar onu bilmek ister. Krallar ve liderler ise onunla rekabet ederler." Bu bilhassa Kudüs için geçerlidir. Kudüs'ün dünya tarihinin dayanak noktası ve hatta omurgası olduğunu bilmeden tarih yazmak mümkün değildir. Hem eğri kılıcın hem de *mouse*'un köktendincilerin elinde etkili silahlara dönüşebildiği internet efsaneleri çağında tarihî gerçeklere erişme ihtiyacı İbni Haldun'un döneminde olduğundan çok daha büyük bir önem arz etmektedir.

Kudüs tarihi aynı zamanda kutsalın doğasının incelenmesi de olmalıdır. "Kutsal Şehir" tabiri onun sahip olduğu ibadethanelere hürmet etmek için kullanılır ama aslında Kudüs'e insan ile Tanrı'nın iletişim kurduğu yer olduğu için böyle denilmiştir.

Ayrıca bir soruya daha cevap vermek zorundayız: Dünyada bu kadar yer varken neden Kudüs? Akdeniz'deki ticaret yollarından uzaktadır, suyu kıttır, yaz güneşinin altında kavrulur, kışın buz gibi rüzgârlarla süpürülür, sivri kayalıkları rahatsız edicidir ve iskâna izin vermez. Diğer taraftan, Kudüs'ün, tapınak şehri olarak seçilmesi bir açıdan tayin edici ve şahsi, bir açıdan da organik ve devrimseldir: Çok uzun zamandan beri kutsal olduğundan kutsiyeti katlanarak artmaya devam etmiştir. Kutsallık sadece maneviyat ve inancı değil, meşruiyet ve geleneği de gerektirir. Yeni bir görüş ileri süren radikal bir dinî lider kendisinden önceki asırları açıklamak ve kendi vahyini kutsallığın kabul görmüş lisanı ile coğrafyası dâhilinde meşrulaştırmak zorundadır – kendinden önceki vahiylerde yer alan kehanetler ve uzun zamandan beridir hürmet edilen mekânlar. Bir yeri, diğer bir dinin rekabeti kadar kutsal yapan başka bir şey yoktur.

Pek çok ateist ziyaretçi bu kutsiyet tarafından püskürtülmüş ve bunu sadece kendini haklı gören yobazlık salgınından muzdarip bir şehrin neden olduğu bulaşıcı hurafeler olarak kabul etmişlerdir. Fakat bu, o olmadan Kudüs'ü anlamayı imkânsız hale getiren, insanların dine duydukları temel ihtiyacı reddetmektir. Dinler insanda merak uyandıran ve onları korkutan kırılgan neşeler ile daimî endişeleri açıklamak zorundadırlar: Bizlerin kendimizden daha kudretli bir gücün varlığını hissetmeye ihtiyacımız var. Ölüme saygı duyar ve ona bir mana yüklemek için çırpınırız. Tanrı ile insanın buluşma noktası olan Kudüs, bu soruların Kıyamet'te –İsa ve Deccal arasında bir savaş vuku bulduğunda, Kâbe Mekke'den Kudüs'e taşındığında, mizan kurulduğunda, ölüler dirildiğinde ve Mesih'in idaresindeki, Tanrı'nın Krallığı olan Yeni Kudüs kurulduğunda– cevap bulacağı mekândır. Üç semavi din de Kıyamet'e inanmaktadır ama detayları dinlere ve mezheplere göre farklılık sergilemektedir. Sekülerler tüm bu fikirleri geçmiş zamanın zırvaları olarak görse de tam aksine bu fikirler fazlasıyla günümüze aittiler. Yahudi, Hristiyan ve İslam köktendinciliğinin hüküm sürdüğü bir dönemde Kıyamet, dünyanın hummalı siyasetinin dinamik bir gücü olarak kalmaya devam etmektedir.

Ölüm bizi yalnız bırakmayan bir arkadaştır: Hacılar asırlardır Kudüs'e gelmiş ve Mahşer'de tekrar dirilmeye hazır olarak Tapınak Dağı civarına defnedilmişlerdir, gelmeye de devam edeceklerdir. Şehir, kabristanların üzerine kurulmuş ve onlarla çevrelenmiştir; kadim zamanların azizlerinin vücut parçalarına hürmet edilir – Mecdelli Meryem'in kurumuş eli hâlâ Kutsal Kabir Kilisesi'ndeki Yunan Ortodoks Şeref Salonu'nda sergilenmektedir. Pek çok kutsal mekân ve hatta pek çok ev, mezarların etrafına inşa edilmiştir. Bu ölüler şehrinin karanlığı bir tür nekrofiliden olduğu kadar nekromansiden de kaynaklanmaktadır: Burada ölüler sanki hep dirilmeyi bekler gibidirler. Kudüs için verilen sonu gelmez mücadele –katliamlar, kargaşalar, savaşlar, terör, kuşatmalar ve felaketler– burayı bir savaş alanına ve Aldous Huxley'nin tabiriyle "dinlerin mezbahasına," Flaubert'in ifadesiyle "ölü kemiklerinin saklandığı bir eve" çevirmiştir. Melville bu şehre, "ölüler ordusu tarafından kuşatılmış bir kurukafa" demiştir; Edward Said ise babasının Kudüs'ten "kendisine ölümü hatırlattığı için nefret ettiğini" söylemiştir.

Göklerin ve yerin sığınağı her zaman olumlu yönde evrim geçirmemiştir. Dinler karizmatik bir peygambere malum olan bir kıvılcımla başlarlar – Musa, İsa, Muhammed. Bir derebeyinin şansı ve enerjisiyle de imparatorluklar kurulur ve şehirler fethedilirler. Kral Davud'dan beri bireylerin aldığı kararlar Kudüs'ü Kudüs yapmıştır.

Tabii o tarihlerde kimse Davud'un küçük hisarının dünyanın ilgi odağı olacağını bilemezdi. İlginçtir ki Kudüs'e kutsallığını kazandıran onun Nebukadnezar tarafından tahrip edilmesi olmuştur çünkü bu felaket Yahudilerin Siyon'un ihtişamını kaydedip yüceltmeye başlamasına neden olmuştur. Bu tür felaketler genelde halkların ortadan kalkmasına neden olurlar. Fakat Yahudilerin hayatta kalmayı başarması, Tanrı'ya olan sadakatleri ve hepsinden önemlisi tarihi kendi bakış açılarına göre Kitabı Mukaddes'te bir araya getirmeleri Kudüs'ün şöhret ve mukaddesatının temellerini atmıştır. Kitabı Mukaddes, Yahudi devleti ve Tapınak'ın yerini almış ve Heinrich Heine'ın da dediği gibi, "Yahudilerin seyyar anavatanı, seyyar Kudüs"ü haline gelmiştir. Başka hiçbir şehrin kitabı yoktur ve başka hiçbir kitap da bir şehrin kaderine bu denli bağlı değildir.

Şehrin kutsallığı Yahudilerin Seçilmiş Halk olarak sahip oldukları istisnacılıkla daha da artmıştır. Kudüs, Seçilmiş Şehir ve Filistin de Seçilmiş Ülke haline gelmiş ve bu ayrıcalık Hristiyan ve Müslümanlar tarafından da miras alınmıştır. Kudüs ve İsrail ülkesinin kutsiyeti, Yahudilerin İsrail'e dönmesinin şart olduğu yönündeki dinî saplantı ve onun seküler karşılığı olan Batılıların Siyonizm sevdasında, on altıncı yüzyılda Avrupa'daki Reform hareketleri ile 1970 tarihleri arasında kendisini göstermiştir. O tarihten itibaren kayıp Kutsal Şehirleri Kudüs'e dair trajik hikâyeleriyle Filistinliler, İsrail algısını tümden değiştirmişlerdir. Bu yüzden Batı'nın evrensel sahiplik algısı –iki ucu keskin bir bıçak gibi– çift taraflı çalışır hale gelmiştir. Günümüzde ise bu, Kudüs'te ve İsrail-Filistin çatışmasında dünyanın herhangi bir yerinde olduğundan çok daha yoğun ve duygusal şekilde yaşanmaktadır.

Yine de hiçbir şey göründüğü kadar basit değildir. Tarih genelde ezici değişimler ve şiddetli tersine dönüşler şeklinde gösterilir ama ben Kudüs'ün bir devamlılık ve bir arada yaşama şehri olduğunu göstermek istiyorum; farklı dinî efsanelere ya da sonraki zamanların milliyetçi hikâyelerine dâhil olmayan melez bir halkın, melez binalarından oluşan, melez bir metropol. O yüzden mümkün olan her noktada tarihi, aileler üzerinden anlatmaya çalıştım – Davudlar, Makkabiler ve Hirodesler, Emeviler ve Baudouin ve Selahaddin hanedanları, Hüseyniler, Halidiler, Spaffordlar, Rothschildler ve Montefioreler. Bu yaklaşım, geleneksel tarihin mezhepçi hikâyeleri ve köksüz vakalarına meydan okuyan hayatın organik yapısını gözler önüne serecektir. Kudüs'te sadece iki taraf değil iç içe ve üst üste geçmiş kültürler ve kademeli bağlılıklar bulunmaktadır – Arap Ortodoks, Arap Müslüman, Sefaradlar, Aşkenaziler, Haredi Yahudiler, seküler Yahudiler, Ortodoks Ermeniler, Gürcüler, Sırplar, Ruslar, Kıptiler, Protestanlar, Habeşiler, Latinler ve diğerlerinden oluşan çok yüzlü ve şekil değiştiren bir kaleydoskop. Tek bir birey genelde farklı kimliklere farklı bağlılıklar geliştirmiş ve Kudüs'ün taş ile topraktan oluşan katmanlarının insani türevleri haline gelmiştir.

Aslında şehrin bağlantıları gelişip büyüse de yine de her zaman dönüşüm halinde olmamıştır, tıpkı kökleri hep aynı yerde olan bir çiçeğin şekil, hacim ve hatta renk değiştirmesi gibi. Haber kanallarında görmeye başladığımız "üç din için de kutsal olan şehir" diye başlayan medyatik Kudüs ise yeni bir olgudur. Kudüs'ün dinî ve siyasi önemini kaybettiği pek çok asır bulunmaktadır. Çoğu durumda dinî bağlılığı körükleyen inanç değil de siyasi zorunluluklar olmuştu.

Kudüs ne zaman uzak ve unutulmuş olarak görülse, uzak topraklarda yaşayan kişiler –Mekke, Moskova ya da Massachusetts– kendi inançları ile onun arasında bir bağ kurarak onu tekrar ön plana çıkarmışlardır. Tüm şehirler yabancı zihinler için bir penceredir ama bu şehir aynı zamanda kendi iç yaşantısını dışarıdaki dünyaya da yansıtan çift taraflı bir ayna gibidir. İster inanç ister imparatorluk inşası isterse Evanjelist görüşler ya da seküler milliyetçilik olsun Kudüs hep bir simge ve ödül olmuştur. Ama tıpkı sirklerdeki aynalar gibi bunda da yansımalar bozuk ve çoğu zamanda korkutucudur.

Kudüs fatihler ve ziyaretçiler için hem eziyet verici hem de hüsrana uğratıcı bir yer olmuştur. Gerçek ile semavi şehir arasındaki fark öylesine ezicidir ki her yıl merak, hüsran ve hezeyanlar yüzünden, Kudüs Sendromu'na yakalanan yüz kadar hasta şehrin akıl hastanesine yatırılmaktadır. Ama Kudüs Sendromu'nun siyasi bir yönü de vardır: Kudüs mantığa, siyaset ve stratejiye meydan okur, açgözlü hırsların ve gem vurulamaz duyguların âleminde yaşar ve akılla kavranması imkânsızdır.

Gerçek ve hâkimiyet için verilen bu mücadele bile bir şekilde şehrin mukaddesatını artırmaktan başka bir işe yaramamaktadır. Elinde tutan ne kadar hırslı olursa, rekabet de o kadar büyük ve tepki de o kadar derin olmaktadır. Burada beklenmeyen sonuçların kanunları hüküm sürer.

Başka hiçbir yer böylesine yegâne sahiplik duygusu uyandırmaz. Ama Kudüs'ün mabetleri ve onlara dair hikâyeler çoğunlukla ödünç alınma ya da çalıntı olup bunların bir önceki dine ait olması bu dinî tutkuyu ironik hale getirir. Şehrin geçmişi büyük ölçüde hayal ürünüdür. Hemen her taşı çoktan unutulmuş bir başka inancın tapınağı ya da bir başka imparatorluğun anıtına aittir. Hepsi olmasa da fatihlerin çoğu kendi gelenek, hikâye ve mekânlarını korurken diğerlerini silmek gibi bir dürtüye kapılmışlardır. Nice yıkım yaşanmış olsa da fatihler genelde kendilerinden öncekileri yıkmak yerine yeniden kullanıp ona bir şeyler eklemişlerdir. Tapınak Dağı, Hisar, Davud'un Şehri, Siyon Dağı, Kutsal Kabir Kilisesi gibi önemli mekânlar tarihin farklı katmanları olmak yerine sürekli silinip tekrar yazılan bir parşömen gibidir, öylesine iç içe geçmişlerdirki onları birbirinden ayırmak imkânsızdır.

Diğerlerinin bulaşıcı kutsallığını sahiplenme rekabeti sonucunda bazı mekânlar önce sırasıyla, günümüzde de aynı anda üç din için de kutsal hale gelmişlerdir; krallar emir vermiş ve insanlar onlar için ölmüştür – ve pek çoğu artık tamamen unutulmuştur: Siyon Dağı için bir zamanlar Yahudi, Müslüman ve Hristiyanlar çılgınca bir rekabetin içine girmişlerdi ama artık Müslüman ve Yahudi hacı sayısı azalmış ve dağ büyük ölçüde Hristiyanlar tarafından sahiplenilmiştir.

Kudüs'te, hakikat genelde mitler kadar önemli değildir. "Kudüs'te bana gerçeklerden oluşan tarihi sorma," demişti önde gelen Filistinli tarihçi Dr. Nazmi al-Jubeh. "Masalları çıkarırsak geriye hiçbir şey kalmaz." Tarih burada çok etkili olması nedeniyle sürekli olarak tahrif edilmiştir: Arkeoloji bizzat tarihsel bir güçtür ve arkeologlar kimi zaman, doğru geçmişi bugüne getirerek, bir asker kadar güçlü olabileceklerini göstermişlerdir. Objektif ve bilimsel olmayı hedefleyen bir disiplin dinî-etnik önyargıları açıklamak ya da emperyal hırsları meşru göstermek için kullanılabilir. İsraillier, Filistinliler ve on dokuzuncu yüzyılın Evanjelist emperyalistleri aynı olayları ele alıp hepsinden birbiriyle çelişen doğrular ve manalar çıkarma suçunu işlemişlerdir. O yüzden Kudüs tarihi hem hakikatin hem de mitin tarihi olmak zorundadır. Ama hakikatler vardır ve bu kitabın amacı da onları anlatmaktır fakat bunlar bir taraf için kabul edilebilir olurken diğer taraf için nahoş olabilir.

Amacım Kudüs tarihini günümüzün karışık ortamında bile hiçbir siyasi hesap gözetmeden, ister ateist ister inançlı, Hristiyan, Müslüman ya da Yahudi olsun, herkese hitap edecek şekilde yazabilmektir.

Hikâyeyi kronolojik olarak, Kudüs'ü oluşturan erkeklerin, kadınların –askerler ve peygamberler, şairler ve krallar, köylüler ve müzisyenler– ve ailelerin hayatı üzerinden anlattım. Bence şehre hayat vermenin ve bu tarihin ürünlerinin ne kadar karmaşık ve beklenmedik doğrular olduğunu göstermenin en iyi yolu budur. Bu ancak geçmişi günümüzün takıntılarıyla görmekten olabildiğince uzak durarak kronolojik anlatımla mümkün olabilir. Teleolojiden –tarihi, her olay kaçınılmazmış gibi yazmak– mümkün olduğunca uzak durmaya çalıştım. Her değişim kendinden öncekine bir tepki olduğu için bu evrime anlam vermenin, neden Kudüs sorusunu cevaplamanın ve insanların neden bu şekilde davrandığını gösterebilmenin en doğru yolu kronolojidir. Umarım bu aynı zamanda en eğlenceli anlatım yolu olmuştur. Ben kim oluyorumki anlatılmış en harika hikâyeyi berbat etmeye kalkayım? Kudüs hakkında yazılmış binlerce kitap arasında sadece birkaç öyküsel tarih bulunmaktadır. Dört çağ –Davud, İsa, Haçlılar ve Arap-İsrail çatışması–

Kitabı Mukaddes, filmler, romanlar ve haberler sayesinde insanlara aşinadır ama çoğunlukla yanlış bilinirler. Geri kalan dönemlere gelince, unutulmuş olan bu tarihle yeni okuyucuları tanıştırmak istedim.

Bu, dünyanın merkezi olan Kudüs'ün hikâyesidir ama amacı Kudüs'ün her yönünü anlatan bir ansiklopedi ya da şehirdeki her kemeri ya da binayı anlatan bir rehber görevini üstlenmek değildir. Bu, Ortodoksların, Latinlerin ya da Ermenilerin, Hanefi ya da Şafi mezheplerinin, Hasidik ya da Karaim Yahudilerinin tarihi değildir ve tek bir bakış açısından anlatılmamıştır. Müslüman Memlûklardan İngiliz mandasına kadar olan dönemde şehirde yaşamın nasıl olduğu ihmal edilmiştir. Kudüs aileleri Filistin konusunda tecrübeli akademisyenler tarafından ele alınsa da popüler tarihçiler nadiren ilgilenmişlerdir. Onların hikâyeleri her zaman için son derece önemli olmuştur: Bazı temel kaynaklar henüz İngilizceye çevrilmemişti ama onları çevirtip hikâyelerini öğrenmek için o ailelerin üyeleriyle bizzat görüştüm. Ama onlar mozaiğin sadece bir parçasıdır. Bu kitap ne bir Yahudilik, Hristiyanlık ya da İslam hikâyesidir ne de Kudüs'te Tanrı'nın doğasının ne olduğu üzerine bir çalışmadır: Tüm bunlar başkaları tarafından gayet ustaca yapılmıştır – en son örneklerden biri Karen Armstrong'un muhteşem *Jerusalem: One City, Three Faiths* adlı eseridir. Bu kitap İsrail-Filistin çatışmasının incelenmesi de değildir: Günümüzde bu kadar çok araştırılmış bir konu daha bulmak zordur. Benim asıl hedefim bunların tümünü bir çatı altında toplayabilmektir.

Amacım hangi inancın daha doğru olduğuna karar vermeye kalkışmak değil, gerçeklerin peşinden koşmaktır. Üç büyük dinin kutsal mekânlarının ya da kitaplarının doğru ya da yanlış olduklarını söyleyecek yetkiye sahip olduğumu iddia etmiyorum. Kitabı Mukaddes ya da Kudüs konusunda çalışmış herkes gerçeğin farklı seviyeleri olduğunu bilir. Diğer dinlerin ve çağların inançları bize tuhaf gelirken kendi çağımız ve yöremizde mevcut olan âdetler bize son derece makûl görünebilirler. Seküler mantık ve sağduyunun zirve yaptığı kabul edilen yirmi birinci yüzyılın bile ileride torunlarımıza tuhaf gelecek kendine has bir düşünce tarzı ve dinî taassupları bulunmaktadır. Ama dinlerin ve mucizelerin Kudüs üzerindeki etkisi inkâr edilemeyecek kadar gerçektir ve dinleri ciddiye almadan Kudüs'ü tanımak imkânsızdır.

Kudüs tarihinin nice asrı çok az bilinir ve hemen her şey birbirine tezat teşkil etmektedir. Kudüs söz konusu olduğunda akademik ve arkeolojik tartışmalar aşırı hararetli, hatta kimi zaman yıkıcı olmakta ve isyan ve çatışmalara bile yol açabilmektedir. Son yarım asırdaki olaylar öyle çelişkilidir ki hepsinin pek çok türevine denk gelmek mümkündür.

Erken dönemde tarihçiler, arkeologlar ve menfaati olan herkes eldeki az sayıdaki kaynağı mümkün olan her teoriye uygun olacak şekilde eğip bükerek şekillendirdi ve daha sonra kendilerinden emin bir şekilde kesin gerçeğe ulaştıklarını iddia ettiler. Tüm durumlarda asıl kaynakları ve mevcut tüm teorileri inceledikten sonra bir sonuca vardım. Bana kalırsa bu kitapta en çok kullanılan cümleler, "belki", "muhtemelen", "mümkün" ya da "olası" olurdu. Bu yüzden gereken her yerde bu kelimeleri kullanmadım ama okuyucudan her cümlenin ardında hiç durmadan değişen koca bir literatürün yattığını anlamasını isterim. Her bölüm uzman bir akademisyen tarafından kontrol edilip okunmuştur. Günümüzün en saygın profesörlerinden böyle bir yardım alabildiğim için kendimi çok şanslı sayıyorum.

En tehlikeli tartışma konularından birisi de siyasi sonuçları doğrudan günümüzü ilgilendiren Kral Davud meselesidir. En bilimsel ortamlarda bile bu tartışma, belki İsa'nın ya da Muhammed'in mizacı konuları haricinde, hiçbir konuda görülmediği kadar çekişme ve mücadeleye neden olmaktadır. Davud'un hikâyesinin kaynağı Kitabı Mukaddes'tir. Tarihsel varlığı da uzun zaman önce kabul edilmiştir. On dokuzuncu yüzyılda kutsal topraklarla ilgilenen Hristiyan emperyalistler Davud'un Kudüs'ünü bulma yolunda arkeolojik bir hevese kapılmışlardı. Bu araştırmanın Hristiyan niteliği 1948'de İsrail devletinin kurulmasıyla yön değiştirdi ve Davud'un, Yahudi Kudüs'ün kurucusu konumu nedeniyle dinî ve siyasi bir ehemmiyet kazandı. Onuncu yüzyıla dair delil eksikliği nedeniyle revizyonist İsrailli tarihçiler Davud'un şehrinin boyutlarını küçülttüler. Hatta bazıları gerçekten böyle birinin yaşayıp yaşamadığını bile sorgulayarak Yahudi gelenekçileri kızdırıp Filistinli siyasetçileri sevindirdiler çünkü bu ifade Yahudi iddialarını zayıflatıyordu. Ama 1993 yılında Tel Dan dikilitaşının keşfi Kral Davud'un varlığını ispatladı. Tarih kitabı olarak yazılmamış olsa da Kitabı Mukaddes hikâyeyi anlatmak için kullandığım tarihî bir kaynaktır. Davud'un şehrinin boyutları ve Kitabı Mukaddes'in güvenilirliği metinde tartışılmıştır ve şehre dair bugünkü tartışma için de Sonsöz'e bakabilirsiniz.

Daha ileriki tarihlerde Edward Said'in *Şarkiyatçılık* eserinin gölgesini hissetmeden on dokuzuncu yüzyıl hakkında yazmak imkânsız hale geldi. Kudüs doğumlu Filistinli bir Hristiyan, New York, Columbia Üniversitesi'nde edebiyat profesörü ve Filistin milliyetçiliğinin dünyasında orijinal bir siyasi ses olan Said, "Arap ve İslam halklarına ve kültürlerine yönelik sinsi ve ısrarcı Avrupa merkezli ön yargının," özellikle Chateaubriand, Melville ve Twain gibi on dokuzuncu yüzyıl seyyahları arasında, Arap kültürünü zayıflatıp emperyalizmi meşrulaştırdığını söylemiştir. Ama Said'in bu eseri, onun takipçilerinin bu Batılı yabancıları tarihten silmeleriyle sonuçlanmıştır: Bu saçmalıktır. Bu ziyaretçilerin Arap ve Yahudi Kudüsü'ndeki gerçek hayata dair çok az şey anladıkları doğrudur ve bu nedenle yukarıda da izah ettiğim gibi yerel halkın yaşantısını gösterebilmek için çok çaba harcadım. Ama bu kitap bir polemik değildir ve bir Kudüs tarihçisi Kudüs'e yönelik romantik-emperyalist Batı etkisini de göstermek zorundadır çünkü Orta Doğu'nun Büyük Devletler için neden önemli olduğunu ancak bu şekilde anlamak mümkündür.

Ayrıca seküler ve Evanjelist İngiliz Siyonizm taraftarlığını da Pelmerston'dan Shaftesbury'e, Lloyd George'a, Balfour, Churchill ve arkadaşları Weizmann'a kadar, aynı basit nedenle açıklamaya çalıştım çünkü bu, on dokuzuncu ve yirminci yüzyılda Kudüs ve Filistin'in kaderini değiştiren en önemli etken olmuştur.

Kitabın ana bölümünü 1967'de sonlandırdım çünkü günümüzdeki mevcut durumu oluşturan Altı Gün Harbi'dir ve tayin edici bir dönüm noktası olmuştur. Sonsöz'de konu günümüze bağlanmakta ve üç kutsal mekânın tipik bir sabahının detaylı tasviriyle noktalanmaktadır. Eğer günümüzü de anlatmaya devam edecek olsam kitabın belli bir bitiş noktası olmayacak ve havada kalacaktı. O yüzden ben Kudüs'ün neden hem barış görüşmelerinin özü hem de önündeki en büyük engel olduğunu göstermek istedim.

Bu eser, eski ve modern birinci kaynakların, uzmanların, profesörlerin, arkeologların, ailelerin, devlet adamlarının ifadelerini, Kudüs'e, mabetlere ve arkeolojik kazı alanlarına yapılan sayısız ziyareti esas alan bir sentezdir. Bazı yeni ve nadir kaynaklara erişmek gibi bir şansım oldu. Bu eser sayesinde üç heyecan yaşadım: Kudüs'te çok zaman geçirdim; Usame bin Munkid, İbni Haldun, Evliya Çelebi ve Vasıf Cevheriye'den Surlu William, Josephus ve T. E. Lawrence'a kadar nice yazarın muhteşem eserlerini okudum; üçüncü olarak da bu siyasi krizin ortasında bile Kudüs'teki tüm gruplardan büyük yardım ve dostluk gördüm – Filistinliler, İsrailliler ve Ermeniler, Müslümanlar, Yahudiler ve Hristiyanlar.

Hayatım boyunca bu kitabı yazmak için hazırlanmış gibi hissediyorum. Çocukluğumdan beri Kudüs'te gezerim. Kitapta akrabalarımın ismi de geçtiği için, "Kudüs" benim ailemin mottosu olmuştur. Kişisel bağım ne olursa olsun, olanlar ile insanların olduğuna inandıklarını tekrar ele almak için buradayım. En başından itibaren hep iki Kudüs olmuştur; fani ve semavi, ikisi de gerçekler ve mantıktan ziyade inanç ve duygularla yönetilmiştir. Üstelik Kudüs dünyanın merkezi olarak kalmaya da devam etmektedir.

Tarzımı herkes sevmeyecektir – nihayetinde konumuz Kudüs. Ama bu kitabı yazarken Lloyd George'un, hem Yahudi hem de Araplar tarafından eleştirilen Kudüs Valisi Storrs'a verdiği nasihati hiç unutmadım: "Taraflardan biri şikâyeti bırakırsa görevin biter."[1]

Teşekkürler

Bu devasa projede alanında uzman çok sayıda bilim insanından destek aldım. Onlara yardım ve tavsiyeleri, metnimi okuyup düzeltmeler yaptıkları için müteşekkirim.

Arkeolojik ve Kitabı Mukaddes'in yazıldığı dönemle ilgili bölümün okumaları ve düzeltmeleri için öncelikle Profesör Ronny Reich'a; eski Kudüs Baş Arkeoloğu ve benimle şehirde ayrıntılı geziler yapan Profesör Dan Bahat'a; aynı şekilde sit alanlarında incelemeler yapmam konusunda bana yardımcı olan Dr. Raphael Greenberg'e ve Rosemary Eshel'a teşekkür ederim. Yardım ve tavsiyeleri için British Museum'un Antik Irak ve büyü-tıp metinlerinden sorumlu Müdür Yardımcısı Irvin Finkel'a; Asur-Babil-İran üzerine olan bölümlerdeki düzeltmeleri için Cambridge Üniversitesi, Bilim Tarihi ve Felsefesi Fakültesi, Antik Orta Doğu Bilimleri Bölümü'nde okutman olan Dr. Eleanor Robson'a ve Megido geçitlerinin tarihlendirilmesini sağlayan kil buluntularının yorumlanmasındaki tavsiyeleri için Dr. Nicola Schreiber'a; IAA, Kazı ve Araştırma Bölümü Başkanı Dr. Gideon Avni'ye; Davud'un Şehri'ndeki kazı çalışmalarını düzenli şekilde ziyaret etmemi sağladığı için Dr. Eli Shukron'a; Dr. Shimon Gibson'a; Dr. Renee Sivan'a teşekkür ederim. Ayrıca bu proje için yaptığı yardımlar ve Tapınak Dağı'ndaki kapalı sit alanlarına girip Khader al-Shihabi'yle geziler yapmamı sağladığı için Tapınak Dağı İslam Arkeolojisi Bölümü Başkanı Dr. Yusuf el Natshes'e bilhassa teşekkür ederim. Hirodes Hanedanı-Roma-Bizans dönemiyle ilgili olarak da Oxford Üniversitesi'nden Profesör Martin Goodman'a ve metnimi okuyup gerekli düzeltmeleri yaptığı için Dr. Adrian Goldsworthy'ye son derece minnettarım.

Erken İslam dönemi, Araplar, Türkler ve Memluklar üzerine olan bölüm için, tavsiyeleri, rehberliği ve metnimin detaylı tashihi için Doğu ve Afrika Çalışmaları Okulu'ndan (SOAS) Arapça Profesörü Hugh Kennedy'ye ve ayrıca Dr. Nazmi el Cubeh, Dr. Yusuf el-Natşeh ile Kader el-Şihabi'ye de büyük teşekkür borçluyum.

Haçlı Seferleri üzerine olan bölüm için metnimi okuyup gerekli düzetmeleri yaptıkları için Cambridge Üniversitesi'nden Kilise Tarihi Profesörü Jonathan Riley-Smith'e, Akdeniz Tarihi Profesörü David Abulafia'ya teşekkür ederim.

Fatımilerden Osmanlılara kadar uzanan Yahudi tarihi için *Great Sea: A Human History of the Mediterranean* adlı eserinin taslağından yararlanmama imkân tanıdığı için Profesör Abulafia'ya teşekkür ederim. Ayrıca yine bu bölüm için

Hayfa Üniversitesi'nden Profesör Minna Rozen'a ve *In Ishmael's House* adlı eserinin taslağını okumama izin verdiği için Sir Martin Gilbert'a minnettarım.

Osmanlı dönemi ve Kudüs'teki Filistinli aileler için, bu kitabın 16. 17. ve 18. yüzyıl bölümlerini okuyup düzeltmeler yapan Profesör Adil Manna'ya teşekkür ederim.

On dokuzuncu yüzyıl emperyalist ve erken Siyonist dönemler için Yehoshoa Ben-Arieh'e; Sir Martin Gilbert'a; Profesör Tudor Parfitt'e; Caroline Finkel'a; *Moses Montefiore: Jewish Liberator, Imperial Hero* adlı eserinin taslağını okumama imkan tanıdığı için Dr. Abigail Green'e; Kudüslü aileler üzerine yaptığı özel araştırması için Beşir Bereket'e teşekkür ederim. Kirsten Ellis *Star of the Morning* adlı eserinin yayımlanmamış bölümlerinden yararlanmama hiç çekinmeden izin verdi. Profesör Minna Rozen, Disraeli hakkındaki araştırması ile diğer yazılarını benimle paylaştı. Rusya bağlantısını anlatan bölümler için Profesör Simon Dixon ile Moskova'dan Galina Babkova'ya ve Ermenilere dair bölümler için de George Hintlian ve Dr. Igor Dorfmann-Lazarev'e teşekkür ederim.

Siyonist dönem ve yirminci yüzyıla ait bölümler ile Giriş'in yazımı için Chatham House, Orta Doğu Programı üyesi Dr. Nadim Shehadi'ye ve söz konusu bölümlerin tamamını okuyup düzeltmeler yaptığı için SOAS'tan Profesör Colin Shindler'e teşekkür borçluyum. *Economist* ve *Haaretz*'den David ve Jackie Landau'ya düzeltileri için müteşekkirim. Ayrıca Dr. Jacques Gautier'ye; Dr. Albert Aghazarian'a; fikirleri ve kurduğu temaslar için Cemal el Nuseybe'ye; Güvenlik Duvarı'na düzenlediği gezi için Huda Imam'a; aşırı Ortodoksluk üzerine yaptığı araştırması için Yakov Loupo'ya teşekkür ederim.

Metnimin tamamını okuyup kıyasıya düzeltmeler yapan Osmanlı dönemi Kudüs tarihi uzmanı ve 1975 ila 1995'te Ermeni Patrikhanesi Sekreterliği görevini üstlenmiş George Hintlian ile Cambridge, Gonville and Caius College'dan Dr. John Casey'ye büyük teşekkür borçluyum. Ayrıca Arapça materyalleri İngilizceye çevirdiği için Maral Amin Quttieneh'e bilhassa teşekkür ederim.

Aşağıda adlarını saydığım, kendileriyle röportaj yapılmış ya da onlara danışılmış Kudüslü ailelere mensup kişilere tavsiyeleri ve aile tarihlerini benimle paylaştıkları için teşekkür ederim: Muhammed el-Alami, Nasreddin el-Neşaşibi, Cemal el-Nuseybe, Zeki el-Nuseybe, Vecih el-Nuseybe, Saide el-Nuseybe, Mahmud el-Cerallah, Kudüs Enstitüsü'nden Hüda Imam, Hayfa el-Halidi, Kader el-Şihabi, Said el-Hüseyni, İbrahim el-Hüseyni, Ömer el-Decani, Aded el-Cude, Meral Amin Quttieneh, Dr. Recai M. el-Decani, Ranu el-Decani, Adeb el-Ensari, Naci Kazaz, en sevdiğim Ebu Şükri restoranının sahibi Yaser Şuki Toha; Columbia Üniversitesi'nden Profesör Raşid Halidi.

Ayrıca Batı Duvarı ile kutsal mekânların hahambaşı Shmuel Rabinowitz'e; Katolik Kilisesi'nden Peder Athanasius Macora'ya; Kutsal Kabir Kilisesi'nin Ermeni Başrahibi Samuel Aghoyan'a; Kıpti Kilisesi'nden Afrayem Elorashamily'ye, Süryani Piskoposu Severius'a, Süryani Peder Malke Morat'a teşekkür ederim.

İsrail Cumhurbaşkanı Şimon Peres'e, anılarını ve fikirlerini benimle paylaşan Lord Weindenfeld'e; Ürdün Kudüsü'ne dair anılarını paylaşan Ürdün Prensesi Firyal'a; Ürdün Prensi Talal bin Muhammed'e çok teşekkür ederim.

Tavsiyeleri ve annesi Prenses Andrew ile halası Büyük Düşes Ella üzerine yazdıklarımı kontrol ettiği için Edinburgh Dükü hazretlerine; Wales Prensi hazretlerine teşekkür ederim. Ayrıca özel aile arşivlerine ulaşımımı sağladıkları için Morley ve Hon Kontu'na, büyüleyici misafirperverliği için Sayın Nigel Parker'a bilhassa teşekkür ederim.

Beni Kudüs'le tanıştıran kişi Auschwitz'te hayatta kalmayı başarabilmiş ve 1948 Bağımsızlık Savaşı'nda da yer almış olan yazar Yitzhak Yaacovy'ydi. Ben-Gurion'un bakanlığında emir subayı olarak hizmet veren Yaacovy aynı zamanda uzunca yıllar Mayor Teddy Kollek'in yönetimindeki Doğu Kudüs Gelişim Şirketi'nin yönetim kurulu başkanlığını yapmıştır.

Gerek İsrail Devleti gerekse Filistin Yönetimi elçileri zaman ayırmak, fikir, bilgi paylaşımı ve sohbet konusunda son derece cömerttiler. İsrail'in Londra Büyükelçisi Ron Prosor ile İsrail Büyükelçiliği'nde görevli Rani Gidor, Sharon Hannoy ve Ronit Ben Dor'a, Filistin Yönetimi'nin Londra Büyükelçisi Profesör Manuel Hassassian'a teşekkür ederim.

William Dalrymple ve Charles Glass bu proje boyunca fikirlerini, malzemelerini ve okuma listelerini paylaşmak konusunda inanılmaz derecede cömerttiler. Kudüs Vakfı da son derece yardımcı oldu: Ruth Chesin, Nurit Gordon, Alan Freeman ve Mishkenot Shaanim'in yöneticisi Uri Dromi'ye teşekkür ederim. İsrail'in Dostları Eğitim Vakfı ve Akademik Çalışma Grubu'ndan John Levy ile uzman televizyon yapımcısı Ray Bruce akademisyenler ve diğer alanlardaki insanlarla iletişim kurmamda son derece yardımcı oldular.

Geoffrey Sebag-Montefiore'nin belgelerini benimle paylaştığı için Peter Sebag-Montefiore ve kızı Louise Aspinall'a; William Sebag-Montefiore'nin maceralarını araştırdığı için Kate Sebag-Montefiore'ye teşekkür ederim.

Yardımları, tavsiyeleri ve teşvikleri için aşağıdaki isimlere de teşekkür ederim: Amos ve Nily Oz, American Colony Hotel Yönetim Kurulu Başkanı Paul Vester, American Koloni Arşivleri'nden Rachel Lev, American Colony Hotel Genel Müdürü Paolo Fetz ve Diana Aho, American Colony Bookshop'tan Munther Fahmi, Philip Windsor-Aubrey, David Hare, David Kroyanker, Hannah Kedar, Fred Iseman, Lea Carpenter Brokaw, Danna Harman, Dorothy ve David Harman, Caroline

Finkel, Lorenza Smith, Profesör Benjamin Kedar, Profesör Reuven Amitai, Yaov Farhi, Diala Khlat, Ziyad Clot, Youssef Khlat, Rania Joubran, Rebecca Abram, Sir Rocco ve Leydi Forte, Profesör Salim Tamari, Odd Karsten Tveit, Kenneth Rose, Dorrit Moussaeff ve babası Shlomo Moussaeff, Sir Ronald ve Leydi Cohen, David Khalili, Richard Foreman, Ryan Prince, Tom Holland, Tarek Abu Zayyad, Profesör Israel Finkelstein, Profesör Avigdor Shinan, Profesör Yair Zakovitch, Jonathan Foreman, Musa Klebnikoff, Arlene Lascona, Ceri Aston, Temple Church Yöneticisi Robin Griffith-Jones, Hani Abu Diab, Miriam Ovits, Joana Schliemann, Sarah Helm, Profesör Simon Goldhill, Dr. Dorothy King, Dr. Philip Mansel, Sam Kiley, *Economist*'in editörü John Micklethwait, Gideon Lichfield, Haham Mark Winer, Maurice Bitton, Bevis Marks Sinogogu Yöneticisi Haham Abraham Levy, Profesör Harry Zeitlin, Profesör F. M. al-Eloischari, Melanie Fall, Hahm David Goldberg, Melanie Gibson, Annabelle Weidenfeld, Adam, Gill, David ve Rachel Montefiore, Dr. Gabriel Barkey, Marek Tamm, *New York Times*'dan Ethan Bronner, Henry Hemming, William Sieghart. Araştırmalardaki yardımları için de Tom Morgan'a ayrıca teşekkür ederim.

Temsilcim Georgina Capel'a ve uluslararası telif hakları temsilcilerim Abi Gilbert ile Romily Must'a; İngiliz yayıncılarım Alan Samson, Ion Trewin ile Susan Lamb'e, Weidenfeld'deki harikulade editörüm Bea Hemming'e; düzeltmenim Peter James'e ve en eski yayıncılarıma: Knopf'taki Sonny Mehta; Brezilya'daki yayıncım Companhía das Letras'tan Luiz Schwarz ve Ana Paula Hisayama; Fransa'daki yayıncım Calmann Lévy'den Mireille Paoloni; Almanya'daki yayıncım Fischer'den Peter Sillem; İsrail'deki yayıncım Kinneret'ten Ziv Lewis; Hollanda'daki yayıncım Nieuw Amsterdam'dan Henk ter Borg; Norveç'teki yayıncım Cappelens'ten Ida Bernsten ile Gerd Johnsen; Polonya'daki yayıncım Magnum'dan Jolanta Woloszanska; Portekiz'deki yayıncım Althêia Editores'ten Aleksandra Louro; İspanya'daki yayıncım Crítica'dan Carmen Esteban; Estonya'daki yayıncım Varrak'dan Krista Kaer ve İsveç'teki yayıncım Norstedts'ten Per Faustino ile Stefan Hilding.

Ebeveynlerim Dr. Stephen ve April Sebag-Montefiore bugüne kadar tüm kitaplarıma mükemmel bir şekilde editörlük yaptılar. Ama her şeyden önce, sabrı, desteği ve sevgisiyle bu uzun sürecin sultanı olan eşim Santa'ya teşekkür etmek istiyorum. Tıpkı benim gibi, Santa ve çocuklarım Lily ve Sasha da Kudüs Sendromu'nun tüm etkilerinin cefasını çektiler. Bir daha asla kendilerine gelemeyebilirler ancak Kubbetüs Sahra, Ağlama Duvarı ve Kutsal Kabir Kilisesi hakkında çoğu rahip, haham ve molladan muhtemelen daha çok şey biliyorlardır.

Giriş

Yahudi ayı Ab'ın sekizinci gününde, M.S. 70 Temmuz sonu, dört aydır sürmekte olan Kudüs kuşatmasına komuta etmekte olan Roma İmparatoru Vespasianus'un oğlu Titus, ordusuna şafakta Tapınak'a hücum etmek için hazırlanmalarını emretti. Ertesi gün, beş yüz yıl önce Babillilerin, Kudüs'ü yerle bir ettiği zaman yaşananların bir benzeri yaşanacaktı. Titus'un emrinde dört Roma lejyonu bulunuyordu – mağrur ama bitap düşmüş şehre son darbeyi indirmek için bekleyen altmış bin lejyoner ve yerel yardımcı kuvvetler. Surların gerisinde yarım milyona yakın açlıktan kırılan Yahudi tahammül edilmez şartlar altında yaşam savaşı vermekteydi: Kimisi dindar fanatik, kimisi talancı haydutlardı ama büyük bölümünü bu devasa tuzaktan bir kaçma imkânı bulunmayan masum aileler teşkil ediyordu. Yahudiye'nin dışında da yaşayan pek çok Yahudi bulunuyordu –tüm Akdeniz ve Orta Doğu'da onlara rastlamak mümkündü– ve bu nihai mücadele sadece şehrin ve onların sakinlerinin değil, Yahudiliğin ve Yahudiliğe mensup küçük bir tarikat olan Hristiyanlığın akıbetini de belirleyecekti – ve hatta altı asır sonra gelecek olan İslam da buna dâhildi.

Romalılar, Tapınak'ın duvarlarına doğru yükselen rampalar inşa ettiler. Fakat taarruzları neticesiz kaldı. O günün erken saatlerinde Titus, generallerine bu "yabancı mabedi" zarar vermeden ele geçirme teşebbüsünün kendisine pek çok askere mal olduğunu söyleyerek Tapınak'ın kapılarının ateşe verilmesini emretti. Kapıların gümüşü eridi ve alevler ahşap kapı yolunu ve pencereleri sardı, oradan da Tapınak'ın koridorlarındaki diğer ahşap kısımlara sıçradı. Titus alevlerin söndürülmesini emrederek, "Romalılar intikamlarını kişilerden almalıdır, nesnelerden değil," dedi. Daha sonra geceyi geçirmek için Tapınak'a tepeden bakan yarı harabe haldeki Antonia Kalesi'ndeki karargâhına çekildi.

Surların çevresindeki manzara cehennemden farksızdı. Binlerce ceset güneş altında çürümüştü. Koku dayanılır gibi değildi. Köpek ve çakal sürüleri cesetlerin etrafına üşüşmüştü. Önceki aylarda Titus tüm esir ve sığınmacıların çarmıha gerilmesini emretmiş ve her gün beş yüz Yahudi çarmıha gerilmişti. Zeytin Dağı ile şehrin çevresindeki tepelere o kadar çok çarmıh dikilmişti ki ne yeni çarmıhları dikecek yer ne de çarmıh yapacak ağaç kalmıştı.[1] Titus'un askerleri kurbanlarını farklı şekillerde çivileyerek eğlenmekteydiler. Şehirden kaçma umudu olmayan Kudüslüler, Romalıları geçtikten sonra tekrar çıkarabilme umuduyla, servetlerini gizleyebilmek için paralarını yutmuşlardı. İnsanlar "açlıktan şişmişlerdi ve vücutları su toplamış gibi görünüyordu" ama yemek yedikleri zaman da "çatlıyorlardı". Karınları açıldıkça askerler insanların bağırsaklarındaki gizli paraları keşfettiler ve bunun üzerine tüm esirlerin karınlarını yarıp onlar daha can vermeden bağırsaklarında para aramaya başladılar. Bunu duyan Titus dehşete düşüp bu anatomik talanı yasaklamayı denedi. Ama işe yaramadı: Titus'un, Yahudilerden nefret eden ve Yahudilerin de kendilerinden nefret ettiği, Suriyeli yardımcı askerleri bu korkunç uygulamaya devam ettiler.[2] Romalılar ve asilerin surlar içerisinde sergiledikleri bu zulüm ancak yirminci yüzyılın korkunç mezalimleriyle karşılaştırılabilir.

Savaş, Romalı valilerin beceriksizlik ve açgözlülüğünün, Roma'nın Yahudi müttefikleri olan Yahudiye aristokrasisini bile yayılmakta olan dinî isyana katılmak zorunda bırakmasıyla başladı. Asiler, Roma İmparatoru Nero'nun intiharını takip eden karmaşa dönemini fırsat bilerek Tapınak civarında bağımsız bir devlet kurmak isteyen dindar Yahudiler ile fırsatçı haydutlardan oluşuyordu. Fakat Yahudi isyanının başlamasıyla kendisini kanlı hesaplaşmalar ve çete savaşlarıyla tüketmesi bir oldu.

Nero'dan sonra üç Roma imparatoru hızlı ve karmaşık bir şekilde tahta gelip geçti. Vespasianus imparator olup Titus'u Kudüs'ü almakla görevlendirene kadar geçen zaman içerisinde şehir birbiriyle savaşan üç derebeyinin arasında bölünmüştü. Yahudi derebeyleri önce Tapınak'ın avlularında birbirinin kanını dökmüş, sonra da şehri yağmalamışlardı. Askerleri şehrin zengin mahallelerine saldırmış, evleri talan edip erkekleri öldürmüş ve kadınlara tecavüz etmişlerdi – ve bu, "onlar için spor gibiydi". Sahip oldukları güçle çıldırıp avlanmanın heyecanına kapılarak, muhtemelen yağmaladıkları şarapla da sarhoş olmuş halde, "kadınlar gibi davranarak saçlarını süslediler ve kadın kıyafetleri giyerek vücutlarına yağlar sürüp gözlerinin altına sürme çektiler". Bu yerel eşkıyalar, üzerlerinde "kaliteli kıyafetler"le diledikleri gibi hareket edip önlerine çıkanı öldürdüler. Bu rezil davranışları sırasında "uygunsuz zevkler icat ettiler". Bu "tahammül edilmez günahkârlığa" maruz kalan Kudüs bir "genelev"e ve işkence odasına dönüştü – ama kutsal bir mekân olarak kalmaya da devam etti.[3]

Tapınak bir şekilde işlevini sürdürmeye devam etmişti. Nisan ayında Romalılar şehri ablukaya almadan kısa süre önce hacılar Hamursuz Bayramı için şehre gelmişlerdi. Kudüs, nüfusu zaten kalabalık olan bir şehirdi ama Romalıların kuşatması sonucu hacılar ve savaştan kaçan çok sayıda mülteci de şehirde kısılıp kalmış ve dolayısıyla şehrin nüfusu yüz binlere yükselmişti. Asi derebeyleri ancak Titus surları muhasara altına alınca kendi aralarında savaşmaya son verip ellerindeki yirmibir bin askeri, Romalılarla mücadele etmesi için bir araya getirdiler.

Titus'un, Scopus Dağı'ndan –Yunanca *skopeo* kelimesinden gelir ve "bak" demektir– baktığı zaman gördüğü şehir, Pliny'nin ifadesiyle, "Doğu'nun açık ara farkla en meşhur şehriydi," antik çağın en büyük mabetlerinin çevresinde kurulmuş zengin, gelişen bir ana kentti ve başlı başına muazzam boyutlardaki bir sanat eseriydi. Kudüs şehri bin yıldır ayaktaydı ama Yahudiye'nin sarp kayalıkları tarafından ikiye ayrılan, surlar ve burçlarla korunan bu şehir hiç bir zaman M.S. birinci yüzyılda olduğu kadar ünlü ya da ihtişamlı olmamıştı: Gerçekten de Kudüs yirminci yüzyıla kadar aynı önemine bir daha kavuşamayacaktı. Bu şehir, zeki ve psikotik Yahudiye kralı Büyük Hirodes'in eseri olan sarayları ve kaleleri öylesine ihtişamlı ve süslemeleri öylesine zengindiki Yahudi tarihçi Josephus, "Onları ne kadar anlatsam az kalır," diye yazmıştı.

Ama diğer tüm eserler Tapınak'ın ihtişamı yanında gölgede kalıyordu. "Doğan güneşte," ışıl ışıl avluları ve yaldızlı kapıları, "öyle bir parlardıki bakanlar gözleri kamaştığı için başlarını çevirmek zorunda kalırlardı." Yabancılar –Titus ve lejyonerleri gibi– Tapınak'ı ilk gördükleri zaman "onu karla kaplı bir dağa" benzettiler. Dindar Yahudiler, Moriah (Tapınak) Dağı'nın tepesindeki bu şehir içindeki şehrin saraylarının tam ortasında bulunan küçük odanın onların gözünde her şeyden daha mukaddes olduğunu bilirlerdi. Bu mekân Yahudi mukaddesatının merkeziydi: Kutsalların Kutsalı, Tanrı'nın ikâmet ettiği mekân.

Hirodes Tapınağı* hem bir ibadethane hem de şehir surlarının içindeki aşılmaz bir kaleydi. Dört İmparator Dönemi sırasında Romalıların zayıflığından cesaret alan Yahudiler, Kudüs'ün dik yamaçları, tahkimatları ve labirenti andıran Tapınak'ın kendisinden de istifade ederek Titus'u mağrur bir kendine güvenle karşıladılar. Nihayetinde Roma'ya meydan okumalarının üzerinden beş yıl geçmişti. Bununla birlikte Titus bu görevi yerine getirmesi için ihtiyaç duyduğu yetki, hırs, kaynak ve yeteneğe haizdi. Kudüs'ü sistemli bir verimlilik ve ezici bir kuvvet üstünlüğüyle dize getirmek için işe koyuldu. Tapınak'ın batı duvarının yanındaki tünellerin içerisinde bulunan ve muhtemelen Titus tarafından atılmış olan balista taşları Roma bombardımanının şiddetine şahitlik etmektedir. Yahudiler bulundukları yerin her bir karışını akıl almaz bir inatla savundular. Yine de her türden muhasara silahı, mancınıklar ve Roma mühendislik bilgisine sahip olan Titus on beş günde ilk suru indirmeyi başardı. Bin lejyonerle Kudüs'ün labirenti andıran pazar yerlerini geçerek ikinci sura geldi. Fakat Yahudiler karşı saldırıya

* Kudüs Tapınağı ilk olarak Kral Süleyman zamanında, M.Ö. 957 yılında inşa edilmeye başlanmış ve yedi yılda tamamlanmıştır. Babiller tarafından tahrip edilen bu tapınağın yerine Büyük Darius döneminde, M.Ö. 516'da II. Tapınak inşa edilmiştir. Yaklaşık beş yüz yıl sonra, M.Ö. 20'de, Hirodes, İkinci Tapınak'ı onarıp genişletmiştir. Romalılar tarafından tahrip edilen bu tapınağın bugün sadece Batı duvarı ayaktadır. Musevi eskatologyası Mesih'in gelmesinden önce buraya Üçüncü Tapınak'ı inşa edileceğini öngörür ve bu yüzden Ortodoks ve muhafazakâr Musevilik taraftarları bir gün Üçüncü Tapınak'ın inşa edileceğini ummaktadırlar. (yay. n.)

geçip şehri geri aldılar. Romalıların sura yeni baştan taarruz etmeleri gerekecekti. Titus daha sonra ordusuyla düzenleyeceği resmigeçitle düşmanlarının moralini bozmayı denedi – zırhlar, miğferler, parlayan kılıçlar, uçuşan sancaklar, ışıldayan kartallar ve "süslenmiş atlar". Surlara çıkan binlerce Kudüslü bu gösteriyi izledi ve "zırhlarının güzelliğine ve askerlerinin disiplinine" hayran oldu. Yahudiler ya yılmadılar ya da derebeylerinden, emirlerine karşı gelemeyecek kadar korkuyorlardı: Teslim olmadılar.

Sonunda Titus tüm şehrin çevresine kendisi ayrı bir sur inşa ederek şehre tüm giriş çıkışı durdurdu. Haziran sonunda Romalılar, Tapınak'a da hâkim olan Antonia Kalesi'ne saldırıp kaleyi zapt ettikten sonra yerle bir ettiler, sadece bir burcunu Titus'un karargâhını kurması için sağlam bıraktılar.

Yaz ortasına gelindiğinde, çarmıha çivili, kokuşmuş cesetlerden bir ormanla kaplı sarp tepelerle çevrili şehir, yaklaşan bir felaket, uzlaşmaz bir fanatiklik, tutarsız bir sadizm ve gittikçe artan bir açlık duygusunun pençesinde kıvranıyordu. Silahlı çeteler yiyecek peşine düşmüşlerdi. Çocuklar babalarının elindeki kırıntılara saldırıyorlardı, anneler bebeklerinin mamalarından yemeye başlamışlardı. Kilitli kapı gören askerler yiyecek saklandığını düşünerek zorla içeri giriyor ve kurbanlarının rektumlarına kazık sokarak onları sakladıkları yiyeceklerin yerini söylemeye zorluyorlardı. Bir şey bulamadıklarında "aldatıldıklarını" düşünerek "daha da vahşileşmekteydiler." Askerlerin hâlâ yiyeceği olsa bile "sırf çılgınlıklarının ateşinin sönmemesi için" alışkanlık gereği öldürüp işkenceye devam ediyorlardı. Herkes birbirini istifçi ve hain olmakla suçladığından Kudüs'te bir cadı avı alıp yürümüştü. Yaşananlara şahit olan Josephus'a göre, "daha önce hiçbir şehir böyle bir sefalet çekmemiş ve dünyanın kuruluşundan beri hiç kimse böylesine rezil bir nesle şahit olmamıştı."[4]

Gençler "gölgeler gibi" sokaklarda dolaşıyorlardı, "hepsi açlıktan şişmişti ve bazıları güçleri tükenince oldukları yere yığılıp kalıyordu". İnsanlar aile üyelerini defnederken kendileri ölüyor, bazıları da kimse dikkat etmediğinden daha ruhunu teslim etmeden gömülüyordu. Açlık bütün aileleri perişan etmişti. Kudüslüler sevdiklerinin "gözleri kuru ve ağızları açık şekilde" öldüklerini gördüler. "Derin bir sessizlik ve bir tür ölümcül gece şehri esir aldı," – yine de ölenler son nefeslerini verirlerken "gözlerini Tapınak'a dikmişlerdi." Sokaklar cesetlerden geçilmiyordu. Bir süre sonra, Yahudi yasasına aykırı olduğu halde insanlar ölüleri defnetmeyi bıraktılar. Belki de İsa bu manzarayı öngörüp Kıyamet'le ilgili kehanette bulunarak, "Bırak ölüleri, kendi ölülerini kendileri gömsün," demişti. Kimi durumlarda asiler cesetleri surlardan aşağı attılar. Romalılar da cesetlere hiç dokunmadan oldukları yerde çürümelerini bekledi. Yine de asiler mücadeleyi sürdürdüler.

İlk çatışmada on iki Yahudi'yi kendi arbaletiyle öldürmüş sert bir Roma askeri olan Titus bile bu manzara karşısında hayret ve dehşete düşmüştü: Tanrılara yalvarıp bunu yapanın kendisi olmadığını söylemişti. "İnsan ırkının yüz akı ve gururu olarak" kendisi cömertliğiyle nam salmıştı. Eğer arkadaşlarına hediye vermediği bir gün geçerse, "Dostlarım, bir günüm ziyan oldu," derdi. Çenesi gamzeli, büyük ağızlı ve yuvarlak yüzlü, sert ve açık sözlü bir adam olan Titus, yeni İmparator Vespasianus'un sevilen oğluydu ve yetenekli bir komutan olduğunu da ispatlamıştı: Rüştünü ispatlamamış hanedanlarının kaderi Titus'un, Yahudi asilere karşı kazanacağı bu zafere bağlıydı.

Titus'un maiyetinde aralarında üç Kudüslünün de olduğu pek çok Yahudi bulunuyordu – bir tarihçi, bir kral ve anlaşılan, sezarla yatağını paylaşan bir çifte kraliçe. Tarihçi ve Titus'un danışmanı olan Josephus, Romalılara sığınmış asi bir Yahudi komutanıydı ve bu hikâyeyle alakalı kendisinden başka bir kaynak bulunmamaktadır. Kral II. Hirodes Agrippa, İmparator Claudius'un sarayında büyümüş gerçek bir Romalı Yahudi'ydi; büyük büyük babası Büyük Hirodes tarafından inşa edilen Yahudi Tapınağı'nın sorumlusuydu ve modern İsrail'in kuzeyindeki farklı toprakları, Suriye ve Lübnan'ı idaresi altında bulunduruyor olsa da genelde Kudüs'teki sarayında ikâmet ederdi.

Kral II. Hirodes'in yanında hemen her zaman kız kardeşi Berenice de bulunurdu, kendisi bir Yahudi kralın kızıydı, evlilik yoluyla iki kez kraliçe tacını giymiş ve daha sonra da Titus'un metresi olmuştu. Romalı düşmanları ileride kendisine "Yahudi Kleopatra" diyerek hakaret edeceklerdi. Kırk yaşlarındaydı ama Josephus'a göre, "en iyi çağında ve en güzel dönemindeydi". İsyanın başında o ve kardeşi birlikte yaşıyorlardı (rakiplerinin dediğine göre bu bir ensest ilişkiydi) ve asileri son bir kez akıllarını başlarına devşirmeye davet etmişlerdi. Şimdi bu Yahudiler "bu ünlü şehrin ıstırap içinde kıvranışını" çaresizce izlemekteydiler – Berenice ise bunu şehrin yok edicisinin yatağında yapıyordu.

Esirler ve sığınmacıların şehre dair getirdiği haberler bilhassa, ailesi hâlâ şehirde olan Josephus'u derinden üzüyordu. Askerlerin bile yiyeceği tükenmeye başlamıştı ve dolayısıyla altın, kırıntı ve hatta sadece tahıl taneleri için bile ölüleri deşmeye daha istekli hale gelip "kudurmuş köpekler gibi ortalıkta dört dönmeye başlamışlardı". İnek pisliği, deri, kemer, ayakkabı ve samanları yemişlerdi. Tüm yiyeceğini ve parasını kaybeden Mary adındaki genç bir kadın öyle çaresiz kalmıştı ki kendi oğlunu pişirip yarısını yemiş yarısını da sonraya saklamıştı. Tüm şehri etin kokusu sarınca kokuyu alan asiler kaynağını arayıp bularak eve zorla girmiş ve bu gözü dönmüş vahşiler bile çocuğun yarısı yenmiş vücudunu görünce "korkudan titremişlerdi".[5]

Korku ve paranoya –Yahudi parası üzerinde yazan ismiyle– Kutsal Kudüs'te kol geziyordu. Sahtekârlar ve vaaz veren keşişler sokaklarda dolaşarak insanlara kefaret ve selamet vaat ediyorlardı. Josephus'a göre Kudüs, "açlıktan çıldırdığı için kendi etini yemeye başlayan vahşi bir hayvan gibiydi".

Ab ayının 8'inin o gecesinde, Titus dinlenmeye çekildiğinde, lejyonerler daha önce aldıkları emir doğrultusunda, eriyen gümüşle yayılan, ateşi söndürmeye çalıştılar. Fakat yangını söndürmeye çalışırlarken asilerin saldırısına uğradılar. Romalılar direndi ve Yahudileri Tapınak'a geri püskürttü. Bir lejyoner "ilahi bir hiddetle" yanan maddeleri alıp bir diğer askerin üzerine çıktı ve Tapınak'ın çevresindeki odalara bağlı "bir altın pencerenin" perde ve çerçevelerini tutuşturdu. Sabaha kadar alevler Tapınak'ın merkezine doğru ilerlemeye başlamıştı bile. Alevlerin, Kutsalların Kutsalı'na yaklaştığını ve onu yok etmek üzere olduğunu gören Yahudiler "büyük bir yaygara kopararak yangını söndürmeye koştular." Ama çok geçti. İç avluda barikat kurup sessizce olup biteni izlediler.

Titus sadece birkaç metre ileride, Antonia Kalesi harabelerinde uyandı; ayağa fırladı ve "yangını söndürmek için Mukaddes Hane'ye koştu". Aralarında Josephus ve muhtemelen Kral Agrippa ile Berenice'nin de bulunduğu maiyeti de onu takip etti, arkalarından binlerce Romalı asker geliyordu – hepsi "büyük bir şaşkınlık içerisindeydi". Muharebe şiddetlendi. Josephus, Titus'un tekrar ateşin söndürülmesini emrettiğini iddia etmiştir ama bu Roma işbirlikçisinin, efendisini mazur göstermek için bahane üretmeye çalışması normaldir. Sonuç olarak herkes bağırıyor, yangın yayılmaya devam ediyor ve Romalı askerler de savaş kuralı gereği, böylesine inatla kendisini müdafaa etmiş olan bir şehrin yağmalanmasına izin verileceğini biliyorlardı.

Titus'u duymamış gibi yaptılar ve hatta ilerdeki silah arkadaşlarından yangını yanıcı maddeler atarak daha da körüklemelerini istemişlerdi. Kana susamışlıktan ya da büyük miktarlarda yağmalanacağı için tüm Doğu'da fiyatının düşmesine neden olan altının hevesinden lejyonerlerin öylesine gözü dönmüştü ki bu arbedede pek çoğu ezilerek ya da yanarak can verdi. Yangına mani olamayacağını anlayan ve sonunda zafere yaklaştığını görerek rahat bir nefes alan Titus yanan Tapınak'ın içerisinden geçerek Kutsalların Kutsalı'na geldi. Yüce rahibin bile oraya girmesine yılda bir kez izin verilirdi. M.Ö. 63 yılında Romalı asker ve devlet adamı Pompey'den beri oranın saflığına kimse halel getirmemişti. Fakat Titus içeri baktı ve "oranın ve içindekilerin çok daha üstün olduğunu gördü" diye yazmıştı Josephus, gerçekten de "bizim ona atfettiklerimizden geri kalır yanı yoktu". Bunun üzerine yüzbaşılara yangının yayılmasına neden olan askerlere dayak atmasını emretti ancak "onlar da fazlasıyla tutkuluydu". Alevler, Kutsalların Kutsalı'nın çevresini sararken Titus, maiyeti tarafından güvenli bir bölgeye çekildi – "ve artık kimse askerlere kundaklamayı men etmedi".

Çatışma alevlerin arasında sürdü: Şaşkın ve açlıktan bitkin haldeki Kudüslüler ne yaptığını bilmez halde yanan kapılardan geçtiler. Binlerce sivil ve asi sunağın merdivenlerinde toplandı, ölümüne savaşmayı ya da son nefeslerini vermeyi bekliyorlardı. Sanki toplu bir insan kurban etme töreniymiş gibi hepsinin boğazı Romalı askerler tarafından kesilmiş, "sunağın çevresinde cesetler üst üste yığılmıştı". Kanlar merdivenin basamaklarından akıyordu. Binlerce Yahudi, yanan Tapınak'ın içerisinde can verdi.

Çatlayan devasa taşlar ve ahşap kirişler gök gürültüsü gibi seslerin çıkmasına neden oluyordu. Josephus, Tapınak'ın yok oluşunu seyrediyordu:

> "Alevlerin kükremesi can veren kurbanların iniltilerine karışıyordu ve alevlerin yüksekliği ile yanan yığının büyüklüğünü gören birisi bütün şehrin yanmakta olduğunu zannederdi. Sonra bir gürültü koptu – bundan daha sağır edici ve ürkütücü bir şey olacağını zannetmem. Romalı lejyonerler savaş naraları atarak saldırıyor, ateş ve kılıçla kuşatılmış olan asiler bağırıyor, panik içerisinde kaçışan zavallılar hasımlarının eline geçtiğinde attıkları çığlıklar, şehirden yükselen feryatlara ve matemlere karışıyordu. Ürdün Nehri'nin ötesi ve çevredeki diğer dağların derinlerinden gelen gürültüler bu seslere eşlik ediyordu. Dört bir yanı kuşatan alevler yüzünden, Tapınak'ın olduğu tepelik sanki temelinden kaynıyordu."

Kudüs'teki iki dağdan biri, Kral Davud'un Ahit Sandığı'nı yerleştirdiği ve oğlu Süleyman'ın ilk Tapınak'ı inşa ettiği yer olan Moriah Dağı "alevler içerisindeydi" ve her yanı cesetler kaplamıştı. Fakat zafer aşkıyla coşan askerler cesetleri ayakları altında ezdiler. Rahipler direndiler ve bazıları kendisini alevlerin içine attı. Tapınak'ın içinin de yanmakta olduğunu gören Romalılar binanın kalanını da ateşe vermeden önce altın ve eşyaları dışarı taşıdılar.[6]

İç avlu yanıp ertesi günün ışıkları yükselmeye başlarken hayatta kalan asiler Roma saflarını yararak labirenti andıran dış avluya geçtiler ve bazıları şehre kaçmayı başardı. Romalılar süvarilerle karşı hücuma geçip asileri dağıttı ve daha sonra da, İskenderiye'den Babil'e kadar tüm Yahudilerden toplanan vergilerin konulduğu, Tapınak'ın hazine dairelerini ateşe verdiler. Orada akıbetlerini bekleyen altı bin kadar kadın ve çocuğun bulunduğunu gördüler. Bir zamanlar "sahte bir peygamber", "hükmün mucizevî alametlerinin" Tapınak'ta tecelli edeceğini söylemişti. Lejyonerler tüm odaları ateşe verip içindekileri diri diri yaktılar.

Romalılar kartal sancaklarını Kutsal Dağ'ın tepesine çıkardılar, tanrılarına kurbanlar adadılar ve Titus'u, imparator –başkomutan– olarak selamladılar. Kutsalların Kutsalı'nda hâlâ saklanan rahipler vardı. İkisi kendisini ateşlere atarken, birisi Tapınak'ın hazinelerini dışarı çıkarmayı başardı – yüce rahiplerin cübbeleri, iki altın şamdan ve ibadethanede her gün yakılan tarçın, sinameki ve baharat yığınları. Geri kalanlar teslim olduğunda, Titus –rahiplerin de Tapınak'la birlikte ortadan kalkmasının uygun olduğunu düşünerek– onları öldürttü.

Kudüs bir tüneller şehriydi – bugün de öyledir. Asiler yeraltında gözden kaybolurken iç kalenin ve batıdaki yukarı şehrin kontrolünü ele geçirmeyi başarmışlardı. Kudüs'ün geri kalanını da fethetmesi Titus'un bir ayını alacaktı. Şehir düştüğünde Romalılar ve komutalarındaki Suriyeli ve Yunan yardımcı askerler "ellerinde kılıçlarla sokaklara döküldüler. Karşılarına çıkan herkesi ayrım gözetmeksizin katledip bütün evleri içindekilerle birlikte yaktılar". Gece katliam sona erince "sokakların hâkimiyeti alevlere geçti".

Titus, şehir ile Tapınak arasındaki vadi üzerinde bulunan köprüde iki Yahudi derebeyiyle mütareke yaparak onlara teslim olmaları karşılığında canlarını bağışlayacağını söyledi. Derebeyleri bu teklife rağmen teslim olmayı reddetti. Bunun üzerine Titus, evlerinin tümünün cesetlerle dolu olduğu aşağı şehrin talan edilip yakılmasını emretti. Kudüs derebeyleri Hirodes Sarayı ve Kalesi'ne çekildiklerinde Titus bu binaları zayıflatmak için tabyalar inşa ettirmeye başladı ve Elul ayının 7'sinde, yani Ağustos'un ortasında, Romalılar tahkimatlara karşı taarruza geçtiler. Asiler, liderlerinden biri olan Guş Halavlı Yohanan teslim olana dek tünellerde savaştılar (Yohanan'ın canı bağışlanmış ama müebbet hapse mahkûm edilmişti). Diğer derebeyi Giora'nın oğlu Şimon, Tapınak'ın altındaki tünelden üzerinde beyaz bir cübbeyle çıktı ve Roma'da yapılacak zafer şenliklerinde Titus'un zaferinde yıldız rolünü oynama görevi kendisine verildi.

Takip eden karmaşa ve sistemli tahribat sırasında bir dünya yok olurken o döneme ait birkaç hatıra hiç değişmeden kaldı. Romalılar hasta ve sakatları kılıçtan geçirdiler: Yanan evinin kapısının önünde bulunan bir kadın elinin iskeleti o an ki panik ve dehşete tanıklık etmektedir; Yahudi mahallesindeki konaklardan arta kalan küller yangının büyüklüğünü anlatmaktadırlar. Tapınak'ın anıtsal merdiveninin altındaki bir dükkânda iki yüz bronz para bulunmuştur, muhtemelen şehir düşerken oraya gizlenmiş bir zulaydı bu. Çok geçmeden Romalılar bile öldürmekten bıktılar. Kudüslüler, Tapınak'ın kadınlara ayrılan avlusunda bir araya toplandı ve orada gruplara ayrıldılar: Savaşçılar öldürüldü, güçlü olanlar Mısır'daki madenlere çalışmaya gönderildi, genç ve güzel olanlar köle olarak satıldı, sirklerde aslanlar tarafından öldürülmeleri ya da resmigeçitte sergilenmek üzere seçildiler.

Josephus, Tapınak avlusundaki esirler içinde kardeşi ile elli arkadaşını buldu ve Titus onları serbest bırakmayı kabul etti. Anne babası muhtemelen ölmüştü. Ayrıca arkadaşlarından üçünün de çarmıha gerilmiş olduklarını gördü. "Yüreğim parçalandı ve bunu Titus'a söyledim." Titus çarmıhtan indirilmelerini ve tedavi edilmelerini emretti ama sadece biri hayatta kaldı.

Titus, tıpkı Nebukadnezar'ın yaptığı gibi, Kudüs'ü haritadan silmeye karar vermişti ve Josephus bu kararın nedeninin asiler olduğunu söylüyordu: "Asiler şehri, Romalılar da asileri yok etti." Büyük Hirodes'in en ihtişamlı anıtı olan Tapınak'ın yıkılması hiç de kolay iş değildi. Binanın sütunlu girişindeki devasa yontma taşlar aşağıdaki yeni kaldırıma döküldü ve 2000 yıl sonra, büyük bir yığının altında tıpkı düştükleri gibi kalmış halde bulundular. Tapınak'ın enkazı Moriah Dağı ile yukarı şehir arasındaki vadiye dökülmeye başladı ve neredeyse vadiyi doldurdu. Fakat Moriah Dağı'nı ayakta tutan duvarlar, günümüzdeki Ağlama Duvarı da dâhil olmak üzere, yıkımdan kurtulmayı başardı. Hirodes Tapınağı ve şehrin enkazından kalan taşlar bu tarihten sonra, bin yıldan daha uzun bir süre, Romalılardan Araplara, Haçlılardan Osmanlılara kadar şehri fetheden herkes tarafından kullanıldılar.[7]

Kudüs'te kaç kişi öldüğünü kimse bilmiyor ve antik tarihçiler rakamlar konusunda son derece pervasızdır. Tacitus kuşatılan şehirde altı yüz bin kişi olduğunu söylerken, Josephus bir milyondan fazla olduğunu iddia etmektedir. Gerçek rakam ne olursa olsun çok yüksek olduğu bellidir ve bu insanların tümü ya açlıktan ölmüş, ya kılıçtan geçirilmiş ya da köle olarak satılmıştır.

Titus bir zafer gezisine çıktı. Metresi Berenice ve onun kral kardeşi, Titus'u, günümüzde Golan Tepeleri denen yerdeki başkent Caesarea Paneas'ta ağırladı. Titus burada binlerce Yahudi esirinin birbirleriyle –ve vahşi hayvanlarla– ölümüne dövüşmesini izlemiş, ayrıca iki bin beş yüz tanesinin de Caesarea Maritima'da öldürülmesini seyretmiştir. Bu esirlerin bir kısmı da Titus zafer şenlikleri için Roma'ya dönmeden önce, Beyrut'ta düzenlenen oyunlarda katledilmiştir.

Lejyonerler "şehri ve surlarını yerle bir etmişlerdi." Titus, "talihinin bir nişanesi olarak" sadece Hirodes Kalesi'nin bir burcunu bıraktı ve onuncu lejyon, karargâhını orada kurdu. Josephus'a göre, "tüm insanlar arasında kudreti ve ihtişamıyla nam salmış olan şehrin sonu böyle gelmişti".

Kudüs, Babil Kralı Nebukadnezar tarafından altı asır önce yerle bir edilmişti. İlk yıkımından sonraki elli yıl içerisinde Tapınak yeniden kurulmuş ve Yahudiler geri dönmüştü. Ama bu seferden sonra, M.S. 70'ten sonra, Tapınak bir daha inşa edilmedi – ve birkaç kısa dönem haricinde Yahudiler iki bin yıl boyunca Kudüs'e bir daha hâkim olamadılar. Yine de bu felaketin külleri içerisinde sadece modern Yahudiliğin değil Hristiyanlık ve İslam mukaddesatının da tohumları yeşerecekti.

Çok sonradan ortaya çıkan bir haham efsanesine göre, muhterem bir haham olan Yohanan ben Zakkai öğrencilerine kendisini mahvolan şehirden bir tabut içerisinde çıkarmalarını söylemişti – bu, yeni Yahudiliğin Tapınak'taki kurban kültü üzerine kurulmayacağını gösteren bir istiaredir.

Yahudiye ve Celile kırsalında yaşamaya devam eden Yahudiler, ayrıca Roma ve Pers imparatorlukları bünyesinde yaşayan büyük topluluklar, Kudüs'ün kaybının yasını tuttular ve o günden sonra şehre büyük saygı duydular. Kitabı Mukaddes ve sözlü gelenekler Tapınak'ın yerini aldı; fakat rivayete göre Rab semaya yükselmeden önce, Zeytin Dağı'nda üç buçuk yıl Tapınak'ın yeniden inşa edilmesini beklemişti. Bu yıkımın Hristiyanlık üzerindeki etkisi de büyük olacaktı.

İsa'nın kuzeni Şimon'un önderliğindeki Kudüs'teki küçük Hristiyan topluluğu Romalılar kuşatmadan evvel şehirden kaçmışlardı. Roma dünyasında çok sayıda Yahudi kökenli olmayan Hristiyan olsa da bu Kudüslüler, Tapınak'ta ibadete devam eden ayrı bir tarikat olarak kalmışlardı. Ama Tapınak'ın yıkılmasıyla Hristiyanlar, Yahudilerin, Tanrı'nın gözünden düştüğünü düşünmeye başladılar: İsa'nın takipçileri ana inançlarından kesin olarak ayrıldılar ve Yahudi mirasının gerçek vârislerinin kendileri olduğunu iddia ettiler. Hristiyanlar bu harap olmuş şehri değil de semavi bir Kudüs'ü hayallerinde tasavvur ettiler. Muhtemelen yıkımdan hemen sonra yazılmış olan ilk İnciller, İsa'nın bu kuşatmayı öngördüğünden bahsetmektedirler. "Kudüs'ün ordularla kuşatıldığını göreceksiniz"; ayrıca Tapınak'ın yıkılışını da: "Taş üstünde taş kalmayacak." Tapınak'ın yıkılışı ve Yahudilerin başına gelenler yeni vahyin ispatıydılar. 620'li yıllarda Muhammed yeni dinini kurduğunda da önce Yahudi geleneğini tatbik etmiş, Kudüs'e doğru ibadet edip Yahudi peygamberlere hürmet etmişti çünkü o da Tapınak'ın yıkılmasının Allah'ın rahmetini Yahudilerden alıp İslam'a bahşetmesi manasına geldiğine inanıyordu.

Titus'un Kudüs'ü yıkma kararının, şehri diğer iki Ehli Kitap için de kutsal bir yer haline getirmiş olması çok ilginçtir. Kudüs'ün kutsallığı en başından beri sadece değişmekle kalmamış, belli bazı kişilerin eylemleri sayesinde de artarak devam etmişti. Titus'tan bin yıl kadar önce, M.Ö. 1000 civarlarında bu kişilerden ilki Kudüs'ü ele geçirmişti: Kral Davud.

BÖLÜM 1

YAHUDİLİK

Tanrı'nın şehri, İsrail'in kutsal kişisinin Siyonu... Uyan, ey Sion, uyan, kudretini kuşan. Ey Yeruşalim, kutsal kent, güzel giysilerini giy.

Yeşaya, 60.I4, 52.I

Memleketim olan Kudüs en Yüce Tanrı'nın mabedinin olduğu yerdir. Kutsal şehir sadece bir ülkenin, Yahudiye'nin değil, Asya ve Avrupa'daki pek çok toprağın da anası olan şehirdir, buna Fırat'ın ötesindeki ülkeler de dâhildir.

Yahudiye kralı I. Hirodes Agrippa, Philo'dan alıntı, *De Specialibus Legibus*

Kudüs'ü en şaşaalı döneminde görmeyen, hayatı boyunca arzu duyulacak bir şehir görmemiş demektir. Tapınak'ı sağlam halinde görmemiş olanlar, hayatları boyunca ihtişamlı bir yapı görmeden yaşamış olurlar.

Babil Talmudu, *Mişna Risalesi*

Ey Yeruşalim, eğer seni unutursam, sağ elim kurusun. Seni anmaz, Yeruşalim'i en büyük sevincimden üstün tutmazsam, dilim damağıma yapışsın!

Mezmurlar, 137. 5-6

Kudüs, Doğu'nun en meşhur şehridir.

Yaşlı Plinius, *Doğa Tarihi*, 5.70.

I

DAVUD'UN DÜNYASI

İLK KRAL: KENANLILAR

Davud'un, Siyon Kalesi'ni ele geçirdiği tarihte Kudüs çoktan kadim bir şehir olmuştu bile. Fakat bir şehirden ziyade, birçok adı olan bir ülkede –Kenan, Yehuda, Yahudiye, İsrail, Filistin, Hristiyanlar için Kutsal Topraklar, Yahudiler için Vadedilmiş Topraklar– bulunan küçük bir dağ kalesiydi. 150 kilometreye 250 kilometre olan bu topraklar Akdeniz'in güney doğu köşesi ile Ürdün Nehri arasında yer almaktadır. Kıyı ovaları, Mısır ile doğudaki imparatorluklar arasında gidip gelecek tacir ve işgalciler için çok uygun bir geçiş yoluydu. Tecrit edilmiş, her yerden ve ticaret yollarından uzak, en yakın sahile 50 kilometre mesafede olan Kudüs şehri, Yahudiye tepelerinin sarp ve ıssız yamaçlarında kuruluydu, dondurucu ve bazen karlı kışlar ile yakıcı yazlara karşı açıktı. Ama bu bölgede yaşamak nispeten daha güvenliydi ve altlarındaki vadide bir şehre yetecek büyüklükte bir pınar vardı.

Davud'un şehrinin romantik hayali onunla ilgili ispatlanabilir tüm tarihî delillerden daha güçlüdür. Kudüs'ün geçmişini örten sis perdesi arasında çömlek parçaları, kayalara kazınmış mezarlar, duvar parçaları, eski kralların saraylarındaki kitabeler ve Kitabı Mukaddes'in kendisi, yüzlerce yıl arayla orada yaşamış insanların hayatlarına dair bölük pörçük parçalar sunar bize. Şurada burada ortaya çıkan bir bilgi kırıntısı, hakkında hiç bilmediğimiz asırların ardından, bizlere ortadan kalkan bir medeniyetteki rastgele bir anla ilgili titrek bir ışık tutar – diğer bir kıvılcım başka bir görüntüyü aydınlatana dek. Sadece pınarlar, dağlar ve vadiler değişmeden kalmıştır ki onlar bile aşınmış, şekillenmiş ve binlerce yıl boyunca hava, enkaz ve insan tarafından değişmeye zorlanmıştır. Ama az çok kesin olan bir şey vardır: Kral Davud'un döneminde, mukaddesat, güvenlik ve doğa el ele vererek Kudüs'ü kadim bir sığınak haline getirmişlerdi.

M.Ö. 5000'li yıllarda bile orada yaşayanlar vardı. Bronz Çağı'nın başında, M.Ö. 3200 civarında, ileride Irak olacak olan, şehirlerin anası Uruk'ta 40.000

kişi yaşıyordu ve yakındaki Eriha da tahkimli bir şehirdi. İnsanlar ölülerini Kudüs tepelerindeki mezarlara gömerdi ve inşa etmeye başladıkları kare şeklindeki evler de zamanla altında bir pınar olan tepenin üzerindeki surla çevrili bir köy haline gelmişti. Bu köy daha sonra terk edildi. Mısır firavunlarının Eski Krallık Dönemi'nde piramit inşasının zirvesine eriştiği ve Büyük Sfenks'in inşa edildiği zamanlarda Kudüs diye bir yer neredeyse yoktu. Daha sonra, M.Ö. 1900'lerde, Minos Medeniyeti'nin Girit'te geliştiği, Kral Hammurabi'nin Babil'de kanunlarını hazırladığı ve Britonların Stonehenge'e tapındığı dönemlerde, Mısır'ın el Uksur şehri yakınlarında bulunan çömlek parçalarında Salim ya da Şalim'in bir türevi olan Ursalim adında, akşam yıldızının tanrısı, bir şehirden bahsedildiği keşfedilmiştir. Bu isim, "Salem kuruldu" manasına da gelebilir.*

Kudüs'te Gihon Çayı yakınlarında yeni bir yerleşim kuruldu: Kenanlılar kayaları yararak kalenin surlarının içindeki göle giden bir yol açtılar. Tahkimli bir yeraltı tüneli onların suya erişimlerini korumaktaydı. Bölgede yapılan en son arkeolojik kazılarda çayı koruyan bir burç ile 7 metre genişliğinde ve 3 ton ağırlığında taşlar kullanılarak inşa edilmiş bir sur açığa çıkarılmıştır. Burç aynı zamanda çayın semavi mukaddesatını kutlamak için inşa edilmiş bir mabet vazifesini de üstlenmiş olabilir. Kenan diyarının farklı bölgelerinde rahip krallar tahkimli burç-tapınaklar inşa etmişlerdi. Tepenin daha yukarılarında, Kudüs'ün daha eski dönemlerine ait, bir şehir suru kalıntısı bulunmuştur. Görünen o ki 2000 yıl sonra gelecek olan Büyük Hirodes dönemine kadar Kudüs'te Kenanlılardan daha mahir inşaat ustalarına rastlanmamıştı.[1]

Kudüslüler, M.Ö. 1458 yılında Filistin'i ele geçiren Mısır'ın tebaası oldular. Mısır garnizonları, yakınlardaki Gazze ve Yafa tarafından korundu. M.Ö. 1350'de korkuya kapılan Kudüs Kralı, Mısır'daki Yeni Krallık'ın firavunu Akhenaton'a küçük krallığı komşu saldırgan krallardan ve haydut çetelerinden koruyabilmesi için kendisine yardım göndermesi adına yalvarmıştı – hatta "elli okçu bile yeterliydi." Kral Abdi-Hebat, kendi hisarına saadetin hanesi anlamındaki Beyt-Şulmani olan, "Kudüs diyarının başkenti" demişti. Şulman ismi şehrin adındaki "Şalim"den de türemiş olabilir.

Abdi-Hebat güneyde Mısırlıların, kuzeyde Hititlerin (modern Türkiye) ve kuzeybatıda Truva Savaşları'na katılacak olan Mikenlerin hüküm sürdüğü bir bölgede

* Mısır firavunları bu dönemde Kenan'ı hâkimiyetleri altına almak istemişlerdir ama bunu başarıp başaramadıklarını kesin olarak bilemiyoruz. Bu çömlek simgelerini kendilerine meydan okuyan yöneticilere hakaret etmek ya da kendi emellerini dile getirmek için kullanmış olabilirler. Bu parçalarla ilgili teoriler zaman içerisinde değişiklik sergilemiştir ki bu da arkeolojinin bilimsel olduğu kadar ne kadar yoruma dayalı olduğunu da göstermektedir. Uzun zaman Mısırlıların bu vazo ya da figürleri üzerlerinde yazan isimleri lanetlemek ya da kirletmek için kullandıkları düşünüldü – bu yüzden nefret metinleri olarak bilinmektedirler.

var olmaya çalışan aciz bir hükümdardı. Kralın ilk adı, Batı Sami lisanındandır – Samiler pek çok Orta Doğu halkı ve dilini içeren bir kavimdi ve rivayete göre, Nuh'un oğlu, Şem'in soyundan gelmişlerdi. Dolayısıyla Abdi-Hebat'ın kuzeydoğu Akdeniz'deki herhangi bir bölgeden olması mümkündür. Firavunun arşivinde zikredildiğine göre telaşlı ve dalkavuk bir adamdı, bunlar bir Kudüslüye dair bilinen ilk kelimelerdir.*

> Kralın ayakları dibine yedi kere yedi kez kapandım. İşte Milkily ve Shuwardatu'nun bu topraklara yaptıkları – Gezer'in birliklerine komuta ediyorlar... Kralın kanunlarına karşı... Kralın diyarı, Habiru'nun (haydutların) eline geçti. Şimdi de Kudüs'e ait olan bir kasaba, Kıltu'nun askerlerinin eline geçti. Lütfen kralım, hizmetkârınız Abdi-Hebat'ı dinleyip okçular gönderin.

Bundan sonrasını bilmiyoruz ama kuşatılmış krala her ne oldu ise bir asır sonra Kudüslüler, Ofel Tepesi'ndeki Gihon Çayı'nın üzerine, günümüze kadar ayakta kalan, dik taraçalı yapılar inşa ettiler.[2] Bu kudretli surlar, burçlar ve taraçalar Siyon olarak bilinen ve Davud tarafından ele geçirilecek olan Kenan Kalesi'nin bir bölümünü teşkil ediyordu. M.Ö. on üçüncü yüzyılda Yevuslular olarak bilinen bir kavim Kudüs'ü ele geçirdi. O dönemde Akdeniz dünyası Ege'den gelen ve Deniz Kavimleri olarak bilinen insanlar tarafından parçalanmaya başlamıştı.

Bu akın ve göç fırtınası içerisinde imparatorluklar zayıfladı. Hititler yıkıldı, Miken gizemli bir şekilde ortadan kayboldu, Mısır sarsıldı – ve İbraniler olarak bilinen bir millet ilk kez tarih sahnesine çıktı.

İBRAHİM KUDÜS'TE: İSRAİLLİLER

Bu yeni "karanlık çağ" üç asır sürdü ve İsrailliler olarak da bilinen, tek Tanrı'ya inanan gizemli bir millet olan İbranilerin Kenan'daki dar bir toprak parçasına yerleşip bir krallık kurmasına imkân sağladı. Dünyanın yaratılışı, kökenleri ve Tanrı'larıyla olan ilişkilerine dair hikâyeler onların kaydettikleri gelişmelere ışık

* Bu, Babil lisanında, pişirilmiş kil tabletler üzerine yerel liderler tarafından yazılmış 380 harften oluşan bir yazıdır ve Mısır tanrılarına adanmış geleneksel panteonlarda ibadet yerine güneşe ibadeti kabul eden sapkın firavun IV. Amenhotep'e hitap etmektedir: Adını Akhenaton olarak değiştirmiştir. Akhenaton'un dışişleri bakanlığının arşivi, Firavunların Yazışma Dairesi, 1887 yılında, firavunun yeni başkenti Akhetaten'de (Amarna) keşfedildi, günümüzde Kahire'nin güneyindeki el Amarna. Bir teoriye göre Habiruler ilk İbrani/İsraillilerdi, yine de bu kelime tüm Orta Doğu'da bu yağmacıları tanımlamak için kullanılmıştır – bu kelimenin Babil lisanındaki karşılığı "serseri"dir. İbranilerin atalarının Habiruların bir kolu olması mümkündür.

tutmaktadır. Kuşaktan kuşağa aktardıkları bu gelenekleri önce mukaddes İbrani metinlerine kaydedildi ve bunlar daha sonra Musa'nın Beş Kitabı, yani Tevrat, Yahudi kutsal yazılarının ilk nüshası, Tanah olarak derlendi. Kitabı Mukaddes kitapların kitabı oldu ama tek bir belgeden ibaret değildi. Aslında o farklı dönemlerde farklı amaçlarla, farklı kişiler tarafından kaleme alınmış birbiriyle ilişkili çok sayıda metinden oluşan esrarlı bir kütüphane gibiydi.

Bu mukaddes eser çok sayıda çağa aitti ve birtakım ispatlanabilir tarihsel gerçeklerin, ispatlanamaz mitsel hikâyelerin, ideal güzelliği anlatan şiirlerin ve anlamsız, belki de şifreli ya da yanlış tercüme edilmiş pasajların bir araya gelmesinden oluşmaktaydı. Büyük bölümü, olanları kaydetmek için değil de daha yüce bir gerçeğe –bir halk ile onun Tanrı'sıyla olan ilişkisine– atıfta bulunmak için yazılmıştı İnananların gözünde Kitabı Mukaddes ilahi vahyin bir ürünüdür. Tarihçilerin gözünde ise çelişen, güvenilmez, sürekli tekrar eden,* yine de çoğu dönem için elimizdeki ulaşılabilir tek kaynak olduğundan son derece değerlidir – üstelik Kudüs'ün ilk ve önemli bir biyografisi olduğu da bir gerçektir.

Kitabı Mukaddes'teki Yaratılış bölümüne göre İbranilerin atası Abram'dır – söylendiğine göre Ur'dan (modern Irak) gelerek el Halil'e yerleşmiştir. Burası Kenan diyarıydı ve ona, kendisine "Milletlerin Atası" anlamına gelen İbrahim (Abraham) adını veren, Tanrı tarafından vaat edilmişti. İbrahim seyahati esnasında, en mukaddes Tanrı el Elyon adına Salem'in rahip-kralı olan Melkisedek tarafından ağırlandı. Şehrin, Kitabı Mukaddes'te ilk zikredilişi budur ve Kudüs'te rahip kralların idaresindeki bir Kenan tapınağı olduğuna işaret etmektedir. Daha sonra Tanrı, İbrahim'den oğlu İshak'ı "Moriah diyarındaki" bir dağda –Kudüs'teki Moriah yani Tapınak Dağı– kurban etmesini isteyerek onu imtihan edecektir.

İbrahim'in asi torunu Yakup mirasını alabilmek için hileye başvurmuş ama daha sonradan Tanrı olduğu anlaşılacak bir yabancıyla güreşe tutuşarak kendisini affettirmiş ve yeni ismi olan İsrail'i –Tanrı'yla savaşan– kazanmıştı. Tanrı'yla olan ilişkileri son derece tutkulu ve ıstıraplı olan Yahudi halkının gerçek doğuşu buydu. İsrail, Mısır'a göç eden on iki kavmin kurucularının atasıydı. Bu sözde atalar hakkında o kadar çok birbiriyle çelişen bilgi mevcuttur ki tarihî bir sıraya sokulmaları mümkün değildir.

---

* Yaratılmaya, Yaratılış kitabında iki kez, I.I-2.3 ve 2.4-25. bölümlerde yer verilmiştir. Adem'le ilgili iki şecere, iki sel hikâyesi, Kudüs'ün iki kez ele geçirilmesi, Tanrı'nın Yakup'un adını İsrail olarak değiştirmesine dair iki hikâye vardır. Çok sayıda anakronizm örneği de bulunmaktadır –mesela Yaratılış kitabında Filistinliler ve Aramilerden bahsedildiği tarihte onlar henüz Kenan'a gelmemişlerdi. Develerin yük hayvanı olarak kullanılması da nispeten daha erken bir tarihe alınmıştır. Uzmanlar ilk kutsal metinlerim farklı yazar grupları tarafından yazıldığına inanmaktadır ve bu gruplardan birisi Kenan Tanrısı El'i ön planda tutarken, diğeri İsraillilerin tek tanrısı Yahveh'e ağırlık vermiştir.

430 yıl sonra, Mısır'dan Çıkış Kitabı, İsraillileri, firavunun şehirlerini inşa etmekte kullanılan köleler ve Musa adındaki İbrani bir prensin liderliğinde Tanrı'nın yardımıyla Mısır'dan kaçmayı başaran (Yahudiler tarafından hâlâ Hamursuz Bayramı olarak kutlanmaktadır) bir kavim olarak tasvir edecektir. Onlar Sina'da ilerlerken Tanrı, Musa'ya On Emri bahşetmiştir. Eğer İsrailliler bu kurallara göre yaşayıp ibadet ederse Tanrı onlara Kenan diyarını vaat ediyordu. Musa bu Tanrı'nın doğasını anlayabilmek için, "Adın nedir?" diye sorduğunda kendisine men edici bir cevap verilmiştir: "BEN BENİM". Bu, adı olmayan bir Tanrı'dır ve İbraniceye YHVH olarak tercüme edilmiştir: Yahveh ya da daha sonra Hristiyanların yanlış hecelemesi sonucu ortaya çıkan Yehova.*

Pek çok Sami, Mısır'a yerleşti; İbranileri şehirlerinde çalışmaya zorlayan Firavun II. Ramses olmalıydı; Musa, Mısır lisanında bir isimdi ve en azından orada doğduğunu gösteriyordu. Onun tek tanrılı dinlerin ilk karizmatik lideri olduğuna inanmamamız için de bir neden yoktur, Musa –ya da onun gibi biri– ilahî vahyi almış ve böylece tek tanrılı dinler ortaya çıkmıştır. Zulümden kaçan Sami kavminin geleneği kulağa hoş gelse de tarihlendirilmesi çok güçtür.

Musa, Nebo Dağı'ndan Vadedilmiş Topraklar'a bakmış ama oraya varmadan evvel vefat etmiştir. Beni İsrail kavmi Musa'nın vârisi olan Yeşu'nun önderliğinde Kenan'a varmayı başardı. Kitabı Mukaddes bu yolculuğu hem kanlı bir mücadele hem de kademeli bir yerleşim olarak tasvir eder. Bir fetih olduğuna dair arkeolojik kanıtlar mevcut değildir ama çoban göçebeler Yahudiye'nin yüksek kesimlerinde suru olmayan pek çok köye rastlamışlardır.** Mısır'dan kaçmış olan küçük bir İbrani grup da muhtemelen aralarında bulunuyordu. Ahit Sandığı'nın da içinde bulunduğu bir sinagog olan seyyar bir tapınakta ibadet ettikleri Tanrılarına –Yahveh– olan sadakatleri onları birbirine bağladı. Belki de atalarına dair birbirlerine anlattıkları hikâyelerle kimliklerini tesis ettiler. Âdem ve Cennet Bahçesi'nden İbrahim'e kadar bu geleneklerin pek çoğu ileride sadece Yahudiler değil Hristiyanlar ve Müslümanlar tarafından da benimsendi ve merkezi de Kudüs olarak kabul edildi.

İbraniler ilk kez şehre bu derece yaklaşmayı başarmışlardı.

---

* Kudüs'te Tapınak inşa edildiğinde sadece yüce rahip yılda bir kez YHVH kelimesini okuyabilirdi ve Yahudilerin günümüzde bile bunu söylemesi yasaktır, onun yerine Adonay (Tanrı) ya da sadece Haşem (Zikredilemez İsim) demeyi tercih ederler.

** Beni İsrail'in Kenan'ı işgali, karmaşık ve çoğu zaman ispatı mümkün olmayan teorilerin uçuştuğu bir alandır. Fakat surları Yeşu'nun borazanları tarafından yerle bir edilen Eriha şehrine yapılan hücum bir efsanedir: Eriha, Kudüs'ten daha eski bir şehirdir (2010 yılında Filistin yetkilileri 10.000. yılını kutladılar – ama bu tarih de tahminidir) fakat Eriha'da bir dönem kimse yaşamamıştı ve yıkılan surlara dair de bir bulgu yoktur. Fetih varsayımlarını bahsedildiği şekilde kabul etmek zordur çünkü (Yeşu Kitabı'nda zikredildiği gibi) çatışmalar çok küçük alanlarda cereyan etmişlerdi. Hâkimler Kitabı'nda geçen ve Kudüs yakınlarındaki ele geçirildiği söylenen birkaç şehirden biri olan Bethel aslında on üçüncü yüzyılda tahrip edilmiştir. İsraillilerin iddia ettiklerinden çok daha barışçı ve hoşgörülü kişiler olması mümkündür.

2

DAVUD'UN YÜKSELİŞİ

GENÇ DAVUD

Yeşu, karargâhını Kudüs'ün kuzeyinde Nablus'ta kurdu ve orada Yahveh adına bir mabet inşa etti. Kudüs'te Kral Adonizedek, bu isim bir rahip kralı çağrıştırmaktadır, idaresinde yaşayan Yevuslular bulunuyordu. Adonizedek, Yeşu'ya direndi ama yenildi. Yine de "Yehuda'nın oğulları günümüzde de olduğu gibi onlarla yan yana yaşayan Yevusluları oradan süremediler". M.Ö. 1200 civarında, belki de Musa'nın İsraillilerinin Mısır'dan gitmesine izin vermek zorunda kalan firavun Büyük Ramses'in oğlu Merneptah, Deniz Kavimleri'nin saldırılarına maruz kaldı – bu kavimler Yakın Doğu'daki tüm imparatorlukları karmaşaya sürüklemişti. Firavun düzeni tesis etmek için Kenan'a saldırdı. Eve döndüğünde zaferini Thebes Mabedi'nin duvarlarına kazıyarak Deniz Kavimleri'ni yendiğini ve Aşkelon'u tekrar ele geçirdiğini ilan etti – ve ilk kez tarih sahnesine çıkmış bir halkı da kılıçtan geçirmişti: "İsrail yerle bir oldu ama tümden yok olmadı."

İsrail henüz bir krallık değildi; Hâkimler Kitabı'nda bildirildiğine göre ihtiyarlar tarafından idare edilen bir kabile konfederasyonuydu ve şimdi de yeni bir tehditle karşı karşıyaydı: Ege'den gelen Deniz Kavimleri'nin bir kolu olan Filistinliler. Filistinliler, Kenan'ın kıyı bölgesini ele geçirip orada beş tane zengin şehir kurdular ve kumaş dokuyup, kırmızı ve siyah çömlek yapıp pek çok tanrıya ibadet ettiler. Küçük köylerde yaşayan koyun çobanları olan İsrailliler, piyadeleri Yunan askerleri gibi göğüs zırhı, bacak zırhı ve miğfer giyen ve yakın muharebe silahları kullanarak hantal Mısır savaş arabalarına meydan okuyan bu ilerlemiş Filistinlilerle mücadele edebilecek seviyede değillerdi.

Beni İsrail, Filistinliler ve Kenanlılarla savaşabilmek için karizmatik kumandanlarını –Hâkimler– seçti. Hâkimler Kitabı'nın genelde göz ardı edilen bir ayetinde, bir ara Beni İsrail'in Kudüs'ü ele geçirip yaktığı yazmaktadır, eğer durum buysa demek ki orayı ellerinde tutmayı başaramamışlardı.

M.Ö. 1050 civarındaki Ebenezer Muharebesi'nde Filistinliler, İsraillileri yendiler, Şiloah'taki tapınaklarını yıktılar, Yahveh'in kutsal simgesi olan, Ahit Sandığı'nı ele geçirdiler ve Kudüs'ün civarındaki tepelere doğru ilerlemeye başladılar. Yok olmanın eşiğine gelen ve "diğer milletler gibi" olmak isteyen İsrailliler, Tanrı tarafından belirlenen bir kral seçmeye karar verdiler.[3] Bunun içinde yaşlı kâhinleri Samuel'e müracaat ettiler. Kâhinler geleceği öngörmezler onun yerine mevcut zamanı tahkik ederlerdi – *propheteia* Yunancadır ve tanrıların iradesini tercüme eden kişi demektir. İsraillilerin bir komutana ihtiyaçları vardı: Samuel, Şaul adında genç bir komutan tayin edip onu kutsal yağla mesh etti. Kudüs'ün üç kilometre kuzeyinde, Givon'daki (Tell el Ful) bir tepeüstü kaleye yerleşen bu "İsrail komutanı" Moablıları, Edomluları ve Filistinlileri yenerek doğru bir seçim olduğunu ispatladı. Ama Şaul tahta uygun birisi değildi: "Tanrı'dan gelen şer bir ruh onu rahatsız etmekteydi."

Akli dengesi yerinde olmayan bir kralla karşı karşıya kalan Samuel gizlice başka bir aday aradı. Beytüllahimli Yesse'nin sekiz oğlu arasında aradığı kişiyi buldu: İçlerinde en küçüğü olan Davud, "al yanaklıydı ve fiziki güzelliğinin yanı sıra yüzünde nur da bulunuyordu. Ve RAB dedi: Kalk, onu meshet; çünkü bu odur." Davud aynı zamanda "kurnaz ve güçlü bir askerdi ve meselelere ihtiyatlı yaklaşırdı." Büyüdüğünde Eski Ahit'in hem en mümtaz hem de en tartışmalı şahsiyeti olacaktı. Mukaddes Kudüs'ün yaratıcısı bir şair, fatih, katil, zinacı, gerçek bir ilahi kral ve kusurlu bir maceracıydı.

Samuel, genç Davud'u saraya getirdi ve orada Kral Şaul (Talut) tarafından zırh taşıyıcısı olarak tayin edildi. Kral delirmeye başladığı zaman Davud, doğuştan gelen ilk yeteneğini sergiledi: "Talut'un aklının başına gelmesi için" arp çaldı. Davud'un müzik alanındaki yeteneği onun kişiliğinin önemli bir parçasıydı: Mezmurlar Kitabı'nın bazı bölümlerinin ona ait olduğu iddiası doğru olabilir.

Filistinliler, Elah Vadisi'ne ilerlediler. Şaul ve ordusu onları karşıladı. Filistinlilerin ordusunda Gat* şehrinden gelme Calut (Golyat) adında, İsraillilerin uyduruk kıyafetlerinden farklı olarak tepeden tırnağa zırhlı bir savaşçı vardı. Şaul bu orduyla savaşmaktan korktuğu için Davud, Calut'a meydan okuyacağını söyleyince, sonuçtan emin olmasalar da rahat bir nefes almış olmalılar. Davud "yerden beş tane taş aldı" ve sapanını çıkarıp "taşı fırlattı ve Filistinliyi alnından vurdu, taş onun

* Kitabı Mukaddes sayesinde, tıpkı Filistin kelimesinin (kültürel yönden son derece gelişmiş olmalarına rağmen) kültür eksikliğini tanımlamak için kullanılması gibi, Gitler olarak bilinen Gat halkı da dilimize benzer şekilde girmiştir. Fakat Filistinliler yaşadıkları bölge olan Roma Palestina'ya kendi isimlerini vererek Filistin olarak anılmasını sağlamışlardır.

alnına saplandı."* Yere düşen savaşçının kafasını kesti ve İsrailliler, Filistinlileri Ekron şehrine kadar sürdüler. Hikâyenin aslı ne olursa olsun anlatılanlar Davud adında bir çocuğun savaşçı olarak kendisini ispat ettiğini göstermektedir.**

Şaul, Davud'u terfi ettirdi ama kadınlar sokaklarda "Şaul onların binlercesini Davud ise on binlercesini öldürdü" diye şarkılar söylediler. Şaul'un oğlu Yonatan, Davud'la arkadaş olurken kız kardeşi Mikal ona âşık oldu. Şaul evlenmelerine izin verdi ama onları çok kıskandı: İki kez damadını bir ciritle öldürmeye kalkıştı. Prenses Mikal, sarayın penceresinden inmesini sağlayarak Davud'un hayatını kurtardı ve daha sonra da Nob rahipleri, yanlarına sığınmasına izin verdiler. Kral peşini bırakmadı ve biri hariç tüm rahipleri öldürdü ama Davud yine kaçtı ve firari olarak altı yüz haydudun komutasında yaşamaya devam etti. İki kez gizlice uyuyan kralın yanına geldi ama canını bağışladı ve bunu gören Şaul gözyaşları içinde şöyle dedi: "Sen benden çok daha erdemlisin."

Nihayetinde Davud, Gatlı Filistin kralına sığındı ve kral da kendisine idare etmesi için bir şehri, Ziklak'ı bahşetti. Filistinliler Yehuda'yı tekrar işgal etti ve Gilboa Dağı'nda Şaul'u mağlup ettiler. Oğlu Yonatan öldürüldü ve kral da intihar etti.

---

* Sapan o zamanlar çocuk oyuncağı değil de etkili bir silahtı: Mısır, Beni Hasan'daki duvar resimlerinde sapancılar savaş alanında okçuların yanında gösterilmişlerdir. Mısır ve Asur kraliyet duvar resimlerinde sapancılar antik dünya ordularının ayrılmaz parçaları olarak gösterilmişlerdir. Tecrübeli bir sapancının pürüzsüz hale getirilmiş taşları saatte 150-200 kilometre hızla atabildiğine inanılmaktadır.

** Davud onun gerçek ismi miydi yoksa sonradan ona takılan bir isim miydi? Kitabı Mukaddes, Calut hikâyesini iki kez anlatmakta ve ikincisinde İsrailli kahraman çocuğun adı Elhanan olarak geçmektedir: Davud'un gerçek adı bu muydu?

3

KRALLIK VE TAPINAK

DAVUD: KRALİYET ŞEHRİ

Genç bir adam Davud'un karargâhına geldi ve Şaul'u öldürdüğünü iddia etti: "Tanrı'nın kutsadığını öldürdüm." Davud bunu söyleyeni öldürdü ve Şaul ile Yonatan için sayısız mersiye yazdı:

> İsrail'in güzeli senin yüce mekânlarında öldürüldü: İşte kudretlinin düşüşü böyle olur! Ey İsrail'in kızları, sizlere kumaşlar, başka güzellikler ve mücevherler sunan Şaul için ağlayın... Şaul ve Yonatan hayatları boyunca iyi ve nazik oldular ve öldükleri zaman bile ayrılmadılar: Kartaldan daha çevik, aslandan daha güçlüydüler... İşte kudretlinin düşüşü ve harp silahlarının mahvı böyle olur![4]

Bu karanlık saatte Yehuda'nın güney kabileleri başkentleri olarak seçtikleri el Halil'de Davud'u kral olarak ilan ederken İsrail'in kuzey kabileleri de Şaul'un hayatta kalan oğlu İşboşet'i Şaul'un halefi olarak seçtiler. Yedi yıl süren savaşın ardından İşboşet öldürüldü ve kuzey kabileleri de Davud'un krallığını kabul ettiler. Krallık bir araya gelse de İsrail ile Yehuda arasındaki bu bölünme ancak Davud'un karizmasıyla onarılmıştı.

Yevusluların ardından Yevus olarak bilinmeye başlayan Kudüs, Şaul'un kalesi Givon'un hemen güneyindeydi. Davud ve ordusu Siyon Kalesi'ne doğru yaklaştığında, kısa süre önce Gihon Çayı* civarında gün ışığına çıkarılan, güçlü tah-

---

* Burası dünyanın en çok kazılan kazı alanlarından birisidir. Günümüzde Profesör Ronny Reich başkanlığında çay civarında yapılan kazı bu bölgede başlatılan on ikinci kazıdır ve birinci bölümde bahsedilen Kenan tahkimatları bu kazıda ortaya çıkmıştır. 1867'de İngiliz arkeolog Charles Warren, Ofel'den aşağıdaki çaya inen bir tünel keşfetti. Uzun yıllar boyunca Warren Tüneli'ni, sepetlerle aşağıdan su alabilmek için Kudüslülerin yaptığı düşünülmüştü. Ama en yeni kazıda ortaya çıkanlar her şeyi değiştirdi: Anlaşılan Warren Tüneli doğaldı. Aslında su, insanlar tarafından kayaların içine oyulan, devasa bir burç ve surlar tarafından korunan bir havuza akıyordu.

kimatlarla karşılaştılar. Siyon'un aşılmaz olduğu söylenirdi ve Davud'un orayı nasıl ele geçirdiği hâlâ esrarını korumaktadır. Kitabı Mukaddes, Yevusluların, saldırganlara başlarına neler geleceğini hatırlatmak için yapılan bir uyarı olarak kör ve topalları surlar üzerine dizdiklerini söylemektedir. Fakat kral bir şekilde burayı –Tanah'ın, *zinnor* diye bahsettiği yeri– aşmayı başarmıştı. Burası Ofel Tepesi altına kazılmış su tünellerinden biri olabilir ya da belki de bir büyüye verilmiş olan isimdir. Öyle ya da böyle "Davud, Siyon Kalesi'ni ele geçirdi: Sonra da ona Davud'un Şehri adını verdi."

Bu fetih sadece bir saray darbesi de olabilir. Davud, Yevusluları öldürmedi, tam tersine onları çok milletli saray ve ordusuna dâhil etti. Siyon şehrinin adını değiştirip Davud'un Şehri yaptı, surlarını onarttı ve muharebede tekrar ele geçirilen Ahit Sandığı'nı Kudüs'e getirtti. Bu muhteşem mukaddes eser kendisini taşıyanlardan birinin ölümüne neden olunca Davud taşınması güvenli hale gelene kadar onu güvendiği birine emanet etti. "Davud ve tüm Beni İsrail, Tanrı'nın Ahdini tezahüratlar ve borazanlar eşliğinde getirdi." Dinî kisvesini giyen Davud, "tüm ihtişamıyla Tanrı'nın huzurunda dans etti." Bunun karşılığında Tanrı, Davud'a "neslin ve krallığın ebediyete kadar sürecek" diye söz verdi. Asırlarca süren mücadelenin ardından Davud, Yahveh'in kutsal şehirde kalıcı bir ev kurduğunu ilan etti.[5]

Şaul'un kızı Mikal kocasının yarı çıplak olarak kendisini Tanrı'ya teslim etmesini gereksiz bir kibir olarak görüp alay etmişti.[6] Kitabı Mukaddes'in önceki kitapları, eski metinler ve çok daha sonra yazılıp öne alınmış hikâyeler olsa da Samuel'in ikinci kitabı ve Krallar'ın ilk kitabında yer alan, Davud'un tepki çeken ve kahramanlara yaraşmayan kişiliği öylesine canlı aktarılmıştır ki onun maiyetinde bulunan birinin anılarına dayanılarak yazılmış olması mümkündür.

Davud burayı başkenti olarak seçti çünkü burası ne kuzey kabilelerine ne de mensup olduğu güney Yehuda'ya aitti. Mağlup ettiği düşmanlarının altın kalkanlarını Kudüs'e getirdi ve orada Sur şehrindeki Fenikeli müttefiklerinden satın aldığı erz ağacı ahşabıyla kendisine bir saray inşa ettirdi. Davud'un Lübnan'dan Mısır sınırına kadar uzanan bir krallığı fethettiği ve doğuda modern Ürdün ve Suriye'ye kadar ilerleyip Şam'da bir garnizon kurduğu bile söylenir. Davud'la ilgili elimizdeki tek kaynak Kitabı Mukaddes'tir: M.Ö. 1200 ve 850 yılları arasında çökmekte olan Mısır ve Irak'taki imparatorluklar arkalarında çok az resmî kayıtla birlikte büyük de bir otorite boşluğu bıraktılar. Davud kesin olarak yaşamıştı: 1993 yılında Kuzey İsrail'deki Tel Dan'da bulunan M.Ö. 9. yüzyıla ait olan bir duvar yazısında Yehuda krallarının Davud'un Hanesi olarak tanındıklarının yazması Davud'un krallığın kurucusu olduğunu ispatlamaktadır.

Her şeye rağmen Davud'un kurmuş olduğu Kudüs çok küçüktü. O dönemde, bugün Irak'ta bulunan, Babil şehri 10.000 dekarlık bir alana yayılıyordu; en yakındaki Hazor'un bile alanı 800 dekardı. Kudüs ise 60 dekardan büyük değildi, kalenin çevresi ancak 1.200 kişiye iskân sağlayabilecek bir büyüklükteydi. Fakat Gihon Çayı üzerinde kısa süre önce keşfedilen tahkimatlar Davud'un Siyonu'nun bir imparatorluk başkentiyle kıyaslanamayacak kadar küçük olsa da önceden zannedildiğinden çok daha büyük olduğunu göstermiştir.* Davud'un, emrindeki Giritli, Filistinli ve Hititli paralı askerlerle fethettiği krallığı da Kitabı Mukaddes'te abartıldığı kadar olmasa da oldukça makuldu ve onun kişiliğinin bir arada tuttuğu bir kabile konfederasyonu niteliğindeydi. Makkabiler, çok daha sonra, dinamik derebeylerinin, otorite boşluğu olduğunda nasıl kısa sürede bir Yahudi Krallığı kurulabileceğini gayet iyi göstereceklerdi.

Bir gece Davud sarayının çatısında oturuyordu: "Yıkanan bir kadın gördü ve kadın çok güzeldi. Davud kadının kim olduğunu sordu. Birisi, 'O, Batşeba değil mi?' dedi." Kadın, onun İsrailli olmayan paralı asker komutanlarından biri olan Hititli Uriya'yla evliydi. Davud kadını çağırttı ve "kadın onun yanına gelip onunla birlikte oldu", sonra da hamile kaldı. Kral, komutanı Yoab'a kadının kocasını bugünkü Ürdün'de süren savaştan geri çağırmasını emretti. Uriya geldiğinde Davud ona evine gidip "ayaklarını yıkamasını söyledi" ama asıl amacı karısıyla yatmasını sağlayarak hamileliğin onun üzerine kalmasını sağlamaktı. Fakat Uriya kabul etmeyince Davud ondan bir mektubu Yoab'a götürmesini emretti: "Uriya'yı savaşta en öne sür ki oradan sağ çıkamasın." Ve Uriya öldürüldü.

Batşeba, Davud'un en gözde karısı oldu ama kâhin Nathan, krala her şeye sahip olduğu halde hâlâ fakir bir adamın tek kuzusunu çalmaktan geri kalmayan bir zenginin hikâyesini anlattı. Davud bu adaletsizliği duyunca öfkelendi: "Bunu yapan kişi ölümü hak etmiştir!" "O adam sensin," diye cevap verdi Natan. Kral büyük bir suç işlediğini anladı. O ve Batşeba bu günahları yüzünden ilk çocuklarını kaybettiler – ama ikinci oğulları olan Süleyman hayatta kaldı.[7]

Davud sıradan bir kutsal kral portresi çizmekten çok uzaktı ve güçlü bir kişi etrafında tesis edilen tüm imparatorluklar gibi o hastalanınca çatlamalar görül-

* Davud'un şehrinin ebatları uzun süreden beridir onun sadece küçük bir kabile reisi hisarı olduğunu iddia eden asgaricilerle geleneksel Kitabı Mukaddes hikâyelerini kabul ederek onun bir İmparatorluk başkenti olduğuna inanan azamiciler arasında hararetli bir tartışma konusudur. Tel Dan duvar kabartmaları ortaya çıkarılana kadar bazı aşırı asgariciler, İncil haricinde arkeolojik bir delil olmamasından dolayı, Davud'un hiç yaşamadığını iddia edecek kadar ileri gitmişlerdi. 2005 yılında Dr. Eilat Mazor, Kral Davud'un sarayını bulduğunu ilan etti. Bu açıklama büyük ölçüde şüpheyle karşılandı ama kazılarında onuncu yüzyıla ait bir kamu binası ve Davud'un hisarını teşkil eden Kenan tahkimatları ve basamaklı yapıların keşfedildiği anlaşılmaktadır.

meye başladı: Oğulları tahtı ele geçirmek için mücadeleye giriştiler. Büyük oğlu Amnon'un, Davud'un yerine geçmesi bekleniyordu ama kralın gözdesi, Amnon'un üvey kardeşi olan şımarık ve hırslı, parlak saçlı ve kusursuz vücutlu Abşalom'du: "Tüm İsrail'de Abşalom'dan daha güzel birisi yoktu."

ABŞALOM: BİR PRENSİN YÜKSELİŞİ VE DÜŞÜŞÜ

Amnon'un, Abşalom'un kız kardeşi Tamar'ı evine getirip ona tecavüz etmesinin ardından Abşalom, Amnon'u Kudüs dışında öldürttü. Davud yas tutarken Abşalom başkentten kaçtı ve ancak üç yıl sonra geri döndü. Kral ve gözdesi barıştılar: Abşalom tahtın önünde boyun eğdi ve Davud onu öptü. Ama Prens Abşalom hırsına gem vuramadı. Savaş arabası ve önünde koşan elli atlı askeriyle Kudüs sokaklarında dolaştı.

Babasının otoritesini zayıflattı –Abşalom, İsrail'in kalbini çaldı– ve kendi asi sarayını el Halil'de kurdu.

İnsanlar yeni doğan güneş Abşalom'a koştular. Fakat Davud da kendisini toparlamaya başlamıştı: Tanrı'nın onun yanında olduğunun alameti olan Ahit Sandığı'nı aldı ve Kudüs'ü terk etti. Abşalom, Kudüs'te güç kazanırken yaşlı kral da asker toplamaya başladı. "Benim hatırıma genç adama çok yüklenme," dedi Davud, generali Yoav'a. Davud'un birlikleri asileri Efrayim ormanlarında kılıçtan geçirdiği zaman Abşalom bir katırın üzerinde kaçtı. Muhteşem saçları onun sonu oldu: "Ve katır büyük bir çınar ağacının dalları altından geçerken saçları ağacın dallarına takıldı ve kendisi dallara asılı kalırken altındaki katır kaçtı." Dallara takılı Abşalom'u gören Yoav onu öldürdü ve cesedini de asi prensin kendisi için yaptırmış olduğu sütunun altına değil de bir çukura gömdü.* "Genç Abşalom güvende mi?" diye sordu kral dokunaklı bir ifadeyle. Davud, prensin öldüğünü duyunca çok üzüldü: "Ah evladım, Abşalom oğlum, oğlum, Tanrı senin yerine benim canımı alsaydı, oğlum!"[8] Krallıkta kıtlık ve veba yayılmaya başlayınca Davud, Moriah Dağı'nda durdu ve ölüm meleğinin Kudüs'ü tehdit ettiğini gördü. Orada kendisine vahiy geldi ve bu vahiyde ona orada bir sunak yapması emredildi. Yöneticileri rahip-kral olarak adlandırılan Kudüs'te zaten bir mabet bulunuyor olmalıydı. Şehrin ilk sakinlerinden biri olan Yevuslu Araunah'ın Moriah'ta arazisi vardı ki bu da şehrin Ofel'den çevredeki dağlara kadar yayıldığını göstermektedir.

* Kidron Vadisi'ndeki Abşalom'un Sütunu olarak bilinen piramitten ilk kez M.S. 1170 yılında Benjamin Tudela tarafından bahsedilmiştir ve bu sütun M.Ö. 1000 yılına ait bir eser değildir. Bu aslında M.Ö. ilk asra ait bir mezardır. Orta Çağ'da Yahudilerin bu şehre girmesi ve hatta Batı Duvarı'na yaklaşması yasaklandığı için Sütun yakınlarında dua etmişlerdi. Yirminci yüzyılın başlarında bile oradan geçen Yahudiler, Abşalom'un sadakatsizliğine olan nefretlerini göstermek için ona tükürmüş ya da taş atmışlardır.

"Böylece Davud elli şekel gümüşe bir harman yeri ve öküzler satın aldı. Ve Davud orada Tanrı'nın adına bir sunak inşa etti ve orada ona adaklar adadı." Davud orada bir tapınak yapmak istedi ve Fenikeli Sur Kralı Hiram'dan erz ağacı sipariş etti. Kariyerinin zirveye ulaştığı an buydu, Tanrı ve halkını, İsrail ve Yehuda'yı bir araya getirmiş ve Kudüs'ün kutsal başkent olarak kabulünü sağlamıştı. Ama böyle olmayacaktı. Tanrı, Davud'a şöyle dedi: "Benim adıma ev inşa etmeyeceksin, çünkü sen bir savaşçıydın ve kan döktün."

Davud artık "yaşlı ve hastaydı," maiyeti ve oğulları onun yerine geçme planlarına çoktan başlamışlardı. Diğer bir oğlu olan Adoniya, kıvrak bir bakire olan Avişag'ı Davud'un dikkatini dağıtması için kullanarak tahtı ele geçirmeyi denedi. Ama darbeciler Batşeba'yı hafife almışlardı.[9]

SÜLEYMAN: TAPINAK

Batşeba, oğlu Süleyman adına tahtı ele geçirdi. Davud, kendi katırının üzerinde kutsal Gihon Çayı'na giden Süleyman'a eşlik etmeleri için rahip Zadok ve kâhin Nathan'ı da çağırdı. Süleyman orada kral olarak kutsandı. Borazanlar çalındı ve halk kutlama yaptı. Adoniya bu kutlamaları duydu ve sunağın ibadethanesine sığındı, Süleyman da onun hayatını bağışladı.[10]

Beni İsrail'i birleştirip Kudüs'ü Tanrı'nın şehri haline getirmeyi başaran Davud ölmeden önce Süleyman'a Moriah Dağı'nda bir Tapınak inşa etmesini emretti. Bu olaylardan dört asır sonra yaşananları kaleme alan Kitabı Mukaddes yazarları kusursuz olmayan Davud'u kutsal bir krala çevirmişlerdi. Davud, Davud'un Şehri'nde defnedildi.* Oğlu çok farklı birisiydi. Bu mübarek görevi Süleyman tamamlayacaktı – fakat yaklaşık M.Ö. 970 yılında iktidara geldiğinde önce halletmesi gereken kanlı bir hesaplaşma vardı.

Kralın annesi Batşeba, Süleyman'dan, büyük kardeşi Adoniya'nın Kral Davud'un son cariyesi Avişag'la evlenmesine izin vermesini istedi. "Ona krallığı da vermemi ister misin?" dedi Süleyman cevaben alaycı bir tonda ve Adoniya ile babasının muhafızlarının öldürülmelerini emretti. Davud'un saray tarihçisinin anlattığı son hikâye budur ama Süleyman'ın bir insan olarak ilk ve tek tasviri olduğu için de önemlidir, çünkü ileride son derece bilge ve ihtişamlı, kusursuz bir imparator

* Birkaç asır sonra Makkabi Kralı Yohanan Hurkanus'un yabancı işgalcilere haraç ödeyebilmek için Davud'un mezarını yağmaladığı söylenir. Bu olaydan iki bin yıl sonra Haçlı Krallığı döneminde işçiler Siyon Dağı'ndaki, İsa'nın son akşam yemeğini yediği Yemek Salonu'nu tamir ederken Davud'un mezarı olduğunu düşündükleri bir odayı keşfettiler. Burası Yahudi, Hristiyan ve Müslümanlar tarafından hürmet edilen bir yer haline geldi. Fakat Davud'un mezarının gerçek yeri hâlâ esrarını korumaktadır.

olarak zikredilecektir. Süleyman'ın yaptığı her şey sıradan bir kralın yapacağından daha büyük ve iyiydi: İrfanının ürünü olan 3000 atasözü ve 1005 şarkı vardı, hareminde 700 karısı ve 300 cariyesi bulunuyordu ve ordusu 12.000 süvari ile 1400 savaş arabasına sahipti. Askerî teknolojinin ürünü olan bu masraflı birimler Megiddo, Gezer ve Hazor gibi tahkimli şehirlere yerleşirken, donanması da Akabe Körfezi'ndeki Etzyon-Gever'de demirli beklerdi.[11]

Süleyman, Mısır ve Kilikya'yla baharat, altın, savaş arabası ve at ticareti yapardı. Fenikeli müttefiki Sur Kralı Hiram'la birlikte Sudan ve Somali'ye müşterek ticari seferler düzenlemişlerdi. Kudüs'e "baharat, altın ve mücevher taşıyan büyük bir deve kervanıyla gelen" Saba (muhtemelen bugünkü Yemen) Kraliçesi'ni ağırlamıştı. Altın, Ofir'den, muhtemelen Hindistan'dan geliyordu; bronz ise kendi madenlerinin ürünüydü. Süleyman tüm Kudüs'ü bir uçtan diğerine süsledi: "Kralın zamanında gümüş taşlar kadar erz ağacı da vadideki akçaağaçlar kadar bol bulunur oldu." Uluslararası itibarının en büyük göstergesi ise firavunun kızıyla yaptığı evliliktir. Firavunların kızlarını yabancı hükümdarlarla evlendirmesi çok nadiren görülen bir durumdu – özellikle de daha yeni çobanlıktan kabile reisliğine terfi etmiş olan sonradan görme Yahudiyelilerle. Bir zamanların mağrur Mısır'ı şu anda öyle bir kargaşa içerisindeydiki Firavun Siamun, Kudüs'ten fazla uzakta olmayan Gezer'i yağmalamış, belki de kendini evinden çok uzakta savunmasız görüp başka bir zamanda aklından bile geçirmeyeceği bir şey yaparak elde ettiği ganimetle birlikte kızını da Süleyman'a hediye etmişti. Babası gibi Süleyman'ın da öncelikli amacı Kudüs Tapınağı'nı inşa etmekti.

"Tanrı'nın Evi" bir kutsal akropolisin içerisinde, Süleyman'ın kraliyet sarayının yanında yer alıyordu. Kitabı Mukaddes'te tasvir edildiğine göre, Lübnan Orman Evi ve kralın davalara baktığı Hüküm Eyvanı da dâhil olmak üzere "Tanrı'nın Evi"nin şaşırtıcı görkemiyle övünç kaynağı olan salonları ile sarayları altın ve erz ağacıyla döşenmişlerdi,

Bu sadece İsraillilerin bir başarısı değildi. Lübnan kıyısı boyunca bağımsız şehirlerde yaşayan Fenikeliler Akdeniz'in en usta zanaatkârları ve denizcileriydiler. İsimlerini aldıkları ve alfabeyi yaratmak için kullandıkları, Sur'da imal edilen mor boyayla da ün salmışlardı. Surlu Kral Hiram sadece servi ve erz ağacı sağlamakla kalmıyor, gümüş ve altın işlemeleri yapacak ustalar da gönderiyordu. Her şey "saf altındandı".

Tapınak sadece bir ibadethane değil aynı zamanda Tanrı'nın eviydi; duvarla çevrili üç bölümden oluşan on metreye otuz beş metre ebatlarında kompleks bir yapıydı. Önünde 10 metre yüksekliğinde, nar ve zambak motifleriyle bezenmiş iki bronz sütunun, Yakin ve Boaz'ın bulunduğu ve üzeri açık, büyük sütunlu ve üç tarafı, muhtemelen içinde kraliyet arşivi ya da hazine dairesinin de olduğu iki katlı odalarla çevrili bir avluya açılıyordu. Kemeraltı, kutsal bir odaya açılıyordu: Duvarlarına on altın kuzu dizilmişti. Kurban adanması için kullanılan tütsü sunağının önünde mayasız ekmek için altın bir masa, arınma için bir su haznesi, içinde kâseler bulunan tekerlekli büyük bir leğen ve Deniz denilen bronz bir havuz bulunuyordu. Merdivenlerle, altı metre yüksekliğinde zeytin ağacı ahşabından yapılmış ve altın folyoyla kaplanmış iki melek figürü tarafından korunan küçük bir oda olan, Kutsalların Kutsalı'na* çıkılırdı.

Ama Süleyman'ın kendi ihtişamı her şeyden önce gelirdi. Tapınak'ı bitirmesi yedi yıl sürmüştü, daha büyük olan kendi sarayı ise on üç yılda bitmişti. Tanrı'nın evinde sükûnet olması gerekirdi, "bu nedenle evin içinde ne çekiç, ne balta ne de demir bir aletin sesi duyulurdu": Fenikeli zanaatkârlar taşları süslediler; erz ve servi ağaçlarını oydular; gümüş, bronz ve altın süslemeleri Kudüs'e nakledilmeden önce Sur şehrinde işlediler. Kral Süleyman eski surları genişleterek Moriah Dağı'nı tahkim etti: Bu tarihten sonra Siyon ismi hem eski kale hem de yeni Tapınak Dağı için kullanılmaya başlandı.

Her şey bittiğinde, Süleyman, akasya ağacından yapılma Ahit Sandığı'nı Siyon hisarında, Davud'un şehrindeki çadırından Moriah Dağı'ndaki Tapınak'a taşıyacak rahipleri izlemeleri için halkını topladı. Süleyman sunakta kurban adadı, ardından rahipler Ahit Sandığı'nı Kutsalların Kutsalı'na götürüp iki devasa altın heykelin altına yerleştirdiler. Kutsalların Kutsalı'nda melekler hariç bir şey olmadığı gibi –bir buçuk metreye yarım metre ebatlarında olan– sandığın içerisinde de Musa'nın kanunlarının yazılı olduğu tabletler haricinde bir şey bulunmuyordu. Öylesine kutsal bir yerdi ki halkın orayı ziyaret etmesine izin verilmezdi: Bu boşluğun

---

* Kutsalların Kutsalı neredeydi? Bu, günümüzde siyasi açıdan sömürülmeye açık bir meseledir ve İsrail-Filistin barış görüşmelerinde Kudüs'ün paylaşılması bakımından büyük sorun teşkil etmektedir. İleride Büyük Hirodes tarafından genişletilen Tapınak Dağı'nın ebatlarına bağlı olarak bu konuda pek çok teori ileri sürülmüştür. Çoğu uzman onun Kubbetüs Sahra içindeki bir kayanın üzerinde bulunduğuna inanmaktadır. Kimileri bunun M.Ö. 2000 yılları civarında bir mağara mezarı olarak kullanılan sarı ve dolambaçlı bir mağara olduğunu söylemektedir ve bu görüşü destekleyen halk arasında dolaşan rivayetlere de rastlanmıştır: M.Ö. 540 civarında sürgünler Babil'den döndüğünde onlara Yevuslu Aranuah'ın kafatasının bulunduğu söylenmişti. M.S. 2. yüzyılda yapılan ve Yahudi sözlü geleneğinin derlemesi olan Mişna'da buraya "Gayya Mezarı" denmişti, "derinlerdeki bir mezarın korkusu nedeniyle" oyulmuştu. Müslümanlar buraya Ruhlar Kuyusu demektedir. Yahudiler ve Müslümanlar Âdem'in burada yaratıldığına ve İbrahim'in İshak'ı kurban etmek üzere olduğu yerin de burası olduğuna inanmaktadırlar. M.S. 691 yılında Halife Abdülmelik'in, Kubbetüs Sahra'nın yapılması için burayı seçmiş olmasının nedeni Tapınak'ın mirasının İslam tarafından sürdürüldüğünü gösterme isteği olabilir. Yahudiler oradaki Muallâk Taşı'nı, Tapınak'ın temel taşı olarak kabul etmektedirler.

içerisinde Yahveh'in suretsiz ve vakar kutsiyeti, Beni İsrail'e mahsus bir düşünce yer almaktaydı.

Rahipler, Yüce Varlık'ın "bulutundan" dışarı çıkarlarken "Tanrı'nın evi, Tanrı'nın ihtişamıyla doldu." Süleyman, Tapınak'ı halkının önünde takdis edip Tanrı'ya seslendi: "Senin için içinde ebediyete kadar ikâmet edebileceğin bir ev inşa ettim." Tanrı, Süleyman'a şöyle cevap verdi: "Ben de baban Davud'a söz verdiğim gibi senin soyunu Beni İsrail'in ebedi hükümdarları olarak tayin ediyorum." Bu, Yahudi takviminde hac yapılan festivallerden ilki olacaktı: "Süleyman yılda üç kez sunakta kurban adadı." O anda Yahudi-Hristiyan-İslam dünyasındaki mukaddesat kavramı ebedi mekânını bulmuştu. Yahudiler ve diğer Ehli Kitap, Yüce Varlık'ın Tapınak'ı hiç terk etmediğine inanmaktadırlar. Kudüs artık insan ile Tanrı arasındaki münasebetin yeryüzündeki zirvesini temsil edecekti.

SÜLEYMAN: GERİLEME

Yeni ya da eski, semavi ya da fani tüm ideal Kudüsler, Kitabı Mukaddes'teki Süleyman'ın şehrinin tasvirine dayandırılmaktadır. Fakat bunu doğrulayacak başka kaynak olmadığı gibi Tapınak'ta da hiçbir şey bulunamamıştır.

Bu zannedildiğinden daha az şaşırtıcıdır. Siyasi ve dinî nedenlerle Tapınak'ta kazı yapmak imkânsızdır ve bu kazılara izin verilse bile muhtemelen Süleyman'ın Tapınağı'na dair hiçbir iz bulamayacağız, çünkü o yapı iki kez yıkılmış, en az bir kez temeline kadar yerle bir edilmiş ve defalarca yeniden inşa edilmiştir. Kitabı Mukaddes yazarları her ne kadar ihtişamını abartıyor olsalar da Tapınak'ın boyutları ve tasarımı açısından güzel bir yapı olduğu bellidir. Süleyman'ın bir ölçüde temel aldığı Fenike tapınakları yüzlerce görevlinin çalıştığı büyük şirketler gibiydi, tapınaklarda çalışan fahişelerin gelirleri de bu şirketlerin gelirlerine eklenir ve hatta saçını tanrılara adayacak kişilerin saçlarını kesecek berberler bile tapınakların içinde görev yaparlardı. Tüm bölgede keşfedilen Suriye tapınakları ise, içinde kullanılan leğen gibi eşyalarına varıncaya kadar, Süleyman'ın Tapınağı'nın Kitabı Mukaddes'teki tasvirlerine çok benzemektedirler.

Altın ve fildişinin bolluğu yönündeki rivayetlerin doğru olması mümkündür. Bir asır sonra şaşaalı İsrail krallarının saraylarının bulunduğu Samiriye'de yapılan kazılarda arkeologlar fildişine rastlamışlardır. Kitabı Mukaddes'in, Süleyman'ın Tapınak'a beş yüz altın kalkan bağışladığını söylediği döneme dair diğer kaynaklar da altının bolluğuna işaret etmektedir – altın, Ofir'den ithal ediliyordu ve ayrıca Mısırlıların, Nubiya'da altın madenleri vardı. Kral Süleyman'ın madenlerinin ise uzun zaman efsane olduğu zannedildi ama Ürdün'de yapılan kazılarda onun hükümdarlığı döneminde işler halde olan bakır madenleri bulundu. Bir asır sonra bir İsrail kralının iki bin savaş arabalık bir orduya sahip olabildiğini bildiğimiz için ordusuyla ilgili verilen rakamlar da mantıklıdır.* [12]

Süleyman'ın ihtişamı abartılıyor olabilir ama gerilemesiyle ilgili anlatılanlar da çok farklı değildir: Bilge kral, inşa ettiği eserlerin masraflarını yüksek vergiler ve "kırbaç cezaları"yla ödemeye kalkan baskıcı bir tirana dönüşmüştü. İki asır sonra yazan, tek tanrılı Kitabı Mukaddes yazarları Süleyman'ın, Yahveh'le birlikte diğer yerel tanrılara da ibadet edip "pek çok yabancı kadını sevmesinden" nefret etmişlerdi.

Süleyman, güneyde Edom ve kuzeyde Şam'da isyanlarla uğraşmak zorunda kalırken generali Yarovam da kuzey kabileleriyle bir ayaklanma başlatmaya hazırlanıyordu. Süleyman, Yarovam'ın öldürülmesini emretti ama general, Mısır'a kaçıp orada yeniden doğan bir imparatorluğun Libyalı firavunu olan Şoşenk tarafından kabul edildi. İsrail krallığı tökezlemeye başlamıştı.

---

* Kitabı Mukaddes, Megiddo, Gezer ve Hazor kalelerinden Süleyman'ın ikmal merkezleri olarak bahseder. Fakat Profesör Israel Finkelstein başkanlığındaki yirminci yüzyıl revizyonistleri bunların bir asır sonra inşa edilen Suriye tarzı saraylar olduklarını iddia ederek Süleyman'la ilgileri olmadığını söylemişlerdir. Diğer arkeologlar ise revizyonistlerin verdikleri bu tarihlere karşı çıkmıştır. Bu alanda bulunan kırmızı üzerine siyah çömlekler M.Ö. 10. yüzyıl sonlarına, yaklaşık olarak Süleyman'ın hâkimiyeti ile Firavun Şoşenk'in düzenlediği saldırının gerçekleştiği yıllara, kralın ölümünden dokuz yıl sonrasına aittir. Diğer taraftan binalar üzerinde yapılan yeni incelemeler bunların onuncu yüzyıla ait büyük at ahırları olduklarını iddia etmektedir, dolayısıyla Süleyman'ın süvari kuvveti ve Akdeniz'deki at ticaretiyle ilgili elimizde yeterli sayıda delil bulunmamaktadır. Tartışmalar hâlâ devam etmektedir.

4

YEHUDA KRALLARI

M.Ö. 930-626

REHAVAM, YAROVAM'A KARŞI: BÖLÜNME

Kırk yıllık saltanatın ardından M.Ö. 930 tarihinde Süleyman öldüğünde, oğlu Rehavam, kabileleri Şekem'e çağırdı. Kuzeyliler, General Yarovam'dan, genç krala artık Süleyman'ın vergilerine tahammülleri kalmadığını söylemesini istediler, Rehavam ise, "Babamın size yüklediği boyunduruğu ben daha da ağırlaştıracağım. Babam sizi kırbaçla yola getirdiyse, ben sizi akreplerle yola getireceğim," diye cevap verdi. On kuzey kabilesi ayaklandı ve Yarovam'ı yeni kurulan bu İsrail krallığının kralı olarak seçtiler.

Rehavam, Yehuda kralı olarak kalmaya devam etti; o, Davud'un torunuydu ve Yahveh'in Evi, Kudüs Mabedi onun elindeydi. Fakat Şekem'i başkenti olarak seçen Yarovam daha tecrübeliydi ve şu gerçeğin de farkındaydı: "Eğer bu insanlar Kudüs'teki Tanrı'nın evine gidip kurban adarlarsa kalpleri Yehuda kralı Rehovam'dan yana döner ve beni öldürürler." Bunun üzerine Beytel ve Dan'da geleneksel Kenan ibadethaneleri olan iki küçük mabet inşa ettirdi. Yarovam'ın saltanatı uzun ve başarılı oldu ama Rehavam'ın Kudüsü'nün seviyesine hiçbir zaman çıkamadı.

Bu iki İsrail krallığı kimi zaman savaştı kimi zaman yakın müttefik oldu. M.Ö. 900 yılından sonraki dört asır boyunca Yehuda'da hüküm süren Davud hanedanı, Tapınak şehri Kudüs'teki küçük bir grup olarak kalırken çok daha zengin ve genelde kanlı darbelerle iktidarı ele geçiren generallerin elinde olan İsrail kuzeyde yerel bir askerî güç haline geldi. İktidarı ele geçiren bu generallerden biri saltanata mensup o kadar çok kişiyi öldürmüştü ki Baaşa'nın dost ve akrabalarından hiçbir erkeği sağ bırakmamıştı. Olanları iki asır sonra kaleme alan Krallar Kitabı ve Tarihler'in yazarları şahsi detaylar ve kronolojik sırayla pek ilgilenmezken idarecilerin İsrail'in tek tanrısına olan sadakatlerini eleştirmekten geri kalmamıştı. Neyse ki Karanlık Çağ bitmişti: Mısır ve Irak'taki duvar yazıları Kitabı Mukaddes'te kesilen ahkâmlara ışık tutmakta ve çoğu zaman da doğrulamaktadır.

Süleyman'ın ölümünden dokuz yıl sonra Mısır ve tarih yeniden Kudüs'e döndü. İsrail krallıklarının bölünmesinden cesaret alan Firavun Şoşenk sahil boyunca ilerledi ve daha sonra dönüp Kudüs'e doğru yürümeye başladı. Tapınak, böyle bir macerayı son derece kârlı hale getirmeye yeterliydi. Kral Rehavam, Tapınak hazinesini –Süleyman'ın altınlarını– kullanarak Şoşenk'e haraç ödemek zorunda kaldı. İki İsrail krallığına da saldıran firavun kıyıdaki Megiddo'yu yerle bir etti ve orada bir dikilitaşın üzerinde fethini anlatan bir yazı bıraktı: Günümüze bu yazının ancak belli belirsiz parçaları ulaşabilmiştir. Dönüşünde Karnak'taki, Amon Tapınağı'nda başarılı akınını duyurdu. Firavunun başkenti Bubastis'teki bir hiyeroglifte kısa bir süre sonra Şoşenk'in halefi Osorkon'un tapınaklarına, büyük bölümü Kudüs'teki yağmadan elde edilen 383 ton altın bağışladığı yazılmaktadır. Şoşenk'in istilası Kitabı Mukaddes'te geçip de arkeoloji tarafından doğrulanan ilk tarihî olaydır.

Elli yıllık savaşın ardından iki İsrail krallığı barış yaptılar. İsrail Kralı Ahav'ın itibarlı bir evlilik yaptığı Fenike prensesi, Kitabı Mukaddes'te, korkunç bir canavar, satılmış bir tiran ve Baal ile diğer putlara tapan birisi olarak gösterilmiştir. Adı İzebel'di ve ailesi İsrail ile Kudüs'ün idaresini ele geçirecek, ikisine de zulüm ve hastalık getirecekti.[13]

İZEBEL VE KIZI, KUDÜS KRALİÇESİ

İzebel ve Ahav'ın, Atalya adında ve Yehuda Kralı Yehoram'la evlenecek olan bir kızları vardı: İzebel, Kudüs'e refahın hüküm sürdüğü bir dönemde gelmişti – Suriye tacirleri şehirle ticaret yapıyordu, bir Yahudiye filosu Kızıl Deniz'de yelken açmıştı ve Kenan putları Tapınak'tan temizlenmişti. Fakat İzebel'in kızı ne şans getirdi ne de mutluluk.

Beni İsrail ancak büyük devletler karmaşada olduğu zaman rahat nefes alabiliyordu. 854 yılında modern Irak'taki Ninova civarında Asur yeniden kuruldu. Asur kralı III. Şalmanezer Suriye'deki krallıkları ele geçirmeye kalkışınca Yehuda, İsrail ve Suriye ona karşı ittifak kurdu. Karkar Muharebesi'nde iki bin savaş arabası ve on bin piyadeye komuta eden ve Yahudiyeliler ile Suriyelilerce desteklenen Kral Ahav, Asurluları durdurmayı başardı. Ama sonrasında ittifak dağıldı. Yahudiyeliler ve İsrailliler, Suriyelilerle savaştılar; tebaaları isyan etti.* İsrail Kralı Ahav bir okla

* İsrail ve Yehuda kralları birlikte Meşa üzerine yürüdüler. Meşa asi bir Moavlı kraldı ve bir kitabede kendi oğlunu kurban ettiğini ve işgalcileri başarıyla püskürttüğünü yazmıştı. Yaklaşık 3000 yıl sonra 1868'te, Bedevilerin bir Alman misyonerine gösterdiği siyah bir bazalt taş, bu ödülü diğerlerine kaptırmayı istemeyen Prusyalı, Fransız ve İngiliz arkeologlar arasında bir yarış başlattı. Bir Bedevi kabilesi bu taşı tahrip etmeye kalktı ama sonunda kazananlar Fransızlar oldu. Gerçekten de mücadeleye değerdi.

öldürüldü –"köpekler kanını içti". Yehu adında bir general, İsrail'e karşı ayaklanıp hanedan üyelerini katletti– Ahav'ın yetmiş torununun kellesini Samiriye şehrinin kapısının önüne yığdı ve hem yeni İsrail kralını hem de oraya gelmiş olan Yehuda kralını öldürdü. Kraliçe İzebel ise sarayının penceresinden aşağı atıldı ve savaş arabalarının tekerleklerinin altında ezilerek parçalandı.*

İzebel'in cesedi İsrail'de köpeklere atılmıştı, ancak M.Ö. 841 civarında İzebel'in kızı Kraliçe Atalya Kudüs'te iktidarı ele geçirdi, Davud'un bulabildiği tüm oğullarını (kendi torunları da dâhil olmak üzere) öldürdü. Sadece içlerinden bir bebek olan Yoaş hayatta kaldı. Krallar Kitabı'nın ikincisinde –ve bazı yeni arkeolojik bulgularda– Kudüs'teki bu yaşama dair izlere rastlayabiliyoruz.[14]

Küçük prens Tapınak içinde saklanırken, İzebel'in yarı Fenikeli yarı İsrailli kızı kozmopolit ticareti ve Baal ibadetini küçük dağlık başkente çekti. Kudüs'te bir nar ağacının üzerine tünemiş, boyu birkaç santim olan fildişi bir güvercin bulunmuştur; muhtemelen bu, Kudüs'teki büyük hanelerden birinin dekorasyonunda kullanılıyordu. Davud'un şehrinin altındaki kaya havuzunun civarında da Fenike kilinden mühürler –*bullae* denirdi ve dönemin antetli kağıtları sayılırlardı– bulunmuştur; bunların üzerinde gemilerin ve kutsal totemlerin –bir tahtın üzerindeki kanatlı bir güneş gibi– simgeleri yer alır. Ayrıca aynı bölgede Akdeniz'e okyanus tacirleri tarafından getirilmesi muhtemel on bin kadar da balık kılçığına rastlanmıştır. Bu ticari başarılara rağmen kısa bir süre sonra Atalya'dan da İzebel'den olduğu gibi nefret edilecekti. Onun putperest rahipleri Tapınak'ı, Baal ve diğer tanrılara tapılan bir ibadethane haline getirmişlerdi. Altı yıl sonra Tapınak rahibi Kudüs'ün ileri gelenlerini gizli bir toplantıya davet etti ve onlara küçük prensi Yoaş'ı gösterdi – bu seçkinlerin çocuğu görmeleriyle ona sadakat

Kimi zaman Kitabı Mukaddes'i doğrulayan kimi zaman da onunla ters düşen Meşa, İsrail'in Moav'ı ele geçirdiğini itiraf etmekte ama Kral Ahav'a karşı isyan edip İsrail ve Yehuda'yı mağlup ettiğini yazmaktadır – (en son çeviriye göre) oraya "Davud'un Evi" diye hitap etmesi Davud'un varlığını bir kez daha ispatlamaktadır. Ardından, ele geçirdiği bir İsrail şehrinden "Yahveh'in kaplarını"nı almasıyla böbürlenmektedir. Kitabı Mukaddes dışında İsrail tanrısından bahseden ilk kaynak budur.

* Kitabı Mukaddes İsrail kralı Yehu'yu, Yahveh'in ihya edicisi ve Baal putlarının kırıcısı olarak tasvir etmektedir. Fakat Kitabı Mukaddes onun arkeoloji tarafından gün ışığına çıkarılan siyasi ilişkilerinden çok Tanrı'yla olan ilişkisiyle ilgilenmiştir: Yehu muhtemelen Şam'dan yardım almıştı çünkü oranın kralı Hazael, Kuzey İsrail'deki Tel Dan'da diktiği dikilitaşın üzerindeki kitabede İsrail ve Davud hanelerinin önceki krallarını bozguna uğratmasıyla övünmektedir. Bu, Kral Davud'un yaşadığına dair arkeolojik bir delildir. Fakat Yehu aynı zamanda Asur Kralı III. Şalmanezer'in de vasalı olmak zorunda kalmıştır. Nimrud'da bulunan ve şu anda British Museum'da olan Siyah Dikilitaş'ın üzerinde Yehu, örgülü sakalı, tacı, işlemeli kıyafeti ve kılıcıyla Asurların kanatlı kudret simgesi önünde ve bir görevlinin tuttuğu şemsiyenin altında oturmuş olan Şalmanezer önünde eğilerek ona hürmetlerini sunmaktadır. "Gümüş, altın, bir altın kâse, bir altın vazo, altın kovaları, para, bir asa ve av mızraklarından oluşan hediyeni kabul ettim," diyordur Şalmanezer. Yehu'nun bu diz çökmüş hali İsraillilere ait tarihteki ilk resimdir.

yemini etmeleri de bir oldu. Rahip, muhafızları, hâlâ Tapınak'ta bulunan, Kral Davud'un mızrağı ve kalkanıyla teçhiz etti ve "Tanrı kralı korusun" naraları ve çalan borazanların eşliğinde çocuğu halkın huzurunda kral ilan etti.

Kraliçe "muhafızların ve halkın çıkardığı gürültüyü" duydu ve saraydan akropolü geçerek insanlarla dolu olan Tapınak'a geldi. "İhanet! İhanet!" diye bağırdı ama muhafızlar onu yakaladı, onu kutsal dağdan sürükleyerek götürdüler ve şehir kapılarının dışında öldürdüler. Baal rahipleri linç edildi ve putları parçalandı.

Kral Yoaş 801 yılında Kudüs'e yürüyüp kendisinden "Tapınak'ta bulunan tüm altınları isteyen" Suriye kralıyla savaşıp mağlup edilene kadar kırk yıl hüküm sürdü. Daha sonra öldürüldü. Otuz yıl sonra bir İsrail kralı Kudüs'ü ve Tapınak'ı talan etti. O tarihten sonra Tapınak'ın artan zenginliği onu cazip bir hedef haline getirmeye başlamıştı.[15]

Yine de Kudüs'ün sahip olduğu zenginlik yeni bir kralın idaresinde tekrar hayat bulan Asur'un sahip olduğu servetle kıyaslanır gibi değildi: Yırtıcı imparatorluk yeniden harekete geçmişti. İsrail ve Aram-Şam kralları Asurlulara mukavemet gösterebilmek için bir ittifak kurmayı denediler. Yehuda kralı Ahaz bu ittifaka katılmayı reddedince, İsrailliler ve Suriyeliler Kudüs'ü muhasara altına aldı. Takviye edilmiş surları aşmaları mümkün olmadı, bu sırada Kral Ahaz Tapınak'ın hazinesini ve yardım istediğini Asur kralı III. Tiglat-Pileser'e gönderdi. 732'de Asurlular, Suriye'yi ilhak etti ve İsrail'i harap ettiler. Kudüs'teki Kral Ahaz ise Asurlularla savaşsam mı yoksa teslim mi olsam diye kara kara düşünüyordu.

YEŞAYA: HEM GÜZEL HEM DE FAHİŞE OLAN KUDÜS

Prens, rahip ve danışman olan Yeşaya, krala beklemesini tavsiye etti: Yahveh, Kudüs'ü koruyacaktı. Yeşaya, kralın, Immanuel –"Tanrı bizimledir" manasına gelir– adında bir oğlu olacağını, bu çocuğun, "Kudretli Tanrı, Ebedi Baba ve Huzurun Hükümdarı" olacağını ve "sonsuz barış" getireceğini söyledi.

Yeşaya Kitabı'nın en az iki yazarı vardı –biri iki yüz yıldan daha uzun bir süre sonra yazmıştı– fakat ilk Yeşaya sadece bir kâhin değil aynı zamanda ileri görüşlü bir şairdi ve Asurluların hüküm sürdüğü bir dönemde Tapınak'ın tahribinin ötesindeki hayatı, mistik Kudüs'ü ilk hayal eden o olmuştu. "Rabbi yüce ve yüksek bir taht üzerinde oturmakta gördüm ve etekleri mabedi dolduruyordu... Tapınak dumanla doldu."

Yeşaya, "mukaddes dağı" severdi; dağ, onun gözünde güzel bir kadın gibiydi, "Siyon'un kızının dağı, Kudüs tepesi," bazen namuslu bazen orospu. Mukaddesat ve alçakgönüllülük olmadan Kudüs'e sahip olmanın hiçbir manası yoktu. Ama eğer her şey kaybedilir ve "Kudüs harabe haline gelirse", herkesin "kendisine ikâmet edecek bir yer bulabileceği" ve sevgi ve nezaket vaaz eden yeni ve mistik bir Kudüs kurulurdu: "İyilik yapmayı öğren, doğruyu ara, mazluma yardıma et, şaşırana yol göster, dulları koru." Yeşaya fevkalade bir olguyu öngörmüştü: "Tanrı'nın evinin bulunduğu dağ tüm dağların üzerine kurulacak... ve tüm milletler ona koşacaktı." Bu uzak ve belki de ortadan kaybolmuş dağ şehriyle ilgili tüm kanunlar, değerler ve hikâyeler tekrar ortaya çıkacaktı. "Pek çok kişi günü geldiğinde şöyle diyecek: Haydi gel gidip Tanrı'nın Dağı'na, Yakup'un Tanrısı'nın Evi'ne çıkalım; o bize doğru yolu gösterir... Siyon dışında, kanunları ve Kudüs'ün Tanrısı'nın kelamını yayalım. Ve milletler onun hükmüne girsinler." Yeşaya, seçilmiş bir kralın –Mesih– geleceği mistik bir Kıyamet Günü'nden de bahsediyordu: "İnsanlar kılıçlarını sapan demirleri ve mızraklarını bağcı bıçakları yapacaklar... ve artık cengi öğrenmeyecekler." Ölüler dirilecek. "Kurt kuzu bir arada yaşayacak, parsla oğlak birlikte yatacak."

Bu göz kamaştırıcı şiir Kudüs tarihi boyunca, günümüze kadar devam edecek ahir zamana duyulan hasretin ilk ifadesiydi. Yeşaya sadece Museviliğin değil Hristiyanlığın da şekil almasında pay sahibi olmuştu. İsa Mesih –Tapınak'ın tahribi ile evrensel ve manevi bir Kudüs fikrinden, mazlumların korunması görüşüne kadar– Yeşaya ve onun şiirsel öngörülerinden kaynaklanan öğretilerini öğrenmişti. İsa'nın kendisi Yeşaya'nın İmmanuel'i olarak kabul edilecekti.

Kral Ahaz, Tiglat-Pileser'e bağlılığını sunmak için Şam'a gitti ve Tapınak'a koyacağı Asur tarzı bir sunakla geri döndü. Fatihleri M.Ö. 727'de ölünce İsrail ayaklandı ama yeni Asur kralı II. Sargon başkent Samiriye'yi üç yıl boyunca kuşattı, sonra da tüm İsrail'i ele geçirip halkından yirmi yedi binini Asur'a götürdü. Kuzey krallığında yaşayan on iki kabileden onu neredeyse tarihten silinmişti.* Günümüz Yahudileri Yehuda Krallığı olarak hayatta kalmayı başaran son iki kabilenin torunlarıdırlar.[16] Yeşaya'nın Immanuel olarak müjdelediği bebek Kral Hizkiya'ydı, bu şahıs Mesih olmasa da siyasetteki en önemli niteliğe sahipti, talih. Onun Kudüsü'ne ait izler günümüze kadar ulaşmayı başarmıştır.

SANHERİB: KOYUNLARIN ARASINDAKİ KURT

Hizkiya, Asurlulara karşı ayaklanmak için tam yirmi yıl bekledi: Önce putları temizledi, Tapınak'taki bronz yılanı parçaladı ve halkından, ilk kez batı tepelerinde

---

* İran ve Irak'ta yaşayan kadim Yahudi toplulukları hem Asurlular tarafından göç ettirilen İsrail'in on kabilesinin hem de daha sonra Babilliler tarafından göç ettirilenlerin soyundan geldiklerini iddia etmektedirler. En son genetik araştırmalar gerçekten de bu Yahudilerin 2500 yıl önceki diğer Yahudi topluluklarından ayrıldıklarını göstermektedir. Yine de kaybolan İsrail kavimleriyle ilgili sayısız hikâye ve teori ortaya atılmıştır: On kabile pek de muhtemel görünmeyen sayısız yerde –Kuzey Amerika'daki yerlilerden tutun da İngilizlere kadar– "keşfedilmiş"lerdir.

de kutlanılmaya başlanan, Hamursuz Bayramı'nı kutlamalarını istedi.* Şehir, yıkılan kuzey krallığından gelen mültecilerle doluydu ve bu mülteciler muhtemelen beraberlerinde İsrail tarihi ve efsanelerine dair kadim belgeler de getirmişlerdi. Kudüs âlimleri Yahudi ve kuzey kabilelerinin geleneklerini harmanlamaya başladılar: İleride bu belgeler kaydedilerek, tıpkı Yunanların, Homer'in *İlyada* destanını kaydetmeleri gibi, Kitabı Mukaddes haline geleceklerdi.

705 tarihinde II. Sargon muharebe meydanında öldürülünce Kudüslüler, hatta Yeşaya bile, bunun bu şer imparatorluğunun sonu olacağını düşündü. Mısır destek sözü verdi; Babil şehri isyan etti ve beklediği fırsatın geldiğini düşünen Hizkiya'ya elçiler gönderdi: Hizkiya, Asur'a karşı yeni kurulan birliğe katıldı ve savaş hazırlıklarına başladı. Fakat Kudüslülerin şanssızlığına, yeni Asur kralı kendisine olan güveni ve enerjisi hiç tükenmeyecekmiş gibi duran bir savaşçıydı: Adı Sanherib'di.

Kendisine "Dünyanın kralı, Asur kralı" diyordu ki o dönemde bu iki kelime aynı anlama geliyordu. Basra Körfezi'nden Kıbrıs'a kadar olan bölge Asurluların hâkimiyeti altındaydı. Merkezî olan ve bugünkü Irak'ta bulunan bölge, kuzeyde dağlar ve batıda Fırat Nehri tarafından savunuluyordu ama güney ve doğudan saldırıya açıktı. İmparatorluk yaşaması için sürekli bir şeyler yemesi gereken bir köpekbalığını andırıyordu. Asurlular açısından fetih, dinî bir vazifeydi. Her yeni kral tahta çıkarken, "Tanrı Aşur'un toprakları"nı genişleteceğine yemin ederdi – ülkeye efendi tanrının adı verilmişti. Krallar hem yüce rahip hem de iki yüz bin kişilik orduya komutan eden kumandanlardılar ve tıpkı modern çağların tiranları gibi onlar da tebaalarını sadece korkuyla değil imparatorluklarının bir ucundan diğerine sürgün ederek sindirirlerdi.

Sanherib'in babasının cesedini savaş alanında bulmak mümkün olmadı; bu, Tanrı'nın hoşnutsuzluğunun alametiydi ve imparatorluk dağılmaya başladı. Yine de Sanherib tüm asileri ezdi ve Babil'i ele geçirdiği zaman tüm şehri yerle bir etti. Ama düzenin tesis edilmesinin ardından birliği sağlamaya yöneldi, savaş ve tutkunun tanrıçası İştar'ın şehri olan başkenti Ninova'yı yeniden inşa etti, kanallar kazdırıp bahçelerle donattı ve kendisine bir benzeri daha olmayan bir saray yaptırdı. Asur kralları gösterişe bayılırdı ve saraylarının duvarları kazandıkları zaferler ve düşmanlarının perişan hallerini gösteren süslemelerle dolu olurdu – toplu halde

---

* Davud Şehri ve Tapınak Dağı surlarının dışında iki tane banliyö gelişmişti: Moriah Dağı ve batı tepesi arasındaki Tyropaean Vadisi'nde bulunan Mahteş ile batı tepesinde bulunan ve bugün Yahudi mahallesi olan Mişna. Önemli devlet görevlileri şehir civarındaki kabirlere defnedilmişlerdi: Silvan köyündeki bir kabirde, "Burası *yahu*'nun, yani vekilharcın kabridir," diye yazmaktadır. "Burada ne altın ne de gümüş bulunur, sadece onun ve köle karısının kemikleri – bu mezarı açana lanet olsun." Lanet işe yaramamış, mezar yağmalanmış, bugün ise tavuk kümesi olarak kullanılmaktadır. Fakat söz konusu vekilharç, Yeşaya tarafından gösterişli bir kabir inşa ettirdiği için eleştirilen Hizkiya'nın saray mensuplarından biri olabilir: İsminin, "Şevnayahu" olduğu yazmaktadır.

kazığa oturtmalar, deri yüzmeler ve kafa kesmeler. Zapt edilen şehirlerin saray mensupları kendi krallarının kesik başları boyunlarındaki zincirlere asılı olduğu halde Ninova şehrinde dolaştırılırdı. Fakat bu yaptıklarının aslında diğer fatihlerden farklı bir tarafı yoktu. Mesela Mısırlılar düşmanlarının el ve penislerini kesip toplarlardı. Fakat Asur'un zulümle iş gördüğü dönem bitmişti ve Sanherib mümkünse önce müzakereyle çözüme ulaşmayı deniyordu.

Sanherib başarılarının kayıtlarını sarayının temellerine gömdürdü. Arkeologlar Irak'ta şehrin kalıntılarını bularak Asur'un gücünün zirvesinde olduğu, fetih ve tarımla zenginleştiği, kayıtları saray arşivinde saklanan kâtiplerce yönetildiği dönemi gün ışığına çıkardılar. Kütüphanelerinde kralların alacağı kararlarda yol gösterecek alametler, ilahi desteği temin edecek ilahiler, ayinler ve dualar ile *Gılgamış Destanı* gibi edebiyat klasiklerine dair tabletler de bulunuyordu. Asurlular pek çok tanrıya tapıp, kutsal putlara hürmet edip ilahi yardımı çağırdıkları gibi tıp öğrenip tabletlere şöyle reçeteler de yazdılar: "Eğer belirtiler şunlarsa sorun şudur... ve şu ilaçları almalıdır..."

Babil tarzı zigurat kuleleri ve boyalı sarayları olan şatafatlı Asur şehirlerine getirilen İsrailli esirler bu şehirlerin, "kan, yalan, ganimet ve kurbanlarla dolu" olduğunu söylemişlerdi. Kâhin Nahum ise, "kırbaçların şaklaması, tekerleklerin gıcırtısı, atların koşması ve savaş arabalarının gürültüsünden" bahsetmişti. Ama Sanherib sekiz çomaklı tekerlekli savaş arabaları ve devasa ordularıyla, Tesniye'de de tasvir edildiği gibi, "bir kartalın çevikliğiyle" Kudüs'e doğru harekete geçmişti.

HİZKİYA'NIN TÜNELİ

Hizkiya, Babil'in başına gelenleri biliyordu; hemen Kudüs'ün yeni mahallelerinin çevresine tahkimatlar yapmaya koyuldu. İnşa ettirdiği sekiz metre genişliğindeki bu surların bazı bölümleri bugün hâlâ, özellikle Yahudi mahallesinde ayaktadır. Kuşatma hazırlığı olarak iki grup zanaatkârdan şehrin dışındaki Gihon Çayı'nı Şiloah Havuzu'na bağlayacak altı yüz metre uzunluğunda bir tünel kazmalarını istedi, bu havuz Davud şehrinin altında ve Tapınak Dağı'nın güneyindeydi ve yeni tahkimatlar sayesinde de şehir surlarının içinde kalıyordu. İki grup kayanın içinde buluştuğu zaman muhteşem başarılarını kaydetmek için duvara bir yazı kazıdılar:

> "[Tünel] işte bu yönde kazıldı. Hâlâ baltalarıyla birbirlerine doğru kazmaya devam etseler de ve hâlâ kazılması gereken üç kübitlik* mesafe olsa da birinin diğerlerine seslendiğini duydular, çünkü sağdaki kayada bir çatlak vardı. Tünel nihayet bitti ve

---

* Arkaik bir uzunluk ölçüsü birimi. 1 kübit yaklaşık 45.72 cm'ye denk düşer. (yay. n)

adam adama, balta baltaya karşı geldi; çayın suyu 1200 kübit uzaktaki rezervuara akmaya başladı ve bu adamların üzerindeki kayanın yüksekliği yüz kübit idi."*

Hizkiya, Tapınak Dağı'nın kuzeyinde, Beytesta Havuzları'ndan birini yapıp şehre su göndermek için bir baraj kurdu ve askerlerine yiyecek dağıtıp –yağ, şarap, tahıl– kuşatma ve savaşa hazırlandı. Yehuda'da, üzerinde *lmlk* –krala ait– yazılı bir sürü çömlek bulunmuştur – bu çömleklerin üzerinde kralın işaretini taşıyan dört kanatlı böcek bulunuyordu.

"Asurlular kuzu sürüsüne saldıran kurtlar gibi geldiler," diye yazmıştı Byron. Sanherib ve devasa orduları artık Kudüs'e çok yaklaşmıştı. Büyük kral çoğu Asur kralı gibi büyük, üç atlı bir savaş arabasıyla seyahat ederdi, üzerinde bir güneşlik vardı, atları süslüydü ve başlarına püsküller konmuştu, kralın kendisi ise uzun ve süslü bir cübbe giymişti, sivri bir tepesi olan düz bir şapka takıyordu, sakalı ve bilezikleri vardı, çoğunlukla elinde bir yay ve kemerinde de kabzasında aslan kabartmaları olan bir kılıç taşırdı. Kendisini, Kitabı Mukaddes'in söylediği gibi bir akbaba ya da Byron'un söylediği gibi bir kurt değil de bir aslan gibi görüyordu – Asur kralları İştar Tapınakları'nda zaferlerini kutlamak için aslan postları giyerler, saraylarını aslan sfenksleriyle süsler ve aslan avını krallara layık bir spor olarak görürlerdi.

Sanherib, Kudüs'e dokunmadan geçip güneydeki ve Hizkiya'nın ikinci şehri olan Lakiş'i kuşattı. Ninova sarayındaki rölyeflerden askerlerinin (ve Yehudalıların) neye benzediklerini biliyoruz: Pek çok dilin konuşulduğu bir orduya sahip olan Asurlular saçlarını örer, tünik ya da zırhlı gömlek giyer, tüylü ve sivri miğferler takardı ve savaş arabaları, mızraklılar, okçular ve sapancılar olarak savaşırlardı. Kuşatma rampaları inşa ettiler; istihkâmcılar surları zayıflattılar, ürkütücü ve çivili bir kuşatma silahı tahkimatları yerle bir etti. Okçular ve sapancılar düşmanı

---

* 1880 yılında Jacob Eliahu, on altı yaşındaydı ve Protestan olmuş bir Yahudinin oğluydu, bir okul arkadaşını Şiloah Tüneli boyunca yürümeye davet etti. İkisi de Kitabı Mukaddes'teki İkinci Krallar 20.20'deki hikâyeye hayran olmuşlardı: "ve Hizkiya'nın krallığı dönemindeki öteki olaylar, bütün başarıları, bir havuz ve tünel yaparak suyu kente nasıl getirdiği Yehuda krallarının tarihinde yazılıdır." Jacob bir uçtan ve arkadaşı diğer uçtan başladı, parmak uçlarını geçmiş zaman işçilerinin kayalarda bıraktığı izlere sürerek ilerlediler. İşaretler değişmeye başlayınca Jacob iki işçi grubunun karşılaştığı yere geldiğini anladı ve kitabeyi orada buldu. Diğer uçtan çıktığı zaman arkadaşının çoktan vazgeçip geri dönmüş olduğunu gördü; ayrıca tünelde cin ya da ejderha olduğuna inanan yerel Arapları da korkutmuşlardı. Okul müdürüne anlattığı zaman söyledikleri yayıldı. Yunan bir tacir tünele girdi ve kitabeyi çıkarmaya çalışırken kırdı. Fakat Osmanlı zaptiyesi adamı yakaladı. Kitabe şu anda İstanbul'dadır. Jacob Eliahu daha sonra Evanjelist Amerikan kolonicilerine katıldı ve koloninin kurucu ailesi olan Spaffordlar tarafından evlat edinildi. Jacob, Spafford okullarında öğretmen oldu, öğrencilerine tünel hakkında ders verdi ama kitabeyi bulan çocuğun kendisi olduğundan hiç bahsetmedi.

sindirirken Sanherib'in piyadesi şehri ele geçirmek için merdivenlerle saldırdı. Arkeologlar bin beş yüz kadın, erkek ve çocuğun gömülü olduğu bir toplu mezar buldular, tıpkı rölyefte gösterildiği gibi kimileri kazığa oturtulmuş ve kimilerinin derisi yüzülmüştü; mülteciler dehşet içinde kaçıştılar. Kudüs akıbetini biliyordu.[17]

Senharib, Hizkiya'nın yardımına gelen bir Mısır ordusunu bozguna uğrattı, Yehuda'yı yerle bir edip Kudüs'e yaklaştı, beş yüz yıl sonra Titus'un seçeceği aynı mekânda ordugâhını kurdu.

Hizkiya, Kudüs dışındaki tüm kuyuları zehirledi. Askerleri yeni surlara yerleştiler, baş bağlarıyla tutturulmuş ve kulaklarını örten sarıklar taktılar, kısa etek, bacak zırhı ve botlar giydiler. Kuşatma başlarken şehirde panik baş göstermiş olmalıydı. Sennacherib generallerini müzakere yapmaları için gönderdi – direnmek faydasızdı. Peygamber Mika, Siyon'un mahvedileceğini ön görmüştü. Ama ihtiyar Yeşaya sabır tavsiye etti: Yahveh yardım edecekti.

Hizkiya, Tapınak'ta dua etti. Sanherib, Kudüs'ün "kafesteki kuştan farkı olmadığını" söyleyerek böbürlendi. Ama Yeşaya haklıydı: Tanrı müdahale etmişti.

MANAŞŞE: CEHENNEM VADİSİ'NDEKİ ÇOCUK KURBAN

"Tanrı'nın meleği Asurluların kampını mahvetti... Sabah olduğunda hepsi çoktan ceset olmuşlardı." Asurlular, muhtemelen doğudaki bir isyanı bastırmak için, ordugâhlarını hemen topladılar. "Asur Kralı Sanherib çekip gitti." Yahveh, Sanherib'e, "Yeruşalim'in kızı ardından alayla baş sallıyor," demişti. Kudüslüler durumu böyle anlatıyordu ama Sanherib'in vakayinamelerine bakılırsa Hizkiya gitmesi için kendisine otuz talent* altın ve sekiz yüz gümüşün de dâhil olduğu büyük bir haraç ödemişti. Sanherib, Yehuda'nın Kudüs dışında kalan kesimini harap etti ve 200.150 kişiyi göçe zorladı.[18]

Kuşatmadan sonra Hizkiya öldüğünde oğlu Manaşşe, Suriye'nin sadık bir vasalı oldu. Kudüs'teki tüm muhalefeti acımadan ezdi, babasının reformlarını tersine çevirip Tapınak'ta erkek fahişelerin katıldığı ayinler yapılmasına, tapınağa Baal ve Aşera putlarının konulmasına izin verdi. İçlerinde en korkuncu şehrin güneyindeki Hinnom Vadisi'ndeki** bir fırında *–tofet–* çocuk kurban edilmesini teşvik etmiş olmasıydı.*** İşin aslı "kendi oğlunun da ateşten geçmesini istemişti."

---

* Antik bir ağırlık ölçü birimi. 1 talent genellikle 27 kilograma denk gelir. (yay. n.)

** Cehennem sözcüğü İbranicedeki "Ge-Hinnom" sözcüğünden gelir. "Ge" sözcüğünün anlamı "vadi"dir. "Hinnom" sözcüğü ise isimdir. (yay. n.)

*** Yaratılış ve Mısır'dan Çıkış'ta çocuk kurban edilmesine dair ipuçları bulunmaktadır, buna İbrahim'in İshak'ı kurban etmek istemesi de dâhildir. İnsan kurban edilmesi eski Kenan ve Fenike ayinleriyle

Denildiğine göre çocukları orayı götüren rahipler kurbanlarının feryatlarını ailelerinden gizlemek için davul çalarlardı.

Manaşşe sayesinde Hinnom Vadisi sadece bir ölüm mekânı değil, Yahudi ve daha sonra Hristiyan ve İslam mitolojisindeki Gehenna, yani Cehennem olmuştu. Eğer Tapınak Dağı, Kudüs'ün cenneti ise Gehenna da onun cehennemiydi.

626 yılında Keldani generali Nabopolassar Babil'i ele geçirip Asur İmparatorluğu'nu yıkmaya başladığı zaman başarılarını Babil vakayinamelerine kaydetti. 612 yılında Ninova, Babil ve Med ittifakının eline geçti. 609 tarihinde Manaşşe'nin sekiz yaşındaki torunu Yoşiya'nın tahta geçmesiyle Mesih'in hüküm sürdüğü altın çağ başlamış gibi görünüyordu.[19]

---

ilişkilidir. Sonraki tarihlerde Roma ve Yunan tarihçileri bu rezil uygulamanın Fenikelilerin torunları olan Kartacalılar tarafından ifa edildiğini söylemişlerdir. Yine de 1920 yılında iki Fransız koloni subayı Tunus'ta, gömülü kavanoz ve kitabesi ile bir *tofet* bulana kadar elde hemen hiç delil yoktu. MLK (kurban anlamına gelen *molek* kelimesinde olduğu gibi) harflerini kazımış ve yanık çocuk kemiklerini bir kaba koyup kurbanın babasıyla ilgili şunları yazmışlardı: "Oğlunun bedenini Baal'a kurban eden kişi Bomilcar'dır. O kutsansın!" Bu bulgular Manaşşe'yle aynı döneme ait olup Kitabı Mukaddes hikâyelerinin akla yatkın olduğunu gösterebilir. *Molek* (kurban) Kitabı Mukaddes'te "*molocha*" yani zalim ve put sahibi tanrının tanımına ve daha sonra Batı edebiyatında, özellikle John Milton'ın *Paradise Lost*'unda, Şeytan'ın düşmüş meleklerinden biri haline gelmiştir. Kudüs'teki Gehenna sadece cehennem değil Yehuda'nın kötü yollardan elde ettiği gümüş paralarını harcadığı yer olmuş ve Orta Çağ'da da burada çok sayıda kabristan yapılmıştır.

5

BABİL'İN FAHİŞESİ

M.Ö. 586–539

YOŞİYA: DEVRİMCİ KURTARICI

Bir mucizeydi: Musibet Asur İmparatorluğu parçalanmış ve Yehuda Krallığı özgürlüğünü kazanmıştı. Kral Yoşiya krallığını kuzeyde İsrail'in eski topraklarına, güneyde Kızıldeniz'e ve Doğu'da Akdeniz'e kadar genişletebilirdi. On sekiz yıllık hükümdarlığının ardından başrahip Hilkiya, Tapınak'taki odalardan birinde unutulmuş bir belge buldu.

Yoşiya bu belgenin sahip olduğu gücü hemen fark etti, Tesniye Kitabı'nın (Yunanca'da İkinci Kitap) ilk örneklerinden biriydi, belki de İsrail'in düşmesinin ardından güneye getirilmişti ve Manaşşe'nin baskıcı döneminde Tapınak'a gizlenmişti. Yahudiyelileri Tapınak'ta toplayan Yoşiya totemsel bir simge olan kraliyet sütununun yanında durdu ve tek Tanrı'nın kanunlarına uyacağını ilan etti. Kral, âlimlerden bugüne ışık tutmak için, ataları, mukaddes krallar Davud ve Süleyman ile Kudüs'ün tek bir geçmişe sahip olduğunu gösteren, Yehudalıların kadim tarihlerini anlatmalarını istedi. Bu, Kitabı Mukaddes'in yaratılışı yönünde atılmış diğer bir adımdı. Aslında bu kanunlar eskiydi ve Musa'ya ait oldukları düşünülüyordu ama Süleyman'ın Mabedi'nin Kitabı Mukaddes'teki tasviri daha ziyade yeni Davud olan Yoşiya'nın Kudüs'ünü yansıtıyordu. Bu tarihten itibaren kutsal dağ İbranicede *ha-Makom* olarak bilinecekti: Mekân.

Kral, putları Kidron Vadisi'nde yaktırdı ve erkek fahişeleri Tapınak'tan kovdu; Cehennem Vadisi'ndeki çocuk fırınını yıktırdı ve putperest rahipleri öldürtüp kemiklerini sunakta parçaladı.* Yoşiya'nın devrimi çılgınca, sınır tanımaz ve idealist görünüyordu. Daha sonra bir Hamursuz Bayramı kutlaması düzenledi. "Sanki

---

* Yoşiya reformları Museviliğin teşekkülünde önemli bir adımdır. Hinnom Vadisi'nde o döneme ait bir mezarda iki küçük, gümüşi parşömen tomarı bulunmuştur: İçinde, değişmeden günümüzde de Yahudilerin ibadetinin bir parçası olarak kalan, rahiplerin duası Çölde Sayım 6.24-6 yazılıdır. "RAB sizi kutsasın ve korusun. RAB aydın yüzünü size göstersin ve size lütfetsin. RAB yüzünü size çevirsin ve size esenlik versin."

ondan önce hiç kral gelmemiş gibiydi." Yine de tehlikeli bir oyun oynuyordu. Mısır firavunu Neko sahil boyunca ilerlemeye başladığı zaman Asurlulardan kurtulup Mısır boyunduruğuna gireceğinden korkan Yoşiya onu durdurmaya koyuldu. M.Ö. 609 yılında firavun Megiddo'da, Yehudalıları bozguna uğrattı ve Yoşiya'yı öldürdü. Yoşiya başarısız olsa da onun iyimser ve ilahi idaresi Davud ile İsa arası dönemde hüküm sürmüş diğerlerinden çok daha etkili olmuştu. Ama hürriyet hayalleri Megiddo'da sona ererek felaketin tanımı olarak kabul edilmişti: Armageddon.* [20]

Firavun, Kudüs'e yürüdü ve Yoşiya'nın erkek kardeşi Yehoyakim'i Yehuda tahtına oturttu. Fakat Mısır yeni bir Yakın Doğu devletinin ortaya çıkmasına mani olamamıştı. Babil kralının oğlu Nebukadnezar (Buhtunnasır), Karkemiş'te Mısırlıları bozguna uğrattı. Asur ortadan kalktı. Yehuda, Babil'in hâkimiyetine geçti. 597'de Kral Yehoyakim bu istikrarsızlık ortamında Yehuda'yı hürriyetine kavuşturma fırsatına kavuştuğunu gördü ve Tanrı'nın yardımına layık olabilmek için herkesi oruç tutmaya çağırdı. Danışmanı ve kâhini Yeremya, Tanrı'nın, Kudüs'ü yok edeceği konusunda onu ikaz etti. Kral Yehoyakim, Yeremya'nın yazdıklarını halkın gözleri önünde yaktı.** Yehuda ve Mısır arasında bir ittifak tesis etti ama yeni bir fatih Kudüs'e yöneldiğinde Mısır'dan gelen yardım olmadı.

NEBUKADNEZAR

"Kislev'in yedinci ayında" demişti Nebukadnezar kil bir kitabenin üzerinde korunan sözlerinde, "Babil kralı, Hatti ülkesine (Suriye) yürüdü, Yehuda şehrini (Kudüs) kuşattı ve Adar ayının ikinci gününde (16 Mart 597) şehri ve kralını ele geçirdi." Nebukadnezar, Tapınak'ı yağmaladı ve kral ile on bin asil, sanatçı ve genç erkeği Babil'e getirdi. Yehoyakim, yok edicisinin sarayında hizmet etmeye zorlandı.

Nebukadnezar tahtı gasp etmiş birinin oğluydu ama dinamik bir devlet kurucusuydu ve kendisini Babillilerin ana tanrısı Bel-Marduk'un yeryüzündeki temsilcisi olarak kabul ediyordu. Asur tarzı zalim ve baskıcı idareyi benimseyerek kendisini dindarlık ve erdemin kusursuz bir timsali olarak ilan etti. "Güçlüler zayıfları sömürüyordu" ama Nebukadnezar "gece gündüz durup dinlenmeden danışarak ve ihtiyatla" adalet dağıtmak için çırpınıyordu. Yehudalı kurbanlarının ise bu sözde "Adaletin Kralı"nın hasletlerinden istifade edebildiği söylenemezdi.

---

* (İng.) Mahşer. (ç. n.)

** Saray mensupları Davud Şehri'nin tepesinde oturur ve çalışırlardı. Orada bir evde kırk beş *bulla*lık –şehir tahrip edildiği zaman yanarak daha da sertleşen kil mühürler– bir arşiv bulunmuş ve bu yüzden arkeologlar bu yere Bullalar Evi adını vermişlerdi. Bunun kralın kâtip odası olduğu açıktı; bullalardan birinin üzerinde "Şafan oğlu Gemarya" yazıyordu, Yeremya Kitabı'nda geçen Kral Yehoyakim'in saray kâtibinin adıydı bu. Kriz sırasında kral öldü ve yerine oğlu Yehoyakin geçti.

Yehudalı sürgünler kendilerini, Siyon'un yanında köy gibi kaldığı bir şehirde buldular. Kudüs'ün nüfusu sadece birkaç bin iken Babil çeyrek milyon nüfuslu bir metropoldü ve öylesine ihtişamlı ve haz doluydu ki aşk ve savaş tanrıçası İştar'ın şehrin sokaklarında dolaşıp hanlarda ve arka sokaklarda gözüne kestirdikleriyle öpüştüğü söylenirdi.

Nebukadnezar, Babil'i kendi zevkine göre inşa etmişti: Devasa binalar en sevdiği renk olan ve büyük Fırat'ın kanallarından yansıyan gökyüzü mavisiyle daha da heybetli görünüyordu. İştar Kapısı'nın dört kulesi mavi renkli tuğlalarla kaplanmış, sarı ve koyu sarı boğa ve ejderha desenleriyle bezenmişti ve şehrin muhteşem ana caddesi olan İlahi Caddesi'ne açılıyordu. Kendi tabiriyle "hayranlık duyulacak bir yapı, ışık saçan bir sığınak ve kendi meskeni olan" sarayı devasa aslanlarla süslenmişti. Yazlık sarayı asma bahçeleriyle donatılmıştı. Babil'in ana tanrısı Marduk'un onuruna Nebukadnezar yedi katlı, basamaklı ve tepesi düz devasa bir zigurat inşa ettirdi: Göklerin ve Yerin Temeli olan bu yapı gerçek bir Babil kulesiydi, farklı lisanları tüm Yakın Doğu'nun kozmopolit başkentine yaraşır nitelikteydi.

Nebukadnezar, Kudüs'te, sürgündeki kralın amcası olan Sidkiya'yı tahta çıkardı. 594 yılında Sidkiya, Nebukadnezar'a hürmetlerini sunmak için Babil'i ziyaret etti ama dönüşte kâhin Yeremya'nın Babillilerin şehri yok edeceği yönünde kendisini ikaz etmesi üzerine isyan etti. Nebukadnezar güneye doğru yürüdü. Sidkiya, Mısırlılara müracaat etti ama onların yardım olarak gönderdiği zayıf birlikler kısa sürede yok edildi. Yeremya, Kudüs içerisinde panik ve paranoyanın artmaya başladığını gördü, kaçmayı denedi ama kapılarda tutuklandı. Nasihatine mi kulak versem yoksa ihaneti yüzünden idam mı etsem düşünceleri arasında kararsız kalan kral onu sarayın altındaki zindana attırdı. On sekiz ay boyunca Nebukadnezar, Yehuda'yı yakıp yıktı ve Kudüs'ü en sona bıraktı.*

587 yılında Nebukadnezar, Kudüs'ü tabyalar ve muhasara setleriyle çevreledi. "Şehirde kıtlık baş gösterdi," diye yazmıştı Yeremya. "Çocuklar sokaklarda düşüp bayılıyordu" ve yamyamlığın baş gösterdiğine dair emareler vardı: "Halkımın kızı zalimleşti... Aç kalan kadınların elleri kendi çocuklarını pişirdi: Halkım yok olurken bu çocuklar onların yiyeceği oldular." Ağıtlar Kitabı'nda yazdığına göre zenginlerin bile elinden hiçbir şey gelmiyordu: "Hep güzel yemekler yiyenler şimdi sokaklarda perişandılar. Artık çöp yığınlarının içinde geziniyorlardı." Arkeologlar

---

* Lakiş Kalesi'nin kapısındaki kül yığınının içerisinde arkeologlar tarafından bulunan çömlek parçalarında –*ostraca* olarak bilinir– bazı yazılar olduğu görülmüştür: Yehudalılar, Babillilerin karşı konulmaz ilerleyişi karşısında neler hissettiklerini yazmışlardır. Lakiş ve diğer bir kale olan Azeka sonuna kadar direnmiş ve ateşle birbirleriyle işaretleşmişlerdir. Lakiş'te muhasara altındaki Yehudalı komutan Yauş, karakollarının birer birer düştüğüyle ilgili haberler alıyordu. Yaveri Hoşaya kısa süre sonra Azeka'dan ateşle gelen işaretlerin de kesildiğini yazmıştı. Sonunda şiddetli çatışmaların ardından Lakiş de düşmüştü.

kuşatma dönemine ait bir kanalizasyon borusu buldular: Yehudalılar genelde yeşil mercimek, buğday ve arpayla beslenirlerdi ama boruda kalan artıklar insanların ot ve bitki yediklerini ve bağırsak kurtları taşıdıklarını gösteriyor.

On sekiz ayın ardından Yahudi ayı Ab'ın 9'unda, Ağustos 586'da, Nebukadnezar şehre girmeyi başardı ve şehri, muhtemelen meşale ve yangın oklarıyla ateşe verdi (günümüzdeki Yahudi mahallesinde is, kurum ve yanmış odundan oluşan yığınların altında ok uçları bulunmuştur). Yangınlar evleri yok ederken bürokrasinin mühürleri olan kil bullaları da pişirdi ve bunun sonucu olarak bullalar öyle sertleşmişlerdi ki yanmış evlerin içinde günümüze kadar ulaşmayı başardılar. Kudüs ele geçirilen şehirlerin akıbetine uğradı. Öldürülenler hayatta kalanlardan daha şanslıydı. "Açlıktan derimiz fırın gibi kapkara oldu. Siyon'da kadınlara tecavüz ettiler; prensler ellerinden asıldı." Edomlular şehri yağmalamak için güneyden geldi ve enkazın üzerinde şenlik yaptılar. "Ey Edom'un kızı sevin ve neşelen... Sarhoş ol ve çırılçıplak soyun." Edomlular, Mezmurlar 137'ye göre, Babillileri, "Yıkın onu, yıkın temellerine kadar... Ne mutlu senin yavrularını tutup kayalarda parçalayacak insana," diyerek teşvik ettiler. Babilliler şehri yerle bir ederken sarayın altındaki zindanda bulunan Yeremya hayatta kaldı.

NEBUKADNEZAR: VİRANELİĞİN UCUBESİ

Sidkiya, Şiloah Havuzu'na yakın olan kapıdan çıkıp Eriha'ya doğru yola koyuldu ama Babilliler, kralı yakalayıp onu Nebukadnezar'ın huzuruna getirdiler. "Orada mahkûm edildi. Oğulları Sikiya'nın gözleri önünde öldürüldü. Ardından gözlerini oydular ve onu bronz zincirlere vurup Babil'e götürdüler." Babilliler Yeremya'yı da zindanda bulmuş olmalıydılar çünkü onu Nebukadnezar'ın huzuruna getirdiler ve anlaşılan Nebukadnezar kendisiyle görüştükten sonra onu Kudüs'ün idaresini devralan kraliyet muhafızları komutanı Nebuzaradan'a teslim etti. Nebukadnezar yirmi bin Yehudalıyı Babil'e sürgün etti, ancak Yeremya ardında çok sayıda fakirin kaldığını söylemektedir.

Bir ay sonra Nebukadnezar, generaline, şehri ortadan kaldırmasını emretti. Nebukadnezar "Tanrı'nın Evini, kralın sarayını ve Kudüs'teki tüm evleri yaktı, surları yıktı". Tapınak tahrip edildi, altın ve gümüş eşyaları yağmalandı ve Ahit Sandığı bir daha bulunmamak üzere kayboldu. Mezmurlar 74'te, "Ateşe verdiler tapınağını," yazmaktadır. Rahipler, Nebukadnezar'ın huzurunda öldürüldü. M.S. 70 tarihinde Titus'un yaptığı gibi Tapınak ve Saray'ın enkazı aşağıdaki vadiye dökülmüş olmalıydı: "Altın nasıl donuklaştı, Saf altın nasıl değişti! Kutsal taşlar sokak başlarına dağılmış."*

---

* Tapınağa ait hiçbir şey bulunamadı. Fakat Yeremya'nın söyledikleri fazlasıyla gerçekti: Nebukadnezar'ın adamları şehrin Orta Kapısı'nda Yahudiye'yi kontrol etmek için karargâhlarını kurmuşlardı ve Yeremya

Sokaklar bomboştu. "Bir zamanlar insanlarla dolu olan şehir nasıl da boşaldı." Zenginler fakirleşti. "Hep güzel yemekler yiyenler şimdi sokaklarda perişandılar." Siyon'un kıraç tepelerinde tilkiler geziniyordu. Yehudalıların mersiyelerinde durum şöyle tasvir edilmiştir. "Kudüs... âdet gören bir kadın gibiydi. Gece boyu ağladı ve yaşlar yanaklarından süzüldü. Sevgilileri içinde hiçbiri onu teselli edemedi."

Kudüs'ün yıkılması sadece bir şehrin değil de bir milletin sonu olarak da görülmüş olmalıydı. "Siyon'un yolları yas tuttu çünkü şenliklerine gelen olmadı. Kapıları ıssız, rahipleri acı ve kadınları yas içerisinde, kendisi de büyük ıstırap çekmekte... Siyon'un kızının tüm güzelliği gitti. Tacımız başımızdan yere düştü." Daniel Kitabı'nda bahsedildiği gibi bu dünyanın sonu olarak görülmüş olmalıdır. "Ucube onu viraneye çevirdi." Yahudiyeliler Tanrılarının kendilerini yalnız bıraktığı diğer milletler gibi yok olup gideceklerdi. Ama Yahudiler bu felaketi kendi lehlerine kullanmayı bilerek Kudüs'ün kutsiyetini daha artırdılar ve onu Kıyamet Günü için örnek bir model haline getirdiler. Üç din için de bu felaket Kudüs'ü ahir zamandaki buluşma noktası ve mukaddes krallığın kurulacağı mekân haline getirdi. Bu ileride İsa'nın da öngöreceği ve kaynağı Yunanca *revelation* (vahiy) sözcüğü olan *Apocalypse*'ti (Kıyamet). Hristiyanlar için bu kaçınılmaz ve uzun ömürlü bir beklenti haline gelirken Muhammed, Nebukadnezar'ın yaptıklarını Allah'ın rızasını Yahudilerden çekmesi olarak yorumlayıp İslami vahyin yolunu açmıştı.

Babil'e götürülen sürgünler arasında bazı Yahudiyeliler, Tanrı'ya ve Siyon'a olan bağlılıklarını sürdürdüler. Homer'in şiirlerinin Yunanistan'ın ulusal destanı olmaya doğru gittiği dönemde Yahudiyeliler de kendilerini kendi yazdıkları metinler ve çok uzakta kalan şehirleriyle tanımlamaya başladılar: "Babil'in ırmakları kenarında oturup Siyon'u andıkça ağladık. Çevredeki kavaklara lirlerimizi astık." Mezmurlar 137'ye göre Babilliler bile Yahudiyelilerin şarkılarını takdir etmekteydi: "Çünkü bizi orada tutsak edenler bizden ezgiler, bize zulmedenler bizden şenlik istiyor, 'Siyon ezgilerinden birini okuyun bize,' diyorlardı. Nasıl okuyabiliriz Rab'bin ezgisini el toprağında?"

Yine de Kitabı Mukaddes'in şekil almaya başladığı yer orasıydı. Daniel gibi genç Kudüslüler sarayda eğitim görüp daha dünyevi olan sürgünler Babillilere karışırken Yahudiyeliler hâlâ farklı ve özel olduklarını vurgulayan kendilerine has kanunlar geliştirdiler –Sebt'i kutladılar, çocuklarını sünnet ettiler, yasak yiyeceklerden uzak

Kitabı'nda geçen isimleri Babil'de bulunan bir metinle doğrulanıyordu. Nebukadnezar Yahudiye'yi yönetmesi için kukla bir idareci olan Gedalya'yı tayin etti ama Kudüs harabe halinde olduğundan o Yeremya'nın da yardımıyla kuzeydeki Mispa'da ikâmet etmeye başladı. Yehudalılar ayaklanıp Gedalya'yı öldürdü ve Yeremya, Mısır'a kaçmak zorunda kaldı ve sonrasında neler olduğu bilinmemektedir.

durdular, Yahudi isimleri aldılar– çünkü Kudüs'ün düşüşü Tanrı'nın kurallarına riayet etmedikleri zaman başlarına neler geleceğini göstermişti. Yehuda'dan uzakta Yehudalılar Yahudi olmaya başladılar.*

Sürgünler Babil'i "fahişelerin ve dünya üzerindeki ucubelerin anası" olarak ölümsüzleştirdiler, imparatorluk yine de gelişmeye devam etti ve can düşmanları Nebukadnezar'ın saltanatı kırk yıldan uzun süre devam etti. Ama Daniel kralın çıldırdığını iddia etmişti: "İnsanlardan uzak duruyor ve inekler gibi ot yiyordu, tırnakları uzayıp kuş pençeleri gibi oldu" – işlediği suçlara layık bir ceza (ve William Blake'in tabloları için de muhteşem bir ilham kaynağı). İntikamları alınmamış olsa bile sürgünler en azından Babil'deki hayatın gariplikleriyle teselli bulabilirlerdi: Nebukadnezar'ın oğlu Amel-Marduk babası için öyle büyük bir hüsrandı ki onu zindana attırmıştı ve o zindan da Yehuda kralı Yehoyakin'le tanışacaktı.

BELŞAZZAR'IN ZİYAFETİ

Amel-Marduk, Babil kralı olduğu zaman asil Yehudalı arkadaşını hapisten çıkardı. Ama 556 yılında hanedanın saltanatı sona erdi. Nabonidus, Babil Tanrısı Bel-Marduk'u reddederek ay tanrısı Sin'i kabul etti ve şehri terk edip Arap çölündeki uzak bir yer olan Teima'da yaşamaya başladı. Nabonidus'a bilinmeyen bir hastalık musallat oldu ve delirip "inekler gibi ot yiyen" (Daniel'in iddia ettiği gibi Nebukadnezar değil de) o olmuştu.

Kralın yokluğunda onun naibi ve oğlu olan Belşazzar, Kitabı Mukaddes'e göre, "Nebukadnezar'ın Kudüs'teki Tapınak'tan aldığı altın ve gümüş kadehlerin kullanıldığı ve ahlaksızlığın kol gezdiği ziyafetler düzenledi" ve birden bire duvarda Tanrı'nın sözlerini gördü: "MENE MENE TEKEL u PARSİN."** Bunlar İmparatorluk'un günlerinin sayılı olduğunu haber veren uyarılardı. Babil'in Fahişesi'nin kaderi "duvara kazınmıştı".

* M.Ö. 586-400 yılları arasında Babil'de yaşayan Kitabı Mukaddes'in kimliği meçhul yazarları, kâtipler ve rahipler İbranicede Tora (Tevrat) olarak bilinen Musa'nın Beş Kitabı'na son şekli vererek farklı Tanrı, Yahveh ve El geleneklerini bir araya getirdiler. Tesniyeciler olarak bilinen bu kişiler tarihi yeni baştan anlatıp kralların beceriksizliği ve Tanrı'nın üstünlüğünü vurgulayan kanunlarını yeni baştan yazdılar. Üstelik bu hikâyelere Gılgamış Destanı'na çok benzeyen Babillilerin tufan hikâyesini İbrahim'in Ur civarlarından gelmiş olduğunu ve tabii ki Babil Kulesi'ni de eklediler. Daniel Kitabı uzun bir zaman içerisinde yazıldı: Bazı bölümlerinin Sürgün'den önce yazıldığı kesindir, bazı bölümleri ise daha sonra yazılmıştır. Daniel'in gerçek bir tarihî şahıs mı yoksa oluşturulmuş bir kişilik mi olduğunu kesin olarak bilmiyoruz. Fakat kitap, arkeologların on dokuzuncu yüzyılda Babil'deki kazılarda buldukları deliller ışığında düzeltmeye çalıştığı tarihî çelişkilerle doludur.

** MENE; Allah senin krallığını saydı ve onu sona erdirdi. TEKEL; Terazide tartıldın ve eksik bulundun. FERES; Ülken bölündü Medler ile Farslara verildi. Daniel 5:3-31

M.Ö. 539'da Persler, Babil'e yürüdüler. Yahudi tarihi mucizevî hikâyelerle doludur ve içlerinden en dramatik olanı da budur. "Babil nehrinin kıyısında geçen" kırk yedi yılın ardından tek bir adamın kararı ki en az Davud'unki kadar çığır açıcı görünüyordu, Siyon'u tekrar diriltmişti.[21]

6

PERSLER

M.Ö. 539 - 336

BÜYÜK KİROS

Batı İran'daki Med Kralı Astiages rüyasında kızının altın bir nehre idrarını yaptığını ve bu nehrin de tüm krallığı kapladığını gördü. Kralın, Persli bir rahip olan büyücüsü bu rüyayı, torunlarının, krallığını tehdit edeceği şeklinde tabir etti. Astiages kızını doğudaki zayıf ve tehlike teşkil etmeyen bir komşusu, Anşan kralıyla evlendirdi. Bu evlilikten ileride Büyük Kiros olacak bir çocuk dünyaya geldi. Astiages rüyasında bu seferde kızının bacakları arasından çıkan bir sarmaşığının kendisini gölgede bırakacak kadar büyüdüğünü gördü – Jack ve Fasulye Sırığı'nın cinsel ve siyasi versiyonu. Astiages komutanı Harpagus'a küçük Kiros'u öldürmesini emretti ama bir çoban çocuğu gizledi. Astiages çocuğun öldürülmediğini öğrendiği zaman Harpagus'un oğlunu öldürüp pişirerek Harpagus'a yedirdi. Bu Harpagus'un kolayca unutacağı ya da affedeceği bir yemek değildi.

M.Ö. 559 civarında babasının ölümü üzerine Kiros geri dönüp idareyi ele geçirdi. Perslerin her işini cinsellik ve idrarla ilgili alametlerle gördüğüne inanmak isteyen Yunan tarihçi Herodot'a göre Astiages'in nahoş rüyaları gerçek olmuştu: Harpagus'un da desteğiyle Kiros dedesini yendi ve Med ile Persleri birleştirdi. Belşazzar'ı güneyde Babil'de bırakan Kiros, Batı Türkiye'deki diğer bir tehlikeli rakibi olan zengin Lidya Kralı Krezüs'le karşı karşıya geldi. Kiros deve kullanan ordusuyla cebri intikal yaparak Krezüs'ü kendi başkentinde gafil avladı. Lidya atları saldırıya geçen develerin kokusunu alınca kaçtılar. Kiros daha sonra Babil'e döndü.

İhmal edilen Babil tanrısı Bel-Marduk'a cömertçe hürmetlerini sunan Kiros'a Nebukadnezar mavi renkli metropolün kapılarını açtı. Babil'in düşüşü Yahudi sürgünlerin moralini düzeltmişti: "Sevinçle haykırın ey gökler, çünkü bunu Rab yaptı, haykırın ey yerin derinlikleri, ey dağlar, ey orman, ormandaki her ağaç, sevinç çığlıklarına katılın, çünkü Rab Yakup soyunu kurtararak İsrail'de görkemini gösterdi." Kiros, Kudüs'ün de dâhil olduğu Babil İmparatorluğu'nu ilhak etti. "Babil'de oturduğum zaman tüm krallar bana haraç ödeyecek ve ayaklarımı öpecek," demişti.

Kiros'un aklında yeni bir imparatorluk fikri vardı. Asur ve Babilliler imparatorluklarını katliam ve sürgün yoluyla inşa ederken Kiros siyasi hâkimiyetini kabul etmeleri şartıyla "halkları tek bir imparatorluk çatısı altına birleştirmek için" inanç özgürlüğünü kullanmıştı.*

Pers kralının çok geçmeden yayınladığı ferman Yahudileri hayrete düşürmüş olmalıydı: "Tanrı bütün bu toprakları bana ihsan etti ve benden kendisine Kudüs'te bir ev inşa etmemi istedi. Aranızda o milletten olanlar Kudüs'e gidip İsrail'in Tanrısı'nın evini inşa edebilirler."

Kiros sadece Yahudi sürgünleri vatanlarına göndermekle ve onların hak ve hukuklarını güvence altına almakla kalmamış –bunu yapan ilk hükümdardı– onları Kudüs'e geri gönderip Tapınak'ı yeniden inşa etmelerini teklif etmişti. Kiros son kralın oğlu Şeşbazzar'ı Kudüs valisi olarak atadı ve Tapınak'ın eşyalarını da iade etti. Yehudalı bir kâhinin Kiros'un Mesih olduğunu söylemesine şaşmamak gerek: "O benim çobanımdır ve her ne dilersem yapmıştır. Hatta Kudüs ve Tapınak'ın yeniden inşa edilmesini buyurmuştur."

Şeşbazzar 42.360 sürgünü Yehud eyaletindeki –Yehuda– Kudüs'e geri götürdü.** Babil'in hışmına uğrayan şehir harap haldeydi: "Uyan, ey Siyon uyan. Kudretini kuşan. Ey Yeruşalim, kutsal kent, güzel giysilerini giy (...) Üzerindeki tozları silk (...) Ey Siyon, tutsak kız." Fakat Kiros'un planları ve geri dönen sürgünler Yehuda ve Samiriye'de kalıp yaşamaya devam edenler tarafından pek hoş karşılanmadı.

---

* Kiros'un bir silindirin içinde bulunan inanç özgürlüğüne dair fermanlarından biri ona İnsan Hakları'nın babası unvanını kazandırmıştır ve günümüzde o fermanın bir örneği New York'taki Birleşmiş Milletler binasının girişinde bulunmaktadır. Ama Kiros pek de özgürlükçü sayılmazdı. Mesela Lidya'nın başkenti Sardis ayaklandığında sakinlerinden binlercesini katletmişti. Kiros, Perslerin yaşam, irfan ve ışık tanrısı olan Ahura Mazda'ya (Bilginin Efendisi) inanırdı. Ari Perslerin kâhini Zerdüşt yaşamın doğru ve yanlış ile ateş ve karanlık arasındaki bir mücadele olduğunu söylemişti. Fakat imparatorluğun resmî dini yoktu; aydınlık ve karanlıkla ilgili bu çok tanrılı görüşler Yahudiliğe (ve sonrasında Hristiyanlığa) uygun değildi. Aslında Farsça bir kelime olan *pariadeza* daha sonra "paradise" (cennet) kelimesine dönüşmüştü. Rahipleri olan *magi*lerden "magic" (büyü) kelimesi türemişti. Üç Doğulu rahibin İsa'nın doğuşunu müjdelediği de söylenmiştir.

** Bu, *Kitabı Mukaddes*'in bir abartısıdır. Binlercesi Irak ve İran'da Yahudi olarak yaşamayı seçmişti. Babil Yahudileri Abbasi Halifeliği ve Orta Çağ'a kadar Selevkoslar, Partlar, Sasaniler yönetimi altında zengin ve güçlü bir cemaat olarak yaşamaya devam ettiler. Babil, Yahudi önderliği ve eğitiminin merkezi oldu; Moğol işgaline kadar da en az Kudüs kadar önemli bir yerdi. Bu topluluk Osmanlı ve İngiliz idaresi altında kendisini toparladı. Fakat 1880'lerde Bağdat'ta baskılar görülmeye (nüfusunun üçte birinin Yahudi olduğu söylenir) ve Haşimiler döneminde de bu baskılar artmaya başladı. 1948'de Irak'ta 120.000 Yahudi bulunuyordu. 1979'da Şah devrildiğinde İran'da 100.000 Yahudi vardı. Bu iki topluluğun da büyük bölümü İsrail'e göç etti. Günümüzde 25.000 kadar İranlı ve sadece 50 Iraklı Yahudi kalmıştır.

Kiros sürgünden dönmesinden dokuz yıl sonra, Orta Asya'da bir muharebede öldürüldü. Muzaffer düşmanlarının, onun başkalarının topraklarına karşı duyduğu susuzluğu dindirmek için başını kan dolu bir tuluma soktukları söylenir. Halefi, cesedini geri aldı ve onu güney İran'da bulunan Pasargad'daki ve bugüne kadar ayakta kalan altın bir lahde defnetti. Yunanlı asker Ksenofon onun için, "Kendinden önceki ve sonraki tüm hükümdarları gölgede bırakmıştır," diye yazmıştır. Kudüs, hamisini kaybetmişti.[22]

DARİUS VE ZERUBBABİL: YENİ TAPINAK

O tarihe kadar görülmüş olanlardan çok daha geniş sınırlara ulaşmış olan Kiros'un imparatorluğunun kaderi Kudüs'te tayin edilecekti. Kiros'un oğlu II. Kambises –Eski Farsçada Kambūjiya– tahta geçti ve 525 yılında Mısır'ı fethetmek için Gazze üzerinden Sina'ya yöneldi. Bu sırada İran'dan uzaklaşmasını fırsat bilen erkek kardeşi isyan etti. Kambises, tahtını korumak için eve dönerken Gazze civarında bilinmeyen bir nedenle öldü; hemen orada yedi asil komplocu at üzerinde bir araya gelip tahtı ele geçirme planları yaptılar. Adaylarının kim olacağına tayin edemediklerinden "şafaktan sonra kimin atı ilk kişnerse onun tahtın sahibi olmasına karar verdiler". Asil bir klana mensup genç bir süvari olan Darius'un atı ilk kişneyen oldu. Herodot, Darius'un seyisine kısrağın vulvasına parmağını sokmasını söyleyerek hile yaptığını iddia eder. Böylece Herodot büyük bir memnuniyetle bir Doğu despotunun tahta çıkışını da yine zührevi bir meseleye bağlamış oluyordu.

Diğer altı komplocu da yanında olduğu halde Darius, Doğu'ya doğru at sürdü ve tüm Pers İmparatorluğu'nu yeniden fethetmeyi, tüm eyaletlerdeki isyanları bastırmayı başardı. Fakat iç savaş yüzünden "Darius'un hükümdarlığının ikinci yılına kadar Kudüs'te Tanrı'nın evinin yapımı durmak zorunda kalmıştı." 520 yılı civarında son Yehuda kralının torunu Prens Zerubbabil ve eski Tapınak'ın son rahibinin oğlu rahip Yeşu, Kudüs'ü kurtarmak için Babil'den yola çıktı.

Zerubbabil, Tapınak Dağı'ndaki sunağı onarttı, ustalar kiralayıp Fenikelilerden erz ağaçları satın alarak Tapınak'ı yeniden inşa ettirdi. Yükselen yapıdan güç ve İmparatorluk'ta artan karışıklıktan cesaret alan Yahudiler yeni krallıklarıyla ilgili hayaller kurmaya başladılar. Her şeye kadir Tanrı'nın, "O gün seni alacağım, ey Şealtiel`in torunu, kulum Zerubbabil... Ve seni mühür yüzüğü gibi yapacağım. Çünkü ben seni seçtim," dediğini yazmıştı peygamber Hagay ve Zerubbabil'in dedesi tarafından kaybedilen Davud'un mührü yüzüğüne gönderme yapıyordu. Yahudi liderler altın ve gümüşle Babil'den geldiler ve Zerubbabil'i (Babil'in Tohumu demektir) "ileride tahta çıkacak kişi olarak selamladılar".

Şehir çevresinde ve kuzeyde Samiriye'de yaşayan yerel halk artık bu mukaddes göreve iştirak etmek istiyordu ve Zerubbabil'e yardım teklif ettiler ama geri dönen sürgünlerin Museviliği onlarınkinden daha farklıydı. Yerel halkı yarı kâfir olarak görüyor ve onları *Am Ha-Aretz,* yani "cahiller" diyerek küçümsüyorlardı. Kudüs'ün yeniden güçlenmesinden rahatsız olan ya da yerel halkın kendisine rüşvet verdiği Pers vali, inşaatı durdurdu.

Darius üç yıl içerisinde tüm sorunları ortadan kaldırıp antik çağın en büyük hükümdarlarından biri olmuştu ve Trakya'dan Mısır ve Hindikuş'a kadar uzanan hoşgörülü bir dünya imparatorluğu kurdu – üç kıtaya yayılan ilk imparatorluktu.* Yeni büyük kral fatih ve idarecinin nadir bulunur bir karışımıydı. Zaferlerini kutlamak için taşlara kazınan resimlerinden Darius'un –Darayavuş– kendisini yüksek kaşlı ve düz burunlu, 1.78 boyunda, oval mücevherlerle bezenmiş altın bir taç takan, kıvrımlı kahkülleri, burma bıyığı, bağlı saçları ve birbirini izleyen dört bukleden oluşan kare şeklindeki sakalıyla tipik bir Ari olarak resmettirdiğini biliyoruz. Pantolon ve ayakkabıları üzerine uzun bir cübbe giyiyordu ve ördek başlı bir yay taşıyordu.

Zerubbabil'in bahsedip alıntıladığı Kiros Fermanı işte böyle müthiş bir hükümdara aitti. Darius, imparatorluk arşivinin aranmasını emretti ve ferman bulununca, "Yahudilerin valisi Tanrı'nın evini inşa etsin. Ben Darius onun en kısa sürede bitirilmesini istiyorum," diye buyurdu. 518'de Mısır'daki düzeni tesis etmek için Batı'ya yürüdü, muhtemelen aşırı heyecanlı Yahudileri teskin etmek için Yahudiye topraklarından geçti. Bu arada Davud'un soyundan gelenlerin sonuncusu olan Zerubbabil'i idam ettirmiş olabilir, çünkü Zerubbabil birden ortadan kaybolmuştu.

Mart 515'te rahiplerin 100 öküz, 200 koç, 400 kuzu ve 12 keçi (12 Kavmin günahlarına kefaret olarak) kurban etmesiyle İkinci Tapınak açıldı. Yehudalılar böylece sürgünden bu yana ilk kez Hamursuz Bayramı'nı kutlamışlardı. Ama Süleyman Mabedi'ni hatırlayan ihtiyarlar bu mütevazı binayı gördükleri zaman gözyaşlarını tutamadılar. Şehir çok küçük ve boştu.[23]

Elli yıldan uzun bir süre sonra Darius'un torunu olan Kral I. Artakserkses'in sâkisi Nehemya adında bir Yahudiydi. Kudüslüler yardım için kendisine müracaat

---

* Darius, Orta Asya ve Hazar Denizi'nin doğusuna akınlar düzenledi, Hindistan ve Avrupa'yı yoklayarak Ukrayna'ya saldırdı ve Trakya'yı ilhak etti. Başkenti olan Persepolis'te (Güney İran'dadır) sarayını kurdu, Zerdüştlük ve Ahura-Mazda dinini destekledi, ilk evrensel para birimini (*Daric*) yürürlüğe koydu. Yunan, Fenikeli ve Mısırlılardan oluşan bir donanma kurdu, ilk gerçek posta teşkilatını tesis etti, Susa'dan Sardis'e uzanan 2700 kilometrelik Kral Yolu boyunca her yirmi kilometrede bir han inşa ettirdi. Otuz yıllık saltanatı sırasında yaptıkları onu Pers İmparatorluğu'nun Augustus'u haline getirmişti. Ama Darius'un bile sınırları vardı. M.Ö. 490 tarihindeki ölümünden kısa süre önce Yunanistan'ı ele geçirmeye çalışmış ama Maraton Muharebesi'nde yenilmişti.

ettiler: "Geri kalanlar perişan haldeler. Kudüs surları harap haldedir." Nehemya üzülmüştü: "Oturdum ve ağladım." Pers başkenti Susa'da bir sonraki servisi sırasında Kral Artakserkses sordu, "Neden üzgünsün?" "Kralımız çok yaşasın," diye cevap verdi Yahudi saray mensubu, "Şehrim ve atalarımın kabirleri bu haldeyken nasıl üzgün olmayalım? ... Kralım eğer uygun görürseniz beni Yehuda'ya gönderin ki oranın inşasına yardım edeyim." Nehemya "büyük korku içerisinde" cevabı bekledi.

NEHEMYA: PERSLERİN ZAYIFLAMASI

Büyük kral, Nehemya'yı vali olarak atayıp ona para ve asker tahsis etti. Ama Kudüs'ün güneyindeki Samiriye'nin kralı Sanballat uzaklardaki Susa'dan gelen bu saray mensubuna ve sürgünlere güvenmiyordu. Suikasttan korkan Nehemya geceye kadar Kudüs'ün yıkık sur ve kapılarını teftiş etti. Kutsal Kitap'taki tek siyasi otobiyografi olan anıları, Nehemya vali olarak atanana kadar surların yeniden yapılacağını duyduğunda, Sanballat'ın "onların hallerine nasıl güldüğü"nden bahseder. Surun her bir bölümü arazi sahipleri ile rahiplere yeniden inşa edilmeleri için tahsis edilmişti. Nehemya, Sanballat'ın eşkıyaları tarafından saldırıya uğrayınca etrafa muhafızlar yerleştirdi ve böylece "sur elli iki günde tamamlanmış oldu"; sur, Tapınak'ın kuzeyindeki küçük bir kaleyle birlikte, sadece Davud'un Şehri'ni ve Tapınak Dağı'nı koruyordu.

Artık Kudüs'ün daha "büyük ve ihtişamlı" olduğunu gören Nehemya, "fakat buradaki insan sayısı çok az" dedi ve şehrin dışındaki Yahudileri kura çekmeye ikna etti: İçlerinde her on kişiden birisi Kudüs'e yerleşecekti. Nehemya on iki yıl sonra krala bilgi vermek için İran'a gitti ama Kudüs'e geri döndüğünde Sanballat'ın adamlarının Tapınak'ı kazançlı şekilde işletirken Yahudilerin de yerel halkla evlendiğini gördü. Bu fazlalıkları şehirden kovdu, diğerleriyle evlenmekten vazgeçirip onlara kendi yeni ve saf Museviliğini dayattı.

Pers kralları eyaletler üzerindeki kontrollerini kaybetmeye başlarken Yahudiler de yarı bağımsız Yehud devletini kurdular. Tapınak merkezli ve artan sayıda hacıdan elde edilen gelirle ayakta duran Yehud, Tevrat'a göre yönetiliyordu ve devletin başında Kral Davud'un rahibi Zadok'un soyundan geldiği varsayılan yüce rahiplerden oluşan bir hanedan vardı. Tapınak'ın hazinesi bir kez daha cazip bir ödül haline dönüşmüştü. Yüce rahiplerden biri, Tapınak'ın içerisinde kendi açgözlü kardeşi İsa (Yeşu'nun Aramicedeki karşılığı) tarafından öldürüldü, bu kabul edilemez hareket Pers valisine Kudüs'e yürüyüp altınlarını yağmalamak için beklediği fırsatı verdi.[24]

Pers kralları kendi iç meseleleriyle boğuşurken Makedonya kralı II. Philip güçlü bir ordu kurdu, Yunan şehir devletlerini ele geçirdi ve Darius ile oğlu Kserkses'in işgalinin intikamını almak için Perslere karşı kutsal bir savaş ilan etti. Philip suikasta kurban gittiğinde oğlu İskender tahta çıktı ve Perslere karşı Yunanistan'ı Kudüs'e getirecek bir saldırı başlattı.

7

MAKEDONLAR

M.Ö. 336 - 166

BÜYÜK İSKENDER

M.Ö. 336 yılında, babasının öldürülmesinden sonraki üç yıl içerisinde, İskender Pers kralı III. Darius'u iki kez yendi ve Darius, Doğu'ya çekilmeye karar verdi. İskender başta onu takip etmedi, onun yerine kıyı boyunca Mısır'a ilerledi ve Kudüs'e ordusu için erzak göndermesini emretti. Yüce rahipler önce reddettiler. Ama bu uzun sürmedi: Sur şehri kendisine direnince İskender şehri kuşattı ve şehri ele geçirdiğinde içindekileri çarmıha gerdirdi.

Yahudi tarihçi Josephus ileriki bir tarihte İskender, "Kudüs üzerine yürüdü," diye yazmıştı, fatihin şehrin kapılarında eflatun ve kırmızı cübbeler giymiş yüce rahipler ve beyaz giymiş Kudüslüler tarafından karşılandığını iddia ediyordu. Onu Tapınak'a götürmüşler ve o da orada Yahudi Tanrısı'na kurban kesmişti. Bu hikâye muhtemelen bir temenninin ürünüdür: Yüce rahip ve yarı Yahudi Samiriye liderleri Roş Ha'Ayim sahilinde, Kiros gibi davranarak onların kendi kanunlarına göre yaşamalarına müsaade eden İskender'e bağlılıklarını sunmuşlardı.* İskender daha sonra Mısır'ı ele geçirdi, orada İskenderiye şehrini kurdu ve Doğu'ya yönelip bir daha da geri dönmedi.

---

* Samiriyeliler yeni Babil kuralları ilave edilmeden önceki Museviliği temel alan kendi yarı Yahudi kültlerini çoktan tesis etmeye başlamışlardı. Pers idaresi altında Samiriyeliler, Sanballat hanedanının valileri tarafından idare edilmişlerdi. Kudüs'ten dışlanmaları onları Gerizim Dağı'nda kendi mabetlerini inşa etmeye teşvik etmiş ve Kudüs'teki Yahudilerle aralarında bir husumet başlamıştı. Tüm aile içi düşmanlıklarda olduğu gibi bu da çok küçük farklılıkların neden olduğu nefrete dayanıyordu. Samiriyeliler ikinci sınıf vatandaş olmuş ve Yahudileri sapkın olarak görmeye başlamışlardı, o yüzden İsa "İyi Samiriyeli" diye bir şeyin olabileceğini gördüğü zaman şaşırmıştı. Bin kadar Samiriyeli hâlâ İsrail'de yaşamaktadır: Yahudilerin kurban geleneğinin ortadan kalkmasından çok sonra bile Samiriyeliler yirmi birinci yüzyılda hâlâ Hamursuz Bayramı'nda Gerizim Dağı'nda koyun kurban etmektedirler.

İskender, Pers İmparatorluğu'nu yıkıp etki alanını Pakistan'a kadar genişlettikten sonra büyük projesi olan, Pers ve Makedonyalılardan dünyayı yönetecek tek bir seçkinler sınıfı inşa etmeye koyuldu. Bunu başaramasa da kendi Helenizm biçimini –Yunan kültürü, dili, şiiri, dini, sporu ve Homer tarzı krallıkları– Libya çöllerinden Afganistan dağlarına kadar yayarak dünyayı kendinden önceki tüm fatihlerden daha fazla değiştirdi. Yunan yaşam tarzı on dokuzuncu yüzyılda İngilizlerin ve günümüzde Amerikalılarınkinin olduğu kadar evrensel olmuştu. O tarihten sonra bu felsefi ve çok tanrılı kültürün Yahudiler gibi tek tanrılı düşmanları bile istemeseler de dünyayı Hellenizmin gözünden görmeye başladılar.

13 Haziran 323'te, bilinen dünyayı fethetmesinden sekiz yıl sonra, İskender otuz üç yaşında Babil'de, humma ya da zehirlenme yüzünden hasta yatıyordu. Sadık askerleri yatağının çevresinde yaşlı gözlerle beklediler. Krallığı kime bırakacağını sorduklarında şöyle cevap verdi, "En kudretli olana."[25]

PTOLEMAIOS: SEBT YAĞMASI

En güçlünün kim olduğunu tespit edebilmek için İskender'in generalleri yirmi yıl kendi aralarında savaştılar. Kudüs "dünyadaki kötülükleri artıran" bu Makedon derebeyleri arasında kalakaldı. Önde gelen iki rakip arasındaki mücadelede Kudüs altı kez el değiştirdi. Şehir on beş yıl boyunca tek gözlü Antigonos tarafından yönetildi. Antigonos, 301 tarihinde bir muharebede öldürüldü ve muzaffer Ptolemaios şehir surlarının önüne gelip şehrin kendisine ait olduğunu ilan etti.

Ptolemaios, İskender'in kuzeniydi, Yunanistan'dan Pakistan'a kadar savaşmış tecrübeli bir generaldi ve İndus'ta Makedon filosunu o komuta etmişti. İskender'in ölümünden kısa süre sonra Mısır kendisine verildi. Büyük İskender'in naaşının Yunanistan'a geri götürülmekte olduğunu öğrendiği zaman Filistin üzerinden gelip naaşı ele geçirip onu başkenti İskenderiye'ye getirdi. Yunanların en mukaddes uğurunun, yani İskender'in bedeninin vasiliği onun ateşinin de koruyucusu olacaktı. Ptolemaios sadece bir savaşçı değildi: Paralar üzerine nakşedilmiş askerlere özgü güçlü çenesi ve küt burnuyla zekâ ve mahareti karşıtlık oluşturuyordu.

Şimdi Ptolemaios, Kudüslülere Sebt gününde Yahudi Tanrısı'na kurban adamak için şehre girmek istediğini söylüyordu. Dinlenen Yahudiler bu numaraya kandılar ve Ptolemaios şehri ele geçirerek Yahudilerin ibadetleri konusunda ne kadar fanatik olduklarını ortaya çıkardı. Ama Sebt günü güneş battığında Yahudiler direnmeye başladılar. Ptolemaios'un askerleri Kudüs'te kol gezmeye başladı, "evler yağmalandı, kadınlara tecavüz edildi ve şehrin yarısı esir edildi". Ptolemaios muhtemelen Nehemya tarafından Tapınak'ın kuzeyine inşa edilmiş olan Baris Kalesi'ne askerî birliklerini yerleştirdi ve binlerce Yahudiyi Mısır'a sürgüne gönderdi. Böylece Ptolemaios'un göz kamaştırıcı başkenti İskenderiye'deki Yahudi topluluğun temelleri atılmış oldu. Mısır'da Ptolemaios ve onun halefleri firavundular, İskenderiye ve Akdeniz'de ise Yunan kralları olarak görülüyorlardı. Ptolemaios Soter –bilindiği şekliyle Kurtarıcı– yerel tanrılar Isis ve Osiris'i ve Mısırlıların krallık geleneğini kabul etti, hanedanını hem Mısır Tanrı krallara hem de yarı ilahi Yunan krallara dayanarak geliştirdi. O ve oğulları Kıbrıs ve Sirenayka'yı, sonrasında da Anadolu kıyılarını ve Ege adalarını ele geçirdi. Ona meşruiyet ve azamet kazandıran şeyin sadece ihtişam değil aynı zamanda kültür olduğunu da biliyordu. O nedenle İskenderiye'yi dünyanın en önde gelen Yunan şehri haline getirdi, müze ve kütüphane kurdu, Yunan âlimlerini şehrine davet etti ve dünyanın yedi harikasından biri olan İskenderiye Feneri'ni hizmete soktu. İmparatorluğu ailesinin son ferdine kadar üç asır boyunca devam etti: Kleopatra.

Ptolemaios seksenli yaşlarına kadar yaşadı ve İskender tarihini yazdı.[26] II. Ptolemaios Philadelphos Yahudi dostuydu, 120.000 Yahudi'yi kölelikten azat etti ve Tapınak'ın süslenmesi için altın gönderdi. 275'te özel misafirleri için, şarap ve bereket tanrısı Dionysos adına bir resmigeçit düzenledi. Bu resmigeçitte filler ve imparatorluğun dört bir yanından gelmiş insanlar, içinde 200.000 galon şarap olan leopar derisinden yapılmış devasa bir şarap tulumu, 60 metre uzunluğunda ve 3 metre genişliğinde bir penis taşımıştı. Ayrıca kendisi bir kitap koleksiyoncusuydu. Yüce rahip kendisine Yahudi Tanahı'na* ait yirmi kadar kitap gönderdiği zaman kral onların Yunancaya çevrilmesini emretti. İskenderiye'de yaşayan Yahudi âlimlere saygı duyardı ve tercümeyi görüşmek için onları akşam yemeğine davet etti: "Tüm yemekler sizin ve benim inançlarıma uygun olarak hazırlanacaktır," diye söz vermişti kral. Yetmiş günün sonunda yetmiş âlimin de birbirinin aynısı olan tercümeler yaptığı söylenir. Septuaginta Tevratı, Kudüs tarihini değiştirdi ve daha sonra Hristiyanlığın yayılmasını mümkün hale getirdi. İskender sayesinde Yunanca evrensel dil olmuştu; şimdi ise tarihte ilk kez Tevrat hemen herkes tarafından okunabilir hale gelmişti.[27]

TOVİYAH** YUSUF

Kudüs, Ptolemaios'un imparatorluğu içindeki yarı bağımsız bir devlet olarak kaldı ve Yehuda, üzerinde "Yehud" yazan kendi parasını bastırdı. Şehir sadece siyasi bir yapı değil yüce rahipler tarafından yönetilen, Tanrı'ya ait bir şehirdi.

* Tanah, İbranicede, Kanun, Peygamberler ve Yazılar'ın kısaltılmış halidir, Hristiyanlar bu kitaba ileride Eski Ahit adını vereceklerdi.

** Makkabi döneminin başında, Ammon'da yaşamış, Helenistik eğilimleri destekleyen, Yahudi bir muhalif grup. (yay. n.)

Kitabı Mukaddes'te adı geçen rahip Zadok'un soyundan geldiklerini iddia eden Honiyahu ailesinin üyeleri, Ptolemaios devletine vergilerini ödemek kaydıyla, güç ve servetlerini artırmaya devam ettiler. Yüce rahip II. Honiyahu, III. Ptolemaios Euergetes'e olan 20 gümüş talentlik borcunun üzerine yatmaya çalıştı. Bu durum sadece Kudüs'ü değil tüm bölgeyi yüce rahipten kurtarmayı kafasına koymuş genç bir Yahudiye aradığı fırsatı sundu.

Bu maceracı bizzat yüce rahibin yeğeni olan ve kralın açık artırma düzenlediği sırada İskenderiye'ye gelen Yusuf'tu*: Açık artırmaya katılanlar bölgelerini yönetme ve vergi toplama hakkına karşılık en fazla vergiyi ödemeyi vaat ediyorlardı. Suriyeli ihtiyarlar genç Yusuf'la dalga geçtiler fakat o, onları akıl almaz bir küstahlıkla oyuna getirdi. Kralla ilk görüşen kişi olmayı başarıp onu etkiledi. III. Ptolemaios ona teklifini sorduğunda ukala Yusuf, Suriye'nin tamamı, Fenike, Yehuda ve Samiriye için rakiplerinden daha yüksek teklif verdi. Kral, Yusuf'a sözünün garantisi olarak kimi rehine vereceğini sordu. "Sana kendinden ve karından başka kimseyi vermeyeceğim ey kral," dedi küstah Kudüslü. Bu densizliği için idam edilmesi gerekirdi ama Ptolemaios güldü ve kabul etti.

Yusuf iki bin Mısır askeriyle Kudüs'e geri döndü. Kendini ispat etmesi için kat etmesi gereken daha çok yol vardı. Aşkelon, vergisini ödemeyi reddedince önde gelen vatandaşlarından yirmisini öldürttü ve Aşkelon da vergisini ödedi.

Yusuf, Yaratılış'taki adaşı gibi, Mısır'da riskli bir oyun oynamış ve kazanmıştı. İskenderiye'de kralla samimi olmuş ve bir oyuncuya âşık olmuştu. Bir gün onunla buluşacağı zaman, kardeşi o kadının yerine kendi kızını geçirdi. Yusuf o gece farkına varamayacak kadar sarhoştu ve sabah olup ayıldığında da yeğenine âşık oldu ve evlilikleri hanedanlarını güçlendirdi. Fakat oğulları Hurkanus da tıpkı babası Yusuf gibi laf dinlemez birisiydi. Lüks yaşamış, acımasızca yönetmiş ve ağır vergiler yüklemiş olsa da, tarihçi Josephus'a göre, Yusuf "âlicenap bir şahsiyetti" ve "ağırlığı, irfanı ve adaletiyle herkesi kendisine hayran bırakmıştı. Yahudileri açlık ve sefaletten kurtarıp onları refaha kavuşturmuştu."

Toviyah Yusuf, Mısır kralları için önemliydi çünkü onlar rakip Makedon hanedanı Selevkoslarla Orta Doğu hâkimiyeti yüzünden sürekli savaş halindeydiler. 241 civarında III. Ptolemaios minnettarlığını göstermek için düşmanlarına karşı kazandığı bir zaferin ardından Kudüs'ü ziyaret edip Tapınak'ta kurban kesti, III. Ptolemaios'un Yusuf tarafından ağırlandığına şüphe yoktur. Ne var ki kral öldüğü zaman Mısırlılar kendilerini hırsı sınırsızmış gibi görünen çocuk yaştaki bir Selevkos kralıyla karşı karşıya buldular.

---

* Yusuf'un ailesi karışık kökenli Yahudilerdi, muhtemelen Nehemya'ya muhalefet etmiş olan Ammonlu Toviyah'ın torunlarından olabilir –Zenon isimli bir saray mensubunun papirüs arşivinde onun kralla yaptığı alışveriş gösterilmiştir –ayrıca Amnon'da (modern Ürdün) pek çok arazisi de bulunuyordu.

BÜYÜK ANTIOKHOS: FİLLERİN SAVAŞI

Bu rakip Makedon, Asya Kralı III. Antiokhos'tu. 223 yılında, on sekiz yaşında büyük bir unvan ve dağılmakta olan bir imparatorluk devraldı* ama bu kötü gidişatı tersine çevirebilecek kadar maharet sahibiydi. Antiokhos kendisini İskender'in vârisi olarak kabul ediyordu ve tüm Makedon kralları gibi kendini Apollo, Herkül, Aşil ve hepsinden önemlisi Zeus'la ilişkilendirmişti. Antiokhos düzenlediği başarılı seferlerle İskender'in doğu imparatorluğunu Hindistan'a kadar genişletti ve "Büyük" unvanını kazandı. Tekrar tekrar Filistin'e saldırdı ama Ptolemaios tarafından püskürtüldü ve yaşı ilerleyen Toviyah Yusuf Kudüs'ü yönetmeye devam etti. Fakat oğlu Hurkanus ona ihanet edip şehre saldırdı. Ölümünden kısa süre önce Yusuf oğlunu mağlup etti, oğlu bugünkü Ürdün topraklarına kaçarak orada kendi krallığını kurdu.

201'de, kırklı yaşlarına gelmiş olan Büyük Antiokhos, Doğu'da kazandığı zaferlerin ardından geri döndü. Kudüs "fırtınaya tutulmuş bir gemi gibi bir o, bir bu yana yatıyordu". Antiokhos sonunda Mısırlıları bozguna uğrattı ve Kudüs, efendisini bağrına bastı. "Şehirlerine vardığımız zaman Yahudiler bizi çok iyi ağırladılar, senatoları bizleri karşıladı ve bize Mısır garnizonunu yenmekte yardımcı oldular," demişti Antiokhos. Bu Selevkos kralı ve ordusu heybetli bir görüntüye sahipti. Antiokhos bir taç takıyordu, kırmızı botları altınlarla süslenmişti, geniş siperli şapkası ve boğazına kırmızı bir broşla tutturulmuş altın yıldızlı koyu mavi pelerini vardı. Kudüslüler onun sarissa mızrakları taşıyan Makedon falanksları, Giritli dağ savaşçıları ve Kilikyalı hafif piyadeler, Trakyalı sapancılar, Misyalı okçular, Lidyalı ciritçiler, Pers okçular, Kürt piyadeler, İranlı ağır zırhlı katafraktklar ve içlerinde en itibarlısı olan fillerden –Kudüs'te belki de ilk kez görülüyorlardı– oluşan çokuluslu ordusuna erzak temin ettiler.**

---

* Antiokhos, Büyük İskender'in imparatorluğuna şekil veren generallerin soyundan olan büyük hanedanın varisiydi. I. Ptolemaios, Mısır'da krallığını kurduğu zaman Antiokhos'un atası, İskender'in subaylarından biri olan, Selevkos'un Babil'i ele geçirme teşebbüsünde destekledi. Ptolemaios gibi yetenekli birisi olan Selevkos İskender'in Asya'daki topraklarının büyük bölümünü ele geçirdi – bu yüzden Selevkoslar Asya Kralı unvanını aldılar. Selevkos, Yunanistan'dan Hindistan'a kadar olan bölgeyi yönetti – ama gücünün zirvesindeyken bir suikasta kurban gitti. Ailesine tüm Suriye vadedildi ama Ptolemaios bu bölgeyi teslim etmeyi reddetti: Sonuç sonu gelmez Suriye savaşları oldu.

** Bu, savaş fillerinin çağıydı. İskender'in Hint seferinden dönmesinin ardından zırhlı savaş filleri kendisine saygısı olan tüm Makedon kralların en itibarlı (ve en pahalı) silahları olmuştu – gerçi çoğunlukla düşmanınki yerine kendi piyadelerini ezerlerdi. Bu arada batıda, Sur şehrindeki Fenikelilerin torunları olan Kartacalılar ve Romalılar, Akdeniz'in hâkimiyetini ele geçirebilmek için savaşmaktaydılar. Harikulade bir general olan Kartacalı Hannibal, filleriyle Alplerden geçerek İtalya'yı işgal etmişti. Antiokhos Hint fillerini, Ptolemaioslar Afrika filleri kullanırken Hannibal daha küçük ve günümüzde nesli tükenmiş olan Fas'taki Atlas Dağları'nda yaşayan filleri kullanmıştı.

Antiokhos surlar ile Tapınak'ı onarma ve şehrin nüfusunu artırma sözü verdi, Yahudilerin "kendi atalarının kanunlarına göre yaşama hakkını" kabul ettiğini ilan etti. Hatta yabancıların Tapınak'a girmesini ve "şehre at, katır, vahşi ya da evcil eşek, panter, tilki ve yaban tavşanı" getirmelerini yasakladı.

Yüce Rahip Şimon'un doğru tarafı desteklediğine şüphe yoktu: Kudüs, tarihi boyunca hiç böyle müsamahalı bir fatih görmemişti. Kudüslüler bu dönemi "bulutların arasındaki çoban yıldızını andıran" ideal bir yüce rahibin idaresindeki altın çağ olarak adlandırdılar.[28]

ADİL ŞİMON: ÇOBANYILDIZI

Yüce Rahip Şimon,* Kefaret Günü'nde Kutsalların Kutsalı'ndan çıktığında "ihtişamın kusursuzluğuyla donanmış halde kutsal sunağa doğru tırmandı". Kendisi bir kral olarak Yehuda'yı yöneten yüce rahiplerin kusursuz bir örneğiydi; papa, kral ve ayetullahın bir karışımıydı: yaldızlı cübbe, parlak bir göğüs zırhı giyinip üzerinde yaşam ile kurtuluşun simgesi ve Yehuda krallarının başlarına taktıkları bir rölik olan altından bir çiçeği, yani *nezer*i taşıyan taca benzer bir sarık takardı. Büyüyen şehrin kutsal dramını aktarabilmeyi başaran ilk yazar *Ecclesiasticus*'un yazarı Yeşu Ben Sirak, Şimon'u "bulutların üzerinde büyüyen bir servi ağacına benzetmişti."

Kudüs bir teokrasi olmuştu – bu kelime, şehri tarif ederken "tüm iktidar ve hâkimiyet Tanrı'nın elindeydi" tabirini kullanan tarihçi Josephus tarafından icat edilmişti. Günlük yaşamın her ayrıntısı sert kurallarla düzenleniyordu ve din ile siyaset arasında bir ayrım yoktu. Kudüs'te heykel ya da oyma resimler bulunmazdı. Sebt gününe riayet etmek mecburiydi. Dine karşı işlenen tüm suçların cezası ölümdü. Dört tür idam vardı – taşa tutma, yakma, kafa kesme ve boğma. Zinacılar taşlanırdı ve bu ceza toplumun tümü tarafından ifa edilirdi (gerçi suçlu önce bir uçurumdan aşağı atıldığı için taşlama sırasında genelde kendinde olmazdı). Babasına vuran çocuk boğazlanarak idam edilirdi. Hem annesi hem de kızıyla zina eden bir adam yakılırdı.

---

* Bazı tarihçiler Şimon'un I. Ptolemaios'a bağlı olarak hüküm sürdüğüne inanmaktadırlar. Bu konudaki kaynaklar çelişkilidir fakat tahkimatları inşa eden, Tapınak'ı onaran ve Tapınak Dağı'na dev bir sarnıç yaptıran Büyük (III.) Antiokhos'un çağdaşı II. Şimon'dur (Adil Şimon). Mezarı, Filistin'deki Şeyh Cerrah bölgesindeki Eski Şehir'in kuzeyindedir. Burada Osmanlı döneminde her yıl bir "Yahudi pikniği" düzenlenir ve Müslüman, Yahudi ve Hristiyanlar bunu hep birlikte kutlarlardı, milliyetçilikten önce tüm inançların bir arada kutladığı şenliklerden biriydi. Günümüzde, mezar bir Yahudi türbesi haline gelmiştir ve İsrailliler hemen yakınına yerleşim yeri inşa etmeyi planlamaktadırlar. Fakat Kudüs'teki pek çok şey gibi bu mezar da bir efsanedir: Bu ne Yahudi mezarıdır ne de Adil Şimon'un kabridir. II. Şimon'dan 500 yıl sonra inşa edilmiştir ve Julia Sabina adında Romalı bir kadına aittir.

Tapınak, Yahudi yaşamının merkeziydi: Yüce rahip ve konseyi Sanhedrin* orada toplanırdı. Her sabah borazanlar, İslam'daki müezzinler gibi, ilk ibadet vaktini duyururdu. Günde dört kez yedi gümüş borazan inananları Tapınak'ta ibadet etmeye çağırırdı. Sabah ve akşam günde iki kez Tapınak'ın sunağını kirletmeden koç, inek ya da güvercin kurban edilir ve her seferinde de güzel koku sunağında tütsü yakılırdı, bu Yahudi inancının temel ibadeti kabul edilmişti. *Holocaust* terimi İbranicedeki *olah*, "yukarı çıkmak" kelimesinden gelmektedir ve yakılan hayvanların dumanının "yukarı çıkarak" Tanrı'ya ulaşması kastedilmektedir. Tapınak sunağının kokusu şehri sarıyor olmalıydı, buhurdanlıklardan yükselen tarçın ve sinameki kokularına yanan etin kokusu karışıyordu. İnsanların parfüm olarak mürrüsafi, hint sümbülü ve balsam yağı kullanmasına şaşırmamak gerekir.

Hacılar festivaller için Kudüs'e akardı. Tapınak'ın kuzeyindeki Koyun Kapısı'nda koyun ve inekler kurban edilmek için bir araya toplanırdı. Hamursuz Bayramı'nda iki yüz bin koyun kesilirdi. Fakat Kudüs takviminin en kutsal ve bereketli haftası Mişkan'dı. Bu tarihte erkek ve kadınlar beyaz kıyafetler giyip Tapınak'ın avlularında dans eder, şarkılar söyler, meşaleler sallayıp ziyafet çekerlerdi. Ağaç dalları toplayarak evlerinin çatılarında ya da Tapınak avlularında kulübeler inşa ederlerdi.**

Lekesiz Şimon zamanında bile muhtemelen zengin Yunanlılara benzeyen pek çok dünyevi Yahudi vardı ve bunlar Yukarı Şehir olarak bilinen batı yamacındaki yeni Yunan saraylarında yaşardı. Fanatik Yahudi dindarların bozulma olarak gördükleri şeyi bu kişiler medeniyet olarak görürlerdi. Bu, Kudüs'te yeni bir yapının başlangıcıydı: Kudüs, kutsiyeti arttıkça bir o kadar da bölünmeye başlamıştı. İki farklı yaşam tarzı birbiriyle iç içe ve birbirinden nefret ederek yaşıyordu. Şehir –ve içinde yaşayan Yahudiler– Nebukadnezar'dan beri gördükleri en büyük düşmanla karşı karşıyaydılar.[29]

ANTIOKHOS EPIFANES: DELİ TANRI

Kudüs'ün hamisi Büyük Antiokhos'un dinlenecek zamanı yoktu: Küçük Asya ve Yunanistan'ı fethetmesi gerekiyordu. Fakat kendine fazla güvenen Asya Kralı, yükselişteki Hannibal ve Kartaca'yı bozguna uğratıp Akdeniz hâkimiyetini ele geçirmiş

---

* M.Ö. 165'ten psikoposluğun bitimi olan M.S. 425'e kadar Romalı Filistin'de çalışan Yahudi Konseyi. (yay. n.)

** Yahudilerin en büyük bayramları – Hamursuz, Şavuot ve Mişkan– hâlâ gelişme sürecini tamamlamamıştı. Bahar şenliği olan Hamursuz daha sonra iki eski şenlik olan Mayasız Ekmek ve Mısır'dan Çıkış hikâyesiyle birleştirildi. Zaman içinde Hamursuz, Mişkan'ın yerini alıp en büyük Yahudi bayramı oldu. Mişkan günümüzde Sukot adıyla kutlanmakta ve Yahudi çocukları hâlâ meyvelerle süsledikleri kulübeler yapmaktadırlar. Tapınak hizmetleri Levi kabilesinin torunları olan Levililer ve rahipler arasında tanzim edilmiştir (Musa'nın kardeşi Harun'un torunları Levililerin içinde küçük bir grubu temsil etmektedir.)

olan Roma Cumhuriyeti'nin gücünü çok hafife aldı. Yunanistan'ı ele geçirmek isteyen Antiokhos, Romalılar tarafından püskürtüldü, Büyük Kral donanmasını ve fil birliklerini teslim edip oğlunu da rehine olarak Roma'ya göndermek zorunda kaldı. Antiokhos hazinesini doldurmak için Doğu'ya döndü ama Pers tapınağını yağmalarken suikasta kurban gitti.

Babil'den İskenderiye'ye kadar tüm Yahudiler Tapınak'a yıllık ücret ödüyordu ve Kudüs öylesine zengin hale gelmişti ki bu durum Yahudi liderler arasındaki çekişmeyi daha da artırıp para sıkıntısı çeken Makedon kralların dikkatlerini de üzerine çekmeye başlamıştı. Babası gibi Antiokhos adını alan yeni Asya Kralı başkent Antakya'ya gelip tahta çıktı ve tahtta hak iddia edebilecek diğer aile üyelerini öldürdü. Roma ve Atina'da büyümüş olan IV. Antiokhos babasının pek çok yeteneğini miras almıştı ama abartılı gösteriş merakı ve evhamlı yapısı daha çok Caligula ve Neron'u andırıyordu.

Büyük bir krala layık bir oğul olduğunu ispatlaması gerekiyordu. Yakışıklı olduğu kadar dengesiz de olan Antiokhos sarayda şenlikler düzenleyerek sıkıntısını hafifletmeye çalışsa da yükümlülükleri ona dar gelmekte ve sürekli farklı şeyler yapmak istemekteydi. Genç kral Antakya'da şehir meydanında sarhoş gezer, halkla birlikte hamamda yıkanıp pahalı kremlerle masaj yaptırır ve hamamdaki hizmetlilerle arkadaş olurdu. Birisi onun aşırı mürrisafi kullanmasından şikâyet ettiği zaman Antiokhos çömleğin adamın başından aşağı boşaltılmasını emretmiş, kral kahkahalarla gülerken halk yerlere saçılan bu çok değerli reçineyi alabilmek için birbirini çiğnemişti. Güzel giyinmeyi, tacı ve beyaz peleriniyle sokaklarda dolaşmayı sever ama tebaası kendisine baktığı zaman da onlara taş atardı. Geceleri kılık değiştirerek Antakya'nın arka sokaklarında gezerdi. Tanımadığı kişilere dostça yanaşır ama ardından ne yapacağı hiç belli olmazdı, çünkü cana yakın olduğu kadar da merhametsizdi.

Helen çağının hükümdarları genelde Herkül ya da diğer tanrıların torunu olduklarını iddia ederlerdi ama Antiokhos bunu bir adım öteye taşıdı. Kendisine Epifanes –Tanrı'nın tezahürü– adını verdi ama tebaası ona Epumanes –deli– demeyi tercih ediyordu. Deli olsa da imparatorluğu tek kral ve dine bağlılık sayesinde ayakta tutmak gibi bir planı vardı. Tebaasının yerel tanrılara ibadet etmesini ve onları Yunan tanrıları ile kendi kültüne de dâhil etmelerini bekliyordu. Fakat Yunan kültürüyle aralarında sevgi-nefret ilişkisi olan Yahudiler için durum farklıydı. Yunanların medeniyetlerine gıpta ediyor ama hâkimiyetlerinden hoşlanmıyorlardı. Josephus Yahudilerin, Yunanları aciz, haysiyetsiz ve müşkülpesent olarak gördüklerini söylemişti, ancak çoğu Kudüslü lüks içerisinde yaşıyor ve her ikisi de olabileceklerini göstermek için hem Yunan hem de Yahudi isimleri kullanıyordu.

Yahudi muhafazakârlar ise aynı fikirde değildi, onların gözünde Yunanlar putperesttiler ve muhafazakârlar onların çıplaklıklarından iğreniyorlardı.

Yahudi ileri gelenlerin ilk tepkisi Kudüs'te iktidar sahibi olabilmek için Antakya'ya koşmak oldu. Kriz, para ve nüfuz nedeniyle çıkan aileler arası bir kan davası olarak başladı. Yüce Rahip III. Honiyahu krala başvurduğunda kardeşi Yason seksen talent daha fazla ödedi ve Kudüs'e şehri yeni bir Yunan şehir-devletine çevirme projesiyle yüce rahip olarak geri döndü: Şehrin adını kralın onuruna Antiok-Hierosolyma (Kudüs içindeki Antakya) olarak değiştirdi. Tevrat'ı ciddiye almadı ve muhtemelen Tapınak'a bakan batı yamacına bir Yunan *gymnasiumu* yaptırdı. Yason'un reformları çok popüler oldu. Genç Yahudiler *gymnasiumda* günün modasına uygun şekilde giyinmeye büyük özen gösteriyor ve başlarında sadece bir Yunan şapkası olduğu halde çıplak spor yapıyorlardı. Bir şekilde, Tanrı'yla olan bağlarını gösteren, sünnet izlerini örtmeye başarmışlardı, modanın rahatlığa karşı kazandığı açık bir zaferdi bu. Fakat Kudüs için bir başkası Yason'dan daha fazla ödedi: Adamı Menelaos'u Antakya'ya haracını ödemesi için gönderdi. Ama sahtekâr Menelaos bu paraları çalıp kaçmak yerine, Zadok soyundan gelmediği halde, yüce rahipliği satın almayı başardı. Menelaos Kudüs'ü ele geçirmişti. Kudüslüler itiraz etmek için krala delege gönderdikleri zaman kral hepsini idam ettirdi ve hatta Menelaos'un eski Yüce Rahip Honiyahu'yu öldürmesine bile izin verdi.

Antiokhos, imparatorluğunu tekrar ele geçirebilmek için para bulmanın derdine düşmüştü – ve çok çarpıcı bir darbe yapmayı planlıyordu: Ptolemaios ve Selevkos imparatorluklarını birleştirmek. M.Ö. 170'de Mısır'ı ele geçirdi ama Kudüslüler unvanını kaybeden Yason'ın önderliğinde ayaklanarak onun bu zaferine gölge düşürdüler. Deli kral Sina'yı tekrar geçip Kudüs'e saldırdı ve on bin Yahudi'yi sürgün etti.* Yardımcısı Menelaos'la birlikte, affedilmez bir günah işleyerek, Kutsalların Kutsalı'na girdi ve çok değerli eşyaları çaldı – altın sunak, şamdanlar ve mayasız ekmek masası. Daha da fenası Antiokhos, Yahudilere Tanrı'nın tezahürü olduğu için kendi adına kurban kesmelerini emretti, böylece çoğu Yunan kültürüne yakınlık duyan Yahudilerin sadakatini bu şekilde imtihan etmişti – Tapınak'ın altınlarıyla hazinesini doldurduktan sonra baş gösterebilecek herhangi bir direnişi ezmek için tekrar Mısır'a döndü.

Antiokhos men edilmiş olduğu donanma ve fil birliklerini gizlice yeniden kurmaya çalışırken, bir yandan da toga giyerek ve Antakya'da sahte seçimler ya-

* Yason tekrar kaçıp hamisi Prens Toviyah Hurkanus'a sığındı. Hurkanus, Ürdün'de kırk yıldan uzun süredir hüküm sürmekteydi ve Kudüs'ü kaybettikleri zaman bile Ptolemaios İmparatorluğu'yla olan ittifakını bozmamıştı. Araplara karşı seferler düzenledi ve Arak el Emir'de güzel oymaları ve süslü bahçeleri olan konforlu kaleler inşa ettirdi. Antiokhos önce Mısır'ı, daha sonra da Kudüs'ü ele geçirince Hurkanus'un seçenekleri tükendi: Tobiadların sonuncusu intihar etti. Sarayından geriye kalanlar bugün Ürdün'de turistler tarafından ziyaret edilmektedir.

parak Romalılarla dalga geçiyordu. Ama Doğu Akdeniz'i hâkimiyeti altına almayı kafasına koymuş olan Romalılar, Antiokhos'un yeni imparatorluğuna tahammül edemezlerdi. Roma elçisi Popillius Laenas, İskenderiye'de kralla görüştüğü zaman Antiokhos'un çevresindeki kuma bir çember çizdi ve kendisinden bu çemberin dışına çıkmadan evvel Mısır'dan çekilmeyi kabul etmesini talep etti – "son noktayı koymak" anlamına gelen, İngilizce *draw a line in the sand* deyimi buradan gelmektedir. Antiokhos "yüreği sızlayarak olsa da" Roma kudretine boyun eğmek zorunda kaldı.

Bu arada Yahudiler Antiokhos'u Tanrı olarak kabul edip ona ibadet etmeyi reddetmişlerdi. Deli Kral, Kudüs'ün üçüncü kez aykalanmasına engel olmak için Yahudi dinini tümden ortadan kaldırmaya karar verdi.

ANTIOKHOS EPIFANES: VİRANELİĞİN BİR DİĞER UCUBESİ

167 tarihinde Antiokhos yine Sebt günü hilesine başvurarak Kudüs'ü ele geçirdi, binlerce kişiyi öldürdü, surları yıkıp Akra'da bir hisar inşa ettirdi. Şehri, Yunan bir vali ve işbirlikçi Menelaos'a teslim etti.

Antiokhos, Tapınak'ta kurban adanması ya da ibadet edilmesini, Sebt gününü, Yahudi şeriatı ile sünneti yasakladı ve tüm Tapınak'ı domuz leşiyle kirletti. 6 Aralık'ta Tapınak bir Olimpos tanrısı olan Zeus'a adanarak yeniden açıldı – viraneliğin asıl ucubesi. Kendisinin de hazır bulunduğu, muhtemelen Kutsalların Kutsalı'nın dışındaki sunakta Tanrı-kral Antiokhos adına kurban kesildi. "Tapınak isyanla ve fahişelerle âlem yapan adamlarla doluydu, kutsal yerlerde zina yapıyorlardı." Menelaos bu duruma razı geldi, insanlar fildişinden taçlar taktıkları halde Tapınak'tan geçtiler ve dua ettikten sonra gidip –rahiplerin büyük bölümü bile– *gymnasium*'da çıplak yapılan oyunları izledi.

Sebt gününe riayet edenler diri diri yakılıyordu ya da Yunan icadı bir işkence olan çarmıhta acı içinde can veriyorlardı. Yaşlı bir adam domuz eti yemek yerine açlıktan ölmüştü; çocuklarını sünnet ettiren kadınlar çocuklarıyla birlikte Kudüs surlarından aşağı atıldılar. Tevrat yırtılıp halkın gözü önünde yakıldı: Tevrat'ın kopyasıyla yakalanan herkes öldürüldü. Ama tıpkı Tapınak gibi Tevrat da onların canından daha kıymetliydi.

Bu ölümler yeni bir şehitlik kültü yarattı ve Kıyamet beklentilerini artırdı. "Yeryüzü toprağında uyuyanların birçoğu [Kudüs'te] uyanacak ve ebedi yaşama kavuşacak", Mesih'in gelişiyle şer yenilecek ve iyilik galip gelecek – ve böylece insanlığa ebedi mutluluk bahşedilecek.*

---

* Daniel Kitabı bazıları Babil Sürgünü'ne, bazıları da Antiokhos'un yaptığı eziyetlere dair hikâyelerden oluşan bir derlemedir: Kızgın ocak onun işkencelerini tasvir etmektedir. Daniel'in yeni bir "İnsan Oğlu" hayali, İsa'ya ilham vermiştir. Şehitlik kültü Hristiyanlığın ilk asırlarında yeniden ortaya çıkmıştır.

Antiokhos, Antakya'ya geri döndü ve sorunlu zaferlerini orada şenliklerle kutladı. Yaldızlı taçlar giymiş genç sporcuların takip ettiği altın zırhlı İskit atları, Hint filleri, gladyatörler ve altın koşumlu Nisa atları başkentte resmigeçit yaptılar, bir öküz kurban edildi, şamandıraların üzerlerine heykeller kondu ve kadınlar halkın üzerine güzel kokular sıktılar. Gladyatörler sirklerde dövüştü ve çeşmelerden şarap akarken kral sarayında bin kişiyi misafir etti. Deli Kral her şeyi kontrol etmiş, geçit alayı boyunca bir ileri bir geri gidip gelmiş, misafirlerini karşılamış, komedyenlerle şakalaşmıştı. Ziyafetin sonunda komedyenler üzeri örtülü birisini getirdiler. Onu yere yatırdılar ve müziğin başlamasıyla bu kişi üzerindeki örtüyü atıp dans etmeye başladı, bu kralın kendisiydi ve çıplaktı.

Antakya'da sefahat tüm hızıyla devam ederken güneyde Antiokhos'un generalleri eziyetlerine devam etmekteydiler. Kudüs yakınlarındaki Modin köyünde beş oğlu olan Matatiyas isimli bir rahibe artık Yahudi olmadığını ispat etmesi için Antiokhos adına kurban kesmesi emredildiğinde şu cevabı verdi: "Kralın hâkimiyeti altında yaşayan tüm milletler ona itaat etse de ben ve oğullarım atalarımın yolundan şaşmayacağız." Kurbanı kesmek için diğer bir Yahudi teşebbüs ettiğinde Matatiyas "daha fazla tahammül edemedi" ve kılıcı çekip önce haini, daha sonra da Antiokhos'un generalini öldürdü ve sunağı yıktı. "Her kim dinimize sadıksa benimle gelsin," dedi. İhtiyar ve beş oğlu dağlara kaçtılar, aşırı dindar olan Hakşinas olarak bilinen Yahudiler de onlarda katıldılar – Hasidikler. Başlarda öylesine fanatiklerdi ki felaketle sonuçlansa da muharebelerde bile Sebt gününü gözetirlerdi: Yunanlar da sürekli cumartesi günleri saldırıyor olmalıydı.

Matatiyas çok geçmeden öldü ama üçüncü oğlu Yehuda, Kudüs civarındaki tepelerin kontrolünü ele geçirdi ve arka arkaya üç Suriye ordusunu bozguna uğrattı. Antiokhos başta Yahudi isyanını ciddiye almadı ve Irak ile İran'ı ele geçirmek için doğuya yürüdü ve naibi Lysias'a isyanı bastırmasını emretti. Yehuda onu da yendi.

Uzaklarda İran'da seferde olan Antiokhos bile Yehuda'nın zaferlerinin imparatorluğunu tehdit etmeye başladığını fark etti ve uyguladığı baskıya son verdi. Sanhedrin'in Yunan yanlısı üyelerine mektup göndererek "Yahudilerin kendi kanunlarına göre hareket edip kendi diledikleri yemeklerden yemelerine" izin verdiğini bildirdi. Ama çok geçti ve kısa süre sonra Antiokhos Epifanes sara nöbeti geçirip savaş arabasından düşerek öldü.[30] Yehuda gösterdiği kahramanlıklar sayesinde çoktan soyadını bir hanedana verecek seviyeye yükselmişti: Çekiç.*

---

* İbranice "makkabi" sözcüğü "çekiç" anlamına gelir. (yay. n.)

8

MAKKABiLER

M.Ö. 164 - 66

ÇEKİÇ YEHUDA

M.Ö.164 kışında Çekiç Yehuda tüm Yahudiye'yi ve yeni inşa edilen Akra Hisarı dışında tüm Kudüs'ü ele geçirdi. Yehuda, Tapınak'ın terk edilmiş ve otlarla kaplanmış olduğunu görünce yüreği sızladı. Tütsüler yaktı, Kutsalların Kutsalı'nı eski haline getirdi ve 14 Aralık'ta kurban keserek Tapınak'ı açtı. Harabe haldeki şehirde Tapınak'taki şamdanları yakacak yağ bulmakta güçlük çekiliyordu ama mumlar nasıl olduysa hiç sönmedi. Tapınak'ın özgürlüğünün ve kutsiyetinin iade edilmesi hâlâ Yahudi Bayramı Hanuka'yla –İthaf– kutlanmaktadır.

Çekiç –Aramicede *Makkabah**– Ürdün'e sefer düzenledi ve kardeşi Şimon'u Celile'deki Yahudileri kurtarması için gönderdi. Yehuda'nın yokluğunda Yahudiler yenildi. Makkabiler karşı saldırıya geçti, el Halil ve Edom'u ele geçirdiler ve Aşdod'daki pagan mabedini yıktıktan sonra Kudüs'teki Akra'yı kuşattılar. Selevkos naibi, Beytüllahim'in güneyindeki Beth-Zekkeriya'da, Makkabileri bozguna uğrattı, ardından Kudüs'ü kuşattı ve ancak Antakya'da baş gösteren bir isyan üzerine çekilmek zorunda kaldı. Bu nedenle Yahudilere "kendi kurallarına göre yaşama" ve Tapınak'ta ibadet etme müsaadesi verdi. Nebukadnezar'dan dört asır sonra Yahudiler tekrar bağımsızlıklarını kazanmışlardı.

Ama Yahudiler henüz güvende değildi. İç savaşlarla boğuşan Selevkoslar zayıflasa da hâlâ kuvvetliydiler ve Yahudileri ezip Filistin'i almaya da kararlıydılar.

---

* Yehuda'nın ailesi doğru olarak Haşmonayim ailesi olarak bilinmektedir ama bu kitapta kısaca Makkabiler olarak adlandırılacaklardır. Makkabiler, Kral Arthur ve Şarlman'ın yanı sıra Hristiyan şövalyeliği için Orta Çağ'da ilk örnek olmuştu. 732'de Puvatya Muharebesi'nde Arapları yenen Charles 'Martel' –Çekiç–; on ikinci yüzyılda Aslan Yürekli Richard ve I. Edward (1272-1303) kendilerini Makkabi olarak görmüşlerdi. Sonraki tarihlerde Ruben, Makkabi Yehuda'nın resmini yapmıştı; Handel bir oratoryo yazıp kendisine ithaf etmişti. Makkabiler özellikle İsrail'e ilham vermiş ve oradaki pek çok futbol takımı onların ismini almıştır. Yahudiler Hanuka kahramanları olarak onları soykırıma kalkışmış bir tirana, Hitler'in öncüsüne karşı mücadele eden özgürlük savaşçıları olarak görmüşlerdi. Fakat bugün Amerikan demokrasisi ve cihatçı teröristler arasındaki mücadeleden ilham alan bazıları, medeni Yunanların savaştığı Makkabi dindar fanatiklerin Yahudi Talibanları akla getirdiğini söylemektedirler.

Bu yıkıcı ve karmaşık savaş yirmi yıl sürdü. Pek çok benzer isimli Selevkos'un yer aldığı her detayı aktarmaya gerek yoktur ama Makkabilerin yok olmanın eşiğine geldiği bazı anlar olmuştu. Yine de bu son derece maharetli aile bir şekilde toparlanmanın yolunu bulmuş ve karşı hamle yapabilmişti.

Tapınak'a tepeden bakan Akra Hisarı Kudüs'ün başını ağrıtmaya devam etti. Josephus'un dediğine göre borazanlar çalar ve rahipler yeniden kurban keserken Akra'daki pagan paralı askerler ve dönek Yahudiler "birden dışarı fırlayıp Tapınak'a tırmananları öldürmüşlerdi." Kudüslüler "tüm belaların kaynağı olan" Yüce Rahip Menelaos'u öldürdüler ve yerine yeni bir tane seçtiler.* Fakat Selevkoslar yeniden toparlandı. Generalleri Nianor Kudüs'ü tekrar ele geçirdi. Sunağı işaret eden Yunan şöyle tehditler savurdu: "Yehuda ve misafiri bana teslim edilmezse bu haneyi yakarım."

Canı pahasına savaşan Yehuda, Yunan krallıklarının düşmanı olan Roma'ya müracaat etti ve Roma, Yahudilerin egemenlik hakkını tanıdı. 161'de Yehuda Makkabi, Nikanor'u bozguna uğrattı, baş ve kolunun kesilip Kudüs'e getirilmesini emretti. Tapınak'ta bu kesik uzuvları sundu – el ve Tapınak'ı tehdit eden haddini bilmez dil kuşlara atılırken, kafası kalenin tepesine asıldı. Kudüslüler, Nikanor Günü'nü kurtuluş günü olarak kutladılar. Ardından Selevkoslar, Yehuda Makkabi'yi yenip öldürdü ve Kudüs düştü. Yehuda, Modin'de defnedildi. Her şey bitmiş gibi görünüyordu. Ama kardeşleri onun mirasını yaşatacaktı.[31]

BÜYÜK ŞİMON: MAKKABİLERİN ZAFERİ

İki yıl kaçtıktan sonra Yehuda'nın kardeşi Yonatan, Selevkosları tekrar bozguna uğratmak için çölden çıkıp geldi, karargâhını Yunanların elinde olan, Kudüs'ün kuzeyindeki Mikmaş'ta kurdu. Diplomat olarak bilinen Yonatan, Kudüs'ü ele geçirebilmek için Mısır ve Suriye'deki rakip kralları birbirlerine karşı kullandı. Sonrasında surları onarttı, Tapınak'a itibarını iade etti ve 153'te Selevkos kralını, kendisini "kralın dostu" ve Yüce Rahip olarak ataması için ikna etti. Makkabi yağla kutsandı ve büyük bir şenlikle Mişkan'da** kendisine kraliyet çiçeği ve rahip cübbesi takdim edildi. Ama Yonatan, Zadok'la bağı olmayan bir eyalet rahibinin

---

* Bu yeni yüce rahip, Honiyahu'nun Zadok Hanesi'ne mensup bile değildi. Asıl varis IV. Honiyahu takipçileriyle birlikte Mısır'a kaçmış ve orada Kral VI. Ptolemaios Philometer tarafından misafir edilmişti. Philometer ona Nil Deltası'ndaki Leontopolis'te kullanılmayan bir Mısır tapınağının olduğu alanda bir Yahudi tapınağı inşa etmesi için izin verdi ve o da orada kendi Kudüs'ünü yarattı, hâlâ Tell el-Yahudiya olarak bilinmektedir – Yahudi Tepesi. Bu Yahudi prensler Mısır'da etkili askerî komutanlar oldular. Honiyahu'nun tapınağı M.S. 70 yılında Titus yıkılmasını emredene kadar ayakta kaldı.

** Çadır Tapınak olarak da bilinir. Çölde Musa tarafından inşa edilen portatif tapınak. İsrailoğulları Mısır'dan çıktıktan sonra Vadedilmiş Topraklar'a ulaşmadan önce çölde dolaşırlarken sunak ve tapınak olarak inşa edilmiştir. MÖ 950 yılında Kudüs'te Süleyman Tapınağı inşa edilince Mişkan'a gerek kalmamıştır. (yay. n.)

soyundan geliyordu. En azından Yahudilerin bir bölümü onu "Bayağı Rahip" olarak gördüler.

Başta Yonatan'ı destekleyen Mısır kralı VI. Ptolemaios Philometer, onunla görüşmek için Joppa'ya (Kudüs'ün en yakın limanı Yafa) geldi. Ptolemais'te (günümüzde Akka), Philometer, Büyük İskender'den beri her Yunan kralının hayal ettiği şeyi elde etti: Mısır ve Asya kralı olarak taç giydi. Ama tam bu esnada atı bir Selevkos filinden ürkerek şaha kalktı ve Philometer attan düşüp öldü.*

Rakip Selevkoslar birbirleriyle savaşırken diplomat Yonatan da defalarca taraf değiştirdi. Antakya'daki sarayında kuşatılan Selevkos taht taliplerinden birisi Yahudilere tam bağımsızlık vereceği vaadiyle Yonatan'dan yardım istedi. Yonatan iki bin askeriyle Kudüs'ten yola çıkıp bugünkü İsrail, Lübnan ve Suriye'den geçip Antakya'ya geldi. Saraydan ok atıp yanan şehirde damdan dama gezen Yahudi askerler kralı kurtardılar. Yahudiye'ye dönen Yonatan Aşkelon, Gazze ve Beth-Zur'u ele geçirdi – ve Kudüs'teki Akka Kalesi'ni kuşattı. Ama son Yunan müttefikine kanıp muhafızları olmadan Ptolemais'e gidince yakalandı ve rakibi, Kudüs'e yürüdü.

Makkabi ailesi henüz tükenmemişti: Hâlâ bir kardeş daha vardı.[32] Bu kardeş Kudüs'ü yeniden tahkim edecek ve orduyu toplayacak olan Şimon'du. Ani bir kar fırtınası Yunanları çekilmeye zorlasa da intikamlarını almışlardı: Şimon'un tutsak kardeşi Yonatan idam edildi. 141 yılının ilkbaharında Şimon hücum edip ele geçirdiği Akka'yı** üzerinde bulunduğu tepeyle birlikte yerle bir etti ve bunu Kudüs'te "şükran, palmiye yaprakları, arplar, ziller, viyolalar ve ilahilerle" kutladı. "İsrail sapkınların boyunduruğundan kurtulmuştu" ve Büyük Meclis, Şimon'u hükümdar olarak kabul edip onu eflatun cübbe ve altın taçla onurlandırdı. "İnsanlar sözleşmelerine şöyle yazmaya başladılar: 'Yüce Rahip, Başkomutan ve Yahudilerin lideri Büyük Şimon'un ilk yılında.'"

---

* Philometer'in halefi, Honiyahu ve İskenderiye Yahudileri Philometer'i desteklediği için Yahudilere düşmandı. İskenderiyelilerin, kendisine Fatso (*Physkon*), yani "şişko" lakabını taktığı VIII. Ptolemaios Euergetes, ailesinin habis standartlarına göre bile bir canavardı. Fatso intikamını Mısır'daki Yahudilerden aldı, fillerini onları çiğnemek için topladı ama belki de bir mucize eseri, filler kralın maiyetini ezdiler. Zulmünün zirvesinde babasına tümüyle sadık olan on dört yaşındaki kendi oğlunu öldürdü: Fatso çocuğun kafasını, ellerini ve bacaklarını kestirdi ve annesi II. Kleopatra'ya gönderdi. Suriye kralı II. Demetrius'la evli olan, ailenin diğer bir üyesi Kleopatra Thea kendi oğlunu öldürmeye karar verdiği zaman ona zehir içirmeye çalıştı. Ama oğlu o zehri zorla annesine içirdi. Ptolemaios Hanedanı'nda aile hayatı böyle bir şeydi.

** Akka'ya dair hiçbir iz bulunamadı. Bazı uzmanlar onun Tapınak Dağı'nın güneyinde olduğuna inanmaktadır. Büyük Hirodes'in Tapınak Dağı'nı genişletmek için yıktığı Akka Tepesi şimdi muhtemelen el Aksa Camii'nin bulunduğu Tapınak platformunun altındadır. Kral Davud'un döneminden neden bu kadar az şey kaldığını merak edenlere bu devasa inşaat projesinin tüm arkeolojik bulguları yok ettiğini söylemek mümkündür.

YOHANAN HURKANUS: İMPARATORLUK KURUCUSU

M.Ö. 134 tarihinde, Büyük Şimon popülerliğinin zirvesinde olduğu dönemde damadını akşam yemeğine davet etti. Bu yemekte Makkabilerin ilk neslinin sonuncusuna suikast düzenlendi ve damadı, Şimon'un karısı ve iki oğlunu zaptetti. Suikastçılar diğer oğlu Yohanan'ı yakalamaya çalıştı ama o, Kudüs'e varıp şehri elde tutmayı başardı.

Yohanan her yönden felaketle karşı karşıyaydı. Komplocuları yuvalarına kadar takip ettiğinde annesi ve kardeşlerinin parçalanarak öldürüldüğünü gördü. Ailenin üçüncü oğlu olan Yohanan başa geçmeyi beklemiyordu ama "karizmatik, Mesihvari nitelikleri"yle, ideal Yahudi hükümdarı olabilecek tüm ailevi yeteneklere sahipti. Tarihçi Josephus, Tanrı'nın Yohanan'a "üç istidat verdiğini" söylüyordu, "ulusun idaresi, Yüce Rahiplik makamı ve kehanet yeteneği."

Selevkos kralı VII. Antiokhos Sidetes de bu Yahudi iç savaşını fırsat bilerek Filistin'i ele geçirme amacıyla Kudüs'ü kuşattı. Kudüslülerin yiyeceği tükenirken Kral Sidetes, Mişkan Şöleni için parlak boynuzlu bir öküz gibi "muhteşem bir kurban" göndererek müzakereye ne kadar açık olduğunu göstermek istedi. Yohanan barış istedi ve Makkabilerin Yahudiye dışındaki fetihlerinden vazgeçmesini, surları yıkmayı ve beş yüz gümüş talent ödemeyi kabul etti.

Yohanan yeni efendisini İran ve Irak'ta yükselen yeni güç olan Partlara karşı düzenlediği seferlerde desteklemek zorundaydı. Sefer, Yunanlar için felaket Yahudiler içinse rahmet oldu. Yohanan bu sırada gizlice çok sayıda Yahudi tebaası olan Part kralıyla görüşmüş olabilir. Yunan kralı öldürülürken Yohanan bir şekilde bu hengâmeden kaçtı ve bağımsızlığını kazanmış olarak geri döndü.*

Büyük devletler kendi iç meseleleriyle uğraştığından, Yohanan, Davud'un zamanından beri görülmemiş boyutlarda bir fetih hareketine girişti: Yohanan, Davud'un kabrini –muhtemelen eski Davud'un Şehri'ndeydi– yağmaladı. Ürdün üzerinden Madaba'yı ele geçirdi, güneydeki Edomluları (o tarihten sonra Edomlular olarak bilindiler) din değiştirmeye zorladı ve Celile'yi ele geçirmeden önce Samarya'yı yerle bir etti. Yohanan, Kudüs'te büyüyen şehrin etrafında İlk Suru inşa ettirdi.**

---

* Yeni lakabı Hurkanus olsa da –bunun, Part seferinin sonucu olduğuna şüphe yoktu– Yohanan, Hazar Denizi kıyısındaki Hurkanus'a varamamıştı. Roma'yla yeni bir ittifak yaparak dışarıda ve Kudüs içinde de Tapınak seçkinleri, Zadok hanesinin torunları, Sadukilerin desteğini alarak konumunu güçlendirdi.

** Şehir surunu Tapınak Dağı'ndan Siloam Havuzu'na ve oradan da burçlarının temellerinin hâlâ durduğu ve Makkabi Kudüsü'nün küçük evlerinin görülebildiği Hisar'a kadar genişletti. Surun farklı bölümleri farklı noktalarda varlığını korumuştur: Siyon Dağı'nın doğu yamacında, Katolik mezarlığının batısında Hezekiya ve ileriki tarihlerde Bizans İmparatoriçesi Eudocia'nın yaptırdığının daha büyük taşlarının yanı başında John'un surunun hâlâ durduğu bir yer de bulunmaktadır. 1985'te İsrailli arkeologlar Yohanan ve Makkabiler tarafından yapılmış büyük bir yeraltı sarnıcı ve su kemeri buldular. On dokuzuncu yüzyılda

Krallığı dinî bir güçtü ve Tapınak'ı Yahudi yaşantısının merkeziydi, gerçi Akdeniz çevresindeki büyüyen topluluklar ibadetlerini yerel sinagoglarda yapmaktaydılar. Bu muhtemelen yirmi dört kitabın Yahudilerin Eski Ahit'i olmasına karar verilen yeni ve güvenli dönemdi.

Yohanan'ın ölümünden sonra oğlu Aristobulus Yahudiye kralı olduğunu ilan etti, 586 yılından beri Kudüs'teki ilk kraldı ve günümüzdeki kuzey İsrail ile güney Lübnan topraklarında yer alan Iturea'yı ele geçirdi. Fakat Makkabililer artık en az düşmanları kadar Yunandılar ve hem Yunan hem İbrani isimleri kullanıyorlardı. Yunan tiranlarına benzer şekilde hareket etmeye başlamışlardı. Aristobulus annesini zindana attı ve daha popüler olan kardeşini öldürttü ama daha sonra suçluluk duygusu yüzünden delirdi. Kan kusarak ölürken bile kibirli kardeşi Alexander Yanay'ın Makkabileri yok edecek canavar olacağından korkuyordu.[33]

TRAKYALI ALEKSANDER:

ÖFKELİ GENÇ ASLAN

Kral Aleksander (İbranice ismi Yehonatan'ın Yunanca karşılığı Jannaeus'tur), Kudüs'te güvenliği tesis etmesinin ardından kardeşinin dul eşiyle evlendi ve Yahudi İmparatorluğu'nu ele geçirmeye koyuldu. Aleksander şımarık ve kalpsizdi – Yahudiler sadist davranışları yüzünden ondan nefret ettiler. Fakat Aleksander komşularına dilediği gibi saldırabilmenin keyfini çıkardı – Yunan krallıkları çöküyordu ve Romalılar da henüz gelmemişti. Aleksander, şansı* ve vahşiliği sayesinde yaşadığı her yenilgiden sıyrılmayı başardı: Barbarlığı ve Yunan paralı askerlerden oluşan ordusu yüzünden Yahudiler ona Trakyalı dediler.

İngiliz, Alman ve Fransız arkeologlar bu Struthion Havuzu'nu 1870 yılında, Via Dolorosa'da Siyon'un Kız Kardeşleri Manastırı inşa edilirken bulmuşlardı. Su kemeri Struthion Havuzu'na nasıl su geldiğini gösteriyordu ve şimdi Manastır'ın altında, Via Dolorosa'ya yakın bir yerde ziyaretçiler artık Tapınak Tüneli'nin bir parçası olan bu su kemerinin üzerinde yürüyebiliyorlar. Makkabiler ayrıca Tapınak Dağı ve Yukarı Şehir arasındaki derin vadi üzerinde de bir köprü inşa ettiler. Yohanan, Tapınak'ın kuzeyindeki Baris kalesinde oturuyordu ama muhtemelen Yukarı Şehir'i genişletme çalışmaları sırasında bir saray yapımına girişmişti.

* Yunan şehri Ptolemais'e saldırdığında, daha sonra Kıbrıs'ı da yönetecek olan IX. Ptolemaios Soter müdahale edip Aleksander'ı yendi. Ama Aleksander, Yahudi bağlantıları tarafından kurtarıldı: Soter, oğlunun Yahudiye'de güçlenmesinden korkan annesi ve Mısır kraliçesi III. Kleopatra'yla savaş halindeydi. Makkabi kralını kurtaran Kleopatra'nın komutanı, eski yüce rahip Honiyahu'nun oğlu, Yahudi Hananiya'ydı. Kleopatra, Kudüs'ü ilhak etmeyi düşündü ama Yahudi generali bunun aksini tavsiye etti ve kraliçe o sırada kendi ordusunun kontrolüne sahip değildi.

Aleksander, Mısır sınırındaki Gazze ve Rafya'yı ve kuzeydeki Galanitis'i (Golan) ele geçirdi. Moav'da Nebatili Araplar tarafından pusuya düşürülen Alexander, Kudüs'e kaçtı. Mişkan Şöleni'nde Yüce Rahip olarak görevlendirilirken halk onu meyve yağmuruna tuttu. Daha dindar Ferisiler (yazılı Tevrat kadar sözlü geleneklere de uyuyorlardı) tarafından teşvik edilen halk onunla dalga geçti ve annesi tutsak olduğu için bu makama layık olmadığını söylediler. Aleksander bu duruma Yunan paralı askerleriyle cevap verdi ve altı bin kişi sokaklarda katledildi. Selevkoslar bu isyanı fırsat bilerek Yahudiye'ye saldırdılar. Aleksander tepelere kaçtı.

Zamanını intikam planları yaparak geçirdi. Kral, Kudüs'e tekrar girdiğinde kendi halkından beş bin kişiyi öldürdü. Zaferini cariyeleriyle ziyafet yaparken tepelerde çarmıha gerilen sekiz yüz asiyi izleyerek kutladı. Karılarının ve çocuklarının boğazları gözlerinin önünde kesildi. Düşmanlarının tabiriyle "öfkeli genç aslan" aşırı içkiden öldü ve karısı Salome Aleksandra'ya modern İsrail'in bir bölümü, Filistin, Ürdün, Suriye ve Lübnan'dan oluşan bir Yahudi İmparatorluğu bıraktı. Ölmeden önce karısına Kudüs'ün kontrolünü ele geçirene kadar ölümünü askerlerden gizlemesini ve ardından da Ferisilerle birlikte yönetmesini söyledi.

Yeni kraliçe, Izebel'in kızından beri Kudüs'ü yöneten ilk kadındı. Ama hanedanın enerjisi tükenmişti. İki kralın dulu Salome Aleksandra (Salome, Şelomtzion'un –Siyon'da Barış– Yunanca uyarlamasıdır) küçük imparatorluğunu Ferisilerin yardımıyla altmışlı yaşlarına kadar idare etti ama iki oğlunu kontrol etmekte zorlandı: Büyük oğlu ve yüce rahip olan II. Hurkanus pek enerjik biri değilken küçük olan Aristobulus da fazla enerjikti.

Kuzeyde Romalılar Akdeniz kıyılarında diledikleri gibi ilerleyerek önce Yunanistan'ı, sonra Pontus Kralı Mitridat'ın Roma gücüne direndiği, modern Türkiye topraklarına kadar geldiler. M.Ö. 66 yılında Roma Generali Pompey, Mitridat'ı yendi ve otorite boşluğunu doldurmak için güneye ilerledi. Roma, Kudüs'e geliyordu.

9

ROMALILARIN GELİŞİ

M.Ö. 66 - 40

POMPEY KUTSALLARIN KUTSALI'NDA

Kraliçe Salome öldüğünde oğulları kendi arasında savaşmaya başladı. II. Hurkanus, Eriha yakınlarında kardeşi II. Aristobulus tarafından mağlup edildi. Kardeşler barıştılar, Tapınak'ta, Kudüslülerin önünde kucaklaştılar ve Aristobulus kral oldu. Hurkanus her şeyden elini eteğini çekti ama kurnaz bir yabancı olan Antipa kendisine nasihat vermeyi ve onu kontrol etmeyi bırakmadı. Gelecek bu Edomlu hükümdara aitti.* Oğlu Kral Hirodes olacaktı. Yetenekli ve yoldan çıkmış ailesi bir asır kadar Kudüs'ü elinde tutacak, Tapınak Dağı ve Batı Surları'na günümüzdeki şekillerini onlar verecekti.

Antipa, Hurkanus'un Nebati Araplarının başkenti, "zamanın yarısı kadar eski olan kızıl şehir" Petra'ya kaçmasına yardımcı oldu. Hindistan baharat ticareti sayesinde aşırı zengin ve Arap karısı nedeniyle Antipa'yla akraba olan Kral Aretas'ın (Arapçada Haris) Hurkanus ailesini yenmeleri için yardımcı olduğu Kral Aristobulus tekrar Kudüs'e kaçtı. Arap kralı takibi bırakmadı ve Aristobulus'u tahkimli Tapınak Dağı'nda kuşattı. Aslında bunların hiçbir önemi yoktu, çünkü Pompey o sırada Şam'da karargâhını kurmakla meşguldü. Roma'daki en nüfuzlu adam olan Gnaeus Pompeius (Genç Pompey), emrindeki kendine ait ordusuyla yetkisi olmadan iç savaş sırasında İtalya, Sicilya ve Kuzey Afrika'da savaşmıştı. İki büyük zafer kazanmış ve büyük servet elde etmişti. İhtiyatlı olduğu kadar nur yüzlü de bir komutandı –denildiğine göre, "Pompey'in yanaklarından daha hoş bir şey yoktur"– ama bu görünüş aldatıcıydı. Tarihçi Sallust'un yazdığına göre, Pompey'in "yüzü dürüst, kalbi ise merhametsizdi" ve iç savaşta gösterdiği sadistlik ve aç gözlülük örnekleriyle "genç kasap" unvanını kazanmıştı. Artık kendisini bir

* Edomlular Kudüs'ün güneyinde yaşayan çetin pagan savaşçılardı ve Yohanan Hurkanus tarafından kitleler halinde Yahudi yapılmışlardı. Antipa, Kral Alexander tarafından Edom valisi yapılmış ve sonradan Yahudi olmuş birinin oğluydu, ama ailesinin kökeni Fenike kıyı şehirlerinden birine dayanmaktaydı.

Roma generali olarak resmen kabul ettirmişti ama her Romalı güçlü adam gibi gücünü sürekli yenilemesi gerekiyordu. Lakabı olan "Magnus" –Büyük– biraz alaycı bir isimdi. Çocukken kahramanı olan Büyük İskender'e hayrandı ve tüm Romalı devlet adamlarının rüyalarını süsleyen Doğu'nun fethedilmemiş zengin şehirlerini hayal ederek büyümüştü.

Pompey M.Ö. 64'te Selevkos İmparatorluğu'nu ortadan kaldırdı, Suriye'yi ilhak etti ve savaşan Yahudiler arasında memnuniyetle arabuluculuk yaptı. Kudüs'ten gelen delegeler hem birbirleriyle kanlı bıçaklı olan kardeşleri hem de Pompey'e kendilerini Makkabilerden kurtarması için yalvaran Ferisileri içeriyordu. Pompey her iki prense de kararını beklemelerini emretti ama Roma'nın kudretini henüz layığıyla takdir edememiş olan Aristobulus ona kazık atmaya kalktı.

Pompey, Kudüs'e girdi. Aristobulus'u yakaladı ama Makkabilinin adamları tahkimli Tapınak Dağı'nı işgal etti ve kendilerini Yukarı Şehir'e bağlayan köprüyü yıktı. Bethesda Havuzu'nun kuzeyinde karargâh kuran Pompey üç ay boyunca Tapınak'ı kuşattı ve mancınıklarla onu taşa tuttu. Bir kez daha Yahudilerin dindarlığını fırsat bilen Romalılar –Sebt günüydü ve oruç tutuluyordu– Tapınak'a kuzeyden saldırdılar, sunağı koruyan rahiplerin boğazlarını kestiler. Yahudiler evlerinde ateşe verildi, diğerleri kendilerini surlardan aşağı attı. On iki bin kişi öldürüldü. Pompey, tahkimatları tahrip edip monarşiyi sona erdirdi, Makkabi krallığının büyük bölümünü müsadere etti. Yardımcısı Antipa'yla birlikte sadece Yahudiye'yi yönetecek olan Hurkanus'u yüce rahip olarak atadı.

Pompey, Kutsalların Kutsalı'nın içini görme fırsatını kaçırmadı. Romalılar çok sayıda tanrıya sahip olmakla övünüp Yahudilerin ilkel tek tanrılı görüşünden nefret etseler de Doğu inançları yine de ilgilerini çekiyordu. Yunanlar, Yahudilerin gizlice altın bir katır kafasına taptıklarını ya da ileride yiyerek kurban etmek için bir insanı orada besleyip semirttiklerini iddia etmişlerdi. Pompey ve maiyeti Kutsalların Kutsalı'na girdi, sadece yüce rahibin yılda bir yapabildiği dikkate alınırsa bu affedilmez bir küfürdü. Romalı, IV. Antiokhos'tan sonra bunu yapan muhtemelen ikinci kişiydi. Yine de saygıyla altın masayı ve kutsal şamdanı inceledi – ve orada başka bir şey, ne tanrı kafası ne de yoğun bir mukaddesat olmadığını anladı. Hiçbir şey çalmadı.

Pompey, Asya zaferlerini kutlamak için Roma'ya döndü. Hurkanus bu zaman zarfında Aristobulus ve oğullarının isyanlarıyla uğraşmakta olsa da, asıl idareci olan yardımcısı Antipa artık tüm kudretin ana kaynağı olan Roma'nın desteğini kazanabilecek bir zekâya sahip olduğunu göstermişti. Ama en sinsi siyasetçiler bile Roma politikasının dolambaçlı yollarında yolunu kaybedebilirdi. Pompey gücünü Crassus ve Sezar'la paylaşmak zorunda kaldı, Sezar ileride Galya'yı fethederek nam salacaktı. M. Ö. 55'te Doğu'yu fethetmeye çalışan diğer bir Romalı olan Crassus ise Suriye'ye gelmiş, rakiplerininkine denk fetihler yapmayı kafasına koymuştu.[34]

SEZAR VE KLEOPATRA

Roma'da *Dives,* yani Zengin Adam olarak tanınan Crassus, zalimliği ve tamahkârlığıyla bilinirdi. Roma diktatörü Sulla'nın ölüm listesine sırf paralarını alabilmek için pek çok kişiyi eklemişti ve Spartaküs isyanını bastırıp altı bin köleyi Appian Yolu boyunca çarmıha gerdirmesiyle de ün kazanmıştı. Şimdiyse düzenleyeceği seferle bugünkü Irak ve İran topraklarında Pers ve Selevkos imparatorluklarının yerini alan Partlara haddini bildirmek istiyordu.

Crassus bu seferin masraflarını karşılamak için Kudüs'teki Tapınak'ı yağmalamayı uygun gördü ve Pompey'in el sürmediği 2000 talent altına ve Kutsalların Kutsalı'ndaki "saf altından külçelere" el koydu. Ama Partlar, Crassus ve ordusunu yok ettiler. Part Kralı II. Orad bir Yunan oyununu izlerken Crassus'un kesik başı sahneye atıldı. Orad, Crassus'un ağzından içeri erimiş altın dökerek, "Hayatın boyunca istediğin şeye şimdi doy," dedi.[35]

Şimdi Roma'nın geriye kalan iki güçlü adamı olan Sezar ve Pompey rekabet etmeye başlamışlardı. M.Ö. 49 yılında Sezar, Galya'dan gelip Rubicon'u geçti ve İtalya'yı işgal ettikten on sekiz ay sonra da Pompey'i mağlup etti. Pompey, Mısır'a kaçtı. Roma Diktatörü ilan edilen Sezar, Pompey'i takip etmekten vazgeçmedi ve Mısırların Pompey'i öldürmesinden iki gün sonra Mısır'a ulaştı. Pompey'in kesik başı kendisine takdim edildiğinde hem dehşete düşmüş hem de rahatlamıştı. Otuz yıl önce Doğu'ya sefer düzenlemişti. Şimdi ise Mısır'ın XIII. Ptolemaios ile kızkardeşi ve eşi VII. Kleopatra arasındaki taht kavgası yüzünden bölünmüş olduğunu görmüş ve bunun Doğu'daki en zengin yer olan Mısır'ı ele geçirmek için büyük bir fırsat olduğunu anlamıştı. Ama tahtan indirilmiş ve çaresiz durumdaki bu genç kraliçenin onun iradesini kendi çıkarları doğrultusunda nasıl yönlendireceğini öngörememişti.

Kleopatra, Roma'nın efendisiyle gizli bir buluşma talep etti. Sezar'ın sarayına kendisini bir çamaşır bohçasının içinde –halı değil– gizlice taşıtarak bu cinsel-siyasi oyununa da son noktayı koydu – belki de Sezar'ın bu tür gösterilere karşı zayıf olduğunu düşünmüştü. Savaş yorgunu, kır saçlı Jül Sezar elli iki yaşındaydı ve saçlarının dökülmeye başladığı yaşta olduğunun da farkındaydı. Ama askerî ve siyasi alandaki başarılarının yanı sıra bitmek tükenmek bilmeyen bir enerjiye de sahip olan bu adam aynı zamanda hem Crassus hem de Pompey'in karılarıyla da yatmıştı. Kleopatra yirmi bir yaşındaydı: "Eşi bulunmaz bir güzelliğe sahip değildi ama fiziki çekiciliği, ikna edici cazibesi ve yaydığı enerjiyle bir araya gelince" ortaya etkili bir karışım çıkıyordu; yine de paraların üzerindeki resimlerde ve heykellerde de görüldüğü gibi atalarının büyük burnuna ve sivri çenesine sahipti. Krallığını ele geçirmesi gerekiyordu ve eşsiz bir soydan gelmekteydi. Hem Sezar hem de Kleopatra siyaset içinde yoğrulmuş kurnaz pragmatistlerdi. Bir çocukları oldu –Sezarion– ama daha da önemlisi Sezar artık onu desteklemeye hazırdı.

Mısırlılar Kleopatra ve onun Romalı efendisine karşı ayaklandığında Sezar kendisini İskenderiye'de kısılı kalmış halde buldu. Aynı tarihlerde Kudüs'te Pompey'in müttefiki olan Antipa bunu Sezar'la uzlaşabilmek için bir fırsat olarak gördü. Üç bin Yahudi askerle Mısır'a geldi, Mısırlı Yahudileri kendisini desteklemesi için ikna etti ve Sezar'ın rakiplerine saldırdı. Sezar galip gelip Kleopatra'yı tahta geçirdi. Durumdan hoşnut olan Sezar, Roma'ya dönmeden evvel Hurkanus'u Yahudilerin yüce rahibi ve etnarkı –yönetici– olarak atadı ve Kudüs surlarını onarmasına izin verdi. Bununla birlikte, tüm bu yetkiyi Antipa'ya, kendisi Yahudiye'nin temsilcisi ve oğulları da yerel tetrarklar olacak şekilde verdi: Büyük olan Phasael, Kudüs'ü idare edecekti, küçük olan Hirodes'e ise Celile kalmıştı.

Hirodes daha on beş yaşındayken bir grup fanatik Yahudinin takibi ve öldürülmesi sırasında ne kadar yetenekli olduğunu göstermişti. Kudüs'te Sanhedrin, Hirodes'in bu yetkisiz cinayetlerinden rahatsız olup onu mahkemeye çağırdı. Ama Romalılar böyle karışık dönemlerde yönetici olarak Antipa ve oğulları gibi kişilere ihtiyaçları olduğuna karar vermişlerdi. Roma'nın Suriye valisi Hirodes'in serbest bırakılmasını emretti ve ona daha geniş yetkiler bahşetti.

Hirodes fevkalade biri olduğunu çoktan göstermişti. Josephus'a göre ona "hem fiziksel hem de zihinsel olarak türlü türlü yetenekler bahşedilmişti". Bir kahraman olarak döneminin Romalılarını etkileyebileceği karizmaya sahip birisiydi. Seks düşkünüydü –ya da Josephus'un tabiriyle şehvetinin kölesiydi– ama kaba biri değildi. Mimariyi severdi; Yunan, Latin ve Yahudi kültüründe eğitim almıştı ve siyaset ve eğlenceyle meşgul olmadığı zamanlarda tarih ve felsefe tartışmayı severdi. Ama iktidar önce gelirdi ve bu hırs onun her ilişkisini zehirlemişti. Yahudi olmuş ikinci kuşaktan bir Edomlu babanın ve bir Arap annenin oğlu (bu yüzden kardeşinin adı Phasael, yani Faysal'dı) olarak Hirodes dilediği zaman Romalı, Yunan ya da Yahudi olabilecek çok yönlü birisiydi. Ama Yahudiler onun melez olduğunu hiç unutmadılar. Zengin ama acımasız ve entrikacı bir aile ortamında yetişirken, en yakın aile üyelerinin öldürülüşüne şahit olmuş, terörün ifa şeklini ve kudretin kırılganlığını hissetmişti. Ölümü siyasi bir araç olarak kullanarak büyümüştü: Paranoyak, aşırı hassas ve neredeyse histerik olan bu genç, hassasiyet sahibi olduğu kadar "gaddar" da bir adamdı. Hayatta ve iktidarda kalabilmek için elinden geleni yapmaya hazırdı.

44 yılında Sezar'ın suikasta kurban gitmesinin ardından Cassius (katillerinden biriydi) Suriye'nin yönetimini devralmak için geldi. Hirodes'in babası Antipa taraf değiştirdi. Ama yaptığı entrikalar sonunda kendi aleyhine işledi ve Kudüs'ü –Hirodes kendisini öldürene kadar– ele geçirip tutmayı başaran bir rakibi tarafından zehirlendi. Daha sonra Cassius ve suikastçı arkadaşı Brütüs, Filippi'de yenildiler. Onları yenen Sezar'ın yeğeni ve evlatlığı olan 22 yaşındaki Oktavyanus ve tecrübeli general Marcus Antonius'tu. İmparatorluğu böldüler ve Antonius, Doğu'yu aldı. Antonius, Suriye'ye doğru ilerlerken menfaatleri çakışan iki rakip yönetici Romalı generali karşılamak için koştular. Biri Yahudi Krallığı'nı iyileştirmek isterken, diğeri onu atalarının imparatorluğunun parçası yapmak istiyordu.[36]

ANTONIUS VE KLEOPATRA

Klepotra karizmasının zirvesindeyken, o güne kadarki dünyada en itibarlı hanedan olan Ptolemaiosların torunu olarak kendisine atalarının sahip olduğu toprakları geri verebilecek, İsis-Afrodit'in Dionysos'la buluşması gibi, Antonius geldi.

Bu görüşme ikisinin de kaderini tayin edecekti. Antonius ondan on dört yaş daha büyüktü ama en iyi çağındaydı: Çok içen, kalın boyunlu, geniş göğüslü, uzun ince çeneli ve kibirli bir adamdı. Kleopatra onun gözlerini kamaştırmış ve Yunan kültürü ile Doğu'nun şatafatlı ihtişamı onu cezbetmiş, kendisini Herkül'ün soyundan gelen İskender'in vârisi olarak görmüştü – ve Dionysos'un tabii ki. Ama planladığı Part işgali için aynı zamanda Mısır'ın parası ve erzakına da ihtiyacı vardı. Dolayısıyla birbirlerine muhtaçtılar ve ihtiyaçlar da genelde âşkın anasıdır. Antonius ile Kleopatra ittifak ve ilişkilerini Kleopatra'nın kız kardeşini öldürerek kutladılar (Kleopatra erkek kardeşini daha önceden öldürmüştü).

Hirodes de apar topar Antonius'a koşmuştu. Mısır'da genç bir süvari komutanı olan general, Hirodes'in babası tarafından eğitilmişti. Bu yüzden Hirodes ve kardeşini Yahudiye'nin gerçek yöneticileri ve Yüce Rahip Hurkanus'u da göstermelik olarak atadı. Hirodes artan gücünü bir kraliyet evliliğiyle kutladı. Makkabili bir prenses olan nişanlısı iki kralın torunuydu. Josephus'un yazdığına göre vücudu da yüzü kadar güzeldi. Kudüs'te yaşanan bu ilişkinin ne kadar yıkıcı olacağı ileride görülecekti.

Antonius, ikizlerine hamile olan Kleopatra'nın peşinden başkent İskenderiye'ye gitti. Ama tam Hirodes için her şey yoluna girmiş gibi görünürken, Partlar Suriye'yi işgal ettiler. Makkabili bir prens olan, Hurkanus'un yeğeni Antigonos Kudüs karşılığında Partlara bin talent ve beş yüz kızdan oluşan bir harem önerdi.

PACORUS: PART ATIŞI

Yahudi şehri, Roma kuklası Hirodes ve kardeşi Phasael'e karşı ayaklandı. Tapınak'ın karşısındaki saraylarında kuşatılan kardeşler isyancıları dağıttı – ama Partlar ayrı bir meseleydi. Kudüs'ün hacıdan geçilmediği bir sırada –Şavout Şöleni– Makkabi taraftarları Part Prensi Pacorus* ve onun himayesindeki Antigonos için kapıları açtılar. Kudüs, Makkabilerin dönüşünü kutladı.

Partlar, Hirodes ve Antigonos arasında bir orta yol bulmaya çalışırmış gibi yapıp Hirodes'in kardeşi Phasael'e tuzak kurdular. Partlar şehri yağmalayıp Antigonos'u da Yahudiye kralı ve yüce rahip olarak atayınca Hirodes saf dışı bırakılma tehlikesiyle karşı karşıya kaldı.** Amcası Hurkanus'un kulaklarını keserek onun yüce rahip olma imkânını elinden aldı. Hirodes'in kardeşi Phasael'e gelince ya öldürülmüştü ya da intihar etmişti.

Hirodes, Kudüs'ü ve kardeşini kaybetti. Romalıları desteklemişti ama Orta Doğu'yu ele geçiren Partlar olmuştu. Kurnaz bir adam olarak manik depresif değilse bile siklotimik olduğu kesindi. Ama iradesi, keskin zekâsı, hırsı ve yaşama isteği tarifsizdi. Neredeyse delirmek üzere olsa da kendisini toparladı. Gece kaçmak ve iktidarı tekrar ele geçirebilmek için maiyetini topladı.

HİRODES: KLEOPATRA'YA KAÇIŞ

Hirodes maiyetiyle birlikte –beş yüz cariye, annesi, kız kardeşi ve en önemlisi nişanlısı Makkabi prensesi Mariamme– Kudüs'ten çorak Yahudiye tepelerine doğru yola çıktı. Kral Antigonos, Hirodes'in cariyelerle birlikte kaçmasına öfkelendi

* Pacorus, Crassus'u yenmiş olan Krallar Kralı II. Orades'in oğlu ve varisiydi. Partlar, Hazar Denizi'nin doğusundaki anavatanlarından yayılmaya başlamış, M.Ö. 250 civarlarında Selevkoslardan ayrılmış ve Roma'ya meydan okuyacak yeni bir imparatorluk kurmuşlardı. Pacorus ordusunun seçkin birlikleri ağır zırh ve bol pantolon giyen ve dört metrelik mızrak, balta ve topuz kullanan Pahlavan süvarileriydi. Carrhae'de (Harran) dörtnala saldıran bu süvariler Roma lejyonlarını ezip geçmişlerdi. Bu ağır süvarileri hızları ve geriye dönüp atış yapmadaki ustalıklarıyla –Part Atışı– ün salmış atlı okçular desteklerdi. Ama Partların feodal bir kusurları vardı: Kralları genelde çok güçlü ve itaatsiz soyluların insafına kalmış olurdu.

** Son kral II. Aristobulus'un oğlu olan Antigonos Yunan ve Yahudi isimleri kullanmıştı. Bastırdığı paraların üzerinde Tapınak *menorah*larıyla –yedi kollu şamdan ve aile sembolü– birlikte Yunanca "Kral Antigonos" yazmaktadır; Tapınak'taki mayasız hamur masasında ise "Yüce Rahip Mattathias" olarak İbranice yazılıdır.

(çünkü harem Partlara ödeyecekleri haracın bir parçasıydı) ve süvarilerini onları takip etmeleri için gönderdi. Dağlarda kaçarken Hirodes'in sinirleri tekrar bozuldu ve kendisini öldürmeye kalktı ama muhafızları ona mani oldular. Çok geçmeden Antigonos'un süvarileri onun grubuna yetişti. Hirodes kendisini toparladı ve onları bozguna uğrattı. Maiyetini, aşılmaz bir dağ kalesi olan Masada'da bırakarak kendisi Mısır'a kaçtı.

Antonius çoktan Roma'ya doğru yola çıkmıştı ama Kraliçe Kleopatra, Hirodes'i iyi karşıladı ve İskenderiye'de kalmasını sağlamak için ona iş teklif etti. Fakat Hirodes, yanında nişanlısının erkek kardeşi ve Yahudiye tahtının vârisi bir Makkabi prensi olan Yonatan'la birlikte Roma'ya giden bir gemiye bindi. Partları sürmek için planlar yapan Antonius bunun çocuk oyuncağı olmadığını anlamıştı: Hirodes'in insafsız kabiliyetlerine ihtiyacı olacaktı.

Antonius ve imparatorluğu birlikte yönettikleri ortağı Octavianus, Hirodes'i Senato'ya götürdüler ve Hirodes orada kendisini Yahudiye kralı ve Roma'nın müttefiki ilan etti: *rex socius et amicus populi Romani*. Yeni Kral olan Hirodes yanında Antonius ve Oktavyanus'la Senato'dan çıktı, Edom Dağları'nda yetişmiş yarı Arap yarı Yahudi birisi için bu oldukça önemli bir an olmalıydı. Bu iki adamla olan ilişkisi dehşet ve ihtişamla dolu kırk yıllık saltanatının temelini teşkil edecekti. Ama şimdilik krallığı olmayan bir kraldı: Doğu hâlâ Partların elindeydi; Kudüs'ü Antigonos yönetiyordu. Yahudilerin gözünde Hirodes, Roma kuklası ve Edom meleziydi. Krallığının her karışını ele geçirmek için savaşmak ve sonra da Kudüs'e yönelmek zorunda kalacaktı.[37]

10

HİRODES HANEDANI

M.Ö. 40 - M.S. 10

ANTİGONOS'UN DÜŞÜŞÜ: SON MAKKABİ

Hirodes, Ptolemais'e gitti ve bir ordu toplayıp krallığını ele geçirmeye koyuldu. Asiler Celile'nin aşılmaz mağaralarında direnmeye kalktıklarında, Hirodes ellerinde kancalar olan askerlerini göğüslerinden zincirle bağlayarak aşağı sarkıttı, bu askerler düşmanlarını birer birer yakalayıp aşağıdaki vadiye attılar. Ama Hirodes'in Kudüs'ü alabilmek için Antonius'un yardımına ihtiyacı vardı.

Romalılar, Partları püskürtüyorlardı. M.Ö. 38'de Antonius, Samasota'daki (Güneydoğu Türkiye) bir Part kalesini kuşattığında Hirodes hem yardım teklif etmek hem de istemek için oraya gitti. Partlar, Antonius'u pusuya düşürdüğü zaman Hirodes saldırıp levazım arabalarını kurtardı. Antonius, Hirodes'i eski bir silah arkadaşıymış gibi karşıladı, ordusunun önünde onu kucakladı ve bu genç Yahudiye kralının şerefine bir resmigeçit düzenledi. Müteşekkir Antonius, Kudüs'ün kuşatılabilmesi için Hirodes'e yardım olarak altı bin süvari ile otuz bin piyade gönderdi. Romalılar, Tapınak'ın kuzeyinde ordugâhlarını kurarken Hirodes on yedi yaşındaki Mariamme'le evlendi. Kırk günlük kuşatmanın ardından Romalılar dış surlara hücuma geçtiler. İki gün sonra Tapınak'a girdiler ve şehri "delilerden oluşan bir kalabalık gibi" yağmalayıp Kudüslüleri sokaklarda doğradılar. Hirodes bu katliamı durdurabilmek için Romalılara para ödemek zorunda kalmıştı – ardından ele geçirdiği Antigonos'u Antonius'a gönderdi ve o da son Makkabi kralının boynunu vurdurdu. Antonius yüz bin kişilik bir orduyla Part Krallığı'nı ele geçirmek için yola çıktı. Askerî kabiliyetleri fazla abartılmıştı; sefer felakete yakındı ve ordusunun üçte birini kaybetti. Hayatta kalanlar Kleopatra'nın gönderdiği erzakla hayatta kaldılar. Antonius'un Roma'daki itibarı bu darbeden sonra bir daha toparlanamadı.

Kral Hirodes, Kudüs fethini Sanhedrin'in yetmiş bir üyesinden kırk beşini tasfiye ederek kutladı. Tapınak'ın kuzeyindeki Baris Kalesi'ni yıktı, dört kuleli kale şeklinde tahkimli ve şehri kontrol etmeye yetecek büyüklükte bir burç inşa ettirdi ve ona efendisine ithafen Antonia adını verdi. Antonia'dan geriye temel taşları haricinde hiçbir şey kalmamıştır ama Hirodes'in yaptırdığı kalelerden çoğu günümüze ulaştığından nasıl bir yapıya sahip olduğunu tahmin edebiliyoruz: Tüm dağ kaleleri azami güvenlik ve eşsiz bir konfor sağlayacak şekilde tasarlanmışlardı.* Hirodes, kendisini hiçbir zaman güvende hissetmemişti ve şimdi de iki kadının entrikalarına karşı krallığını korumak zorundaydı – kendi karısı Mariamme ve Kleopatra.[38]

HİRODES VE KLEOPATRA

Hirodes korkulan biri olsa da o da Makkabilerden çekinirdi ve onların en tehlikelilerinden biri de kendi yatağında bulunuyordu. Otuz altı yaşındaki kral kültürlü, iffetli ve mağrur Mariamme'e âşık olmuştu. Ama üvey anne klişesinin bire bir karşılığı olan, Mariamme'in annesi Aleksandra ilk fırsatta Hirodes'in ayağını kaydırmak için Kleopatra'yla işbirliği yapmaya başlamıştı. Makkabili kadınlar soylarından gurur duyarlardı ve Aleksandra kızının melez bir Hirodes'le evlenmesini bir türlü içine sindirememişti. Ama Aleksandra'nın anlamadığı şey, ilk yüzyılın merhametsiz şartlarıyla kıyaslandığında bile, psikotik Hirodes'in onun boyunu fazlasıyla aşan bir rakip olduğuydu.

Uzuvları kesilen ihtiyar Hurkanus artık Tapınak'ta görev alamayacağından dolayı Aleksandra, oğlu ve Mariamme'in küçük kardeşi Yonatan'ın yüce rahip olmasını istiyordu ki bu, yarı Arap Edomlu bir sonradan görme olan Hirodes'in hiç de hoşuna gidecek bir teklif değildi. Yonatan meşru kral olmaya layık olabileceği gibi, fiziki güzelliğin, ilahi desteğin bir yansıması olduğuna inanılan bir dönemde son derece güzel olmak gibi de bir avantaja sahipti. Nereye gitse insanlar etrafına üşüşürdü. Hirodes bu çocuktan çekinerek çareyi soyu belirsiz Babilli bir Yahudiyi yüce rahip yapmakta buldu. Aleksandra gizlice Kleopatra'yla temasa geçti. Antonius, Lübnan, Girit ve Kuzey Afrika'yı da dâhil ederek Kleopatra'nın krallığını daha da genişletmiş ve ona Hirodes'in en kıymetli varlıklarından birini de bahşetmişti – Eriha'daki kınaçiçeği ve hurma ağaçları.** Hirodes o bölgeyi tek-

---

* Öldürülen danışmanlar muhtemelen Eski Şehir'in kuzeyinde hâlâ ayakta olan gösterişli, nar ve kenger yapraklarıyla süslenmiş olan Sanhedrin Kabri'ne defnedilmişlerdir. Dağ kalelerine gelince en ünlüleri şunlardır: M.S. 73 yılında Roma'ya karşı savaşan son Yahudi savaşçıların intihar ettikleri Masada, Hirodes'in oğullarından birinin Vaftizci Yahya'nın başını kestiği Machaerus, Hirodes ve oğullarının gömülü olduğu insan yapısı bir dağ olan Hirodium.

** Bunlar antik Akdeniz'deki en kıymetli ürünler arasında sayılırdı. Eriha palmiyelerinden hurma şarabı yapılırdı; kınaçiçeğinden ise baş ağrısı ve katarakta iyi gelen ve ayrıca en pahalı parfüm olan Gilead

rar ondan kiralamak zorunda kalsa da Kleopatra'nın atalarının toprakları olarak gördüğü Yahudiye'ye göz koyduğu belliydi.

Yonatan'ı tatlı bir lokma gibi kullanan Mariamme ve Aleksandra o dönemin tüm erkekleri gibi kadın güzelliği kadar erkek güzelliğine de önem veren Antonius'a onun bir resmini gönderdiler. Kleopatra da onun krallığını destekleyeceğine söz verdi. Dolayısıyla Antonius çocuğu çağırdığı zaman Hirodes paniğe kapıldı ve gitmesine izin vermedi. Hirodes, kayınvalidesini Kudüs'te gözetim altına alırken Kleopatra ona ve oğluna sığınma hakkı tanıdı. Aleksandra iki tabutla saraydan dışarı kaçmayı başardı.

Makkabi popülerliği ve karısının ricalarına daha fazla dayanamayan Hirodes, Mişkan Şöleni'nde Yonatan'ı yüce rahip olarak atadı. Yonatan göz alıcı cübbesi ve rahiplere özgü başlığıyla sunağa çıktığında Kudüslüler ona tezahürat yaptılar. Hirodes bu sorunu kendi tarzında çözecekti: Yüce Rahibi Eriha'daki sarayında bir akşam yemeğine davet etti. Hirodes rahatsız edici derecede nazikti; bulutlu bir geceydi ve Yonatan yüzmeye teşvik edildi. Havuzlardan birine girdiğinde Hirodes'in adamları onu suyun altında tuttular ve sabaha cesedi suyun üzerinde bulundu. Mariamme ile annesinin kalbi kırılmış ve şaşkına dönmüşlerdi, Kudüs matemdeydi. Yonatan'ın cenazesinde Hirodes bile gözyaşlarını tutamadı.

Aleksandra bu cinayeti, sempatisi tümüyle siyasi olan Kleopatra'ya haber verdi: Kendisi iki ya da üç kardeşini öldürmüştü. O da Antonius'u, Hirodes'i Suriye'ye çağırmaya ikna etti. Eğer Kleopatra'nın istediği olursa bir daha geri dönemeyecekti. Hirodes bu tehlikeli görüşme için hazırlık yaptı – ve kendince Mariamme'e olan aşkını gösterdi: Onu, yokluğunda vekilliğini üstlenen amcası Joseph'e teslim edip ona eğer Antonius tarafından öldürülürse Mariamme'i derhal idam etmesini emretti. Hirodes'in yokluğunda Joseph sürekli olarak Mariamme'e kralın onu ne kadar sevdiğini ve eğer kral ölürse onsuz yaşamasına izin vermektense onu öldürmeyi tercih edeceğini söyledi. Mariamme dehşete düşmüştü. Kudüs'te Hirodes'in öldüğü yönünde rivayetler dolaşmaya başladı. Hirodes'in yokluğunda Mariamme, entrikacı sarayın en sinsi üyelerinden biri olan, kralın kız kardeşi Salome üzerinde hâkimiyet kurmuştu.

Laodikeia'da, Romalıların gönlünü alma konusunda mahir olan Hirodes, Antonius'u kendisini affetmeye ikna etti; ikisi gün ve gece boyuna süren bir ziyafette eğlendiler. Hirodes döndüğünde Salome kardeşine amcası Joseph'in Mariamme'i nasıl baştan çıkardığını ve kayınvalidesinin de isyan hazırlıkları içinde olduğunu anlattı. Hirodes ve Mariamme bir şekilde anlaştılar. Hirodes onu sevdiğini ilan

Balsamı üretilirdi. Kleopatra ayrıca Yafa'nın dâhil olduğu sahilin büyük bölümünü ele geçirmiş ve liman olarak Hirodes'e sadece Gazze'yi bırakmıştı.

etti. "İkisi gözyaşları içerisinde kucaklaştılar" – ta ki Mariamme ona kendisini idam ettirme planını bildiğini söyleyene dek. Kıskançlık krizine giren Hirodes, Mariamme'i ev hapsine alıp amcası Joseph'i idam ettirdi.

M.Ö. 34'te Antonius, ilk başarısızlıklarına rağmen, Partların elindeki Ermenistan'ı işgal etmeyi başararak eski gücüne tekrar kavuştu. Kleopatra, Fırat kıyısında kendisine katıldı ve eve dönerken Hirodes'i ziyaret ettiler. Bu iki hilekâr canavar günlerini birlikte geçirip hem flört ettiler hem de birbirlerini nasıl öldüreceklerini düşündüler. Hirodes, Kleopatra'nın kendisini baştan çıkarmaya çalıştığını iddia etti: Anlaşılan istediği bir şeye sahip olan her erkeğe karşı aynı taktiği kullanıyordu. Ayrıca öldürücü de bir tuzaktı bu. Hirodes direndi ve eski Nil'in yılanını öldürmeye karar verdi ama danışmanları buna şiddetle karşı çıktılar.

Mısır kraliçesi İskenderiye'ye geri döndü. Orada Antonius ihtişamlı bir merasimle Kleopatra'yı "Kralların Kraliçesi" olarak adlandırdı. Sezar'dan olan ve on üç yaşına gelmiş oğlu Sezarion onun yardımcı firavunu olurken Antonius'tan olan üç oğlu da Ermenistan, Fenike ve Sirenayka kralı olmuşlardı. Roma'dakilere göre bu oryantal duruş gayri-Romalı, yakışıksız ve aptalcaydı. Antonius, Doğu'da yaptıklarını bilinen tek yazılı eseri olan "İçkiler Üzerine" adlı yazıda meşrulaştırmaya çalıştı ve Octavianus'a şunları yazdı, "Ne değişti? Bütün bunlar Mısır kraliçesiyle yattığım için mi? Ne zaman, kiminle yattığın fark eder mi?" Ama fark etmişti. Kleopatra *fatale monstrum* olarak görülmüştü. Octavianus güçlendikçe ortaklıkları da zayıflamaya başladı. M.Ö. 32'de Senato, Antonius'un imparatorluk yetkisini feshetti. Ardından Octavianus, Kleopatra'ya savaş ilan etti. İki taraf Yunanistan'da karşı karşıya geldi: Antonius ile Kleopatra ordularınnı toplamış ve Mısır-Fenike donanması kurmuşlardı. Bu bir dünya savaşıydı.[39]

AUGUSTUS VE HİRODES

Hirodes kazanan tarafı desteklemek zorundaydı. Yunanistan'da Antonius'a katılmayı teklif etti ama onun yerine kendisine bugünkü Ürdün topraklarında bulunan Arap Nebatilere saldırması emredildi. Hirodes geri dönene kadar Octavianus ve Antonius, Aktium'da karşı karşıya gelmişlerdi. Antonius, Octavianus'un komutanı Marcus Agrippa'nın dengi değildi. Deniz savaşı Antonius için tam bir felaket oldu ve Kleopatra'yla birlikte Mısır'a kaçtı. Yoksa Octavianus, Antonius'un Yahudiye krallığını da yok edecek miydi?

Hirodes tekrar ölüm hazırlıklarına başladı, idareyi kardeşi Pherosas'a devretti ve işi garantiye almak için de ihtiyar Hurkanus'u boğdurttu. Annesi ve kız kardeşini Masada'ya gönderirken Mariamme ve Aleksandra diğer bir dağ kalesi olan

Aleksandrium'da tutuldu. Bir kez daha eğer kendisine bir şey olursa Mariamme'in öldürülmesini emretti. Sonra gemiyle hayatının en önemli görüşmesi için yola çıktı.

Octavianus onu Rodos'ta karşıladı. Hirodes görüşmeyi zekice ve dürüstçe idare etti. Tevazuuyla hükümdarlık tacını Octavianus'un ayaklarının dibine koydu. Ardından Antonius'la olan yakınlığını inkâr etmek yerine Octavianus'dan önceden kimlerle dost olduğunu değil de asıl "nasıl bir dost olduğunu" dikkate almasını rica etti. Octavianus ona tacını iade etti. Hirodes muzaffer bir şekilde Kudüs'e döndü, sonra Octavianus'u İskenderiye'ye kadar takip etti ve oraya Antonius ve Kleopatra'nın biri kılıç, diğeri zehirle kendilerini öldürmelerinden hemen sonra vardı.

Octavianus artık ilk Roma imparatoruydu ve Augustus adını aldı. Henüz otuz üç yaşında olan bu titiz, narin, duygusuz ve içine kapanık adam Hirodes'in en sadık efendisi oldu. Gerçekten de İmparator ve onun vekili olan Marcus Agrippa, Hirodes'le o kadar yakındılar ki Josephus'a göre, "Sezar'ın gözünde Agrippa hariç Hirodes'ten daha kıymetli, Agrippa'nın gözünde de Sezar hariç Hirodes'ten daha büyük bir dost yoktu."

Augustus, modern İsrail, Ürdün, Suriye ve Lübnan topraklarını da ekleyerek Hirodes'in krallığını genişletti. Augustus gibi Hirodes de başarılı bir yöneticiydi: Kıtlık baş gösterdiğinde kendi altınıyla Mısır'dan tahıl ithal ederek Yahudiyelileri açlıktan kurtarmıştı. Yarı Yunan, yarı Yahudi tarzındaki sarayında kalır ve hadımlar ile cariyeler kendisine hizmet ederdi. Maiyetinin çoğunu Kleopatra'dan almıştı. Sekreteri olan Şamlı Nikolaus, çocuklarının hocası* ve onun muhafızı olan dört yüz Galatlı da bizzat Hirodes'in şahsi muhafızları olmuşlardı: Augustus onları Hirodes'e hediye olarak vermişti ve o da onları diğer Cermen ve Trakyalılara katmıştı. Bu kozmopolit kralın ihtiyaç duyduğu cinayet ve işkenceler bu sarı saçlı barbarlar tarafından ifa edilirdi: "Hirodes, Fenike soyundan geliyordu; kültürü Helen'di, doğum yeri itibarıyla Edomlu, dinî inanç olarak Yahudi, oturduğu yer itibarıyla Kudüslü ve vatandaşlık olarak Romalıydı."

Kudüs'te o ve Mariamme, Antonia Kalesi'nde ikâmet ediyorlardı. Kudüs'teyken bu Yahudi kralı yedi yılda bir Tapınak'ta Tesniye okur ve cübbesi Antonia'da

* Suriyeli Yunan âlim, Hirodes'in sırdaşı ve aynı zamanda Augustus'un yakın dostu olmuştu. Hem Kleopatra'nın hem de Hirodes'in sarayında hayatta kalabildiğine göre mahir bir adam olmalıydı. İleride Augustus ve Hirodes'in biyografilerini yazacaktır ki bu eser Hirodes'in kendisiyle ilgili ana kaynaktır. Nikolaus'un Hirodes biyografisi kaybolsa da Josephus tarafından ana kaynak olarak kullanılmıştır ve daha iyi bir kaynak da hayal etmek zordur. Nikolaus'un eski soylu öğrencilerinden olan, Sezar ve Kleopatra'nın oğlu Sezarion Augustus tarafından öldürüldü. Ama diğer üç çocuk Antonius'un eski karısı Octavia tarafından Roma'da büyütüldü. Bu çocukların akıbeti bilinmemektedir ama kız, Kleopatra Selene, Moritanya kralı II. Juba'yla evlendi. Oğlu Moritanya Kralı Ptolemaios, Caligula tarafından öldürüldü. Böylece Büyük İskender'den 363 yıl sonra Ptolemaios sülalesi sona ermiş oldu.

saklanan yüce rahibi tayin ederdi. Kudüs dışında, göz kamaştırıcı tapınak kompleksleri, hipodromlar ve saraylarıyla yeni pagan şehirlerinin gözünde ise –özellikle de sahildeki Kayserya ve Semeriye'de kurulmuş olan Sebaste'de– cömert bir Yunan kralıydı. Kudüs'te bile Yunan tarzı tiyatro ve hipodrom inşa ettirip Augustus'un zaferini kutlamak için burada Aktium Oyunları'nı sergilemişti. Bu pagan gösterisi bir Yahudi komplosuyla provoke edildiğinde tüm komplocular öldürüldü. Ama sevgili karısı başarısını kutlamamıştı. Saray, Makkabi ve Hirodes prenslerinin arasındaki iktidar mücadelesiyle zehirlenmişti.[40]

MARIAMME: HİRODES'İN SEVGİSİ VE NEFRETİ

Hirodes uzaklardayken Mariamme bir kez daha muhafızı ayartıp kocasının eğer dönemezse kendisiyle ilgili planının ne olacağını öğrendi. Hirodes onu kişisel olarak karşı konulmaz ama siyasi olarak baş belası görürdü: Mariamme açıkça Hirodes'i kardeşini öldürmekle suçlamıştı. Kimi zaman onu küçük düşürmek için tüm saraya kendisiyle yatağa girmediğini duyururdu, diğer zamanlarda ise tutkuyla bir araya gelirlerdi. Mariamme, Hirodes'in iki oğlunun anasıydı ama bir yandan da onun mahvını planlıyordu. Sıradanlığı yüzünden Hirodes'in kız kardeşi Salome'yle dalga geçerdi. Hirodes "aşk ile nefret arasında takılıp kalmıştı," bu takıntısı çok daha güçlüydü çünkü diğer bir zapt edici tutkuyla birbirine karışmıştı: güç.

Kız kardeşi Salome, Mariamme'in Hirodes üzerindeki etkisinin nedeninin büyü olduğunu söylerdi. Ona Makkabilerin kendisini bir aşk iksiriyle bağladığını ispat eden deliler getirmişti. Mariamme'in hadım hizmetkârlarına suçlarını itiraf edene kadar işkence edildi. Kralın yokluğunda Mariamme'e göz kulak olan muhafız öldürüldü. Mariamme, Antonia'da zindana atıldı ve ardından yargılandı. Salome bu fırsatı kaçırmadı ve Makkabili kraliçenin öldürülmesi gerektiğini söyledi.

Mariamme ölüme mahkûm edildi ve annesi Aleksandra kendisini kurtarma gayretiyle kızını reddetti. Mariamme ölüme giderken "büyük bir vakar"la davranarak annesinin kendisini bu şekilde reddetmesinin büyük ayıp olduğunu söyledi. Boğdurulan Mariamme gerçek bir Makkabili gibi öldü, "yüzünün rengi değişmedi ve orada bulunanlara ne kadar asil bir sülaleden geldiğini gösterdi". Hirodes üzüntüden kendini kaybetti, Mariamme'e duyduğu aşkın kendisini yok etmek için tasarlanmış ilahi bir intikam olduğunu düşünüyordu. Sarayında çığlıklar atıp hizmetkârlara onu bulmalarını söylüyor ve ardından eğlencelerle kendini avutmaya çalışıyordu. Hastalanmış ve her yanında çıbanlar çıkmıştı, bu sırada Aleksandra iktidarı ele geçirmek için son bir atağa kalktı. Hirodes önce onu, sonra da belki de çekici kraliçeye en yakın olan en yakın dostlarından dördünü öldürttü. Talmud ileride

Hirodes'in Mariamme'in cesedini balın içinde muhafaza ettiğini söyleyecekti. Bunun doğru olması mümkündür – çünkü bu tam ona göre bir hareket olurdu.

Kraliçenin ölümünden kısa süre sonra Hirodes şaheseri üzerinde çalışmaya başladı: Kudüs. Tapınak'ın karşısındaki Makkabi Sarayı yeterince büyük değildi. Antonia'ya da Mariamme'in hayaleti musallat olmuş olmalıydı. M.Ö. 23'te yeni bir burçlu hisar ve saray kompleksi, Kudüs içinde Kudüs inşa ederek batı tahkimatlarını genişletti. Yaklaşık on dört metre yüksekliğindeki bir surla çevrili olan Hisar'ın üç tane, ince düşünülmüş isme sahip burcu bulunuyordu: Yaklaşık kırk metre yüksekliğinde ve temeli 14 m^2 olan en yüksek burcun adı Hippicus'tu (savaşta öldürülen genç bir arkadaşının adı). Diğerlerinin adı ise Phasael (ölen kardeşinin adı) ve Mariamme'dir.* Antonia, Tapınak'a hâkimken bu hisar da şehre hâkimdi.

Hirodes, Hisar'ın güneyinde kendi sarayını, efendileri Augustus ve Agrippa'nın adlarını verdiği, duvarları mermerden, kolonları erz ağacından yapılma, mozaikler ile altın ve gümüş işlemelerle süslenmiş iki konforlu dairenin bulunduğu bir keyif kubbesi inşa ettirdi. Sarayın çevresinde ağaçlar ve çiçeklerle süslü avlular; kemeraltı, portik havuzlar ve şelalelerle ayrılan ve üzerlerinde güvercin yuvaları olan kanallar bulunuyordu (Hirodes muhtemelen eyaletleriyle posta güvercinleri aracılığıyla haberleşiyordu). Tüm bunlar Hirodes'in ağzına kadar dolu hazinesi tarafından karşılanıyordu: Kendisi imparatordan sonra Akdeniz'deki en zengin kişiydi.** Sarayın koşuşturmacası, Tapınak'ın borazanları ve şehrin gürültüsünün uzağında kuş sesleri ve su şırıltıları arasında huzur buluyor olmalıydı.

Ama aynı sükûnetten sarayında da söz etmek mümkün değildi. Kardeşlerinin tümü arkasından iş çeviriyordu: Kız kardeşi Salome vicdansız bir canavardı ve haremindeki kadınların tümü en az kralın kendisi kadar paranoyak ve hırslıydılar. Hirodes'in seks düşkünlüğü siyaseti zora sokuyordu – Josephus'un dediğine

---

* Bu burca, şimdiki karısı Mariamme'in (bir önceki karısıyla aynı adı taşır) adı da verilmiş olabilir. Ama burcun, ona ve herkese Makkabili Prensesi hatırlattığına şüphe yoktur. Günümüzde, Davud'la alakası olmayan Davud Burcu, Hirodes'in Hippicus Burcu'nun yerine inşa edilmiştir. Titus'un şehri yıkmasının ardından Osmanlı dönemine kadar şehrin ana kalesi olarak kalmaya devam etti. Kudüs'teki başka hiçbir yapı bu hisar gibi şehrin geçtiği aşamaları gözler önüne seremez, arkeologların yaptığı kazılarda Yahudiye, Makkabi, Herodian, Roma, Arap, Haçlı, Memlûk ve Osmanlı harabelerine rastlanmıştır.

** Hirodes'in serveti tüm Orta Doğu'da sahip olduğu arazilerden geliyordu. Ürdün ve Yahudiye'den koyun, sığır; Celile ve Yahudiye'den buğday, arpa; Aşkelon'dan balık, zeytinyağı, şarap, meyve, zambak ve soğan; Kudüs'ün kuzeyindeki Geba'dan nar; Yafa'dan incir, Eriha'dan hurma ve balsam sağlanırdı. Krallığının üçte ikisi Hirodes'in şahsi malıydı; Nebati baharatından hem vergi alır hem de ihraç ederdi; ayrıca maden işletirdi ve Kıbrıs'taki bakır madenlerinin işletme hakları karşılığında Augustus'a üç yüz talent ödemişti. Yerel şarabı ihraç ederken kendisi İtalyan şarabı içerdi. Hayatı boyunca bir şeyler inşa edip Roma'ya büyük miktarlarda haraç ödemiş olmasına rağmen öldüğünde bin talent ya da bir milyon drahmi Augustus'a bırakmıştı ki ailesine kalan daha fazlaydı.

göre "ehli keyif bir adamdı." Mariamme'den önce bir kez, Doris'le evlenmişti; ama ondan sonra en az sekiz kere evlenmiş ve bu sefer şecerelerine hiç bakmadan onları sadece güzelliklerine göre seçmişti. Hareminde beş yüz kadın olmasına rağmen Yunan zevkleri ağır bastığından hanesindeki iç oğlanları ve hadımlarla da ilgilendiği olurdu. Ama şımarık, ihmal edilmiş ve her birinin açgözlü bir anası olan evlatlardan oluşan ailesi tam bir cadı kazanıydı. Onun gibi bir adam yönetme ustası bile tüm bu nefret ve kıskançlığı idare etmekte zorlanıyordu. Yine de sarayındaki tüm bu tantana onu hayatının en büyük projesinden alıkoyamamıştı. Kudüs'ün itibarının kendisine bağlı olduğunu bilen Hirodes, Süleyman'la eşit seviyeye çıkmaya karar verdi.[41]

HİRODES: TAPINAK

Hirodes mevcut İkinci Tapınak'ı yıktı ve onun yerine bir dünya harikası inşa etti. Yahudiler onun eski tapınağı yıkıp yenisini asla bitiremeyeceğinden korktular, bunun üzerine o da şehir meclisini toplayıp onlara her detayı tek tek izah etti. Bin rahip, işçi olarak eğitildi. Lübnan'daki erz ağacı ormanları kesildi ve ağaç kütükleri sahil boyunca yüzdürülerek getirildi. Kudüs çevresindeki taş ocaklarında büyük kesme taşlar, sarı parlayan ve neredeyse beyaz olan kireçtaşları işaretlenip kesildi. Bin araba toplandı ama taşınacak taşlar çok büyüktü. Tapınak Dağı boyunca uzanan tünelde bu taşlardan biri bulunmaktadır, taşın uzunluğu 13,6 metre, yüksekliği 3,35 metre ve ağırlığı 600 tondur.* Tapınak'ın bir inşaat alanı dönmesine mani olmak için Hirodes her şeyin dışarıda yapılıp sessizce inşaat sahasına taşınmasına özen gösterdi. Kutsalların Kutsalı iki yılda hazırlandı ama tüm yapının bitmesi seksen yıl sürecekti.

Hirodes alttaki kayalara kadar temel kazıp oradan inşaata girişti, böylece Süleyman ya da Zerubbabil'in mabetlerinden geriye hiçbir şey kalmayacaktı. Doğu yönünde Kidron Vadisi'nin yamaçları onu kısıtlıyor olsa da güneyde, Tapınak Dağı'ndaki boş araziye doğru yayıldı ve o bölgeyi seksen sütun ve on iki tonozlu kemerle destekledi. Oraya bugün Süleyman'ın Eyvanı denmektedir, üç dönümlük bir arazidir ve Roma forumunun iki katından daha büyüktür. Bugün doğu duvarındaki bağlantı yerini görmek kolaydır, şehrin güneybatı köşesinden otuz

* Hirodes en son teknolojiyi kullanıyor olmalıydı. Mısırlılar M.Ö. 4000 gibi erken tarihlerde bile piramitleri inşa etmek için büyük taşları nasıl hareket ettireceklerini bilmekteydiler. Çapı dört metreden fazla olan tekerlekler öküzler tarafından çekilen bir dingil vazifesi görüyordu. Ayrıca makaralar da bulunuyordu – uçlarına bağlı sopalar ve manivelalar sayesinde yatay dönen kirişleri on ya da daha az kişi kullanabiliyordu. Bu şekilde sekiz kişinin 1250 kiloyu kaldırması mümkün oluyordu.

metre uzaklıkta görülebilir, solda Hirodes'e ait kesme taşlar ve sağda Makkabilere ait daha küçük taşlar bulunmaktadır.

Tapınak'ın avluları kutsiyeti artırmak için daha da küçültüldü. Yahudi olsun ya da olmasın herkes büyük Gayri Yahudilerin Avlusu'na girebilirdi ama Kadınlar Avlusu'nu çevreleyen duvarın üzerinde şunlar yazıyordu:

YABANCILAR! TAPINAK'I ÇEVRELEYEN KAFES VE BÖLMELERE GİRMEYİN. ORADA YAKALANAN KİŞİLER ÖLDÜRÜLECEKLERİ İÇİN SADECE KENDİLERİNİ SUÇLASINLAR

Tüm Yahudi erkeklere açık olan ve elli basamakla çıkılan İsrail Avlusu, özel Rahipler Avlusu'na açılıyordu. Bunun içinde Kutsalların Kutsalı'nın olduğu, Hekhal yani kutsal ibadethane bulunmaktaydı. İbadethane İbrahim'in İshak'ı kurban etmek üzere olduğu ve Davud'un sunağını inşa ettiği kayanın üzerine kuruluydu. Burada kurbanlar, Kadınlar Avlusu ve Zeytin Dağı'nın karşısındaki Yanık Adak Sunağı'nda sunuluyordu.

Hirodes'in Antonia Kalesi kuzeydeki Tapınak Dağı'nı korumaktaydı. Hirodes buradan Tapınak'a giden gizli bir tünel inşa ettirdi. Güneyden Tapınak'a İkili ve Üçlü kapılardan geçip güvercin ve çiçek motifleriyle bezeli, Tapınak'ın içine giden yeraltı geçitlerine kadar uzanan büyük merdivenlerden çıkılıyordu. Batıda büyük, gizli yeraltı sarnıçlarına su taşıyan su kemeriyle birlikte, vadi boyunca ilerleyip Tapınak'a kadar uzanan büyük bir köprü vardı. Büyük doğu duvarında Şuşan Kapısı bulunuyordu, genelde dolunayı kutsamak için ya da kurbanların en mukaddesi olan bir kızıl buzağı kurban etmek için Zeytin Dağı'na giden rahipler tarafından kullanılıyordu.*

---

* Tanrı, Eski Ahit, Sayılar, 19. bölümde Musa ve Harun'a şöyle der: "İsrail halkına söyleyin, size, kusuru bulunmayan, hiç boyunduruk takılmamış, kızıl renkli sağlıklı bir düve getirsinler." Düve, sedir ağacı ve zufaotu yığınları üzerinde kırmızı bir iple bağlanarak kurban edilerek yakılır ve külleri kutsal suya karıştırılırdı. Mişnah'a göre bu sadece dokuz kez olmuştu ve onuncusunda Mesih gelecekti. Bin yıllık bekleyişin ardından 1967'de İsraillerin Kudüs'ü tekrar ele geçirmesiyle Hristiyan Evanjelistler ve Yahudi selametçiler Kıyamet ve Mesih'in gelişi için üç şarttan ikisinin gerçekleştiğine inanmaktadırlar (ya da Hristiyanlar için İsa'nın ikinci gelişi): İsrail tekrar kuruldu ve Kudüs Yahudilerin oldu. Üçüncü şart ise Tapınak'ın yeniden yapılmasıdır. Bazı Hristiyan köktendinciler ve Ortodoks Yahudi selametçilerin küçük bir kısmı bu Tapınak'ın ancak kızıl bir düve kurban edilmesiyle Tapınak Dağı'nın arındırılması ardından yapılabileceğine inanmaktadırlar. O nedenle günümüzde bile Mississipi'den bir Pentekostalist vaiz, Clyde Lott, Nebraska'dan Ürdün Vadisi'ne ihraç edilecek beş yüz Kızıl Angus'tan oluşan bir sürüyü beslemektedir. "Dünyayı değiştirecek düve"yi yetiştirdiklerine inanmaktadırlar.

Dört bir yanında sütunlu girişler vardı ama en büyüğü olan tüm dağa hâkim, büyük bir bazilika olan Kraliyet Girişi'ydi. Hirodes'in şehrinde yetmiş bin kadar kişi yaşıyordu ama festivaller sırasında yüz binlerce kişi hacı olmak için gelirdi. Diğer tüm mabetler gibi Tapınak da bugün bile insanların buluşacağı ve merasimlerin düzenleneceği bir yere ihtiyaç duyuyordu. Burası Kraliyet Girişi'ydi. Ziyaretçiler geldiğinde batı duvarı boyunca büyük sütunlar altında uzanan sokakta alışveriş yapabilirlerdi. Tapınak'ı ziyaret vakti geldiğinde hacılar güney girişi civarında inşa edilen mikvelerde –ayin havuzları– arındırıcı bir banyo yaparlardı. Büyük merdivenlerin birinden Kraliyet Girişi'ne tırmanır ve dua etmeden önce şehri tepeden izlerlerdi.

Güneydoğu köşesindeki yüksek burçlar ve Kidron Vadisi'nin uçurumlarının oluşturduğu sarp zirve İncil'e göre Şeytan'ın İsa'yı kandırmaya çalıştığı yerdi. Zengin Yukarı Şehir'e bakan güneybatı köşesinde rahipler festivallerin ve cuma geceleri Sebt'in başlangıcını çorak vadilerde yankılanan borazanlarla duyururdu. M.S. 70 tarihinde Titus buradan aşağı bir taş attıktan sonra burası "Gürültülü Yer" olarak kabul edilmişti.

Kral ve adı bilinmeyen mimarlarının (kemiklerinin koyulduğu bir yerde "Tapınak'ı inşa eden Şimon" yazısı bulunmuştur) eseri olan Tapınak'ın tasarımı mekân ve sahne konusunda ne kadar bilgili olduklarını göstermektedir. Şaşırtıcı ve hayran bırakıcı bir yer olan Hirodes'in Tapınağı "altın levhalarla kaplıydı ve güneşin doğuşunda öylesine ışıl ışıl bir yer olurdu ki" ziyaretçiler başlarını çevirmek zorunda kalırlardı. Zeytin Dağı'ndan Kudüs'e doğru gelenler onu "karla kaplı bir dağ gibi" görürlerdi. Bu, İsa'nın gördüğü ve Titus'un yıktığı tapınaktı. Üç yanında, özellikle de Yahudilerin hürmet ettiği Batı Duvarı'nda bugün hâlâ parlamakta olan Hirodes'in taşlarıyla desteklenen Hirodes'in gezinti yeri Müslümanların Harem-i Şerif'i olarak yaşadı.

İbadethane ve gezinti yeri tamamlandıktan sonra –gündüz hiç yağmur yağmadığı için hiç gecikme olmadığı söylenmektedir– Hirodes bunu üç yüz öküz kurban ederek kutladı – rahip olmadığı için Kutsalların Kutsalı'na giremiyordu.[42] İktidarının zirvesine ulaşmıştı. Ama onun inkâr edilemez büyüklüğüne kendi çocukları meydan okuyacak ve geçmişin günahları gelip geleceğin vârislerinin başına bela olacaktı.

HİRODES'İN VELİAHTLARI: AİLE TRAJEDİSİ

Hirodes'in on karısından en az on iki çocuğu vardı. Mariamme'den olan iki oğlu Alexander ve Aristobulus dışında diğer çocuklarını pek dikkate alıyormuş gibi görünmüyordu. Bu çocuklar yarı Makkabi yarı Hirodes sülalesindendiler ve onun vârisleri olacaklardı. Onları Roma'ya gönderdi ve eğitimleriyle bizzat Augustus ilgilendi. Beş yılın ardından Hirodes iki küçük prensi evlendirmek için geri çağırdı: Aleksander, Kapadokya kralının kızıyla, Aristobulus da Hirodes'in yeğeniyle evlendi.*

M.Ö. 15'te Marcus Agrippa, Hirodes'in Kudüsü'nü teftiş etmek için geldi, yanında Augustus'un nemfomanyak kız kardeşi olan yeni eşi Julia da bulunuyordu. Augustus'un ortağı ve Aktium'un galibi Agrippa kendisine büyük bir gururla Kudüs'ü gezdiren Hirodes'in zaten dostuydu. Hisardaki konforlu dairelerde kaldı ve Hirodes'in onuruna şölenler tertip etti. Augustus Tapınak'ta Yahveh adına zaten günlük olarak kurban kestiriyordu ama Agrippa bu sefer yüz öküz kurban etti. Öylesine hürmetkâr davrandı ki buluttan nem kapan Yahudiler bile yollarına palmiye dalları serdiler ve Hirodes'in çocuklarına onun isimleri verildi. Ardından ikili donanmayla Yunanistan'a gitti. Yerel Yahudiler, Yunan baskısından şikâyet ettiklerinde Agrippa Yahudi haklarını destekledi; Hirodes kendisine teşekkür etti ve ikisi eşit seviyede kişiler olarak kucaklaştılar.[43] Ama Romalıyla yaptığı bu seyahatten döndüğünde Hirodes karşısında kendi çocuklarını buldu.

Ebeveynlerinin görünüş ve kibirlerini miras alan, Roma eğitiminden geçmiş Prens Aleksander ve Aristobulus çok geçmeden babalarını annelerinin akıbeti yüzünden suçladılar ve tıpkı anneleri gibi, melez Hirodes sülalesini küçük gördüler. Bir kralın kızıyla evli olan Aleksander daha da kibirliydi; ikisi de Aristobulus'un, Hirodes sülalesinden olan karısıyla dalga geçtiler, böylece onun annesi olan tehlikeli halaları Salome'ye de dil uzatmış oldular. Kral olduklarında Hirodes'in eşlerini köle gibi çalıştırıp diğer oğullarını da memur yapacaklarını söylediler.

Salome bunları Hirodes'e anlatınca Hirodes bu densizlik yüzünden küplere bindiği gibi bu şımarıkların başına ne işler açabileceğini de tahmin etmeye başladı. İlk karısı Doris'ten olan en büyük oğlu Antipa'yı uzun süreden beridir ihmal ediyordu. M.Ö. 13'te Hirodes, Antipa'yı çağırdı ve Agrippa'dan onu mühürlü bir belgeyle birlikte Roma'daki imparatora götürmesini istedi: Diğer iki oğlunu mirastan men ederek krallığı Antipa'ya bırakmak istiyordu. Ama yirmili yaşlarının ortalarında olan yeni vârisi ilgisizlik ve ırsi kıskançlık yüzünden hırçınlaşmıştı.

* Hirodes'in aile ağacının karışık olmasının nedeni, ailenin aralarında uzlaşma sağlama gayretiyle sürekli olarak Makkabi ve Hirodes sülaleleri arasında evlilik yapılmasıdır: kendisi kardeşi Pheroras'ı Mariamme'in kız kardeşi ve en büyük oğlu Antipa'yı son kral Antigonos'un (isteği üzerine Antonius tarafından boynu vurulmuştu) kızıyla evlendirdi. Bu evliliklerin uygulaması ise karışıktır: Salome'nin ilk iki kocası Hirodes tarafından öldürülmüştür. Hirodes'in sülalesi ayrıca Kapadokya, Emesa, Pontus, Nebati ve Kilikya'daki tümü Roma müttefiki olan krallıklarla da evlilikler gerçekleştirmiştir. En az iki evlilik, kocalar Musevi ve sünnet olmayı kabul etmedikleri için iptal edilmiştir.

O ve annesi mirastan men edilen prensleri ortadan kaldırmak için komplo kurup onları ihanetle suçladılar.

Hirodes, Adriyatik'teki Aquileia'da bulunan Augustus'tan üç prensi yargılamasını istedi. Augustus baba ve oğullarını uzlaştırdı, bunun üzerine Hirodes geri döndü, Tapınak'ta bir toplantı düzenledi ve üç oğlunun krallığı bölüşeceğini duyurdu. Doris, Antipa ve Salome bu uzlaşmayı kendi çıkarları doğrultusunda değiştirebilmek için uğraşmış ve çocukların kibri de onlara yardımcı olmuştu: Prens Alexander herkese Hirodes'in genç görünmek için saçını boyadığını anlatıyor ve ava çıktıklarında babasının kendisini daha iyi hissetmesini sağlamak için kasten hedefi ıskaladığını söylüyordu. Ayrıca kralın hadımlarından üçünü baştan çıkarmış ve onlar da Alexander'a kralın sırlarını vermişlerdi. Hirodes, Alexander'ın hizmetkârlarını tutuklayıp işkenceden geçirdi ve sonunda birisi ona av sırasında suikast düzenlemeyi planladıklarını söyledi. Bu sırada Alexander'ın kayınpederi olan Kapadokya kralı, kızını ziyaret etmek için gelmişti ve gelmişken o da baba ve oğullarını barıştırmaya çalışıyordu. Hirodes minnettarlığını göstermek için krala tam kendi tarzında bir hediye sundu: Pannychis – tüm geceyi onunla geçirecek bir fahişe.

Barış uzun sürmedi: Hizmetkârlara yapılan işkenceden Alexander'ın Alexandrium Kalesi'ndeki krala şöyle bir mektup gönderdiği ortaya çıktı: "Planımız gerçekleştiği zaman senin yanına geleceğim." Hirodes rüyasında Alexander'ın bir bıçakla üzerine yürüdüğünü gördü, öylesine gerçekçi bir kâbustu ki iki oğlunu da tutukladı ve onlar da kaçmayı planladıklarını kabul ettiler. Hirodes, artık eski dostunun aşırılıklarından bunalmış olan Augustus'a danışmak zorundaydı – gerçi İmparator da nankör çocuklar ve karmaşık veraset meselelerinin yabancısı değildi. Augustus, eğer çocuklar Hirodes'e karşı komplo kuruyorlarsa, onları cezalandırmak için her türlü hakka sahip olduğu yönünde hüküm verdi.

Hirodes mahkemeyi, yetki alanının dışında olan, Berytus'ta (Beyrut) düzenledi – böylece mahkeme adil bir mekânda yapılmış olacaktı. Çocuklar Hirodes'in de istediği gibi idama mahkûm edildi ki şehre büyük miktarda para sarf ettiğinden bu hiç de şaşırtıcı değildir. Hirodes'in danışmanları merhamet göstermesini istediler – ama çocukların orduyu da satın aldığı anlaşılınca Hirodes 300 subayı tasfiye etti. Çocuklar Kudüs'e götürüldü ve boğuldu. Makkabilerin laneti olan Mariamme'in trajedisi çocuklara da sirayet etmişti. Augustus durumdan memnun değildi. Yahudilerin domuz eti yemediğini bilen Augustus, "Hirodes'in oğlu olmak yerine domuzu olmayı tercih ederim," şeklinde bir yorum yapmıştı. Ama bu, Büyük Hirodes'in çöküş döneminde sergileyeceği vahşetin daha ilk adımıydı.

HİRODES: YAŞAYAN LEŞ

Altmışlarına gelmiş olan kral hasta ve paranoyaktı. Tek vârisi Antipa'ydı ve krallığı devralabilecek başka oğulları da vardı ve Hirodes'in kız kardeşi Salome kendisine karşı komplo kurmaya girişmişti; Salome, Antipa'nın ne olduğu bilinmeyen bir zehirle Hirodes'i öldürmeyi planladığını söyleyen bir hizmetkâr bulmuştu. Augustus'la görüşmek için Roma'ya giden Antipa derhal Kudüs'teki saraya geri döndü ama babasına ulaşamadan tutuklandı. Duruşmada, şüpheli ilaç bir mahkûma verildi ve mahkûm ilacı içer içmez düşüp öldü. İşkencelere devam edildiğinde, Augustus'un karısı ve zehirler konusunda uzman olan İmparatoriçe Livia'ya ait olan bir Yahudi kölenin Salome'ye komplo kurmak için mektupları tahrif ettiği ortaya çıktı.

Hirodes delili Augustus'a gönderip üçüncü isteğini söyleyerek krallığı diğer bir oğluna ileride Vaftizci Yahya ve İsa'yla karşılaşacak olan Antipas'a bıraktığını bildirdi. Hirodes'in hastalığı yargılarını da etkiliyor ve Yahudi muhalefeti üzerindeki kontrolünü zayıflatıyordu. Tapınak'ın büyük kapısı üzerine altın kaplama bir bronz kartal heykeli koydurdu. Bazı öğrenciler çatıya çıktı, avluyu dolduranların gözleri önünde aşağı sarkıp heykeli aşağı attılar. Antonia Kalesi'nin askerleri derhal Tapınak'a koşup bu öğrencileri tutukladılar. Hasta yatağındaki Hirodes'in önünde yürütülüp teşhir edildiler ancak onlar Tevrat'a uydukları konusunda ısrar ettiler. Zanlılar diri diri yakıldı.

Hirodes çökmüştü, çok sancılı bir hastalığı vardı: Hastalığı, bağırsaklarındaki bir kaşınma hissi olarak başlamış, daha sonra ayakları ve karnının şişmesiyle devam edip bağırsak ülseriyle sonuçlanmıştı. Vücudundan irin akıyordu, güçlükle nefes alıyordu, çok pis kokuyordu, cinsel organı şişip kangrene dönmüş ve sonunda penisinin içinden kurtlar çıkmaya başlamıştı.

Çürümekte olan kral, Eriha Sarayı'nın sıcak havasında belki düzelirim diye umdu ama bu, acısını daha da arttı. Bunun üzerine Calllirhoe'deki, günümüzde Ölü Deniz'de hâlâ bulunan, sıcak kükürt banyosuna gitti ama kükürt ağrılarını daha da arttırdı.* Sıcak yağla tedavi edilirken bayılınca Eriha'ya geri taşındı ve

---

* Doktorlar o tarihten beri bu emareleri tartışmaktadırlar. En muhtemel teşhis, Hirodes'in yüksek tansiyon ve arteriyosklerozun yanı sıra ileri derecede bunama, kalp ve böbrek yetmezliğinden mustarip olduğudur. arteriyoskleroz, damar tıkanıklığına neden olmuş ve yerçekiminin de etkisiyle sıvılar ayaklarında ve cinsel organlarında toplanmıştı, hastalığı o kadar ileri derecedeydi ki artık derisinden dışarıya nüfuz etmeye başlamıştı; kan akışı çok az olduğundan kangren baş göstermişti. Ağız kokusu ve kaşınma böbrek yetmezliğinin belirtisiydi. Penis/testis kangreni sineklerin yumurtlaması için uygun bir ortam oluşturmuştu. Genital kurtlar, şer bir kraldan alınan ilahî intikamı simgeleyen bir propagandanın eseri de olabilir: Benzer şekilde, IV. Antiokhos Epifanes, Hirodes'in torunu, I. Agrippa ve aralarında Yehuda İşkariyot da bulunduğu pek çok günahkârın benzer şekilde bağırsak ve cinsel organlarından kurtlar çıktığı söylenmiştir.

orada toplu halde hipodroma kilitlemiş olduğu, Kudüs'teki Tapınak seçkinlerinin gelmesini emretti. Anlaşılan tüm baş belası ileri gelenleri kilit altında tutarken veraset sorununu çözmek istiyordu.

Bu sırada ismi Yusuf oğlu İsa* ya da (Aramicedeki haliyle) Yeşua (Yahşuah) olan bir çocuk doğdu. Marangoz olan Yusuf ve genç nişanlısı Meryem (İbranice'de Mariamme) Celile'nin kuzeyindeki Nasıra'da yaşıyordu. Bir köylüden daha zengin değildiler ama dendiğine göre Davud sülalesinden geliyorlardı. Yusuf ve Meryem, "İsrail'i yönetecek" çocuğun, yani İsa'nın doğduğu yer olan Beytüllahim'e geldiler. Aziz Luka'ya göre, İsa sekizinci günde sünnet edildikten sonra, "onu Kudüs'e getirdiler, Tapınak'ta kendisini Tanrı'ya takdim edip geleneksel adaklarını adadılar." Zengin bir aile bir koyun, hatta inek kurban edebilirdi ama Yusuf ancak iki güvercin kurban edebilmişti.

Matta İncili'nin iddia ettiğine göre Hirodes ölürken askerlerine tüm yeni doğan çocukları öldürerek Davud'un soyundan gelen bu çocuğu da ortadan kaldırmalarını emretti ama Yusuf Mısır'a kaçtı ve Hirodes'in öldüğü haberi gelene kadar da orada kaldı. Mesih'le ilgili rivayetler ortalıkta dolaşıyordu ve Hirodes de Davud'un soyundan gelen birinin, başına iş açacağından korkmuş olabilirdi; ama kralın İsa'yı duyduğuna ya da çocukları öldürttüğüne dair elimizde hiçbir delil yoktur. Bu canavarın işlediği değil de işlemediği bir suçla hatırlanıyor olması ilginçtir. Nasıralı çocuğa gelince yaklaşık otuz yıl daha onunla ilgili hiçbir şey duymayacağız.**

---

* Yahudi toplumu içinde doğup büyüyen İsa'nın yaşadığı dönemde Yahudilerin geleneksel olarak babalarının ismiyle anılması sebebi ile İsa yaşamı süresince *Yusuf'un oğlu İsa* olarak bilinmiştir. (yay. n.)

** İsa'nın doğumu tarihî açıdan karışık bir meseledir ve İnciller de bu konuda birbiriyle çelişmektedirler. Kimse tarihini bilmiyor olsa da doğumun Hirodes'in M.Ö. 4'teki ölümünden önce olması muhtemeldir; yani İsa, çarmıha gerilişi M.S. 29-30'daysa otuzlu yaşlarının başlarında, M.S. 36'daysa kırk yaşında öldürülmüştür. Beytüllahim'deki ailelerin sayılmasına dair hikâye doğru değildir, çünkü Quirinius'un nüfus sayımı Hirodes'in halefi Arhelas M.S. 6 yılında tahttan indirildikten ve İsa'nın doğumundan yaklaşık on yıl sonra yapılmıştır. Matta İncili Beytüllahim'e gidişi ve İsa'nın Davud'un soyundan gelmesini anlatırken, onun asil bir kana sahip olduğu ve bir kehaneti yerine getireceğini söylemektedir. Masumların Katli ve Mısır'a kaçışın Hamursuz Bayramı hikâyelerinden alındığı açıktır: On felaketten biri ilk doğanın öldürülmesiydi. İsa her nerede doğmuş olursa olsun ailesinin kurban adamak için Tapınak'a gitmiş olması muhtemeldi. Haçlıları da etkileyen İslam inancına göre İsa, el Aksa Camii'nin altındaki İsa'nın Beşiği denen şapelde diriltilmiştir. İsa'nın ailesi bilinmemektedir: Doğumdan sonra Yusuf, İncillerden kaybolup gider. Matta ve Luka, Meryem'in bakire olduğunu ve İsa'nın babasının Tanrı olduğunu söyler (Roma ve Yunan teolojisine ve ayrıca Yeşaya'nın Emmanuel kehanetine çok yakın bir görüştür). Ama Matta, Markos ve Yuhanna İsa'nın kardeşlerinin ismini de verir: Yakup, Yose, Yehuda ve Simun ile kız kardeşi Salome. Meryem'in bekâreti bir Hristiyan dogması haline gelince diğer çocukların varlığı anlamsız hale gelmiştir. Yuhanna "Kleopas'ın karısı Meryem'den" bahseder. Eğer Yusuf genç yaşta öldüyse Meryem adı geçen Kleopas'la evlenip başka çocuklar yapmış olabilir, çünkü İsa çarmıha gerildikten sonra onun yerine lider olarak kardeşi Yakup ve daha sonra "Kleopas'ın oğlu Simun" geçmiştir.

ARHELAS: MESİHLER VE KATLİAMLAR

İmparator Augustus, Hirodes'e cevabını vermişti: Livia'nın köle kızını döverek öldürtmüştü ve Hirodes de Prens Antipa'yı cezalandırmakta serbestti. Oysa Hirodes öylesine ıstırap içindeydi ki bir hançer alıp kendisini öldürmeye kalkışmıştı. Bu durum, hücresindeki Antipa'yı yaşlı tiranın öldüğüne ikna etti. Gardiyanını çağırıp kendisinden hücrenin kapısını açmasını istedi. Nihayet Antipa, Yahudilerin kralı mı olmuştu? Gardiyan da bağırışlar duymuştu. Hemen saraya koştu ve Hirodes'in ölmediğini, sadece aklını kaçırdığını gördü. Hizmetkârları hançeri elinden almışlardı. Gardiyan, Antipa'nın ihanetini bildirdi. Harap haldeki kral kafasını duvarlara vurdu, bağırdı ve gardiyanlarına derhal oğlunu öldürmelerini söyledi. Ardından vasiyetini değiştirip krallığı üç küçük oğlu arasında böldü – Kudüs ve Yahudiye, Arhelas'a kalacaktı.

Beş gün sonra, M.Ö. 4'ün Mart'ında, otuz yedi yıllık saltanatın ardından, "binbir çeşit tehlikeyi atlatıp hayatta kalmış olan", Büyük Hirodes öldü. On sekiz yaşındaki oğlu sanki ölen babası değil de düşmanıymış gibi dans edip şarkı söyledi. Hirodes'in zalim ailesi bile hayret etmişti. Tacını takmış ve asasını tutar haldeki cesedi, altınlarla süslü, eflatun kumaşla kaplı katafalka konup taşındı –peşinden Arhelas, Cermen ve Trakyalı muhafızları ile baharat taşıyan beş yüz hizmetçi geliyordu (berbat kokuyor olmalıydı)– dağ kalesi Hirodium'a doğru kırk kilometrelik yol gitmişlerdi. Orada Hirodes'in gömüldüğü mezar* iki bin yıl bilinmeden kaldı.[44]

Arhelas, Kudüs'ü sağlama almak için geri döndü, Tapınak'taki altın tahta oturarak babasının baskısını hafifleteceğini söyledi. Şehir Hamursuz hacılarıyla doluydu, bunların çoğu kralın ölüşünü kıyametin habercisi olarak kabul edip Tapınak'ın içinde koşturmaya başlamıştı. Arhelas'ın muhafızları taşlandı. Arhelas baskıyı azaltacağına henüz söz vermiş olmasına rağmen, üç bin süvarisini Tapınak'ın içindeki insanları kılıçtan geçirmeleri için gönderdi.

Bu genç despot idareyi güvenilir kardeşi Filip'e bırakıp tahta çıkışıyla ilgili olarak Augustus'un onayını almak için Roma'ya gitti. Fakat küçük kardeşi Antipas, Roma'da ona yetişti, krallığın idaresini kendisi ele almayı planlıyordu. Arhelas gider gitmez Augustus'un yerel temsilcisi Sabinus, gizli hazineleri bulmak için

* Hirodes'in kabri 2007 yılında Profesör Ehud Netzer tarafından keşfedildi. Netzer işlemeli ve çiçeklerle süslü kırmızı bir lahit buldu, lahit parçalanmıştı ve bunu yapanlar yüksek ihtimalle M.S. 66-70 yıllarındaki Hirodes karşıtı asilerdi. Diğer iki lahit de beyazdı ve çiçeklerle bezenmişti: Oğullarına mı aitti acaba? Hirodium, Hirodes'in inşaat sevgisinin diğer bir mucizesiydi – insan yapımı 70 metre genişliğinde bir tepe, bu tepenin üzerinde kubbeli bir hamam, kuleler, freskler ve havuzlar olan bir saray bulunuyordu. Hirodes'in kalenin doğu burcunun altındaki Hirodium Tepesi'nde bulunan piramit mezarı da yine 66-70 yılları civarında tahrip edilmiştir.

Hirodes'in Kudüs'teki sarayını talan etti ve yeni isyanların yolunu açtı. Suriye valisi Varus düzeni tesis etmek için bölgeye geldi ama Celileli ve Edomlu çeteler Hamsin Bayramı için gelip Tapınak'ı ele geçirdiler ve onlar buldukları tüm Romalıları öldürürken Sabinus, Phasael Kulesi'ne sığındı.

Kudüs'ün dışında üç asi –eski köleler– kendilerini kral ilan ettiler, Hirodes'in saraylarını yaktılar ve "vahşi bir öfke" içerisinde her yeri altüst ettiler. Bu kendinden menkul krallar aynı zamanda kâhin olduklarını da iddia ediyorlardı, bu durum İsa'nın dinî açıdan çalkantılı bir dönemde dünyaya geldiğini göstermektedir. Hirodes'in saltanatı sırasında boş yere böyle bir liderin çıkmasını bekleyen Yahudiler şimdi üç tanesine birden kavuşmuşlardı: Varus bu taliplerin* üçünü de öldürdü ama kâhin adayları hiç durmadan gelmeye devam ettikçe Romalılar da onları öldürmeye devam etti. Varus, Kudüs civarında iki bin kadar asiyi çarmıha gerdi.

Roma'da altmış yaşına gelmiş olan Augustus, Hirodes sülalesinin şikâyetlerini dinledi ve Hirodes'in vasiyetini onayladı, ama kral unvanını vermeyerek Arhelas'ı Yahudiye, Samarya ve Edom etnarkı, Antipa'yı Celile ve Peraea (modern Ürdün'ün bir bölümü) ve üvey kardeşleri Filip'i de kalan bölgelerin tetrarkları olarak tayin etti.** Arhelas'ın yönettiği Kudüs'teki Roma villalarında yaşayan zenginlerin yaşamları karanlık, Yunan tarzı ve tümüyle Yahudilikten uzaktı: 1911 yılında bir Amerikan koleksiyoncu tarafından satın alınmadan evvel neredeyse iki bin yıl gömülü kalan gümüş bir kadehte eşcinsel ilişkiler resmedilmiştir –bir tarafında bir erkek makaralar kullanarak diğer bir erkeğin üzerine doğru inerken bir köle de kapıdan onları izlemekte, diğer tarafında ise bir koltuğun üzerinde iki erkek sevişmektedir. Ama on yıl içinde Arhelas o kadar sert, beceriksiz ve müsrif olduğunu gösterdi ki Augustus onu görevden alıp Galya'ya sürgün etti. Yahudiye bir Roma eyaleti olmuştu ve Kudüs kıyıdaki Kayserya'da bulunan bir grup düşük rütbeli idareci tarafından yönetiliyordu; Romalılar vergi mükelleflerinin sayısını

---

* Bu krallardan biri Hirodes'e ait iri kıyım bir köle olan Şimon'du ve Romalılar tarafından boynu vuruldu. Şimon sözde Cebrail Vahyi'nin muhatabı olabilir, güney Ürdün'de bir taşın üzerinde bulunan yazıda belirtildiğine göre baş melek Cebrail, Şimon adında birisini "kralların kralı" olarak ilan etmişti. Bu kişi öldürülecek ve "üç gün içinde" tekrar dirildiğinde "şerrin adaletle mağlup edildiği anlaşılacaktı. Ben Cebrail sana üç gün daha yaşayacağını söylüyorum." Detaylar –diriliş ve peygamberin ölümünden üç gün sonra kıyamet– İsa'nın çarmıha gerilmesinden otuz yıl kadar öncedir. Publius Quinctilius Varus, Şimon'u öldürdükten sonra Cermen cephesine gönderildi. On yıl kadar sonra, M.S. 9'da, pusuya düşürülüp üç lejyonu kaybetti. Bu felaket Augustus'un son yıllarını mahvederken kendisi rivayete göre şöyle bağırdı, "Varus, lejyonlarımı geri ver!"

** Üç evladın da Hirodes adını almış olması İncillerde büyük karmaşaya neden olmaktadır. Arhelas evliydi ama Hirodes ve Mariamme'in oğlu Alexander'la evli olan Kapadokya kralının kızı Glafira'ya âşık olmuştu. Alexander'ın idam edilmesinin ardından Glafira Moritanya kralı Juba'yla evlendi ve onun ölümünden sonra da Kapadokya'ya geri döndü. Daha sonra da Arhelas'la evlendi.

tespit etmek için nüfus sayımı da düzenlemişlerdi. Roma gücüne bu şekilde boyun eğilmesi küçük bir Yahudi isyanına neden olmaya yeterliydi ve Luka'nın, muhtemelen yanlış bir biçimde, hatırladığı bu nüfus sayımı da İsa'nın ailesinin Beytüllahim'e gelmesinin nedeniydi.

Hirodes Antipa, neredeyse kendisine miras kalacak babasının krallığının hayalini kurarak otuz yıl boyunca, karizmatik yeni bir peygamber olan Vaftizci Yahya çölden çıkagelip kendisine meydan okuyup dalga geçene dek Celile'yi yönetti.[45]

11

İSA MESİH

M.S. 10–40

VAFTİZCİ YAHYA VE CELİLE TİLKİSİ

Yahya'nın anne babası Tapınak'ta rahiplik yapan Zekeriya ve şehrin dışındaki Ein Kerem köyünde yaşayan Elizabet'ti. Zekeriya yapacağı görevler için kura çeken, Tapınak'taki belki de en mütevazı rahipti, diğer rahiplerden çok farklıydı. Çocukken sürekli Tapınak'a giderdi. İyi bir Yahudi olmanın pek çok yolu vardı ve o Yeşaya'nın tavsiye ettiği gibi çölde inzivaya çekilmeyi tercih etmişti: "Çölde, Yahveh'in yolu için hazırlan."

M.S. 20'lerin sonlarında Yahya, Kudüs'ten çok uzak olmayan çöllerde dolaştı ve kendine taraftarlar kazanmaya başladı –"Mesih olsun olmasın Yahya herkesin kalbinde yer etmeye başladı"– ardından da ailesinin bulunduğu yer olan Hirodes Antipa'nın idaresindeki Celile'ye gitti. Meryem, Yahya'nın annesinin kuzeniydi. Oğlu İsa'ya hamileyken Yahya'nın ailesinin yanında kaldı. İsa, Nasıra'dan geldiğinde kuzeninin vaaz verdiğini duydu ve Yahya onu Ürdün'de kutsadı. Kuzenler birlikte vaaz vermeye başladılar, vaftizle günahlardan arınmanın mümkün olduğunu söylüyorlardı, yeni ibadetlerine bir Yahudi geleneği olan Mikve'de yıkanma merasimini de katmışlardı. Bu sırada Yahya, Hirodes Antipa'nın aleyhinde konuşmaya başlamıştı.

Celile tetrarkı sefahat içinde yaşıyor, bu konforlu yaşamının masrafları herkesin nefret ettiği vergi memurları tarafından karşılanıyordu. Antipa sürekli olarak yeni Roma imparatoru, Augustus'un suratsız üvey oğlu Tiberius'u babasının krallığını kendisine vermesi için ikna etmeye çalışıyordu. Başkentine, Augustus'un dul eşi, Tiberius'un annesi ve bir aile dostu olan Livias'ın adını verdi. M.S. 18'de Celile Denizi kıyısında Tiberias adında yeni bir şehir kurdu. Yahya gibi İsa da Antipa'yı ahlaksız ve Roma kuklası olarak görüyordu: İsa, Antipa'dan "o tilki" diye bahsediyordu.

Tapınak Dağı –İbranice'de Har haBayit, Arapça'da Haram el Şerif, İncil'de Moriah Dağı– Kudüs'ün merkezidir. Musevilikteki en kutsal mekan olan Batı Duvarı Herod'un meydanı ayakta tutan batı destek duvarının bir bölümüdür ve Müslümanların kutsal mekanları olan Kubbetüs Sahra ve Aksa Camisi'ne de temel teşkil eder. Çoğu kişi için bu 35 dönümlük alan dünyanın merkezidir.

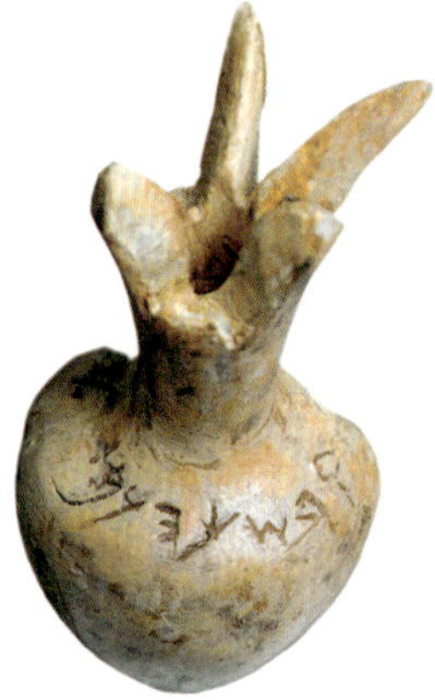

Üstte solda: 1994'te arkeologlar Aram-Suriye kralı Hazael'in Yahudiye'ye, Davut'un hanesine, karşı kazandığı zaferle övünerek Davut'un varlığını onayladığı bu yazıtı buldular.

Üstte sağda: Süleyman'ın Tapınağı o kadar çok yıkılmış ve yeniden yapılmıştır ki geriye çok az şey kalmıştır. Üzerinde "Tanrı'nın evindekilere hediye" yazan süs eşyası kalan eserlerden biridir.

Solda: M.Ö. 701'de Kral Hezekiya yaklaşan Asur ordusuna karşı şehri tahkim etti. Onun sözde geniş surları bugün de Yahudi Mahallesi'nde görülebilir.

Altta: İki mühendis grubu şehre su getirmek için 533 metrelik Siloam Tüneli'ni kazmaya başladılar: Ortada buluştuklarında, 1891 yılında bir okul çocuğu tarafından bulunmuş olan, bu kitabeye denk geldiler.

Güçlü ve saldırgan Asur İmparatorluğu'nun kralı Sanherib, Kudüs'e yönelmeden önce Hezekiya'nın ikinci şehri olan Lakiş'e saldırdı. Ninova'daki sarayındaki kabartmalar kanlı kuşatmayı ve şehir sakinlerinin ödediği bedeli göstermektedir. Burada Yahudiye aileleri Asurlular tarafından götürülürken gösterilmiştir.

Bu kabartmada Persepolis'teki sarayında gösterilen Kral Darius, Kudüs'ü iki asır elinde tutan, Pers İmparatorluğu'nun gerçek kurucusudur. Yahudi rahiplerin kendi kendini yönetmelerine ve hatta Yahudiye paraları bastırmalarına izin vermiştir.

Büyük İskender'in erken ölümünün ardından iki Yunan ailesi İmparatorluğun kontrolü için rekabet etmeye başladı. I. Ptolemaios Soter (üstte solda) İskender'in naaşını kaçırdı, Mısır'da bir krallık kurdu ve Kudüs'e saldırdı. Ptolemaiosların hakimiyetinde geçen bir asrın ardından Selevkos rakipleri Kudüs'ü ele geçirdi. Güçsüz ama cafcaflı Kral IV Antiokus (üstte sağda) Tapınak'ı kirletti ve Museviliği ortadan kaldırmaya çalıştı, bunun üzerine Makkabili Yehuda (solda şık bir Ortaçağ kabartmasında gösterilmektedir) ayaklandı ve ailesinin kurmuş olduğu Yahudi krallığı Romalıların gelişine kadar ayakta kaldı.

Doğunun hakimi Romalı Marcus Antonius (altta sağda) yeni idareci Hirodes'i destekledi ama metresi son Ptolemaios kraliçesi Kleopatra (altta solda) Kudüs'ü kendisi için istedi.

Acımasız, cani ve zeki bir adam olan, yarı Yahudi yarı Arap, Büyük Hirodes Kudüs'ü ele geçirdi, Tapınak'ı yeniden inşa etti (burada bir modeli görülmektedir) ve şehri en ihtişamlı haline getirdi.

Üstte solda, üzerinde "Tapınağın banisi Simon" yazan bu kemik sandığı muhtemelen mimarının kemiklerini saklamaktadır. Üstte sağda, Tapınak'taki bu Yunanca kitabe Yahudi olmayanların iç avluya girmesinin cezasının ölüm olduğunu söylemektedir.

Tapınak Dağı'nın güney ve batı surlarının çoğu, mabet ve Duvar da dâhil olmak üzere, Herod'un eseridir. Aşılmaz güney doğu köşesi İsa'nın Şeytan tarafından yoldan çıkarıldığı Zirve'dir. Duvardaki ek izi (resmin en sağında belli belirsiz görülmektedir) soldaki Hirodes'in büyük taşları ile sağdaki daha eski ve küçük olan Makkabi taşlarının ayrıldığı yeri göstermektedir.

İsa'nın çarmıha gerilişi, bu tabloda van Eyck tarafından resmedilmiştir, statükoya yönelik bir mesih tehdidini ortadan kaldırmak için, Tapınak seçkinlerinin de desteklediği, Romalıların başvurduğu bir usuldür.

Büyük Hirodes'in oğlu Hirodes Antipas, Celile hâkimi, İsa'yla dalga geçmiş ama onu yargılamayı reddetmiştir.

Medeni ve maceracı bir adam olan Kral Hirodes Agrippa Roma tarihindeki en kudretli Yahudi'dir. Psikotik İmparator Caligula'yla olan arkadaşlığı Kudüs'ü kurtarmıştı ve daha sonra Claudius'un tahta çıkmasına yardım etmişti.

Dört yıllık bağımsızlığın ardından Titus (solda), yeni Roma İmparatoru Vespasianus'un oğlu, Kudüs'ü kuşattı. *Ortada*, şehir ve Tapınak şiddetli çatışmalarda harap olmuş: Arkeologlar yanan bir evde kalan bir kıza ait bir kolun kemiklerini ve Romalı askerlerin Hirodes'in Giriş Kapısı'nı yıkarlarken döktükleri Hirodes taşları yığınını buldular. *Altta*, Roma'daki onun zaferini kutlayan Titus anıtında şamdan, menorah, Makkabilerin simgesi, gösterilmektedir ve üzerinde "Judaea Capta" yazan bu para da zaferin anısına bastırılmıştır.

Solda, huzursuz, sinirli ve yetenekli İmparator Hadrian, Museviliği yasakladı ve Kudüs'ü bir Roma şehri, Aelia Capitolina, olarak yeniden kurdu. Bu durum Yahudilerin Şimon bar Kohba liderliğinde ayaklanmasına neden oldu (kendisi Tapınak'ın ihya edildiğini gösteren aşağıdaki parayı bastırmıştır).

Üstte, bu grafiti (Domine Ivimus "Tanrıya gideriz") 1978 yılında Kutsal Kabir Kilisesi'nin altında Ermeniler tarafından bulunmuştur. Muhtemelen M.S. 300'lü yıllara ait olan bu yazı acaba Hristiyan hacıların Hadrianus'un pagan tapınağının altında ibadet ettiklerini mi göstermektedir?

Sağda, Büyük Konstantin bir aziz değildi –karısını ve oğlunu öldürmüştü– ama Hristiyanlığı kabul etti ve annesi Helena'yı nezaret etmesi için gönderdiği Kutsal Kabri inşa ederek Kudüs'ü değiştirdi.

Antipa, Nebati Arap kralı IV. Aretas'ın kızıyla evlenmişti, Yahudiler ve Arap komşuları arasında barışın tesisi için kurulan bir ittifaktı bu. Küçük tahtında otuz yıl geçirdikten sonra orta yaşlı Antipa, kuzeni Hirodiya'ya âşık oldu. Hirodiya, Büyük Hirodes'in idam edilen oğlu Aristobulus'un kızıydı, üvey kardeşiyle evliydi ve Antipa'nın Arap karısını boşamasını istiyordu. Antipa büyük aptallık ederek bunu kabul etti ama Nebati prensesi sessiz sedasız gitmedi. Vaftizci Yahya kalabalıklara bu ikisinin o devrin Ahav ve İzebel'i olduklarını söyleyip durdu ve sonunda Antipa onu tutuklattı. Peygamber, Büyük Hirodes'in Ürdün'deki ve ölü denizden yedi yüz metre yükseklikte olan Machaerus Kalesi'ne hapsedildi. Bu zindanlarda ünlü bir mahkûm daha vardı: Antipa'nın Arap karısı.

Antipa doğum gününü, maiyetiyle birlikte, Hirodiya ve onun tetrark Filip'le evli olan kızı Salome'nin hazır bulunduğu bir ziyafet vererek kutladı. (Machaerus'un ziyafet salonunun parkelerinden bazıları bugün hâlâ sağlamdır – altındaki bazı zindanlar gibi). Salome "gelip dans etti ve Hirodes'i hoşnut etti," belki de yedi peçeli striptiz yapmıştı* ve öyle güzeldi ki Hirodes şöyle demişti: "Ne istersen söyle onu sana vereyim." Annesinin de kışkırtmasıyla Salome cevap verdi, "Vaftizci Yahya'nın kellesi." Çok geçmeden Yahya'nın kafası zindandan büyük bir tabak üzerinde getirildi ve "Salome'ye takdim edildi, o da Yahya'nın kafasını annesine verdi."

Tehlikede olduğunu anlayan İsa çöle kaçtı ama Kudüs'ü sıklıkla ziyaret etti – Kudüs, semavi dinlerden üçünün kurucusunun da sokaklarında yürüdüğü tek yerdir. Şehir ve Tapınak onun kendisine dair görüşünün merkezinde yer alıyordu. Bir Yahudinin yaşamı peygamberlerin hayatının öğrenilmesi, Emirler'e riayet edilmesi ve İsa'nın "Büyük Kralın Şehri" dediği Kudüs'e hacca gitmeyi esas alırdı. İsa'nın yaşamının ilk otuz yılını bilmiyor olsak da, Yahudi kutsal kitabını öğrendiği ve her şeyi kehanetlerini gerçekleştirmek için titizlikle yaptığı anlaşılmaktadır. Yahudi olduğu için Tapınak onun yaşamının da önemli bir parçasıydı ve Kudüs'ün akıbetinin ne olacağı onun için büyük önem taşıyordu. On iki yaşındayken ailesi Hamursuz Bayramı için onu Tapınak'a götürdü. Luka'ya göre geri dönerlerken anne

* Dansçı Salome kalpsiz kaprisi ve dişi günahkârlığı temsil eder ama Markos ve Matta İncillerinde onun adı geçmez. Josephus, Hirodiya'nın kızının adını başka bir bağlamda anar, ama basitçe ve herhangi bir yorumda bulunmadan Antipa'nın Yahya'nın idamını emrettiğini söyler. Yedi peçeli dans ise sonraki bir meseleydi. Hirodes sülalesinde pek çok Salome vardı (İsa'nın kız kardeşinin adı da Salome'ydi). Ama söz konusu dansçı muhtemelen, Trachonitis Tetrarkı Hirodes Filip'in karısıydı, kocasının ölümünden sonra ileride Küçük Ermenistan'ın kralı olacak diğer bir kuzenle evlenmişti: Dansçı sonunda kraliçe olmuştu. Nihayetinde Yahya'nın kesik başı Hristiyanların en mukaddes emanetlerinden biri haline geldi. Aslını barındırdığını iddia eden en az beş türbe bulunmaktadır: Şam'daki Emevi Camii'nde bulunan Yahya türbesi de Müslümanlar tarafından kutsal kabul edilmektedir.

babasının elinden kaçtı ve endişeyle geçen üç günün ardından "onu Tapınak'ta, ileri gelenlerin arasında oturmuş ve onları dinleyip soru sorar halde buldular." Şeytan onu baştan çıkarıp "Tapınak'ın tepesine çıkardı" Takipçilerine vazifesini anlatırken Kudüs'te ait olduğu yere gelebilmek için kaderinin gereğini yerine getirdiğini söyledi. "Bundan sonra İsa, kendisinin Yeruşalim'e gitmesi, ileri gelenler, başkâhinler ve din bilginlerinin elinden çok acı çekmesi, öldürülmesi ve üçüncü gün dirilmesi gerektiğini öğrencilerine anlatmaya başladı." Ama Kudüs bunun bedelini ödeyecekti: "Yeruşalim'in ordular tarafından kuşatıldığını görünce bilin ki, kentin yıkılacağı zaman yaklaşmıştır (...) Yeruşalim, öteki ulusların dönemleri tamamlanıncaya dek onların ayakları altında çiğnenecektir."

On iki havarisinin de desteğiyle (aralarında kardeşi Yakup da vardı) İsa tekrar Celile'de ortaya çıktı, güneye doğru ilerlerken "iyi haberler" dediği ve kendi üslubuyla, genelde kıssalarla süslediği vaazlarını vermeye devam etti. Ama mesaj doğrudan ve etkileyiciydi: "Tövbe edin: Tanrı'nın Krallığı kurulmak üzere." İsa arkasında yazılı bir eser bırakmadı ve öğretileri sonu gelmez şekilde incelendi ama dört İncil onun vazifesinin özünü, yani Kıyamet'in yakında olduğuna dair uyarısını göstermektedir – Kıyamet Günü ve Tanrı'nın Krallığı.

Bu ürkütücü, radikal bir kehanetti ve İsa'nın kendisi Mesih olarak bu kehanette merkezî bir rol oynuyordu, Yeşaya ve Daniel'e atfedilen bir söz şöyleydi: "İnsanoğlu meleklerini gönderecek, onlar da insanları günaha düşüren her şeyi, kötülük yapan herkesi O'nun egemenliğinden toplayıp kızgın fırına atacaklar. Orada ağlayış ve diş gıcırtısı olacaktır. Doğru kişiler o zaman Babaları'nın egemenliğinde güneş gibi parlayacaklar." İsa tüm insanlık bağlarının kopacağını öngörmüştü: "Kardeş kardeşi, baba oğlunu öldürecek ve çocuklar anne babalarına baş kaldıracak ve öldürülmelerine neden olacaklar (...) Dünyaya barış sağlamaya geldiğimi düşünmeyin: Barış değil kılıç getirmeye geldim."

Bu, sosyal ve milliyetçi bir devrim değildi: İsa'nın asıl endişesi Ahiret hakkındaydı: Sosyal adaletin bundan ziyade öteki dünyada sağlanacağından bahsediyordu. "Fakirlere rahmet olsun: Onların mekânı Tanrı'nın Krallığı'dır." Vergi toplayanlar ve fahişeler Tanrı'nın Krallığı'na rahipler ve asillerden daha önce gireceklerdi. İsa eski hükümlere rağbet edilmemesinin kıyamet alameti olduğunu söylüyordu: "Ölüler ölülerini gömsün." Dünya sona erdiğinde, "Mesih zafer tahtının üzerine oturacak" ve tüm milletler yargılanmak için onun huzurunda toplanacaklar. Orada kötüler "ebedi azapla" ve iyiler de "ebedi yaşamla" mükâfatlandırılacaklar.

Ama İsa büyük ölçüde Yahudi şeriatının dışına çıkmamaya özen gösteriyordu ve aslında tüm söyledikleri İncil'deki kehanetlerin yerine getirilmesiyle ilgiliydi. "Kanunu ya da peygamberleri ortadan kaldırmaya geldiğimi zannetmeyin: Yok etmeye değil tamamlamaya geldim." Ama Yahudi şeriatına sıkı sıkıya bağlılık yeterli değildi: "Sizin faziletiniz kâtipler ve Ferisilerinkini geçmedikçe Tanrı'nın Krallığı'na giremezsiniz." Yine de Roma İmparatoru ve Hirodes'e karşı çıkmak gibi bir hata yapmadı. Eğer vaazları Kıyamet ağırlıklı ise kutsiyetinin daha bariz bir delile ihtiyacı vardı: Şifacıydı, sakatları iyileştirir, ölüleri diriltir ve "çevresinde büyük kalabalıklar toplanırdı".

Yuhanna'ya göre İsa, son ziyaretinden önce Hamursuz Bayramı ve diğer bayramlar için en az üç kez Kudüs'e geldi ve ikisinde kaçmayı başardı. Mişkan'da vaaz verirken bazıları tarafından peygamber, bazıları tarafından da Mesih olarak kabul edildi – gerçi kibirli Yahudiler, "Mesih, Celile'den mi gelecek?" diye söyleniyorlardı. Yetkililerle münakaşa ettiğinde kalabalık kendisine meydan okudu: "Daha sonra ona atmak için taş topladılar ama İsa saklandı ve Tapınak'tan çıkıp onların arasına karıştı." Hanuka Bayramı'nda geri geldi ama "Baba ve ben biriz dediğinde Yahudiler tekrar onu taşa tuttular (...) ama kaçmayı başardı." Kudüs'e gelmenin ne demek olduğunu biliyordu.

Aynı tarihte Celile'de, Antipa, Machaerus'un zindanlarından babası, Nebati krallarının en zengini, el Hazne türbesi ve "gül kırmızısı" Petra kraliyet mezarını yaptıran IV. Aretas'ın sarayına kaçan Arap karısından kurtuldu. Bu hakarete köpüren Aretas, Antipa'nın prensliğini işgal etti. Hirodiya önce bir peygamberin ölümüne neden olmuş, sonra da sonunda Antipa'nın kaybedeceği bir Arap-Yahudi savaşının patlak vermesine yol açmıştı. Romalı müttefiklere kendi başlarına savaşa girme izni verilmemişti: Capri'deki İmparator Tiberius, Antipa'nın densizliğinden huzursuz olsa da onu destekledi.

İsa, Hirodes Antipa'nın da kulağına gelmişti. İnsanlar onun kim olduğunu merak ediyordu. Bazıları onun "Vaftizci Yahya, bazıları Elias ve diğerleri de herhangi bir kâhin" olduğunu zannederlerken havarisi Petrus onun Mesih olduğuna inanıyordu. İsa özellikle kadınlar arasında ünlüydü ve bunların bazıları da Hirodes sülalesindendi – Hirodes'in yardımcısının karısı onun takipçilerinden biriydi. Antipa bu adamın Vaftizci'yle olan bağlantısını biliyordu: "O, başını vurdurduğum Yahya'nın ta kendisi: Dirilip gelmiş." İsa'yı tutuklamakla tehdit etti ama İsa'ya yakın Ferisilerden bazıları onu, "Hemen git, yoksa Hirodes seni öldürecek," diye ikaz ettiler.

İsa gitmek yerine Hirodes'e meydan okudu. "Git ve o tilkiye deki ki," İsa iki gün daha şifa dağıtıp, vaaz vermeye devam edip üçüncü günde Yahudi bir Mesih'in kaderinde yazanı yerine getirebileceği tek yeri ziyaret edecek: "Bir peygamber Kudüs dışında ölmez." Tapınak'ı inşa eden kralın oğluna gönderdiği bu şiirsel mesaj, İsa'nın, akıbeti kötü olan bu şehre duyduğu sevgiyi gösteriyordu. "Ey Yeruşalim!

Peygamberleri öldüren, kendisine gönderilen peygamberleri taşlayan Yeruşalim! Tavuğun civcivlerini kanatları altına topladığı gibi ben de kaç kez senin çocuklarını toplamak istedim ama siz razı olmadınız. Bakın, eviniz ıssız bırakılacak!"[46]

NASIRALI İSA: KUDÜS'TE ÜÇ GÜN

M.S. 33 tarihindeki Hamursuz Bayramı'nda* İsa ve Hirodes Antipa aynı zamanda Kudüs'e geldi. İsa bir kalabalıkla birlikte, Tapınak'ın muhteşem manzarasının izlenebildiği Zeytin Dağı'ndaki Beytanya'ya gitti. Havarilerini bir katır getirmeleri için şehre gönderdi – eşeklerden biri değil de kralların dayanıklı bineği. Tek kaynağımız olan İncillerin her biri sonraki üç günde olanlara dair farklı şeyler anlatmaktadırlar. Matta "ama bütün bunlar[ın] peygamberlerin yazdıkları yerine gelsin diye oldu"ğunu söyler.

Mesih'in şehre bir katır üzerinde gireceği öngörülmüştü ve İsa yaklaşırken takipçileri önüne palmiye dalları serip onu "Davud'un oğlu" ya da "İsrail Kralı" olarak karşıladılar. Muhtemelen pek çok ziyaretçi gibi şehre Siloam Havuzu yakınındaki Güney Kapısı'ndan girdi ve daha sonra Robinson Kemeri'nin merdivenlerinden Tapınak'a çıktı. Şehre ilk kez gelen Celileli havarileri Tapınak'ın ihtişamıyla şaşkına dönmüşlerdi: "Efendimiz şu taştan yapılmış binaya bir bakın!" Tapınak'ı pek çok kez görmüş olan İsa cevap verdi, "Bu büyük binaları gördünüz mü? Yıkılmamış tek bir taşları dahi kalmayacak."

İsa, Kudüs'e duyduğu sevgi ve hüsranı dile getirdiği gibi başına gelecek felaketi de öngörmüştü. Tarihçiler bu kehanetlerin daha sonradan eklendiğini düşünmektedirler çünkü İnciller, Titus Tapınak'ı yıktıktan sonra yazılmıştır. Yine de Kudüs daha önce de yıkılıp yeniden inşa edilmiştir ve İsa'da popüler olan Tapınak karşıtı geleneğin temsilcisiydi.** İshak'ın söylediklerini tekrar ederek, "Tapınak'ı yıkın

---

* İsa'nın Kudüs'e ne zaman geldiği tam olarak bilinmiyor. Luka, İsa'nın vazifesinin M.S. 28-29 civarında Yahya tarafından vaftiz edilmesinin ardından otuz yaşları civarında başladığını söyleyerek ölümünün de M.S. 29-33 arasında olduğunu bildirir. Yuhanna onun vazifesinin bir yıl sürdüğünü söylerken, Matta, Markos ve Luka ise üç yıl sürdüğünü söylemektedir. İsa 30, 33 ya da 36 yılında öldürülmüş olabilir. Ama onun gerçekten yaşamış olduğu sadece İncillerle değil Vaftizci Yahya'yı da zikreden, Tacitus ve Josephus tarafından da doğrulanmaktadır. En azından İsa'nın Kudüs'e Hamursuz Bayramı'nda, Pilate'nin vali olarak gelişinden sonra (26) ve onun Tiberiun (37 yaşında ölmüştür) ile Antipa'nın (39'dan önce) saltanatı ve yüce rahip Caiaphas'ın görev yaptığı dönemde (18-36) ayrılışından önce (36) geldiğini biliyoruz: İsa muhtemelen 29-33 yılları arasında gelmiştir. Pilate'nin varlığı hem Josephus hem de İskenderiyeli Yahudi Philon hem de Kayserya'da bulunan bir duvar yazısı tarafından doğrulanmaktadır.

** Esseniler gibi gruplar muhtemelen Makkabiler tarafından desteklenen sofu Hasidiklerin torunlarıydılar. Josephus onların M.S. ilk yüzyıldaki üç Musevi mezhebinden biri olduklarını söylemişti ama 1947-56 yılları arasında Kumran'daki on bir mağarada bulunan, Ölü Deniz Parşömenleri'nden daha fazlasını ve ben size insan eliyle yapılmamış yeni bir tane inşa edeyim," diye de ekledi. İkisi de somut şehrin ötesinde semavi ve dünyayı titretecek kudrete sahip olan bir Kudüs görüyordu ama yine de İsa, Tapınak'ı üç gün içerisinde yeni baştan inşa edeceğine söz vermişti, belki de sadece Kutsal Ev'in değil de şehrin de nasıl yoldan çıktığını göstermek istiyordu.

İsa gün boyunca Tapınak'ın kuzeyindeki Bethesda Havuzu'nda ve güneyindeki Siloam Havuzu'nda hastalara şifa dağıttı, ikisi de Tapınak'a girmeden önce kendilerini arındırmaya çalışan hacılarla doluydu. Gece arkadaşının Beytanya'daki evine döndü. Pazartesi sabahı tekrar şehre girdi ama bu sefer Tapınak'ın Kraliyet Portikosu'na ulaştı.

Hamursuz Bayramı Kudüs'ün en kalabalık ve tehlikeli olduğu zamandı. İktidarın kaynağı para, mevki ve Roma'yla olan ilişkilere bağlıydı. Fakat Yahudiler, Romalıların askerî güç ya da servete verdiği önemi takdir etmiyorlardı. Kudüs'te saygının kaynağı aile (Tapınak ileri gelenleri ve Hirodes sülalesi), eğitim (Ferisi hocalar) ve ilahi vahiy kartının doğru kullanılmasına bağlıydı. Şehrin ileri gelenleri Tapınak'ın karşısındaki vadiye kurulan Yukarı Şehir'de, Yahudi özellikleri de taşıyan Greko-Romen malikânelerde yaşarlardı: Bu bölgede yapılan Saray Misafirhanesi'nde çok sayıda kabul odası ve *mikve** bulunuyordu. Antipa ve Başrahip Kayafa'nın sarayı da oradaydı. Ama Kudüs'ün gerçek hâkimi Roma valisi olan ve genelde kıyıdaki Kayserya'da yaşayan ama her Hamursuz Bayramı'nda mutlaka Kudüs'e gelip Hirodes'in kalesinde kalan Pontius Pilatus idi.

Antipa, Kudüs'teki tek soylu Yahudi değildi. Coğrafi olarak bugünkü Kuzey Irak'ta yer alan küçük bir krallık olan Adiabene'nin** kraliçesi Helena Musevi olup

---

öğrenmiş bulunuyoruz. Bu belgeler içerisinde İncillerin erken dönem İbrani versiyonlarından bazıları bulunmaktadır. Hristiyan ve Yahudiler uzun zamandan beridir Septuagint İncili (kaybolan İbranice aslından, M.Ö. 3-1 asırlar arasında, Yunancaya çevrilmiş ve Eski Ahit'in temelini teşkil etmiştir) ve İbrani İncili'nin günümüze ulaşan ilk örnekleri (M.S. yedinci, onuncu ya da on birinci asrın başlarına ait, Masoretik) arasındaki farklılıkları tartışıp durmaktadırlar. Halep Kitabı en eski Masoretik belgedir ama eksiktir; 1008 tarihli St. Petersburg Kitabı en eski bütün metindir. Parşömenler farklılıkları ortaya çıkarsa da Masoretik'in büyük ölçüde doğru olduğunu göstermektedir. Diğer yandan Parşömenler İsa'nın yaşadığı tarihe kadar olan dönemde ortalıkta çok sayıda İncilin dolaştığını da ispat etmektedir. Esseniler Yeremya ve Daniel'in kıyamet merkezli görüşlerini geliştiren içe kapanık Yahudilerdir ve dünyayı hayır ile şer arasındaki ve sonu savaş ve kıyametle sona erecek bir mücadele olarak görmektedirler. Liderleri mistik, "Hakkın Öğretmeni"dir; düşmanları "Habis Rahip"tir – Makkabilerden biri. Hristiyanlığın ortaya çıkışı hakkında pek çok uçuk teorileri vardır ama bizler sadece Vaftizci Yahya'nın çölde bu Yahudilerle birlikte yaşamış olabileceğini ve İsa'nın da onların Tapınak'a karşı olan husumetleri ve kıyametle ilgili senaryolarından etkilenmiş olabileceğini söyleyebiliriz.

* Minyatür havuz. (yay. n.)

** Bu Irak krallığı sonraki asra kadar Yahudilerin elinde kaldı. Kraliçe Helena ve oğulları eski Kudüs şehrinin dışındaki üç piramide defnedilmişlerdir; işlemeli Kralın Kabri günümüze kadar gelmiştir,

Kudüs'e taşınmış, Davud'un şehrinde bir saray inşa ettirmiş, Tapınak kapısının üzerine yerleştirilen altın bir şamdan bağışlamış ve hasat kötü geçtiğinde yiyecek alabilmeleri için para ödemişti. Kraliçe Helena da orada Hamursuz Bayramı için bulunuyordu, muhtemelen kısa süre önce Kudüs'te bulunan mücevherleri takıyordu: her ikiside altınla çevrili olan iki zümrüt küpe ve yine altına nakşedilmiş büyük bir inci.

Josephus'a göre iki buçuk milyon Yahudi, Hamursuz Bayramı için şehre gelmişti. Bu abartılı bir tahmindi ama Part ve Babil'den, Girit ve Libya'ya kadar "her bölgeden" Yahudiler gelmişti. Bu kalabalığın nasıl bir şey olduğu ancak hac sırasında Mekke'ye gidilerek anlaşılabilir. Hamursuz Bayramı'nda her aile bir koyun kurban etmek zorunda olduğu için şehir koyun seslerinden geçilmiyordu – 255.600 koyun kurban edilmişti. Yapılacak çok şey vardı: Hacılar Tapınak'a girmeden ve Royal Portiko'da kurban edecekleri koyunu almadan önce her seferinde *mikve*lere girmek zorundaydılar. Herkes şehirde kalamazdı. İsa gibi binlercesi çevredeki köylerde kalmış ya da surların etrafında kamp kurmuşlardı. Pişen et ve tütsü kokusu ortalığı sardığında –ve borazanlar çalıp ibadet ve kurban zamanlarını duyururken– herkesin dikkati, Antonia Kalesi'ndeki Roma askerleri tarafından gergin bir şekilde izlenen Tapınak'a çevrildi.

İsa yüksek ve sütunlu, rengârenk, cıvıl cıvıl, hacıların işlerini halletmek, kurbanlık –koyun, güvercin ya da zenginler için öküz– alabilmek için paralarını sarraflardan Sur gümüşüyle değiştirdikleri ve arkadaşlarıyla görüştükleri Kraliyet Portikosu'nda yürüyordu. Burası ne Tapınak'tı ne de Tapınak'ın iç avlularından biriydi ama tüm kompleksin halk tarafından en rahat kullanılabilen bölümüydü ve bir forum gibi iş görecek şekilde tasarlanmıştı. İsa, "Onun adıyla anılan bu ev bir hırsız yatağı haline mi gelmiş?" dedi ve bir yandan Yeremya, Zekeriya ve Yeşaya'nın kıssalarını söylerken bir yandan da sarrafların masalarını devirdi. Bu yaptıkları dikkat çekse de Tapınak muhafızları ya da Roma askerlerinin ilgisini çekecek seviyede değildi.

İsa, Beytanya'da bir gece daha geçirdikten sonra kaldığı yerden devam etmek için Tapınak'a geri döndü.* İncil Ferisileri İsa'nın düşmanı olarak göstermektedir

Amerikan Kolonisi Otel'in yanından geçen Nablus yolu üzerindeki Şam Kapısı'nın güneyindedir. On dokuzuncu yüzyılda bölgede kazı yapan bir Fransız arkeolog bu kabrin Kral Davud'a ait olduğunu ilan etti. Adiabene Yahudilerin elindeki bölgedeki tek yer değildi; Partlara başkaldıran iki Yahudi asi olan Asinaeus ve Anilaeus'un, Babil civarında kurduğu bağımsız Yahudi devleti yüz elli yıl kadar ayakta kalmıştı.

* Altın Kapı, İsa'nın Tapınak'a girmek için kullandığı kapıdır ve Yahudi, Hristiyan ve İslam inancına göre de Mesih, Kudüs'e o kapıdan girecektir. Ama İsa şehre böyle girmemişti: O kapı 600 yıl sonra yapılacaktı ve yakındaki Doğu Kapısı'ndan da halkın geçmesine izin verilmezdi ve nadiren yüce rahip

ama bu muhtemelen İncil'in yazılmasından elli yıl sonraki durumu yansıtmaktadır. Ferisiler daha esnek ve popülist bir gruptu ve bazı öğretileri de İsa'nınkilere yakındı. Onun asıl düşmanı Tapınak asilzadeleriydi. Hirodesliler Roma'ya vergi ödeme konusunda meydan okuduklarında İsa, "Sezar'ın hakkını Sezar'a, Tanrı'nın hakkını Tanrı'ya verin," dedi.

Henüz Mesih olduğunu iddia etmiyor, Yahudilerin tek tanrıya ibadeti olan Şema'nın önemini vurguluyor ve halkını seviyordu: Tipik bir Yahudi'ydi. Ama daha sonra coşkulu kalabalıkları Kıyamet'in an meselesi olduğu ve bunun da Kudüs'te gerçekleşeceği yönünde ikaz etmeye başladı. "Tanrı'nın Krallığı'ndan uzak değilsiniz." Yahudilerin Mesih'in gelişiyle ilgili farklı görüşleri olsa da çoğu Tanrı'nın dünyanın ucuna yerleşeceği ve bunun ardından Kudüs'te Mesih'in krallığının kurulacağı konusunda hemfikirdiler: "Azizleri çağırmak için Siyon'da borazanlar çal," diyordu Süleyman'ın Mezmurları, "İsrail'in Tanrısı'nın merhametli olduğu yönündeki güzel haberleri getirecek olan kişiyi Kudüs'e müjdeleyin." Ardından havarileri ona sordular: "Bize senin gelişinin ve dünyanın sonunun alametlerinin ne olduğunu söyle. Gözünüzü açık tutun çünkü Tanrı'nın vaadinin ne zaman gerçekleşeceğini bilemezsiniz," diye cevap verdi ama daha sonra Kıyamet'in gelişinden bahsetti. "Milletler milletlerle, krallıklar krallıklarla savaşacak ve kıtlık, salgın ve depremler olacak" ve ardından, "Mesih bulutların içerisinden tüm kudreti ve ihtişamıyla gelecek." İsa'nın bu söyledikleri Roma valisi ve yüce rahibin paçalarını tutuşturmuş olmalıydı çünkü onların Kıyamet gününde merhamet bulamayacaklarını söylüyordu. "Siz yılanlar, siz yılan soyları, cehennemin azabından nasıl kaçacaksınız?"

Hamursuz Bayramı'nda Kudüs hep gergin olurdu ama yetkililer her zamankinden daha gergindiler. Markos ve Luka ihmal edilen birkaç ayette Kudüs'te bir tür Celile isyanı olduğunu belirtmekte ve bu isyanı bastıran Pilatus'un Tapınak'ın güneyindeki "Siloam Burcu" civarında on sekiz Celileliyi öldürdüğünü söylemektedir. Hayatta kalan asilerden biri olan ve İsa'nın kısa süre sonra karşılaşacağı Barabbas "bu ayaklanma sırasında birini öldürmüştü". Yüce rahip bir Celilelinin daha, an meselesi Kıyamet'te kendisinin helak olacağına dair şeyler söylemesi ihtimalini şansa bırakmadı: Kayafa ve itibarlı eski başrahip Annas ne yapmaları gerektiğini tartıştılar. Yuhanna'nın İncili'nde yazdığına göre "onların gözünde

tarafından kullanılırdı. Diğer bir Hristiyan geleneği de İsa'nın, diğer taraftaki ve bugün muhtemelen batıdaki Bab al-Silsila'ya yakın olan (Zincir Kapısı), Güzel Kapı'dan girdiğini söylemektedir. Bu daha yüksek ihtimaldir ve üstelik Güzel Kapı, İsa öldükten sonra Petrus ve Yuhanna'nın mucize sergiledikleri yerdir. Altın Kapı ismi Güzel Kapı ismiyle karışmış olabilir çünkü Latincede altın (*aurea*) ve Yunanca'da güzel (*oreia*) kelimeleri birbirine yakındır. Kudüs'ün kutsiyeti bu tür yanlış anlamalarla dopdoludur ve aynı bölgeye mukaddesatını daha da artırmak için sayısız efsane izafe edilmiştir.

bir milletin tamamının mahvına mani olmak için bir kişinin öldürülmesi daha doğruydu." Planlarını yaptılar.

Ertesi gün İsa, Kudüs'ün batı tepesindeki (ileride Siyon Dağı olarak bilinecek) Yukarı Odada –Cenacle ya da Coenaculum– Hamursuz Bayramı için hazırlandı. Akşam yemeğinde İsa havarisi Yehuda İşkaryot'un kendisine otuz gümüş para için ihanet edeceğini bir şekilde öğrendi ama Kidron Vadisi'nin karşısındaki Getsemani Bahçesi'ndeki zeytin ağaçlarının gölgesinden Tapınak'a yürüme fikrinden vazgeçmedi. Yehuda kaçtı. İsa'ya ilkeleri yüzünden mi –çok mu radikaldi yoksa yeterince değil miydi– ya da kıskançlık ya da açgözlülük yüzünden mi ihanet edip etmediğini bilmiyoruz.

Yehuda başrahipler, Tapınak muhafızları ve Romalı askerlerle geri döndü. İsa'yı karanlıkta kolayca tanıyamadılar, o yüzden Yehuda kendisini öperek kimliğini ifşa etti ve parasını aldı. Meşalelerin ışığı altındaki bir karmaşada havariler kılıçlarını çektiler, Petrus yüce rahibin adamlarından birinin kulağını kesti. Kulağa çok tuhaf gelse de isimsiz bir çocuk çırılçıplak gecenin karanlığında kaçarak kayboldu ve bunun doğru olması muhtemeldi. İsa tutuklandı ve onu uzaktan takip eden ikisi dışındaki Havarileri dağıldılar.

Artık neredeyse gece yarısı olmuştu. Romalı askerlerin nezaretindeki İsa güney suru boyunca yürütülerek Siloam Kapısı'ndan şehrin önde gelen isimlerinden biri olan Annas'ın Yukarı Şehir'deki sarayına getirildi.* Kudüs, Annas'ın elindeydi ve Tapınak aileleri ağının katı ve ahlaksız yapısının vücut bulmuş hali gibiydi. Kendisi eski başrahipti şimdiki beceriksiz Kafaya'nın kayınpederiydi ve ileride en az beş oğlu yüce rahip olacaktı. Fakat o ve Kafaya çoğu Yahudi tarafından rüşvetçi ve despot işbirlikçiler olarak görülürdü. Bir Yahudi belgesine göre, hizmetçilerini "asayla dövdükleri" için onlardan şikâyet edilmişti. Adaletletleri paranın dediği olur şeklindeki çürümüş bir anlayıştı. Diğer tarafta İsa halkın dertlerine tercüman

---

* Bu hikâyedeki her olay Kudüs coğrafyasını kendisine göre anlatmaktadır ama bahsedilen yerlerin çoğu hatalıdır. Siyon Dağı'ndaki Üst Oda (Cenacle) Son Akşam Yemeği'nin geleneksel mekânı olarak kabul edilir; gerçek mekân belki de Siloam Havuzu civarındaki ucuz evlere daha yakındı çünkü Markos "oraya bir kap su taşıyan bir adamdan" bahseder. Son Akşam Yemeği geleneği elli yıl kadar sonra şekil almış ve Haçlı Seferleri sırasında daha da önem kazanmıştı. Daha güçlü bir gelenek ise buranın İsa'nın ölümünden sonra Kutsal Ruh'un Pentekost Havarileri üzerine indiği yer olduğunu söylemektedir: Burası kesinlikle en eski Hristiyan sunaklarından birisidir. Kutsallığı öyle bulaşıcıdır ki daha sonra Yahudi ve Müslümanlar da oraya hürmet etmeye başlamışlardır. Annas'ın konağının yeri ise Ermeni Mahallesi'ndeki Kutsal Başmelekler Kilisesi'nin altıdır. Üzerinde Aramice "Kafaya Hanesine aittir" yazılı taş bir ağırlık Kudüs'te ortaya çıkarılmış ve 1990 yılında inşaatçılar içinde kemiklerin olduğu, üzerinde "Kafaya oğlu Yusuf" yazan mühürlü tabut bulmuşlardır – dolayısıyla bu kemikler muhtemelen başrahibin kemikleriydi. Zeytin ağaçlarının bulunduğu Getsemani Bahçesi'nin yerinin ise doğru olduğu düşünülmektedir.

olmuş ve Sanhedrinler* arasında bile taraftar toplayabilmişti. O nedenle bu popüler ve korkusuz vaizin mahkemesinin gece yapılmasına karar verildi.

Gece yarısından bir süre sonra muhafızlar avluda bir ateş yaktılar (ve İsa'nın havarisi Petrus üç kez efendisini tanıdığını inkâr etti), Annas ve damadı sadık Sanhedrin üyelerini toplantıya çağırdı – ama üyelerin tamamı, özellikle İsa'nın bir hayranı olan ve tutuklanmasını da asla onaylamayan Arimathealı Yusuf mahkemeye gelmemişti. İsa, yüce rahip tarafından çapraz sorguya çekildi: Tapınak'ı yıkıp üç gün içinde tekrar yapmakla tehdit etmiş miydi? Mesih olduğunu iddia etmiş miydi? İsa bir şey söylemedi ama sonunda "Ve sizler, İnsanoğlu'nun Kudretli Olan'ın sağında oturduğunu ve göğün bulutlarıyla geldiğini göreceksiniz," dedi.

"Bu küfürdür," dedi Kafaya.

Geç saate rağmen orada toplanmış olan kalabalık, "cezası ölümdür," diye karşılık verdi. İsa'nın gözleri bağlandı ve infazın gerçekleşeceği şafak vaktine kadar avluda kendisiyle dalga geçildi. Pilatus bekliyordu.[47]

PONTIUS PILATUS: İSA'NIN YARGILANMASI

Roma valisi yanında muhafızlarıyla ve gergin kalabalığın önünde Praetorium'da (vali konağı) bir mahkeme ve günümüzde Yafa Kapısı yakınlarındaki Roma karargâhının kurulduğu yer olan Hirodes Hisarı'nın dışında bir platform kurdurdu. Pontius Pilatus saldırgan ve merhametsiz bir despottu. Kudüs'ten nefret ederdi ve "rüşvetçilik, baskı, hırsızlık, görevi kötüye kullanma, zalimlik ve idamlarıyla" tanınırdı. Hirodes sülalesinden bir prens bile onu "çabuk sinirlenen intikamcı biri" olarak tarif etmişti.

Askerlerinin imparatorun suretini taşıyan kalkanlarını göstere göstere Kudüs'e girmesini emrederek Yahudileri zaten çok öfkelendirmişti. Hirodes Antipa delegelere öncülük ederek askerlerin şehirden çıkarılmasını talep etti. "Taviz vermez ve zalim" biri olan Pilatus bu talebi reddetti. Yahudi itirazları artınca muhafızlarını saldı ama delegeler yere yatıp boyunlarını sundular. Pilatus bunun üzerine tahrik edici resimleri kaldırttı. Daha yeni "kanlarını kurbanlarının kanına kattığı" Celilelileri öldürtmüştü.[48]

"Sen Yahudilerin kralı mısın?" diye sordu Pilatus, İsa'ya. Nihayetinde Kudüs'e girdiğinde taraftarları onun kral olduğunu iddia etmişlerdi. Ancak İsa, "Bunu diyen sensin," dedi ve başka bir şey de söylemedi. Ama Pilatus onun bir Celileli

* M.Ö. 165'ten psikoposluğun bitimi olan M.S. 425'e kadar Romalı Filistin'de çalışan Yahudi Konseyi. İncil'in birçok kitabında İsa'nın çarmıha gerilmesiyle ve Petrus ile Yahya Peygamber hakkında hüküm verilmesiyle ilişkisi olduğu belirtilmiştir. (yay. n.)

olduğunu öğrenmişti. "Hirodes'in yetki alanındaki biri olduğunu öğrenir öğrenmez" Pilatus, mahkûmunu Celile yöneticisi ve İsa'ya özel bir ilgisi olan Hirodes Antipa'ya gönderdi. Antipa'nın sarayına varmaları uzun sürmedi. Luka'nın dediğine göre Hirodes Antipa "çok memnun olmuştu", çünkü ne zamandır Vaftizci Yahya'nın vârisiyle görüşmek ve "onun kendisi için bir mucize gerçekleştirmesini" istiyordu. Ama İsa, Yahya'nın katili bu "tilkiden" nefret ediyordu ve onunla konuşmaya bile tenezzül etmedi.

Antipa, İsa'yı rahat bırakmadı, ondan numaralarını göstermesini istedi, ona bir kraliyet cübbesi verip "kral" diye hitap etti. Tetrark, Vaftizci Yahya'nın vârisini kurtarmaya pek hevesli değildi ama onunla konuşabildiğine memnun olmuştu. Pilatus ve Antipa uzun süredir düşmandılar ama şimdi "dost olmuşlardı." Nihayetinde İsa, Roma'nın sorunuydu. Hirodes Antipa onu Praetorium'a geri gönderdi. Orada Pilatus, İsa'yı, hırsızlıkla itham edilen iki kişiyi ve Barabbas'ı yargıladı ve Markos İncili'ne göre "onunla birlikte başkaldıran kişilerde onunla birlikte bağlanmıştı." Buradan da, belki bu iki hırsızın da dâhil olduğu, bir avuç asinin de İsa'yla birlikte yargılandığı anlaşılmaktadır.

Pilatus bu mahkûmlardan birini serbest bırakacakmış gibi yaptı. Kalabalıktan bazıları Barabbas'ın lehine konuştu. İncillere göre Barabbas serbest bırakıldı. Ama bu hikâye pek makûl değildir: Romalılar asileri genelde idam ederlerdi. Matta'nın dediğine göre Pilatus, "su alıp, kalabalığın önünde ellerini yıkayıp, 'Bu adamın kanından ben sorumlu değilim. Bu işe siz bakın,'" dediği halde İsa çarmıh cezasına çarptırıldı.

Bunun üzerine kalabalık, "O'nun kanının sorumluluğu bizim ve çocuklarımızın üzerinde olsun," diye karşılık verdi.

Yapmacıklıktan uzak, gaddar ve dik başlı bir adam olan Pilatus kan dökmeden önce hiç elini yıkama ihtiyacı hissetmemişti. Yahudilerle yaşadığı önceki sorunlarında askerlerini sivil kılığında sakin Kudüs halkının arasına göndermişti; Pilatus'un bir işaretiyle askerler kılıçlarını çekip insanları öldürerek asileri dağıtmıştı. Hâlihazırda bir hafta önce Barabbas ayaklanmasıyla uğraşmış olan Pilatus, Hirodes'in ölümünden beri Yahudiye'de bir veba gibi yayılan, yeni bir kralın ya da sahte bir peygamberin ortaya çıkacak olması fikrinden hiç haz etmiyordu. İsa tehlikeli olduğu kadar popüler de birisiydi. Yıllar sonra kendisi bir Feriseli olan Yusuf bile İsa'yı bilge bir öğretmen olarak tasvir edecekti.

Bu nedenle bu idamla ilgili geleneksel anlatılar hiç de mantıklı görünmemektedir. İnciller rahiplerin ölüm emrini verecek yetkiye sahip olmadıklarında ısrar ettiklerini söylemektedirler ama bu pek de doğru değildir. Yusuf, yüce rahibin "ihtilafa düşüldüğünde hüküm verip suçluları da cezalandırdığından" bahseder. 70

yılında, Tapınak'ın yıkılmasının ardından yazılan ve derlenen İnciller Yahudileri suçlayıp İmparatorluk'a olan bağlılıklarını göstermek için Romalıları aklamaktadır. Ama İsa'ya yönelik suçlamalar ve ona verilen ceza bize gerçeği söylemektedir: Bu, Roma'nın işiydi.

Çoğu çarmıh kurbanı gibi İsa'da ucunda kemik ya da metal olan deri kırbaçlarla dövülmüştü, bu işkence bile çoğu zaman mahkûmu öldürmeye yeterdi. İsa, çoğu Yunan ve Suriyeli olan Romalı askerlerin hazırladığı "YAHUDİLERİN KRALI" yazan bir yaftayı taşıyarak ve kırbaçlandığı için kan revan içinde infaz için götürüldü; tarih muhtemelen 3 Nisan (Yahudi Takvimi'ne göre 14 Nisan) 33, Cuma günüydü. Diğer iki kurbanla birlikte kendi çarmıhını taşıyarak Hisar'ın zindanından çıkıp Yukarı Şehir'in sokakları boyunca yürüdü. Takipçileri, Kireneli Şimon adında birini çarmıhını taşımasına yardım etmesi için ikna ederken kadın hayranları da ağladılar. İsa, "Kudüs'ün kızları," dedi, "benim için değil kendiniz ve çocuklarınız için ağlayın, çünkü Kıyamet çok yakın."

İsa, Kudüs'ten son kez çıktı, Getsemani (Bahçe) Kapısı'ndan sola dönüp bahçelerin, kayalara oyulmuş mezarların ve Kudüs'ün idam tepesi olan ve yerinde bir deyişle Kafatası Tepesi –Golgota* – olarak adlandırılan yere doğru gitmeye başladı.

İSA MESİH: ÇİLE

Dostları ve düşmanlarından oluşan bir kalabalık İsa'nın peşinden hem bu kargaşayı hem de her zaman etkileyici bir görüntü olan idamı izlemek için şehrin dışına çıktılar. Dik duran kolonun kendisini beklediği infaz yerine vardıklarında güneş tepeye yükselmişti, ondan önce kullanılmıştı ve ondan sonra da kullanılacaktı. Askerler âdet olduğu üzere İsa'ya sinirlerini gevşetmesi için şarap ve mürrüsafi teklif ettiler ama o reddetti. Ardından haça bağlanıp kazıktan yukarı çekildi.

Yusuf çarmıha gerilmenin "en korkunç ölüm,"** olduğunu söyler ve mahkûmu halk önünde küçük düşürmek için tasarlanmıştır. Bu yüzden Pilatus, İsa'nın taşıdığı

---

* Bu geleneksel yol, *Via Dolorosa*'dakinden (Acılar Yolu) tümüyle farklı bir yoldur. Yusuf'un zikrettiği Getsemani Kapısı İsrailli arkeolog Nahman Avigad tarafından Yahudi mahallesinin kuzeyindeki İlk Sur'un bir bölümünde tespit edilmiştir. Müslümanlar döneminde Hristiyanlar hatalı olarak Antonia Kalesi'nin, Pilatus'un kararlarını verdiği Praetorium olduğunu zannetmişlerdi. Orta Çağ'da Fransisken keşişler *Via Dolorosa* boyunca, Antonia mevkiinden Kutsal Kabir Kilisesi'ne kadar uzanan yol üzerinde geleneksel Haç Durakları'nı tesis ettiler – ancak bu rotanın yanlış olduğu hemen hemen kesindir. Golgota, Aramice "kafatası" sözcüğünden gelmektedir, *Calvary* ise Latince "kafatası" (*calva*) sözcüğünden türemiştir.

** Aslında genç Jül Sezar M.Ö. 74 yılında korsanlar tarafından ele geçirilmişti. Fidyeyle serbest bırakıldıktan sonra geri dönüp hepsini çarmıha gerdi. Ama nezaket gereği bunu elinden geldiğince insani şekilde yapmaya özen gösterdi: Korsanları çarmıha gerdirmeden *önce* merhamet gösterip boğazlarını kestirdi.

"YAHUDİLERİN KRALI" yaftasının çarmıhına çakılmasını emretti. Kurbanlar çarmıha ya bağlanır ya da çivilenirdi. Kurbanın kan kaybı yüzünden ölmemesine dikkat edilirdi. Çiviler genelde kolların ön kısımlarına –avuçlara değil– ve ayak bileklerine çakılırdı: Kudüs'ün kuzeyindeki bir mezarda bulunan çarmıha gerilmiş bir Yahudinin cesedinin ayak bileğinde 12 santimlik çivi hâlâ durmaktadır. Çarmıh kurbanlarının çivileri Yahudiler ve asiller tarafından hastalıkları uzak tutmak için muska olarak boyna asılırdı, yani daha sonradan ortaya çıkan çarmıha gerilme röliklerine yönelik Hristiyan fetişi aslında geçmişi olan bir geleneğin ürünüydü. Kurbanlar genelde çarmıha çıplak gerilirdi – erkeklerin yüzleri kadınların sırtları dönük olurdu.

Cellâtlar acıyı uzatma ya da hemen sona erdirme konusunda da mahirdiler. Amaç İsa'yı hemen öldürmek değil Roma'ya başkaldırmanın beyhudeliğini herkese göstermekti. Muhtemelen Hristiyan sanatında gösterildiği gibi çarmıha kolları açık halde çivilendi, kalçasının altından küçük bir çıkıntı (*sedile*) ve ayaklarının altından da bir kaideyle (*suppedaneum*) destekleniyordu. Bu desteklerle saatlerce ve hatta günlerce hayatta kalabilirdi. Ölümü hızlandırmanın en basit yolu bacakları kırmaktı. Bunun üzerine kollar tüm vücudu taşımak zorunda kalır ve kurban nefessizlikten on dakika içerisinde ölürdü.

Saatler geçti, düşmanları İsa'yla alay etti, gelip geçenler onu yuhaladı. Arkadaşı Mecdelli Meryem sürekli İsa'nın annesi Meryem ile adı bilinmeyen ve İsa'nın "çok sevdiği havarisinin", muhtemelen kardeşi Yakup'tu, yanındaydı. Destekçisi Aramatyalı Yusuf da onu ziyaret etti. Güneş en tepeye yükseldi ve batmaya başladı. "Susadım," dedi İsa. Kadın müritleri sirke ve zufaotuna sünger batırıp süngeri emebilsin diye bir kamışın üzerinde ağzına doğru kaldırdılar. İsa kimi zaman umudunu kaybetti: Mezmurlar'ın 22. ayetini tekrar ederek, "Tanrım, Tanrım, neden beni terk ettin?" diye seslendi. Acaba İsa terk etmekle neyi kastediyordu? İsa, Tanrı'nın, Kıyamet'i koparacağını mı zannediyordu?

Gittikçe bitap düşerken annesini gördü, "Oğlunu sev," dedi ve havarisinden ona göz kulak olmasını istedi. İsa'nın, Meryem'e refakat etmesini istediği kişinin kardeşi olması mantıklı görünmektedir. Kalabalık dağılmaya başladı. Gece çöktü.

Çarmıha germenin kaynağı Doğu'dur –Büyük Darius, Babilli asileri çarmıha gerdirmişti– bu uygulama daha sonra Yunanlılar tarafından tatbik edilmiştir. Büyük İskender Sur şehri sakinlerini, Antiokhos Epifanes ile Yahudi kralı Alexander Yanay asi Kudüslüleri ve Kartacalılar da emirlere itaat etmeyen generalleri çarmıha gerdirmişlerdir. M.Ö. 71'de Roma'nın Spartaküs köle isyanını bastırmasının sonucu toplu halde çarmıha germe gerçekleşmişti. Çarmıh için gereken odunun modern İsrail'deki Knesset yakınlarındaki on birinci asra ait Haç Manastırı civarından getirildiği söylenir. Manastır uzun süreden beridir Gregoryan Ortodokslarının Kudüs'teki merkezi olarak kullanılmaktadır.

Çarmıha gerilmek sıcak, açlık, havasızlık, şok ve susuzluktan yavaş yavaş ölmek demekti ve İsa'nın muhtemelen kırbaçlandığı için kanaması da vardı. Birden iç çekti. "Bitti," dedi ve bayıldı. Kudüs'teki gerginlik ve Sebt Günü ile Hamursuz Bayramı'nın başlamak üzere olduğu dikkate alınırsa Pilatus cellâtlara işleri hızlandırmalarını emretmiş olmalıydı. Askerler iki hırsız ya da asinin bacaklarını kırarak havasızlıktan boğulmalarına izin verdiler ama İsa zaten ölmüş gibi görünüyordu ve "askerlerden biri mızrağının ucuyla böğrünü deldi ve oradan kan ve su aktı." Onu asıl öldüren bu mızrak olmalıydı.

Aramatyalı Yusuf, Pilatus'tan cesedi alabilmek için Praetorium'a koştu. Kurbanlar genelde çarmıh üzerinde çürümeye ve akbabalara terk edilirdi ama Yahudiler cesedi gömmenin gerektiğine inanırdı. Pilatus kabul etti.

İlk asırda Yahudi ölüleri toprağa gömülmez bir kefenle taş bir mezarın içine yatırılırdı, böylece aile üyeleri sürekli olarak kontrol edip gerçekten ölüp ölmediğini kontrol ederlerdi: Nadiren olan bir şeydi ama "ölülerin" ertesi sabah dirilmesi olmamış şey değildi. Cesetler bir yıl kadar çürümeleri için bırakılır, ardından kemikleri bir kutunun içine konur, o kutu da dışında meftanın ismi kazınmış olan bir kaya mezara yerleştirilirdi.

Yusuf ve İsa'nın ailesi ile takipçileri cesedi aşağı indirdi ve yakındaki bir bahçede, İsa'nın bedenini koyacakları, kullanılmamış bir mezar buldular. İsa'nın cesedi pahalı baharatlarla ovuldu ve kefene sarıldı – şehir surlarının güneyinde, Kan Tarlası'ndaki bir mezarda, üzerinde hâlâ bir tutam saç olan birinci yüzyıla ait kefen bulunmuştur (ama bu, 1260 ila 1390 yıllarına ait olduğu düşünülen, ünlü Turin Kefeni'nden farklıdır). Hem İsa'nın çarmıha gerildiği bölgeyi hem de söz konusu mezarı içine alan günümüzdeki Kutsal Kabir Kilisesi'nin, yerli Hristiyanlar bu geleneği sonraki üç asır boyunca burada devam ettirdikleri için özgün bir mekân olması muhtemeldir. Pilatus, Kayafa'nın dileği üzerine İsa'nın mezarı etrafına "havarileri gece gelip cesedi çalıp daha sonra da diğerlerine dirildiğini söylememeleri için" nöbetçiler dikmesini emretmiştir.

Bu noktaya kadar İsa'nın Istırabı (*passion*) –Latince'de acı çekmek anlamına gelen *patior* sözcüğünden türemiştir– tek bir kaynağa, İncillere bağlıdır ama Yahudi bir peygamber ve mucize yaratıcının yaşamı ile ölümüne inanmak için inanca gerek yoktur. Fakat çarmıha germe hadisesinden üç gün sonra, Luka'ya göre, bir pazar sabahı İsa'nın ailesinden ve dostlarından bazıları (aralarında annesi ile Yohanna ve Hirodes'in karısı ile Antipa'nın yardımcısı, bulunuyordu) mezarı ziyaret etti: "Taşı mezarın girişinden yuvarlanmış buldular. Ama içeri girince Rab İsa'nın cesedini bulamadılar. Onlar bu durum karşısında şaşırıp kalmışken şimşek gibi parıldayan giysilere bürünmüş iki kişi yanlarında belirdi. (...) Adamlar onlara,

'Diri olanı neden ölüler arasında arıyorsunuz?' dediler. 'O burada yok, dirildi.'" Korkan havariler Hamursuz Bayramı haftası boyunca Zeytin Dağı'nda saklanmıştı ama İsa birkaç kez onlara ve annesine göründü ve şöyle dedi, "Korkmayın". Thomas dirildiğinden şüphe edince İsa ona ellerindeki ve böğründeki yarayı gösterdi. Birkaç gün sonra onları semaya yükseleceği Zeytin Dağı'na götürdü. Sefil bir ölümü, hayatın ölüm üzerindeki zaferine çeviren bu Diriliş, Hristiyan inancında belirleyici bir ânı temsil eder ve Paskalya Bayramı'nda kutlanır.

Bu inancı taşımayanlar için bu söylenenlerin ispatı imkânsızdır. Matta bu hadisenin muhtelif alternatiflerini dile getirmektedir ve "günümüze kadar Yahudiler arasında anlatılagelmiştir": Yüce rahip mezarı beklemesi gereken nöbetçileri satın alarak onlardan herkese, "Biz uyurken havarileri gece gelip cesedi çaldı," demelerini istedi.

Arkeologlar cesedin alınıp arkadaşları ve ailesi tarafından Kudüs'teki başka bir kaya mezarına gömüldüğüne inanmaya meyillidir. Mezarları kazıp "İsa'nın kardeşi Yakup" hatta "Yusuf'un oğlu İsa" yazan kemik dolu kutular bulmuşlardır. Bu bulgular gazetelere başlık olmuştur. Ancak bunların bazılarının sahte olduğu ve diğerlerinin de bu çok yaygın isimlere sahip başka Yahudilerin mezarları olduğu anlaşılmıştır – hiçbirinin İsa'yla bağlantısı yoktur.*

Kudüs, Hamursuz Bayramı'nı kutladı. Yehuda kazandığı gümüşlerle, daha sonra orada "bedenin yarıldığı ve bütün bağırsakları dışarı döküldüğü"** –şehrin güneyindeki Hakeldama'da, tam da ona uygun olarak Cehennem Vadisi'nde bulunan Çömlek Tarlası'nda***– arazi satın aldı. Havariler saklandıkları yerlerden çıktıktan sonra Siyon Dağı'nda, Cenacle olarak bilinen Yukarı Oda'da, Hamşin Yortusu'nda bir araya geldiler ve "ansızın gökten, güçlü bir rüzgârın esişini andıran bir ses geldi" – bu, onların Kudüs'te bulunan pek çok lisanı konuşmalarına ve İsa

---

* İkinci ya da üçüncü yüzyıla ait, Gnostik bir el yazması olan ve on dokuzuncu yüzyılda Mısır'da bulunan Petrus İncili İsa'nın cesedinin intikaliyle ilgili bir hikâye içerir. En eski İncil olan Markos, İsa'nın ölümünden kırk yıl sonra, yaklaşık MS. 70 tarihinde yazılmıştır. Markos İncili, İsa'nın mezarında yattığıyla sona erer ve Diriliş'ten hiç bahsetmez. Markos'taki Diriliş bahsi daha sonra eklenmiştir. M.S. 80'li yıllarda yazılan Matta ve Luka, Markos ve bilinmeyen diğer kaynaklara dayanır. Bu nedenle bu üç metin Sinoptik olarak bilinmektedir – Yunanca "birlikte görünen" kelimesinden türemiştir. Luka, Çarmıhtaki İsa'nın ailesinin rolünü en aza indirirken Markos, Yakup'un annesi Meryem, Yusuf ve İsa'nın kız kardeşinden bahsetmiştir. Son incil olan Yuhanna, muhtemelen yüzyıl sonunda yazılmıştır, diğerlerinden daha ilahi bir İsa tablosu çizer, bununla birlikte İsa'nın önceki Kudüs ziyaretlerine dair başka kaynakları bulunmaktadır.

** Havarilerin davranışları bu hikâyeyi anlatmaktadır ama Matta'nın hikâyesi farklıdır: Pişman olan Yehuda parayı Tapınak'a attı ve yüce rahip (kan parası olduğu için bu parayı Tapınak'ın hazinesine katamadığından) bu parayla "yabancıları gömebilmek için" Çömlek Tarlası'nı aldı. Yehuda ise kendisini astı. Hakeldama –Kan Tarlası– Orta Çağ'a kadar kabristan olarak kaldı.

*** Kan Tarlası olarak da bilinir. (yay. n.)

adına şifa dağıtmalarına imkân veren Kutsal Ruh'tu. Petrus ve Yuhanna günlük ibadetleri için Güzel Kapı'dan Tapınak'a girince bir sakat kendisinden sadaka istedi: "Kalk ve yürü," dediler ve o da denileni yaptı.

Havariler İsa'nın kardeşini "Kudüs'ün Hamisi", Nasıralılar olarak bilinen Yahudi mezhebinin lideri olarak kabul ettiler. Mezhep yayılmış olmalıydı, zira İsa'nın ölümünden kısa süre sonra "Kudüs'teki kilisede büyük bir katliam oldu." İsa'nın Yunanca konuşan takipçilerinden biri olan Stefanos, Tapınak'ı hakir görerek "en yüce olanlar insan eliyle yapılmayan mabetlerde otururlar," demişti. Yüce rahiplerin idam cezası verebileceğini ispat edercesine Stefanos, Sanhedrin tarafından yargılanmış ve surların dışında, muhtemelen bugünkü Şam Kapısı'nın kuzeyinde taşlanmıştı. O ilk Hristiyan şehidiydi.* Yakup ve Nasıralılar Yahudiler gibi ibadete devam edip İsa'ya sadık kalsalar da sonraki otuz yıl boyunca Tapınak'ta ders verip ibadete de devam ettiler. Yakup, Yahudi kutsal bir adam olarak halkın çoğunluğu tarafından saygı duyulan birisiydi. İsa'nın Yahudiliği kendisinden önce ve sonra gelmiş olan pek çok vaizinkinden daha fazla nevi şahsına münhasır değildi.

İsa'nın düşmanları bir daha iflah olmamıştı. İsa'nın çarmıha gerilmesinden kısa süre sonra Pilatus'un başı, Gerizim Dağı'nda Musa'nın küllerinin olduğu kabı bulduğunu coşkulu kalabalıklara duyuran Semeriyeli bir kâhinle dertteydi. Pilatus'un gönderdiği süvariler kâhinin takipçilerinin çoğunu öldürdü. Vali, Kudüs'ü isyanın kıyısına kadar getirmişti, şimdi de Semeriyeliler onun zalimliğinden dert yanıyorlardı.

Kudüs'teki düzeni tesis etme görevi Suriye valisine düştü. Kafaya ve Pilatus'u görevden alıp onları Roma'ya gönderdi. Kudüslüler, Roma valisini büyük bir sevinçle karşıladılar. Pilatus tarihten silindi. Tiberus'un da Hirodes Antipa karşısında sabrı tükenmişti.[49] Ama bu onun hanedanının sonu olmadı: Hirodes sülalesi Roma İmparatoru'yla dost olup Kudüs'ü tekrar elde edecek en maceracı Yahudi prensi sayesinde eskisinden bile daha iyi duruma gelecekti.

---

* İngilizce şehit anlamına gelen *martyr* sözcüğü, şahit olmak anlamına gelen *witness* sözcüğünün Yunanca karşılığının bir adaptasyonudur. (yay. n)

12

SON HİRODES

M.S. 40–66

HİRODES AGRIPPA: CALIGULA'NIN DOSTU

Genç Hirodes Agrippa, Roma'da imparatorluk ailesinin arasında büyümüş ve İmparator Tiberus'un oğlu Drusus'un en yakın dostu olmuştu. Bu sıcakkanlı genç –Büyük Hirodes'in ve Mariamme'in torunu, idam edilen oğulları Aristobulus'un oğlu– İmparator'un oğluna ve diğerlerine ayak uydurabilmek için bolca borçlanmıştı.

Drusus'un M.S. 23'te genç yaşta ölümüne çok üzülen İmparator oğlunun arkadaşlarını daha fazla görmek istemedi ve artık beş parasız olan Hirodes Agrippa, kız kardeşi Hirodiya'yla evli olan Antipa'nın idare ettiği, Celile'ye geri geldi. Antipa kendisine Tiberias'ta mütevazı bir iş verdi ama mütevazılık ona göre bir şey değildi. Agrippa, ailesinin memleketi olan, Edom'a kaçtı ve orada intiharı düşünmeye başladı. Ama bu adamın işleri bir şekilde rast gidiyordu.

İsa'nın çarmıha gerildiği sıralarda ailesinin kuzey topraklarının tetrarkı Filip ölmüştü. Antipa, İmparator'dan eyaletini genişletmesini istedi. Tiberius, Hirodes Agrippa'yı hep sevmişti, bu yüzden kendi iktidar iddiasını güçlendirip amcasınınkini zayıflatmak için soluğu Capri'deki imparatorluk sarayında aldı. Tiberius'u, Jüpiter Villası'nda* kasvetli şekilde oturur halde buldu; tarihçi Suetonius'a göre, Tiberius'un kesik iştahını imparatorun "minnoşları" olarak bilinen ve kendisi havuzda yüzerken mahrem yerlerini massetmeleri için eğitilen oğlanlar besliyordu.

Tiberius, –Akdeniz kıyısında hemen herkese borçlandığını öğrenene kadar– Agrippa'yı hoş karşıladı. Ama doğuştan kumarbaz olan Agrippa annesinin arkadaşı Antonia'yı İmparator'un gönlünü alması ve kendisine borç vermesi için ikna etti. Tiberius, Marcus Antonius'un ağırbaşlı ve erdemli kızı Antonia'yı ideal asil kadın olarak görür ve hürmet ederdi. Tiberius onun tavsiyesini dinledi ve Yahudi üçkâğıtçıyı affetti. Agrippa borç aldığı parayı borçlarını kapamak için değil de bir

---

* *Villa Jovis* (Jüpiter'in Villası), 27 ve 37 yılları arasında Roma imparatoru Tiberius tarafından Capri Adası'nda yaptırılmış bir saraydır. Tacitus'un bahsettiği Capri'deki Tiberius'a ait on iki villa içinde en büyük olanıdır. (yay. n.)

başka müflis prense, Agrippa'nın daha sonra arkadaşı olacak olan Drusus'un oğlu Gemellus'la birlikte Tiberus'un ortak vârisi olan Caligula'ya cömert bir hediye vermek için kullandı. İmparator ondan Gemellus'a mukayyet olmasını istedi.

Fakat fırsatçı Agrippa, minik askerî üniformasıyla (ve *caligae* denen postallarıyla) lejyonların önünde resmigeçit yapan ve ünlü General Germanicus'un oğlu olduğu için sevilen, Gaius Caligula'yla arkadaş olmayı tercih etti. Artık yirmi beş yaşında olan saçları dökülmüş ve cılız Caligula şımarık, ahlaksız bir şekilde yetişmişti ve muhtemelen biraz da deliydi, ama hâlâ insanların gözdesiydi ve imparatorluğun başına geçmek için sabırsızlanıyordu. Caligula ve Hirodes Agrippa, Kudüs ve Agrippa'nın hemşerilerinden çok uzaklarda birlikte sefahat dolu bir hayatı paylaştılar. Capri civarında dolaşırlarken ikisi Tiberus'un ölümüyle ilgili hayaller kurardı ama bu konuşmalara savaş arabalarını kullananlar da tanık olmaktaydı. Agrippa bir savaş arabasının sürücüsünü hırsızlıktan tutuklatınca adam imparatora başvurdu. Agrippa zindana atılıp zincire vurulmasına rağmen banyo yapmasına, arkadaşlarıyla görüşmesine ve istediği yemekleri yiyebilmesine izin veren arkadaşı Caligula tarafından korundu.

Tiberius sonunda M.S. 37'de öldüğünde genç Gemellus'u öldürten Caligula imparator oldu. Derhal arkadaşını serbest bıraktı, zincire vurulmuş olarak geçirdiği zamanın anısına ona altın zincirler verdi ve onu kral olarak tayin ederek Philip'in kuzey tetrarkını kendisine bahşetti. Şansın böylesi az görülürdü. Aynı tarihte Agrippa'nın kız kardeşi Hirodias ve İsa'nın nefret ettiği "tilki" Antipa bu fikrini değiştirmesini sağlamak için Roma'ya gittiler ve kendi krallıklarını kazandılar. Ama Agrippa onları suçlayıp bir isyana hazırlandıklarını söyledi. Caligula, Vaftizci Yahya'nın katili Antipa'yı tahtan indirip –daha sonra Lyon'da ölecekti– tüm topraklarını Hirodes Agrippa'ya verdi.

Yeni kral topraklarını nadiren ziyaret ediyor çoğunlukla, yaptığı aşırılıklar yüzünden Roma'nın gözdesinden Roma'nın zorbası olmaya doğru giden, Caligula'nın yanında kalmayı tercih ediyordu. Selefinin askerî yeteneklerine sahip olmayan Caligula tüm imparatorlukta –ve Tapınak'ın Kutsalların Kutsalı bölümünde– kendi suretlerine ibadet edilmesini emrederek itibarını toparlamak istedi. Kudüs boyun eğmedi; Yahudiler isyana hazırlandı, Suriye Valisi'ne gönderdikleri delegelerle böyle bir küfre tahammül etmelerini istiyorlarsa "önce tüm Yahudi halkını kurban etmesi gerektiğini" söylediler. İskenderiye'de Yunanlılar ve Yahudiler arasında etnik çatışmalar çıktı. İki grup da Caligula'ya delege gönderdiğinde Yunanlılar, Yahudilerin Caligula'nın heykellerine ibadet etmeyen tek millet olduğunu söylediler.

Neyseki Kral Agrippa hâlâ Roma'daydı ve gittikçe daha dengesiz hale gelen Caligula'yla da her zamankinden daha sıkı fıkı olmuştu. İmparator, Galya'ya sefer düzenlediğinde Yahudi kralı da onun yanındaydı. Ama savaşmak yerine

Caligula denize karşı zafer kazandığını iddia edip başarısının simgesi olarak da deniz kabukları topladı.

Caligula, Suriye valisi Petronius'a buyruklarını yerine getirmesini ve Kudüs'e haddini bildirmesini emretti. Hirodes sülalesinden prenslerin başını çektiği Yahudi delegeleri Petronius'a fikrini değiştirmesi için yalvardılar. Petronius tereddüt etti, kabul etse savaş çıkacak reddederse öldürülecekti. Ama Kral Agrippa birdenbire coşup Yahudileri temsil ettiğini hatırlayarak büyük bir cesaretle Caligula'ya tarihte Kudüs lehine yazılmış en şaşırtıcı mektuplardan birini yazdı:

> Bildiğin gibi ben bir Yahudiyim ve memleketim olan Kudüs'te en yüce Tanrı'ya adanmış olan kutsal bir mabet bulunmaktadır. Lordum Gaius, bu Tapınak'a bugüne kadar insan eliyle yapılmış hiçbir suret konmamıştır çünkü o, gerçek Tanrı'nın evidir. Büyükbabanız (Marcus) Agrippa, tıpkı Augustus'un yaptığı gibi, bu Tapınak'ı ziyaret ederek onurlandırmıştır. (Agrippa daha sonra yaptığı iyilikler için Caligula'ya teşekkür eder) Ama tüm bunları –bütün bu sağladıklarını– tek bir şeye tercih ederim –atalarımın kurumlarının rahatsız edilmemesine. Ya kendi halkım tarafımdan hain olarak görülecek ya da bundan sonra sizin tarafınızdan her zaman olduğum gibi bir dost olarak görülmeyeceğim; başka bir seçenek yok.*

Bu "ya istiklal ya ölüm" yaklaşımı biraz abartılsa da Caligula'ya böyle bir mektup göndermek herkesin harcı değildi –yine de görülen o ki kralın müdahalesi Kudüs'ü kurtarmıştı.

Bir ziyafette imparator, Kral Agrippa'ya tahta çıkmadan evvel kendisine olan yardımlarından dolayı teşekkür etti ve herhangi bir dileği olup olmadığını sordu. Kral kendisinden Tapınak'a suretini koymamasını rica etti. Caligula kabul etti.

HİRODES AGRIPPA VE İMPARATOR CLADIUS: SUİKAST, İHTİŞAM VE KURTLAR

37 yılının sonunda ne olduğu bilinmez bir hastalığı atlatmayı başaran imparator hepten garipleşmeye başlamıştı. Kaynaklar sonraki yıllarda imparatorun üç kız kardeşiyle cinsel ilişkiye girdiğini, onları başka erkeklere pazarladığını ve bir atı konsül olarak atadığını söylemektedir. Bu skandalların doğruluğunu teyit etmek

---

* Agrippa hem bir Makkabi hem de Hirodes sülalesinden biri olarak "iş başa düştü" diyerek şunları yazmıştır: "Bana göre çoğu kral ya da yüce rahip olan büyükbabalarım ve atalarım yüce rahipliği krallıktan üstün görmüşlerdir. Yüce rahipliğin krallığa üstünlüğü Tanrı'nın insanlara üstünlüğü gibidir. Birinin görevi Tanrı'ya hizmet etmek diğerinin görevi ise insanları idare etmektir. Ben bu milletin, şehrin ve Tapınak'ın bir parçası olduğum için hepsi adına sizlere yalvarıyorum."

güçtür ama yaptıklarının Romalı asiller tarafından bile korku ve huzursuzlukla karşılanmış olması ilginçtir. Daha sonra kız kardeşiyle evlendi ve rivayete göre hamile kalan kız kardeşi bilerek düşük yaptı. Metresini öperken, "Bu boğaz ben ne zaman istersem o zaman kesilir," diyerek dalga geçmiş ve konsüllerine, "Bir işaretimle hepinizin gırtlağı kesilir," demişti. En çok tekrar ettiği cümle "keşke Roma'nın bir boğazı olsaydı" şeklindeydi ama büyük hata yaparak Praetorian Muhafızlar'la* da "Priapus"** gibi alaycı parolalar seçerek dalga geçmişti. Böyle devam etmesine izin verilemezdi.

24 Ocak 41'de gün ortasında Caligula, Hirodes Agrippa da yanında olduğu halde, tiyatrodan caddeye çıktığında Praetorian Muhafızları'ndan biri kılıcını çekip bağırdı, "Al bakalım!" Kılıç Caligula'nun omuzuna denk geldi ve onu neredeyse ikiye böldü; yine de bu, "Hâlâ hayattayım," diye bağırmasına mani olamadı. Komplocular bağırıyordu: "Tekrar vur!" Caligula, orada can verdi. Cermen muhafızları sokakları yağmaladı, Praetorian Muhafızları Palatine Tepesi'ndeki imparatorluk sarayını talan edip Caligula'nın karısı ve bebeğini öldürdüler. Bu arada Senato da cumhuriyeti yeniden kurmaya ve İmparatorluk'un despotluğunu sona erdirmeye çabalıyordu.

Hirodes Agrippa, Caligula'nın cesedini aldı, İmparator'un sağ ama yaralı olduğunu söyleyerek vakit kazandı ve o sırada bir Praetorian birliğiyle saraya yürüdü. Perdenin arkasında birisinin olduğunu fark ettiler ve baktıklarında Caligula'nın amcası ve Agrippa'nın aile dostu Antonia'nın oğlu olan kekeme âlim Claudius'un orada saklanmakta olduğunu gördüler. Derhal onu imparator ilan edip bir kalkan üzerinde kışlalarına götürdüler. Bir cumhuriyetçi olan Claudius bu onuru reddetti ama Yahudi kralı kendisine tacı kabul etmesini ve Senato'yu tacı kendisine takdim etmeleri için ikna etmesini istedi. Tarihin hiçbir döneminde dindar bir Yahudi bu kadar etkili olmamıştı. İleride makul ve istikrarlı bir hükümdar olduğunu gösterecek olan yeni imparator Claudius arkadaşını kendisine Kudüs ve tüm Büyük Hirodes'in krallığını bahşederek ödüllendirdi, ayrıca onu konsül yaptı. Agrippa'nın kardeşine bile bir krallık verilmişti.

Hirodes Agrippa, Kudüs'ten beş parasız olarak yola çıkmıştı, şimdi Yahudiye'ye kral olarak dönüyordu. Tapınak'ta kurban kesti ve orada toplanan ahaliye Tesniye okudu. Melez olduğu için gözyaşı dökmesinden ve iyi talihin simgesi olan Caligula'nın altın zincirini Tapınak'a bağışlamasından Yahudiler oldukça etkilendi. Agrippa'nın sadece Yahudiye'deki değil tüm Asya ve Avrupa'daki Yahudilerin

* Roma imparatorları tarafından hem Roma'da hem de savaş alanında kişisel güvenliklerini sağlamak amacıyla oluşturulmuş özel birlikler. (yay. n.)

** Yunan bereket tanrısı. (yay. n.)

memleketi olarak gördüğü "kutsal şehir" bu yeni Hirodes tarafından kazanılmıştı, bastırdığı paraların üzerinde "Sezar'ın dostu Büyük Kral Agrippa" yazıyordu. Kudüs'ün dışında bir Roma-Yunan kralı gibi yaşıyor ama Kudüs'e geldiğinde bir Yahudi gibi davranıp her gün Tapınak'ta kurban kesiyordu. Büyüyen Kudüs'ü güzelleştirip tahkim etti ve yeni Bezetha mahallesini çevreleyen üçüncü bir sur ördürdü – burası şehrin kazı yapılmış olan kuzey bölümüydü.

Ama Agrippa bile Kudüs'te ortaya çıkan gerginlikleri kontrol etmekte zorlanıyordu: İki yıl içinde üç tane yüce rahip atadı ve Yahudi kökenli Hristiyanlara karşı hareket etti. Bu durum Claudius'un Roma'daki Yahudi kökenli Hristiyanlara kötü davranmaya başlamasıyla aynı zamana denk düşmektedir – Yahudi kökenli Hristiyanlar "İsa'nın kışkırtmasına" uydukları gerekçesiyle sürülmüşlerdir. "Şimdi zamanıdır," diyordu Yeni Ahit, "Kral Hirodes kimi kiliseleri taciz etmek için ellerini uzattı" ve Yakup'un boynunu vurdurmuştu (İsa'nın kardeşi değil o isimde başka bir havari). Ayrıca, Hamursuz'dan sonra idam etmek için, Petrus'u tutuklattı. Petrus bir şekilde hayatta kaldı: Hristiyanlar bunu bir mucize olarak kabul ettiler ama diğer kaynaklar kralın bir neden olmadan muhtemelen halkın gönlünü kazanmak için kendisini serbest bıraktığını söylemektedirler.

Agrippa'nın imparatorları tahta çıkarma alışkanlığı onda yer etmiş olacak ki Roma'dan izin almadan yerel kralların tümünü Tiberias'a çağırdı. Romalılar telaşa kapılıp krallara dağılmalarını emrettiler. Claudius, Kudüs'te daha fazla tahkimat yapılmasına izin vermedi. Sonrasında Agrippa, Kayserya'daki forumda Yunan tanrı-kralları gibi altın işlemeli cübbeler içinde ilgi odağı olmaya başladığı dönemde rahatsızlandı, karın ağrıları çekmeye başladı: Yeni Ahit, Agrippa'nın "kurtlar tarafından kemirildiğini" söyler. Yahudiler tövbe kıyafetleri içerisinde onun sağlığına dua ettiler ama fayda etmedi. Ilımlı Yahudiler, fanatik Yahudiler ve Romalıları uzlaştıracak karizma ve hassasiyete sahip olan Agrippa öldüğünde Kudüs'ü kurtarabilecek tek kişiydi.[50]

II. HİRODES AGRIPPA: NERON'UN DOSTU

Kralın ölümüyle isyanlar patlak verdi. Agrippa'nın oğlu ve adaşı olan II. Agrippa sadece on yedi yaşında olmasına rağmen Claudius krallığı ona vermek istedi ama kendisine çocuğun böylesine belalı bir mirası kontrol edemeyecek kadar genç olduğunu söylediler. Bunun üzerine İmparator doğrudan idareyi Roma memurlarına devretti ve Agrippa'nın kardeşi Halkisli Kral Hirodes'e yüce rahibi atama yetkisi ve Tapınak'ın kontrolünü verdi. Kudüs, Roma memurları ve Hirodes kralları arasındaki hırslı bir işbirliğiyle idare edilmeye başladı, ama ne yaptılarsa birbiri ardına türeyen sözde peygamberler, Yunanlılar, Yahudiler ve Samiriyeliler arasındaki etnik çatışmalara ve zengin Roma yandaşı asiller ile fakir ve dindar Yahudiler arasında büyüyen uçuruma mani olamadılar.

Yahudi Hristiyanlar, İsa'nın kardeşi Yakup'un önderliğindeki Nasıralılar ve onların *presbyteroi*leri ya da cemaatin ileri gelenleri ilk havarilerin Tapınak'ta ibadete devam ettiği Kudüs'te yaşamayı sürdürdüler. Ama Roma düzenine son meydan okuyan vaiz tabii ki İsa değildi: Tarihçi Josephus ortalığın peygamberlerden geçilmediğini ve bunların büyük bölümünün de Roma tarafından idam edildiğini söylemektedir.

Romalı memurlar işleri kolaylaştırmakta bir fayda sağlamadı. Pilatus gibi memurların da sözde peygamberlerin sayısındaki artışa tepkisi bu peygamberlerin takipçilerini katledip eyaletten olabildiğince kâr elde edebilmek için gayret sarf etmek oldu. Bir keresinde, Kudüs'te Hamursuz Bayramı sırasında bir Romalı askerin açıp kıçını Yahudilere göstermesi bir ayaklanmanın başlamasına neden oldu. Romalı memurun gönderdiği askerler yüzünden çıkan arbedede dar sokaklarda binlerce kişi ezilip havasızlıktan öldü. Birkaç yıl sonra Yahudiler ve Samiriyeliler arasında çatışma baş gösterince Romalılar çok sayıda Yahudiyi çarmıha gerdi. İki taraf da Roma'ya şikâyetlerini sundu. Samiriyeliler haklı çıkabilirdi ama Roma'da öğrenim görmekte olan Hirodes Agrippa, Claudius'un etkili karısı Agrippina'yı kendi saflarına çekmeyi başardı: İmparator sadece Yahudileri desteklemekle kalmadı, Romalı hâkime suçluların Kudüs'te teşhir edilip daha sonra da idam edilmelerini emretti. Tıpkı babasının Caligula'yla arasının iyi olması gibi II. Agrippa'nın da hem Claudius hem de onun vârisi Neron'la arası gayet iyiydi. Amcası Halkisli Hirodes öldüğünde Agrippa, Kudüs'teki Tapınak üzerinde de özel yetkilere sahip olan Lübnan derebeyliğinin başına geçti.

Bunamış olan imparator Claudius, Roma'da, Agrippina tarafından muhtemelen mantarla zehirlendi.* Yeni, genç yaştaki İmparator Neron, II. Agrippa'ya Celile, Suriye ve Lübnan'da daha fazla toprak verdi. Minnettar olan Agrippa başkenti Caesarea Philippi'nin adını Neronias olarak değiştirdi ve bastırdığı paralar üzerindeki "Philo-Caesar" yazısıyla Neron'la arasındaki dostluğu da herkese duyurmuş oldu. Fakat Neron'un memurları rüşvetçi ve hantallardı. İçlerinde en beteri de tarihçi Tacitus'un, "Her türden zulmü ve rezilliği yapmış ve krallığın

* Claudius'un dört evliliğinde de yüzü gülmemişti, özellikle de son ikisinde: Bir karısını öldürdü ve diğer karısı da onu öldürdü. İhanet suçlamasıyla genç yaştaki sadakatsiz karısını idam ettirdi, daha sonra, Caligula'nın kız kardeşi, yeğeni Julia Agrippina'yla evlendi. Agrippina ise önceki evliliğinden olan oğlu Neron'u varis olarak hazırlamaya başladı. Claudius, Neron'u kendi oğlu, İngiltere'nin fethi şerefine bu ismi alan Britannicus'la ortak varis yaptı. Neron ise tahta çıkınca Britannicus'u öldürttü.

sağladığı gücü bir kölenin içgüdüleriyle kullanmıştır," diye yazdığı rüşvetçi bir Yunanlı olan Antonius Felix'ti. Bu zat, Claudius ve daha sonra Neron'un kâtibi olan adamın kardeşi olduğundan Yahudiler artık Roma'ya şikâyette bulunamıyorlardı. Kral Agrippa'nın kepaze kız kardeşleri asillerin inebileceği son seviyeyi temsil etmekteydiler. "Güzellikte tüm kadınları geride bırakan" Drussilla, Arap Kralı Emesalı* Aziz'le evliydi ama Felix, "onu arzu ediyordu. Kadın mutsuzdu ve kız kardeşi Berenice'nin şerrinden kaçmak ve Felix'le evlenmek istiyordu." Halkis Kraliçesi olan Berenice (amcasıyla evliydi) son kocası olan Kilikya kralını terk edip erkek kardeşiyle yaşamaya başladı: Roma rivayetleri bunun bir ensest ilişki olduğu yönündedir. Felix, Yahudiye'yi soyarken Sicarii adında "yeni bir haydut" türü ortaya çıktı (kullandıkları kısa Roma hançerlerinden dolayı bu ismi almışlardı – sözcüğün aslı "orak"tır) ve Kudüs'ün ortasında festivaller sırasında Yahudi ileri gelenlerini öldürmeye başladılar – ilk icraatları eski bir yüce rahibi öldürmek olmuştu. Etnik katliam ve sonu gelmez sahte peygamberlerden usanan Felix bir yandan kesesini doldururken bir yandan da asayişi temin edebilmek için uğraştı durdu.

Bu kıyameti andıran keşmekeşin içerisinde küçük bir İsa tarikatı Kudüs'teki Yahudi liderleri ve Roma dünyasındaki ileri gelen üyeleri arasında bölünmüştü. Tüm İsa takipçileri içerisinde en radikali olan bu grup, herkesten daha çok yeni bir dünya dini kurmak istiyorlardı ve Hristiyanlığın geleceğiyle ilgili planlar yapmaya başlamışlardı.

TARSUSLU PAULUS: HRİSTİYANLIĞIN YARATICISI

Kudüs son yaşanan şiddet olaylarının yaralarını sarmakla meşguldü. Bir kalabalığın başında Zeytin Dağı'na çıkmış olan Mısırlı bir Yahudi, tıpkı İsa gibi, Kudüs'ün surlarını yerle bir edip şehri alacağını ilan etmişti. Bu yalancı peygamber şehre saldırmayı denedi ama Kudüslüler, Romalılarla bir olup onu ve takipçilerini püskürttüler. Daha sonra Felix'in lejyonları, çoğunu öldürdü.[51] Bu "sihirbaz" dört bir yanda aranırken Paulus da çok iyi bildiği bu şehri tekrar ziyarete geldi.

Paulus'un babası bir Roma vatandaşı olacak kadar zengin olmuş bir Ferisili'ydi. Oğlunu –İsa'yla aynı tarihlerde ama Kilikya'da (günümüzde, Türkiye sınırları içindedir) doğmuştu– Tapınak'ta ders alması için Kudüs'e göndermişti. İsa çarmıha gerildiğinde Saul**, eskiden olduğu gibi, "tehditleri ve katliamı" destekledi: Stefanos'u taşa tutanların harmaniyelerini tutup "onun ölümüne razı geldi". Yu-

* Günümüzde Suriye sınırları içinde yer alan Humus şehri. (yay. n.)

** Aziz Paulus'un asıl adı Saul'dür. (yay. n.)

nanca konuşan Romalı Ferisili bir çadırcı olan bu adam M.S. 37 yılında Şam yolunda kendi "kıyametini" tecrübe edinceye kadar yüce rahibin emrinde çalıştı. "Birdenbire gökten gelen bir ışık çevresini aydınlattı" ve "Saul, Saul neden bana zulmediyorsun?" diyen bir ses duydu. Dirilen İsa onu on üçüncü havarisi olarak seçti ve onu Yahudi olmayanlara tebliğde bulunmakla görevlendirdi.

Yakup ve Kudüs Hristiyanları haklı olarak bu yeni dönmeden şüphelendiler, ama Paulus kendisi mesajını tüm enerjisiyle yaymak zorunda hissediyordu: "Müjde'yi yaymazsam vay halime." Nihayet "İsa'nın kardeşi Yakup," onu yeni üyeleri olarak kabul etti. Sonraki on beş yıl boyunca bu sınır tanımaz vaiz Doğu'yu gezdi ve Yahudilerin münhasırlığını şiddetle reddeden, kendine has, İsa'nın İncili görüşünü yaymaya devam etti. Ona göre, "Tanrı, Mesih sayesinde kendisinin doğruluğunu bilelim diye, günahı bilmeyen Mesih'i bizim için günahların bir kurbanı yaptı." Paulus, insanlarla Tanrı arasında köprü olarak gördüğü Diriliş'e odaklandı. Paulus'un Kudüsü, gerçek Tapınak değil Tanrı'nın Krallığı'ydı; onun "İsrail'i" Yahudi milleti değil de İsa'yı takip eden herkesti. Bir açıdan garip şekilde son derece moderndi ve antik dünyanın sert görüşlerinden farklı olarak sevgi, eşitlik ve kapsayıcılığa inanıyordu. Yunan ve Yahudi, kadın ve erkek hepsi birdi ve tümü de İsa'ya iman ederek selamete kavuşabilirdi. Mektupları, Yeni Ahit'te ağırlıklıdır ve kitabın dörtte birini teşkil ederler. Herkesi inancına dâhil etmek istediği için görüşleri sınırsızdı.

İsa sadece birkaç Yahudi olmayan takipçi kazanabilmişken Paulus özellikle Yahudi olmayan ama Tanrı korkusu taşıyan ve Yahudiliğin bazı veçhelerini benimseler de sünnet olmayan insanlar arasında etkili olmuştu. Paulus'un Antakya'daki Suriyeli takipçileri "Hristiyan" olarak bilinen ilk grup oldular. Paulus, Yakup ve Petrus'u Yahudi olmayanların da cemaate katılmasına izin vermeye ikna etmek için Kudüs'e döndü. Yakup başta fazla ses çıkarmadı ama sonraki yıllarda Paulus'un Yahudileri Musa'nın kanunlarından uzaklaştırmaya çalıştığını fark etti.

Bekâr ve yalnız bir adam olan Paulus seyahatleri sırasında kaza geçirmiş, soyulmuş, dövülmüş, taşlanmış ama hiçbir şey onu görevinden alıkoyamamıştı – köyden gelmiş Yahudi bir Celileliyi, Tanrı'nın Krallığı kurulduğu zaman tekrar gelecek olan tüm insanlığın kurtarıcısı İsa Mesih'e dönüştürmek. Kimi zaman hâlâ bir Yahudi gibi davranmış ve Kudüs'e en az beş kez geri dönmüş, kimi zaman da Museviliği yeni düşman olarak sunmuştur. İlk Hristiyan belgelerinde, Selaniklilere (Hristiyan olmuş Yunan ileri gelenleri) İlk Mektup'ta, İsa'yı ve kendi peygamberlerini öldürdükleri için Yahudileri suçlamıştı. Yahudiler ile Tanrı arasındaki bir bağ olan sünnetin Yahudilerin sorumluluğu olduğunu ve Yahudi olmayanları ilgilendirmediğini söylemişti. "O köpeklerden sakının; o sünnet bağnazlarından sakının! Çünkü gerçek sünnetliler, Tanrı'nın Ruhu aracılığıyla tapınan, Mesih

İsa'yla övünen ve benliğe güvenmeyen bizleriz" diyerek sünnet yapmayı düşünen ancak Yahudi olmayan Hristiyanlara ateş püskürdü.

Yakup ve Kudüs ileri gelenleri Paulus'u reddettiler. Onlar gerçek İsa'yı bizzat tanımış olsalar da Paulus ısrarından vazgeçmedi: "Mesih'le birlikte çarmıha gerildim. Artık ben yaşamıyorum, Mesih bende yaşıyor." İddialarına devam ederek, "Ben, İsa'nın yara izlerini bedenimde taşıyorum," dedi. Saygıdeğer bir din adamı olan Yakup ise onu Museviliği reddetmekle suçladı. Paulus bile İsa'nın kardeşini kulak arkası edemezdi. M.S. 58'de İsa'nın soyundan gelenlerle barış yapmaya karar verdi.

ADİL YAKUP'UN ÖLÜMÜ: İSA'NIN SOYU

Paulus, Yakup'un refakatinde kendisini arındırıp bir Yahudi olarak dua etmek için Tapınak'a gitti ama seyahat ettiği yerlerde verdiği vaazları dinlemiş olan bazı Yahudiler onu tanıdılar. Tapınak'ta düzeni tesis etmekle görevli Romalı yüzbaşı onu linç edilmekten zor kurtardı. Paulus yeniden vaaz vermeye başlayınca Romalılar onun firari bir Mısır "büyücüsü" olduğunu düşündüler ve onu zincire vurup Antonia Kalesi'ne kırbaçlamaya götürdüler. "Bir Romalıyı kamçılaman kanunlara uygun mu?" diye sordu Paulus. Yüzbaşı bu kaçığın Neron'a başvurup adalet talep etme hakkına sahip olan bir Roma vatandaşı olduğunu öğrenince neye uğradığını şaşırdı. Romalılar, endişeli bir kalabalığın huzurunda, Paulus'un yüce rahip ve Sanhedrin tarafından yargılanmasına izin verdiler. Cevapları öylesine hakaret doluydu ki bir kez daha linç edilmekten zor kurtuldu. Yüzbaşı kalabalığı ancak onu Kayzerya'ya göndererek sakinleştirebildi.[52]

Paulus'un yaptıkları Yahudi Hristiyanların adını kötüye çıkarmış olmalıdır. 62 yılında İsa'yı yargılayan Annas'ın oğlu yüce rahip Ananus, Yakup'u tutuklatıp onu Sanhedrin'in huzurunda yargıladı ve onu, muhtemelen kardeşinin şeytan tarafından kandırıldığı Zirve'den, Tapınak duvarından aşağı attırdı. Yakup daha sonra taşa tutuldu ve kafası kesildi.* O sırada Kudüs'te yaşayan tarihçi Josephus, Ananus'un bir vahşi olduğunu ve çoğu Yahudi'nin hayret ettiğini söyler: İsa'nın kardeşine herkes saygı duyardı. Kral II. Agrippa Ananus'u derhal görevinden aldı. Yine de Hristiyanlar bir hanedan olarak kalmaya devam ettiler: İsa ve Yakup'un yerine kuzenleri ve üvey kardeşleri olan Simun geçti.

---

* Yakup'un başı, I. Agrippa tarafından öldürülen Aziz Yakup'un başıyla birlikte Ermeni Mahallesi Katedrali'ne gömülmüştür. Bu yüzden ismi çoğul olarak Aziz Yakuplar Katedrali'dir (St Jameses' Cathedral). Aziz başları Avrupa'da hızla çoğalmak gibi bir özelliğe sahipti; Havari Aziz Yakup'un olduğu iddia edilen bir başka baş da (bir de başsız vücut) onuncu yüzyılda İspanya'da bulunmuş ve burası bugün bile önemli bir mabet olmaya devam ederek Santiago (Aziz Yakup) de Compostale tarikatının merkezi olmayı sürdürmüştür.

Bu arada Paulus mahkûm olarak Kayserya'ya geldi: Romalı vekil Felix, Hirodes sülalesinden olan karısı, eski kraliçe, Drusilla'yla birlikte Paulus'u kabul edip rüşvet karşılığında kendisini serbest bırakmayı teklif etti. Paulus reddetti. Felix'in daha önemli sorunları vardı. Yahudiler ile Suriyeliler çatışmaya başlamıştı. Çok sayıda Yahudiyi öldürdü ve Paulus'u zindanda bırakıp, Roma'ya çağrıldı.* II. Hirodes Agrippa ve (muhtemelen onun ensest ilişki yaşadığı sevgilisi) eski Halkis ve Kilikya kraliçesi olan kız kardeşi Berenice yeni vekili karşılamak için Kayserya'ya geldi. Yeni vekil, Pilatus'un İsa'yı Antipa'ya göndermesi gibi, Hristiyan meselesini krala havale etti.

Paulus, Hristiyan İncilini bu asil ikiliye anlattı ve kurnazca davranarak mesajını mutedil bir kralın kabul edeceği şekilde değiştirdi: "Yahudilerin tüm gelenekleri konusunda bilgi sahibi olduğunuzu biliyorum. Kral Agrippa, peygamberlerin sözlerine inanır mısınız? İnandığınızı biliyorum."

"Bu kadar kısa bir sürede beni ikna edip Mesihçi mi yapacaksın?" diye cevap verdi kral. "Bu adam Sezar'a müracaat etmemiş olsaydı özgürlüğüne kavuşurdu." Ama Paulus, Neron'a müracaat etmişti – ve Neron'a gitmeliydi.[53]

JOSEPHUS: İHTİLALE GERİ SAYIM

Neron'un vereceği kararı bekleyen tek Yahudi, Paulus değildi. Felix kimi talihsiz rahipleri Tapınak'tan azletmişti ve onlarla ilgili kararı da İmparator verecekti. Arkadaşları olan yirmi altı yaşındaki Josephus (Mattiya'nın oğlu Yusuf)**, Roma'ya gidip rahipleri kurtarmaya karar verdi. Josephus olarak bilinen bu şahıs aynı anda pek çok şeydi –asi komutan, Hirodeslilerin gözdesi, saray adamı– ama hepsinden önemlisi o, Kudüs'ün tarihçisiydi. Josephus, Makkabili bir toprak sahibinin soyundan gelen bir rahibin oğluydu, Kudüs'te büyümüştü ve orada bilgisi ve zekâsı nedeniyle kendisine saygı duyulurdu. Gençken üç büyük Yahudi mezhebini de denemiş ve hatta bir süre çöldeki münzevilerle birlikte yaşamıştı.

Josephus, Roma'ya vardığında tehlikeli ama tiyatroya düşkün İmparator karşısında şansını artırabilmek için Yahudi bir aktörle temasa geçti. Neron karısını öldürmüş ve kızıl saçlı, beyaz tenli evli bir güzel olan Poppaea'ya âşık olmuştu. Poppaea, İmparatoriçe olduğunda, Neron'a baş belası annesi Agrippina'yı öl-

* Felix ve Drussilla'nın Pompey'de yaşayan bir oğulları vardı. 79 yılında şehir bir yanardağ tarafından yok edildiğinde oğlu ve annesi Drussilla da orada öldü.

** Josephus Grekçe çalışmalarında kendini 'Jōsēpos Matthiou pais (Matta'nın oğlu Josephus) olarak tanıtır. Gerçi Josephus aynı zamanda Aramca ve büyük ihtimalle İbranice de konuşuyordu ama bu dillerdeki ismine dair günümüze ulaşan bir belge yok. Her nasılsa Yahudi tarihinde Aramca/İbranice ismi (מתתיהו בן יוסף Yusuf ben Matityahu) şeklinde karşılanmış, böylece bugünkü İsrail'de bu adla bilinmişti. (yay. n.)

dürmesi için gereken desteği verdi. Bu arada Poppaea yarı Yahudi, "Tanrı'dan Korkanlar"dan biri olmuştu. Josephus aktör arkadaşı vasıtasıyla İmparatoriçe'ye ulaştı ve o da arkadaşlarının serbest kalması için kendisine yardım etti. Josephus büyük iş başarmıştı ama o ve arkadaşları memleketlerine döndüğü zaman Kudüs'ü "Roma'ya karşı isyan etme düşüncesiyle" çalkalanır halde buldular. Ama isyan kaçınılmaz değildi: Josephus'un, Poppaea'yla olan münasebetleri Roma ile Kudüs arasında iletişimin hâlâ açık olduğunu gösteriyordu. Antonia'da sadece yardımcı kuvvetlerden oluşan bir Roma kohortu (600-1200 askerden oluşan askerî birlik) bulunmasına ve şehre yıllık olarak çok sayıda hacı geliyor olmasına rağmen ortalık sakindi. Zengin Tapınak şehri "refah ve huzur içerisindeydi" ve Yahudi kralı tarafından atanmış bir Yahudi yüce rahip tarafından idare ediliyordu. Tapınak ancak bu ortamda tamamlanabilmiş ve şimdi 18.000 inşaat işçisi işsiz kalmıştı. Kral Agrippa da yeni yollar yaptırarak bu adamlara yeni iş imkânı sağlamış oldu.*

Herhangi bir durumda biraz daha iş bilen bir İmparator ile daha adil bir vekil, Yahudi grupları arasında barışı tesis edebilirdi. İmparatorluk, Neron'un yetenekli Yunanlı özgür adamları tarafından yönetilirken imparatorun kendisini aktör ya da sporcu olarak göstermesi ve hatta etnik temizlik bile hoş karşılanabilirdi. Ama ekonomi kötü gitmeye başlayınca Neron'un beceriksizliği Yahudiye'yi de etkiledi ve orada memurlarının "yapmayı ihmal ettikleri tek bir kötülük" bile kalmadı. Kudüs'te şehri yöneten son vekil, adamları şehri haraca kesmek için birbirleriyle ve Sicarii ile yarışan şehrin ileri gelenlerinden rüşvet alıyordu. Adı yine İsa olan diğer bir kâhinin Tapınak'ta, "Yazık sana Kudüs," diye bağırmasına şaşmamak gerek. Kâhinin deli olduğuna hükmedilip kırbaçlandı ama öldürülmedi. Yine de Josephus, Roma'ya karşı olan husumete dair pek bir şey yazmamıştı.

64 yılında Roma yandı. Neron muhtemelen itfaiyecileri bizzat yönetti ve evlerini kaybedenlere bahçelerini açtı. Ama düşmanları yangını sarayını genişletebilmek için Neron'un başlattığını ve yangın devam ederken de lir çalmakla vakit geçirdiğini söylediler. Neron süratle yayılan yarı-Yahudi mezhebi olan Hristiyanlığı suçladı ve çoğu Hristiyan ya diri diri yakıldı ya da vahşi hayvanlara atıldı veya çarmıha gerildi. Kurbanları arasında yıllar önce Kudüs'te tutuklanmış olan iki kişi de bulunuyordu: Söylendiğine göre Petrus baş aşağı çarmıha gerilmiş, Paulus'un ise boynu vurulmuştu. Neron'un Hristiyan karşıtı girişimleri ona, Yeni Ahit'in son bölümü olan, Vahiy Kitabı'nda bir yer kazandırdı: Şeytanın "canavarları"

---

* Batı duvarının yanındaki yol ona aittir – Siyon Dağı'nda görülen diğer bir parke döşeli yol da öyle.

Roma imparatorlarıydı ve canavarın numarası olan 666 da muhtemelen Nero için yazılmış bir şifreydi.*

Fakat Hristiyanlara uyguladığı işkenceler Neron'u kurtarmaya yetmedi. Hamile karısı Poppaea'yı karnından tekmeleyip ölmesine neden oldu. İmparator bir yandan düşmanlarını öldürüp diğer yandan aktörlük kariyerinde ilerlemeye çalışırken Yahudiye'deki son temsilcisi Gessius Florus da "oradaki halkın burnundan getirmekle meşguldü." Felaket Kayserya'da başladı: Suriyeli Yunanlılar bir sinagogun dışında küçük bir horoz kurban ettiler; Yahudiler itiraz etti. Florus'a, Yahudi olmayanları desteklemesi için rüşvet verildi ve Kudüs'e yürüyüp Tapınak'tan on yedi talentlik vergi istedi. 66 yılının ilkbaharında Praetorium'da huzura çıktığında Yahudi gençler topladıkları paraları ona attılar.

Florus'un Yunan ve Suriyeli askerleri kalabalığa saldırdı. Florus, Tapınak ileri gelenlerinden bu serserileri teslim etmesini istedi ama onlar reddettiler. Lejyonerler harekete geçip "her eve girdiler ve içlerindekileri öldürdüler." Florus, aralarında Roma vatandaşı zengin Yahudilerin de bulunduğu, mahkûmları kırbaçlatıp çarmıha gerdirdi. Bu bardağı taşıran son damlaydı: Tapınak asilzadeleri artık Roma'nın korumasına itimat edemezlerdi. Florus'un askerlerinin merhametsizliği Yahudi başkaldırısını tetikledi. Süvarileri "delirmiş gibi" şehrin sokaklarında koştururken Kral Agrippa'nın kız kardeşi Kraliçe Berenice'ye bile saldırdılar. Muhafızları onu zor bela Makkabi Sarayı'na kaçırdı ama o Kudüs'ü kurtarmaya karar vermişti.[54]

---

* "Nero Caesar'ın" Yunancası İbranice'ye sessiz harflerle çevrilip bu sessizlere de rakam karşılıkları verildiğinde çıkan sonucun toplamı 666'dır. Vahiyler Kitabı muhtemelen 81-96 arasındaki İmparator Domitianus'un uyguladığı baskılar döneminde yazılmıştır. 2009'da papalık arkeologları Roma surlarının dışındaki Aziz Paulus Kilisesi'nin altında bir mezar buldular. Kemiklere karbon testi yapıldı ve bir ila üçüncü asırlara denk düşen bir döneme ait olduğu öğrenildi – bunlar, Paulus'un kemikleri olabilir.

13

YAHUDİ SAVAŞLARI: KUDÜS'ÜN SONU

M.S. 66-70

YALINAYAK KRALİÇE BERENİCE: İHTİLAL

Berenice yalınayak Praetorium'a gitti – İsa'nın otuz yıl önce Hirodes Antipa'dan Pilatus'a geri götürülürken geçtiği aynı yoldan. Güzel Berenice –kralların kızı ve kız kardeşi, çifte kraliçe– Kudüs'e hac ve bir hastalıktan kurtulduğundan dolayı Tanrı'ya şükretmek için gelmişti, otuz günlük orucunu tutuyordu ve başını tıraş etmişti (Bu, Romalılaşmış bir Hirodesliden beklenmeyecek bir davranış). Şu anda ise kendisini Florus'un önüne atmış ve ona durması için yalvarıyordu ama adam intikam ve ganimet peşindeydi. Florus'un takviyeleri Kudüs'e doğru yaklaşırken Yahudiler, Romalılarla anlaşmak isteyen ılımlılar ve derhal savaşa tutuşmak isteyen radikaller olarak ikiye bölündü, belki de Roma hâkimiyeti altında sınırlı bir bağımsızlık elde etmeyi planlıyorlardı.

Tapınak'taki rahipler genç asileri zapt etme umuduyla kutsal emanetleri sokaklarda gezdirip saçlarına matem tozu döktüler. Yahudiler, Roma kohortunu barışçı bir şekilde karşılamak için şehirden çıktılar ama Florus'un emriyle süvariler bu grubun üzerine saldırdılar. Kalabalık kapılara doğru kaçtı ama çoğu bu arbedede ezildi. Florus daha sonra, mıntıkaya hâkim olan Antonia Kalesi'ni ele geçirme umuduyla, Tapınak Dağı'na doğru hücuma geçti. Yahudiler buna tepki olarak çatılardan Romalılara mızrak fırlattılar, Antonia'yı işgal ettiler ve Tapınak'a giden köprüleri kesip Tapınak'ı da bir kale haline getirdiler.

Florus'un geri çekildiği sırada Hirodes Agrippa, İskenderiye'den geldi. Kral, Kudüslüleri Yukarı Şehir'de hemen sarayının altında bir görüşmeye çağırdı. Berenice'nin bir çatıdan dinlediği görüşmede Agrippa Yahudilere isyana son vermeleri için yalvardı: "Sakın Roma İmparatorluğu'nu karşınıza almaya kalkmayın. Savaş bir kez başlarsa bir daha sona erdirmesi çok zor olur. Bilinen dünyada Roma'ya karşı koyacak hiç kimse yok. Eğer kadınlarınıza, çocuklarınıza ve bu şehre acımıyorsanız bari Mabet'e acıyın!" Agrippa ve kız kardeşi onların önünde ağladılar. Kudüslüler sadece Florus'la savaşmak istediklerini söylediler. Agrippa onlara haraçlarını ödemelerini söyledi. Ahali bunu kabul edip Agrippa'nın liderliğinde barış müzakerelerinin tertip edilmesi için Tapınak'a gittiler. Ama Tapınak Dağı'nda Kral Agrippa yeni bir vekil gelene kadar Yahudilerin Florus'a itaat etmesi gerektiğini söyleyince ortalık yine karıştı.

Aralarında Josephus'un da bulunduğu rahipler Tapınak'ta bir araya gelip Roma'ya sadakatlerinin simgesi olan her gün İmparator adına kurban kesilmesine son verip vermemeleri gerektiğini tartıştılar. Bu tartışmasız başkaldırı hareketi onaylandı – Josephus bunun "Roma'yla olan savaşın dayanağı" olduğunu yazmış ve kendisi de isyana katılmıştı. Asiler Tapınak'ı ele geçirip ılımlı asiller Yukarı Şehir'e çekilirken Yahudi gruplar birbirlerine taş ve mızrak atmaya başladılar.

Agrippa ve Benefice Kudüs'ü terk ettikten sonra ılımlıları desteklemek için 3000 süvari gönderdiler ama kazanan fanatikler oldu. Tapınak merkezli popüler bir grup olan Zealotlar ve hançer kullanan haydutlar olan Sicariiler Yukarı Şehir'e saldırdı ve Kral Agrippa'nın birliklerini geri püskürttü. Yüce rahip ile Makkabilerin sarayını ve borç senetlerinin bulunduğu arşivi yaktılar. Kısa bir süre için liderleri olan "barbar ve zalim" bir derebeyi Kudüs'ün idaresini ele geçirdi ama rahiplerin düzenlediği bir suikasta kurban gidince Sicariiler, Ölü Deniz kıyısındaki Masada Kalesi'ne çekildiler ve Kudüs düşene kadar da başka bir şeye karışmadılar.

Rahipler tekrar idareyi ele geçirmiş olsa da Kudüs'teki menfaatçi maceracılardan dindar sofulara kadar her tür insandan oluşan gruplar ve onların liderleri kanlı ve karmaşık bir iç savaş başlattılar. Tek kaynağımız olan Josephus bile bu grupların kimler olduğunu ve neyi savunduklarını doğru düzgün ifade edememektedir. Fakat Roma karşıtı bu dinî ayaklanmanın köklerinin Büyük Hirodes'in ölümünden sonra başlayan Celile isyanlarına kadar gittiğini söylemektedir: "Özgürlüğe tutkundular ve tek liderleri olarak Tanrı'yı gördükleri için zapt edilmeleri de imkânsızdı." Onların "ektikleri tohumlar hayat buldu." Josephus sonraki birkaç yıl içinde Yahudilerin Yahudilerle savaşıp "sürekli birbirlerini öldürdüklerini" söylemektedir.

Büyük Hirodes'in hisarını hâlâ elinde tutmakta olan 600 kişilik Roma garnizonu teslim olmaları karşılığında şehirden güvenle çıkabileceklerine dair söz verilmesi üzerine silahlarını bıraktı ama pek çok masum Yahudiyi öldürmüş olan bu Yunan ve Suriyeliler "hunharca" katledildiler. Kral Agrippa arabuluculuk çabalarına son verip seçimini Roma'dan yana yaptı. 66 Kasım'ında Roma'nın Suriye valisi, Agrippa ve müttefik kralların da desteğiyle, Antakya'dan savaşa savaşa Kudüs'e doğru ilerlemeye başladı. Ama birdenbire, belki de rüşvet verildiği için, vazgeçip

Yahudi saldırıları sürerken geri çekilmeye kalkışınca 5000 Roma askerinin canına ve bir lejyon kartalının kaybedilmesine neden oldu.

Ok yaydan çıkmıştı. Roma'nın gururu onarılmalıydı. Asiler eski başrahip Ananus'u bağımsız İsrail'in yöneticisi olarak seçtiler. Ananus surları takviye ederken şehir de dövülen kılıç ve zırhların çekiç sesleriyle yankılandı. Ananus aralarında geleceğin tarihçisi Josephus'un da bulunduğu generaller atadı. Josephus, Celileli bir komutan olarak şehirden çıktı ve kendisini derebeyi Guş Halavlı Yohanan'la muharebeye tutuşmuş halde buldu, ikisi için de Romalılarla yaptıklarından daha çetin bir muharebe olacaktı.

Üzerlerinde "Siyon'un Hürriyeti" ve "Kutsal Kudüs" yazılı yeni paralar basıldı – yine de bu pek çoğunun istemediği bir özgürlüktü ve şehir, "akıbeti felaket olan" bir yer haline gelmişti. Neron, Yunanistan'da şarkılar söyleyip olimpiyatlardaki savaş arabası yarışlarına hazırlanırken İsrail'in başkaldırdığı haberini aldı.

JOSEPHUS'UN KEHANETİ: KATIRCI İMPARATOR

Neron muzaffer generallerden korktuğu için Yahudi Savaşı'na göndereceği komutan olarak maiyetinden kıdemli ve kendisine sadık bir askeri seçti. Titus Flavius Vespasianus ellili yaşlarının sonlarına yaklaşmıştı ve İmparator'un oynadığı tiyatro oyunlarında uyuyakalarak onu sinir ederdi. Ama Britanya'yı fethederek nam salmıştı ve takma adı olan "katırcı" hem onun sıradanlığını hem de orduya katır satarak elde ettiği serveti işaret ederdi.

Oğlu Titus'u takviye toplaması için İskenderiye'ye gönderen Vespasianus 60.000 kişilik bir ordu topladı, bunlara ek olarak emrinde Suriyeli sapancılar, Arap okçular ve Kral Hirodes Agrippa'nın süvarileri de bulunuyordu. Daha sonra sahilden Ptolemais'e (Akka) yürüdü. 67 yılının başında Celile'yi işgale başladı ve Josephus ile onun Celileli taraftarlarının direnişiyle karşılaştı. Vespasianus, Yodfat'taki kalesinde Josephus'u kuşattı. O yılın 29 Temmuz'unda Titus'un askerleri surlardaki gediklerden içeri girerek şehri aldı. Yahudiler ölümüne savaştılar ve sonunda pek çoğu intihar etti.

Josephus ve bazıları bir mağaraya saklanarak hayatta kaldı. Romalılar onları kıstırdığında kendilerini öldürmeye ve kimin kimi öldüreceğine karar vermek için de kura çekmeye karar verdiler. "Tanrı'nın inayetiyle" (ya da hileyle) Josephus son çubuğu çekerek mağaradan sağ çıktı. Vespasianus onu ödül olarak, ölümünün onun elinden olması için, Neron'a göndermeye karar verdi. Josephus generalle konuşmak istediğini söyledi. Vespasianus ve Titus'un huzuruna çıkınca şunları söyledi: "Vespasianus! Sana yakında olacak büyük şeylerin habercisi olarak geldim. Beni

Neron'a mı göndereceksin? Neden? İleride Sezar ve İmparator olacak kişi sensin. Sen ve oğlun." Duydukları Vespasianus'un hoşuna gitti ve Josephus'u zindanda tutmaya devam etse de ona hediyeler de gönderdi. Josephus'la aynı yaşlarda olan Titus kendisiyle arkadaş oldu.

Vespasianus ve Titus, Yahudiye'ye doğru ilerlerken Josephus'un rakibi Guş Halavlı Yohanan, Kudüs'e çekildi – "yöneticisi olmayan bu şehir" çoktan kendi kendini yemeye başlamıştı bile.

GENELEVE DÖNEN KUDÜS: TİRANLAR YOHANAN VE ŞİMON

Kudüs'ün kapıları Yahudi hacılara, dindar fanatiklere, tecrübeli askerlere ve şehre kaçan binlerce mülteciye açık kalırken asiler tüm enerjilerini çete savaşlarında, zevk âlemlerinde ve sözde hainleri avlayarak tükettiler.

Genç ve gözüpek eşkıyalar rahiplerin hâkimiyetine meydan okumaya başlamıştı. Tapınak'ı ele geçirdiler, yüce rahibi görevinden aldılar ve onun yerine kurayla "sıradan birini seçtiler." Ananus, Kudüslüleri toplayıp Tapınak'a hücuma geçti ama iç avlulara ve Kutsalların Kutsalı'na saldırmaya cesaret edemedi. Guş Halavlı Yohanan ve onun Celileli savaşçıları bunu tüm şehri ele geçirmek için bir fırsat olarak gördüler. Yohanan "milletlerin en barbarı ve vahşisi olan" Edomluları güneyden çağırdı. Edomlular şehre girdiler, Tapınak'a saldırıp "her yerin kana bulanmasına neden olduktan" sonra da sokaklara dağılıp 12.000 kişiyi öldürdüler. Ananus ve rahiplerini katlettiler, kıyafetlerini çıkarıp çıplak vücutlarını tekmelediler, daha sonra onları surlardan aşağıdaki köpeklere attılar. Josephus'a göre, "Ananus'un ölümü şehrin yok oluşunun başlangıcı oldu." Sonunda gözleri kana doyan ve işe yarar ne varsa almış olan Edomluların terk ettiği şehir Guş Halavlı Yohanan'ın eline geçti.

Romalılar fazla uzakta olmasa da Yohanan, Celilelileri ve Zealotları bu fırsatın tadını çıkarmaları için serbest bıraktı. Kutsal Ev bir geneleve dönüşmüştü ama Yohanan'ın bazı müttefikleri çok geçmeden bu tirana olan inançlarını kaybettiler ve şehrin dışındaki yükselen yeni güce, "Yohanan kadar kurnaz olmasa da kuvvet ve cesarette ondan üstün olan" Giora'nın oğlu Şimon adında yeni bir derebeyine sığındılar. "Halk Şimon'dan Romalılardan korktuğundan daha çok korkardı." Kudüslüler kendilerini bir tirandan kurtaracağı umuduyla ikincisini – Giora'nın oğlu Şimon– davet ettiler ve o da çok geçmeden şehrin büyük bölümünü ele geçirdi. Tapınak hâlâ Yohanan'ın elindeydi ama Zealotlar kendisine karşı ayaklanıp Tapınak'ın iç kısmını ele geçirince, Tacitus'a göre, "tek şehir için savaşan üç general ve üç ordu ortaya çıkmış oldu" – Romalılar adım adım yaklaşıyor olsa da.

Yakınlardaki Eriha, Vespasianus'un eline geçince üç Yahudi grubu da birbiriyle savaşmayı kesip Kudüs'ü tahkim etmeye giriştiler, hendekler kazdılar ve kuzeydeki I. Hirodes Agrippa'nın yaptırdığı üçüncü suru takviye ettiler. Vespasianus, Kudüs'ü muhasara etmeye hazırlandı. Ama birden her şey durdu.

Roma, imparatorunu kaybetmişti. 9 Haziran 68 tarihinde isyanlardan bunalan Neron intihar etmiş ve ölmeden önce de şunları söylemişti: "Dünya ne büyük bir sanatçıyı kaybediyor." Art arda kısa süre içinde üç imparator gelip geçerken üç tane sahte Neron ortaya çıkıp eyaletlerde boy gösterdi – sanki bir tane gerçeği yetmezmiş gibi. Sonunda Yahudiye ve Mısır'daki lejyonlar Vespasianus'u imparator olarak seçtiler. Katırcı, Josephus'un kehanetini hatırlayıp onu serbest bıraktı, ona vatandaşlık verdi ve Yahudiye'yi –sonra da dünyayı– fethederken onu danışmanı ve neredeyse maskotu olarak kullandı. Berenice, Vespasianus'un imparator olabilmesi için mücevherlerini satmıştı. Katırcı bunun için minnettardı. Yeni İmparator, İskenderiye üzerinden Roma'ya geri dönerken 60.000 askerin komutasını oğlu Titus ele alıp Kutsal Şehir'e doğru ilerlemeye devam etti. Hanedanının kaderinin burada göstereceği başarıya bağlı olduğunu biliyordu.[55]

BÖLÜM İKİ

PAGANİZM

"Ah o şehir ki insan doluydu, nasıl da tek başına çöküp kaldı. Milletler arasında öylesine kalabalıktı, nasıl da dul bir kadına döndü! O ki vilayetlerin kraliçesiydi, nasıl da angaryaya koşuldu! Geceleri durmadan ağlıyor, gözyaşları yanaklarından akıyor. Onca âşığı arasında onu teselli edecek kimse yok."

Mersiyeler, 1.1-2

"Kudüs hâlâ ayakta ve Yahudiler bizimle barış içinde olduğu dönemde bile onların ibadetleri bizim imparatorluğumuzun ihtişamı ve atalarımızın âdetleriyle ters düşmekteydi."

Cicero, Pro L. Flacco

"Bir kişinin İsrail topraklarında, Yahudi olmayanlar arasında yaşaması yabancı topraklarda Yahudilerin arasında yaşamasından daha hayırlıdır. Orada gömülen Kudüs'te doğmuş gibi olur ve Kudüs'te gömülen de zafer tahtının altında doğmuş gibi olur."

Yehuda ha Nasi, Talmud

"On ölçek güzellik dünyaya indi, dokuzunu Kudüs aldı.."

Midraş Tanhuma, Kedoşim 10

"Kudüs'ün özgürlüğü için."

Şimon bar Kohba, madeni paralar üzerindeki ibare.

"Kudüs böylece, Yahudilerin bugün bile en çok hürmet ettiği gün olan, Satürn gününde yok edildi."

Dio Cassius, *Roma Tarihi.*

14

AELIA CAPITOLINA

M.S. 70–312

TITUS'UN ZAFERİ: ROMA'DAKİ KUDÜS

Şehir yerle bir edilip içindekiler katledildikten birkaç hafta sonra Titus tekrar Kudüs'ten geçti, onun melankolik harabelerini geçmişteki ihtişamıyla kıyasladı. Sonra ele geçirdiği Yahudi liderler, metresi Berenice, gözde destekçisi Josephus ve Tapınak'ın hazineleriyle birlikte Roma'ya yelken açtı. Vespasianus ve Titus defne yapraklarıyla taçlandırılıp eflatun cübbe giymiş halde İsis Tapınağı'ndan çıktıklarında Senato tarafından karşılandılar ve Roma tarihindeki en şatafatlı zaferlerden birini değerlendirmek için Forum'daki yerlerini aldılar.

Üç ya da dört kat yüksekliğindeki kutsal heykeller, hazineler ve tahtırevanlardan oluşan bu geçit Josephus'un dediğine göre "izleyenleri hem memnun edip hem de şaşırtıyordu, çünkü bunlar bir zamanlar mutlu olan bir ülkenin harabeye çevrildiğinin alametleriydi." Kudüs'ün düşüşü *tableaux vivant*larla* –lejyonerlerin hücumu, Yahudilerin katledilmesi ve Tapınak'ın yanması– canlandırıldı ve her tahtırevanın üzerinde bir şehri almış bir Romalı komutan duruyordu. Ardından Josephus'un içlerinde en acı olanı dediği Kutsalların Kutsalı'na ait hazineler gelmekteydi: altın masa, şamdan ve Yahudilerin Kanunları. En gözde mahkûmları olan Giora'nın oğlu Şimon boynuna bir ip bağlı halde gezdirildi.

Geçit alayı Jüpiter Tapınağı'nda durduğunda Şimon ve asi derebeyleri idam edildi, kalabalık coştu, kurbanlar kesildi. Kudüs orada öldü diyordu Josephus: "Ne kadimliği, ne zenginliği, ne bilinen dünyanın her yanına yayılmış olan halkı ne de mukaddes ayinlerinin ihtişamı onu harabe haline gelmekten kurtaramadı."

Bu zafer, Roma'da hâlâ ayakta olan Titus Anıtı'nın** yapılmasıyla ölümsüzleştirildi. Yahudi ganimetleriyle Kolezyum'un ve Vespasianus'un Kudüs'ün hazinelerini

---

* Oyuncuların bir tablodaki figürler gibi hareketsiz durdukları bir görsel sanat dalı. (yay. n.)

** Vespasianus'a gelince İtalya'da yaptırdığı umumi tuvaletlerle anılacaktır hâlâ *vespasianos* olarak bilinir.

sergilediği Barış Tapınağı'nın masrafları karşılandı – Tevrat ruloları ve Kutsalların Kutsalı'nın eflatun perdeleri ise imparatorluk sarayına götürüldü. Zafer ve Roma'nın merkezinin yeniden tasarlanması sadece bir hanedanı değil, Yahudiliğe karşı kazanılan üstünlüğü ve imparatorluğun aldığı yeni şekli de kutluyordu. Yahudilerin Tapınak'a ödediği vergilerin yerine Fiascus Judaicus, yani Roma devletine Jüpiter Tapınağı'nın yeniden inşa edilmesi için ödenecek vergi getirildi. Bundan ağır hakaret olamazdı.* Yine de Yahudiye, Celile, Akdeniz kıyıları ve Babil'de hayatta kalan Yahudilerin çoğu Roma ya da Part hâkimiyetini kabul ederek eskisi gibi yaşamaya devam ettiler.

Yahudi Savaşı henüz bitmemişti. Celileli Eleazar'ın elindeki Masada Kalesi, Romalılar saldırmak için bir rampa inşa ederken, üç yıl direndi. Nisan 73'te liderleri, askerleri ve onların ailelerine hitap ederek bu yeni ve karanlık dünyanın gerçeklerini dile getirdi: "Tanrı'nın kendisinin bile ikâmet ettiğine inanılan şehir nerede?" Kudüs gitmişti ve şimdi kölelikle karşı karşıyaydı:

> Dostlarım uzun zaman önce Tanrı'dan başka ne Roma'nın ne de başka bir gücün hizmetkârı olmayacağımıza söz verdik. Onlara karşı ilk isyan eden biziz; onlara karşı son savaşan biziz ve elimde olmadan hür olarak, cesaretle ve dostlarımızla omuz omuza ölme fırsatını bize bahşedenin Tanrı olduğunu düşünüyorum. Kadınlarımız kirletilmeden ve çocuklarımız köle olmadan önce ölsünler.

"Erkekler karılarını kucakladı ve çocuklarını kollarına aldılar, gözyaşları içerisinde onlara elveda öpücükleri kondurdular." Tüm erkekler karılarını ve çocuklarını öldürdü; geri kalanları öldürmesi için on erkek kurayla seçildi ve toplamda 960 kişi öldürüldü.**

---

* Vespasianus'un bastırdığı paraların üzerinde "JUDAEA CAPTA" yazılıdır ve üzerinde Yahudiye'yi simgeleyen, bir palmiye ağacının altında bağlı şekilde oturmuş bir kadın ile onun tepesinde dikilmiş ve mızrağına yaslanmış bir Romalı bulunmaktadır. Kudüs hazinelerinin başına ne geldiği bilinmiyor. 455 yılında Vandal Kralı Genseric, Roma'yı yağmaladı ve Tapınak hazinelerini Kartaca'ya götürdü. Hazineler daha sonra İmparator Jüstinyanus'un generali Belisarius tarafından ele geçirilip Konstantinopolis'e getirildi. Jüstinyanus şamdanı Kudüs'e geri gönderdi ama şamdan 614 yılındaki yağmada Perslerin eline geçmiş olmalı, nihayetinde ortadan kayboldu. Titus'un kardeşi Domitianus tarafından tamamlanan Titus Anıtı şamdanın kollarının uzatılıp bir trident gibi yukarı doğru kıvrıldığını göstermektedir: değiştirilmiş ya da sanatçı bir hata yapmış olabilir. İlginçtir ki Hanuka sırasında İsrail'in simgesi olarak şamdan kullanılan modern Yahudi menorahı (yedi kollu şamdan) Roma şamdanı (pagan sembolleri hariç) esas alınarak yapılmıştır.

** Kural gereği bu on kişi, diğer dokuz yüz kişiyi öldürdükten sonra, birbirlerini de öldürerek kimse hayatta kalmaksızın toplu intihar gerçekleştirilecektir. Toplu intihardan sadece iki kadın ve beş çocuk hayatta kalmıştır. Hikâyenin tarihsel arkaplanında da, hayatta kalan bu kişilerin aktarımları rol oynamıştır. (yay. n.)

Romalıların çoğu için Masada'daki toplu intihar Yahudilerin iflah olmaz fanatikler olduğunu ispat eden bir delilden başka bir şey değildi. Otuz yıl sonra yazan Tacitus Yahudilerin "kötü niyetli ve asi yobazlar" olduklarını, aralarında tek tanrılı din ve sünnetin de bulunduğu garip hurafelere inandıklarını, Roma tanrılarını reddettiklerini, "vatanseverliği" kabul etmediklerini ve "bildikleri yoldan şaşmayı hiç düşünmediklerini" söylemişti. Josephus, Masada'yla ilgili detayları toplu intihar sırasında saklanarak hayatta kalan kişilerden topladı ve Yahudilerin cesaretine duyduğu hayranlığı dile getirmeden edemedi.

BERENİCE: YAHUDİ KLEOPATRA

Josephus, Roma'daki Vespasianus'un eski evinde oturmaya başladı. Titus ona Tapınak'tan aldığı bazı parşömenleri verdi, emekli maaşı bağlayıp Yahudiye'de arazi tahsis etti ve onu ilk kitabı olan *Yahudi Savaşı* için görevlendirdi. Josephus'un tek kaynağı İmparator ve Titus değildi. "Bana geldiğinde," diye yazmıştı sevgili dostu Kral Hirodes Agrippa, "sana pek çok şey hakkında malumat vereceğim." Ama Josephus "imtiyazlı konumunun kıskançlığa yol açıp başına iş çıkaracağının" farkındaydı: İmparatorluğun himayesine ihtiyacı vardı ve düşmanlarından bazılarını ortadan kaldıran Domitianus döneminde de bu himayeye kavuştu. Josephus son yıllarında –M.S. 100 civarında ölmüştür – Flavius sülalesinin dostluğunun tadını çıkarmış olsa da Tapınak'ın yeniden yapılacağını umut etmiş ve Yahudilerin medeniyete olan katkılarından dolayı gurur duymaya başlamıştı: "Dünyanın geri kalanını pek çok güzel fikirle tanıştırdık. Şiddet içermeyen dindarlıktan daha güzeli var mıdır? Yasalar'a itaatten daha büyük bir adalet var mıdır?"

Hirodesli prenses Berenice, Roma'da Titus'la birlikte kaldı ama parlak elmasları, burnu havada olması ve kardeşiyle olan ensest ilişkisine dair hikâyelerle Romalıları rahatsız ediyordu. "Titus'unkine bitişik bir sarayda kalıyordu. Onunla evlenmesi bekleniyordu ve çoktan her yönden onun karısı gibi davranmaya başlamıştı." Titus'un onunla flört ettiği için general Caecina'yı öldürttüğü söylenir. Titus onu severdi ama Romalılar onu Antonius'un belalı sevgilisi Kleopatra'ya benzetmişlerdi – ya da daha da kötüsü olmalıydı, çünkü Yahudiler mağluptu ve onlardan nefret ediliyordu. Titus onu göndermek zorunda kaldı. 79 yılında babasının yerine tahta geçtiğinde, ellili yaşlarına gelmiş olan Berenice Roma'ya geri döndü ama ortalık öyle bir karıştıki Titus yine Yahudi Kleopatra'sından ayrılmak zorunda kaldı, demek ki Flavius sülalesi henüz tahtı garantiye almış değildi. Muhtemelen, Berenice Hirodeslerin sonuncusu olan kardeşiyle tekrar bir araya gelmişti.*

---

* II. Hirodes Agrippa, Lübnan'da daha büyük bir krallıkla ödüllendirildi. Belki Yahudiye'nin enkazını yönetmeye meraklı değildi ama Roma'da siyasi kariyer yapma fikri ona cazip gelmiş olabilir. 75 yılında

Titus'un hâkimiyeti kısa sürdü. İki yıl sonra şu sözleri sarf ederek hayata veda etti: "Sadece tek bir hata yaptım." Kudüs'ü yıkmaktan mı bahsediyordu acaba? Yahudiler erken ölümünün Tanrı'nın onu cezalandırmasının sonucu olduğuna inandılar.[1] Kırk yıl boyunca perişan haldeki Kudüs'ün üzerindeki gergin hava hiç kaybolmadı ve Yahudiye'de son ve mahvedici bir öfke patlaması daha yaşandı.

İSA'NIN SOYUNUN SONU: UNUTULAN ÇARMIH

Kudüs, Onuncu Lejyon'un karargâhıydı ve ordugâhlarını bugünkü Ermeni Mahallesi ile Hirodes Hisarı'nın üç kulesi civarına kurmuşlardı – kulelerden sonuncusu olan Hippacus'un temeli bugün hâlâ durmaktadır. Şehrin dört bir yanında bulunan kiremit ve tuğlaların üzerinde Lejyon'un Yahudi karşıtı simgesi olan yaban domuzuna rastlanmıştır. Kudüs tümüyle terk edilmemiş ve geleneksel olarak Yahudilerden nefret eden Suriyeli ve Yunan eski askerler şehre yerleşmişti. Ay yüzeyini andıran bu çorak topraklar ürkütücü olmalıydı. Ama Yahudiler bir zamanlar olduğu gibi Tapınak'ın yeni baştan inşa edileceğini umut ediyor olmalıydılar.

Vespasianus, Kudüs'ten bir tabutun içerisinde kaçan haham Zakkai'nin oğlu Yohanan'a Akdeniz kıyısındaki Yavne'de (Jamnia) Tevrat'ı öğretmesi için izin verdi ve Yahudilerin Kudüs'e gitmesi resmî olarak yasaklanmadı. Aslında, Josephus ve Agrippa'nın yapmış olduğu gibi, pek çok zengin Yahudi muhtemelen Romalılara katılmıştır. Yine de Tapınak Dağı'na çıkmalarına izin verilmedi. Onun yerine hacılar Tapınak için yas tutup Kidron Vadisi'ndeki Zekeriya'nın Kabri'nin* yanında dua ettiler. Bazıları kıyametin koparak Tanrı'nın Krallığı'nın tekrar kurmasını bekledi ama Yohanan için yok olan şehir manevi bir mukaddesat haline dönüşmüştü. Harabeyi ziyaret ettiğinde öğrencisi ağladı, "Yazık bize!" "Üzülme," diye cevap verdi haham (asırlar sonra derlenen Talmud'a göre). "Elimizde başka bir şey var. Sevmek ve merhamet etmek." Kimse o zaman farkında olmasa da bu modern Museviliğin doğuşuydu – Tapınak olmadan.

İsa'nın üvey kardeşi ya da kuzeni olan Kleopas'ın oğlu Şimon'un önderliğindeki Yahudi Hristiyanlar Kudüs'e geri dönüp orada, günümüzde Siyon Dağı'nda bulunan Yukarı Oda'ya hürmet göstermeye başladılar. Günümüzdeki binanın altında, muhtemelen Hirodes Tapınağı'nın enkazıyla yapılmış olan bir sinagog

---

Barış Tapınağı'nın açılışı (Tapınak'taki hazinelerin bazıları da sergileniyordu) için Roma'ya gittiğinde praetor rütbesiyle taltif edildi. On imparatorun hâkimiyeti altında hüküm sürerek M.S. 100 civarında öldü. Akrabaları Ermeni ve Kilikya kralı ve hatta Roma konsülü bile oldular.

* Bu, tamamlanamamış bir aile kabristanıdır. Kabristanın ait olduğu aile muhtemelen kuşatma sırasında öldüğünden, burası Yahudilerin toplanıp Tapınak için yas tutmasına uygun bir mekân olmuştur. Bu hacıların taşlarına kazıdığı İbranice yazılar bugün de görülmektedir.

bulunmaktadır. Yine de Akdeniz çevresindeki artan sayıdaki Yahudi olmayan Hristiyanlar artık gerçek Kudüs'e hürmet etmiyorlardı. Yahudilerin bozgunu onları ana dinlerinden kesin olarak ayırmış, İsa'nın kehanetlerini ve yeni vahyin gelişini doğrulamıştı. Kudüs, başarısız olmuş bir inancın kıraç topraklarından başka bir yer değildi. Vahiyler Kitabı, Tapınak'ın yerini Tanrı'nın Kuzusu Mesih'le doldurdu. Ahir Zaman'da, altın ve mücevherlerle süslü Kudüs semadan arza inecekti.

Bu mezheplerin dikkatli olması gerekiyordu: Romalılar mesihlikle alakalı her şeye karşı tetikteydiler. Titus'un halefi ve kardeşi Domitianus, Yahudi karşıtı bir vergi koydu ve Hristiyanlara zulmederek zayıflayan rejimine verilen desteği artırmaya çalıştı. Suikasta kurban gitmesi üzerine yerine gelen mülayim ve ihtiyar imparator Nerva baskıyı ve vergiyi azalttı ama bu yanıltıcı bir rahatlamaydı. Nerva oğlu olmadığından bir generalini vârisi olarak seçti. Uzun boylu, sert bir adam olan Trajan ideal bir imparatordu ve belki de Augustus'tan beri gelmiş olan imparatorların en iyisiydi. Kendisini yeni toprakların fatihi ve eski değerlerin hamisi olarak görüyordu – bu Hristiyanlar için kötü Yahudiler içinse çok kötü bir haberdi. 106 tarihinde Kudüs'teki Hristiyanların önderi Şimon'un çarmıha gerilmesini emretti, çünkü tıpkı İsa gibi o da Kral Davud'un soyundan geldiğini iddia ediyordu. İsa'nın soyu böylece sona erdi.

Babasının Titus'un komutası altında Yahudilerle savaşarak şöhret kazanmasından büyük gurur duyan ve Fiscus Judaicus vergisini tekrar almaya başlayan Trajan da diğer bir İskender hayranıydı: Parthia'yı işgal edip Roma gücünü, Babil Yahudilerinin memleketi olan Irak'a kadar genişletti. Bu Yahudilerin savaş sırasında Romalı kardeşleriyle temasa geçtikleri kesindir. Trajan, Irak içerisinde ilerlerken Afrika, Mısır ve Kıbrıs Yahudileri asi "kralların" önderliğinde ayaklanıp Parthia'daki Yahudilerle muhtemelen işbirliği yaparak binlerce Romalı ve Yunanlıyı öldürüp sonunda intikamlarını aldılar.

Yahudilerin ihanetinden ve Irak içinde ilerlerken Babil Yahudilerinin saldırılarından çekinen Trajan, "mümkünse bu milleti tümden imha etmeye karar verdi." Irak'tan Mısır'a kadar tüm Yahudilerin öldürülmesini emretti. Mısırlı tarihçi Appian, "Trajan, Yahudi milletini tümden temizlemeye kalkıştı," diye yazmıştı. Yahudiler artık Roma İmparatorluğu'nun düşmanı olarak görülüyordu: "Onlar kutsal bildiğimiz her şeyin düşmanıdırlar," diye yazmıştı Tacitus, "ama nefret ettiğimiz her şeyi de yapmaya devam ederler."

Roma'nın Yahudi meselesine Trajan'ın yeğeniyle evlenmiş olan Suriye Valisi Aelius Hadrianus bizzat şahit olmuştu. Trajan bir vâris bırakmadan aniden ölünce İmparatoriçe onun ölüm döşeğinde Hadrianus'u evlat edindiğini ilan etti: İmparator olan Hadrianus, Yahudi sorununu kökünden sona erdirecek bir çözümü uygulamaya koyuldu. Başarılı bir imparatordu, Kudüs'ü yeniden inşa edenlerden biriydi ve Yahudi tarihindeki en büyük canavarlar arasında yer alacaktı.[2]

HADRIANUS: YAHUDİ ÇÖZÜMÜ

130 yılında İmparator, genç sevgilisi Antinous'la birlikte, Kudüs'ü ziyaret etti ve ismine varıncaya kadar şehri tümüyle ortadan kaldıracağını ilan etti. Eskisinin yerine kendi ailesi ve Jüpiter Capitolinus'tan (imparatorlukla en çok ilişkilendirilen Tanrı) ilham alınan Aelia Capitolina isminde yeni bir şehir kurulmasını emretti ve Yahudilerle Tanrı arasındaki bağı temsil eden sünnete de idam cezası getirdi. Bunun Tapınak'ın bir daha inşa edilemeyeceği manasına geldiğini fark eden Yahudiler bu darbelerin etkisini atlatmaya çalışırken her şeyden habersiz İmparator, Mısır'a doğru yola çıktı.

Elli dört yaşına gelmiş ve İspanya'daki zeytinyağı üretimi sayesinde zengin olmuş bir ailenin oğlu olan Hadrianus bir imparatorluk yönetmek için yaratılmış bir adama benziyordu. Sahip olduğu fotoğrafik hafıza nedeniyle aynı anda hem emreder, hem dinler hem de danışabilirdi. Kendi mimarisini kendi tasarlar ve kendi şiir ve şarkılarını yazardı. Hiç boş durmayıp sürekli olarak eyaletleri gezerek imparatorluğu ayakta tutmaya çalışırdı. Trajan'ın ele geçirmek için çok uğraştığı Daçya ve Irak'tan çekildiği için eleştiriliyordu. Onun asıl hedefi Yunan kültürü etrafında bir araya gelmiş istikrarlı bir imparatorluğa sahip olmaktı, lakabının Yunancı olmasından da bu niyeti açıkça anlaşılıyordu (Yunan sakalı ve saçları, özel eğitilmiş köleler tarafından eğri demirlerle taranırdı). 123 yılında Küçük Asya'ya düzenlediği seyahatlerden birisinde hayatının aşkı ve ileride neredeyse eşi olacak Yunanlı oğlan Antinous'a denk geldi.* Bu kusursuz gibi görünen imparator ayrıca sağı solu belli olmaz bir kontrol manyağıydı. Bir seferinde sinirlenip bir kölenin gözüne kalem saplamıştı ve iktidarının başlangıcı ve sonu kanlı muhalif temizliklerine şahit olmuştu.

Kudüs'te, şehirden arta kalan enkaz üzerinde Roma, Yunan ve Mısır tanrıları merkezli tipik bir Roma şehri kurulmasını planladı. Hirodes dönemine ait taşlarla yapılmış olan üçlü girişiyle göz kamaştırıcı Neapolis Kapısı (günümüzde Şam) sütunlarla bezeli daire şeklinde bir alana açılıyordu. İki ana caddeden, Cardineler, biri yıkılan Antonia Kalesi'ne yakın, diğeri günümüzde Kutsal Kabir Kilisesi'nin

---

* Bu Romalıların keyfini kaçırdı. Bu tür bir aşk normaldi ve kadınca bir şeymiş gibi karşılanmazdı: Sezar, Antonius, Titus ve Trajan da biseksüeldi. Ama bugünkü ahlaki değerlerin aksine Romalılar bir oğlanla seks yapmanın normal ama bir yetişkinle yapmanın anormal olduğunu düşünürlerdi. Yine de Antinous yetişkin bir adam olduğunda bile Hadrianus karısıyla ilgilenmeyip âşığına eşiymiş gibi davranmıştı.

güneyinde olan iki foruma gidiyordu. Hadrianus İsa'nın çarmıha gerildiği kayanın üzerinde, dışında bir Afrodit heykeli olan bir Jüpiter Tapınağı inşa etti. Belki de Yahudi Hristiyanların orayı bir türbeye çevirmesine mani olmak için kasten yapmıştı. Dahası, amacı Kudüs'teki Yahudilere ait her şeyi silmek olan Hadrianus, Tapınak Dağı'nda da kendi heykelinin bulunacağı bir sunak yapmak istiyordu.* Aynı zamanda diğer bir Helen hayranı olan Antiokhos Epifanes'e ait olan planları da incelemiş ve Atina'ya da bir Olimpia Tapınağı yapmaya karar vermişti.

24 Ekim'de, Mısırlıların, tanrıları Osiris'in ölümünü kutladıkları bayramda, Hadrianus'un sevgilisi Antinous gizemli bir şekilde Nil'de boğuldu. İntihar mı etmişti? Hadrianus ya da Mısırlılar onu kurban mı etmişti? Kaza mıydı? Genelde duygularını pek belli etmeyen Hadrianus'un kalbi kırılmıştı. Antinous'u tanrılaştırarak Osiris olduğunu kabul etti ve Antinopolis adında bir şehir ve Antinous mezhebini kurarak onun güzel yüzü ve muhteşem fiziğinin sergilendiği heykelleri Akdeniz'in dört bir yanına gönderdi.

Hadrianus, Mısır'dan Roma'ya dönerken Kudüs'e uğradı ve muhtemelen Aelia Capitolina şehrinin sınırlarını belirledi. Baskıdan, Kudüs'ün paganlaştırılmasından ve Antinous'un çıplak heykellerinden bunalan Yahudiler silahlanıp Yahudiye tepelerinin içinde yeraltı mağaraları kazmaya başladılar.

Hadrianus'un gitmesinden sonra İsrail Prensi olarak tanınan adı bilinmez bir lider Yahudi Savaşları'nın en korkuncunu başlattı.[3]

ŞİMON BAR KOHBA: YILDIZIN OĞLU

"Başta Romalılar, Yahudileri ciddiye almadılar" ama bu sefer Yahudiler iyi hazırlanmışlardı ve başlarında da yetenekli bir komutan olan Şimon bar Kohba bulunuyordu. Şimon, sayılarda gizli olan ve İsa'nın doğumunu işaret eden mistik krallık

---

* Hadrianus'un binaları bazı garip mevkilerde hayatta kalabilmiştir: 9 Hanzeti Sokağı'ndaki Zalatimo Tatlıcısı Hadrianus'un Jüpiter Tapınağı'nın kapısını ve ana forumun girişini kullanmaktadır. Dükkân 1860 yılında bir Osmanlı çavuşu olan Muhammet Zalatimo tarafından açılmıştı; hâlâ bu ailenin bir üyesi olan Samir Zalatimo tarafından işletilmektedir. Hadrianus'un surları da başka bir Filistinli aile mesleğinin –Abu Assab'ın meyve suyu dükkânı – ve Rus Alexander Nevski Kilisesi'nin bir parçası olmuştur. Hadrianus'un daha küçük forumuna ait kemeraltı Via Dolorosa'da sağlam kalmıştır ve çoğu Hristiyan hatalı olarak oranın Pilatus'un İsa'yı "Ecce homo" ("İşte (bakın) insan!") diyerek halka teslim ettiği yer olarak bilmektedir. Oysaki o kemer yüzyıl sonra yapılmıştır. Şam Kapısı'nın temeli kazıldığında Hadrianus'un ihtişamı ortaya çıkmıştır. Günümüzdeki Ha-Gai ya da El Wad ana caddeleri, Batı Suru meydanında kazılan, Hadrianus'un *cardo* yolunu takip etmektedir. Ama bu pagan kalıntıları içinde en garip olanı Kutsal Kabir Kilisesi'dir. Tarihçi Cassius Dio ve daha sonraki Hristiyan kaynağı *Chronicon Paschale*, Tapınak Dağı'na bir Jüpiter Tapınağı yapıldığını söylemektedirler. Bu mümkündür ama herhangi bir iz bulunamamıştır.

alametini kullanarak, kendisini İsrail Prensi ve Yıldızın Oğlu ilan etti: "Yakup'tan bir yıldız çıkacak, İsrail'den bir önder yükselecek. Moavlılar'ın alınlarını ezecek." Çoğu onu yeni Davud olarak kabul etti. "Bu, Mesih Kral'dır," diye ısrar etmişti muhterem haham Akiba (dördüncü yüzyıla ait Talmud'da) ama herkes aynı fikirde değildi. "Çenenden otlar bitecek, Akiba," diye cevap verdi başka bir haham, "ama Davud'un oğlu hâlâ gelmemiş olacak." Kohba'nın asıl adı bar Kosiba'ydı; şüpheciler bunu değiştirip bar Kozeba yaptılar, Yalanın Oğlu.

Şimon kısa sürede Roma valisinin iki lejyonunu mağlup etti. Bir Yahudiye mağarasında keşfedilen buyrukları rekabetinin sertliğini gözler önüne seriyordu: "Romalıların hakkından geleceğim" – ve geldi de. Tüm lejyonu yok etti. "Düşmanın attığı taşları geri fırlatıp düşmanlarından bazılarını öldürdü." Prensin muhalefete –Şimon bar Kosiba'dan, Yehonatan ve Masabala'ya– tahammülü yoktu: "Tekoa ve diğer yerlerden gelen ve sizin yanınızda olan tüm askerler hiç geciktirilmeden derhal bana gönderilsin. Eğer onları göndermezseniz cezasına katlanırsınız." Dindar birisiydi ve o dönemde yaşamış bir Hristiyan olan Justin'e göre de "İsa'nın Mesih olduğunu inkâr etmeyen Hristiyanların cezalandırılmasını emretmişti." "Romalılara karşı kendisine yardım etmeyen Hristiyanları öldürttü," demişti daha sonra yazan diğer bir Hristiyan Eusebius. "Adam bir cani ve haydutu ama ismine güvenerek ve sanki karşısında köleler varmış gibi davranarak ışığın kaynağı olduğunu iddia etti." Savaşçılarının sadakatini imtihan etmek için onlardan bir parmaklarını kesmelerini istediği söylenir.

Yıldızın oğlu, İsrail devletini Kudüs'ün güneyindeki Hirodium Kalesi'nden yönetti: Bastırdığı paraların üzerinde "Yıl Bir: İsrail'in Selameti," yazıyordu. Ama Tapınak'ı yeniden açıp kurban kesecek miydi? Paraların üzerinde, "Kudüs'ün özgürlüğü için" yazıyordu ve Tapınak'ın resmi işlenmişti ama bu paralardan Kudüs civarında hiç bulunmadı. Appian, tıpkı Titus'un yaptığı gibi Hadrianus'un da sanki geriye bir şey kalmış gibi, Kudüs'ü tahrip ettiğini, önlerine çıkan her şeyi ezip geçen asilerin fırsat buldularsa Hisar'daki Onuncu Lejyon'u mutlaka kuşatmış olabileceklerini ve Tapınak Dağı'nda ibadet edeceklerini de yazmıştı, böyle olup olmadığını bilmiyoruz.

Hadrianus aceleyle Yahudiye'ye geri dönüp en iyi komutanını Britanya'dan çağırdı ve bu bilinmez savaşı anlatan az sayıdaki tarihçiden biri olan Cassius Dio'ya söylediğine göre yedi ila on iki lejyon toplayarak "Yahudilerin üzerine yürüdü, onların çılgınlıklarına karşı hiç merhamet göstermedi. Binlerce erkek, kadın ve çocuğu öldürdü ve tüm bölgeyi işgal edip sağ kalanları köle yaptı." Severus geldiğinde Yahudilerin taktiklerini onlara karşı uygulayarak "küçük grupların birbirleriyle olan bağlantısını kesti, yiyecek kaynaklarına varmalarına mani oldu ve onları tümüyle ortadan kaldırmadan önce kaçabilecekleri hiçbir yer bırakmadı." Romalılar yaklaşırken bar Kohba düzeni korumak için sert tedbirlere başvurmak zorunda kaldı. Bir mülazımını, "Eğer yanındaki Celilelilere eziyet edersen ben Aflul'a yaptığım gibi senin ayaklarına da pranga taktırırım," diye ihtar etti.

Yahudiler, Yahudiye'nin mağaralarına çekildiler ve bu yüzden Şimon'un mektupları ve eşyaları orada bulundu. Bu mülteci ve savaşçılar, bir daha dönemeyecekleri düşüncesine teselli olarak, terk ettikleri evlerinin anahtarlarını ve lüks eşyalarını da –bir cam tabak, deri çerçeveli bir ayna, ahşap mücevher kutusu ve bir tütsü kaşığı – beraberlerinde götürmüşlerdi. Orada öldüler ve eşyaları da kemiklerinin yanında bulundu. Parçalanmış mektuplarından felaketin boyutlarını anlamak mümkündür. "Sonuna kadar... umutları yok... güneydeki kardeşlerim... kılıçla öldürüldüler..."

Romalılar, Kudüs'ün 10 kilometre güneyindeki Kohba'nın son kalesi olan Betar'a yürüdü. Şimon, Betar'daki son savunma sırasında, Yahudi efsanesine göre boynunda bir yılanla, öldürüldü. "Cesedini bana getirin," buyurdu Hadrianus. "Eğer Tanrı istemese onu kim öldürebilirdi?" Hadrianus muhtemelen çoktan Roma'ya dönmüştü ama şöyle ya da böyle Yahudilerden intikamını fazlasıyla almıştı.

"Çok azı hayatta kaldı," yazmıştı Cassius Dio, "karakollarından ellisi ve köylerinden 985'i yerle bir edildi. 585.000 tanesi savaşlarda" çok daha fazlası da "açlık, hastalık ve yangınlarda öldü." Yetmiş beş tane bilinen Yahudi yerleşimi ortadan kalktı. O kadar çok Yahudi köle yapıldı ki el Halil'deki köle pazarında fiyatları bir attan bile daha düşüktü. Yahudiler kırsalda yaşamaya devam ettiler ama Yahudiye, Hadrianus'un hışmından sonra bir daha eskisi gibi olamadı. Hadrianus sadece sünneti değil Yahudilerin Aelia'ya yaklaşmasını bile yasakladı. Kudüs ortadan kalktı. Hadrianus, Yahudiye'yi haritadan silip adını kasten Yahudilerin kadim düşmanları olan Filistinlilere ithafen Filistin olarak değiştirdi.

Hadrianus, İmparator olarak kabul gördü fakat bu sefer kazanılan bir zafer yoktu: Yahudiye'de uğradığı kayıplar yüzünden adı lekelenmiş ve tükenmişti. Senato'ya bilgi verirken her zamanki gibi, "Ben ve ordum gayet iyi durumdayız," diyememişti. Damar sertliği çeken (heykellerindeki yarık kulak memeleriyle ayırt edilir) ve vücudu su toplayıp şişen Hadrianus muhtemel vârislerinin tümünü öldürdü, hatta bunlara kendisini lanetleyen doksan yaşındaki kayınbiraderi de dâhildi: "Ölmeyi iste ama bir türlü öleme." Lanet gerçekleşmişti: Bir türlü eceliyle ölemeyen Hadrianus sonunda kendini öldürdü. Ama hiçbir otokrat Hadrianus kadar acınacak şekilde ölümü dilememişti:

Küçük ruh, küçük gezgin, küçük sihirbaz,
Vücudun dostu ve misafiri,
Şimdi nereye doğru yola çıkacaksın?
Karanlık, soğuk kasvetli bir yere mi –
Ve artık her zamanki şakalarını da yapamayacaksın.

Sonunda öldüğünde –"herkes tarafından nefret ediliyordu"– Senato onu yüceltmeyi reddetti. Yahudi külliyatı, "Kemikleri cehennemde çürüsün!" demeden Hadrianus'tan bahsetmez.

Halefi Antoninus Pius, Yahudilerin üzerindeki baskıyı hafifletip sünneti serbest bıraktı ama Tapınak Dağı'ndaki Hadrianus'un heykelinin yanına Tapınak'ın bir daha inşa edilmeyeceğini vurgulamak için kendi heykelini de ekledi.* Artık Yahudilerden tümüyle ayrılmış olan Hristiyanlar buna sevindiler. Hristiyan Justin'in Antoninus'a yazdığına göre, "İbadethane bir lanete dönüşmüştü ve babalarının layık görüldüğü rahmet ateşte yanmıştı." Yahudilerin şansızlığına, imparatorluğun süregelen siyaseti yüzyılın geri kalanında da Hadrianus'un politikasında herhangi bir değişiklik yapılmasına izin vermeyecekti.

Aelia Capitolina surları olmayan 10.000 kişilik küçük bir Roma kolonisiydi. Sadece bugünkü Şam Kapısı'ndan Zincir Kapısı'na kadar uzandığından eski büyüklüğünün beşte biri kadardı. İki forumu, Golgotha'daki Jüpiter Tapınağı, iki termal hamamı, bir tiyatrosu, bir *nymphaeum*u (havuzun etrafında su perisi heykelleri olurdu) ile bir amfi tiyatrosu vardı ve tamamı sütunlar, tetrapilonlar ve Yahudilerin nefret ettiği ve Onuncu Lejyon'un simgesi olan yaban domuzu heykelinin de dâhil olduğu heykellerle bezenmişti. Yahudiler bir tehditten ziyade baş ağrısı olarak görülmeye başlandıkça Onuncu Lejyon da kademeli olarak Kudüs'ten uzaklaştı. İmparator Marcus Aurelius, Mısır'a giderken oradan geçtiğinde "pis kokulu ve hırpani Yahudilerden rahatsız olmuştu" ve onları diğer asi kabilelerle kıyaslayarak dalga geçmişti: "Ey Quadi ve Semeriyeliler, nihayet sizden daha perişan bir millet buldum!" Kudüs'ün kutsiyeti haricinde doğal bir kaynağı yoktu – ve Onuncu Lejyon'un yokluğu onu eskiden olduğundan bile daha geri planda bırakıyordu.

193 yılında Roma'da barışçı tahta çıkışın iç savaşı sona erdirmesinin ardından o tarihte çoğunlukla Celile'de ve Akdeniz sahillerinde yaşamaya başlamış olan Yahudiler hareketlenmeye, yerel düşmanları Semeriyelilerle savaşmaya ve hatta

---

* Tapınak Dağı'nın güney surundaki Çifte Kapı'nın süslü bölümünün üstünde baş aşağı duran bir duvar yazısında şunlar yazmaktadır: "İMPARATOR SEZAR TITUS AELIUS HADRIANUS ANTONINUS AUGUSTUS PIUS'A." Yüksek ihtimalle Antoninus Pius'un heykelinin kaidesi de Tapınak Dağı'ndaydı. Yağmalanmış ve daha sonra Emevi halifeleri tarafından kapıyı inşa etmek için kullanılmış olabilir.

belki de sonunda kazanacak olan tahtın adayı Septimus Severus'u desteklemek için ayaklandılar. Bu durum Yahudi karşıtı politikaların yumuşamasına neden oldu: Yeni imparator ve oğlu Caracalla 201 yılında Aelia'yı ziyaret etti ve anlaşılan o ki "Prens" olarak bilinen Yahudi lideri Yehuda Ha-Nasi'yle görüştüler. Caracalla tahta çıktığında, Yehuda'yı Golan ve Lod'daki (Kudüs yakınında) arazilerle ödüllendirip otoritesini kullanarak dinî ihtilafları çözmeye çalıştı ve takvimi belirleyip Yehuda'yı cemaat lideri olarak kabul etti – Yahudilerin Piskoposu.

Hahamlık bilgisi ve asilzade servetini elinde bulundurduğu anlaşılan zengin Yehuda, Gotlardan oluşan muhafızlarıyla Celile'ye yerleşirken Tapınak sonrası Museviliğin sözlü gelenekleri olan Mişnah'ı derledi. Yehuda'nın imparatorluk bağlantıları ve geçen zaman sayesinde, garnizona rüşvet verilmesinin ardından, Yahudilerin Zeytin Dağı'ndaki Tapınak harabelerinin karşısında ya da Kidron Vadisi'nde ibadet etmesine izin verildi. Şekina'nın –kutsal ruh– orada durduğuna inanıyorlardı. Söylendiğine göre Yehuda, Yahudilerden oluşan küçük bir "ruhani topluluğun" Kudüs'te yaşaması ve günümüzde Siyon Dağı'nda olan tek sinagogda ibadet etmesi için izin koparmıştı. Yine de Severus soyundan gelen imparatorlar, Hadrianus'un politikasını yeniden değerlendirmeyi hiç düşünmediler.

Her şeye rağmen Yahudilerin içerisindeki Kudüs hasreti hiç dinmedi. Sonraki yüzyıllarda nerede yaşamış olurlarsa olsunlar Yahudiler günde üç kez dua ettiler: "Tapınak'ın en kısa zamanda yeniden yapılmasını nasip eyle." Mişnah'ta, Tapınak ibadetleriyle ilgili her detay gerektiğinde tekrar kullanabilmek için derlendi. "Bir kadın tüm ziynet eşyalarını takabilir," diyordu, sözlü geleneklerin diğer bir derlemesi olan Tosefta'da. "Ama Kudüs'ün hatırasına küçük bir şeyi takmadan bırakmalıdır." Hamursuz Bayramı'nın seder akşam yemeği şu sözlerle sona ererdi: "Seneye Kudüs'te." Eğer bir şekilde Kudüs'e yaklaşacak olurlarsa harabe haldeki şehri gördüklerinde kıyafetlerini yırtmak gibi bir âdet edinmişlerdi. Uzaklarda yaşayan Yahudiler bile Tapınak yakınlarına defnedilmek isterlerdi, çünkü Mahşer'de ilk dirilenler olacaklarına inanırlardı. Zeytin Dağı'ndaki Yahudi mezarlıkları işte bu şekilde yapıldı.

Tapınak'ın yeniden inşası olmayacak iş değildi – daha önceden de olmuştu ve şimdi de olmasına çok yaklaşılmıştı. Yahudilerin, Kudüs'e girmeleri hâlâ yasak olsa da Roma'ya yönelik açık tehdit olarak artık Hristiyanlar görülmeye başlanmıştı.[4]

235 yılından itibaren imparatorluk otuz yıl sürecek bir kriz dönemine girdi ve içeriden ve dışarıdan dağılmaya başladı. Doğuda Part İmparatorluğu'nun yerini almış olan yeni ve cevval Pers İmparatorluğu gözünü Roma topraklarına dikmişti. Kriz döneminde Roma İmparatorları Hristiyanları tanrılarına ibadeti reddeden ateistler olmakla suçlayıp onlara acımasızca zulmetmeye başladı. Oysaki o tarihte

Hristiyanlık henüz bütünlüklü bir din değil de farklı geleneklerin toplamından oluşan bir yığındı.* Ama Hristiyanlar temel konularda hemfikirdiler: İsa tarafından kurtarılanlar için selamet ve ölüm sonrası hayat, bu görüş benimsedikleri kadim Yahudi kehanetlerini kendilerine uydurarak devam ettirdiklerini göstermektedir. Kurucuları bir asi olduğu için Romalılar tarafından öldürülmüştü ama Hristiyanlar inançlarını Romalıları değil de Yahudileri düşman kabul edecek biçimde şekillendirdiler. Böylece Roma onların kutsal şehri oldu; Filistin'deki çoğu Hristiyan kıyıdaki Kayserya'da oturdu; Kudüs "semavi bir şehir" haline gelirken gerçek şehir olan Aelia, İsa'nın öldüğü bilinmez bir şehir oldu. Yine de yerel Hristiyanlar, artık Hadrianus'un Jüpiter Tapınağı'nın altında kalmış olan, Çarmıh ve Diriliş mekânlarının geleneğini canlı tutmuş ve hatta kimi zaman ibadet etmek için içeri girip duvarlara yazılar yazmışlardı.**

260 yılında Roma'nın zayıf bir döneminde Persler, İmparatoru ele geçirdi (zorla erimiş altın içirdiler ve daha sonra karnını yarıp içini saman doldurdular) ve tüm Doğu, surları olmayan Aelia şehri de dâhil olmak üzere, Zenobia adında genç bir kadının hükmettiği kısa ömürlü Palmira İmparatorluğu'nun eline geçti. Fakat on iki yıl içerisinde Roma Doğu'yu tekrar ele geçirmeyi başardı. Yüzyıl sonunda İmparator Diocletianus, Roma gücünü yeniden tesis etti ve eski tanrılara ibadeti teşvik etti. Fakat Hristiyanlar bu dirilişi zayıflatıyormuş gibi görünüyorlardı. 299 yılında Diocletianus, Suriye'deki bir resmigeçit sırasında tanrılara kurban keserken bazı Hristiyan askerler istavroz çıkarınca pagan din adamları kurbanın ziyan

---

* Gnostikler bu kollardan biridir: İlahi kıvılcımın sadece özel bir bilgiye sahip seçkin bir sınıfta ateşlendiğine inanırlar. 1945'te Mısırlı köylülerin bir kavanozun içinde saklı on üç nüshayı bulması ve bunların ikinci ya da üçüncü asra ait olması çok daha fazlasını gün ışığına çıkardı – ve pek çok kötü filmin çekilmesi ve romanın yazılmasına neden oldu. Petrus'un Kıyameti'nde ve Yakup'un İlk Kıyameti'nde İsa'nın yerine çarmıha gerilen başkası vardır. Filip'in İncili'nde İsa'nın Mecdelli Meryem'i öptüğüne dair ifadeler bulunması evli olabileceklerini akla getirmiştir. 2006'da ortaya çıkan Yehuda'nın İncili'nde Yehuda bir hainden ziyade Çarmıhta İsa'nın yardımcısı olarak görülmektedir. Bu nüshalar muhtemelen Hristiyan kralların sapkınları ortadan kaldırmaya başladığı dördüncü yüzyılda gizlenmiştir ama Yunanca bilgi kelimesinden türeyen "Gnostik" kelimesi on sekizinci yüzyıla aittir. Ebiyonitler –Fakirler– denen ve sayıları çok az olan dördüncü asra ait Yahudi Hristiyanlar Bakire'nin doğurmasını reddeder ve İsa'yı bir Yahudi peygamberi olarak kabul ederlerdi. Sayıları az da olsa ana akım Hristiyanlar ise sahip oldukları cemaat ve vazife bilinci yüzünden giderek Yahudi olmayanlardan nefret edip onlara pagan demeye başladılar.

** Ermeni arkeologlar Kadim Ermeni Kilisesi St. Helena'da kazı yaparlarken içinde çok ilginç bir duvar yazısının bulunduğu bir alanı (şu anda Varda Şapeli) keşfettiler. Bir gemi çizilmişti ve Latince şöyle yazıyordu: "Domine ivimus" (Tanrım, biz geldik). Mezmurlar 122'ye bir göndermeydi ve şöyle başlıyordu, "In domum domini ibimus," (Tanrı'nın evine gideceğiz.) bu ikinci asra aittir ve Hristiyanların pagan Aelia'daki Jüpiter Tapınağı'nın altında gizlice ibadet ettiklerini ispatlamaktadır.

olduğunu söylediler. Diocletianus'un sarayı yandığında o Hristiyanları suçlayıp onları öldürmeye, kitaplarını yakmaya ve kiliselerini yıkmaya başladı.

Diocletianus 305 yılında tahttan feragat ettiğinde İmparatorluğu böldü ve Doğunun İmparatoru olan Galerius, Hristiyanlar üzerindeki baskıyı artırıp onları baltalarla doğrattı, kızarttı ve uzuvlarını kestirdi. Batı Roma'nın hükümdarı York'ta imparator edilen sert İliryalı bir asker olan Constantius Chlorus'tu. Zaten hastaydı ve çok geçmeden ölünce Britanya lejyonları Temmuz 306'da Konstantin'i imparator olarak kabul ettiler. Önce batıyı daha sonra da doğuyu ele geçirmesi on beş yıl sürdü ama tıpkı Kral Davud gibi o da tek bir kararla hem dünya tarihini hem de Kudüs'ün kaderini değiştirecekti.[5]

ÜÇÜNCÜ BÖLÜM

HRİSTİYANLIK

"Yeruşalim – orası Büyük Kral'ın şehridir."

İsa, Matta, 5-35

"Ey Yeruşalim! Peygamberleri öldüren, kendisine gönderilenleri taşlayan Yeruşalim."

İsa, Matta, 23-37

"Bu Tapınak'ı yıkın ve üç gün içerisinde onu yeniden kuracağım."

İsa, Yuhanna, 2.19

Yahudiye diğer tüm şehirlerden yücedir ve Kudüs de Yahudiye'nin en yüce yeridir.

Aziz Jerome, Mektuplar

Kudüs artık tüm dünyanın sığınağıdır ve hem kadın hem erkek sayısız hacı orada bir araya gelirler.

Aziz Jerome, Mektuplar

15

BİZANS'IN YÜKSELİŞ DÖNEMİ
M.S. 312-518

BÜYÜK KONSTANTİN: İSA, ZAFER TANRISI

312 tarihinde Konstantin, İtalya'yı işgal edip Roma'nın hemen dışında rakibi Maxentius'a saldırdı. Muharebeden önceki gece Konstantin "gökyüzünde ışıktan bir haç işareti" gördü, güneşin üzerindeki şu şiarla beraberdi: "Bu alametle fetheden sen olacaksın!" bunun üzerine askerlerinin kalkanlarının üzerine Chi-Rho simgesini çizdirdi – Yunanca "Mesih" sözcüğünün ilk iki harfi olan XR.* Ertesi gün yapılan Milvia Köprüsü Muharebesi'nde zafer kazandı ve Batı'yı da kendi topraklarına kattı. Alametler ve kehanetlerin kol gezdiği böyle bir devirde Konstantin, Hristiyanların "Yüce Tanrısı'nın" gücüne sahip olduğuna inanmıştı.

Konstantin tecrübeli bir asker, dindar bir görev adamı, cani bir otokrat ve iktidara giden yolda kimseye acımayan usta bir siyasetçiydi ve zirveye çıktığı zaman tek bir din etrafında bir araya gelmiş bir imparatorluk hayal etmeye başladı. Çelişkilerle dolu bir adamdı – kalın boyunlu, şahin burunlu biriydi ve paranoyak gelgitleri yüzünden beklenmedik anlarda arkadaşlarını ve akrabalarını öldürmüştü. Saçları omuzlarına dökülürdü, renkli bilezikler takar ve süslü elbiseler giyerdi; gücünü göstermek için şatafatlı geçit törenleri düzenler, filozoflarla ve piskoposlarla tartışır, mimari ve dinî konularda planlar tasarlardı. O tarihte neden Hristiyanlığı seçtiğini bilen yok ama pek çok zalim ve kendine güvenen erkek gibi o da annesi Helena'ya hayrandı ve annesi bir Hristiyan'dı. Dine dönüşü Paulus'un Şam yolunda hakkı bulması kadar dramatik olsa da, onun Hristiyanlığı siyaseten kabulü kademeli olmuştur. Daha da önemlisi İsa muharebede kendisine zafer bahşederek Konstantin'le anlayacağı dilden konuşmuştu: Tanrı'nın Kuzusu İsa, Zafer Tanrısı'na dönüşmüştü. Konstantin'in kendisinin kuzu olmakla uzak yakın alakası yoktu: Çok geçmeden kendisini havarilerin dengi olarak ilan etti. Kendisini ilahi korumaya

---

* Yunan alfabesiyle "Christ"in (Mesih) yazılışı ΧΡΙΣΤΟΣ şeklindedir. (yay. n.)

sahip bir askerî komutan ilan etmesinde şaşılacak bir taraf yoktur. Yunan kralları gibi Roma imparatorları da kendilerini ilahi hükümdarlar olarak kabul ederlerdi. Konstantin'in babası Fethedilemez Güneş'e tapardı – bu, tek tanrılı dine doğru atılmış bir adımdı. Ama İsa'nın seçilmesi kaçınılmaz bir durum değildi – tümüyle Konstantin'in kişisel tercihine bağlıydı. 312 tarihinde Mani ve Mitra dinleri de en az Hristiyanlık kadar yaygındı. Konstantin onlardan birini de seçebilirdi – ve Avrupa'nın bugünkü dini Mitracılık ya da Manicilik olurdu.*

313 tarihinde Konstantin ve Doğu İmparatoru Licinius, Milano Fermanı'yla Hristiyanlara serbestlik ve imtiyazlar tanıdılar. Ama ancak 324 tarihinde, elli bir yaşına gelmiş olan Konstantin, Licinius'u yenerek imparatorluğu bir araya getirebildi. Konstantin tüm topraklarında Hristiyan itikadını yaymaya çalıştı, pagan kurban törenlerini, kutsal fahişeliği ve grup seks ayinlerini yasaklayıp gladyatör dövüşleri yerine de savaş arabası yarışlarını getirdi. O yıl başkentini doğuya taşıyıp Avrupa ve Asya arasındaki Boğaz kıyısındaki Byzantion olarak bilinen yerde İkinci Roma'yı kurdu. Burası çok geçmeden Konstantinopolis adını alacak ve buranın patriği Roma piskoposu ile İskenderiye ve Antakya patrikleriyle birlikte Hristiyanlığın önde gelen isimlerinden biri olacaktı. Bu yeni inanç Konstantin'in yeni idari tarzına uygundu. Hristiyanlık, Kudüs yöneticisi Yakup'un döneminden itibaren dinî yetki alanlarının idaresini paylaşan ileri gelenler (*presbyteroi*) ve idareciler/piskoposlar (*episkopoi*) şeklinde hiyerarşik bir yapıya bürünmüştü. Konstantin, Hristiyanlık ve hiyerarşisini Roma İmparatorluğu'na uygun bir yapı olarak gördü: tek imparator, tek devlet ve tek inanç olacaktı.

Fakat Hristiyanlığı kabul etmesiyle Hristiyanlığın aslında bölünmüş olduğunu anlaması uzun sürmedi: İnciller İsa'nın doğası ve Tanrı'yla olan ilişkisi yönünden açık değildi. İsa ilahi niteliklere haiz bir insan mıydı yoksa Tanrı'nın insan vücudunda cisimleşmiş hali miydi? Kilise tesis edildiğine göre artık Hristiyanlığın ne olduğuna karar verilmesi elzemdi, çünkü İsa'nın doğru tanımlanması kişinin selamete kavuşup cennete girebilmesi için şarttı. Günümüzün seküler dünyasında onların bu meseleleri nasıl ciddiyet ve hararetle tartıştıklarını ancak nükleer silahsızlanma ve küresel ısınma meselelerindeki tartışmalara bakarak anlayabiliriz. Fanatik inancın hüküm sürdüğü bir çağda Hristiyanlık kitlelerin inancı haline geldi ve bu

* En başta Konstantin, Fethedilemez Güneş'i, Hristiyan Tanrısı'yla birlikte tanımlayıp bazı paraların üzerine haç bazılarının üzerine güneş simgeleri koydurdu ve pagan tarikatlarının Pontifex Maximus'u (yüce rahip) olarak kalmaya devam etti. 321 tarihinde Konstantin Pazar'ı –Güneş gününü –Hristiyanların Sebt günü olarak ilan etti. Mitracılık Roma askerleri arasında da talep gören gizemli bir Pers diniydi. Mani dinine gelince Part peygamberi Mani varoluşun aydınlık ile karanlık arasındaki süregelen mücadelenin bir ürünü olduğunu ve bunun da en sonunda İsa tarafından yargılanıp aydınlatılacağını söylemişti. Hayatı iyi ile kötü arasındaki bir düello gibi gören bu dünya görüşünden günümüze sadece yazılar kalmıştır.

sorular imparatorların saraylarında olduğu kadar sokaklarda da tartışıldı. Popüler sözleri kullanarak halka vaaz veren İskenderiyeli Rahip Aryus, İsa'nın Tanrı'ya tabi olduğunu ve dolayısıyla Tanrı'dan ziyade insana yakın olduğunu söylediğinde, İsa'yı insandan ziyade Tanrı olarak görenlerin çoğunu kızdırdı. Bölgenin valisi Aryus'u susturmayı denese de destekçileri İskenderiye'de ayaklandılar.

325 tarihinde, bu teolojik tartışmalardan bıkıp usanan Konstantin konuya bir açıklık getirmek için piskoposları İznik Konsülü'ne davet etti: İsa tanrı mıydı yoksa insan mı ve Baba'yla aynı özden mi geliyordu? İznik şehrinde Aleia Capitolina (bir zamanların Kudüs'ü) Piskoposu Makarius küçük ama unutulmuş şehrinin akıbetini Konstantin'e hatırlattı. Muhtemelen İmparator Diocletianus'un seyahati sırasında sekiz yaşındayken orayı ziyaret etmiş olan Konstantin Aelia'yı biliyordu. İznik'teki başarısını kutlamak ve imparatorluğunun mukaddes ihtişamını dört bir yana yaymak isteyen İmparator, şehri yeniden inşa etmeye ve Eusebius'un (Kayserya Piskoposu ve İmparator'un biyografi yazarı) "Yeni Kudüs çok eski ve çok ünlü olan eskisinin üzerine inşa edildi," dediği şeyi yaratmaya karar verdi. Konstantin, Kudüs'ün Müjdeler Beşiği olmasına yaraşır bir kilisenin inşasını başlattı ve İmparator'un iç meselelerle uğraşmak zorunda olması yüzünden çalışmalar hızlandırıldı.

BÜYÜK KONSTANTİN: AKRABA TEMİZLİĞİ

Konstantin'in zaferinden kısa süre sonra karısı Fausta (Konstantin'in önceki evliliğinden olan) en büyük oğlunu cinsel tacizle suçladı. Crispus'un kendisini taciz ettiğini ya da bir tecavüzcü olduğunu iddia ederek Konstantin'in yeni dininin ahlak inancını mı kullanıyordu? Yoksa bu sonu kötü bitmiş, iki tarafın da razı olduğu bir ilişki miydi? Crispus üvey annesiyle ilişkiye giren ne ilk ne de son gençti ama belki de İmparator, Crispus'un askerî başarılarını kıskanmaya başlamıştı. Fausta'nın kendi oğullarını tahta çıkarabilmek için bu engeli ortadan kaldırmaya çalışmasında da şaşılacak bir taraf yoktur.

Gerçek her ne olursa olsun oğlunun kepazeliğinden dolayı hiddetlenen Konstantin onun idamını emretti. İmparator'un Hristiyan danışmanları hiç sevilmezdi ama hayatında en önemli kadın olan annesi duruma müdahale etti. Helena Bitinyalı bir garsondu ve muhtemelen İmparator'un babasıyla evli değildi. Ama ilk Hristiyan olanlardandı ve şu anda da Augusta –İmparatoriçe –unvanını taşıyordu.

Helena, Konstantin'i oyuna getirildiğine ikna etti. Belki de asıl Crispus'u baştan çıkarmaya çalışmış olanın Fausta olduğunu ispat etmişti. Birini affeden Konstantin bu sefer diğerinin, karısı Fausta'nın da zina yaptığı için idam edilmesini emretti. Ya kaynar suda haşlanarak ya da sıcak buhara tutulup boğularak öldürüldü, Hristiyanlık dışı bir soruna Hristiyanlık dışı bir çözüm bulmuştu. Ama utandıkları için Hristiyan methiyecilerin genelde görmezden geldiği bu çifte cinayet* Kudüs'ün hayrına oldu.

Kısa süre sonra Helena, İsa'nın şehrini imar etmek için tam yetki alarak Kudüs'e doğru yola çıktı.** Yaptıkları Konstantin'in yaptıklarının kefareti olacaktı.[1]

HELENA: İLK ARKEOLOG

Yetmişli yaşlarına gelmiş ve paraların üzerinde gördüğümüz kadarıyla sert bir yüze, örülü saçlara ve kendine has bir başlığa sahip olan İmparatoriçe Helena, Aelia'ya "bir gencin enerjisiyle" ve hatırı sayılır bir servetle gelip Kudüs'te en çok anıt inşa eden kişi ve şaşırtıcı derecede başarılı bir arkeolog oldu.

Konstantin, İsa'nın çarmıha gerildiği ve defnedildiği yerin, Eusebius'un ifadesiyle, "ölü bir putun karanlık sunağı olan" Hadrianus'un Tapınağı ve "Afrodit denen necis bir iblise" ait bir heykelin altında kaldığını biliyordu. Piskopos Makarius'a bölgeyi arındırmasını, pagan tapınağını yıkmasını, içeride kalan asıl mezarı kazıp bulmasını ve oraya "dünyanın en güzel şekline, kolonlarına, mermerlerine, en değerli ve güzel süslemelerine sahip olacak dünyanın en güzel" bazilikasını inşa etmesini emretti.

Helena asıl mezarı bulmaya kararlıydı. Pagan tapınağı yıkılmalı, enkaz temizlenmeli, toprak kazılmalı ve kutsal mekân tespit edilmeliydi. İmparatoriçe'nin bu gayreti küçük Aelia için heyecan verici ve kârlı bir eylem olmalıydı. Belki de geride kalan Hristiyan Yahudilerden biri olan bir Yahudi, İsa'nın mezarı olduğu iddia edilecek mağaraların keşfine dair yazılar yazmaya başladı. Helena da çarmıhın yerini ve hatta bizzat çarmıhın kendisini arıyordu.

Hiçbir arkeolog onun kadar başarıya yaklaşmadı. Üç tahta haç, üzerinde "Nasıralı İsa, Yahudilerin Kralı," yazan ahşap bir tabela ve çiviler buldu. Ama hangisi gerçek haçtı? Rivayete göre İmparatoriçe ve piskopos bu tahta parçalarını ölmek üzere olan bir kadının yanına koydular. Üçüncüsü onun yanına konduğunda hasta "birden gözlerini açtı, kuvveti yerine geldi ve yataktan fırladı." Helena "o parçayı

---

* Oğlunu öldüren Konstantin, Büyük Hirodes, Korkunç İvan, Büyük Petro ve Muhteşem Süleyman gibi evlat katili imparatorlar arasında yer alır. Hirodes, İmparator Claudius ve VIII. Henry karılarını da idam ettirmişlerdi.

** Ama Konstantin'in ailesinden oraya giden ilk soylu kadın o değildi. Fausta'nın Hristiyan annesi Eutropia kızı öldürüldüğü zaman, belki de İmparator'un planlarına nezaret etmek için gitmiş olduğu Kudüs'teydi. Kızının ölümünden sonra gözden düştü ve neredeyse tarihten silindi.

çivileriyle birlikte Konstantin'e gönderdi" ve İmparator da parçayı atının dizginine taktı. O tarihten sonra tüm Hristiyan âlemi, bilhassa Kudüs'ten gelecek kutsal emanetler için yanıp tutuşmaya başlarken bu Yaşam Ağacı, Asıl Haç'ın kıymıklarından oluşan bir orman yarattı ve Hristiyanlığın simgesi olarak kendilerinden önceki Chi-Ro'nun yerini aldılar.

Helena'nın, Haç'ı bulması muhtemelen sonradan uydurulmuştur ama şehri temelli değiştirdiği açıktır. Zeytin Dağı'nda, Semaya Yükseliş ve Eleona kiliselerini inşa etti. Üçüncü kilisesi olan ve tamamlanması on yıl süren Kutsal Kabir Kilisesi bir binadan ziyade dört parçadan oluşan bir yapıydı, ön yüzü doğuya bakıyordu ve oraya Ana Roma Caddesi, *cardo*dan, girilirdi (günümüzdeki kilisenin cephesi güneye bakmaktadır). Ziyaretçi basamaklardan bir giriş bölümüne gelir, burada üç girişten Bazilika'ya ya da "muhteşem güzellikte bir kilise olan" büyük, beş sütun dizili koridorlu Martyrium'a ve oradan da apsisinden güneydoğu köşesindeki Golgotha Tepesi üzerinde yer alan kemerli bir avlu olan Kutsal Bahçe'ye geçilirdi. İsa'nın kabrine güneş vurmasını sağlamak için Altın Kubbeli Rotonda'nın (Anastasis) üzeri açık bırakılmıştı. İhtişamı Kudüs'ü gölgede bırakıyor, Helena'nın pagan tapınaklarını yıkıp Yahudi tanrısının başarısız olduğunu göstermek için "temellerinin toprakla doldurulmasını" emrettiği Tapınak Dağı'yla alay ediyordu.*

Birkaç yıl sonra 333'te Bordeaux'dan gelen ve adı bilinmeyen yeni hacılardan biri Aelia'nın çoktan kalabalık bir Hristiyan tapınak şehrine dönüşmeye başladığını görmüştü. Muhteşem kilise henüz bitmemişti ama hızla yükseliyordu ve Hadrianus'un heykeli, Tapınak Dağı'ndaki enkazın arasındaki yerini korumaya devam etmekteydi.

İmparatoriçe Helena, İsa'nın hayatının geçtiği her mekânı ziyaret etti ve mukaddes havasını teneffüs etmek için Kudüs'e akın etmeye başlayan hacılar için de ilk yol haritasını hazırladı. Oğlunun Haç'ın parçalarını muhafaza ettiği Konstantinopolis'e döndüğü zaman seksenli yaşlarında olan Helena Roma'daki Kudüs'ün Kutsal Haçı Kilisesi için bir kıymık ve tabela göndermişti.

---

* Bu inşaatların ve keşiflerin sırasını bilmiyoruz. Bize içinde yaşadığı dönemle ilgili bilgi veren Kayseryalı Eusebius, Kutsal Kabir Kilisesi'nin inşasında sadece İmparator'un emirlerini ve Piskopos Makarius'un icraatlarını bize bildirmiştir (Helena'nın Haç'ın bulunmasındaki payıyla ilgili bir şey yoktur). Yine de Zeytin Dağı'ndaki Semaya Yükseliş Kilisesi'nin yapımındaki katkılarından bahsetmiştir. Helena ve Haç'ın hikâyesi daha sonra (yerel bir Hristiyan olan) Sozomen tarafından aktarılmıştır. Konstantin'den kalma duvarlardan bazıları bugün hâlâ Rus Alexander Nevski Kilisesi içinde görülebilir: taşlar üzerinde Konstantin'in mimarının onları mermerlere eklemek için kullandığı nişler bulunmaktadır. Konstantin'in kiliseleri pagan tapınakları değil de, imparatorların toplantı salonları olan, seküler bazilikalar temel alınarak yapılmıştı. İmparatorluk sarayını esas alan kilise ayinleri ve papaz kıyafetleri Cennet'in Kralı'nın temsilcilerini imparatorunkine denk bir hiyerarşi haline getirmişti.

Kayserya Piskoposu Eusebius, Kudüs'ün böyle önem kazanmasını kıskanmış ve bu Yahudi şehrinin, "İsa'nın içinde yaşayan günahkârların cezasını çekerek kanlı şekilde öldürülmesinin ardından," tekrar Tanrı'nın şehri olabileceğinden şüphe etmişti. Nihayetinde geçen üç asırdır Hristiyanlar, Kudüs'le hemen hiç ilgilenmemişlerdi. Yine de Eusebius haksız sayılmazdı: Konstantin, Yeni Kudüs'ün kurucusu olarak Yahudi mirasıyla yüzleşmeli ve onların kutsiyetini yeni yaptırdığı mabetlere aktarmalıydı.

Romalılar pek çok tanrıya taparken, devleti tehdit etmediği müddetçe, diğer tanrılara tapılmasına müsamaha gösterirlerdi ama tek tanrılı dinler sadece bir tanrının gerçek olarak kabulünü şart koşuyordu. *Böylece rezillikleri Hristiyanların doğruluğunun ispatı olan İsa katili Yahudilere yönelik baskı temel politika haline geldi.* Konstantin, kendi dininden olan kişinin Hristiyanlığı kabul etmesine mani olan bir Yahudinin yakılmasını emretti.* Yine de bir asırdan uzun süredir Kudüs'te olan küçük bir Yahudi topluluğu Siyon Dağı'ndaki sinagogda ibadet etmeye devam etmişti ve Yahudiler fazla dikkat çekmeden terk edilmiş Tapınak Dağı'nda ibadeti sürdürdüler. Konstantin'in kendilerini tasvir ettiği haliyle "mide bulandırıcı Yahudi gruplarına" yılda sadece bir kez Kudüs'e girmeleri için izin verilmişti. O izinli günde Tapınak Dağı'na çıkıp Bordeauxlu bir hacının şahitlik ettiği gibi, "delik deşik taş üzerinde yas tutup kıyafetlerini paralarlardı" –Tapınak'ın temel taşı bugün Kubbetüs Sahra tarafından örtülmüştür.

Konstantin, Kudüs'e gelişinin otuzuncu yılını kutlamaya karar verdi ama hâlâ Arius denen papazın neden olduğu kargaşayı kontrol etmekte zorlanıyordu – kendisi bağırsaklarının patlaması sonucu bu dünyaya veda etmiş olsa bile.**

Konstantin, "Kilise'yi küfürden kurtarmak ve kendi yükünü hafifletmek" için bir meclis kurulmasını emrettiğinde Ariusçular bir kez daha ona karşı çıkıp dünyanın dört bir yanından gelen piskoposların katıldığı Kudüs'teki ilk Hristiyan festivaline gölge düşürdüler. Ama İmparator katılamayacak kadar hastaydı.

---

* İznik'e kadar Paskalya hâlâ Hamursuz Bayramı'na denk geliyordu çünkü İsa, Hamursuz Bayramı'nda çarmıha gerilmişti. Konstantin, Yahudilerden nefret ettiği için buna müdahale etti. Konstantin, Paskalya'nın, bahar ekinoksundan sonraki ilk dolunayın ardından gelen pazar günü kutlanacağını buyurarak bunu kesin olarak değiştirdi. Bu sistem Doğu ve Batı takvimlerinin ayrıldığı 1582 yılına kadar evrensel olarak kullanıldı.

** Arius, Konstantin'le görüştükten sonra Konstantinopolis'e giderken "bağırsaklarında bir hareketlilik" hissetti. Socrates Scholasticus'un yazdığına göre müsait bir yere varamadan Arius'un içinde ne varsa Forum'un ortasına boşalıp bağırsakları, karaciğeri ve dalağı dışarı çıktı – sapkın olduğunun delilleriydi bunlar. Yine de Ariusçuluk, Konstantin'in ölümünden sonra da devam edip onun halefi II. Konstantius tarafından desteklendi. Fakat I. Theodosius tarafından tekrar yasaklandı ve Theodosius 381 yılında İsa'nın Baba'ya eşit olduğunu ve Baba, Oğul ve Kutsal Ruh'un da özlerinin aynı olduğunu kesin olarak ilan etti.

Sonunda 337 yılında ölüm döşeğinde vaftiz edildi ve imparatorluğu üç oğlu ve iki yeğeni arasında böldü. Hemfikir oldukları tek konu imparatorluğun Hristiyan olarak kalması ve daha fazla Yahudi karşıtı yasanın yürürlüğe girmesiydi: 339 yılında "vahşi ve iğrenç bir şerefsizlik" olarak niteledikleri Yahudilerle diğer ırkların evlenmesini yasakladılar.

Konstantin'in vârisleri yirmi yıl savaştı ve bu iç savaşı kazanan ikinci oğlu Konstantius oldu. Fakat bu kargaşa Filistin'de sona ermemişti. 351 yılında Kudüs'te meydana gelen bir deprem yüzünden tüm Hristiyanlar, Kutsal Kabir Kilisesi'ne koştular. Celileli Yahudiler, Mesih bir kralın önderliğinde ayaklandığında imparatorun kuzeni Gallus tarafından öyle bir kıyıma uğradılar ki Romalılar bile rahatsız oldu. Fakat Yahudilere hiç beklemedikleri bir makamdan yakınlık duyulmaya başlandı: Bir imparator Hristiyanlığı sona erdirmeye karar vermişti – ve Yahudi Tapınağı'nı yeniden inşa edecekti.[2]

DÖNME JULIANUS: KUDÜS'ÜN İHYASI

19 Temmuz 362'de Konstantin'in yeğeni ve İran'ı fethetmek için Antakya'ya gelmiş olan yeni İmparator Julianus bir Yahudi heyete sordu: "Neden kurban kesmiyorsunuz?"

"İzin verilmiyor," diye cevap verdi Yahudiler. "Şehrimizi bize geri verip Tapınak ve sunağı yeniden inşa edin."

"En Yüce Tanrı'nın Tapınağı'nı inşa etmek için elimden geleni yapacağım," diye cevap verdi Julianus. İmparator'un beklenmedik cevabı Yahudileri öyle bir şaşırttı ki "kendilerini sanki yeniden krallıklarına kavuşmuş gibi hissettiler."

Julianus, Hadrianus ve Konstantin'in uyguladığı baskıları sona erdirip Kudüs'ü Yahudilere iade etti, mülklerini geri verdi, Yahudi karşıtı vergiyi kaldırdı ve piskoposları Hillel'e vergi toplama yetkisi ve Roma valisi unvanı verdi. Roma ve Pers imparatorluklarındaki tüm Yahudiler bu mucizeyi kutlamak için Kudüs'e akın etmiş olmalı. Tapınak Dağı tekrar onların oldu ve muhtemelen, Bordeauxlu hacının Kral Hezekiya'nın mezarı dediği taşların etrafına, geçici bir sinagog kurmak için Hadrianus ve Antoninus'un heykellerini kaldırdılar.

Julianus içe kapanık, zeki ve tuhaf birisiydi. Önyargılı bir Hristiyan onu, "uzun boyunlu, kambur ve titrek omuzlu, patlak ve deli bakışlı gözleri olan, seğirterek yürüyen, koca burnundan nefes veren, gergin ve kontrolsüz gülen, başı sürekli sallanan ve kesik kesik konuşan" biri olarak tarif etmişti. Fakat sakallı ve cüsseli İmparator aynı zamanda kararlı ve sabit fikirli bir adamdı. Paganizmi ihya etmiş, ailesinin tanrısı Güneş'e hürmet etmiş, pagan tapınaklarında geleneksel kurban kesimini teşvik etmiş ve (Hristiyan adını verdiği) Celileli öğretmenleri Roma'ya aykırı değerleri yüceltikleri gerekçesiyle kovmuştu.

Julianus, imparatorluğun başına geçeceğini hiç tahmin etmemişti. Konstantius babasını ve ailesinin çoğunu öldürdüğünde o sadece beş yaşındaydı; sadece ikisi sağ kalmıştı, Gallus ve Julianus. 349'da Konstantius, Gallus'u, bir ölçüde Yahudi isyanını bastırmadaki beceriksizliği yüzünden, sırf boynunu vurabilmek için sezarlığa terfi ettirdi. Batı'da hâlâ bir sezara ihtiyacı vardı ve geriye tek bir aday kalmıştı. O tarihte Atina'da felsefe okuyan Julianus, sezar oldu ve Paris'ten yönetmeye başladı. Sağı solu belli olmayan İmparator kendisini çağırdığı zaman gergin olmasına şaşmamak gerek. Zeus'u gördüğü bir rüyadan etkilenerek askerlerinin sunduğu imparatorluk tacını kabul etti. Doğu'ya doğru ilerlerken Konstantius öldü ve Julianus kendisini bütün imparatorluğun hükümdarı olarak buldu.

Julianus'un Tapınak'ı yeniden inşa etmesi sadece hoşgörüsünün simgesi değil Hristiyanların gerçek İsrail'i miras aldıkları yönündeki iddialarının da reddiydi. Ayrıca Daniel ve İsa'nın Tapınak'ın yıkılacağı yönündeki kehanetlerini ve amcasının yaptıklarını tersine çevirmeye niyetli olduğunun göstergesiydi. Bu sayede Perslerle girmeyi düşündüğü savaş sırasında Babil Yahudilerinin de desteğini almayı umuyordu. Julianus, Yunan paganizmi ve Yahudi tek tanrıcılığı arasında bir çelişki görmüyor, Yunanların Yahudilerin "Yüce Tanrı'sına" Zeus diyerek ibadet ettiklerine inanıyordu: Yahveh sadece Yahudilere özgü değildi.

Julianus, Britanya temsilcisi olan Alypius'u Tapınak'ı inşa etmekle görevlendirdi. Sanhedrin ise gergindi: Her şey fazla yolunda gidiyordu. Julianus onları rahatlatmak için Pers cephesine doğru yola çıkarken "Yahudi cemaati"ne bir mesaj gönderip vaatlerini tekrar etti. Kudüs'te heyecan içerisindeki Yahudiler "en yetenekli ustaları buldular, malzeme topladılar, sahayı temizlediler ve öyle büyük bir şevkle işe koyuldular ki kadınlar bile toprak taşıyıp masrafların karşılanması için kolyelerini verdiler." İnşaat malzemeleri, Süleyman'ın At Ahırları denen yerde istif edildi. "Eski binanın enkazını kaldırdıklarında temeli bulmuşlardı."

Yahudiler Kudüs'ün kontrolünü ele alırken Julianus, 65 bin askerle İran'ı işgal etti. Fakat 27 Mayıs 363 tarihinde Kudüs'te deprem oldu ve depremde inşaat malzemeleri bir şekilde alev aldı.

Hristiyanlar bu "müthiş olayı" duydukları zaman çok mutlu oldular, tabii bu yangını onların da çıkarmış olması mümkündür. Alypius çalışmaya devam edebilirdi ama Julianus, Dicle'yi geçip Irak'a girmişti. Kudüs'te ortam gergin olduğundan Alypius, Julianus'un dönüşünü beklemeye karar verdi. Fakat imparator çoktan geri çekilmeye başlamıştı bile. 26 Haziran'da Samara yakınlarındaki belirsiz bir çatışmada bir Arap askeri (muhtemelen Hristiyan) imparatorun böğrüne bir mızrak sapladı. Karaciğerini delen mızrağı çekip çıkarmaya çalışan Julianus elinin sinirlerini kesti. Hristiyan yazarlar onun ölürken "Vicisti, Galilaee!", yani, "Sen kazandın Celileli!" dediğini iddia ettiler. Yerine geçen muhafız komutanı Hristiyanlığı ihya etti, Julianus'un yaptığı her şeyi tersine çevirdi ve tekrar Yahudilerin Kudüs'e girmelerini yasakladı: Yine tek din ve tek doğru olacaktı. 391-2 tarihinde Theodosius, Hristiyanlığı imparatorluğun resmî dini yaptı ve herkesi bu dini kabule zorladı.* [3]

JEROME VE PAULA: AZİZLİK, SEKS VE ŞEHİR

384 yılında Jerome adında aksi bir Romalı âlim yanında zengin Hristiyan kadınlardan oluşan bir grupla Kudüs'e geldi. Aşırı derecede dindar olmalarına rağmen bir seks skandalının bulutunun gölgesi altında seyahat etmişlerdi.

Otuzlu yaşlarının sonlarında olan İliryalı Jerome, Suriye çölünde bir münzevi olarak yaşamış ve hep şehevi arzuları yüzünden sıkıntı çekmişti: "Yanımda akreplerden başka kimse olmasa da gözümün önüne hep dans eden kızlar gelir ve hissettiğim arzular yüzünden başım çatlayacak gibi olurdu." Jerome daha sonra, asillerin Hristiyanlığı kabul ettiği Roma'da, Roma Piskoposu Damasus'un yardımcısı olarak görev yaptı. Damasus, Roma piskoposunun Aziz Petrus'tan el alarak ilahi bir şekilde göreve geldiğini iddia edecek kadar kendisine güveniyordu ve bu ileride ortaya çıkacak yüce ve yanılmaz papalara giden yolda atılmış bir ilk adım oldu. Fakat Kilise'ye olan asilzade desteğinin böylesine arttığı bir dönemde Damasus ve Jerome kendilerini gayet dünyevi bazı skandalların ortasında buldular: Damasus zinayla suçlanıp "orta yaşlı kadınların kulaklarını gıdıklamasıyla" ün salarken Jerome'nin, Hristiyanlığı kabul eden kadınlardan biri olan, zengin dul Paula ile bir ilişkisi olduğu iddia edildi. Jeroma ve Paula aklandı – ama Roma'yı terk etmek zorunda kaldıkları için Kudüs'e doğru, yanlarında Paula'nın kızı Eustochium da olduğu halde, yola çıktılar.

Kafayı seksle bozmuş olan Jerome'nin burnunun dibinde gencecik bir bakirenin olması onu coşturmuş olacak ki yolculuk boyunca kendi kendini zapt edebilmek için hiç durmadan yazdı. "Şehvet duyuları yoklar ve şehevi zevkin yumuşak ateşi onun haz veren ışığını ateşler." Kudüs'e vardıklarında Jerome ve yanındaki milyoner

---

* Kısa süren bu Yahudi baharından geriye hiçbir şey kalmasa da belki ufak bir ipucu olabilir. Batı Duvarı üzerinde bulunan İbranice bir kitabede şunlar yazmaktadır: "Bunu gördüğünde kalbin neşeyle dolsun ve kemiklerin taze çimenler gibi canlansın." İkinci Tapınak'ın duvarı olamayacak kadar yüksekti ama o dönemde zemin daha yukarıdaydı. Bazı uzmanlar Yahudilerin bu sevincinin nedeninin Kudüs'ün İhyası olduğunu söylemektedirler. Onuncu yüzyıla ait bir mezara gönderme yapıyor olması daha muhtemeldir: söz konusu yerin altında kemikler bulunmuştur.

kadınlar kutsiyet, ticaret, kaynaşma ve seksle yoğrulmuş bir şehir buldular. Dinî duygular yoğundu ve bu kadınlardan en zengini olan Melania (yıllık geliri 55 bin kilo altındı) Zeytin Dağı'nda kendi manastırını kurdu. Fakat Jerome dinî tutku ve duyusal heyecanın neredeyse elle tutulacak kadar yoğun olduğu bu şehirdeki farklı erkek ve kadınların sunduğu cinsel çeşitlilikle kendisinden geçmişti. Şöyle yazıyordu: "Bütün dürtüler ve tüm insanlık burada toplanmış –fahişeler, aktörler ve palyaçolar."

Diğer saf ama keskin gözlü hacı Nyssalı Gregory, "Gerçekten de yapmadıkları utanç verici hiçbir şey kalmamıştı," diyordu. "Aldatmak, zina, hırsızlık, putperestlik, zehirleme, kavga ve cinayet sıradan şeyler haline gelmişti."

İmparatorluğun hamiliği, devasa abideler ve sonu gelmeyen hacı akını şehir civarında, Paskalya'yla zirvesine ulaşan, yeni merasimler ve ayinler ve Kudüs'ün, İsa'nın ıstırap çektiği yerleri temel alan, yeni manevi coğrafyasını yaratmıştı. İsimler değiştirilip* gelenekler birbirine karıştı ama Kudüs için önemli olan neyin doğru olduğuna inanıldığıydı. Diğer bir kadın öncü olan İspanyol Rahibe Egeria 380'li yıllarda şehre geldiğinde Kutsal Kabir Kilisesi'ndeki sayıları durmadan artan kutsal emanetlerin** içinde Kral Süleyman'ın yüzüğü ve Davud'un tahta çıkışını kutsamada kullanılan yağ borusunun da olduğunu yazmıştı. Bunlara İsa'nın başına takılan dikenli taç ve böğrüne saplanan mızrak da eklendi.

Bu görsellik ve kutsallık bazı hacıların sadece Kudüs'e özgü olan bir hezeyana kapılmalarına neden oluyordu: Gerçek Haç'ın korunması şarttı çünkü hacılar onu öperken ondan parça koparmaya çalışıyorlardı. Bizim aksi Jerome'nin tüm bu tantanaya tahammül etmesi imkânsızdı – o yüzden şaheserini tamamlamak

* Siyon başta Davud'un Şehri'nin, Tapınağın güneyi, adıydı ama zamanla Tapınak Dağı'yla aynı anlama geldi. Sonra da Hristiyanlar batı tepesine Siyon demeye başladılar. 333'te Bordeauxlu Hacı oraya Siyon diyordu. 390'da Kudüs piskoposu muhteşem ve devasa bir Siyon, Coenaculum'un yerinde Kiliselerin Anasını, inşa etmişti. Kudüs'ün dinamik yeniden icat etme ve kültürel hırsızlığa sağladığı fırsatların sonu yok gibidir –ama bu durum isimleri çok kafa karıştırıcı hale getirmektedir. Örnek: Hadrianus'un Neapolis Kapısı ve önünde duran büyük sütun birkaç asır boyunca Aziz Stephen Kapısı olarak bilinmiş, daha sonra Araplar oraya Sütun Kapısı demiş ve daha sonra da Nablus Kapısı adını almıştır (Neapolis bugün Nablus olmuştur); Yahudiler oraya Nablus Kapısı derler; Osmanlılar ise bugünkü adı olan Şam Kapısı'nı kullanırlardı. (günümüzde Aziz Stephen Kapısı şehrin doğusunda yer almaktadır.)

** Bizanslılar Tapınak Dağı'ndaki Yahudi emanetlerinin çoğunu Kutsal Kabir Kilisesi'ne taşıdılar. Tapınak Dağı'nın kırmızı taşı "Zekeriya'nın Kanı" olarak bilinir (2 Kronikler 24.21) ama bu bölüm daha sonra, Adem'in gömülü olduğu yer olan Yaratılış, Melchizedek sunakları ve İbrahim ve Süleyman'ın şeytan yakalayan gümüş kâselerinin taşınması gibi Kiliseye taşınmıştır. Bunlara Vaftizci Yahya'nın başının konduğu tabak, Çarmıhta İsa'ya su verilen sünger, kırbaçlandığı sütun, Aziz Stephen'i öldüren taş ve tabi ki Gerçek Haç da eklenmiştir. Yahudilere göre Tapınak "dünyanın merkezi" olduğundan Kilisenin "dünyanın tam ortası" olarak kabul edilmesine şaşmamak gerek.

için Beytüllahim'e yerleşti ve İbranice olan İncil'i, Latinceye çevirdi. Ama her fırsatta Kudüs'e geldi ve fikirlerini açıklamaktan da hiç çekinmedi. "Cennete gitmek Kudüs'te ne kadar kolaysa Britanya'da da öyledir," diye ekşimişti Britanyalı, yaygaracı hacıları gördüğü zaman. Arkadaşı Paula'nın Kutsal Bahçe'deki haçın önünde çok samimi olarak dua ettiğini görünce, "sanki Tanrı'nın kendisine doğru uzandığını görmüş gibi," diye yorum yapmış ve kabri öpmesini de "uzun zaman aç kalıp sonunda suya kavuşan birisi gibi" diyerek tarif etmişti. Kadın öyle yüksek sesle "ağlayıp sızlıyordu ki" neredeyse "hem Tanrı hem de tüm Kudüs kimin dua ettiğini öğrenecekti."

Yine harap haliyle İsa'nın kehanetlerinin doğruluğunun ispatı olan Tapınak Dağı'ndaki bir dramı takdir etmişti. Ab ayının 9'unda Jerome büyük bir keyifle Tapınak'ın yıkılmasını anmakta olan Yahudileri izledi: "Bu inançsız insanlar Tanrı'nın hizmetkârını öldürdüler – bu sefil yığın şimdi bir araya toplanmış, Diriliş Kilisesi ile Tanrı'nın Haçı'nın sancağı Zeytin Dağı'ndan parlarken Tapınak'ın enkazında ağlayıp zırlıyorlar. Bir asker daha uzun süre ağlamalarına izin vermek için onlardan para istiyor." Akıcı bir şekilde İbranice konuşmasına rağmen Jerome, "solucanlar gibi" çoğalan ve İsa'nın haklı hakikatini –"Bu sahneyi gören kişinin Keder ve Istırap Günü'ne dair bir şüphesi kalır mı?"– ispat edercesine bu garip ayinleri yapan Yahudilerden nefret ederdi. Yahudilerin sadakatinin onlara verdiği acı Kudüs'e duydukları sevgiyle bir kat daha artmaktaydı. Haham Bereka'ya göre bu ayin kutsal olduğu kadar can yakıcıydı da: "Sessizce ve gecenin karanlığında ağlayarak gelir ve ağlayarak giderler."

Bununla birlikte Yahudiler bir kez daha, Kudüs'ü idare etmek için gelen imparatoriçeden medet umuyorlardı.[4]

BARSOMA VE PARAMİLİTER KEŞİŞLER

İmparatoriçeler şoven tarihçiler tarafından genellikle çirkin ve adi fahişe ya da kutsal bir azize olarak tasvir edilir ama İmparatoriçe Eudocia alışılmadık şekilde güzelliği ve sanatseverliği nedeniyle her zaman takdir edilmiştir. 438'de İmparator II. Theodosius'un güzel karısı Kudüs'e geldi ve Yahudilerin uymak zorunda olduğu kanunları hafifletti. O tarihte sinagog yakan bir yobaz olan Nisibisli Barsoma, peşinde paramiliter keşişlerden oluşan bir kalabalıkla her zamanki haclarından birinden döndü.

Eudocia, pagan ve Yahudilerin hamisiydi çünkü kendisi de pagandı. Atinalı bir sofistin retorik ve edebiyat dersi almış olan güzel kızı olarak, erkek kardeşlerinin mirasını çalmasının ardından, imparatora müracaat etmek için Konstantinopolis'e geldi. Mülayim bir çocuk olan II. Theodosius dindar ve görgüsüz ablası Pulcheria tarafından idare ediliyordu. Pulcheria'nın, Eudocia'yı kardeşine takdim etmesiyle kardeşinin ona âşık olup evlenmesi bir oldu. Kardeşinin alacağı kararları tayin eden kişi olan Pulcheria, Yahudilerin üzerindeki baskıyı artırıp onları kamudan ve ordudan ihraç ederek onların ikinci sınıf vatandaş olduklarını ilan etti. 425'te Theodosius, sinagog inşa ettirdiği için, son Yahudi Piskoposu VI. Gamaliel'in idamını emretti ve bu makamı tümden ortadan kaldırdı. Eudocia zaman içinde güç kazandı ve Theodosius onu *augusta*lığa yani ablasına denk bir mertebeye terfi ettirdi. Konstantinopolis'teki kilisesindeki renkli taşlarla yapılmış mozaikte onun ihtişamını, siyah saçını, zarif fiziğini ve güzel burnunu görmek mümkündür.

Kudüs'te, Konstantinopolis'in artan baskısı altında ezilen Yahudiler, Eudocia'ya kutsal şehre daha sık gidebilmelerine izin vermesi için yalvardılar ve o da bayramlarında serbestçe Tapınak Dağı'nı ziyaret etmelerine izin verdi. Bu harika bir haberdi ve Yahudiler "Mişkan Bayramı için herkesin Kudüs'e gelmesini istediler çünkü krallıkları yeniden kurulacaktı."

Fakat Yahudilerin bu neşesi Kudüs'ün diğer bir ziyaretçisi, askerî manastır liderlerinin ilk örneklerinden biri olan Suriyeli Keşiş Nisibisli Barsoma'nın midesini bulandırdı. Dördüncü yüzyılda bazı sofular toplumun maddi değerlerine ve ruhban sınıfının şaşaasına tepki göstermeye ve Hristiyanların asıl değerlerine geri dönebilmek için çölde manastırlar kurmaya başladılar. Münzeviler –*yaban* sözcüğünün Yunanca karşılığından türemiştir, "bakir doğa" kelimesinden gelir– İsa'nın gerçek doğasını bilmenin yeterli olmayıp aynı zamanda ona layık bir hayat sürmenin de gerekli olduğuna inandıklarından tüm dünyevi zevklerden uzakta ve yalnız olarak Mısır ve Suriye çöllerinde yaşamaya başladılar.* İnançlarının kendine eziyet merkezli nitelikleri yüceltildi, biyografileri yazıldı (ilk aziz hayat öyküleri), zaviyeleri ziyaret edildi ve çektikleri sıkıntılar mucizelerin kaynağı oldu. İki Aziz Simeon on yıllarca 10 metre yüksekliğinde bir sütunun üzerinde yaşadılar ve sütuncu olarak bilindiler. Sütunculardan biri olan Daniel'e büyük abdestini nasıl yaptığı soruldu: Koyun gibi kupkuru diye cevap verdi. Jerome ise onların kutsallıktan ziyade pisliğe meraklı olduklarını söylemektedir. Ama bu keşişlerin huzuru bulduğu söylenemezdi. Hem içinde hem çevresinde pek çok manastır bulunan Kudüs artık bu sokak savaşçısı fanatiklerin merhametine kalmıştı.

---

* Manastırlarda yaşayan kadınlar genelde hadım gibi davranarak kimliklerini gizlemek zorunda kalırlardı ki bu da bazı ilginç durumların yaşanmasına neden olurdu: Marina adında bir kadın kafasını tıraş ettirdi, erkek kıyafeti giyip manastıra Marinos adıyla katıldı ama bir çocuğun babası olmakla suçlanıp manastırdan atıldı. Çocuğu yetiştirmek zorunda kaldı ve ancak öldüğü zaman keşişler onun suçlandığı günahı işleyecek durumda olmadığını gördüler.

Çok mukaddes olduğundan hiç oturmadığı ve yatmadığı söylenen Barsoma, Yahudi ve Semeriyeli putperestlerin hâlâ hayatta olmasından müteessir olup Filistin'i onlardan temizlemeye karar verdi. O ve keşişleri, Yahudileri öldürüp sinagogları yaktılar. İmparator düzeni tesis edebilmek için şiddeti yasakladı ama Barsoma onu dinlemedi. Kudüs'te Barsoma'nın emrindeki kılıç ve lobutlarla teçhiz edilmiş ve keşiş cübbesi giyen saldırganlar Tapınak Dağı'ndaki Yahudileri pusuya düşürüp çoğunu taşa tuttular ve öldürdüler, cesetlerini su sarnıçlarına ve avlulara attılar. Yahudiler karşılık verip saldırganlardan on sekizini yakaladı ve onları teslim ettikleri Bizans valisi tarafından cinayetle suçlandılar. "Saygıdeğer keşiş cübbeleri giymiş olan bu eşkıyalar" hacı İmparatoriçe Eudocia'nın huzuruna getirildi. Cinayetten suçlanmışlardı ama onlar asıl suçlunun Barsoma olduğunu söyleyince, Barsoma asil Hristiyanların diri diri yakılacağı söylentisini yaymaya başladı. Bu sefer zanlılar, özellikle de o sırada olan bir depremi ilahi tasdikin bir alameti olarak göstermesiyle, Barsoma'yı desteklemeye başladılar.

Barsoma'nın taraftarları da, "Eğer imparatoriçe Hristiyanları idam etmeyi planlıyorsa, biz de imparatoriçe ve diğer hepsini onlarla birlikte yakarız," dediler. Barsoma resmî görevlileri tehdit ederek onları Yahudi kurbanların yaralı olmadıklarını söylemeye zorladı: Hepsi eceliyle ölmüştü. Başka bir deprem mevcut olan korkuyu daha da artırdı. Şehir kontrolden çıkıyordu. Eudocia'nın razı gelmekten başka çaresi yoktu. Paramiliter keşişlerden oluşan "beş yüz grup" sokaklarda devriye gezerken Barsoma, "Haç muzaffer oldu," diye bağırdı. Taraftarları ona pahalı kokular sürerken bu haykırış tüm şehirde bir "kükreme gibi yayıldı" ve sonunda katiller salıverildiler.

Şiddete rağmen Eudocia, Kudüs'ü bağrına basıp yeni kiliseler yaptırdı ve Konstantinopolis'e yeni kutsal emanetlerle döndü. Ama baldızı Pulcheria onu yok etmek için planlar yapmakla meşguldü.

EUDOCIA: KUDÜS İMPARATORİÇESİ

Theodosius, Eudocia'ya bir Frikya elması gönderdi. O da elmayı yaveri Paulinus'a verdi ve o da hediye olarak onu tekrar imparatora gönderdi. Buna gücenen Theodosius karısına bunu sorduğunda karısı yalan söyleyerek hediyeyi kimseye vermeyip yediğini söyledi. Bunun üzerine imparator elmayı çıkardı. Bu beyaz yalan Theodosius'u ablasının söylediği şeyin doğru olabileceğine ikna etti: Eudocia'nın Paulinus'la ilişkisi vardı. Bu mitolojik bir hikâyedir –elma hayatı ve iffeti temsil eder– ama yaşanan bir dizi talihsiz olay sonunda hiç de beklenmedik şekilde sona erer. Paulinus 440'ta idam edildi ama saltanat çifti Eudocia'nın başkentten onuruyla gitmesine izin verdiler. Eudocia üç yıl sonra Filistin'i kendi adına yönetmek için Kudüs'e geldi.

Pulcheria daha sonra bile onu öldürmeye çalıştı ve İmparatorluk Muhafızları Komutanı Saturnius'u onun maiyetinden ikisini idam etmesi için gönderdi. Eudocia hiç beklemeden Saturnius'u öldürttü. Onu öldürmesinin ardından da tekrar kendi işlerine döndü: Kendisi ve şehir piskoposu için, asırlarca ayakta kalacak, saray ve Kutsal Kabir'e bitişik bir misafirhane inşa etti. Titus zamanından beri ilk kez Birinci Suru inşa ettirerek Siyon Dağı ve Davud'un şehrini çevirdi – surdan kalan parçalar bugün iki yerde de görülebilir. Siloam Havuzu çevresindeki çok katlı kilisesinin sütunları hâlâ oradaki suların içinde durmaktadır.* İmparatorluk tekrar alevlenen teolojik tartışmalar yüzünden yeniden karışmaya başlamıştı. Eğer İsa ve Tanrı "aynı özden ise", İsa nasıl hem insani hem de ilahi olabilirdi? 428 yılında Konstantinopolis Patriği Nestorius, İsa'nın insan yanını ve iki doğasını mahirane bir şekilde açıkladı. Ayrıca Bakire Meryem'in Tanrı'nın Taşıyıcısı (Theotokos) değil de Mesih'in Taşıyıcısı (Chirostokos) olarak kabul edilmesi gerektiğini söyledi. Düşmanları olan monofizitler İsa'nın tek bir doğası olduğunu ve bunun da hem insani hem de ilahi olduğunda ısrar ettiler. Diofizitler, monofizitlerin elebaşlarıyla imparatorluk saraylarında, Kudüs'ün ve Konstantinopolis'in arka sokaklarında kıran kırana mücadele ettiler. Nissalı Gregory'e göre hepsinin bir fikri vardı: "Bir adamdan bozukluk istesen sana İsa hakkında felsefi bir şeyler söyler; ekmek neden bu kadar pahalı desen Baba daha üstündür ve oğul daha aşağıdır der. Hamam açık mı diye sorsan alacağın cevap Oğul hiçlikten yaratılmıştır olur."

Theodosius öldüğünde iki imparatoriçe de teolojik bölünme yüzünden karşı karşıya geldi. Konstantinopolis'te iktidarı ele geçiren Pulcheria diofizitleri desteklerken, Eudocia çoğu Doğulu Hristiyan gibi bir monofizit idi. Pulcheria usulen onu kiliseden kovdu. Kudüs Piskoposu Juvenal, Pulcheria'yı destekleyince monofizit Kudüslüler keşiş saldırı birliklerini teyakkuza geçirip piskoposu şehirden sürerek ona rahatça sömürebileceği bir bahane verdiler. Hristiyanlık uzun süredir dört metropol piskoposunun elindeydi – Roma ve Doğu patrikleri. Ama Kudüs piskoposları da sürekli patrik mertebesine çıkabilmek için çaba sarf ederlerdi. Juvenal sonunda,

* Eudocia Mezmurlar 51'den ilham almıştı: "Lütfet, Siyon'a iyilik (Yunanca: eudocia) yap, Yeruşalim'in surlarını onar." Ünlü Ermeni Keşiş Euphemius'tan tavsiye almış ve daha sonra keşişin maiyetinden olan Sabas çok güzel bir yer olan Mar Saba Manastırı'nı kurmuştu. Kudüs'ten fazla uzakta olmayan Yahudiye Dağları'ndaki bu manastırda günümüzde yirmi keşiş bulunmaktadır. Kafkaslardaki Ermenistan 301 yılında (Urfa Kralı Abgar'ın efsanevi din değiştirmesinin ardından) Hristiyanlığı kabul eden ilk krallık olmuş, bunu 327 yılında komşusu (İberya olarak bilinen) Gürcistan takip etmişti. Eudocia'nın yanına gelen Gürcistan kralının oğlu Gürcü Peter dış surları inşa etti. Bu, günümüze kadar kalacak olan Kafkas izlerinin Kudüs'te görülmeye başlandığı dönemdir.

neredeyse hayatına mal olacak sadakatı sayesinde bu mertebeye kavuştu. Nihayet 451'deki Kalkedon Konsülü'nde Pulcheria mutabakatı kabul etmek zorunda kaldı: İkili doğasıyla İsa "hem ilah hem de insan olarak kusursuzdu." Eudocia bunu kabul etti ve Pulcheria'yla uzlaştı. Bu uzlaşma günümüze kadar Ortodoks, Katolik ve Protestan kiliseleri arasında devam etmiş olsa da kusurludur: Monofizitler ve Nasturiler, tümüyle zıt nedenlerden ötürü, bunu reddedip Ortodoks Hristiyanlığı temelli terk ettiler.*

Batı Roma İmparatorluğu, Hun Attila tarafından sarsılıp çökme yolunda ilerlerken yaşlanan Eudocia Yunanca şiir yazıyor ve Aziz Stefanos bazilikasını inşa ettiriyordu. Günümüzde ortadan kaybolmuş olan bu bazilika Şam Kapısı'nın kuzeyinde inşa edilmişti ve Eudocia da 460 yılında ilk şehitlere ait eşyalarla birlikte oraya defnedilmişti.[5]

---

* Nasturilik doğuda Asur Doğu Kilisesi tarafından yayıldı ve Sasani Hanedanı ve daha sonra Cengiz Han'ın sülalesinden olan pek çok kişinin Hristiyan olmasını sağladı. Benzer şekilde Monofizit Doğu Kilisesi de Kalkedon Konsülü'nü reddedip Mısır Kıpti, Suriye Ortodoks (kurucusu Jacob Baradeus dolayısıyla Jacobiciler olarak bilinir) ve Habeş kiliselerini kurdu. Sonuncusu Musevilikle özel bir bağ kurmuştur – *Kralların İhtişamı Kitabı*'nda Kral Süleyman ve Saba Melikesi Belkıs'ın bir araya gelişlerini onlar, şu anda Aksum'da olduğu iddia edilen, Ahit Sandığı'nı Habeşistan'a getiren "Yehuda Aslanı" Kral Menelik'in anne babası oldukları için övmektedir. Bu bağlantıdan daha sonra kendini Falaşa olarak adlandıran, siyahi Habeş Yahudilerinden oluşan İsrail Hanesi (Beta Israel) ortaya çıkmıştır; 1984'te İsrailliler onları İsrail'e getirdiler.

16

BİZANS'IN KÖTÜ GÜNLERİ: PERS İŞGALİ

518-630

JÜSTİNYEN VE DANSÖZ İMPARATORİÇE: BİZANS KUDÜSÜ

518 yılında otuz beş yaşındaki Jüstinyen, amcası Justin'in tahta çıkmasıyla kendisini bir anda Doğu İmparatorluğu'nun gerçek hâkimi olarak buldu. Yaşlı yeni imparator okuma yazma bilmeyen Trakyalı bir köylüydü ve devletin idaresi için, Jüstinyen adını alan, zeki yeğeni Petrus'tan yardım almaktaydı.* Ama iktidar sadece ona ait değildi: Metresi Theodora bir ayı yetiştiricisinin kızıydı ve terli yarışçılar arasında, loş hamamlarda ve Konstantinopolis hipodromunun kanlı ayı çukurlarında büyümüştü. Dansöz olarak işe başlamıştı ve söylendiğine göre en büyük yeteneği müşterilerine aynı anda üç orifisini de sunabilecek kadar esnek olmasıydı. Sahnede bacaklarını açarak durur ve kazlar "bu ihtiras çiçeğinin çanağından" tahıl taneleri toplarlardı. Bu detaylar muhtemelen yaptığı işten memnun olmayan saray tarihçisi tarafından abartılmıştı ama gerççk ne olursa olsun Jüstinyen onun yaşam enerjisini dayanılmaz bulmuş ve onunla evlenebilmek için mevcut kanunu değiştirmişti. Entrikalarıyla Jüstinyen'in hayatını karmaşık bir hale soksa da Theodora genelde onda bulunmayan iradeyi sergilerdi. Nika İsyanı sırasında neredeyse Konstantinopolis elden çıkmak üzereyken ve imparator da kaçma hazırlıkları yaparken, Theodora imparatorluk elbisesi olmadan yaşamaktansa onun içinde ölmeyi tercih ederim diyerek generalleri asilerin üzerine gönderdi.

---

* Jüstinyen'in amcasının hükümdarlığı döneminde aldığı ilk kararlardan biri de Yemen'deki Arap Yahudi krallığının ortadan kaldırılmasıdır. Beşinci yüzyılın başlarında Yemen Kralı Himyara Musevi oldu. 523 yılında Bizans tehdidine tepki olarak Yahudi kralı Joseph –Dhu Nuwas Zurah Yusuf –Yemen'deki Hristiyanları katletti ve komşu krallıkları da Museviliği kabul etmeye zorladı. Jüstinyen, Hristiyan Aksum (Etiyopya) Kralı Kaleb'e Yemen'i ele geçirmesini emretti. Kral Joseph 525 yılında yenilgiye uğradı ve atını denize sürerek intihar etti. Yine de Yemen'de çok sayıda Yahudi yaşamaya ve Musevilik, Arabistan'daki varlığını korumaya devam etti: pek çok kabile Muhammet gelene kadar Musevi olarak kaldı; Yemen Yahudileri on dokuzuncu yüzyılda Kudüs'e yerleşmeye ve 1948'den sonra da İsrail'e göç etmeye başladılar. 2010 yılında Yemen'de sadece bir Yahudi köyü kalmıştı.

Ravenna'da bulunan San Vitale Kilisesi'ndeki gerçekçi portreleri sayesinde Jüstinyen'in ince uzun suratlı, kızılımsı tenli bir adam, Theodora'nın ise güzel, soluk ve baygın gözlü, dolgun dudaklı, saçları bukleli ve başında ve boynunda inci kolyeler taşıyan bir kadın olduğunu biliyoruz. İmparatorluk bu ikilinin elindeydi ve kökenleri ne olursa olsun idare ve din konusunda en ufak bir müsamahaları yoktu.

Doğu'nun son Latince konuşan imparatoru olan Jüstinyen, görevinin, Roma İmparatorluğu'nu ihya etmek ve Hristiyanlığı birleştirmek olduğuna inanmıştı: O doğmadan kısa süre önce Roma'nın son imparatoru bir Alman kabile reisi tarafından şehirden sürülmüştü. İlginçtir bu durum, çok geçmeden Papa adıyla anılmaya başlanacak, Roma piskoposunun konumunu güçlendirmiş ve Doğu ile Batı arasındaki mesafeyi de açmıştı. Jüstinyen savaş, inanç ve sanatı kullanarak evrensel Hristiyan İmparatorluğu'nu oluşturma yolunda büyük başarı kaydetti. İtalya, Kuzey Afrika ve Güney İspanya'yı tekrar ele geçirdi ancak kimi zaman neredeyse tüm Doğu'yu ele geçirmenin kıyısından dönen sürekli Pers saldırılarıyla karşılaştı. Saltanat çifti Hristiyan krallıklarını "tüm insanlığın ilk ve en büyük marifeti" haline getirip eşcinsellere, paganlara, sapkınlara, Semeriyelilere ve Yahudilere baskı uyguladılar. Jüstinyen, Museviliği kabul edilen bir inanç olmaktan çıkardı, Hamursuz Bayramı Paskalya'dan önceye denk geldiğinde bayramın kutlanmasını yasakladı, sinagogları kiliseye çevirdi, Yahudileri zorla vaftiz etti ve Yahudi tarihini kendisine mal etti: 537'de Konstantinopolis'teki Ayasofya'nın (Kutsal Bilgelik) muhteşem kubbesi tamamlandığında, "Süleyman, seni geçtim," demişti. Sonrada Süleyman Tapınağı'nı gölgede bırakmak için Kudüs'e yöneldi.

543'te Jüstinyen ve Theodora bir bazilika inşa etmeye başladı. Adı Tanrı'nın Annesi Aziz Meryem Kilisesi* (Yeni Kilise) olan bu yapı 120 metre uzunluğunda ve 57 metre yüksekliğindeydi, duvarları beş metre kalınlığındaydı, Tapınak Dağı'na zıt ve Süleyman Tapınağı'nın bulunduğu yere hâkim olacak şekilde yapılmıştı. Jüstinyen'in generali Belisarius, Vandal başkenti Kartaca'yı ele geçirdiğinde, Tapınak'tan Titus tarafından alınmış olan şamdanı bulmuştu. Şamdan, Belisarus'un düzenlediği resmigeçitte Konstantinopolis sokaklarında sergilendikten sonra, muhtemelen Jüstinyen'in yeni kilisesini süslemek için, Kudüs'e gönderildi.

* Yıllarca bu büyük yapıdan bir iz bulunamamıştı ama mevcut surların altındaki Yahudi mahallesinden Eski Şehir'in dışına kadar uzanan alanda 1973 yılında arkeolog Nahman Avigad tarafından yapılan kazılarda temeline rastlandı. Jüstinyen yamaç boyunca binanın ağırlığını taşıyabilmek için sıra sıra kemerler inşa ettirmişti. Bu duvar yazısı onlardan birinin üzerinde bulunmuştur: "Bu İmparatorumuz Flavius Jüstinyen'in cömertliğiyle vücut bulmuş bir eserdir."

Kutsal şehirde Ortodoks Hristiyanlığın ayinleri hâkimdi.* Hacılar kuzeydeki Hadrianus kapısından girer, parke kaplı ve sütunlar dizili on iki metre genişliğindeki, iki arabanın yan yana geçebildiği ve iki yanında dükkânların bulunduğu *cardo*dan geçer ve Yeni Kilise'ye ulaşırdı. Zenginler, Tapınak Dağı'nın güney ve güney batısında avlulu ve iki katlı konaklarda yaşarlardı. "Bu evlerde yaşayanlara ne mutlu!" yazılıydı içlerinden birinin üzerinde. Evler, kiliseler ve hatta dükkânlar mozaiklerle süslenmişti: Balıkçıl, güvercin ve kartal mozaikleri muhtemelen Ermeni Kralları tarafından yaptırılmıştı ("İsimlerini sadece Tanrı'nın bildiği Ermenilerin hatırası ve selameti için.") Daha ilgi çekici olanı yüzyıl başında Şam Kapısı'nın kuzeyinde bulunan yarı-Hristiyan, lir çalan muzip bir Orpheus mozaiğidir. Zengin Bizanslı kadınlar pileleri sarı, kırmızı ve yeşil olan uzun Yunan entarileri, kırmızı ayakkabılar giyer, inci kolyeler ve küpeler takarlardı. Kudüs'te üzerinde Kutsal Kabir Kilisesi'nin motifi olan bir altın yüzük bulunmuştur.

Şehir binlerce hacıyı ağırlayacak şekilde hazırlanmıştı: İleri gelenler patrikle birlikte kaldılar; fakir hacılar Jüstinyen'in 3000 yataklı misafirhanesine yerleştirildi; sofular ise, çoğu eski Yahudi mezarları olan, çevre tepelerdeki mağaralara yerleştiler. Zenginler öldüğünde lahit içinde defnedilirlerdi; bu lahitlerin iki yanında freskler olurdu ve ölülerin şeytanları kovabilmesi için de ziller yerleştirildi. Fakirlerin ölüleri ise Kan Tarlası'ndaki toplu mezarlardan birinin içine atılırdı. Jerome'yi baştan çıkaran dürtüler her daim mevcuttu: hipodromda savaş arabası yarışları düzenlenir ve Mavi ve Yeşil takımın taraftarları takımlarını desteklerlerdi. Kudüs'te "Mavi'nin talihi gülsün. Çok yaşasın!" yazan bir duvar yazısı bulunmuştur.

Theodora, Yeni Kilise bittikten kısa süre sonra kanserden öldü ama Jüstinyen 565 yılına, seksenlerinin ortasına kadar yaşayarak aralıksız elli yıl kadar hüküm sürmüş oldu. Augustus ve Trajan dışındaki tüm imparatorlardan daha fazla sınırları genişletti ama yüzyıl sonuna gelindiğinde aşırı yayılmıştı ve savunmasızdı. 602'de bir general tahtı ele geçirdi ve Mavi savaş arabaları takımının taraftarlarını, Yeşil takımın taraftarlarının desteklediği** rakiplerinin üzerine gönderene kadar da

---

* 1884'te Madaba'da (günümüzde Ürdün) bir Bizans kilisesinin zemininde, üzerinde "Kutsal Şehir Kudüs" yazan renkli bir mozaik bulundu. Bu ilk Kudüs haritasında şehir altı ana kapısı, kiliseleri ve değer verilmediği için belli belirsiz gösterilen Tapınak Dağı'yla resmedilmişti. Yine de Tapınak Dağı tamamen boş değildi. Arkeologlar tarafından orada hiç kazı yapılmamıştı ama 1940'larda İngiliz mühendisler İslam'ın kutsal mekânlarını restore ederlerken Bizanslılara ait izler buldular. İyimserler bunun İmparator Julianus'un yarım kalan tapınağının temelleri olduğunu düşünmektedirler. Ama bu oradaki tek Bizans mabedinin kalıntısı da olabilir –İsa'nın şeytan tarafından kandırıldığı yeri işaret eden küçük Zirve Kilisesi.

** Bizans'ta Roma usulü yapılan at yarışlarının ezeli iki rakibi olan Maviler ve Yeşiller sadece birer sportif kulüp değil aynı zamanda siyasi partiler haline dönüşmüş gruplardı. Maviler saray eşrafına yakın olup Kalkedon Konsülü'nün kararlarına bağlı olarak Ortodoksluğu savunurken, esnaf ve tüccarlar tarafından desteklenen Yeşiller Doğu monofizit kiliselerine bağlıydılar. (yay. n.)

elinde tutmaya çalıştı ve Yahudilerin zorla Hristiyan yapılmasını emretti. Spor ve siyaset taraftarlarının tehlikeli bileşiminden türeyen holiganlar olan Maviler ve Yeşiller, Kudüs'ü ele geçirmek için çatıştılar: "Rezil herifler şehri suç ve cinayete gark ettiler." Yeşiller kazandı ama Bizans askerleri şehri geri alıp asileri ezdi.

Bu kargaşa Pers Şahı II. Hüsrev'in iştahını kabartmıştı. Bizans İmparatoru Maurice çocukken onun tahta çıkmasına yardım etmişti ama Maurice öldürülünce Konstantinopolis'i temelli ortadan kaldırmayı umut eden Hüsrev, Doğu'yu ele geçirmek için ihtiyacı olan bahaneye kavuşmuş oldu. Kudüs yirmi beş yıl içerisinde art arda dört farklı din tarafından yönetilecekti: Hristiyanlık, Zerdüştlük, Musevilik ve İslam.[6]

ŞAH VE İMPARATORLUĞUN YABAN DOMUZU: KUDURMUŞ KÖPEKLERİN HİDDETİ

Persler zırhlı süvarileriyle Romalıların elindeki Irak'ı ele geçirip Suriye'ye girdiler. Bizanslılardan uzun süredir baskı gören Antakya Yahudileri ayaklandı ve Şahrbaraz –İmparatorluğun Domuzu***– ünvanıyla onurlandırılmış başarılı bir Pers komutanı Antakya ve Tiberya'dan kendisine katılan yirmi bin Yahudi'yle birlikte güneye yönelip Kudüs'ü kuşattı. Şehirde, Patrik Zekeriyâ müzakere etmeyi denedi ama sokakları elinde tutan spor fanatiği zorbalar reddettiler. Persler ve Yahudiler bir şekilde şehre girdi.

Kudüs, aslında Roma'nın doğusunun tamamı, genç Pers kralı Şahinşah II. Hüsrev'in eline geçti ve imparatorluğu Akdeniz'den Afganistan'a kadar yayıldı. Bu şah, Jüstinyen döneminde Antakya'yı yakmış olan en büyük Sasani hükümdarlarından birinin torunuydu. Ama çocukken soyluların elinde oyuncak olmuş ve paranoyak bir megalomanyak olarak yetişerek gücünü anormal büyük şeylerle göstermeyi saplantı haline getirmişti: Kaplan derisinden olan sancağı 40 metre uzunluğunda, 20 metre genişliğindeydi; görüşmelerini 300 metrekarelik altın sırmalı ve üzerine saltanat bahçesi işlenmiş bir halı olan Kralın Pınarı üstünde yapardı; şabestanında –şahın karılarını tuttuğu yeraltı daireleri– üç bin cariyesi bulunuyordu; başkenti Tizpon'da (günümüzde Bağdat yakınlarında) muhtemelen dünyanın en büyük toplantı salonuna sahip muazzam bir saray yaptırmıştı. Gece yarısı siyah ata binerdi, cübbesi altın işlemeliydi, mücevherle süslenmişti ve zırhı da altınla bezenmişti.

*** Askerî becerilere ve güce işaret eden bir unvan. Çünkü Zerdüştçülükte yaban domuzu zaferin tanrısı Yazata Vahram'la ilişkilendirilir. (yay. n.)

Tebaası arasında pek çok Yahudi, Hristiyan ve Zerdüşt bulunan şah, Şirin adında Nasturi bir Hristiyanla evlenmiş ve rivayete göre onu, rakibini Behistun Dağları'nda merdiven oymak gibi imkânsız bir göreve göndererek kazanmıştı.

Kudüs alındıktan sonra şahın generali Şahrbaraz, Mısır'ı fethetmeye yöneldi ama onun gitmesiyle Kudüslüler, Pers ve Yahudilere karşı ayaklandılar. Şahrbaraz geri gelip Kudüs'ü yirmi gün kuşattı ve Zeytin Dağı'ndaki ve Getsemani'deki kiliseleri yıktı. Pers ve Yahudiler her zaman için en zayıf bölüm olan doğu suru altından lağım kazdılar ve yirmi birinci günde, 614 Mayıs başları, Kudüs'e, görgü şahidi bir keşiş olan Strategos'a göre, "kudurmuş hayvanların öfkesine benzer şekilde" saldırdılar. "İnsanlar kiliselere sığındı ama onları büyük bir hınçla, dişlerini sıkarak kudurmuş köpekler gibi öldürdüler."

Üç gün içinde binlerce Hristiyan öldürüldü. Patrik ve otuz yedi bin Hristiyan İran'a sürgün edildi. Hayatta kalanlar Zeytin Dağı'nda durup "Kudüs'e baktıkları zaman bir ocaktan çıkıyormuşa benzeyen, bulutlara kadar yükselen bir alev gördüler ve hıçkırıp ağlayarak yerlere kapandılar." Siyon Dağı'ndaki Kutsal Kabir Kilisesi, Yeni Kilise, İsa'nın Annesi Kilisesi ve Ermeni Aziz Yakuplar Katedrali'ni yanıp yıkılmış halde gördükleri için kafalarına küller serptiler. Hristiyan kutsal emanetleri –mızrak, sünger ve gerçek haç– Hüsrev'e gönderildi ve o da onları kraliçesi Şirin'e verdi. Şirin onları Tizpon'daki kendi kilisesinde muhafaza etti.

Ardından, Titus'un Tapınak'ı yıkmasından 600 yıl sonra, Şahrbaraz Kudüs'ü Yahudilere teslim etti.

II. NEHEMYA: YAHUDİ TERÖRÜ

Asırlarca devam eden baskının ardından Nehemya adındaki karanlık birinin önderliğindeki Yahudiler birkaç hafta önceye kadar kendilerine eziyet eden Hristiyanlardan intikam almaya giriştiler. Persler, binlerce esiri büyük bir sarnıç olan Mamilla Havuzu'na hapsetmişti ve Hristiyan kaynaklarına göre onlara da, daha önce Yahudilere sunulmuş olana benzer bir seçenek sunuldu: Ya din değiştirin ya da ölün. Bazı keşişler Musevi oldular, diğerleri de şehit.* Neşe içerisindeki Yahudiler, Tapınak Dağı'na eski kutsallığını iade etmeye girişmiş olabilirler çünkü Yahudiler

---

* Hristiyan kaynakları Yahudiler tarafından öldürülüp Mezarcı Thomas tarafından gömülen Hristiyanlarla ilgili 10.000-90.000 arası abartılı rakamlar vermektedirler. Hristiyan efsanesi kurbanların Aslan Mağarası'ndaki Mamilla Mezarlığı'na gömüldüğünü söylemektedir. Mağara böyle adlandırılmıştır çünkü hayatta kalanlar bir aslan tarafından kurtarılana kadar içinde saklanmışlardır. Yahudiler ise aslan tarafından kurtarılanların Hristiyanların zulmünden kaçan Yahudiler olduğunu iddia etmektedirler.

artık burada kurban kesebileceklerdi ve Zerubbabil'in Kitabı'ndan aldıkları ilhamla tüm Yahudi dünyasını dinî bir coşku sarmıştı.*

Pers şahı Mısır, Suriye, Irak ve Konstantinopolis'e kadar tüm Küçük Asya'yı ele geçirmişti. Sadece Sur şehri hâlâ Perslere direniyordu ve Yahudi komutan Nehemya'ya orayı alması emredildi. Yahudi ordusu bunu beceremeyip Sur'dan çekildi ama Persler daha önceden sayıları fazla olan Hristiyanların onlara daha faydalı olabileceğini anlamışlardı. 617 tarihinde, üç yıllık Yahudi hâkimiyetinin ardından, Şahrbaraz Yahudileri Kudüs'ten sürdü. Nehemya direndi ama mağlup edildi ve Kudüs yakınlarındaki Emmaus'ta idam edildi.

Şehir Hristiyanlara iade edildi. Bir kez daha acı çekme sırası Yahudilere gelmişti. Yahudiler, kendilerinden önce Hristiyanların yaptığı gibi, şehri doğu kapısından terk ettiler ve Eriha'ya doğru gitmeye başladılar. Hristiyanlar Kutsal Şehri perişan halde buldular: patriğin yokluğunda ona vekâlet eden bir rahip olan Modestos harap olan Kutsal Kabir'i restore etti ama şehir Konstantin ya da Jüstinyen dönemindeki ihtişamına bir daha kavuşamadı.

Titus'tan sonra Yahudiler üçüncü kez Tapınak'ın enkazı arasında özgürce ibadet edebilme şansını elde etmişlerdi –muhtemelen bar Kochba ve kesin olarak Julianus ve Hüsrev dönemlerinde– ama bu tarihten sonraki 1350 yıl boyunca Tapınak bir daha Yahudilerin eline geçmeyecekti. Muzaffer Perslere gelince şimdi karşılarında Herkül'ün meziyetlerine sahipmiş gibi görünen dinamik ve genç bir Bizans İmparatoru bulunuyordu.[7]

HERAKLİUS: İLK HAÇLI

Hearklius sarışın ve uzun boyluydu, imparatorluğu kurtarabilecek kabiliyette birine benziyordu. Ermeni soyundan gelen bir Afrika valisinin oğlu olan Heraklius 610 tarihinde tahta çıktığında doğunun büyük bölümü Perslerin idaresindeydi ve durum bundan daha kötü olamazmış gibi görünüyordu – ama oldu. Heraklius karşı saldırıya geçtiğinde onu bozguna uğratan Şahrbaraz ardından Suriye ve Mısır'ı ele geçirdi ve Konstantinopolis üzerine yürüdü. Heraklius'un imzalamak zorunda kaldığı küçük düşürücü barış anlaşması ona kuvvet toplaması ve intikam planları yapması için zaman tanıdı.

622 yılı Paskalyasında, pazartesi günü Heraklius bir orduyla yelken açtı ama bekleneceği gibi Karadeniz'den Kafkasya'ya gitmek yerine Akdeniz'in İyonya sa-

* Tapınak Dağı'nın güneybatı köşesinde bulunan bina kalıntıları arasında bir haçın üzerine boyanmış bir menorah görülmüştür. Bu muhtemelen bir Hristiyan sunağının kısa süreliğine Yahudiler tarafından ödünç alınmasının ürünüdür ama İslam hâkimiyetinin ilk dönemine de ait olabilir.

hilinden İssu körfezine gelip orada karaya çıktı ve Şahrbaraz'ı bozguna uğrattı. Persler, Konstantinopolis kapılarına dayanmışken Heraklius savaşı onların topraklarına taşımayı başarmıştı. Ertesi sene aynı hileyi tekrarlayıp Ermenistan ve Azerbaycan üzerinden Ganzak'taki Hüsrev'in sarayına yürüdü. Şah geri çekildi. Heraklius, Ermenistan'da kışladı ve 625 yılında, askerî alanda ne kadar kabiliyetli olduğunu gösterir şekilde, üç Pers ordusunun birleşmesine mani olarak her birini ayrı ayrı yendi.

Büyük risklerin ve küresel hırsların hâkim olduğu bu savaşta şah durumu bir kez daha lehine çevirmeyi başardı. Bir generalini Irak'ı almaya ve Domuz'u da, göçebe bir kavim olan, Avarlarla temasa geçip Konstantinopolis'i kuşatması için gönderdi. Kendisini "Tanrıların en Yücesi, Tüm Dünyanın Kralı ve Efendisi" olarak tanımlayan Şah, Heraklius'a gönderdiği mektupta şunları yazdı: "Tanrı'ya güvendiğini söylüyorsun; öyleyse Tanrı neden benim elimi Kayserya, Kudüs ve İskenderiye'den çekmedi? Konstantinopolis'i de yok edemez miyim? Siz Yunanları yok etmedim mi?" Heraklius bir orduyu Irak'ta savaşması ve diğerini de başkenti savunması için gönderirken kendisi de Hazarlardan kırk bin Türkmen atlısı kiralayarak üçüncü bir ordu kurdu.

Persler ve Avarlar, Boğaz'ın iki yanından Konstantinopolis'i kuşattılar ama şah, Kraliyet Domuzu'nu kıskanıyordu. Tüm dünyanın efendisinin aşırı kibri ve yaratıcı zalimliği çoktan kendi soylularını ondan uzaklaştırmıştı. Şah, Şahrbaraz'ın yaverine onu öldürüp komutayı devralmasını emreden bir mektup gönderdi. Heraklius mektubu ele geçirdi. Şahrbaraz'ı bir görüşmeye davet edip kendisine mektubu gösterdi, gizli bir ittifak yaptılar. Böylece Konstantinopolis kurtulmuş oldu.

Şahrbaraz Suriye, Filistin ve Mısır'ı yönetmek için İskenderiye'ye çekildi. Heraklius ordusuyla Karadeniz üzerinden Kafkasya'ya doğru yelken açtı ve Hazar atlıları da İran'ı işgal etti. Pers kuvvetlerine galebe çalıp üç Pers kahramanına meydan okuyup düelloda öldürdü, daha sonra ana ordularını yendi ve şahın başkentinin hemen dışında durdu. Hüsrev'in inatçılığı onu mahvetti. Yakalanıp Karanlığın Evi denen, gözlerinin önünde en sevdiği oğluna işkence ettirmiş olduğu, zindana atıldı. Persler status quo ate bellum'a dönülmesini kabul ettiler. Şahrbaraz, Heraklius'un yeğeniyle evlenmeyi kabul etti ve Gerçek Haç'ın saklandığı yeri ortaya çıkardı. Bir dizi entrikanın ardından Şahrbaraz Pers tahtını ele geçirdi – ama daha sonra suikasta kurban gitti.

629'da Heraklius karısıyla (aynı zamanda yeğeni) birlikte Gerçek Haç'ı Kudüs'e götürmek için Konstantinopolis'ten yola çıktı. Tiberias'taki Yahudileri affetti ve konağında kaldığı zengin bir Yahudi olan Benjamin kendisine Kudüs'e kadar refakat etti ve yolda Hristiyan oldu. Yahudilere intikam alınmayacağı ve Kudüs'te oturabilecekleri yönünde teminat verildi.

21 Mart 630'da elli beş yaşına gelmiş olan Heraklius bu özel etkinlik için inşa ettirmiş olduğu Altın Kapı'ya gitti. Tüm semavi dinler için bu kapı Kıyamete yakın geri döndüğü zaman Mesih'in şehre gireceği yerdi.* İmparator bu noktada atından inerek haçı kendisi taşıdı. Rivayete göre Heraklius üzerinde Bizans cübbesiyle girmeye kalkıştığında Kapı yekpare duvara dönüşmüş ama tevazu gösterdiğinde kapı tekrar açılmıştı. Halılar serildi, güzel kokulu çiçekler saçıldı ve Heraklius, patrik Modestos tarafından restore edilmiş olan Kutsal Kabir Kilisesi'ne Gerçek Haç'ı teslim etti. İmparatorluğun karşı karşıya kaldığı felaket ve İmparatorun dönüşü Kıyamet inancında değişikliğe neden oldu. Buna göre Mesih'in habercisi Son İmparator, Hristiyanlığın düşmanlarını ezecek ve idareyi Kıyamete kadar hüküm sürecek olan İsa'ya devredecekti.

Hristiyanlar, Yahudilerden intikam alınmasını istiyordu. Heraklius başta bunu reddetti ama keşişler ona Yahudilere verdiği sözü bozma karşılığında gireceği günahı kendilerinin oruç tutarak affettirebileceklerini söylediler. Bunun üzerine Heraklius geri kalan Yahudileri sürdü; pek çoğu öldürüldü; daha sonra tüm Yahudilerin zorla Hristiyan olmalarını emretti.

Uzaklarda güneydeki Araplar, Heraklius'un zaferine rağmen onun zayıflığını fark ettiler. "Romalılar yenildi," diye ilan etti, Arap kabilelerini ileride yeni vahyin kitabı olacak Kuran etrafında birleştirecek lider olan, Muhammed. Heraklius, Kudüs'teyken Muhammed, Bizans savunmasını yoklamak için Kral Yolu'na kadar olan bölgeye bir akın düzenletti. Araplar bir Bizans birliğine denk geldiler – ama geri döndüler.

Heraklius pek telaş etmemişti: Bölünmüş Arap kabileleri asırlardan beridir Filistin'i yağmalıyorlardı. Bizanslılar ve Persler, Arap kabilelerini İmparatorlukları arasında tampon bölge olarak kullanırlardı ve Heraklius'un ordusunda çok sayıda Arap birliği bulunuyordu.

Ertesi sene Muhammed, Bizans topraklarına saldırması için küçük bir birlik daha gönderdi. Ama artık yaşlanmıştı ve fevkalade geçen hayatı sona ermek üzereydi. Heraklius ise Kudüs'ten Konstantinopolis'e dönmüştü.

Korkacak bir şey yokmuş gibi görünüyordu.[8]

---

* Aslında iki kapı olan Altın Kapı, Heraklius'un Gerçek Haç'ı götürdüğü yer olan, Kutsal Kabir Kilisesi'ndeki mezarla orantılı şekilde inşa edilmiştir. O mekânın sembolik önemi büyüktür çünkü Bizanslılar hatalı olarak oranın İsa'nın şehre girdiği ve ölümünden sonra havarilerinin bir mucize gerçekleştirdikleri Güzel Kapı'nın bulunduğu yer olduğunu düşünmüşlerdi. Yine de bazı uzmanlar kapının aslında Emevi halifeleri tarafından yapıldığını düşünmektedirler. Kapı çok geçmeden Yahudiler için manevi bir önem kazanmış ve ona Merhamet Kapısı adını vermişlerdir.

DÖRDÜNCÜ BÖLÜM

İSLAM

"Kendisine âyetlerimizden bir kısmını gösterelim diye kulunu (Muhammed'i) bir gece Mescid-i Haram'dan çevresini bereketlendirdiğimiz Mescid-i Aksa'ya götüren Allah'ın şanı yücedir."

Kuran, İsra Suresi, 1. Ayet.

"Allah'ın elçisi, Cebrail'in refakatinde, Kudüs'e götürüldü ve orada İbrahim, Musa ve diğer peygamberlerle buluştu."

İbni İshak, *Siret-ül Resulallah*

"Bir hükümdar hem Kâbe'yi hem de Kudüs'ü elinde tutmadığı müddetçe halife kabul edilemez."

Sibani, *Fezâil*

"Kudüs'te bir gün geçirmek bin gün, bir ay bin ay ve bir yıl bin yıl gibidir. Orada ölmek semanın birinci katında ölmek gibidir."

Ka'bü'l-Ahbâr, *Fezâil*

"Kudüs'te işlenen bir günah bin günaha orada işlenen bir sevap ise bin sevaba eşittir."

Halid bin Madan el Kalai, *Fezâil*

"Allah, Kudüs için orası benim cennet bahçem, mübarek ve seçilmiş mekânımdır demiştir."

Ka'bü'l-Ahbâr, *Fezâil*

"Ey Kudüs, hizmetkârım Abdülmelik'i sana hizmet edip güzelleştirmesi için gönderiyorum."

Ka'bü'l-Ahbâr, *Fezâil*

17

ARAP FETHİ

630–660

MUHAMMED: GECE YOLCULUĞU*

Muhammed'in babası o doğmadan ölmüş, annesi de Muhammed henüz altı yaşındayken vefat etmişti. Onu evlat edinen amcası Suriye'deki Busra'ya ticaret için giderken onu da yanında götürdü. Orada bir keşişten Hristiyanlığı öğrendi, Yahudi ve Hristiyan kutsal kitaplarını inceledi, Kudüs'ü en kutsal yer olarak kabul ederek ona hürmet etmeye başladı. Yirmili yaşlarında kendisinden yaşlı olan zengin dul Hatice ona kervan ticaretini yönetmesi için iş verdi ve daha sonra evlendiler. Kâbe ve pagan tanrısının sunağı siyah taşın olduğu Mekke'de yaşadılar. Şehir bu sunağa gelen hacılar ve kervan ticareti nedeniyle capcanlı bir yerdi. Muhammed şehrin önde gelen tacir ve sunağın koruyucuları olan Kureyş kabilesinin mensubuydu ama onun Haşimi boyu en güçlülerinden biri sayılmazdı.

Kıvırcık saçlı ve sakallı, yakışıklı ve güler yüzlü olarak tarif edilen Muhammed karizmatik bir kişilikti – dendiğine göre birisinin elini sıksa o kişi bir daha elini bırakmak istemezdi. Zekâsı ve dürüstlüğüyle nam salmıştı –savaşçıları, "Aramızda onun gibisi yoktu," derdi– ve el-Emin yani güvenilir bir insan olarak biliniyordu.

Musa, Davud ya da İsa örneklerinde de olduğu gibi günümüzde onun kişiliğinin başarısında üstlendiği rolü tam olarak kestirebilmemiz imkânsızdır ama tıpkı diğerleri gibi o da tam ihtiyaç duyulan bir dönemde ortaya çıkmıştır. Vahiy gelmeden önceki Cahiliye Dönemi'nde "bizden daha sefil bir millet yoktu" diye yazmıştı askerlerinden birisi. "Dinimiz birbirimizi öldürüp yağmalamaktan ibaretti. Bazılarımız sırf doyurmak istemediği için kız çocuklarını diri diri toprağa gömerlerdi. Sonra Rabbim bize onu gönderdi."

---

* "Yolculuk yapmak" anlamındaki fiilin türevi olan ve "gece yolculuğu" anlamında kullanılan İsra, dinî terminolojide İslam dini peygamberi Muhammed'in geceleyin Mekke'deki Mescid-i Haram'dan Burak adı verilen at üzerinde Kudüs'teki Mescid-i Aksa'ya götürülmesini, miraç ise göğe yükselmesini ifade eder. (yay. n.)

Muhammed, Mekke'nin dışındaki Hira Mağarası'nda inzivaya çekilmeyi severdi. Geleneğe göre 610 yılında Başmelek Cebrail onu orada ziyaret ederek kendisine Allah'ın ilk vahyini indirdi ve Allah, onu elçisi ve peygamberi olarak seçti. Dendiğine göre peygambere vahiy geldiğinde yüzü kızarır, sessizleşir, yere yığılır ve yüzü ter içinde kalırdı; uğultuyu andıran bir ses ve çeşitli tasavvurlar onu çepeçevre kuşatırdı – daha sonra şiirsel ve ilahi ayetleri okurdu. İlk başta bu olanlar onu dehşete düşürmüştü ama Hatice ona inandı ve o da öğrendiklerini diğerlerine anlatmaya başladı.

Her erkeğin silah taşıdığı bu çetin askerî toplumda edebiyat geleneği yazılı olmaktan ziyade savaşçıların, tutkulu âşıkların ve korkusuz avcıların anlatıldığı sözlü şiirlere dayalıydı. Peygamber de bu şiir geleneğini benimsedi: 114 suresi de önce sözlü olarak okunup ezberlenmiş ve daha sonra, çarpıcı şiirler, ilahi gizemler, açık talimatlar ve şaşırtıcı çelişkiler içeren Kuran olarak kitap haline getirilmişti.

Muhammed, Allah'a teslimiyet –İslam– karşılığında selameti, eşitlik ve adaletin önemini, dürüst bir hayat sürmenin erdemlerini hem hayat hem de ölüm için kolayca öğrenilebilecek ibadetlerle birlikte vaaz eden ilham verici bir önderdi. Diğer dinlerden gelenleri kabul etti. İncil'e hürmet etti, Davud, Süleyman, Musa ve İsa'yı peygamber olarak kabul edip kendi vahyinin onlarınkinin yerini aldığını söyledi. Peygamber, bilhassa Kudüs'ün kaderi için önem arz edecek şekilde, Kıyamet'in ya da ahir zamanın gelmekte olduğunu vurguladı ve bu aciliyet duygusu İslam'ın ilk dönemlerine büyük bir dinamizm kazandırdı. "Zamanını sadece Allah bilir," diyordu Kuran. "Sen nereden bileceksin, belki de o saat (Kıyamet) yakındır." Tüm Yahudi-Hristiyan kutsal metinleri bunun sadece Kudüs'te olacağını belirtmişti.

Bir gece, Müslümanların inancına göre, Muhammed, Kâbe'nin yanında uyurken bir mucize gerçekleşti. Başmelek Cebrail kendisini uyandırdı ve birlikte, insan yüzlü bir binek olan Burak'ın sırtında bir Gece Yolculuğu yaparak ismi olmayan, "en uzaktaki ibadethaneye" gittiler. Muhammed orada ataları (Âdem ve İbrahim) ve kardeşleri Musa, Yusuf ve İsa'yla buluştu ve daha sonra bir merdivenden semaya yükseldi. İsa'dan farklı olarak Muhammed sadece Allah'ın elçisi ve peygamberi olduğunu söylüyor ve mucizevî bir gücü olduğunu iddia etmiyordu. Gerçekten de İsra –Gece Yolculuğu– ve Miraç –Semaya yükseliş– onun tek mucizesiydi. Kudüs ve Tapınak'ın adı hiç geçmemişti ama Müslümanlar en uzaktaki ibadethanenin, Tapınak Dağı olduğunu kabul ettiler.

Muhammed, karısı ve amcası öldüğünde, hayatlarını sürdürebilmek için Kâbe taşına ihtiyaçları olan, Mekke'nin zengin aileleri karşısında savunmasız kaldı. Mekkeliler onu öldürmeyi denediler. Ama Yesribliler denen bir grup onunla temasa geçti. Yesrib, Yahudi kabilelerin kuzeydeki bir vahada kurduğu bir şehirdi ve orada pagan zanaatkâr ve çiftçiler de yaşıyordu. Ondan kabileler arasındaki kan davasını sona erdirmesini istediler. O ve ona inananlar Yesrib'e (Medine) hicret etti ve şehir o tarihten sonra Medinetü'n Nebi –Peygamber'in Şehri– olarak bilindi. Orada, beraber geldiği takipçileri ile kendilerine yardımcı olanları ve Yahudi müttefiklerini birleştirerek yeni bir toplumun temelini attı – Ümmet. Bu olay 622 yılında gerçekleşti ve bu tarih İslam takviminin başlangıcı kabul edildi.

Muhammed yetenekli bir arabulucuydu ve fikir üretmek konusunda çok başarılıydı. Medine'de Yahudilerle birlikte yaşarken ilk camiyi kurdu* ve Kudüs'teki Tapınak'ı kıble, ibadet yönü olarak kabul etti. Cuma günü güneş battıktan sonra ibadet etti –Yahudi Sebt günü– Kefaret Günü'nde oruç tuttu, domuz etini yasakladı ve sünneti kabul etti. Muhammed'in Rabbi'nin birliği Hristiyan Teslis inancını reddediyordu ama diğer ibadetleri benzerlik arz ediyordu: Seccade üzerinde secde edilmesi Hristiyan manastırlarının âdetiydi, minareleri de belki de sütun tepesinde yaşayan münzevilerin sütunlarını ilham almıştı ve Ramazan da Paskalya'dan önceki orucu (Lent) akla getirmektedir. Yine de İslam büyük ölçüde kendine has bir inançtı.

Muhammed kendi kanunları olan küçük bir devlet kurdu ama Medine'den ve memleketi olan Mekke'den direnişle karşılaştı. Yeni devletinin kendini savunmaya ve genişlemeye ihtiyacı vardı: Cihat –mücadele –hem kişinin nefsini kontrol etmesi hem de kutsal bir fetih savaşıydı. Kuran kâfirlerin yok edilmesini ama boyun eğerlerse onlara müsamaha gösterilmesini istiyordu. Bu mantıklıydı çünkü Yahudi kabileler Muhammed'in vahyine ve elde ettiği kontrole itiraz etmişlerdi. Bunun üzerine kıbleyi Mekke'ye çevirdi ve Yahudi usullerini reddetti: Allah'ın Yahudi Tapınağı'nı yok etmesinin nedeni Yahudilerin günahkâr olmasıydı, o yüzden "kıble olarak Kudüs'ü kullanmayacaklardı."

Mekkelilerle savaşırken Medine'deki bir sadakatsizliği kaldırabilecek durumda olmadığından Yahudileri sürdü ve bir Yahudi kabilesini diğerlerine ders olması için kullandı: Kabilenin yedi yüz erkeğinin boynu vuruldu, kadın ve çocuklar ise köle yapıldı. 630'da Muhammed nihayet Mekke'yi ele geçirdi ve tek tanrılı inancını tüm Arabistan'a gönül rızası ya da kaba kuvvetle yaymaya başladı. Muhammed'in takipçileri Kıyamet Günü'ne hazırlık olarak elden geldiğince günahsız yaşamaya çalışırken daha da militarist oldular. Arabistan'ı tümüyle ele geçirince onun ötesindeki günahkâr imparatorluklarla karşı karşıya geldiler. Peygamberin ilk inananları –Ensar ve Muhacirun– onun maiyetini teşkil ediyorlardı – ama eski düşmanlarını ve yetenekli fırsatçılarını da bağrına basmaktan çekinmemişti. İslam geleneği

---

* Cami (*mosque*) kelimesi Arapça mescitten türemiş ve bu da İspanyolcada *mezquita* ve Fransızcada *mosquee* olmuştur.

onun şahsi hayatından da bahsetmektedir: Pek çok karısı vardı –yakın dostu Ebu Bekir'in kızı Ayşe en sevdiğiydi– ve aralarında pek çok Yahudi ve Hristiyan'ın da bulunduğu çok sayıda cariyesi bulunuyordu; çocukları da vardı ve içlerinde en çok bilineni de kızı Fatıma olacaktı.[1]

Muhammed 632 yılında, 62 yaşında öldü ve ölümünün ardından kayınpederi Ebu Bekir halife oldu ve Emir'ül Müminin, Müminlerin Emiri unvanını aldı.* Muhammed'in ölümünün ardından Arap topraklarındaki hâkimiyet sarsılsa da Ebu Bekir idareyi tekrar tesis etti. Daha sonra Müslümanların fani, günahkâr ve ahlaksız olarak kabul ettikleri Bizans ve Pers imparatorluklarına yöneldi. Emir, deve üzerindeki savaşçılarını Irak ve Filistin'e akınlar düzenlemeleri için gönderdi.

HALİD BİN VELİD: İSLAM'IN KILICI

Presbiter Thomas, Gazze yakınlarında bir yerde "Romalılar ve Muhammed'in göçebeleri arasında bir savaş vardı" diye yazarak Peygamber'in ismini ilk zikreden bağımsız tarihçi olan bir Hristiyan'dı.** "Romalılar kaçtılar." Hâlâ Suriye'de olan İmparator Heraklius, bu Arap ordularını ezmeye karar verince onlar da Ebu Bekir'den takviye istediler. Ebu Bekir en iyi generali olan, Irak'a saldırmakla meşgul, Halid bin Velid'i gönderdi. Susuz bir şekilde çölde altı gün at süren Halid tam vaktinde Filistin'e vardı.

Halid, Muhammed'e karşı savaşmış Mekke asilzadelerinden biriydi ama sonunda Müslümanlığı kabul ettiğinde Muhammed bu dinamik komutanı bağrına basıp ona İslam'ın Kılıcı adını vermişti. Halid siyasi liderlerin emirlerine fazla kulak asmayan başına buyruk generallerden biriydi. Olayların sırası kesin olarak bilinmemektedir ama daha sonra diğer Arap komutanlara katılıp komutayı devralmış ve Kudüs'ün güney batısında Bizans ordusunu yendikten sonra Şam'a saldırmıştır. Güneydeki Mekke'de Ebu Bekir ölünce Peygamber'e ilk inananlardan ve yakın dostu olan Ömer onun yerine geçti. Yeni halife hem servet hem de şöhret elde

* Muhammed'in halifeleri de Emir'ül Müminin unvanını kullanmışlardır. Daha sonra devlet başkanları, Resulullah'ın halifesi ya da kısaca halife olarak bilinmeye başladılar. Ebubekir bu unvanı kullanmış olabilir ama sonraki yetmiş sene, Abdülmelik'in dönemine kadar bir daha kullanıldığı yönünde bir delil yoktur. Daha sonra retrospektif bir şekilde tatbik edilmiştir: İlk dört idareci Raşit Halifeler olarak kabul edildi.

** Erken dönem İslam tarihi, Kudüs'ün teslim olması da dâhil olmak üzere, esrarlı ve çelişkilidir. Önde gelen İslam tarihçileri bu gelişmeleri Kudüs ya da Mekke'den çok uzaklarda birkaç asır sonra kaleme almışlardır. Muhammed'in ilk biyografi yazarı İbni İshak eserini Bağdat'ta yazmış ve 770 yılında ölmüştür; el Taberi, el Baladhuri ve el Yakubi ise dokuzuncu yüzyıl sonlarında İran ve Irak'ta yaşamışlardır.

eden Halid'e pek güvenmediğinden, "Halid bize rahat bir nefes aldır," diyerek onu Mekke'ye geri çağırdı.

Heraklius, Arapları durdurmak için bir ordu göndermişti. Ömer komutan olarak Ebu Ubeyde'yi tayin etti ve Halid de orduya komutanın yaveri olarak katıldı. Aylarca süren çatışmaların ardından Araplar nihayet Bizanslıları günümüzde Ürdün, Suriye ve Golan arasında bulunan Yermük Nehri'nin aşılmaz vadileri içine çekmeyi başardı. Halid, askerlerine hitaben, "Bu, Allah'ın savaşlarından biridir," dedi – ve 20 Ağustos 636'da Allah'ın saldığı kum fırtınasının kör ettiği Hristiyan askerleri paniğe kapıldılar ve kendilerini korumak için Yermük'ün yamaçlarına sığındılar. Halid onların ricat hattını kesti ve muharebenin sonuna doğru Hristiyanlar öylesine tükendiler ki Araplara karşı koymaya bile mecalleri kalmadı. İmparatorun kardeşi de burada öldürüldü ve Heraklius, Suriye ve Filistin'i kaybettiği tarihteki en tayin edici savaşlardan biri olan bu muharebede yaşadığı yenilginin etkisini bir türlü üzerinden atamadı. Pers savaşlarıyla zayıflamış olan Bizans idaresi domino taşları gibi yıkılmak üzereydi ve Arap fethinin, bir dizi başarılı akından mı ibaret olup olmadığı henüz pek açık değildi. Ama çok geçmeden bunun tam teşekküllü bir fetih harekâtı olduğu anlaşılacaktı ve bazıları sadece bin askerden oluşan bu Arap deve süvarilerinin Doğu Roma lejyonlarını darmadağın etmesi aklı almaz bir başarıydı. Ama Ömer durmadı, gönderdiği diğer bir ordu da İran'ı ele geçirdi.[2]

Filistin'de tek başına kalan, Yunan bir entelektüel olan Kudüs Patriği Sophronius, "Kâinatın ışık saçan Siyonu," diyerek şehre methiyeler düzmekle meşguldü. Hristiyanların başına geleni tam olarak idrak edememişti. Kutsal Kabir Kilisesi'nde vaaz verirken günahları yüzünden Hristiyanları ve Yunanca Sarakenoi dediği Arapların vahşetini kınadı: "Bu savaş ne zaman kapımıza dayandı? Barbar saldırıları ne zaman böyle arttı? Tanrısız Arap sürüleri Beytüllahim'i ele geçirdiler. Araplar, Tanrı'nın günahlarımız yüzünden bize gönderdiği bir musibettir. Kendimize çeki düzen verelim."

Artık çok geçti ve Araplar İlya (Romen ismi Aleia'dan) dedikleri Kudüs şehrine yaklaştılar. Şehri ilk kuşatan komutan olan Amr bin el As, Halid'den sonraki en iyi Arap generaliydi ve o da Mekke asillerine mensup bir macera adamıydı. Diğer Arap liderleri gibi Amr da bölgeyi iyi biliyordu: Hatta o bölgede mülkü vardı ve küçükken Kudüs'e gelmişti. Ama bu onun için sadece bir ganimet arayışı değildi.

"Ahir zaman yaklaşıyor," diyordu Kuran'da. İlk Müslümanların askerî fanatizmi Kıyamet Günü'ne olan inançlarıyla daha da körüklendi. Kuran açıkça belirtmese de onlar Yahudi-Hristiyan peygamberlerinden bunun Kudüs'te olacağını biliyorlardı. Eğer Kıyamet koparsa Kudüs'e ihtiyaçları olacaktı.

Surların dibinde bekleyen Amr'a, Halid ve diğer Arap generalleri de katıldı ama anlaşılan Arap orduları şehre saldıramayacak kadar küçüktü ve pek çatışma oluyormuşa da benzemiyordu. Sophronius, Müminlerin Emiri'nin bizzat kendilerine güvence vermediği müddetçe teslim olmayı reddetti. Amr bu sorunun üstesinden Halid'i, Emir olarak göstererek gelmeye çalıştı ama onu tanıdılar. Bunun üzerine Ömer, Mekke'den çağrıldı.

Emir, Arap ordularının kalanını Golan'daki Jabiya'da teftiş etti ve Kudüslüler de muhtemelen teslimi müzakere etmek için onunla orada görüştüler. Filistin'in çoğunluğunu teşkil eden monofizit Hristiyanlar Bizanslılardan nefret ediyordu ve ilk Müslümanlar kendileri gibi tek tanrılı olanlara dinî özgürlük tanımaktan da memnunmuş gibi görünüyorlardı.* Ömer, Kuran'a riayet ederek Kudüs'e bir teslim anlaşması –zımmi– önerip cizye vergisi ödemeleri karşılığında Hristiyanların inançlarında serbest olacaklarını taahhüt etti. Anlaşmanın imzalanmasından sonra Kudüs'e doğru yola çıkan Ömer'in yanında tek bir hizmetçi vardı ve yamalı bir kıyafetle bir katıra biniyordu.

ADİL ÖMER: TAPINAK'IN TEKRAR KAZANILMASI

Ömer, Scopus Dağı'ndan Kudüs'ü gördüğü zaman müezzinine ezan okumasını emretti. Namazın ardından hacı ihramını giyip beyaz bir deveye bindi ve Sophronius'la görüşmek için yola çıktı. Bizans hiyerarşisi onun basit kıyafetleriyle tezat teşkil eden süslü kıyafetlerle onu karşıladı. Gençliğinde güreşçi olan iri yarı Emir'ül Müminin elinde her daim bir kırbaç taşıyan sert bir sofuydu. Dendiğine göre Muhammed bir odaya girdiğinde kadın ve çocuklar gülmeye ve konuşmaya devam ederken Ömer'i gördüklerinde hepsi susardı. Kuran'ı kitap haline getirmeye başlayan, İslam takvimi ve kanunlarını oluşturan oydu. Kadınlara karşı Peygamber'in kendisinden çok daha sert kurallar uyguladı. Oğlu içki içtiğinde Ömer ona seksen kırbaç attırınca oğlu öldü.

Sophronius, Ömer'e kutsal şehrin anahtarlarını sundu. Patrik, Ömer ve onun paçavralar giyen Arap deve ve at süvarilerini gördüğü zaman "viraneliğin ucubeleri" diye mırıldandı. Çoğu Hicaz ve Yemen kabilelerinden geliyordu; çok hızlı hareket eder, cübbe ve sarık giyer, ilhiz içerek (deve kılı, kanla karıştırılır sonra pişirilirdi) hayatta kalırlardı. Ağır zırhlı Pers ve Bizans katafrakt süvarileriyle kıyaslanmaları

* İlk Müslümanlar kendilerine "İnananlar" diyorlardı –bu kelime Kuran'da bin kez geçerken "Müslüman" kelimesi 75 kez geçmektedir– ve Kudüs'te de göreceğimiz gibi tek tanrılı dine inanan Yahudi ve Hristiyanlara karşı da hiçbir düşmanlıkları yoktu. Erken dönem İslam tarihi üzerine bir otorite olan Profesör Fred M. Donner bunu daha da ileri götürmüştür: "İnananların kendilerini yeni ve ayrı bir dinin mensubu olarak gördüklerine inanmamız için hiçbir neden yoktur. İlk İnananlar'ın bazıları Yahudi ve Hristiyan'dı."

söz konusu bile değildi ve sadece komutanları miğfer takıp zincir, zırh kuşanırdı. Geri kalanı "kaba tüylü güdük atlara binerdi, kılıçları parlaktı ama bunları kın yerine paçavralara sararlardı." Deve siniriyle bağlanmış mızrak ve yay kullanır, "büyük, kırmızı ekmek somununa benzeyen" kırmızı inek derisinden kalkanlar taşırlardı. Seyf adındaki geniş ağızlı kılıçlarını çok sever, onlara isimler verir ve onlar için şarkı ve şiirler yazarlardı.

Kabalıklarıyla övünürlerdi ve "keçi boynuzu gibi dik duran dört saç perçemleri olurdu." Kaliteli halılarla karşılandıklarında atlarla üzerinden geçer, onları kesip mızraklarına takar ve tüm fatihler gibi ganimetin –insan ve eşya– keyfini çıkarırlardı. "Birden bir örtünün altında insan şekline benzer bir şey olduğunu fark ettim," diye yazmıştı içlerinden biri. "Örtüyü kaldırdığımda güneş gibi ışık saçan ceylan gibi bir kadın gördüm. Onu ve elbiselerini aldım, elbiselerini ganimet olarak teslim ederken kızın bana verilmesini talep ettim. Onu cariyem olarak aldım."* Arap ordularının hiçbir teknik üstünlükleri yoktu ama vazifelerine fanatik şekilde bağlıydılar.

Daha sonraki tarihlere ait geleneksel İslam kaynaklarına göre Sophronius, Ömer'e Kutsal Kabir Kilisesi'ne giderken refakat etti. Onun Hristiyanlığın bu kutsal mekânına hayran kalmasını ve hatta benimsemesini bekliyordu. Ömer'in müezzini askerleri namaza çağırdığında Sophronius, emiri orada namaz kılması için davet etti ama emir, eğer bunu yaparsa oranın Müslümanların ibadet yeri haline geleceği konusunda kendisini ikaz ederek reddetti. Ömer, Muhammed'in Davud ve Süleyman'a hürmet ettiğini biliyordu. Sophronius'a, "Beni Davud'un tapınağına götür," diye emretti. O ve askerleri, muhtemelen güneydeki Peygamberler Kapısı'ndan, Tapınak Dağı'na girdiler ve oranın "Hristiyanların, Yahudileri gücendirmek için attığı gübre yığınları" yüzünden pislik içinde olduğunu gördüler.

Ömer, Kutsalların Kutsalı'nı görmek istedi. Haham olarak bilinen ve Yahudilikten dönme Ka'bü'l-Ahbâr cevaben, eğer emir, "Duvar"ı korursa (belki de Hirodes'ten kalan ve Batı surunu da içeren harabeleri kastediyordu), "ona Tapınak'tan kalanları gösteririm," dedi. Ka'bü'l-Ahbâr, Ömer'e Tapınak'ın temelini, Arapların Sahra adını verecekleri kayayı, gösterdi.

Ömer askerlerinin de yardımıyla enkazı temizleyerek ibadet edebileceği bir alan açtı. Ka'b ibadet yerini temel taşının kuzeyinde seçmesini söyledi: "Böylece biri Musa'nın ve diğeri Muhammed'in olan iki kıble olur." Rivayete göre Ömer Ka'b'a ilk ibadethaneyi taşın güneyine, yaklaşık Mescidi Aksa'nın bugün bulunduğu yere inşa etmesini söyledi, böylece Mekke'ye yöneldiklerine şüphe olmayacaktı. Ömer,

---

* Kudüs'ün düşüşüne dair o tarihe ait bir belge yoktur ama Arap tarihçileri o tarihte İran'ı işgal eden ordularını tasvir etmiştir ve bu ifade de o kaynaklara dayanmaktadır.

Muhammed'in burayı ihya edip buranın kadim kutsallığını da kendi inancına dâhil etme isteğini yerine getirdi. Bu sayede Müslümanlar, Hristiyanları es geçerek Yahudilerin gerçek vârislerinin kendilerini olduğunu göstermiş olacaklardı.

Ömer'in Kudüs'te bulunuşuyla ilgili hikâyeler bir asırdan daha sonraya yani İslam'ın ibadet şekillerini Yahudi ve Hristiyanlarınkinden bariz şekilde farklı olarak belirledikleri döneme aittir. Yine de, ileride İslami edebiyat geleneği ve büyük ölçüde Kudüs'ün ihtişamını anlatmakla ilgilenen israiliyatın doğmasına neden olacaktı. Ka'b ve diğer Yahudilerle ilgili hikâyeler pek çok Yahudi ve muhtemelen Hristiyanın İslam'a katıldığını göstermektedir. Bu ilk dönemde neler olup bittiğini kesin olarak bilmemiz mümkün değildir ama Kudüs'teki ve diğer bölgelerdeki baskıdan uzak düzenlemeler Ehli Kitap* arasında şaşırtıcı paylaşımlar ve karışımlar olduğuna işaret etmektedir.

Müslüman fatihler başta Hristiyanlarla ibadethaneleri paylaşmaktan memnundular. Şam'da Aziz Yahya'nın Kilisesi'ni yıllarca birlikte kullandılar ve Vaftizci Aziz Yohanan'ın kabri Emevi Camii'nin içindedir. Kudüs'te ortak kullanılan kiliseler olduğu yönünde de ifadeler bulunmaktadır. Şehrin dışındaki Cathisma Kilisesi'ne Müslümanların ibadet edebilmesi için bir niş eklenmişti. Ömer efsanesinin aksine Tapınak Dağı'yla ilgili düzenlemeler yapılmadan evvel Müslümanlar Kutsal Kabir Kilisesi'nin içinde ya da yakınında ibadet ediyorlardı.

Asırlardır süren Bizans baskısının ardından Yahudiler de Müslümanları memnuniyetle karşıladılar. Yahudi ve Hristiyanların da İslam ordularına katıldığı söylenir. Ömer'in Tapınak'a olan ilgisi anlaşılan Yahudileri umutlandırmıştı çünkü Emir'ül Müminin, Yahudileri sadece Tapınak Dağı'na özen göstermeye davet etmekle kalmamış aynı zamanda orada Müslümanlarla birlikte ibadet etmelerine de izin vermişti. Olanlardan otuz yıl sonra yazan, konudan haberdar Ermeni Piskoposu Sebeos, "Yahudilerin Süleyman'ın Mabeti'ni yapıp Kutsalların Kutsalı'nı bulmayı planladıklarını ve (Tapınak'ı) bir kaidesi olmadan yaptıklarını" iddia etmiştir – üstelik Ömer'in ilk Kudüs valisi de bir Yahudiydi. Ömer Tiberias Yahudilerinin

* Yahudilerin ve Hristiyanların büyük bölümünün İslam inancının ilk türüyle –şahadet– yani "Allah'tan başka ilah yoktur" cümlesiyle bir sıkıntısı olmamıştır ancak 685 yılında şehadete "Muhammed, Allah'ın elçisidir" ibaresi eklenmiştir. Yahudi ve Müslümanların Kudüs'le ilgili kullandığı isimler birbirine karışmıştır: Muhammed, Filistin'i Yahudi-Hristiyan geleneğinde olduğu gibi "Kutsal Topraklar" olarak anar. Yahudiler Tapınak'a Beyt ha-Mikdaş (Kutsal Ev) derler ki Müslümanlar da aynen bunu kullanmıştır: Şehre, Beyt'ül-Makdis demişlerdir. Yahudiler, Tapınak Dağı'na Har ha Beyt (Kutsal Evin Dağı) demektedir; Müslümanlar başlangıçta oraya Mescid Beyt el-Makdis, Kutsal Ev Camii, daha sonra da Haram el Şerif, Yüce Mabet demişlerdir. Nihayetinde Müslümanlar, Kudüs için on yedi isim kullandılar; Yahudiler ise yetmişe varmıştı ve iki grup da "isim çokluğunun onun azametine delalet ettiği" yönünde hemfikirdi.

lideri Gaon ve yetmiş Yahudi ailesini Kudüs'e geri dönmeleri için davet etti ve onlar da gelip Tapınak Dağı'nın güneyindeki bölgeye yerleştiler.*

Kudüs, Perslerden beri hâlâ kendisini toparlayamamıştı ve uzun yıllardan beridir de Hristiyanların hâkimiyetindeydi. Ömer oraya Arapları da yerleştirdi, özellikle Filistin ve Suriye'yi sevip o bölgeye Bilad'ül-Şam adını veren daha eğitimli Kureyşlileri. Peygamber'in, Sahabe olarak bilinen yakın takipçilerinden bazıları Kudüs'e geldi ve orada öldüklerinde Altın Kapı'nın hemen dışındaki ilk Müslüman mezarlığına defnedildiler. Yirmibirinci yüzyıla kadar bu hikâyede en önde yer alan iki ünlü Kudüs ailesinin ataları bölgeye gelen bu Araplardır.** [3]

Kudüs'te Ömer'e sadece generalleri Halid ve Amr değil ağzının tadını bilen ve emirden karakter olarak tümüyle farklı fakat kabiliyetli genç bir adam daha refakat ediyordu. Muaviye bin Ebu Süfyan, Muhammed'e muhalefet eden Mekke asilzadesi olan Ebu Süfyan'ın oğluydu. Muaviye'nin annesi Uhud Muharebesi'nin ardından peygamberin amcası Hamza'nın karaciğerini yemişti. Mekke Müslümanlara teslim olduğu zaman Muhammed, Muaviye'yi yardımcısı olarak tayin etti ve onun kız kardeşiyle evlendi. Muhammed'in ölümünden sonra Ömer, Muaviye'yi Suriye valisi olarak tayin etti. Emir kendisine iltifat etmeyi de ihmal etmedi: Muaviye, "Arapların Sezarı'dır" demişti.

---

* Hristiyanlar Ömer'in kendileriyle imzaladığı Ahitname'nin geleneksel metninde Yahudileri Kudüs'ten sürmeyi kabul ettiğini iddia etmektedirler. Bu ya Hristiyanların temennisidir ya da sonraki tarihe ait bir sahtekârlıktır çünkü Ömer'in Yahudileri, Kudüs'e davet ettiğini, o ve erken dönem halifelerinin Yahudilerin Tapınak Dağı'nda ibadet etmelerine izin verdiklerini ve İslam bölgede hüküm sürdüğü müddetçe de Yahudilerin oradan bir daha ayrılmadığını biliyoruz. Ermeniler daha önceden Kudüs'te yaşayan ve kendi piskoposları (daha sonra patrik) olan kalabalık bir Hristiyan cemaatiydi. Müslümanlarla yakın ilişkiler kurup kendi ahitnamelerini aldılar. Sonraki bin beş yüz yıl boyunca Hristiyan ve Yahudiler zimmî yani Ahit Ehli olarak kabul edilip genelde hoş görüldüler ama ikinci sınıf kabul edilip kimi zaman unutuldular kimi zamanda büyük baskılara maruz kaldılar.

** Ömer, Yermük Muharebesi'ni kazanan Halid'in kahramanlıklarını anlatan bir şiirde şarap içilen bir hamamda âlem yaptığını duymasının ardından emekli olmasını istedi. Halid vebadan öldü ama günümüzde Halidi ailesi, soyunun ondan geldiğini iddia etmektedir. Muhammed'in ilk destekçilerinden biri olan Nüseybe adındaki bir kadın onun için savaşırken iki oğlunu ve kendi bacağını kaybetmişti. Dendiğine göre Ömer, Nüseybe'nin kardeşi, Ubâde İbni es-Sâmit'le Kudüs'e gelip onu Kudüs kadısı ve Muallâk Taşı ile Kutsal Kabir'in sorumlusu olarak tayin etmişti. Onun soyundan gelen Nüseybi ailesi 2010 yılında Kutsal Kabir Kilisesi'nin sorumluluğunu üstlenmeye devam ediyorlardı.

18

EMEVİLER: TAPINAK İHYA EDİLDİ

660–750

MUAVİYE: ARAPLARIN SEZARI

Muaviye önce vali daha sonra da doğuya ve batıya doğru şaşırtıcı bir hızla yayılan Arap imparatorluğunun hükümdarı olarak Kudüs'ü kırk yıl idare etti. Ama tüm bu başarıların ortasında patlak veren bir veraset savaşı az daha İslam'ı ortadan kaldıracaktı ve aynı savaş günümüze kadar devam edecek bir bölünmenin de başlamasına neden oldu.

Ömer 644 tarihinde bir suikast sonucu öldürüldü ve yerine Muaviye'nin kuzeni Osman geçti. On yıllık iktidarı boyunca akrabalarına iltimas yaptığından dolayı herkes tarafından nefret edildi. O da suikasta kurban gidince yerine Peygamber'in kuzeni ve ayrıca kızı Fatıma'yla evli olan Ali halife olarak seçildi. Muaviye, Ali'den katilleri cezalandırmasını istedi ama o reddetti. Muaviye, Suriye üzerindeki hâkimiyetini kaybetmekten korktu. Patlak veren iç savaşı kazandı ve Ali, Irak'ta öldürüldü. Böylece Hulefa-i Raşidin sona ermiş oldu.

661 Temmuzu'nda Arap imparatorluğunun ileri gelenleri Kudüs'teki Tapınak Dağı'nda bir araya gelip Muaviye'yi halife olarak seçtiler ve geleneksel Arap tarzında ona bağlılık bildirdiler – biat.* Sonrasında yeni emir, hacı olarak değil de dinlerin devamlılığını ve kutsal mekânların hamisi olduğunu vurgulamak için Kutsal Kabir Kilisesi ve Bakire Meryem'in Kabri'ni ziyaret etti. Şam'da ikâmet ediyordu ama aynı zamanda bastırdığı paraların üzerinde yer alan, "İliya Filastin – Aelia Palestina" dediği Kudüs'e hayrandı.

Aslında Kudüs'ü başkent yapmayı düşünmüştü ve orada yani Tapınak'ın güneyindeki yaptırmış olması muhtemel lüks saraylarında sıkça zaman geçirmiş de olabilir. Muaviye, Tapınak'la alakalı olarak Yahudi geleneğini kabul edip Kudüs'ün,

---

* Bu, itaati sağlamak için yapılan bir anlaşma anlamına gelen bir el sıkışmadır. Kelime "satmak" anlamına gelen *baa*'dan türemiştir.

"Mahşer'deki diriliş ve toplanma yeri" olduğunu söyleyip ekledi: "Bu caminin iki duvarı arasındaki yer Allah'ın nezdinde dünyanın geri kalanından daha muteberdir."

Hristiyan yazarlar onun idaresinin adil, huzurlu ve hoşgörülü olduğunu söyleyerek onu methederler; Yahudiler ise kendisine "İsrail âşığı" derler. Ordularında Hristiyanlar da vardı; Hristiyan kabile şeyhlerinden birinin kızı olan Maysun'la evlenerek onlarla olan ittifakını da güçlendirmiş ve onun Hristiyan kalmasına izin vermiştir. Yönetirken Heraklius döneminden kalma Hristiyan bürokrat Mansur İbni Sanjun'dan (Sergius'un Arapçası) yardım almıştır. Muaviye, Arabistan'daki Yahudilerin arasında büyümüştü ve rivayete göre bir Yahudi heyeti kendisini ziyarete geldiğinde onlara önce lezzetli haris yemeğini pişirmeyi bilip bilmediklerini sorardı. Muaviye, Kudüs'e daha fazla Yahudinin yerleşmesini sağlayıp onların Kutsalların Kutsalı'nın bulunduğu yerde ibadet etmelerine izin verdi; Tapınak Dağı'ndaki menoraha ait izlerin yedinci yüzyıla ait olması buna delil olabilir.

Muaviye muhtemelen günümüzdeki İslami Tapınak Dağı'nın gerçek kurucusudur. Oraya, eski Antonia Kalesi'nin üzerinde inşa edildiği kayayı düzeltip, avluyu genişletip yanları açık bir altıgen olan Kubbetüs Silsile'yi ekleyerek ilk camiyi inşa eden de oydu. Kimse Kubbetüs Silsile'nin ne maksatla yapıldığını bilmiyor ama Tapınak Dağı'nın tam ortasında olduğuna göre dünyanın merkezini simgelemek için yapılmış olabilir. "Moriah Dağı'nı kazarak düzelt ve kutsal kayanın üzerine bir cami inşa et." Arculf adındaki bir Gallerli piskopos Kudüs'ü ziyaret ettiğinde, "daha önce Tapınak'ın bulunduğu yere Müslümanların dik kalasları yan yana dizerek ve bazı harabelerin üzerine kirişler koyarak üç bin kişinin ibadet edebileceği bir ibadethane inşa ettiklerini" söylemişti. Henüz bir cami sayılmazdı ama muhtemelen bugün el Aksa camisinin durduğu yerde duruyordu.*

Muaviye, Arap şeyhlerinin sabır ve irfanı olan "hilm"in cisimleşmiş haliydi. "Kırbacımın yettiği yerde kılıcımı ve dilimin yettiği yerde de kırbacımı kullanmam. Beni adamlarıma bağlayan sadece bir saç teli bile kalsa onun kopmasına izin vermem. Onlar çektiğinde ben gevşetir onlar gevşettiğinde ben çekerim." Bu tabir devlet adamlığının neredeyse tam karşılığıydı ve Arap monarşisi ile Emevi hanedanının kurucusu olan Muaviye mutlak idarenin ille de kötü olmayacağını gösteren kusursuz ve unutulmuş örneklerden birisidir. Topraklarını Doğu İran, Orta Asya ve Kuzey Afrika'ya kadar genişletip Kıbrıs ve Rodos'u alarak yeni kurduğu

* Modern camide hem mihrap hem de minber bulunmaktadır. Muaviye'nin ibadethanesinde mihrap vardı ama muhtemelen minber yoktu çünkü İslam'ın ilk dönemleri bir kürsüye izin vermeyecek kadar eşitlikçiydi. Fakat tarihçi İbni Haldun'a göre Muaviye'nin döneminde bu durum değişmişti. Onun Mısır valisi General Amr, Mısır'daki camisinde kendi icadı olan minberi kullanmış, ardından Muaviye de Cuma namazlarında kullanmaya başlamış ve daha sonra suikastçılardan korumak için etrafına çevirtmişti.

donanmasıyla Arapları bir deniz gücü haline getirdi. Konstantinopolis'e defalarca saldırdı ve bir keresinde onu karadan ve denizden tam üç yıl muhasara etti.

Yine de Muaviye kendisiyle dalga geçme yeteneğini hiç kaybetmedi ki bu değil fatihler, siyasetçiler arasında bile nadir görülen bir yetenektir. Çok kilo aldı (belki de minder üzerinde değil de tahtta oturan ilk Arap hükümdarı olmasının nedeni budur) ve başka bir şişman ve yaşlı asille şöyle dalga geçti: "Senin gibi bacakları olan bir cariyem olsa keşke."

"Kıçı da sizinki gibi olsun Müminlerin Emiri," diye tersledi ihtiyar.

"Doğru söze ne denir," diyerek güldü Muaviye. "Böyle laf edersen sonucuna da katlanacaksın." Efsanevi cinsel kudretle övünme meselesinde o da diğerleri gibi olsa da yine de kendini alaya almayı bırakmadı: Haremde Horasanlı bir kızla birlikteyken kendisine başka bir tane takdim edilince hiç durmadan kabul etti. Kız gittiğinde performansından gurur duyarak Horasanlı kıza dönüp sordu: "Farsçada aslan nasıl denir?"

"*Kaftar*," diye cevap verdi kız.

Emir, "Ben kaftarım," diye böbürlenmeye devam ederken bir gün cariyelerinden biri ona *kaftar*ın ne olduğunu bilip bilmediğini sordu.

"Aslan," diye cevap verdi Muaviye.

Kadın, "Hayır, yaşlı öküz demek," dedi.

"Aferin," diye güldü Muaviye, "O Horasanlı kızın kafası çalışıyormuş."

Muaviye seksenli yaşlarında öldüğünde, yanında sürekli bir maymunla gezen ve zamparanın teki olan vârisi Yezid, Tapınak Dağı'nda halife ilan edildi ama çok geçmeden Arabistan ve Irak'ta iki isyanla karşılaştı, İslam'daki ikinci iç savaş. Düşmanları onunla dalga geçtiler: "Ayyaşların Yezid'i, fahişelerin Yezid'i, köpeklerin Yezid'i, maymunların Yezid'i, şaraptan sızanların Yezid'i."

Peygamberin torunu Hüseyin, babası Ali'nin ölümünün intikamını almak için ayaklandı ama Irak'taki Kerbela'da boynu vuruldu. Onun şehadeti İslam'da ilk bölünmeye neden olarak Sünniler ile Şiilerin yani "Ali taraftarları"nın ortaya çıkmasına neden oldu.* 683 yılında Yezid genç yaşta öldüğünde, Suriye orduları, yaşlı akrabası Mervan'ı emir olarak seçtiler. Mervan 685 Nisan'ında öldüğünde ise oğlu Abdülmelik, Şam ve Kudüs'te emir ilan edildi. Ama imparatorluk zayıflamıştı:

* İran, Şii bir teokrasi olarak kaldı. Şiiler Irak'ta çoğunluk, Lübnan'da ise büyük bir azınlıktır. Hüseyin'in kardeşi Hasan bin Ali uzak durmaya çalışsa da daha sonra o da öldürüldü. Onun torunları arasında günümüzde Fas'taki Nusayriler ve Ürdün'deki Haşimi kralları yer almaktadır. On İki Şii imamı, Fâtımi Hanedanı, Ağa Hanlar ve Kudüs'teki Hüseyniler ailesinin kökeni ise Hüseyin'e dayanmaktadır. Onların soyundan gelenler genelde Eşref olarak bilinirler (tekili "Şerif"tir ve genelde Seyyid olarak zikredilir).

Mekke, Irak ve İran asilerin elindeydi. Yine de Müslümanların elindeki Kudüs'e kıymetli tacını kazandıran kişi Abdülmelik olacaktı.[4]

ABDÜLMELİK: KUBBETÜS SAHRA

Abdülmelik soytarılardan haz etmezdi. Bir dalkavuk kendisine yağ çektiğinde sinirlenip, "Beni övme. Ben kendimi senden iyi tanırım," demişti. Nadir bulunan paralarının üzerindeki resmine göre sert, zayıf ve şahin burunluydu. Saçı kıvırcık, omuzları genişti ve uzun bir cübbe giyip kemerinde kılıç taşıyordu ama daha sonra onu eleştirenler gözlerinin büyük, kaşlarının bitişik, burnunun kocaman, dudağının yarık ve ağzının kötü koktuğunu ve bu yüzden kendisine "sinek kaçıran" dendiğini iddia ettiler. Ama o da erotizmle dalga geçmeyi seven bir adamdı: "Eğer kendinize zevk için bir cariye seçecekseniz Berberi olsun, çocuk yapmak için İranlı seçin, hizmetçi olarak da bir Bizanslı." Abdülmelik zor bir çocukluk geçirmişti. On altı yaşında Bizanslılara karşı bir orduyu komuta etmiş; kuzeninin, Emirül Müminin Osman'ın öldürülüşüne şahit olmuş; tüm yaşadıklarının sonunda da işini kendisi halletmekten çekinmeyen bir hükümdar haline gelmişti. İşe Irak ve İran'ı tekrar ele geçirmekle başladı. Bir asi lideri ele geçirdiğinde ona Şam'daki bir kalabalığın gözleri önünde işkence etti, boynuna bir gümüş tasma takıp onu köpek gibi gezdirdikten sonra "göğsünün üzerine oturdu, onu doğradı ve kafasını kesip destekçilerine fırlattı."

Mekke o zaman zarfında kontrolünde değildi ama Kudüs elindeydi ve oraya en az Muaviye kadar hürmet ediyordu. Abdülmelik ikinci iç savaşın ardından merkezi Bilad'ül-Şam –Suriye ve Filistin– olacak bir İslam imparatorluğu tasarlamaya başlayıp Kudüs ve Şam arasında bir anayol planladı.* Muaviye, Muallâk Taşı'nın üzerine bir mabet inşa etmeye karar vermişti: Abdülmelik, Mısır'ın yedi yıllık gelirine denk bir hazineyi Kubbetüs Sahra'nın inşası için ayırdı.

Plan şaşırtıcı derecede basitti: Tümü sekizgen bir duvarın üzerinde duran bir tamburla destekli yirmi metre çapında bir kubbe. Kubbe güzelliği, etkisi ve basitliğine denk bir esrarlı havaya sahipti: Abdülmelik'in bu yapıyı neden yaptırdığını kesin olarak bilmiyoruz – kendisi bundan hiç bahsetmemiştir. Aslında bir camiden ziyade bir sunaktır. Sekizgen yapısı Hristiyanların *martyrium*larını andırır ve gerçekten de yapının kubbesi Kutsal Kabir Kilisesi ve Konstantinopolis'teki

* 1902'de, Abdülmelik'in kilometre taşlarından biri Kudüs'ün doğusunda bulundu: Üzerinde halifenin, Allah'ın kudreti karşısında kendi kudretini nasıl gördüğünü ifade eden bir ibare bulunuyordu: "Allah'tan başka ilah yoktur ve Muhammed Allah'ın elçisidir... Emirül Müminin ve Allah'ın hizmetkârı olan Abdülmelik bu yolun tamirini ve bu kilometre taşının yapılmasını emretti. Ilya'dan (Kudüs'ten) buraya on kilometre..."

Ayasofya'yı akla getirirken, daire şeklindeki yürüyüş yolları Mekke'deki Kâbe'de yapılan tavafı hatırlatacak şekilde tasarlanmıştır.

Muallâk Taşı, Âdem'in cennetinin bulunduğu, Davud ve Süleyman'ın tapınaklarını yapmak istedikleri ve daha sonra miraca yükselirken Muhammed'in ziyaret ettiği yerdir. Abdülmelik şimdi, Yahudi Tapınağı'nı, Allah'ın asıl vahyi olan İslam adına yeniden inşa ediyordu.

Yapının merkezî bir aksı bulunmasa da etrafı üç kez çevrilmişti – ilkinde dış duvarlar, sonra sekizgen kemeraltı ve sonunda kubbenin altında bulunan, güneş ışıklarıyla yıkanan ve çevresinde kemerler bulunan Muâllak Taşı'nın kendisi: Buranın dünyanın merkezi olduğu söylenmişti. Kubbe semaydı ve insan mimarisiyle Allah'a erişiliyordu. Altın kubbe, canlı bezemeler ve parlak beyaz mermer buranın yeni Cennet Bahçesi olduğunu haykırıyordu, ayrıca Abdülmelik ve Emevi Hanedanı'nın Ahir Zaman'da Kıyamet koptuğunda krallıklarını Allah'a teslim etmek istedikleri yer burasıydı. Görüntü çeşitliliği –mücevherler, ağaçlar, meyveler, çiçekler ve taçlar– onu Müslüman olmayanlar için bile cazip bir yapı haline getirdi – bu görüntüler Cennet'in duygusallığı ile Davud ve Süleyman'ın ihtişamını birleştiriyordu.

Kubbe, aynı zamanda hükümran bir mesaj da vermekteydi: Abdülmelik henüz Mekke'yi asilerin elinden alamadığından dolayı hanedanının büyüklüğü ve kalıcılığını İslam dünyasına bu şekilde ilan ediyordu – ayrıca eğer Kâbe'yi geri alamazsa burayı yeni Kâbe yapması da mümkündü. Altın kubbe bir İslam imparatoru olarak onun azametini yansıtmaktaydı. Ama sadece bununla sınırlı değildi: Jüstinyen'in Konstantinopolis'te yaptırdığı Ayasofya'nın Süleyman Mabeti'ni geçmesi gibi Abdülmelik de Jüstinyen ve Büyük Konstantin'i geçmişti, Hristiyanların yeni İsrail olma iddialarına tokat gibi bir cevaptı bu. İlginçtir ki binadaki mozaikler muhtemelen imparatorluklar arasındaki nadir barış döneminde II. Konstantin tarafından Emir'e gönderilen Bizanslı çinicilerin eseriydi.

Binanın 691-692 yıllarında tamamlanmasının ardından Kudüs temelli olarak değişti: Abdülmelik'in muhteşem ileri görüşlülüğü Bizanslıların şehri elinde tuttukları dönemde iğrendikleri dağın üzerinde yaptırdığı bu yapıyla şehrin siluetine İslami bir havanın hâkim olmasını sağladı. Fiziksel olarak Kubbetüs Sahra şehre hâkimdi ve Kutsal Kabir Kilisesi'ni gölgede bırakmıştı – ve ileride yazar el Mukaddasi gibi Kudüslülerin düşüncesine göre Abdülmelik'in maksadı da buydu zaten. İşe yaramıştı: O tarihten yirminci yüzyıla kadar Müslümanlar Kutsal Kabir Kilisesi'yle –Arapçası *Kayama*– dalga geçip ona *kumama* yani çöplük dediler. Kubbetüs Sahra rakibini hem tamamlayıp hem de ortadan kaldırsa da yine de Yahudi ve Hristiyanların iddialarıyla bağlantılıydı ve Abdülmelik bu sorunun üstesinden de İslami bir icatla geldi. Yapının çevresine 250 metre uzunluğunda İsa'nın tanrısallığını reddeden ve iki tek tanrılı din arasındaki yakın ilişkiyi vurgulayan bir yazı yazdırdı: İki inanç sisteminin de Teslis haricinde pek çok ortak noktaları vardı. Bu duvar yazıları çok önemlidir çünkü Abdülmelik'in son şeklini verdiği Kuran'a dair ilk bilgiler bunlardır.

Yahudiler siyasi açıdan o kadar önemli olmasalar da teolojik açıdan çok önemliydiler. Kubbetüs Sahra'da yirmi Yahudi ve on Hristiyanın yardım ettiği 300 siyahî köle görev yapıyordu. Yahudiler, Kubbetüs Sahra'ya büyük bir umutla bakmaktaydılar: Bu onların yeni tapınağı mıydı? Orada ibadet etmelerine hâlâ izin veriliyordu ve Emeviler Tapınak'taki arınma, kutsanma ve tavaf ibadetlerinin İslami karşılıklarını geliştirmişlerdi.*

Kubbetüs Sahra tüm bunların ötesinde bir güce sahipti: Mimari sanatının zamana meydan okuyan şaheserlerinden biri oldu, Kudüs'ün neresinde olursanız olun onun ışığı gözlerinizi kamaştırır. Havadar ve sakin bir mekândan yükselerek çok büyük bir açık hava camii haline gelen esrarlı bir saray gibi göz alıcıdır ve çevresindeki her yeri kutsar. Tapınak Dağı bir anda yaratılma ve huzur bulmanın yeri olmuştu ve öyle de kaldı. Kubbetüs Sahra bu dünyanın hem nefsanîliğini hem de sükûnetini bir araya getiren dünyevi bir cennet yaratmıştı ve onun özelliği de burada yatmaktadır. İlk yıllarında bile İbni Asakir'in yazdığına göre, "Kubbetüs Sahra'nın gölgesinde muz yemekten" daha keyifli bir şey yoktu. Süleyman ve Hirodes tapınaklarıyla birlikte inşa edilmiş en mukaddes ve ihtişamlı yapılardan biri olarak kabul edildi, yirminci yüzyılda turistik bir merkez, İslami başkaldırı ve Filistin milliyetçiliğinin merkezi oldu. Kubbetüs Sahra bugün bile Kudüs'ü tanımlamaya devam etmektedir.

Kubbetüs Sahra yapıldıktan kısa süre sonra Abdülmelik'in orduları Mekke'yi geri aldı ve Allah'ın dinini Bizanslıların topraklarına yaymak için onlara karşı tekrar cihat ilan etti. Devasa imparatorluğunu batıda Kuzey Afrika boyunca ve

---

* Kubbetüs Sahra'nın çevresindeki duvar yazısında, "Ey Ehli Kitap, kendi inancınızın sınırları dışına çıkmayın ve Allah'tan bahsederken doğrudan başka bir şey söylemeyin," yazılıydı. "İsa Mesih, Meryem'in oğludur ve sadece Allah'ın elçisidir, o yüzden Allah'a ve elçilerine iman edin ve 'üç' demeyin... Allah evlat edinmekten ötedir." Bu, bir bütün olarak Hristiyanlıktan ziyade Teslis'e yönelik bir saldırı olarak görünmektedir. Yahudilere gelince haftada iki kez yaptıkları ibadet Yahudi Tapınağı'na gönderme şeklindedir: "Her salı ve perşembe safran isteyip miskle, akamberle ve gül suyu dökülmüş sandal ağacıyla hazırlanırlardı. Daha sonra (Yahudi ve Hristiyan olan) hizmetkârlar yemek yiyip arınmak için banyo yaparlardı. Gardroplarına gidip üzerlerinde yeni kırmızı ve mavi elbiseler, kuşaklar ve kemerlerle çıkarlardı. Daha sonra da taşa gidip onu yağla kutsarlardı." Uzman Andreas Kaplony'nin yazdığına göre bu, "bir Müslüman ibadeti, mabet ibatedir ve Müslümanlara göre Tapınak'ta ibadet böyle olmalıdır. Kısacası bu bina Tapınak'ın yeniden inşa edilmiş haliydi; Kuran, Yeni Tevrat'tı ve Müslümanlar da gerçek Beni İsrail'di."

doğuda da Sind'e (günümüzde Pakistan) kadar genişletti. Fakat imparatorluğun içerisinde İslam dininin tek ve hak din olarak Muhammed merkezde olacak şekilde tesis edilmesi gerekiyordu ve bu görüş kendisini o tarihte pek çok kitabede görülmeye başlanan çifte şehadetle ortaya koymaktadır. "Allah'tan başka ilah yoktur ve Muhammed, O'nun kulu ve elçisidir." Peygamberin sözleri –hadisler– toplandı ve Abdülmelik'in son şeklini verdiği Kuran meşruiyetin ve mukaddesatın tartışılmaz kaynağı olarak kabul edildi. İbadetler daha kesin kurallarla belirlendi, oyma sûretler yasaklandı – üzerinde kendi resmi olan paraları basmayı bıraktı. Abdülmelik artık kendisine Allah'ın Halifesi diyordu ve bundan böyle Müslüman hükümdarlar halife olarak bilineceklerdi. Muhammed'in ilk biyografileri ve İslami fetihlerin resmî versiyonları Yahudi ve Hristiyanları İslam'ın dışında tuttu. İdari yönetim Araplaştırıldı. Yoşiya ve Aziz Pavlus'u bir hale getiren Konstantin gibi Abdülmelik de tek hükümdarlı, tek tanrılı evrensel bir imparatorluğa inanıyordu ve Muhammed'in cemaatinin günümüzdeki haline dönüşmesine herkesten çok onun katkısı oldu.

VELİD: KIYAMET VE SEFAHAT

Kudüs'ün artık bir tapınağı vardı ama imparatorluğun simgesi olacak bir camisi bulunmuyordu. O yüzden Abdülmelik ve yerine geçen oğlu Velid, Cuma namazları için Tapınak Dağı'nın güney ucuna Mescidi Aksa'yı inşa ettiler. Halifeler, tıpkı Hirodes gibi, Tapınak Dağı'nı Kudüs'ün merkezi olarak kabul etmişlerdi. M.S. 70 yılından beri ilk kez hacıların batıdan Tapınak Dağı'na girebilmeleri için vadinin üzerine, günümüzde Zincir Kapısı denen ve Wilson Kemeri'nin üzerinden geçen Büyük Köprü inşa edildi. Güneyden giriş için ise tarz ve güzellik bakımından Altın Kapı'nın dengi olan kubbeli Çifte Kapıları inşa ettiler.*

Bu, Kudüs için hareketli geçen bir dönemdi. Halifeler sadece birkaç yılda Tapınak Dağı'nı İslam'ın mukaddes mekânına ve Kudüs'ü de bir Emevi şehrine çevirdiler ve bu durum bir kez daha bulaşıcı bir kutsal mekân ve hikâye yaratma yarışı başlatarak günümüzde dahi Kudüs'ü tarif edecek bir boyuta ulaştı. Hristiyanlar, Yahudilerin pek çok efsanesini kabul edip onları zaman içerisinde kendi mabetleri olan Kutsal Kabir'le ilişkili hale getirmişlerdi. Ama Kubbetüs

---

* Kudüs'te hep olduğu gibi mimarlar başka yerlerden malzeme ödünç aldılar. Aksa'nın ahşap kirişleri bir Hristiyan inşaat sahasından alınmıştır ve üzerlerinde hâlâ altıncı yüzyılda yaşamış patriğin ismi Yunanca olarak yazılıdır (şu anda Rockefeller ve Haram müzelerindedirler). Doğudaki Altın Kapı'nın dengi olan güneydeki İkili ve Üçlü Kapı, Kudüs'teki en güzel örneklerdir ve Hirodes ile Roma binalarına ait taşlar kullanılarak yapılmıştır – üç kapı da günümüzde kapalıdır. Duvarlarında başaşağı halde, İmparator Dindar Antoninus'un Tapınak Dağı üzerindeki hakkından bahseden bir kitâbe bulunmaktadır.

Sahra ve Mescidi Aksa'nın inşasıyla tüm bu efsaneler yeniden yazılmaya başlandı: Önceden Hristiyan hacılara İsa'nın izi olarak gösterilen taş üzerindeki ayak izi Muhammed'in ayak izi olarak kabul edildi. Emeviler, Tapınak Dağı'nda İncil'de bahsi geçen Âdem'den İbrahim'e ve Davud'dan Süleyman ve İsa'ya kadar tüm geleneklere uygun binalar inşa ettiler. Onlara göre Kıyamet, Kâbe, Kudüs'e geldiği zaman Tapınak Dağı'nda kopacaktı.* Bunlar sadece Tapınak Dağı'yla da sınırlı değildi: Müslümanlar Davud'la ilgili her şeye hürmet etmeye başladıkları için Hristiyanların Davud'un Kulesi dedikleri hisara, Davud'un Mihrabı demeye başladılar: Hirodes'in ihtişamı ile Davud'unkini birbirine karıştıran son kişiler onlar olmayacaktı. Emeviler sadece Allah için değil kendileri için de inşa ediyorlardı.

Halifeler hayattan tat almayı bilen kültürlü kişilerdi: Bu, Arap imparatorluğunun zirveye eriştiği dönemdi –İspanya'yı bile ele geçirmişlerdi– ve başkentleri Şam olsa da halifeler vakitlerinin büyük bölümünü Kudüs'te geçirirdi. I. Velid ve oğlu Tapınak Dağı'nın güneyinde, 1960'larda keşfedilene kadar kimsenin haberinin olmadığı, bir saray kompleksi inşa ettirdi: Bu binalar avlularla çevrili üç ya da dört katlı yapılardı ve halifelerin çatıdaki bir köprüden el Aksa Camii'ne girmeleri mümkündü. Harabelerden kompleksin boyutlarından fazlasını anlamak mümkün olmamıştır ancak bu çöl saraylarının ortaya çıkışı onların burada ne kadar gösterişli şekilde yaşamış olabileceklerini de ortaya koymuştur.[5]

En lüks çöl sarayı ya da kasır günümüzde Ürdün'de olan Amra'da bulunmuştur. Bu saraylarda halifeler kendilerine ait odalarda dinlenir, mozaik parkeli ve av sahneleri, çıplak ya da yarı çıplak kadınlar, sporcular, Eros, satir ve ud çalan ayıların resimleriyle süslenmiş hamamlarında banyo yaparlardı. I. Velid, Emevilerin mağlup ettiği hükümdarları –Konstantinopolis ve Çin imparatorları gibi– gösteren renkli Altı Kral freskinde de karşımıza çıkar. Bu Helen resimleri tümüyle İslam dışı olarak görünse de belki Halifeler de, Hirodesler gibi, halk önünden sergilediklerinden farklı bir hayat sürüyorlardı. I. Velid, Şam'da Hristiyanlarla birlikte ibadeti sona erdirdi, muhteşem Emevi Camii'ni yaptırdı ve yönetim dilini Yunancadan Arapçaya çevirdi. Ama Kudüs'te hâlâ Hristiyanlar çoğunluktaydı. Müslüman ve

* Kuran, "Her nefs ölümü tadacaktır ve ancak Kıyamet Günü amellerinizin karşılığı size tastamam verilecektir," demektedir. Müslümanlar, Kudüs civarında cereyan edecek bir Kıyamet coğrafyası yarattılar. Şerrin güçleri Altın Kapı'da mahvolacak. Mehdi –Seçilmiş olan– Ahit Sandığı, önüne konduğu zaman ölecek ve Ahit Sandığı'nı gören Yahudiler, Müslüman olacak. Mekke'deki Kâbe, Mekke'ye hacı olarak gelmiş herkesle birlikte Kudüs'e gelecek, Cennet Tapınak Dağı'na Cehennem ise Hinnom Vadisi'ne inecek. İnsanlar Sahra'daki Altın Kapı'da toplanacak, İsrafil (Kubbetüs Sahra'nın kapılarından birine onun adı verilmiştir.) sura üfleyecek ve ölüler (bilhassa Altın Kapı'ya yakın defnedilmiş olanlar) dirilip (Merhamet ve Tövbe adında iki küçük kubbeli kapısı olan) Ahir Zaman'a açılan kapıdan geçecekler ve Zincir Kapısı'nda kurulan Mizan'da yargılanacaklar.

Hristiyanlar serbestçe bir arada yaşamaktaydılar: iki grup da Eylül ayında Kudüs'e "büyük bir kalabalık gelmesine" ve sokakların "deve, at, katır ve öküzle dolmasına" neden olan Kutsal Kabir'e Saygı Bayramı'nı kutlardı. Artık Yunandan çok Ermeni ve Gürcülerden oluşan Hristiyan hacılar, Müslüman ibadethanelerini pek görmezken Yahudiler de Hristiyanlarınkinden nadiren bahsederlerdi. Dolayısıyla zaman içerisinde gelenlerin büyük bölümünü kendi dinleriyle alakası olmayan şeylerle pek ilgilenmeyen hacılar teşkil etmeye başladı.

715 tarihinde Velid'in kardeşi Süleyman, Tapınak Dağı'nda hükümdarlığını ilan etti: "daha önce hiçbir yeni halife böyle bir debdebeyle karşılanmamıştı. Platformu süsleyen kubbelerden birinin altında oturup" misafirlerini halılar ve minderlerden oluşan bir denizin üzerinde ağırlamıştı ve askerlerinin maaşlarını ödeyeceği hazinesi de çevresine yığılmıştı. Konstantinopolis'e yönelik son büyük Arap taarruzunu düzenleyen (ve az daha ele geçirecek olan) Süleyman "Kudüs'te yaşayıp orayı başkenti yaparak orada büyük bir servetle nüfusu bir araya getirmeyi planlamaya başladı." Bir yönetim merkezi olarak kullanmaya niyetlendiği Ramla şehrini kurdu ama Kudüs'e taşınamadan önce öldü.

Çoğu Irak ve İran'dan gelen Yahudiler kutsal şehre yerleştirildiler, Tapınak Dağı'nın güneyinde bir arada yaşadılar ve Tapınak Dağı'nda ibadet etme ve onun bakımını sağlama imtiyazını elde ettiler. Fakat 720 yılı civarında, yaklaşık bir asır kadar orada rahatça ibadet edebilmelerinin ardından, bu dünya zevklerine düşkün hanedan için sıra dışı bir dindar ve katı bir Müslüman olan yeni halife II. Ömer, Yahudi ibadetini yasakladı – ve bu yasaklama İslam hâkimiyeti boyunca da devam etti. Bunun üzerine Yahudiler, Tapınak Dağı'nın dört suru civarında ve Warren Kapısı'ndaki, Kutsalların Kutsalı'nın yakınında ve Tapınak Dağı'nın altında olan, ha-Meara –Mağara– adındaki yeraltı sinagogunda ibadet etmeye başladılar.

Emevi halifeleri Helen sarayları ve dans eden kızların keyfini çıkarırken imparatorluk ilk olarak nihai sınırlarına erişti. İspanya'daki Müslüman güçler Fransa'yı yoklamaya başlamışlardı ama Merovenj Krallarının Sarayının Sorumlusu, Frank bir soylu olan Charles 732 yılında Tours'a yönelik bir Müslüman saldırısını durdurmayı başardı. Kendisini bir Makkabi ilan edilip Charles Martel –Çekiç– adını aldı.

Arap tarihçi İbni Haldun'a göre "Hanedanların da tıpkı insanlar gibi bir yaşam süreleri vardı" ve dünyevi ve yozlaşmış Emeviler de artık ömürlerinin sonuna yaklaşıyorlardı. Ürdün'ün doğusundaki bir köyde peygamberin amcası Abbas'ın soyundan olan ve uzun zamandan beri, Muhammed'le hiçbir akrabalıkları olmayan Emevilerin hedonistik idaresine karşı diş bileyen kişiler yaşamaktaydı. Liderleri Ebu el Abbas, "Emevi Hanedanı'na yazıklar olsun. Faniyi ebedi olana tercih ettiler; dünya nimetleri gözlerini bürüdü; yasak kadınlarla eğlendiler," diyerek onları eleştirdi. Huzursuzluk hızla yayıldı. Suriye'deki sadık kabileler bile ayaklandılar – hatta Kudüs bile. Son halife şehre saldırıp surlarını yıkmak zorunda kaldı. Bir deprem Kudüs'ü sallayıp el-Aksa camisine ve saraylara zarar vererek sanki Allah'ın Emevilere olan öfkesini göstermiş oldu. Hristiyan ve Yahudiler, Kıyametin geldiğini düşündüler. Müslümanlar da öyle düşünmüştü ama Emevilere yönelik asıl tehdit uzaklardan, Doğu'dan gelecekti.

748'de, günümüzde Doğu İran ve Afganistan'da bulunan Horasan'da Ebu Müslim adında karizmatik bir sufi, daha katı bir İslam ve idarede Muhammed'in akrabalarının olması talebiyle yola çıktı. Sınırlardaki yeni Müslümanların da katıldığı ordusunun tümü siyah giymişti, siyah sancaklar taşıyordu ve İslam'ı tekrar hak yola döndürmek için gelecek ve Mehdi'nin öncüsü olacak imamın* gelişini müjdeliyorlardı. Ebu Müslim muzaffer ordularının başında Batı'ya yürüdü ama henüz Ali'nin mi yoksa Abbas'ın mı sülalesini desteklemesi gerektiğine karar vermemişti – üstelik ortalıkta hâlâ Emevi şehzadeler de vardı. Fakat bu sorunu çözen kişi son Emevi halifesini yenerek takma adını hak etmiş olan Ebu el Abbas oldu.[6]

---

* İmam bir cami ya da cemaatin lideridir ama Şiilikte imamlar Allah tarafından seçilirler ve hata yapmazlar. İranlı Şiiler On İki İmam'ın Peygamber'in damadı Ali ve kızı Fatma'nın soyundan geldiğine, On İkinci İmam'ın Allah tarafından gizlenmiş olduğuna ve Kıyamet gününde İslam'ı ihya etmek için Mehdi olarak geri döneceğine inanmaktadırlar. Ayetullah Humeyni'nin eseri olan İran İslam Cumhuriyeti bu beklenti üzerine kurulmuştur: Ruhban sınıfı sadece İmam dönene kadar ülkeyi idare edecektir.

19

ABBASİLER: UZAKTAN GELEN EFENDİLER

750–969

HALİFE SEFFAH: KASAP

Ebu el Abbas kendisini halife ilan edip Emevilere iyi niyetini göstermek için onları bir ziyafete davet etti. Ziyafetin ortasında hizmetçiler lobut ve kılıçlarını çekerek tüm aileyi öldürdü ve cesetlerini kuzu güvecinin içerisine attı. Kasap'ın kendisi de çok geçmeden öldü ama kardeşi Muzaffer Mansur, Ali'nin ailesini sistemli şekilde ortadan kaldırmaya başladı ve daha sonra da güçlendiğinden endişelendiği Ebu Müslim'in ailesine yöneldi. Parfümcüsü Cemre daha sonra Mansur'un ancak ölümünde açılacak gizli bir deponun anahtarlarını sakladığını söylemiştir. Oğlu ise her birinin üzerinde tek tek kim olduklarının yazılı olduğu içi cesetlerle dolu bir oda bulmuştur. Mansur, Ali'nin sülalesinden olan ihtiyardan çocuğa kadar herkesi öldürüp cesetlerini de sıcak ve kuru havada muhafaza etmişti.

Esmer ve yıpranmış derili, safran boyalı saçlı bir adam olan Mansur asırlarca hüküm sürecek olan Abbasi hanedanının asıl kurucusudur ve kuvvetinin kaynağı da Doğu'dur: O yüzden başkentini yeni Yuvarlak Şehir'e, Bağdat'a, taşımıştı.

Mansur, iktidara geldikten kısa süre sonra Kudüs'ü ziyaret etti. Hasarlı Aksa Camii'ni onarttı ama bunun masrafını Abdülmelik'in Kubbetüs Sahra'ya yaptırdığı altın ve gümüş kapıları eriterek karşıladı. Mansur'un halefleri bir daha şehri ziyaret etmeye zahmet etmediler. İslam dünyasında şehrin önemi azalmaya başlarken* bir Batı imparatoru Hristiyanların Kudüs'e yönelik ilgisini yeniden canlandırdı.[7]

---

* Kudüs'ün önemi azalırken Mekke'nin önemi arttı: Kudüs geçmişte hac konusunda Mekke ve Medine kadar önemli bir seviyeye yükselmiş olabilir –el Hidri, "Sadece üç cami için yola çıkın, Mekke, Medine ve el Aksa," şeklinde bir hadis rivayet etmişti– ama Abbasi döneminde Kudüs bir ziyara, dinî bir ziyaret alanı konumuna geriledi.

İMPARATOR VE HALİFE: ŞARLMAN VE HARUN REŞİD

800 yılının yılbaşında Şarlman olarak bilinen ve modern Fransa, Almanya ve İtalya'nın büyük bölümünü elinde tutan Frankların Kralı Büyük Charles, Roma'da tacını papanın elinden giyerek Roma İmparatoru oldu. Bu merasim papalara ve ileride Katolisizm haline gelecek olan, Latin temelli Hristiyanlıklarına duyulan güveni gösteriyordu – Yunanca konuşan Konstantinopolis'teki Ortodokslarla aralarındaki farklılık da böylece artmaya başladı. Şarlman güç için her şeyi yapan merhametsiz, dindar olduğu kadar da hırslı bir savaşçı kraldı ve tarihe de çok meraklıydı: Kendisini Konstantin ve Jüstinyen'in evrensel Roma İmparatoru ve o devrin Kral Davud'u olma hayallerinin vârisi olarak kabul etmişti – bu iki hayal de gelip bir şekilde Kudüs'e dayanmaktaydı. Rivayete göre bir yılbaşı gününün erken saatlerinde, Kudüs Patriği tarafından kendisine gönderilen bir heyet ona Kutsal Kabir'in anahtarlarını temsil etmişti. Böylece Roma ile Kudüs arasında rabıta kurulmuştu.

Bu bir yardım talebi değildi çünkü Patrik, dönemi *Bin Bir Gece Masalları* ile hatırlanan ve Abbasi yönetiminin zirvesi kabul edilen, Kudüs'ün hâkimi Harun Reşid'in iltifatına mazhar olmuştu. Şarlman ve halife üç yıl boyunca birbirlerine elçiler gönderdiler. Harun muhtemelen Frankları, Konstantinopolis'teki düşmanları ve Şarlman'ın desteğine ihtiyaçları olan Kudüs Hristiyanlarına karşı kullanmak istiyordu.

Halife, Şarlman'a bir fil ve İslam'ın üstünlüğünü gösteren, ileri bir teknoloji olan bir usturlab su saati gönderdi – bunu gören bazı ilkel Hristiyanlar bunun şeytani büyünün eseri olduğunu düşünerek paniğe kapıldılar. İki İmparator resmî bir anlaşma imzalamadı ama Kudüs'teki Hristiyan mülkleri kaydedilip koruma altına alındı ve Şarlman da şehirdeki tüm Hristiyanların kafa vergisi olan 850 dinarı ödedi. Bunun karşılığında Harun da onun Kutsal Kabir civarında yüz elli keşiş ve on yedi rahibenin görev yapacağı bir manastır, bir kütüphane ve bir hacı misafirhanesi ihtiva edecek bir Hristiyan mahallesi kurmasına izin verdi. Bir hacı, "Hristiyanlar ve paganlar arasında bu türden bir barış hüküm sürüyordu," demişti. Bu cömertliğin sonunda Şarlman'ın gizlice Kudüs'ü ziyaret ettiği hikâyesi ortaya çıktı. Bu hikâye onu Heraklius'un vârisi yaptığı gibi hâkimiyeti Ahir Zaman'a kadar sürecek olan Son İmparator efsanesinde de yer almasını sağladı. Bilhassa Haçlı Seferleri döneminde buna genel olarak inanılsa da, Şarlman Kudüs'e hiç gitmedi.[8]

Harun öldüğünde oğulları arasında çıkan iç savaşı Memun kazandı. Tam bir bilim meraklısı olan yeni halife ünlü edebiyat ve bilim akademisi Beytül Hikmet'i (Bilgi Evi) kurdu, dünya haritası çizdirdi ve âlimlerden dünyanın çevresini hesaplamalarını istedi.* 831 yılında Konstantinopolis'e karşı düzenlenecek sefer hazırlıkları için Suriye'ye gelen Memun muhtemelen Tapınak Dağı'nda yeni kapılar yaptırdığı ve Abbasilerin üstünlüğünü vurgulamak için Kubbetüs Sahra'daki Abdülmelik'in adını sildirip kendi adını yazdırdığı Kudüs'ü de ziyaret etti. Sadece Emevi halifesinin adını silmekle kalmayıp altınını da alarak geride bin yıl orada duracak kurşuni bir renk bıraktı. Bina, altınına ancak 1960'larda kavuşabildi – ama Abdülmelik'in ismi tekrar yazılmadı ve günümüzde hâlâ Memun'un adı durmaktadır.[9]

Ama bu altınlar da Abbasi gücündeki zayıflamayı değiştiremedi. Sadece iki yıl sonra bir köylü asi lider Kudüs'e geldiğinde üç din tarafından da hoş karşılandı ama 841 yılında bu adam şehri talan edip şehir halkının çoğunun kaçmasına neden oldu. Kutsal Kabir ancak patriğin rüşvet ödemesi sayesinde kurtulabildi. Fakat Arap halifeleri idareyi kaybetmişlerdi. 877 yılında halifelere bağlı Mısır'da idareyi ele geçirmiş Türk bir kölenin oğlu olan Ahmet bin Tolun Kudüs'ü geri aldı.[10]

KÂFUR: GÜZEL KOKAN HADIM

İbni Tolun, İslam imparatorluğu dâhilinde zaman içerisinde idareyi Arapların elinden alan Türklerden biriydi. Memun'un halefi Mustasım, Orta Asya'dan gelen yeni Müslüman Türk atlı okçuları arasından köle çocukları askere almaya başladı – bunlar, gulam (hizmetçi) olarak bilinirlerdi. Asya'dan gelen bu savaşçılar önce *praetorian* muhafızların**, daha sonra da hilafetin vurucu gücü rolünü üstlendiler.

İbni Tolun'un oğlu ve vârisinin hadımlar tarafından öldürülmesinin ardından[11] nüfuzlu bir Türk olan Muhammed bin Toğaç – Orta Asya'da prenslik unvanı olan el-İhşid ismiyle bilinirdi– Mısır ve Kudüs'ü kontrolü altına aldı. Siyasi istikrarsızlık dinî rekabeti de körüklemişti. 935 tarihinde Kutsal Kabir Kilisesi camiye çevrildi. Üç yıl sonra Müslümanlar Çiçek Bayramı'nı*** kutlayan Hristiyanlara saldırdılar ve Kilise'yi yağmalayıp zarar verdiler. Yahudiler ise, Tevrat ve sözlü geleneğe göre yaşayana gaon adındaki hâkim-âlimlerin önderliğindeki, geleneksel Rabbaniler

---

* Abbasiler, özellikle Memun, Bizanslılardan sürekli olarak Yunan klasiklerini alarak Platon, Aristoteles, Hipokrat, Galen, Öklit ve Batlamyus'un günümüze ulaşmasını sağladılar. Araplar, İngiliz diline giren tümüyle yeni bir bilim dilbilgisi icat ettiler: Alkol, imbik, kimya, cebir, takvim bu kelimelerden sadece birkaçıdır. El Nedim'in ünlü endeksinden yeni altı bin tane kitap yazdıkları da anlaşılmaktadır. Üstelik parşömen yerine de kâğıt kullanılmaya başlandı: Tarihin en önemli savaşlarından birinde Abbasiler, Çinli Tang imparatorlarının saldırısını püskürterek hem Ortadoğu'nun Çinlilerin eline geçmesine engel oldular hem de Çinli kâğıt yapımcılarının sırrını elde ettiler.

** Roma imparatorları tarafından, hem Roma'da hem de savaş alanında kişisel güvenliklerini sağlamak amacıyla oluşturulmuş özel birlikler. (yay. n.)

*** Paskalya'dan önceki son pazar günü, İsa Mesih'in Kudüs'e girişinin kutlandığı, Palmiye Pazarı olarak da bilinen, bayram. (yay. n.)

ve Tevrat haricindeki tüm kuralları reddeden (bu yüzden isimleri "okuyucu"dur) ve Siyon'a dönüleceğine inanan Karaylar olarak bölündü.* Türk idareciler Karayları destekledi ve işleri daha da karıştıracak şekilde Yahudi mahallesinde kendi sinagogları olan Hazarlar ortaya çıktı.** İhşid 946 tarihinde altmış dört yaşında öldüğünde Kudüs'e defnedildi ve iktidar takma adı parfüm ve makyaj merakından gelen siyahî bir hadımın eline geçti.

Yirmi yıldan uzun bir süre Mısır, Filistin ve Suriye'yi yönetecek olan Ebül-Misk Kâfur, çocukken İhşid tarafından satın alınan Habeşistanlı bir köleydi. Şekil bozukluğu olan, obez ve pis kokulu biri olarak o kadar çok kâfur ve misk sürerdi efendisi ona o kokuların adını verdi. İhşid için bazı egzotik hayvanların gelmesiyle talih onun da yüzüne güldü. Tüm diğer hizmetkârlar hayvanlara bakmaya koşarken o efendisinin gözlerinin içine bakmaya devam ederek emrini bekledi. İhşid onu oğullarının hocası olarak seçti, daha sonra da onu önce Filistin ve Suriye'yi fethedecek olan ordularına komutan daha sonra da kendi vekili olarak tayin etti. Yönetimi devralan hadım, İslam dindarlığını teşvik edip Tapınak Dağı'ndaki surları onarttı ve sanatçıların hamisi oldu. Fakat kuzeyde güçlü asker-imparatorlarla toparlanmaya başlayan Bizanslılar, Suriye'ye saldırıp Kudüs'ü tehdit etti ve bu da Kudüs'te bir Hristiyan ayaklanmasını tetikledi. 966 yılında, Kâfur'un valisi, Hristiyanlara baskı yapmaya başlayıp Patrik John'dan hiç olmadığı kadar fazla para isteyince o da Kâfûr'a müracaat etti. Ama John'un, Konstantinopolis'le temas halinde olduğu tespit edilince vali, Bizanslılardan nefret eden Yahudilerin de desteğiyle Kutsal Kabir Kilisesi'ne saldırdı ve patriği kazığa bağlayıp yaktı.

Kahire'deki mis kokan hadım hastaydı. Kâfur son İhşid'in ölmesinin üzerine doğrudan tahta çıkmıştı. Köle doğan –aynı zamanda hadım olan– ilk Müslüman hükümdar olarak atadığı Yahudi yardımcı hem İslam devriminin hem de Kudüs'ü de ihtiva eden yeni bir imparatorluğun beyni olacaktı.[12]

---

* Dünya üzerindeki Yahudi cemaatleri makamları Bağdat'ta bulunan Kudüs Akademisi ve Babil/Irak Akademisi kalıtsal gaonları tarafından idare edilir. Karaylar, Yahudi dünyasına yayılıp Kırım'dan Polonya'ya kadar büyük cemaatler kurdular ve çoğunun öldürüldüğü Yahudi Soykırımı'na kadar varlıklarını sürdürdüler. Bu durum Nazi baskısının en garip örneklerinden birine neden oldu: Kırım'daki bazı Karaylar Sami değil de Türk kökenliydi ve Naziler bu Yahudi mezhebinin korunması gerektiğini emrettiler.

** Hazarlar –Karadeniz'den Orta Asya'ya kadar olan bölgeyi ellerinde tutan şaman Türk göçebeler– İsrail'den önceki son Yahudi devletini kurdular. 805 yılı civarında hanları Yahudi olup Menaşe ve Aaron isimlerini aldılar. Kudüslü yazar Mukaddasi, Hazar topraklarından geçtiğinde "burada bol miktarda koyun, bal ve Yahudi bulunmaktadır" diye yazmıştı. 960'lara gelindiğinde bu Yahudi imparatorluğu zayıflamaya başladı. Arthur Koestler'den Sholomo Sand'e kadar pek çok yazar Avrupa'daki Yahudilerin çoğunun atasının bu Türk kabilesi olduğunu yazmışlardır. Eğer bu gerçek olsaydı Siyonizm'e büyük zarar verirdi. Ama genetik bilimi bu iddiayı boşa çıkarmaktadır: Yapılan son iki araştırmaya göre, hem Sefarad hem de Aşkenazi, modern Yahudilerin yaklaşık yüzde 70'i Ortadoğu'nun 3000 yıl önceki genlerine sahiptir ve kalan yüzde 30'u ise Avrupa kökenlidir.

20

FATIMİLER: MÜSAMAHA VE PARANOYA

969–1099

İBNİ KİLİS: YAHUDİ VEZİR VE FATIMİ FETİHLERİ

Bağdatlı Yahudi bir tacirin oğlu ve İbni Kilis olarak bilinen Yakup ben Yusuf, Suriye'deki iflas etmiş bir sahtekârdan, Mısır'da Kâfur'un mali danışmanlığına yükselmiş talihli bir adamdı. Kâfur onun hakkında, "Müslüman olsaydı ondan iyi bir vezir bulamazdık," demişti. İbni Kilis bunu duyunca hemen Müslüman oldu ama hadım ölüp Kudüs'e defnedilirken* İbni Kilis de hapse atıldı. Rüşvetle hapisten çıktı ve gizlice modern Tunus'ta bulunan Fâtımi sülalesinin hâkimiyetindeki Şii krallığına gitti. Son derece esnek bir adam olan İbni Kilis orada Şii oldu ve Fâtımi Halifesi Muizz'e, Mısır'ı ele geçirmesi için çok uygun bir zaman olduğunu söyledi.[13] 969'da Muizz'in generali Cafer el Sikili, Mısır'ı ele geçirdi ve ardından Kudüs'ü almak için kuzeye yöneldi.[14]

PALTIEL VE FÂTIMİLER: YAHUDİ DOKTOR-PRENSLER VE YAŞAYAN İMAMLAR

Kudüs'ün yeni efendileri olan Mesihçi Fatımiler diğer İslam hanedanlarından farklıydılar çünkü kendilerini halife değil de bir nevi yer ile gök arasında bulunan ve yaşayan imamlar olan ilahi krallar ilan etmişlerdi. Saraylarına gelen ziyaretçilere önce muhteşem güzellikteki avlular gösterilir; daha sonra da bu ziyaretçiler, önünde altın perde olan tahtın önüne gelip secde ederlerdi. Bunun üzerine perde

---

* Daha pek çok hükümdar Kudüs'e defnedilmişti çünkü tıpkı Yahudiler gibi onlar da Kudüs'te gömülenlerin Mahşer'de ilk dirilenler olacağına inanıyorlardı. Tapınak Dağı'na ne kadar yakınlarsa o kadar erken dirileceklerdi. İhşid'in kabri bulunamadı ama Tapınak Dağı'nın kuzey ucunda olduğuna inanılmaktadır. Filistinli bir tarihçi bu kitabın yazarına üç dinin de siyasi nedenlerle ve diğerlerinden daha doğru olduklarını ispatlamak için Kudüs'te nasıl tarih yarattıklarını gösterdi. Tapınak Dağı'nın kuzeyinde yeni bir İsrail yapısı yapılması planlanırken, tarihçi oraya İhşid'in mezarının orada bulunduğuna dair bir tabela konmasını istedi ve orası bir türbe haline geldi. Yeni yapının yapımı iptal edildi.

açılır ve altın cübbeli Yaşayan İmam ortaya çıkardı. Tarikatları gizli, inançları mistik, selametçi, ezoterik ve iktidarı ele geçirmeleri ise gizemli, gizli kapaklı ve maceralarla doluydu. 899 yılında Suriye'deki zengin bir tacir olan Ubeydullah kendisinin, İsmail üzerinden Ali ve Fatıma'nın soyundan gelen, Yaşayan İmam olduğunu iddia etti ve bu yüzden inananları İsmaili Şiileri olarak bilindiler. "Dava" denen gizli ajanları Doğu'ya yayıldı, Yemen'i ele geçirdi ve Tunus'taki bazı Berberi kabileleri İsmaili yaptı. Ancak Abbasiler, kendisini öldürmeye çalışınca Ubeydullah ortadan kayboldu. Birkaç yıl sonra o ya da o olduğunu iddia eden birisi Mehdi olduğu iddiasıyla Tunus'ta tekrar ortaya çıktı ve kendi hilafetini kurup ilahi bir görevle fetihlere girişti: Bağdat'taki sahte Abbasi hilafetini devirip dünyayı kurtaracaktı. 973'te Kuzey Afrika'nın bir bölümü, Sicilya, Mısır, Filistin ve Suriye'nin hâkimi olan Halife Muizz yeni başkentini el Kahira el Muiziyya'ya –Muizz'in Fethi (Kahire)– taşıdı.

Halefi Aziz, danışmanlarından olan İbni Kilis'i, yirmi yıl boyunca, ölümüne kadar yöneteceği imparatorluğun başveziri olarak atadı. Büyük servetinin yanı sıra –sekiz bin kadın kölesi vardı– Yahudi ve Hristiyan din adamlarıyla din konusunda tartışan bir âlimdi ve onun hâkimiyetindeki döneme Fatımilerin nişanesi olan müsamaha damgasını vurmuştu. Fatımiler mezhepçi olsa da Yahudi ve Hristiyanlara karşı hoşgörülüydüler.

Kudüs'teki Yahudiler bölünmüş, fakir ve perişanken Mısır'da yaşayan Yahudiler Fâtımi döneminde zenginleştiler. Kahire halifelerinin doktorları Yahudiler arasından çıkmaya başladı: Bu kişiler saray hekimlerinin ötesinde kişilerdi. Âlimtacir niteliğindeki etkili saray adamlarıydılar ve genelde Fâtımi İmparatorluğu'nun Yahudi Başı tarafından atanırlardı – bu makam *nagid* (prens) olarak bilinirdi. Kökeni meçhul, Paltiel adında bir Yahudi, muhtemelen bu saray adamı ve hekimprenslerin ilkiydi. Paltiel, Kudüs'ü ele geçiren Fâtımi Cafer'in himayesindeydi ve Kutsal Şehir'deki Yahudilere yardım etmek için derhal harekete geçti.

Abbasilerin yıllarca ihmal etmesi ve Türk idarecilerin tutarsız himayeleri sonucu Kudüs gerilemiş ve istikrarsız bir bölge haline gelmişti. Kahire ve Bağdat halifeleri arasındaki sürekli savaşlar yüzünden hacıların sayısı azalmıştı; arada bir saldıran Bedevilerin kimi zaman kısa süreliğine şehri ele geçirdiği bile oluyordu. 974 tarihinde dinamik Bizans İmparatoru I. Yannis Çimiskes Şam'ı ele geçirdi ve Celile'ye girerek amacının "Kutsal Kabir Kilisesi'ni Müslümanların elinden kurtarmak" olduğunu ilan etti. Bu amacına yaklaştı, Kudüs de onu bekledi ama amacına hiç ulaşamadı.

Fatımiler, İsmailileri ve Şiileri Kudüs Camii'ne hacca gitmeye teşvik ettiler ama Bağdat'la süren savaş yüzünden Sünni hacılar şehre gelemiyordu. Kudüs'ün tecrit edilmesi bir şekilde kutsiyetini de artırmıştı: Müslüman yazarlar Kudüs'ün meziyetlerine dair daha fazla popüler derlemeler –Fezâil– yapmaya başladılar ve ona yeni isimler verdiler: Hâlâ İliya ve Beytül Makdis (Kutsal Ev) olarak anılıyordu ama el Balat (Saray) ismi de eklenmişti. Yine de Hristiyan hacıların sayısı ve serveti orayı elinde tutan Müslümanlara kıyasla artmaya başladı – Frenkler Avrupa'dan gemiyle gelirken, her Paskalya'da da Mısır'dan zengin kervanlar ulaşmaya başladı.

Yahudilerin gözü de Kahire'deki kurtarıcılarındaydı ve Paltiel, halifeyi, fakir düşen *gaon* ile Kudüs Akademisi'ne mali yardımda bulunmaya ikna etti. Zeytin Dağı'nda Yahudilerin bir sinagog satın alabilme, Abşalom Sütunu'na yakın toplanabilme ve Tapınak Dağı'nın doğu surundaki Altın Kapı'da ibadet etme hakkını kazanmasını sağladı. Bayramlarda Yahudilere eski Tapınak'ın etrafında yedi kez dönmeleri için izin verildi ama ana sinagogları "batı duvarındaki ibadethanenin iç sunağı, 'Mağara,'" olarak kalmaya devam etti. Yahudilere Abbasi yönetiminde pek müsamaha gösterilmemişti ama artık önceden olduğu gibi fakir olsalar da önceki iki asırda olduğundan daha özgürdüler. Ne yazık ki Fatımiler tarafından bilhassa kayırılan, Rabbani ve Karayların Zeytin Dağı'nda ayrı ayrı ibadet etmeleri itiş kakışa yol açtı ve sonunda bu iki grup eski ve tozlu sinagoglarda ve Kudüs'ün yeraltı mağaralarında birbirleriyle kapışmaya başladılar. Hürriyetleri de Müslümanların sabrını zorlamalarından başka bir işe yaramadı.

Paltiel 1011 yılında öldüğünde oğlu naaşını defnetmek için Kudüs'e getirdi ama zenginlerden oluşan bu grup, Müslüman haydutların saldırısına uğradı. Paltiel'den sonra bile Kahire Yahudileri, Akademi'yi ve Siyon'un Matemcileri olarak adlandırılan, İsrail'in kurulması için dua eden ve aslında dindar Siyonistler olan bir tarikatı desteklemek için para taşıyan kervanlar gönderdiler. Ama bu yardımlar yeterli olmadı: Yahudi bir Kudüslü para istemek için yazdığı mektupta, "Şehir dul ve yetim kaldı, birkaç âlim haricinde terk edildi ve fakir düştü. Burada hayat çok zor, yiyecek kıt, yardım edin, bizi kurtarın, merhamet edin," demektedir.[15] Yahudiler artık "sürekli taciz edilen zavallı bir grup" haline gelmişlerdi.

Diğer taraftan Sünni Müslümanlar kâfirlerin özgürlükleri ve aşırılıklarından gittikçe daha fazla rahatsız olmaya başlamışlardı. Adının manası "Kudüs'te doğan" olan seyyah Mukaddasi, "Yahudi ve Hristiyanlar her yerde daha avantajlılar," diye söyleniyordu.

MUKADDASİ: KUDÜSLÜ

"Yıl boyunca bu sokaklardan yabancılar eksik olmaz." 985'te Fâtımi idaresinin zirvesinde olduğu dönemde Muhammed bin Ahmed Şems el Din el Mukaddasi, el-Kuds –Kutsal–* dediği şehre geldi. Kırklı yaşlarındaydı ve yirmi yılı aşan seyahatleri sırasında "bilgiyi aradığı" için denk geldiği herkesten bir şeyler öğrenmiş ve Beytül Hikmet'te öğrendiği bilimsel gözlem ile dindarlığı bir potada eritmişti. *(Ahsan at-Takasim fi Ma'rifat il-Akalim* (*Bölgelere Dair Bilgiler İçin En İyi Rehber*) adlı kıymetli eserinde bastırılamaz merakını ve macera isteğini şöyle ifade etmişti:

> Dilencilik ve büyük günahları işlemek haricinde bir seyyahın başına gelmesi muhtemel her şey başıma geldi. Kimi zaman dindardım kimi zaman helal olmayan şeyler yedim. Az daha boğuluyordum, kervanıma eşkıyalar saldırdı. Krallar ve vezirlerle konuştum, hovardalarla dolaştım, casuslukla suçlandım, hapse atıldın. Sufilerle lapa, keşişlerle çorba ve denizcilerle tatlı yedim. Savaş gemilerinde Romalılara (Bizans) karşı verilen savaşı gördüm ve geceleri çalan kilise çanları duydum. Kralların şeref cübbelerini giydim ve pek çok kez aç dolaştım. Kölelerim de oldu başımın üzerinde sepet taşıdığım da. Pek çok kez beni şereflendirip iltifat etseler de defalarca beni öldürmek için de planlar yaptılar.

Nerede olursa olsun Kudüs'te olmaktan duyduğu gururu hiçbir şey bastıramıyordu.

Günün birinde Basra'daki (Irak) kadı divanında oturuyordum. Mısır'ın (Kahire) adı geçti. Bana sordular: Hangi şehir daha asildir? Cevap verdim: Bizim şehir. Hangi şehir daha hoştur dediler. Bizimki. Hangisi daha iyidir? Bizimki. Hangisi daha müreffehtir? Bizimki. Divandakiler şaşırdı. Çok kibirli bir adamsın dediler. İddia ettiğin şeyi kabul edemeyiz. Hac sırasındaki deve sahibi gibisin.

Diğer taraftan Kudüs'ün kusurları hakkında da dürüsttü: "Zayıfların itilip kakıldığı ve zenginlerin kıskanıldığını" itiraf etmişti. "Kutsal şehirdeki hamamlardan daha pisini ve pahalısını hiçbir yerde bulamazsınız." Ama en kaliteli üzüm, muz ve çamfıstığı Kudüs'te yetişiyordu; çok sayıda müezzinin inananları ibadete çağırdığı bir şehirdi ve genelev bulunmuyordu. "Kudüs'te susuz kalacağınız ya da ezanı duyamayacağınız hiçbir yer yoktur."

Mukaddasi, Tapınak Dağı'ndaki Meryem, Yakup ve gizemli peygamber Hızır** adına yapılan kutsal mekânları tasvir etmişti. El Aksa, Kutsal Kabir Kilisesi'nden

* El Kuds ilk kez 832 tarihinde Memun'un bastırdığı paralarda görülmüştür. O tarihten sonra Kudüslüler Kuds halkı olarak bilinmiştir: Kudsi ya da argoda "utsi".

** Hızır en ilgi çekici İslam erenlerinden biridir ve Ramazan'ı kutladığı söylenen yer olan Kudüs'le de yakından ilişkilidir. Yeşil Adam Hızır bilinmeyen bir yabancıdır, her daim gençtir ama beyaz sakalı vardır ve Kuran'da (18.65) Musa'nın rehberi olarak zikredilir. Sufizmde –İslam mistisizmi– Hızır ilahi "daha güzelken" Kubbetüs Sahra'nın eşi benzeri yoktu: "Şafakta güneş ışıkları Kubbetüs Sahra'ya ilk kez vurup ışık huzmeleri içeri süzüldüğünde bu mabet öyle bir görüntüye kavuşur ki ne İslam dünyasında ne de paganlardan kalan yapılar arasında bir benzerini daha görmedim." Mukaddasi –gerçek ve semavi– iki Kudüs'te yaşadığının farkındaydı ve kıyametin kopacağı yer burasıydı: "Bu dünya ile diğerinin tüm avantajlarını bir araya getiren şehir bu değil mi? Burası mahşerde tüm insanların toplanacağı ve herkesin yargılanacağı yer değil mi? Mekke ve Medine'nin kendine has üstünlükleri var ama Mahşer'de ikisi de Kudüs'e gelecekler ve tümünün mükemmellikleri bu noktada birleşecek."

Mukaddasi bir yandan da Sünnilerin sayıca azlığından ve Yahudi ve Hristiyanların kendilerine duydukları güvenden dert yanmaktadır: "Âlimlerin sayısı az, Hristiyanlar çok kalabalıklar ve halka açık mekânlarda da çok kabalar." Nihayetinde Fatımiler mezhepçiydi ve yerel Müslümanlar, Hristiyan bayramlarını bile kutluyorlardı. Ama her şey kötü yönde değişmek üzereydi: Mukaddasi 1000 yılında elli yaşında öldüğü zaman Yaşayan İmam'ın tahtına geçen bir çocuk Kudüs'teki Yahudi ve Hristiyanları ortadan kaldırmayı deneyecekti.[16]

HÂKİM: ARAP CALİGULA

Halife Aziz ölüm döşeğindeyken oğlunu öptü ve onu oynamaya gönderdi. Çok geçmeden öldüğünde, hiç kimse on bir yaşındaki Yaşayan İmam'ı bulamadı. Uzunca bir süre aradıktan sonra nihayet onu bir firavun inciri ağacının tepesinde buldular. Bir saray görevlisi ona, "Aşağı gel oğlum," diye yalvardı. "Allah seni ve cümlemizi korusun."

Güzel giyimli saray erkânı ağacın dibinde toplandı. Sonra olanları yeni halife Hâkim şöyle anlatıyor: "Aşağı indim ve bir görevli kafama mücevherli bir sarık koyup önümde yeri öptü ve 'Selam sana müminlerin emiri, Allah'ın rahmeti ve bereketi üzerine olsun,' dedi. Daha sonra beni girişe götürdü ve beni diğer insanlara gösterdiğinde hepsi birden önümde yeri öptüler ve beni halife olarak selamladılar."

İki kardeşi de patrik olan bir Hristiyan annenin evladı olan Hâkim büyüyünce geniş omuzlu, mavi gözlü bir genç oldu. Başta vezirlerinin nasihatlerine kulak vererek ailesinin İsmaili geleneğini sürdürüp Yahudi ve Hristiyanlara iyi davrandı. Şiiri çok severdi ve Kahire'de astronomi ve felsefe eğitimi için kendi

yolun aydınlatıcısı ve rehberidir. Yeşil Adam miti muhtemelen *Sir Gawain ve Yeşil Şövalye* destanından etkilenmiştir. Ama genelde Yahudi İlyas ya da Diocletianus tarafından idam edilen bir Roma zabiti olan Hristiyan Aziz George'la ilişkilendirilir. Beytüllahim'deki Beit Jala sunağına Müslüman, Yahudi ve Hristiyanlar hâlâ hürmet etmektedirler.

Beytül Hikmet'ini kurdurdu. Sofuluğuyla övünür, elmas takılı düz bir sarık takar ve hatta Kahire'nin sokaklarında fakirlerle şakalaşırdı. Ama devleti tek başına yönetmeye başlayınca bu mistik otokratın dengesiz olduğuna dair ilk alametler meydana çıkmaya başladı. Önce Mısır'daki tüm köpeklerin, sonra da kedilerin öldürülmesini emretti. Üzüm, su teresi ve pulsuz balık yenmesini yasaklandı. Gündüz uyuyup gece çalıştı ve tüm Kahirelilere de aynısını yapmalarını emretti.

1004 yılında Hristiyanları tutuklatıp idam etmeye ve Kudüs'teki kiliseleri kapatıp camiye çevirmeye başladı. Paskalya'yı ve şarap içmeyi yasakladı ama bu yasak sadece Hristiyan ve Yahudilere yönelikti. Yahudilere boyunlarına onlara Altın Buzağı'yı hatırlatacak inek çanları takmalarını emretti, böylece Müslümanlar yaklaştıklarını anlayabilecekti. Hristiyanlar ise demir haçlar takmak zorundaydılar. Yahudiler ya din değiştirecek ya da şehri terk edeceklerdi. Mısır ve Kudüs'teki sinagoglar tahrip edildi. Fakat gittikçe popüler olan bir Hristiyan ayini Hâkim'in dikkatini tekrar Kudüs'e çekti. Her Paskalya'da Batı'dan ve Doğu'dan gelen hacılar Kudüs'te bir araya gelerek şehrin Paskalya mucizesini kutlarlardı: Kutsal Ateşin İnişi.[17]

Hayırlı Cuma'dan sonraki Mukaddes Cumartesi'nde binlerce Hristiyan geceyi Kutsal Kabir Kilisesi'nde geçirirdi. Orada Kabir kapatılır, tüm ışıklar söndürülür ve duygu yüklü bu karanlık ortamda patrik, Kabir'e girerdi. Tüyleri diken diken eden uzun bir bekleyişin ardından yukarıdan inen bir kıvılcım görülür, bu kıvılcım gittikçe güçlenerek alev haline gelir ve patrik nasıl yandığı bilinmeyen bir lambayla ortaya çıkardı. Kalabalık coşkudan kendinden geçerken bu kutsal ateş de mumdan muma aktarılırdı. Hristiyanlar, ilk olarak bir hacının 870 yılında bahsettiği, bu nispeten yeni ayini İsa'nın Dirilişi'nin ilahi tasdiki olarak görmekteydiler. Müslümanlar ise bunun bir panayır sahtekârlığı olduğunu düşünüyordu – içinde reçineli yağ bulunan tüten bir lamba siyah bir tele takılmıştı. Kudüslü bir Müslüman, "Bu ucubeler insanı korkudan titretir," diye yazmıştı.[18]

Hâkim bu ayini duyup Kudüs'e giden zengin kervanları da gördüğü zaman Kahire'deki Yahudi mahallesini ateşe verdi – ve Kutsal Kabir Kilisesi'nin yerle bir edilmesini emretti. 1009 yılının Eylül'ünde adamları kilisede "taş üstünde taş" bırakmadı ve ardından da şehirdeki sinagog ve kiliseleri yıkmaya başladılar. Yahudi ve Hristiyanlar din değiştirmiş gibi yapmak zorunda kaldı.

Halifenin acayipliklerini gören bazı İsmaililer, "Hâkim, Tanrı'nın vücut bulmuş halidir," demeye başladılar. Hâkim kendisine de vahiy geldiğini zannederek bu sefer Müslümanlara da saldırmaya başladı; Ramazan'ı yasakladı ve hem Şiilere hem de Sünnilere kan kusturdu. Müslümanlar ondan o kadar nefret ettiler ki

Kahire'deki Yahudi ve Hristiyanların desteğine muhtaç kalıp sinagog ve kilise yapmalarına izin verdi.*

Ruh hastası halife artık trans halinde Kahire sokaklarında gezmeye başlamıştı ve doktorlar sürekli kendisine ilaç veriyordu. Hâkim kendi sarayındakilere de acımayıp kendi hocalarını, hâkimlerini, şairlerini, aşçılarını ve kuzenlerini öldürttü, kadın kölelerin ellerini kesti ya da kestirdi.

HÂKİM: ORTADAN KAYBOLMA

Nihayet 1021 yılının Şubat ayında bir gece, daha otuz altı yaşında olan deli halife Kahire'den eşekle tepelere doğru yola çıktı ve ortadan kayboldu. Bunun üzerine inananları, "Hâkim, bir kadından doğmadı ve ölmedi," dediler. Eşeği ve kanlı paçavralar bulunduğuna göre muhtemelen oğlu Zahir'i tahta çıkaran kız kardeşi tarafından öldürülmüştü. Hâkim'in takipçileri Fâtımi askerleri tarafından kılıçtan geçirildi ama çok azı kaçıp Lübnan'da günümüze kadar devam eden Dürziliği kurdular.[19]

Hâkim'in deliliğinin Kudüs'e verdiği zarar bir daha telafi edilemedi: Konstantin Kilisesi bir daha eski haline kavuşamadı. Hâkim'in yaptıkları yetmezmiş gibi 1033 yılındaki bir deprem, şehri harap edip Bizans surlarını ve Emevi saraylarını yıktı; Eski Emevi Aksa çöktü; Yahudi Mağarası zarar gördü.

Kudüs'e saygı duyan Halife Zahir atalarının hoşgörüsünü geri getirip her iki Yahudi mezhebinin de korunacağına söz verdi ve Tapınak Dağı'nda el Aksa'yı yeniden inşa etti – itinayla işlenmiş büyük kemerinin üzerindeki kitabede kendisini, Kudüs ve Peygamber'in Gece Yolculuğu'yla ilişkilendirmektedir fakat yaptığı cami ilkinden çok daha küçüktür. Şehir surlarını yeniden yaptı ama bugün belli belirsiz görebildiğimiz bu surlar daha küçük olduğundan Siyon Dağı ve Emevi saraylarının harabeleri dışarıda kaldı.

---

* Sinagogların tümü tahrip edilmedi. Eski Kahire'nin doğusundaki Fustat'taki eski Yahudi sinagoğu Orta Çağ'ın en önemli bilgilerinden birini korumaya devam etti: Kahire Genizası. O dönemde üç Ehli Kitap da üzerine kutsal sözler yazılı kâğıtlara hürmet ederlerdi çünkü sözlerin de insanlar gibi maneviyatı vardı. Yahudiler sinagoglardaki kâğıtları genizada, yani depoda yedi yıl saklar ve daha sonra ya gömer ya da tavan arasında istif ederlerdi. 900 yıl boyunca Kahire Genizası boşaltılmadı, Mısır Yahudilerinin hayatını, Kudüs'le ilişkilerini ve her yönüyle Akdeniz hayatını anlatan yüz bin belgeyi korudu ve bu belgeler 1864 yılında bir Kudüslü âlim tarafından bulunana kadar unutuldu. 1890'larda Geniza belgeleri ortaya çıkmaya başladı ve İngiliz, Amerikalı ve Rus uzmanlar tarafından satın alındılar ama ancak 1896 yılında iki eksantrik İskoç kadın Geniza belgelerini Profesör Solomon Schechter'e gösterdiğinde o bunların Ben Sira'nın *Ecclesiasticus*'una ait en eski İbranice belgeler olduğunu anlayabildi. Schechter bu paha biçilmez belgeleri topladı ve bu belgeler sayesinde S. D. Goitein altı ciltlik *Akdeniz Toplumu* adlı eserini yazabildi.

Zahir ve halefi, Kilise'nin yeniden inşası için gönderilen Bizans yardımını kabul etti. İmparator IX. Konstantin Monomakus'un inşa ettirdiği ve girişi güneye bakan yeni Kutsal Kabir Kilisesi 1048 tarihinde tamamlandı: İranlı hacı Nasiri Hüsrev, "8000 kişilik bu ferah binayı, en mahir ustalar, üzerlerinde altın işlemeli resimlerin bulunduğu ve en kaliteli kumaşlarla süslenen renkli mermerleri kullanarak inşa ettiler," diye yazmıştı. Ama yapı, Bizans bazilikasından çok daha küçüktü. Yahudiler, Kahire'deki Yahudi Başvezir Tustari* Kudüs'teki cemaatini destekliyor olmasına rağmen tüm sinagogları tekrar yapmayı başaramadı.

Hâkim'in zulmü Kudüs'e yönelik ilgiyi bir kez daha artırmışa benziyordu – Kudüs, o tarihte yirmi bin kişilik nüfusuyla büyümekte olan bir hac şehriydi. Nasır, "Hristiyan ve Yahudiler, Rum diyarı ve başka topraklardan kalabalık gruplar halinde şehre gelmeye devam ettiler," demişti. Yirmi bin Müslüman her yıl Mekke'ye hacca gitmek yerine Tapınak Dağı'nda toplanıyordu. Fransa ve İtalya'dan Yahudi hacılar gelmekteydi.

Kudüs'ü Batı'da Franklar ve Doğu'da Yunanlılar için cazip hale getiren şey Hristiyan dünyasındaki değişimdi. Roma'daki Katolik papanın idaresindeki Latin Hristiyanlığı ve Konstantinopolis'teki imparator ve patriğin idaresindeki Yunan Ortodoksluğu birbirinden çok farklıydı. Mesele sadece farklı dillerde dua etmeleri ve teolojik detaylardaki önemsiz farklılıklar değildi. İkonları ve ayinleriyle Ortodoksluk daha tutkulu ve mistikti; ilk günah inancı çerçevesinde teşekkül eden Katoliklik ise insan ve Tanrı arasında çok daha büyük bir ayrım olduğuna inanıyordu. 16 Temmuz 1054'te, Ayasofya'daki bir ayin sırasında, bir Papalık elçisi Bizans patriğini aforoz edince patrik de papayı aforoz etti. Hristiyan dünyasında günümüzde de devam eden bu Büyük Hizip, Doğu ve Batı arasındaki Kudüs rekabetini daha da kızıştırdı.

Bizans İmparatoru X. Konstantin Doukas, Kilise civarında ilk gerçek Hristiyan Mahallesi'nin kurulması için para gönderdi. Kudüs'te o kadar çok Hristiyan hacı ve

---

* Bu dönemde İslam hükümdarları Yahudi vezirler görevlendirmeyi âdet haline getirmişti. Mısır'da, İranlı Karaylara mensup tacir ailesinden olan Ebu Saad el Tustari, Zahir'e onun istediği lüks şeyleri sağlamaya başlamış ve ona siyah bir köle kız satmıştı. 1036'da halifenin ölümü üzerine, Halife Müstensir'in annesi olan bu kadın Valide Sultan oldu ve Tustari de tahtın arkasındaki asıl güç haline geldi. Tustari büyük bir servet elde etti ve bir keresinde Valide'ye 130.000 dirhem değerinde gümüş bir gemi ve çadır verdi. Müslüman olmadı. Şair Rida bin Thavab şöyle yazmıştır: "Mısır halkı nasihatimi dinleyin/ Yahudi olun çünkü Cennet bile Yahudi oldu." 1048'de Tustari, Türk askerleri tarafından öldürüldü ve Kudüs Goan'ı onun için yas tuttu. Aynı tarihlerde Kudüs'ün bir hamisi de İspanya, Gırnata'daki vezirdi: "Prens" Samuel İbni Nagrillah çok yönlü bir doktor, şair, Talmut âlimi ve generaldi ve savaşta İslam ordularına komuta etmiş belki de tek Yahudi'ydi. Oğlu onun yerine geçti ama Gırnata'da 1066 yılında Yahudilere yönelik bir katliamda öldürüldü.

zanaatkâr vardı ki Nasır, Konstantinopolis imparatorunun kılık değiştirmiş halde Kudüs'te dolaştığına dair rivayetler duymuştu. Diğer taraftan pek çok Avrupalı hacı –Müslümanlar bunlara Şarlman'ın halkı manasında Frenk diyorlardı ama aslında Avrupa'nın her yanından gelmekteydiler– ve bunlar için hanlar ile manastırlar inşa eden kişiler de bulunuyordu. Haccın, baronlar arasındaki savaşlarda işlenen günahları affettirdiğine inanılıyordu ve 1001 gibi erken bir tarihte bile, Anjou Kontu ve ileride İngiltere'yi yönetecek Angevin Hanedanı'nın kurucusu Kara Foulques, bir domuz çobanıyla zina yaptığı için suçlu bulunan karısını üzerinde gelinliğiyle diri diri yaktığı için hacca gitmişti. Toplamda üç kez hacca gitti. O yüzyılın sonraki tarihlerinde, İngiltere kralı Harold'ın kardeşi, Sadist Earl Sweyn Godwinson, bakire Abbess Edwiga'ya tecavüz ettiği için yalın ayak hacca gitmek için yola çıkarken, Fatih William'ın babası, Normandiya dükü Robert, Kutsal Kabir Kilisesi'nde dua edebilmek için dukalığını terk etti. Ama üçü de yolda öldü: Ölüm her zaman hac yolculuğunun bir parçasıydı.

Saray entrikalarıyla boğuşan Fatımiler, değil Kudüs, Filistin'i bile elde tutmakta zorlanıyordu ve haydutlar her fırsatta hacılara saldırıyorlardı. Ölümler o kadar yaygındı ki Ermeniler, Müslümanların hac yolculuğuna benzer yolculukları sırasında ölenler için yeni bir mertebe –*mahdesi*– yarattılar.

1064'te Bamberg Piskoposu Arnold'ın liderliğindeki yedi bin Alman ve Flemenklerin yer aldığı zengin bir kervan şehre yaklaşırken surların hemen dışında Bedevilerin saldırısına uğradı. Bazı hacılar haydutlardan kurtarmak için altınlarını yutunca onlar da altınları almak için hacıların iç organlarını parçaladılar. Beş bin hacı öldürüldü.[20] Kutsal Şehir dört asırdır Müslümanların elinde olsa da bu saldırılar yüzünden artık Kutsal Kabir Kilisesi tehlikede görülmeye başlanmıştı.

1071'de doğudan gelen yeni bir güçlü lider olan Alp Arslan, Bizans imparatorunu Malazgirt'te yenip esir aldı.* Alp Arslan, Bağdat hilafetini hâkimiyeti altına alacak Türk atlıları Selçukluların lideriydi ve kendisine yeni bir unvan olan sultan –güç anlamına gelir– unvanı verilmişti. Kaşgar'dan modern Türkiye'ye

---

* Esir İmparator, bıyıkları çok uzun olduğu için onları omuzlarının üzerine koyan, muzaffer Alp Arslan'ın huzuruna getirildiğinde Alp Arslan sordu: "Eğer ben senin huzuruna esir olarak getirilseydim bana ne yapardın?" IV. Romanos Diogenes, "Öldürürdüm ya da Konstantinopolis sokaklarında dolaştırıp teşhir ederdim," diye cevap verdi. Alp Arslan, "Benim cezam daha ağır olacak," dedi. "Seni affedip serbest bırakıyorum." Ama Alp Arslan da fazla yaşamadı. Bir suikastçının yaklaştığını gördüğünde muhafızlarını kenara çekip bir okçu olarak hasmını indirip hünerini sergilemek istedi. Ama ayağı kaydı ve suikastçı onu bıçakladı. Ölüm döşeğinde oğlu Melik Şah'ı ikaz etti: "Öğrendiğin dersleri unutma ve kibrinin mantığına üstün gelmesine izin verme." Merv'deki kabri üzerinde şu ilginç yazı bulunmaktadır: "Ey Alp Arslan'ın semaya erişen ihtişamını görenler. Bilin ki o şimdi kara toprağın altındadır."

kadar olan bölgeyi ele geçiren Alp Arslan generali Atsız bin Abak el Harezmi'yi güneye –dehşet içerisindeki Kudüs'e doğru– gönderdi.

ATSIZ: İNSAFSIZ YAĞMA

Fatımiler döneminde iyi muamele gören Gaon ve Yahudilerin pek çoğu Kudüs'ten bir Fâtımi kalesi olan Sur'a kaçtılar. Atsız, şehrin yeni surlarının dışında ordugâhını kurdu ve dindar bir Sünni Müslüman olduğu için şehre zarar vermeyeceğini açıkladı. "Orası Tanrı'nın evidir," demişti. "Onunla savaşmam." Bunun yerine Kudüs'ü açlığa mahkûm ederek Haziran 1073'te teslim olmasını sağladı. Sonra güneye, Mısır'a yöneldi ama orada yenildi. Bunu duyan Kudüslüler cesaretlenip isyan ettiler. Hisar'daki Türkmenleri (ve Atsız'ın haremini) kuşattılar.

Atsız geri geldi ve saldırıya hazır olduğunda cariyeleri Hisar'dan gizlice çıkıp şehrin kapılarını açtılar. Atsız'ın Orta Asyalı ordusu üç bin Müslümanı, camide saklananları bile öldürdü. Sadece Tapınak Dağı'na sığınanlar canlarını kurtarabildiler. Mısır'da Atsız'ın askerlerini görmüş olan bir Yahudi şair, "talan edip öldürdüler, bütün dükkânları yağmaladılar; çok renkli kıyafetler giyen, kırmızı ve siyah miğferler takan garip ve acımasız adamlardı; mızrakları, yayları ve hep dolu olan sadakları vardı," diye anlattı. "Hasat edilen mısırları yaktılar, ağaçları kestiler, bağları atlarıyla çiğnediler, mezarları deşip kemikleri dışarı çıkardılar. İnsandan çok hayvana benziyorlardı, ayrıca zinacı ve günahkârdılar, kendilerini erkeklerle coşturuyor, kulak ve burun kesip kıyafet çalıyor ve onları çırılçıplak bırakıyorlardı."

Alp Arslan'ın imparatorluğu, ailesi ve komutanlarının kendilerine ait olan topraklara yerleşmeleriyle dağıldı. Atsız öldürüldü ve Kudüs başka bir Türk derebeyi olan Ortuk bin Aksab'ın eline geçti. Aksab hâkimiyetin onda olduğunu göstermek için şehre girdiğinde Kutsal Kabir'in kubbesine bir ok attı. Yine de beklenmedik şekilde hoşgörülü birisiydi, hatta bir Jacobite Hristiyanı vali olarak atayıp Sünni âlimleri Kudüs'e geri dönmeleri için davet etti.*

Ortuk'un oğlu Sukman ve İl Gazi Kudüs'ü miras aldı. Endülüslü bir âlim olan İbni Arabi 1093 tarihinde "birisi valiye başkaldırdı ve Davud'un Kulesi'ne yerleşti. Vali, okçuları kullanarak ona saldırmaya çalıştı" diye yazmıştı. Türkmen

---

* Fâtımi veraset mücadelesinin sonucunda Hasan el Sabbah'ın liderliğinde, İsmailiye mezhebine bağlı yeni bir kol ortaya çıktı. O ve Nizarileri İran'a kaçıp orada Alamut Kalesi'ne yerleştiler ve daha sonra da Lübnan'da da kaleler ele geçirdiler. Sabbah, Sünni düşmanlarına yönelik terör eylemleri düzenleyerek sayı azlığını telafi etmeye çalıştı. Bir asırdan uzun süre Ortadoğu'yu kasıp kavuran katillerden oluşan grup muhtemelen haşhaş içiyordu ve bu yüzden de onlara Haşhaşi denmişti. Müslümanlar ise onlara Batıni, gizli bilgiyi arayanlar, adını vermişlerdi.

askerler sokak aralarında çatışırken "kimse umursamadı. Dükkânlar kapanmadı. Hiç kimse el Aksa Camii'nden ayrılmadı; hiçbir konuşma yarım kalmadı."* Fakat Hâkim'in yaptığı korkunç şeyler, Bizans imparatorunun yenilgisi, Kudüs'ün Türkmenlerin eline geçmesi ve hacıların öldürülmesi Hristiyan dünyasını sarstı: Hac bölgesi tehlikedeydi.[21]

1098 yılında Mısır veziri güçlü bir Hristiyan Avrupa ordusunun Kutsal Topraklar'a doğru ilerlediğini duyduğu zaman şaşırıp kaldı. Onları Bizans paralı askerleri zannettiğinden onlara Selçuk İmparatorluğu'ndan bir bölge teklif etti: Hristiyanlar Suriye'yi alabilirdi; o da Filistin'i kazanmış olacaktı. Hedeflerinin Kudüs olduğunu öğrendiği zaman vezir, şehri kuşatıp Ortuk'un iki oğlu da Irak'a kaçana kadar "kırk gün boyunca kırk mancınıkla taşa tuttu." Generallerinden birini Kudüs valisi olarak atayan ve orada Arap ve Sudanlılardan bir garnizon bırakan vezir, Mısır'a geri döndü. Franklarla yapılan müzakereler 1099 yazına kadar devam etti – Hristiyan elçileri Paskalya'yı, Kutsal Kabir'de kutladılar.

Frank işgali bundan doğru bir zamana denk gelemezdi: Araplar, İmparatorluklarını Selçuklulara kaptırmışlardı. Abbasi halifelerinin ihtişamlı günleri çok gerilerde kalmıştı. İslam dünyası Türk generallerinin –emirler– elindeki ve atabeylik olarak bilinen kendi aralarında savaşan küçük beyliklere bölünmüştü. Hristiyan ordusu güneye ilerlemeye devam ederken bile bir Selçuk atabeyi Kudüs'e saldırdı ama püskürtüldü. Bu arada büyük Antakya şehri sahil boyunca ilerlemeye devam eden Frankların eline geçti. 3 Haziran 1099'da Franklar Ramla'yı alıp Kudüs'e yaklaştı. Binlerce Müslüman ve Yahudi kutsal şehrin surlarının arkasına sığındılar. 7 Haziran Salı sabahı Frank şövalyeleri, Kudüs'ün altı kilometre kuzeyindeki, Nebi (Peygamber) Samuel'in mezarına ulaştı. Batı Avrupa'dan bunca yolu gelmişlerdi ve şimdi de Kralların Kralı'nın Şehri'ndeki Montjoie'den –Neşe Dağı– aşağı bakıyorlardı. Gece çöktüğünde Kudüs çevresinde ordugâh kurdular.

---

* 1095'te Sünni filozof Ebu Hamid el Gazali suikastçılardan korunmak için Kudüs'e sığındı. "Kendimi Kubbetüs Sahra civarındaki bir yere kapattım," demişti. Altın Kapı'nın üzerindeki küçük bir odaya kapanmış ve orada *İhya'u Ulüm'id-Din* adlı eserini yazmıştı. Bu eser, felsefenin mantığını –Yunan metafiziği– dinî vahiyden ayırıp her birinin farklı bir yeri olduğunu söyleyerek Sünni İslam'ı yeniden canlandırdı. Ama nihayetinde (*Tehâfütü'l-Felâsife* [*Filozofların Tutarsızlığı*] adlı eserinde) bilimsel sebep sonuç ilişkisini ilahi vahyin lehine ortadan kaldırması Bağdat'taki Arap Altın Çağı'nın sona ermesine neden olup Arap bilim ve felsefesinin gerilemesine yardımcı oldu.

BEŞİNCİ BÖLÜM

HAÇLI SEFERLERİ

"Kutsal Kabir'e giden yola girin; o toprakları aşağı milletten temizleyin ve yine bizlere kazandırın."

Papa II. Urban, Clermont Nutku

"Kudüs bizim için dinî bir meseledir ve sadece tek kişi kalsak bile ondan vazgeçmeyiz."

Aslan Yürekli Richard, Selahaddin'e Mektup

"Kudüs sizin olduğu kadar bizimdir de – hatta bizler için daha mübarektir."

Selahaddin, Aslan Yürekli Richard'a Mektup

"Tanrı'nın ibadethanelerinden başka mirasımız var mı?
Öyleyse onun Kutsal Dağı'nı nasıl unutabiliriz?
İster Doğu'da isterse Batı'da olalım,
Semaya açıldıklarından emin olduğumuz
Kapılarla dolu olan
Başka bir yer var mıdır?"

Yehuda Halevi

"Görevimi aldığımda dedim ki,
İspanya'daki sürgünden ne zaman Siyon'a döneceğim?
Ruhum en derinlerden semaya yükseldi,
Tanrı'nın dağını göreceğim düşüncesinin verdiği sevinçle
Çünkü uzun zamandan beridir o günü hasretle bekledim."

Yehuda el Harizi

21

KATLİAM
1099

DÜK GODFREY: MUHASARA

Çorak Yahudiye tepelerinde 1099 yazının ortasıydı; Kutsal Şehir, Kudüslü Müslüman ve Yahudilerden oluşan milislerin desteklediği Mısırlı askerler tarafından savunuluyordu. Erzakları bol ve su sarnıçları doluydu, surların dışında kalan tüm kuyuları da zehirlemişlerdi. En fazla otuz bin olan şehir nüfusu Mısır vezirinin kendilerini kurtarmaya geleceğini bildiği için rahattı ve teçhizatları da iyiydi: hatta gizli bir alev makineleri de bulunuyordu – Rum Ateşi.* Kudüs'ün aşılmaz surları ardında saldırganları küçük görüyor olmalıydılar.

Surları kuşatan Frank ordusu küçüktü ve sadece bin iki yüz şövalye ile on iki bin askerden oluşuyordu. Açık alanda hafif zırhlı Arap ve Türk süvarileri, heybetli savaş atları üzerinde saldıran Frank süvarilerinin hücumları karşısında duramıyorlardı. Şövalyeler, miğfer, göğüs zırhı, zırh gömlek ve onların altına da keçe takviyeli kıyafetler giyiyorlar; gönder, kılıç, topuz ve kalkan kullanıyorlardı.

Ama kullandıkları Batı atları çoktan ölmüştü ya da aç kalan ordu tarafından yenmişti. Kudüs'ü çevreleyen tepelerde süvari taarruzu imkânsız olduğu için atlar işe yaramıyordu ve hava zırh giyilemeyecek kadar sıcaktı: Bu yorgun düşmüş Frank ordusu yaya savaşmak zorundaydı ve komutanları da sürekli birbirleriyle didişiyorlardı. Başkomutan yoktu. Aralarında önce çıkan ve içlerinde en zengin olanı Toulouse Kontu Raymond'du. Cesur ama pek sevilmeyen bir lider olup inatçılığı ve kıt zekâsı ile bilinen Raymond önce Hisar'ın tam karşısındaki batıda ordugâh kurdu ama birkaç gün sonra güneye giderek Siyon kapısını kuşattı.

* Kudüs'te 70.000 kişi olduğu söylenir ama bu tartışmasız bir abartıdır. On birinci yüzyılda Konstantinopolis'in nüfusu 600.000'di; İslam'ın en büyük şehirleri olan Bağdat ve Kahire'nin nüfusları ise 400-500.000 civarıydı; Roma, Venedik ve Floransa 30.000-40.000 arasıydı; Paris ve Londra'da ise 20.000 kişi yaşıyordu. "Rum Ateşi"ne gelince bir borudan püskürtülen Tanrı'nın ateşi daha önce Konstantinopolis'i kurtarmıştı. Şimdi ise onu kullananlar Hristiyanlar değil de Müslümanlardı.

Kudüs'ün zayıf noktası hep kuzey olmuştu: Kudüs'e hacca gelen tecrübeli bir askerin oğlu olan genç ve kabiliyetli Flandersli Kont Robert günümüzde Şam Kapısı olarak bilinen yerin karşısında ordugâh kurdu. Cesur ama beceriksiz ve lakabı "kısa bacak" olan Normandiya Dükü Robert ise (Fatih William'ın oğlu) Hirodes Kapısı'nı tuttu. Ama orduyu ayakta tutan asıl güç otuz dokuz yaşında, "tipik bir kuzeyli şövalye olan" ve dindarlığı ve dürüstlüğüyle saygı duyulan (hiç evlenmemiştir) Aşağı Lorraine Dükü Boullionlu Godfrey'di. Godfrey, Yafa Kapısı civarında mevzilendi. O sırada yirmi beş yaşındaki Norman Tancred de Hauteville, kendi prensliğini kurma hevesiyle, Beytüllahim'e saldırdı. Geri döndüğünde de şehrin kuzey batı köşesindeki Godfrey'in kuvvetlerine katıldı.

Franklar Kutsal Şehre ulaşmak için Avrupa'dan Asya'ya binlerce kilometre mesafe kat etmiş ve yolda çok sayıda asker kaybetmişlerdi. Hepsi de bu son savaşın Birinci Haçlı Seferi'nin kaderini tayin edeceğinin farkındaydı.

PAPA II. URBAN: TANRI'NIN İSTEĞİ

Haçlı Seferi tek bir adamın fikriydi. 27 Kasım 1095 tarihinde Papa II. Urban, Clermont'ta ileri gelenlere ve halka hitap edip Kudüs'ün fethedilmesini ve Kutsal Kabir Kilisesi'nin kurtarılmasını istedi. Urban böylece Katolik Kilisesi'nin gücünü ve itibarını geri kazanacağına inanıyordu. Hristiyanlığa ve Papalığa yeni bir ivme kazandırabilmek için kâfirlerin ortadan kaldırılmasının günahlara kefaret olacağını ilan etti. Bu şekilde Hristiyanlıkta da Müslümanların cihat görüşünün bir benzerini tesis etmiş oluyordu ama o bunu Papalığın Kudüs'e gösterdiği hürmeti bahane ederek meşrulaştırmıştı. Dinî coşkunun ve ilahi alametlerin çağında İsa'nın şehri olan Kudüs hem kutsal hem de semavi bir yer olarak görüldüğü gibi her Hristiyan tarafından biliniyor ve her ayinde, her hacı hikâyesinde, her resim ve kutsal emanette adı geçiyordu. Fakat Urban, hacıların katledilmesi ve Türkmenlerin vahşetinden bahsederek Kutsal Kabir hakkında artan güvenlik endişelerini de ustalıkla sömürdü.

En alt seviyeden en üst seviyeye kadar binlerce insanın Urban'ın çağrısına cevap vermesi için çok uygun bir dönemdi: Kudüslü tarihçi Surlu William, dönemi, "milletler arasında şiddet hüküm sürmekte, sahtekârlık, ihanet ve yalan alıp yürümüş, kimsede erdem kalmamış, her türden zina aleni yapılır olmuş, herkes sefahat, ayyaşlık ve kumara batmış" diye tarif eder. Haçlı Seferleri şahsi macera fırsatı, binlerce baş belası şövalye ve askerden kurtulma ve evden uzaklaşma imkânı sunuyordu. Fakat Hollywood filmleri tarafından ve 2003 Irak Savaşı felaketinin ardından, Haçlı Seferleri'nin sadece farklı sadist grupların zengin olma hayallerinin bir ürünü olduğu algısı yanlıştır. Bazı prensler yeni krallıklar elde edip birkaç şövalye de başarılı bir kariyere imza atmış olsalar da bu idealist, riskli ama dinî macerada binlercesi hayatını ve servetini kaybetti. Bu ruh halini modern bir insanın idrak edebilmesi güçtür: Hristiyanlara işledikleri tüm günahların bağışlanması fırsatı sunulmuştu. Kısacası bu savaşçı hacıların en büyük amacı savaş alanlarında günahlarından kurtulmaya çalışmaktı.

Clermont'taki kalabalık Papa'ya cevap verdi: *Deus le volt*! Tanrı'nın isteği! Touluoselu Raymond ilk yola düşenlerden biriydi. Bazıları prenslerin komutasındaki düzenli birlikler, bazıları maceracıların önderliğindeki serseri sürüsü ve bazıları da mübarek keşişlerin önderliğindeki dindar fanatikler olan seksen bin kişi yola çıktı. Avrupa üzerinden Konstantinopolis'e doğru ilerlerken İsa'yı öldürmelerinin intikamını almak için denk geldikleri Yahudileri ya öldürdüler ya da zorla dinlerini değiştirdiler.

Bu Latin serserilerden ürken Bizans İmparatoru Alexios onları hoş karşıladı – ve bir an önce Kudüs'e doğru devam etmelerini sağladı. Anadolu'ya girdiklerinde köylülerden oluşan yığınlar Türkler tarafından imha edildi ama Haçlıların teşkilatlı, düzenli ve tecrübeli şövalyelerden oluşan ana kuvveti Selçukluları yendi. Bu teşebbüs inancın, tecrübe ve mantığa karşı kazandığı bir zaferdi: En başından itibaren ve Kudüs'e yaklaştıkça artan şekilde bu sefere askerî taktiklerden ziyade ilahi tasavvurlar, melek ziyaretleri ve mukaddes işaretlerin keşfi yol göstermişti. Avrupalıların şansına saldırdıkları bölge birbirleriyle savaşan ve kendi rekabetlerini İslam birliğinin üzerinde gören halifeler, sultanlar ile Türk ve Arap emirler arasında bölünmüştü.

Haçlıların ilk gerçek başarısı Antakya'nın ele geçirilmesiydi ama daha sonra ele geçirdikleri bu şehirde kuşatıldılar. Açlıkla karşı karşıya kalan Haçlılar neredeyse seferi orada sonlandıracaktı. Antakya krizinin zirveye eriştiği sırada Kont Raymond'un askerlerinden biri olan Peter Bartholomev rüyasında bir kilisesinin altında duran Mukaddes Mızrağı gördü: Gördüğü yeri kazdılar ve beklendiği şekilde mızrağı buldular. Bu keşif moralleri yükseltti. Bartholomev sahtekârlıkla suçlandığında, kendisi ateş üzerinde yürümeye zorlandı. Üç metrelik mesafeyi kızgın demirler üzerinde yürüyüp sağ kalmayı başardığı gibi iddia edildiği üzere de hiç etkilenmedi. Ama on iki gün sonra öldü.

Haçlılar, Antakya'dan sağ çıkmayı başardı ve güneye doğru ilerlerken Trablusşam, Kayserya ve Akka'daki Türk ve Fâtımi emirler onlarla anlaşma yaptılar. Fatımiler Yafa'yı boşalttı ve Haçlılar da sahilden içeri yönelip Kudüs'e doğru gitmeye başladılar. Birlikler surlar çevresinde yerleşirken Zeytin Dağı'ndaki bir münzeviye malum oldu ve Hristiyan komutanlara derhal saldırmalarını söyledi. 13 Haziran'da surlara hücum etmeyi denediler ama ağır zayiat verip geri püskürtüldüler. Prensler başarılı olabilmek için daha titiz bir planlama ile daha fazla merdiven, mancınık ve kuşatma silahına ihtiyaçları olduğunu anladılar ama bu silahları yapmaya yetecek kadar odun yoktu. Lakin şansları yaver gitti. Ayın 17'sinde Cenevizli denizciler Yafa Limanı'na demirledi ve gemilerinden söküp Kudüs'e taşıdıkları kerestelerle mancınık taşıyan tekerlekli kuşatma silahları yapıldı.

Prensler çoktan ganimet konusunda didişmeye başlamışlardı bile. İçlerinde en mahir olanları kendi prensliklerini kaptılar: Tarantolu Bohemond, Antakya'yı alırken; Godfrey'in dinamik kardeşi Baudouin'e de, Fırat kıyısındaki Urfa kaldı. Açgözlü Tancred, Beytüllahim'in kendisine bırakılmasını istedi ama İsa'nın doğduğu bu yere Kilise el koydu. Sıcak dayanılır gibi değildi, rüzgâr sıcak esiyordu, su kıttı, asker sayısı azdı, moral düşüktü ve Mısırlılar yaklaşıyordu. Kaybedecek zaman yoktu.

Günü kurtaran ilahi bir mesaj oldu. 6 Temmuz'da bir rahip, Antakya'da ölmüş muhterem bir rahip olan Adhemar Le Puy'un kendisini ziyaret ettiğini (sadece bir kez de değil) söyledi. Bu durum Franklara moral verdi ve Yeşu'nun Eriha'da yaptığı gibi, surların önünde bir geçit töreni düzenlediler. Ordu üç gün oruç tuttu ve 8 Temmuz'da, kutsal emanetleri taşıyan rahiplerin önderliğinde, yalınayak, Kudüslülerin kendileriyle alay edip onlara hakaret yağdırdığı Kudüs surlarının etrafında, "borazanlar, sancaklar ve silahlarla" yürüdüler. Yeşu resmigeçidi tamamlandı, Zeytin Dağı'nda toplandıklarında vaizleri onlara hitap etti ve liderlerini uzlaştırdı. Merdivenler, kuşatma araçları, mancınıklar, taşlar, oklar, batma demetleri – her şey hazır olmak zorundaydı ve herkes gece gündüz çalıştı. Kadınlar ve ihtiyarlar kuşatma silahları için derileri birbirine dikerek yardımcı oldular. Sonuç belliydi: Kutsal Şehir'in surlarında ya ölecek ya da zafer kazanacaklardı.

TANCRED: TAPINAK DAĞI'NDA KATLİAM

13 Temmuz gecesi Haçlılar hazırdı. Rahipleri büyük bir azim ve coşkuyla onlara hitap ettiler. Mancınıkları surlara taş ve büyük oklar yağdırdı. Müdafilerin atılan taşların etkisini azaltmak için pamuk ve saman çuvalları sarkıttıkları surlar çamaşır iplerine benzedi. Müslümanlar da kendi mancınıklarıyla ateş etti. Hristiyanlar aralarında bir casus bulduklarında onu canlı olarak mancınıkla surlara fırlattılar.

Haçlılar bütün gece hendeği batma demetleriyle doldurmak için çalıştı. Üç kuşatma aracı parçalar halinde surların yakınına taşındı ve daha sonra birleştirildiler – biri Siyon Dağı'ndaki Raymond için ve diğer ikisi de kuzeye. Raymond kuşatma aracını surlara ilk yanaştıran oldu ama güney bölümünü koruyan Mısır valisi azimli bir müdafaa sergiledi. Son anda Boullionlu Godfrey savunmadaki en zayıf noktayı tespit etti (günümüzde Hirodes Kapısı'nın doğusu, Rockefeller

Müzesi'nin karşısı). Normandiya Dükü ve Flanders Kontu, Tancred'le birlikte kuvvetlerini hızla kuzeydoğu köşesine kaydırdılar. Godfrey ideal noktaya doğru götürülen harp kulesine tırmandı: taraflar birbirlerine ok ve taş yağdırırken o da elinde bir arbalet olduğu halde harp kulesinin üzerinde ortaya çıktı.

Güneş doğarken prensler müşterek hareket edebilmek için Zeytin Dağı'nın üzerinde aynalarla işaretleştiler. Aynı anda Raymond güneyden ve Normanlar kuzeyden saldırdı. Ayın 15'i Cuma günü saldırılarını yenilediler. Godfrey harap haldeki ahşap harp kulesine çıkıp surlara ok atarken müdafiler de Rum Ateşi'yle karşılık verdiler – ama bu, Frankları durdurmaya yetmedi.

Gün ortasında Godfrey'in kulesi nihayet surlara vardı. Franklar karşı tarafa geçmek için surların üzerine kalaslar attılar ve iki kardeş peşlerinde Godfrey'le birlikte şehre girdi. Merhum Piskopos Adhemar'ın da kendileriyle birlikte savaştığını gördüklerini iddia ettiler. "Çoğu onun surlara ilk tırmanan olduğuna şahitlik etti!" Ölü piskopos onlara Sütun Kapısı'nı (Şam Kapısı) açmalarını emretmişti. Tancred ve emrindeki Normanlar dar sokaklara dağıldılar. Güneyde, Siyon Dağı'nda, Toulouse Kontu yaygarayı duymuştu. Raymond, askerlerini, "Ne diye oyalanıyorsunuz," diye azarladı. "Franklar şehre girdiler bile!" Raymond'un askerleri de şehre girdi ve vali ile garnizonu Hisar'a kadar takip etti. Vali garnizonunun hayatının bağışlanması karşılığında Raymond'a teslim olmayı kabul etti. Tancred ve askerleri tarafından takip edilen sivil ve askerler ise Tapınak Dağı'na kaçtı. Kudüslüler Tapınak Dağı'nın kapılarını kapattı ve mücadeleye devam ettiler ama Tancred'in askerleri çaresiz insanlarla dolu olan kutsal avluya girdi.

Oradaki çatışma saatlerce sürdü; Franklar karşılarına çıkan herkesi öldürdüler. Sadece kafa değil kurbanlarının el ve ayaklarını da kestiler ve her yanı kâfir kanına buladıkları için övündüler. Düşen bir şehirde katliam yaşanması alışılmadık bir durum olmasa da bunu yapan kişilerin kendileriyle bu derece övünmeleri gerçekten de nadir bir durumdu. Görgü şahitlerinden biri olan Toulouse Kontu'nun vaizi Aguilersli Raymond manzarayı şöyle tarif etti: "Görülmeye değer bir manzaraydı. Askerlerimiz düşmanlarının kafasını kesti, diğerlerini oklarla vurup surlardan düşürdüler ve bazılarına da ateşe atarak eziyet ettiler. Sokaklarda kesik kafalardan, ellerden ve ayaklardan yığınlar oluştu. Yürürken insan ve at cesetlerinin üzerinden geçmeniz gerekiyordu."

Bebekler annelerinden alınıp kafaları duvarlara vurularak ezildi. Bu vahşet sürerken "Müslümanlar, Araplar ve Habeşiler" –Fâtımi ordusundaki siyahi askerleri kastediyordu–Kubbetüs Sahra ve el Aksa'nın damına sığındılar. Ama şövalyeler Kubbetüs Sahra'ya doğru giderlerken kalabalık avluyu ortadan yararak kendilerine yol açıp "Tapınak'ta (Süleyman Tapınağı, Haçlılar el Aksa'ya öyle diyordu) kan, atlarının dizginlerine yükselene dek öldürmeye devam ettiler. Böylece bu mekânın kâfirlerin kanıyla dolmasını dileyen Tanrı'nın adil ve müthiş hükmü yerine getirilmiş oldu."

Aralarında pek çok Müslüman din adamı ve Sufi sofunun da olduğu on bin Müslüman, Tapınak Dağı'nda öldürüldü, bunlara el Aksa'da öldürülen üç bin kişi de dâhildi. Vakanüvis Chartresli Fulcher, "Gladyatörlerimiz el Aksa'nın üzerindeki Müslümanları okla vurmaya başladılar. Daha ne anlatayım? Ne çocuk ne kadın hiç biri sağ bırakılmadı," diye yazmıştı. Fakat Tancred, el Aksa'nın çatısında kalan son üç yüz kişiye, korunduklarını gösteren, sancağını gönderdi. Katliamı durdurdu, bazı değerli esirleri alıp onlardan Tapınak Dağı'ndaki hazineleri göstermelerini istedi. Daha sonra oradaki sunaklarda asılı olan büyük altın fenerleri yağmaladı. Yahudiler sinagoglarına sığındı ama Haçlılar sinagoglarını ateşe verdi. Yahudiler, sanki İsa'nın adına adanan kurbanlar gibi, diri diri yakıldılar. Boullionlu Godfrey kılıcını çıkardı ve maiyetiyle birlikte şehirde dolaşıp dua etti ve daha sonra Kutsal Kabir'e gitti.

Ertesi sabah, Tancred'i hiçe sayan Raymond'un askerleri el Aksa'nın çatısına tırmandı ve orada bekleşen erkek ve kadınların tümünün kafasını kesti. Bazı Müslümanlar kendini aşağı attı. İran, Şiraz'dan gelmiş olan saygıdeğer bir kadın âlim diğer kadınlarla birlikte Kubbetüs Silsile'ye sığınmıştı – onları da öldürdüler. Kurbanların uzuvlarını kesmekten, sanki ibadet eder gibi, farklı bir haz alıyorlardı. "Her yer insan cesetleri, kesik başlar ve uzuvlarla kaplıydı." Gözünü kan bürümüş, tepeden tırnağa kana bulanmış ve gören herkesin kanını donduran" Haçlıların görüntüleri ise bu manzaradan bile daha dehşet vericiydi. Her tarafı arayıp bulduklarını "koyun gibi doğramaya" devam ettiler.

Her Haçlıya kendi silahı ve kalkanıyla işaretlediği eve sahip olma sözü verildi: "Bu yüzden hacılar şehri dikkatle aradılar ve şehrin sakinlerini, kadınlar ve çocuklarla birlikte tüm aileleri öldürdüler, girdikleri evlerde yaşayanların çoğunu yüksek pencerelerden aşağı attılar."*

Ayın 17'sinde hacılar (caniler kendilerine böyle diyorlardı) nihayet öldürmekten bıktılar ve "dinlenip yemek yiyerek kendilerini toparladılar." Prens ve rahipler Kutsal Kabir Kilisesi'ne gidip ilahiler söylediler, neşeyle el çırptılar, sunakları

---

* Savaş kurallarına göre zorlu kuşatmaların ardından kimseye acınmazdı ama Frank görgü şahitleri daha da ileri giderek yaptıkları katliamı övüp kimsenin sağ bırakılmadığını anlatmışlardır. Ama bazı tabirleri doğruca Vahiy Kitabı'ndan alınmadır. Rakam belirtmezler. Daha sonra Müslüman tarihçiler yetmiş bin hatta yüz bin kişinin öldürüldüğünü iddia ettiler ama son çalışmalar katliamın daha az ölçekli, 10.000 kişi civarında olduğunu göstermiştir – ileride Akka ve Urfa'da öldürülecek Müslümanlardan daha azdır. Kısa süre önceye kadar Kudüs'te yaşamış olan ve 1099 tarihinde Mısır'da bulunan İbni el Arab, el Aksa'da üç bin kişinin öldürüldüğünü söylemektedir. Yahudilerin de tümü öldürülmedi. Mutlaka hayatta kalan Yahudi ve Müslümanlar vardı. Sıra dışı şekilde Haçlı tarihçileri, propaganda amaçlı olarak ve dinî nedenlerle, işledikleri suçun boyutlarını fazlasıyla abartmışlardır. İşte bu, böyle bir kutsal savaştı.

sevinç gözyaşlarıyla yıkadılar ve daha sonra Tanrı'nın Tapınağı (Kubbetüs Sahra) ile Süleyman Tapınağı'na gittiler. Sokakları örten ceset parçaları yaz sıcağıyla kokmaya başladı. Prensler hayatta kalan Yahudi ve Müslümanlara bu parçaları toplatıp büyük ateşlerde yaktırdılar, daha sonra onları da muhtemelen kendi yaktıkları ateşe atarak öldürdüler. Ölen Haçlılar, Mamilla'daki Aslan Mezarlığı'na ya da Mahşer'de dirilmeye hazır olmaları için Altın Kapı'nın dışındaki, önceden Müslüman kabristanı olan kutsal toprağa gömüldüler.

Kudüs'te o kadar çok kıymetli hazine, "mücevher, elbise, altın, gümüş" ve değerli esir vardı ki Frankların düzenlediği müzayede iki gün sürdü. Bazı saygıdeğer Müslümanları fidye istemek için alıkoydular: Şafi âlimi Şeyh Abdüsselam el Ensari için bin dinar fidye istendi ama ödeyen çıkmayınca öldürüldü. Hayatta kalan Yahudiler ve üç yüz İbranice kitap (bir bölümü günümüze kadar ulaşan Halep Belgeleri de bunların arasındaydı) Mısır Yahudilerine fidye karşılığı verildi. Esirlerin fidye karşılığında salıverilmesi Kudüs Krallığı'nın en kârlı iş kolu haline gelmişti. Diğer taraftan insan parçalarının tümünü toplamak mümkün olmadığından Kudüs uzun zaman –altı ay sonra Chartresli Fulcher geri döndüğünde bile– leş gibi kokmaya devam etti: "Surların hem içinde hem de dışında öldürülen ve oldukları yerde bırakılan Müslümanların cesetlerinden dayanılmaz bir koku yükseliyor." Kudüs henüz güvenli bir yer değildi: Mısır ordusu yaklaşıyordu. Haçlıların acilen bir başkomutana ihtiyaçları vardı – ilk Kudüs kralına.

GODFREY: KUTSAL KABİR'İN HAMİSİ

Asiller ve ruhbanlar tahta layık biri kişi bulabilmek için gereken tahkikatı yaptılar. İstemeden de olsa tahtı, pek sevilmeyen Raymond'a vermeleri gerektiğini düşünüyorlardı. Raymond minnettar bir şekilde bu teklifi geri çevirdi ve İsa'nın şehrinin kralı olamayacağını ifade etti. Ardından bu unvanı gerçekten hak eden birine, Dük Godfrey'e teklif ettiler ve o da yeni unvanını kabul etti: Kutsal Kabir'in Hamisi.

Bunu duyan Raymond üçkâğıda getirildiğini anlayınca köpürdü ve piskoposlar kendisini ikna edinceye dek Davud Kulesi'ni teslim etmeyi reddetti. Savaş kazanma konusunda becerikli olsalar da bu savaşçı hacılar İsa'nın kendisinin yönetmesi beklenen bir şehri idare edecek ahlaki değerlere sahip değildiler. Norman Vaiz Arnulf'u patrik olarak seçtiler ama o çok geçmeden bir Arap kadınla zina yapıp çocuk sahibi olma suçlamasına karşı kendisini savunmak zorunda kaldı.

Arnulf kiliselere çanlarını iade etti (Müslümanlar kiliselerin çan çalmasını yasaklamıştı). Burası Latin, Katolik bir Kudüs olacaktı. Bölünmenin ne kadar büyük olduğu şimdi ortaya çıkıyordu: Arnulf, Yunan patrik ve ruhban sınıfını kovarak Kutsal Kabir'de Latin rahipleri görevlendirdi. Ardından ziyaretçileri günümüzde bile rahatsız edip güldüren Hristiyan mezhepleri arasında süregelecek bir çatışma başlattı. Üstelik Arnulf, Gerçek Haç'ın yerini bulamamış ve Ortodoks rahipler de ona yerini göstermeyi reddetmişti. Patrik onlara işkence etti; Tanrı'nın Kuzusu'nun Hayat Bahşeden Ağacı'nın yerini öğrenmek için bir Hristiyan diğer bir Hristiyana işkence ediyordu. Sonunda pes ettiler.

Hami Godfrey 12 Ağustos'ta Kudüs'ü neredeyse tümüyle savunmasız bırakarak tüm Haçlı ordusuyla Aşkelon'a yürüdü ve orada Mısırlıları bozguna uğrattı. Aşkelon, Raymond'a teslim olmayı teklif ettiğinde Godfrey sadece kendisine teslim olabileceklerini söyleyerek reddetti: Aşkelon kaybedildi –Kudüs liderleri arasındaki iç çatışmaların yol açacağı kayıplardan ilki. Ama Kudüs güvendeydi –boş olsa bile.

Normandiya dükü, Flanders kontu ve çoğu Haçlı evlerine dönmeye başlayıp Godfrey'i üç yüz şövalye, iki bin piyade ve içinde bir mahalleyi dolduracak kadar bile insan olmayan harap bir şehirle bıraktılar. Toulouselu Raymond küskünlüğüne bir son verip Lübnan sahiline yöneldi ve orada Trablusşam kontu olarak kendi hanedanını kurdu. Dört Haçlı devleti kurulmuştu – Antakya Prensliği, Urfa ve Trablusşam Kontlukları ve Kudüs Krallığı. Birbiriyle bağlantısı olmayan toprak parçalarından oluşan bu bölge, "Deniz Aşırı Ülke" olarak bilinecekti.

Yine de –Bağdat'taki Sünni ve Kahire'deki Şii zayıf halifeler arasında bölünmüş olan – İslam dünyasının tepkisi şaşırtıcı derecede cılızdı. Sadece birkaç vaiz cihat çağrısı yaptı ve kendi aralarında savaşmakla meşgul olan güçlü Türk emirlerden de kayda değer bir cevap gelmedi.

21 Aralık'ta Godfrey'in kardeşi ve Urfa Kontu olan Baudouin ile sarı saçlı Antakya Prensi Bohemond yılbaşını geçirmek için Kudüs'e geldiler. Fakat Godfrey kendisini kilise karşısında savunmak zorunda kaldı. Papanın temsilcisi, durmadan sızlanan bir Pisalı olan Daimbert, günahkâr Arnulf'un yerine patrik olarak atanmıştı. Daimbert kendi idaresindeki bir teokrasi kurma hevesiyle Godfrey'i şehri ve Yafa'yı kiliseye teslim etmeye zorladı. Haziran 1100'de Godfrey, Yafa'da hastalandı – muhtemelen tifoydu. Kudüs'e getirildi ve 18 Temmuz'da öldükten beş gün sonra, tüm halefleri gibi, Kutsal Kabir Kilisesi'ndeki Calvary'nin* dibine gömüldü.[1]

Daimbert şehrin kontrolünü ele geçirdi ama Godfrey'in şövalyeleri Hisar'ı teslim etmeyi reddedip onun yerine son haminin kardeşi Baudouin'i çağırdılar. Urfa Kontu, Kuzey Suriye'yi savunmak için savaşıyordu ve bu mesaj Ağustos sonuna kadar ona ulaşmadı. 2 Ekim'de, Baudouin iki yüz şövalye ve yedi yüz askerle yola çıktı ve sürekli Müslüman saldırılarına uğradığı yol buyunca Kudüs'e kadar savaşarak ilerlemek zorunda kaldı. 9 Kasım'da elindeki kuvvetin yarısından çoğunu kaybetmiş halde Kutsal Şehir'e girdi.

---

* Golgotha olarak da bilinen, İsa'nın çarmıha gerildiği yer. (yay. n.)

22

DENİZ AŞIRI ÜLKENİN YÜKSELİŞİ

1100-1131

BÜYÜK BAUDOUIN: İLK KRAL

İki gün sonra Baudouin kral ilan edildi ve Daimbert de onun tahta çıkışını kabul etmek zorunda kaldı. Baudouin'in tahta çıkmasıyla Mısır'a saldırması bir oldu. Döndüğünde İsa'nın Doğumu Kilisesi'nde Patrik Daimbert tarafından kendisine "Kudüs Latin Kralı" olarak taç giydirildi.

İlk Kudüs kralı, kardeşi kadar iyi niyetli olmasa da ondan çok daha kabiliyetliydi. Baudouin şahin burunlu, açık renk tenli, siyah sakallı, üst dudağı belirgin ve çenesi hafif içe çökük bir adamdı. Küçükken kutsal emirleri öğrenmiş, edindiği ruhani havayı hiç kaybetmemiş ve her daim bir ruhban pelerini giymişti. Siyasi nedenlerden dolayı evlendi ve çıkarlarına uygun olduğundan aynı anda iki eş aldı, çocuğu olmadı ve hiçbir evliliği iyi gitmedi. Fakat "boş yere nefsinin şehvani heveslerine karşı mücadele edip sonunda kendisini hiç kimseyi gücendirmeyecek bu arzularına teslim etti." Bazıları onun eşcinsel olduğunu iddia etse de cinsel tercihi bir sır olarak kalmaya devam etti.

Onun asıl tutkusu ve öncelikli vazifesi savaştı. Vaizi ona "halkın silahı ve düşmanlarının korkusu" derdi. Neredeyse insanüstü bir enerjiye sahip bu kurnaz savaşçı Mısırlılarla Ramallah dışında sürekli olarak savaşarak krallığını genişletip güvence altına aldı. Onu bir kez yendiler ama at üzerinde sahildeki Gazala'ya kaçmayı başarıp oradan geçen bir İngiliz korsanın gemisine bindi. O gemiyle Yafa'ya gidip şövalyelerini topladı ve Mısırlıları tekrar yendi. Elindeki asker sayısı, muhtemelen 1000 şövalye ve 5000 piyade, çok az olduğu için Türkopol olarak bilinen (bazıları da muhtemelen Müslümandı) paralı askerleri ordusuna kattı. Esnek bir diplomat olarak bölgedeki Müslüman derebeylerin arasındaki düşmanlıklardan istifade etti ve Filistin kıyısındaki Kayserya, Akka ve Beyrut'u ele geçirmek için Ceneviz, Venedik ve İngiliz filolarıyla ittifak yaptı.

Kudüs'te Baudouin aşırı güçlenen Daimbert'i patriklikten alaşağı etmeyi başararak otoritesine yönelik en büyük tehdidi ortadan kaldırdı. Haçlılar, Kudüs halkını kılıçtan geçirse de neyse ki Kudüs'ün mukaddes mekânlarına –muhtemelen İncil'de zikredilen eserler olduklarını düşündükleri için– el sürmediler. Baudouin, Hristiyanların uzun zamandan beridir Davud Kulesi dedikleri Hisarı tahkim etti ve orayı hazine, hapishane ve garnizon olarak kullandı. Haçlı kemerlerini bugün hâlâ görmek mümkündür. 1110 ve 1113 yıllarında Mısır saldırıları şehri tehdit ettiğinde Davud Kulesi'nde çalan borazanlar halkı silah başına çağırdı. 1104 tarihinde Baudouin, el Aksa Camii'ni kendi sarayı yaptı.

Çoğu Haçlı, Kubbetüs Sahra ve el Aksa'nın, Kral Süleyman ya da en azından Büyük Konstantin tarafından yapıldığını zannediyor olsa da bazıları o binaların Müslümanlar tarafından yapıldığını bilmekteydiler. Kubbetüs Sahra'nın üzerine bir haç yerleştirildi ve ismi de Templum Domini, Tanrı'nın Tapınağı, olarak değiştirildi. Kudüs'ü fetheden herkes gibi Franklar da kendi anıtlarını dikmek için diğer milletlerin ustalarını kullandılar. Baudouin, Kutsal Kabir'i onarmak için Aksa'nın çatısındaki kurşunları söktürdü.

1110 tarihinde Norveç'in genç kralı Sigurd, Akdeniz boyunca savaşarak ve kâfirleri öldürerek gelip altmış gemilik filosuyla Akka'ya çıktı. Baudouin ziyarete gelen ilk kral olan Sigurd'a, İskandinavların *Jorsalaborg* dediği, halı ve palmiye dallarıyla örtülü yol boyunca refakat etti. Baudouin, Sigurd'a eğer Sidon'a (Sayra) düzenleyeceği taarruza filosuyla destek verirse kendisine gerçek Haç'tan bir kıymık vermeyi teklif etti. Sidon düştü – ve Norveçliler kışı Kudüs'te geçirdiler.

Baudouin, Şam ve Musul atabeylerinin saldırılarını püskürttü: bu savaşın sonunun hiç gelmediği bir yaşam tarzıydı ve kralın karakterine de çok uyuyordu. Haçlı Seferleri'nin başında Ermeni bir idarecinin kızı olan Arda'yla evlenmiş ve tesis ettiği ittifak sayesinde Urfa'yı da kendi ülkesine katmıştı. Fakat Arda, Kudüs'teki yaşam tarzı için biraz aşırı kaçıyordu. Baudouin haysiyetsiz bir davranış sergileyerek onun Antakya yolunda Arap korsanları baştan çıkardığını (ya da onlar tarafından tecavüze uğradığını) iddia edip onu Tapınak Dağı'nın kuzeyindeki Azize Anne Manastırı'na yerleştirdi. Daha sonra Konstantinopolis'e gönderildi ve orada yaptıkları da suçlamalardan ikincisinin değil de ilkinin doğru olmasının çok daha yüksek ihtimal olduğunu gösterdi.

Baudouin, Norman Sicilya Kontu'nun dul eşi zengin Adelaide'yle kârlı bir evlilik yaptı.* Baudouin eğer bu evlilikten bir çocuk olmazsa (ki bu muhtemeldi

* Adelaide, Güney İtalya ve Sicilya'da kendi imparatorluğunu kuran Robert Guiscard'ın önderliğindeki başarılı Norman kardeşlerden biri olan, Roger de Hauteville'in üçüncü karısıydı. Sicilya kontu olan Roger, Sicilya'dan Kuzey Afrika'ya uzanan kozmopolit bir İmparatorluk yaratmıştı: Haçlılar Müslümanları

çünkü Baudouin'in çocuğu yoktu ve kadın da artık genç değildi) Adelaide'nin oğlu Sicilya Kralı II. Rugerro'nun Kudüs kralı olmasını da kabul etti. Korsanlar Adelaide'nin filosuna saldırdı ama o sağ salim Akka'ya vardı. Norman Sicilyası'nın zenginliğini her biri beş yüz asker taşıyan, Kleopatra tarzı iki *trireme* ve yedi gemi dolusu mücevher ve altınla sergiledi. Kendi triremesinin direkleri, pruvası ve kıçı yaldızlıydı ve gemi Müslüman okçular tarafından korunuyordu. Deniz Aşırı Ülke daha önce böyle bir gösteriye şahit olmamıştı. Sokaklar halılarla kaplanıp sancaklarla donatıldı ve Baudouin bu yaşı geçmiş Kleopatra'ya Kudüs ahalisinin tezahüratları arasında eşlik etti. Ama bu kibrinin rahatsız edici, cazibesinin yetersiz ve servetinin de zannedildiğinden çabuk tükendiği görüldü. Ona fazla sıradan gelen Kudüs'ü hiç sevemedi ve Palermo'nun konforunu özledi. Baudouin ağır bir hastalığa yakalanınca iki eşliliği onu rahatsız etmeye başladı ve kraliçeyi Sicilya'ya geri gönderdi. Baudouin, Adelaide'den ayrıldığını açıkladığında oğlu II. Rugerro'nun yerine geçmesine dair verdiği sözü de bozmuş oldu. Bu yüzden "Kudüs'ten ve onun halkından nefret etti."

Bu arada kral, Kudüs'ün boşluğuna da bir çare buldu. 1115 tarihinde Ürdün'e saldırdı, orada kaleler inşa etti ama aynı zamanda denk geldiği, günümüzde Kudüs'te yaşayan Hristiyanların ataları olan, fakir Suriyeli ve Ermeni Hristiyanları da Kudüs'e yerleşmeleri için davet etti.

Kudüs Hristiyanları stratejik bir ikilem ile karşı karşıya kalmıştı: Kuzeyde Irak ya da Suriye'ye doğru mu, yoksa güneyde Mısır'daki halifenin topraklarına doğru mu yayılmaları gerekirdi? Baudouin ve halefleri krallığı güvence altına alabilmek için bu bölgelerden birini ele geçirmeleri gerektiğini biliyorlardı. Stratejik kâbusları, Suriye ve Mısır'ın birleşmesiydi. O yüzden 1118 yılında Baudouin, Mısır'a saldırdı ama Nil'de balık tutmak için durduğu sırada yine hastalandı. Bir sedyede taşınırken, Bardawil lagününe adının verildiği yer olan el Ariş sınır kasabasında hayatını kaybetti. Baudouin bir Levanten kralı haline gelmiş yetenekli bir maceracıydı ve öldüğünde şaşırtıcı şekilde "Franklar, Suriyeliler ve hatta Müslümanlar bile" üzülmüştü.

Paskalyadan önceki pazar günü, kuzeyden gelecek Urfa kontunu karşılamak için toplanmış olan Kudüslüler sakin şekilde ellerinde palmiye dallarıyla Kidron

---

öldürürken Roger hoşgörülü davranmış, bir Müslüman ordusuna komuta etmiş, Arabesk saraylarda oturmuş ve Arap vezirler görevlendirmişti. Baş vezirine Amirlerin Amiri (ya da Amiratus) deniyordu ve genelde filosuna komuta ederdi: "Amiral kelimesi buradan türemiştir." (Roger'ın Haçlı seferlerine temkinli yaklaşmasına şaşmamak gerek –gerçi Antakya prensi Bohemond ve Celile prensi genç Tancred de Hauteville sülalesindendi). Öldüğünde dul kalan İtalyan karısı saltanat vekili olup yetiştirdiği oğlu II. Roger'ı başarılı bir kral olarak Sicilya Krallığı'nı zirvesine taşıdı. II. Roger Arap, Norman ve Yunan kültürünün birleşiminin ve bilim, deniz gücü ve Akdeniz ticaretinin nimetlerinden istifade etti.

Vadisi'nde yürüdüler. Ama daha sonra güneyden yaklaşan ve Yahudiye tepeleri arasından geçen matem tutan ordusunun refakatindeki krallarının naaşını gördüler.[2]

II. (KÜÇÜK) BAUDOUIN

Baudouin'in naaşı kiliseye getirildiğinde baronlar tahta çıkacak adayları değerlendirdiler. Ama bir grup doğrudan Urfa kontunu seçip Kudüs'e el koydu. Bu seçim krallığın hayrına olacaktı. Uzun boylu selefinden farklı olarak "Küçük" diye de bilinen, ölen kralın kuzeni olan II. Baudouin, on sekiz yıllık sürekli savaş döneminde Urfa'yı yönetmiş ve hatta Türkler tarafından yakalandıktan sonra dört yıl hapiste hayatta kalmıştı. Göğsüne inen uzun bir sakalı ve sarı saçlarıyla yakışıklı bir adamdı, Ermeni Krallığı'nın bir vârisi olan Morphialı Melitene'le evlenmiş, dört kız çocukları olmuştu ve o kadar dindardı ki dizleri dua etmekten aşınmıştı. Baudouin, selefinden bile daha belirgin şekilde, bir Frank kralı olduğu kadar aynı zamanda da bir Levanten kralıydı: kendisini Ortadoğu'da evinde hisseder, cübbe giyer, yastığın üzerine bağdaş kurup otururdu. Müslümanlar onu "tecrübeli, zeki ve krallık yeteneğine haiz" biri olarak görürlerdi – bu, bir kâfir için büyük bir mertebeydi.

Küçük Baudouin, Süleyman Tapınağı'nı yeni bir askerî tarikat olan "Tanrı'dan korkan" şövalyelere tahsis etti, bu şövalyeler "fakir, dürüst ve itaatkâr bir hayat süreceklerdi" ve isimlerini de yeni evlerinden almışlardı. Tapınak Şövalyeleri, Yafa'dan gelen hac yolunu koruyan dokuz muhafız olarak başladılar ama Papa'nın izniyle kırmızı haçlı kıyafetler giyen ve yüzlerce çavuş ve binlerce piyadeye komuta eden 300 şövalyelik askerî-dinî bir tarikata dönüştüler. Tapınak Şövalyeleri, İslami Haremi Şerif'i, Hristiyanların sunağı, cephaneliği ve ikametgâhı haline dönüştürdü.* El Aksa zaten odalara ve bölümlere ayrılmıştı ama sonradan güney duvarına (bugün izleri hâlâ mevcut olan) bir de Tapınak Şövalyeleri Salonu eklediler. Muallâk Taşı'nın yanındaki Kubbetüs Silsile, Aziz James Şapeli oldu. İsa'nın Beşiği isimli yeraltı camii Hristiyanların Aziz Meryem Kilisesi haline geldi. Süleyman'ın at ahırları denen Hirodes'in yer altı odalarına da tarikatın iki bin atı ve bin beş yüz yük devesi yerleştirildi. Buraya güney duvarındaki yeni bir kapıdan giriliyordu ve tümü güneydeki tahkimli bir tabya tarafından korunmaktaydı. Kubbetüs Sahra'nın güneyinde bir kilise hücresi, bir hamam ve bir atölye inşa ettiler. El Aksa'nın üze-

---

* 1185 yılında, Kudüs Patriği Heraclius tarafından kutsanan ve Dan Brown'un *Da Vinci Şifresi* romanıyla ile üne kavuşan Londra'daki yuvarlak Tapınak Kilisesi, Süleyman tarafından yapıldığı farz edilen Kubbetüs Sahra model alınarak yapılmıştır. Fakat Tapınak Kilisesi'nin çift kubbeli Kutsal Kabir kilisesine benzetildiğini söyleyen uzmanlar da bulunmaktadır.

rinde 1172 yılında şehri ziyaret eden Alman keşiş Theodorich'in dediğine göre, "bahçeler, avlular, girişler, sahanlıklar ve yağmur suyu olukları yaptılar."

1113'ün başında Papa II. Paskal, Kutsal Kabir'in hemen güneyindeki bölgeyi, ileride Tapınak Şövalyeleri'nden daha zengin bir kutsal ordu haline gelecek, yeni bir tarikat olan Hospitaler Şövalyeleri'ne* tahsis etti. Bu şövalyeler başta beyaz haçlı siyah tunikler giyiyorlardı, daha sonra papa onlara beyaz haçlı kırmızı cüppeler hibe etti. Bin yataklı bir misafirhane ile büyük bir hastanesi bulunan kendi mahallelerini kurdular. Bu hastanede dört doktor yaralıları günde iki kez muayene edip idrarlarını kontrol eder ve kanlarını akıtırdı. Her yeni anneye bir bebek karyolası verilirdi. Ama bu beşikler konforlu değildi, dolayısıyla her hastaya koyun derisinden bir palto ve tuvalette giymeleri için kundura verilirdi. Kudüs'te aralarında Fransızca, Almanca ve İtalyancanın da –Baudouin, Venediklilere ticaret imtiyazı tanımıştı – olduğu pek çok dil konuşulurdu ama Hristiyanlar öncelikliydi: Müslüman tacirlerin şehre girmesine izin verilse de geceyi şehirde geçirmelerine izin verilmezdi.

Çok geçmeden bir zamanlar Kudüs'ü idare etmiş ve şimdi de Halep'in sahibi olan İl Gazi, Antakya'ya saldırıp prensini öldürdü. Kral Baudouin, Gerçek Haç'ı** da yanına alarak kuzeye yürüdü ve onu yendi. Ama 1123 tarihinde kral, İl Gazi'nin yeğeni Balak tarafından ele geçirildi.

Baudouin, Ortuk ailesinin elinde esir ve Haçlı ordusu Sur şehrini kuşatmış iken Mısırlılar, kralı ve müdafileri uzakta olan şehri ele geçirme umuduyla, Aşkelon'dan Kudüs'e doğru yola çıktılar.[3]

---

* Rodos Şövalyeleri ve Malta Şövalyeleri olarak da bilinir. (yay. n.)

** Kilisedeki emanet bekçisi *scriniarius* tarafından, mücevherlerle bezeli bir kutunun içinde muhafaza edilen Yaşam Veren Ağaç, kriz zamanlarında dört kişi tarafından kralın önünde taşınırdı.

23

DENİZ AŞIRI ÜLKENİN ALTIN ÇAĞI

1131-1142

MELİSENDE VE FOULQUES: KRALİYET DÜĞÜNÜ

Garnizon komutanı Eustace Grenier'in komuta ettiği Kudüslüler, Mısır ordusunu iki kez püskürttü. Baudouin, fidye karşılığında serbest bırakıldı. 2 Nisan 1125'te tüm şehir, kralı karşılamak için yollara düştü. Baudouin hapisteyken veraset meselesine kafa yoracak zamanı da bulmuştu. Vârisi olan kızı Melisende yetenekli ve tecrübeli bir adam olan Foulques'le evliydi. Anjou Kontu olan Foulques, Kara Foulques ve İğrenç Foulques gibi isimleri olan bir dizi namussuz hacının soyundan geliyordu ve kendisi de tecrübeli bir Haçlıydı.

1131 tarihinde Baudouin, Kudüs'te hastalandı ve patriğin sarayında ölümü beklerken Foulqes, Melisende ve onların bebekleri III. Baudouin lehine tahttan feragat ettiğini ilan etti. Kudüs kendine has merasimler geliştirmişti. Süslü piskopos kıyafetleri ve uzun cübbeler giyip mücevherli taçlar takan Foulques ve Melisende, süslü atlara binerek Süleyman Tapınağı'na geldiler. Kralın kılıcını taşıyan mabeyinciyi, kraliyet asasını taşıyan kahyayı ve kraliyet sancağını taşıyan garnizon komutanını takip eder halde şehir içinde at üzerinde ilerlediler – ilk Kudüs kralları tekrar inşa edilmiş olan Kutsal Kabir'in rotundasında taç giyerdi.

Patrik, kraliyet yeminini söyledi ve cemaatten üç kez bu gerçek vârisleri tasdik etmelerini istedi: Kalabalık, "Evet!" diye bağırdı.* İkili mihraba doğru yürüdü. Kutsal çift boynuz içindeki yağla kutsandılar ve Foulques'e sadakat yüzüğü, hâkimiyet küresi ve günahkârları cezalandıracağı bir asa verilip adaletin ve savaşın kılıcı kuşandırıldı. Daha sonra ikisine de taçları giydirildi ve patrik tarafından öpüldüler. Garnizon komutanı, Kral Foulqes'in, Kutsal Kabir'in dışında atına binmesine yardım etti ve Tapınak Dağı'na geri döndüler. Templum Domini'de

---

* İlk Haçlılar Kuzey Fransa lehçesi konuşurdu ve bölgenin lisanından tümüyle farklıydı. Zaman içinde bölgenin dili Kudüs'te hâkim hale geldi.

Üstte, İmparator ve filozof Julianus Hristiyanlığı reddedip yeniden paganlığı kabul etti ve savaşta Persler tarafından öldürülmeden önce Tapınak Dağı'nı Yahudilere iade etti.

Üstte sağda, Bizans İmparatoru I. Justinianus ve karısı Theodora, (sağda), Theodora gençliğinde dansözken bir Hristiyan hükümdar haline gelmeyi başardı ve Kudüs'te devasa Nea Kilisesi'ni inşa ettirdi.

Madaba Haritası, Bizans Kudüsü'nün ihtişamını göstermekte ve Museviliğin harabelerini barındıran Tapınak Dağı'nı yok saymaktadır. Doğu'nun Perslerin eline geçmesinin ardından İmparator Heraklius 630 yılında şehre, Yahudi, Müslüman ve Hristiyanların Kıyamet için kurulduğuna inandığı, Altın Kapı'dan (altta) girdi.

Üstte, Arap fethi: Nizami'nin Hamza isimli şiirindeki bu tasvirde Muhammet'in Gece Kudüs'e Yolculuğu (İsra), insan yüzlü bineği, Burak'a binmesi ve daha sonra İsa, Musa ve İbrahim'le konuşmak için göğe yükselmesi (Miraç) gösterilmektedir.

Sağda, Halife Abdülmelik (burada insan sureti gösteren son paralardan birinin üzerinde görülmektedir) İslam'ın kurallarını yerleştiren asıl kişidir ve ilerici bir devlet adamıdır – ama nefesinin sinekleri öldürecek kadar kötü koktuğu söylenir. 691'de bugüne kadar kalan ilk İslam mabedi olan Kubbetüs Sahra'yı inşa ettirdi ve onu Kuran'ın ilk ayetleriyle süsledi.

Abdülmelik'in yaptırdığı Kubbetüs Sahra, İslam'ın ve Hristiyanlığa meydan okuyan Emevi İmparatorluğu'nun üstünlüğünü göstermek için Kutsal Kabir Kilisesi'ni gölgede bırakmış ve Yahudi Tapınağı'nın temel taşı üzerine inşa edilerek de Müslümanların, Yahudilerin varisi olduğunu vurgulamıştır.

Üstte, 1099'da dört asırlık İslam hakimiyetinin ardından Haçlılar Kudüs'ü ele geçirip herkesi katletti. Altı ay sonra bile şehir hâlâ çürümekte olan cesetler yüzünden kokuyordu.

Altta, Kudüs kralı I. Baudouin yorulmak bilmez bir savaşçı ve dünyevi siyasetçiydi ama aynı zamanda eşini aldatmakla suçlanmış bir zinacıydı.

Altta, Haçlı döneminin Hristiyanları için Kudüs dünyanın merkeziydi –Keşiş Robert'ın Kronikleri'ne ait olan bu örnektekine benzer şekilde pek çok on ikinci yüzyıl haritasında gösterildiği gibi.

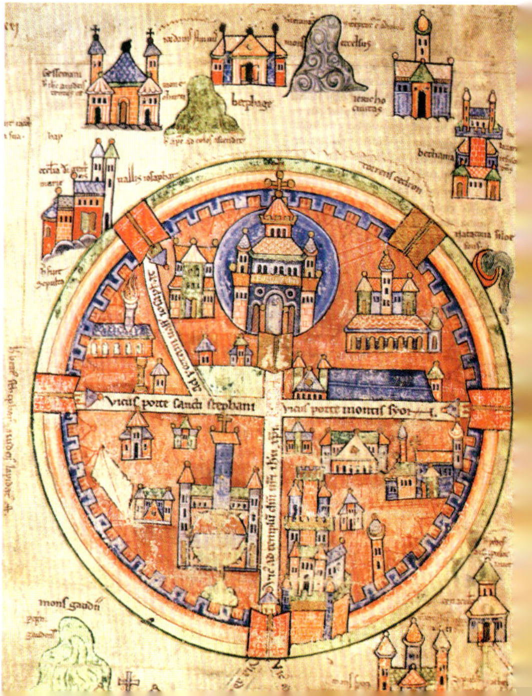

Hristiyanların görkemi: şehir, resimde Anjoulu Foulques'le evlenen, Kraliçe Melisende döneminde zirvesine ulaşmıştır. Foulques onu Yafalı Hugh'la ilişkisi olmakla suçladı. Bu şık Mezmurlar kitabı (altta solda) barışmalarını sağlamak için bir hediye olabilir.

Üstte, Kudüs'ün laneti: IV. Baudouin'in oğlu hocası Surlu William'a arkadaşlarıyla oynarken acı hissetmediğini göstermektedir, cüzzamın ilk belirtisi. Cüzzamlı Kral, krallığın gerilemesinin simgesi olmuştur.

Üstte solda, gerektiğinde merhametsiz olabilen ama fırsat bulduğunda sabırlı ve hoşgörülü olmayı tercih eden Selahaddin, Suriye ve Mısır'ı içeren bir İmparatorluk kurdu, Kudüs'ün ordusunu imha etti, sonra da şehri ele geçirdi.

Üstte sağda, Stupor Mundi –bazılarına göre Dünya Harikası bazılarına göre ise Deccal– olarak bilinen İmparator II. Friedrick burada Kutsal Şehre girerken görülmektedir. Kudüs'ü Müslümanlar ile Hristiyanlar arasında bölen bir barış anlaşması imzalamıştır.

Altta solda, Selahaddin ve ailesi, çoğunlukla Hristiyan malzemelerini kullanarak, Kudüs'ü yeniden İslamlaştırdı. Müslümanlar 1200 yılında Tapınak Dağı'na inşa edilen Göğe Yükseliş Camisi'ni, Muhammet'in Mirac'a yükseldiği yer olarak kabul ederler ama aslında burası önceden Haçlı Tapınakçılar'ın vaftiz kurnasıydı. Günümüzdeki Müslüman Mahallesi'nin kurucusu ise Memlüklerdir. Sultan Nasır el-Muhammet, Pamuk Tüccarları Çarşısı'nı kendine has Memlük tarzında inşa ettirmiştir (altta ortada). Tapınak Dağı'na bu çeşmeyi yaptıran Sultan Kayıtbay'dır. (altta sağda)

Solda, Muhteşem Süleyman: Arapların Sultanı, Hristiyanların Sezarı olan Kanuni Sultan Süleyman Kudüs'e hiç gelmedi ama kendisini ikinci Süleyman olarak kabul edip günümüzde gördüğümüz sur ve kapıların çoğunu tamir ettirdi.

Altta solda ve sağda, Süleyman, Hristiyan lahdini ve süslemelerini kullanarak Zincir Kapısı Çeşmesi'ni inşa ettirdi ve Kubbetüs Sahra'ya Osmanlı çinileri ekleyerek Osmanlıların ihtişamını ve hakimiyetini sergiledi.

Sağda, karizmatik ve şizofren Sabetay Sevi, Kudüs'te kabul görmedi ama kendisini Yahudilerin Mesih'i ilan ederek Yahudileri umutlandırdı – Osmanlı sultanı onu Müslüman olmaya zorlayana kadar.

verilen ziyafette kral tacını geri verip tekrar aldı, bu İsa'nın sünnetiyle ilgili bir gelenekti ve denildiğine göre Meryem, İsa'yı Tapınak'a getirip Tanrı'ya sunmuş ve iki güvercin karşılığında onu tekrar geri almıştı. Sonunda hizmetkârlar yemek ve şarap getirdi, kralın teşrifatçısı kral ve kraliçenin başları üzerinde bir sancak tutarken saray nazırı ve mabeyinci yemek servisi yaptı. Şarkılar, müzik ve dansın ardından garnizon komutanı kral ve kraliçeye odalarına kadar refakat etti.

Melisende vekil kraliçe olsa da Foulques ilk başta kendi adına yöneteceğini zannetmişti. Kızıl saçlı, güdük, kırk yaşında bir askerdi ve Surlu William'ın dediğine göre "tıpkı Kral Davud gibi" onun da hafızası zayıftı – krallara has bir nitelik olmalı. Kendi topraklarını yönetmeye alışmış olduğu için otoriter kraliçeyi değil etkilemek idare etmekte bile zorlandı. İnce uzun, koyu renk saçlı ve zeki bir kadın olan Melisende çok geçmeden yakışıklı kuzeni ve çocukluk arkadaşı, Kudüs'ün en zengin adamı, Yafa Kontu Hugue ile zaman geçirmeye başladı. Foulques onu zina yapmakla suçladı.

KRALİÇE MELİSENDE: SKANDAL

Melisende'nin kaçamağı önce dedikodu olarak başladı ama çok geçmeden siyasi bir krize dönüştü. Kraliçe olduğu için cezalandırılması mümkün görünmüyordu ama Frank kanununa göre bir çift zinadan suçlu bulunursa kadının burnu kesilir, erkekse hadım edilirdi. Masumiyetini ispatlamanın yolu düelloydu: bir şövalye masumiyetini ispatlaması için Kont Hugue'a meydan okudu. Ama Hugue, Mısır topraklarına kaçtı ve Kilise üç yıllık sürgün cezasıyla bir uzlaşma sağlayana kadar da orada kaldı.

Hugue, Kudüs'e dönerken, Kürkçüler Sokağı'ndaki bir hana uğradı ve orada kumar oynarken bir Bretonlu şövalye onu bıçakladı. Bir şekilde hayatta kaldı ama "Kudüs'te ortalık karıştı" ve Foulques'ün rakibini öldürtmek için emir verdiği söylentileri yayıldı. Şimdi masumiyetini ispatlama sırası krala gelmişti: Bretonlu yargılandı, uzuvlarının ve dilinin kesilmesine karar verildi. Ama Foulques onu susturmaya çalışmadığını göstermek için dilinin kesilmemesini emretti. Bretonlu tüm uzuvları kesilip de sadece kafası ile gövdesi (ve dili) kaldığında bile Foulques'ün masum olduğunu söyledi.

Deniz Aşırı Ülke'deki bu siyasi çekişmelerin Avrupa'da huzursuzluk yaratmasına şaşmamak gerek. Kudüs'ü yönetmek kolay iş değildi: Krallar gerçekten de eşitler arasında ilkti ve küçük Haçlı prenslikleri, Müslüman rakiplerinden daha çok hırslı zenginler, haydutan farksız maceracılar, Avrupa'dan yeni gelmiş kara cahiller, bağımsız askerî tarikatlar ve entrikacı din adamlarıyla uğraşmak zorunda kalıyorlardı.

Kraliyet evliliği tümüyle cazibesini yitirmişti ama Melisende aşkını kaybetmiş olsa da gücünü tekrar kazanmıştı. Foulques, kraliçenin gönlünü kazanmak için ona özel bir hediye verdi – üzerinde adı yazılı, işlemeli bir Mezmurlar Kitabı.* Fakat krallık altın çağını yaşarken Müslüman kuvvetler de toparlanmaya başlamıştı.

KANLI ZENGİ: ŞAHİN BEY

1137'de Musul ve Halep (günümüzde Irak ve Suriye) Atabeyi Zengi önce Haçlıların elindeki Antakya'ya, daha sonra da Müslümanların elindeki Şam'a saldırdı: Bu şehirlerden herhangi birinin düşmesi Kudüs için büyük darbe olurdu. Yaklaşık kırk yıl boyunca Kudüs'ün kaybedilmiş olması bölünmüş ve başka işler peşinde koşan İslam dünyasını hemen hiç ilgilendirmemişti. Kudüs tarihinde sıkça görüldüğü gibi dinî şevk genelde siyasi ihtiyaçlar tarafından körüklenirdi. Zengi, Kudüs'ün kaybı yüzünden artmaya başlayan, hem siyasi hem dinî öfkenin dizginlerini ele aldı ve kendisini "Cihat savaşçısı, dinsizlerin ıslah ve kâfirlerin yok edicisi" ilan etti.

Halife bu Türk atabeye İslam'ın gururunu iade ettiği için "Emirlerin Kralı" unvanını verdi. Araplar onu İnancın Direği ve Türklerse Şahin Bey olarak bildiler. Şiir seven tüm toplumlarda her hükümdar için vazgeçilmez olan şairler onun sarayına gelip zaferlerini yücelttiler ama Zengi sert bir adamdı. Önemli düşmanlarının derilerini ve kafa derilerini yüzdürdü, önemsizleri astı ve ekinleri çiğneyen askerlerini çarmıha gerdi. Güzelliklerini korumak için oğlan sevgililerini hadım ettirdi. Generallerini sürgün ettiğinde, onların oğullarını hadım ettirerek kudretini sürekli hatırlamalarını sağladı. İçkiyi çok severdi, karılarından birini boşadı ve at ahırındaki seyislerinin ona tecavüz etmelerini izledi. Subaylarından biri olan Usame bin Munkid'in söylediğine göre askerlerinden biri firar ederse Zengi onun yanındaki iki askerin ortadan ikiye bölünmesini emrederdi. Zalimliği Müslüman kaynaklarca da kaydedilmiştir. Haçlılar ise ona (tabloit bir gazetenin başlığını andırır şekilde) Kanlı Zengi adını vermişlerdi.

Foulques en kısa zamanda Zengi'nin karşısına çıktı ama Zengi, Kudüslüleri yenip kralı yakındaki bir kalede kuşattı. Kudüs Patriği William, Gerçek Haç'ı taşıyan bir orduyla yardıma geldi. Yardım kuvvetinin yolda olduğunu öğrenen

---

* Melisende'ye hediye edilen oyma fildişi kapaklı, turkuaz, zümrüt ve yakut kakmalı Mezmurlar Kitabı, Kutsal Kabir *scriptorium*'undaki Suriyeli ve Ermeni zanaatkârlar tarafından yapılmıştır. Bizans, İslam ve Batı tarzıyla bu Mezmurlar Kitabı, yarı Ermeni yarı Frank kraliçe döneminde Haçlı ve Doğu sanatının nasıl kaynaştığını göstermektedir.

Zengi kalenin teslimi karşılığında Foulques'i serbest bırakmayı teklif etti. Bu kıl payı kurtuluşun ardından Foulques ve kraliçe barıştılar ama ellili yaşlarında olan Zengi baskıya devam edip hem Haçlı şehirleri olan Antakya ve Urfa'yı tehdit etmeyi hem de Şam'a düzenlediği saldırıları sürdürdü ve bu saldırılardan korkan Şam Atabeyi Unur'un kâfir Kudüs'le ittifak yapmasına neden oldu.[4]

1140'da Şam Atabeyi Unur yanında danışmanı ve o yüzyılın en iyi Müslüman yazarı olan Suriyeli bir asilzadeyle Kudüs'e doğru yola çıktı.

USAME BİN MUNKİD: BÜYÜK OLAYLAR VE FELAKETLER

Usame bin Munkid doğru zamanda, doğru yerde olup kendisini sürekli olayların içinde bulan biriydi. Uzun kariyeri boyunca bu savaşçı, saray adamı ve yazar, Zengi'den Fâtımi Halifesi Selahaddin'e kadar dönemin bütün büyük Müslüman liderlerine hizmet etmiş ve en az iki Kudüs kralıyla tanışmıştı.

Usame, Suriye'de bir kale olan Şaizar'ı elinde tutan bir hanedan üyesi olarak veraset hakkını kaybetmiş ve ailesini de bir depremde yitirmişti. Bu darbelerin ardından bir süvari oldu *–faris–* ve kendisine en iyi imkânı sunacak idareciye hizmet etmeye karar verdi. Kırk beş yaşına geldiğinde ise Şam Atabeyi Unur'a hizmet etmekteydi. Usame savaş, av ve edebiyat için yaşamıştı. Onun tesadüfî iktidar, servet ve şöhret arayışı hem kanlı hem de tuhaftı: "bir felaket daha" ifadesi *Büyük Olaylar ve Felaketler* adını verdiği anılarında sıkça geçerdi. Ama bir yandan da doğuştan vakanüvis sayılırdı: Bu yetenekli Arap, kendi planlarını bozsa bile, hadiselerin zeki, etkili ve melankolik yazıları için çok uygun kaynaklar olduğunu biliyordu. Usame usta bir edipti; kadınların güzellikleri, erkeklerin davranışları (*Adabın Esasları*), erotizm ve savaş üzerine kitap ve şiirler yazdı. Bastonun tarihi, onun ellerinde, yaşlanma üzerine yazılmış bir denemeye dönüşmüştü.

Atabey Unur, Usame'yle birlikte Kudüs'e geldi: Foulques'le münasebetleri şaşırtıcı derecede yakın olan Usame "mütareke sırasında pek çok kez Frank kralını görmeye gelmiştim" diye yazmıştı.* Kral ve Usame, şövalyeliğin doğası hakkında sohbet ettiler. Foulques, "Bana büyük bir şövalye olduğunu söylediler ama ben pek inanamadım," dedi. Usame, "Lordum ben kendi ırkımın ve halkımın şövalyesiyim," diye cevap verdi. Usame'nin nasıl göründüğüne dair bilgi sahibi değiliz ama Franklar onun fiziğinden etkilenmişe benziyorlar.

---

* Foulques, Usame'nin tanıdığı ilk Kudüs kralı değildi. 1124'de II. Baudouin, Usame'nin ailesine ait bir kale olan, Şaizar'da hapisteydi. Orada kendisine hürmet edildiği için Haçlılar da Usame ve ailesine hürmet etmeye başladılar. Şaizar harabelerini bugün Suriye'de görmek mümkündür.

Usame, Kudüs'e seyahatleri sırasında Haçlıların ne kadar geri olduklarını keyifle inceledi, onun gözünde "cesaret ve savaştan başka erdemi olmayan basit hayvanlardan" farklı değildiler – bununla birlikte, eseri, pek çok Müslüman geleneğinin de benzer şekilde ilkel ve vahşi olduğunu gösteriyordu. Tüm iyi gezginler gibi zıtlıkları –her iki tarafında iyi ya da kötü yanlarını– kaydetti. Selahaddin'in sarayında yaşlı bir adam olarak geçmişe baktığında Kudüs'ü Haçlı krallığının en ihtişamlı döneminde gördüğünü düşünmüş olmalıdır.

MELİSENDE'NİN KUDÜSÜ: LÜKS VE YOKSUL YAŞAM

Kırk yıl önceki Frankların boş ve pis şehrinden çok farklı olan Melisende'nin Kudüsü çoğu Hristiyan tarafından dünyanın gerçek merkezi olarak kabul edildi. Gerçekten de şehir o zamanki haritalarda, Kutsal Şehir'in dünyanın merkezi olduğunu vurgulamak için, haçın kollarını teşkil eden iki cadde ve merkezinde Kutsal Kabir olacak şekilde gösterilmişti.

Kral ve kraliçe, Davud Kulesi ve yakındaki bir saraya yerleşirken patriğin sarayı da dinî meselelerin merkezi olarak kalmaya devam etti. Kudüs'teki sıradan bir baronun hayatı muhtemelen, soyluların bile yıkanmamış yünler giydikleri ve mobilyasız taş kalelerde yaşadıkları, Avrupa'daki bir kralın hayatından daha iyiydi. Yine de çok az Haçlı baronu o yüzyılın sonlarında, Beyrut'ta, kendi tarzını ortaya koyan sarayında yaşayan Ibelinli John kadar göz kamaştırıcı bir hayat sürmüştü: mozaik zemin, mermer duvarlar, boyalı tavan, çeşmeler ve bahçeler. Orta sınıfın evlerinde bile konforlu yer ve duvar halıları, kaliteli fayanslar, oyma ve işlemeli masalar ve porselen yemek tabakları bulunurdu.

Kudüs bir sınır şehrinin pürüzlü tarafları ile bir kraliyet başkentinin şaşaasını bir arada barındırıyordu. Kudüs'te, patriğin metresi gibi daha aşağı seviyeden kadınlar bile mücevher ve ipek elbiseleriyle kendilerinden daha soylu olanlara hava atarlardı. Otuz binlik nüfusu ve ardı arkası gelmeyen hacılarıyla o Kutsal Şehir'di, Hristiyanlığın karıştığı bir pota ve askerî bir karargâhtı – kaderini de savaş ve Tanrı tayin ediyordu. Frank kadın ve erkekler artık düzenli olarak banyo yapmaya başlamışlardı –Kürkçüler Sokağı'nda halk hamamları bulunuyordu; Roma kanalizasyon sistemi hâlâ çalışıyordu ve muhtemelen çoğu evde tuvalet vardı. En koyu İslam düşmanı olan Haçlılar bile Doğu'ya uyum sağlamak zorunda kaldılar. Savaşta şövalyeler zıhlarının güneşte ısınmasını önlemek için üzerlerine keten cübbeler ve Arap puşileri giyerlerdi. Evde ise şövalyeler yerel halk gibi ipek ihramlar giyiyor ve hatta sarık takıyorlardı. Kudüslü kadınlar uzun iç kaftanlar üzerine kısa tunikler ve altın nakışlı uzun kaftanlar giyerlerdi; yüzlerinde ağır makyaj olurdu ve halk içerisinde de genelde peçeyle dolaşırlardı. Kışın kadınlar da erkekler de kürk giyerdi, gerçi bu lüks başkentte Hristiyan kutsal savaşının simgesi olan Tapınak Şövalyeleri tarafından yasaklanmıştı. Tarikat şövalyelerinin giyecekleri kıyafet belliydi: Tapınakçılar kemerli, şapkalı ve kırmızı haçlı harmani, Hospitalerler ise göğsünde beyaz haç olan siyah harmani giyerlerdi. Üç yüz Tapınakçı her gün şehir dışında talim yapmak için Süleyman'ın At Ahırı'ndan dışarı çıkardı. Kidron Vadisi'nde piyadeler ok talimi yaparlardı.

Şehir sadece Fransız, Norveçli, Alman ve İtalyan asker ve hacılarla değil Doğu Hristiyanlarıyla da dolmuştu – misafirhanelerde ya da çok sayıdaki hanlarda kalan kısa sakallı Suriyeli ve Yunanlar ile uzun sakallı ve yüksek şapkalı Ermeniler ve Gürcüler. Sokak yaşamı Aziz Stephen (günümüzde Şam) Kapısı'ndan, Kutsal Kabir'in ve Piskoposluk Bölgesi'nin önünden geçen ve daha sonra, birbirine sayısız ara sokakla bağlı ve baharat ve yemek kokan, üç birbirine paralel pazar sokağına dönüşen Roman Cardo'nun civarında cereyan ediyordu. Hacılar, Kötü Yemek Sokağı'ndan (Malcuisinat) yemek ve şerbet alır; Kutsal Kabir'e yakın Suriye Sarraflar Sokağı'nda paralarını bozdurur; Latin kuyumculardan mücevher ve Kürkçüler Sokağı'ndan da kürk alırlardı.

Haçlılardan önce bile "Kudüs'e hacılardan daha rezil ziyaretçiler gelemez" sözü yaygındı. Kudüs, Vahşi Batı'nın Orta Çağ versiyonu gibiydi: katiller, maceracılar ve fahişeler fırsatları değerlendirmek için buraya gelirdi ama vakanüvisler bizlere Kudüs'ün gece hayatıyla ilgili çok az şey anlatmışlardır. Yine de yarı kast yerel askerler olan Türkopoller, *poulain* olarak bilinen ikinci kuşak fakir ve Doğululaşmış Latinler, Venedikli ve Cenevizli tacirler ile yeni gelen şövalyelerin hanlara ve bir askerî şehirde bulmayı umacakları türden eğlencelere ihtiyaçları vardı. Hanların girişine şövalyelerin atlarla içeri girmelerine mani olmak için zincir gerilirdi. Askerler dükkânların eşiklerinde kumar oynarlardı. Askerlere hizmet etmeleri için Avrupa'dan fahişeler getirilirdi. Daha sonraki bir tarihte sultan Selahaddin'in kâtibi, Müslümanların gözünden bu tür bir gemi yükünü keyifle şu şekilde tarif edecekti:

> Yarı çıplak ve günahkâr, güzel Frank kadınlar halk içerisinde gururla ve sanki biraz çakır keyif gibi yürüyor ve kendilerini altın karşılığı satıyorlar. Bacaklarının arasındakini sanki kutsal bir adakmış gibi sunmuş, elbiselerinin kuyrukları peşlerinde, kendi ışıltılarından gözleri kamaşmış halde yürüyor ve bir an önce elbiselerini çıkarmak istiyorlar.

Fahişelerin çoğu İtalyan denizcilerle dolu Akka ve Sur şehirlerine giderken Kudüs'ün yetkilileri Hristiyan ahlaki değerlerini korumak için çok uğraştı ama orada da her türden insan vardı.

Hacılar hastalandıklarında Hospitaler Şövalyeleri, iki bin kişilik hastanede onlara bakardı. Şaşırtıcı şekilde Müslüman ve Yahudilere de bakmışlar ve hatta et yiyebilmeleri için koşer (helal) yemekler bile çıkarmışlardı. Ama ölüm hiç aklılarından çıkmazdı: Kudüs, yaşlı ya da hasta hacıların ölmekten ve dirilişe kadar gömülü kalmaktan mutluluk duyacağı bir ölüler şehriydi. Fakirler için Mamilla Mezarlığı ile Cehennem Vadisi'ndeki Akeldema'da bedava mezarlar vardı. O yüzyılın sonlarına doğru baş gösteren bir salgında her gün ortalama elli hacı öldü ve her gece arabalar akşam duasından sonra cesetleri topladılar.*

Hayat fiziksel olarak iki tapınağın –Kutsal Kabir ve Tanrı Tapınağı –ve kronolojik olarak da ayinlerin çevresinde dönüyordu. Tarihçi Jonathan Riley-Smith, "bu teatral çağda, her şeyin gösteri yoluyla halkın moralini yükseltmek için kullanıldığını" söyler. Kudüs'ün tapınakları tiyatro sahneleri gibiydi ve etkiyi artırmak için de sürekli olarak dekoru değiştirilirdi. Şehrin ele geçirilişi her 15 Temmuz'da kutlanırdı. Kutlamalarda patriğin liderliğinde şehir halkı Kutsal Kabir'den Tapınak Dağı'na gider ve orada Süleyman Mabedi'nin dışında dua edilir ve daha sonra hep birlikte Altın Kapı'dan –ilk Haçlılardan İmparator Heraklius'un 630 yılında Gerçek Haç'ı getirdiği yerden– geçip kuzey suruna gelinir ve burada Godfrey'in şehre girdiği noktaya büyük bir haç konurdu. Paskalya en heyecanlı bayramlardan biriydi. Paskalya'dan önceki pazar günü güneş doğmadan evvel patrik ve ruhban sınıfı Gerçek Haç'la birlikte Bethany'den şehre doğru yürürken diğer bir merasim alayı da ellerinde palmiye dallarıyla Tapınak Dağı'ndan gelip patriği Yehoşafat Vadisi'nde karşılarlardı. Daha sonra hep birlikte Altın Kapı'yı** açar, kutsal avluda dönüp daha sonra da Tanrı Tapınağı'nda dua ederlerdi.

---

* Akeldama'daki, cesetlerin çatılardaki deliklerden içeri atıldığı ölü evlerinin (*charnelhouse*) üzerine bir Ortodoks ve bir Latin kilisesi inşa edildi: Cesetlerin kokmadan yirmi dört saat içinde dağılıp gideceğine inanılıyordu. Mezarlık olarak en son 1829 yılında kullanılan, Latin ölü evi toprak altında kalmıştır ama Yunan Ortodoks çukurunu bugün hâlâ görmek mümkündür. Küçük bir delikten bakıldığında beyaz kemikler hâlâ görülebilir. Kiliselerin ikisi de günümüzde mevcut değildir ve muhtemelen Selahaddin tarafından yıkılmışlardır.

** Kutsal Altın Kapı yılda iki kez açılırdı. Altın Kapı'nın dışındaki ve muhtemelen Tapınak arazisine dâhil olan mezarlık özel bir yerdi. Thomas Becket'in katillerinin burada yattığı söylenmektedir. Birkaç önemli Frank şövalyesi Tapınak Dağı'na gömülmüştür. 1969 yılında, İncil üzerine çalışan Amerikalı bir öğrenci, James Fleming, Kapı'nın fotoğrafını çekerken üzerinde durduğu toprak yarıldı ve iki buçuk metrelik bir deliğe düşerek bir anda kendisini insan kemiklerinden oluşan bir yığının üzerinde buldu. Bu delikte, Hirodes dönemine ait olması muhtemel, düzgün kesme taşlardan yapılmış bir kemer bulundu. Kemikler Haçlılara ait olabilir (Regensburglu Frederick 1148 yılında oraya gömülmüştü ve kemiklerini

Kutsal Cumartesi günü Kudüslüler Kutsal Kabir Kilisesi'nde toplanırdı. Bir Rus hacı gördüklerini şöyle anlatmıştı: "Kalabalık koşarak, birbirini ite kaka, ağlayıp inleyerek 'Günahlarım, Kutsal Ateş'in yere inmesine mani mi olacak?' diye bağırarak içeri üşüşüyordu." Kral, Tapınak Dağı'ndan yürüyerek gelirdi ama geldiğinde kalabalık o kadar sıkışık olurdu ki askerleri ona yol açmak zorunda kalırlardı. Kral içeri girdiğinde "gözyaşları döker," ağlayan maiyetiyle çevrili mezarın önündeki *rostrum*da yerini alır ve Kutsal Ateş'in inmesini beklerdi. Rahip, duasını okurken karanlık kilisedeki heyecan gittikçe artar ve birden bire "aşırı parlak ve göz kamaştırıcı Kutsal Işık, Kutsal Kabir'i aydınlatırdı." Patrik elinde ateşi taşıdığı bir fenerle ortaya çıkar ve ateş, fenerden fenere kalabalık arasında dağıtılırdı – daha sonra Olimpiyat ateşi gibi şehirde, Büyük Köprü'den Tanrı Tapınağı'na kadar taşınırdı.

Melisende, Kudüs'ü hem dinî hem de siyasi bir merkez olarak inşa etmiştir ve şehrin bugün gördüğümüz şeklini büyük ölçüde ona borçluyuz. Haçlılar, Romanesk, Bizans, Levanten üslubu çoğunlukla çiçek motifli, oymalarla bezeli yuvarlak başlı kemerler ve büyük sütun başlarıyla sentezleyerek kendi tarzlarını geliştirdiler. Kraliçe, Tapınak Dağı'nın kuzeyinde, Bethesda Havuzu civarında Aziz Anne Kilisesi'ni inşa ettirdi – bu yapı, günümüzde Haçlı mimarisinin en basit ve çarpıcı örneği olarak ayakta durmaktadır. Uzun zamandır, gözden düşmüş saray kadınların kalacakları yer ve o tarihte de Melisende'nin kız kardeşi Prenses Yvette'in evi olarak kullanılan kilisenin manastırı, Kudüs'teki en zengin manastır oldu. Bugün pazar yerindeki birkaç dükkânda elde ettikleri kârın nereye gittiğini göstermek için hâlâ "ANNA" yazmaktadır; diğer dükkânlar da, belki de Tapınakçılar'a ait olduklarından, Tapınak'ın (*Temple*) başharfi olan "T" harfi ile işaretlidir.

Küçük Aziz Giles Kilisesi, Büyük Köprü'nün Tapınak Dağı'na bağlandığı yerde inşa edilmiştir. Melisende surların dışında, daha sonra kendisinin de defnedileceği (mezarı bugüne kadar ulaşmıştır) Bakire Meryem Türbesi'ni ve Bethany Manastırı'nı inşa ettirip Prenses Yvette'i de başrahibe olarak atamış; Tanrı Tapınağı'na, Muallâk Taşı'nı korumak için, süslü metal bir kafes eklettirmiştir (Bu metal kafesin büyük bir kısmı bugün Haram Müzesi'nde olsa da hâlâ yerinde duran küçük bir kısmında İsa'nın sünnet derisi* muhafaza edilmiş olabilir; daha sonra ise ve buraya Sakal-ı Şerif yerleştirilmiştir).

---

arkeolog Conrad Schick, 1891 yılında buldu). Haçlı Seferleri'nden önce ve sonra Müslümanlar da bu özel mezarlıkları kullandılar. Öyle ya da böyle Fleming, inceleme fırsatı bulamadı çünkü Müslüman yetkililer çabucak deliğin üzerini betonla örttüler.

* Kutsal sünnet derisi Orta Çağ'daki sayısız kutsal röliklerden sadece birisidir. Şarlman 800 yılındaki taç giyme töreninden önce, Papa Leo'ya, bunların bir bölümünü sunmuş ve çok geçmeden bu röliklerin sekiz ila on sekiz örneği Hristiyan dünyasında görülmüştür. I. Baudouin, bunlardan birini 1100 yılında

Usame bin Munkid ve efendisi Şam Atabeyi'ne Foulques ile Melisende'yi görmek için yaptıkları ziyaretlerin birinde Tapınak Dağı'nda ibadet etmeleri için izin verildi ve onlar da orada Frank ev sahiplerinin hem hakaretlerine hem de kozmopolit dünya görüşlerine şahit oldular.

USAME BİN MUNKİD VE YEHUDA HALEVİ: MÜSLÜMANLAR, YAHUDİLER VE FRANKLAR

Usame savaşta ve barışta denk geldiği bazı Tapınakçılar'la dost olmuştu. Şimdi de, Tapınakçılar'ın tümüyle Hristiyanlaştırılmış karargâhı olan, kutsal avluya doğru ona ve Atabey Unur'a refakat ediyorlardı.

Bazı Haçlılar Arapça konuşmaya başlamış ve Müslümanlarınki gibi bahçe ve çeşmeleri olan evler yapmışlardı; kimileri Arap yemekleri yemeye bile başlamıştı. Usame, domuz eti yemeyen Franklara denk geldi ve "kendisine çok temiz ve lezzetli yemekler" sunuldu. Çoğu Frank bu tür hareketlerden haz etmiyordu. Fulcher, "Tanrı Batı'yı Doğu'ya çevirdi. Romalı ya da Frank olanlar bu topraklarda Celileli ya da Filistinli oldular," diye yazmıştı. Benzer şekilde Usame'nin Tapınakçılar'la dostluğunun ve onların açık fikirliliğinin de bir sınırı vardı. Avrupa'ya geri dönen bir Tapınakçı, Usame'ye oğlunu eğitim alması için Avrupa'ya göndermesini tavsiye etti. Bu sayede "geri döndüğünde gerçekten mantıklı biri olabilecekti." Usame duyduğu rahatsızlığı zorlukla gizleyebilmişti.

Kubbetüs Sahra'da ibadet ederlerken Franklardan biri Atabey Unur'a yaklaşıp sordu: "Tanrı'nın genç halini görmek ister miydin?"

Unur, "Mümkünse tabii," dedi ve bunun üzerine Frank, onu ve Usame'yi, Meryem ve bebek İsa ikonunun önüne getirdi.

Frank, "İşte Tanrı'nın gençliği," dedi. Usame bu durumu komik buldu.

Usame daha sonra dua etmek için, eski el Aksa olan, Süleyman Tapınağı'na gitti ve yüksek sesle "Allahu Ekber" demesine rağmen Frank arkadaşları tarafından hoş karşılandı. Ama daha sonra rahatsız edici bir olay yaşandı. Usame şöyle anlatmıştır: "Bir Frank bana doğru koştu, beni tutup yüzümü doğuya çevirdi ve böyle dua et dedi! Tapınakçılar koşup onu tuttular ve benden uzaklaştırdılar. 'Bu adam biraz tuhaftır,' dedi Tapınakçılar'dan biri özür diler gibi. 'Üstelik Frank topraklarından henüz geldi,' diye ekledi." Usame yeni gelenlerin "Müslümanlarla birlikte yaşayanlardan çok daha sert olduklarını" görmüştü. Yeni gelenler "kendi

Antwerp'e göndermiştir ama diğer kısmı Melisene'nin elindeydi. Bu röliklerin çoğu Reform hareketleri sırasında kaybolmuş ya da yok edilmiştir.

ırklarından olmayan kimseyle geçinemeyen melun bir ırk olarak" kalmaya devam ettiler.

Melisende'nin Kudüsü'nü ziyarete gelenler sadece Müslüman liderler değildi. Müslüman köylüler de meyve satmak için gündüz şehre gelir ve gece giderlerdi. 1140'lı yıllarda Müslüman ve Yahudilerin İsa'nın şehrine girişini kısıtlayan yasalar gevşetildi –gezgin yazar Ali el Haravi şöyle yazmıştı: "Franklar döneminde Kutsal Ateş numarasının nasıl yapıldığını öğrenecek kadar uzun süre Kudüs'te yaşadım." Kudüs'te az sayıda da olsa Yahudi vardı ancak hac hâlâ tehlikeliydi.

O sıralarda, yani 1141 tarihinde, Endülüslü şair, filozof ve hekim Yehuda Halevi'nin İspanya'dan geldiği söylenir. Şarkılara ve dinî şiirlere duyduğu tutku yüzünden "Siyon'un güzelliği"ni görmek istemiş ama "Kutsal Şehir'deki Edom (İslam) ve İsmail (Hristiyanlık) şamatası" onu üzmüştü. Sürgündeki bir Yahudi, "yabancı topraklardaki bir güvercin gibiydi." Hayatı boyunca İbranice şiir yazıp Arapça konuşan Halevi, Yahudilerin Siyon'a geri döneceğine inanıyordu:

> Ey dünyadaki şehirlerin en erdemlisi,
> En Batı'daki en görmeye değer yer,
> Kartallar gibi kanatlarım olsa da sana gelebilseydim
> Gözyaşlarımdan altımda uzanan tüm toprak nemlenirdi.

Şiirleri hâlâ sinagog edebiyatının bir parçası olan Halevi, Kudüs hakkında şiir yazan herkes kadar dokunaklı yazmıştı. "Onun esaretten kurtulduğunu düşündüğüm zaman onun şarkısının arpı olurum." Kudüs'e gidip gitmediği kesin değildir ama efsaneye göre kapılardan geçerken bir atlının, muhtemelen Frank'ın, saldırısına uğramış ve ölmüştür. Bu belki de şu sözleriyle öngördüğü bir akıbetti: "Yüzüstü toprağının üzerine düşeceğim ve onun taşı toprağıyla huzur bulacağım."

Frank kanunlarının acımasızlığını inceleyen Usame'yi bu ölüm şaşırtmazdı. Kudüs'e giderken iki Frank'ın hukuki bir meseleyi dövüşerek çözdüğünü görmüştü – ve biri diğerinin kafasını ezmişti. "Bu onların adalet anlayışlarına dair çok güzel bir örnektir." Eğer birisi bir hacıyı öldürmekle suçlanırsa o kişinin elleri ve ayakları bağlanıp suya atılırdı. Eğer batarsa masum olduğu anlaşılır ve eğer su üzerinde kalırsa suçlu olduğu kabul edilir ve Usame'nin dediğine göre "gözlerine mil çekilerek kör edilirdi."

Cinsel âdetlere gelince Usame keyifle bir Frank'ın bir adamı karısıyla yatakta yakaladığını ve sadece ikaz ederek gitmesine izin verdiğini, bir diğer örnekte de kocanın erkek bir berberden karısının kasık kıllarını tıraş etmesini istediğini anlatmaktadır. Tıp alanında ise Usame Doğulu bir doktorun bir Frank'ın ayağındaki apseyi lapa ile tedavi ederken Frank doktorun bir baltayla gelip bacağını kestiğini ve şu soruyu sorduğunu anlatmaktadır: "Tek bacakla yaşamak mı yoksa iki bacakla ölmek mi istersin?" Ancak adam tek bacakla ölmüştür. Doğulu bir doktor "sevda salgısı kuruluğu" olan bir kadına perhiz tavsiye ederken, Frank doktor kafasının içinde şeytan olduğunu söyleyerek kadının kafasına haç çizmeye kalkışıp kadını öldürmüştür. En iyi doktorlar Arapça konuşan Yahudi ve Hristiyanlardı: Kudüs kralı bile Doğulu doktorları tercih ediyordu. Yine de Usame işin kolayına kaçmayıp Frank tıbbının işe yaradığı iki vakayı anlatmaktan da geri kalmamıştır.

Müslümanlar Haçlıları vahşi yağmacılar olarak görürdü. Ama Haçlıların vahşi, Müslümanların medeni olduğu klişesi fazla abartılmıştır. Nihayetinde Usame, sadist Zengi'ye hizmet ediyordu ve Usame'nin açıklamaları bütünüyle okunduğunda, modern hassasiyetler açısından daha az şaşırtıcı olmayan bir İslamî şiddet resmi sunar: Hristiyan kafası toplamak, kendi askerlerini ve kâfirleri çarmıha germek ya da ikiye bölmek, İslam şeriatının ağır cezaları –ve Usame'nin kendi babasının bir öfke anında uşağının kolunu kesmesinin hikâyesi. Şiddet ve acımasız kurallar iki taraf için de geçerliydi. Frank şövalyeleri ile Müslüman farislerin pek çok ortak noktası vardı: Her ikisi de savaşçı hanedanlar kurmuş Baudouin ve Zengi gibi maceracılar tarafından yönetiliyorlardı. İki sistem de üst kademe savaşçılara gelir temini için ikta verilmesi esasına dayanırdı. Araplar şiiri gösteriş yapmak, eğlenmek ve propaganda için kullanırlardı. Haçlılar aşkla ilgili şiirler yazarken, Usame de Şam atabeyine hizmet ettiği zaman Mısırlılarla müzakere ederken şiiri kullanmıştır. Hem şövalyeler hem de farisler aynı soylu kurallara göre yaşardı; din, savaş ve at gibi benzer takıntılara sahiptiler ve aynı sporları yapıyorlardı.

Savaşın heyecan ve eğlencesini Usame gibi yakalayabilmiş olan az asker ya da hikâyeci vardır. Onu okumak Kudüs Krallığı için verilen kutsal savaştaki muharebelerden birinde at sürmekten farksızdır. Anlattığı savaş hikâyelerini kahramanlıklar, mucizevi kaçışlar, nefes kesen hücumlar, parlayan kılıç, akan ter ve kanla süsleyerek aktarmıştır. Ama Usame aynı zamanda Tanrı'nın merhameti ve kaderden de bahseden bir filozoftu: "En küçük ve ehemmiyetsiz bir şey bile mahvoluşun yolunu açabilir." Her şeyden önce iki taraf da, Usame'nin sözleriyle, "savaşta zaferin ancak Tanrı'dan geleceğine" inanıyordu. Din her şeydi. Usame bir dostunu şöyle övmüştü: "Zeki bir âlim, gerçek bir süvari ve dindar bir Müslüman."

Melisende'nin Kudüsü'ndeki sakin ortam Müslüman ve Frank asillerin birlikte yaptıkları bir spor sırasında yaşanan kazayla bir anda sona erdi.

24

ÇIKMAZ

1142-1174

ZENGİ: HUBRİS VE BAŞ DÜŞMAN

Usame savaşmadığı ya da okumadığı zamanlarda çita, şahin ve köpek kullanarak geyik, aslan, kurt ve sırtlan avlardı – bu noktada her fırsatta ava çıkan Zengi ya da Kral Foulques'ten farklı değildi. Usame ve Şam atabeyi, Foulques'i ziyaret ettiği zaman bir atmacaya hayran olmuşlar ve kral da onu kendilerine hediye etmişti.

7 Kasım 1142'de, Usame'nin Kudüs ziyaretinin hemen ardından Kral Foulques, Akka yakınlarında ata binerken bir yabani tavşan gördü ve kovalamaya başladı. Birden eyeri koptu ve yere düştü. Yerinden fırlayan eyer başına çarpıp kafatasını çatlattı. Üç gün sonra öldü. Kudüslüler, Foulques'in kortejine Kutsal Kabir'de defnedileceği yere kadar refakat ettiler. Yılbaşında, Melisende, on iki yaşındaki oğlunu III. Baudouin olarak tahta çıkardı ama asıl hükümdar kendisiydi. Surlu William, Melisende için, erkeklerin hüküm sürdüğü bir dünyada "irfanı engin bir kadındı," diye yazmıştır. "Önemli kararlar almaya cesaret ederek Norman kadınlarının konumunun çok üzerine çıkmış ve krallığı en az ataları kadar maharetle idare etmişti."*

Bu acı tatlı dönemde felaket kendisini gösterdi. 1144 yılında Kanlı Zengi, Urfa'yı ele geçirip Frank erkekleri öldürüp Frank kadınları da köle yaparak (Ermeni Hristiyanlara dokunmadı) ilk Haçlı Devleti'ni ve Kudüs hanedanının beşiğini ortadan kaldırmış oldu. Bunun üzerine İslam dünyası sevince boğuldu. Franklar yenilmez değildi ve sırada Kudüs vardı. İbni el Kayzerani, "Urfa açık denizse Kudüs

---

* Melisende, Makkabi dönemindeki İzebel'in kız kardeşi Atalya ve Alexander Jannaeus'un dul eşi Aleksandra'dan sonra, Kudüs'ü yöneten üçüncü kraliçeydi Üç kez taç giydi: 1129 yılında babasıyla, 1131 yılında Foulques'le ve 1143 yılında oğluyla. Her iki tarafta da kadının sosyal konumu düşük olsa da Usame bin Munkid hem Müslüman hem de Haçlı kadınların tehlikeli dönemlerde zırh giyip savaşlara katıldıklarını anlatmaktadır. Melisende, Ermeni kökenini unutmadı. Urfa'nın düşüşünün ardından Ermeni mültecileri Kudüs'e kabul etti ve Ermeniler 1141 yılında, sarayın yanında Aziz James Katedrali'ni inşa etmeye başladılar.

sahildir," diye yazmıştı. Abbasi Halifesi, Zengi'ye İslam'ın Ziyneti, Müminlerin Emiri'nin Yardımcısı ve Allah'ın Yardım Ettiği Sultan unvanlarını verdi. Zengi yine de her zamanki gibi yaşayıp içki içmekten vazgeçmedi.

Irak'taki bir kuşatmada küçük düşürülmüş bir hadım, belki de Zengi'nin hadım edilmiş seks kölelerinden biri, sıkı korunan çadırına girmeyi başardı ve sarhoş hükümdarı yatağında ağır yaraladı. Bir görevli onu kanlar içinde buldu ve çaresizce kurtulması için yalvardı: "Benim onu öldürmeye niyetli olduğumu zannetti. Parmağıyla işaret edip beni çağırdı. Hayretle durup, 'Beyim, bunu size kim yaptı?' dedim." Şahin Bey orada öldü.

Maiyeti hâlâ sıcak olan cesedinin yanında eşyalarını yağmaladı ve toprakları iki oğlu arasında bölündü: İçlerinde küçük olanı, yirmi sekiz yaşındaki Nureddin, babasının yüzüğünü parmağından aldı ve Suriye topraklarının sahibi oldu. Yetenekli ve babası kadar acımasız olmayan Nureddin, Franklara karşı cihadı sertleştirdi. Urfa'nın düşmesiyle şoke olan Melisende'nin başvurduğu Papa II. Eugenius, İkinci Haçlı Seferi'ni başlattı.[5]

AKİTANYALI ELEANOR VE KRAL LOUIS: SKANDAL VE YENİLGİ

Karısı Akitanya Düşesi Eleanor'un refakat ettiği Fransa'nın dindar genç kralı VII. Louis ve tecrübeli bir hacı olan Almanya Kralı III. Conrad, Papa'nın çağrısına cevap verdi. Ama onların komutasındaki Alman ve Fransız orduları Anadolu'dan geçerken Türkler tarafından fena hırpalandılar. VII. Louis sürekli saldırıya uğrayıp ağır zayiat verdiği bir intikalin ardından güç bela Antakya'ya ulaşabildi ki bu durum yolda tüm eşyalarını –ve muhtemelen beceriksiz kocasına duyduğu tüm saygıyı– kaybetmiş olan kraliçeyi fena korkutmuş olmalıydı.

Antakya Prensi Raymond, Louis'den Halep'i ele geçirmek için kendisine yardım etmesini istedi ama Louis önce Kudüs'te hacı olmayı kafaya koymuştu. Onun kadar dindar olmayan Raymond, Eleanor'un amcasıydı ve "prenslerin en yakışıklısıydı." Bu berbat yolculuğun ardından Eleanor, Surlu William'a göre, "evlilik yeminini hiçe sayıp kocasına ihanet etti." Kocası ona çok âşıktı ama evli olsalar bile onunla cinsel ilişkiye girmeyi münasip görmüyordu. Eleanor'un ona "erkekten çok keşiş" demesine şaşmamak gerek. Fakat son derece zeki, koyu renk saçlı, kara gözlü ve güzel vücutlu Eleanor, Avrupa'nın en zengin vârisiydi ve Akitanya sarayının rahat ortamında yetişmişti. Vakanüvis rahipler damarlarında kan yerine günah dolaştığını çünkü Eleanor'un büyükbabasının, zampara bir savaşçı şair olan Ozan William ve "Tehlikeli" takma adlı büyükannesinin de büyükbabasının metresi olduğunu yazmışlardı. Üstelik Ozan William, Tehlikeli ile daha kolay görüşebilmek için kızını onun oğluyla evlendirmişti.

Eleanor ve Raymond zina yapmış olsun ya da olmasın davranışları kocasını küçük düşürüp beynelmilel bir skandal başlatmaya yeterliydi. Fransa Kralı bu sorunu Eleanor'u kaçırarak ve Kudüs'e ulaşan Alman kralıyla görüşmeye giderek çözdü. Louis ve Eleanor şehre yaklaştığında "tüm ruhban sınıfı ve halk onları karşılamak için çıktılar" ve onlara "ilahiler ve dualar eşliğinde" Kutsal Kabir'e kadar refakat ettiler. Fransız çift, Conrad'la birlikte Süleyman Tapınağı'nda kaldı ama Fransız kralın maiyeti Eleanor'un her hareketini takip etti. Aylarca oradan bir yere gidemedi.

24 Haziran 1148'de Melisende ve oğlu III. Baudouin, Akka'da bir konsül topladı ve haçlıların hedefi teyit edildi: Şam. Şehir kısa süre önceye kadar Kudüs'ün müttefiki olsa da hâlâ önemli bir hedefti çünkü Nureddin'in eline geçmesi an meselesiydi. 23 Temmuz'da Kudüs, Fransa ve Almanya kralları savaşarak Şam'ın batısındaki meyve bahçelerine kadar ilerlediler ama iki gün sonra bilinmeyen bir nedenle doğuya yönelip orada ordugâh kurdular. Bundan dört gün sonra Haçlılar dağıldı ve üç kral da geri çekildi.

Şam Emiri Unur'un, Kudüs baronlarına rüşvet verip onları Batı Haçlılarının şehri kendileri için almak istediklerine ikna etmiş olması mümkündür. Bu tür bir satın alma hadisesi gerçekleşmiş olabilir ama Haçlıların, Zengi'nin oğlu Nureddin'in bir yardım kuvvetiyle gelmekte olduğunu öğrenmiş olmaları daha yüksek ihtimaldi. Bu felaketin tüm bedelini Kudüs ödeyecekti. Conrad eve yelken açtı; Louis ise arınma banyosunu yapıp Paskalya'yı Kutsal Şehir'de geçirmek için bekledi. Eleanor beklediği fırsatı elde etti ve dönüşlerinde evlilikleri sona erdi.* [6]

Gitmelerinin ardından kraliçe Melisende hem en büyük zaferini kutladı hem de en büyük utancını yaşadı. 15 Temmuz 1149'da o ve oğlu Kutsal Kabir Kilisesi'ni tekrar açtı – bu bina o tarihten günümüze kadar Haçlı Kudüs'ünün göz kamaştırıcı bir eseri olarak kalmaya devam etti. 1048'de inşa ve 1119'da restore edilen kompleksin içinde mimarlar, şapeller ve sunaklardan oluşan bir labirent buldular ve bu güçlüğü şaşırtıcı bir cüretle çözdüler. Kompleksin üzerine göğe yükselen bir rotunda yerleştirdiler ve tüm yapıları, doğudaki eski Kutsal Bahçe'ye doğru uzanan, muhteşem bir romanesk binada bir araya getirdiler. Şapeller ve büyük bir kemerli yol eklemek için rotundanın doğu duvarını açtılar. Konstantin Bazilikası'nın olduğu yere büyük bir revaklı avlu yaptılar. 1048 yılına ait güney girişini koruyup

* Boşanır boşanmaz Eleanor, Normandiya ve Anjou dükü ve Kudüs Kralı Foulques'in torunu olup çok geçmeden İngiliz tahtına II. Henry olarak çıkacak Henry'yle evlendi. Çocukları arasında Kral John ve geleceğin Haçlısı Aslan Yürekli Richard da bulunmaktadır.

iki kapılı romanesk bir cephe yaptılar ve üzerine oyma fenerler yerleştirdiler (bu fenerler günümüzde Rockefeller Müzesi'ndedir). Calvary Tepesi Şapeli'ne çıkan merdivenlerin üzerindeki oymalar Haçlı sanatının en nadide örneklerinden biridir. Ön cephenin en dikkat çekici özelliklerinden birisi de bir şekilde Haçlılar tarafından bulunmuş ve korunmuş olan, üst ve ortadaki, iki işlemeli trabzandır: Bu trabzan da Büyük Konstantin tarafından yıkılan Hadrianus'un pagan tapınağına aitti.

Melisende'nin oğlu annesine kızdı ve gücü tümüyle eline almak istedi. Yirmi yaşına gelmiş olan sarı saçlı ve iri kıyım III. Baudouin, birkaç kusuru hariç, mükemmel bir Frank kralı olacaktı. Ayrıca kumarbazlığı ve evli kadınları baştan çıkarmasıyla bilinirdi. Ama kuzey krizi herkese Kudüs'ün acilen savaşçı bir krala ihtiyacı olduğunu gösterdi: Zengi'nin oğlu Nureddin, Antakyalıları yenip Eleanor'un amcası Raymond'u öldürdü.

Baudouin, Antakya'yı kurtarmak için tam zamanında kuzeye koştu ama geri döndüğünde, artık kırk yedi yaşında olan annesi Melisende onun Paskalya'da taç giymesine itiraz etti. Kral geri adım atmamaya karar verdi.

ANA OĞULA KARŞI: MELİSENDE VE III. BAUDOUIN

Melisende zengin Sur ve Akka limanlarını oğluna teklif etti ama Kudüs'ü kendisine ayırdı. Baudouin krallığı ele geçirmek için harekete geçince "tüten ateş yeniden canlandı." Melisende, Baudouin peşinde olduğu halde son sürat Nablus'tan Kudüs'e geldi. Kudüs kapılarını krala da açtı. Melisende, Davud Kulesi'ne çekilince Baudouin orayı kuşattı. Saldırı için "kuşatma silahlarını kurdu" ve günlerce ok ve taş fırlattı. Sonunda kraliçe yetkiyi ve Kudüs'ü teslim etti.

Baudouin doğuştan gelen hakkını yeni almıştı ki Nureddin tekrar Antakya'ya saldırdı. Kral kuzeye gittiğinde 1086-1098 yılları arasında Kudüs'ü yönetmiş olan Ortuk sülalesi Irak'taki topraklarından Kutsal Şehri almak için harekete geçip Zeytin Dağı'nda toplandılar ama Kudüslüler şehirden çıkıp onları Eriha yolunda yok etti. Moraller yükseldi, Baudouin, Gerçek Haç'la birlikte ordusuyla Aşkelon'a yürüdü ve orayı da kısa sürede ele geçirdi. Ama kuzeyde Nureddin sonunda Şam'ı ele geçirdi ve Suriye ve Doğu Irak'ın hâkimi oldu.

"Uzun boylu, esmer, sakallı, bıyıksız, geniş alınlı ve güzel gözlü ve görünümlü bir adam olan" Nureddin, gerektiğinde Zengi kadar merhametsiz olabilse de çok daha ölçülü ve dikkatliydi. Haçlılar bile ona "bilge ve yiğit" derlerdi. Aralarında Usame bin Munkid'in de olduğu maiyeti tarafından sevilirdi. Nureddin poloyu o kadar severdi ki gece mum ışığında bile oynardı. Diğer taraftan Frank işgaline duyulan İslami öfkeyi Sünni dirilişine ve yeni bir askeri kendine güvene çevirmeyi başaran kişi de oydu. Yeni fezâil eserleri Nureddin'in cihadını methederek onun "Kudüs'ü Haçlıların haçlarından temizleyeceğini" söylüyorlardı – ilginçtir Haçlılar da bir zamanlar Müslümanları Kutsal Kabir'i kirletmekle suçlamışlardı. Şehri ele geçirdiği zaman el Aksa camisine yerleştirilecek işlemeli bir minber ya da vaaz kürsüsü inşa ettirdi.

Baudouin ve Nureddin bir türlü yenişemiyordu. Geçici bir ateşkese vardıkları sırada Kral, Bizans'tan yardım istedi: İmparator Manuel'in yeğeni Theodora'yla evlendi. Kilisedeki evlilik ve taç giyme töreninde "gelinin altın, mücevher ve incilerle bezeli gelinliği Konstantinopolis'in ihtişamını Kudüs'e taşımıştı." Baudouin, Antakya'da hastalandığında henüz çocukları olmamıştı ve birkaç hafta sonra 10 Şubat 1162'de öldü.

Cenaze alayı Beyrut'tan Kudüs'e kadar "görülmemiş bir matem ve üzüntünün hâkim olduğu" bir manzarada taşındı. Kudüs kralları, diğer haçlı soylularının aile üyeleri gibi, öylesine Levanten olmuşlardıki Surlu William'ın bildirdiğine göre, "Dağdan aşağıya inen pek çok kâfir de ağlayarak cenaze alayını takip etmişti." Nureddin bile, "Franklar öyle bir kral kaybetti ki dünya bir eşini daha görmemiştir," demişti.[7]

AMAURY VE AGNÈS: "KUDÜS GİBİ KUTSAL BİR ŞEHRE UYGUN OLMAYAN KRALİÇE."

Bir kadının kötü itibarı Kudüs'teki veraset sisteminin tüm dengesini altüst etti. Baudouin'in erkek kardeşi, Yafa ve Aşkelon kontu, Amaury onun vârisiydi ama patrik, akrabalık bağlarının fazla yakın olduğu gerekçesiyle, eğer Agnès ile olan evliliğine son vermezse ona taç giydirmeyi reddetti – oysaki zaten bir oğulları vardı. Müşkülpesent bir vakanüvise göre asıl sorun "onun Kudüs gibi kutsal bir şehre uygun bir kraliçe olmamasıydı." Agnès'in önüne gelenle yattığı için adı çıkmıştı ama tarihçiler kendisine karşı ön yargılı olduğundan bunun doğru olup olmadığını bilmek mümkün değildir. Yine de arzu edilen bir kadın olduğu belliydi ve âşık listesinde kahya, patrik ve dört kocanın da olduğu söylenirdi.

Amaury gereğini yerine getirip onu boşadı ve yirmi yedi yaşında taç giydi. Önceden de pek sempatik sayılmazdı –kekemeydi ve berbat bir kahkahası vardı – ve çok geçmeden "o kadar kilo aldı ki göğüsleri kadın göğsü gibi olup karnına kadar indi." Kudüslüler sokaklarda onunla dalga geçtiler ama "o sanki söylenenleri hiç duymamış gibi" davrandı. Göğüsleri kadın gibi olabilirdi ama zeki ve savaşçı bir adamdı ve krallık kurulduğundan beri en büyük stratejik tehditlerden biriyle karşı karşıyaydı. Suriye'yi Nureddin'e kaptırmışlardı ama III. Baudouin'in

Aşkelon'u fethi Mısır'a giden yolu onlara açmıştı. Amaury'nin bu büyük ödül için tüm enerjisi ve kuvvetiyle Nureddin'le savaşması gerekecekti.

İşte bu yüzden Kudüs'ün en belalı adamı Bizanslı bir prens ve emrinde çok sayıda şövalye olan Andronikos Komnenos'tan yardım istedi. Şövalyeleri başta Kudüs'ün "kendisini daha rahat hissetmesini" sağlamışlardı. İmparator Manuel'in kuzeni olan Andronikos, İmparator'un yeğenini baştan çıkarmış, öfkeli kardeşleri tarafından öldürülmekten zor kurtulmuş ve affedilip Kilikya valisi olarak tayin edilmeden evvel de on iki yılını hapiste geçirmişti. Daha sonra beceriksizliği ve sadakatsizliği yüzünden azledilmiş, Antakya'ya kaçıp oranın prensinin kız kardeşi Philippa'yı ayartmış ve tekrar kaçmak zorunda kalıp bu sefer Kudüs'e gelmişti. Amaury'nin maiyetindeki Surlu William, "Koyundaki bir yılan ya da dolaptaki bir fare gibi Yunan'ın hediye getireninden bile korkarım sözünün ne kadar doğru olduğunu gösterdi," demişti.

Amaury, Beyrut'u mülk olarak kendisine tahsis etti ama altmış yaşına gelmiş olan Andronikos, Prenses Philippa'yı terk edip III. Baudouin'in dul eşi, yirmi üç yaşındaki Kudüs Kraliçesi Theodora'yı baştan çıkarttı. Kudüs halkı çileden çıktı: Andronikos'un yine kaçmaktan başka çaresi yoktu. Theodora'yı da kaçırarak onunla birlikte Şam'daki Nureddin'e sığındı.* Başta Kudüs doğumlu ve Amaury'nin gözde din adamı Surlu William olmak üzere hiç kimse "bu yılanın" gitmesine üzülmedi. Paris, Orleans ve Bologna'da ders gördükten sonra William geri dönüp Amaury'nin en güvendiği danışmanı olmuştu. Yirmi yıl boyunca, önce Sur başpiskoposu ve daha sonra da şansölye olarak, William, Kudüs'ün en büyük krizlerinden birine denk gelen akıl almaz bir hanedan trajedisinin yakın şahidi olacaktı.[8]

SURLU WILLIAM: MISIR SAVAŞI

Kral Amaury, William'a Haçlı ve İslam krallıklarının tarihini yazma görevini verdi – bu, büyük bir görevdi. William'ın haçlı krallıklarının tarihini yazmada bir sorunu yoktu ama biraz Arapça biliyor olsa da İslam hakkında ne yazacaktı ki?

* En azından Theodora'yı diğerlerinden daha uzun süre sevmiş gibi görünüyor. Theodora, imparator tarafından yakalandığında Andronikos teslim oldu ve affedildi. 1182 yılında imparator öldüğünde fırsatı değerlendirip tahta o geçti ve Konstantinopolis tarihindeki en rezil imparatorlardan biri oldu. Hüküm sürdüğü dönemde kadınların da aralarında bulunduğu saltanat mensubu pek çok kişiyi öldürttü. Altmış beş yaşındayken bile hâlâ çok yakışıklıydı ve on üç yaşında bir prensesle evlendi. Tahtan indirildiğinde onu deviren kalabalık kendisine ölene kadar işkence yaptı, bir kolu kesildi, bir gözü oyuldu, saçları ve dişleri söküldü, yüzü kaynar suyla yakılıp yakışıklılığına son verildi. Theodora'nın akıbeti bilinmemektedir.

O tarihte Mısır'daki Fâtımi idaresi dağılmaya başlamıştı. Fırsatçılara gün doğmuştu – tahmin edileceği gibi Usame bin Munkid de Kahire'ye gitmişti. Ölümcül ama kârlı iktidar oyunları oynanıyordu. Usame fırsatları değerlendirip bir kütüphane kurdu fakat sonunda bir şeyler ters gitti ve Mısır'dan kaçmak zorunda kaldı. Ama ailesini, altınlarını ve kütüphanesini gemiyle gönderdi. Gemi, Akka yakınlarında karaya vurunca hazinesini kaybetti ve kütüphanesine de Kudüs Kralı tarafından el konuldu: "Çocuklarımın ve eşlerimin sağ salim olduğu haberini alınca servetimi kaybetmiş olmak beni o kadar da üzmedi, dört bin ciltlik kitaplarım haricinde. Ömür boyu bunun acısı kalbimden gitmedi." Usame'nin kaybı William'ın şansı olmuştu çünkü Usame'nin kitaplarını alıp onları kullanarak bir İslam tarihi yazdı.

O sırada Amaury, Mısır için savaşmakla meşguldü ve en az beş saldırı düzenlemişti. Tehlike büyüktü. İkinci saldırı sırasında Amaury, Mısır'ı ele geçirmenin kıyısından döndü. Eğer ülkenin zenginlikleri ve kaynaklarını elinde tutabilse Kudüs krallığı dayanmaya devam edebilir ve bölgenin kaderi tümden değişebilirdi. Ama onun yerine görevden alınan bir Mısır veziri, Nureddin'e sığındı ve o da Kürt Generali Şirkuh'u Mısır'ı alması için gönderdi. Amaury, Şirkuh'u yendi, İskenderiye'yi ele geçirdi ama oraya yerleşmek yerine haraç kabul edip Kudüs'e geri döndü.

Mısır'dan elde edilen ganimet sayesinde Amaury'nin başkenti canlandı. Tapınak Dağı'nda bulunan Cenacle'daki Gotik odası o dönemde inşa edildi ve kral üç çatılı portikosu, küçük kubbeli bir kulesi ve Davud Kulesi'nin güneyinde büyük ve daire şeklinde diğer bir kulesi bulunan yeni bir saray inşa ettirdi.* Fakat Mısır henüz boyun eğmiş değildi.

Bu pahalı savaş yüzünden iflas eden Amaury, Konstantinopolis'teki İmparator Manuel'den yardım istedi, yeğeni Maria'yla evlendi ve tarihçisi William'ı askerî işbirliğini müzakere etmesi için gönderdi. Ama savaş ve yardımın zamanı bir türlü denk getirilemedi. Mısır'da Amaury ve Mısırlı müttefikleri Kahire'yi almak üzereyken Nureddin'in komutanı Şirkuh geri döndü. Kral ilave ödemeler yapılacağı sözü verilmesi üzerine geri çekildi.

Amaury, Gazze'de hastalandığında Mısırlı müttefiklerinden kendisine en iyi doktorlarını göndermesini istedi – Kral, Doğu tıbbının hayranıydı. Mısırlılar bu

---

* Bu saray söz konusu tarihlerde Cambrai'de yapılan ve oldukça gerçekçi Kudüs haritasında görülmektedir. Theodorich, sarayı 1169 yılında gördü. 1229 yılında Alman Haçlılara verildi ama muhtemelen 1244'teki Harzemşah Türklerinin saldırıları sırasında yok edilerek ortadan kayboldu. Arkeologlar 1971 ve 1988 yıllarında Ermeni bahçesi ve Türk kışlası altında temellerini buldular.

görevi tesadüfen Kudüs'ten henüz dönmüş olan halifenin Yahudi doktorlarından birine teklif ettiler.[9]

MUSA MEYMUN: ŞAŞKINLARIN REHBERİ

İbn Meymun, muhtemelen Kudüs'le olan ittifakın kısa sürdüğü Fâtımi Mısır'a henüz vardığı için kurnazca bir hamle yaparak, Haçlı kralını tedavi etmeyi reddetti. İbn Meymun, Yahudi-Müslüman medeniyetinin altın çağının sona erdiği, Endülüs'teki Müslüman baskısından kaçan bir Yahudi'ydi. Bölge kuzeydeki saldırgan Hristiyan krallıklarla, fanatik Berber kabileleri Muvahhidlerin eline geçen, Müslüman güney arasında bölünmüştü. Muvahhidler, Yahudilere din değiştirmeyle ölüm arasında tercih yapmalarını söylediler. Genç ibn Meymun din değiştirmiş gibi yaptı ve 1165 tarihinde kaçıp hac yapmak için Kudüs'e doğru yola çıktı. 14 Ekim'de, Yahudiler için ideal hac mevsimi olan Yahudi yeni yılı ve Tövbe Günü, Tishri sırasında ibn Meymun kardeşi ve babasıyla Zeytin Dağı'na çıktı. Orada Yahudi Tapınağı'nı ilk kez gördüler ve giyecekleri kıyafetleri kiraladılar – daha sonra bir Yahudi hacı tarafından elbisenin ne kadar yırtılması (ve daha sonra nasıl dikileceğini) ve bunun ne zaman yapılması gerektiğini tafsilatıyla anlatacaktı.

Şehre doğudaki Yehoşafat Kapısı'ndan girdiğinde Yahudilerin hâlâ resmî olarak yasaklı olduğu Hristiyan bir Kudüs'le karşılaştı – sadece kendilerine özel izin verilmiş ve Davud Kulesi'nin yakınında oturan dört Yahudi boyacı vardı.* İbn Meymun, Tapınak için yas tuttu: "harap halde olsa da kutsallığından bir şey kaybetmemiş." Daha sonra "büyük ve kutsal tapınağa girdim ve dua ettim." Anlaşılan Tanrı Tapınağı'ndaki taşta** ibadet etmesine izin verilmişti (Usame bin Münkid gibi Müslümanlara izin verilmesi gibi) ama daha sonra Tapınak Dağı'nı ziyaret etmesi yasaklandı – hâlâ bazı Ortodoks Yahudiler tarafından riayet edilen bir kuraldır bu.

* Yahudi gezgin Tudelalı Benjamin, ibn Meymun'dan hemen sonra Kudüs'ü ziyaret etti. Orada olduğu sırada Siyon Dağı'ndaki Cenacle'ı yenileyen işçiler bir mağara buldular ve bunun Kral Davud'un kabri olduğunu söylediler. Haçlılar buraya bir anıt mezar yaptılar ve Kudüs'ün bulaşıcı dinî atmosferinde burası Yahudiler ve Müslümanlar için de mukaddes bir mekân haline geldi. Benjamin, Irak'a gittiğini iddia etti. Bağdat'ta David el-Rey (Kral) ya da Alroy adında bir Yahudi'nin kendisini Mesih ilan etmesini ve orada yaşayan Yahudilerle birlikte uçarak gidip Kudüs'ü fethedeceklerini iddia ettiğini aktarmıştır. Bağdat Yahudileri evlerinin damında beklediler ama uçabilen olmadı ve komşularının alay konusu oldular. Alroy daha sonra öldürüldü. Benjamin Disraeli on dokuzuncu yüzyılda Kudüs'ü ziyaret ettiğinde *Alroy* isimli romanını yazmaya başladı.

** İslam hâkimiyeti altında dört asır Yahudi sinagogu olarak kaldıktan sonra Haçlılar batı duvarına bitişik tünellerdeki "Mağara'yı" kapatıp onu su sarnıcına çevirdi. O yüzden ibn Meymun'un orada dua etmiş olması zayıf ihtimaldir.

Araplar tarafından Musa bin Maymun olarak bilindiği Mısır'a yerleşti ve pek çok uzmanlık alanı olan bir âlim olarak şöhret yaptı. Yahudi kanunlarından tıbba kadar, aralarında felsefe, din ve bilimi bir potada erittiği şaheseri *Şaşkınların Rehberi*'nin de bulunduğu, çok sayıda eser verdi, ayrıca saray hekimi olarak da görev yaptı. Ama Amaury ve Nureddin, Mısır hilafetini ele geçirebilmek için mücadele ettiğinden Mısır'da kargaşa hâkimdi.

1169 yılında Suriye'nin hâkimi Nureddin, Kudüs'ü kuşatırken emiri Şirkuh'ta, Mısır savaşını kazandı. Şirkuh'a genç yeğeni Selahaddin de yardım etmişti: Obez Şirkuh 1171 yılında öldüğünde Selahaddin, Mısır'ın hâkimiyetini ele geçirdi, ibn Meymun'u, Yahudi Reisi ve şahsi hekimi olarak tayin etti. Kudüs'te ise vârisin sağlık durumunun kötü olması tıbbı her şeyin merkezine getirecekti.[10]

25

CÜZZAMLI KRAL

1174-87

SURLU WILLIAM: SARAY DANIŞMANI

Kral Amaury, Surlu William'ı oğlu Baudouin'in hocası olarak tayin etti: William genç prense hayran olmuştu:

> Dokuz yaşında olan çocuk ona öğretmenlik yapmam için bana emanet edildi. Kendimi onu eğitmeye adadım. Güzel bir çocuktu ve harfleri çabuk öğreniyor ve her geçen gün ne kadar yetenekli olduğu daha iyi ortaya çıkıyordu. Çok iyi at biniyordu. Zekâsı keskindi. Hafızası da güçlüydü.

William, "Babası gibi o da hevesle tarih dinliyor ve nasihat dinleme konusunda da istekli," diye de ekledi – William'ın nasihatleri olduğuna şüphe yok. Çocuk şakacıydı ve hastalığını da bu sayede öğrenmişti.

> Arkadaşlarıyla birlikte oynarken tüm yaramaz çocuklar gibi birbirlerinin el ve kollarını tırnaklarıyla çimdikliyorlardı. Ama Baudouin sanki hiçbir şey hissetmiyormuş gibi görünüyormuş. Bu birkaç kez olduktan sonra bana haber verdiler. Onu çağırdım ve tetkik ettiğimde sağ kol ve elinin uyuşuk olduğunu fark ettim. Şüphelendim. Çocuğun babasına (krala) haber verildi ve hekimlere gösterildi. Zaman içerisinde ilk emareleri görmeye başladık. Gözyaşlarına boğulmamak elde değil.[11]

IV. BAUDOUIN'İN HASTALIĞI

William'ın sevgili öğrencisi cüzzamlıydı* – ve savaşta olan bir krallığın vârisiydi. 15 Mayıs 1174'te Suriye ve Mısır'ın hâkimi ve yeni cihadın tasarlayıcısı Nureddin öldü. William bile kendisinden "adil bir prens ve dindar bir adam" olarak söz etmişti.

---

* Cüzzam yaygındı. Kudüs'te cüzzamlı şövalyeler için Aziz Lazarus Tarikatı bile bulunuyordu. Cüzzamın bulaşması zordur: Çocuğun aylarca temas halinde olması gerekirdi ve belki de hafif belirtileri olan bir

Kral Amaury, Nureddin'in ölümünü fırsat bilip hemen kuzeye yöneldi ama dizanteriye yakalandı. Daha otuz sekiz yaşında olmasına rağmen Arap ve Frank doktorlar tedavi konusunda tartışırken 11 Temmuz'da Kudüs'te öldü. Yeni kral olan IV. Baudouin, William tarafından çok iyi eğitilmiş ve pek çok ağır tedaviye tahammül etmek zorunda kalmıştı – kan aldırma, yağla ovma ve lavman. Sağlığı, Arap bir hekim olan Ebu Süleyman Davud'a emanetti ve Baudouin'e hastalığı ilerleyince tek elle ata binmeyi öğreten de onun kardeşiydi.

Sadık hocası tarafından attığı her adımı takip edilen bu zavallı kralın ateş altında gösterdiğine benzer bir cesaret ve erdemin bir benzerini daha bulmak zordu: "Her geçen gün durumu daha kötüye gidip özellikle yüz hatları etkilenmeye başladı, öyle ki yanındakiler ona baktıkları zaman acımaya başladılar." Annesinden ayrı büyümüştü ama Agnès oğluna destek olmak için geri döndü ve üstelik seferlerde de ona refakat etmeye başladı. Büyük bir hata yapıp kralı kibirli bir yardımcıya teslim etti. Bu yardımcı Akka'da suikasta kurban gittiğinde Kudüs politikası son günlerini yaşayan bir mafya ailesinin durumuna benzemeye başladı.

Kralın kuzeni Trablusşam Kontu III. Raymond kral naipliğini talep etti ve düzeni tekrar tesis ederek saray danışmanı olan William'ı şansölye olarak atadı. Ama Kudüs'ün korkulu rüyası olan stratejik kâbus gerçeğe dönmeye başlamıştı: Kahire hâkimi Selahaddin, Şam'ı ele geçirmişti ve kademeli olarak Suriye, Mısır, Yemen ve Irak'ın büyük bölümünü tek bir sultanlık altında birleştirerek Kudüs'ü kuşatıyordu. Arapça konuşan şehirli Levanten hanedanlarından birinin mensubu olan Trablusşam Kontu Raymond, Selahaddin'le mütareke imzalayarak zaman kazandı. Ama böylece Selahaddin'e de zaman kazandırmıştı.

Baudouin, Suriye ve Lübnan'a saldırarak ne kadar hırslı olduğunu gösterdi ama hastalığı yüzünden asilzadeler hasta yatağının başında didişmeye başladılar. Tapınakçılar'ın Ustası gittikçe daha da söz dinlemez hale gelirken Hospitalerler, patriğe karşı şahsi bir savaş sürdürüyor ve hatta Kutsal Kabir'in içerisinde ok atıyorlardı. Bu arada bölgeye yeni gelen, Ürdün'deki Kerak ve Outrejourdain'ın kontu ve tecrübeli şövalye Chatillonlu Raynald kendisine aşırı güvenen savaş taraftarı birisiydi.

Selahaddin, krallığı yoklamaya başladı, Aşkelon'a saldırdı ve Kudüs'e yürüdüğünde şehir sakinleri panik içerisinde Davud Kulesi'ne kaçtılar. 1177 Kasım sonuna doğru Aşkelon düşmek üzereyken cüzzamlı kral, Raynald ve birkaç yüz

sütanneden geçmişti. Hastalığa neden olan bakteri ter ve dokunmayla geçer. Baudouin'in ergenliğe geçişi ondaki cüzzamı tetikledi. Cennetin Krallığı filminde perişan haldeki burunsuz yüzünü gizlemek için maske takmaktadır ama gerçekte hastalık kendisini erittiği halde bile bir kral olarak kendisini saklamayı reddetmişti.

şövalye, Selahaddin'in, Kudüs'ün kuzeyinde bulunan, Montgisard'daki yirmi altı bin askerine saldırdı. Gerçek Haçın varlığı ve savaş alanında tezahür eden Aziz George'un görüntüsünden ilham alan Baudouin büyük bir zafer kazandı.

ERDEM BASKI ALTINDA: CÜZZAMLI KRALIN ZAFERİ

Cüzzamlı kral muzaffer bir şekilde geri dönerken Selahaddin bir deve sırtında güçlükle kaçabilmişti. Ama Sultan hâlâ Mısır ve Suriye'nin hâkimiydi ve çok geçmeden yeni bir ordu topladı.

1179 yılında Suriye'ye düzenlediği bir saldırı sırasında Baudouin pusuya düşürüldü, atı okla vuruldu ve ancak kendisini korumak için hayatını feda eden ihtiyar Kraliyet Garnizon Komutanı sayesinde kaçabildi. Her zamanki hastalığından toparlandıktan sonra tekrar Selahaddin'in akıncılarına saldırdı. Litani Nehri yakınlarında atını kaybedip savunmasız kaldı: Vücudundaki uyuşmanın artması yüzünden tekrar ata binemedi. Bir şövalye onu sırtında savaş alanından taşımak zorunda kaldı. Genç kral evlenmedi – cüzzamın cinsel ilişki yoluyla geçtiğine inanılıyordu ve artık ordularına da nadiren komuta eder hale gelmişti. İçinde bulunduğu zor durumu –ve Avrupa'dan gelecek güçlü bir krala duyduğu ihtiyacı –Fransa Kralı VII. Louis'ye şöyle ifade etti: "Kişinin azalarının eksik olması devlet işlerini yürütmesini daha da kolaylaştırmıyor. Keşke Naaman'ın hastalığından şifa bulabilseydim ama maalesef beni iyileştirecek bir Elyesa yok. Araplar, Kutsal Şehri böylesine sıkıştırırken gücün bu kadar zayıf bir elde olması adil değil." Kralın hastalığı arttıkça iktidar mücadelesi de şiddetlendi. Kralın çöküşünü siyasetteki ve halkın moralindeki çözülme izledi. Trablusşam Kontu Raymond ve Antakya Prensi Bohemond bir süvari birliğiyle şehre doğru gelirken kendisini tahttan indirmeye geldiklerini zanneden öfkeli kral bir kez daha Selahaddin'le ateşkes imzalayarak zaman kazandı.

Patrik öldüğünde kralın annesi Agnès, Sur Başpiskoposu William'ı atlayarak, sevgilisi olduğu söylenen, Kayseryalı Heraklius'u patrik yaptı. Pahalı ipekleri ve mücevherleri seven ve hep nefis kokular sürünerek dolaşan bu ruhban jigolo bir manifaturacının karısı olan Paschia de Riveri'yi metresi olarak tutmuştu. O da Kudüs'e gelmiş ve hatta ondan bir kız çocuğu doğurmuştu: Kudüslüler ona Madame la Patriarchesse adını verdiler.

Kral yakında ölecek ve Agnès de veraset meselesini çözmek zorunda kalacaktı.

GUY: KUSURLU VÂRİS

Agnès sonunda kralın kız kardeşi Sibylla'yı son sevgilisinin yirmi yedi yaşındaki yakışıklı kardeşi ve krallığın başkomutanı olan Lüzinyalı Guy'le evlendirdi. İlk evliliğinden bir oğlu bulunan genç bir dul olan Prenses Sibylla bu evlilikten memnun olan tek kişiydi. Baronların çoğuna göre bu yeni koca, Kudüs'ün kronik sorunlarını çözecek ne tecrübeye ne de asil kana sahipti. Artık Yafa ve Aşkelon kontu olan Guy soylu bir aileden gelen bir Poitevin baronuydu ama otoriter yanının eksik olduğu kesindi. Krallığın birleşmeye en çok ihtiyaç duyduğu zamanda tam tersine onu böldü.

Kerak Kontu Raynald, Mekke'ye giden hacıların kervanlarına saldırarak ateşkesi bozdu. Bir Müslüman hükümdar için hac yolunun korunmasından daha mukaddes bir vazife yoktu. Selahaddin köpürdü. Yaptığı yetmezmiş gibi Raynald bir filo kurup Kızıl Deniz kıyılarına saldırdı ve Mekke ve Medine yakınlarında karaya çıktı. Savaşı düşmanın kalbine taşımak etkileyici olduğu kadar tehlikeli de bir hamleydi. Raynald hem karada hem de denizde mağlup edildi ve Selahaddin esir alınan Frank denizcilerin boğazlarının Mekke dışında halkın gözü önünde kesilmesini emretti. Hiç durmadan büyüyen imparatorluğu için bir ordu daha kurdu. Raynald'a gelince Selahaddin "Kerak tiranının kanını dökmeye" yemin etti.

"Uzuvları harap halde olduğundan ellerini ve ayaklarını kullanamayan" Baudouin ateşlenerek yatağa düşmüştü: Guy'i naibi olarak atadı ve Kudüs'ü has mülkü olarak muhafaza etti.* Guy, 1183 Eylül ayında Selahaddin, Celile'yi işgal edene kadar hızlı yükselişinin keyfini çıkardı. Guy, Sephoria Çeşmesi yakınlarında bin üç yüz şövalye ve on beş bin piyade topladı ama korktuğu ya da saldırmayı başaramadığı Selahaddin, Ürdün'deki Kerak Kalesi'ne saldırmak için ilerlemeye devam etti. Baudouin, Kerak'a yardımın yolda olduğunun bildirilmesi için Davud Kulesi'ndeki işaret ateşinin yakılmasını emretti. Perişan haldeki cüzzamlı kral büyük bir cesaret örneği göstererek Kerak'ı kurtarmak için yola çıktı.

Kral döndüğünde Guy'i azledip Raymond'u kral naibi olarak atadı ve Sibylla'nın oğlu, sekiz yaşındaki yeğeninin V. Baudouin olarak tahta çıkmasına karar verdi. Merasimin ardından en uzun boylu asil olan İbelinli Balian'ın omuzları üzerinde Kutsal Kabir'den Tapınak'a kadar taşındı. 16 Mayıs 1185'te IV. Baudouin yirmi üç

---

* "Bu felaketlerden yorulan ve o dönemde yaşananlardan bıkan" Surlu William "kalemi bırakmaya ve sadece üzüntü ve gözyaşı getiren geçmiş dönemin olaylarında teselli bulmaya" karar verdi. "Devam edecek cesaretimiz yok. Artık huzurumuzu muhafazanın vakti geldi." Onun Deniz Aşırı Ülke kronikleri günümüze ulaştı ama İslam tarihi kayboldu. Tartıştığı Patrik Heraklius kendisini aforoz etti. William, Roma'ya başvurdu ama İtalya'ya doğru yola çıkarken hayatını kaybetti. Muhtemelen zehirlendi. 1184'te, Kudüs'ün anahtarlarını taşıyan Heraklius, cüzzamlı krala bir vâris bulma ya da en azından kaynak ve şövalye tedarik edebilme umuduyla İngiltere ve Fransa'yı dolaştı. İngiltere Kralı II. Henry'yi bu iş için razı etmek istedi. Onun yerine Kudüs tahtını isteyen en küçük oğlu John oldu ama babası gitmesine izin vermedi. İleride "Yumuşak Kılıç" olarak bilinecek ve en kötü İngiliz krallarından biri olacak John'un, Kudüs'ü kurtarabileceğini hayal etmek zordur.

yaşında öldü. Ama yeni çocuk kralın saltanatı da bir yılda sona erdi ve üzerinde iki yanında melekler olan İsa oyması bulunan ve akantus yapraklarıyla süslü bir lahde defnedildi.[12]

Kudüs'ün yetişkin bir başkomutana ihtiyacı vardı. Trablusşam Kontu Raymond ve baronlar Nablus'ta Guy'in geri dönüşüne mani olmak için bir araya geldiler ama Kudüs'te taht, artık vekil kraliçe olan Sibylla'ya aitti – ve o hiç kimsenin sevmediği Guy'le evliydi. Guy'den boşanıp başkasını kral adayı olarak göstereceğine söz veren Sibylla, Patrik Heraklius'u kendisine taç giydirmeye ikna etti. Diğer taraftan Guy'i de taç giyme töreni sırasında kendisiyle birlikte taç giymesi için çağırdı. Aklınca uyanıklık yapmıştı ama yeni kral ve kraliçe, Selahaddin'e karşı verilecek mücadeleyi sekteye uğratan Kerak Kontu Raynald ve Tapınakçılar'ın ustasını zapt edecek güçte değildi. Raynald ateşkese rağmen Şam yakınlarında bir hac kervanına daha saldırıp Selahaddin'in kız kardeşini ele geçirdi, Muhammed'le dalga geçip esirlere işkence etti. Selahaddin, Kral Guy'e başvurup tazminat ödenmesini istedi ama Raynald ödemeyi reddetti.

Mayısta Selahaddin'in oğlu, Celile'ye saldırdı. Tapınakçılar ve Hospitalerler ona saldırdılar ama Cresson pınarı yakınlarında tümü imha edildi ve sadece Tapınakçılar'ın ustası ve üç şövalye kaçıp canını kurtarabildi. Bu felaket geçici bir birliğin yolunu açtı.

KRAL GUY: YEMİ YUTMAK

27 Haziran 1187'de Selahaddin, Frankları dışarı çekip onlara "kahredici bir darbe indirme umuduyla" otuz bin kişilik bir ordunun başında olduğu halde Tiberias'a yürüdü.

Kral Guy, Celile'deki Sephoria'da on iki bin şövalye ve on beş bin piyade topladı ama Kudüs krallarının kırmızı çadırında toplanan bir konsülde önüne sürülen nahoş alternatiflerle uğraşmak zorunda kaldı. Trablusşam Kontu Raymond, karısı kuşatılan Tiberias'ta olmasına rağmen itidal çağrısında bulundu. Raynald ve Templarların ustası, Raymond'u hain kabul edip derhal muharebeye girişilmesini talep ettiler. Guy sonunda yemi yuttu. Ordusunu yakıcı güneş altında ve sürekli Selahaddin'in askerleri tarafından taciz edilirken Celile tepelerinde yürütüp Hattin'in iki zirveli tepesindeki volkanik bir platoda kamp kurdu. Daha sonra da su aramaya başladılar – ama oradaki kuyu kurumuştu. Raymond, "Ah, Tanrım. Savaş bitti, biz öldük ve krallığın da sonu geldi," dedi.

Haçlılar 4 Temmuz Cumartesi sabahı uyandıklarında aşağıdaki ordugâhta dua eden Müslümanların seslerini duyabiliyorlardı. Yaz sıcağında zaten susuzluktan kurumuşlardı. Müslümanlar çalıları ateşe verdi. Çok geçmeden etraflarındaki her şey yanmaya başladı.[13]

26

SELAHADDİN

1187-1189

SELAHADDİN: MUHAREBE

Selahaddin uyumadan tüm geceyi birlikleriyle ikmali düzenleyerek ve cenahları mevzilendirerek geçirdi. Frankları kuşatmıştı. Mısır ve Suriye Sultanı'nın bu fırsatı kaçırmak gibi bir niyeti yoktu. Kürtler, Araplar, Türkler, Ermeniler ve Sudanlılardan oluşan çok milletli ordusunun teşkil ettiği görmeye değer manzara Selahaddin'in yardımcısı İmadeldin tarafından şöyle tasvir edilmiştir:

> Kişneyen atlar, kılıçlar, zırhlar, demir uçlu yıldızı andıran gönderler, hilal kılıçlar, Yemen kılıçları, sarı sancaklar, anemon gibi kırmızı sancaklar ve havuz gibi parlayan zırh gömlekler, akarsu gibi bembeyaz parlayan kılıçlar, tüyleri mavi olan kuşa benzer oklar ve başlarında ışıl ışıl miğferler olan şaha kalkmış atlarının üzerindeki sırım gibi süvarilerden oluşan bir derya.

Şafakta oğlu Efdal'in refakatindeki ve her zamanki gibi Türk Memlûkleri (köle askerler) tarafından korunan ve at üzerinde merkez kuvvetlere komuta eden Selahaddin saldırıyı başlattı. Frankları ok yağmuruna tuttular ve ağır zırhlı Frankları uzakta tutabilmek için süvari ve atlı okçularının hücumlarını bizzat yönetti. Guy'in tek yapabileceği atlı şövalyelerini piyadelerin kalkanlarıyla korumaya devam edebilmekti; Selahaddin'in ise onları birbirlerinden ayırması şarttı.

Akka Piskoposu, kralın önünde Gerçek Haç'ı taşırken Guy'in ordusu ilk hücumları püskürttü ama daha sonra susuz Frank askerleri tepelere kaçıp süvarileri açıkta bıraktı. Guy'in şövalyeleri hücuma geçtiler. Trablusşam Kontu Raymond ve İbelinli Balian, sultanın askerlerine dörtnala saldırırken Selahaddin sağ cenaha komuta eden yeğeni *Takıyüddin'e* saflarını açmasını emretti: Haçlılar o hızla geçip gittiler. Müslüman safları derhal tekrar kapandı ve böylece ağ kapanmış oldu. İslam ordusundaki çoğu Ermenilerden oluşan okçular Frank atlarını "çekirge sürüsünü andıran ok bulutlarıyla" vurdular ve atsız kalan şövalyeleri "aslanken kirpiye döndü." O "aşırı sıcak günde," atlarından mahrum, açıkta, susuzluktan ağızları kurumuş, yanan çalılardan mustarip olmuş ve komutanlarının sağ olup olmadığından bihaber Guy'in askerleri öldü, kaçtı ya da teslim oldu.

Guy tepelerden birine çekildi ve orada kırmızı çadırını kurdu. Şövalyeleri son bir direniş için çevresini sardılar. Selahaddin'in oğlu Efdal şöyle anlatıyor: "Frank kralı tepeye çekildiğinde şövalyeleri yiğit bir hücum düzenleyip Müslümanları babama doğru sürdüler." Bir an için Frankların cesareti Selahaddin'i tehdit edecekmiş gibi göründü. Efdal, babasının tehlikede olduğunu gördü. "Rengi değişti ve sakalını çekti, daha sonra da, 'Şeytanı yalancı çıkarın,' diye bağırarak ileri atıldı ve Müslümanlar tekrar saldırıp Haçlıları dağıttı ve 'dağılan Haçlılar tepeye çekildiler. Frankların kaçtığını görünce neşeyle onları yendik diye bağırdım!' Ama susuzluktan bunalmış halde tekrar saldırıp askerlerimizi babamın olduğu yere kadar sürdüler." Selahaddin askerlerini toplayıp Guy'in hücumunu durdurdu. Efdal tekrar, "Onları yendik," diye bağırdı.

Selahaddin, "Sessiz ol," diye bağırıp kırmızı çadırı işaret etti. "O çadır orada durduğu müddetçe onları yenmiş sayılmayız!" O sırada Efdal çadırın yıkıldığını gördü. Akka Piskoposu öldürüldü, Gerçek Haç ele geçirildi. Kraliyet çadırı etrafındaki Guy ve şövalyeleri öyle bitkin haldeydi ki oldukları yere yığılıp kaldılar. Efdal, "Ardından babam atından indi, secde edip sevinç gözyaşlarıyla Allah'a şükretti," dedi.

Selahaddin, emirleri, esirleri kendisine getirdiği sırada hâlâ kurulmakta olan, göz kamaştırıcı çadırında bekliyordu. Çadır kurulduğunda Kudüs Kralı Guy ve Kerak Kontu Raynald'ı huzuruna kabul etti. Guy öyle susuz kalmıştı ki Selahaddin ona içinde Hermon Dağı'ndan getirilmiş buz olan şerbet ikram etti. Kral susuzluğunu giderdikten sonra bardağı Raynald'a uzatınca Selahaddin araya girdi: "Ben içeceği sana verdim. Ona değil." Raynald'a Arap misafirperverliği gösterilmedi.

Selahaddin askerlerini tebrik etmeye "kesik uzuvlar, çıplak cesetler, vücut parçaları, çıkmış gözler deşilmiş bağırsaklar ve ortadan ikiye bölünmüş bedenlerle kaplı" muharebe alanını teftiş etmeye gitti. Döndüğünde Sultan, Guy ve Raynald'ı çağırdı. Kral dışarıda bırakıldı; Raynald içeri alındı: Selahaddin, "Allah sana karşı zafer kazanmamı sağladı. Kaç kez yeminini bozdun?"

Mağrur Raynald, "Prensler hep böyle davranır," diye cevap verdi.

Selahaddin, ona Müslüman olmasını teklif etti. Raynald küçümser bir ifadeyle reddedince sultan, kılıcını çekip kolunu omuzundan kesti. Muhafızlar da yarım kalan işi bitirdiler. Raynald'ın kafasız vücudu Guy'in önünden geçirilip dışarı taşındı ve çadırın dışına atıldı.

Kudüs kralı içeri alındı. Selahaddin, "Kralların kralları öldürmesi adetten değildir. Ama bu adam sınırları aşıp başına gelenleri hak etti," dedi.

Ertesi sabah Selahaddin iki yüz Tapınak ve Hospitaler şövalyesinin tümünü her biri için askerlerine elli dinar ödeyerek satın aldı. Hristiyan savaşçılara Müslüman olmaları teklif edildi ama çok azı kabul etti. Selahaddin sufilerden ve İslam âlimlerinden gönüllüler istedi ve onlara şövalyeleri öldürmesini emretti. Kimisi bu ayrıcalık için yalvarırken bazıları da bunu beceremeyeceğinden çekinip yerine başkasını görevlendirdi. Bu amatörler Selahaddin'in gözü önünde Kudüs krallığından son kalanları da ortadan kaldırdılar. Cesetler oldukları yerde bırakıldı. Bir yıl sonra bile savaş alanı hâlâ "kemiklerle kaplıydı."

Selahaddin, Kudüs kralını, bir mızrağın ucunda baş aşağı astığı, Gerçek Haç'la birlikte Şam'a gönderdi. Ayrıca o kadar çok esir vardı ki Selahaddin'in maiyetinden biri "tek bir kişinin otuz esirin bağlı olduğu bir çadır ipini çektiğini" gördü. Frank kölelerin fiyatı üç dinara düştü ve biri sadece tek bir kundura karşılığında satıldı.[14]

Sultan, Deniz Aşırı Ülke'nin kalanını da ele geçirmek için harekete geçip Sidon, Yafa, Akka ve Aşkelon gibi kıyı şehirlerini ele geçirdi ama Montferrat Markizi Conrad (kardeşi kısa süreliğine Sibylla'yla evlenmişti) son anda yardıma geldiği için Sur şehrini ele geçirmeyi başaramadı. Onun yerine Selahaddin'in Mısır valisi ve kardeşi Sefahaddin kendisine Kutsal Şehri almadan önce hasta düşmesi riskine karşı bir an önce Kudüs'e yürümesini tavsiye etti. "Eğer bu gece kolikten ölürsen Kudüs Frankların elinde kalır."

SELAHATTİN'İN KUŞATMASI: KATLİAM MI, TESLİM Mİ?

20 Eylül 1187 Pazar günü Selahaddin, Kudüs'ü kuşatıp önce Davud Kulesi'nin batısında kamp kurdu ve ardından Godfrey'in surlara saldırmış olduğu kuzeydoğuya yöneldi.

Şehir mülteciden geçilmese de patriğin emrinde savaşmak için sadece iki şövalye kalmıştı ve Kudüs'ün iki tane de kraliçesi bulunuyordu – Sibylla ve İbelinli Balian'la evlenmiş olan Kral Amaury'nin dul eşi Maria. Heraklius surları savunacak ancak elli asker bulabildi. Neyse ki Selahaddin'in izin verdiği İbelinli Balian, karısı Kraliçe Maria'yı ve çocuklarını kurtarmak için geldi. Balian, Selahaddin'e dövüşmeyeceğine dair söz vermişti ama Kudüslüler komutayı alması için kendisine yalvardılar. Balian bunu reddedemedi ve Selahaddin'e bir mesaj göndererek sözünü tutamadığı için özür diledi. Sultan, Maria ve çocukların ayrılması için refakat bile tahsis etti. Onlara süslü elbiseler verip iyi davranan sultan, çocukları dizine oturttu ve Kudüs'ü bir daha göremeyeceklerini düşünerek ağladı. "Bu dünyadaki şeyler bize geçici olarak verilmiştir," dedi.

Balian* on altı yaşın üzerindeki tüm soylu çocukları ve otuz burjuvayı şövalye ilan etti ve tüm erkekleri silahlandırıp huruç saldırıları düzenlemeye başladı. Selahaddin taarruza başlarken kadınlar Kutsal Kabir'de dua edip kefaret olarak saçlarını tıraş ettiler ve keşişler ve rahibeler yalın ayak surlarda dolaştılar. 29 Eylül'e kadar Selahaddin'in istihkâmcıları surları zayıflatmaya başlamışlardı bile. Franklar şehit olarak ölmeye hazırlanırken Heraklius böyle yaparlarsa kadınların hepsinin sonunun cariye olmak olduğunu söyleyerek cesaretlerini kırdı. Latinleri sevmeyen Suriyeli Hristiyanlar kapıları Selahaddin için açmayı kabul ettiler. Ayın otuzunda Müslümanlar surlara saldırırken Balian, müzakere için Selahaddin'i ziyaret etti. Sultan'ın sancağı bir ara surlara dikilse de askerleri geri püskürtüldü.

Selahaddin, Balian'a, "Sizler Kudüs halkına nasıl muamele ettiyseniz (1099 tarihinde) biz de size öyle muamele edeceğiz, yani ölüm, kölelik ve diğer vahşet örnekleriyle," dedi.

Balian, "Sultan şehirde sayımız çok. Eğer ölümün kaçınılmaz öldüğünü görürsek kadın ve çocuklarımızı öldürür Kaya Mabedi'ni ve el Aksa Camii'ni yıkarız."

Bunun üzerine Selahaddin teslim şartlarını kabul etti. Kraliçe Sibylla ve hatta Raynald'ın dul eşini bile serbest bıraktı ama kalan Kudüslüler için ya fidye ödenecek ya da köle olarak satılacaklardı.[15]

SELAHADDİN

Selahaddin on dokuzuncu yüzyıl Avrupa yazarları tarafından gösterildiği gibi vahşi Franklardan çok farklı olan liberal ve hoşgörülü bir adam değildi. Ama Orta Çağ krallarıyla kıyaslandığı zaman itibarını hak edecek niteliklere sahip olduğu doğrudur. Oğullarından birine nasıl imparatorluk kurulacağı yönünde nasihat ederken şunları söylemişti: "Sahip olduğum şeyleri ancak insanların gönlünü alarak elde ettim. Kimseye kin gütme çünkü ölüm kimseyi ayırmaz. Ahaliyle olan ilişkilerine dikkat et." Selahaddin etkileyici bir görüntüye sahip değildi ve kibri yoktu. Kudüs'te giderken maiyetindeki birinin atı ipek kıyafetine çamur sıçratınca sadece gülmüştü. Kendisine bu başarıları bahşeden kaderin aynı zamanda onu tepetaklak aşağı götürebileceğini hiç aklından çıkarmadı. Yükselişi kanlı olsa da şiddeti sevmezdi ve gözde oğlu Zahir'e şöyle nasihat etmişti: "Kan dökme konusunda seni ikaz ediyorum, ondan olabildiğince kaçın ve bunu âdet haline getir zira kan hiç uyumaz."

* *Cennetin Krallığı* filmindeki kurgusal Balian'ın (Orlanda Bloom tarafından canlandırılmıştı) Kraliçe Sibylla'yla (Eva Green tarafından canlandırılmıştı) ilişkisi vardı.

Müslüman yağmacılar Frank bir kadından bebeğini aldığında kadın gözyaşları içinde Selahaddin'e geldi ve o derhal bebeğini buldurup kadına teslim etti. Diğer bir hadisede de oğullarından biri Frank esirleri öldürebilmek için kendisinden izin istediğinde, sırf öldürmenin tadını almasın diye, onu azarlayıp reddetti.

Bir Kürt paralı askerin oğlu olan Yusuf bin Eyüp 1138'de Tikrit'te dünyaya geldi (günümüzde Irak'tadır – Saddam Hüseyin'in de doğduğu yer). Babası ve amcası Şirkuh, Zengi'ye ve oğlu Nureddin'e hizmet etti. Çocuk, Şam'da büyüyüp şarap, kumar ve kızlarla gününü gün etti. Kendisini Şam zabıta amiri yapan Nureddin'le birlikte gece mum ışığında polo oynadı. Kuran öğrendi ama bir yandan da atların şeceresini yazdı. Mısır için verilen mücadelede Nureddin'in gönderdiği Şirkuh, yirmi altı yaşına gelmiş olan yeğeni Yusuf'u da yanına aldı.

Birlikte iki bin yabancı atlıya komuta eden ve büyük güçlüklerin üstesinden gelen bu Kürt amca yeğen Mısır'ı Fâtımi ve Kudüs ordularının elinden almayı başardı. Ocak 1169'da, Şerefli Selahaddin* adını alan Yusuf, veziri öldürdü ve amcası onun yerine geçti. Ama Şirkuh kalp krizinden öldü. Selahaddin otuz bir yaşında son Fâtımi veziri oldu. 1171 yılında son halife öldüğünde Selahaddin, Mısır'daki Şii hilafeti yıktı (o tarihten sonra Sünni olarak kaldı) ve Kahire'deki aşırı güçlü Sudanlı muhafızları öldürüp Mekke, Medine, Tunus ve Yemen'i büyüyen topraklarına ekledi.

1174 yılında Nureddin öldüğünde Selahaddin doğuya yönelip Şam'ı da alarak imparatorluğunu Mısır'la birlikte Suriye'yi ve Irak'ın büyük bölümünü de kapsayacak şekilde genişletti ama iki bölge arasındaki bağlantı, bir ölçüde Haçlılar tarafından kontrol edilen, günümüzdeki Ürdün toprakları tarafından sağlanıyordu. Kudüs'e karşı yürütülecek savaş hem dinî hem de siyasi açıdan faydalı olacaktı. Selahaddin, Şam'ı tercih edip Mısır'ı para kaynağı olarak gördü: "Mısır beni sadık karımdan (Şam) koparmaya çalışan bir fahişedir," diyerek dalga geçmişti.

---

* Selahaddin, Salah el Dünya el Din'in (Dünyanın ve Dinin Güzelliği) Haçlılar tarafından kullanılan kısaltılmış versiyonudur. Haçlılar tarafından Sefahaddin olarak bilinen Selahaddin'in kardeşinin asıl adı Ebubekir bin Eyüp'tü ve daha sonra Seyfettin (Dinin Kılıcı) adını almış ve pek çok belge de resmî ismi olarak el Adil kullanılmıştı. Selahaddin'in maiyetinden iki kişi biyografilerini yazmıştır: Yardımcısı İmadettin, *Suriye Yıldırımı* ve *Kutsal Şehir'in Fethinde Çiçero Zarafeti* adlı eserlerini yazdı. 1188 yılında Iraklı bir İslam âlimi olan Bahaddin bin Şeddad, Kudüs'ü ziyaret etti ve Selahaddin tarafından önce ordu kadısı daha sonra da Kudüs valisi olarak tayin edildi. Selahaddin öldükten sonra iki oğluna baş kadı olarak hizmet etti. *Sultan Anekdotları* ve *Yusuf'un Erdemi* (ismi olan Yusuf'a gönderme yapıyordu) isimli biyografileri baskı altındaki bir hükümdarın portresini sunmaktadır.

Selahaddin, diktatör değildi.* İmparatorluğu sadakat, vergi ve savaşçı karşılığı toprak verdiği açgözlü emirler, asi beyler, hırslı kardeşler, oğullar ve yeğenlerden oluşan bir yığındı. Sürekli para ve asker sıkıntısı çekiyordu. Hepsini bir arada tutan tek şey karizmasıydı. Pek çok kez Haçlılar tarafından yenildiği için muhteşem bir general sayılmazdı ama "kadınlardan ve tüm eğlencelerden uzak duran" azimli bir adamdı. Hayatının büyük bölümünü diğer Müslümanlarla savaşarak geçirse de artık şahsi vazifesi olan Kudüs'ün geri alınması zaman içinde bir saplantı haline geldi. "Dünyevi zevklerden vazgeçtim. Yapacağımı yeterince yaptım zaten," dedi.

Bir seferinde savaş sırasında deniz kenarında yürürken yardımcısı İbni Şeddad'a şunları söyledi: "Eğer Allah bana bu sahilin kalanını da ele geçirmeyi nasip ederse topraklarımı bölecek, vasiyetimi yazacak ve bu denizde yelken açıp yeryüzünde Allah'ı inkâr eden kimse kalmayana kadar onları takip edeceğim – ya da bunu yaparken öleceğim." Ama İslam'ı Fatımilerden daha katı uyguladı. Topraklarında genç bir Müslüman sapkının vaaz verdiğini duyduğunda onu çarmıha gerdirip günlerce öyle bıraktı.

Akşam generaller ve âlimlerle oturup sohbet etmeyi ve elçileri de bu sohbetleri sırasında kabul etmeyi severdi. Âlim ve şairlere saygısı büyüktü ve sarayı doksanlı yaşlarına gelmiş olan Usame bin Munkid olmadan eksik kalmıştı. Usame olanları şöyle anlatıyor: "Beni her yerde aratmış. Onun keremi sayesinde kara talihin pençelerinden kurtuldum. Bana ailesinin bir ferdi gibi davrandı." Selahaddin aksaktı ve sık sık hasta olduğundan yirmi bir doktoru sürekli onunla ilgilenirdi – sekiz Müslüman, (ibn Meymun'un da dâhil olduğu) sekiz Yahudi ve beş Hristiyan. Sultan namaz kılmak için kalktığında ya da mum istediğinde maiyeti o geceki toplantının bittiğini anlardı. Kendisi kibirli bir adam olmasa da hedonist ve hırslı akrabaları onun açığını kapamaya yetiyordu.

DANS EDEN KIZLAR VE AFRODİZYAK: SELAHADDİN'İN SARAYI

Yaşlı hicivci el Vahrani'ye göre genç prenslerin yaptıkları âlemlerde ev sahipleri dört ayakları üzerinde çıplak olarak köpek gibi havlayıp, koşup şarkı söyleyen kızların göbeklerinden şarap içerken camiler örümcek ağı bağlıyordu. Şam'daki Araplar Selahaddin'in yönetiminden şikâyet etmeye başladılar. Yazar İbni Unain, Selahaddin'in Mısırlı bürokratlarıyla, bilhassa siyahi Sudanlılarla, dalga geçti: "Eğer

* Kudüs'te ihtiyar bir adam bir arazi meselesi yüzünden sultandan davacı olacak kadar cüretkâr bir davranış sergiledi. Selahaddin eşit olarak yargılanmak için tahtından inip davayı kazandı ama daha sonra davacıyı hediyelere boğdu.

fil gibi kafası, iri kolları ve koca penisi olan bir zenci olsaydım o zaman benim de ihtiyaçlarım karşılanırdı." Bu densizliği yüzünden Selahaddin onu sürgün etti.

Selahaddin'in yeğeni Takiyüddin onun en yetenekli generaliydi ama aynı zamanda prensler içinde en hırslı ve eğlenceye en düşkün olan da oydu. Öyle hobileri vardı ki onun sözlerinin "bir fahişe terliğiyle dövülmekten daha hoş" olduğu söylenirdi. Hicivci Vahrani'nin de ironik olarak eklediği gibi, "Eğer hükümetten istifa edersen tövbenden geri döner ve Musul fahişelerini, Halep pezevenklerini ve Iraklı şarkıcı kızlarını toplayabilirsin."

Takiyüddin sonuç olarak kilo, enerji ve erkeklik gücünü kaybetmeye başladı. Kendi cemaatine "aşırı yeme, içme ve seksten" uzak durmalarını söyleyen ama soylu hastalarına farklı davranan Yahudi hekim ibn Meymun'a müracaat etti. Saray doktoru Selahaddin'in yeğeni için *Cinsellik Üzerine* adlı özel bir eser yazıp ona aşırıya kaçmamasını, fazla içmemesini, seçtiği kadınların fazla genç ya da yaşlı olmamasını tavsiye edip bitki ve şaraptan yapılan bir karışımı ve Orta Çağ viagrasının gizemli sırrını ifşa etti: Penisine cinsel ilişkiden iki saat önce safran renkli karıncayla karıştırılmış yağlarla masaj yapılacaktı. İbn Meymun bundan sonra ereksiyonun çok daha uzun süreceğini söyledi.

Selahaddin, Mısır valisi olarak atadığı Takiyüddin'i severdi ama yeğeninin kendi krallığını kurmaya çalışması onu rahatsız etti. Bu yüzden onu Irak'ın uzak bir bölgesine gönderdi. Şimdi ise bu aşırı yeğen ve Selahaddin'in ailesinin büyük bölümü Kudüs'ün kurtarılışını tebrik etmek için bir araya gelmişlerdi.[16]

SELAHADDİN'İN ŞEHRİ

Selahaddin, Latin Hristiyanların şehri terk etmelerini izledi: Kudüslüler erkek başına on, kadın başına beş ve çocuk başına da bir dinar fidye ödemek zorunda kalmışlardı. Hiç kimse ödeme yaptığına dair elinde bir belge olmadan gidemezdi ama Selahaddin'in memurları surlardan sepetle indirilerek ya da kılık değiştirerek kaçan Hristiyanlardan aldıkları rüşvetlerle bir servet elde ettiler. Selahaddin'in fazla parayla ilgisi olmasa da yine de iki yüz yirmi bin dinar kazanmıştı.

Binlerce Kudüslüde bu fidyeyi ödeyecek para yoktu. Onlar da köle olarak satıldılar. Balian yedi bin fakir Kudüslü'nün fidyesi olarak otuz bin dinar öderken Sultan'ın kardeşi Sefahaddin bin talihsizi satın alıp onları azat etti. Selahaddin, Balian ve Patrik Heraklius'a beş yüzer kişi teslim etti. Müslümanlar, patriğin kendisi için 10 dinar ödeyip arabalar dolusu altın ve halıyla şehri terk etmeye kalkıştığını görünce hayret ettiler: Selahaddin'in yardımcısı İmadettin rahatsız edici bir neşeyle, "Kaç tane iyi korunan kadın kirletildi, genç kız evlendirildi, bakire ve onurlu kadının ırzına geçildi, güzel kadının dudakları öpüldü ve ehil olmayanlar ehlileştirildi. Nice soylu onları cariye olarak aldı ve nice soylu kadın da düşük fiyatlardan satıldı," diye yazmıştı.

Sultanın gözleri önünde Hristiyanların en büyük iki ismi son bir kez dönüp Kudüs'e bakarak ağladı: "Tüm diğer şehirlerin hanımıyken şimdi bir köle ve hizmetçi oldu."

2 Ekim Cuma günü Selahaddin, Kudüs'e girdi ve Müslümanlar tarafından Haram el Şerif olarak bilinen Tapınak Dağı'nın kâfirlerden temizlenmesini emretti. Kubbetüs Sahra'nın tepesindeki haç, Allahu Ekber nidalarıyla aşağı atılıp şehir sokaklarında sürüklenip parçalandı, İsa resimleri ve Kubbe'nin kuzeyindeki odalar tahrip edildi, Aksa'nın içindeki hücre odalar kaldırıldı. Selahaddin'in kız kardeşi Şam'dan gül suyu taşıyan bir kervanla geldi. Sultan ve yeğeni Takiyüddin bizzat, kendilerine eşlik eden prens ve emirlerle birlikte, Haram'ı gül suyuyla yıkadılar. Selahaddin, Nureddin'in oyma minberini Halep'ten getirtip onu yedi asır boyunca kalacağı el Aksa Camii'ndeki yerine yerleştirdi.

Sultan genelde yıkıp yeniden inşa etmek yerine dönüştürüp süslemeyi tercih etti, Haçlıların muhteşem spoliasını kendi yapraklı motifleriyle bezedi; mimarisi düşmanlarının simgelerini de içerdiği için Haçlılara ya da Selahaddin'e ait binaları ayırmak çok zordur.

Kahire'den Bağdat'a kadar ulemanın tüm saygıdeğer üyeleri Cuma namazında hutbe okumak istedi ama Selahaddin bu görev için Halep Kadısı'nı tayin edip ona siyah cüppe giydirdi: Kadı, el Aksa'daki hutbesinde Müslüman Kudüs'ün üstünlüklerini övdü. Selahaddin, "her şafakta parlayıp inananları aydınlatan bir nurdu" çünkü "Mekke'nin kardeşi olan şehri kurtarmıştı." Selahaddin daha sonra namaz kılmak için "İslam'ın mühür yüzüğünün mücevheri" dediği Kubbetüs Sahra'ya gitti. Selahaddin'in Kudüs aşkı "dağlar kadar büyüktü." Görevi İslami bir Kudüs inşa etmekti ve çöplüğü –Kutsal Kabir'i –ortadan kaldırsam mı diye düşündü. Maiyetindekilerden bazıları yıkılmasını tavsiye ederken o, söz konusu mekânın orada kilise olsa da olmasa da kutsal kalmaya devam edeceğini söyledi. Adil Ömer'den alıntı yaparak Kiliseyi sadece üç günlüğüne kapatıp daha sonra Yunan Ortodokslara teslim etti ama hacıların hareketini (ve elde edilen kazancı) daha kolay kontrol edebilmek için bir girişine tuğla ördürdü. Nihayetinde kiliselerin büyük bölümüne dokunmadı ama Hristiyan mahallesinin gayri İslami görüntüsünü azaltmaya çalıştı. Kilise çanları tekrar yasaklandı. Asırlar boyunca sadece müezzinler ezan okuyabilirken Hristiyanlar ibadetleri tahtaları birbirine vurarak ya da zil çalarak haber verdiler. Surların dışındaki bazı kiliseler yıkıldı ve bazı Hristiyan binaları –bugün hâlâ ayakta olan– Selahiye vakıflarına tahsis edildi.*

Selahaddin pek çok sufiyi ve Müslüman âlimi şehre getirtti ama sadece Müslümanlar şehrin nüfusunu artırmaya yetmediği için Ermenileri geri çağırdı ve onların oluşturduğu cemaat de varlığını bugüne kadar sürdürdü (kendilerine Kaghakatsi demektedirler); ayrıca Aşkelon'dan Yemen ve Fas'a pek çok bölgeden çok sayıda Yahudi de –"Efrahim ırkının tümü"– davet edildi.[17]

Selahaddin yorulmuş olsa da son Haçlı kalesine saldırmak için isteksizce Kudüs'ten ayrıldı. Önemli deniz üssü Akka'yı ele geçirdi. Ama hâlâ Haçlıların işini tümden bitirememişti: Büyük bir erdemlilik göstererek Kral Guy'i serbest bıraktı ama Sur şehrini alamadığı için karşı saldırı planlayan Haçlılara çok önemli bir limanı bırakmış oldu. Belki de Hristiyanlık dünyasının tepkisini küçümsemişti ama gerçekte Kudüs'ün kaybedildiği haberi Avrupa'yı sarsmış, kraldan papaya, şövalyeden köylüye kadar herkes etkilenmiş ve üçüncü ve güçlü bir Haçlı seferi için hazırlıklara başlanmıştı.

Selahaddin'in hatası ona pahalıya mal oldu. Ağustos 1189'da Kral Guy küçük bir kuvvetle Akka önünde belirdi ve şehri muhasara etmeye kalktı. Selahaddin, Guy'in bu cüretkâr girişimini fazla ciddiye almadı ve onun küçük ordusuyla ilgilenmesi için bir birlik gönderdi. Ama Guy direndi ve Haçlı direnişini yeniden canlandırdı. Selahaddin, Guy'i, Guy de Akka'yı kuşattı. Selahaddin'in Mısır filosu yenilgiye uğrayınca Guy'in ordusuna gemiler dolusu Alman, İtalyan ve İngiliz Haçlı katıldı. Avrupa'da İngiliz, Fransız ve Alman kralları hazırlığa başladı: Akka'daki savaşa katılmak için filolar kuruldu ve ordular toplandı. Bu, iki yıl sürecek ve çok geçmeden Kudüs'ü almaya kararlı Avrupalı kralların da katılacağı kanlı bir mücadeleye dönüşecekti.

Önce Almanlar geldi. Selahaddin, kızıl sakallı İmparator Frederick Barbarossa'nın Alman ordusuyla birlikte Kutsal Topraklar'a yürüdüğünü duyunca birliklerini topladı ve cihat çağrısı yaptı. Ama sonradan daha iyi haberler de geldi.

* Selahaddin kimi zaman hastaneden kimi zaman, çatısında ahşap bir kulübenin olduğu ve gece maiyetiyle oturmayı sevdiği, patriğin sarayından devlet işlerini yürüttü. Kardeşi Sefahaddin, Siyon Dağı'ndaki Cenacle kompleksinde oturdu. Selahaddin, patrik sarayını kendi Selahiye Sufi tekkesine, hankâha, bağışlamaya karar verdi. Günümüzde (kitabesinde belirtildiği şekilde) Selahiye hankâhı olarak kalmaya devam etti ve patriklerin ve Selahaddin'in uyuduğu Hristiyan yapımı karyola başlıklarının bulunduğu yatak odasında bugün, Kudüs'ün önde gelen ailelerinden birinin mensubu olan, Şeyh el Alami yatmaktadır. Patrikler saraylarındaki özel bir kapıdan Kutsal Kabir'e girerlerdi ve Selahaddin'in kapattırdığı bu girişler günümüzdeki dükkânların ardında hâlâ görülebilir. Aziz Mary Latina'yı da Selahiye Hastanesi'ne ekledi ve Aziz Anne Kilisesi'ni de Selahiye medresesinin parçası haline getirdi. Günümüzde orası yine kilisedir ama üzerinde Selahaddin "İmparatorluğun İhya Edicisi ve Müminlerin Emiri" olarak tarif edilmektedir.

1190 Haziran'ında Barbarossa, Asi Nehri'nde boğuldu; oğlu Swabia Dükü Frederick vücudunu kaynatıp sirkeye batırdı ve Antakya'da defnetti. Daha sonra ordusu ve Kudüs'e defnetmeye niyetli olduğu babasının kemikleriyle yola koyuldu. Barbarossa'nın ölümü İmparatorun uyuduğu ve Ahir Zaman'da yeniden dirileceği efsanesinin doğmasına neden oldu. Swabia Dükü de Akka yakınlarında iskorbüt hastalığından öldü ve Alman Haçlıları dağıldı. Ama aylarca süren umutsuz savaş ve binlerce kişinin vebadan ölmesinin ardından (ölenler arasında Patrik Heraklius ve Kudüs Kraliçesi Sibylla da bulunuyordu)* Selahaddin, Hristiyan dünyasının en ünlü savaşçısının yolda olduğu haberini aldı.

* Kudüs'ün yeni kraliçesi Sibylla'nın üvey kardeşi ve Kral Amaury ve Kraliçe Maria'nın kızı olan İsabella'ydı. İsabella, Montferratlı Conrad'la evlenebilmek için kocasını boşadı. Conrad bu vesileyle Kudüs Kralı olmuş oldu.

27

ÜÇÜNCÜ HAÇLI SEFERİ
SELAHADDİN VE RICHARD
1189–93

ASLAN YÜREKLİ: ŞÖVALYELİK VE KATLİAM

4 Temmuz 1190'da İngiltere Kralı Aslan Yürekli Richard ve Fransa Kralı II. Philip Augustus, Kudüs'ü kurtarmak için Üçüncü Haçlı Seferi'ne katıldılar. Otuz iki yaşındaki Richard babası II. Henry'nin Angevin İmparatorluğu'nu –Fransa'nın yarısı ve İngiltere– henüz devralmıştı Canlı, kızıl saçlı atletik bir adam olarak Selahaddin ne kadar sabırlı ve mahirse o da o kadar atılgan ve gözüpekti. Tam çağının adamı olan Richard bir yandan edepsiz şarkılar yazan bir ozan ve bir yandan da günahlarının affedilmesi için çıplak olarak kendisini din adamlarının önüne atıp kendi kendini kırbaçlayan bir dindardı.

Akitanyalı Eleanor'un gözde oğlu kadınlarla pek ilgilenmezdi ama on dokuzuncu yüzyılda iddia edildiği gibi eşcinsel de değildi. Onun en büyük aşkı savaştı ve İngilizleri Haçlı Seferleri'nin masraflarını karşılamak için sıkıştırırken şöyle demişti: "Bir müşteri bulsaydım Londra'yı bile satardım." İngiltere, Haçlı Seferi coşkusuyla çalkalanırken* Yahudiler hedef alındı ve York'ta toplu halde katledildiler. O tarihte Richard çoktan yola çıkmıştı. Kudüs'e yelken açtı ve karaya çıktığı her yerde kendisini asil bir savaşçı olarak sergiledi. Her zaman savaşın rengi olan kırmızı renk giyerdi ve Excalibur olduğunu iddia ettiği bir kılıç taşırdı. Sicilya'da kız kardeşi dul Kraliçe Joanna'yı yeni kralın elinden kurtardı ve Mesina'yı yağmaladı. Bizans prensinin elindeki Kıbrıs'a vardığında adaya el koydu ve sonra yirmi beş kadırgayla Akka'ya doğru yola çıktı.

* İngiltere'deki en eski bar olan Nottingham'daki "Ye Olde Trip to Jerusalem" Richard'ın Haçlı Seferi döneminden kalmadır.

Richard 8 Haziran 1191'de karaya çıktı, çatışmaların ve hizipler arası mücadelelerin dönüşümlü olarak sürdüğü kuşatmanın başındaki Fransa kralına katıldı. Selahaddin ve maiyeti "bu güçlü savaşçının savaş tutkusu ve kendine olan güveninden" etkilenmişti.

Savaş alanı vebanın hüküm sürdüğü kraliyet çadırları, pis kulübeler, mutfaklar, pazar yerleri, hamamlar ve genelevlerden oluşan bir bina yığını haline gelmişti. Bu fahişelerin Müslümanları etkilediği Richard'ın ordugâhını ziyaret eden Selahaddin'in yardımcısı İmad'ın anlattıklarından anlaşılmaktadır ve onları şöyle tarif etmiştir: "Şarkıcılar ve dansözler, allı morlu, mavi gözlü ve dolgun kalçalılar, halhallarını altın küpelerine değecek kadar yukarı kaldırıyorlar, kılıçları kına girmeye ciritleri kalkana doğru yükselmeye çağırıyor, kuşlara gagalarıyla didikleyecekleri bir yer sunuyor, delikleriyle kertenkele üzerine kertenkele yakalayıp kalemleri hokkaya yönlendiriyorlar."

İmad bile "bazı aptal Memlûklerin" bu Frank kadınları denemek için "sıvıştıklarını" itiraf etmiştir ve çoğu da bunu yapmış olmalıdır. Richard'ın enerjisi savaşın yapısını değiştirdi. Selahaddin hastaydı; çok geçmeden iki Avrupa kralı da hastalandı ama Richard hasta yatağında bile arbaletiyle düşmanlarına doğru ok atmayı ihmal etmezken gemileri de Avrupa'dan şövalye taşımaya devam etti.

Selahaddin "sevdiğini kaybetmiş bir anne gibi, at üzerinde, halkını cihat görevini yerine getirmeye teşvik etti" çünkü düşmanı kendisinden kalabalık ve güçlüydü. Philip Augustus kıskançlık sonucu erkenden geri dönmesinin ardından, Richard, "Ben emir veririm bana kimse emir veremez," diyerek komutayı devraldı ama onun askerlerinin durumu da iyi değildi. Müzakere etmek isteyince Selahaddin elçi olarak dünyevi zevklere düşkün ama kendisinden daha soğuk olan kardeşi Sefahaddin'i gönderdi ama bu pragmatistler hâlâ ellerindeki her türlü fırsatı değerlendirmekten de geri kalmadılar. İki tarafın da yaklaşık yirmi bin kadar askeri vardı ve iki taraf da çok milletli ordularında disiplini sağlamak ve söz dinlenmez asillere laf anlatmakla uğraşıyordu.

Akka'nın artık dayanacak hali kalmamıştı ve valisi de teslim şartlarını görüşmeye başladı. "Dikkati dağınık, âşık bir kızdan daha fazla etkilenmiş olan" Selahaddin'in Akka'nın teslimini, Gerçek Haç'ın iadesini ve bin beş yüz esirin salıverilmesini kabulden başka şansı yoktu. Onun önceliği Kudüs'ü savunmaktı. Haçlılar arasındaki bölünmenin artmasını sağlamak, savaşı uzatmak ve para toplayabilmek için müzakereleri olabildiğince uzattı. Ama Aslan Yürekli işini biliyordu ve Selahaddin'in blöfünü gördü.

20 Ağustos'ta üç bin bağlı Müslüman esiri Selahaddin'in ordusunun önüne getirip erkek, kadın ve çocukları öldürdü. Şövalyelik efsanesi buraya kadardı.

Dehşete düşen Selahaddin süvarilerini gönderdi ama geç kalmıştı. Sonrasında eline geçen tüm Frank esirlerin kellesini aldı.

Beş gün sonra Richard sahilden, Kudüs'ün limanı, Yafa'ya doğru ilerlerken ordusu "Sanctum Sepulchrum adjuva!" (Yardım et bize, Kutsal Kabir!) diye mırıldanıyordu. 7 Eylül'de Aslan Yürekli, Selahaddin'i buldu ve ordusu Arsuf'ta yolu kesti. Richard, Selahaddin'in süvari ve atlı okçularla yaptığı saldırılarla yorulmasını bekleyip sonra şövalyeleriyle saldırıyordu. Richard son ana kadar bekledi. Daha sonra, Hospitalerler'in saldırıya geçmesinin ardından, tüm güçleriyle Müslümanlara hücum ettiler. Selahaddin son çare olarak Çember olarak bilinen Memlûk muhafızlarını öne sürdü. Bozguna uğrama tehlikesiyle karşı karşıya kalan sultan hemen geri çekildi ve ordusunu "Kudüs'ü savunmak için korumuş oldu." Öyle bir noktaya gelindi ki Selahaddin sadece on yedi asker tarafından savunuluyordu. Sonrasında çok yorulmuş ve yemek yiyemeyecek kadar kederlenmişti.

Selahaddin, Ramazan'ı geçirmek ve savunmasını hazırlamak için Kudüs'e geldi. Richard, Selahaddin ve imparatorluğu sağlam olduğu müddetçe Haçlılar, Kudüs'ü alsa bile onu elinde tutamayacağını biliyordu – o yüzden müzakerede fayda vardı. Richard, Selahaddin'e, "Müslümanlar da, Franklar da yoruldu. İki tarafın elindeki topraklar da harap oldu. Tek yapmamız gereken Kudüs, Gerçek Haç ve bu topraklar hakkında konuşmak. Kudüs bizim inancımızın merkezidir ve ondan asla vazgeçmeyiz," diye bir mesaj gönderdi. Selahaddin, Kudüs'ün Müslümanlara ne mana ifade ettiğini yazdı: "Kudüs sizin olduğu kadar bizimdir de. Hatta bizim gözümüzde sizinkinde olduğundan bile daha mukaddestir çünkü Peygamberimiz, Gece Yolculuğu'nda buraya gelmiştir ve burası toplanma mekânıdır."

Richard öğrenmeye açıktı. Esnek ve yaratıcı bir adam olarak mutabakat önerdi: kız kardeşi Joanna, Sefahaddin'le evlenecekti. Hristiyanlar sahili alacak ve Kudüs'e erişim hakları olacaktı; iç kesim Müslümanlara kalırken Kudüs, Selahaddin'in hanedanına bağlı olarak, Kral Sefahaddin ve Kraliçe Joanna tarafından yönetilecekti. Selahaddin, Richard'ı oyalamak için bunu kabul etti ama bu sefer de Joanna köpürdü: "Nasıl olur da bir Müslüman'ın kendisini çıplak olarak görmesine izin verirdi?" Richard bunun şaka olduğunu söyledi ve daha sonra Sefahaddin'e şöyle dedi: "Seni yeğenimle evlendireceğim." Selahaddin hayrete düştü: "En iyisi cihat uğruna savaşıp ölmektir."

31 Ekim'de Richard ağır ağır Kudüs'e doğru ilerlemeye başladı ve bir yandan da medeni Sefahaddin'le görüşmelere devam etti. Muhteşem çadırlarda buluştular, birbirlerine hediyeler verdiler ve birbirlerinin ziyafetlerine katıldılar. Richard, "Kudüs'te bir tutunma noktamızın olması şart," diye ısrar etti. Bu müzakereleri

düzenlediği için Fransız şövalyeleri kendisini eleştirdiğinde Türk esirlerden bazılarının boynunu vurup başlarını ordugâhın etrafına astı.

Bu kritik noktada Selahaddin kötü haberi aldı: Kendi imparatorluğunu kurma heveslisi hovarda yeğeni Takiyyüddin ölmüştü. Selahaddin mektubu saklayıp çadırının toplanmasını emretti, "gözyaşlarından boğulana kadar ağladıktan sonra" yüzünü gülsuyuyla yıkadı ve tekrar ordunun başına geçti: Zayıflık gösterilecek zaman değildi. Kudüs'ü ve yeni Mısır garnizonunu teftiş etti.

23 Aralık'ta Richard, Le Thoron des Chevaliers'e (Latrun) gelip karısı ve kız kardeşiyle görkemli bir şekilde yılbaşını kutladı. 6 Ocak 1192'de yağmur, soğuk ve çamura rağmen şehirden yirmi kilometre uzaktaki Bayt Nuba'ya geldi. Fransız ve İngiliz baronları Kudüs'ü ne pahasına olursa olsun istiyorlardı ama Richard onları kuşatmaya ayıracak kadar askeri olmadığına ikna etmeye çalıştı. Selahaddin, Kudüs'te yağmur ve karın Haçlıları vazgeçirmesini umarak bekledi. 13 Ocak'ta Richard geri çekildi.*

Savaş çıkmaza girmişti. Selahaddin elli duvarcı ve iki bin Frank esiri kullanarak Kudüs surlarını tamir ettirdi, Zeytin Dağı'ndaki Bakire Meryem'in üst katlarını ve Siyon Dağı'ndaki Coenaculum'u yıkarak taşlarını kullandı. Selahaddin, Sefahaddin ve onların oğulları da bizzat surun tamirinde çalıştılar.

Bu zaman zarfında Richard, Mısır'ın kapısı olan, Aşkelon'u ele geçirip tahkim etti ve Selahaddin'e Kudüs'ün paylaşılmasını önerdi. Teklife göre Haram ve Davud Kulesi Müslümanlarda kalacaktı ama en az günümüzde İsrailliler ve Filistinliler arasında yapılanlar kadar karmaşık olan bu görüşmeler boşaydı: İki taraf da Kudüs'ün tümüne hâkim olmayı planlıyordu. 20 Mart'ta Sefahaddin ve oğlu Kâmil, Kutsal Kabir'e erişim hakkı ve Gerçek Haç'ın iadesini kabul şartlarıyla Richard'ı ziyaret ettiler: tipik bir şövalye hareketiyle Aslan Yürekli, genç Kâmil'e şövalyelik kemeri vererek onu taltif etti.

Bu şövalyelik gösterisi zaten keyifsiz olan Fransızların keyfini daha da kaçırdı ve derhal Kudüs'e taarruz edilmesini istediler. 10 Haziran'da Richard tekrar Bayt Nuba'ya geldi ve oradan devam edip yakıcı güneşin altında ordugâhlarını kurdular ve üç hafta boyunca ne yapmaları gerektiğini tartıştılar. Richard kendisi keşfe çıkarak gerilimi azalttı, bir seferinde Montjoie'ya kadar ulaştı ve orada atından inip

* Nisan 1192'de Richard sonunda, son karısıyla evliliği sayesinde Kudüs kralı olmuş olan, Guy'in koca bir fiyasko olduğunu anladı. Onun yerine Kraliçe İsabella'nın kocası Montferratlı Conrad'ı Kudüs kralı olarak tanıdı. Ama günler sonra Conrad suikastçılar tarafından öldürüldü. Hem İngiltere kralı Richard'ın hem de Fransa Kralı Philip'in yeğeni Champagne Kontu Henry, yirmi bir yaşında, Conrad'ın çocuğuna hamile olan ve böylece üçüncü evliliğini yapmış olan Kudüs Kraliçesi İsabella'yla evlendi. Henry, Kudüs kralı oldu ve Richard, Guy'i teselli etmek için Kıbrıs'ı ona sattı ve Guy'in sülalesi üç asır orada hüküm sürdü.

dua ederken Kudüs'ün ihtişamını görmemek için kalkanını kaldırdı ve rivayete göre şunları söyledi: "Tanrım, Kutsal Şehri düşmanlarımdan kurtarmama izin verene kadar sana dua etmeyeceğim!"

Aslan Yürekli'nin, sultanın ordusunda bulunan casuslarının aktardığı istihbarata göre Selahaddin'in prensleri Mısır'dan takviye taşıyan bir kervanla geliyorlardı. Bedevi kıyafeti giyen Richard, beş yüz şövalye ve bin hafif süvariyle Mısırlıları pusuya düşürmek için yola çıktı. Askerleri dağıttı ve üç bin deve ve yük beygiri dolu ikmal malzemesini ele geçirdi –belki de Kudüs ya da Mısır üzerine yürümesine yetecek kadar çoktu. Selahaddin'in yardımcısı İbni Şeddad "bunu duyan Selahaddin çok üzüldü ama onu teselli etmeye çalıştım" demişti. Diken üzerindeki Kudüs'te Selahaddin de büyük bir stres altındaydı ve paniğe kapılmak üzereydi. Şehir civarındaki kuyuları zehirletti ve elindeki az sayıdaki askeri oğullarının komutası altında böldü. Asker sayısı yetersizdi ve Sefahaddin'i Irak'tan geri çağırdı.

2 Temmuz'da harp divanını topladı ama onun emirleri de en az Richard'ın baronları kadar güvenilmezdiler. Divanı açan İbni Şeddad şöyle dedi: "yapabileceğimiz en mantıklı şey Kubbetüs Sahra'da toplanıp ölümü beklemektir." Ardından bir sessizlik oldu ve emirler "sanki başlarının üzerinde ürkütmek istemedikleri kuşlar varmış gibi" hareket etmeden oturdular. Divan daha sonra şehirde savunma yapmakla burada tuzağa düşmekten kaçınmak seçeneklerini tartıştı. Sultan kendisi bizzat burada olmazsa komutanlarının teslim olmasının uzun sürmeyeceğini biliyordu. Selahaddin sonunda söz aldı: "Sizler İslam ordusunun mensubusunuz. Eğer tereddüt ederseniz tüm bu toprakları bir parşömen gibi dürerler. Bu sizin vazifeniz –bu yüzden hazineden bunca zamandır para alıyorsunuz." Emirler savaşmaya karar verdiler ama ertesi gün Akka'daki gibi bir kuşatmayla daha uğraşmak istemediklerini söylemeye başladılar. Şehir surları dışında dövüşmek ve gerekirse geçici bir süre Kudüs'ü kaybetmenin nesi kötüydü? Generaller, Selahaddin ya da oğullarından birinin Kudüs'te kalmasının şart olduğunu aksi takdirde Türk askerleriyle Kürt askerlerinin birbirine gireceğini söylediler.

Selahaddin şehirde kaldı –ve casusları ona Richard'ın sorunlarıyla ilgili detaylı istihbarat sunmaya devam ettiler. 1099'da Kudüs'ün ele geçirilmesinin yıldönümünü olan 15 Temmuz yaklaşırken Haçlılar, Gerçek Haç'ın bir parçasını daha buldular –morallerini düzelten ve tam zamanında gerçekleşen bir mucize daha. Ama Burgundiya dükü komutasındaki Fransızlar ve Richard komutasındaki Anglo-Angevinler artık birbirine girmek üzereydi ve sürekli birbirleriyle dalga geçip hakaret ediyorlardı. Richard ise müzisyen kimliğini hatırlayıp konuyla ilgili bir şarkı yazdı.

Selahaddin üzerindeki baskı yüzünden hasta olmak üzereydi: 3 Temmuz Perşembe gecesi İbni Şaddad o kadar endişelendi ki ona ibadetle huzur bulmasını tavsiye etti: "Bu mübarek günde olunabilecek en mukaddes yerdeyiz." İki rekât namaz kılan Sultan secdeden sonra açıkça ağladı. Gece çökünce casusları Fransızların gitmek için hazırlandığını haber verdiler. 4 Temmuz'da Richard çekilmeye başladı.

Neşe içerisindeki Selahaddin en sevdiği oğlu Zahir'in yanına gidip onu alnından öptü ve ikisinin birlikte Hospitalerler Ustası'nın sarayında kalacakları Kudüs'e gittiler. İki taraf da yorulmuştu: Richard, İngiltere'deki kardeşi John'un isyan etmesinin an meselesi olduğuna dair haberler alıyordu. Eğer topraklarının elinde kalmasını istiyorsa çok geçmeden geri dönmesi gerekecekti.

Richard'ın sorunlarından cesaret alan Selahaddin 28 Temmuz'da Yafa'ya sürpriz bir saldırı düzenleyip mancınıklarla taşa tuttuktan sonra kısa sürede ele geçirdi. İbni Şaddad teslim şartlarını konuşurken Selahaddin'in oğlu Zafir nöbetinde uyudu. Aslan yürekli Richard kırmızı sancaklı bir kadırgayla aniden sahilde belirdi. Tam zamanında gelmişti: bazı Franklar hâlâ direniyorlardı. Arbaletiyle ok atarak sahile çıktı –"kızıl saçlı, kızıl gömlekli ve kızıl sancaklı." Peşinden gelenleri beklemeden ve hatta zırhını bile giymeden elinde bir Danimarka baltası ve yanında on yedi şövalye ve birkaç yüz piyadeyle Richard şehri ani bir saldırıyla geri aldı.

Sonrasında Selahaddin'in yardımcısıyla dalga geçti: "Sultanınız büyük adam ama neden biz geldik diye gitti? Gemim yeni sahile yanaştı ve daha zırhımı giymemiştim bile!" Selahaddin ve Sefahaddin'in Richard'a hediye olarak Arap atları gönderdiği söylenir ama bu muhtemelen bir oyalama taktiğiydi çünkü sonra tekrar saldırdılar. Richard onları püskürttü ve Müslümanlara teke tek düelloda meydan okudu. Atının üzerinde mızrağıyla düşman saflarının önünde aşağı yukarı koşturup durdu ama karşısına çıkan olmadı.

Selahaddin bir saldırı daha emretti ama emirleri kabul etmedi. Öyle sinirlendi ki Zengi gibi asi generallerini çarmıha germeyi bile düşündü. Ama daha sonra sakinleşti ve onları Şam'dan yeni gelmiş olan sulu kayısıları yemeye davet etti.

Kral ve sultan yine çıkmaza girmişti. Richard, Selahaddin'e "ikimiz de perişan olduk" diye itiraf etti. Müzakerelere başladıklarında iki komutan da bitmişti, hastaydı ve kaynakları ve iradeleri tükenme noktasına gelmişti.

28

SELAHADDİN HANEDANI (EYYÛBİLER)
1193-1250

SULTANIN ÖLÜMÜ

2 Eylül 1192'de sultan ve kral, Filistin'in ilk paylaşılması olan, Yafa anlaşmasını yaptılar: Hristiyan krallığı başkenti Akka olacak şekilde varlığını sürdürmeye devam edecekti. Kudüs, Selahaddin'de kalacak ama Hristiyanlar diledikleri zaman Kutsal Kabir'i ziyaret edebileceklerdi.

Kudüs'e dönüş yolunda Selahaddin'in buluştuğu kardeşi Sefahaddin secde ederek Allah'a şükretti ve birlikte Kubbetüs Sahra'da namaz kıldılar. Richard, Müslümanların elindeki Kudüs'ü ziyareti reddetse de şövalyeleri hacı olmak için şehre akın ettiler ve Selahaddin tarafından ağırlandılar. Sultan onlara Gerçek Haç'ı gösterdi ama daha sonra bu en önemli kutsal emanet kayboldu ve bir daha da bulunamadı.* Kralın danışmanı Hubert Walter, Kudüs'e geldiğinde Aslan Yürekli'nin sahip olmadığı erdem ve ılımlılığa sahip Selahaddin'le görüştü. Walter sayesinde Latin rahipler tekrar Kutsal Kabir'e kabul edildiler. Bizans İmparatoru Isaac Angelus orayı Ortodokslar için istediği zaman Selahaddin onu kendi denetimi altında paylaşabileceklerini söyledi ve şeyh Ganim el-Hazraci'yi de Kilise sorumlusu olarak atadı - bu görev günümüzde torunları Nüseybi sülalesi tarafından sürdürülmektedir.

İki hükümdar hiç yüz yüze görüşmedi. 9 Ekim'de Richard Avrupa'ya yelken açtı.** Selahaddin, anıları o güne ışık tutan, Şaddad'ı Kudüs'le ilgili planlarını yerine getirmesi için tayin etti ve Şam'a doğru yola çıktı.[18]

---

* 1187'de Selahaddin Haç'ın küçük bir parçasını bir Venedik gemisiyle İmparator Isaac Angelos'a hediye olarak gönderdi. Gemi, Fortis adındaki bir Pizalı korsan tarafından ele geçirildi. Korsan tüm mürettebatı öldürüp emaneti Korsika'daki Bonafacio'ya götürdü ve sonrasında da Cenevizli korsanların eline geçti. Haçın parçaları bugün Avrupa'nın farklı bölgelerinde varlığını sürdürmektedir.

** Eve dönerken Richard yakalanıp Alman İmparatoru VI. Henry'e teslim edildi, bir yıl hapis yatıp sonunda İngiltere'nin ödediği yüklü bir fidye karşılığında serbest bırakıldı. Fransız kralıyla savaşmak için geri döndüğünde beraberinde Müslüman askerler ve Rum ateşinin sırrını da getirmişti. 1199'da ufak bir

Orada kendisini ailesi bekliyordu –on yedi oğlu vardı –ama elli dört yaşına gelmiş ve çok yıpranmıştı. Belki de bir daha görüşmeyecekleri malum olan Oğlu Zahir bir türlü babasını bırakmak istemiyordu: Elveda deyip ayrıldı ama tekrar geri dönüp babasını öptü. İbni Şaddah sarayda Frank baronlar ve Türk amirler kendisini beklerken Selahaddin'i küçük oğluyla oynar halde buldu.

Birkaç gün sonra, Mekke'den dönen hac kervanını karşılamasının ardından, muhtemelen tifodan dolayı, ateşi yükseldi. Doktorları kanını aldı ama durumu daha da kötüleşti. Ilık su istedi fakat su ona çok soğuk geldi. "Ya sabır! Bir su getirmeyi bilen yok mu!" diye bağırdı. 3 Mart 1193 sabahı okunan Kuran'ı dinlerken öldü. İbni Şaddad "ben ve diğerleri onun için canımızı verirdik" demişti:

Bu yıllar ve onların oyuncuları geçip gitmekte
Sanki hepsi sadece bir rüyaymış gibi

MUAZZAM İSA: DİĞER İSA

Selahaddin'in oğulları sonraki altı yılı, sürekli değişen ittifaklarla, kendi aralarında savaşarak geçirdi ve en sonunda amcaları Sefahaddin tarafından uzlaştırıldılar. Üç büyük oğlu Efdal, Zahir ve Aziz, Şam, Halep ve Mısır'ı alırken Sefahaddin'e de Oultrejourdain ve Urfa kaldı.

Yirmi iki yaşındaki Efdal, Kudüs kendisine kalınca çok sevindi. Kilisenin hemen yanına Ömer Camisi'ni yaptırdı, Kuzey Afrikalıları Magribi mahallesine yerleştirdi ve aynı mahallede batı surunun birkaç metre içerisine de Efdaliye Medresesi'ni inşa ettirdi.

Ayyaş ve beceriksiz olan Efdal, Kudüs halkının güvenini kazanamadı ve şehir savaşan kardeşler arasında kaldı. Aziz savaşı kazanıp sultan olduysa da çıktığı bir avda öldü. Hayatta kalan kardeşler Efdal ve Zahir birlik olup amcalarına saldırdılar ama Sefahaddin ikisini de yenip İmparatorluğu ele geçirdi ve yirmi yıl boyunca sultan olarak hükmetti. Soğuk, medeni ve sert bir adam olan Sefahaddin, Selahaddin'den farklıydı: o dönemin hiçbir kaynağı kendisinden sevgiyle bahsetmese de herkesin ona saygı duyduğu açıktır. "Çok başarılıydı, belki de sülalenin en başarılısı oydu." Sefahaddin Kudüs'te iki kapı yaptırdı –Zincir Kapısı ve muhtemelen Haçlıların Güzel Kapısı'nın yerine de İlahi Varlık Kapısı– Tapınakçı binasından aldığı spolialları kullandı, iki kubbeli bir giriş yaptırıp sütunlarına da oyma hayvan ve aslan motifleri ekletti: burası hâlâ Tapınak Dağı'nın ana batı

Fransız kalesini kuşattığı sırada bir okçu tarafından öldürüldü. Steven Runciman'a göre o "kötü bir evlat, kötü bir koca, kötü bir kral ama harika bir süvari ve askerdi."

girişi olarak kullanılmaktadır. Ama sultan olmadan önce bile, 1198'de, ikinci oğlu Muazzam İsa'ya Suriye tahsis edilmişti.

Muazzam 1204'te Kudüs'ü başkenti yapıp Amaury'nin sarayına yerleşti. Selahaddin'den bu yana hanedanın en sevilen üyesi olan Muazzam açık fikirli ve uzlaşmacı birisiydi. Felsefe ve fen öğrenmek için âlimleri ziyaret ettiğinde sıradan bir öğrenciymiş gibi evlerine yürüyerek giderdi. Tarihçi İbni Vasil onu şöyle anlatmıştı: "Onu Kudüs'te gördüm. Erkekler, kadınlar ve çocuklar yanına geliyor ve kimse onları uzaklaştırmıyordu. Cesareti ve azametine rağmen gösteriş yapmayı sevmezdi. Kraliyet sancaktarlarını almadan küçük bir grupla dolaşırdı. Başında sarı bir şapka olur ve pazarda ve sokaklarda alelade birisiymiş gibi dolaşırdı."

Kudüs'ün en üretken imar edicilerinden birisi olan Muazzam surları tamir ettirdi, yedi büyük burç inşa ettirdi ve Tapınak Dağı'ndaki Hristiyan yapılarını Müslüman ibadethanelerine çevirdi.* 1209'da Fransa ve İngiltere'den gelen 300 Yahudi aileyi Kudüs'e yerleştirdi. Endülüslü Yahudi şair Yehuda el-Harizi hac yaparken Tapınak için yas tuttuğu sırada bile Selahaddin ve Muazzam'ın hanedanlarını övmekten geri kalmadı: "Her gün ağlamak için Siyon'a gidiyor ve onun yıkılan sarayları için yas tutup Baki olana secde edebilmek için Zeytin Dağı'na çıkıyoruz. Kutsal hanelerimizin yabancı bir tapınağa çevrildiğini görmek ne acı." 1218 yılında, Kudüs'ün sözde kralı, Brienne'li John, Beşinci Haçlı Seferi'nde Mısır'ı hedef alınca Muazzam'ın yaptığı her şey bir anda tehlikeye girdi.** Haçlılar Dimyat limanını kuşattılar. Yetmiş dört yaşına gelmiş olan Sefahaddin ordusuyla harekete geçti ama Dimyat'taki Zincir Kulesi'nin düştüğünü öğrendiğinde öldü. Muazzam abisi ve yeni Mısır kralı Kâmil'e yardım etmek için son sürat Kudüs'ten Mısır'a gitti. Ama kardeşler paniğe kapıldılar ve iki kez Haçlılara Mısır'dan çekilmeleri karşılığında Kudüs'ü vermeyi teklif ettiler. 1219 ilkbaharında, İmparatorlukları tehlikedeyken, Muazzam zor bir karar verip Kudüs'teki tüm tahkimatları yıktırdı.

---

* Burçlarından altısının temelini bugün görmek mümkündür. Tapınak Dağı'nda kubbeli gramer okulu ve el-Aksa'nın kubbeli girişini ve muhteşem kemerlerini inşa ettirdi. İsa'nın Kürsüsü (muhtemelen Peygamber olan değil de diğer İsa) olarak da bilinen sekizgen şeklindeki Süleyman Kubbesi'ni ve Semaya Yükseliş'in kubbesini yaptırmak için Frank spoliası kullanmış olabilir; ikincisinin üzerindeki kitabede 1200-I tarihi bulunmaktadır. Ama ikisinin de Haçlılara ait binalar olması mümkündür: üzerinde sahte bir Frank feneri bulunan Frank kapitalli Semaya Yükseliş'in kubbesindeki vaftiz kurnası Templum Domini'ye ait olabilir. Altın Kapı'ya duvar ören de Muazzam'dı.

** Kudüs kraliçesi İsabella talihsiz bir evlilik yaptı: üçüncü kocası Champagne kontu Henry, Kudüs kralı olarak Akka'yı yönetti ve ondan iki kız çocuğu oldu -ama 1197 yılında Alman haçlılara bakarken cücesi dikkatini dağıttı ve arka üstü pencereden aşağı düştü. İsabella daha sonra Kıbrıs kralı Lusignanlı Amaury ile evlendi ama o da 1205 yılında fazla kedi balığı yemekten öldü. Kraliçe ölünce kızı Maria -Kudüs kraliçesi olmuştu- Brienneli John'la evlendi ve Yolande adında bir kızları oldu.

Bunu yapmasının nedenini "eğer Franklar orayı ele geçirirse herkesi öldürür ve Suriye'ye hükmederler" diye açıklamıştı.

Kudüs savunmasızdı ve yarı yarıya boşalmıştı –sakinleri gruplar halinde kaçtılar. Sanki Kıyamet günü gelmiş gibi "kadınlar, kızlar ve yaşlılar Haram'da toplandılar, saçlarını dağıtıp elbiselerini yırttılar ve dört bir tarafa dağıldılar." Ama Haçlılar aptalca davranıp kardeşlerin Kudüs teklifini reddettiler –ve Haçlı Seferi kendiliğinden sona erdi.

Haçlılar gittikten sonra kriz sırasında gayet güzel işbirliği yapan Kâmil ve Muazzam kimin hâkim olacağını belirlemek için savaşmaya başladı. Kudüs on dokuzuncu yüzyıla kadar bir daha tam anlamıyla toparlanamadı. Öncesinde surlarıyla bilinen ve sonrasında da bilinecek olan bu şehir tam üç asrı surları olmadan geçirdi. Yine de şehir hiç beklenmedik bir barış anlaşmasıyla tekrar el değiştirmek üzereydi.[19]

İMPARATOR II. FREDERICK: DÜNYANIN HARİKASI, KIYAMETİN CANAVARI

9 Kasım 1225'te Kutsal Roma Cermen İmparatoru ve Sicilya kralı II. Frederick ile on beş yaşındaki Kudüs kraliçesi Yolande, Brindisi'deki katedralde evlendi. Evlilik biter bitmez Frederick Kudüs kralı oldu ve artık Haçlı Seferi'ne çıkmaya hazırdı. Düşmanları onun karısının nedimesini ayarttığını ve haremini Müslüman cariyelerle doldurduğunu söylediler. Bu kaynatası Brienneli John'u şaşırttı ve papayı kızdırdı. Ama Frederick, Avrupa'daki en kudretli hükümdardı –ileride Stupor Mundi, Dünya Harikası, olarak bilinecekti– ve her şeyi kendi bildiği gibi yapıyordu.

Hohenstaufenli Frederick yeşil gözlü, kızıl saçlı, Yarı Alman yarı Norman bir adamdı, Sicilya'da büyümüştü ve Avrupa'da Palermo sarayı gibi Norman, Arap ve Yunan kültürünün eşsiz bir Hristiyanlık ve İslam sentezi içinde varlığını sürdürdüğü bir yer daha bulmak mümkün değildi. Bu sıra dışı yetişme tarzı Frederick'i bambaşka biri yapmış ve farklı şeylere duyduğu ilgiyi artırmıştı. Sarayında bir harem, bir hayvanat bahçesi, elli şahinci (*Kuşlarla Avlanma Sanatı* adında bir kitap yazmıştı), bir Arap muhafız, Yahudi ve Müslüman âlimler ve sıklıkla da İskoçyalı bir büyücü ve kâhin bulunurdu. Avrupa'daki diğer krallardan daha Levanten olduğuna şüphe yoktu ama bu Sicilya'daki Asi Arapları ezmesine mani olmadı –yakalanan asi liderin karnını kendi mahmuzuyla yarmıştı. Arapları Sicilya'dan sürdü ama onlara Lucera'da camileri ve gözde mekânlarından biri olan bir sarayın da bulunduğu bir şehir inşa etti. Benzer şekilde bir yandan Yahudi karşıtı yasaları yürürlüğe koyarken diğer yandan da Yahudi bilginlerin hamisi olup Yahudi mültecileri kabul ederek onlara adil davranılacağı konusunda ısrar etti.

Ama Frederick'i tüketen bu tür farklılıklar değil de güç olmuştu. Tüm hayatını Baltık'tan Akdeniz'e uzanan topraklarını kendisini iki kez afaroz eden, ona Deccal diyen ve onu her türden hakaretle gözden düşürmeye çalışan kıskanç papalardan korumaya adadı. Gizli dinsiz ya da Musa, İsa ve Muhammed'in sahtekâr olduğunu söyleyen bir Müslüman olduğu iddia edildi. Ruhunun kaçıp kaçamayacağını görebilmek için ölmekte olan bir adamı bir fıçıya tıkadığı, sindirimi incelemek için bir adamın karnını deştiği ve çocukların nasıl dil öğrendiği anlamak için onları hücrelere kapattığı söylendi.

Frederick kendisini ve ailesinin haklarını çok ciddiye alırdı: Aslında Bizans modelinde evrensel bir kutsal kral olduğuna ve Haçlıların ve Şarlman'ın soyundan geldiği için Kudüs'ü kurtarması gerektiğine inanan normal bir Hristiyan'dı. İki kez sefere çıkmaya kalkışmış ama her seferinde bir mani çıkmıştı.

Artık Kudüs kralıydı ve en kısa zamanda yola düşmek istiyordu –ama tabii ki kendi bildiği şekilde. Hamile kraliçeyi Palermo haremine yerleştirdi ve Papa'ya haçlı seferine çıkacağına söz verdi –ama on altı yaşındaki Yolande erkek bir çocuk doğururken öldü. Frederick evlilik yoluyla Kudüs kralı olduğu için bu unvan şimdi oğluna geçmişti. Ama bu detayın haçlı seferine yeni yaklaşım tarzıyla arasına girmesine izin vermeyecekti.

İmparator, Kudüs'ü, Selahaddin hanedanının içinde devam eden rekabetten istifade ederek ele geçirmeyi umuyordu. Gerçekten de Sultan Kâmil şehri Muazzam'a karşı savunmasına yardım etmesi karşılığında Kudüs'ü ona vermeyi teklif etmişti. Frederick nihayet 1227 tarihinde yola çıktı ama hastalanıp geri döndü –bunun üzerine Papa IX. Gregory onu aforoz etti ki bu bir haçlı için ciddi bir sorundu. Töton Şövalyeleri ve piyadesini önden gönderdi ve 1228 Eylül'ünde Akka'da onlara katıldığında Muazzam ölmüş ve Kâmil, Filistin'i ele geçirmişti –teklifini de geri çekmişti.

Fakat Kâmil'in şimdi hem Muazzam'ın oğulları hem de Frederick'in ordusuyla savaşması gerekecekti. İki tehditle birden başa çıkamazdı. İmparator ve sultan, Kudüs için savaşamayacak kadar zayıf olduklarından gizlice haberleşmeye başladılar.

Kâmil de Frederick gibi sıra dışı bir adamdı. Çocukken Aslan Yürekli tarafından şövalye ilan edilmişti. İmparator ve Sultan, Kudüs'ü paylaşmak için müzakere ederlerken Aristo felsefesi ve Arap geometrisi tartıştılar. Frederick, Kâmil'in elçisine, "Kudüs'ü elimde tutmak gibi bir niyetim yok. Sadece Hristiyanların gözündeki itibarımı kaybetmek istemiyorum," dedi. Müslümanlar acaba Hristiyanlık onun için bir "oyundan mı ibaret" diye düşündüler. Sultan İmparator'a "dansözler" gönderirken İmparator da Müslüman konuklarını Hristiyan dansçılarla ağırladı. Patrik Gerold, Frederick'in şarkıcı kızlarını ve hokkabazlarını "hem rezil hem de Hristiyanlar tarafından zikredilmeye değmeyecek insanlar" diyerek kınadı ama tabii ki itiraz etmedi. Müzakereler arasında Frederick şahiniyle avlandı, kendisine yeni metresler buldu ve içlerinden birine şarkı yazdı: "Kadınımdan ayrılmanın bana bu kadar ağır geleceğini tahmin etmemiştim. Mutlu şarkım, kalbimi esir eden Suriye'nin çiçeğine git. O güzel kadına onun aşkının tutsağı olan kişinin onun her isteğini yerine getirene kadar huzur bulamayacağını söyle."

Görüşmelerden bir sonuç çıkmayınca Frederick, Aslan Yürekli'nin izini takip ederek, askerleriyle Yafa sahilinden güneye yürüyerek Kudüs'ü tehdit etti. Bu hamle işe yaradı ve 11 Şubat 1229'da hayal bile edemeyeceği şeyi elde etti: On yıllık barış karşılığında Kâmil, Kudüs ve Beytüllahim'i denize açılan bir koridorla birlikte teslim ediyordu. Kudüs'te Tapınak Dağı, Müslümanların elinde kalacak ve orada kadının imamlığında serbestçe ibadet edebileceklerdi. Bu anlaşmada çoğu şehirden kaçmış olan Yahudiler dikkate alınmamıştı ama ortak yönetim içeren bu anlaşma Kudüs tarihindeki en cüretkâr barış anlaşması olarak kalmaya devam etti.

İki taraf da dehşete düşmüştü. Şam'daki Muazzam'ın oğlu Nasır Davud genel yas ilan etti. Halk bu habere ağladı. Kâmil, "Sadece birkaç kilise ve yıkık ev verdik. Kutsal mekânlar ve Muallâk Taşı biz de kalacak," diye ısrar etti. Anlaşma işine yaradı –Selahaddin'in İmparatorluğu'nu tekrar bir araya getirmeyi başardı. Frederick'e gelince aforoz edilmiş olduğu için patrik Gerold onu Kudüs'e girmekten men etti ve Tapınakçılar da onu Tapınak Dağı'nı almamakla eleştirdiler.

17 Mart Cumartesi günü Arap muhafız ve uşakları ile Alman ve İtalyan askerleri, Töton Şövalyeleri ve iki İngiliz piskoposun refakat ettiği Frederick, Yafa Kapısı'nda sultanın temsilcileri olan Şemsettin ve Nablus kadısıyla buluştu ve şehrin anahtarları kendisine takdim edildi.

Sokaklar boştu, Müslümanların çoğu gitmişti ve Ortodoks Suriyeliler Latinlerin geri gelmesinden hiç de hoşnut değildiler –ve Frederick'in fazla zamanı yoktu: Kayserya piskoposu, patriğin yasağını uygulamak ve şehri kendi yetki alanına almak için geliyordu.[20]

II. FREDERICK'İN TAÇ GİYMESİ: ALMAN KUDÜSÜ

Frederick, geceyi Hospitaler ustasının sarayında geçirdikten sonra hiç rahip bulunmayan ama Alman askerleriyle dolu, Kutsal Kabir'de bir ayin düzenledi. Tacını Calvary sunağının üzerine koyup ardından da başının üzerine yerleştirdi –kendisini Hristiyanlığın tek ve evrensel hükümdarı olarak göstermek için tasarlanmış bir merasim. İngiltere kralı III. Henry'ye durumu şöyle özetledi: "Katolik bir İmparator olarak Kadiri Mutlak Tanrı'nın bizlere kendi kudret tahtının bir parçası olarak sunduğu tacı taşıyorum. O inayetiyle bizleri kendi hizmetkârı Davud'un evinde dünyanın diğer krallarından üstün kılmıştır." Frederick kendi önemini takdir edemeyecek birisi değildi: Yaptığı bu merasimle kutsal bir kral ve Ahir zamanda gelecek son İmparator olarak Kral Davud'un Mabeti olarak gördüğü kilisede taç giymişti.

Daha sonra İmparator, Tapınak Dağı'nı gezdi, Kubbetüs Sahra ve el-Aksa'ya hayran oldu, mihrabın güzelliğini övdü ve Nureddin'in minberine çıktı. Elinde Yeni Ahit'le el-Aksa'ya girmeye çalışan bir rahip gördüğünde onu yere yıktı: "Domuz! Eğer içinizden birinin daha izinsiz buraya geldiğini görürsem gözlerini oyarım."

Müslüman muhafızlar bu kızıl saçlı adamla ne yapacaklarını bilemediler: İçlerinden biri, "Köle olsa 200 dirhem etmezdi," diye dalga geçti. Frederick o gece müezzinlerin sessiz olduğunu fark etti. Sultan'ın elçisine "Ey Kadı! Neden müezzinler ezan okumuyor?" diye sordu.

Kadı, "Müezzinlerin krala duyduğum saygıdan dolayı ezan okumalarını istemedim," diye cevap verdi.

Frederick, "Hatalı davranmışsın. Geceyi Kudüs'te geçirmekteki asıl amacım müezzinlerin ezanlarını dinlemekti," dedi. Düşmanları bunu İslam'a yatkınlığı olarak görse de o muhtemelen yaptığı sıra dışı anlaşmanın yürümesine gayret ediyordu. Müezzinler öğle ezanını okuduğu zaman "tüm uşakları ve danışmanı," secde edip ibadete başladı.

O sabah, Kayserya piskoposu, kısıtlama kararıyla geldi. İmparator garnizonunu Davud Kulesi'nde bıraktı ve Akka'ya döndüğünde baron ve Templarların burnundan soluduğunu gördü. İtalya'daki papanın saldırısına maruz kalan İmparator gizlice gitmeyi planladı ama 1 Mayıs'ta Kasap Sokağı'nda toplanan kalabalık onu sakatat yağmuruna tuttu. Gemiyle Brindisi'ye geri dönerken Frederick, "Suriye çiçeğini unutmadı: Ülkemden ayrıldığımdan bu yana şu gemiye bindiğim zamanki kadar ıstırap çekmedim. Ve en kısa zamanda ona dönmezsem öleceğimden hiç şüphem yok," dedi.[21]

Frederick kısa süre kalmış ve bir daha dönmemiş olmasına rağmen on yıl daha resmî olarak Kudüs'ün hâkimi olarak kalmaya devam etti. Frederick, Davud Kulesi ve Kraliyet Sarayı'nı Töton Şövalyeleri'ne verdi. Ustaları olan Salzalı Hermann'a ve Piskopos Winchesterli Peter'a Kuleyi tamir etmelerini (yaptıklarının bazıları günümüze ulaşmıştır) ve Aziz Stephen (Şam) Kapısı'nı tahkim etmelerini emretti. Franklar "eski kiliselerini ve mülklerini aldılar." Yahudilere tekrar yasak geldi. Surları olmadan Kudüs güvenli bir yer değildi: Haftalar sonra el Halil ve

Nablus imamları 15.000 köylüyü şehre getirirken Hristiyanlar korkudan Kuleye saklandı. Akka, Müslüman işgalcileri püskürtüp Kudüs'ün Hristiyan kalması için bir ordu gönderdi.*

1238'de Sultan Kâmil ölünce Selahaddin'in sülalesi bir kez daha birbirine girdi ve durum Champagneli Kont Thibakut'un düzenleyeceği yeni haçlı seferiyle daha da vahim hale geldi. Haçlılar yenilgiye uğratıldıktan sonra Muazzam'ın oğlu Nasır Davud, Kudüs'e geldi ve yirmi bir günlük kuşatmanın ardından 7 Aralık 1239 tarihinde Davud Kulesi'ni ele geçirdi. Daha sonra yeni tahkimatları tahrip etti ve Selahaddin sülalesine mensup savaşan prensler Tapınak Dağı'nda barış yemini ettiler. Ama ailevi sürtüşmeler ve III. Henry'nin kardeşi Cornwall Earl'ü Richard'ın düzenlediği İngiliz Haçlı seferi bir kez daha Kudüs'ün Franklara teslim edilmesine neden oldu. Bu sefer Tapınakçılar, Müslümanları şehirden sürüp Tapınak Dağı'nı ele geçirdiler: Kubbe ve el-Aksa yeniden kilise oldu. İbni Vasil, "Muallâk Taşı'nda rahipleri ve onların ayin için getirdikleri şarabı gördüm," demişti.[22] Tapınakçılar kutsal şehri tahkim etmeye başladılar –ama yeterince hızlı değillerdi: Yeni sultan Salih Eyüp rakip akrabalarıyla savaşabilmek için çok sayıda, Moğol İmparatorluğu tarafından yurtlarından edilmiş göçebeler olan, Tatar askeri kiraladı. Ama onları kontrol edemedi. Akka'nın Hristiyanlarını dehşete düşüren 10.000 Harezmî tatarı Kudüs'e doğru ilerlemeye başladı.

BARKA HAN VE TATARLAR: FELAKET

11 Temmuz 1244'te Barka Han'ın önderliğindeki Tatar atlılar Kudüs'e girip sokaklarda insanları katlederek ilerlediler ve Ermeni manastırına saldırıp keşiş ve rahibeleri kılıçtan geçirdiler. Kiliseleri ve evleri yıktılar ve Kutsal Kabir Kilisesi'ni yağmalayıp ateşe verdiler. Kilisede ayin yapan rahiplere denk gelen Tatarlar rahiplerin kafasını kesip bağırsaklarını kilisenin sunağında deştiler. Kudüs krallarının naaşları mezarlarından çıkarılıp yakıldı ve ancak bazıları lahitleri sayesinde bundan kurtulabildi; İsa'nın kabrinin kapısındaki taş parçalandı. Kulede kuşatılan

* Frederick ve Kâmil dostluklarını sürdürdüler: Sultan, İmparator'a mücevherlerle bezeli, hem saat hem de üzerinde hareket eden yıldız haritaları olan, bir gökevi gönderdi –ve de bir fil; Frederick de Kâmil'e bir kutup ayısı gönderdi. Frederick hayatının kalanını Almanya ve İtalya topraklarını korumak için papalarla savaşarak geçirdi. Papalar onu Kıyametin Canavarı ilan ettiler. En büyük oğlu olan Roma Kralı Henry ona ihanet etti; son günlerini hapiste geçiren Frederick, Yolande'den olan oğlu Conrad'ı varisi olarak Kudüs kralı olarak atadı. 1250 tarihinde dizanteriden öldü ve Palermo'ya defnedildi. Conrad genç yaşta ölünce Kudüs tahtı Conrad'ın daha bebek olan oğlu Conradin'e kaldı ve onun da on altı yaşında boynu vuruldu. Ama Frederick'in ünü artmaya devam etti: Zaman geçtikçe liberaller onu ılımlılığı dolayısıyla övdüler; Hitler ve Naziler ise onu Nietzsche tarzı bir Süpermen olarak görüp hayran oldular.

Franklar, Nasır Davud'a müracaat ettiler ve o da Barka'yı garnizonun güven içinde ayrılmasına izin vermeye ikna etti.

Altı bin Hristiyan Yafa'ya doğru yola çıktı ama surlarda Frank sancakları görünce çoğu yardım geldiğini zannedip geri döndü. Tatarlar 2000 tanesini öldürdü. Sadece 300 Hristiyan Yafa'ya varabildi. Tatarlar ancak Kudüs'ü mümkün olabildiği kadar tahrip edebildiklerine ikna olduktan sonra çekip gittiler.* Yerle bir edilmiş halde bıraktıkları Kudüs 1917 tarihine kadar bir daha Hristiyanların eline geçmedi.[23]

1248'de Kral XI. Louis son etkili Haçlı seferine çıktı ve haçlılar bir kez daha Mısır'ı fethederek Kudüs'ü kazanmayı düşündüler. Kasım 1249'da Haçlılar, Sultan Salih Eyüp'ün ölüm döşeğinde olduğu, Kahire'ye yürüdüler. Dul eşi Hacer el-Durr yönetime el koyup üvey oğlu Turanşah'ı Suriye'den geri çağırdı. Haçlılar sınırlarını fazla zorladılar ve köle askerler olan Memlûkler tarafından bozguna uğratıldılar. Louis esir düştü. Ama yeni sultan Turanşah kendi askerlerini ihmal etti: 2 Mayıs 1250'de haçlı esirlerinin de olduğu bir ziyafette zaferini kutlarken Baybars adındaki yirmi yedi yaşındaki bir devin önderliğindeki Memlûkler yalın kılıç orayı bastılar. Baybars'ın yaraladığı sultan kanlar içinde Nil'e doğru kaçarken Memlûkler arkasından ok yağdırdılar. Nehrin kıyısında hayatının bağışlanması için yalvarırken bir Memlûk gelip kafasını kesti ve göğsünü açtı. Kalbi çıkarılıp ziyafetteki Fransa kralına gösterildi; iştahının kaçtığına şüphe yok.

Mısır'da Eyyûbi hanedanı bu şekilde sona ermesi çoğu kişinin terk ettiği ve harap haldeki Kudüs için hiç de hayırlı bir haber olmamıştı çünkü birbirleriyle didişen derebeyleri arasında sürekli el değiştirmesi yetmiyormuş gibi Ortadoğu'nun üzerine dehşet verici bir gölgenin düşmesi de an meselesiydi. 1258 tarihinde Uzak Doğu'dan gelen Şamanist göçebeler ve dünyanın gördüğü en büyük İmparatorluğu kurmuş olan Moğollar, Bağdat'ı yağmalayıp 80.000 kişiyi ve halifeyi öldürdü. Şam'ı ele geçirip Gazze'ye kadar ilerlediler ve geçerken Kudüs'e de saldırdılar. İslam'ın onlarla başa çıkabilecek yaman bir cengâvere ihtiyacı vardı. Onlara meydan okumak için öne çıkan kişinin adı Baybars'tı.[24]

---

* Bu Tatarlar sonunda Selahaddin'in torunları tarafından 1246 tarihinde mağlup edildi. Sarhoş kafayla savaşan Barka Han'ın başı vuruldu ve kellesi Halep'te teşhir edildi. Ama kızı geleceğin sultanı Memlûk derebeyi Baybars'la evlendi; güçlü emirler olan oğulları 1260-1285 yılları arasında günümüzde Zincir Sokağı'nda hâlâ ayakta olan bir türbe inşa ettiler. Babalarını oraya defnetmişlerdi: "Burası Tanrı'nın merhametine ihtiyacı olan Barka Han'ın yattığı yerdir." Oğulları da daha sonra buraya defnedildi. Ama arkeologlar türbeyi inceledi ve içinde Barka'nın olmadığını gördüler. Belki de na'şı Halep'ten hiç getirilmedi. 1846-7'de zengin Halidi ailesi bu binayı daha doğrusu tüm sokağı satın aldı. Barka'nın türbesi günümüzde 1900 yılında kurulan, Halidi kütüphanesini okuma odasıdır. Orası hâlâ Bayan Haifa el-Halidi'nin evidir ve Batı Suru'nu oradan görmek mümkündür. Kudüs tarihinin sessiz bir tanığı olan bu binada ayrıca sömürge döneminden kalma kırmızı İngiliz posta kutusu bulunmaktadır.

BÖLÜM ALTI

MEMLÛKLER

"Dünya sona ermeden önce tüm alametlerin görünmesi gerek – ve Kutsal Şehir tekrar Hristiyanların eline geçecek."

—Kristof Kolomb, İspanya Kralı Ferdinand ve Kraliçesi İsabella'ya yazdığı mektup

"Ve o (Bath'ın karısı) üç kez Kudüs'e gitti."

—Geoffrey Chaucer, *Canterbury Tales*

"Kudüs'te gerçekten mukaddes olan hiçbir yer yoktur."

—İbni Teymiyye, Kudüs'e yapılan dinî ziyaretleri desteklemek için

"Kutsal ateş uygulaması hâlâ devam ediyor. Orada Müslümanların bakışları altında bazı nefret ettikleri şeyleri yapıyorlar."

—Mucir el-Din, *Kudüs ve İbrani Tarihi*

"Yunanlılar en acımasız ve kötü düşmanlardır, Gürcüler en kötü kâfirlerdir ve Yunanlılardan aşağı kalır yanları yoktur; Ermeniler güzel, zengin ve cömerttir ve Yunan ve Gürcülerin ezeli düşmanlarıdırlar."

—Francesco Suriano, *Il trattato di Terra Santa e dell'Oriente*

"Kutsal şehre büyük bir neşeyle bakıyor ve kıyafetlerimizi kiralıyoruz. Kudüs büyük ölçüde terk edilmiş, harap olmuş ve surları da yok. Yahudilere gelince en fakirleri geride kalmış ve onlar da mezbelelikte yaşıyorlar çünkü kanunlar Yahudilere yıkık evlerini inşa etme izni vermiyor."

—Bertinorolu Haham Obadiah, *Mektuplar*

29

SULTAN'IN KÖLESİ

1250-1339

BAYBARS: PANTER

Baybars Orta Asya'dan gelme sarı saçlı, mavi gözlü bir Türk'tü ve çocukken bir Suriye prensine köle olarak satılmıştı. İri kıyım olmasına rağmen bir kusuru bulunuyordu: bir gözünde katarakt vardı ve bu yüzden sahibi onu Kahire'de sultana satmıştı. Selahaddin'in büyük yeğeni Salih Eyüp, Memlûk birlikleri kurmak için "yığın halinde" Türk köleler satın aldı. Kendi ailesine güvenmez ve "bir kölenin 3000 oğuldan daha sadık" olduğunu düşünürdü. Tüm pagan köleler gibi Baybars da Müslüman yapılmış ve köle asker yani Memlûk olarak yetiştirilmişti. Arbalet kullanmada ustalaşmış, Arbaletçi ismini alıp, Haçlıları yenen ve Türk Aslanları ve Müslüman Templarlar olarak bilinen tecrübeli askerler olan, Bahriye birliklerine katılmıştı.

Baybars, efendisinin güvenini kazanınca azat edildi ve askerî hiyerarşide hızla yükselmeye başladı. Memlûkler efendilerine sadıktılar ama birbirlerine daha da sadıktılar –ama nihayetinde tümü kendileri ve Allah'tan başka kimseye bir şey borçlu olmayan yetim savaşçılardı. Sultanı öldürmede üstlendiği payın ardından Baybars iktidar mücadelesinde kaybetti ve Suriye'ye kaçıp birbirleri arasında savaşan prenslerden en fazla parayı kim verirse ona hizmet etti. Bir ara Kudüs'ü ele geçirip yağmaladı. Ama asıl güç merkezi Mısır'dı ve Baybars sonunda orada tahtı ele geçiren son general olan Kutuz tarafından oraya çağrıldı.

Moğollar tüm güçleriyle Suriye'ye saldırdıkları zaman Baybars öncülerin komutasını alıp onları durdurmak için son sürat kuzeye ilerledi. 3 Eylül 1260'ta Baybars, Nasıra yakınlarındaki Calut Pınarı'nda (Aynı Calut) Moğol ordusunu bozguna uğrattı. Moğollar geri gelecek ve hatta tekrar Kudüs'e ulaşacaklardı ama ilk kez onları durdurmak mümkün olmuştu. Suriye'nin büyük bölümü ilk kez Kahire'nin denetimi altına girdi ve Baybars, Zaferin Babası ve Mısır'ın Aslanı ilan edildi. Bir ödül bekliyordu –Halep valiliği– ama sultan Kutuz reddetti. Günün birinde sultan avdayken Baybars onu sırtından bıçakladı. Memlûk amirlerinden oluşan cunta, sultanı öldüren kişi olarak tahtı ona teslim etti.

Tahta çıkar çıkmaz Baybars tüm gücüyle Filistin'de Haçlı krallığından arta kalanlara yüklendi. 1263'te savaşa giderken Kudüs'e uğradı. Memlûkler şehre zarar vermediler ve Baybars, Tapınak Dağı'na ve çevresine –bugünkü Müslüman Mahallesi– eski kutsiyetini ve güzelliğini iade etmeyi görev kabul etti. Kubbetüs Sahra ve el-Aksa'nın, Hristiyan Paskalyası ile rekabet edebilmek için, yenilenmesini emretti. Muhtemelen Selahaddin zamanında kutlanmaya başlanan yeni bayramı Eriha yakınlarındaki Musa Peygamber Kabri üzerine bir kubbe yaptırarak teşvik etti. Sonraki sekiz asır boyunca Kudüslüler Nebi Musa bayramını kalabalık bir grup halinde Kubbetüs Sahra'dan Baybars'ın türbesine giderek ve orada dua edip piknik yaparak kutladılar.

Sultan surların hemen kuzey batısında gözde sufi tarikatı için bir tekke inşa ettirdi. Çoğu Memlûk gibi o da popülist sufi tekkelerinin hamisiydi çünkü tutkunun, duaların, evliya kültünün, zikrin ve azla yetinmenin Müslümanları kuralları belli ibadetlerden daha fazla Allah'a yaklaştıracağına inanıyordu. Baybars en yakın danışmanı olan sufi şeyhiyle birlikte dans ederek zikir yapardı. Baybars şeyhine çok güvenip onun izni olmadan hiçbir şey yapmazken onun kilise ve sinagogların yağmasını, Yahudi ve Hristiyanların linç edilmesini tertip etmesine de izin verdi.* Bu yeni bir dönemdi: Baybars ve Kudüs'ü üç asır yönetecek olan Memlûk halefleri sert ve müsamaha bilmez askerî diktatörlerdi. Selahaddin'in temsil ettiği İslam'ın hoşgörü çağı geride kalmıştı. Türk efendi sınıfı olan Memlûkler, Yahudileri sarı Hristiyanları ise mavi sarık takmaya zorladılar. İki grup içinde, özellikle Yahudiler için, zımmi olarak güvence altında oldukları günler geride kalmıştı. Türkçe konuşan Memlûkler Arapları da sevmiyorlardı ve şehir içinde sadece Memlûklerin kürk ve zırh giymesine ve ata binmesine izin vermişlerdi. Aşırı süslü saraylarında, sultan maiyetine Polo Sopası Taşıyıcı ya da Müzikle Serenat Yapılacak Amir gibi renkli isimler vermişti –bu saraydaki iktidar oyunları genelde kârlı olduğu kadar öldürücü de olurdu.

Baybars'ın zaferlerinin nişanesi olarak kullandığı simgesi pusuya yatmış panterdi –Mısır ve Türkiye arasındaki bölgede ve Kudüs'te seksen tanesi kitabeler üzerinde bulunmuştur ve Aslan Kapısı'nda hâlâ pusuda beklemektedirler. Bir gözü

* Baybars'ın sufi gurusu Şeyh Kadir o kadar güç kazanmıştı ki uyguladığı terör siyasetiyle Memlûk generallerinin karıları, oğulları ve kızlarını bile baştan çıkarmayı başarmıştı. Bu durum ancak Baybars'a bariz deliler sunulduğunda sona erdi ve Kadir livata ve zina suçuyla hapsedildi. Kendisinin ölümünden hemen sonra Baybars'ın da öleceğini öngördüğü için yaşamasına izin verildi.

beyaz ve aklında yeni fetihlere girişmek olan bu yırtıcı için bundan daha güzel bir nişane olamazdı.

Kudüs'ü teftiş ederken saldırdığı Akka direnmişti ama o tekrar geri gelecekti. Diğer taraftan tüm Haçlı şehirlerine saldırmaya ve gözü dönmüş bir şekilde denk geldiğini öldürmeye devam etti. Frank elçisini, kafası kesilmiş, çarmıha gerilmiş, ikiye bölünmüş ya da kafa derisi yüzülmüş Hristiyanlarla dolu bir yerde kabul etti. Kılık değiştirmek, düşman şehirlerine sızmak ya da başka birisiymiş gibi düşmanlarıyla konuşmak gibi şeyler yaparak tehlikeye atılmayı severdi. Kahire'deyken gecenin bir vakti devlet kurumlarını denetlemişti ve o kadar huzursuz ve paranoyaktı ki uykusuzluk ve mide ağrıları çekiyordu.

Ona tek direnebilen Akka oldu* ama kuzeye Antakya'ya yürüdüğünde Antakya prensine şöyle bir mesaj gönderdi: "Sana ne yaptığımızı anlatayım. Ölülerin üst üste yığıldığını, Müslüman düşmanlarının sizin dua ettiğiniz yere nasıl daldığını, mihrapta rahiplerin boğazının nasıl kesildiğini ve sarayların nasıl yandığını görmeliydin. Eğer orada olsaydın yaşamıyor olmayı dilerdin!" Anadolu'ya girdi ve kendisini Rum Sultanı ilan etti. Ama Moğollar geri gelince Baybars, Suriye'yi savunmak için son sürat geri döndü.

1 Haziran 1277'de kendi kazdığı kuyuya düşüp misafiri için hazırlattığı zehirli kımızı dalgınlıkla kendisi içti.[1] Başladığı işi halefi bitirdi.

18 Mayıs 1291'de Memlûkler Frank başkenti Akka'ya saldırıp müdafilerin çoğunu öldürüp kalanları da köle yaptılar (kızların her biri bir drahmiden satıldı). Kudüs kralı unvanı, Kıbrıs krallığıyla birleştirildi. Ama o tarihten sonra sadece bir süs olarak kaldı –günümüzde de öyledir. Kudüs krallığı böylece sona erdi.**

---

* 1268 yılına gelindiğinde Krallıktan geriye kalanlar öyle büyük bir tehlikeyle karşı karşıyaydı ki Papa yeni bir Haçlı seferi çağrısı yaptı. Mayıs 1271'de İngiliz tahtının varisi Uzun bacaklı Edward, Akka'ya gelip Baybars'a karşı savunulmasına yardım etti. Ama Akka, sultanla barış görüşmesi yapmak isteyince Edward itiraz etti ve muhtemelen Baybars ona suikast düzenlenmesini emretti: zehirli bir hançerle yaralandı. Bundan sağ kurtulmayı başaran Edward beyhude yere yeni bir ittifak kurmaya çalışıp durdu: teklife göre Haçlılar, Kudüs karşılığında Moğollara Baybars'la savaşması için yardım edeceklerdi. I. Edward olarak İngiltere'ye döndüğünde kendisini İskoçların Çekici ilan etti ve bunu da Westminster'daki Boyalı Oda'daki Makkabiler resmiyle ifade etti. Ama önce İngiltere Yahudilerini sarı yıldız işareti taşımaya zorladı ve daha sonra da onları İngiltere'den sürdü. Üç asır geri dönemediler. Öldüğü zaman Edward'ın arkasından "Kudüs'ün şövalyelik çiçeği" diye yas tutuldu.

** Burbonlar, Habsburglar ve Savoyardların da dahil olduğu Avrupa'daki hanedanların pek çoğu bu unvanda hak iddia etmiştir. 1277'de Anjoulu Charles bu unvanı, iddiacılardan biri olan, Antakya kraliçesi Mary'den satın aldı. Daha sonra Napoli ve Sicilya kralları bu unvanda hak iddia ettiler ve Savoyardlar vasıtasıyla bu unvan İtalya krallarına geçti. İspanya kralları hâlâ bu unvanı kullanmaktadır. Bu unvan sadece bir İngiliz monarkı tarafından kullanılmıştır. VIII. Henry'nin kızı I. Mary, İspanya kralı II. Philip'le 1554

Gerçek Kudüs artık bir şehirden çok her şeye benziyordu –suru yoktu, çok az kişi yaşıyordu ve Moğol atlıları diledikleri gibi gelip gidiyorlardı.

1267'de Ramban adındaki yaşlı bir Endülüslü haham ve hacı şehrin başına gelenlere şöyle yas tutuyordu:

Seni evladı kucağında ölmüş ve göğüslerinde kalan süt yüzünden acı çektiği için köpek yavrularını emziren anneme benzetiyorum. Tüm bunlar yetmezmiş gibi sevdiklerin seni terk etti, düşmanların seni harap etti ama uzaktakiler her zaman Kutsal Şehri hatırlayacak ve övecekler.[2]

RAMBAN

Haham Moses ben Nachman – İbranice karşılığı RAMBAN ya da Nahmanides olarak bilinir – Kudüs'te sadece 2000 kişi kaldığını görünce hayrete düşmüştü. Şehirde sadece 300 Hristiyan ve Haçlılar dönemindeki Yahudiler gibi boya yapan iki tane Yahudi kardeş vardı. Kudüs ne kadar perişan haldeyse Yahudiler gözünde o kadar kıymetli ve şairane oluyordu: Ramban, "Bir şey ne kadar mukaddesse o kadar perişan olur," dedi.

Döneminin en ilham verici entelektüellerinden biri olan Ramban bir doktor, bir filozof, bir mistik ve bir Tevrat âlimiydi. 1263'te Barcelona Yahudilerini Dominikanların kâfirlik suçlamalarına karşı öyle başarıyla savunmuştu ki Aragon Kralı James, "Yanlış bir davayı bu kadar doğru savunan birini daha görmedim," diyerek Ramban'a 300 altın vermişti. Ama Dominikanlar, Ramban'ı idam etmeye kalktılar. Sonunda yetmiş yaşını aşmış bu adamın sınır dışı edilmesi kabul edildi –o da hac yolculuğuna çıktı.

Yahudilerin sadece Kudüs için yas tutmakla yetinmeyip geri dönüp oraya yerleşerek Mesih gelmeden önce bölgeyi ihya etmeleri gerektiğini düşünüyordu – bu dini siyonizm olarak kabul edilebilir. Ancak Kudüs onun ev özlemini dindirebilirdi:

"Ailemi terk ettim, evimden, oğullarım ve kızlarımdan vazgeçtim. Ruhumu dizimde büyüttüğüm sevgili çocuklarımla birlikte bıraktım. Ama seni görmek onları kaybetmenin acısını unutturdu bana ey Kudüs! Ağlıyorum ama bunlar sevinç gözyaşları."

Ramban "mermer sütunları ve güzel bir kubbesi olan yıkık bir eve" el koydu.* "Orayı bir ibadethane olarak kullanacağız çünkü şehir bomboş ve herkes istediği

---

yılında Winchester'da evlendiğinde Mary diğer unvanlarının yanı sıra Kudüs kraliçesi olarak da ilan edildi. Bu unvan Habsburg İmparatorları tarafından 1918'e kadar kullanıldı.

* Akıbeti Kudüs'teki Yahudilerin hikâyesini anlatmaktadır. İlk sinagog muhtemelen Siyon dağındaydı ama sonra Yahudi mahallesine taşındı. Memlûkler döneminde bir cami ve ona bitişik bir Yahudi minaresi inşa

harabeye yerleşiyor." Ayrıca Moğollardan saklanan Tevrat parşömenlerini de aldı ama o öldükten sonra yağmacılar geri döndü.[3]

Ama bu sefer bir fark vardı: içlerinden bazıları Hristiyan olmuştu. Ekim 1299'da Hristiyan Ermeni Kralı II. Hethum 10.000 Moğol'la Kudüs'e geldi. Şehir bu yeni barbar saldırısına uğramadan önce sarsıldı ve bazı Hristiyanlar "korkudan mağaralara saklandılar." Moğol İl Han henüz Müslüman olmuştu ve Kudüs umurunda olmadığı için şehri Hethum'a bıraktı. Hethum Hristiyanları kurtarıp Kutsal Kabir'de "ayinler düzenledi" ve Ermeni Aziz Jamesler ve Bakire Türbesi'nin tamir edilmesini emretti –ardından garip bir şekilde sadece iki hafta sonra Moğol efendisiyle görüşmek için Şam'a geri döndü. Fakat Moğollarla Memlûkler arasında bir asırdır süren mücadele sona ermişti ve bir kez daha Kudüs'ün kutsiyeti tüm dünyayı kendisine çekmeye başlamıştı. Kahire'de Kudüs'e hürmet eden yeni bir sultan tahta çıktı –diğer pek çok şeyle birlikte kendisine Kudüs'ün Sultanı da diyordu. Nasir Muhammed kendisine Kartal payesini verirken halkı ona Haşin adını verdi –dönemin önde gelen tarihçilerinden birinin yazdığı gibi "belki de en büyük Memlûk sultanıydı ama aynı zamanda da en adisiydi."

NASIR MUHAMMED: HAŞİN KARTAL

Sekiz yaşından beri Memlûk derebeyleri arasında itilip kakılan bir oyuncaktan başka bir şey olmamıştı. İki kez tahta çıkmış ve iki kez tahtan indirilmişti. Sultan olan bir kölenin en küçük oğluydu ve Akka fatihi olan büyük kardeşi suikasta kurban gidince Nasir Muhammed yirmi altı yaşında, bu sefer elinde tutmaya kararlı olarak, üçüncü kez tahta çıktı. Sembolü olan kartal tarzına uyuyordu –estetik ihtişam, her an tetikte bir paranoya ve ani ve ölümle sonuçlanan saldırganlık. Yandaşları terfi edip zengin oldu –ama daha sonra boğduruldu, ikiye bölündü, zehirlendi ve atları da insanlara tercih edermiş gibi görünüyordu: aksak sultan rivayete göre 7800 yarış atının şeceresini biliyordu ve bir ata her zaman çok güzel bir köle oğlandan daha fazla para öderdi. Yine de Haşin'in her işinde –Cengiz soyundan biriyle evlenmesi, yirmi beş çocuğu, 1200 cariyesi – ihtişamından bir eser vardı.

1317'de hacı olarak Kudüs'e geldi ve generallerine bizzat asıl görevlerinin Tapınak Dağı ve çevresindeki sokakları imar etmek olduğunu gösterdi. En iyi dostu

edildi ve 1397 tarihinde genişletildi. 1474'te sinagog çöktüğünde Müslümanlar onu yıktılar ve bir daha yapılmasına izin vermediler. Ama sondan bir önceki Memlûk sultanı Kayıtbay tekrar yapılmasına izin verdi. 1587 yılında Osmanlılar döneminde tekrar kapatıldı. Yakındaki bir binada bir sinagog açıldı ve Ramban ve bitişik sinagog birleştirilip 1835 yılında tekrar açılana kadar kullanıldı. Ama yirminci yüzyılın başında Ramban'a Müslümanlar el koydu ve onu tekrar sinagog olana kadar depo olarak kullandılar. 1958'de Arap Lejyonları tarafından kasten tahrip edildi. 1967'de tekrar açıldı.

ve Suriye valisi Tankiz'in de yardımıyla sultan, Davud Kulesi'ni tahkim edip garnizon için bir Cuma camisi ekledi, Tapınak Dağı'na sıra sütunlar ve medreseler inşa ettirdi, Kubbetüs Sahra ve El-Aksa'nın çatısını yaptırdı, Zincir Kapısı'na bir minare ekledi, Pamukçu Kapısı ve Pamukçu Pazarı'nı inşa ettirdi –tümünü bugün görmek mümkündür.

Nasır, Allah'a ulaşmak için sufilerin yolunu tercih etti ve kendi tarikatı için beş tane tekke yaptırdı. Yeni binalarında, Allah'ın katına çıkmak için gereken duygu yoğunluğuna erişebilmek için yaptıkları danslar, söyledikleri ilahiler, girdikleri translar ve bazen kendi vücutlarına verdikleri zararlarla Kudüs'ün kutsal büyüsünü bir ölçüde yeniden canlandırdılar. Sultanın adamları mesajı almıştı: o ve halefleri sevilmeyen emirleri Kudüs'e sürerler ve haksız yoldan kazandıkları servetlerini oradaki saraylar, medreseler ve türbelere harcamalarını beklerlerdi. Tapınak Dağı'na ne kadar yakın olurlarsa o kadar çabuk dirileceklerdi. Devasa kemerli temeller inşa ederek onların üzerine binalar yaptılar. Bu binalar* dikkatlice Asil İbadethane'nin kapıları civarındaki kendilerinden önceki binaların çatıları üzerine yerleştirildi.**

Nasır, Kudüs'ü –en azından Müslüman Mahallesi'ni –toz içinde ve örümcek ağı bağlamışken bulup mermerlerle bezeli bir şekilde bıraktığından İbni Batuta şehri ziyaret ettiğinde "büyük ve haşmetli" diye tasvir etmişti. Müslüman hacılar Kudüs'e akıyor, Gehenne'deki cehennemden Kubbetüs Sahra'daki cennete kadar olan bölgeyi keşfediyor ve kendilerine "Kudüs'teki bir günahın başka yerdeki bin günah ve Kudüs'teki bir sevabın başka yerdeki bin sevaba denk olduğunu" söyleyen fadailin kitaplarını okuyorlardı. Orada yaşamak "bir savaşçının cihat etmesinden" orada ölmek de "cennete ölmekten" farksızdı. Kudüs'ün kutsiyeti o dereceye yükseldi ki Müslümanlar yedinci yüzyıldan beri yapmadıkları şeyleri

---

* Tapınak'ın batı tarafındaki Hirodes duvarının büyük bölümü yeni Memlûk binaları yüzünden kayboldu. Ama daha sonra Müslüman Mahallesi'ndeki bir arka sokaktaki bir avluda ortaya çıktı: Orası Kudüs'ün gizli mekânlarından biridir. Yahudilerin büyük çoğunluğu ünlü Batı Duvarı'na hürmet etse de küçük bir grup da hâlâ bu Küçük Duvar'da dua etmiş ve etmektedir.

** Memlûklerin farklı tarzını tüm Müslüman Mahallesi'nde görmek mümkündür: mukarna denen sarkıt korbeller ve siyah ve beyaz taşların dönüşümlü olarak kullanıldığı ve ablak denen model. Memlûk tarzının belki de en güzel örneği Zincir Kapısı üzerinde inşa edilmiş olan Tankiz'in Tankiziye saray-medresesidir: toplamda yirmi yedi medrese vardı ve tümü Memlûk emirlerinin armalarını taşımaktadır –Tankiz, Saki olduğu için binalarını kadehiyle işaretlemiştir. Kudüs'e gelen Memlûk emirleri hem medreseleri desteklemek hem de güç mücadeleleri sırasında iktidar ve servet kaybedilmesi sonucunda ailesine bir ev ve iş sağlayabilmek için vakıflar kurarlardı. Türbeler hemen tamamı merdivenlerle inilen ve yeşil fenerli odalardı ve yoldan geçen kişiler hem içeride okunan duayı duyar hem de içeriyi görürlerdi. Bu binaların daha sonradan tahsis edildiği Kudüslü Arap aileleri bu mülkleri hayır olarak verdikleri için bugün hâlâ çoğu ailelerin kaldığı evler olarak kullanılmaktadır.

yapmaya başlayarak Muallâk taşını tavaf ettiler, öptüler ve kutsal yağ sürdüler. Köktendinci âlim İbni Teymiyye, Nasır ve bu sufi hurafelerini yerden yere vurup Kudüs'ün sadece önemli bir ziyaret mekânı olabileceğini ve asla Mekke'nin dengi olamayacağını vurguladı. Sultan bu adamı altı kez hapse attı ama bir faydası olmadı ve İbni Teymiyye, Suudi Arabistan'daki katı Vahhabiler ve günümüzün cihatçıları için ilham kaynağı olmaya devam etti.

Haşin sultan artık seçkin askerî birliklerini teşkil eden Türk Memlûklere güvenmediği için Gürcü ve Çerkez köleleri asker olarak yetiştirmeye başladı ve onlar da Kudüs'le ilgili alacağı kararı etkilediler: Kutsal Kabir Kilisesi'ni Gürcülere bahşetti. Ama kilise Latinler tarafından da unutulmuş değildi: 1333'te sultan, Napoli (ve Kudüs) kralı Robert'ın Kilisenin bazı bölümlerini tamir ettirmesine ve Siyon Dağı'ndaki Cenacle'da arazi alıp bir Fransisken manastırı inşa ettirmesine izin verdi.

Yaşlı kaplan en tehlikeli olandır. Sultan hastalandı ama dostu Tankız'a "o kadar güç bahşetmişti ki ondan korkmaya başladı." 1340'ta Tankız tutuklanıp zehirlendi. Nasır da bir yıl sonra öldü ve yerine oğulları geçti. Nihayetinde yeni Kafkas köleler hanedanı yıktı ve Kudüs'te Gürcülerden yana karar alan sultanlardan oluşan yeni bir nesil başlattılar. Diğer taraftan Katolik Latinler –nefret edilen Haçlıların vârisleri –hem Hristiyanları hem de Yahudileri ezen Memlûk baskısından bunalmışlardı. 1365 tarihinde Kıbrıs kralı İskenderiye'ye saldırdığı zaman Kilise kapatıldı ve Şam'daki Fransiskenler sokaklarda sürüklenerek götürülüp halkın huzurunda idam edildi. Fransisken tarikatına daha sonra geri dönmeleri için izin verildi ama Memlûkler İslam'ın üstünlüğünü vurgulamak adına kiliseyi ve Ramban sinagoğunu gölgede bırakan minareler inşa ettiler.

1399'da herkesin korktuğu Orta Asyalı fatih Timur, Bağdat'ı ele geçirdi ve henüz çocuk olan Memlûk sultanı ve hocası Kudüs'e hacca gittiği sırada da Suriye'ye saldırdı.[4]

30

MEMLÛKLERİN GERİLEMESİ

1399-1517

TİMURLENK VE ÂLİM: HACI ŞEHRİ

Sultanın lalası İslam dünyasının en ünlü âlimiydi. O sırada yetmiş yaşlarında olan İbni Haldun önce Fas krallarına, (bir bölümü hapiste olmak üzere) daha sonra Gırnata, Tunus ve son olarak da (yine hapiste biraz zaman geçirdikten sonra) Memlûk sultanına hizmet etmişti. Bu zaman zarfında ise şaheseri ve bugün bile öneminden bir şey yitirmemiş olan *Mukaddime*'yi yazdı. Sultan daha sonra onu, çocuk yaşta tahta geçecek olan, oğlu Faraj'ın lalası olarak atadı.

Aksi tarihçi on yaşındaki sultana Kudüs'ü gezdirirken Timur, Memlûklerin elindeki Şam'ı kuşattı. Timurlenk 1370 yılında Orta Asya'da yerel bir derebeyi olarak iktidara gelmişti. Türk soyundan gelen bu acımasız dahi otuz beş yıl boyunca hiç durmadan savaşarak, eyer üzerinden yönettiği, Yakın Doğu'nun büyük bölümünü ele geçirmiş ve kendisini Cengiz Han'ın halefi ilan etmişti. Delhi'de 100.000 kişiyi katletti; İsfahan'da 70.000 kişiyi öldürüp her birinde 1.500 kelle bulunan kesik başlardan oluşan yirmi sekiz kule inşa etti ve hiç yenilmedi.

Yine de Timurlenk sadece bir savaşçı değildi. Semerkant'taki sarayları ve bahçeleri zevk sahibi olduğunu gösteriyordu; çok iyi bir satranç oyuncusuydu, tarih meraklısıydı ve felsefeden konuşmayı çok severdi. İbni Haldun'la görüşmeyi istemesine şaşmamak gerek.

Memlûklerde tam bir panik havası hâkimdi: Şam düşerse bunu Filistin hatta Kahire bile takip edebilirdi. Yaşlı lala ve çocuk sultan Kahire'ye dönmeye kalktılar ama Memlûkler ikiliyi Timurlenk'le görüşmesi –ve İmparatorluğu kurtarması – için Suriye'ye göndermeye karar verdiler. O sırada Kudüslüler de Tanrı'nın Kırbacı olarak bilinen bu yenilmez yırtıcıdan Kutsal Şehir'i nasıl kurtaracaklarını tartışıyorlardı.

Ocak 1401'de Şam civarında ordugâhını kurmuş olan Timurlenk, Sultan Faraj ve İbni Haldun'un kendisiyle görüşmek istediği haberini aldı. Çocuk umurunda değildi ama İbni Haldun'u duyunca çok sevindi ve derhal onu davet etti. İbni

Haldun bir siyasetçi olarak sultanı temsil etse de bir tarihçi olarak haliyle devrinin en güçlü adamıyla görüşmeyi o da istiyordu –oradan sağ çıkıp çıkmayacağından emin olmasa da. İkisi yaklaşık aynı yaştaydılar: Kır saçlı fatih muhterem tarihçiyi çadırında kabul etti.

İbni Haldun, "bu kralların en büyüğü ve kudretlisinin son derece zeki ve ferasetli olduğunu ve tanıdığı ya da tanımadığı herkesten daha fazla münazara ve münakaşaya açık olduğunu görerek" hayran oldu. İbni Haldun, Timurlenk'i bazı Memlûk esirleri serbest bırakmaya ikna etti ama Tanrı'nın Kırbacı müzakereye yanaşmayacaktı: Şam, İbni Haldun'un tarifiyle "alçakça ve adice" saldırıya uğradı ve yağmalandı. Kudüs yolu açılmıştı. Şehir uleması şehri Timurlenk'e teslim etmeye karar verdi ve Kubbetüs Sahra'nın anahtarlarını taşıyan bir temsil heyeti gönderdiler. Ama Kudüslüler, Şam'a vardıklarında fatih Timur çoktan Anadolu'daki yükselen yeni güç olan Osmanlılara saldırmak için kuzeye doğru yola çıkmıştı. Timur 1405 Şubat'ında Çin'i ele geçirmeye giderken öldü ve Kudüs Memlûklerin elinde kaldı. Timur'la görüşmesinden sonra Kahire'ye dönen İbni Haldun bir yıl sonra hayatını kaybetti. Çocuk sultan Faraj bu maceralı yolculuğunu hiç unutmadı: Her fırsatta Kudüs'e geri dönüp Tapınak Dağı'nda, sarı sultanlık bayrakları altında, çadırını kurup fakirlere altın dağıttı.

Kudüs, 200 Yahudi ve 100 Hristiyan ailenin de dâhil olduğu, sadece 6000 kişinin yaşadığı kendisi küçük ama tutkuları büyük bir şehir haline geldi. Şehir dengesiz ve istikrarsızdı: 1405'te Kudüslüler aşırı vergilere karşı ayaklanıp Memlûk valisini şehirden kovdular. Haram'ın arşivi, Kudüs'ün kadı ve sufi şeyhi aileleri, sürülen Memlûk valileri ve zengin tüccarların Kuran öğrenimi, kitap toplama, zeytinyağı ve sabun ticareti ile arbalet ve kılıç talimleriyle dolu yaşamları hakkında bizlere fikir vermektedir. Ama artık Haçlılar bir tehdit olmadığından Hristiyan hacılar ana gelir kaynağı olarak görülmeye başlanmıştı. Buna rağmen pek hoş karşılandıkları söylenemezdi: Genelde onlardan istenen yüksek ücretleri ödeyene kadar hapsedilirlerdi. Bir tercüman hapisteki Hristiyan'a durumu şöyle açıkladı: "Ya ödersin ya da dövülerek öldürülürsün."[5]

Kimin daha tehlikeli olduğunu söylemek zordu –rüşvetçi Memlûkler, haysiyetsiz hacılar, birbirlerini yiyen Hristiyanlar ya da açgözlü Kudüslüler. Çoğu hacı öyle baş belasıydı ki yöre sakinleri ve yolcular şöyle ikaz edilmişti: "Kendinizi Kudüs'e giden herkesten sakının." Müslümanlar da, "Kutsal şehrin sakinleri kadar yoldan çıkmışını bulmak zordur," derlerdi.

Memlûk sultanları da kimi zaman, zaten belli aralıklarla Kudüslüler tarafından linç edilen, Hristiyan ve Yahudileri sindirmek için şehre gelirdi.

Yolsuzluk ve kargaşa Kahire sarayını da etkisi altına aldı: İmparatorluk hâlâ Kafkas sultanlar tarafından idare ediliyordu ve Katolik Fransiskenler Avrupa'dan destek alsa da Hristiyan Kudüs'te ağırlıklı olarak birbirinden –ve tabii ki Katoliklerden– nefret eden Ermeni ve Gürcüler bulunuyordu. Mahallelerini sınır tanımadan Aziz James civarında genişleten Ermeniler, Memlûklere rüşvet vererek Calvary'i Gürcülerden aldılar ama onlarda rüşvet verip geri almakta gecikmedi. Ama o da uzun sürmedi. Calvary otuz yıl içinde beş kez el değiştirdi.

Hacca gitmek Avrupa'da aşırı popüler olduğundan rüşvet ve kâr çok fazlaydı. Avrupalılar henüz haçlı seferlerinin bittiğini düşünmüyorlardı –nihayetinde İspanya'nın Hristiyanlar tarafından geri alınması bir Haçlı seferiydi– ve Kudüs'ü kurtarmak için bir sefer düzenlenmese de tüm Hristiyanlar hiç gitmedikleri Kudüs'ü biliyorlarmış gibi hissediyorlardı. Kudüs ayinlerde, resimlerde ve duvar halılarında kendisini gösteriyordu. Pek çok şehirde eski hacılar ya da bu yolculuğa çıkmayı başaramayan kişilerden kurulu olan Kudüs Kardeşliği tarafından inşa edilen Kudüs şapelleri bulunurdu. Westminister Sarayı'nda Kudüs Odası vardı ve batıda Paris'ten doğuda Prusya ve Livonya'ya kadar pek çok yer bu yerel Kudüs'lerle doluydu. İngiltere, Lincolnshire'daki küçük bir köy olan, tek Kudüs bu hevesin canlı şahididir. Ama binlercesi Kudüs'e gitmeye devam etti* ve onların çoğu da gerçekten de adı çıkmış kişilerdi: Chaucer'in ahlaksız karısı Bath, Kudüs'e üç kez gitti.

Hacıların sırf Kudüs'e ve kiliseye girebilmek için defalarca ücret ödemesi gerekiyordu çünkü kilisenin içi de Memlûklerin kontrolündeydi. Her gece kiliseyi kilitlerlerdi ve ücretini ödeyen hacılar dilerlerse günlerce ve gecelerce içeride kalırlardı. Kilise içindeki tezgâhlar, dükkânlar, yataklar ve bol miktardaki insan saçı yüzünden daha ziyade bir pazaryerini andırırdı: Çoğu tıraş olup saçlarını Kutsal Kabir'e koymanın hastalıklara iyi geleceğine inanırdı. Hacıların çoğu ziyaret ettikleri mekânlara isimlerinin baş harflerini kazırken sanat seven Müslümanlar da kutsal emanet sanayisine hizmet ederlerdi: hacılar yeni doğan Müslüman çocukların mumyalanarak zengin Avrupalılara Masumların Katliamı'nın kurbanları olarak satıldığını iddia etmişlerdi. Bazı hacılar Kilise içinde rahme düşen çocukların daha yetenekli olacaklarına inandığından mum ışığında içilen içkilerin grup sekse ya da kavgaya yol açtığı da görülmemiş şey değildi. Bu durumdan iğrenen bir hacı Kutsal Kabir'in "tam bir geneleve" döndüğünü söylemişti. Diğer bir hacı olan

* 1393'te Henry Bolingbroke Kudüs'e hac için geldi ve IV. Henry olarak tahta çıktığında dendiğine göre ölmek için oraya dönmek istemişti. Ölüm döşeğinde bu isteğini gerçekleştirdi: Kendisine Westminster'da bir Kudüs odası yaptırdı. Oğlu V. Henry de farklı düşünmüyordu: Agincourt'un galibi ölüm döşeğinde Kudüs'e hacca gidip surlarını yeniden yaptırmak istediğini söyledi.

Alman şövalyesi Arnold von Harff, Arapça ve İbranice öğrenmiş ve bize aklındakilerle ilgili biraz ipucu vermiştir:

Bana ne kadar ödeyeceksin?

Sana bir gulden veririm.

Yahudi misin?

Kadın, bu gece seninle yatmama izin ver.

Ben zaten yatağındayım.

Fransiskenler, Katolik hacıları karşılar ve yol gösterirlerdi: Pilate'nin Praetorium'undan, Memlûk valisinin sarayına kadar süren İsa'nın ayak izlerini takip etme merasimi başlardı. Bu Tanrı'nın Yolu'nun ilk durağıydı ve sırada Via Dolorosa vardı. Hacılar, Hristiyan mekânlarının İslamlaştırıldığını görünce şoke olmuşlardı mesela Aziz Anne Kilisesi –Bakire Meryem'in annesinin doğduğu yer –Selahaddin'in medresesi olmuştu. Alman keşiş Felix Fabri bu binaya gizlice girerken Harff kılık değiştirip Tapınak Dağı'na sızarak hayatını riske atmıştı –ve ikisi de maceralarını kaleme aldılar. Onların eğlenceli maceraları hürmetin ve tasasızlığın farklı boyutlarını bizlere göstermektedir.

Fakat Hristiyan ve Yahudiler ne yapacağı belli olmayan Memlûkler karşısında hiçbir zaman güvende sayılmazlardı – ve Kudüs'ün kutsiyeti öyle bulaşıcıydı ki iki daha eski din Siyon Dağı'ndaki Davud Mezarı için kavga etmeye başlayınca Memlûk sultanı oranın Müslümanlara ait olduğunu ilan etti.

İleride Yahudi Mahallesi olacak yerde yaklaşık bin kadar Yahudi yaşıyordu. Yahudiler Ramban sinagoğunda, Tapınak Dağı'nın kapıları civarında (özellikle Batı Duvarı'ndaki kütüphanelerinde) ve mahşeri beklemesi için ölülerini gömdükleri Zeytin Dağı'nda ibadet etmeye başlamışlardı. Ama zamanla Hristiyan türbesi ve Cenacle'in bir bölümü olan Fransiskenlerin idaresindeki Davud Türbesi'ne (gerçek Davud'la hiçbir alakası yoktur ve Haçlılar döneminden kalmadır) de hürmet göstermeye başladılar. Hristiyanlar onlara mani olmaya başlayınca Yahudiler, Kahire'ye şikâyet ettiler – bu şikâyetin iki taraf için de üzücü sonuçları oldu. Dönemin sultanı Baybars böyle önemli bir mekânın Hristiyanların elinde olduğunu öğrenince hiddetlenip Kudüs'e geldi, Fransisken şapelini yıktırdı ve onun yerine Davud'un Türbesi'nin içine bir cami inşa ettirdi. Birkaç yıl sonra haleflerinden biri olan Sultan Çakmak tüm Siyon Dağı'nın Müslümanlara ait olduğunu iddia etti. Durum daha da kötüye gitti: eski sınırlamalar tekrar yürürlüğe girerken yenileri de icat edildi. Hristiyan ve Yahudi sarıklarının boyutları sınırlandı; hamamda erkekler inekler gibi boyunlarına tasma takmak zorundaydılar; Yahudi ve Hristiyan kadınların birlikte banyo yapması yasaklandı; Çakmak Yahudi doktorların Müslümanları tedavi etmesini yasakladı.*

Ramban sinagogunun bir fırtınada çökmesinin ardından kadı, oranın bitişikteki camiye ait olduğunu iddia ederek, tekrar yapılmasını yasakladı. Yahudiler kararı değiştirmek için rüşvet vermeye kalkınca yerel ulema binayı tümden yıktırdı.

10 Temmuz 1452'de Yahudiler, Hristiyan karşıtı bir ayaklanma başlatıp mezarları kazıp Hristiyan keşişlerinin kemiklerini çıkardılar ve Kutsal Kabir'deki yeni tırabzanı söküp el-Aksaya götürdüler. Hristiyanlar kimi zaman akıl almaz derecede kışkırtıcı olabiliyorlardı. 1391 tarihinde dört Fransisken keşişi el-Aksa'da "Muhammed ahlaksız, cani ve açgözlüdür!" diye bağırdı. Kadı onlara sözlerini geri almaları için bir fırsat verdi. Reddettiklerinde işkence görüp neredeyse ölene kadar dövüldüler. Kilisenin bahçesinde bir ateş yakıldı ve "öfkeden gözü dönen kalabalık" onları öyle bir parçaladı ki "insana benzer bir halleri kalmadı" ve daha sonra onları pişirdiler.[6]

Ama güzel günler yakındı ve daha hoşgörülü bir sultan tahta çıktığında Hristiyan Kudüs'ün kaderini değiştiren de bir Fransız yemeği oldu.

SULTAN VE HRİSTİYAN OMLETİ

Çerkez bir köleyken Memlûk generali olan Kayıtbay yıllarını Kudüs'te sürgünde geçirdi. Müslüman mekânlarına girmesi yasaklandığı için Fransiskenlerle yakınlaştı ve onlardan bir Fransız yemeği öğrendi: anlaşılan 1486 tarihinde tahta çıktığında sebzeli omleti hâlâ unutmamıştı ki keşişleri Kahire'ye davet etti ve Kilise'de inşaat yapmalarına izin verdi –ve Siyon Dağı'nı onlara iade etti. Yahudilerden intikam almak istiyorlardı ve bu yüzden Kayıtbay, Yahudilerin Kiliseye ya da Siyon Dağı'ndaki manastıra yaklaşmasına yasakladı: Yahudiler sürekli olarak linç edildi ve hatta dalgınlıkla kilisenin yanından geçtikleri için öldürüldüler – bu durum 1917 tarihine kadar devam etmiştir. Fakat sultan Yahudilerin Ramban sinagogunu yeniden inşa etmesine de izin verdi. Tapınak Dağı'nı da unutmamıştı: 1475 yılında orayı ziyaret ettiğinde açtığı Eşrefiye Medresesi o kadar güzeldi ki "Kudüs'ün üçüncü mücevheri" olarak tasvir edildi ve orada yaptırdığı, kırmızı ve krem rengi ablakların kullanıldığı çan şekilli, çeşme şehirdeki en güzel örnek olarak kalmaya devam etti.

Ama Kayıtbay'ın tüm ilgisine rağmen Memlûkler kontrolü kaybetmeye başlamışlardı. Şehrin kadısı Mucir el-Din, Davud Kulesi'ndeki günlük güneş batımı yürüyüşünü izlediği zaman onun "tümüyle düzensiz ve tertipsiz" olduğunu söy-

---

* Latinlere kök söktüren Sultan Çakmak Ermenileri korumuştu: Ermeni Manastırı'nın girişindeki kitabeden Ermenilere gösterdiği hoşgörüyü anlamak mümkündür.

lemişti. 1480'de Bedeviler Kudüs'e saldırdı ve vali Tapınak Dağı üzerinden ve Yafa Kapısı'ndan kaçarak kendisini kurtarabildi. Haham Bertinorolu Obadiah, Bedevi saldırısından hemen sonra, "Kudüs'ün büyük bölümü boşaldı," demişti. Bir öğrencisi uzaktan tepelerinde aslanlar ve çakallar dolaşan "harabe halinde bir şehir gördüm" diyordu. Ama Kudüs daha ölmemişti. Obadiah'ın öğrencisi ona Olivet'ten baktığında, "Ruhuma can geldi, kalbim sızladı, ağladım ve elbise kiraladım," dedi. Şehri çok seven Mucir el-Din'in gözünde ise "şehir fevkaladelik ve güzellikle doluydu – dünyanın harikalarından biriydi."*

1453'te Osmanlılar sonunda Konstantinopolis'i ele geçirdiler ve evrensel Roma İmparatorluğu ideolojisi ve ihtişamını devraldılar. Osmanlılar nesillerdir veraset savaşları ve yeniden güçlenen İran'ın teşkil ettiği tehditle karşı karşıyaydılar. 1481'de Kayıtbay, kaçak Osmanlı şehzadesi Cem Sultan'ı ağırladı. Bu vesileyle Osmanlı hanedanını bölmeyi umarak Cem'e Kudüs krallığını teklif etti. Bu kumar on yıllık masraflı bir savaşa neden oldu. O tarihlerde iki İmparatorluk da yükselen yeni güçlerin tehdidiyle karşı karşıyaydılar –Memlûkler için Hint Okyanusu'na yayılan Portekizliler ve Osmanlılar için de bölgede hâlâ saygı duyulan On İki İmam Şiiliğini kullanarak ülkeyi birleştiren İran Şahı İsmail. Bu durum Osmanlıları kısa süreli ve pragmatik bir ittifaka yöneltti: Bunun ölümün öpücüğü olduğu çok geçmeden anlaşılacaktı.[7]

---

* Memlûk Kudüsü'nün son yıllarında, Yahudi gezginlerin Zeytin Dağı'nda yas tuttuğu sıralarda, Mucir el-Din Kudüs ve El-Halil üzerine olan titiz çalışmasını derledi. Saygı duyulan birisi olmalıydı: Günümüzde Bakire Mezarı'nın hemen üzerinde duran kubbeli zarif anıta defnedildi.

BÖLÜM YEDİ

OSMANLILAR

Bu asil şehir Kudüs tüm milletler, özellikle İsa orada doğduğundan beri hiç durmadan Kudüs için savaşan Hristiyanlar için, arzu edilen bir mekândır... Kudüs cin taifesinin ibadet yeridir... Yüz yirmi dört bin peygamberin makamıdır.

Evliya Çelebi, *Seyahatname*

Süleyman rüyasında Peygamber'i görür: "Ey Süleyman, Kubbetüs Sahra'yı süsle ve Kudüs'ü imar et."

Evliya Çelebi, *Seyahatname*

Birkaç tarikat tarafından aynı anda elde edilmiş olan büyük ödül Kutsal Kabir'dir. Bu imtiyaz öylesine öfke ve düşmanlığa neden olmuştur ki kimi zaman birbirlerine girmişler ve Kutsal Kabir'in kapısında kanları, "kurbanlarının" kanlarına karışmıştır.

Henry Maundrell, *Journey*

Neşeyle güzel Kudüs'te bir araya gelebilmek için
Bu çileli dünyadan ayrıldık

William Shakespeare, *VI. Henry, Bölüm 3*

Kutsal mekânları gezip dolaşmak yerine bizler düşüncelerimizin içinde durup, yüreğimizi yoklayıp gerçek vaat edilen toprakları ziyaret edebiliriz.

Martin Luther, *Sofra Sohbetleri*

İsrail'in Tanrısı'nın aramızda olduğunu göreceğiz... Bu nedenle bizlerin tepenin üzerindeki bir şehir gibi olup herkesin gözünün bizim üzerimizde olacağını unutmamalıyız.

John Winthrop, *A Modell of Christian Charity*

31

SÜLEYMAN'IN İHTİŞAMI

1517-1550

II. SÜLEYMAN VE HÜRREM

24 Ağustos 1516'da Osmanlı sultanı Yavuz Selim, Halep yakınlarında, Kudüs'ün kaderini tayin edecek bir muharebede, Memlûk ordusunu bozguna uğrattı: Ortadoğu'nun büyük bölümü sonraki dört asır Osmanlı hâkimiyetinde kalacaktı. 20 Mart 1517'de Selim, Kudüs'ü ele geçirmek için geldi. Ulemanın el-Aksa'nın ve Kubbetüs Sahra'nın anahtarlarını teslim ettiği Selim kendisini "ilk kıblenin hâkimi" ilan etti. Selim, Hristiyanlara ve Yahudilere yönelik geleneksel hoşgörüyü sürdürdü ve Tapınak Dağı'nda namaz kıldı. Daha sonra da Mısır'ı ele geçirmek için yola çıktı. Selim, İran'ı yenmiş, Memlûk topraklarını fethetmiş ve kardeşlerini, yeğenlerini ve belki de oğullarından bazılarını öldürerek veraset sorununu da ortadan kaldırmıştı. Eylül 1520'de öldüğünde sadece bir tane oğlu vardı.[1]

Süleyman "yirmi beş yaşındaydı, ince uzundu ama sert ve kemikli bir yüzü vardı" ve kendisini Balkanlardan İran'a, Karadeniz'den Mısır'a kadar uzanan bir imparatorluğun başında bulmuştu. "Bağdat'ta Şah, Bizans'ta Sezar ve Mısır'da Sultan'ım" diye ilan etmiş ve bu unvanlarına halifeyi de eklemişti. Osmanlı saray adamlarının sultanlarına padişah –imparator– demelerine şaşmamak gerek. Bu saray adamlarından biri onun için şöyle yazmıştı: "Dünya üzerindeki en yüce ve saygıdeğer hükümdar." Rivayete göre Süleyman'ın rüyasında gördüğü Peygamber ona, "Kâfirleri yenmesini, Tapınak Dağı'nı güzelleştirmesini ve Kudüs'ü imar etmesini," söylemişti ama zaten buna gerek yoktu. İslam imparatoru olarak yapması gerekenin fazlasıyla farkındaydı ve eşi Hürrem ona sürekli olarak "devrinin Süleyman'ı" diye hitap ediyordu.

Hürrem de Süleyman'ın projelerine destek verdi – Kudüs de bu projelerden biriydi. Kendisi Polonya'dan kaçırılan bir rahibin kızıydı ve hareme köle olarak satıldığında Süleyman'ın dikkatini çekmiş ve ona beş çocuk doğurmuştu. "Genç ama güzel değil, yine de zarif ve narin" olan Hürrem döneme ait bir portreye göre iri gözlü, gül dudaklı ve yuvarlak yüzlüydü. Sefere çıktığı sırada Süleyman'a gönderdiği mektuplar onun neşeli olduğu kadar boyun eğmez ruhunu da gözler önüne sermekteydi: "Sultanım, ayrılığın ateşine tahammül etmek mümkün değil. Lütfen, bu zavallı kuluna acı ve onu mektuplarından mahrum etme. Senin mektupların okunduğunda senin hizmetkârın ve oğlum Mehmet ile senin kölen ve kızın Mihrimah senin hasretinden gözyaşları döktüler. Onların ağlamalarına dayanamıyorum." Ona Hürrem yani Sultan'ın Neşesi ismini veren Süleyman'dı ve şiirlerinde ondan, "Aşkım, ay ışığım, baharım, güzel saçlı kadınım, yay kaşlı güzelim, haylaz gözlü aşkım," diye bahsederdi ve resmî olarak da kendisi "kraliçelerin kraliçesi, ihtişamlı halifenin gözünün feriydi." Hürrem kurnaz bir politikacı ve entrikacıydı, Süleyman'ın başka bir kadından olma oğlunun sultan olmasını engellemek için her şeyi yapmış, bu oğul Süleyman'ın huzurunda boğdurulmuştu.

Süleyman, Kudüs ve Mekke'yi miras aldığından itibarı gereği buralara hizmet etmesinin vazifesi olduğuna inanıyordu: Onunla ilgili her şey büyük ölçekliydi, ihtiraslarının sınırı yoktu, saltanatı yarım yüzyıla yakın sürdü ve eriştiği ufuklar muazzamdı – Viyana kapılarından Bağdat'a kadar Avrupa'da, Kuzey Afrika'da, Irak'ta ve Hint Okyanusu'nda savaştı. Kudüs'te o kadar çok şey yaptırdı ki günümüzdeki Eski Şehir herkesten çok onun eseridir: Surlar çok eski görünmektedir ve çoğu kişiye göre de Kubbetüs Sahra, Duvar ve Kilise kadar şehrin bir parçasıdırlar –ama onlar ve özellikle şehirdeki kapıların büyük bölümü, hem şehri güvenceye almak hem de itibarını sergilemek isteyen, Süleyman'ın eseriydi. Sultan Hisar'a bir cami, bir giriş ve bir burç ekledi; şehre su getirmek için su kemeri ve suyu dağıtmak için dokuz çeşme yaptırdı –bunların üçü Tapınak Dağı'ndadır; Kubbetüs Sahra'daki yıpranmış mozaikleri turkuaz, kobalt, beyaz ve sarı renkli zambak ve lalelerle bezeli parlak çinilerle süsledi ki bugün hâlâ oradadırlar.*

Hürrem kocasının projelerinin yakınlarına hayır kurumları inşa etmeyi sevdiğinden bir Memlûk sarayını satın alıp El-İmare- el-Amire el-Haseki el-Sultan'ı kurdu –bu vakıf içinde bir cami, bir fırın, elli beş odalı bir yatakhane ve fakirler

* Efsaneye göre Süleyman Kudüs'ü yıkmayı düşünüyordu ama eğer bunu yaparsa bir aslanın kendisini yiyeceğini gördü ve bu yüzden de Aslan Kapısı'nı yaptırdı. Bunun nedeni bir yanlış anlamadır: Aslan Kapısı'nı yaptırdığı doğrudur ama üzerindeki aslanlar 300 yıl öncesine ait Baybars'ın panterleridir ve bir zamanlar şehrin kuzey batısında bulunan sufi hankâhından alınmıştır. Süleyman, Kudüs'teki eski taşları kullandı: Zincir Kapısı Çeşmesi'nin üzerinde Haçlı gülçesi bulunmaktadır ve yalağı bir Haçlı lahitidir. Yeni surlar Siyon Dağı'nı içermiyordu. Süleyman'ın sihirli bir kaba bakıp Davud'un mezarının şehrin dışında kaldığını gördüğü zaman çok sinirlenip mimarları idam ettirdiği söylenir. Tur rehberleri onların mezarlarının Yafa Kapısı'na yakın olduğunu söylerler – ama bu da efsanedir: Mezarlar Safedli iki âlime aittir.

için aş evi bulunan bir yerdi. Böylece Tapınak Dağı ve Kudüs'ü kendilerinin kabul ettiler.

1553'te Süleyman –İkinci Süleyman ve Dünyanın Kralı– Kudüs'ü teftişe karar verdi ama sonu gelmez savaşlar buna mani oldu ve kendinden önceki Konstantinus gibi şehri tümüyle değiştirmiş olmasına rağmen görmek kısmet olmadı. Sultan'ın yatırımları devasa boyutlardaydı ama bu durumu uzaktan kontrol etmek zorunda kalıyordu. Surlar yükselirken Suriye valisi orada kaldı ve saray mimarı Sinan da muhtemelen Mekke'ye giderken oraya uğrayıp inşaatları teftiş etmiş olmalıydı: binlerce işçi istihdam edildi, yeni taşlar çıkarıldı, yıkık kiliselerden, Hirodes dönemi saraylarından taşlar alındı ve Tapınak Dağı çevresindeki Hirodes ve Emevi surlarına kapılar ve tabyalar yerleştirildi. Kubbetüs Sahra'ya yeniden çini döşenebilmesi için 450.000 çini gerektiğinden Süleyman'ın adamları bu çinileri yapmak için el-Aksa'nın yakınına bir çini imalathanesi inşa ettiler ve müteahhitlerden bazıları şehirde kalmak için konaklar inşa etti. Mimarların orada teşkil edeceği hanedan şehirde iki asır varlığını sürdürecekti. Şehir aşina olmadığı çekiç sesleri ve para tıkırtıları ile çınlıyor olmalıydı. Nüfus neredeyse üç katına çıkıp 16.000'e erişmişti ve Yahudi sayısı da, sürekli gelen mülteciler sayesinde, ikiye katlanıp 2000'e çıkmıştı. Büyük ve ıstıraplı bir Yahudi hareketi başlamak üzereydi ve bu gelenlerden bazıları doğrudan Süleyman'ın projelerine destek vermeye başlayacaklardı.[2]

32

MİSTİKLER VE MESİHLER

1550-1705

SULTAN'IN YAHUDİ DÜKÜ:

PROTESTANLAR, FRANSİSKENLER VE DUVAR

Süleyman, Mısır'ın vergisini Kudüs'ün yeniden inşasına tahsis etti ve bu gelir, bölgedeki valinin isyan hazırlıklarına karşı sultanı uyararak onun güvenini kazanmış olan hazinedar ve mültezim Abraham de Castro'nun kontrolündeydi. Adından da anlaşılacağı gibi Castro, Portekiz'den gelme Yahudi bir mülteciydi ve aşırı zengin bu Yahudi sonunda Süleyman'ın danışmanlığına kadar yükselip Filistin ve Kudüs'ün hâmisi oldu.

Yahudi göçü din savaşlarının son bölümünü teşkil ediyordu. Aragon ve Sicilya Kralı Ferdinand ile karısı Kastilya Kraliçesi Isabella, Avrupa kıtası üzerindeki son İslam prensliği olan Gırnata'yı Ocak 1492'de ele geçirdi. Zaferlerinin ardından dört bir yana güven saçan Katolik Majesteleri –bu unvan onlara Papa tarafından verilmişti– başarılı Haçlı seferlerini, tarihî sonuçları olacak iki kararla kutladılar. İlk olarak beyaz saçlı ve hayalci bir denizci olan Cristóbal Colón'u çağırdılar. Cenevizli bir hancının oğlu olan bu etkileyici ve takıntılı adam yıllardır Atlantik'i aşıp Hindistan ve Çin'e gidebilmesi için kendisine destek olacak birilerini arıyordu. Hayallerinden birisi Hindistan'a ulaşmak iken diğeri de doğuya giderek Kudüs'ü kurtarmaktı: en baştan itibaren ikisini bir arada düşünmüştü. "Majestelerine bu seyahatlerden elde edilecek tüm gelirin Kudüs'ün ele geçirilmesi için harcanması gerektiğini söyledim, güldü ve bu fikrin hoşuna gittiğini söyledi."*

---

* İleride Kudüs Kralı unvanına sahip olacak Ferdinand'ın gülmesinin nedeni bu fikirlerin kendi mesihhaçlı vizyonuyla çakışması olabilir: Kendisi de Kuzey Afrika sahili boyunca ilerleyerek Kudüs'ü almayı planlıyordu. Bir katırın üzerinde elinde gümüş haçı sallayan sert bir kardinalin önderlik ettiği Magribi seferleri önce Oran ve daha sonra Tripoli'yi (günümüzde Libya'da) 1510 yılında ele geçirmeyi başardı. Ferdinand ve Isabella'nın torunu ve İspanya, Yeni Dünya'nın büyük bölümü ve Burgundiya ve Habsburg topraklarının varisi İmparator Şarlken (V. Charles) bu haçlı hırsını devraldı ve onun sürekli kutsal şehri kurtarmaktan bahsetmesi yüzünden Muhteşem Süleyman, Kudüs surlarını yeniden inşa ettirdi.

Hükümdarlar 17 Nisan 1492 tarihli bu teşebbüsü desteklediler, Colón'u (İngilizceye çevrilmiş daha yaygın adıyla Kristof Kolomb'u) Okyanus Amirali olarak tayin ettiler. Denize açıldıktan iki ay sonra 12 Ekim'de Kolomb, Batı Hint Adaları'nı ve üçüncü seyahati sırasında da Güney Amerika'yı keşfetti. Muhtemelen yeni bir yer keşfettiğini anlayamadı (bu yüzden buraya 1507 yılında Yeni Dünya'ya giden Floransalı Amerigo Vespucci'nin adı verildi). Yıllar sonra, zengin altın kaynakları İspanya Krallığı'na akarken, Kolomb, Ahir Zaman hayalleri kurmaya başladı ve *Kehanetler Kitabı*'nda, Katolik Majesteleri'ne Kudüs ve Siyon Dağı'nın İspanyollar tarafından yeniden imar edilmesi gerektiğini yazdı. Ofir'den –ya da Hint Adaları'ndan– gelen altınlar "son dünya imparatorunun" sarayı olan Tapınak'ı yeniden inşa edecekti. Fakat zengin ama huzursuz bir şekilde 1506 yılında hayata veda eden Kolomb'un kestiremediği sayısız nedenden dolayı Amerika ve Kudüs'ün gerçekten de bağlantılı olduğu görülecekti.

29 Nisan'da, Kolomb'un seyahatinin onaylanmasından on iki gün sonra, Isabella ve Ferdinand dikkatlerini Yahudi sorununa çevirdiler. Çoğu Yahudi zorla Katolik yapıldı ama bu dönmelere güven olmazdı: Katolikler sinsi Yahudilerin "şeytani hile ve numaralarla" Hristiyanlığın saf kanını kirletmesinden korkmuşlardı. Katolik Majesteleri'nin desteklediği Engizisyon çoktan on üç bin kişiyi mahkûm ederken iki bin tanesini de gizli Yahudi ayinleri yaptıkları için yakmıştı. Engizisyon üyesi Tomas de Torquemada, Majesteleri'ne, Yahudilere din değiştirme ve sürülme arasında seçim yapma hakkının tanınması gerektiğini söyledi. Isabella, dindar, ciddi ve demir iradeli bir Haçlı kraliçesiydi; Ferdinand ise alaycı, kurnaz ve kadın düşkünü bir adamdı ve Hristiyanlıkla ilgili vazifeleri sadece koz olarak kullanıyordu – tam Makyavelli'ye göre bir kraldı. Evlilikleri İspanya Krallığı'nın ortaya çıkmasına neden olan ikili, çağın en başarılı hükümranlarıydı. Ama bu konuda yanlış hesap yaptılar. Ferdinand, Yahudilerin din değiştireceğini zannetmişti. Çoğunun –75.000 ila 150.000 kişi– sürgüne gitmeyi tercih ettiğini öğrendiğinde hayret etti. Onları Napoli'den de sürdü ve sonraki elli yıl içerisinde Batı Avrupa'nın büyük bölümü de aynı şeyi yaptı. İspanya yedi asır boyunca ileri Arap-Yahudi kültürünün evi ve Yahudi Diasporası'nın merkezi olmuştu.

Tapınak'ın yıkılışı ve Nihai Çözüm arasındaki en büyük Yahudi travması olan bu olayda Yahudiler daha hoşgörülü olan Hollanda, Polonya-Litvanya ve Süleyman tarafından, hem ekonomiye olan katkıları hem de Hristiyanlığın Yahudi mirasını reddetmesinin delilleri olarak hoş karşılandıkları Osmanlı İmparatorluğu'na gittiler. Diaspora, Doğu'ya taşındı. O tarihten yirminci yüzyıl başlarına kadar, İstanbul, Selanik ve Kudüs sokaklarında yeni Yahudi-İspanyol lisanı olan Ladino duyuldu.

1553 tarihinde Süleyman'ın Yahudi doktoru ona Yusuf Nasi'yi takdim etti, Nasi'nin ailesi zorla Hristiyan yapılmış, bunun üzerine Hollanda ve İtalya üzerinden İstanbul'a gelmişti. Orada sultanın güvenini kazandı, oğlu ve vârisinin en güvendiği ajanlarından biri oldu. Avrupalı diplomatları tarafından Büyük Yahudi olarak bilinen Yusuf, karmaşık bir iş imparatorluğunu idare ediyor, sultanın elçisi, uluslararası gizemli bir adam, savaş ve maliyenin uygulayıcısı ve Doğu ile Batı arasında bir uzlaştırıcı olarak görev yapıyordu. Yusuf, Yahudilerin Vadedilmiş Topraklar'a döneceğine inanıyordu. Süleyman, Celile'deki Tiberas bölgesini kendisine verince İtalya Yahudilerini oraya yerleştirip şehri imar edip ipek endüstrisini canlandırmak için ipek böceği ağaçları diktirdi, Yahudileri Kutsal Topraklar'a yerleştiren ilk Yahudi odur. Celile'de kendi Kudüsü'nü inşa edecekti çünkü gerçek Kudüs'ün Süleyman'a ait olduğunu biliyordu.

Yine de Yusuf, Süleyman'ın İslam'ın üstünlüğünü göstermeye çalışıp diğer iki dinin etkisini, bugün bile şehre yön veren çok titiz bir şekilde, azalttığı Kudüs'teki Yahudi âlimlere destek oldu. Süleyman, Şarlken'le savaştığından Hristiyanlara karşı tavrını kimi zaman Avrupa diplomasisinin gerekleri belirlemekteydi. Diğer taraftan Yahudiler için böyle bir durum söz konusu değildi.

Yahudiler hâlâ Tapınak Dağı surlarının civarında ve Zeytin Dağı'nın yamaçlarında olduğu kadar Ramban Sinagoğu'nda da ibadet ediyorlardı ve sultan her şeyden çok düzenin tesisine önem veriyordu. Tapınak Dağı'nda İslam hâkimiyetini zedeleyecek hiçbir şeye izin vermeyerek ibadet etmeleri için Yahudilere Kral Hirodes Tapınağı'nın destek duvarı boyunca üç metrelik bir sokak tahsis etti. Bu çok da mantıksız değildi çünkü burası eski mağara sinagoğuna ve Yahudilerin on dördüncü yüzyılda yerleşmeye başladığı Yahudi mahallesine komşuydu –bugün hâlâ Yahudi Mahallesi'dir. Ama bölge, Müslüman Magribi çevreyle sarılmış, Yahudi ibadeti sıkı kurallara bağlanmıştı. İleride Yahudilerin orada ibadet edebilmek için izin almaları gerekecekti. Yahudiler çok geçmeden bu yere ha-Kotel yani Duvar, demeye başlarken yabancılar da oraya Batı ya da Ağlama Duvarı adını verdi ve bu sayede sarı renkli kesme taşları Kudüs'ün simgesi ve onun kutsiyetinin odağı haline geldi.

Süleyman'ın orada bulunan Fransiskenleri sürgün ederek Hristiyanların sayısını azalttığı Davud'un Kabri'ndeki kitabede şunlar yazmaktadır: "İmparator buranın kâfirlerden temizlenmesini ve bir cami olarak yeniden inşa edilmesini emretti." Tüm dinler için kutsal olan bu Bizans-Haçlı bölgesi, eski bir sinagog ve Hristiyan Coenaculum'u, şimdi de Müslümanların Nebi Davud Türbesi olmuştu ve Süleyman'ın oranın hamileri olarak tayin ettiği Dajaniler olarak bilinen sufi ailesi 1948 yılına kadar bu vazifelerini ifaya devam etmişlerdir.

Dış dünyadaki siyasetin yansımalarının her daim Kudüs'ün dinî yaşamı üzerinde tesirleri olmuştu: Çok geçmeden Fransiskenler, Süleyman'ın gözdesi haline geleceklerdi. Orta Avrupa için verilen savaşta kendisine Habsburglara karşı Hristiyan bir müttefik olarak Fransa'yı bulmuştu ve Fransiskenler de Fransa kralı tarafından desteklenmekteydiler. 1535'te sultan Fransa'ya ticaret imtiyazları verdi ve Fransiskenleri de Hristiyan mekânlarının hamileri olarak kabul etti. Bu ileride Osmanlı İmparatorluğu'nu zayıflatacak olan kapitülasyonların ilkiydi.

Fransiskenler, Aziz Saviour'da, zaman içerisinde şehir içinde büyük bir Katolik şehir haline gelecek Kilise'ye yakın olan, bir karargâh kurdular ama onların güç kazanması Ortodoksları rahatsız etti. Katolikler ve Ortodokslar arasındaki geçmişten beri süregelen bir nefret zaten vardı ve iki grup da Kutsal Mekânlar'ın hamiliği konusunda *–praedominium–* hak iddia etmekteydiler. Kutsal Kabir Kilisesi birbirlerini yiyen sekiz mezhep tarafından paylaşılmıştı ve ancak en güçlü olan hayatta kalabilecekti. Bazısı ilerledi, bazısı geriledi: Ermeniler güçlerini korudular çünkü İstanbul'da çok iyi temsil edilmekteydiler, Sırplar ve Maruniler ise güç kaybettiler – Memlûklerin hamiliğini kaybeden Gürcüler ise tamamen bitmiş durumdaydılar.*

İslam ve Hristiyan imparatorları arasındaki muazzam çatışma, İspanyol Katoliklerin saldırganlığı ve Yahudilerin kovulması insanları bir şeylerin yanlış olduğu yönünde düşünmeye sevk etti: İnsanlar inançlarını sorguladılar, Tanrı'ya ulaşmak için yeni mistik yollar aramaya ve Ahir Zaman'ın gelişini beklemeye başladılar. 1517'de Wittenberg'de bir teoloji profesörü olan Martin Luther, kilisenin insanların Araf'ta geçireceği zamanı kısaltmak için endüljans satmasına itiraz etti ve Tanrı'nın rahip ya da papaların ayinlerinde değil de ancak İncil'de bulunabileceğini söyledi. Bu cesur duruşu uzun zamandan beridir İsa'dan uzaklaştığı düşünülen Kilise'ye karşı duyulan kini tetikledi. Bu Protestanlar saf ve aracısız bir inanç ile kendi yollarını bulabilecekleri özgür kilise istiyorlardı. Protestanlık o kadar esnekti ki çok geçmeden farklı mezhepler –Lüterciler, Reform Kilisesi, Presbiteryenler, Kal-

---

* Aziz Saviour, manastırını Fransiskenlere satmak zorunda kaldılar ki bu daha başlangıçtı. 1685'te gittikçe fakirleşen Gürcüler karargâhları olan, denildiğine göre İsa'nın Haçı'nın yapıldığı ahşaptan yapılmış, Haç Manastırı'nı Ortodokslara kaptırdılar. 1187 yılında Haçlı Kudüsü'nün düşmesinin ardından Gürcü Kraliçe Tamara, Manastır'ı süslemek için, *Panter Postlu Şövalye* isimli milli destanı yazan Şota Rustaveli'yi gönderdi. Rustaveli muhtemelen oraya defnedilmiştir, resimleri oradaki fresklerde görülmektedir. Ama 2004 tarihinde Rustaveli'nin beyaz sakallı ve yüksek şapkalı resmi tam da Gürcü Başkanı Mihail Saakaşvili onu incelemek için oraya geldiğinde tahrip edildi. Rus Ortodokslardan şüphelenildi ama bunu ispat etmek mümkün olmadı. Sırplar ise son manastırlarını on yedinci yüzyılda Yunanlılara devrettiler. Marunîlerin hâlâ Yafa Kapısı yakınlarında bir manastırı bulunmaktadır ama Gürcüler, Marunîler ve Sırplar uzun zaman önce kilisedeki paylarını kaybetmişlerdir.

vinistler ve Anabaptistler– türedi. VIII. Henry için ise Protestanlık kendi siyasi hürriyetini temin edebilmek için bir çıkış yolu olmuştu. Ama tek şey hepsini birleştirdi: Bu, İncil'e duydukları saygıydı ve bu saygı da Kudüs'ü inançlarının tam merkezine yerleştirmekteydi.*

Kırk beş yıllık saltanatın ardından Süleyman ordusuyla çıktığı seferde öldü ve vezirleri, Hürrem'in oğullarından olan II. Selim'in tahta çıkması garantilenene kadar onu arabasında dik oturtup ölümünü askerlerden gizlediler. Sarhoş olarak bilinen II. Selim, dostu, Büyük Yahudi Yusuf Nasi'nin entrikalarına çok şey borçluydu ve Belverede Sarayı'nda Lehistan balmumu ve Moldovya şarabı üzerinde kurduğu tekel sayesinde refah içinde yaşayan Nasi'yi, Naxos Beyi yapmıştı. Kıbrıs Kralı olmasına ramak kalmıştı. Avrupa ve Kudüs'teki ezilen Yahudilerin hamisi olan bu adam ölmeden kısa süre önce Mesih olduğu şeklinde rivayetler dolaşmaya başladı. Ama bu bir şeyi değiştirmedi. Selim döneminde Osmanlı İmparatorluğu yayılmaya ve muazzam kaynakları ve verimli bürokrasisi sayesinde de bir yüzyıl daha üstünlüğünü korumaya devam etti – fakat padişahlar çok geçmeden güçlü valiler tarafından yönetilen uzak eyaletleri kontrol etmekte zorlanmaya başlayacak ve Kudüs'ün sükûneti de arada bir patlak veren şiddet olaylarıyla kesintiye uğrayacaktı.

1590'da yerel bir Arap asi Kudüs'te isyan edip şehri ele geçirerek valiyi öldürdü. Asiler yenilgiye uğratıldı ve sürüldü. Kudüs, Balkanlı iki kardeş olan Rıdvan ve Bayram Paşalara emanet edildi. Bunlar sonradan Müslüman olan ve Süleyman'ın sarayında eğitilen Hristiyan köle çocuklardı ve Çerkez yardımcılarının adı da Faruk'tu. Bu aile Filistin'i yarım asır kadar yönetti – ve sömürdü. 1625 yılında Faruk'un oğlu Muhammed, Kudüs'ten kovulduğunda üç yüz paralı askerle surlara saldırdı, kapıları kapattı ve paralarını alabilmek için Yahudi, Hristiyan ve Araplara eziyet etmeye başladı.

Bu tür aşırılıklar en güçlü Hristiyan unsuru olan Ermenileri, sultanları yanlış yönlendirip rüşvetle satın almaya ve Kudüs kiliselerinde diğerleriyle kavga etmeye yöneltti ki bunların tümü Katolikleri şehirden kovma ve *praedominium*u ele geçirme planlarının bir parçasıydı. Ermeniler, Hristiyan oldukları kadar da

---

* Hem Yahudiler hem de Hristiyanlar kıyamet alametleri beklentisine kafayı takmışlardı. 1523'te cüce ve genç bir Yahudi kendisini On Kabile'yi Siyon'a götürecek Arap prensi olarak ilan ettiğinde Kudüs'te ortalığı karıştırdı ama kadı meczup olduğunu düşünerek onu affetti. Bu meczup daha sonra Roma'ya gidip orada Papa'yla görüştü ve nihayetinde Hristiyanlık, İslam kadar hoşgörülü olmadığını gösterdi ve adam 1530 yılının başlarında bir İspanyol zindanında öldü. 1534'te radikal Protestanlar olan Anabaptistler Alman kasabası Munster'i ele geçirip orayı Yeni Kudüs olarak kabul ettiler. Liderleri, kanun kaçağı bir terzi yamağı olan, Leidenli John kendisini Davud'un varisi ve Kudüs kralı olarak ilan etti. On sekiz ay sonra bu yeni Siyon ele geçirildi ve Anabaptist liderler idam edildi.

Osmanlıydılar ve Saray'da pek çok adamları bulunuyordu. Diğer gruplar Avrupa devletleri tarafından desteklenirken Ermeniler doğrudan Osmanlı sarayının himayesi altındaydılar (Bu yüzden kilisede yirmi birinci yüzyıla kadar varlıklarını korumayı başarabildiler). Yüzyılın ilk yirmi yılında sultanlar savaşan Katolikleri savunmak için otuz üç ferman yazdılar ve sadece yedi yıl içerisinde *praedominium* altı kez el değiştirdi. Fakat Hristiyanlar, Filistin'deki en kârlı geçim kaynağı olmuştu: Her gün Kilise Hamisi olan Nuseybe ailesinin reisi avluda bir tahta oturur ve silahlı adamları da giriş çıkışı kontrol ederlerdi – binlerce hacıdan elde edilen gelir muazzamdı. Müslümanların Kırmızı Yumurta bayramı dediği Paskalya'da Kudüs valisi, kadı, hami ve silahlı garnizonun eşliğinde tahtını kurar ve "akıbeti cehennem olan kâfirlerin" iki bin tanesinin her birinden on altın alıp bunu tüm Osmanlılar ve ulema arasında paylaşırdı.

Bu arada Yahudiler arasında da bir kıpırdanma vardı. Bir Yahudi hacı, "Kudüs ilk sürgünden bu yana hiç bu kadar kalabalık olmamıştı" ve Kudüs'ün "şöhreti yayıldıkça herkes huzur içinde yaşadığımızı da öğrenecek. Âlimler kapılarımıza koşacak," diye yazmıştı. Her Hamursuz'da Mısır'dan bir Yahudi kervanı gelirdi. Yahudilerin çoğu Ladino konuşan Sefaradlardı ve Yahudi mahallesinde hayatın merkezi olacak dört sinagog inşa edecek kadar da güven içerisindeydiler. Diğer taraftan Lehistan-Litvanya'dan gelen ve Aşkenazi olarak bilinen Yahudi hacılar da bulunuyordu (Yaratılış'ta geçen Nuh'un oğlu ve kuzey halklarının atası kabul edilen Aşkenaz'ın ismini almışlardı). Dış dünyanın karmaşası onların mistisizmini teşvik etti: İzak Luri adında bir haham, onları Tanrı'ya yaklaştıracak, Tevrat'ın gizli şifrelerinin incelenmesi olan Kabala'yı öğretmekteydi. Luri, Kudüs'te doğmuştu ama Celile'deki Büyük Safed Dağı'na yerleşmişti. İspanyol zulmünün travması pek çok Yahudiyi yalandan din değiştirmek ve gizli hayatlar sürmek zorunda bırakmıştı – Kabala'nın kutsal kitabı olan Zohar on üçüncü asır Kastilcesiyle yazılmıştır. Kabalistler İhtişam, Korku ve Titreme'yi ararlar – "vecde gelme tecrübesi, akıl almaz bir coşku ve ruhun en üst mekâna çıkarak Tanrı'yla bir olması." Kabalistler cuma günleri beyaz cübbeler giyip "Tanrı'nın gelini" Şekinah'ı şehrin dışında karşılar ve bu mukaddes varlığa evlerine kadar refakat ederlerdi. Ama kaçınılmaz olarak Kabalistler, travmalarına ek olarak, gizli şifreleri ve büyülü sözlerinin selamet için yeterli olup olmadığını tartışmaya başladılar: Mesih yakında Kudüs'e gelecekti değil mi?

Arada bir gerçekleşen Hristiyan ayaklanmaları, Bedevi saldırıları ve Osmanlı valilerinin görevlerini kötüye kullanmalarına rağmen şehir kendi âdetlerine sadık kaldı. Yine de Osmanlı'nın gözden ırak bu köşesindeki Ortodokslar, Ermeniler ve Katolikler arasındaki mücadele sadece, yarı hacı yarı tacir, yeni tür bir hacının ön yargılarını perçinlemekten başka işe yaramamıştı: Protestanlar da artık Kudüs'teydi. Önce İngiliz tacirler gelmişti, Katoliklikten nefret ediyorlardı ve çoğunlukla Amerika'daki yeni kolonilerle irtibat halindeydiler.[3]

İngiliz kaptan ve tacir Henry Timberlake geldiğinde Osmanlı valileri Protestanlığı ya da Kraliçe Elizabeth'i hiç duymamıştı, bu yüzden tacir Kutsal Kabir'in yanındaki hapse atıldı ve ancak kefaletle kurtulabildi. Maceralarını yazdığı *A True and Strange Discourse* (*Gerçek ve Tuhaf Bir Nutuk*), Jakoben İngiltere'de en çok satan kitap oldu. Levant şirketinin kurucusu olan diğer bir İngiliz John Anderson, Kilise'ye girmek için Türklere ücretini ödedi ama kendisini "Yahudi olmakla suçlayan" Fransisken keşişlerin saldırısına uğradı. Bunun üzerine Türkler onu tutukladı, Müslüman olmaya davet edip onun kadının karşısına çıkardı, kadı adamın üzerini arattı ve ardından Hristiyan olarak gitmesine izin verdi.

Hem Hristiyan hem de Müslümanların fanatik eylemleri çok övülen Osmanlı hoşgörüsünün gerçek sınırlarını ortaya çıkarıyordu: Osmanlı valisi ulemanın isteği üzerine Ramban Sinagoğu'nu kapattı: Yahudilerin orada ibadet etmesi yasaklandı ve bina bir depoya çevrildi. Fransiskenler sessizce Siyon Dağı'ndaki mülklerini genişlettikleri zaman Hristiyan ordularının gelebilmesi için Malta'ya tünel kazdıkları söylentileri yayılınca kadının liderliğindeki bir kalabalığın saldırısına uğradılar ve Osmanlı garnizonu tarafından zor kurtarıldılar. Müslüman çocukları vaftiz eden ve İslam'a hakaretler savuran Portekizli bir rahibenin cesedi Kilise'nin bahçesinde yakıldı.[*4]

1610 Paskalyası'nda sadece yeni Protestanlığı değil Yeni Dünya'yı da temsil eden genç bir İngiliz, Kudüs'e geldi.

GEORGE SANDYS: İLK ANGLO-AMERİKAN

York Başpiskoposu'nun oğlu ve Vergilius'u İngilizceye çeviren bir âlim olan George Sandys, Kudüs'ün ne kadar yozlaştığını gördüğünde hayret etmişti – "büyük kısmı berbat halde, eski binalar perişan ve yeniler de çok kötü." Sandys, Batı Duvarı'nda dua edip Ladino konuşan Sefarad Yahudilerini gördüğü zaman hem rahatsız olmuş hem de eğlenmişti: "Bu komik baş sallamaları her türden barbarlığı bile gölgede bırakıyor," diyerek "gülmemek elde değil," diye de eklemişti. Tanrı'dan korkan

---

* Kilise avlusunda adam yakılması sıra dışı bir şey değildi. 1557'de el- Aksa'yı iki kez basan Sicilyalı keşiş, Kardeş Juniper, sonunda kadı tarafından öldürüldü – ve cesedi kilisenin önünde yakıldı. El-Aksa'nın içinde İslam'ı reddeden bir İspanyol Fransisken'in Tapınak Dağı'nda başı vuruldu ve cesedi yakıldı. Reuveni hadisesinin de gösterdiği gibi hikâyenin sonu her zaman ölüm değildi ve Avrupa'daki Hristiyanlık da bundan medeni sayılmazdı: On altıncı yüzyılda İngiltere'de 400 sapkın yakıldı.

Protestan, Ortodokslar ile Katolikler arasındaki husumeti görünce daha da iğrenmişti. Bir zamanlar "mukaddes, ihtişamlı ve Tanrı'nın tahtı olarak seçilen şehir," şimdi, "gizemlerin ve mucizelerin sergilendiği bir sahneye" dönüşmüştü.

Paskalya'da Sandy hem Müslümanlardan hem de Hristiyanlardan irkildi: Kudüs paşasını Kutsal Kabir Kilisesi'nin dışındaki tahtında otururken gördü. Binlerce hacının ellerinde yastık ve halılarla geceyi geçirmek için Kilise'ye akın etmesini izledi. Paskalya'dan önceki cuma günü İsa'nın balmumundan gerçek ebatlarda bir heykelini çarşaf üzerinde Via Dolorosa boyunca taşıyan ve daha sonra onu bir haçın üzerine yerleştiren Fransiskenlerin merasim alayına şahit oldu. Binlercesi Kilise'ye akıp bahçesinde kamp kurarken o Kutsal Ateş ayinini, "vahşi haykırışları, çalan zilleri ve ıslık çalan kadınları" izledi – tüm bunlar, "Dionysos'un ağırbaşlılığına benzer bir vakarla yapılıyordu". Ateş ortaya çıktığında, "hacılar etrafında deli gibi koşup alevi, elbiseleri ve kucaklarına atmaya başladılar, yabancıları ateşin onları yakmadığına ikna etmeye çalışıyorlardı."

Yine de ilahi derleyicisi bu tutkulu Protestan, Kudüs'e en az Katolikler ve Ortodokslar kadar değer veriyordu. İncil'in özüne geri dönerek İsa Türbesi'nde ve Haçlı krallarının mezarlarında tutkuyla dua etti. Dönüşünde, *A Relation of a Journey Begun AD 1610* (*1610'da Başlayan Bir Seyahate Dair*) adlı kitabını Galler Prensi genç Charles'a ithaf etti, Charles'ın babası I. James kısa süre önce elli dört âlime herkesin istifade edebileceği İngilizce bir İncil hazırlamalarını emretmişti. 1611'de âlimler, William Tyndale ve diğerlerinin önceki çevirilerini bir araya getiren ve muhteşem bir çeviri ve şiirsel bir İngilizceyle kutsal metinlere hayat veren Onaylanmış Versiyonları'nı sundular. Bu İncil İngiltere'deki tek Protestanlık olan Anglikanizm'in ruhani ve edebi merkezi oldu. İncil, bir yazarın tabiriyle, "Bir İngiliz destanı" olmuştu, bu Yahudileri ve Kudüs'ü İngilizlerin ve daha sonra da Amerikalıların hayatlarının merkezine taşıyan bir hikâyeydi.

Sandys, gerçek olan ile Yeni Dünya'nın Kudüsü arasındaki bağlantılardan biriydi. 1621'de Virginia Şirketi'nin muhasebecisi olarak Yeni Dünya'ya yelken açtı. Jamestown'da geçirdiği on yıl boyunca Algonquin yerlilerine yönelik saldırıları komuta edip çok sayıda yerliyi öldürdü: Protestanlar kâfirleri öldürmede on yedinci yüzyıldaki diğer inançlardan geri kalmıyorlardı. Sandy oradaki tek Kudüs hacısı ve maceracısı değildi: O tarihte Henry Timberlake de Virginia'da bulunuyordu. Amerika'daki Yeni Vadedilmiş Topraklar'a yaptıkları hac bir ölçüde Protestanların yeni semavi Kudüs inancından ilham alınmıştı.

Sandy ve Timberlake'in yaşadığı Virginia'da I. James ve oğlu Charles'ı destekleyen muhafazakâr Protestanlar bulunuyordu. Ama krallar bu hırslı ve radikal Protestanların istedikleri kadar hızlı hareket etmiyorlardı: Püritenler kısa sürede gelecek

Mesih umuduyla İncil'in asıl fikirlerini benimsediler. Katolikler ve Protestanlar arasındaki Otuz Yıl Savaşları Kıyamet Günü'nün yakında olduğu fikrini daha da perçinledi. Bu dönem, üç din için de mistik duyguları harekete geçiren tuhaf bir dönemdi. Hasat kötüydü. Azrail salgın, kıtlık ve savaş kılığında Avrupa'da kol gezip milyonları öldürüyordu.

Binlerce Püriten, Amerika'da yeni koloniler kurabilmek için I. Charles'ın kilisesine dâhil oldular. Dinî özgürlük arayışıyla Atlantik'i geçerken İncillerinden Kudüs ve İsrailoğullarını okudular ve kendilerini Tanrı tarafından Kenan diyarında yeni Siyon'u kurmakla görevlendirilmiş, Seçilmiş Bir Halk olarak kabul ettiler. William Bradford, Mayflower'dan inerken, "Siyon'da Tanrı'nın sözünü yayalım," demişti. Massachusetts Bay Kolonisi'nin ilk valisi John Winthrop "İsrail'in Tanrısı'nın onlarla birlikte" olduğuna inanıyordu ve Yeremya ile Matta'dan alıntı yaparak kurdukları yerleşimin "tepe üzerindeki şehir" olduğunu söylüyordu – Amerika yeni Kudüs'tü. Çok geçmeden on sekiz Ürdün, on iki Kenan, otuz beş Bethel ve altmış altı Kudüs ya da Salem kurulacaktı.

Felaket korkusu ile kefaret beklentisi birlikte artıyordu: İç Savaşlar Fransa ve İngiltere'yi sarsarken, Doğu Avrupa'da Lehistan ve Ukrayna Yahudilerinin on binlercesi yağmalayan Bogdan Hmelnitski liderliğindeki Kazaklarca öldürüldü. 1649'da I. Charles'ın idam edilmesiyle Oliver Cromwell Cumhuriyetin Koruyucu Lordu ünvanıyla ülkeyi tek başına yönetti. Cromwell kendi Püritenlerini, tıpkı New England'daki dindaşları gibi, yeni Seçilmiş Halk olduklarına ikna eden tecrübeli bir askerdi:

"Sizler Yahudiye'yi Tanrı'yla birlikte, Tanrı adına yönetmek için, Tanrı tarafından görevlendirildiniz," dedi. "Sizler vaatlerin ve kehanetlerin kıyısındasınız." Cromwell Musevi geleneklerine bağlı biriydi ve Yahudiler Siyon'a dönene ve daha sonra da Hristiyan olana kadar İsa'nın gelmeyeceğine inanıyordu. Aslında Püritenler ilk Hristiyan Siyonistlerdi. Hatta Joanna ve Ebenezer Cartwright, kraliyet donanmasının, "İsrail'in oğulları ile kızlarını, gemileriyle, ataları tarafından kendilerine vadedilmiş topraklara bir daha terk etmemek üzere taşıması gerektiğini" söylemişti.

Pek çok Yahudi, Kabalayı öğreniyor, Mesih'in onların Ukrayna trajedilerini bir selamete dönüştüreceğine inanıyorlardı. Frenk bir haham olan Menasseh ben Israel, Cromwell'e başvurarak İncil'de, Yahudilerin, İkinci Geliş'i başlatacak olan, Siyon'a dönmelerinden evvel dünyanın dört bir yanına dağılacaklarının yazdığına dikkat çekti – oysaki Yahudilerin İngiltere'ye hâlâ girmeleri yasaktı. Bunun üzerine Cromwell, özel Whitehall Konferansı'nı topladı ve konferansta, "bu habis ve aşağı milleti nurdan mahrum edip onları sahte âlimlerin, putperestlerin ve şarlatanların eline bırakmanın" yanlış olduğuna karar verildi. Cromwell, Yahudilerin dönmesine izin verdi. Cromwell'in ölümünden sonra monarşi yeniden tesis edilip onun Prütenci mesihçiliği etkisini kaybetse de, mesajı Amerikan kolonilerinde ve iki asır sonra evanjelist bir uyanış yaşayacak olan Anglikan Kilisesi karşıtları arasında yaşamaya devam etti. Restorasyon'dan sonra manik bir heyecan Yahudi dünyasını sarstı: Mesih Kudüs'teydi. Bu gerçek miydi?[5]

MESİH: SABETAY SEVİ

İzmirli bir kümes hayvanı satıcısının dengesiz oğlu olan Sevi, Kabalayı öğrenen bir Mordekay'dı.* 1648'de Tetragrammaton'u telafuz ederek kendisini Mesih ilan etti. Bu İbrani harfleri YHVH'den oluşan Tanrı'nın söylenemez adıydı ve sadece Tövbe Günü'nde Tapınak'taki başrahip tarafından bir kez söylenirdi. İsmini Sabetay Sevi olarak değiştirdi ve Kıyamet'in 1666'da kopacağını ilan etti. İzmir'den sürüldü ama Akdeniz kıyılarında tüccar olarak çalışırken birçok zengin destekçi edinmeyi başardı. 1660'ta önce Kahire'ye gitti, oradan geçtiği Kudüs'te oruç tutup, ilahiler söyleyip, çocuklara tatlı dağıtıp, garip ve rahatsız edici eylemlerde bulundu.

Sabetay rahatsız edici ama etkileyici bir enerji yayıyordu – kendine inanma, melankoli ve öforik yüceltme arasında gidip gelen bir manik depresifti ve bu yüzden şeytani ve kimi zaman da erotik şeyler yapıyordu. Başka bir dönemde günahkâr bir zırdeli olarak kabul edilebilirdi ama felaketlerin birbirini izlediği bu zamanda çoğu Yahudi zaten çoktan gelecek birilerini beklemeye başlamıştı. Deliliğinin, kutsallığına işaret ettiğine şüphe yoktu.

Kudüslü Yahudiler, Osmanlı vergileri yüzünden fakirleştikleri için Sabetay'dan Kahire'deki hamilerinden para toplamasını istediler ve o da bunu yaptı. Görevini başarıyla yerine getirse de herkes onu Mesih olarak kabul etmeye henüz hazır değildi. Uzun süren tartışmaların ardından hahamlar onu men ettiler. Sinirlenip Kudüs'ten çıkarak Gazze'yi kutsal şehir olarak kabul edip oraya gitti, daha sonra da soluğu Halep'te aldı.

Şöhreti sanki bir orman yangını gibi yayılmaya başladı. Amsterdam'dan İstanbul'a kadar Diaspora'nın dört bir yanından tüm Yahudiler, Mesih'in gelişini kutladılar. Ukrayna'da Kazak yağmacılar tarafından evlat edinilen güzel bir Yahudi kızı olan Sarah, Hristiyanlar tarafından kurtarılıp Livorno'ya getirildi. Orada fahişe olarak çalışmaya başlaması ondaki günün birinde Mesih'le evleneceğine dair olan inancı değiştirmedi. Sabetay onun varlığını öğrendikten sonra onunla evlendi (bir fahişeyle evlenen peygamber Hoşea'yı taklit etmişti) ve ikisi birlikte Akdeniz kıyı-

* Ester Kitabı'ndaki ana karakterlerden biridir. Haman'ı mağlup edip Beni İsrail'i özgürlüğe kavuşturmuştur. (yay. n.)

larını gezerken Avrupa Yahudileri de şüpheciler ve Mesih'i karşılamak için yollara düşen, kendilerini kırbaçlayan, oruç tutan, karda ve çamurda çıplak debelenen gözü dönmüş destekçiler olarak bölündüler. 1666 sonunda ünlü çift Yahudiler tarafından karşılandıkları İstanbul'a geldiler. Kendisine emperyalist-evrensel bir otorite izafe eden Yahudilerin Kralı, kardeşlerini Roma ve Türkiye kralları olarak atadı. Sabetay'ın sultanın otoritesini zayıflatmaya kalkışması tutuklanmasına neden oldu. Sultan "Yahudilerin Kralına" reddedemeyeceği bir teklifte bulundu: Ya bir mucize göstererek üzerine gelen oklardan kurtulacak ya da Müslüman olacaktı. O da İslam'ı seçti.

Bu din değiştirme çoğunun gözünde, Sabetay, Karadağ'da sürgünde ölmeden daha önce, bir rüyanın daha ölmesi anlamına geliyordu.* Kudüs Yahudileri de bu şarlatanın foyasının meydana çıkmasına memnun olmuşlardı.[6] Cromwell ve Sabetay'ın yaşadığı dönemde Osmanlı sultanlarının Türklerin derviş adını verdiği tüm sufi tarikatlarının hamisi olduğu Kudüs'te İslam mistisizmi de altın çağını yaşıyordu. Şimdiye kadar Kudüs'ü hep Hristiyan ve Yahudilerin gözünden gördük. Sıra dışı bir Osmanlı devlet adamı, âlim derviş, hikâyeci ve hedonist olan Evliya Çelebi şehrin Müslümanların bakış açısından nasıl göründüğünü, onu belki de İslam seyyahlarının en büyüğü yapan neşeli üslubuyla kaleme alacaktı.

EVLİYA ÇELEBİ: OSMANLI PEPYS VE FALSTAFF

Evliya o dönem için bile fevkalade bir adam olmalıydı: Bu zengin seyyah, yazar, şarkıcı, âlim ve savaşçı, sultanın kuyumcubaşısının oğluydu. İstanbul'da büyümüş, sarayda yetişmiş, ulema olarak eğitim almış ve rüyasında da Muhammed kendisine dünyayı dolaşmasını salık vermişti. Kendi tabiriyle "Dünya Gezgini ve İnsanlığın Dostu" olmuş ve sadece devasa Osmanlı mülkünü değil Hristiyan topraklarını da gezmiş, seyahatlerini bir bir kaydederek on ciltlik bir eser meydana getirmişti. Londra'da günlük yazan Samuel Pepys gibi Evliya da İstanbul, Kahire ve Kudüs'te, İslam edebiyatındaki ve hatta belki de dünya edebiyatındaki en uzun ve dopdolu seyahat yazısı olan, *Seyahatname*'sini derlemişti. Hiçbir Müslüman yazar Kudüs hakkında bu kadar şairane ve hayat hakkında bu kadar nüktedan yazamamıştı.

Evliya nüktedanlığıyla hayatını kazanmış, şakaları, beyitleri, muzip şarkıları ve güreş yeteneğiyle IV. Mehmet'in sevgisine mazhar olmuş, dinî bilgisi ve eğlenceli

---

* İnananlarından bazıları bu durumu nihai mukaddes paradoks olarak kabul etmektedir – ve Sabetaycı Yahudi-İslam mezhebine mensup ve çoğu Selanik'te yaşayan Dönmeler, 1908 ve Birinci Dünya Savaşı arasındaki Jön Türk devriminde büyük rol oynadılar. Günümüzde Türkiye'de hâlâ varlıklarını sürdürmektedirler.

bir adam olması nedeniyle onu yanına alan Osmanlı paşaları sayesinde de dilediği yere gidebilmişti. Kitapları hem bilgi veren bir almanak hem de muhteşem hikâyeler antolojisidir: Evliya Çelebi (sadece beyefendi manasına gelen bir unvan) hem Habsburglarla savaşmış hem de Viyana'da Kutsal Roma İmparatoru'yla görüşüp Kudüs'teki Kutsal Kabir Kilisesi'ne dair bilgisiyle onu etkilemişti. "Kaçmak da cesaret işidir," diyerek hiç çekinmeden savaşta Falstaff tarzı kaçışını anlatmıştır ve bu, "muhtemelen askerî tarihteki en komik ve tuhaf manzaradır."*

Evliya Çelebi hiç evlenmedi ve seyahat etmesine mani olacak hiçbir işi kabul etmedi. Ona çoğunlukla cariyeler verilirdi ve diğer her şeyle olduğu gibi seksle de dalga geçmekten geri kalmazdı: Sekse "tatlı bela" ya da "güzel güreş" diyor ve sonunda Mısır yılan çorbasıyla şifa bulduğu, arada bir kendisini gösteren iktidarsızlığını da neşe içerisinde anlatıyordu. Hiç çekinmeden seksin "en büyük cihat" olduğunu söylemişti ve biz modern insanlar için asıl anlaşılmaz olan şey ise dindar bir Müslüman olarak İslam hakkında hiç durmadan şaka yapabilmesiydi.

Evliya tüm Kuran'ı ezberden sekiz saatte okuyup müezzinlik de yapıyor olsa da genelde tıraşsız gezen, densiz, açık fikirli biriydi ve Müslüman, Yahudi ya da Hristiyan olsun tüm fanatiklerin düşmanıydı. "Gezgin bir derviş" olarak "eski kıble" olan Kudüs'e hayran olmuştu, ama hâlihazırda şehir o dönemde dervişlerin Mekke'si haline gelmişti: En büyüğü Şam Kapısı yakınlarında olan ve kökenleri Hindistan'dan Kırım'a kadar değişiklik gösteren yetmiş derviş tekkesi olduğunu kaydetmiş ve her tarikatın sabah akşam söylediği ilahileri ve yaptıkları zikirleri tek tek kaydetmişti.

Evliya iki yüz kırk dua nişi ve kırk medresesi olan şehrin "tüm milletlerin cazibe merkezi" olduğunu yazmıştı ama en çok da Kubbetüs Sahra'nın nefes kesen güzelliğinden etkilenmişti: "Bu aciz kul kırk sekiz yıl boyunca on yedi imparatorluk gezdi ve sayısız bina gördü ama bunun gibi cenneti andıran bir şey görmedi. İçine girince hayretten ağzınız açık kalır ve elinizi ağzınıza götürürsünüz." Vaizin her cuma minberi kurduğu, Halife Ömer'in kılıcını savurduğu ve merasimlerin sekiz yüz görevli tarafından icra edildiği el-Aksa'da Evliya mozaiklerden yansıyan güneş ışığını anlatırken, "Camide nur üzerine nur vardı ve cemaatin gözleri ibadet ederken hürmetten parlıyordu," diye yazmıştı.

* Evliya Çelebi, Transilvanya'da Habsburglarla yapılan savaşlar sırasında tuvaletini yapmak için çatışmadan uzaklaştığı sırada bir Avusturya askerinin pususuna düşmüştür, "Öyle ki kendi pisliğimin üzerine düştüm." Dövüşürken, "Kendi pisliğimin içinde yuvarlandık (...) az daha bok yoluna şehit olacaktım." Evliya sonunda kâfiri öldürüp pantolonunu çekmeyi başarmıştır. "Ama hem kana hem de boka bulanmıştım ve boktan bir Gazi olduğumu anlayınca gülesim geldi." Daha sonra Avusturyalının kellesini takdim ettiği Paşa, "Evliya leş gibi kokuyorsun" demiş, zabitler kahkahayı basmışlardır. Bu olaydan sonra Paşa ona elli altın ve gümüş bir sarık sorgucu verdi.

Kubbetüs Sahra'da "hacılar trabzanın dışındaki taşı tavaf ederken Tapınak Dağı da güllerin, sümbüllerin ve mersin ağaçlarının kokuları ile bülbüllerin şakımalarının doldurduğu huzur verici bir yer olmuştu" ve efsanelerin çoğunu da memnuniyetle kabul etmişti –el-Aksa'yı yapmaya Kral Davud başlamış ve "Süleyman tüm mahlûkatın efendisi olup cinlere camiyi bitirmelerini emretmişti." Diğer taraftan kendisine Süleyman'ın 3000 yıl önce ördüğü iddia edilen ipler gösterildiğinde elinde olmadan ulemaya şunu söylemişti: "Bana şeytanları bağlamak için kullanılan iplerin çürümediğini mi söylüyorsunuz?"

Kilise'yi doğal olarak Paskalya'da ziyaret etmişti ve tepkisi Protestanlardan farklı değildi. Kutsal Ateş'in sırrını çözmeye çalıştı ve onun iddiasına göre saklanan bir keşiş çinko bir kabı, içine koyduğu naftayla birlikte yavaş yavaş sarkıtarak bu mucizeyi gerçekleştiriyordu. Bayram tam bir "kargaşadan" ibaretti ve Kilise "maneviyattan yoksun ve daha ziyade ziyaretçilerin ilgisini çekecek bir yerdi" ama orada sohbet ettiği bir Protestan bu konuda Yunanlıları suçlayarak onlara "aptal ve saf insanlar" demişti.

Evliya kitabını bitirmek için Kahire'de emekliye ayrılana kadar birkaç kez geri geldi ama Kubbetüs Sahra'yla kıyaslayabileceği bir şey göremedi –"cennet köşklerinin bir benzeriydi." Herkes aynı fikirde değildi: Evliyanın pek sevdiği sufi dansları, mucize gösterileri ve tarikatlar tutucu Müslümanları dehşete düşürüyordu. Kashaşi, "Kadınlardan bazıları peçelerini açıp güzelliklerini, ziynetlerini ve kokularını sergilediler. Erkeklerle koyun koyuna oturuyorlardı!" diye şikâyet etti. Heyecanlı zikir ve dansları, çalınan tefleri ve tatlı satan satıcıları eleştirdi. "Bunlar şeytanın düğün ziyafetinden farklı değil."

Osmanlılar gerilemeye başlamıştı; sultanlar, her biri ayrı bir Hristiyan tarikatını destekleyen, Avrupa güçlerinin talepleri karşısında bocalıyordu. Katolik Avusturya ve Fransa *praedominium*u Fransiskenlere kazandırdığında Avrupa'da ve Kudüs'te yeni ortaya çıkan bir güç olan Rusya orayı Ortodokslar için geri alana kadar lobi faaliyetlerine ve rüşvet vermeye devam etti. Fransiskenler yine kazandı ama kilise içinde üç kez çatışma çıktı.* Kutsal Kabir için her gün verilen mücadele bıçaklamadan çok süpürmeyle ilgiliydi ve silahtan çok süpürgeyle ifa ediliyordu: Kilise'nin bir bölümünü temizleyen onun kendine ait olduğunu iddia edebiliyordu. O yüzden gözü dönen keşişler ellerinde süpürgeler topraklarını ka-

* İngiliz Levant Şirketi'nin rahibi Henry Maundrell 1697 yılında ziyaret ettiğinde Kilise birbirine giren keşişlerin kanlı "öfkesine" şahit olmuştu. Kutsal ateş çılgınlığının da bir asır önce Sandy'nin ziyaret ettiği zamana kıyasla çok daha beter bir hal aldığını da söyledi: Hacılar öyle rezillikler yapmaya başlamışlar ki Kilisede çırılçıplak taklalar atıp sakallarını ateşe veriyorlarmış –"sanki bizzat Bedlam'ın kendisi." Rahiplere gelince Maundrell onlara "mucize sahtekârları" diyordu.

rış karış genişletmeyi denerken rakip süpürgeciler tarafından dikkatle izlendiler. 1699'da savaşta yenilen Osmanlılar Karlofça Antlaşması'nı imzaladı, bu anlaşma büyük devletlere Kudüs'teki kendi dindaşlarını koruma hakkı veriyordu – bu, çok büyük bir tavizdi.[7]

Bu arada İstanbul'un gönderdiği valiler Filistin'i o kadar ezmişti ki halk ayaklandı. 1702'de yeni Kudüs valisi isyanı bastırdı ve surları, kurbanlarının kafalarıyla süsledi. Ama Kudüs müftüsüne ait bir köyü yok edince kadı el-Aksa'da cuma namazı sırasında ona beddua edip kapıları asilere açtı.

33

SÜLALELER

1705-1799

HÜSEYNİLER: NAKİB EL-EŞRAF İSYANI VE KÖPEK KATLİAMI

Silahlı köylüler sokaklara dağılmışlardı. Garnizonun desteğini alan kadı hapishaneye saldırıp Kudüs'ün idaresini ele geçirmişti. Şehrin bir süre için bağımsız olduğu bile söylenebilirdi: Kadı rüşvet karşılığında Muhammed İbni Mustafa el-Hüseyin'i şehrin yöneticisi olarak atadı.

Hüseyin şehrin önde gelen ailesinin başıydı ve bir asır önceki Farukilerin ayak izlerini takip ederek yükselmişti. Aynı zamanda soyları torun Hüseyin vasıtasıyla Peygamber'e kadar uzanan ailelerin lideri, Nakib el-Eşref'ti: Sadece Eşref yeşil sarık takabilirdi ve kendisine Seyit diye hitap edilirdi.

Osmanlıların, isyanı bastırmak için gönderdiği birlikler surların dışında kamp kurdular. Hüseyin bir kuşatmaya hazır olduğunu gösterince birlikler Gazze'ye çekildi. Kudüs'te isyan bir tiranın yerine bir diğerini getirmişti. Yahudilerin Sebt gününde beyaz giymesi ya da Müslüman başlığı takması veya ayakkabılarında çivi olması yasaklandı; Hristiyanlara da benzer garip sınırlamalar getirildi; ayrıca iki grup da yolda Müslümanlara yol vermek zorundaydı. Yüksek meblağlı vergiler zorla toplandı. Dindar Yehuda'nın liderliğindeki Grodno kentinden gelen beş yüz Leh Yahudisi şehre henüz varmıştı. Ama hahamları öldü ve onlar da sadece Lehçe ya da Aşkenazi bildikleri için çaresiz kaldılar. Çok geçmeden hepsi perişan oldu.

Başıboş bir köpek Tapınak Dağı'nda dolaşınca kadı şehirdeki tüm köpeklerin öldürülmesini emretti. İlave bir hakaret olarak tüm Yahudi ve Hristiyanlardan köpek leşlerini Siyon Kapısı'ndaki bir toplama noktasına getirmeleri istendi. Çocuklardan oluşan gruplar köpekleri öldürdü ve leşlerini de en yakındaki kâfire teslim ettiler.

Daha güçlü bir Osmanlı ordusu yaklaşınca garnizon ve sufi dervişler asilere karşı ayaklandı ve Davud Kulesi'ni ele geçirdiler. Hüseyin konağına saklandı ve üç gün boyunca birbirlerine ok attılar. Sonunda başlayan çatışmada Eski Şehir'in kuzey sokakları cesetlerle doldu– ve Hüseyin biraz daha destek kaybetti. Dışarıda Osmanlılar Tapınak Dağı'nı topa tuttular. 28 Kasım 1705 gece yarısı Hüseyin oyunun sona erdiğini anlayıp kaçınca Osmanlı askerleri peşine düştü. Baskı rejimi yeni valiyle geri geldi. Tekrar soyulan Yahudilerin çoğu şehri terk ederken berbat haldeki Leh Aşkenaziler 1720 yılında hapis, sürgün ve iflasla karşı karşıya geldi ve Yahudi mahallesindeki sinagogları yakıldı.* Sefaradlar –Osmanlı ve Arap dünyasında varlığını koruyan küçük ve eski Yahudi cemaati– ayakta kalabildi.

Hüseyin yakalandı ve boynu vuruldu. Belli bir veraset mücadelesinin ardından Hüseynilerin yerini Abdüllatif el-Gudayya aldı ama ailesi ismini değiştirip itibarlı Hüseyni adını almayı tercih etti. Gudayyalar yeni Hüseyniler olup Kudüs'teki en güçlü sülale haline geldiler – yirmi birinci yüzyıla kadar da bu böyle devam etmiştir.[8]

HÜSEYNİLER: SÜLALELERİN YÜKSELİŞİ

On sekizinci yüzyılda Kudüs'e gelen tüm önemli kişiler, evlerini âlimlere ve Osmanlı valilerine olduğu kadar köylülere de açan, bu ailenin reisi tarafından ağırlanmak isterdi; her gece yemekte en az seksen misafiri olduğu söylenirdi. Kudüs'e hâkim olan Abdüllatif el-Gudayya'nın sarayında misafir olanlardan biri "yakın ya da uzak herkes onu ziyaret eder. Yabancılar diledikleri gibi onun evinde kalabilirdi" diye yazmıştı. Abdüllatif'in misafirleri Kudüs'ü atlıların refakatinde terk ederlerdi.

Hüseynilerin yeniden ortaya çıkışı güçlü Kudüs ailelerinin de yükselmeye başladığına işaret ediyordu. Kudüs'teki tüm önemli makamlar mirasla devrediliyordu. Ailelerin çoğu fatihlerden biri ya da diğerinin gözdesi olan sufi şeyhlerinin torunlarıydılar. Çoğu ismini değiştirdi, kendilerine itibarlı geçmişler uydurdular, birbirleriyle kavga ettiler ve evlendiler –Batı'dakilerden pek de farklı değillerdi. Her biri kendi kârlı iktidar kaynağını sonuna kadar korudu ve yaymaya çalıştı.**

---

* Bu, Enkaz –Hurva– Sinagogu olarak bilinmektedir ve bir asır boyunca harap halde kalmıştır. On dokuzuncu yüzyılda tekrar inşa edildi – ama 1967'de Ürdünlüler tarafından tekrar yıkıldı.

** Bu klanlar Osmanlı Türkçesinde "Efendiler" ve Arapçada "Ayanlar" olarak bilinmektedirler. Nuseybeler kiliseden sorumluydu; Dajaniler Davud Türbesi'ne yerleşmişti; Halidiler şeriat mahkemelerini idare ediyorlardı; Hüseyniler genelde Nakib el-Eşref, Müftü ve Haram Şeyhi makamlarını işgal eder Nebi Musa Bayramı'nı düzenlerlerdi. Kudüs civarındaki dağlarda yaşayan derebeyleri Ebu Goş, Yafa'dan gelen hac yolunu korurdu ve Hüseynilerin müttefikiydiler. Kısa süre önce Profesör Adel Manna tarafından yapılan bir araştırma Gudayyaların nasıl Hüseyni kimliğini aldığını ortaya çıkarmıştır. Nuseybi ismini Ghanim diye değiştirdi; Halidiler, Deirilerden geliyordu; müftülük konusunda Hüseynilerle rekabet eden Jarallah, Hasfakilerden gelmekteydi. "isim değiştirmek çok kafa karıştırıcı ve zor bir iştir," diye itiraf etmişti ileri gelenlerden biri olan Hazım Nussebieh, eski Ürdün Dışişleri Bakanı, Kudüslüler isimli anılarında "yedi asır önce olmasına rağmen."

Ama eğitim olmadan servet kaba kaçıyordu, servet olmadan şecere manasızdı ve Osmanlı himayesi olmadan bir mevkiye gelebilmek mümkün değildi. Aileler kimi zaman bunlar için çatıştılar: Ebu Goş yakınlarında iki Nuseybe, bir Hüseyni tarafından pusuya düşürülüp öldürüldü ama aileler kurbanın kardeşini Kudüs müftüsünün kız kardeşiyle evlendirerek her zamanki gibi barış yaptılar.

Yine de zorbalığıyla nam salmış beş yüz mevcutlu Osmanlı garnizonu arasındaki çatışmalar, Bedevi saldırıları, asi Kudüslüler ve rüşvetçi valiler arasında bu ailelerin de refahı sağlamaları mümkün olmuyordu. Suriye valisinin her yıl küçük bir orduyla gelip vergi topladığı şehrin nüfusu sekiz bine inmişti.*

Avrupalı destekçisi olmayan Yahudiler çok ezildi. Lehistan'dan gelme bir Aşkenazi olan Gedaliah, "Araplar, Yahudileri sürekli sokak ortasında rahatsız ediyorlar. Eğer içlerinden biri bir Yahudi'ye vursa Yahudi saklanmak için kaçar. Öfkeli bir Türk, ayakkabılarıyla bir Yahudiyi utanç ve dehşet verici şekilde dövebilir ama Yahudi ona karşılık veremez," diye yazmıştı. Pislik içinde yaşar ve evlerini tamir etmelerine izin verilmezdi. İki yüz Yahudi ailesi şehirden kaçtı: Bir Yahudi hacı 1766 tarihinde, "Baskı ve gasp her geçen gün arttı. O gece şehirden kaçmak zorunda kaldım. Her gün birileri zindana atılıyordu," diye yazmıştı.

Hristiyanlar birbirlerinden kâfirlerden ettiklerinden daha fazla nefret ediyorlardı – bir Fransisken olan Peder Elzear Horn, Yunanlılara "kusmuk" diyordu. Mezheplerin tümü diğer mezhep üyelerinin çektiği sıkıntıları büyük bir memnuniyetle karşılardı. Osmanlı kontrolü ve Hristiyan rekabeti yüzünden üç yüz rahip her gece kilisenin içine kilitlenirdi; Evliya Çelebi "rahipten çok mahkûm gibiler" demişti ve bu rahipler sürekli kuşatma altında yaşıyorlardı. Yiyecek kapıdaki bir delikten veriliyor ya da makaralar yardımıyla pencerelere kaldırılıyordu. Keşişler –çoğu Ortodoks, Katolik ya da Ermeniydi– bu gergin ortamda yaşıyor ve "baş ağrısı, ateş, tümör, ishal ve dizanteriyle" boğuşuyorlardı. Kilisenin tuvaletleri ayrı bir sıkıntı kaynağıydı – ve de koku: Her tarikatın tuvalet âdetleri farklıydı ama Peder Horn'un iddiasına göre "kokudan en çok mustarip olanlar" Fransiskenlerdi. Yunanların tuvaleti bulunmuyordu. Diğer taraftan daha fakir olan Kıptiler, Habeşiler ve Suriyeliler ancak Yunanlıların lazımlıklarını boşaltmak gibi görevleri ifa ederek yiyecek temin edebiliyorlardı. Fransız yazar Constantin

* Kudüs genelde Şam Vilayeti'nin güçlü valisi ve hac kervanlarını düzenleyen Emir-el Hac tarafından yönetilirdi. Diğer zamanlarda Kudüs, Akka'da oturan Sidon valisine bağlı olurdu. Kudüs bir sancak beyi ya da Mutasallim tarafından yönetilen küçük bir sancaktı. Yine de Kudüs'ün statüsü sonraki asırlarda çokça değişti ve kimi zaman bağımsız bir bölge oldu. Osmanlı valileri, İstanbul'dan atanan kadının yardımıyla şehri yönetirdi ve müftü de (İstanbul'daki dinî meselelerle ilgili fetvalar yazabilen Şeyhülislam'ın temsilcisi) Kudüs aileleri arasından seçilirdi. Şam ve Sidon paşalarının kimi zaman Filistin'in hâkimiyeti yüzünden savaştıkları olurdu.

Volney'in Kudüslülerin "Suriye'deki en kötü insanlar olarak bilindiğini ve bunu da hak ettiklerini" söylemesine şaşmamak gerek.

Fransa Fransiskenler için praedominiumu bir kez daha kazandığında Yunanlar harekete geçti. 1757 yılı Paskalya'dan önceki pazar gününden bir gece önce Yunan Ortodokslar Kutsal Kabir'in rotundasında "lobutlar, topuzlar, kancalar, hançerler ve kılıçlarla" sütunların ve giysilerinin ardına saklandılar, lambaları kırıp duvar halılarını yırttılar ve Fransiskenleri pusuya düşürdüler. Fransiskenler kaçtıkları Aziz Saviour'da kuşatıldı. Bu mafya taktikleri işe yaradı: Sultan Yunanları kilisede tekrar hâkim konuma getirdi ki bu durum bugün de devam etmektedir.[9] Filistin'de Osmanlı otoritesi tümden çökmüştü. Bir Bedevi şeyhi olan Zahir el-Ömer Zeydani, 1730'larda Celile'den başlayarak Akka'dan idare edeceği bir bölgeyi ele geçirdi – kısa süreli isyanlar haricinde bir yerli Filistinli Arap'ın, Filistin'i yönettiği tek dönemdir.

FİLİSTİN KRALININ YÜKSELİŞİ VE DÜŞÜŞÜ

1770'de Buluttutan (Osmanlıların bulutu tutmak kadar zor olduğuna inandığı Bedevileri yenerek almıştı bu ismi) adını almış bir Mısır generali olan Ali Bey, Şeyh Zahir'le ittifak yaptı. Birlikte Filistin'in çoğunu ele geçirdiler, hatta Şam'a bile girdiler ama sultanın paşası Kudüs'te ayak diredi. Rus İmparatoriçesi Büyük Katerina, Osmanlılarla savaş halindeydi ve Akdeniz'e gönderdiği bir donanmayla sultanın donanmasını yendi. Buluttutan'ın Rusların yardımına ihtiyacı vardı ve Ruslar da tek bir şey istiyordu: Kudüs. Rus filosu Yafa'yı topa tuttu ve Beyrut'a saldırmak için yelken açtı. Zahir, Yafa'yı ele geçirdi – Ama o ve Buluttutan Kudüs'ü alabilecek miydi?

Şeyh Zahir şehri yoklamak için birliklerini gönderdi ama surlardaki askerler üzerinde pek bir etkileri olmadı. Her cephede yenilen Osmanlılar, Ruslarla barış istediler. 1774 barışında Katerina ve sevgilisi Prens Potemkin, Osmanlıları, Ortodoksların hamisinin Rusya olduğunu kabul etmek zorunda bıraktı – ve sonuç olarak Rusya'nın artan Kudüs takıntısı bir Avrupa savaşına yol açtı.* Osmanlılar

---

* Potemkin, Katerina için bir "Yunan Projesi" hazırladı – Ruslar Çargrad dedikleri Konstantinopolis'i ele geçirecekler ve şehir Katerina'nın torunu Konstantin tarafından idare edilecekti. Katerina'nın Lehistan'ı parçalaması sonucu milyonlarca Yahudi ilk kez Rus İmparatorluğu'na gelmişti. Büyük bölümü sefil halde kendileri için ayrılan bir bölgede tutuldular. Ama Rus tarihindeki en Yahudi dostu liderlerden biri olan Potemkin bir Hristiyan Siyonistti ve Kudüs'ün kurtarılmasını Yunan Projesi'nin bir parçası olarak görüyordu. 1787'de Kudüs'ü alması için Yahudilerden Israelovsky Süvari Alayı'nı kurdu. Prens Ligne bu birlikleri gördüğünde "at üzerindeki maymunlar" diye dalga geçmişti. Potemkin bu planlarını hayata geçiremeden öldü.

şimdi kaybettikleri vilayetleri almakla uğraşabilirdi: Buluttutan suikastla öldürüldü ve seksen altı yaşındaki Şeyh Zahir, Akka'dan kaçmak zorunda kaldı. At üzerinde uzaklaşırken en sevdiği cariyesinin yanında olmadığını fark etti ve "devir arkada birini bırakacak devir değil," deyip geri döndü. Kızı atına alacakken kız onu atından aşağı çekti ve suikastçılar onu öldürüp kafasını kesti. "İlk Filistin Kralı"nın kafası İstanbul'a gönderildi.[10] Anarşi şimdi de Devrim Fransası'nın yükselen liderini cezbetmişti.

NAPOLYON BONAPART: "KENDİ YARATTIĞIM KURAN"

19 Mayıs 1798'de yirmi sekiz yaşındaki soluk ve sıska, uzun saçlı Napolyon Bonapart 335 gemi, 35.000 asker ve 167 bilim insanıyla Mısır'ı ele geçirmek için yola çıktı. Megaloman kibriyle, "Bir din kuracağım. Kendimi bir filin üzerinde başımda bir sarıkla ve bir elimde kendi yarattığım yeni Kuran'la Asya'ya doğru yürürken gördüm," diyordu.

Macerasının ilham kaynakları devrimci bilim, ciddi siyaset ve romantik haçlı kafasıydı. Paris'teki herkes Constantin Volney'nin yazdığı, felsefi içerikli çoksatar seyahatnamesini okumuştu. Bu kitapta "Kudüs'ün harap halinin" ve Osmanlı Levanten'in gerileyişinin aydınlanmanın medenileştiren mantığının fethine uygun zemin oluşturduğu anlatılıyordu. Fransız Devrimi, Kilise'yi yok edip Hristiyanlığın yerine mantık, özgürlük ve yeni Yüce Yaratıcı kültünü getirmeyi denedi. Ama Katoliklik varlığını sürdürdü ve Napolyon devrimin açtığı yaraları monarşi, inanç ve bilimi bir potada eriterek iyileştirmeye karar verdi –bu yüzden yanına pek çok bilim adamı almıştı. Bir de işin İmparatorluk boyutu vardı: Fransa, İngiltere'yle savaş halindeydi. Sefer geçmişi karanlık ve vasat bir eski piskopos ve dışişleri bakanı olan Charles Maurice de Talleyrand'ın fikriydi ve bu şekilde Akdeniz'in kontrolünü ele geçirip İngilizlerin, Hindistan'la olan irtibatını kesmeyi planlamıştı. Eğer Bonapart başarılı olursa sorun yoktu ama başarısız olursa Talleyrand bir rakibini ortadan kaldırmış olacaktı. Ortadoğu'da genelde olduğu gibi Avrupalılar doğuluların kendilerini bağırlarına basacaklarını hayal ediyorlardı. Napolyon, hâlâ Memlûk-Osmanlı melezi bir askerî sınıf tarafından idare edilen, Mısır'a çıktı. Onları Piramitler Muharebesi'nde bozguna uğrattı ama İngiliz Amirali Horatio Nelson, Fransız filosunu Abukir Koyu'nda imha etti. Bonopart, Mısır'ı kazanmıştı ama Nelson onun ordusunu doğuda tuzağa düşürmüş ve Osmanlılara ona karşı Suriye'de direnmeleri için cesaret vermişti. Napolyon, Mısır'da hayatta kalmak istiyorsa kuzeye yürüyüp Suriye'yi ele geçirmek zorundaydı.

Şubat 1799'da on üç bin asker ve sekiz yüz deveyle Filistin'i işgal etti, General Damas komutasındaki süvarileri Kudüs'ün beş kilometre yakınına kadar akınlar düzenlediler. Kutsal Şehir'i ele geçirme hayalleri kuran Napolyon, Paris'teki devrim hükümetine şu mesajı gönderdi: "Siz bu mektubu okuduğunuz sırada ben belki de Süleyman Mabeti'nin enkazı üzerinde duruyor olacağım."

BÖLÜM SEKİZ

İMPARATORLUK

"Kudüs'ü ziyaret etmeyi ne çok isterdim."

—Abraham Lincoln, karısıyla yaptığı bir konuşmada.

"Dünya tarihinde yaşanmış en harika ve akılda kalıcı olayların sahnesi."

—James Barclay, *City of the King*

"Gökyüzü hiçbir yerde heybetli Siyon Dağı'nın üzerinde olduğu kadar saf, yoğun ve berrak değildir. Ziyaretçi, inancının atası olan kişilerin mezarlarının bulunduğu topraklarda yürüdüğünü unutsa bile burası kişinin kısa sürede terk etmeyi isteyeceği bir şehir değildir."

—W.H. Bartlett, *Walks*

"Evet, ben Yahudiyim ve Rt. Hon. Gentleman'ın ataları bilinmeyen bir adada yaşayan vahşilerken benimkiler Süleyman Mabedi'nde rahiptiler."

—Benjamin Disraeli, Avam Kamarası'nda yaptığı bir konuşma.

"Burada din adına yapılan şeylere bir bak!"

—Harriet Martineau, *Eastern Life*

34

NAPOLYON KUTSAL TOPRAKLARDA

1799-1806

AKKA'DAKİ MAVİ SAKALLI

Napolyon ile Kudüs arasında hiç kimse kalmamıştı – Osmanlı Filistin valisi Cezzar Ahmet Paşa hariç. Cezzar –Kasap– adını genç bir adamken almıştı ve kariyerini askerlerini her şeyden çok, korkuyla yüreklendirme üzerine inşa etmişti.

Cezzar sadakatinden az da olsa şüphe ettiği herkesin uzuvlarını keserek bölgesinde terör estirdi. Başkenti Akka'da onu ziyaret eden bir İngiliz onun "sakat ve şekilsiz kişilerle çevrili olduğunu" fark etmişti. "Görevlilerin ya da kapıda duranların" ya bir uzvu, ya kulağı, ya burnu ya da gözü yoktu. Yahudi yardımcısı Haim Farhi'nin "iki kulağı ve bir gözü" yoktu. "Burnu ya da kulağı olmayan kişilerin fazlalığı Suriye'nin bu bölgesini ziyaret eden herkesin dikkatini çekmişti." Cezzar onlara "mimli kişiler" diyordu. Kimi zaman kurbanlarının ayaklarına nal çaktırırdı. Diğerlerine ibreti âlem olsun diye, kimi Hristiyanların üzerine diri diri duvar ördürmüştü ve bir keresinde yolsuzluk yapan elli memuru toplamış, çırılçıplak soydurmuş ve askerlerine onları parça parça ettirmişti. Hareminin kendisine ihanet edeceğinden şüphelendiğinde karılarından yedisini öldürdü ve "Akka tiranı, Çağının Hirodes'i, tüm komşu milletlerin korkusu ve Mavi Sakal olarak" ün saldı.

Cezzar uzun beyaz sakalı, sade cübbesi, belindeki işlemeli hançeri ve kâğıttan çiçek yapıp hediye olarak verme âdetiyle Avrupalıları etkilemişti. Öldürücü bir cazibe yayıyor, yüzünde bir sırıtmayla ziyaretçilere şunları anlatıyordu: "Tüm hiddetime rağmen sizin benim ismime hürmet edildiğini ve hatta sevildiğimi gördüğünüze eminim." Geceleri kendisini on sekiz Slav sarışınla haremine kilitlerdi.* Bu ihtiyar şimdi Napolyon'la kafa kafaya gelecekti. Fransızlar Kudüs'ün limanı olan ve sadece otuz kilometre uzaktaki Yafa'yı kuşattılar. Bu yaşananlar-

---

* Kendisi Bosnalı bir köleydi, cinayet işledikten sonra kaçmış ve kendisini İstanbul'daki köle pazarında satmıştı. Orada kendisini satın alan Mısırlı bir idareci onu Müslüman yapmış, cellât ve tetikçi olarak kullanmıştı. Kahire valisi olarak yükselmeye başlamış ama asıl Beyrut'u, Büyük Katerina'nın donanmasına karşı savunarak şöhret elde etmişti. Beyrut uzun bir kuşatmanın ardından şerefiyle teslim oldu ve sultan,

dan sonra Kudüs'te panik baş göstermişti: Sülaleler Kudüslüleri silahlandırdı; bir grup, Hristiyan manastırlarını yağmaladı; keşişler güvenlikleri için gönüllü olarak hapse girdiler. Surların dışındaki General Damas, Bonapart'tan Kutsal Şehir'e saldırabilmek için izin istedi.[1]

NAPOLYON: "GENEL KARARGÂH, KUDÜS"

Napolyon cevaben önce Akka'yı almasının gerektiğini ve daha sonra, "bizzat gelip İsa'nın acı çektiği yere özgürlük ağacı dikeceğini ve saldırıda ölen ilk Fransız askerinin de Kutsal Kabir'de defnedileceğini," söyledi. Fakat Bonapart ve askerleri Müslümanlara saldırırken kesinlikle medeni davranmaları gerektiğini düşünmüyorlardı. Napolyon'un askerleri Yafa'ya saldırdığında "erkek ve kadınları doğradılar" – "ateş seslerinden, kadın ve erkeklerin feryatlarından, ceset yığınlarından, annesinin cesedi üzerinde tecavüze uğrayan bir kızın görüntüsünden, kan kokusundan, yaralıların iniltisinden ve ganimet bulan askerlerin bağırışlarından" dehşete düşen bir Fransız bilim insanı bunu "korkunç bir manzaraydı" diye yazmıştır. Sonunda, "altına ve kana doyan Fransızlar ceset yığının üzerinde dinlendiler."

Bonapart, Akka'ya yürümeden önce Cezzar'ın askerlerinden esir alınan 2440 kişinin –ama yüksek ihtimalle bu sayı 4000 civarıydı– günde 600 kişilik gruplar halinde öldürülmesini emretti. 18 Mart 1799'da Akka'yı kuşattı, şehir Napolyon'un "tanımadığım bir ihtiyar" dediği Cezzar tarafından savunuluyordu. Ama Mavi Sakal'ın 4000 Afgan, Arnavut ve Faslıdan oluşan askeri, şehri inatla savundu.

16 Nisan'da Napolyon, Tabor Dağı Muharebesi'nde Cezzar'ın süvarilerini ve Osmanlı ordusunu yendi. Sonrasında Kudüs'e kırk kilometre mesafedeki Ramla'ya gelip "20 Nisan 1799'da genel karargâhını Kudüs'te kuracağını" söyleyerek Yahudilere Siyonist taraftarı bir beyanda bulundu:

> Ben Afrika ve Asya'daki Fransız Cumhuriyeti ordularının başkomutanı ve Filistin'in meşru vârisi Bonapart – eşsiz Yahudi milleti, fatihler ve tiranlar yüzünden binlerce yıldır atalarının topraklarından uzakta yaşamaktadırlar. Siz sürgün edilenler ayağa kalkın ve hakkınız olanı geri alın. Yeni ordu Kudüs'ü karargâhım yapacak ve birkaç gün içinde Şam'a dönerek Kudüs'ün idaresini sizlere bırakacaktır.

Resmî Fransız gazetesi *Le Moniteur*, Napolyon'un "eski Kudüs'ü kurmak için Yahudileri silahlandırdığını" iddia etti ama Napolyon, Akka onun olana[2] kadar Siyon'u

---

Cezzar'ı ödül olarak Sidon Valiliği'ne tayin etti, kimi zaman da Şam Valiliği'ni yürüttü. Gayrı resmî olarak etki alanında bulunan Kudüs'ü ziyaret etti ve Hüseyniler kendisine sadakat yemini ettiler.

alamazdı ve Cezzar'ın yardımına gözüpek bir İngiliz komodorun komutasındaki iki İngiliz saffıharp gemisi gelmişti.

SİR SIDNEY SMITH – "EN BÜYÜK ŞÖVALYE"

Kaçak bir âşık ile bir maceracının oğlu olan Sidney Smith "koca bıyıklı, yakışıklı ve delici siyah gözlere sahip" biriydi. On üç yaşında donanmaya katıldı, Amerikalı asilerle savaştı ve daha sonra Rus donanmasına karşı İsveç donanmasına yardım etti. İsveç kralı onu şövalye yaptı ve İngiliz rakipleri onunla "İsveç şövalyesi" diye dalga geçtiler. Fransız Devrimi'nin ardından Smith, Fransa'ya hücum etti ama yakalanıp kötü şöhretli Tapınak'a hapsedildi. Firar etmeyi başardı ve bilhassa nefret ettiği Bonapart'la bir dizi, kamuya açık mektupla dalga geçti. Herkes Smith konusunda aynı düşünmüyordu: Bir gözlemcinin yazdığına göre o "heyecanlı, düşünmeden hareket eden ve tüm insanlığı en muhteşem şövalye olduğuna ikna etmekten başka belli bir amacı olmayan" bir adamdı. Fakat normal zamanlarda ne kadar kibirliyse kriz dönemlerinde de o kadar kahraman olan biriydi.

Smith ile Cezzar aynı kafadandı. İngiliz, Cezzar'ın hep yanında taşıdığı Şam kılıcını beğendiğinde Cezzar, "Beni hiç hayal kırıklığına uğratmadı. Düzinelerce kelle aldım onunla," demişti. Smith ispat etmesini isteyince Cezzar bir öküz getirtti ve hayvanın başını tek hamlede uçurdu. Smith seksen denizcisini Cezzar'ın çok milletli ordusuna kattı. Bonapart, Akka'ya üç kez saldırdı ama Smith ve Cezzar üçünü de püskürttü. Osmanlı takviyeleri yaklaşırken ve kuşatma üçüncü ayına girerken Fransız generaller huzursuzlanmaya başlamışlardı.

21 Mayıs 1799'da Napolyon 1200 ölü, 2300 hasta ve yaralıyla Mısır'a doğru çekilmeye başladı. Ama 800 Fransız askeri Yafa'da hastalandı. Çekilmesini yavaşlattığı için Napolyon kendi doktorlarına yaralıları öldürmelerini emretti. Fransız doktorlar reddedince bir Türk doktor hastalara öldürücü dozda laudanum verdi. Bu nedenle, Fransız generali Baptiste Kleber'in, "Kutsal Topraklar'da büyük aptallıklar yapıp günahlar işledik," demesine şaşmamak gerek. İki bin atlı Kudüslü, şehir valisinin komutasında çekilen Fransızları takip ve taciz etti. Nablus'un köylü savaşçıları Yafa'ya girdiklerinde, Smith düzenin tesisi için Kudüslüleri çağırarak Hristiyanların katledilmesini önledi.

Napolyon, Mısır seferinin bir felaket olduğunu kabullendi ve askerlerini geride bırakarak eve doğru yelken açtı. Mısır'daki askerlerin komutasında kalan General Kleber, Napolyon'a, "O şerefsiz bizi burada boğazımıza kadar pisliğin içinde bırakıp gitti," diye küfretmişti. Ama Fransa'da Napolyon büyük bir fatih gibi karşılandı ve çok geçmeden ilk konsül* Direktuvar'dan yetkiyi aldı ve düzenlediği seferle ilgili yazılmış romantik bir şarkı olan *Partan pour la Syrie* Bonapartist milli marş oldu. Kudüs Hristiyanları, bilhassa Katolikler, Müslümanların misilleme tehlikesiyle karşı karşıyaydılar. Smith İngiliz soğukkanlılığının durumu çözeceğine karar verdi. Cezzar ve sultanın müsaadesiyle, üniforma giymiş denizcileriyle Yafa'dan Kudüs'e davul çalarak yürüdü. Sokaklarda ilerlerken Aziz Saviour Manastırı üzerine İngiliz Bayrağı dikti, Fransisken sorumlu, "Kudüs'te yaşayan her Hristiyan İngilizlere ve özellikle de onları merhametsiz Bonapart'tan kurtaran Smith'e minnet borçludur," dedi. Aslında korktukları Müslümanlardı. Smith ve mürettebatı Kutsal Kabir'de dua etti, onlar 1244'ten beri Kudüs'e giren ilk Frenk askerleriydiler.[3]

Sultan III. Selim, Cezzar'a mükâfat yağdırıp onu Mısır ve Şam'a ek olarak Bosna Valisi yaptı. Cezzar, Gazze paşasıyla yaptığı kısa bir savaşın ardından yine Kudüs ve Filistin'in hâkimi oldu. Ama huyu değişmemişti, zaten bir kulağı ve gözü olmayan yardımcısının bu sefer de burnunu kesti. 1804'te ölünce Filistin karıştı.

Napolyon ve Smith sayesinde Levant (Maşrek)** moda oldu. Doğu'yu gezen ve maceralarını kitap olarak basan gezginler arasında en etkili olanı 1806 yılında Kudüs'ü yangın, isyan ve çapulculuğun kol gezdiği bir yer olarak ve Moğollardan beri en fena halinde bulan bir Fransız vikonttu.[4]

---

* Napolyon, yenilgisinin nedeninin Smith olduğunu iddia ederek, "O adam yüzünden hayatımın fırsatını kaçırdım," demiştir. Napolyon, Kudüs'te arkasında bir şey bıraktı. Yafa'yı aldığında (daha sonra öldürttüğü) hasta askerlerine Ermeni keşişler bakmış ve o da onlara çadırını vererek teşekkür etmişti. Ermeniler ondan papaz cübbeleri yaptılar ve cübbeler günümüzde de Kudüs'ün Ermeni Mahallesi'ndeki Aziz Yakuplar Kilisesi'nde kullanılmaya devam etmektedirler.

** Levant, net olmayan coğrafi bir terim olup, tarihsel süreç içerisinde Toros Dağları'nın güneyindeki Orta Doğu'da geniş bir alanı belirtmektedir. Batı'da Akdeniz, güneyde Arabistan Çölü ve Doğu'da Mezopotamya ile sınırlanmıştır. (yay. n.)

35

YENİ ROMANTİKLER: CHATEAUBRIAND VE DISRAELI 1806-1830

KUTSAL KABİR KİLİSESİ'NİN VİKONTU

Chateaubriand Vikontu François Rene, "Kudüs çölün ortasındaki bir anıtlar mezarlığını andıran bir harabe yığını olsa da bu ilahi şehir beni kendimden geçiriyor," demişti. Bu kabarık saçlı Katolik kralcı "Hristiyanlığın koruyucu meleği" tarafından kurtarılmayı bekleyen Gotik Kudüs romantik görüşüne kendisine kaptırmıştı. Ona göre Kudüs ne kadar sefilse o kadar mukaddes ve şiirsel oluyordu – ve şehir gerçekten de berbat haldeydi.

Asi paşalar ve Filistinli köylüler sürekli başkaldırıp şehri ele geçiriyor, daha sonra da Şam valileri ordularıyla gelip şehri aldığında oraya ele geçirilmiş düşman toprağı muamelesi yapıyorlardı. Vikont şehre geldiğinde Şam valisinin Yafa Kapısı dışında kamp kurduğunu ve üç bin askerinin de şehrin sakinlerini tehdit ettiğini gördü. Chateaubriand'ın Aziz Saviour Manastırı'na yerleştiği sırada manastır, keşişleri haraca kesen haydutların elindeydi. Sokaklarda birkaç tabancayla dolaşıyordu ama haydutlardan biri onu Manastır'da gafil avlayıp az daha öldürüyordu: Lakin Türk'ün boğazını sıkarak kendisini kurtarabildi. Sokaklarda, "Hiç kimseyi göremedik! Bu ne rezalet, sakinlerinin çoğu dağlara kaçtığı için ortalık bomboş. Dükkânlar kapalı, insanlar mahzenlere saklanmış ya da dağlara kaçmışlar," diyordu. Paşa şehirden ayrılırken Davud Kulesi'nde sadece bir düzine asker kalmıştı ve şehir artık daha da ürkütücü görünüyordu: "Çölde koşan bir atın çıkardığından başka ses yok – bir Bedevinin kafasını getiren ya da mutsuz köylüleri soymaktan gelen bir yeniçeri."

Bu Fransız artık kutsal mekânların gizemlerini ortaya çıkarmaya başlayabilirdi. Bir et yemeğine de adını veren bu ünlü gurme, tüm bu şartlara rağmen Fransiskenleri davet ettiği bir ziyafet düzenledi. "Mercimek çorbası, etli hıyar ve soğan, haşlama et ve pilav, güvercin, keklik, geyik ve mükemmel şaraptan" oluşan bir ziyafetti bu. Bir tabanca taşıdığı halde İsa'nın ayak izlerini takip ederken Osmanlı binalarına "bakmaya değmez" ve Yahudilere de "paçavra giyen, kendilerini yiyecek sıçanlarla birlikte Siyon'un toprağına tıkılıp kalanlar," diyerek alay etmişti. Chateaubriand, "Yahudiye ülkesinin asıl sahiplerinin kendi topraklarında köle ve yabancı gibi yaşamalarına," hayret ediyordu.

Kutsal Kabir'de diz çöküp yarım saat dua etti, gözlerini "İsa'nın türbesinin" taşına dikti; tütsüden, çalan Habeşi zillerinden ve dua eden Yunanlardan başı dönmüştü. Daha sonra da "cehaleti, despotluğu ve köleliği destekleyen ve medeniyetin düşmanı olan" İslam'ı yenmiş Fransız şövalyeler Godfrey ve Baudouin'in mezarlarında dua etti.

Fransiskenler, Chateaubriand'a mütevazı bir merasimle Kutsal Kabir Nişanı verdiler. Diz çökmüş vikontun etrafında dönerlerken Godfrey'in mahmuzlarını onun ayaklarına taktılar ve bir Haçlı kılıcıyla onu şövalye ilan edip neredeyse kendilerinden geçtiler:

> Kudüs'te, Calvary Kilisesi'nde, İsa Mesih'in kabrinden birkaç adım ve Kutsal Kabir'i bize kazandıran, şu anda mahmuzlarını takmakta olduğum Godfrey de Boullion'un kabrinden de otuz metre uzakta, hem büyük hem de uzun zaman önce son derece soylu ve yiğit bir kol tarafından kullanılmış bir kılıca sahip olduğum düşünülecek olursa, etkilenmemiş gibi durmam mümkün değildi.[5]

12 Ekim 1808'de bir Ermeni zangoç Kutsal Kabir Kilisesi'nin ikinci katındaki Ermeni salonundaki sobanın yanında uyuyakaldı. Sobanın alev alması sonucu başlayan yangın zangocu öldürdü ve hızla yayılmaya başladı. İsa'nın Kabri harap oldu. Baş gösteren kargaşada Hristiyanlar müftü Hasan el-Hüseyin'i yağmaya mani olması için kilisenin bahçesine davet ettiler. Yunanlar, Ermenileri kundakçılıkla suçladı. İngiltere ve Avusturya, yenilmez görünen İmparator Napolyon'u durdurmak için savaşırken Rusların desteklediği Yunanlar da Kilise üzerindeki hâkimiyetlerini sağlamlaştırmışlardı. Günümüzde Kabir civarında hâlâ ayakta olan rokoko tarzı *aedicule*yi* inşa ettiler. Bunu da haçlı krallarının güzel lahitlerini parçalayarak kutladılar: Fransa'ya geri dönmüş olan Chateaubriand onları gören son yabancı oldu.** Müslüman bir grup binayı yenileyen ustalara saldırdı; garnizon başkaldırdı ve Cezzar'ın vârisi ve damadı Süleyman Paşa –ki Adil adıyla bilinir (gerçi selefinden

---

* (Lat.) Türbe ya da kabir olarak kullanılan küçük ev. (yay. n.)

** Godfrey'in mahmuzu ve kılıcı, Fransız şatosundan aldığı bir tuğlayla birlikte bugün Kutsal Kabir'deki Latin muhafaza odasında durmaktadır. Haçlı mezarlarına gelince çocuk kral V. Baudouin'in mezarından sağlam kalan tek parça bu mezhepçi vandalizmin şahidi olarak varlığını sürdürmektedir.

sonra gelen herkesin iyi görülmesi normaldir)– şehri ele geçirdi: Kırk altı asi idam edilip başlarıyla şehir kapıları süslendi.[6]

Gerçek Kudüs günden güne erirken Napolyon'un Ortadoğu Seferi ve Osmanlı'nın gerilemesi –ve Chateaubriand'ın eve döndüğünde yazdığı kitabın– körüklediği Hayalî Kudüs, Batılıların hayallerini süslemeye devam etti. *Itinéraire de Paris à Jérusalem* (*Paris ve Kudüs Bir Seyyahın Günlüğü*) Avrupalıların Doğu hakkındaki tasavvurunu, zalim ve beceriksiz Türkler, sızlanan Yahudiler ve dinî pitoresk sahneleri andıran şekillerde bir araya toplanan ilkel ve vahşi Araplar olarak tayin etti. Bu kitap öyle ünlü, öyle bir çoksatar oldu ki yeni bir türün ortaya çıkmasına yol açtı ve hatta Chateaubriand'ın uşağı Julien bile gezi anılarını kitap haline getirdi.* Londra'da, Sir Sidney Smith metresini etkileyebilmek için Levanten maceralarını abartıp duruyor ve çoğu saçma sapan tura da ilham kaynağı oluyordu.

BRUNSWICKLİ CORALINE VE HESTER STANHOPE: İNGİLTERE KRALİÇESİ VE ÇÖL KRALİÇESİ

İngiliz Veliaht Prensi'nin (müstakbel Kral IV. George) karısı Prenses Caroline, Smith'le fazla samimiydi ve görüşmelerine bahane uydurabilmek için de Smith'in kuzeni ve Başbakan Genç William Pitt'in yeğeni Leydi Hester Stanhope'u sık sık ziyaret ederdi.

Leydi Hester kaba ve eşini aldatan Caroline'i hiç sevmezdi: Ona göre Caroline, Smith'i, "bir opera kızı gibi ortalıkta yarı çıplak dans ederek etkilemeye çalışan" ve hatta bunun için güzel çoraplar giyen bir kadındı: "Saygısız bir kadın, tam bir orospu, aşağılık! Rezil!" Caroline'in Veliaht Prens'le evliliği tam bir felaketti ve aşk hayatına dair yapılan ve "Hoş Bir Araştırma" sonucunda aralarında Smith, Lord Hood, ressam Thomas Lawrence ve birkaç uşağın da olduğu en az beş âşığının daha bulunduğu anlaşılmıştı. Ama Smith'in Akka ve Kudüs hikâyeleri işe yaradı: İki kadın da birbirinden ayrı olarak Doğu'ya seyahat etmeye karar verdi.

* 1804'te yazar, ressam, hakkâk ve radikal William Blake *Milton* şiirine "ve kadim zamanlardaki şu ayaklar" diye başlayıp şöyle bitirdi: "Bizler İngiltere'nin yeşil ve hoş topraklarında Kudüs'ü tekrar inşa edene dek." 1808 yılında basılan şiir, sanayi öncesi İngiltere'deki kısa süren Semavi Kudüs hayranlığını övüyordu ve çocuk İsa'nın Aramatyalı Yusuf'la birlikte Cornish kalay madenlerine yaptığı hayalî yolculuktan ilham almıştı. Şiir 1916'ya kadar bilinmeden kaldıktan sonra o tarihte şair Laureate Robert Bridges, besteci Sir Hubert Parry'den milliyetçi bir toplantı için bu şiiri şarkı haline getirmesini istedi. Edward Elgar daha sonra onu orkestraya uyarladı. Kral V. George "Tanrı Kralı Korusun'u" tercih etiğini söyledi ama bu şiir de milliyetçilere, kiliseye, konser salonlarını dolduranlara, sporseverlere, sosyalist idealistlere, sarhoş ve uzun saçlı üniversiteli kuşağına hitap eden alternatif bir marş olarak kaldı. Blake ona "Kudüs" adını vermedi çünkü o başlıkla başka bir tane yazmıştı: *Jerusalem: The Emanation of the Giant Albion* (*Kudüs: Dev Albion'un Zuhur Edişi*).

Leydi Hester'in Kudüs'le ilgili kendine göre bir hikâyesi vardı. Eski bir denizci ve radikal bir Kalvinist olan Richard Brothers kendisini İsa'nın İkinci Gelişi'ne kadar dünyaya hükmedecek olan, Kral Davud'un torunu ilan etti. *Plan for New Jerusalem* (Yeni Kudüs Planı) kitabında Tanrı'nın kendisini "Yahudilerin ihya edicisi ve kralı" olarak seçtiğini söylüyordu. Brothers ayrıca İngilizlerin de Kayıp Kabileler'den geldiğini iddia etmekteydi: Onları tekrar Kudüs'e götürecekti. Tapınak Dağı için bahçe ve saraylar ve yeni İsrail halkı için üniformalar ve sancaklar tasarladı ama sonunda deli olduğu düşünülerek hapse tıkıldı. Bu Anglo-İsrail görüşü dikkat çekiciydi. Oysaki otuz yıl içerisinde İsa'nın İkinci Gelişi'ni hızlandırmak için Yahudilerin geri dönmesi neredeyse İngiliz hükümetinin politikası haline gelecekti.

Brothers bu teşebbüsünde semavi bir kadının kendisine yardımcı olacağına inanıyordu ve Leydi Hester Stanhope'u "Yahudilerin Kraliçesi" olarak seçti. Kadın kendisini Newgate Hapishanesi'nde ziyaret ettiğinde Brothers, "O, günün birinde Kudüs'e gidecek ve Seçilmiş Halkı geri getirecek!" şeklinde bir kehanette bulundu. Stanhope 1812'de Kudüs'ü ziyaret etti, Osmanlı kıyafetleri giydi ama Brothers'ın kehaneti gerçekleşmedi. Doğu'da kaldı – ve şöhreti Avrupa'nın Kudüs'e ilgisini artırmaya devam etti. Daha da önemlisi Kudüs'e nefret ettiği Caroline'den üç yıl önce gelmeyi başarmıştı.

9 Ağustos 1814'te kırk altı yaşındaki prenses skandallarla dolu bir Akdeniz gezisine çıktı. Smith, Stanhope ve farklı haçlı ataların haclarından ilham alan Caroline, "Kudüs'ün en büyük tutkusu" olduğunu söylemişti.

Prenses, Akka'da, Adil Süleyman'ın yardımcısı, "burnu, bir kulağı ve gözü olmayan" bir Yahudi tarafından karşılandı – Paşa sadece Cezzar'ın mülkünü değil danışmanı Haim Farhi'yi de miras almıştı. Cezzar'ın ölümünden on yıl sonra Caroline'in maiyeti "sokaklarda ne kadar burunsuz insan olduğunu görerek" hayret etmişti. Ama prenses "Doğu âdetlerinin barbar ihtişamını gördüğüne" mutlu olmuştu. Oraya yirmi altı kişiyle gitmişti ve bunların arasında evlat edindiği Willie Austin (kendi çocuğu da olabilir) ve kendisinden on altı yaş küçük son sevgilisi İtalyan asker Bartholomeo Pergami de bulunuyordu. Şimdi bir baron ve onun yardımcısı olan bu adam yapılan bir tarife göre, "uzun boylu ve çok yakışıklıydı, beyaz tenliydi ve bıyıkları oradan Londra'ya kadar uzanıyordu." Caroline, Kudüs'ten ayrılana kadar iki yüz kişiye ulaşan maiyeti "bir orduyu andırmaktaydı."

Caroline, Kudüs'e İsa gibi bir eşeğin üzerinde girdi ama çok şişman olduğu için iki tarafından, iki hizmetçinin onu tutması gerekti. Fransiskenler onu eşeğin üzerinde Aziz Saviour'daki odasına götürdüler. Hizmetçilerden biri, "Manzarayı tarif etmek imkânsız. Erkekler, kadınlar ve çocuklar; Yahudiler, Araplar, Ermeniler,

Yunanlar, Katolikler ve kâfirler, tümü bizi karşıladılar. *Ben Venute!* diye bağırdılar," demişti. Yanan meşalelerin ışığında "pek çok parmak, 'İşte, o!' nidalarıyla bu Asil Hacı'yı işaret etti!" Bu duruma şaşırmamak lazım, çünkü Caroline genelde "peruk (önden yüksek ve yanları kıvırcık) takma kirpik (kenarlarından saçlarına kadar kıvrılarak yükselen) ve takma diş takardı, önü ve arkası fazlasıyla açık kırmızı bir elbise giyerdi ve göbeğini saklamaya büyük itina gösterirdi." Hizmetçisi onun girişinin "asil olduğu kadar gülünç" olduğunu da itiraf etmek zorunda kalmıştı.

Altı asır aradan sonra gelen ilk Hristiyan prenses olmanın gururuyla Caroline samimi olarak "orada konumuna yaraşır asil bir etki bırakmak istedi" ve bu nedenle kendi amblemini–leylak ve gümüş kurdeleli kırmızı haç– taşıyan Aziz Caroline Tarikatı'nı kurdu. Sevgilisi Pergami de tarikatın ilk (ve son) Büyük Ustası oldu. Döndüğünde seyahatin bir resmini yaptırdı: *Kraliçe Caroline'in Kudüs'e Girişi.*

Müstakbel İngiltere Kraliçesi Fransiskenlere cömert bağışlarda bulundu ve 17 Temmuz 1815'te (Napolyon'un Waterloo'daki kesin yenilgisinden dört hafta sonra) "halkın her kesiminin şükranları ve üzüntüleri eşliğinde" şehirden ayrıldı – bölgenin hali düşünülürse bu, şaşırtıcı bir durum değildi.

Şam 1819 yılında vergiyi üçe katladığında Kudüs tekrar isyan etti. Bu sefer, Cezzar'ın torunu, Filistin'in nüfuzlu şahsiyetlerinden Abdullah Paşa* Kudüs'e saldırdı ve şehri ele geçirdiğinde, şehrin valisi bizzat yirmi sekiz asiyi iple boğdu – ertesi gün diğerlerinin boynu vuruldu ve cesetleri Yafa Kapısı'nın dışına dizildi. 1824'te suçlu Mustafa Paşa'nın baskıları yüzünden köylüler tekrar isyan etti. Kudüs birkaç ay bağımsız kaldıktan sonra Abdullah Paşa, şehri Zeytin Dağı'ndan topa tuttu. İngiliz gezgin Judith Montefiore, zengin kocası Moses'la birlikte 1820'de şehri ziyaret ettiği zaman, "Kudüs düşmüş, terk edilmiş ve perişandı. Tüm dünyanın neşesi olan şehirde tek bir kutsal emanet bile sağlam kalmamıştı," diye yazmıştı.

Montefioreler güçlü ve etkili Avrupa Yahudilerinin ilk kuşağıydı ve Kudüs'teki dindaşlarına yardım etmeye de kararlıydılar. Vali tarafından karşılandılar ama sur içindeki Faslı bir eski köle tacirinin evinde kalıp Beytüllahim'deki Rachel Mezarı'nı restore ederek işe başladılar. Burası Tapınak ve el-Halil'deki Patrik Mezarları'ndan sonra Yahudilikteki üçüncü en mukaddes kabirdir ve ilk ikisi gibi Müslümanlar için de önem taşımaktadır. Montefiorelerin çocuğu yoktu ve rivayete göre Rachel Mezarı kadınların hamile kalmasına yardım ederdi. Kudüs Yahudileri onları neredeyse "Mesih gibi" karşıladılar ama fazla para vermemeleri için yalvardılar çünkü gitmelerinin ardından Türkler vergileri daha da artırırlardı.

---

* 1818'de Süleyman Paşa öldüğünde Akka'daki Abdullah Paşa yönetime geldi ve otuz yıldır Filistin'i verimli bir şekilde yöneten çok zengin, tek gözlü, tek kulaklı ve burunsuz Haim Farhi'yi idam etti. Abdullah 1831'e kadar hüküm sürdü. Farhi ailesi hâlâ İsrail'de yaşamaktadır.

Moses Montefiore İtalya doğumlu, kendinden menkul İngiliz centilmeni, uluslararası bir finansçı ve Nathaniel Rothschild'in eniştesiydi ama pek dindar olduğu söylenemezdi. Kudüs gezisi hayatını değiştirdi. Oradaki son gecesinde durmadan dua etti ve oradan yeni doğmuş bir Yahudi olarak ayrıldı. Onun gözünde Kudüs, "atalarının şehriydi, onun tüm dileklerinin ve seyahatinin de en büyük ve özlenen hedefiydi." Haccın, her Yahudi'nin görevi olduğuna inanıyordu: "Bu tarihten sonra daha iyi ve doğru bir insan ve daha iyi bir Yahudi olabilmek için atalarımın Tanrı'sına samimiyetle dua ettim."* Kutsal Şehir'e pek çok kez geri dönecekti ve o tarihten itibaren hem bir İngiliz asili hem de Ortodoks bir Yahudi gibi yaşamaya başladı.[7]

Montefiore'nin ayrılmasının ardından başka bir adam şehre geldi: İkisi de İtalyan kökenli İngiliz Sefarad Yahudileriydi. Henüz birbirlerini tanımıyorlardı – ama günün birinde ikisi de İngilizlerin Ortadoğu'ya yerleşmesine yardımcı olacaklardı.

DISRAELI: MUKADDES VE ROMANTİK

"Beni Yunan korsanı kostümü içinde görmen gerekirdi. Gümüş püsküllü, kan kırmızısı bir gömlek, tabanca ve bıçak dolu bir kemer, kırmızı bir şapka, kırmızı terlikler, mavi bir ceket ve pantolon. Tam bir serseri!" İşte yirmi altı yaşındaki eski usul romancı (Genç Dük kitabını daha önce yazmıştı), başarısız spekülasyoncu ve ilham veren siyasetçi ve Doğu turu için giyinmiş olan Benjamin Disraeli böyle bir adamdı. Bu söyledikleri romantik duruş, klasik gezinti, nargile içme, hovardalık ve İstanbul ile Kudüs gezileri içeren on sekizinci yüzyıl büyük turunun yeni versiyonuydu.

Disraeli, Yahudi olarak büyütülmüş ama on iki yaşında vaftiz edilmişti. Daha sonra Kraliçe Victoria'ya söylediği gibi kendisini "Eski ve Yeni Ahit arasındaki boş bir sayfa" olarak görüyordu. Siyah saçlı, zayıf ve soluk bir adam olan Disraeli "atlı ve silahlı olarak" Yahudiye tepelerinde dolaştı. Surları gördüğü zaman:

Çarpılmışa döndüm. Muhteşem şehir karşımda duruyordu. Önde Tapınak'ın yerine inşa edilmiş olan güzel bahçesi ve muhteşem kapılarıyla nefes kesen bir cami yükseliyordu. Burayı çevreleyen arazi kadar vahşi ve çorağını daha önce görmedim. Bundan daha çarpıcı bir şeye de şahit olmadım.

---

* Eve dönüş yolunda Montefiore'nin gemisi fırtınaya yakalandı. Denizciler geminin batacağından korktular. Montefiore'nin yanında tesadüfen geçen Hamursuz Bayramı'ndan kalma bir parça mayasız matzah, afikoman olarak bilinir, bulunuyordu ve fırtınanın en şiddetli olduğu anda bunu denize attı. Deniz birden bire sakinleşti. Montefiore bunu hacı olduğu için Tanrı'nın kendisine yardım etmesi olarak gördü. Montefiore ailesi günümüzde her Hamursuz Bayramı'nda bu olayın hikâyesini okumaktadır.

Kaldığı Ermeni Manastırı'nın çatısında akşam yemeği yiyen Disraeli "Yehova'nın kayıp başkentini" izlerken Yahudi tarihinin romantizminden çok etkilenmiş ve Tapınak Dağı'nı ziyaret etme dürtüsüne karşı koyamamıştı. Bir İskoçlu fizikçi ve daha sonra da bir İngiliz kadın meydana girmeyi başarmıştı – ama ancak kılık değiştirerek. Disraeli o kadar becerikli değildi: "Sarıklı fanatikler beni fark etti ve zor kaçabildim!" Yahudi ve Arapları tek millet olarak görüyordu –Araplar "ata binen Yahudilerdir"– ve Hristiyanlara şunu sormuştu: "Museviliğe inanmıyorsanız sizin Hristiyanlığınız nerede kalır?"

Kudüs'teyken Alroy adında ve on ikinci yüzyıldaki sonu kötü biten ve "kanımı ve adımı aldığım mukaddes ve romantik bir halkın başına gelen harikulade olay" dediği Mesih ayaklanmasıyla ilgili bir roman yazmaya başladı.

Kudüs ziyaretiyle kralcı aristokrat ve Yahudi ileri geleni* melezi hali daha da saflaştı ve İngilizlerin de Ortadoğu da bir rolünün olması gerektiğini düşünmeye başladı – ve de Siyon'a geri dönüşte. Romanında David Alroy'un danışmanı şöyle diyordu: "tam beklediğim şeyi sordunuz. Cevabım millet olarak var olmaktır. Tam beklediğim şeyi sordunuz. Cevabım Kudüs'tür." 1851'de güçlenen bir siyasetçi olan Disraeli, "Osmanlılardan satın alarak Yahudilere ülkelerini geri vermek hem adil hem de makuldür," dedi.

Disraeli, Alroy'un macerasının "onun ideal tutkusu" olduğunu iddia etti ama Yahudilerle ilgili bir şey için kariyerini tehlikeye atmaya niyetli değildi: Dünya üzerindeki en büyük İmparatorluğun başbakanı olmak istiyordu. Otuz yıl sonra "yağlı sırığın en üstüne vardığı zaman" Disraeli Kıbrıs'ı elde edip Süveyş Kanalı'nı satın alarak İngiliz gücünü bölgeye taşımada ilk adımları atmış oldu.[8]

Disraeli'nin siyasi kariyerine dönmesinden kısa süre sonra Mısır yöneticisi olan bir Arnavut derebeyi Kudüs'ü ele geçirdi.

---

* En iyi romanı olan Coningsby'deki ideal karakteri Sidonia'dır –Avrupa'daki imparatorlar, krallar ve kabinedeki tüm bakanlarla arkadaş olan Sefarad bir milyoner. Sidonia, Disraeli'nin yakından tanıdığı Lionel de Rothschild ve Moses Montefiore'nin bir karışımıydı.

36

ARNAVUT'UN FETHİ

1830-40

KIZIL İBRAHİM

1831 Aralık ayında Mısır ordusu şehirde resmigeçit yaparken "mutlu ve coşkulu" Kudüslüler, "her sokakta ışıklarla, dansla ve müzikle kutlama yaptılar. Beş gün boyunca Müslümanlar, Yunanlılar, Fransiskenler, Ermeniler ve hatta Yahudiler bile eğlence yaptı." Ama "güçlü ateşli silahlar ve müzik aletleri taşıyan, dar pantolon giyip Avrupa tarzı yanaşık nizamda hareket eden" Mısır askerlerini görmek Müslümanları endişelendirdi.

Kudüs'ün yeni hâkimi olan Arnavut asker Mehmet Ali bir asır sonra İsrail Devleti kurulduğu zaman hâlâ Mısır'ı idare etmekte olan bir hanedan kurmuştu. Şimdi unutulmuş olmasına rağmen on beş yıl boyunca Yakın Doğu diplomasisine yön vermiş ve Osmanlı Devleti'ni ele geçirmenin kıyısından dönmüştü. Bir tütün tacirinin oğlu olarak bugün Yunanistan'a ait olan bir yerde, Napolyon'la aynı yılda, doğmuştu ve o dönemde kendisine Doğu'nun Bonapart'ı denmişti. "Askerî dehalarına ek olarak bu liderler doymak bilmez bir hırsa ve tükenmek bilmez bir enerjiye sahiptiler." Altmışlı yaşlarında olan beyaz sakallı Arnavut hep beyaz sarık, sarı terlik, yeşil-mavi cübbe giyer, sürekli bir buçuk metre uzunluğundaki altın gümüş piposunu tüttürürdü. "Çıkık elmacık kemikli Tatarlara benzer bir yüzü ve koyu gözlerinde zekâyla ışıldayan garip ve vahşi bir ateş vardı." Kuvvetini her an yanında hazır bulundurduğu eğri kılıcından alıyordu. Mısır'a Napolyon'a karşı Arnavut askerlere komuta etmek için gelmişti. Fransızlar gidince otorite boşluğundan istifade edip Mısır'ı ele geçirdi. Daha sonra çağırdığı yetenekli oğlu (bazılarına göre yeğeni) İbrahim, Memlûk ve Osmanlı seçkinlerini bir ziyafete çağırıp hepsini öldürdü. Gecede sadece dört saat uyurdu ve okumayı kırk beş yaşında öğrendiğini iddia etmişti. Her gece gözde cariyesi ona Montesquieu ya da Machiavelli okurdu ve bu acımasız ve yenilikçi adam 90.000 mevcutlu bir Avrupa ordusu ve bir donanma kurmak için işe koyuldu.

Osmanlı sultanı II. Mahmut başta onun artan gücünü kullanabildiği için memnundu. Suudi ailesinin başını çektiği Vahhabi mezhebinin Mekke'yi ele geçirmesi yüzünden küçük düşen Sultan, Mehmet Ali'den yardım istedi. Arnavutlar Mekke'yi geri aldılar ve Abdullah el-Suud'un başını da İstanbul'a gönderdiler.* 1824'te Yunanlılar sultana karşı isyan edince Mehmet Ali birliklerini gönderip Yunan isyanını acımasızca ezdi. Bu Avrupa güçlerini öyle telaşlandırdı ki 1827'de İngiliz, Fransız ve Rus donanmaları Navarin Muharebesi'nde Mehmet Ali'nin donanmasını imha edip Yunan bağımsızlığını desteklediler. Ama bu Arnavutları uzun süre durdurmadı: O tarihte Fransa dışişleri bakanı olan Kudüs'ün eski ziyaretçisi Vicomte de Chateaubriand'ın da teşvikiyle kendi İmparatorluklarını kurmaya giriştiler.

1831 sonunda Mehmet Ali modern İsrail, Suriye ve Türkiye'nin bir bölümünü ele geçirdi ve karşısına çıkan Sultan'ın tüm ordularını yendi. Orduları İstanbul'u tehdit edecek bir noktaya kadar ilerlediler. Sonunda sultan, Mehmet Ali'yi Mısır, Arabistan ve Girit'in hâkimi ve İbrahim'i de Suriye valisi olarak kabul etmek zorunda kaldı. Bu İmparatorluk artık Arnavutlara aitti: Mehmet Ali, "Bu ülkeyi kılıçla fethettim ve kılıçla korumaya da hazırım," demişti. Kılıcı, ordularına komuta eden ve ilk katliamını daha çocukken yapan generali İbrahim'di. Suudileri yenen de, Yunanistan'ı harap eden de, Kudüs ve Şam'ı alıp neredeyse İstanbul'a kadar giden de İbrahim'di.

1834 ilkbaharında Kızıl olarak bilinen –bunun tek sebebi sakalının kırmızı olması değildi– İbrahim karargâhını ihtişamlı Davud Türbesi kompleksinde kurdu. Yastık yerine taht üzerine oturup açık açık şarap içmekten çekinmeyerek Müslümanları şoke edip Kudüs'te reform hazırlıklarına girişti. Hristiyan ve Yahudiler üzerindeki baskıları azalttı, onlara hukuk karşısında eşit olma sözü verdi ve hacıların Kutsal Kabir Kilisesi'ne girmek için ödemek zorunda oldukları ücreti kaldırdı: Artık Müslüman elbisesi giyebilecek, sokakta ata binebilecek ve asırlardan beridir ilk kez cizye vergisi ödemek zorunda kalmayacaklardı. Diğer taraftan Türkçe konuşan Arnavutlar, Araplardan nefret ediyorlardı: İbrahim'in babası onlara "vahşi hayvan," derdi. 25 Nisan'da İbrahim, 200 Kudüslüyü askere alma emrini iletmek için Tapınak Dağı'nda Kudüs ve Nablus yöneticileriyle bir araya geldi. İbrahim "bu emrimin Kudüs'ten başlamak üzere geciktirilmeden yerine

* Vahhabiler on sekizinci yüzyıl köktendinci Selefi vaiz ve 1744 yılında Suudi ailesiyle ittifak yapan Muhammet bin Abdül Vahhab'ın takipçileriydiler. Mehmet Ali yüzünden hüsrana uğrasalar da Suudiler çok geçmeden küçük bir devlet kurdular. Birinci Dünya Savaşı sırasında ve 1920'lerde liderleri Abdülaziz bin Suud, İngiliz parası ve fanatik Vahhabi ordusuyla, Mekke ve Arabistan'ı ele geçirdi. 1932'de kendisini, hâlâ Vahhabi İslam'ın hüküm sürdüğü, Suudi Arabistan kralı ilan etti. İbni Suud'un en az yetmiş çocuğu vardı ve oğlu Abdullah 2005'te kral oldu.

getirilmesini istiyorum," dedi. Ama Kudüs mağrurdu: Kudüslüler, "Çocuklarımızı bitmek bilmez bir köleliğe teslim etmektense ölmeyi yeğleriz," dediler.

3 Mayıs'ta Arnavutlar, Ortodoks Paskalyası'na nezaret ettiler: 17.000 hacı isyanın kıyısındaki şehre akın etti. Paskalya'dan önceki Cuma'da kalabalık Kutsal Ateşi görmek için Kutsal Kabir Kilisesi'nde toplandı. Orada bulunan İngiliz seyyah Robert Curzon akabinde yaşananları açıkça aktarmıştır: "Hacılar isyankâr davranışlar sergilemeye başladılar. Bir noktadan sonra Kilise'nin etrafında deli gibi koşup neredeyse tümüyle çıplak halde garip garip dans edip sanki içlerine şeytan girmiş gibi bağırıp çığlık atmaya başladılar."

Ertesi sabah İbrahim, kutsal ateşi görmek için kiliseye girdi ama kalabalık o kadar sıkışıktı ki askerler "tüfeklerinin dipçikleri ve kırbaçlarıyla" yol açarken üç keşiş "müzik aletleri çalıp" kadınlar da "çok tiz bir sesle şarkı söylemeye başladı."

İBRAHİM: KUTSAL ATEŞ, KUTSAL ÖLÜM

İbrahim oturdu. Karanlık çöktü. Yunan patriği "görkemli bir kafileyle" odaya girdi. Kalabalık ilahi kıvılcımı bekledi. Curzon kıvılcımı gördü, daha sonra da mucize alev "bu onura erişmek için en çok parayı ödeyen" hacılara geçti ama ateşi ele geçirmek için büyük bir mücadele patlak verdi; hacılar kendilerinden geçmiş halde yerlere düştüler; kör edici duman Kilise'yi doldurdu; üç hacı üst katlardan düşüp öldü; yaşlı bir Ermeni kadın da oturduğu yerde son nefesini verdi. İbrahim kiliseden çıkmayı denedi ama kımıldayamadı. Hacıları döverek yol açmaya çalışan muhafızları bir arbede başlattılar. Curzon "olabildiğince hızlı bir şekilde çarmıha gerilme sırasında Meryem'in durduğu yere gelene dek" ayağının altındaki taşların yumuşamaya başladığını hissetti.

"Üzerinde yürüdüğüm şeyin cesetler olduğunu sonunda anladım. Hepsi ölmüştü. Çoğu havasızlıktan boğulduğu için kararmıştı ve diğerleri kanla ve kalabalıktan dökülen her türden parçayla kaplıydılar. Askerler süngüleriyle birkaç tane nefesi kesilmiş zavallıyı öldürdü, duvarlar öküzler gibi kesilip yıkılan insanların kanları ve beyinleriyle kaplandılar."

Arbede "umutsuz ve vahşi" bir hayatta kalma mücadelesine dönüştü – Curzon çevresinde ölen insanlar görüyordu. İbrahim canını zor kurtarmış, birkaç kez nefessiz kalmış ve muhafızları kılıçlarını çekip kese doğraya ona yol açmışlardı. "Yağ Taşı'nın üzeri bile cesetlerle kaplıydı." İbrahim avluda durdu "cesetlerin kaldırılmasını canlı olan kişilerin de yığının içinden çekip çıkarılmasını emretti." Dört yüz hacı öldü. Curzon kaçmayı başardığında, "Bazı cesetler düşecek yer olmadığından dimdik kalmışlardı," diyordu.

İBRAHİM: KÖYLÜ İSYANI

Yaşanan felaketle ilgili haberler Hristiyan dünyasını sarsarken Kudüs, Nablus ve el Halil aileleri bir isyan başlattılar. 8 Mayıs'ta 10.000 silahlı fellahin Kudüs'e saldırdı ama İbrahim'in askerlerince püskürtüldüler. 19 Mayıs'ta, Kral Davud'un Kudüs'ü alışını hatırlatan bir şekilde Silvan köylüleri asilere şehre girebilecekleri, Davud Şehri'nin altındaki, gizli bir tüneli gösterdi ve onlar da buradan geçerek güney surundaki Dung Kapısı'nı açtılar. Köylüler pazarları yağmaladı, askerler onlara saldırıp daha sonra yağmaya ortak oldular. Garnizon komutanı olan Binbaşı, Kudüs aileleri olan Hüseyni ve Halidilerin liderlerini tutukladı. Ama 20.000 köylü sokaklarda geziyordu ve Kule'yi kuşatma altına almıştı. İki Amerikalı misyoner olan William Thomson ve hamile eşi Eliza saklandı: William karısına yardım bulabilmek için Yafa'ya giderken karısı da "top gürlemeleri, yıkılan duvarlar, komşuların çığlıkları, dehşete düşmüş hizmetkârlar ve ölüm korkusu arasında" kendisini odasına kilitledi. Bir erkek çocuk dünyaya getirdi ama kocası Kudüs'e vardığında ölmek üzereydi. Adam çok geçmeden "bu berbat ülkeden" ayrıldı.*

Yafa'ya çekilen ve şimdi tepelerde savaşarak ilerlemek zorunda kalan İbrahim 500 asker kaybetti. 27 Mart'ta Siyon Dağı'nda kamp kurduktan sonra saldırıp 300 asiyi öldürdü. Ama Süleyman Havuzu yakınında pusuya düşürüldü ve Davud'un Türbesi'nde kuşatıldı. Hüseynilerin ve Ebu Goş'un başı çektiği isyan yeniden alevlendi. İbrahim babasından yardım istedi.

Mehmet Ali 15.000 askerle birlikte gemiyle Yafa'ya geldi: "Yakışıklı bir adam güzel bir atın üzerinde oturmuştu, doğal, asil ve tam da büyük bir adam olduğunu gösteren bir edaya sahip." Arnavutlar asileri ezip Kudüs'ü aldılar; Kudüs'teki Hüseyniler Mısır'a sürüldü. Asiler tekrar ayaklandı ama bu sefer Kızıl İbrahim onları Nablus dışında katletti, el-Halil'i yağmaladı, kırsalı tahrip edip esirlerin boynunu vurdu – ve Kudüs'te terör estirmeye başladı. Şehre geri dönüp, kaçak avcılıktan av hayvanı koruyuculuğuna terfi eden, Cabir Ebu Goş'u vali olarak tayin etti ve silahla yakalanan herkesi idam etti. Surlar kesik başlarla bezendi, mahkûmlar Yafa Kapısı yakınındaki yeni, Osmanlılar, İngilizler ve İsrailliler tarafından kullanılacak olan, Kişleh Hapishanesi'nde çürüdü.

Hevesli yenilikçiler olan Arnavutların, Osmanlı İmparatorluğu'nu ele geçirmek istiyorlarsa Avrupalıların desteğine ihtiyaçları vardı. İbrahim azınlıkların zarar gören binaları tamir etmelerine izin verdi: Fransiskenler, Aziz Saviour'u, Sefarad Yahudileri de ben Zakki Sinagoğu ve Yahudi mahallesindeki diğer dört sinagoğu

---

* William Thomson ileride Amerikalıların Kudüs takıntısını daha da körükleyecek Evanjelist klasikler yazdı. Otuz baskı yapan *The Land and the Book*'ta Filistin, İncil'in hâlâ canlı olduğu gizemli bir cennet olarak tasvir edilmişti.

tamir ettiler, Aşkenaziler 1720'de yıkılan Hurva Sinagoguna döndü. Yahudi Mahallesi o tarihte çok fakir olsa da vatanlarında eziyet gören az sayıda Rus Yahudi'si oraya yerleşmeye başladı.

İbrahim 1839'da İstanbul'u ele geçirmek için hamle yapıp Osmanlı ordularını yendi. Fransa kralı Louis Phillippe, Arnavutları destekliyordu ama İngilizler Osmanlılar yenilirse Fransa ve Rusya'nın etkisinin artmasından çekindiler. Hem sultan hem de düşmanı İbrahim Paşa batıdan yardım istedi. Genç sultan Abdülmecit azınlıklara eşitlik vaat eden Tanzimat Fermanı'nı yayınlarken İbrahim, Avrupa devletlerini Kudüs'te elçilik açmaya davet etti – ve Haçlı Seferleri'nden beri ilk kez kiliselerin çan çalmasına izin verdi.

1839'da İngiliz viskonsül William Turner Young hem Londra'nın yeni gücünü göstermek hem de Yahudileri Hristiyan yapıp İsa'nın gelişini hızlandırmak için Kudüs'e geldi.

37

EVANJELİSTLER

1840-1855

PALMERSTON VE SHAFTESBURY: EMPERYALİST VE EVANJELİST

Kudüs'le ilişkili diplomasi siyaseti Dışişleri Bakanı Lord Palmerston'un manevi meseleler ise onun evanjelist damadı Shaftesbury Earlü'nün işiydi.* Elli beş yaşındaki Palmerston, Victoria dönemine has birçok bilmiş ya da evanjelist değil tam tersine (günlüğüne büyük bir gururla kaydettiği) aşk kaçamakları nedeniyle Lord Cupid, dinçliği nedeniyle Lord Pam ve gambot politikası nedeniyle de Lord Ponzataşı olarak bilinen iflah olmaz biriydi. Shaftesbury, Palmerston'un "Sir Sidney Smith'ten başka Musa tanımadığını" söyleyerek dalga geçmişti. Yahudilere olan ilgisi pragmatikti: Fransızlar Katolikleri, Ruslar Ortodoksları koruyarak nüfuzlarını artırdı ama Kudüs'te çok az Protestan vardı. Palmerstone Rus ve Fransız etkisini azaltmak istiyordu ve İngiliz nüfuzunun Yahudileri koruyarak artabileceğini gördü. Diğer vazifesi ise –Yahudilerin Hristiyan yapılması– damadının evanjelist hayallerinin ürünüydü.

Otuz dokuz yaşındaki kıvırcık saçlı ve yan sakallı Shaftesbury yeni Victoria İngiltere'sinin tipik bir örneğiydi. Kendisini işçilerin, çocukların ve akıl hastalarının yaşam koşullarını geliştirmeye adamış temiz kalpli bir aristokrat ve İncil'in "her harfinin Tanrı'nın sözü olduğuna inanan" bir köktendinciydi. Dinamik bir Hristiyanlığın küresel bir ahlaki rönesansa yol açıp insanları ileri taşıyacağından emindi. İngiltere'de Püriten milenyumculuk uzun süreden beridir Aydınlanma rasyonalizminin altında ezilmiş ve ancak nonconformistler arasında varlığını sürdürebilmişti. Ama artık bu görüş ana akım haline gelmişti: Giyotinli Fransız Devrimi ve işçi kitleleriyle Sanayi Devrimi dindarlığı, saygınlığı ve İncili Victoria

---

* Anthony Ashley-Cooper, Cromwell'den III. William'a kadar hizmet vermiş olan ilk Earl'ün torunu, hâlâ Lord Ashley unvanını koruyup Avam Kamarası'ndaki yerini muhafaza etmekteydi, 1851'de yedinci Earl olarak görevini devralmıştı. Ama karmaşaya yol açmamak için kitapta Shaftesbury olarak ifade edilecektir.

dönemi materyalizminin ilacı olarak görmeye başlayan bir İngiliz orta sınıfının şekillenmesine yol açtı.

Yahudi Cemiyeti olarak bilinen ve 1808'de kurulan Londra Yahudiler Arasında Hristiyanlığı Yayma Cemiyeti bir ölçüde Shaftesbury'nin de katkılarıyla yayılmaya başlamıştı. Yaşlı bir devlet adamı ve 1837'de Kraliçe Victoria tahta çıktığında başbakan olan Lord Melbourne "tüm gençler din hakkında bir şeyler öğrenmek için çıldırıyor" demişti. İsa'nın yaşamının ve onun mesajlarının (Yunancada evangelion) bizzat tecrübe edilmesiyle ebedi selametin elde edilebileceğine inanan evanjelistler İsa'nın ikinci gelişini bekliyorlardı. Shaftesbury kendinden iki asır önceki Püritenler gibi Yahudilerin geri dönüp din değiştirmeleri sonucunda Anglikan bir Kudüs ve Tanrı'nın Krallığı'nın kurulacağına inanıyordu. Palmerston'a sunacağı tezkere için hazırlandı: "Halkı olmayan bir ülke bulunmaktadır ve Tanrı bilgisi ve merhameti ile bizlere ülkesi olmayan bir halkı işaret etmektedir."*

Palmerston, Kudüs elçisi Young'a, "Görevinin bir parçası bu olacak. Yahudilere genel olarak koruma sağlayacaksın," talimatını verdi. Aynı zamanda İstanbul'daki büyükelçisine de, "Sultan'a Avrupa Yahudilerinin Filistin'e dönmesini teşvik etmek için elinden geleni yapmasını şiddetli tavsiye etmesini," söyledi. Eylül 1839'da Young, Londra Yahudi Cemiyeti'nin Kudüs şubesini açtı. Shaftesbury heyecanla günlüğüne şunları kaydetti: "Tanrı'nın halkının kadim şehri milletler arasındaki yerini almak üzere. Bu planı kafama sokanın Tanrı olduğunu, bana Palmerston'ı ikna edecek etkiyi bahşettiğini ve Kudüs'ü eski itibarına kavuşturabilecek doğru adamı gönderdiğini unutmayacağım." Shaftesbury'nin mühür yüzüğünde "Kudüs için dua edin" yazarken diğer bir dindar Victorian daha gözlerini Kudüs'e dikerek –Sir Moses Montefiore– Kudüs'ü yeni hanedan armasına eklemiş ve onu bir muska gibi arabasına, mühür yüzüğüne ve hatta yatağına bile oydurmuştu. Haziran 1839'da Montefiore ve karısı Judith Kudüs'e geri döndü, Londra'da topladığı parayı korumak için silah taşıyordu.

Kudüs'te veba salgını vardı. Montefiore o yüzden şehrin dışında kamp kurdu ve daha sonra kendisini ziyaret eden üç yüz kişiyi Zeytin Dağı'nda kabul etti. Veba sona erince Montefiore vali tarafından kendisine verilen beyaz bir at üzerinde şehre girdi ve şikâyetleri dinlemek ve fakir Yahudilere yardımları dağıtmak için yoluna devam etti. O ve karısı Kudüs'teki üç dinin inananları tarafından da coşkuyla karşılandı ama el Halil'deki ibadethaneyi ziyaret ederken Müslümanlardan oluşan bir grup ona saldırdı. Osmanlı askerlerinin müdahale etmesi sonucu canlarını zor

* Shaftesbury, İskoç Bakanı Alexander Keith'ten "halkı olmayan ülke" gibi kötü şöhretli bir cümleyi almıştı ve bu cümle daha sonra (muhtemelen hatalı şekilde) orada zaten Araplar yaşadığı için Filistin'e yerleşmeye inanmayan bir Siyonist olan İsrail Zangwill'e isnat edildi.

kurtardılar. Montefiore'nin şevki kırılmadı. Giderken bu yeni doğmuş Yahudi ve azimli emperyalist Mesih yönünden Shaftesbury'den farklı düşünse de benzer duyguları dile getirdi: Günlüğüne, "Ey Kudüs. Ölmeden yeniden kurulduğunu görmek isterim. Amin," yazmıştı.

Shaftesbury ve Montefiore İngiliz İmparatorluğu'nun ilahi olarak yönlendirildiğine ve Yahudilerin Siyon'a geri dönmesi gerektiğine inanıyorlardı. Evanjelist sofuluğun titizliği ve Yahudilerin Kudüs hayallerinin yeniden doğuşu Victoria çağının takıntılarından biri haline geldi. Ressam David Roberts 1840'ta Filistin'den döndüğünde halka İngilizlerin gelip alması ve Yahudilerin ihya edilmesi için bekleyen Doğulu Kudüs'ün romantik resimlerini gösterdi. Yahudilerin acilen İngilizlerin korumasına ihtiyacı vardı ve sultanın çelişen hürriyet vaatleri ve Arnavutlar büyük tehlike arz etmekteydiler.

JAMESS FINN: EVANJELİST KONSÜL

Mart 1840'ta Şam'da yedi Yahudi, bir Hristiyan keşiş ve Müslüman uşağını Hamursuz Bayramı'nda kanlarını insan kurbanında kullanmak için öldürmekle suçlandı. Bu hayali senaryo ilk kez on ikinci yüzyılda İkinci Haçlı seferinde ortaya çıkan "kan iftirasının" bir benzeriydi. Altmış üç Yahudi çocuk tutuklandı ve annelerinin "kanın nerede saklandığını söylemelerini sağlamak için" işkence edildiler.

Henüz Londra'ya dönmüş olmalarına rağmen Rothschild ailesinin de desteklediği Sir Moses Montefiore Şam Yahudilerini bu Ortaçağ uygulamasından kurtarmak için harekete geçti. Fransız avukat Adolphe Cremieux ile güç birliği yapan Montefiore, İskenderiye'ye gelip Mehmet Ali'yi mahkûmları serbest bırakmaya ikna etti. Ama birkaç hafta sonra benzeri bir "kan iftirası" olayı Rodos'ta yaşandı. Montefiore, İskenderiye'den İstanbul'a gidip orada görüştüğü sultanı kategorik olarak "kan iftirası" gerçeğini inkâr eden bir ferman yayınlamaya ikna etti. Montefiore'nin en başarılı olduğu dönemdi – ama başarısı diplomasi yeteneği kadar bağlı olduğu milletten de kaynaklanıyordu. Ortadoğu'da İngiliz olmak için güzel bir dönemdi.

Osmanlı Devleti'nin varlığı tehlikede olduğundan hem sultan hem de Arnavutlar, İngilizleri yanlarına çekmeye çalışıyorlardı. Kudüs, Ortadoğu'nun çoğuna hükmeden Kızıl İbrahim'in elindeydi. Fransa Arnavutları desteklerken İngiltere hem onların iştahlarını kırıp hem de Osmanlı devletinin varlığını korumaya devam etti. İbrahim'e Suriye'den çekilmesi karşılığında Filistin ve Mısır'ı teklif ettiler. Güzel teklifti ama Mehmet Ali ve İbrahim'in aklında daha büyük bir ödül vardı: İstanbul. İbrahim, İngiltere'ye meydan okudu, bunun üzerine Palmerston, Anglo-Avusturya-Osmanlı ittifakını kurdu ve Komodor Charles Napier komutasında gambotlarını gönderip topları konuşturdu. İbrahim, İngiltere'nin gücü karşısında pes etti.

Kızıl İbrahim, Kudüs'ü Avrupalılara açmış ve şehri kesin olarak değiştirmişti ama şimdi Mısır hâkimiyeti karşılığında Suriye ve Kutsal Şehir'den geri çekiliyordu.* Palmerston'ın zaferiyle küçük düşen Fransızlar "Kudüs'te Bağımsız bir Hristiyan Devleti" düşünerek uluslararası bir Siyon için ilk teklifi ileri sürdüler ama 20 Ekim 1840'ta sultanın birlikleri tekrar Kudüs'e girdi. Surlar içindeki şehrin üçte biri yıkılmış ve moloz yığını haline gelmişti ve şehirde sadece 13.000 kişi yaşıyordu ama bu sefer 5000 tanesi Yahudi'ydi. Celile'deki Safed'i vuran depremden kaçanlar ve Rusya'dan gelen mülteciler sayılarını artırmıştı.[9]

Palmerston, Dışişleri Bakanlığı'nı, viskonsüle evanjelist Yahudi planlarından vazgeçmesini emreden, Lord Aberdeen'e kaptırsa da Young hiç durmadan yoluna devam etti. Palmerston görevine iade edilince Kudüs konsolosuna "kendisine başvuran tüm Rus Yahudilerini İngiliz himayesine almasını" emretti.

Bu arada Shaftesbury yeni başbakan Robert Peel'i Kudüs'te ilk evanjelist piskoposluk ve kilise kurulmasına ikna etti. 1841'de Prusya (kralı uluslararası Hristiyan bir Kudüs kurulmasını teklif etmişti) ve İngiltere birlikte Yahudilikten dönme olan Michael Solomon Alexander'ı ilk Proteston piskopos olarak atadı – Protestan Almanya'da da evanjelist bir uyanış yaşanmaktaydı. İngiliz misyonerler Yahudi misyonlarında gittikçe daha cüretkâr davranmaya başladılar. Hisar'ın karşısındaki Yafa Kapısı yakınlarında Yahudi Cemiyeti'nin idaresinde bir kilise ve İngiliz elçiliğinin de dâhil olduğu bir tesis kurdular: misyoner evangelizminin ve Victoria mimarisinin damgasını vurduğu bir bölge. Diğer taraftan İsa Kilisesi ve ondan geriye kalanlar sadece Protestan dünyasına özgüydü: Haç yoktu sadece menorah vardı; İsa'nın Duası da dâhil olmak üzere tüm yazılar İbraniceydi. Burası Yahudiler için tasarlanmış bir Protestan kilisesiydi. Açılışta üç Yahudi büyükelçi Young'ın önünde vaftiz edildi. Yahudilerin Kudüs'teki hali içler acısıydı: Amerikalı romancı Herman Melville Yahudiler için, "Bir kafatasına yerleşmiş sinekler gibi yaşıyorlardı," diye yazmıştı. Büyüyen Yahudi topluluğu hiçbir tıbbi bakım olmadan perişan halde yaşıyordu ama artık Yahudi Cemiyeti'nin doktorlarına bedava muayene olabileceklerdi. Bu sayede birkaç kişinin daha din değiştirmesini sağladılar.

Shaftesbury, "Siyon'da başkent, Kudüs'te kilise ve Yahudi bir kral görmekten memnun olurum," demişti. Kudüs ne olduğu belirsiz bir paşa tarafından yönetilen

---

* Arnavutlar bir daha Kudüs'ü alamasa da Mısır'ı, önce hıdiv (resmî olarak Osmanlı paşası ama aslında bağımsız) daha sonra Mısır sultanı ve nihayet kral olarak, bir asır daha yönettiler. Mehmet Ali bunayınca İbrahim onun naibi oldu ama 1848'de babasından önce öldü. Arnavut hanedanının son temsilcisi Kral Faruk 1952'de devrildi.

bir harabeden süslü ve mücevherli asilzadelerin gezindiği bir şehir haline geldi. On üçüncü yüzyıldan beri bir Latin patrik olmamıştı ve Ortodoks patriği de uzun zamandan beridir İstanbul'da ikamet etmekteydi ama Fransızlar ve Ruslar onun Kudüs'e dönmesini istediler. Kudüs'te yedi Avrupa büyükelçisi bulunuyordu ve emperyalist tutkularını temsil eden bu adamlar gösteriş yapmak için ele geçirdikleri hiçbir fırsatı kaçırmadılar. Uzun boylu, parlak üniformalı, kılıç taşıyan muhafızların refakatinde ellerinde altın asalarla sokaklarda dolaşan elçiler Osmanlı valilerine sahip oldukları kudreti göstermekten çekinmezken Osmanlı askerleri bile onların varlığından çekiniyordu. Avusturya ve Sardunya elçileri daha da şatafatlıydı çünkü kralları Kudüs kralı olduklarını da iddia etmekteydiler. Yine de İngiliz ve Fransızlardan daha kibirlisini ve sinir bozucusunu bulmak zordu.

1845'te Young'ın yerine yirmi yıl boyunca en az Osmanlı paşaları kadar iktidar sahibi olan James Finn geldi ve bu kendini beğenmiş adam, İngiliz lordları ve Osmanlı paşalarından yabancı diplomatlara kadar herkesi kendinden nefret ettirmeyi başardı. Londra'dan gelen emirlere aldırmadan Rus Yahudilere İngiliz himayesi vaat etti ve onları Hristiyan yapmaya çalışmaktan da hiç vazgeçmedi. Osmanlılar yabancıların arazi satın almalarına izin verdiği zaman Finn, Talbieh'te bir çiftlik alıp oraya yatırım yaptı. Daha sonra parasının Cheltehamlı Bayan Cook tarafından verildiği ve vefakâr İngiliz bayanların gözetiminde Yahudilerin dürüst yaşayarak Hristiyanlığa daha da yaklaşacaklarını düşündükleri İbrahim'in Asma Bahçesi'ni satın aldı.

Finn kendisini, İmparatorluk büyükelçisi, aziz bir misyoner ve arazi sahibi karışımı bir şey olarak görüyor ve kaynağı ne olduğu belirsiz büyük miktarda paralarla hiç durmadan arazi ve ev satın alıyordu. O ve diğer bir fanatik evanjelist olan karısı akıcı İbranice ve yaygın olarak konuşulan Ladino öğrenmişti. Bir taraftan Kudüs'teki baskı altındaki Yahudileri koruyorlardı. Diğer taraftan ise onları din değiştirmeye zorlayarak Yahudi direncini daha da körüklüyorlardı. Finn, Mende Digness adında bir çocuğu Hristiyan yaptığı zaman ortalık karıştı ve "Yahudiler teraslara tırmanıp büyük patırtı kopardılar." Finn hahamlara "fanatik," dese de Yahudilerin taciz edildiğini duyan İngiltere'deki kudretli Montefiore, Yahudi Cemiyeti'nin faaliyetlerini kısıtlamak için Kudüs'e Yahudi bir doktor ve eczacı gönderdi ve onlar da Yahudi mahallesinin kıyısında bir hastane açtılar.

1847'de bir Yahudi gencin attığı taş bir Hristiyan Arap çocuğun ayağına geldi. Geleneksel olarak en Yahudi karşıtı topluluk olan Yunan Ortodokslar, Müslüman müftü ve kadının da desteğini alarak, Yahudileri, Hamursuz Bayramı'nda pişirecekleri kurabiyelere katmak için Hristiyanlardan kan almaya çalışmakla suçladılar:

kan iftirası Kudüs'e de sıçramıştı ama Şam meselesinden sonra Montefiore'nin çabalarıyla sultanın aldığı yasak kararı esas teşkil etti.[10]

Bu arada diplomatlar arasına belki de Amerikan tarihinde görülmüş en sıra dışı büyükelçi de katıldı. Kudüs'ü ziyaret eden Vanity Fair'in yazarı William Thackeray şöyle yazmıştı: "Herhangi bir devletin bu tarihe kadar böylesine garip bir büyükelçi atadığını zannetmiyorum."

WARDER CRESSON, ABD BÜYÜKELÇİSİ: AMERİKALI KUTSAL YABANCI

4 Ekim 1844'te Warder Cresson, ABD'nin Suriye ve Kudüs büyükelçisi olarak Kudüs'e geldi – bu göreve getirilmesinin asıl nedeni 1847 yılında İsa'nın geleceğinden emin olmasıydı. Cresson, Avrupalı diplomatların genel kibrini bir üst seviyeye taşıdı: Kudüs'te "Walter Scott'un romanındaki şövalye ve paladinleri andıran küçük bir Amerikan ordusuyla dolaştı" – "gümüş topuzları güneş altında parlayan bir Arap ve iki yeniçerinin liderliğindeki silahlı ve ışıl ışıl atlılar."

Cresson, paşayla yaptığı görüşmede yaklaşan Kıyamet ve Yahudilerin dönüşüyle ilgili geldiğini açıkladı. Philadelphialı arazi sahibi Zengin Quakerların oğlu olan Cresson yirmi yılını bir kıyamet tarikatından diğerine gezerek harcamıştı: Cresson, Tüm Dünyanın Neşe Kaynağı Kudüs adındaki manifestosunu yazıp karısı ve altı çocuğunu terk ettikten sonra Dışişleri Bakanı Calhoun'u kendisini büyükelçi olarak atamaya ikna etti: "Gerçeği takip edebilmek için benim için önemli olan her şeyi terk ettim." Diplomatları çok geçmeden Amerikan başkanı John Tyler'a onun ilk Kudüs büyükelçisinin "dindar bir manyak ve ruh hastası," olduğunu bildirdiler ama Cresson çoktan Kudüs'e varmıştı. Ayrıca kıyamete dair görüşlerinde yalnız da değildi: O, çağının tipik bir Amerikalısıydı.

Seküler olan Amerikan Anayasası, İsa'dan bahsetmemeye özen göstermiş ve din ile devleti ayırmıştı ama Devlet Mührü'nde, Kurucu Atalar olan Thomas Jefferson ve Ben Franklin, İsrail'in çocuklarını bir bulut ve ateşin önderliğinde Vaat Edilen Topraklar'a götürülürken resmetmişlerdi. Cresson, bu bulut ve ateşin Amerikalıları Kudüs'e nasıl çekebildiğinin bariz bir örneğiydi. Kilise ve devletin ayrılması Amerikan inancını özgür kılmış ve pek çok yeni mezhep ve milenyum kehanetlerinin ortaya çıkmasına neden olmuştu.

İngiliz Püritenlerinin İbrani tutkusunu miras alan ilk Amerikalılar dinî coşkunun Büyük Uyanış'ını yaşamışlardı. Şimdi, on dokuzuncu yüzyılın ikinci yarısında, sınırlardaki evanjelist enerjiyle güdülen İkinci Uyanış yaşanıyordu. 1776'da Amerikalıların yaklaşık yüzde onu kiliseye gidiyordu; 1815'te bu dörtte bire yükseldi;

1914'te ise nüfusun yarısıydı. Onların tutkulu Protestanlıklarının karakteri de Amerikalıydı – dayanıklı, taşkın ve maceracı. Doğru davranışlar ve samimi bir inançla kişinin kendini kurtarıp İkinci Gelişi hızlandırabileceğine inanıyorlardı. Amerika'nın kendisi millet kılığına girmiş bir misyondu ve Tanrı tarafından kutsanmıştı – Shaftesbury ve İngiliz Anglikanlarının İngiliz İmparatorluğu'na bakışından farklı değildi.

Vaizler tek atla çekilen minik ahşap kiliseleriyle maden kasabaları, çiftlikler ve sanayi şehirleriyle Yeni Vaat Olunan Topraklar olan Amerika'da gezerek geçmişin İncil hikâyelerini okudular. Kudüs'teki İncil arkeolojisinin kurucusu olan evanjelist akademisyen Dr. Edward Robinson, "İncil'in daha iyi bilindiği bir ülke daha yoktur," demişti. İlk Amerikan misyonerleri Amerikan yerlilerinin İsrail'in kayıp kabilesi olduğunu zannetmiş ve her Hristiyan'ın Kudüs'te sevap işleyerek Yahudilerin geri dönmesine yardım etmesi gerektiğini düşünmüşlerdi. ABD'nin ikinci başkanı John Adams, "Yahudilerin tekrar Yahudiye'de bağımsız bir devlet kurmalarını gerçekten istiyorum," demişti. 1819'da iki genç misyoner Boston'da bunu uygulamaya kalkıştılar: Boston'daki Levi Parsons, "Tüm gözler dünyanın merkezine, Kudüs'e çevrildi," dedi. Pliny Fisk şunları söylerken cemaat gözyaşı döktü: "Ruhum Kudüs'e bağlıdır." Kudüs'e gittiler ve doğudaki erken ölümleri diğerlerinin cesaretini kırmadı çünkü 1834 ihtilali sırasında karısı orada ölen Amerikalı misyoner William Thomson'a göre, "Kudüs tüm Hristiyan dünyasının ortak malıydı."

Büyükelçi Cresson bu kehanetlerin tümüne inanıyordu: kendisi bir shaker, bir Millerite, bir Mormon, bir Campbellite olmuş ve daha sonra Pennsylvania'daki bir haham onu Yahudilerin geri dönmesiyle İkinci Geliş'in mümkün olduğuna ikna etmişti.* Kudüs'e ilk gidenlerden birisi Harriet Livermore'du. New England kongre üyelerinin kızı ve torunu olarak 1837'de, İsrail'in Kayıp Kabileleri olduğu için kendileriyle Siyon'a geri gelmeleri gereken Siyu ve Çayenlere yıllarca vaaz verdikten sonra, yola çıktı. Yabancı Hacılar mezhebini kurmak için Siyon dağında odalar kiraladı çünkü 1847'de Kıyamet'in kopmasını bekliyordu – ama Kıyamet kopmadı ve onun sonu da Kudüs sokaklarında dilenmek oldu. Aynı tarihlerde Son Gün Azizleri'nin –Mormon– peygamberi Joseph Smith havarisini Kudüs'e

---

* William Miller yeni Amerikalı peygamberlerin en ünlülerinden biriydi. Massachusettsli eski bir subay olan Miller, İsa'nın 1843 yılında Kudüs'e geri döneceğini hesaplamıştı: 100.000 Amerikalı Millerite oldu. Daniel 8.14'teki "tapınak iki bin üç yüzüncü günde temizlenecek," cümlesini bir İncil gününün bir yıla denk olduğunu söyleyerek değiştirdi. Böylece Miller, Pers Kralı Artaxerxes'in Tapınak'ı yeniden inşa ettiği yıl olduğuna inandığı M.Ö. 457 yılından yola çıkarak, 1843'ü elde etmiş oluyordu. O yıl hiçbir şey olmayınca bu sefer 1844 dedi. Miller'a bağlı kiliseler olan Yedinci Gün Adventistleri ve Yehova Şahitleri'nin hâlâ dünya çapında on dört milyon üyesi bulunmaktadır.

gönderdi: Olivet'te bir sunak inşa etti ve "Kudüs başkentli İsrail'in kurulması için" hazırlıklara başladı.

Cresson'un ABD büyükelçisi olduğu tarihe kadar artan sayıda Amerikan evanjelisti Ahir Zaman'a hazırlık için Kudüs'ü ziyaret etmeye başlamıştı bile. Amerikan hükümeti nihayetinde onun görevine son verdi ama o sonraki yıllarda da Yahudilere koruma vermeye devam etti ve adını Michael Boaz Israel olarak değiştirerek Yahudi oldu. Uzun zaman önce terk ettiği karısının artık canına tak etti. Karısı Cresson'ı mahkemeye verip onun deli, sokaklarda silahla dolaşan, beş parasız, tarikatçı, Yahudi Tapınağı'nı tekrar kurma planları ve cinsel sapıklıkları olan bir adam olduğunu söyledi. Cresson, Philadelphia'daki mahkeme için Kudüs'ten geri geldi çünkü Bayan Cresson, Jefferson anayasasının temeli olan Amerikan vatandaşlarının dilediği şeye inanma hakkına karşı çıkıyordu.

Duruşmada Cresson'un deli olduğu anlaşıldı ama başvurup yeniden yargılanma hakkı elde etti. Bayan Cresson "ya Kurtarıcısını ya da kocasını reddedecekti" ve adam da "Ya tek Tanrı'yı ya da karısını" reddetmek zorundaydı. Kadın ikinci mahkemeyi kaybetti, Amerikalıların inanç özgürlüğü teyit edildi ve Cresson, Kudüs'e geri döndü. Şehir yakınlarında Yahudi tarzı bir çiftlik kurdu, Tevrat öğrendi, Amerikalı karısından boşanıp bir Yahudiyle evlendi ve bu zaman zarfında da Davud'un Anahtarı adlı kitabını tamamladı. Yerel Yahudiler tarafından "Amerikalı Kutsal Yabancı" olarak adlandırıldı. Öldüğünde Zeytin Dağı'ndaki Yahudi mezarlığına defnedildi.

Kudüs, kıyameti bekleyen Amerikalılarla dolup taşıyordu ve Amerikan Delilik Dergisi bu durumu ikinci bir Altına Hücum'a benzetmişti. Herman Melville geldiğinde Amerikalı milenyumcu Hristiyanlardan "hem etkilenmiş hem de rahatsız olmuştu" – Beyrut'taki elçi Dışişleri Bakanlığı'na, "Bu Yahudi manyaklığı yarı melankoli yarı komedidir. Aklını yitiren ya da huzuru kaçan tüm Amerikalılar buraya gelirse ne yapabilirim?" diye sormuştu. "Kudüs'e kafalarında bazı garip fikirlerle gelen kişiler İsa'nın bu yıl geleceğinden eminler." Ama Melville dünyanın gidişatını değiştirecek büyüklükteki bu tür umutların gerçekleşmesinin imkânsızlığını biliyordu: "Hiçbir ülke Filistin, özellikle de Kudüs kadar romantik hayalleri söndürme konusunda etkili olamaz. Kimileri öyle bir hüsrana uğruyor ki yıkılıyorlar."[11]

Kudüs, Amerikalı ve İngiliz evanjelist İkinci Geliş inancı için elzem olan bir yerdi. Yine de onların bu tutkusu Rusya'nın Kudüs takıntısı yanında sönük kalıyordu. İngiliz ziyaretçi William Thackeray'in ifadesiyle Rusya'nın 1840 sonlarındaki saldırganlığı "Kudüs'ü gelmiş ve gelecek dünya tarihinin merkezine koyarken" bir Avrupa savaşının da fitilini ateşleyecekti.

AVRUPA'NIN JANDARMASI VE KUTSAL KABİR'DE ÇATIŞMA: RUS TANRISI KUDÜS'TE

Paskalya'dan önceki cuma günü, 10 Nisan 1846'da, Osmanlı valisi ve askerleri Kilise'de tetikte beklemekteydiler. O yıl sıra dışı bir şekilde Ortodoks ve Katolik Paskalyaları aynı güne denk gelmişti. Keşişler sadece tütsü yakmıyorlardı: Gizlice tabanca ve hançer alıp onları yastıkların ve cübbelerinin altında saklamışlardı. Önce kim dua edecekti? Yunanlılar Calvary sunağı üzerine sunak örtülerini örterek yarışı kazandılar. Katolikler kıl payı kaçırmışlardı. Yunanlılara itiraz ettiler: Sultandan izin almışlar mıydı? Yunanlılar da Katoliklere itiraz ettiler – onların ilk dua etmelerini söyleyen sultanın fermanı neredeydi? Çıkmaza girmişlerdi. Parmaklar kıyafetlerinin altındaki silahların tetiğine gitti. Bir anda iki taraf da bulabildikleri tüm silahlarla birbirlerine girdiler: haçlar, şamdanlar ve lambalar çok geçmeden yerini bıçak ve tabancalara bıraktı. Osmanlı askerleri çatışmayı durdurmak için gelene kadar içlerinden kırk tanesi öldü.

Bu cinayetler tüm dünyada yankılanmış ama en çok St. Petersburg ve Paris'ten ses getirmişti: Saldırganların bu cüreti sahip oldukları inançtan ziyade onları destekleyen İmparatorlukların kudretinden geliyordu. Yeni demir yolları ve buharlı gemiler Avrupa'dan Kudüs'e, özellikle de Odesa'dan Yafa'ya, gidişi kolaylaştırmıştı: 20.000 hacının büyük bölümü Rus'tu. Bir Fransız keşiş normal bir yılda 4000 Yılbaşı hacısından sadece dördünün Katolik kalanlarınsa Rus olduğunu söylemişti. Rusların bölgeye duyduğu bu hayranlık Sibirya'nın en ücra köyündeki en fakir köylüden en tepedeki Çar I. Nicholas'a kadar herkes tarafından paylaşılıyordu.

1453 yılında Konstantinopolis düştüğünde Moskova prensleri kendilerini son Bizans İmparatoru'nun vârisi ve Moskova'yı da Üçüncü Roma ilan ettiler. Prensler Bizans'ın çift başlı kartalını ve yeni Çar –Sezar– unvanını kullanmaya başladılar. Müslüman Kırım hanları ve daha sonra Osmanlı sultanlarına karşı sürdükleri savaşlarda çarlar Kutsal bir Ortodoks haçlı seferi yürüttüklerini söylediler. Rusya'da Ortodoksluk Rusya'ya özgü şekilde farklı olarak gelişti çarlar ve köylü münzeviler tarafından ülkenin geniş topraklarına yayıldı. Rusya'nın soğan kubbeli kiliselerinin Kudüs resimlerindekilerini taklit etmek için yapıldığı söylenir. Hatta Rusya kendi minik Kudüs'ünü bile inşa etti* ama her Rus Kudüs'e hacca gitmenin ölüme hazırlık ve selametin önemli bir parçası olduğuna inanıyordu. Rusya'nın ruhunun

* 1656'da Patrik Nikon, Moskova yakınlarındaki Istra'da, Rus Ortodoksluğu ve Otokrasinin evrensel misyonunu teşvik etmek için, Yeni Kudüs Manastırı'nı inşa etti. Merkezi, Kudüs'teki gerçek Kutsal Kabir'in bir kopyasıdır ve aslı 1808'de yangında yok olduğu için de büyük önem taşımaktadır. 1818'de I. Nicholas tahta çıkmadan evvel Yeni Kudüs'ü ziyaret etti ve restore edilmesini emretti. Bina, Naziler yüzünden hasara uğrasa da tekrar restore edildi.

şekil bulmuş hali olan şair Alexander Puşkin 1836'da bir düelloda ölmeden kısa süre önce bunu şöyle ifade etti: "Kudüs hepimizin beşiği değil midir?"

Tutucu, Yahudi karşıtı ve sanattan anlamaz bir adam olan Nicholas (kendini Puşkin'in yaptıklarını sansürlemeye adamıştı) kendisini sadece "Rus Tanrısına karşı" sorumlu görüyordu ve Rusya ona "Tanrı'nın emanetiydi." Askeri ranzada yatmakla övünen bu adam Rusya'yı bir talim öğretmeni gibi idare etti. Mavi gözlü genç bir adam olan Nicholas, İngiliz sosyetesini kendisine hayran bırakmış ve kadınlardan biri onun için, "Avrupa'nın en yakışıklı adamı," demişti. 1840'larda saçı dökülürken göbeği de dar üniformasından çıkmaya başladı. Otuz yıllık mutlu –ve olaylı– bir evliliğin ardından genç bir kadını metres tuttu. Rusya'nın muhteşem gücüne rağmen hem kişisel hem de siyasi olarak iktidarsızlıktan korkuyordu.

Yıllarca kişisel cazibesini "Avrupa'nın hasta adamı" dediği Osmanlı İmparatorluğu'nun parçalanmasına İngiltere'yi ikna edebilmek için kullandı. Bu sayede Balkanlardaki Ortodoksları kurtarmak ve Kudüs'ün hamisi olmak istiyordu. Ama İngilizler yanaşmadı. Yirmi beş yıllık otokrasi onu uyuşturup sabrını tüketti: Keskin zekâlı Kraliçe Victoria, "Çok zeki ve onun ve düşünce tarzının medeni olmadığını söyleyemem," demişti.

Kudüs'te sokaklar, prens ve generallerin giydiği, Rus üniformalarının sırmaları ve apoletleriyle parlarken koyun derisinden kıyafetler giymiş köylü hacılarla da dolup taşıyordu. Bu hacıları teşvik eden Nicholas Avrupalılarla rekabet edebilmek için de bir kilise misyonu kurdu. İngiliz elçiliği Londra'yı "Rusların Paskalya sırasında bir gece sur içinde 10.000 hacıyı silahlandırıp Kudüs'ü ele geçirebileceği" konusunda uyardı. Bu arada Fransızlar da Katolikleri koruma peşindeydiler. 1844'te büyükelçi Finn şöyle bildirdi: "Kudüs şu anda Fransa ve Rusya siyasetinin merkezine yerleşmiştir."

GOGOL: KUDÜS SENDROMU

Rus hacılarının tamamı asker ya da köylü olmadığı gibi tamamı da aradığı selameti bulabilmiş değildi. 23 Şubat 1848'de bir Rus hacı tipik dinî şevk ve sıra dışı kusurlu dehasıyla Kudüs'e girdi. Müfettiş-General oyunu ve Ölü Ruhlar romanıyla şöhret bulan romancı Nikolay Gogol manevi huzur ve ilahi bir ilham bulabilmek için eşek üzerinde şehre geldi. Ölü Ruhları üç kitap olarak düşünmüştü ama ikinci ve üçüncü bölümleri yazmakta zorlanıyordu. Tanrı günahlarından dolayı onu cezalandırıp yazma yeteneğine mani oluyordu. Bir Rus olarak onun için tek bir kefaret mekânı vardı: "Kudüs'e gidene kadar hiç kimseye teselli edecek tek kelime bile edemiyorum," diye yazdı.

Ziyaret tam bir felaket oldu: pis ve bayağı bulduğu Kutsal Kabir'in yanında dua etmek için tek gece geçirdi. "Aklımı başıma toplama fırsatı bulamadan her şey bitmişti." Kutsal mekânların cırtlak süslülüğü ve tepelerin kuraklığı onu mahvetmişti: "Kendimi hiç Kudüs'te ve sonrasında olduğum kadar kötü hissetmedim." Döndüğünde Kudüs hakkında konuşmayı reddetti ama etkisi altında kaldığı bir rahip onu eserlerinin günah olduğuna ikna etmeyi başardı. Gogol telaşla tüm el yazmalarını yok edip sonra kendisini açlıktan ölmeye mahkûm etti –ya da en azından komaya– çünkü yirminci yüzyılda tabutu açıldığında vücudu yüzükoyun halde bulundu.

Önceden Kudüs "humması" denen ve 1930'larda "Kudüs sendromu" olarak kabul edilen delilik türü "Kudüs'teki mukaddes mekânların yakınında olmanın tetiklediği dinî heyecana bağlı psikotik bir kifayetsizliktir." 2000 yılında İngiliz Psikiyatri Dergisi bu çılgın hayal kırıklığını şöyle tanımladı: "Kudüs Sendromu Alt Grup İki: Kudüs'ün iyileştirici kudretine dair uçuk hayallere kapılıp gelenler – yazar Gogol gibi."[12]

Bir açıdan Nicholas da kendi Kudüs sendromundan mustaripti. Sülalesinde deliler vardı: Fransa'nın St. Petersburg büyükelçisi, "Yıllar geçtikçe Babası Paul'ün nitelikleri onda da görülmeye başlandı," diye yazmıştı. Deli Paul (dedesi III. Peter gibi) suikasta uğramıştı. Nicholas deli değilse bile babasının aşırı kendi güvenme hastalığının belirtilerini göstermeye başlamıştı. 1848'de Kudüs'e hacca gitmeye niyetlendi ama Avrupa'da isyanlar patlak verince vazgeçti. Komşusu Habsburg İmparatoru'na rağmen Macar isyanını ezdi: "Avrupa'nın Jandarması" olmak hoşuna gitmişti ama Nicholas, Fransız elçisinin yazdığına göre, "Moskof milletinin dalkavukluk, başarı ve dinî ön yargılarıyla şımarmıştı."

31 Ekim 1847'de Beytüllahim'deki İsa'nın Doğuşu Kilisesi'nin grottosunun mermer zemini üzerindeki gümüş yıldız sökülüp çalındı. Yıldız on sekizinci yüzyılda Fransızlar tarafından verilmişti; şimdi de Yunanlılar tarafından çalındığı açıktı. Keşişler Beytüllahim'de birbirine girdi. İstanbul'da Fransızlar Beytüllahim yıldızını yenileme ve Kudüs'teki Kilise'nin çatısını tamir etme hakkının kendilerine ait olduğunu iddia ettiler; Ruslarsa bu hakkın onlara ait olduğunda ısrar etti; iki taraf da on sekizinci yüzyıl anlaşmalarına müracaat ettiler. Sonunda olay iki İmparatorun düellosu haline geldi.

1851 Aralık ayında Fransız cumhurbaşkanı Louis-Napoleon Bonaparte, büyük Napolyon'un yavan ama siyasi açıdan esnek yeğeni, bir askerî darbeyle ikinci Cumhuriyeti devirdi ve İmparator III. Napoleon olarak tahta çıkmak için hazırlıklara başladı. Cilalı bıyıklı bu kadın düşkünü maceracı, koca kafalı ve küçük gövdeliydi, bir açıdan ilk modern siyasetçi sayılırdı ve yeni ve kırılgan İmparatorluğunun ayakta durabilmek için Katolik itibarı ve bir yerlerde kazanılacak bir zafere ihtiyaç duyduğunu biliyordu. Diğer taraftan Nicholas bu krizi "Rus Tanrısı'nın" kutsal topraklarını koruyan kişi olabilmek için büyük bir fırsat olarak görmüştü. Bu iki farklı İmparator için bu dünyada da diğerinde de bahtiyar olmanın yolu Kudüs'ten geçiyordu.

JAMES FINN VE KIRIM SAVAŞI:
ÖLDÜRÜLEN EVANJELİSTLER VE YAĞMACI BEDEVİLER

Fransa ve Rusya arasında kalan sultan 8 Şubat 1852'de yayınladığı fermanla Kilise'de Ortodoks hâkimiyetini kabul edip Katoliklere de bazı imtiyazlar vererek ortamı yatıştırmaya çalıştı. Ama Fransızlar da en az Ruslar kadar bu işi kafaya takmışlardı. İddialarını büyük Napolyon'un işgaline, Muhteşem Süleyman'la yapılan ittifaka, Kudüs'teki Frank haçlılarına ve Şarlman'a kadar geri götürdüler. III. Napoleon'un Osmanlıları tehdit etmek için Charlemagne adında bir gambot göndermesi tesadüf değildir. Kasım ayında sultan geri adım atıp kilisedeki üstünlüğü Katoliklere devretti. Nicholas köpürdü. Kudüs'teki Ortodoks haklarının iadesini ve Rusya'yı Osmanlı İmparatorluğu'nun hamisi konumuna getirecek bir ittifak teklif etti.

Nicholas'ın tehditkâr talepleri reddedilince Ruslar, Tuna'daki Osmanlı topraklarını –Romanya– işgal edip İstanbul'a doğru ilerlemeye başladı. Nicholas kendisini, ne Kudüs'ü ne İstanbul'u ele geçirmek gibi bir niyeti olmadığını söyleyerek, İngilizleri anlaşmaya ikna ettiğine inandırdı ama hem Londra'yı hem de Paris'i çok yanlış anlamak gibi bir hata yapmıştı. Rus tehdidi ve Osmanlıların çöküşüyle karşı karşıya gelen İngiliz ve Fransızlar savaş tehdidinde bulundular. Nicholas blöfünü sürdürmeye devam etti çünkü "Kutsal Haç'ın sancağı altında sadece Hristiyanlığa hizmet etmek için savaşıyordu." 28 Mart 1853'te Fransa ve İngiltere, Rusya'ya savaş ilan etti. Savaşın çoğu Kırım'da geçse de bu savaş Kudüs'ü dünya sahnesinin merkezine taşıdı ve o gün bugün de orada kalmaya devam etti.*

Kudüs garnizonu Ruslarla savaşmak için yola çıktığında James Finn onları Yafa Kapısı yakınlarındaki Maidan resmigeçit alanında izledi: "Süngülerini takmış halde yürürlerken Suriye güneşi hareket eden çeliklerde parlıyorlardı." Finn "her şeyin özünün onlarla birlikte Kutsal Topraklar'da bulunduğu" ve Nicholas'ın "hâlâ Kudüs'teki mabetleri ele geçirmenin peşinde olduğunu" unutmuyordu.

---

* Kırım Savaşı'nda bir kez daha Yahudilerin silahlandırılması denendi. Eylül 1855'te Leh şair Adam Mickiewicz, Ruslara karşı, Osmanlı Kazakları olarak bilinen Lehistan kuvvetlerini teşkilatlandırmak için İstanbul'a geldi. Bu birliklere Rus, Leh ve Filistin Yahudileri arasından seçilen İsrail Hussarları da dâhildi. Mickiewicz üç ay sonra öldü ve Hussarlar savaşa katılma fırsatı elde edemediler.

Her zamanki dindar Rusların yerini bir Avrupa Savaşı'nın çıkmasına neden olan kutsal mekânları görmek için Kudüs'e akın eden yeni bir tür şüpheci Batılı ziyaretçi türü aldı -1856'ya gelindiğinde yılda 10.000 tane. Yine de Kudüs'e gidebilmek hâlâ başlı başına bir maceraydı. Hâlâ araba yoktu ve sadece üstü kapalı tahtırevanlar vardı. Şehirde otel ya da banka yoktu: Ziyaretçiler içlerinde en konforlusu geniş avlulara sahip Ermeni manastırları olan manastırlarda kalırlardı. 1843 yılında Menachem Mendel adında bir Rus Yahudi ilk oteli kurdu, bunu Kaminitz bir İngiliz oteli kurarak takip etti; 1848'de Sefarad bir aile olan Valerolar, Davud Sokağı'nda ilk bankayı açtı. Burası hâlâ bir Osmanlı şehriydi ve genelde de Tapınak Dağı'nın kuzeyindeki köhne bir sarayda –ikametgâh, harem ve hapishane– oturan bir paşa tarafından yönetiliyordu.* Finn, Batılıların "bu sarayın perişan haline hep hayret ettiklerini" ve pis cariyeler ve "pespaye memurlardan" çok rahatsız olduklarını yazmıştı. Ziyaretçiler paşayla kahve içerken aşağıdaki zindandan gelen mahkûmların zincir şakırtıları ve işkence görenlerin iniltilerini duyarlardı. Savaş sırasında paşa Kudüs'te huzuru tesis etmeye çalıştı –ama Yunan Ortodoks keşişler yeni atanan Katolik patriğe saldırdılar ve develeri onun evine sürdüler. İşte pek çok büyük yazar uğruna binlerce askerin canını verdiği kutsal mekânları görmeye geldiği zaman bu türden şeylere şahit oluyordu. Hiç de etkilenmemişlerdi.

YAZARLAR: MELVILLE, FLAUBERT VE THACKERAY

O tarihte otuz yedi yaşında olan Herman Melville, Pasifik hakkında yazdığı üç nefes kesen romanıyla ünlü olmuştu ama 1851 yılında yayınlanan Moby Dick sadece 3000 satmıştı. Gogol'dan pek bir farkı olmayan melankolik ve azap içerisindeki yazar sağlığına tekrar kavuşabilmek –ve Tanrı'nın doğasını araştırabilmek – için 1856 yılında Kudüs'e geldi. "Hedefim –zihnimi Kudüs'ün atmosferiyle doyurmak, pasif bir birey olan kendime onun garip izlenimlerine sunmaktır" – ayrıca Kudüs'ün harap hali onu etkilemiş, "ıssızlığın yalın çıplaklığı" onu büyülemişti. Daha önce de gördüğümüz gibi pek çok aklını kaçırmış Amerikalının Yahudi tutkusunun fanatik enerjisi ve ruhundan etkilenmişti. Clarel'i yazmasında ona ilham kaynağı oldular -18.000 satırlık en uzun Amerikan şiiridir ve geri döndüğünde ABD gümrüğünde çalışırken yazmıştır.

Melville yaşadığı edebi hüsrana Doğu'da derman arayan tek yazar değildi: Fransız hükümeti tarafından ticaret ve tarım hakkında bilgi sahibi olması için

* Osmanlı valileri Nasir Muhammet'in Memlûk emirlerinin Hirodes'in Antonia Kalesi ve Via Dolorosa'nın ilk istasyonu olan yerde yaptırdığı el-Jawailiyya'da otururlardı. Haçlı idaresinde Templarlar oraya bir şapel yaptılar ve kubbeli girişinin bir bölümü 1920'lere kadar ayaktaydı. Bugün orada modern bir okul bulunmaktadır.

görevlendirilen Gustave Flaubert, zengin arkadaşı Maxime du Camp'la birlikte, ilk romanına verilen tepkilerin etkisini atlatabilmek için kültürel ve erotik bir tura çıktı. Kudüs'ün "eski dinlerin güneş altında çürüdüğü surlarla çevrili bir ölüler şehri" olduğunu gördü. Kiliseyle ilgili de, "Bir köpek bile benden daha fazla etkilenirdi. Ermeniler, Kıptilerden iğrenen Latinlerden nefret eden Yunanlılara küfrediyorlar," dedi. Melville, "Kilisenin yarı yıkık ve ölüm kokan bir enkaz," olduğunu söyledi ama savaşların "dolu haber odaları ve Kudüs'teki teoloji takasları" olarak adlandırdığı şey için çıkmakta olduğunu da anlamıştı.*

Manastır sakinlerinin arasındaki kavga dövüş Kudüs'teki şiddetin sadece bir yönüydü. Yeni ziyaretçiler arasındaki gerginlikler –bir tarafta Anglo-Amerikan evanjelistler, Rus Yahudileri ve Ortodoks köylüler diğer tarafta ise Osmanlılar, Arap aileler, Sefarad Yahudileri, Bedeviler ve fellahinler– kimi zaman cinayetlere bile neden oluyordu. James Finn'in evanjelist kadınlarından biri olan Mathilda Creasy kafası parçalanmış halde bulundu; bir kuyuda da bıçaklanmış bir Yahudi cesedi buldular. Zengin haham David Herschell'in zehirlenmesi ortalığı karıştırsa da hahamın kendi torunları olan zanlılar delil yetersizliğinden serbest bırakıldı. İngiliz konsolosu James Finn, Osmanlıların İngiltere'ye çok fazla borcu olduğundan dolayı, Kudüs'teki en etkili resmî görevliydi ve uygun gördüğü zaman dilediği duruma müdahale edebiliyordu. Kendisini Kutsal Şehir'in Sherlock Holmes'u zannederek tüm suçları incelemeye koyuldu ama tüm tespit yeteneğine (ve altı Afrikalı nekromansinin yardımına) rağmen hiçbir katili bulamadı.

Finn ilham verici olduğu kadar dinlerini değiştirmeye çalıştığı için Yahudileri de huzursuz eden bir adamdı. Durumları gittikçe kötüye gidiyordu. Thackeray "Yahudilerin çoğu berbat haldeki Yahudi mahallesinde pislik içinde yaşıyor" ve onların "şehirlerinin kaybolan ihtişamına tuttukları ağıtlar" Cuma geceleri Kudüs'te yankılanıyor diye yazmıştı. Karl Marx, Nisan 1854'te New York Daily Tribune'de, "Kudüsteki Yahudilerin sefaletine denk bir sefillik görülmemiştir. Çoğu pis mahallelerde sürekli Müslüman baskısı, Yunan hakareti ve Latin zulmü altında yaşıyorlar," diye yazdı. Finn'in bildirdiğine göre Kutsal Kabir Kilisesi'ne giden kapıdan geçen bir Yahudi "hacılar tarafından dövülmüştü" çünkü Yahudilerin oradan geçmesi yasaktı. Bir diğeri bir Osmanlı askeri tarafından süngülendi. Bir Yahudi cenazesi Arapların saldırısına uğradı. Bu olayların tümünde Finn Osmanlı valisinin tepesine çöküp onu müdahale etmeye ve İngiliz adaletinin tecelli etmesine zorlamıştı.

---

* Bu yazarlar doğu gezginlerinin bir âdetini devam ettirmekteydiler. 1800 ve 1875 arasına Kudüs hakkında İngilizce 5000 kitap basıldı. Bu eserlerin çoğu birbirinin benzeridir. Ya evanjelistler İncil hikayelerini tekrar tekrar anlatmış ya da gezginler Osmanlı beceriksizliği, Yahudi sızlanmaları, Arap basitliği ve Ortodoks kabalığıyla dalga geçmiştir. Daha sonra Kırım Savaşı'ndan da bahsedecek olan Alexander Kinglake'in Eothen'i bunlar arasında en iyisidir.

Paşa daha ziyade asi Filistin Araplarını kontrol etmekle daha ilgiliydi çünkü onların başkaldırılarının bir nedeni de Osmanlı'nın merkezileşme reformlarına gösterdikleri tepkiydi ve bu Araplar her fırsat bulduklarında Kudüs surlarının dışında birbirleriyle savaşmaya başlarlardı. Bu heyecan verici sahneler Avrupalılar için sergilenen Vahşi Batı oyunlarından farklı değildi ve surların üzerine toplanıp izledikleri bu çatışmalar onlara spor etkinliklerini hatırlatıyor olmalıydı – arada birbirlerinin ölmesi de heyecanı artırıyordu.

YAZARLAR: DAVID DORR, TURA ÇIKAN AMERİKALI KÖLE

Finn ailesi Yahudileri, Hristiyan yapmak için kurdukları Talbieh evanjelist çiftliğinde sıklıkla kendilerini iki ateş arasında buldular. Kurşunlar uçuşurken Bayan Finn savaşçılar arasında kadınları da görerek hayran oldu. Şeyhler arasındaki barışı temin etmek için elinden geleni yaptı. Ama Bedeviler sorunun sadece bir bölümüydü: El Halil ve Ebu Goş şeyhlerinin 500 savaşçıdan oluşan orduları vardı ve Osmanlılarla savaş halindeydiler. Bu şeyhlerden biri yakalanıp zincire vurularak Kudüs'e getirildiğinde kaçmayı başardı ve Arap bir Robin Hood gibi savaşmayı sürdürdü. Sonunda Kudüs'ün yaşlı valisi Hafız Paşa, el Halil derebeyini sindirmek için 550 asker ve iki pirinç sahra topuyla yola çıktı.

Bu tür melodramlara rağmen yaz gecelerinde her inançtan tüm Kudüslüler –Müslüman, Hristiyan Arap ve Sefarad Yahudiler –Şam yolunda piknik yapardı. Amerikalı kâşif Teğmen William Lynch "yüzlerce Yahudi'nin açık havanın tadını çıkardığı, surların dışındaki büyük zeytin ağaçlarının altında oturduğu, kadınların beyaz kıyafetler ve erkeklerin geniş siperli şapkalar giydiği" bu manzarayı izledi. James Finn ve diğer elçiler önlerinde Osmanlı askerleri ve zabitleri olduğu halde eşleriyle birlikte gezintiye çıkarlardı. "Güneş batarken herkes her gece kilitlenen sur kapısından içeri girerdi."

Finn, "Ah Kudüs'ün hüznü," diyerek iç çekmiş ve "diğer yerlerdeki eğlenceye alışık olan kişiler için çok burası kasvetli bir yerdir. Akıllarındakini hemen söylemeleriyle bilinen Fransız ziyaretçiler bile Paris ile Kudüs arasındaki fark karşısında omuz silkmekten başka bir şey yapamamaktadırlar," diye de itiraf etmek zorunda kalmıştı. Seks düşkünü Flaubert'in beklediği görüntü kesinlikle bu değildi ve hayal kırıklığını Yafa Kapısı'nda dile getirdi: "Sanki kıçımdan Voltaireizmle dürtülmüş gibi kapının eşiğinden geçerken osurdum." Seks gurmesi Flaubert, Kudüs'ten kaçışını Beyrut'ta beş kızla yaptığı grup seksle kutladı: "Üç kadınla seviştim ve dört kez boşaldım – üçü öğle yemeğinden önce ve biri de tatlıdan sonra. Young du

Camp sadece bir kez yapabildi, Eflâklı bir orospunun ardından hâlâ kendisini toparlayabilmiş değil."

Sıra dışı bir Amerikalı ziyaretçi ve kendisine "melez" diyen Louisianalı genç bir siyah köle olan David Dorr, Flaubert'le aynı fikirdeydi: sahibiyle çıktığı gezide büyük bir heyecanla Kudüs'e gelmiş ama daha sonra fikri değişmişti: "Bu cahil insanların yaptıkları saçmalıkları duyduğum zaman bu kutsal ölülerin naaşlarına hürmet göstermek yerine onlara gülmek geldi içimden. Kudüs'te geçirdiğim on yedi günün ardından bir daha asla oraya geri dönmek istemiyorum."*

Tüm hoşnutsuzluklarına rağmen yazarlar Kudüs'ten etkilenmeden de edemiyorlardı. Flaubert şehrin "şeytani bir ihtişama sahip" olduğunu söyledi. Thackeray, "Bir vahşetin yaşanmadığı, bir katliamın yapılmadığı, bir ziyaretçinin öldürülmediği ya da kanlı ayinlerle puta tapılmadığı tek bir noktası yoktur," dedi. Melville şehrin "vebadan mustarip heybetine" hayran oldu. Altın Kapı'da durup Yahudi ve Müslüman mezarlıklarına bakan Melville "ölüler ordusu tarafından kuşatılmış bir şehir," görüp kendisine şunu sordu: "Bu ıssızlık Tanrı'nın öldürücü kucaklayışının bir sonucu mu?"[13]

Rus birlikleri Kırım Savaşı'nda yenilgi üzerine yenilgi yaşarken stresten hasta olan Nicholas 18 Şubat 1855'te öldü. Eylül'de Sivastopol'daki Rus deniz üssü İngiliz ve Fransızların eline geçti. Rusya küçük düşürülmüştü. Harekât sırasında iki tarafında askerî beceriksizlikleri 750.000 cana mal olurken yeni Rus İmparatoru II. Alexander barış isteyip Kudüs'le ilgili emperyalist taleplerden vazgeçti ama en azından Kutsal Kabir'de Ortodoksların hâkim bir konumda olmasını sağladı ki bu durum günümüzde de değişmeden devam etmektedir.

14 Nisan 1856'da Hisar topları imzalanan barışı selamladı. Ama on iki gün sonra Kutsal Ateş'e katılan James Finn "sopa, taş, lobutlarla silahlanmış Yunanlıların saklandıkları sütunların arkasından çıkarak ya da balkondan atlayarak"

* Dorr'un genç sahibi, çiftlik sahibi Cornelius Fellowes, Paris'ten Kudüs'e uzanan üç yıllık bir dünya turuna çıkmaya karar verdi. Fellowes zeki ve okuma yazma bilen kölesine şöyle bir teklifte bulundu. Eğer Dorr yolculukta ona hizmet ederse geri döndüğünde onu azat edecekti. Dorr bu yolculukta Paris'teki kadınlardan Kudüs'ün "az sayıdaki kuleleri ve kararmış surlarına" kadar her şeyi kaydetti. Döndüğünde sahibi onu azat etmeyi reddedince o da kuzeye kaçtı ve 1858 yılında *Bir Zenci Bir Melez'le Dünya Turunda* kitabını yayınladı. Amerikan İç Savaşı patlak verdi ve sonrasında da özgürlüğünü kazandı. Savaşı kazanan taraf olan Başkan Abraham Lincoln resmî olarak dindar değildi ama Kudüs'ü ziyaret etmeyi çok istiyordu, belki de gençken Amerika'daki Kudüslerden biri olan Illinois'deki New Salem'da yaşadığı içindi; İncili ezbere bilirdi ve muhtemelen dünya turu sırasında Kudüs'e uğramış olan Dışişleri Bakanı William H. Seward'ın anlattığı hikâyeleri duymuştu. 14 Nisan 1865'te karısıyla birlikte Ford Tiyatrosu'na giderken "Kudüs'e özel bir hac gezisi" teklifinde bulundu. Tiyatroda vurulmadan hemen önce şöyle fısıldadı: "Kudüs'e gitmeyi çok istiyorum." Daha sonra Mary Todd Lincoln onun "Semavi Kudüs'te olduğunu" ilan etti.

Ermenilere saldırışını izledi. "Korkunç bir çatışma başladı. Üst balkonlara taşlar fırlatıldı, lambalar kırıldı ve üzerlerine yağ ve kırık cam parçaları döküldü." Paşa balkondaki tahtından geldiğinde "kafasına bir darbe aldı" ve dışarı taşınmasının ardından askerleri süngü takarak geldiler. Dakikalar sonra Ortodoks patriği Kutsal Ateş'le, heyecan dolu haykırışlar, göğse vuruşlar ve titreyen alevler eşliğinde, ortaya çıktı.

Garnizon Maidan'da resmigeçit yaparak sultanın zaferini kutladı ama işin gülünç yanı, bir zamanlar Asur ve Roma ordugâhlarının kurulduğu yer olan, bu resmigeçit alanını kısa süre sonra II. Alexander Rus tesisini inşa etmek satın alacaktı. Bu tarihten sonra Rusya, Kudüs'te kültürel üstünlük elde etmek için gayret sarf etti.

Osmanlılar için bu acı tatlı bir zaferdi çünkü kendi topraklarını korumak için Hristiyan askerlerinin yardımına muhtaç kalmıştı. Hem minnettarlığını göstermek hem de Batıyı olabildiğince uzak tutabilmek için Abdülmecit, Islahat olarak bilinen reformlara girişerek idareyi merkezileştirdi, dinine bakılmaksızın tüm azınlıklara eşit haklar tanıdı ve Avrupalılara önceden düşünülmeyen her türden özgürlüğü tanıdı. Selahaddin medresesine çevrilmiş Haçlı kilisesi olan Aziz Anne Kilisesi'ni III. Napoleon'a verdi. Mart 1855'te Brabant Dükü, Geleceğin Belçika kralı ve Kongo'nun sömürücüsü II. Leopold, Tapınak Dağı'nı ziyaret etmesine izin verilen ilk Avrupalı oldu. Muhafızları –Darfur'dan gelen lobut taşıyan Sudanlılar – kâfirlere saldırabilirler korkusuyla odalarına kilitlendiler. Haziran'da Habsburg İmparatorluğu'nun vârisi –ve akıbeti kötü olan müstakbel Meksika İmparatoru – Arşidük Maximillan sancak gemisi ve maiyetiyle birlikte geldi. Avrupalılar Kudüs'te çok büyük binalar inşa etmeye başladılar. Osmanlı devlet adamları rahatsız olup Müslümanlar tepki göstermeye başlasa da Kırım Savaşı'ndan sonra Batı, Kudüs'ü terk etmeyecek kadar fazla yatırım yapmaya başlamıştı.

Kırım Savaşı'nın son aylarında Sir Moses Montefiore, Kırım'daki İngiliz askerleri için yapılmış olan, Balaklava demiryolunun raylarını ve trenlerini, Yafa'dan Kudüs'e bir demiryolu inşa etmek için, satın aldı. Kırım zaferinin ardından bir İngiliz plutokratının sahip olabileceği tüm yetki ve debdebeyle ve şehri değiştirme umuduyla Kudüs'e geri geldi.[14]

38

YENİ ŞEHİR

1855-60

MOSES MONTEFIORE: "BU CROESUS"

18 Temmuz 1855'te Montefiore kayıp Tapınak'ı gördüğünde adet olduğu üzere kıyafetlerini parçaladı ve Yafa Kapısı'nın dışında kamp kurunca havaya ateş edip eğlenen binlerce Kudüslü tarafından taciz edildi. Yahudileri Hristiyan yapma planları birbiri ardına başarısız olan James Finn her ne kadar onun otoritesini zayıflatmaya çalışsa da açık fikirli Kâmil Paşa koruma sağlamak için şeref muhafızlarını gönderdi. Montefiore, Tapınak Dağı'nı ziyaret eden ilk Yahudi olduğunda paşa yüz askerle kendisine refakat etti –kendisi de bir tahtırevana oturdu. Böylece, Kutsalların Kutsalı'nda durmadıkları müddetçe, Yahudileri kutsal dağdan men eden kanunu çiğnememiş oluyordu. Hayatının amacı olan Kudüs Yahudilerine yardım etmek kolay iş değildi: Çoğu ancak yardımlarla yaşıyordu ve o kadar öfkeliydiler ki Montefiore onlara sadaka dağıtmaya kalktığında kampında isyan çıkardılar. Maiyetinde olan yeğeni Jemima Sebag, "Eğer bu devam ederse çadırlarımızda güven içinde kalamayız," diye yazdı. Planlarının tümünü gerçekleştirmeyi de başaramadı: Yafa'dan Kudüs'e demiryolu inşa edemedi ama bu Kudüs'ün kaderini değiştiren bir yolculuk oldu. Kudüs'e geliş yolunda sultanı, 1720'de yıkılan, Hurva Sinagoğu'nu tamir etmesi ve daha da önemlisi Yahudileri yerleştirebilmek için Kudüs'te arazi alabilmesi için izin vermeye ikna etmişti. Hurva'nın tamir parasını ödedi ve satın alacak arazi bakmaya başladı.

Melville, Sir Moses Montefiore'yi "bu Croesus" diye tarif etti– "yetmiş beş yaşındaki bu iri adam Joppa'dan katırların çektiği bir sedyede gelmiş." 1.90 boyundaki bu adam yetmiş beş yaşında olmasa da böyle bir seyahat için yaşlıydı. Daha önce üç kez gelerek zaten hayatını tehlikeye atmıştı ve doktorları bir daha yapmamasını tavsiye etmişlerdi –kalbi zayıftı ve kanında zehir vardı– ama o ve Judith yine de geldi ve yanlarında hizmetçileri, yardımcıları ve hatta bir koşer kasap bile bulunuyordu.

Diasporadakiler ve Kudüs'teki Yahudiler için Montefiore zaten, zengin bir Victoria dönemi baronuyla bir büyükelçinin itibarını İngiltere'nin gücünün zirvesinde olduğu dönemde birleştiren ve her fırsatta dindaşlarının yardımına koşup Musevilikten hiç taviz vermeyen, bir efsaneydi. Ona bu gücü veren İngiltere'deki özel konumuydu: Bir ayağı eski bir diğeri yeni toplumdaydı, dükler, başbakanlar ve piskoposlarla ne kadar rahatsa hahamlar ve bankerlerle de o kadar rahattı. Montefiore ciddi bir ahlaki görüş ve evanjelist İbraniciliğin etkisi altındaki Londra'da, Victoria dönemi insanlarının kafasındaki ideal Yahudi'yi temsil ediyordu. Lord Shaftesbury, "Bu yaşlı Yahudi pek çok Hristiyan'dan iyidir," diye yazmıştı.

İtalya, Livorno'da doğmuş ama Yahudi bir borsacı olarak Londra Borsası'nda büyük servet elde etmişti. Daha sonra da banker Nathaniel Rothschild'in baldızı olan Judith Cohen'le mutlu bir evlilik yapmıştı. Statüsünün ve servetinin artışını başkalarına yardım etmek için kullandı. 1837 yılında Kraliçe Victoria kendisini şövalye ilan ettiği zaman onu günlüğünde "bir Yahudi, mükemmel bir adam" olarak tarif etti. Montefiore ise günlüğüne, "Umarım Yahudilerin ileride duyacakları güzel haberlerin ilki olur. Kudüs sancağını taht salonunda taşıma şerefine de nail oldum," diye yazmıştı. Zengin olunca çalışmayı azalttı, kayınbiraderi ve yeğeni Lionel de Rotschild'le seçim kampanyaları düzenledi, kendisini İngiliz Yahudileri için siyasi haklar elde etmeye adadı.* Ama ona yurtdışında daha çok ihtiyaç vardı, dışarıda İmparatorlar ve sultanlar tarafından İngiliz elçisi olarak karşılanıyor, kimi zaman hayatını bile tehlikeye atarak bıkmadan usanmadan çalışıyordu. Daha önce gördüğümüz gibi onu ünlü yapan Mehmet Ali ve sultanla görüşerek çözdüğü Şam meselesi olmuştu.

Montefiore en büyük Yahudi karşıtlarının bile kendisine hayran olduğunu gördü: I. Nicholas Ortodoksluk ve Otokrasiye hizmet seferine çıktığında milyonlarca Rus Yahudi'sine baskı yapmaya başlayınca Montefiore, St. Petersburg'a gidip Rus Yahudilerinin sadık, cesur ve şerefli olduklarını söylemişti. Nicholas tehditkâr bir kibarlıkla, "Eğer sana benziyorlarsa," diye cevap vermişti.** Oysa o

---

* 1858 yılına kadar dindar Yahudiler Avam Kamarası'na kabul edilmezdi. Sonunda yeni bir kanunla Lionel de Rotschild Avam Kamarası'nda sandalye sahibi olan ilk Yahudi oldu. Shaftesbury'nin defalarca buna karşı konuşma yapmış olması ilginçtir – Hristiyan bir Siyonist olarak İsa'nın İkinci Gelişi için Yahudilerin geri dönüp Hristiyan olmalarını istiyordu. Daha sonra başbakan William Gladstone'a, "Muhterem ihtiyar Yahudi (Montefiore) İngiltere'nin kanun koyucularından biri olduğu zaman Lordlar Kamarası için muhteşem bir gün olacak," dedi ama henüz çok erkendi. İlk asalet unvanı alan Yahudi, Montefiore'nin ölümünden sonra, 1885 yılında bu unvana kavuşan Lionel Rothschild'in oğlu Nathaniel oldu.

** St. Petersburg'a giderken Vilna'da ağırlandı. Vilna yarı Yahudi bir şehirdi ve o kadar çok Tevrat alimi yaşıyordu ki oraya "Litvanya'daki Kudüs" denmişti. Fakat Nicholas tavrını yumuşatmadı ve Yahudilerin durumu daha da kötüye gitti, Montefiore daha sonra II. Alexander'la görüşmek için geri geldi. Rusya'daki her Yahudi kulübesinde bir portresi bulunduğu söylenirdi ve neredeyse bir Yahudi ikonu, kahramanı haline

hemen herkes karşısında hakkını savunabilecek kapasitede biriydi: Yahudi karşıtı bir entrikaya engel olmak için Roma'ya gittiğinde bir kardinal kendisine sultanın "kan iftirasını" yasaklaması için Rothschild'in altınlarından ne kadar ödediğini sordu. Montefiore, "Uşağınıza ceketimi asması için ödediğimden fazla değil," diye cevap verdi.

Ona her teşebbüsünde yardımcı olan hayat dolu, kıvırcık saçlı ve kendisine hep "Monty" diye hitap eden eşi Judith'ti ama bir hanedan kurmak kaderlerinde yoktu: Rachel'in Mezarı'nda dua etmelerine rağmen çocukları olmadı. Yahudiliği ve hanedan armasındaki İbrani harflerinden ayrı olarak Montefiore'nin de tipik Victoria asilzadeleri gibi erdemleri ve zaafları vardı. Park Lane konağında ve Ramsgate'teki içinde kendi sinagoğu Rachel'in Mezarı'nın bir benzeri olan aile mezarlığının bulunduğu Gotik Revival villada lüks içinde yaşardı. Sesi çok gürdü, espri yeteneğine sahip olduğu söylenemezdi, otokratik tarzının kibirli bir yanı vardı ve metresleri ve gayri meşru çocukları bulunuyordu. Modern biyografi yazarının ortaya çıkardığına göre seksenli yaşlarındayken genç bir hizmetçiden çocuğu olmuştu ve bu da sınırsız enerjisinin bir başka işaretiydi.

Kudüs'te satın alacak arazi ararken aralarının iyi olduğu Kudüslü ileri gelen aileler ona yardım ettiler: Kadı bile ona, "Musa'nın halkının gururu," diyordu. Onu yirmi yıldır tanıyan Ahmet Düzdar Ağa ona Siyon ve Yafa Kapısı'nın duvarları arasında 1000 İngiliz altınına bir arsa sattı. Montefiore hemen çadırlarını bu yeni araziye taşıttı, orada bir hastane ve Yahudilerin kendi ekmeklerini yapabilmeleri için bir yel değirmeni yapmayı planlıyordu. Gitmeden önce paşadan özel bir iyilik istedi: Müslümanların mezbahasının neden olduğu ve tüm batılı ziyaretçilerin bahsettiği, Yahudilerin aşağı konumda olduğunu hatırlatan, Yahudi mahallesindeki koku. Montefiore mezbahanın taşınmasını istedi ve paşa da kabul etti.

1857 Haziran'ında Montefiore yel değirmeni için gereken inşaat malzemeleriyle birlikte beşinci kez geri geldi ve inşaat başladı. Hastane yerine fakir Yahudi aileler için bir darülaceze inşa ettirdi, Montefiore Kulübeleri olarak bilinen bu yapı kırmızı tuğlalı, mazgallı tipik bir Victoria dönemi İngiliz banliyö eviydi. İbranicede bu binalara Mishkenot Shaanim –Huzur Binaları– denmişti ama ilk başlarda buralar haydutların hedefi olmuş ve içindekiler o kadar huzursuz olmuştu ki sokaklarda

gelmişti. Geleceğin Siyonist lideri Chaim Weizmann şöyle yazmıştı: "Kahvaltıda (Pinsk yakınlarındaki bir köy olan Motol'da) büyükbabam bana önemli kişilerin yaptıkları işleri anlatırdı. Beni en çok etkileyen Sir Moses Montefiore'nin, Rusya ziyareti olmuştu. Bu ziyaret benim doğumumdan sadece bir kuşak önce gerçekleşmesine rağmen çoktan bir efsane haline gelmişti. Montefiore hâlâ hayatta olmasına rağmen efsane olmayı başarmıştı."

uyumak zorunda kalmışlardı. Yel değirmeni başta ucuz ekmek üretti ama yeterli bakım ve rüzgâr olmadığından kısa sürede kullanılamaz hale geldi.

Hristiyan evanjelistler ve Yahudi hahamlar hep birlikte Yahudilerin döndüğünü görmekteydiler – ve bu Montefiore'nin katkısıyla oluyordu. Yeni Yahudi plutokratların, özellikle Rothschildlerin, serveti Disraeli'nin vurguladığı gibi "Yahudi kapitalistlere" Filistin'i satın alabilecekleri fikrini vermişti. Güçlerinin zirvede olduğu dönemde maliye ve siyaseti yönlendirebilen ve Londra'da olduğu kadar Paris ve Viyana'da da etkili olan Rothschildler ikna olmasalar da "Kudüs'ün Yahudi İmparatorluğu'nun merkezi olacağı hayalini kuran" Montefiore'ye yardım ve para sağlamaya devam ettiler.* 1859'da, Londra'daki Osmanlı elçisinin teklifi üzerine, Montefiore, Filistin'den toprak satın almayı düşündü ama şüpheleri vardı, Anglo-Yahudi seçkinlerin İngiliz rüyasını yaşamak için İngiltere'de arsa almakla meşgul olduklarını ve böyle bir şeye yanaşmayacaklarını biliyordu. Montefiore sonunda "İsrail'in İhyasının" siyasetin ötesinde olduğunu anladı ve işi "İlahi Müdahaleye" bırakmaya karar verdi – ama 1860'ta küçük Montefiore Mahallesi'ni açması sur dışında yeni bir Yahudi şehrinin ortaya çıkmasına neden oldu. Bu Montefiore'nin son ziyaretinden çok önce ama Kırım Savaşı'ndan sonraydı ve Kudüs bir kez daha uluslararası cazibe merkezi olmuştu: Romanoflar, Hohenzollernler, Habsburglar ve İngiliz prensleri eski İmparatorluk oyununa yeni arkeoloji bilimini de ekleyebilmek için birbirleriyle yarış ettiler.[15]

---

* Montefiore, Kudüs'ün hayırseverleri içerisinde en ünlü olandı ama en zengin olan değildi. Çoğunlukla Rothschild'in parasını kullanırdı ve kurduğu darülacezenin parası Judah Touro tarafından ödenmişti. Touro, New Orleanslı bir Amerikalı iş adamıydı ve 1825 yılında New York Eyaleti'nde, Niagara nehrindeki Grand Island'da bir Yahudi yerleşimi kurulması için para vermişti. Proje gerçekleşmedi ve vasiyetinde Montefiore'ye Kudüs'te harcaması için 60.000 dolar bıraktı. 1854'te Rothschildler çok ihtiyaç duyulan Yahudi hastanesini yaptırdılar. 1856'daki ziyaretleri sırasında Montefiore, Ortodoks Yahudilerin itirazlarına rağmen, bir Yahudi kız okulu kurdu ve daha sonra burayı devralan yeğen Lionel de Rothschild buraya kızı Evelina'nın adını verdi. Ama en büyük proje Yahudi mahallesindeki Hurva yakınlarındaki Tiferet İsrail Sinagoğu'ydu. Dünya üzerindeki tüm Yahudilerin yapımı için para gönderdiği ama asıl mali kaynağın Bağdat'taki Reuben ve Sassoon aileleri olduğu görkemli bir kubbeye sahip, Yahudi mahallesindeki en yüksek bina olan, bu sinagog 1948 yılında yıkılana kadar Filistin Yahudilerinin hayatının merkezi oldu. Ermenilerin de kendi Rothschildleri vardı: Petrol zengini Gulbenkian ailesi düzenli olarak hac yapıyordu ve Gulbenkian Kütüphanesi ve Ermeni Manastırı onların eseriydi.

39

YENİ DİN

1860-70

İMPARATORLAR VE ARKEOLOGLAR: YURTDIŞINDAKİ MASUMLAR

Nisan 1859'da İmparator II. Alexander'ın kardeşi Grand Dük Konstantin Nikolayeviç, Kudüs'ü ziyaret eden ilk Romanof oldu – günlüğüne, "Nihayetinde toz ve kalabalığa muzaffer bir giriş yaptım," diye kaydetmişti. Kutsal Kabir'e "gözleri yaşlı ve duygu dolu olarak" yürümüş ve şehirden çıkarken de "gözyaşlarına hâkim olamamıştı." Grand dük ve İmparator bir Rus kültür saldırısı planlıyorlardı. Bir Dışişleri Bakanlığı raporunda, "Doğudaki hâkimiyetimizi siyasi olarak değil de kilise vasıtasıyla kurmalıyız. Kudüs dünyanın merkezidir ve orada hazır bulunmak bizim görevimiz olmalıdır," demekteydi. Grand Dük, Odesa'dan hacıları getirmek için Filistin Cemiyeti ve Rus Buharlı Gemi Şirketi'ni kurdu. Rus Bölgesi'nin 18 dönümünü teftiş etti ve Romanoflar orada küçük bir Rus kasabası kurmaya başladılar.* Rus hacı sayısı çok geçmeden o kadar artacaktıki onları barındırmak için çadır kent kurmak zorunda kalacaklardı.

İngilizler de en az Ruslar kadar azimliydi. 1 Nisan 1862'de yirmi yaşındaki Galler Prensi Albert Edward (müstakbel III. Edward) yüz Osmanlı süvarisinin eşliğinde Kudüs'e girdi.

Surların dışındaki büyük kampta kalan prens koluna Haçlı dövmesi yaptırdığı için son derece heyecanlıydı ve ziyaretinin hem Kudüs hem de döndüğünde İngiltere'deki etkisi büyük oldu. Varlığı sadece, yirmi yıllık vazifesine rağmen bir şey başaramamakla suçlanan, James Finn'in hatırlanmasını sağlamakla kalmamış aynı zamanda Kudüs'ün bir şekilde İngiltere'nin bir parçası olduğu görüşünü de kuvvetlendirmişti. Kudüs'te prense Westminster başrahibi Arthur Stanley rehberlik

----

* Rus Bölgesi'nde elçilik, hastane, dört çan kuleli ve çok kubbeli Kutsal Teslis Kilisesi, Archimandrite'nin evi, ziyarete gelen asiller için daireler ve 3000 hacıyı barındırabilecek yatakhaneler bulunuyordu. Binaları büyük ama zarif kaleleri andırmaktaydı ve İngiliz Mandası döneminde askerî korugan olarak da görev yapmışlardı.

etti. Stanley'nin İncil tarihi ve arkeolojik spekülasyonlar üzerine yazdığı kitabı bir İngiliz okuyucular kuşağını Kudüs'ün "onlar için İngiltere'den bile daha önemli bir yer" olduğuna ikna etmişti. On dokuzuncu yüzyıl ortalarında arkeoloji bir anda sadece geçmişi inceleyen yeni bir bilimsel disiplin olmakla kalmayıp geleceği kontrol etmenin de bir aracı haline geldi. Arkeolojinin kısa sürede siyasetin bir uzantısı olmasına şaşmamak gerek – sadece bir kültür fetişi, sosyal moda ya da soylu bir hobi değil diğer unsurları kullanarak İmparatorluk kurma ve askerî istihbarat ağını genişletmenin de bir aracı oldu. Arkeoloji, Kudüs'ün seküler dini haline geldi ama aynı zamanda Dean Stanley gibi Emperyalist Hristiyanların elinde Tanrı'nın hizmetindeki bir bilim dalına da dönüştü: Eğer arkeoloji İncil'de anlatılanları ve İsa'nın başından geçenleri doğrularsa Hristiyanlar Kutsal Topraklar'ı kendileri için de isteyebilirlerdi.

Ruslar ve İngilizler yalnız değildi. Büyük Devletlerin, çoğu aynı zamanda din adamı olan, elçileri de kendilerini arkeolog olarak görürdü ama modern arkeolojiyi kuranlar Amerikalı Hristiyanlar oldular.* Fransız ve Almanlar da hemen peşlerindeydiler, acımasız bir milliyetçilikle arkeolojik bulguların peşine düşmüşlerdi ve İmparator ve başbakanlarından da büyük destek görüyorlardı. Yirminci yüzyıldaki kahraman astronotların yer aldığı uzay yarışı gibi arkeoloji de kısa sürede milli kudretin bir göstergesi ve arkeologlar da milli kahraman ve bilimsel hazine avcılarına dönüştüler. Alman arkeologlardan birisi buna "Barışçı Haçlı seferi" adını verdi.

Galler Prensi'nin ziyareti İngiliz subay ve arkeoloğu Yüzbaşı Charles Wilson'a bölgeye gitme cesareti verdi. Wilson, Zincir Sokağı'nın altındaki Batı Duvarı'na yakın tünellerde Tyropaean Vadisi'nden Tapınak'a uzanan büyük bir köprünün Hirodes'a ait kemerini buldu. Günümüzde Wilson Kemeri olarak bilinir ve bu daha bir başlangıçtı.

Mayıs 1865'te Dışişleri Bakanı Earl Russel'dan, Argyll Dükü'ne kadar bir grup soylu, Kraliçe Victoria ve Montefiore'nin de desteğiyle Filistin Keşif Fonu'nu kurdular. Shaftesbury daha sonra bu fonun başkanı oldu. Cemiyetin kitabında I. Edward'dan beri ilk kez İngiliz tahtının bir vârisinin Filistin'i ziyaret etmesi "tüm Suriye'yi Hristiyan araştırmalarına açtı" deniyordu. İlk toplantıda York Baş-

* New York'ta İncil Edebiyatı Profesörü ve bir misyoner olan Edward Robinson İncil coğrafyasını gün ışığına çıkarmaya karar verdi. Josephus gibi diğer kaynaklardan da istifade ederek fevkalade buluşlara imza attı. 1852'de vadide anıtsal kemerlerden birinin tepesi olduğunu varsaydığı bir şeyler buldu – o zamandan beri Robinson Kemeri olarak bilinmektedir. Diğer bir Amerikalı ve Yahudileri Hristiyan yapmaya çalışan bir misyoner ve Osmanlılara Memlûk binalarını korumalarını tavsiye eden bir mühendis olan Dr. James Barclay, Hirodes Kapıları'ndan birinin üst pervazını buldu – günümüzde Barclay Kapısı. İki Amerikalı, Hristiyan misyoneri olarak işe başladılar ama arkeolog olarak Müslümanların Haram el Şerif'inin Hirodes Tapınağı olduğunu ispat ettiler.

piskoposu William Thomson, İncil'in kendisine "yaşamak için ihtiyaç duyduğu kuralları ve sahip olduğu en iyi bilgileri verdiğini" ilan etti. Daha da ileri gitti: "Filistin ülkesi size ve bana aittir. İsrail'in atasına verilmiştir. Affedildiğimize dair haberin geleceği yer burasıdır. İngiltere'ye nasıl bir vatanseverlikle bağlıysak buraya da aynı şekilde bağlı olmalıyız."

Şubat 1867'de yirmi yedi yaşındaki Kraliyet İstihkâm Teğmeni Charles Warren, Cemiyet'in Filistin keşfini başlattı. Ama Kudüslüler, Tapınak Dağı civarında kazı yapılmasını istemediklerinden yakındaki bir arsayı kiralayıp kayanın içine yirmi yedi tane tünel kazdı. Kudüs'teki ilk arkeolojik eserler olan üzerinde "Kralın Malıdır" yazan Hezekiya çömleği, Tapınak Dağı altında kırk üç tane sarnıç, Kral Davud'un şehre gelmek için kullandığına inanılan Ophel tepesindeki Warren Tüneli ve Hirodes'in ana Tapınak girişlerinden biri olup Batı Duvarı boyunca uzanan tünellerdeki Warren Kapısı'nı –ileride Yahudi Mağarası olarak bilinecek– buldu. Bu maceracı arkeolog yeni bilimin cazibesinin bir göstergesiydi. Yeraltı keşiflerinden biri sırasında eski Struthion Havuzu'nu buldu ve kapıdan yapılma bir salla havuzun içinde yol aldı. Victoria dönemi kadınları bu tünelden aşağı sepetlerini sarkıttılar, korselerini gevşetip İncil'de geçen bu mekânlarda dolaştılar.

Warren, Yahudilere yakınlık duyuyor ve Duvar'da toplanıp ibadet etmeleriyle dalga geçen Avrupalı turistlere de kızıyordu. Oysaki "burada Büyük Devletlerin garantörlüğünde bir Yahudi devletinin kurulması" gerekiyordu. Arkeoloji konusunda Fransızlar da en az diğerleri kadar saldırgandılar – gerçi baş arkeologları Felicien de Saulcy, surların kuzeyindeki Kral Mezarları'nın Kral Davud'a ait olduğunu iddia eden beceriksizin biriydi. Aslında orası Adiabene Kraliçesi'ne ait bin yıllık bir mezardı.

1860'da Müslümanlar, sultanın Hristiyan ve Yahudiler lehine çıkardığı kanunlara kızarak, Suriye ve Lübnan'daki Hristiyanları öldürdüler ama bu Batı'nın daha fazla burnunu sokmasından başka bir işe yaramadı: III. Napoleon Lübnan'daki Marunî Hristiyanları korumak için asker gönderip bölgeyle ilgili Şarlman, Haçlılar ve Kral François'nın on altıncı yüzyıldan kalma taleplerini tekrarladı. 1869 yılında Mısır, Fransız sermayesinin desteğiyle Fransız İmparatoriçesi Eugenie, Prusya veliaht prensi Frederick ve Avusturya İmparatoru Franz Joseph'in katıldığı bir merasimle Süveyş Kanalı'nı açtı. İngiliz ve Rusların gerisinde kalmak istemeyen Prusyalı Frederick gemiyle Yafa'ya gelip oradan Kudüs'e geçti ve kilise kapma ve arkeolojik kazı yapma konusunda Prusya'nın da boş durmayacağını gösterdi: Kiliseye yakın bir noktada, Latinlerin Aziz Mary'sinin arsasını satın aldı ve Frederick, (Kaiser II. Wilhelm'in babası) "Kudüs bizim olmalıdır," diyen yaman arkeolog Titus Tobler'i destekledi. Frederick, Yafa'ya dönerken, Sadowa Muharebesi'nde kısa süre önce

Prusyalılar tarafından bozguna uğratılmış olan, Avusturya İmparatoru ve itibari Kudüs Kralı Franz Joseph'e denk geldiler. Birbirlerini soğuk şekilde selamladılar.

Franz Joseph, Bedevi mızraklılar, tüfekli Dürzîler ve deve süvarilerinin de dâhil olduğu bin Osmanlı muhafızı refakatinde Kudüs'e geldi, yanında sultanın armağanı olan gümüş bir yatak da bulunuyordu. İmparator, "Attan indik, diz çöktüm ve toprağı öptüm," diye anlattı. O esnada Davud Kulesi'ndeki toplar da karşılama ateşi açıyorlardı. "Her şeyin çocukluğunda dinlediği hikâyeler ve İncil'de anlatılanlar gibi olması" onu çok heyecanlandırmıştı.[16] Ama diğer tüm Avrupalılar gibi Avusturyalılar da Kudüs'ü bir Hristiyan şehri yapabilmek için bina almaya devam ettiler: İmparator bir Avusturya Hastanesi inşa etmek için Via Dolorosa üzerindeki bir araziyi teftiş etti.

Osmanlı Sadrazamı Fuat Paşa, "Bu deli Hristiyanların yolların bakımını yapmasına kesinlikle izin vermem. O zaman Kudüs'ü bir Hristiyan tımarhanesine çevirirler," diye yazmıştı. Ama Osmanlılar, bilhassa Franz Joseph için, yeni bir Yafa yolu inşa ettiler. "Hristiyan Tımarhanesinin" hızını kesmek mümkün değildi.

MARK TWAIN VE "FAKİR KÖY"

Genç arkeolog Yüzbaşı Charles Warren, Yafa Kapısı'ndan geçerken birinin boynunun vurulmasına şahit oldu. İdam beceriksiz birisi tarafından yapılıyordu. Cellât boynuna on altıncı kez vururken kurban, "Canımı yakıyorsun," diye bağırdı. Cellât sonunda kurbanın sırtına çıktı ve sanki bir koyun keser gibi boynunu kesti. Kudüs'ün en az iki yüzü ve birkaç kişilik bozukluğu bulunuyordu: Müslüman mahallelerini hızla Hristiyanlaştıran parlak miğferli ve kırmızı ceketli Avrupalılar tarafından yapılan yeni ve heybetli binalar zenci Sudanlı muhafızların Haram'ı ve başları kesilecek muhafızların beklediği hapishaneyi koruduğu eski Osmanlı şehriyle bir arada yaşıyordu. Kapılar hâlâ güneş battığında kapatılırdı; Bedeviler şehre geldiklerinde kılıç ve mızraklarını teslim ederlerdi. Şehrin üçte biri kurak araziydi ve bir fotoğraf (Ermeni Patriği tarafından çekilmişti) şehrin ortasındaki Kilise'nin etrafının bomboş bir arazi olduğunu gösteriyordu. İki dünya sürekli çatışırdı: 1865 yılında Kudüs ile İstanbul arasında telgraf bağlantısı kurulduğu zaman telgraf direğine saldıran Arap atlı tutuklanıp o direğe asıldı.

Mart 1866'da, o tarihte seksen bir yaşında bir dul olan, Montefiore altıncı kez şehre geldi ve değişime inanamadı. Batı Duvarı'ndaki Yahudiler yağmura olduğu kadar yukarıdaki Tapınak Dağı'ndan atılan şeylere karşı da savunmasızdılar, orada bir tente kurmak için izin istedi – Yahudilerin kutsal mekânlarını satın almak için giriştiği pek çok teşebbüsten biri olarak boş yere Duvar'ı satın almaya çalışıp durdu. Kudüs'ten ayrılırken "her zamankinden daha çok etkilenmişti." Bu onun son yolculuğu değildi: 1875 yılında doksan bir yaşında geri döndüğünde, "Sanki yepyeni bir Kudüs kurulmuş gibi, binalardan bazıları Avrupa'dakiler kadar iyi," diyecekti. Son kez ayrılırken, "Tanrı'nın Siyon'la ilgili vaatlerinin gerçekleşmesine şahit olacağımız bir döneme yaklaşıyoruz," demeden edemedi. *

Rehber kitaplarında "pis Polonyalı Yahudiler ya da pislik yığınları" ile ilgili uyarılar bulunuyordu ama kimilerine göre orayı mahvedenler Protestan hacılardı.[17] Mark Twain adıyla yazan Missourili gazeteci Samuel Celemens, "Cüzzamlılar, sakatlar, körler ve akıl hastaları her köşede karşınıza çıkıyorlar," diye yazmıştı. Quaker City ile Akdeniz'i gezen "Vahşi Şakacı" Twain hac yolculuğuna Büyük Kutsal Topraklar Neşeli İntikali adını vermiş ve daha sonra da bu ismi Büyük Kutsal Topraklar Cenaze Merasimi olarak değiştirmişti. Hacca bir komedi gözüyle bakıyor, "yurtdışındaki masumlar" dediği Amerikalı hacıların samimiyetiyle dalga geçiyordu. "Diğer bir kutsal mekâna varmadan yüz metre yürüyebilmek iyi geldi," diye yazmıştı. Kilisenin ortasında Âdem'in yaratıldığı topraktan yapılan ve dünyanın tam ortasında yer alan sütunu görmek çok hoşuna gitti: "Bu toprağın buraya ait olmadığını hiç kimse ispat edemez." Kilisenin "gereksiz, cırtlak ve bayağı süslemelerinden" nefret etmişti ve şehir hakkında da şöyle düşünüyordu: "Yüce Kudüs, tarihteki en meşhur isim fakir bir köy haline gelmiş –cansız, iç karartıcı ve sıkıcı– burada yaşamayı istemezdim."** Yine de Vahşi Şakacı sessizce annesine bir Kudüs İncili aldı ve kimi zaman "bir tanrının durmuş olduğu yerde oturuyorum" dedi.

Dindar ya da seküler, Hristiyan ya da Yahudi, Chateaubriand, Montefiore ya da Twain olsun tüm turistler Tanrı'nın nerede durduğunu görme konusunda gayet iyiydiler ama iş gerçek insanların nasıl yaşadığını görmeye geldiğinde hepsi bir anda görme yeteneğini kaybediyordu. Tarih boyunca Kudüs, Amerika ve Avrupa'da yaşayan dindarların hayallerinde var olmuştu. Şimdi bu ziyaretçiler buharlı gemi-

---

* Montefiore 1885 yılında 100 yaşının üzerinde öldü. O ve Judith, Ramsgate'teki Kudüs toprağı getirilmiş kendi Rachel Mezarları'na defnedildiler. Montefiore Yel Değirmeni ve Montefiore Mahallesi, Yemin Moshe olarak bilinir, şehirdeki en güzel mahallelerden biridir ve onun adı verilen diğer dört tane daha bulunmaktadır. Baronet payesi çocuğu olmayan yeğeni Sir Abraham'a devredildi (karısı düğün gecesinde çıldırmıştı) ama Moses mülklerini Fas'ta doğan ileride Sebag Montefiore olacak yeğeni Joseph Sebag'a bıraktı. Ramsgate Konağı 1930'larda yandı. İsrail haricinde neredeyse unutulan bir kişi olarak mezarı uzun süre ihmal edildi, ot bağladı ve üzerine yazılar yazıldı ama yirmi birinci asırda mezarı bir türbe haline geldi: Binlerce ultra-Ortodoks Yahudi ölüm yıldönümünde onu ziyaret etmektedir.

** Twain, İsrailli Likud lider ve general Ariel Sharon'un 1980'lerde Müslüman Mahallesi'ni Yahudileştirmek için satın aldığı bina olan, Müslüman Mahallesi'ndeki Mediterranean Oteli'nde kaldı.. Günümüzde orası Yahudi kız okuludur. Twain'in *Yurtdışındaki Masumlar* kitabı şüpheciler için bir başucu kitabı haline geldi: Eski Başkan Ulysses Grant, Kudüs'e geldiğinde kitabı rehber olarak kullandı.

lerle binlerce kişilik gruplar halinde gelmekteydiler ve egzotik ve tehlikeli, İncil okurken gözlerinde canlandırdıkları resmedilmeye değer ve otantik manzaralar ve Victoria dönemine ait ırklarla ilgili klişeler görmeyi bekliyorlardı. Tek gördükleri sokaklardaki farklı kıyafetler ve doğunun pisliği ve Baedeker'in ifadesiyle "hurafeler ve fanatiklik" oluyordu. Bunun üzerine görmeyi hayal ettikleri otantik şehri kendileri kurmaya kalktılar. Kudüs'e yönelik emperyalist iştahı kabartan da bu görüntülerdi. Arap ve Sefarad Yahudilerine ait olan eski dünya ise pek umurlarında olmasa da o da orada bulunuyordu.[18]

40

ARAP ŞEHRİ, İMPARATORLUK ŞEHRİ

1870-1880

YUSUF HALİDİ: MÜZİK, DANS, GÜNLÜK HAYAT

Gerçek Kudüs dinlerin ve dillerin şık kıyafetlerle hiyerarşik olarak dağıldığı Babil Kulesi gibiydi. Osmanlı subayları Avrupa üniformalarına benzeyen sırmalı ceketler giyerlerdi; Osmanlı Yahudileri, Ermeniler, Arap Hristiyanlar ve Müslümanlar setre, beyaz takımlar ve Osmanlı İmparatorluğu'ndaki reformların simgesi olan yeni başlıklar giyerdi: tarbuş ya da fes; Müslüman ulema Sefarad Yahudileri ve Ortodoks Arapların giydiklerine benzeyen sarık ve cübbe giyerlerdi; artan sayıdaki Polonyalı Hasidik Yahudiler* gabardin palto giyer ve fötr şapka takarlardı; Avrupalıların muhafızları olan kavasslar genelde kırmızı ceket, beyaz pantolon giyen ve büyük tabancalar taşıyan Ermenilerdi. Ayakkabısız siyah kölelerin soğuk şerbet sunduğu eski Arap ve Sefarad ailelerin erkekleri tüm bu sayılanlardan farklı şekilde giyinirlerdi – sarık, fes ve kuşakla bağlı uzun paltolar, geniş Türk pantolonları ve üstte siyah Batı ceketi. Araplar Türkçe ve Arapça konuşurdu; Ermeniler Ermenice, Türkçe ve Arapça konuşurdu; Sefaradlar Ladino, Türkçe ve Arapça konuşurlardı; Hasidler Orta Avrupalı Alman ve Yahudilerin argosunun karışımı ve kendi edebiyatına sahip Yidiş lisanında konuşurdu.

Bu yabancılara karmaşık görünse de burası sultan-halife tarafından yönetilen Sünni bir imparatorluktu: Müslümanlar en üstteydi; Türkler idaredeydi; daha sonra Araplar geliyordu.

---

* Hasidiklerin –İbranicede "dindar"– sayısı Kudüs'te gittikçe artmaya başlamıştı. On yedinci yüzyıl mistisizmini devralan bu grup hâlâ o döneme ait siyah kıyafetleri giyiyorlardı. 1740'ta Ukraynalı bir şifacı olan Israel ben Eliezer, Baal Shem Tov (İyi İsmin Efendisi) adını alıp Tevrat öğrenimine meydan okuyan bir halk hareketi başlattı, Tanrı'ya yaklaşmak için transa girer gibi hareketlerle ibadet etmeyi, şarkı söylemeyi, dans etmeyi ve mistik uygulamaların yapılmasını savundu. En büyük rakibi olan Vilna Gaon tüm bunları hurafe diyerek reddetmiş ve geleneksel Tevrat öğreniminin önemini vurgulamıştı. Çatışmaları mistik Sufiler ile İslamcı tutucular olan Vahhabiler arasındaki çatışmaya benzemektedir.

Fakirlikleri ve dua ederken ağlayıp transa girer gibi hareketler yapmaları yüzünden çok dalga geçilen Polonya Yahudileri en alttaydılar; ama bunların arasında yarı ortaya çıkmış bir halk kültürü bulunurdu ve her dinin katı kurallarına rağmen pek çok açıdan birbirlerine karışmışlardı.

Ramazanın sonunda tüm dinler bayram yapar ve surların dışında atlıkarıncanın olduğu ve at yarışlarının düzenlendiği panayır kurulurdu, müstehcen dikizleme gösterileri yapılır ve Arap tatlıları ve Türk lokumu satılırdı. Yahudilerin Purim bayramında Müslüman ve Hristiyan Araplar geleneksel Yahudi kıyafetleri giyer, herkes Şam Kapısı'nın kuzeyinde Adil Şimon'un türbesinde yapılan Yahudi Pikniğine katılırdı. Yahudiler, Arap komşularına matzah ikram eder ve onları Hamursuz Bayramı yemeğine davet ederken Araplar da bayram bittiğinde Yahudilere yeni pişmiş ekmek ikram ederlerdi. Müslüman çocuklarını genelde Yahudi moheller sünnet ederdi. Yahudiler hacdan geri dönen Müslüman komşuları için ziyafet verirlerdi. Araplar ve Sefarad Yahudiler birbirlerine en yakın olanlardı. Araplar Sefaradlara, "Yahud, avlad Arab" (Yahudiler, Arapların oğulları) der, Yahudi ve hatta Müslüman kadınlar Ladino öğrenirlerdi. Kuraklık sırasında ulema Sefarad hahamlardan yağmur duası etmesini istemişti. Arapça konuşan Valerolar olan Sefaradlar şehrin önde gelen bankerleri ve çoğu ailenin iş ortağıydılar. Yahudilerin en büyük düşmanları Arap Ortodoks Hristiyanlardı ve geleneksel Paskalya şarkılarında onlara hakaret eder ve kiliseye yaklaştıklarında da linç etmeye kalkarlardı.

Baedeker, turistleri, "Kudüs'te eğlence mekânı yoktur," diye ikaz etse de burası müziğin ve dansın şehriydi. Şehir sakinleri kahvehanelerde ve bodrum barlarında bir araya gelir, nargile içer, tavla oynar, güreş ve dansöz izlerlerdi. Düğünlerde ve bayramlarda çember dansı (dabkah) yapılır, şarkıcılar "Sevgilim, güzelliğin kalbimi sızlatıyor" gibi aşk şarkıları söylenirdi. Arap aşk şarkıları Sefaradların Endülüs Ladino şarkılarıyla birlikte söylenirdi. Dervişler mazhar davulları ve teflerin eşliğinde zikir yaparlardı. Evlerde Yahudi ve Arap müzisyenler ud, keman (rababa), çifte klarnet (zummara ve arghul) ve davul (inakkara) çalardı. Bu müzik aletlerinin sesleri Kudüs'teki hayatın merkezinde yer alan altı hamamdan yükselirdi. Hamamları gece ikiden gün ortasına kadar kullanan erkekler masaj yaptırıp bıyıklarını düzeltirlerdi; kadınlar saçlarını kınayla boyar ve kahve içerdi. Kudüs gelinleri şarkı söyleyen ve davul çalan kadınların eşliğinde hamama gider, orada tüm vücut kılları, katranı andıran bir şurup olan, zarnikle tıraş edilirdi. Evlilik gecesi hamamda başlardı, damat ve arkadaşları gelini evinden alır ve bu eğer büyük ailelerin yaptığı bir evlilik ise hizmetçiler tarafından tutulan bir güneşliğin altında yürürler, yolları meşalelerle aydınlatılır ve bir davulcu ve flütçülerin eşliğinde Tapınak Dağı'na giderlerdi.

Aileler, Kudüs'ün toplumunun zirvesini teşkil ediyordu. İlk belediye başkanı bir Dacani'ydi ve 1867'de Yusuf el-Diya el-Halidi yirmi beş yaşında Kudüs'ün ilk belediye başkanı oldu. O tarihten itibaren bu makam hep ailelerin elinde kaldı – altı Hüseyni, dört Alami, iki Halidi ve üç Dacani bu göreve gelmişti. Annesi Hüseyni olan Halidi, çocukken Malta'daki Protestan okuluna gidebilmek için kaçmıştı. Daha sonra İstanbul'daki liberal sadrazam için çalıştı. Kendisini önce bir "Utsi" –bir Kudüslü (Kudüs'e, "anavatanım" diyordu)– daha sonra bir Arap (ve bir Şami, Şam el-Bilad, Büyük Suriye'nin sakini) ve daha sonra da Osmanlı olarak görüyordu. O bir entelektüeldi, kültür kulüpleri, gazeteler ve yayıncıların açılmasını sağlayan Arap edebiyat rönesansı, nahdanın yıldızlarından biriydi.* Ama ilk belediye başkanı olarak askerî görevlerinin olduğunu da görmekte gecikmedi: Vali kırk atlıyla onu Kerak'taki çatışmayı sona erdirmesi için gönderdiğinde belki de modern tarihte bir süvari koluna komuta etmiş tek belediye başkanı oldu.

Ailelerin her birinin kendi sancağı ve şehir bayramlarında ayrı vazifeleri vardı. Kutsal Ateş'te, önde gelen on üç Arap Ailesi sancaklarıyla yürürlerdi ama Nebi Musa en popüler bayramdı. Binlerce kişi tüm Filistin'den at üzerinde ya da yaya olarak geldiğinde, genelde bir Hüseyni olan, müftü ve Osmanlı valisi tarafından karşılanırdı. Tefler ve davullarla şarkılar söylenip dans edilirdi. Sufi dervişleri dönerlerdi – bazıları köz yer bazıları da yanaklarından şiş geçirirdi ve Kudüslüler ve Nabluslular arasında yumruklaşmalar olurdu. Yahudiler ve Hristiyanlar kimi zaman kendilerinden geçen Araplar tarafından dövülürlerdi. Kalabalık, Tapınak Dağı'nda toplandığı zaman top atışıyla selamlanırlar, at üzerindeki Hüseyniler kendi yeşil sancaklarını taşıyarak kalabalığa Eriha yakınlarındaki Baybars Türbesi'ne kadar önderlik ederlerdi. Dacaniler kendi pembe Davud Türbesi sancaklarını taşırlardı. Yine de her birinin kendi nüfuz bölgesi olan aileler –Tapınak Dağı Hüseynilerin, mahkemeler Halidilerindi ve tamamı belediye başkanlığı için rekabet ederdi– hâkimiyet için sürekli mücadele eder İstanbul siyasetinin tehlikeli oyununu oynarlardı.

Balkanlardaki, Rusya'nın desteklediği, Ortodoks Slavlar bağımsızlık istiyordu; Osmanlı İmparatorluğu da hayatta kalma mücadelesi vermekteydi. Yeni ve daha güçlü bir sultan olan II. Abdülhamit'in tahta çıkışı Bulgar Hristiyanlarının katledilmesinin başlangıcı oldu. Rusya'nın baskısıyla Abdülhamit anayasayı ve meclis kurulmasını kabul etti: Kudüs'te Hüseyniler eski otokrasiyi Halidiler ise yeni

---

* 1760'lardan beri Halidiler bir kütüphane kurmaktaydılar –bazıları onuncu yüzyıla ait olan 5000 İslami eser ve 1200 el yazması toplamışlardı. 1899'da Ragıp Halidi koleksiyonunu Yusuf ve kuzenininkiyle birleştirdi ve ertesi sene Silsila Caddesi'ndeki Memlûklerin Barka Han Türbesi yakınlarında Halidi Kütüphanesi'ni açtı, bugün hâlâ oradadır.

liberalleri desteklediler. Belediye başkanı Halidi, Kudüs'ü temsil etmesi için seçildi ve İstanbul'a gitti ama anayasa numaraydı. Abdülhamit anayasayı rafa kaldırdı ve halifeliği pan-islamcı bir bağlılıkla birleştirdiği yeni bir Osmanlı milliyetçiliği geliştirdi. Sesi cılız ve arada bir bayılan bu zeki ve evhamlı sultan hafiye polis teşkilatıyla iktidarını güçlendirip eski sadrazamını ve cariyelerinden birini öldürttü. Geleneksel imtiyazlardan istifade ederken –hareminde 900 kız vardı– sürekli korku içinde yaşadı, her gece suikastçı var mı diye yatağının altını kontrol ederdi. Diğer taraftan yetenekli bir marangozdu, Sherlock Holmes okumayı severdi ve kendi tiyatrosunu kurmuştu.

Sıkı tedbirleri Kudüs'te kısa sürede hissedildi: Yusuf Halidi İstanbul'dan sürüldü, belediye başkanlığından alındı ve yerine Ömer el-Hüseyni getirildi. Halidilerin gerilemesi Hüseynilerin ilerlemesi demekti. Bu arada Rusya, Osmanlı Devleti'ni ortadan kaldırmaya hazırlanıyordu. İngiliz Başbakanı Benjamin Disraeli onları kurtarmak için müdahale etti.

KUDÜS DÖVMELERİ: İNGİLİZ PRENSLERİ VE RUS GRAND DÜKLER

Disraeli, Lionel de Rothschild'den borç aldığı 4 milyon sterlinle Süveyş Kanalı'nı yeni satın almıştı. Rothschild, "Teminatınız nedir?" diye sordu.

Disraeli'nin sekreteri, "İngiliz Hükümeti," diye cevap verdi.

"İstediğinizi alacaksınız." 1878'deki Berlin kongresinde Disraeli, Avrupa kabinelerini yönlendirerek Rusya'yı engelledi ve İngilizlerin Kıbrıs'a yerleşmesinin yolunu açtı. Performansına hayran kalan Alman şansölye Prens Bismarck, Disraeli hakkında, "Bu ihtiyar Yahudi işini biliyor," demişti. Osmanlılar Avrupa topraklarının çoğundan vazgeçmek ve Yahudi ve diğer azınlıkların haklarını tanımak zorunda kaldılar. 1882'de İngilizler Mısır'ın kontrolünü ele aldı ama ülke hâlâ sözde Arnavutluk hanedanı tarafından yönetiliyordu. İngiltere'nin Ortadoğu'daki en ileri noktasının iki temsilcisi dünya turu sırasında Kudüs'ü ziyaret etti: İngiliz tahtının genç vârisi – Prens Eddy olarak bilinen müstakbel Clarence Dükü ve on sekiz yaşındaki Prense Albert Victor ve kardeşi on altı yaşındaki ileride Kral V. George olacak olan George.*

Kamplarını Zeytin Dağı'nda kurdular. Prens George, "Babam da en önemli yer olarak gördüğü burada kamp kurmuştu," diye yazdı. Kampta on bir lüks çadır

---

* Kudüs'te, Filistin Keşif Fonu'nun arkeologları, Yüzbaşı Charles Wilson ve Conder'in rehberlik yaptığı prensler bir Sefarad Hamursuz akşam yemeğine katıldılar ve "bu mutlu aile toplantısının samimi havasından çok etkilendiler." Dövmeleri onları daha da çok etkilemişti. Prens George, "Dövme yaptırdım. Babama (Galler Prensi) dövme yapan aynı adam yaptı," diye yazmıştı

vardı, doksan yük hayvanı tarafından taşınıyor ve altmış hizmetçi tarafından idare ediliyordu – tümü de seyahat acentelerinin kralı Thomas Cook'un idaresindeydi. Cook, Derbyshire, Melbournelü bir Baptist rahipti, 1841 yılında seyahat acenteliğine başlamıştı ve ılımlı yolcuları Leicester'dan Loughborough'a taşıyordu. Cook ve oğulları –içlerinden biri prenslere refakat ediyordu– yeni turistlerin öncüsüydü. Onlar Hizmetçiler, muhafızlar ve dragomanlardan (çevirmen-rüşvetçi) oluşan küçük bir ordu toplarlardı çünkü Yafa yolu hâlâ büyük ölçüde Bedevilerin ya da Ebu Goş kabilesinin elindeydi ve onlara rüşvet verilmesi ya da bir şekilde ikna edilmeleri zorunluydu. Bu tur operatörleri seyahatlerde ipek çadırları, kırmızı ve turkuaz renkle dekore edilmiş yemek ve misafir odaları ve hatta sıcak ve soğuk suyu olan kamplar kurarlardı. Amaç zengin İngiliz gezginlere hayallerindeki Doğu fantezisini sunabilmekti – *Bin bir Gece Masalları* gibi.

Thomas Cook'un Yafa Kapısı'ndaki Ofisi, rivayete göre Kral Davud'un Uriah'ın karısının banyo yaparken gördüğü,* Batşeba Havuzu'nun hemen üzerinde açılan Grand New Hotel ve kapının hemen dışında açılan Joachim Fast'ın otelinin simgesi olduğu, yeni Turist dostu Kudüs'ün merkeziydi. 1892'de demiryolu nihayet Kudüs'e ulaştı ve gerçekten de şehri turizme açmış oldu.

Turizmle birlikte fotoğrafçılık da gelişti. Kudüs'teki en yetenekli fotoğrafçı Kudüs'ün en üst düzey din adamı olan, "muhtemelen dünya üzerindeki en yakışıklı otorite sahibi" ve Manchester'da sanat okumuş olan Ermeni patriği Yessayi Garabedian'dı. Ona bağlı iki görevli rahipliği bırakıp Yafa yolu üzerinde fotoğraf stüdyosu kurarak turistlere "İncil pozları" vermiş ya da İncil'dekileri andıran kıyafetler giymiş Arapların fotoğraflarını satmaya başladılar. Bir grup sakallı ve koyun derisinden kıyafet giymiş Rus köylünün "işlemeli bir kıyafet giymiş, mavi gözlü ve sarı saçlı, kafasında bir taç bulunan ve vücut hatlarını gösteren dar bir korse giymiş ve Davud Kulesi'nin önünde poz veren bir İngiliz kadını izlemesi" sıradan olaylardandı. Ruslar hem dehşete düşmüştü hem de şaşkındılar.

Büyüyen yeni şehir mimari açıdan o kadar eklektikti ki günümüzde Kudüs'te Ortadoğu'yla hiçbir alakası olmayan evler ve hatta mahalleler bulunmaktadır. Yüzyılın sonuna doğru yapılan büyük Hristiyan binaları arasında yirmi yedi Fransız, on İtalyan ve sekiz Rus yapısı da bulunuyordu.** İngiltere ve Prusya, İngiliz-Prusya

---

* Cook'un ofisinin dışında tabelada şunlar yazmaktadır: "Thomas Cook ve oğlu Filistin'deki tercümanlar, katırcılar, arabacılar, hamallar ve saraçlardan oluşan en kalabalık hizmetçi grubuna sahiptir." Grand New Hotel'in inşaatı Roma kalıntılarını ortaya çıkarmıştır: İkinci surun bir bölümü, onuncu lejyona ait bir kitabe ve yıllarca sokak lambası olarak kullanılan Augustus'un elçisinin diktiği bir sütun.

** Alman mimar ve arkeolog Conrad Schick döneminin en üretken mimarlarından biriydi ve binaları herhangi bir sınıflandırmaya meydan okurdu –evi olan Thabor Hanesi ve şapelinde Alman, Arap ve Greko-Romen türlerinin bir karışımı bulunuyordu.

piskoposluğu ortaklıklarını sona erdirdikten sonra Anglikanlar, Anglikan piskoposunun makamı olarak, kendi dayanıklı İngiliz Aziz George Katedrali'ni inşa ettiler. 1892 tarihinde Osmanlılar da inşaatlara devam etmekteydi: Abdülhamit şehre birkaç çeşme yaptırdı, Hristiyan Mahallesi'ne doğrudan geçişi sağlayan Yeni Kapı'yı inşa ettirdi ve 1901 yılında tahta çıkışının yirmi beşinci yılını kutlamak için Yafa Kapısı'na bir İngiliz tren istasyonuna aitmiş gibi duran bir çan kulesi ekletti.

Bu arada Yahudiler, Araplar, Yunanlılar ve Almanlar sur dışındaki yeni şehre yerleşmekle meşguldüler. 1869'da yedi Yahudi ailesi Yafa Kapısı'nın dışında Nahalat Shiva'yı –Yedinin Mahallesi– kurdu; 1874'te aşırı Ortodoks Yahudiler, günümüzde Hasidik mahallesi olan, Mea Shearim'e yerleşmeye başladı. 1880'e gelindiğinde 17.000 Yahudi çoğunluğu teşkil ediyordu ve dokuz yeni Yahudi Mahallesi kurulmuştu, Arap aileleri de Şam Kapısı'nın kuzeyindeki Seyh Jarrah'ta kendi Hüseyni ve Naşhaşhibi Mahalleleri'ni kurdular.* Ailelerin Arap konaklarının tavanları Türk-Avrupa tarzının bir karışımıyla süslenmişti. Bir Hüseyninin inşa ettirdiği Doğu Evi'nde giriş salonu çiçekler ve geometrik şekillerle bezenirken diğerinde, Rabah Efendi Hüseyni, yüksek kubbeli, gök mavisine boyanmış ve akantus yapraklarıyla bezenmiş bir Paşa Salonu'na sahip bir konak inşa ettirmişti. Doğu Evi otel yapıldı, 1990'larda Filistin Otoritesi'nin Kudüs merkezi oldu ve Rabah Hüseyni konağı Kudüs'teki en önemli Amerikan ailesinin evi haline geldi.

AMERİKALI MÜCADELECİLER: İSA'NIN SÜTÜNÜ ILIK TUTMAK

21 Kasım 1873'te Anna Spafford ve dört kızı Ville de Havre'yle Atlantik'i geçerken başka bir gemiye çarptılar. Gemi battığında dört kızı boğuldu ama Anna hayatta kaldı. Kurtarıldıktan sonra kızlarının hepsinin öldüğünü öğrendiği zaman kendisini onların peşinden denize atmak istedi. Ama onun yerine kocası zengin Chicagolu avukat Horatio'ya yürek parçalayan şu telgrafı gönderdi: "Sadece ben kurtuldum. Ne yapayım?" Spaffordlar normal hayatlarını terk ederek Kudüs'e geldiler. Başlarına gelmeyen kalmamıştı: Oğulları hummadan ölünce geriye tek çocukları, Bertha, kaldı. Anna Spafford kendisini "bir amaçla kurtarıldığında" inandırdı ama çift başlarına gelenleri ilahi bir ceza olarak gören Presbiteryen Kilisesi'ne de kızmışlardı. Amerikan basınının ileride Mücadeleciler adını vereceği kendi mesihçi mezheplerini kurdular, Kudüs'te işlenen sevapların ve Yahudilerin –tabii ki Hristiyan olmaları

---

* Hüseyniler ve daha yeni olan Naşhaşhibiler gibi yeni aileler artan ticaretten istifade ederek daha da zenginleştiler. Hüseynilerden biri yeni demiryolu için yataklı vagonları temin etti. 1858'de Osmanlı Toprak Kanunu pek çok eski vakfı özelleştirdi ve bu sayede pek çok aile birden zengin toprak sahipleri ve tacirler oldular. Bu işten zararlı çıkan derebeylerinin insafına kalan Arap fellahinler yani köylüler oldu. Bu yüzden Abdülhamit'in son valisi Rauf Paşa ailelere "asalaklar" demişti.

şartıyla– tekrar İsrail'e dönmelerinin ardından İsa'nın İkinci Gelişi'nin hızlanacağına inanmaktaydılar.

1881'de Mücadeleciler –Amerikan Kolonisi'nin nüvesini teşkil eden on üç yetişkin ve üç çocuk– Şam Kapısı'nın içindeki büyük bir eve yerleştiler. 1896 yılında İsveç Evanjelist Kilisesi de onlara katılınca daha büyük bir binaya ihtiyaç duymaya başladılar. Bunun üzerine Nablus yolu üzerindeki Şeyh Jarrah'taki Rabbah Hüseyni'nin konağını kiraladılar. Horatio 1888 yılında öldü ama İkinci Geliş ve Yahudilerin Hristiyan yapılmasını vaaz eden tarikatları daha da güçlendi, kolonilerini hastaneler, yetimhaneler, aşevleri, bir dükkân ve kendi fotoğraf stüdyoları ve bir okulun olduğu büyük bir hayır kurumu haline getirdiler. Bu başarıları Yahudi karşıtı bir Massachusetts Kongre üyesi din adamı, profesör ve beceriksiz bir arkeolog olan Amerikan büyükelçisi Selah Merril'in düşmanlığını kazanmalarına neden oldu. Merril yirmi yıl boyunca bu koloniyi ortadan kaldırmaya çalışıp onları şarlatanlıkla, Amerikan düşmanlığıyla, ahlaksızlıkla ve çocuk kaçırmayla suçladı. Onları kamçılamaları için muhafızlarını göndermekle tehdit etti.

Amerikan basını Kolonicilerin her gün Olivet'te çay demleyip İsa'nın gelişini beklediğini iddia ettiler: Detroit News, "İsa her an gelebilir diye sütü sürekli ılık ve katırları da sürekli eyerli tutuyorlar ve bazıları onların hiç ölmeyeceğini söylüyor," demişti. Ayrıca şehrin arkeolojisinde de özel bir rol üstlenmişlerdi: 1882'de İngiltere'nin İncil'i ve silahı bağrına basmasının canlı bir örneği olan bir İngiliz kahramanla arkadaş oldular.

General Charles "Çinli" Gordon, Çin'deki Boxer ayaklanmasının bastırılmasına yardım edip Sudan'ı bir süre yönettikten sonra Vaftizci Yahya'nın köyü, Ein Kerem'e yerleşti. Ama oraya gelmesinin nedeni İncil okumak ve Koloni'nin ilk binasının çatısından manzarayı izlemekti. Orada hemen karşıdaki kafatasına benzer tepenin asıl Golgotha olduğuna ikna oldu ve bu fikri öyle bir enerjiyle savundu ki onun sözde Bahçe Türbesi, Protestanların Kutsal Kabir'e alternatifi haline geldi. * Bu arada Mücadeleciler, Bertha Spafford'un "Allah'ın Bahçesindeki Garipler" dediği akıl hastası hacılarla da ilgilenmekteydiler. Anılarında şöyle yazmıştı: "Kudüs'e her türden dinî fanatik ve farklı derecelerde akıl hastalığı olan kişiler gelmektedir." "Kendilerini İlyas, Vaftizci Yahya ya da başka bir peygamber zannederek Kudüs'te dolaşan" Amerikalılar bulunuyordu. İlyaslardan birisi bir taşla Horatio

---

* Sudan'daki Mehdi ayaklanması yüzünden Kudüs'ten ayrılmak zorunda kaldı. Sudan'ı yönetmesi için geri çağrılan Gordon, Hartum'da kuşatıldı ve dendiğine göre elinde sıkıca tuttuğu İnciliyle öldürüldü. Kolonının tek arkeolojik başarısı Bahçe Türbesi değildi: daha önce de gördüğümüz gibi Siloam Tüneli'nde işçilerin bıraktığı duvar yazılarını bulan kişi sığındığı Londra Yahudi Cemiyeti tarafından Hristiyan yapılan bir Yahudi'nin çocuğu olan Jacob Eliahu'duydu.

Spafford'u öldürmeye kalkıştı; Titus adındaki bir Teksaslı kendisini dünyanın fatihi zannediyordu ama kadınlara sarkıntılığa başlayınca hapse atıldı. Bir de Vahiy 7.4'te bahsedilen 144.000 ruhu yerleştirmek için bir konak tasarlayan zengin bir Hollandalı düşes vardı. Tabii ki Kudüs'teki Amerikalıların tümü Hristiyan Hebraistler değildi. Konsolos-General Merrill Yahudilerden en az Mücadelecilerden ettiği kadar nefret ediyor, onlara kibirli, para manyağı "asla asker, kolonici ya da vatandaş yapılamayacak aşağı bir ırkın efratları" diyordu.

Amerikan kolonisinin söylediği neşeli ilahiler ve yaptıkları hayır işleri çok geçmeden onlara tüm mezhep ve dinlerden olduğu kadar yazarlardan, hacılardan ve ileri gelenlerden arkadaş kazandırmaya başladı. Spaffordlarla birlikte yaşayan İsveçli bir yazar olan Selman Lagerlöf, Kudüs kitabıyla koloniyi ünlü yaptı ve Nobel Edebiyat Ödülü'nü kazandı. 1902'de Yafa'da bir otel işleten Baron Plato von Ustinov (aktör Peter'in büyükbabası) müşterilerinden kolonide kalmalarını rica edince otele dönüşmesi için ilk adımı atmış oldu.[*19] Batılılar şehri dönüştürülmeye çalışıyor olsa da yüzyıl sonunda orada asıl hakim olan, Kudüs'le aynı derecede ilgili Ortodoks köylüler ve baskı gören Yahudilerin İmparatorluğu olan, Rusya'ydı – iki grup da Odesa'dan aynı gemilerle şehre geliyordu.

---

* 1904'te kurucuların kızı Bertha Spafford diğer bir kolonici olan Frederick Vester'le evlendi ve torunları hâlâ o oteli işletmektedirler.

41

RUSLAR

1880-98

BÜYÜK DÜK SERGEY VE BÜYÜK DÜŞES ELLA

İçlerinde pek çok kadın da bulunan Rus köylüleri genelde Siyon'a gitmek için köylerinden Odesa'ya kadar yürüyerek gelirlerdi. Üzerlerinde "kat kat kıyafetler ve koyun derisinden şapkalar olurdu" ve kadınlar başlarının üzerine "dört ya da beş tane iç etek ve gri örtü giyerlerdi." Kefenlerini de beraberlerinde taşırlar ve Ruslar gibi sakal bırakıp kıyafetler giyerek onlarla birlikte yolculuk yapan İngiliz gazeteci Stephen Graham'a göre de şöyle hissederlerdi: "Kudüs'e vardıkları zaman hayatlarındaki en önemli vazifeyi yerine getirdiklerini hissederlerdi. Çünkü Kudüs'e giden köylüler Rusya'da bir şekilde ölmüş olanlardı – tıpkı Protestanların inancının yaşam çevresinde dönüyor olması gibi."

Tıka basa dolu gemilerin "karanlık ve pis ambarlarında" yolculuk ederlerdi: "Bir fırtınada direkler kırıldığı zaman ambardaki köylüler cesetler gibi birbirlerinin üzerine yığıldılar ya da delirmiş gibi birbirlerine yapıştılar, hayal edebileceğiniz en rezil çukurdan daha kötüydü ve koku ateşten bile yakıcıydı!" Kudüs'te, "Rus Filistin Derneği'nin muhteşem üniformalı iri yarı Karadağlı rehberi tarafından karşılandılar –kırmızı ve krem rengi pelerin ve mahmuzlar– ve yarı çıplak ve çirkin ve sadaka alabilmek için her şeyi yapan Arap dilencilerin doldurduğu sokaklardan Rus Tesisi'ne götürüldüler." Orada büyük ama kalabalık yatakhanelerde günde üç pense yaşarlar, kasha ve kabak çorbası yer ve kvass kök birası içerler. O kadar çok Rus vardı ki, "Arap çocukları onlarla birlikte koşup Rusça, 'Moskoflar iyidir!' diye bağırırdı."

Yolculuk sırasında söylentiler yayılırdı: "Gemide gizemli bir yolcu var." Vardıklarında, "Tanrım sana şükürler olsun," diye bağırırlar, "Kudüs'te gizemli bir hacı olduğunu söyler" ve daha sonra da İsa'yı Altın Kapı'da ya da Hirodes Duvarı'nda gördüklerini iddia ederlerdi. Graham, "İsa'nın Kabri'nde bir gece geçirirler ve Kutsal Ateş'i alıp onu tabutlarında takacakları şapkalarıyla söndürürler," demişti. Yine de

Kudüs'ün "dünyevi ve zengin gezginler için bir eğlene mekânı" olduğunu görmek onları şoke ederdi, özellikle de "ölümün rahmi olan perişan haldeki Kilise'yi gördükleri zaman." "Kudüs'e bakmayı bırakıp İncil'in bize bakmasına izin verdiğimiz zaman İsa'yı göreceğiz," diyerek kendilerini teselli ederlerdi. Ama Kutsal Rusya da değişiyordu: II. Aleksandroviç'in 1861 yılında serfleri özgür bırakması gerçekleştiremeyeceği reform umutlarının doğmasına neden oldu: Anarşist ve sosyalist teröristler kendi İmparatorluğu'nda onun peşine düştüler. Bir saldırıda İmparator bizzat tabancasını çekip saldırgana ateş etti. 1881'de sonunda St. Petersburg'daki suikasttan kurtulamadı ve bomba atan radikaller bacaklarını kopardılar.

Yahudilerin de işin içinde olduğu söylentileri yayıldı (teröristler içinde Yahudi bir kadın da vardı ama suikastçılardan hiçbiri Yahudi değildi) ve tüm Rusya'da Yahudilere karşı, bazıları devlet tarafından teşvik ve tertip edilen, kanlı saldırılar düzenlenmeye başladı. Bu saldırılar Batıya yeni bir kelime kazandırdı: pogrom, Rusça "gromit"ten ("yok etmek"ten) türemişti. Muhafazakâr görüşlere sahip sakallı bir dev olan Yeni İmparator III. Alexander, Yahudileri "sosyal bir kanser" olarak görüyordu ve dürüst Ortodoks Rusların onlara uyguladığı baskının nedeninin de yine Yahudiler olduğunu söylüyordu. 1882 tarihli Mayıs Kararları, Yahudi Karşıtlığını* devlet politikası haline getirdi ve gizli polis bu kararları uygulamaya başladı.

İmparator, Kutsal Rusya'nın Kudüs'e hac kültüyle teşvik edilen Otokrasi ve Ortodoksluk ile kurtarılabileceğine inanıyordu. Bu yüzden kardeşi Büyük Dük Sergey Aleksandroviç'i "Kutsal Topraklar'da Ortodoksluğu güçlendirmek için" İmparatorluk Ortodoks Filistin Derneği'nin başına getirdi.

28 Eylül 1888'de Sergey ve yirmi üç yaşındaki karısı Elizabeth, lakabı Ella, Kraliçe Victoria'nın güzel torunu Zeytin Dağı'nda inşa edilen, yedi altın kaplama soğan kubbeli ve kireçtaşından yapılma, Mary Magdalene Kilisesi'nin açılışını yaptılar. İkisi de Kudüs'e taşındı. Ella, Kraliçe Victoria'ya, "Kutsal Kabir'e girdiğin zaman insanı ne kadar etkilediğine inanamazsın. Orada bulunmak tarif edilmez bir coşku ve aklımda hep sen varsın," demiştir. Protestan Hesse-Darmstadt prensesi olarak doğan Ella büyük bir şevkle Ortodoks olmuştu. "Kişinin çocukluğundan beri hakkında hikâyeler dinlediği kutsal mekânları görmesi ne büyük bahtiyarlık." Sergey ve İmparator, kilisenin tasarımıyla bizzat ilgilendi, Ella da içindeki Magdalene resimlerinden sorumluydu. Kilisenin Rus karakterinden ve Altın Kapı karşısındaki muhteşem konumundan etkilenen Grand Düşeş buraya defnedilmek istediğini söyledi – böylece Mahşer'de ilk dirilenlerden olacaktı. Elle, Victoria'ya,

---

* Bu kelimenin kaynağı Alman bir gazeteci olan Willhelm Marr'ın 1879 yılında yazdığı Yahudiliğin Almanya'ya Karşı Zaferi kitabıdır, zaman içinde eski dinî versiyonun yerini alan ırkçı bir nefreti tarif etmek için kullanılmıştır.

"İsa'nın bizler için kendisini feda ettiği tüm bu yerleri görmek rüya gibi ve burada dua etmek insanın içini huzurla dolduruyor," diyordu. Ella'nın huzura ihtiyacı vardı.

Otuz bir yaşındaki Sergey sert bir asker ve bir tirandı, otokratik Ortodoksluğa olan katı bağlılığı ile gizli eşcinsel hayatı arasındaki çelişkinin sıkıntısını çekiyordu. Kuzenlerinden biri onu "iyi bir huyu olmayan dik başlı, kibirli, uyumsuz ve hava atmaya bayılan birisi" diye tarif etmişti. Ella ile yaptığı evlilik onu bir anda Avrupa'nın önde gelen soylularından biri yaptı: Kız kardeşi Aleksandra müstakbel çar II. Nikolas'la evlenmek üzereydi.

Şehirden ayrılmalarından evvel Sergey'in ilgi alanları –İmparatorluk, Tanrı ve arkeoloji– Kutsal Kabir Kilisesi'nin hemen yanındaki yeni kilisesi Aziz Aleksandroviç Nevski Kilisesi'nde bir araya geldi. Bu araziyi satın aldığında Sergey ve ustaları Hadrianus Tapınağı ve Konstantin Bazilikası'na ait olan duvarlar keşfettiler ve bu arkeolojik bulguları yeni binasına dâhil etti. Rus tesisinde Rus aristokratları için yapılmış neo-Gotik kulelere sahip lüks bir pansiyon olan Sergey'in Evi'ni açtı.* Sergei ve Ella'nın yaşamı trajik olacaktı; yine de bu binalar ve bölgeye çektikleri binlerce Rus hacının haricinde Sergey'in en büyük katkısı Rus Yahudilerini Siyon sığınağına yönlendiren Yahudi karşıtlığının bir parçası olmasıydı.

BÜYÜK DÜK SERGEY: RUS YAHUDİLER VE POGROMLAR

1891'de III. Aleksandroviç, Sergey'i Moskova valisi olarak atadı. Göreve gelir gelmez 20.000 Yahudi'yi şehirden sürüp yaşadıkları mahalleleri ilk Hamursuz Bayramı'nda kazaklar ve polislerle kuşattı. Ella, "İleride bunu yaptığımız için kimsenin bizi kınayacağını zannetmiyorum," diye yazmıştı ama Sergey, "bunun güvenlik meselesi olduğunu düşünüyordu. Ortada utanılacak bir şey yoktu."**

Altı milyon Rus Yahudisi her zaman Kudüs'e hürmet etmiş ve dua ederken evlerinin doğu duvarına yönelmişlerdi. Ama pogromlar şimdi onları ya devrime –çoğu sosyalist oldu– ya da kaçmaya zorluyordu. Bu durum büyük bir göç dalgasını tetikledi ve bunlardan ilki, Kudüs'teki Kutsal Dağ gibi yüce bir yere kaçmak manasına gelen, Aliyah'tı. 1888 ve 1914 yılları arasında iki milyon Yahudi Rusya'yı terk etti ama bunların yüzde 85'i Vadedilmiş Topraklar'a değil de Amerika'nın

---

* Sergey'in Evi, Başkan Putin'in 2005'teki ziyareti sırasında hayran kaldığı ve çok etkilenip gözlerinin yaşla dolduğunu söylediği zamana kadar teknik olarak onun mülkünün bir parçası olarak kaldı. İsrail, pansiyonu 2008 yılında Rusya'ya iade etti.

** III. Aleksandroviç 1894 yılında öldü ve yerine tecrübesiz, beceriksiz ve talihsiz, babasının otokrasiye olan inancını paylaşan, oğlu II. Nikolas geçti. "Sergey Amca'yı" sevmiş ve güvenmişti. Sergey'in vali-general olarak düzenlenmesinden sorumlu olduğu kutlamalarda Moskova'da binlerce köylü arbedede ezilerek öldü. Sergey, yeğenine kutlamalara devam etmesini tavsiye ederek sorumluluk almaktan kaçındı.

Altın Toprakları'na gitti. Yine de binlercesi Kudüs'ü tercih etmişti. 1890'lardan itibaren Rus Yahudi göçü şehrin çehresini değiştirmeye başladı: Artık 40.000 Kudüslünün 25.000'i Yahudi'ydi. 1882'de sultan, Yahudi göçünü yasakladı ve 1889'da Yahudilerin Filistin'de üç aydan fazla kalmasının yasak olduğunu bildiren bir ferman yayınladı ama bu yasaklar nadiren uygulandı. Yusuf Halidi'nin liderliğindeki Arap aileleri İstanbul'a Yahudi göçünün yasaklanması için dilekçe gönderdiler ama Yahudiler gelmeye devam etti.

İncil yazarlarının Kudüs'le ilgili hikâyelerini yazdıkları tarihten ve şehrin biyografisinin evrensel bir hikâye olmasından beri şehrin kaderi hep uzak noktalarda belirlenmişti – Babil, Susa, Roma, Mekke, İstanbul, Londra ve St. Petersburg. 1896'da bir Avusturyalı gazeteci yirminci yüzyıl Kudüs'ünü tarif eden bir kitap yayınladı: Yahudi Devleti.[20]

BÖLÜM DOKUZ

SİYONİZM

"Ey Kudüs: Tüm bu zaman zarfında varlığını koruyan Nasıra'nın sevgi dolu hayalcisi nefreti artırmaktan başka hiçbir şey yapmadı."

—Theodor Herzl, *Diary*

"Dünya üzerindeki her yerden daha fazla kutsal cinayet, tecavüz ve yağmaya şahitlik etmiş sıcak kayaların üzerinde Yahveh'in öfkeli yüzü beklemekte."

—Arthur Koestler

"Eğer bir ülkenin ruhu varsa Kudüs, İsrail ülkesinin ruhudur."

—David Ben-Gurion, gazete mülakatı

"İnsanlık için Atina ve Kudüs'ten daha önemli iki şehir yoktur."

—Winston Churchill, *İkinci Dünya Savaşı*, Cilt 6: *Zafer ve Trajedi*

"Kudüslü olmak kolay değildir. Güzel olduğu kadar dikenli bir yolda gitmek gibidir. Eski Şehir'in içinde büyükler küçülür. Papalar, patrikler ve krallar, tümü taçlarını çıkarırlar. Burası Kralların Kralı'nın şehridir; dünyevi krallar ve lordlar onun hâkimi değildir. Hiçbir insan Kudüs'e hükmedemez."

—John Tleel, "Ben Kudüs'üm," *Jerusalem Quarterly*

"Yahudi olmayanlar
Taşımak zorundadır
İsrail'in nefretinin ağırlığını
Çünkü Tanrı bir daha
Kudüs'e zafer kısmet etmeyecektir."

—Rudyard Kipling, "The Burden of Jerusalem"

42

KAYZER

1895-1905

HERZL

Viyana'da yaşayan, bir edebiyat eleştirmeni olan Theodor Herzl'in "çok yakışıklı olduğu, kalın kirpikli badem şekilli gözlerinin bulunduğu ve profilden Asur imparatorlarını" andırdığı söylenir. Mutsuz bir evlilik yapmış olan üç çocuk babası Herzl kanat yaka ve frak giyen asimile olmuş bir Yahudi'ydi; "o, halkından biri değildi" ve köylerde yaşayan Yahudilerle de pek bir ilgisi yoktu. Hukuk eğitimi almıştı, İbranice ya da Aşkenazi bilmezdi, evine yılbaşı ağacı koyardı ve oğlunu sünnet ettirmemişti. Ama 1881 yılındaki Rus pogromları onu fena sarstı. 1895 yılında, Viyana'da, Yahudi karşıtı Karl Lueger belediye başkanı seçilince Herzl şunları yazdı: "Yahudilerin morali berbat." Aynı yıl, masum bir Yahudi subayın Alman ajanı olmakla suçlandığı, Dreyfus Olayı için Paris'e gidip Yahudilere eşitlik tanımış bir ülkede Parislilerin *Mort aux Juifs** diye bağırmalarını izledi. Bu onda asimilasyonun sadece başarısız olmakla kalmayıp antisemitizmi daha da körüklediği izleniminin doğmasına neden oldu. Hatta günün birinde Almanya'da antisemitizmin resmî bir uygulama haline gelebileceğini de öngördü.

Herzl, Yahudilerin kendi vatanları olmadan asla güvende olamayacaklarına kanaat getirdi. İlk başta yarı pragmatik yarı ütopik bu adam Alman bir aristokratik cumhuriyet, Rothschild'in doc** kendisinin de şansölye olacağı bir Yahudi Venediki tasavvur etti. Öngörüsü sekülerdi: Yüce rahipler "etkileyici cübbeler" giyeceklerdi; Herzl'in ordusunda gümüş göğüs zırhları giyen plastronlar (ağır süvari) olacaktı; modern Yahudi vatandaşları modern Kudüs'te kriket ve tenis oynayacaklardı. Başta Yahudi devleti düşüncesine şüpheyle yaklaşan Rothschild ailesi***, Herzl'in yaklaşımını reddetti ama bu ilk planlardan ileride daha olgun bir

* (Fr.) "Yahudilere ölüm!" (yay. n.)

** Eski Venedik ya da Cenova cumhuriyetlerinde seçimle iş başına gelen başkanlar. (yay. n.)

*** On sekizinci yüzyılın sonlarından başlayarak Avrupa'nın çeşitli merkezlerinde bankalar kuran Alman kökenli Yahudi bir aile. (yay. n.)

düşünce doğdu. Şubat 1896'da, *Der Judenstaat* (*Yahudi Devleti*) adlı kitabında, "Filistin bizim asla unutmadığımız tarihi yuvamızdır," diye ilan etti. "Makkabiler yeniden doğacak. Kendi toprağımızda özgür insanlar olarak yaşayacak ve kendi evlerimizde huzur içinde öleceğiz."

Siyonizmde yeni hiçbir şey yoktu –kelime bile 1890'larda çoktan kullanılmaya başlanmıştı –ama Herzl bu çok eski hissiyata siyasi bir bakış ve teşkilat kazandırdı. Yahudiler, Kral Davud zamanından, bilhassa Babil sürgününden beri varlıklarını Kudüs'le olan ilişkileri bağlamında açıklamışlardı. Yahudiler Kudüs'e doğru ibadet eder, her Hamursuz'da birbirlerine, "Seneye Kudüs'te," diyerek temennide bulunur ve Tapınak'ın yıkılışını düğünlerinde bardak kırarak ve evlerinin bir köşesini donatmayarak anarlardı. Oraya hacca gider ve her fırsatta Tapınak Duvarları civarında ibadet ederlerdi. Baskıya uğradıkları dönemlerde bile Yahudiler, Kudüs'te yaşamaya devam ettiler ve ancak ölüm tehdidi karşısında orayı terk ettiler.

Yeni Avrupa milliyetçiliği kaçınılmaz olarak milliyet üstü ve kozmopolit bu halktan nefret edilmesine yol açtı – ama aynı zamanda bu milliyetçilik ve Fransız Devrimi'yle kazanılan özgürlük Yahudilere de ilham verdi. Prens Potemkin, İmparator Napolyon ve Amerikan Başkanı John Adams tıpkı Leh ve İtalyan milliyetçiler ve tabii ki Amerika ve İngiltere'deki Siyonistler gibi Yahudilerin Kudüs'e geri dönmesi gerektiğine inanmaktaydılar. Yine de Siyonist öncüler Geri Dönüşü, Mesih beklentisi ışığında değerlendiren Ortodoks hahamlardı. 1836'da Prusya'da Aşkenazi bir haham olan Zvi Hirsch Kalischer yeni bir Yahudi devletinin kurulmasına yardımcı olmaları için Rothschild ve Montefiore aileleriyle temasa geçti ve daha sonra *Drishat Tzion* (*Siyon Arayışı*) isimli kitabı yazdı. Şam'daki kan iftirası olayından sonra Saraybosna'daki Sefarad bir Yahudi olan Haham Yehuda Hai Alchelai İslam topraklarında yaşayan Yahudilerin liderlerini seçmesini ve Filistin'de toprak satın almalarını teklif etti. 1862'de Karl Marx'ın bir arkadaşı olan Moses Hess, *Rom und Jerusalem, die Letzte Nationalitätsfrage* (*Roma ve Kudüs: Son Milli Mesele*) adlı kitabında milliyetçiliğin ırkçı Yahudi düşmanlığına yol açacağını öngördü ve Filistin'de sosyalist bir Yahudi devleti kurulmasını önerdi. Ama hiçbiri Rus pogromları kadar etkili olamadı.

Odessalı bir hekim olan Leon Pinsker, Herz'le aynı dönemde, *Selbstemanzipation* (**Kendi Kendini Özgürleştirmek**) adlı kitabında, "Yeniden yaşayan bir millet haline gelmeliyiz," diye yazmıştı. Filistin'de bir tarım toplumu kurmayı hedefleyen Rus Yahudilerinden oluşan "Siyon Âşıkları –Hovevei Zion–" adındaki bir harekete ilham verdi. Çoğu seküler olsa da genç bir destekçi olan Chaim Weizmann, "Yahudiliğimiz ve siyonizmimiz birbirinin aynısıdır," yorumunda bulundu. 1878'de Filistin Yahudileri sahilde Petah Tikvah'ı (Umut Kapısı) kurdular ve bu sefer Rotschild bile, Fransız Baron Edmon kişiliğinde, Rus mülteciler için kurulan Rişon Letzion (İlk önce Siyon'a) gibi tarım köylerini mali olarak desteklemeye başladı – toplamda 6.6 milyon sterlin bağışlamıştı. Montefiore gibi o da Kudüs'teki Duvar'ı satın almayı denedi. 1887'de müftü Mustafa el-Hüseyni anlaşmayı kabul etse de anlaşma hayata geçirilmedi. Rothschild 1897'de tekrar denediğinde Hüseyni Şeyh el –Haram buna engel oldu.

1883'te, Herzl'in kitabından çok önce, yirmi beş bin Yahudiden oluşan ilk göç dalgası –Aliyah– Filistin'e gelmeye başladı. Bunların çoğu Rusya'dan geliyordu ama 1870'lerde İran'dan ve 1880'lerde de Yemen'den çok sayıda Yahudi geldi. Kendi mahallelerinde bir arada yaşarlardı: Buhara'dan gelen, aralarında Cengiz Han için elmas kesmiş kuyumcu ailesi Moussaieff ailesinin de olduğu Yahudiler, neo-gotik, neo-rönesans ve bazen de Fas tarzı konakları Orta Asya'daki şehirleri hatırlatacak şekilde tasarlanmış olan titizlikle planlanmış Buhara Mahallesi'ne yerleştiler.*

Ağustos 1897'de Herzl, Basle'de ilk Siyonist kongresini düzenledi ve sonrasında gururla günlüğüne şunları yazdı: "*L'état C'est moi.*** Basle'de bir Yahudi devleti kurdum. Bunu bugün yüksek sesle söylersem herkes bana güler. Ama belki beş ve kesinlikle elli yıl içinde herkes bunun doğru olduğunu görecek." Gördüler – sadece beş yıl yanılmıştı. Herzl yeni tür bir siyasetçi ve yayıncı haline gelip Avrupa'daki demiryolu ağını kullanarak krallar, bakanlar ve basın baronlarıyla görüştü. Tükenmek bilmez enerjisiyle çelişen zayıf kalbi her an için ölümüne neden olabilirdi.

Herzl'in inandığı Siyonizm mülteciler tarafından inşa edilen değil de imparatorlar tarafından bahşedilip, plütokratlar tarafından finanse edilen bir hareket olacaktı. Rothschildler ve Montefioreler başta Siyonizme pek sıcak bakmadılar, ama Moses'in yeğeni, "çok fazla el sıkmak zorunda kaldığı için İsviçre sıcağında beyaz eldiven takan sıradan bir İngiliz centilmeni olan" Sir Francis Montefiore ilk Siyonist kongrelere iştirak etti. Fakat Herzl'in, Osmanlı Sultanı'yla temasa geçecek bir hükümdara ihtiyacı vardı. Yahudi devletinde Almanca konuşulmasına karar verdi – o yüzden de gözünü tipik bir modern kral olan Alman Kayzer'i II. Wilhelm'e çevirdi.

II. Wilhelm, Sultan'la görüşeceği ve daha sonra da babası Kayzer Frederick'e Kutsal Kabir Kilisesi'nin yakınında verilen arazide inşa edeceği yeni kilisenin açılışı için Kudüs'e gideceği bir Doğu turuna çıkmayı planlıyordu. Ama Kayzer'in

---

* Kudüs'ün Polonyalı Yahudilerinin çoğu Rus İmparatorluğu'ndan gelen Hasidiklerdi ama aralarından bazıları Siyonizme karşıydı ve Geri Dönüş ve Kıyamet'in tarihlerine insanların müdahale etmeye kalkışmasını küfür olarak görüyorlardı.

** (Fr.) "Bu, benim devletim." (yay. n.)

planı bundan ibaret değildi: Sultan'la arasının iyi olmasıyla övünür ve kendisini Kutsal Topraklar'a gidecek Protestan bir hacı olarak görürdü. Hepsinden öte İngiliz etkisini dengelemek ve Yeni Almanya'sını şekillendirebilmek için Osmanlılara Alman himayesi sunmayı düşünüyordu.

Herzl, "Alman Kayzeri'ne başvurup halkımın gitmesine müsaade et demeye" karar verdi. Devletini "büyük, güçlü, erdemli, iyi idare edilen ve düzenli Almanya'yı örnek alarak" kuracaktı. Siyonizm vasıtasıyla Yahudilerin günün birinde Almanya'yı tekrar sevmesi mümkün olabilirdi.

WILHELM: İMPARATORLUĞUMDAKİ PARAZİTLER

Kayzer, Yahudilerin kahramanı sayılmazdı. Yahudilerin Arjantin'e yerleştiğini duyduğu zaman, "Keşke bizimkileri de oraya gönderebilsek," demiş ve Herzl'in Siyonizmini duyduğu zaman da, "Mauschellerin Filistin'e gitmesi taraftarıyım. Ne kadar çabuk giderlerse o kadar iyidir!" yorumunda bulunmuştu. Almanya'daki Yahudi sanayicilerle sürekli olarak görüşüyordu ve Yahudi gemi sahibi Albert Ballin'le arkadaş olsa da özünde sürekli Yahudi kapitalizminin zehirli canavarından şikâyet eden bir Yahudi karşıtıydı. "Yahudilerin, imparatorluğunun içinde yaşayan parazitler olduğuna ve Almanya'yı çürüttüğüne" inanıyordu. Yıllar sonra tahtan indirilmiş bir hükümdar olarak Yahudilerin gaz kullanılarak toplu imhasını teklif edecekti. Yine de Herzl, "Yahudi karşıtlarının onların en güvenilir dostları olacağını" seziyordu.

Herzl'in, Kayzer'in sarayına girmesi gerekiyordu. Önce Kayzer'in, Ahit Sandığı'nı bulma hevesinde olan, nüfuzlu amcası Baden Büyük Dükü Friedrich'le temasa geçmeyi başardı. Baden, durumu yeğenine bildirince o da Eulenburg Prensi Philipp'ten Siyonist planla ilgili rapor vermesini istedi. Kayzer'in en yakın dostu olan Eulenburg, Viyana büyükelçisiydi ve Herzl'in planından etkilenmişti: Siyonizm Almanya'nın gücünü yaymak için bir araç olacaktı. Kayzer, "Şem kabilesinin enerji, yaratıcılık ve verimliliğinin Hristiyanların kanını emmekten başka yönlere çevrilmesinin" önemli olduğunu kabul etti. Wilhelm, döneminin pek çok hâkim sınıf mensubu gibi, Yahudilerin dünyanın üzerinde gizemli bir etkisi olduğuna inanmaktaydı:

> Yahudilerin, Kurtarıcımızı öldürdüğünü bizden daha iyi bilen Tanrımız onlara hak ettikleri cezayı vermiştir. Uluslararası Yahudi sermayesinin sahip olduğu muazzam ve son derece tehlikeli güç dikkate alındığında Yahudilerin, Almanya'ya minnetle bakmasının ne kadar önemli olduğunu anlamak zor olmayacaktır.

Herzl için haberler iyiydi: "Yahudi karşıtlığı canavarı her yerde başını kaldırmakta ve Yahudiler kendilerine bir koruyucu arıyorlar. Bu yüzden Sultan'dan ricada bulunacağım." Herzl çok heyecanlıydı. "Harika, harika."

11 Ekim 1898'de Kayzer ve eşi aralarında Dışişleri Bakanı, yirmi memur, iki doktor, sekiz hizmetçi, uşaklar ve muhafızların bulunduğu maiyetleriyle birlikte trenle yola çıktı. Tüm dünyayı etkileme hevesinde olan Kayzer haçlı tarzı zincirli miğferi olan, özel, gri bir üniforma tasarlatmıştı. 13 Ekim'de Herzl, dört Siyonistle birlikte Orient Express'le Viyana'dan yola çıkarken beyaz kravatı ve frak ceketiyle birlikte güneş kaskı ve safari ceketini almayı da ihmal etmedi.

Wilhelm, İstanbul'da, nihayet "aristokrat bir mantıkla idealist, zeki, etkileyici gözleri olan çok kurnaz biri" dediği bu Siyonisti kabul etti. Kayzer, Herzl'i destekleyeceğini söylemişti çünkü "eğer bu tefeci millet kolonilere yerleşirlerse daha faydalı olacaklardı." Herzl bu tabire itiraz etti. Kayzer, sultana ne söylemesini istediklerini sordu. Herzl, "Alman himayesi altında kiralık bir şirket," diye cevap verdi. Kayzer, Herzl'den kendisiyle Kudüs'te buluşmasını istedi.

Herzl etkilenmişti. Kayzer "deniz mavisi gözleri, dürüst, samimi ve cesur yüz ifadesiyle" emperyalist gücü temsil ediyordu ama gerçek farklıydı. Wilhelm'in zeki, bilgili ve enerjik olduğu doğruydu ama diğer taraftan öylesine vesveseli ve tutarsızdıki Eulenburg bile akıl hastası olabileceğinden şüphe ediyordu. Şansölye Prens Bismarck'ı görevinden aldıktan sonra Alman siyasetinin kontrolünü ele geçirdi ama elinde tutmayı başaramadı. Şahsi diplomasisi bir felaketti; bakanlarına yazdıkları notlarda öyle hakaretler bulunuyorduki onları saklamak zorunda kalıyorlardı; askerleri Alman işçilere ateş açmaya teşvik eden ya da düşmanlarını Hunlar gibi katletmelerini söyleyen tane tane konuştuğu nutukları utanç kaynağıydı.* 1898 tarihinde Wilhelm yarı şaklaban yarı savaş manyağı olarak görülmeye başlanmıştı bile.

Her şeye rağmen Siyonist planı Abdülhamit'e sundu. Sultan kati olarak reddetti ve kızına şunu söyledi: "Milyonları Yahudilere kalsın. Belki de imparatorluğum bölündüğü zaman Filistin'i bedavaya alacaklar. Ama ancak biz öldükten sonra." Diğer taraftan kendisini İslam'ın cazibesine kaptıran Wilhelm, Herzl'e olan ilgisini kaybetti.[1]

---

* Wilhelm'in tutarsız davranışları kendi maiyetini de telaşlandırıyordu. Eldiven giyme ve sado-mazoşist fetişler içeren erken dönem seks hayatını gizlemek zorunda kalmışlardı. Maiyetinden biri olan orta yaşlı bir Prusya generali, Kayzer için üzerinde balerin eteği ve tüylü şalla dans ederken kalpten ölmüştü ve bir diğeri de "gerçek bir kaniş köpeği kuyruğu takarak tıraşlı kasıklarıyla" bir kaniş köpeği gibi giyinerek onu eğlendirmişti. "Majestelerinin bize güldüğünü görebiliyordum." Sonunda gizli eşcinsel hayatı ortaya çıkan arkadaşı Eulenburg'un siyasi kariyeri sona erdi. Ama Wilhelm diğerlerinin ahlakı söz konusu olduğunda tutucu bir Victoria dönemi adamıydı: Eulenburg'la bir daha konuşmadı.

29 Ekim 1898'de saat 15.00'da Kayzer, Yafa Kapısı'nın duvarında özellikle açılan bir gedikten geçerek beyaz bir atın üzerinde Kudüs'e girdi.

KAYZER VE HERZL: SON HAÇLI VE İLK SİYONİST

Kayzer altın sırmalı güneş altında parlayan beyaz üniformasını ve altın kartallı ve çivili miğferini giymiş halde, Haçlı tarzı sancaklarını sallayan Prusya hussarları ve kırmızı ceketli, mavi pantolonlu ve yeşil sarıklı ve gönderlerle teçhiz edilmiş sultanın süvarilerinin eşliğinde yoluna devam etti. Kuşaklı ipek elbise ve hasır şapka giymiş olan Kayzer'in eşi iki nedimesiyle birlikte bir arabayla arkalarından geliyordu.

Herzl, Alman subaylarıyla dolu bir otelden Kayzer'in performansını izledi. Kayzer, Kudüs'ü yeni inşa ettiği imparatorluğunun reklamını yapabileceği ideal bir sahne olarak görüyordu ama herkes etkilenmemişti: Dul Rus İmparatoriçesi performansı hakkında "tahrik edici, komik ve itici!" dedi. Kayzer devlet ziyaretleri için resmî bir fotoğrafçı tayin eden ilk devlet başkanıydı. Haçlı üniforması ve beraberindeki fotoğrafçılar Eulenburg'un "Kayzer'in iki farklı doğası" dediği şeyi açığa çıkarmaktaydı – "Ortaçağ'ın en güzel dönemlerini hatırlatan şövalyevari ve modern."

New York Times'ta bildirildiğine göre kalabalıklar "bayram elbiselerini giymişlerdi. Erkekler beyaz sarık ve renkli gömlek, Türk zabitlerinin karıları ipek milayeler" ve zengin köylüler kırmızı kaftan giymişti." Güzel atları üzerindeki Bedeviler ise "büyük ve ağır botlar, gömlek üzerine silahlarla dolu deri yelekler" ve keffiyeh giyiyordu. Şeyhleri ucu devekuşu tüyleriyle süslü bir mızrak taşımaktaydı.

Doksan yaşlarında beyaz sakallı beyaz kaftan ve mavi sarık giyen, baş Sefarad haham ve onun Aşkenazi meslektaşı, Yahudi zafer anıtında Wilhelm'e bir Tevrat sundular ve kendisi eflatun cübbe ve altın sırmalı sarık giymiş olan belediye başkanı Yasin el-Halidi tarafından ağırlandı. Wilhelm, Davud Kulesi'ne gelince atından indi ve o ve imparatoriçe oradan yürüyerek şehre girdiler, anarşist bir suikastçı korkusuyla yollar temizlenmişti (Avusturya İmparatoriçesi Elisabeth kısa süre önce suikasta kurban gitmişti). Patrik mücevher işlemeli kıyafetiyle ona Kutsal Kabir'i gezdirirken Kayzer'in kalbi İsa'nın ayak izlerini takip ettiği için "daha hızlı ve güçlü şekilde çarpmaya başladı."

Herzl huzura kabulünü bekleyip bir yandan da şehri gezerken Kayzer, Romanesk kuleli ve planlarını büyük bir "itina ve şevkle" tasarladığı Mesih Kilisesi'ni hizmete açtı. Diğer bir hevesli arkeolog olan Kayzer, Tapınak Dağı'nı ziyaret ettiğinde müftüden kazılara izin vermesini istedi ama müftü kibarca reddetti.

2 Kasım'da Herzl nihayet huzura kabul edildi –beş Siyonist o kadar gergindi ki rivayete göre içlerinden biri bromür içmişti. Duruma uygun şekilde beyaz papyon, frak ceket ve silindir şapka giymiş halde Kayzer'in kamp kurmuş olduğu Şam Kapısı'na geldiler. Burası 120 arabayla ve 1300 atla taşınan, 100 arabacı, 600 sürücü, on iki aşçı ve altmış garsonun hizmet ettiği ve bir Osmanlı alayı tarafından korunan 230 çadırlı bir lüks Thomas Cook köyüydü. Turun organizatörü John Mason Cook, "Bu Haçlı seferlerinden beri Kudüs'e gelmiş en büyük gruptur. Ülkede ne at, ne araba ne de yiyecek bıraktık," demişti. Punch, Wilhelm'le "Cook'un Haçlısı" diye dalga geçti.

Herzl "gri üniformalı, zincirli miğferli, kahverengi eldivenli ve elinde –nedendir bilinmez –bir at kırbacı tutan" Kayzer'in huzuruna çıktı. Siyonistler yaklaştılar, "durup başlarını eğdiler. Wilhelm nezaketle elini açtı" ve daha sonra ona şunları söyledi. "Bu ülkenin daha fazla gölge ve suya ihtiyacı var. Burada herkese yer var. Hareketin arkasındaki sağlıklı bir fikirdir." Herzl bir su hattının döşenmesinin mantıklı ama çok masraflı olacağını söylediğinde Kayzer cevap verdi: "Sizde para çok, hepimizden fazla paranız var." Herzl modern bir Kudüs teklif etti ama Kayzer "evet ya da hayır demeden" görüşmeyi sona erdirdi.

Hem Kayzer'in hem de Herzl'in, Kudüs'ten nefret etmiş olması ilginçtir. Wilhelm Kudüs'ü şöyle tarif etmişti: "Kurak bir taş yığını. Yahudi kolonilerinin teşkil ettiği oldukça yeni banliyölerle işgal edilmiş. Bu kişilerden altmış bini orada iç içe pislik ve yağ içerisinde komşularının cebindeki her kuruşu almaya çalışmaktan başka bir şey yapmadan yaşamaktadırlar –yığınla tefeci."* Ama kuzeni Rus İmparatoru II. Nicholas'a "Hristiyanların fetiş süslemelerinden daha fazla nefret ettiğini ve Kutsal Şehir'den Müslümanlar karşısında kendisini küçük düşmüş hissederek ayrıldığını" yazmıştı. Herzl de hemen hemen aynı fikirdeydi: "Bundan sonra seni hayalimde hiç de hoş canlandırmayacağım ey Kudüs. 2000 yıllık insafsızlık, hoşgörüsüzlük ve adilik senin tüm vadilerine sinmiş durumda." Ona göre Batı Duvarı "çirkin, sefil ve dilenci kılıklılarla" istila edilmişti.

Bunun yerine Herzl, "Eğer Kudüs bizim olursa kutsal olmayan her şeyini temizleyecek ve bütün pis fare deliklerini yerle bir edeceğim," diyerek Eski Şehir mirasını Lourdes ya da Mekke gibi korumayı düşledi. "Kutsal Mekânlar'ın etrafında kanalizasyonları olan, geniş, havadar yepyeni bir şehir kurmak istiyorum."

* Kayzer'in Tötonik dev yapı takıntısı modern Kudüs'ün siluetini değiştirdi. Yaptırdığı, iğrenç kulesi çok yüksek olduğu için Ürdün'den bile görünen bir Alman ortaçağ kalesi olan, Augusta Victoria Hastanesi Zeytin Dağı'nı hâkimiyeti altına aldı ve Siyon Dağı'nda yaptırdığı, dışı Worms Katedrali içi Aachen'deki Şarlman şapelini örnek alan, Katolik Dormition Kilisesi "Ren Vadisi'ne daha uygun olan devasa kulelere sahipti."

Herzl ilerde Kudüs'ün şöyle paylaşılmasına karar verdi: "Kudüs'ü hiç kimseye ait olmayacak ama herkese ait olacak şekilde kurmalıyız, Kutsal Mekânlar tüm inananların ortak malı olmalıdır."

Kayzer, Şam Yolu'ndan geri döndüğü sırada kendisini İslam'ın hamisi ilan edip Selahaddin'e yeni bir türbe yaptıracağını söylerken Herzl geleceği üç kaftanlı Yahudi kapıcıda gördü: "Eğer buraya onlar gibi 300.000 Yahudi getirebilirsek İsrail bizim olur."

Kudüs zaten çoktan Filistin'deki bir Yahudi merkezi haline gelmişti: 45.300 sakininden 28.000'i Yahudi'ydi ve bu artış Arap liderleri endişelendirmeye başlamıştı. Yaşlı Yusuf Halidi arkadaşı Fransa Baş hahamı Zadok Kahn'a 1899 yılında, "Yahudilerin Filistin'deki haklarına kim itiraz edebilir. Allah biliyor ki tarihsel olarak burası sizin ülkenizdir ama gerçekte Osmanlı İmparatorluğu'nun bir parçasıdır ve sizden daha fazla başka milletlerden insan yerleşmiştir," dedi. Bu mektup Filistin milleti fikrinden önceki bir dönemin –Halidi bir Kudüslü, bir Arap, bir Osmanlı ve nihayetinde bir dünya vatandaşıydı – ve Yahudilerin Siyon üzerindeki hak iddiasını reddetme ihtiyacının bir ürünü olsa da Yahudilerin dönüşünü ve varlıkları en az onlar kadar eski ve meşru olan Araplarla çatışmalarının kaçınılmaz olduğunu da öngörmüştü.

Nisan 1903'te Kişinev pogromu, çarın İç İşleri Bakanı Viacheslav von Plehve'nin de desteğiyle, Rusya çapında Yahudi karşıtı bir hareket başlattı.* Herzl panik içerisinde, en büyük Yahudi düşmanı, Plehve'yle görüşmek için St. Petersburg'a gitti. Diğer taraftan Kayzer ve sultanla bir yere varamayacağını anlayınca, Kutsal toprakların dışında geçici bir yerleşim yeri aramaya başladı.

Herzl'in yeni bir destekçiye ihtiyacı vardı: Kıbrıs ya da bir bölümü İngiliz Mısır'ında olan Sina'daki El Ariş'te bir Yahudi ülkesi teklif etti, iki bölge de Filistin'e yakındı. 1903'te ilk Lord Rotschild olan Natty sonunda siyonizmi kabul etti ve Herzl'i İngiliz koloni bakanı Joseph Chamberlain'e takdim etti. Chamberlain, Kıbrıs'ı reddetti ama El- Ariş'i düşünebileceğini söyledi. Herzl, Yahudi yerleşimiyle ilgili bir plan hazırlaması için bir hukukçu tuttu. Bu hukukçu kırk yaşındaki liberal politikacı David Lloyd George'du ve aldığı kararlar Kudüs'ün kaderini

---

* O dönemde çarın önde gelen gizli polislerinden Paris'teki Okhrana direktörü Piotr Rachkovsky, Herzl'in 1897'de Basel Kongresi'nin gizli kayıtları olduğunu iddia edecekleri sahte bir kitap yazdırdı: Siyon Protokolleri. Bu kitap büyük ölçüde 1864 yılında İmparator III. Napoleon'a karşı yazılmış bir hiciv ve 1868 yılında Alman Hermann Goedsche tarafından yazılan Yahudi düşmanı bir romandan esinlenmişti. Protokollere göre Yahudiler hükümetlere, kiliselere ve medyaya sızma ve Davud benzeri bir otokrat tarafından idare edilecek bir dünya imparatorluğu kurabilmek için savaş ve isyan başlatma planları yapıyorlardı. 1903'te yayınlanan bu kitap çarlığın Yahudi devrimciler tarafından tehdit edildiği Rusya'da Yahudi düşmanlığını yaymak için tasarlanmıştı.

Kızıl sakallı Arnavut İbrahim Paşa 1831 yılında Suriye'yi ele geçirdi ve babası Mehmet Ali adına az daha İstanbul'u ele geçiriyordu. Asi Kudüs'ü zalimce sindirdi ve şehri Avrupalılara açtı.

Mehmet Ali, Kudüs yolunda İskoç ressam David Roberts'ı kabul ediyor: çizdiği Doğuya ait resimler, Kutsal Kabir'in içini gösteren bu resim gibi, Avrupalıların Filistin görüşünü etkilemiştir.

Plutokrat ve Yahudi hayırsever Sir Moses Montefiore Kudüs'ü yedi kez ziyaret etmiştir ve Eski Şehrin dışında bina inşa eden ilklerden biridir. 1860 yılında yel değirmeni ve kulübelerin (aşağıda) inşasına başladı. Viktorya dönemindeki "Asil Yahudi" algısının tipik bir örneğiydi ama gizli skandalları da yok değildi: Seksenli yaşlarındayken genç hizmetçisinden bir çocuğu olmuştu.

Altta, bu dönemde eski şehrin büyük bölümü şaşırtıcı şekilde boştur. 1861 yılında Ermeni Patriği Yessayi tarafından çekilen bu fotoğrafta Kutsal Kabir Kilisesi'nin arkasındaki terk edilmiş bölge görülmektedir.

1830'larda Kudüs'ün Sefarad Arapça konuşan Yahudilerine Rus İmparatorluğu'ndan gelen Aşkenazi konuşan göçmenler ve Arap dünyasından gelen diğer Sefaradlar eklendi. Yemenilerin (solda) ve Aşkenazi (sağda) Yahudilerin sefaleti ve egzotizmi Avrupalı ziyaretçileri şaşırtmış ve etkilemişti.

Kudüs'te çok sayıda Rus Ortodoks köylü de bulunuyordu (altta solda Paskalya'da kilisenin dışı) ve onlar da benzer bir şevkle ibadet edip eğlenmekteydiler. Diğer taraftan Avrupalı Kudüslüler, Yafa Kapısı ve Davut Sokağı'nda (altta sağda) zaman geçirirlerdi.

Asimile olmuş Viyanalı gazeteci ve başarılı bir yayıncı olan Theodore Herzl siyasi Siyonizmin kurucusudur. 1898'de yakınlaştığı Kayzer II. Wilhelm, Herzl'den kendisiyle Kudüs'te buluşmasını istedi. Kendisini Alman bir Haçlı olarak gören Kayzer miğferine zincir zırh bağlı özel tasarlanmış bir üniforma giymişti.

Kayzer kralların mezarını ziyaret ediyor. Büyük Devletler arasındaki arkeoloji yarışında Fransız de Saulcy buranın Kral Davut'un mezarı olduğunu iddia etti. Aslında burası ilk yüzyılda yaşamış Adiabene Kraliçesi'nin mezarıdır.

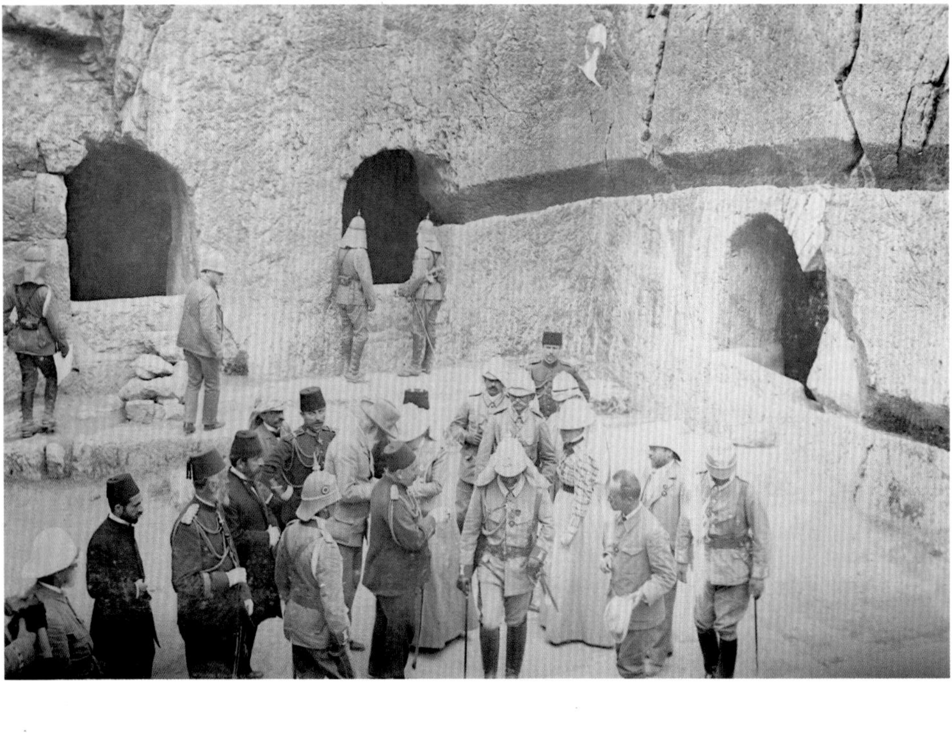

Altta, Kudüs Belediye Başkanı Selim el Hüseyni: Kudüs asillerinin tipik bir örneği.

Üstte, milenyumcu Hristiyan mezhebine bağlı olarak gelen Amerikalı koloniciler çok geçmeden sevilen hayırseverler haline geldiler: Bu resimde kuruculardan birinin kızı olan Bertha Spafford Bedevi arkadaşlarıyla poz vermektedir.

Altta, asi ve sahtekar aristokrat Montagu Parker'ın, ileride Morley Earl'ü, üç yıl süren Ahit Sandığı'nı bulma macerası Kudüs tarihinde Yahudi ve Müslümanları bir araya getiren tek isyanla sonuçlandı. Kaçıp canını zor kurtarabildi.

Üstte, yaklaşık yarım yüzyıl boyunca organizatör, sanatçı, sosyete ve udi Vasıf Cevheriye herkesi tanıdı, her şeyi gördü ve her şeyi çok değerli günlüğüne kaydetti.

Birinci Dünya Savaşı'nda Kudüs diktatörü olan Cemal Paşa sigara, şampanya, güzel Yahudi kadınlar ve zalim infazları (sağda) seven bir Türk milliyetçisiydi.

Bir Rus *shtetl*'inde doğan Chaim Weizmann (solda) krallar ve lordlarla arası çok iyi olan birisiydi. Onun cazibesi İngiltere'nin önde gelen liderleri Lloyd George, Churchill (ortada) ve Balfour'u Siyonizme destek vermeye ikna ederken Arabistanlı Lawrence da (sağda) Arap davasını destekledi.

Teslim, 1917: Kudüs Belediye Başkanı Hüseyin el-Hüseyni (ortada bastonlu) bir süpürgeye bağlı çarşafla altı kez İngilizlere teslim olmayı denedi.

Manda: Kudüs'ün fatihleri, General "Boğa" Allenby (sağda) ve askerî vali Ronald Storrs, Bertha Spafford'la birlikte (solda) 1918'de Amerikan Kolonisi'nde dört Temmuz'u kutluyor.

Arabistanlı Lawrence ve Amir Abdullah 1921'de Augusta Victoria'daki bahçelerde Churchill'i takip ediyorlar: İngiliz Koloni Sekreteri Haşimi Abdullah için Ürdün'de yeni bir ülke kurdu.

İmparatorluk Kudüs'ünün kıymetlileri: Prens Arthur, Connaught Dükü, Kraliçe Viktorya'nın oğlu, kışlada ödülleri dağıtıyor ama alıcılardan bazılarının Osmanlı ya da Alman madalyaları taktığını görünce söyleniyor.

Filistin yüksek komiseri Herbert Samuel (ortada oturan) ve Kudüs valisi Storrs (ayakta sağdan dördüncü) 1924'teki İngiliz kurtuluşunu kutlamak için düzenlenen bir merasimin ardından şehrin dinî ileri gelenlerini ağırlıyor.

Selahaddin'in aldığı kararlardan daha fazla etkileyecekti. Başvurunun reddedilmesi Herzl'i hayal kırıklığına uğrattı. Chamberlain ve Başbakan Arthur Balfour başka bir bölge teklif ettiler – Yahudi anavatanı olarak Uganda ve Kenya'nın bir bölümünü önerdiler. Başka seçeneği olmayan Herzl şimdilik bu teklifi kabul etti.[2]

İmparator ve sultanları kendi yanına çekmede başarısız olan Herzl'in siyonizmi Rusya'da baskı gören Yahudilere ilham verdi, özellikle de Plonsk'taki zengin bir avukatın küçük oğluna. On bir yaşındaki David Grün, Herzl'in Mesih olduğunu ve günün birinde Yahudileri İsrail'e geri götüreceğini düşünüyordu.

43

KUDÜS'ÜN UDİSİ

1905-1914

DAVID GRÜN, DAVID BEN-GURION OLUYOR

David Grün'ün babası Siyon Dostları'nın yerel bir lideriydi, siyonizmin öncülerindendi ve şevkli bir Hebraist olduğundan oğluna daha küçük yaşlarda İbranice öğretmişti. Ama David, diğer pek çok Siyonist gibi, Herzl'in Uganda teklifini kabul ettiğini duyunca şoke olmuştu. Altıncı Siyonist Kongresi'nde Herzl bu Uganda önerisini diğerlerinin de kabul etmesi için gayret etti ama bu gayreti hareketi bölmekten başka bir işe yaramadı. Rakibi İngiliz oyun yazarı, Amerika'daki göçmenlerin asimilasyonu için "eritme potası" tabirini kullanan kişi olan, Israel Zangwill, Yahudi Bölgeci Teşkilatı'nı kurmak için diğerlerinden ayrılıp Filistin'de olmayan Siyonlarla ilgili planlar yapmaya başladı. Avusturyalı plutokrat Baron Maurice de Hirsch Arjantin'deki Yahudi kolonilerinin masrafını karşılıyordu ve New Yorklu borsacı Jacob Schiff, Rus Yahudileri için Teksas'ta bir Tek Yıldız Siyonu kurulmasını içeren Galvestan Planı'nı desteklemekteydi.. Filistin'e yakın olduğu için el-Ariş'i destekleyenlerin sayısı daha fazlaydı ve Siyonizmin Siyon olmadan bir manası yoktu ama bu planlardan hiçbiri bir sonuca ulaşmadı* ve boş yere dolaşmaktan yorulan Herzl kırk dört yaşında hayata veda etti. Kendisi, özellikle Rusya'da, Yahudi meselesine bir çare olarak Siyonizm'i başarıyla tesis etmeyi başarmıştı.

Genç David Grün kahramanı Herzl için yas tutsa da, "Ugandaizmle mücadele etmenin en etkili yolunun İsrail Ülkesi'ne yerleşmek olduğunda karar kıldık," de-

---

* Alaska'dan Angola, Libya, Irak ve Güney Amerika'ya kadar 34 farklı mekânla ilgili bu tür planlar yapılmıştı. İkinci Dünya Savaşı sırasında Alaska'yla ilgili yapılan planla Michael Chabon, Aşkenazi Polis Sendikası adlı eserinde dalga geçmişti. Churchill'den FDR'ye Hitler'den Stalin'e kadar siyasetçiler başka planlar uygulamaya kalktılar: Hitler, Sovyetler Birliği'ne saldırmadan önce Yahudileri Madagaskar'daki ölüm kolonisine göndermeyi planladı. 1930'lu ve 40'lı yıllarda Churchill, Libya'da bir Yahudi anavatanı teklif ederken 1945'te koloni bakanı Lord Moyne, Doğu Prusya'nın Yahudilere verilmesini teklif etti. İleride göreceğimiz gibi Stalin bir Yahudi anavatanı kurmuş ve 1940'larda Yahudileri Kırım'a yerleştirmeyi düşünmüştü.

mekten de geri kalmadı. 1905'te İmparator II. Nicholas az daha ona tahtına mal olan bir ihtilalle karşı karşıya geldi. İhtilalcilerin çoğu Yahudi'ydi –Leon Trotsky elebaşlarıydı – ama gerçekte onlar ırk ve dinden nefret eden enternasyonalistçilerdi. Yine de Nicolas sahte Siyon Protokolü'nde yazanların gerçekleşmek üzere olduğunu düşündü: "Ne kadar ilginç," diye yazmıştı. "1905 yılı Yahudi liderlerinin yılı oldu." Anayasayı kabul etmeye zorlandı ve yaralanan otokrasisini Kara Yüzlükler adındaki grupları Yahudileri katletmeleri için göndererek tedavi etmeye çalıştı.

Pogromlar, sosyalist Poalei Zion –Siyon'un İşçileri- partisi üyesi, David Grün'ü Odesa'dan kalkan bir gemiye binip Kutsal Topraklar'a gitmeye teşvik etti. Plonsklu çocuk İkinci Aliyah'ın, ikinci dalga göçün, tipik bir üyesiydi ve Kudüs'ü ortaçağ hurafelerinin yatağı olarak görüyordu. 1909'da bu mülteciler Yafa Limanı yakınlarındaki çölde Tel Aviv'i kurdular; 1911'de de kuzeyde yeni bir kolektif çiftlik inşa ettiler – ilk kibbutz.

Grün bölgeye vardıktan sonra aylarca Kudüs'e gitmedi; onun yerine Celile'deki tarlalarda çalıştı ve ancak 1910 ortalarında yirmi dört yaşında Siyonist bir gazete çıkarmak için Kudüs'e gitti. Ufak tefek, sıska, kıvırcık saçlı ve sosyalist kökenini vurgulamak için sürekli rubaşka giyen Grün, Şimon bar Kochba'nın yardımcılarının birinden aldığı,"Ben-Gurion" adını kullanmaya başladı. Eski kıyafet ve yeni isim bu yeni Siyonist liderin iki yönünü temsil ediyordu.

Ben-Gurion, dönemin diğer pek çok siyonisti gibi, sosyalist bir Yahudi devletinin Filistinli Arapları hâkimiyet altına almadan ya da yerinden etmeden kurulabileceğine inanıyordu; onlarla birlikte yaşamak mümkündü. Yahudi ve Arap işçi sınıflarının işbirliği yapacağından emindi. Nihayetinde Osmanlı vilayetleri olan Sidon, Şam ve Kudüs sancağı –o zamanlar Filistin olarak bilinirdi– 600.000 Arap'ın yaşadığı fakir ve geri kalmış bölgelerdi. Gelişmeye ihtiyaç duyan bir sürü yer vardı. Siyonistler, Arapların Yahudilerin gelmesinin yaratacağı ekonomik fırsatlardan istifade etmek isteyeceklerini umuyorlardı. Ama iki grup pek birbirine karışmadan yaşıyordu ve Siyonistler, Arapların onların yerleşimlerinden istifade etmek gibi bir niyetleri olmadığını kestirememişlerdi.

Ben-Gurion, Kudüs'te penceresiz bir bodrum kiraladı ama zamanının çoğunu Eski Şehir'de en son Arap şarkılarını çalan gramofonları dinlediği Arap kafelerinde geçirdi.[3] O sırada Kudüs'ün yerlisi olan ve güzelliğin ve eğlencenin kıymetini takdir eden Hristiyan bir Arap çocuk da aynı kafede aynı şarkıları dinliyor ve onları uduyla çalmayı öğreniyordu.

UDİ: VASIF CEVHERİYYE

Vasıf Cevheriye çocukken ut çalmaya başlayıp çok geçmeden şehirdeki en iyi udi oldu: Bu sayede her seviyeden insana erişmesi mümkün hale geldi. 1897'de şehir konseyi üyesi saygıdeğer, ailelere yakın, bir Yunan Ortodoks'un oğlu olarak dünyaya geldi. Önce berber çırağı oldu ama daha sonra müzisyen olmak için ailesine karşı geldi. Her şeyi görüp Kudüs ileri gelenlerinden Osmanlı Paşaları ve Mısırlı şantözlere, esrar içen müzisyenlerden fahişelere kadar herkesi tanıyan Vasıf Cevheriye yedi yaşında, ileride Kudüs edebiyatının başyapıtlarından biri olacak, bir günlük yazmaya başladı.*

Günlüğüne başladığı zaman babası hâlâ beyaz bir eşekle işe gidiyordu ama ilk atsız arabayı görmüştü – Yafa yolunda Amerikalı bir kolonici tarafından sürülen bir Ford otomobil; elektriksiz bir hayat sürmeye alışık olduğu halde çok geçmeden Rus Yerleşimi'nde gördüğü yeni sinematografı izlemek çok hoşuna gitmeye başladı (giriş ücreti olarak kapıda Osmanlı beşliği ödüyordu).

Vasıf kültürel farklılıkların keyfini çıkardı. Aziz George'daki İngiliz Halk Okulu'nda okumuş bir Hristiyan olarak Kuran öğrendi ve Tapınak Dağı'nda piknik yaptı. Sefarad Yahudilerini "Yahud, awlad Arab" (Yahudiler, Arapların oğlu) olarak görüp Yahudi Purim bayramı için giyindi ve Adil Şimon'un kabrindeki yıllık Yahudi pikniğine katılıp orada ut ve tamburla Endülüs ezgileri çaldı. Montefiore Mahallesi'ndeki bir Yahudi terzinin evinde bir Aşkenazi koroya eşlik ederek çok bilinen bir Arap şarkısının Yahudi versiyonunu çalmıştı.

1908'de Kudüs, Abdülhamit ve onun gizli polisini deviren Jön Türk Devrimi'ni kutladı. Jön Türkler –İttihat ve Terakki Partisi– 1876 Anayasası'nı tekrar yürürlüğe koydu ve milletvekili seçimleri yaptı. Sevenleri tarafından Yahudi Paşa ve düşmanları tarafından küçük Hirodes olarak bilinen Albert Antebi büyük bir heyecanla Yafa Kapısı'nda toplanan coşkulu kalabalığa yüzlerce ekmek somunu dağıttı. Çocuklar sokaklarda genç Türk devrimi oyunları oynadılar.

Araplar nihayet Osmanlı despotizminden kurtulacaklarını düşünmeye başladılar. İlk Arap milliyetçileri, kuracakları krallığın merkezinin Arabistan mı yoksa Suriye mi olacağına karar veremeseler de Lübnanlı yazar Necip Azuri, Arap ve Yahudi isteklerinin farklı şekilde geliştiğinin farkına varmıştı – ve çatışmak üzereydiler. Kudüs, Osman el Hüseyni ve Yusuf Halidi'nin yeğeni yazar, siyasetçi ve engin tecrübeli bir adam olan Ruhi'yi Meclis Üyeleri olarak seçti. İstanbul'da Ruhi

---

* Batılılar Avrupalı ziyaretçilerin üstünkörü anılarına pek bir kıymet verirken İsrail'in kuruluşu ve sonrasına kadar geçen kırk yılı kapsayan bu muhteşem anılar henüz Arapçadan başka bir dile çevrilmemiştir.

Halidi meclis başkan vekili oldu ve mevkiini Siyonizm ve Yahudi arazi alımlarına karşı kampanya yapmak için kullandı.

Zengin aileler daha da serpildi. Oğulları Vasıf'la birlikte İngiliz Aziz George'da ve kızları da Hüseynilerin kız okulunda eğitim gördü. Kadınlar artık hem Arap hem de Batı kıyafetleri giymeye başlamışlardı. İngiliz Okulu futbolu da Kudüs'e getirmişti: Bab el-Sahra'nın dışındaki sahada her cumartesi öğleden sonra maç yapılırdı: Hüseyni çocukları oynamaya çok meraklıydı –bazıları oynarken tarbuşlarını giymeye devam ediyordu. Cihan Harbi'nden önce Vasıf daha okul çocuğu olduğu halde bir Bohem ikili hayatı yaşamaya başlamıştı. Ut çalar, iş bitiren ve parti düzenleyen adam olarak görev yapardı, hatta belki de gizlice, surların dışında Şeyh Cerrah'taki konaklarında yaşayan, Aileler için pezevenklik de yapıyordu. Asiller genelde oda ya da garsoniyer kiralardı, bu küçük dairelerde kağıt oynar ve orada dairenin yedek anahtarını verdikleri cariyelerini saklarlardı. Vasıf'ın patronu ve belediye başkanının oğlu Hüseyin Efendi el-Hüseyni en güzel cariyesi olan, Yunan Arnavut melezi, Persephone'yi Yafa yolu üzerindeki odasına yerleştirmişti ve bu girişimci kadın sığır takası yapıyor ve kendi üretimi olan tıbbi kekik yağını satıyordu. Persephone şarkı söylemeyi severdi ve genç Vasıf uduyla ona eşlik ederdi. 1909 yılında Hüseyni belediye başkanı olduğunda Persephone'yi evlendirdi.

Asillerin metresleri genelde Yahudi, Ermeni ya da Yunan olurdu ama yeni gelen binlerce Rus mülteci Kudüslü zengin erkekler için en verimli kaynak haline geldi. Vasıf "Rus kadınlarla" geleceğin belediye başkanı Ragıp el-Naşhaşhibi ve İsmail el-Hüseyni için gizli partiler düzenliyordu. O sırada Kudüs'e gelen bir hacı hemşerilerinin ahlaksızlığı ve fahişeliğinden şikâyet etmeye başladı.[4] Mart 1911'de gelen bu eğlence düşkünü keşiş Rus İmparator ve İmparatoriçesi'nin ruhani lideri ve teselli kaynağıydı ve onların hemofili hastası oğulları Alexei'yi de ancak o iyileştirebilirdi.

RASPUTİN: RUS RAHİBELER DİKKAT

Kutsal bir adama dönüşen Sibiryalı bir köylü olan Grigory Rasputin, "Ruhum büyük bir coşkuyla Tanrı Ölümden Dirilsin'i söylerken aldığım hazzı yazıyla tarif etmem mümkün değil," diye yazmıştı. İlk kez 1903 yılında kimsenin tanımadığı bir hacı olarak Kudüs'e gelmişti ve Odesa'dan yaptığı berbat yolculuğu hâlâ hatırlıyordu: "Tek seferde 700 kişi halinde sığır gibi ambarlara tıkıldık." Ama o tarihten sonra Rasputin'in konumu çok değişmişti. Artık II. Nicholas, Rasputin'e dostum diyordu ve onu St. Petersburg'dan göndermek ve fahişelerle takılan ve çıplak dolaşıp restoranlarda işeyen bu adama yönelik artan eleştirilerin üstesinden gelebilmek için onun hac masrafını üstlenmişti. Rasputin bu gelişinde Kudüs Ortodoks patriğinin sarayı andıran evinde kalmıştı ama Paskalya'nın "tarif edilmez coşkusundan" bahsederken kendisini sıradan bir hacı olarak tarif ediyordu: "Sanki hiç değişmemiş gibi. İncil döneminden kalma kıyafetler giyen insanlar görüyorsunuz, Eski Ahit'te geçen aynı palto ve garp giysileri giyiyorlar. Bu beni gözyaşlarına boğuyor." Bir de Rasputin'in uzmanı olduğu içki ve seks vardı.

1911 yılında çoğu serkeş köylüler olan 10.000'den fazla Rus köylüsü Paskalya için Kudüs'e gelip Rus Yerleşimi'ndeki hiç durmadan büyüyen yatakhanelerde kaldılar ve Grand Dük Sergey'in Mary Magdalene ve yeni Alexander Nevsky Kilisesi'nde dua ettiler.* Bu ziyaretçiler ülkelerinin itibarını zedelemeye devam etmekten yılmadılar: Daha ilk günlerde bile konsolosları, piskopos Cyril Naumov'u, "Arap komedyen ve kadınlarla takılan ayyaşın ve soytarının teki," diye tarif etmişti. Hacılar için ise şunları söylüyordu: "Çoğunun Kudüs'te bulunmasının nedeni ne şehrin maneviyatı ne de hac yapmak, akıllarında farklı farklı şeyler var."

Sayı arttıkça içip kavga eden hacıları kontrol etmek zorlaştı ve Rasputin, Katolik ve Ermenilerden ne kadar nefret ettiğini açığa vurdu, Müslümanlardan bahsetmiyordu bile. 1893'te zengin bir hacının fedaileri bir Katolik kendilerinden Kilise'de onlara yol vermesini istediği zaman ateş edip bir Latin zangoç ve diğer üç kişiyi öldürdüler. Rasputin, "Her yerde içki vardı ve çoğunlukla Atinalı rahibeler tarafından yapılan bu içkiyi ucuz olduğu için içiyorlardı," demişti. En fenası da ahlaksızlıktı: Daha önce de gördüğümüz gibi Rus hacılar Kudüs ileri gelenlerinin partilerinde kullanılıyor ve bazıları cariye olarak orada kalıyorlardı. Rasputin bu konuda uyarıda bulunduğu zaman neden bahsettiğini biliyordu:

"Rahibeler kesinlikle oraya gitmemeli! Çoğu geçimini Kutsal Şehir'den uzakta temin ediyor. Daha fazlasını söylememe hacet yok, oraya gitmiş herhangi birisi genç erkek ve kız kardeşlerimiz tarafından ne hatalar yapıldığını bilir! Kızlar için çok zor, daha uzun kalmaya zorlanıyorlar, cazibesi çok fazla, düşman (Katolikler mi, Müslümanlar mı?) çok kıskanç. Çoğu cariye ya da piyasa kadını oluyor. 'Bizim yaşlı sevgililerimiz var,' deyip sizi de listeye eklemeye kalkışıyorlar!"**

---

* Rus varlığının patronu olan Sergey'in kendisi uzun zaman önce ölmüştü. 1905'te Moskova valiliğinden istifa etmiş ama Kremlin'de teröristlerin bombalı saldırısına kurban gitmişti. Karısı Ella dışarı koşup kocasının parçalarını toplamaya başladı ama geride sadece kolsuz bir gövde, bir kafatası parçası ve bir çene kalmıştı. İdamından önce kocasının katilini hapishanede ziyaret etti. Daha sonra, II. Nicholas'ın bizzat ilgilendiği, Filistin Derneği'nde başkan olarak Sergey'in yerine geçti. Ella, Rasputin'in sürekli artan etkisi yüzünden kız kardeşi İmparatoriçe Aleksandra'yla bozuştu ve trajik bir şekilde Kudüs'e geri döndü.

** Rasputin Rusya'ya dönünce tekrar hanedanla olan yakın ilişkisini sürdürmeye devam etti. Cihan Harbi sırasında 1915'te *Düşüncelerim ve Gördüklerim: Kutsal Topraklara Seyahatin Kısa Hikayesi* adlı kitabı

Zevk trafiği iki yönlü işliyordu. Yaklaşık Rasputin'le aynı tarihlerde köylü hacılara refakat etmiş olan İngiliz gazeteci Stephen Graham durumu şöyle tarif etmektedir: "Arap kadınları yasak olmasına rağmen Kutsal Haftada hana girip köylülere cin ve konyak satıyor. Kudüs köylülerle ve gezginlerle olduğu kadar şarlatanlarla, oyuncularla, seyyar satıcılarla, Karadağlı polislerle, atlı Türk jandarmalarıyla, katırla ve arabalarla gelen hacılarla da dolup taşmaya başladı. İngiliz ve Amerikalılar da var ama Kutsal Şehir Rusların, Ermenilerin, Bulgarların ve Hristiyan Arapların eline kalmış durumda."

Rus satıcılar ziyaretçileri taciz ediyordu. Philip "uzun boylu bir köylü, geniş omuzlu ama şişman uzun pis saçlı ve tıraşsız, kalın dudaklarını örten bıyıklarıyla" tipik bir Yahudi fabrikasında üretilmiş "keşişler için pezevenk, esnaf için çığırtkan, dinî yazılarda ise ahlak karşıtı ve tacir olan" bir adamdı. Rahipler Kudüs günlerini "sarhoşluk, dinî histeri ve ölü yıkama ile tamamlardı" –çok sayıda Rus mutlu şekilde Kudüs'te ölmüştü. Zaten patlamaya hazır olan bu karışıma bir de Rus köylülerine ateizm ve devrim aşılamaya çalışan Marksist propagandacılar eklenmişti.

Graham'ın ziyarette bulunduğu Paskalya'dan önceki pazar gününde Türk askerleri hacıları döverek, Ortodoks Arapların feryatları arasında, Kilise'den dışarı çıkardı ve tam o sırada kırmızı şapkalı Türklerin ve sarık giyen Müslümanların saldırısına uğradılar. Saldırganlar darbelerle kendilerine yol açıp zeytin dalını taşıyana ulaştılar, dalı alıp kırdılar ve kaçtılar. Bir Amerikalı kızın Kodak'ı kırıldı. Hristiyan Araplar intikam yeminleri ettiler. Bunun sonrasında Ruslar "büyük fatihin," Altın Kapı'dan İkinci Gelişi'ni beklediler. Ama yine de coşkunun zirve yaptığı an Kutsal Ateş oldu: Ateş ortaya çıkınca, "Kendilerinden geçen doğulular yanan mumları karınlarına sürdüler ve heyecan ve neşeyle bağırdılar. Sanki ilaç içmiş gibi hep bir ağızdan şarkı söylemeye başladılar: KYRIE ELEISON: İSA DİRİLDİ!" ama her zamanki gibi "kırbaç ve dipçikle bastırılması gereken bir arbede çıkmıştı."

Graham'ın anlattığına göre "o gece arkadaşları çocuklar gibi şen bir halde" çantalarını Kudüs toprağı, Ürdün suyu, hurma yaprağı, kefen ve stereoskoplarla doldurdu ve "en baştan tekrar birbirimizi öptük."

O gece kucaklaşma ve öpüşmeyle geçti: sıcak dudakların buluşması ve saç ve sakalların birbirine karışması. Her şey şenlik havasında geçti. Tüketilen şarap,

yayınladı. O tarihte II. Nicholas Rus ordusuna komuta ediyordu ve Rasputin'in danışmanlığını yaptığı Aleksandra'yı yönetimde bırakmıştı – sonuç felaket olacaktı. Okuma yazma bilmezdi; kitap başka birine yazdırılmış gibidir ve imparatoriçe tarafından düzeltildiği söylenmektedir. Muhterem bir hacı olarak halkın gözündeki imajını düzeltmek için yazılmış bu eser çok geç kalmıştı: Kısa süre sonra öldürüldü.

konyak ve arak (anason tohumlu likör) miktarı çoğu İngiliz'i şaşırttı. Sarhoş dans etmek de İsa'ya yabancı olsa gerek!

O yıl Paskalya, Hamursuz ve Nebi Musa'ya denk geldi. Rasputin, Vasıf'ın kirletmekle meşgul olduğu Ortodoks kızlarının namusunu koruma vazifesini üstlenirken bir İngiliz aristokrat tüm dünyada başlıklara yerleşen bir ayaklanma başlattı.[5]

HON. YÜZBAŞI MONTY PARKER VE AHİT SANDIĞI

Kalın bıyıklı ve sivri VII. Edward sakallı, pahalı zevkleri ve düşük geliri olan, yirmi dokuz yaşındaki Monty Parker fırsatçı olduğu kadar enayi de olan ve uzun süredir kısa yoldan para kazanmanın peşinde koşan birisiydi –ya da en azından masraflarını karşılayacak birisini bulma peşinde. 1908'de Gladstone'un son hükümetinin kabine bakanının oğlu, Eton Koleji mezunu, Morley Earl'ünün küçük kardeşi, Eski Muhafız Birliği komutanı ve Boer Savaşı gazisi adam, Finli bir keşişe rastladı ve keşiş onu birlikte Kudüs'e gidip dünyanın en kıymetli hazinesini bulabileceklerine ikna etti.

Finli keşiş, bir öğretmen, şair ve spiritüalist olan Dr. Valter Juvelius'tu. İncil'de yazıldığı şekilde giyinir ve İncil'deki şifreleri çözmekle uğraşırdı. Juvelius, Zülkifl Kitabı üzerine yıllarca çalıştıktan sonra, İsveçli bir medyumla yaptığı seanslardan da gaza gelerek, "Zülkifl'in Şifresi" adını verdiği şeyi bulduğuna ikna oldu. Buna göre M.Ö. 586'da, Nebukadnezar, Kudüs'ü yerle bir etmek üzereyken, Yahudiler "Tapınak Arşivi'ni" –Ahit Sandığı –Tapınak Dağı'nın güneyindeki bir tünele saklamışlardı. Fakat kendisinin Ahit Sandığı'nı bulabilmesine maddi destek sağlayacak birisine ihtiyacı vardı. Bu iş için Londra'daki asillerle arası iyi olan bir İngiliz aristokratından daha uygun bir aday olabilir miydi?

Juvelius gizli yazıları Parker'a gösterdiğinde o heyecanla şu cümleleri okudu:

Artık bilimsel olarak Tapınak Arşivi'nin girişinin Akeldama'da olduğunu bulduğuna ve Tapınak Arşivi'nin saklandığı yerde dokunulmadan beklediğine inanıyorum. Tapınak Arşivi'ni 2500 yıldır saklandığı yerden bulup çıkarmak zor olmasa gerek. Şifrenin varlığı Tapınak Arşivi'nin dokunulmadan kaldığının ispatıdır.

Parker bu zır delinin tartışmalı iddiasından etkilendi –yine de *Da Vinci'nin Şifresi* romanındaki konudan daha mantıklı sayılırdı. Kayzer'in bile seanslara katıldığı ve pek çok kişinin Yahudi komplolarına inandığı bir dönemde Juvelius taraftar bulmakta zorlanmadı. Takipçilerinden biri, "Yahudiler sırları olan bir ırktır," diye yazmıştı –doğal olarak Ahit Sandığı'nı da iyi saklamış olmaları gerekirdi.

Parker, Juvelius'un belgesini Finceden tercüme ettirdi ve güzel bir ciltle kaplattı. Daha sonra kendisine minnet borcu olan aristokratlar ve askerî şarlatanlardan* bu fevkalade fırsatı bir servete dönüştürebilmeleri için yardım etmelerini istedi: bu hazinenin değeri en az 200 milyon dolar olmalıydı! Parker başarılı bir satıcıydı ve çok geçmeden baş edemeyeceği kadar yatırımcı çekmeyi başardı. İngiliz, Rus ve İsveçli aristokratlar ve Marlborough düşesi Consuelo Vanderbilt gibi zengin Amerikalılar ona para yağdırdılar. Parker'ın grubunun Tapınak Dağı ve Davud Şehri'ne kolayca girebilmesi gerekiyordu ve bunun da "bir miktar liberal bahşiş" ile mümkün olabileceğine inanmıştı. 1909 ilkbaharında Parker, Juvelius ve İsveçli muhafız ve iş bilir Yüzbaşı Hoffenstahl, Kudüs'teki bölgeleri ziyaret edip daha sonra İstanbul'a yelken açtılar. Orada Monty bakanlara hazinenin yüzde 50'sini teklif ederek sadrazamdan aşağı Jön Türk yönetiminin büyük bölümünü bağlamayı başardı ve Maliye Bakanı Cavit Bey'le "Londra'daki Turf Club'ın saygın bir üyesi Bay Parker olarak" bir kontrat imzaladı.

Osmanlı hükümeti, Parker'a yardımcı olarak Macasadar isimli bir Ermeniyi yanına almasını tavsiye etti ve kazıya nezaret etmesi için iki görevli gönderdi. Ağustos 1909'da Yüzbaşı Hoffenstahl "Şifreyi" Juvelius'tan aldı, daha sonra Parker ve arkadaşlarıyla buluşmak için Kudüs'e gelip orada Zeytin Dağı'ndaki Kayzer'in Augusta Victoria Kalesi'nde karargâhlarını kurdular ve şehirdeki en iyi otel olan Fast Oteli'ne yerleştiler. Monty ve arkadaşları okul çocukları gibi aklı bir karış havada davranıyor "eğlenceli akşam yemekleri düzenliyor," portakallara nişan aldıkları atış müsabakaları düzenliyorlardı. Amerikalı kolonici olan Bertha Spafford, "Bir sabah garip sesler duyduk. Baktığımızda kıymetli arkeoloğumuzun oynayan Arap çocuklar gibi eşeklerle birlikte koşup onların anırtılarını taklit ettiklerini gördük," demişti.

Parker'ın grubu Kudüs'teki görevlilerin çoğuna rüşvet verip çok sayıda işçi, rehber, hizmetçi ve muhafız kiralayarak Ophel tepesinde kazılara başladı. Bu hadise kadim Kudüs'ü arama çabasında arkeolojinin vardığı dönüm noktası olarak kalmaya devam etti: 1867 yılında Charles Warren da burada kazı yapmıştı. Daha sonra Amerikalı arkeologlar Frederick Bliss ve Archibald Dickie de bazı tüneller bulmuş ve buranın Kral Davud'un Kudüs'ü olduğunu iddia etmişlerdi. Juvelius uzaktan manevi olarak Parker'a ve grubun diğer bir üyesi olan "düşünce

* Parker'ın dostları olan Yüzbaşı Clarence Wilson ve Binbaşı Foley, Transvaal'daki Jameson Baskını'na katılmışlardı. Diğer dostları ise Dudley Earl'ünün üçüncü oğlu Cyril Ward, Fife Dükü'nün kuzeni Yüzbaşı Robin Duff, Jersey Earl'ünün kuzeni Yüzbaşı Hyde Villiers, İskandinavyalı Kont Herman Wrangel ve hazinenin aslında Kudüs'te değil de Ağrı dağında olduğunu iddia ederek grubu huzursuz eden bir mistik olan van Bourg adında birisiydi.

okuyucu" İrlandalı Lee'ye rehberlik etmekteydi. Parker hiçbir şey bulamasa da Juvelius'a olan inancını kaybetmedi.

Baron Edmond de Rothschild'in (kendisi Ahit Sandığı kazısına destek olanlardan biriydi) desteklediği Kudüs Yahudileri, Parker'ın Yahudi kutsal topraklarını sömürdüğünü iddia ettiler. Müslümanlar da huzursuzdu ama Osmanlılar onları kontrol altında tutmayı başardı. Parker şüphelerini hafifletmek için Ecole Biblique'den Pere Vincent adında bir arkeolog uzmanı kazıya nezaret etmesi için tuttu – ki buranın eski bir yerleşim alanı olduğuna dair daha fazla bulgu bulmuştu. Vincent bu kazının gerçek amacından habersizdi.

1909 sonunda Parker yağmur yüzünden çalışmaya ara verdi ama 1910'da Clarence Wilson'un yatı Water Lily ile Yafa'ya geri gelip kazılara devam etti. Arap işçiler birkaç kez grev yaptılar. Görevliler Araplara arka çıkınca Monty ve arkadaşları İngiliz tarzı bir resmigeçitle yöre sakinlerini etkilemeyi düşündü: Belediye Başkanı'nı (ut sanatçısı Vasıf'ın patronu) üniformalarını giyerek karşılamaya karar verdiler. Yüzbaşı Duff miğferini, göğüs zırhını ve beyaz eldivenlerini ve Monty Parker da kırmızı gömleğini ve ayı postunu giydi ve Binbaşı Foley'in tabiriyle, "İşler değişti. Bir farkındalık yarattık!"

Grevciler kovulduktan sonra merasim alayı Eski Şehir'de, "Önde Türk süvariler, Belediye Başkanı ve garnizon komutanı, bazı din adamları, Duff Parker, Ben Wilson, Macasadar ve arkada Türk jandarmaları olduğu halde," yoluna devam etti. Duff'ın katırı birden pazarda koşturmaya başladı ve üzerindeki yüzbaşı bir dükkânın içine düşüp fıstıklara gömülerek arkadaşlarına alay konusu oldu. Foley, "Yaşlı bir Yahudi sanki dünyanın sonuymuş gibi Aşkenazice ağlayıp sızlanmaya başladı," diye anlatmıştı.

Bu gösteri –ya da daha fazla liberal bahşiş –şimdilik işe yaramıştı. Parker gruba gizli mesajlar gönderip duruyordu, grup üyelerinden bazılarından isimlerinin baş harfleri olan FJMPW'yi kullanıyordu ve rüşvet harcaması ilk ziyaretinde 1.900 sterline mal olmuştu. İlk yıl 3400 sterlin harcadı ve 1910 yılında geri döndüğünde hesabında şu yazıyordu: "Kudüs memurlarına ödemeler: 5667 sterlin." Belediye Başkanı Hüseyin Hüseyni ayda 100 sterlin alıyordu. Bu cömert bahşişler Kudüs görevlileri için bir rahmet olmalıydı ama Parker, Jön Türk hükümetinin değişken ve Kudüs'ün de hassas bir yer olduğunun farkındaydı: "Çok dikkatli davranmalıyız çünkü en ufak bir hatanın bile çok büyük sonuçları olabilir!" demişti ama hâlâ aslında bir yanardağın üzerinde oturduğunun farkına varmış değildi. 1911 ilkbaharında tekrar kazılara başladığında Parker daha fazla ödemek zorunda kaldığı gibi umudunu da kaybetmeye başladı: Tapınak Dağı'nda kazı yapmaya karar verince bunun için Haram'ın Geleneksel Hamisi Şeyh Halil el Ensari ve kardeşine rüşvet yedirmek zorunda kaldı.

Parker ve diğerleri, Arap kıyafetleri giyerek, gizlice Tapınak Dağı'na girdiler, Kubbetüs Sahra'nın yakınında bir kaldırım taşını söküp altına gizli bir tünel kazmaya başladılar. Fakat 17 Nisan gecesi Müslüman bir gece bekçisi kalabalık evinde uyuyamadığı için Haram'da kamp yapmaya karar verdi ve İngilizlerin orada dolaştığını görünce bağırarak kılık değiştirmiş Hristiyanların Kubbetüs Sahra'da kazı yaptıklarını duyurdu.

Müftü, Nebi Musa bayram kafilesini geri çevirdi ve bu Osmanlı ve İngiliz komplosunu kınadı. Nebi Musa hacılarının da desteğini alan bir kalabalık Yüce Mekânı korumak için geldi. Yüzbaşı Parker ve dostları canlarını kurtarmak için Yafa'ya kaçtılar. Belki de ilk kez Yahudi ve Müslümanlardan oluşan bu grup, çünkü iki grup da eşit derecede öfkelenmişti, Şeyh Halil ve Macasadar'ı linç etmeye kalktı ve ancak Osmanlı garnizonunun araya girip onları tutuklamasıyla canlarını kurtarabildiler. O ve Parker'ın polis korumalarının tümü Beyrut'ta tutuklandı. Monty Parker, Yafa'da, Water Lily'nin güvertesine çıkmayı başardı. Ama oradaki polis bu adamın Ahit Sandığı'nı da yanında götürmekte olabileceğinden şüphelenmeye başladı. Onu ve eşyalarını aradılar ama bir şey yoktu. Parker kaçması gerektiğini biliyordu –Osmanlı jandarmalarını İngiliz centilmeni rolü yaparak atlattı, Water Lilly'nin ışıklarını yaktı ve güvertede Yafa'daki devlet görevlileri için bir resepsiyon düzenleyeceğini söyledi. Daha sonra da ilk fırsatta oradan kaçtı.

Kudüs'te kalabalık, valiyi ve tüm İngilizleri öldürmekle tehdit ederken Parker'ın Süleyman'ın tacını, Ahit Sandığı'nı ve Muhammed'in kılıcını çaldığı haberi yayıldı. Vali can korkusundan saklandı. 19 Nisan sabahı *London Times*'ta şu haber çıktı: "Şehirde inanılmaz bir kargaşa hâkim. Dükkânlar kapalı, köylüler her yeri ele geçirmiş ve söylentiler yayılıyor." Hristiyanlar "Nebi Musa'daki Müslümanların gelip tüm Hristiyanları öldüreceğinden korkuyorlar." Benzer şekilde Müslümanlar da "8000 Rus hacının Müslümanları öldürmek için silahlandırıldığını öğrendikleri zaman" şoke oldular. İki taraf da "Kutsal emanetlerin Yüzbaşı Parker'ın yatına taşındığına inanmıştı."

Avrupalılar evlerine saklanıp kapılarını kilitlediler. Bertha Spafford, "Kudüs halkının gazabı öylesine büyüktü ki her sokakta devriyeler dolaşmaya başlamıştı," demişti. Ardından Nebi Musa'nın son gününde Tapınak Dağı'ndaki 10.000 Kudüslü arasında bir arbede yaşandı. Panik baş gösterince köylü kadınlar ve hacılar duvarlardan dışarı döküldüler ve "katliam!" diye bağırıp şehir kapılarına doğru koşmaya başladılar. Tüm aileler silahlanıp evlerinin kapılarını kapattı. Spafford, "Parker fiyaskosu burada kaldığımız zaman zarfında neredeyse Hristiyan karşıtı bir ayaklanmaya ve katliama bizi en çok yaklaştıran şey oldu," diye yazmıştı. *New York Times* dünyayı bilgilendirdi: "Giden hazineler Süleyman'a aittir. İngilizler Ömer Camisi'nde kazı yaptıktan sonra yatla kaçtılar: Dendiğine göre kralın tacını bulmuşlardır. Türk Hükümeti olayı araştırması için bölgeye müfettişler gönderdi!"

Durumun vahametini bir türlü idrak edemeyen Monty Parker o sonbahar Yafa'ya geri geldi ama ona "kıyıya çıkmaması yoksa başına bir iş gelebileceği" söylendi. Grubuna "mahkûmları ziyaret için Beyrut'a gideceğini" söyledi. Daha sonra da devam etmeyi planlıyordu: "Basını susturmak ve görevlileri mantığa davet etmek için Kudüs'e gideceğim. Ortalık yatışınca valiye bir mektup yazdırıp geri dönmemizin artık güvenli olduğunu söyleteceğim." Kudüs mantığa daveti kabul etmese de Parker 1914'e kadar denemeye devam etti.*

Londra ve İstanbul arasında diplomatik şikâyetler oldu, Kudüs valisi görevden alındı, Parker'ın grubu yargılandı ama beraat etti (çünkü hiçbir şey çalınmamıştı), para harcandı, hazine ortaya çıkmadı ve "Parker fiyaskosu" elli yıllık Avrupa arkeolojisin ve emperyalizminin üzerine bir perde çekti.[6]

---

* Parker'ın hikâyesi, sadece mektup ve hatıralara değil de Juvelius'un kehanetlerine bağlı olarak da, burada ilk kez anlatılmaktadır. 1921 yılında bile Parker'ın adamları hâlâ ödenmeyen ücretlerini alabilmek için onu mahkemeye veriyorlardı. Parker, Cihan Harbi'nde karargâhlarda takıldı ve siperlerde savaşmaktan kaçındı, evlenmedi ama birkaç metresi oldu, Morley kontluğu ve görkemli evi 1951'de kendisine miras kaldı ve ailesine büyük bir gururla mirasının her kuruşunu harcamaya niyetli olduğunu söyledi. Yaşlandığında bile ailesinden biri onu şöyle tarif etmişti: "Boş, rüşvetçi, güvenilmez palavracının önde gideni bir adam." 1962'ye kadar yaşadı ama Kudüs'ten hiç bahsetmedi ve ortada hiç belge yoktu –fakat 1975'te Parker'ın avukatları buldukları bir belgeyi Morley'nin altıncı Earl'üne teslim ettiler. Bu belge yıllarca unutuldu ama Earl ve kardeşi Nigel Parker onları bu kitabın yazarına verme nezaketinde bulundu. Vyborg'da kütüphanesi olan Juvelius bu hikâyeyi konu alan bir roman yazdı ve 1922'de kanserden öldü. Bu hadiseden geriye Kudüs'te çok az şey kaldı ama günümüzde Ronny Reich'ın Kenan kulelerinde kazı yaptığı aynı yerde olan Ophel tünellerinde küçük bir mağara bir zamanlar Monty Parker'a ait olan bir odaya çıkmaktadır.

44

CİHAN HARBİ

1914-1916

CEMAL PAŞA: KUDÜS TİRANI

Parker macerası Jön Türklerin, Kudüs hâkimiyetiyle ilgili gerçekleri açığa çıkardı: Yolsuzluk ve beceriksizlik konusunda öncekilerden geri kalır yanları yoktu ve başardıkları tek şey Arapların otonomi umutlarını artırmak olmuştu. Bu yeni bilinci ifade etmek için Yafa'da Filistin adında milliyetçi bir gazete kuruldu. Ama çok geçmeden Jön Türklerin görünüşte demokratik gerçekte ise acımasız ve sinsi bir grup olduğu anlaşıldı. Onlar sadece Arap umutlarını değil Arap öğretilerini de sindirmeyi planlayan Türk milliyetçileriydiler. Arap milliyetçileri bağımsızlık hazırlıkları için gizli örgütler kurmaya başladılar ve Hüseyniler ve diğer hizipler onlara katıldı. Bu arada Siyonist liderler yeni mültecileri "özellikle ulusun merkezi olan Kudüs'te Yahudi kasabaları kurmaya" teşvik ettiler ve Scopus Dağı'nda ileride kuracakları İbrani Üniversitesi için arazi satın aldılar. Bu aileleri telaşlandırdı –Hüseyniler ve Lübnanlı Sursoklar gibi arazi sahipleri gizlice Siyonistlere toprak satmaya devam etti.

Fransızca konuşan bir aydın ve İstanbul'daki meclisin başkan vekili olan Ruhi Halidi bir Arap milliyetçisi değil bir Osmanlı liberaliydi. Kendisi Siyonizmi dikkatle tetkik etmişti, hatta hakkında kitap yazmış ve onun bir tehdit olduğuna karar vermişti. Mecliste, Yahudilerin Filistin'den toprak satın almalarını engellemeye çalıştı. Ailelerin en zengin üyesi olan Ragıp el-Naşhaşhibi de Meclis'teydi ve "Tüm enerjisini Siyonizm tehdidini ortadan kaldırmak için harcayacağına" söz vermişti. Filistin Editörü, "Eğer durum böyle devam ederse Siyonistler ülkede üstünlüğü ele geçirecekler," diye ikaz etti.

23 Ocak 1913'te otuz bir yaşındaki, 1908 İhtilali ve Libya'da İtalyanlarla savaşarak isim yapmış olan, Jön Türk subayı İsmail Enver, Sarayı basıp harbiye nazırını öldürdü ve yönetimi ele geçirdi. O ve iki silah arkadaşı, Mehmet Talat ve Ahmet Cemal, üçlü bir yönetim tesis ettiler. Enver İkinci Balkan Savaşı'nda küçük bir

zafer kazanınca kendisinin Türk Napolyon'u ve İmparatorluğu ihya etmenin de kaderi olduğuna inandı. 1914'te Osmanlı Devleti'nin en güçlü adamı ve harbiye nazırı oldu oldu –hatta sultanın yeğeniyle evlendi. Üç Paşa ancak İmparatorluğu Türkleştirerek bu kötü gidişata bir son vereceklerine inanıyordu. Düşünceleri faşizme yakındı ve barbarlık, savaş düşkünlüğü ve ırkçılıkla perçinlenmişti.

28 Haziran 1914'te Sırp teröristler Avusturya veliahdı Arşidük Franz Ferdinand'ı öldürdü ve Büyük Devletler birer birer savaşa girdiler. Enver Paşa savaşmaya hevesliydi ve gereken askerî ve mali destek için Almanya'yla ittifak kurmak istiyordu. Doğuya yaptığı geziyi hatırlayan Kayzer Wilhelm, Osmanlı ittifakını destekledi. Enver kukla sultana bağlı olarak kendisini başkomutan tayin etti ve Almanlardan yeni elde ettiği gemilerle Rus limanlarını topa tutarak savaşa girdi.

2 Kasım'da sultan V. Mehmet Reşat İngiltere, Fransa ve Rusya'ya savaş ilan etti –ve Kudüs'te El-Aksa camiinde cihat ilan edildi. Filistin'deki Osmanlı birliklerinin komutanı Bavyeralı General Baron Friedrich Kress von Kressenstein geldiği zaman Yahudiler onu zafer anıtında karşıladılar. Almanlar Yahudilerin hamiliğini İngilizlerden devraldı. Bu arada Kudüs yeni efendisinin gelişini bekliyordu.[7]

18 Kasım'da, henüz on yedi yaşında olan, ut sanatçısı Vasıf Cevheriye, üç paşadan biri ve bahriye nazırı olan, Cemal Paşa'nın Suriye diktatörü ve Osmanlı Dördüncü Ordusu'nun komutanı olarak Kudüs'e girişini izledi. Cemal karargâhını Zeytin Dağı'ndaki Augusta Victoria'da kurdu. 20 Aralık'ta yaşlı bir şeyh süslü bir arabayla Mekke'den Peygamber'in yeşil sancağını getirdi. Şehre girişi "büyük heyecana neden oldu. Askerler büyük bir nizam ve intizam içerisinde sancağı Eski Şehir'de dolaştırdılar" ve etrafa gülsuyu serptiler. Vasıf Cevheriye bugün Kudüs ahalisi, şimdiye kadar gördüğüm en güzel resmigeçitte, "Allahu Ekber," diyerek onları takip etti, diye yazdı. Cemal, Kubbetüs Sahra'nın dışında cihat ilan etti. Kress von Kressenstein "şenlik tüm halkı etkisi altına aldı" diye yazmıştı –ta ki Mekke şeyhi yılbaşından hemen önce ölüp Osmanlı cihadını yarı yolda bırakana kadar.

Kırk beş yaşındaki Cemal kısa boylu ve sakallıydı, her zaman deveye binen muhafızlar tarafından korunurdu, kaba, paranoyak, etkileyici, zeki ve tuhaf bir adamdı. "Övülmeye, zenginliğe ve Yahudi güzellerine" karşı zaafı vardı ve hem büyüklüğünün hem de tuhaflığının farkında olan birisiydi. Kudüs'te dehşet saçarken poker oynar, Yahudiye tepelerinde ata biner, arkadaşı İspanya elçisi Kont Antonio de Ballobar'la şampanya ve sigara içerdi. Yirmili yaşlarının sonlarında zarif bir aristokrat olan Ballobar, paşayı "güvenilmez ama iyi birisi" olarak tarif etmişti. Bertha Spafford paşanın "garip, korkulması gereken bir adam," olduğunu düşünüyordu ama aynı zamanda "çift karakterli birisiydi" ve çekici ve kibar da olabiliyordu. Ortalıkta kimse yokken küçük bir kıza elmas kakmalı bir madalya vermiş ve ailesi eve döndüğünde kızlarında bir madalya olduğunu görmüştü. Ona bağlı Alman subaylarından biri olan von Papen onu "son derece zeki doğulu bir despot" olarak tarif etti.

Cemal hâkimiyeti altındaki bölgeyi neredeyse bağımsızca yönetti: "Sınırsız yetkiye" sahip bu adam gücünün tadını çıkarırken keyif içerisinde sordu: "Kanun dediğin nedir? Onları dilediğimde yapar dilediğimde kaldırırım!" Üç Paşa haklı olarak Arapların sadakatinden şüpheliydi. Kültür rönesansı ve yeşeren milli duyguların tadını çıkaran Araplar, Türk şovenizminden nefret ediyordu: yine de Osmanlı nüfusunun yüzde 40'ı Arap'tı ve Osmanlı alaylarının kimisi tümüyle Arap askerlerden oluşuyordu.

Cemal'in görevi Arap eyaletlerini elde tutmak ve herhangi bir Arap –veya Siyonist– başkaldırıyı önce güzellikle o işe yaramazsa da kaba kuvvetle sona erdirmekti.

Kutsal Şehre vardıktan sonra milliyetçi görüşleri olduğuna inandığı Araplardan bir heyet çağırdı. Onların renkleri gittikçe solarken o da kasten onları görmezden geldi. Sonunda sordu: "Suçlarınızın büyüklüğünün farkında mısınız?" cevap vermelerine fırsat vermeyerek devam etti. "Susun! Cezasını biliyor musunuz? İdam! İdam!" Onlar titrerken o beklemesini sürdürdü ve sakince ekledi: "Ama sizi ve ailenizi Anadolu'ya sürgün etmekle yetineceğim." Korkudan ödü patlamış Araplar dışarı çıkarıldıktan sonra Cemal emir subayına dönüp güldü: "Elimden ne gelir ki? Burada işler böyle yürüyor." Yeni bir yola ihtiyacı olduğu zaman mühendise şunları söyledi, "Yol zamanında bitmezse son taşın döşendiği noktada seni idam ederim!" gururla şöyle yakınmıştı: "Her yerde birileri benden şikâyet ediyor."

Cemal çoğunlukla Alman zabitlerin komutasındaki birliklerini İngilizlerin elindeki Mısır'a taarruz etmek için toplarken Suriye'nin entrika yuvası ve Kudüs'ün "casus yatağı" olduğunu gördü. Paşanın politikası basitti: "Filistin için sürgün; Suriye için korkutma; Hicaz için ordu." Kudüs'teki yaklaşımı ise "patrikleri, prensleri ve şeyhleri bir sıraya dizme ve ileri gelenleri ve vekilleri asmak olmuştu." Gizli polisi hainlerin peşine düşerken milli tahrik şüphelisi olan herkesi sürgün etti. Aziz Anne Kilisesi gibi Hristiyan mülklerine el koyup Mısır'a saldırıya hazırlanırken Hristiyan din adamlarını bölgeden sürmeye başladı.

Paşa 20.000 askerin en önünde Kudüs'te resmigeçit yaptı. "Süveyş'in diğer kıyısında ya da cennette buluşuruz!" diyerek böbürlendi ama Kont Ballobar bir Osmanlı askerinin su istihkaklarını çalıntı bir salın içine taşıdığını gördü, kahredici bir askerî gücün işareti olmadığı açıktı. Diğer taraftan Cemal "muhteşem çadırlar, şapka askıları ve dolaplarla seyahat ediyordu." 1 Şubat 1915'te Cemal, "Kahire üzerinde dalgalanan al bayrağı" söyleyen 12.000 askeriyle Kanal'a saldırdı; kolayca püskürtüldüler. Bu saldırısının sadece bir keşif harekâtı olduğunu iddia etti ama yazın yine başarısız oldu. Askerî yenilgi, batı ablukası ve Cemal'in artan baskısı Kudüs'te kendisini tüm ağırlığıyla hissettirmeye başladı. Katliamların başlaması an meselesiydi.[8]

TERÖR VE ÖLÜM: KASAP CEMAL

Cemal'in gelmesinden sonraki bir ay içerisinde Vasıf Cevheriye, Yafa Kapısı'nın dışındaki ağaçta asılı üzerinde beyaz kıyafet olan bir Arap gördü. 30 Mart 1915'te paşa iki Arap askerini "İngiliz casusu" oldukları gerekçesiyle idam edip ardından sessizce bekleyen kalabalığın gözleri önünde Yafa Kapısı'nda Gazze müftüsü ve oğlunu astı. Herkesin görmesini sağlamak için idamlar Cuma namazından sonra Şam ve Yafa Kapılarında yapılıyordu. Çok geçmeden kapıların etrafı çürüyen cesetlerle dolmaya başladı, Cemal günlerce ortalıkta bırakılmalarını emretmişti. Bir hadisede Vasıf sadist beceriksizlikten dehşete kapıldı:

"Asma işlemi bilimsel ve tıbbi olarak uygun şekilde yapılmadığı için kurban hayatta kalıyor, çok acı çekiyor ve izleyen bizlerin de elinden hiçbir şey gelmiyordu. Bir zabit bir askere tırmanıp kurbana asılmasını söyledi ama bu fazladan ağırlık yüzünden kurbanın gözleri yuvalarından fırladı. Bu Cemal Paşa'nın zulmüydü. Şahit olduğum manzara yüreğimi parçaladı."

Ağustos 1915'te Cemal, Arap milliyetçi ayaklanmasına dair delil tespit ettikten sonra, "Hainlere karşı merhametsiz olmaya karar verdim," diye yazdı. Beyrut yakınlarında on beş Arap ileri gelenini astı (Kudüs'ten bir Naşhaşhibi de aralarındaydı) ve daha sonra Mayıs 1916'da Şam ve Beyrut'ta yirmi bir kişiyi daha asarak kasap unvanını kazandı. İspanyol Ballobar'la onu da asacağını söyleyerek dalga geçti.

Cemal Siyonist ihanetten de şüpheleniyordu. Oysaki fes giyen Ben Gurion Osmanlı ordusu için Yahudileri askere almaktaydı. Cemal cazibesini de hepten bir kenara bırakmamıştı: Osmanlılar idaresindeki ortak bir anavatan için destek arama gayretiyle Aralık 1915'te Hüseyniler ve aralarında Ben-Gurion'un da olduğu Siyonistler arasında iki görüşme tertip etti. Ama Cemal daha sonra 500 yabancı Yahudi'yi sınır dışı etti, Siyonist liderleri tutukladı ve sembollerini yasakladı. Sürgünler Alman ve Avusturya gazetelerinde şiddetle eleştirildi ama Cemal, Siyonistleri herhangi bir sabotaja kalkışmamaları konusunda uyardı: "Size kalmış. Sizi de Ermeniler gibi tehcir etmeye hazırım. Parmağını kımıldatanı idam ederim. Ama ikinci seçeneği istiyorsanız tüm Viyana ve Berlin basınının susması şart!" Daha sonra şöyle şikâyet etti: "Sadakatinize itimadım yok. Eğer sinsi bir planınız olmasa kalkıp bu çorak topraklarda sizden nefret eden Arapların arasında yaşamaya gelmezdiniz. Siyonistlerin hepsi asılmayı hak ediyor ama asmaktan yoruldum. En iyisi sizi devletin farklı bölgelerine dağıtmak."*

Sürgün edilen Ben-Gurion bu sefer umudunu İtilaf devletlerine bağladı. Araplar orduya alınıyordu; Yahudi ve Hristiyanlar ise amele taburlarında görevlendirilip yol yapımında kullanılıyor ve çoğu açlık ve hava şartları yüzünden ölüyordu. Ardından hastalık, böcekler ve kıtlık geldi. Vasıf, "Çekirgeler bulutlar gibi yoğundu," diyerek Cemal'in "12 yaşın üzerindeki herkese üç kilo çekirge yumurtası getirmesini emrederek" çekirge istilasını çözmeye çalışmasıyla dalga geçti. Bu durum anlamsız bir çekirge yumurtası ticaretinden başka bir şeye yaramamıştı.

Vasıf, "Açlıkla birlikte tifüs ve sıtmanın tüm ülkeye yayıldığını ve pek çok kişinin öldüğünü," gördü. 1918'e gelindiğinde Kudüs'teki Yahudi nüfusu salgın, kıtlık ve sürgünler nedeniyle 20.000 azalmıştı. Ama Vasıf'ın sesi, ut çalma, parti düzenleme ve misafir ağırlama yeteneği hiçbir zaman önemini yitirmedi.

SAVAŞTA VE AŞKTA ŞEHİR: VASIF CEVHERİYE

Cemal, zabitleri ve sülalelerin önde gelenleri refah içinde yaşarken Kudüslüler savaşın ortasında hayatta kalma mücadelesi veriyordu. Çoğu savaş dulu olan ve Eski Şehir'in yollarında dolaşan genç fahişeleri sadece iki kuruşa kiralamak mümkündü. Mayıs 1915'te okul saatinde fahişelik yaptığı tespit edilen bazı öğretmenler kovuldu. Hatta kimi kadınlar bebeklerini sattı. "Yaşlı kadınlar ve erkekler" –özellikle Mea Shearim'deki Hasidik Yahudiler –"açlıktan şişmeye başlamıştı. Yüzleri ve vücutları pislik, hastalık ve çürükle kaplıydı."

Vasıf'ın her gecesi bir maceraydı: "Eve sadece kıyafetlerimi değiştirmek için gidiyorum, her akşam başka evde uyuyorum, içmekten ve sevişmekten vücudum tamamen tükendi. Sabahları Kudüs'ün önde gelen aileleri ile piknik yapıyor, daha sonra Eski Şehir'in arka sokaklarında serseri ve suçlularla âlem yapıyorum." Vasıf Cevheriye bir gece kendisini dört limuzinden oluşan ve içinde vali, onun Selanikli Yahudi metresi, bazı Osmanlı beyleri ve aralarında Belediye Başkanı Hüseyin Hüseyni'nin de olduğu aile ileri gelenlerinin olduğu bir konvoyda buldu. Konvoy Latin manastırındaki bir "uluslararası piknik için" Beytüllahim yakınlarındaki Artas'a gitmekteydi. "Herkes açlık ve savaş yüzünden perişan olurken bizler için güzel bir gündü. Merasimde kimse asılmadı, herkes şarap içti ve kadınlar o gece

---

* Cemal Yahudi milliyetçiliği ve Türk hâkimiyetini tehdit eden her şeyden nefret etse de bir yandan da Yahudilerin desteğini almaya da çalışmıştı: İstanbul'daki ABD büyükelçisi Henry Morganthau'ya Batı Duvarı'nı satmayı teklif etti ve aynı teklifi Kudüs Yahudilerine de yaptı.

o kadar güzeldiler ki yemek yemeye zaman yoktu ve hepsi bir ağızdan koro gibi şarkı söylüyordu."

Valinin Yahudi metresi "Arap müziğini o kadar seviyorduki" Vasıf ona ut çalmayı öğretmeyi kabul etti. Anlaşılan "en güzel Yahudi kadınların" ve kimi zaman da savaş yüzünden Kudüs'te kısılıp kalmış Rus kızların bulunduğu patronlarının grup sekslerine de katılıyordu. Bir keresinde Dördüncü Ordu levazım subayı Ruşen Paşa "o kadar sarhoş olmuştu ki güzel Yahudi kadınlar ona bilincini kaybettirdi!"

Vasıf'ın çalışmasına gerek yoktu çünkü patronları, önce Hüseyin Hüseyni ve daha sonra Ragıp Naşhaşibi, ona devlet idaresinde maaş alabileceği uyduruk bir iş ayarlamışlardı. Hüseyni, Hilal'i Ahmer'in başkanıydı. Bu tür yardım kurumları genelde savurganlık ve sınıf atlamanın araçları haline gelirlerdi: Kudüs'ün "çekici kadınlarından" üzerinde Kızıl Hilaller olan dar Osmanlı üniformaları giymeleri istenmişti ki bu Cemal'in karşı koyamadığı bir görüntüydü. Cemal'in metresi, Vasıf'ın "Filistin'deki en güzel kadın dediği", Leah Tennebaum'du. Sima el-Magribi adındaki diğer bir Yahudi kadında garnizon komutanının metresi olmuştu; bir İngiliz olan Bayan Cobb ise valinin metresiydi.

Udi kimi zaman zengin sofralarında kendisine yer bulurdu. O ve grubu bir Yahudi evindeki eğlencede çalması için davet edildiğinde büyük bir salon ve aralarında Bayan Rachel'in de olduğu "kadınların çevresinde dönen bir grup Osmanlı zabiti" gördü. Sarhoş Türkler daha sonra kavgaya tutuştular, önce lambalara sonra da birbirlerine ateş ettiler. Kadınlar ve müzisyenler kaçıştılar. Vasıf'ın çok sevdiği udu kırıldı ama güzel Bayan Rachel onu içindeki gizli bölmeden diğer bir eve geçilen bir dolabın içine çekti – Vasıf, "Hayatımı kurtardı. Geceyi onunla geçirdim," diye yazdı.

Cemal, Sultan Mehmet'in tahta çıkışının yıldönümü olan 27 Nisan 1915'te Osmanlı ve Alman komutanları ve Kudüs'ün ileri gelenlerini, el koyup karargâhı haline getirdiği Yeni Kapı'nın dışındaki, Notre Dame'a davet etti: İleri gelenler eşleriyle gelirken Osmanlı zabitlerine elli fahişe eşlik etti.

Kudüslülerin hali her geçen gün kötüye giderken Kont Ballobar'ın, Cemal için verdiği akşam yemekleri ziyafet olarak kalmaya devam etti: 6 Temmuz 1916'daki menüde Türk çorbası, balık, et, etli ekmek, hindi dolması, dondurma, ananas ve meyve bulunuyordu. Yemek yerlerken Cemal kızlardan, iktidardan ve kafasındaki Yeni Kudüs'ten bahsetti. Kendisini bir şehir planlamacısı olarak görüyordu ve Kudüs surlarını yıkmak ve Eski Şehir'in içinden geçen ve Yafa Kapısı'ndan Tapınak Dağı'na kadar uzanan geniş bir cadde yapmak istiyordu. Daha sonra güzeller güzeli Leah Tennenbaum'la evlendiğini duyurdu: "Avusturyalı bir Yahudi'yle evlendiğimi biliyor musunuz?"* Cemal her fırsatta çat kapı Ballobar'ın evine giderdi –ve durum daha da umutsuz bir hal aldığında İspanyol onun üzerindeki nüfuzunu Kasap'ın despotizmini sınırlamak için kullandı. Cemal yemeklerde Ballobar ve Yunan elçisiyle dalga geçerek eğer İspanya veya Yunanistan savaşa girerse "onları Kutsal Kabir'in karşısında asacağını" söylerdi.

Cemal hayalindeki Kudüs'le alakalı planlar yaparken ortağı Enver, Rus cephesindeki başarısız bir saldırıda 80.000 asker kaybetti. O ve Talat bu yenilginin suçunu Hristiyan Ermenilere attılar ve onları sistematik şekilde sürgün edip öldürdüler. Bir milyon kişinin ölümüne yol açan bu barbarca hareket ileride Hitler'e de ilham verecekti: "Kimse Ermenileri hatırlamıyor," demişti. Cemal bu katliamı tasvip etmemişti. Mültecilerin Kudüs'e yerleşmelerine izin verdi ve savaş sırasında Kudüs'teki Ermeni sayısı ikiye katlandı.

İngilizlerle gizli görüşmeler sürüyordu: Cemal, Ballobar'a Londra'nın kendisinden ortağı Talat'ı öldürmesini istediğini söyledi. Bir noktada Cemal, İtilaf devletlerine yaklaşıp onlara İstanbul'a yürümeyi, Enver'i devirmeyi, Ermenileri kurtarmayı ve kendisinin sultan olmasını teklif etti: İtilaf devletleri kendisini ciddiye almayınca Cemal savaşmaya devam etti. Kudüs'te on iki Arap asıp cesetlerini surların üzerinde teşhir etti. Enver ise İslami kimliğini göstermek, Araplara gözdağı vermek ve ortağına göz kulak olmak için bir doğu turuna çıktı. Vasıf, Enver'in, Cemal'le birlikte Kudüs'e girişini izledi. Enver, Kubbetüs Sahra, Davud Türbesi ve Kilise'yi ziyaret ettikten sonra Cemal Paşa Sokağı'nın açılışını yaptı ve Fast Otel'de Cevheriye'nin de eşlik ettiği Belediye Başkanı Hüseyin Hüseyni tarafından ağırlandı.

İki paşa bir Arap isyanı ihtimali olup olmadığını anlamak için Mekke'ye doğru yola çıktı. Ama Enver'in haccı Arabistan'ı elde tutmaya yetmeyecekti.[9]

---

* Leah Tennenbaum'un daha sonra evlendiği Hristiyan avukat Abcarius Bey, Talbieh'te onun için Villa Leah adında bir konak yaptırdı: Kocasından otuz yaş daha küçüktü. Kocasını terk etti ve Villa Leah'ı sürgündeki Etiyopya İmparatoru Haile Selassie'ye kiraladı. Evi daha sonra Moshe Dayan satın aldı.

45

ARAP İSYANI, BALFOUR DEKLARASYONU 1916-1917

LAWRENCE VE MEKKE ŞERİFİ

Cihan Harbi başlamadan hemen önce Mekkeli bir emir olan Abdullah bin Hüseyin, İstanbul'a dönüş yolundayken Kahire'deki İngiliz ajanlarının başı Lord Kitchener'a uğrayarak babasına askerî yardım sağlayıp sağlayamayacaklarını sordu.

Abdullah'ın babası, Arabistan'daki en önemli kişi ve Peygamber soyundan gelen bir Haşimi olan, Mekke şerifi Hüseyin'di. Bu aile geleneksel olarak Mekke emiri olurdu ama Osmanlı sultanı Abdülhamit onu on beş yıl İstanbul'da, lüks içinde tutarken ailenin başka üyelerini emir olarak atamıştı. 1908'de aday sıkıntısı çeken Jön Türkler onu Mekke'ye gönderdiler (oradaki telefon numarası Mekke 1'di). Enver Paşa'nın saldırgan Türk milliyetçiliği, Suudi ve diğer Arap emirlerinin rekabetiyle karşı karşıya kalan Hüseyin ya Arabistan için savaşmak ya da İstanbul'a karşı isyan etmek için hazırlanmak istiyordu.

Abdullah gururla Kitchener'a bir güneyli Arap şeyhiyle savaşırken aldığı yeni yarayı gösterdi ve Kitchener'da buna karşılık Sudan'da aldığı yaraları ortaya çıkardı. Kısa boylu Arap, Kitchener'a şunları söyledi: "Lordum siz kolay ıskalanır bir adam değilsiniz ama bu kadar kısa olduğum halde yine de bir Bedevi tarafından vuruldum." Abdullah'ın cazibesine rağmen Kitchener, onları silahlandırmayı kabul etmedi.

Birkaç ay sonra Cihan Harbi'nin başlaması her şeyi değiştirdi. Kitchener, Dışişleri Bakanı olarak görev yapmak için Londra'ya geri döndü –ve "Ülkenizin size ihtiyacı var" posterlerini bastırdı –ama İngiltere'nin önde gelen doğu uzmanı olarak kalmaya devam etti. Osmanlı sultanı-halifesi İngilizlere karşı cihat ilan ettiğinde Hüseyin'i hatırladı ve ona bir Arap isyanı başlatacak İngiltere'nin kendi halifesi olmasını teklif etti. Kahire'ye emirle temasa geçmesini emretti.

Başta cevap gelmedi. Sonra Ağustos 1915'te Emir Hüseyin karşılığında bazı sözler verilmesi şartıyla bir Arap isyanını yönetmeyi teklif etti. İngilizler, Osmanlıları savaş dışı bırakarak Batı Cephesi'ndeki çıkmazı aşmak için tasarladıkları Gelibolu harekâtında başarısız olup Irak'taki Kut'ta Türk ordusu tarafından kuşatılınca Cemal Paşa'nın, bir Arap isyanı tarafından oyalanmazsa, Mısır'ı alabileceğinden korktular. Bu nedenle Londra, Mısır yüksek komiseri Sir Henry McMahon'a Arapları kendi taraflarında tutabilmek için, Fransız ve İngiliz menfaatleriyle çatışmadığı müddetçe, onlara her tür sözün verilmesini emretti.

Altmış yaşının üzerinde olan Şerif Hüseyin, Arabistanlı Lawrence tarafından, "Bir ölçüde kendini beğenmiş, açgözlü ve aptal. Bir devleti yönetmeye layık değil ama şu noktada İngiliz çıkarları için gerekli bir adam," olarak tarif edilmişti. Kurnaz ikinci oğlu Abdullah tarafından yönlendirilen Hüseyin, Arabistan, Suriye, Filistin ve Irak'ı ihtiva eden bir Haşimi Krallığı* kurmak istediğini söyledi. Bu çok riskli bir kumardı ve Abbasilerden bu yana Araplar bu kadar büyük bir devlet kurmamışlardı. Bunun karşılığında sadece Arabistan'da değil el-Fatat ve el-Ahit gibi gizli Arap milliyetçisi dernekler vasıtasıyla Suriye'de de bir Arap isyanı başlatacaktı. Aslında bunların hiçbiri doğru değildi: Elinde sadece birkaç bin savaşçı vardı ve Hicaz'ın tamamı bile elinde değildi. Arabistan'ın büyük bölümü Suudiler gibi rakip kabileler tarafından yönetiliyordu ve kendi koltuğu bile tehlikedeydi. Gizli dernekler çok cılızdı, sadece birkaç yüz üyeleri vardı ve onlar da çok geçmeden Cemal tarafından harcanacaklardı.

McMahon bu trajikomik taleplere nasıl cevap vereceğini bilemedi ve o düşünürken Hüseyin bir yandan da Üç Paşa'ya, İngilizleri alt etme fırsatı tanıyarak onlardan Hicaz'da saltanat hakkı ve Cemal terörünün sona ermesini talep etti. Şerif üçüncü oğlu Faysal'ı Cemal'le görüşmeye gönderdi ama tiran onu Arap milliyetçilerinin asılışlarını izlemeye zorladı.

Şerif, İngilizlerle daha fazla ilerleme kaydetti. Londra'nın, Kahire'de bulunan doğu uzmanları geçen yüzyıldaki arkeoloji casusluğu sayesinde Filistin coğrafyasını gayet iyi öğrenmişlerdi ve Kitchener bizzat Kudüs'ü fotoğraflamış ve kimi zaman Arap kıyafetleri giyerek ülkenin haritasını çıkarmıştı. Ama çoğu Şam'ın çarşılarından ziyade Kahire'nin kulüplerini biliyordu: Araplara patronluk taslıyor ve her tür komplonun arkasında gördükleri Yahudilere de ön yargılı yaklaşıyorlardı. Londra tek bir siyaset güdüp sadece şerifle görüşürken İngiltere'nin Hindistan valisi kendi farklı siyasetini takip ederek şerifin düşmanı Suudileri desteklemeye başladı. İngiltere'nin çoğunlukla amatör olan uzmanları kendilerini John Buchan'ın

* Peygamber'in büyük büyükbabası olan Haşim'in ismini aldılar. Kızı Fatıma ve torunu Hasan üzerinden Muhammet'in soyundan geliyorlardı ve o yüzden Şerif unvanını almaktaydılar. Onlar kendilerine Haşimi derken İngilizler onlara Şerifi derdi.

romanı *Greenmantle*'ın içinde yaşarmış gibi buldular. Büyük Osmanlı denizinin içindeki Arap siyasetinin belli belirsiz ve tehlikeli akıntılarına kapılmışlardı.

Neyse ki McMahon'un, Suriye'yi gerçekten bilen bir subayı vardı. Yirmi sekiz yaşındaki T. E. Lawrence, arkadaşı Arap uzmanı Gertrude Bell'in tanımıyla, "son derece zeki" bir adam, İngiliz yerleşiminin bağrından kopmuş eksantrik bir yabancı ve iki kusurlu efendisinden hangisine tam olarak sadık olacağına karar verememiş birisiydi –İmparatorluk ve Araplar. Gayrimeşru bir çocuktu: babası Thomas Chapman, karısına miras kalan bir kontluğun vârisiydi ve metresi Sarah Lawrence'la başka bir hayat kurup onun soyadını almıştı.

"Çocukken Lawrence hep ilerde çok büyük işler yapacağını hayal ederdi, hem aktif hem de düşünceliydi ve ikisinde de başarılı olmaya kararlıydı." Bir yandan fiziksel dayanıklılığını geliştirmek için çalışırken bir yandan da Haçlı kaleleri üzerine hazırladığı Oxford tezini tamamladı. Daha sonra Suriye'yi gezerek Arapçasını ilerletti, Irak'taki Hitit kazı alanlarında arkeolog olarak çalıştı ve oradaki Arap yardımcısı Dahoum onun arkadaşı ve belki de hayatının yol gösteren tutkusu oldu. Cinsel tercihi hayatıyla ilgili pek çok şey gibi esrarını korumuştur ama bizim "komik üreme işlemimiz" ile dalga geçmişti ve arkadaşı Ronald Storrs'a göre, "kadın düşmanı değildi ama bir daha kadın göremeyeceği kendisine söylense bundan da rahatsız olmazdı." Irak'tayken *The Seven Pillars of Wisdom** dediği Kudüs ve diğer altı Arap şehriyle ilgili maceralarını anlatacağı bir kitap yazmayı planladı. O kitabı basamadı ama bu başlığı daha sonra başka bir kitap için kullandı.

Bir Amerikalı onu ileriki bir tarihte "kısa, güçlü, teni kum rengi, mavi gözlü ve çölün bronzlaştırdığı tipik bir İngilizdi" diye tasvir edecekti. Lawrence'ın boyu 1.65'ti –Gertrude Bell ona İmp demişti. "Beynim vahşi bir kedi kadar sessiz ve çeviktir," diye yazmıştı. İnsani detaylara çok dikkat ederdi, iyi bir yazar ve gözlemciydi, sevmediklerine karşı beklenmeyecek şekilde kabaydı ve "ünlü olmayı aşırı" istediğini ve "bunun bilinmesinin de korkunç bir şey olduğunu" kendisi de itiraf etmişti. Her şeyi "egoist merakı" için yapmıştı. Şövalyeliğe ve adalete inanan bu adam aynı zamanda sinsi, kendisini aşırı beğenen ve gazeteci Lowell Tomas'ın tabiriyle "ilgi odağı olmayı seven bir dâhiydi." Kibri mazoşizmiyle rekabet ediyordu: "Benden aşağı olan şeyleri sever ve aşağı bakmaktan hoşlanırım. Ancak belli bir yere kadar alçalabilirsiniz."

Kahire'deki McMahon "şerifle yapılan müzakerelerde kendisini gösteren" bu kıdemsiz subaya gözünü dikti. Lawrence, raporunda da yazdığı gibi, sürekli olarak "Selahaddin ve Ebu Ubeyde'yi" düşünüyordu ama aynı zamanda İngiliz Arap uzmanlarının çöl Araplarının –Filistinlilerden farklı olarak– saf ve asil oldukları

* (İng.) İrfanın Yedi İlkesi. (ç. n.)

görüşünü de paylaşıyordu. Şam, Halep, Humus ve Hama'nın Suriye'nin Arap merkezleri olduğunu söylerken Kudüs'ü Arap olarak tarif etmemişti –ona göre Kudüs şöyleydi: "Halkı karaktersiz otel hizmetçileri olan ve gelip giden kalabalık ziyaretçilerden beslenen pis bir şehir. Araplar ve onların milliyetleri meselesi onlardan bimetalizmin Teksas'taki yaşamdan uzak olduğu kadar uzaktır." Kudüs ve Beyrut gibi yerler, "Bozulmuştu – Suriye'nin olduğu kadar diğer ülkelerin de kültürünü temsil ediyorlardı."

24 Ekim 1915'te McMahon, Hüseyin'e cevap verdi. Cevap iki taraftan da farklı şekilde okunması için kasten muğlak olarak yazılmıştı. McMahon, Hüseyin'in İmparatorluğu'nu Lawrence'ın belirttiği Suriye şehirlerinin doğusu olarak kabul ediyor ama batıdaki belirsiz bölgeyi katmıyordu. Şerifin Kudüs'ün hariç tutulmasını kabul etme ihtimali zayıftı ama İngilizler orada menfaatleri olduğu için şehrin adını belirtmeden yanından geçtiler. Ayrıca McMahon tüm Fransız ilgi alanlarının da hariç tutulmasını istemişti –Fransa'nın da Kudüs üzerinde talepleri vardı. Aslında yüksek komiser Kudüs'ü Mısır'daki Arnavut hanedanına bağlamayı planlıyordu böylece Kutsal Şehir Müslüman kalsa da İngiliz kontrolü altında olacaktı.

Britanya'nın en kısa sürede Arapların ayaklanmasına ihtiyacı olduğundan vermek zorunda olduğu sözleri mümkün olduğu kadar muğlâk vermeye büyük çaba sarf etti. McMahon'un verdiği sözler ne kadar belirsiz olsa da Britanya ve Fransa, Osmanlı İmparatorluğu'nun paylaşılması için anlaşma yapmadan önce Arapların umutlarını artırmak için yeterliydi.

İngiliz müzakereci, yaratıcı ve durmak bilmez bir amatör ve Doğu'yu gezip dolaştıktan sonra da uzman olan Yorkshire baronu ve milletvekili Sir Mark Sykes'tı –ama Lawrence onun "önyargılar, tahminler ve yarı bilimden oluşan bir yığın" olduğunu söylemişti. Asıl yeteneği sınırsız gibi görünen enerjisiydi ve bu yüzden üstleri memnuniyetle onun Doğu'yla ilgili tüm politikalara müdahil olmasına izin verdiler. Sykes ve Fransız meslektaşı ve Beyrut konsolosu François Georges-Picot, Fransa'nın Suriye ile Lübnan ve İngiltere'nin de Irak ile Filistin'in bir bölümünü alması konusunda anlaştılar. İngiliz ve Fransız denetiminde bir Arap konfederasyonu kurulacaktı –Kudüs, Fransa, İngiltere ve Rusya nezaretinde uluslararası bir bölge haline getirilecekti.* Son yetmiş yıldır Kudüs'ün kontrolü için mücadele eden üç İmparatorluğa da makul gelmiş bir çözümdü bu –üstelik bir tür Arap devletine de izin veriyordu. Ama anlaşma çok geçmeden iptal oldu çünkü İngiltere hasıraltından Kudüs ve Filistin'i kendisine ayırdı.

* Sykes başta Kudüs'ü savaş çıkana kadar hacıları neredeyse şehri hâkimiyetleri altına almış olan Rusya'ya vermeyi düşündü. Sykes-Picot'da Rusya'ya zaten İstanbul söz verilmişti ve buna daha sonradan Doğu Anadolu, Ermenistan ve Kürdistan da eklendi.

5 Haziran 1916'da, Sykes-Picot Anlaşması'ndan bihaber ama Osmanlıların onu devirmek üzere olduğunun farkında olan, Şerif Hüseyin, Mekke'de kızıl sancağını çıkarıp Arap İsyanı'nı başlattı. Kendisini "Tüm Arapların Kralı" ilan edince bu unvan İngilizleri telaşlandırdı ve onu "Hicaz Kralı" unvanıyla yetinmeye ikna ettiler. Bu daha başlangıçtı: Tarihte bu kadar kısa süre içerisinde bu kadar çok krallıkta bu kadar çok taç giyen bir aileye zor rastlanır. Kral Hüseyin oğullarının her birini küçük ordularının başına getirdi ama askerî sonuçlar hayal kırıcıydı ve Suriye'deki isyan da hiçbir zaman gerçekleşmedi. İngilizler Şerifilerin bu işi becerip beceremeyeceğini anlayabilmek için çok çaba sarf ettiler. Bunun üzerine Ekim'de, ileride Kudüs valisi olacak, Ronald Storrs ve onun astı Lawrence Arabistan'a geldiler.

ARABİSTANLI LAWRENCE: ŞERİFİLER – ABDULLAH VE FAYSAL

Lawrence ideal bir Arap hükümdar bulabilmek için kralın dört oğlunu da yakından inceledi ama kısa sürede sadece ikinci ve üçüncü oğulları olan Abdullah ve Faysal'dan bir iş çıkabileceğine kani oldu. Abdullah'ı "çok zeki" olduğu için elerken Abdullah da Lawrence'ı "tuhaf bir varlık" olduğu gerekçesiyle eledi ama Lawrence Prens Faysal'a baktığı zaman aradığı kişiyi bulduğuna karar verdi: "Uzun boylu, zarif, enerjik, kral olmaya layık. Otuz bir yaşında, çevik ve gözü pek. Beyaz teni, siyah saçları ve canlı koyu renk gözleriyle saf bir beyazı andırıyor. Bir Avrupalıya daha ziyade de Fontevraud'daki I. Richard heykeline benziyor. Popüler bir idol." Lawrence coşkuyla onun "mükemmel bir adam!" olduğunu söylemişti ama Faysal aynı zamanda "cesur, zayıf ve cahil bir ruha sahipti – ona acıdığım için yardımcı oluyorum."

Arap isyanı Şerif'in bölgesi Hicaz'da bile başarısız olmak üzereydi ve Lawrence, Faysal'ın birkaç bin deve süvarisinin "bir bölük Türk askeri" tarafından bozguna uğratıldığını görmüştü. Yine de karakollara saldırıp, demiryollarını sabote ederek koca bir Osmanlı ordusunu meşgul ettiler. Faysal'a danışmanlık yapmakla görevlendirildiği zaman Lawrence bunu pratiğe geçirdi ve modern bir başkaldırının prototipini yarattı. Ama efsanevi Lawrence'ı giydiren Faysal oldu: "Bana beyaz ipekten altın işlemeli düğün kıyafetleri giydirdi." Yirmi birinci yüzyılda Irak ve Afganistan'da savaşacak Amerikan askerlerinin okuması zorunlu olan Arap isyanıyla ilgili kitabında, "Eğer Arap kıyafetleri giyecekseniz en iyisini giyin. Şerif gibi giyinin," diye yazmıştı. Lawrence askerî eğitim ya da münzevi bir şairin ruhuna sahip değildi ama şunu anlamıştı: "Arapları yönlendirebilmenin başı ve sonu hiç durmadan onları incelemektir. Ailelerini, klanlarını, kabilelerini, dostlarını ve düşmanlarını dinleyerek ve dolaylı soruşturmayla öğrenmektir." Deveye binmeyi ve bir Bedevi gibi yaşamayı öğrendi. Ama ordusunu bir arada tutan İngiliz altınlarını dağıtmayı hiç ihmal etmedi ve elli yıl sonra bile onu "altınlı adam" olarak hatırlamaya devam ettiler –"bu kabilelerin bildiği en zengin dönem bu oldu."

Savaşın neden olduğu kıyım ve metanet onu hem dehşete düşürmüş hem de heyecanlandırmıştı. Başarılı bir saldırının ardından, "Umarım ne kadar eğlenceli olduğunu ifade edebilirim. Son derece amatörce, Buffalo Bill tarzı bir eylemdi ve bu konuda iyi olanlar sadece Bedevilerdi," diye yazdı. Adamlarından biri diğerini öldürdüğünde Lawrence kan davasının başlamasını engellemek için katili bizzat öldürdü. Türklerin öldürülmesinin ardından şöyle ummuştu: "Umarım bu kâbus sona erer ve uyanıp tekrar yaşamaya devam edebilirin. Türklerin böyle öldürülmesi korkunç bir şey."

Lawrence, Sykes-Picot'un Ortadoğu'yu nasıl paylaştığını biliyor ve bundan utanç duyuyordu: "Onları bizim için savaşmaya davet edip bir yandan da yalan söylüyoruz ve buna tahammül edemiyorum." Çaresizlik içinde "öldürülme umuduyla" kendisini ateşe attığı da olmuştu. Kendisini "İngiliz ve Arap taraftarı" olarak tarif ediyordu ama emperyalist fetihlerden nefret edip Bağımsız bir Arabistan'ı tercih ediyordu – İngiliz himayesi altında olmak şartıyla. "Umarım yaşamaya devam eder ve sadece Türkleri savaş alanında yenmekle kalmayıp kendi ülkemi ve müttefiklerini de meclis koridorlarında yenebilirim."

Lawrence, Sykes-Picot Anlaşması'nın sırlarını, onu telafi edecek bir planla birlikte, Faysal'a ifşa etti. Eğer Suriye'nin Fransızlara kalmasını istemiyorlarsa orayı kendilerinin kurtarması gerekiyordu ve Araplara Suriye'yi kazandıracak çarpıcı bir askerî planı uygulamaya koymak zorundaydılar: Lawrence'ın liderliğinde Faysal'ın kuvvetleri Ürdün Çölü'nde dairesel 500 kilometrelik bir yol kat ederek Akabe limanını ele geçirdiler.[10]

FALKENHAYN'IN KOMUTAYA GEÇMESİ: ALMAN KUDÜSÜ

Cemal'in, Mısır'a karşı düzenlediği üçüncü taarruzunda başarısız olmasının ardından İngilizler Sina üzerinden karşı saldırıya geçtiler. 1917 ilkbaharında Gazze'de Alman ve Avusturya topçu bataryalarının da desteklediği 16.000 mevcutlu Osmanlı ordusu tarafından iki kez bozguna uğratıldılar. Cemal tekrar saldıracaklarını anladı. Filistin şimdi Osmanlı karşıtı entrikalarla kaynıyordu. Paşanın gizli polisi İngiliz yanlısı Yahudi casus ağı olan NILI'yi açığa çıkardı ve üyelerine işkence edildi – tırnakları sökülüp kafatasları çatlayana kadar mengenelerde sıkıldı – daha sonra da asıldılar. Kudüs'te Cemal'in polisi, genelevlere dayalı bir casus ağı kurmakla suçladıkları, diğer bir Yahudi casusu olan Rusya doğumlu şair ve iş adamı Alter Levine'in peşine düştü. Levine arkadaşı ve saygı duyulan bir öğretmen olan Halil Sakakini'nin evine geldi ve o da kendisini korumayı kabul etti. Siyonist casus ağının sinirlendirdiği Kasap, Ağustos ayında tüm konsolosları Augusta Victoria Kalesi'nde toplayıp onlara gözdağı verdi: Kudüs'ün tüm nüfusunu sürgün etmekle tehdit etti – despotik Ermeni tehciri dikkate alınırsa bu binlerce kişinin ölmesi anlamına geliyordu.

Cemal, Enver'e, "Anlaşılan Kudüs için savaşmak zorunda kalacağız," dedi. Verdun taarruzuna komuta eden eski Alman başkomutan Feldmareşal Erich von Falkenhayn'ı Kudüs'e gelip İngilizleri yenme konusunda kendilerine yardımcı olması için davet ettiler. Ama Enver, Cemal'in otoritesini çiğneyerek Falkenhayn'ı başkomutan olarak atadı. Cemal, Enver'i, "Falkenhayn'ın Verdun'u Almanlar için felaket oldu. Filistin taarruzu da bizler için felaket olacak," diye ihtar etti.

Haziran 1917'de Cemal Paşa üzgün bir halde Kudüs istasyonunda Falkenhayn'ı karşıladı ve Kubbetüs Sahra'nın basamaklarında birlikte poz verdiler. Falkenhayn karargâhını Augusta Victoria'da kurdu. Şehrin kafeleri Alman askerleriyle doldu ve subayları da Fast Otel'e yerleştiler. Sıradan bir Alman askeri olan Rudolf Hess, "Kutsal Topraklar'dayız.* Dinler tarihindeki tanıdık isimler ve azizlerin hikâyeleri dört bir yanımızdalar ve benim gençlik hayallerimden ne kadar da farklılar!" diye yazmıştı. Avusturya askerleri şehirde geçit töreni yaptı; Yahudi Avusturya askerleri Batı Duvarı'nda dua etti. Cemal Paşa şehri terk edip bölgeyi idare etmeye Şam'dan devam etti. Kayzer sonunda Kudüs'ün kontrolünü ele almıştı –ama çok geçti.

28 Haziran'da Sir Edmund Allenby, Kahire'ye gelip İngiliz birliklerinin komutasını devraldı. Bir hafta sonra da Lawrence ve Şerifiler Akabe'yi ele geçirdiler. Lawrence deve, tren ve gemiyle sadece dört gün süren bir seyahatle Kahire'ye varıp Allenby'yle görüştü. Allenby tipik kibirli bir süvari olsa da Bedevi kıyafetleri giymiş bu cesur İngiliz'den etkilendi. Allenby, Lawrence ve onun Şerifi deve birliğine ordunun sağ kanadında görev yapmalarını emretti.

---

* Gelecekte, Soykırım sırasında milyonlarca Yahudi'nin gazla öldürülüp cesetlerinin yakıldığı, Auschwitz'in SS komutanı olacak olan Hoess aslında Katolik rahibi olmayı planlamıştı. Kudüs, "İnancımın pekişmesinde çok büyük bir rol oynadı. Dindar bir Katolik olarak buradaki çok sayıda kilisenin temsilcilerinin sözde kutsal emanetleri bu şekilde kullanmalarından çok rahatsız oluyorum," dedi. Dizinden yaralanıp Demir Haç nişanı alan Hoess, Kudüs'te "tüm güzellikleri kendinde toplayan" bir Alman hemşireye âşık oldu. "Aşkın büyüsü beni esir aldı." Nisan 1947'de asıldı. Ele avuca sığmaz bu Alman genci, Alman konsolos yardımcısının oğlu olarak, Amerikan Kolonisi'nin Notre Dame yakınlarındaki revirinde görev yapmıştı. Babası olan Rudolf Hess Nazi Almanyası'nın Führeri'nin vekiliydi. 1941'de çılgın bir barış görevi için İskoçya'ya uçtu ve hayatının kalanını orada hapiste geçirdi.

İngiliz uçakları Kudüs'teki Zeytin Dağı'nı bombaladı. Falkenhayn'ın yaveri Albay Franz von Papen savunmayı tesis edip bir karşı taarruz planı yaptı. Almanlar Allenby'i hafife almışlardı ve 31 Ekim 1917'de Kudüs'ü almak için saldırdığında gafil avlandılar.[11]

LLOYD GEORGE, BALFOUR VE WEIZMANN

Allenby 75.000 piyade, 17.000 süvari yeni tanklardan oluşan kuvvetini yığarken İngiliz Dışişleri Bakanı Arthur Balfour, Rusya doğumlu bilim adamı Dr. Chaim Weizmann'la yeni bir siyasetin müzakeresini yapıyordu. Bu çarpıcı bir hikâyedir: Whitehall civarında dolaşırken dünyanın ve en güçlü devlet adamlarının ofislerine eski İsrail ve İncil hakkında konuşmak için giren bir Rus göçmeni Kudüs'ü en az Konstantin ya da Selahaddin'in aldığı kararlar kadar değiştirip günümüzdeki Ortadoğu'nun temelini atacak bir politika için İngiliz İmparatorluğu'nun desteğini kazanmayı başardı.

İlk olarak on yıl önce tanışmışlardı ama sıra dışı bir ilişkileri vardı. Balfour'a kırmızı yanakları ve cılız uzuvları nedeniyle Hanım Evladı derlerdi ama İrlanda'da baş sekreter olarak görev yaptığı zamanlarda acımasızlığı nedeniyle Kanlı Balfour adını da almıştı. Hem İskoç ticaret zenginliğinin hem de İngiliz aristokrasisinin bir evladıydı –annesi Victoria dönemi başbakanı ve Salisbury Markizi Robert Cecil'in kardeşiydi. 1878'deki Berlin Kongresi'nde Disraeli ve amcasına refakat etmişti ve 1902'de Salisbury'yi devraldığında heyecanla ünlü "Bob senin amcan!" sözünü söyledi. Bir filozof, kötü bir şair ve hevesli bir tenis oyuncusu olan Balfour hiç evlenmemiş bir romantik ve "çoğu şeyin pek az önemi vardır ve bazı şeylerin hiç yoktur" demeyi çok seven bir pragmatisti. David Lloyd George tarihin Balfour'u "bir mendildeki koku gibi" hatırlayacağını söylemişti. Onun hatırlanmasına en çok neden olacak şey ise Weizmann'la olan ilişkisi ve kendi adını taşıyan deklarasyonuydu.

İkisi tümüyle birbirine yabancı dünyalardan gelmişlerdi. Weizmann, Pinsk yakınlarındaki küçük bir Yahudi köyünde yaşayan bir kereste tüccarının oğluydu, küçük yaşta Siyonizm'i kabullenmiş ve Almanya ve İsveç'te Fen okumak için Rusya'dan kaçmıştı. Otuz yaşına geldiğinde üniversitede Kimya dersi vermek için Manchester'a taşındı.

Weizmann aynı anda "Bohem ve aristokratik, muhterem ve alaycı, Rus aydınlarına özgü eleştirel zekâ ve iğneleyici dile sahipti." O "kralların ve başbakanların yanında kendini evinde hisseden doğuştan bir aristokrattı" ve Churchill, Lawrence ve Başkan Truman gibi farklı adamların övgüsünü kazanmıştı. Çarın ordusundaki az sayıdaki Yahudi subaydan birinin kızı olan karısı Vera çoğu Rus Yahudi'sini aşağı görüyor, İngiliz soylularıyla zaman geçirip "Chaimchik'in" bir İngiliz centilmeni gibi giyinmesine büyük özen gösteriyordu. Tutkulu Siyonist, Çarlık Rusyası ve Siyonist karşıtı Yahudi düşmanı Weizmann "iyi beslenmiş Lenin'e" benziyordu ve kimi zaman onunla karıştırıldı. "Zeki bir hatipti," kusursuz İngilizcesi hafif Rus aksanıyla süslenmişti ve "neredeyse feminen cazibesi, tehlikeli bir karakter, yanan bir şevk ve ileri görüşlülükle harman oluyordu."

Biri Eton mezunu diğeri Pinks'ten gelme bu iki adam ilk kez 1906'da karşılaştılar. Konuşmaları kısaydı ama unutulur gibi değildi. "Balfour'un her zamanki gibi bacaklarını uzatmış, soğukkanlı bir ifadeyle, oturduğunu hatırlıyorum." 1903 yılında başbakan olarak Uganda'yı Siyonistlere teklif eden Balfour'du ama şu anda bir yetkisi yoktu. Weizmann onun isteksiz halinin sadece bir "maske" olduğundan şüphelendi ve ona eğer Musa Ugandaizmi duysaydı, "Tabletlerini tekrar kıracağına şüphe yok," dedi. Balfour şaşırdı.

"Bay Balfour, size Londra yerine Paris'i teklif etsem alır mıydınız?"

Balfour, "Fakat Dr. Weizmann, Londra zaten bizde," dedi.

Weizmann, "Doğru ama Londra bir bataklıkken Kudüs de bizimdi," diye cevap verdi.

"Sizin gibi düşünen başka Yahudiler de var mı?"

"Ben milyonlarca Yahudi'nin aklından geçeni söylüyorum."

Balfour etkilenmişti ama öyle dedi: "İlginç. Benim tanıştığım Yahudiler farklıydı."

Çoğu İngiliz Yahudi asilin Siyonizm'den haz etmediğini bilen Weizmann, "Bay Balfour siz yanlış Yahudilerle tanışmışsınız," dedi.

Bu konuşmadan bir şey çıkmadı ama Weizmann bir devlet adamıyla ilk görüşmesini yapmıştı. Balfour genel seçimi kaybetti ve yıllarını boşta geçirdi. Bu arada Weizmann, Balfour'la görüştükten kısa süre sonra ilk kez ziyaret ettiği, Kudüs'te bir İbrani Üniversitesi inşa edebilmek için kampanya yapıyordu. Filistin'deki dinamik Siyonist çiftlikleri onu heyecanlandırdı ama "yardımlarla ayakta duran sefil bir getto" olarak gördüğü Kudüs onu dehşete düşürmüştü. Orada "tek bir düzgün binamız bile yok –Yahudiler haricinde tüm dünyanın Kudüs'te yaptığı bir şeyler var. Bu durum içimi karartı ve gece olmadan şehirden ayrıldım." Weizmann, Manchester'da kimyager olarak isim yaptı ve Manchaster Guardian'ın sahibi ve İncil'deki peygamberleri andıran bir Siyonizm taraftarı olan editör C. P. Scott'la tanıştı. 1914 yılında Scott, "Söyleyin Dr. Weizmann sizin için ne yapmamı istiyorsunuz," diye sordu.

Cihan Harbi'nin başlangıcında Weizmann, Donanma Bakanı "enerjik, dikkat çekici ve etkileyici" Winston Churchill tarafından çağrıldı: "Dr. Weizmann 30.000 ton asetona ihtiyacımız var." Weizmann, patlayıcı yapımında kullanılan bir madde olan, aseton üretmek için yeni bir formül keşfetmişti. Churchill, "Yapabilir misiniz?" diye sordu. Weizmann yapabilirdi ve yaptı.

Birkaç ay sonra, Aralık 1914'te, C. P. Scott, Weizmann'ı, o zamanlar Maliye Bakanı olan, Lloyd George ve Herbert Samuel'le bir kahvaltıda tanıştırdı. Weizmann bakanların savaşı ciddiyetlerini gizleyen bir alaycılıkla tartıştıklarını fark etti ama, "Çok çekinmiştim ve heyecanımı bastırmakta zorlanıyordum," diyordu Weizmann siyasetçilerin Siyonizm'e sıcak baktıklarını görünce hayret etti. Lloyd George, "Dr. Weizmann'ın, Filistin'den bahsederken söylediği isimler bana Batı Cephesi'ndeki isimlerden daha tanıdık," dedi ve kendisini Balfour ile tanıştırmayı teklif etti –tanıştıklarını bilmiyordu. Weizmann, başta Samuel'den şüphelense de –Rothschildler ve Montefioreler ile ilişkisi olan bir İngiliz-Yahudi bankacının oğlu ve İngiliz kabinesinde görev alan ilk dindar Yahudi –daha sonra onun Yahudilerin Dönüşü için bir tezkere hazırladığını öğrendi.

Ocak 1915'te Samuel bu tezkereyi Başbakan Herbert Asquith'e takdim etti: Samuel, "Zaten dört bir yana dağılmış on iki milyon insan çok huzursuz. İbrani halkının tekrar ülkesine dönmesi yönünde ciddi bir talep bulunmaktadır," diye yazmıştı. Asquith, Yahudilerin "kitleler halinde geri gitmesi" fikriyle dalga geçmiş ve "ne kadar cazip bir topluluk olacaklarını" söyleyerek onları alaya almıştı. Samuel'e gelince tezkeresi, "Tancred'in* yeni bir sayısı gibiydi. Bu teklif bana cazip gelmedi ama Dizzy'nin 'ırk her şeydir' cümlesinin ilginç bir tezahürü olacak şekilde bu teklifin Herbert Samuel'in tertipli metodik beyninden çıkmış olması çok şaşırtıcıdır." Asquith bu tezkerenin diğer muhatabı olan Lloyd George'un Yahudileri hiç umursamasa da Kutsal Topraklar'ın agnostik ve ateist Fransızların eline terk edilmesinin büyük bir hakaret olacağını düşündüğü için ilgilendiğini duyunca daha da şaşırmıştı. Asquith, Lloyd George'un Kudüs'ü İngilizler için istediğini söylerken haklıydı ama Yahudilere karşı tavrında yanılıyordu.

Gallerli Baptist bir okul müdürünün mavi gözlü oğlu ve uzun beyaz saçları yüzünden devlet adamından çok sanatçıya benzeyen bir zampara olan Lloyd George, Yahudilere büyük özen gösteren ve on yıl önce bir avukat olarak Siyonizm'i savunmuş birisiydi. İmparatorluk karşıtı bir pasifist ve düklerin baş belası olarak yola çıkan yetenekli bir hatip ve radikal bir reformcu olan bu adam, "Okulda kendi tarihimden çok Yahudi tarihini öğrendim," demişti. Cihan Harbi başladığında

* Disraeli'nin en popüler romanlarından biri olan *Tancred*'de bir dükün oğlu Kudüs'e gittiğinde bir Yahudi şöyle der: "İngilizler bu şehri alacaklar ve elde tutacaklar."

yılmaz bir savaş bakanı ve Yunan klasikleri ve İncil'in etkisindeki romantik bir emperyalist haline geldi.

Lloyd George, Weizmann'la Balfour'u tekrar tanıştırdı. Balfour, "Weizmann'ın takdim edilmeye ihtiyacı yok. 1906'daki konuşmamızı hâlâ hatırlıyorum," dedi. Siyonist'i "fazla değişmemişsin" diyerek karşıladı ve daha sonra düşünceli bir halde konuşmaya devam etti: "Biliyor musun, silahlar sustuğu zaman Kudüs senin olabilir. Uğrunda çaba harcadığın şey çok büyük bir dava. Tekrar ve tekrar gelmelisin." Düzenli olarak görüşmeye başladılar, geceleri Whitehall'un etrafında dolaşıp bir Yahudi anavatanının tarihi adaletin ve İngiliz gücünün menfaatlerine nasıl hizmet edebileceğini tartıştılar.

Bilim ve Siyonizm daha çok iç içe girdi çünkü Balfour, Donanma ve Lloyd George'da Mühimmat Bakanlığı'na getirilmişti ve ikisi de Weizmann'ın patlayıcılar konusundaki çalışmalarıyla ilgilenmekteydiler. Kendisini dünyanın en geniş imparatorluğunun bir memuru olarak mütevazı geçmişiyle tezat teşkil eden "kişisel ilişkilerden oluşan bir labirentin" içerisinde bulmuştu: "Motelle'den gelen bir Yid olarak sıfırdan başlayan ben, Chaim Weizmann, bir eyalet üniversitesinde profesör oldum!" Aslında diğerleri bir Yahudi'nin nasıl olması gerektiğini düşünüyorsa o da öyle biriydi. Churchill ileride "tıpkı Eski Ahit'teki peygamberler gibi," diyecekti ama bu adam farklı olarak frap ceket ve silindir şapka giyiyordu. Lloyd George anılarında Weizmann'ın savaşa yaptığı katkılara duyduğu minnettarlığın onu Yahudileri desteklemeye yönlendirdiğini söylese de aslında çok daha önceden destek veren güçlü bir kabine mevcuttu.

Bir kez daha Kudüs'ün kitabı olan İncil yazıldıktan iki bin yıl sonra şehri etkilemeye devam ediyordu. Weizmann, "İngiltere bir İncil ülkesidir. Eski usul İngiliz devlet adamları samimi dindarlardır. Dönüş kavramını bir gerçeklik olarak idrak etmektedirler. Bu onların inanç ve geleneğine uymaktadır," diye yazdı. Lloyd George'un yardımcılarından birisi Amerika'ya ek olarak, "İncil okuyup İncil düşünen İngiltere, Yahudilerin eski anavatanlarına dönmelerinin inkâr edilemeyecek doğal bir istek olduğunun kabul edilebileceği tek yerdir," demişti.

Yahudilere yönelik tavırlarında başka bir şey daha bulunuyordu: İngiliz liderler savaş sırasında iyice artan çar baskısından kaçan Rus Yahudilerine de sıcak bakmaktaydılar. Avrupa'nın üst sınıfı Rothschildler gibi Yahudi plutokratların şık sarayları, egzotik güçleri ve muhteşem zenginlikleri karşısında şaşkına dönmüşlerdi. Ama bu kafalarını da karıştırmıştı çünkü Yahudilerin, her biri Kral Davud ya da Makkabi olan, zulüm gören İncil kahramanlarının asil soyu mu yoksa doğaüstü güçleri ve kargaburunları olan sinsi ve kurnaz komplocular mı olup olmadıklarına bir türlü karar veremiyorlardı. Irksal üstünlüklerle ilgili teorilerin kol gezdiği bir dönemde Balfour, Yahudilerin "milattan önce beşinci yüzyıldaki Yunanlılardan sonra insanlığın en yetenekli ırkı" olduklarına karar verdi ve Churchill onların "en kabiliyetli ve dayanıklı ırk" olduklarını söyledi. Diğer taraftan da onlara "hem rahmani hem de şeytani tezahürler için seçilmiş gizemli bir ırk" demekten de geri kalmadı. Lloyd George, çevresinde Herbert Samuel'i "ırkının en kötüsü" olmakla eleştirdi. Yine de üçü de Yahudi taraftarıydı. Weizmann ırkçı komplo teorileri ve Hristiyan Hebraizmi arasındaki sınırın çok ince olduğunun farkındaydı: "Hem Yahudi düşmanlığından hem de Yahudi hayranlığından eşit ölçüde nefret ediyoruz. İkisi de aşağılayıcıdır."

Yine de siyasette zamanlama her şeydir. Aralık 1916'da Asquith hükümeti düştü, Lloyd George başbakan oldu ve Balfour'u da Dışişleri Bakanı olarak atadı. Lloyd George "Chatcam'dan beri en büyük savaş lideri" olarak tanımlanıyordu ve Balfour da savaşı kazanmak için ne gerekiyorsa yapmaya hazırdı. Almanya'ya karşı yürütülen uzun ve kanlı mücadelenin bu kritik anında Yahudilere karşı olan tavırları ve 1917 yılında yaşanan olaylar dizisi bir araya gelerek Lloyd George ve Balfour'u İngilizlerin zafer kazanabilmesi için Siyonizm'in şart olduğuna ikna etti.

"ERKEK OLDU, DR. WEIZMANN": DEKLARASYON

1917 ilkbaharında Amerika savaşa girdi ve Rus devrimi İmparator II. Nicholas'ı devirdi. İngiliz devlet görevlilerinden biri, "Majestelerinin hükümetinin asıl endişesinin Rusların İtilaf devletleri saflarında nasıl tutulacağı olduğu açıktır," dedi. Amerika'ya gelince, "İngiliz siyasetinin hedefi Yahudilerin Filistin'e dönmesi olursa bunun Amerikalıların desteğini alacak olması muhtemeldir." Balfour, Amerika'yı ziyaret etmek üzereyken iş arkadaşlarına şöyle dedi: "Rusya ve Amerika'daki çok sayıda Yahudi'nin artık Siyonizm'i desteklediği görülmektedir." Eğer İngiltere Yahudi yanlısı bir deklarasyon yaparsa, "Hem Rusya hem de Amerika'da son derece etkili bir propaganda yürütebiliriz," dediler.

Rusya ve Amerika'nın gönlünü kazanmaya ek olarak İngilizler, Almanların da kendi Siyonist deklarasyonlarını yapmaya hazırlandıklarını öğrendi: Nihayetinde Siyonizm bir Avusturya-Alman fikriydi ve 1914'e kadar Siyonistlerin merkezi Berlin'di. Kudüs tiranı Cemal Paşa Ağustos 1917'de Berlin'i ziyaret ettiğinde Alman Siyonistleri ile görüştü ve Osmanlı sadrazamı Talat Paşa istemeden de olsa "Yahudilerin milli anavatanlarını" kabul etmek zorunda kaldı. Aynı tarihlerde Filistin sınırlarında General Allenby gizlice saldırı hazırlığı yapıyordu.

İngiltere'nin Siyonizm'i kabullenmesinin nedeni Weizmann'ın cazibesi değil de bunlardı ve artık zaman büyük önem taşıyordu. Balfour, "Ben Siyonist'im," diye ilan etti ve kariyerindeki tek tutkusu da buydu. Lloyd George ve Mühimmat Bakanı olan Churchill de Siyonist olmuştu ve artık kabine ofisinde olan bir yapıştı mı bir daha bırakmayan Sir Mark Sykes da birden bire İngiltere'nin "Dünya üzerindeki tüm Yahudilerin dostluğuna ihtiyacı olduğuna" ikna oluverdi çünkü "Yahudiler bize karşı olursa istediklerimizi –savaşı kazanmak için yapmamız gereken şeyleri– yapmamız mümkün değildir."

Kabinedeki herkes aynı fikirde değildi ve tartışma başladı. Eski Hindistan valisi Lord Curzon, "Ya oradaki halk ne olacak?" diye sordu. Lloyd George, "Yahudiler bize Araplardan daha fazla yardımcı olabilir," diyerek itiraz etti. Hindistan vali vekili, sıkıntı içindeki Yahudi, bankacı vârisi ve Herbert Samuel'in kuzeni Edwin Montagu Siyonizm'in daha fazla Yahudi düşmanlığına yol açacağında ısrarlıydı. Çoğu zengin İngiliz Yahudi de aynı fikirdeydi: Rotschildlerin bazısı tarafından da desteklenen Sir Moses'in büyük yeğeni Claude Goldsmith Montefiore, Siyonizm'e karşı bir kampanya başlattı ve Weizmann onun "milliyetçiliği, İngiliz olanlar haricinde, Yahudi dindarlığından aşağı seviyede düşünmesinden" şikâyet etti.

Montagu ve Montefiore, deklarasyonu geciktirdi ama Weizmann mücadeleyi sürdürdü ve Yahudi zenginlerini ve İngiliz aristokratlarını birer birer ikna etti. Desteğini aldığı yirmi yaşındaki Dolly de Rothschild onu Astorlar ve Cecillerle tanıştırdı. Bir akşam yemeğinde Crewe Markizi, Lord Robert Cecil'in "bu evde hepimiz Weizmanncıyız" dediğini duydu. İngiliz Yahudilerinin taçsız kralı Walter'ın, Lord Rothschild, desteği Weizmann'ın Yahudi rakiplerini yenmesine yardımcı oldu. Kabinede de Lloyd George ve Balfour bildikleri yolda ilerlediler. Balfour, "Ld Rothschild ve Profesör Weizmann'dan bir formül sunmalarını istedim," diyerek Sykes'ı müzakerelerin başkanlığına getirdi.

Önce Fransızlar daha sonra da Amerikalılar onayladılar ve böylece ekim sonunda alınacak kararın yolu açılmış oldu: General Alennby'nin Birüsseba'yı ele geçirdiği gün Sykes dışarı çıktığında Weizmann'ın Kabine Ofisi'nin girişinde gergin halde beklediğini gördü. Sykes, "Dr. Weizmann. Erkek oldu!" diye bağırdı.

9 Kasım'da Balfour, Lord Rotschild'e hitaben, deklarasyonunu yayınladı: "Majestelerinin hükümeti Filistin'de Yahudiler için milli bir devlet kurulmasına olumlu bakmaktadır... Bölgede mevcut Yahudi olmayan toplulukların hukuki ve dinî haklarıyla çatışacak hiçbir eylemde bulunulmayacaktır." İngiltere daha sonra Araplar tarafından ihanetle suçlandı –çünkü Filistin'i hem Şerife, hem Siyonistlere, Hem Fransızlara söz vererek Büyük Arap isyanına ihanet etmişlerdi. Üçkâğıt olduğu doğruydu ama hem Araplara hem de Yahudilere verilen sözler kısa vadeliydi, iyi hesaplanmamıştı ve savaş ortamı olması nedeniyle iki tarafa da normal zamanlarda yapılmayacak teklifler sunulmuştu. Sykes neşeyle, "Bizler Siyonizm'e,

Ermeni özgürlüğüne ve Arap bağımsızlığına hizmet ediyoruz," diye ısrar etmişti ama ciddi çelişkiler bulunuyordu: Suriye hem Araplara hem de Fransızlara söz verilmişti. Daha önce gördüğümüz gibi şerife gönderilen mektuplarda Filistin ve Kudüs zikredilmediği gibi şehir Yahudilere de söz verilmemişti. Sykes-Picot uluslararası bir şehirden bahsediyordu ve Siyonistler de hemfikirdiler: Weizmann, "Kutsal Yerlerin beynelmilel olmasını istiyoruz," yazmıştı.*

Deklarasyon, Rus Yahudileri Bolşevizm'den ayıracak şekilde tasarlanmıştı ama yayınlandığı gece Lenin St. Petersburg'da iktidarı ele geçirdi. Lenin birkaç gün önce harekete geçmiş olsaydı belki de Balfour Deklarasyonu hiç yayınlanmayacaktı. Rus Yahudilerinin enerjisiyle ilerleyen –Whitehall'daki Weizmann'dan Kudüs'teki Ben-Gurion'a kadar– ve Rusya'da gördükleri zulüm sayesinde Hristiyanların sempatisini kazanan Siyonizm'le, Rus Yahudilerinin bağları 1991'de Sovyetler Birliği yıkılana kadar kesilecekti.

Deklarasyon aslında Balfour'un değil de Lloyd George'un adını almalıydı. İngiltere'nin Filistin'i ele geçirmesi gerektiğine karar veren kendisiydi – "Orayı mutlaka almalıyız," demişti –ve Yahudi anavatanının ön şartı buydu. Orayı Fransa'yla veya başka biriyle paylaşmayacaktı ve en büyük ödül de Kudüs'tü. Allenby, Filistin'e girerken Lloyd George mağrur bir şekilde Kudüs'ün "İngiliz milletine Yılbaşı hediyesi olarak" ele geçirilmesini istedi.[12]

---

* Lloyd George'un görevi savaşı kazanmaktı ve diğer her şeyi bu ana amaç çerçevesinde yapıyordu. O yüzden Orta Doğu'yla ilgili dördüncü bir seçeneği düşünmüş olması şaşırtıcı değildir: Üç Paşa'yla gizlice ayrı bir Osmanlı barışını müzakere ederek Yahudilere, Araplara ve Fransızlara ihanet edip Kudüs'ü sultana bırakmıştı. Burnundan soluyan Curzon, "Kendimizi Yahudi halkının vatanı olması için Filistin'i almaya seferber ettiğimiz neredeyse aynı hafta içerisinde bir yandan da Türk bayrağını Kudüs üzerinde bırakmayı mı düşünüyoruz?" diye yazmıştı. Görüşmelerden bir sonuç çıkmadı.

46

YILBAŞI HEDİYESİ

1917-1919

BELEDİYE BAŞKANI'NIN TESLİM OLMA TEŞEBBÜSÜ

Allenby 7 Kasım 1917'de Gazze'yi aldı; Yafa ayın 16'sında düştü. Kudüs'ü, Şam'dan yöneten Kasap Cemal şehirde bir Götterdammerung yapmakla tehdit etti. önce tüm Hristiyan rahiplerinin sürgün edilmesini emretti. Aralarında Aziz Saviour Manastırı'nın da olduğu Hristiyan binaları dinamitlendi. Patrikler Şam'a gönderildi ama bir Katolik olan Albay von Papen, Latin patriğini kurtarıp onu Nasiriye'de alıkoydu. Cemal, Şam'da iki Yahudi casusu asıp sonra da Kudüs'teki tüm Yahudilerin sürgün edilmesini emretti: İngilizleri karşılayacak hiçbir Yahudi kalmayacaktı. Kont Ballobar günlüğünde, "Yahudi düşmanlığının manyaklık seviyesine geldiği bir dönemde yaşıyoruz," diye yazdıktan sonra şikâyet etmek için Feldmareşal von Falkenhayn'a koştu. Kudüs'ü elinde tutan Almanlar umutsuzluğa kapılmıştı. General Kress, Cemal'in Yahudi karşıtı tehditlerinin "çığırından çıktığını" düşünüyordu ve Yahudileri kurtarmak için müdahale etti. Bu, Cemal'in Kudüs'le ilgili son hamlesiydi.*

25 Kasım'da Allenby, Kutsal Şehir'in hemen dışındaki Nabi Samuel'i ele geçirdi. Almanlar ne yapacaklarını bilemiyordu. Papen "Kudüs'ü tahliye etmesi için Falkenhayn'a yalvardım –şehrin hiçbir stratejik önem yok. Daha sonra şehir saldırıya uğradığında bunun yüzünden biz suçlandık" demişti. Başlıkları hayal edebiliyordu: "HUNLAR KUTSAL ŞEHİR'İ TALAN ETMEKLE SUÇLANDILAR!" Falkenhayn "Verdun'u kaybettim. Şimdi de benden tüm dünyanın dikkatinin üzerinde

---

* Cemal 1917'de İstanbul'a döndü ama bir yıl sonra Osmanlılar teslim olunca Berlin'e kaçıp orada anılarını kaleme aldı. 1922 yılında Ermeni soykırımının intikamı olarak Tiflis'te Ermenilerce öldürüldü. Oysa ki, "Ermeni tehcirinin büyük sorunlara yol açacağına inanıyorum," dediği gibi, "en az 150.000 tanesini Beyrut ve Halep'e getirmeye muvaffak oldum," da demişti ki doğru olma ihtimali yüksektir. Talat da suikasta kurban gitti; Enver Orta Asya'da Bolşeviklere karşı bir tür isyan başlatmaya çalışırken savaşta öldü.

olduğu şehri tahliye etmemi mi istiyorsun. Mümkün değil!" diye cevap verdi. Papen, İstanbul'daki büyükelçiyi aradı ve o da Enver'le görüşeceğine söz verdi.

İngiliz uçakları Augusta Victoria'daki Alman karargâhını bombaladı ve Allenby'nin istihbarat subayı Osmanlı birliklerinin şehri savunmayacak halde olmasını umarak havadan afyonlu sigaralar attırdı. Halk şehirden kaçmaya başladı. Kayzer'in portresini Augusta Victoria Chapel'den alan Falkenhayn sonunda şehri terk etti ve karargâhını Nablus'a taşıdı. İngiliz ve Alman uçakları arasında Kudüs üzerinde kısa süreli bir hava savaşı oldu. Sahra topları düşman mevzilerini bombaladı; Osmanlılar üç kez Nabi Samuel'e karşı saldırı düzenlediler; şiddetli çarpışmalar dört gün sürdü. Öğretmen Sakakini, "Çatışmalar çok şiddetliydi. Mermiler dört bir yana düşüyor ve askerler ortalıkta koşturuyordu, hepimizi korku sarmıştı,"* diye yazmıştı. 4 Aralık'ta İngiliz uçakları Rus Yerleşimindeki, Osmanlı karargâhını bombaladı. Fast Otel'deki Alman subayları son schnapplarını da içip son ana kadar gülerken Osmanlı generalleri de teslim olma ihtimalini tartışmaya başladılar; Hüseyniler gizlice konaklarından birinde toplandılar. Türkler firar etmeye başladı. Sokaklar içleri yaralı ve ölü dolu arabalardan geçilmiyordu.

7 Aralık akşamı ilk İngiliz birlikleri Kudüs'ü gördü. Şehrin üzerine yoğun bir sis çökmüştü; yağmur tepeleri karartmıştı. Ertesi sabah Vali İzzet Bey telgraf cihazlarını çekiçle kırıp teslim emrini Belediye Başkanı'na verdi, "Amerikan kolonisinden, geri getireceğine yemin ederek iki atın çektiği bir araba aldı,"** ve Eriha'ya doğru yola çıktı. O gece binlerce Osmanlı askeri yaya olarak şehri terk etti. Ayın 9'unda sabaha karşı 3'te Alman birlikleri, Kont Ballobar'ın "muhteşem güzellikte bir gün", olarak tarif ettiği zamanda şehirden ayrıldı. Son Türk, Aziz Stephen Kapısı'nı sabah saat 7'de terk etti. Tesadüfen Hanukkah bayramının ilk günüydü, Kudüs'ün Makkabiler tarafından kurtarılmasının kutlandığı ışık bayramı. Yağmacılar Yafa Yolu'ndaki dükkânları yağmaladı. Saat 8.45'te İngiliz askerleri Siyon Kapısı'na yaklaştılar.

Kudüs Belediye Başkanı, udi Vasıf'ın patronu, Hüseyin Hüseyni, Kolonicilerin kutlamak için "Alleluia'yı" söylediği, Amerikan Kolonisi'ne koştu. Başkan beyaz bayrak aradı –aslında o toplumda bu evde evlenmeye müsait kız olduğunu gösterirdi. Bir kadın ona beyaz bir gömlek teklif etti ama bunu uygun görmediğinden Hüseyni, Amerikan Kolonisi'nden bir yatak çarşafı alıp bir süpürgeye bağladı.

---

* 3 Aralık'ta Osmanlı gizli polisi, Yahudi maceracı ve casus Alter Levine'i saklayan, Sakakini'nin evini bastı, bu iyilik Yahudilerle Araplar arasındaki eski Osmanlı hoşgörüsünün son örneğiydi. İkisi de tutuklanıp Şam'a gönderildi; bütün yolu yürümek zorunda kaldılar.

** İki yıl sonra Koloniciler hâlâ arabalarını ya da tazminatlarını almaya uğraşıyordu ve Askerî Vali Storrs'a bunun için mektup yazmışlardı: "8 Aralık 1917'de son vali arabamızı içindeki yakıt, kumaş örtü, sandalye, kırbaç, kazık ve iki atla birlikte aldı."

İçinde birkaç Hüseyni daha olan bir heyet toplayıp atına bindi ve teslim olmak için Yafa Kapısı'na doğru yola çıktı, bu zaman zarfında da beyaz bayrağı sürekli elinde tutuyordu.

Kudüs'ün teslimi şaşırtıcı şekilde çok zor oldu. İlk olarak başkan Arap köyü Lifta'nın kuzey batısında tavuk kümesinde yumurta arayan iki İngiliz buldu. Kudüs'ü onlara teslim etmeyi teklif etti ama İngilizler reddetti; çarşaf ve süpürge bir Levanten numarasına benziyordu ve komutanları da yumurtaları beklemekteydi; hemen kendi mevzilerine geri koştular.

Başkan saygıdeğer bir Yahudi ailesinin oğlu olan Menache Elyashar'a denk gelip çocuğa, "Hiç unutmayacağın tarihi bir olaya şahit ol," dedi. *Oz Büyücüsü*'nden bir sahne gibi Elyashar da, artık Müslüman, Hristiyan ve Yahudilerden oluşan, kalabalığa katıldı. Diğer bir Londra bölüğünden iki çavuş, "Dur!" diye bağırdı ve ellerinde silahlarıyla bir duvarın arkasından çıktılar; başkan beyaz bayrağı salladı. Çavuş James Sedgewick ve Fred Hurcombe onları teslim almayı reddedip, "Hey içinizde İngilizce bilen yok mu?" diye sordular. Başkan akıcı İngilizce konuşabiliyordu ama bunu daha kıdemli İngilizlere saklamaya karar verdi. Ama askerler başkan ve adamlarına katıldı ve Amerikan Kolonisi'ndeki bir İsveçli onların fotoğrafını çekti ve verilen sigaraları kabul ettiler.

Kudüslülerin daha sonra denk geldiği iki topçu subayı da onları teslim almayı reddetti ama onlara karargâhın yerini söylediler. Başkanın daha sonra denk geldiği Yarbay Bayley bu teklifi 180. Tugay komutanı Tuğgeneral C.F. Watson'a iletti. O da 160. Tümen komutanı Tümgeneral John Shea'yı çağırdı. Davud Kulesi'nin basamaklarında bekleyen başkanın grubu, "Geldiler!" diye bağırdı.* Amerikan kolonici Bertha Spafford generalin üzengisini öptü. Shea teslimi General Allenby adına kabul etti, Allenby ise bu haberi Yafa yakınlarındaki çadırında Arabistanlı Lawrence'la konuşurken duydu. Başkan Hüseyin'in bir kez daha teslim olması gerekiyordu.[13]

BOĞA ALLENBY: YÜCE AN

General Sir Edmund Allenby, Yafa yolundan Yafa Kapısı'na doğru giderken toplar hâlâ gürlüyordu. Çantasının içinde Lloyd George'un hediyesi olan George Adam Smith tarafından yazılmış *Kutsal Toprakların Tarihi Coğrafyası* adında bir kitap vardı. Londra'daki başbakan çok mutluydu. Birkaç gün sonra, "Kudüs'ün ele ge-

---

* Arap çocuk beyaz çarşaf bağlı süpürgeyi yere saplamıştı ama İsveçli fotoğrafçı bu bayrağı aldı. İngilizler onu tutuklayacaklarını söyleyince bayrağı Allenby'ye teslim etti ve o da onu İmparatorluk Savaş Müzesi'ne gönderdi – hâlâ oradadır.

çirilmesinin tüm medeni dünya üzerinde büyük etkisi olmuştur. Asırlarca süren şiddetli ve nafile mücadelenin ardından dünyanın en ünlü şehri İngiliz ordusunun eline geçmiştir ve onu Hristiyanlığın ordularına karşı başarıyla savunanların eline bir daha asla geçmeyecektir. Her tepesinin ismi hafızalarımızda mukaddes anıları canlandırmaktadır," diyecekti.

Dışişleri Bakanı, Allenby'ye telgraf göndererek şehre girerken Kayzer gibi gösterişli ya da İsa gibi iddialı olmaması konusunda onu ikaz etti: "ATTAN İNMENİZİ ŞİDDETLE TAVSİYE EDİYORUZ!" General kapıdan yürüyerek geçti, Amerikalı, Fransız ve İtalyan elçiler ona eşlik ediyordu ve patrikler, hahamlar ve müftüler de izlemek için toplanmıştı. Kudüs Belediye Başkanı şehri kendisine "sevinç gözyaşları" içinde teslim etti ve "yabancılar birbirlerini selamlayıp kucaklaştılar."

Allenby'ye kısa süre önce hayatının en büyük travmasını yaşayan Arabistanlı Lawrence refakat ediyordu. Kasım sonunda, düşman hatları gerisinde tek başına keşif yaparken, Suriye'deki Deraa'da sadist Osmanlı valisi tarafından yakalandı ve o ve adamları tarafından tecavüze uğradı. Lawrence kaçmayı başardı ve kendisini toparladı ama uğradığı psikolojik hasar büyüktü ve savaştan sonra hislerini şöyle tarif etmişti: "Sakat, kusurlu ve kendimin sadece yarısı gibiyim. Muhtemelen beni hayvan seviyesine indiren şiddetli acı yüzünden ruhumun harap olması ve o tarihten beri beni hiç bırakmayan bir şaşkınlık, korku ve marazi istek." Kaçtıktan sonra Akabe'ye geldi ve Kudüs'ün düşmesinden hemen sonra Allenby kendisini kabul etti.

Bedevi kıyafeti giyen Lawrence o gün bir yüzbaşının üniformasını ödünç aldı. *İrfan'ın Yedi İlkesi*'nde, "Benim için Yafa Kapısı'ndaki merasime davet edilmem savaşın en yüce anıydı, tarihi nedenlerle benim için dünya üzerindeki her şeyden daha önemliydi," diye yazmıştı. Kudüs'ü hâlâ "otel hizmetçilerinin pis şehri" olarak görüyor olsa da "mekânın hâkim ruhu" karşısında da boyun eğiyordu. Doğal olarak Vasıf Cevheriye de izleyen kalabalığın arasındaki yerini almıştı.

Gücü, asaleti ve endamı nedeniyle Allenby'ye Kanlı Boğa denirdi –"şövalyelerin sonuncusu" –ve Cemal Paşa bile onun "dikkatine, titizliğine ve zekâsına" hayran kalmıştı. Amatör bir natüralist olarak "kuşlar ve hayvanlar hakkında bilinmesi gereken her şeyi" biliyordu ve "her şeyi okumuştu ve akşam yemeklerinde Rupert Brooke'un daha az bilinen sonelerinden tam alıntılar yapardı." Espri yeteneği biraz garipti –atına ve beslediği akrebine Alman lideri Hindenburg'un ismini vermişti –ama müşkülpesent Lawrence bile ona hayran kalmıştı: "İri kıyım, kızıl ve keyifli ve üstünlüğü sayesinde bizim küçüklüğümüzü anlamaktan aciz kalan birisi. Tam hayran olunacak bir adam."

Allenby platforma çıkıp "Kutsanmış Kudüs" bildirisini okudu. Bildiri daha sonra Fransızca, Arapça, İbranice, Yunanca, Rusça ve İtalyanca tekrarlandı –herkesin aklında olan kelimeyi sarf etmemeye büyük özen göstermişti: Haçlı seferi. Ama Belediye Başkanı Hüseyni kendisine şehrin anahtarlarını teslim ettiğinde Allenby'nin, "Haçlı seferleri sona erdi," dediği iddia edildi. Başkan ve müftü, ikisi de Hüseyni, öfkeyle uzaklaştılar. Ama milenyumcu Amerikalı Koloniciler için durum farklıydı: Bertha Spafford, "bizler son Haçlı seferinin zaferine şahit olduğumuzu düşündük. Hristiyan bir ülke Filistin'i ele geçirdi!" dedi. Kimse bu konuda Allenby'yi dinlerken birkaç gün önceki halini düşünen Lawrence'a ne düşündüğünü sormadı: "Kulenin önünde komutanla birlikte durup onun bildirisini dinlemek ve birkaç gün önce Hacim'in (ona tecavüz eden) önünde durduğumu düşünmek çok tuhaf."

Allenby daha sonra Yafa Kapısı'ndan çıktı ve Hindenburg'a bindi.* Lawrence, "Kudüs bizi coşkuyla karşıladı. Çok etkileyiciydi," diye yazdı ama Osmanlılar, Lawrence'ın yazdığına göre "sürekli tepelerinde dolaşıp makineli tüfek ateşi açan uçaklarının refakatinde" karşı saldırıyı sürdürüyordu. "Kudüs uzun süredir el değiştirmemişti ve daha önce böyle usulca boyun eğdiği de olmamıştı." Başarıya rağmen yine de, "Zaferden dolayı mahcup olmuştum."

Sonrasında Lawrence, General Shea'nın karargâhında bir öğle yemeği verildiğini ama bunun da Kudüs'ü paylaşmak için Fransa'nın teklifini getiren Picot yüzünden yarım kaldığını anlatmıştır. Allenby'ye müziği andıran sesiyle şöyle demişti: "Generalim yarın bu şehirde sivil bir hükümet kurmak için gereken adımları atacağım."

Bir sessizlik takip etti. Salata, mayonezli tavuk ve sandviçler ağzımızda çiğnenmeden beklerken bizler dönüp Allenby'ye baktık. Yüzü kıpkırmızıydı, yutkundu, çenesi ileri çıktı (sevdiğimiz tarzda) ve ciddi bir ifadeyle şöyle dedi: "Tek yetkili başkomutandır –yani ben!"

Lawrence, Faysal'a ve onun Şerifi Deve Birliği'ne katılmak için geri döndü. Fransız ve İtalyanlara, Kutsal Kabir'deki nöbet görevlerini paylaşma izni verildi ama Kilise her zaman olduğu gibi Nüseybiler** tarafından açılıp kapatılmaya devam edildi. Allenby, Hintli Müslüman askerleri Tapınak Dağı'nda nöbetçi olarak kullandı.

---

* Allenby'nin subaylarından biri olan, otuz iki yaşındaki Sir Moses Montefiore'nin büyük yeğeni, Yüzbaşı William Sebag-Montefiore, Kudüs yakınlarında güzel bir Arap kadının kendisini bir mağaraya götürdüğünü ve orada bulduğu bir grup Osmanlı subayını tutukladığını söylemişti.

** Nüseybiler, Allenby'e Kilise'nin çevresini gezdirirlerken onun anahtarları istediğini iddia ettiler. "Haçlı Seferleri sona erdi," dedi. "Anahtarları size geri veririm ama bunlar Ömer ya da Selahaddin'den değil Allenby'dendir." 1960'lardaki Ürdün Dışişleri Bakanı olan Hazem Nüseybi 2007'de yayınlanan anılarında hikâyeyi böyle anlatmıştır.

Beyaz takımlı Weizmann, Londra'da Kral V. George'la yaptığı görüşmenin ardından Siyonist Komisyonu'yla birlikte Kudüs'e geldi. Yanında pogromlara direnmek için Yahudi milisleri kurduğu Odesa'dan gelmiş olan şevkli bir milliyetçi ve çok yönlü bir aydın olan Vladimir Jabotinsky de bulunuyordu. Allenby'nin ilerlemesi Kudüs'ün hemen kuzeyinde durdu. Osmanlılar henüz Filistin'i terk etmemişti ve Allenby'nin kuvvetlerini toplayıp tekrar saldırıya geçmesi neredeyse bir yılını alacaktı. Dolayısıyla Kudüs bir cephe hattı şehri haline geldi ve büyük taarruz için hazırlanan İngiliz ve koloni askerleriyle doldu. Jabotinsky ve Binbaşı James de Rothschild onlarla görev yapacak bir Yahudi lejyonunun kurulmasına yardım ederken, Lawrence ve Prens Faysal'ın emrindeki, Şerifiler de Şam'ı ele geçirip Fransa'nın planlarını bozma fırsatını beklemeye başladılar.

Kudüs bayağı ve soğuktu: 1914'te 55.000 olan nüfusu 30.000 düşmüştü; çoğu hâlâ açlık ve sıtmadan ölüyor, zührevi hastalıklardan kırılıyordu (şehirde genç 500 Yahudi fahişe dolaşmaktaydı); 3000 Yahudi yetim bulunuyordu. Tıpkı Lawrence gibi Weizmann da pislikten rahatsız olmuştu: "Kutsal olanı kirletmek için yapılabilecek her şey yapılmış. Bu kadar hata ve küfrün yapılmış olmasını hayal edebilmek bile çok güç." Ama kendinden önceki Rothschild ve Montefiore gibi o da iki kez Batı Duvarı'nı 70.000 sterline müftüden satın almayı denedi. Para Magribi Mahallesi'ndeki evlerin tamiri için kullanılabilirdi. Magribiler teklifle ilgilense de Hüseyniler anlaşmaya mani oldular.

Allenby tarafından yeni atanan Kudüs emniyet müdürü vekili Montefiore'nin büyük yeğeniydi ve Yahudi olmasaydı emniyet müdürü olarak atanacaktı. Kutsal Mekânlar'ın etrafına nöbetçi diken Binbaşı Geoffrey Sebag Montefiore "Kudüs'te zührevi hastalıkların çok yaygın" olduğunu rapor etti. Genelde Avustralyalı askerlerle dolu olan genelevleri bastı ve zamanının çoğunu kızlarla yatmakla suçlanan askerlerin davalarını soruşturmakla harcadı. Haziran 1918'de Allenby'ye, "Kudüs genelevleri hâlâ başımızı ağrıtmaya devam ediyor," diye bilgi verdi. Onları kontrol edilmeleri daha kolay bir mevki olan "Wazzah'a" nakletti. Ekim'de şunları yazdı: "Avustralyalıları genelevlerden uzak tutmakta sıkıntı yaşıyorum. Bir müfreze Wazzah'ta devriye gezmeye başladı." Binbaşı Sebag-Montefiore'nin raporları da genelde şöyleydi: "Zührevi hastalıklar kol geziyor. Bunun haricinde bildirecek bir şey yok."

Yafa Kapısı yakınlarındaki kafelerde Yahudiler ve Araplar, Filistin'in geleceğini tartışıyordu: İki taraf için de çok sayıda seçenek vardı. Yahudi tarafında bu seçenekler Siyonizm'den nefret eden ve Yahudi kolonilerinin Arapların yönettiği bir Ortadoğu'nun parçası olmasını gerektiğini düşünen Ultra Ortodokslardan Arap azınlığı idare edecek silahlı bir İbrani devletini savunan aşırı milliyetçilere kadar değişiklik gösteriyordu. Arap tarafında ise Yahudi mültecilerin sınır dışı edilmesini isteyen milliyetçiler ve köktendinci İslamcılar ve bir Arap devletinin kurulması için Yahudi yardımını kabul eden demokratik liberaller bulunuyordu. Arap aydınları Filistin'in Suriye'ye mi Mısır'a mı ait olması gerektiğini tartışmaktaydılar. Savaş sırasında İhsan Turjman isimli genç bir Kudüslü, "Mısır hıdivlerinin Filistin ve Hicaz kralları olmaları gerektiğini," yazmıştı ama Halil Sakakini, "Filistin'in Suriye'ye dâhil edilmesi fikrinin hızla güç kazandığını," söyledi. Ragıp Naşhaşhibi, Suriye'yle birliği savunan bir Edebiyat Kulübü kurdu; Hüseyniler de bir Arap Kulübü kurdular. İkisi de Balfour Deklarasyonu'na düşmandı.

20 Aralık 1917'de Sir Ronald Storrs, Kudüs askerî valisi olarak geldi –ya da kendi tabiriyle "Pontius Pilate'nin dengi olarak."[14]

DOĞULU STORRS: İYİ DESPOT

Storrs, Fast Otel'in lobisinde selefi, sabahlığını giymiş olan, General Barton'a denk geldi: Barton, "Kudüs'te yatak ve hamamdan başka tahammül edilir bir yer yok," dedi. Beyaz takım ve şık kol düğmeleri tercih eden Storrs'a göre, "Kudüs'te kıtlık vardı ve Yahudiler her zamanki gibi en ufak değişikliğe bile karşı çıkıyordu." Dünyanın tüm şehirlerinden farklı olan Kudüs'e gelmek için çıktığı bu büyük maceradan hoşnuttu ama pek çok Protestan gibi Kilise'nin* gösteriş düşkünlüğünden haz etmiyor ve Tapınak Dağı'nı "Piazza San Marco ve Trinity Koleji'nin muhteşem bir birleşimi" olarak görüyordu. Storrs, Kudüs'ü yönetmek için doğduğunu hissetti: "Aristo'nun İyi Despotu olabilmek için sözle ve yazıyla yanlışı doğruya çevirmek, kutsal mekânların kirletilmesini yasaklamak ve kabiliyeti ve iradeyi geliştirmek."

Storrs sıradan bir koloni ofis bürokratı değildi. Kendisi bir papazın oğluydu ve "bir İngiliz için şaşırtıcı derecede kozmopolit görünen" bir Cambridge klasistiydi. Çoğu memurdan nefret eden arkadaşı Lawrence onu, "Yakın Doğu'daki en kabiliyetli İngiliz ve müzik, edebiyat, heykel, resim ve dünyada güzel olan her şeye ilgisi olmasına rağmen son derece becerikli bir idareci," diye tarif etmişti. Storrs'un Wagner ve Debussy'yi Arapça, Almanca ve Fransızca tartıştığını görmüştü ama, "Onun tahammülsüz beyni nadiren fethetmeye çalışırdı." Mısır'da sivri dili ve kurnazlığı sayesinde kendisine Kahire'nin en kazıkçı dükkânına ithafen Doğulu

---

* Storrs kilisede heyecan verici bir keşifte bulundu. Doğu Kapısı'nın altında son Haçlının mezarını bularak Yunan rahipleri kızdırdı –bu haçlı Magna Carta'nın imzacısı ve III. Henry'nin hocası olan Philip d'Aubeny'ydi. Üç kez Haçlı seferine katılmış ve 1236 yılında II. Frederick döneminde Kudüs'te ölmüştü. Storrs mezarın başına İngiliz askerlerini nöbetçi olarak dikti.

Storrs adı verildi. Bu sıra dışı askerî vali hemen harap olmuş Kudüs'ün inşasına giriştiğinde emrindeki görevliler şunlardan oluşuyordu:

Rangoon bankasından bir kasiyer, bir aktör menajeri, Thomas Cook'tan iki asistan, bir resim satıcısı, bir ordu koçu, bir palyaço, bir emlakçı, bir Nijeryalı lostromo, bir Glasgowlu imbikçi, bir orgcu, bir İskenderiye pamuk satıcısı, bir mimar, bir Londra posta görevlisi, bir Mısırlı taksi şoförü, iki okul müdürü ve bir misyoner.

Birkaç ay içerisinde Storrs, Kudüs Yanlısı Derneği'ni kurdu. Derneğin destekçileri arasında Ermeni silah taciri Sir Basil Zaharoff ve Amerikalı milyonerler Bayan Andrew Carnegie ve J.P. Morgan Jr. bulunuyordu. Amaçları Kudüs'ün "ikinci sınıf bir Baltimore" haline gelmesine engel olmaktı.

Şehrin unvanları, kostümleri ve renkleri Storrs kadar hiç kimseyi mutlu edemezdi. Başta sadece Hüseynilerle* değil Weizmann ve hatta Jabotinsky ile dost oldu. Storrs, Jabotinsky'den "daha yiğit bir subay ve daha ilgi çekici ve kültürlü" birisi olacağına inanmıyordu. Weizmann, Jabotinsky'nin "Yahudi görgülerine sahip olmayan, çirkin, ilgi çekici, iyi konuşan, belli ölçüde düstur sahibi" bir adam olduğunda hemfikirdi.

Diğer taraftan Storrs "Siyonist taktiklerini Türklerin ağlamayan çocuğa meme vermezler atasözünü akla getiren bir kâbus" olarak görüyordu. Siyonistler çok geçmeden onun kendilerine sıcak bakmadığından şüphe etmeye başladılar. Pek çok İngiliz Jabotinsky'i sevmiyordu ve Rus Yahudileri Kudüs'te paramiliter haki palaskaları ile dolaşıyor ve Balfour Deklarasyonunun işe yaramayacağını varsayıyorlardı. Sempatik bir İngiliz generali Weizmann'a bir kitap verdi –Siyonist liderin *Siyon Protokolü*'yle ilk karşılaşması** general onu, "Bu kitabı pek çok İngiliz subayının çantasında bulabilirsin ve ona inanıyorlar," diye ikaz etti. Sahte olduğu henüz ilan edilmemiş olan Protokollere göre İngiltere Siyonizm'i destekliyordu ve Bolşevik Rusya'da Yahudi komiserlerin egemenliğine girmişti.

---

* Hüseyniler zenginleşiyordu; Filistin'in 12500 dönümü onlara aitti. Belediye Başkanı Hüseyni hem Araplar hem de Yahudiler tarafından seviliyordu. Storrs'un, Müftü Kâmil el-Hüseyni'yle arası iyiydi. O tarihe kadar müftü (Osmanlıların bağlığı olduğu) Hanefi mezhebinin tek lideriydi; böyle dört mezhep bulunuyordu. Storrs onu sadece Kudüs'teki değil tüm Filistin'deki dört mezhebin Büyük İmamlığına terfi ettirdi. Müftü, Şam düştüğü zaman ufak kardeşi Emin el Hüseyni'nin Prens Faysal'a katılmasını teklif etti; Storrs kabul etti.

** Protokoller İngilizce yayınlandığı zaman, 1921'de *London Times*'ta sahte olduğu ilan edilene kadar, İngiltere ve Amerika'da (Henry Ford'un desteğiyle) etkili oldu. 1919'da Almanya'da yayınlandı ve Hitler bu kitabın Yahudilerle ilgili gerçekleri içerdiğine inandı ve Mein Kampf'ta sahte olduğu iddiasının "onun gerçek olduğunun en büyük ispatı" olduğunu söyledi. 1925'te Arapça yayınlandığında Kudüs Latin Patriği cemaatine okumalarını tavsiye etti.

Weizmann, Storrs için, "Çok daha temkinli. O herkesin dostu," dedi. Ama vali "pogroma tabii tutulduğu" için protesto etti ve bu ele avuca sığmaz Siyonist'in, Disraeli'yle hiçbir ortak noktası yoktu. Vali başbakana Arap ve Yahudi şikâyetlerini ilettiğinde Lloyd George çıkıştı: "Eğer taraflardan biri şikâyeti kesmezse görevinden alınırsın."

Balfour Deklarasyonu yüzünden Araplar tetikte olsa da iki yıl boyunca Kudüs'te huzuru bozan bir şey olmadı. Storrs surların ve Kubbetüs Sahra'nın restorasyonuna, sokak lambalarının dikilmesine, Kudüs satranç kulübünün kurulmasına ve Abdülhamit'in Yafa Kapısı nöbetçi kulesinin dinamitle yıkılmasına nezaret etti. Kudüs'teki mekânlara yeniden isim vermeyi seviyordu: "Yahudiler Fast Otel'in adını Kral Süleyman ve Araplar da Sultan Süleyman (Muhteşem Süleyman) olarak değiştirmek istedi. Hangisini seçsem Kudüs'ün yarısının istediği yerine gelmeyecekti ve birisi adının Allenby olmasını da isteyebilirdi." Hatta kendi yönettiği bir rahibe korosu kurdu ve Kilise'deki Hristiyanlar arasındaki çekişmeleri, sultanın 1852 tarihli ayrımına başvurarak, çözmeye çalıştı. Bu Ortodoksları memnun etmiş ama Katoliklerin hoşuna gitmemişti. Storrs, Vatikan'ı ziyaret ettiğinde papa onu 500 fahişe ve tanrısız sinemayı sokarak Kudüs'ü kirletmekle suçladı. İngilizler bu çekişmeleri çözmeyi hiçbir zaman beceremedi.*

Değil Kudüs'ün, Filistin'in bile mevcut durumu belirsizliğini koruyordu. Picot, Kudüs üzerindeki taleplerini tekrarladı. İngilizlerin Kudüs'ün ele geçirildiğini duyduğu zaman Fransızların ne kadar sevindiğini bilmediğini iddia ediyordu. Storrs, "Bir de bizim almamızın nasıl bir his olduğunu düşün," diyerek tersledi. Picot daha sonra Kilise'deki Te Deum'da özel bir tahta oturarak Katolikleri Fransız himayesine almayı denedi ama Fransiskenler iş birliği yapmayı reddedince plan suya düştü.

Belediye Başkanı zatürreeden ölünce (belki de yağmur altında çok fazla teslim olmaya çalışmaktan olmuştu) Storrs onun yerine kardeşi Musa Kazım el-Hüseyni'yi atadı. Ama Anadolu'dan Yafa'ya kadar Osmanlı eyaletlerinde valilik yapmış olan etkileyici yeni başkan zaman içerisinde Siyonizm'e karşı yürütülen kampanyanın liderliğini ele aldı. Arap Kudüslüler umutlarını Lawrence'ın dostu Prens Faysal'ın yöneteceği Büyük Suriye Krallığı'na bağlamışlardı. Kudüs'te toplanan ilk Müslüman-Hristiyan Kongresi toplantısında delegeler Faysal'ın Suriye'sine katılma

* Yunanlılar Bakire Türbesi'ndeki iş bölümü konusunda Ermenilerle tartışmaktaydılar. Ermeniler Siyon Dağı'ndaki mezarlık ve Kilise'deki Aziz Nicodemus şapelinin sahipliği konusunda Suriyeli Jacobitlerle boğaz boğazaydı. Kilise'de Ortodoks ve Katolikler Calvary'nin kuzey merdiveninin kullanımı ve doğu kemerinde Ortodoks ve Latin şapelleri arasındaki merdivenin sahipliği konusunda mücadele etmekteydiler. Ermeniler ana girişin doğusundaki merdivenin sahipliği konusunda Ortodokslarla kavga ediyorlardı –ve onu süpürme hakkı için. Kıptiler ise Etiyopyalılarla çatı katındaki manastır için mücadele ediyorlardı.

yönünde oy kullandı. Hâlâ gerçek dışı bir şekilde Arapların onların yerleşmesine ses çıkarmayacağına inanan Siyonistler yerel korkuları yatıştırmayı denedi. İngilizler iki tarafa da yardımcı olmaya çalıştılar. Weizmann, baş müftüyle görüşüp onu Yahudilerin, Arap menfaatlerini tehdit etmeyeceği yönünde temin etti ve ona çok eski bir Kuran takdim etti.

Haziran 1918'de Weizmann, Akabe yakınlarındaki kampta, yanında Lawrence olan, Faysal'la görüşmek için çölü geçti. Weizmann'ın "ömür boyu sürecek dostluk" olarak abarttığı şey böyle başlamıştı. Yahudilerin İngiliz himayesi altında bir ülke kurabileceklerinden bahsetti. Faysal, Lawrence'ın "Filistinli Yahudiler ve Kolonici Yahudiler" dediği şey arasındaki farkı görmüştü ve ona göre en önemli fark "ilk grubun Arapça ikinci grubun ise Alman Aşkenazi lisanı konuşuyor olmasıydı." Faysal ve Lawrence, Siyonist ve Serifilerin Suriye'yi birlikte kuracağını umut ediyorlardı. Lawrence şöyle açıkladı: "Yahudileri Batı etkisinin doğal yayıcıları olarak gördüğüm için Yakın Doğu'daki devletler için çok gerekliler." Weizmann'a göre Lawrence'ın, "Siyonizm ile ilgili görüşleri olumluydu," ve aynı zamanda, "bir Yahudi ülkesinden Arapların da istifade edeceğine inanıyordu."

Vahada yaptıkları görüşmede Faysal "Filistin'de Yahudilerin gelecekteki toprak taleplerini kabul etti." Daha sonra üçlü Londra'da tekrar bir araya geldiğinde Faysal, Filistin'in "Arap köylüleri rahatsız etmeden 4,5 milyon Yahudi'yi iskân edebileceğini kabul etti. Filistin'de yer kıtlığı yaşanacağını bir an için bile düşünmedi." Ardından Suriye Krallığı bünyesinde Filistin'de Yahudi çoğunluğun bulunmasını onayladı –tacı kendisinin giymesi şartıyla. Suriye büyük ödüldü ve Faysal'da onu elde edebilmek için taviz vermekten memnundu.

Weizmann'ın diplomasisi başta meyve verdi. "Üniversitesi olmayan bir Yahudi devletinin kumarhanesi olmayan bir Monako'ya" benzeyeceğini söyleyerek dalga geçince 24 Temmuz 1918'de Allenby, Rolls-Royce'u ile onu Scopus Dağı'na götürdü. Orada müftü, Anglikan piskoposu, iki baş haham ve Weizmann tarafından İbrani Üniversitesi'nin temeli atıldı. Ama oradakiler müftünün keyifsiz olduğunu fark ettiler. Misafirler, "Tanrı kralı korusun," ve Siyonist marşı Hatikvah'ı söylerken uzaktan Osmanlı topları gürlüyordu. Weizmann, "Aşağımızda mücevher gibi ışıldayan Kudüs uzanmakta," dedi.

Osmanlılar Filistin'de hâlâ var güçleriyle savaşıyorlardı ve Batı Cephesi'nde de henüz zafer kazanılacağına dair bir işaret yoktu. Bu dönemde Storr'a kimi zaman "Bir Bedevinin" kendisini beklediği söylenirdi. Storr kimin beklediğine baktığında orada kitap okumakta olan Lawrence'ı görürdü. İngiliz bedevi daha sonra geldiği gibi usulca giderdi. O Mayıs, Kudüs'te Storrs, Lawrence'ı Amerikalı gazeteci Lowell Thomas'a takdim ettiğinde Thomas "genç havarilerden biri tekrar dirilmiş olabilir" diye aklından geçirdi. Thomas ileride Lawrence efsanesinin yaratılmasına yardımcı olacaktı.

Eylül 1918'de Allenby tekrar taarruza geçti ve Osmanlıları Megiddo Muharebesi'nde bozguna uğrattı. Binlerce Alman ve Osmanlı esiri Kudüs sokaklarında yürütüldü. Storrs, La Tosca'dan Vittoria, Jephthah ve Scipio'dan Handel'ın Marşı ve Aristophanes'in Kuşları'ndan Evlilik Marşı çalarak kutladı. 2 Ekim'de Allenby teorideki Suriye kralı Faysal'a ve Albay Lawrence'a Şerifilerle birlikte Şam'ı kurtarma izni verdi. Ama Lawrence'ın da tahmin ettiği gibi bu kararlar çok daha uzaklardan alınmaktaydı. Lloyd George, Kudüs'ü elde tutmaya kararlıydı. Lord Curzon daha sonra şikâyet etti: "Başbakan Kudüs'ten tıpkı memleketinden bahseder gibi heyecanla bahsediyor."

Almanya da sonunda pes ederken lobi faaliyetleri çoktan başlamıştı bile. 11 Kasım'da mütarekenin imzalandığı gün bu önemli olaydan önce randevu almış olan Weizmann, Lloyd George'u 10 Numarada Mezmurları okuyup ağlar halde buldu. Lawrence, Londra'daki görevlileri Arap davasına yardımcı olmaya teşvik etti. Faysal ise Paris'te Fransızlara derdini anlatmaya çalışıyordu.

Ama Paris'te İngiltere ve Fransa, Doğu'nun paylaşılması meselesinde birbirine girdiği zaman Lloyd George, Kudüs'ü ele geçirenin İngiltere olduğunu söyleyerek itiraz etti: "Diğer devletler bizlerin Kutsal Kabir'i çalmadığımızdan emin olmak için birkaç zenci polis göndermekten fazlasını yapmadılar."

47

GALİPLER VE GANİMETLER

1919-1920

WOODROW WILSON, VERSAY'DA

Birkaç hafta sonra Londra'da bir araya gelen Lloyd George ve Fransız Başbakanı Georges Clemenceau Orta Doğu'yu paylaştı. Suriye karşılığında Clemenceau taviz vermeye hazırdı:

Clemenceau: "Bana ne istediğinizi söyleyin."

Lloyd George: "Musul'u istiyorum."

Clemenceau: "Sizin olsun. Başka?"

Lloyd George: "Kudüs'ü de istiyorum."

Clemenceau: "Sizin olsun."

Ocak 1919'da görevdeyken Amerika dışına çıkan ilk Amerikan başkanı olan Woodrow Wilson, Lloyd George ve Clemenceau'yla barış görüşmelerini bir karara bağlamak için Versay'a geldi. Ortadoğu'nun söz sahibi kişileri yanlarında Faysal ve Lawrence olduğu halde kazananlarla lobi yapmaya gelmişti ve Fransa'nın Suriye'yi hâkimiyeti altına almasını önlemeye çalışıyorlardı, Weizmann ise İngilizleri Filistin'de tutmaya ve Balfour Deklarasyonu'ndaki uluslararası tanınma hakkını kazanmaya çalışıyordu. Faysal'ın danışmanı olarak, İngiliz üniforması ile Arap başlığı giyen, Lawrence'ın da bulunuyor olması Fransızları kızdırdı. Onu konferanstan men ettirmeye çalıştılar.

İdealist Virginialı bir profesörken demokratik bir siyasetçi ve daha sonra da uluslararası bir arabulucu haline gelen Wilson, "Bu savaş sonunda yapılacak tüm bölgesel anlaşmalar o bölgelerde yaşayan halkların menfaatleri doğrultusunda ele alınmalıdır," diye açıklamada bulundu. Emperyalistlerin Orta Doğu'yu bölmesini kabul etmedi. Üç devlet başkanı da çok geçmeden birbirlerine küstüler. Wilson, Lloyd George'un "kaypak" olduğunu düşünüyordu. Doğrucu Wilson ile toprak kapma sevdalısı Lloyd George arasında kalan yetmiş sekiz yaşındaki Clemenceau şöyle şikâyet etti: "Kendimi İsa ile Napolyon Bonapart arasında buldum." İngiliz ve Amerikalı ellerinden gelenin en iyisini yaptılar: Llyod George onun idealizmine hayran kalmıştı – İngiltere'nin istediğini alması şartıyla. Paris'te ahşap kaplı bir odada bu adamlar dünyayı şekillendirdiler. Balfour bu manzara için, "Üç kudretli ve kara cahil adam kıtalara şekil veriyor," dedi.

Clemenceau'nun hırsının Lloyd George'unkinden geri kalır yanı yoktu. Clemenceau, Lawrence'la görüşmeyi kabul ettiğinde Suriye'yle ilgili taleplerini meşru göstermek için Haçlı Seferleri sırasında Frankların Filistin'i yönetmiş olmasını öne sürdü: Lawrence, "Evet ama Haçlı seferleri başarısız oldu," diye cevap verdi. Üstelik Haçlılar, Clemenceau'nun asıl hedefi ve Arapların milli ilham kaynağı, Şam'ı ele geçirememişti. Fransızlar, Sykes-Picot Anlaşması'na göre hâlâ Kudüs'ü paylaşmayı umuyorlardı ama İngilizler anlaşmayı tümden reddetti.

Bir presbiteryen rahibin oğlu olan Amerikan başkanı, Balfour Deklarasyonu'nu benimsemişti: Wilson, "Benim gibi bir rahibin oğlunun Kutsal Toprakları halkına iade etmesinin nasıl bir şey olduğunu düşünün," dedi. Hem Protestan Hebraizminden hem de danışmanı, Wilson tarafından yüksek mahkemeye aday gösterilen Kentuckyli bir Yahudi olan, Louis Brandeis'den etkilenmişti. "Halkın avukatı," olarak bilinen Brandeis, Amerikan eğitim ve kamu idaresi üyelerinin kusursuz örneklerinden biriydi ama 1914'te Amerika'daki 3 milyon Yahudi'den sadece 15.000'i Amerikan Siyonist Federasyonu'nun üyesiydi. 1917'ye gelindiğinde yüzbinlerce Amerikalı Yahudi bu işe dâhil oldu; evanjelist Hristiyanlar Siyonizm lehine lobi yaptılar; ailesiyle çocukken Kutsal Şehir'i ziyaret etmiş olan eski Başkan Tedddy Roosevelt de "Kudüs merkezli bir Siyonist devlet" fikrini destekliyordu.

Yine de Wilson, Siyonizm ile Arapların kendi kendini yönetme haklarının arasındaki çelişkiyle karşı karşıya kalmıştı. İngilizler bir seferinde Amerikan mandasını önerdiler –himaye ile eyalet arasındaki durumu tarif etmek için kullanılan yeni bir tabirdi. Wilson bu ihtimali de düşündü. Ama İngiliz ve Fransızların, Filistin ve Suriye'ye gözlerini diktiklerini görünce Arap isteklerini öğrenmek için bir Amerikan heyeti gönderdi. Bir Chicago vana üreticisi ve Oberlin Koleji'nin dekanının başkanlığındaki King-Crane Komisyonu çoğu Filistinli ve Suriyeli Arap'ın Faysal'ın Büyük Suriye Krallığı'nda yaşamak istediklerini bildirdi –Amerikan himayesi altında. Ama Wilson emperyalist müttefiklerini zapt etmeyi başaramadığı için bu bulguların hiçbir önemi yoktu. Yine de yeni Milletler Cemiyeti'nin İngiltere'nin Filistin ve Fransa'nın da Suriye'yi aldığını onaylaması iki yıl sürdü –Lawrence buna "manda üçkâğıdı" demişti.

8 Mart 1920'de Faysal, (Lübnan ve Filistin de dâhil olmak üzere) Suriye kralı ilan edildi. Kudüslü Sait el-Hüseyni Dışişleri Bakanı olurken müftünün kardeşi Emin'de kısa süreliğine sarayda görev yaptı. Bu yeni krallığın kurulma-

sının yarattığı heyecanla Araplar Siyonist tehdidine direnecek gücü kendilerinde buldular. Wiezmann sorun çıkabileceği konusunda ikaz etti. Jabotinsky ve eski Rus devrimcisi Pinkhas Rutenberg* 600 kişilik bir Yahudi nefsi müdafaa kuvveti kurdu. Fakat Storrs tüm bu gelişmeleri görmezden geldi.

STORRS: NEBİ MUSA AYAKLANMASI – İLK ATEŞ

20 Nisan 1920 Pazar sabahı Yahudi ve Hristiyan hacılarla dolu bir şehirde 60.000 Arap, Hüseynilerin başkanlığında Nebi Musa Bayramı için bir araya geldi. Vasıf Cevheriye onların şarkılar söyleyerek Balfour Deklarasyonu'nu protesto edişlerini izledi. Müftünün genç kardeşi Hacı Emin el Hüseyni Faysal'ın resmini göstererek kalabalığı kışkırttı: "Bu sizin kralınız!" kalabalık hep bir ağızdan, "Filistin bizimdir, Yahudiler bizim köpeğimizdir!" diye bağırarak Eski Şehir'e dolmaya başladılar. Yaşlı bir Yahudi sopalarla dövüldü.

Halil Sakakini, "Bu taşkınlık birden deliliğe döndü. Bazıları Muhammed'in dini kılıçla kuruldu!" diyerek hançerlerini ve sopalarını çıkardılar. Cevheriye'ye göre "şehir savaş alanına döndü." Kalabalık, "Yahudileri öldürün," diye bağırdı. Sakakini ve Vasıf şiddetten nefret ediyordu ve sadece Siyonistlerden değil İngilizlerden de nefret etmeye başlamışlardı.

Storrs, Anglikan Kilisesi'ndeki sabah duasından geldiğinde şehrin kontrolden çıkmış olduğunu gördü. Avusturya Darülacezesi'ndeki karargâhına koşarken sanki "birisi kalbine kılıç saplamış gibi" hissediyordu. Kudüs'te, Storrs'un emrinde sadece 188 polis bulunuyordu. Gün içerisinde isyan büyürken Yahudiler katledileceklerinden korkmaya başladılar. Weizmann yardım istemek için Storrs'un ofisine daldı; Jabotinsky ve Rutenberg tabancalarını alıp Rus Yerleşimindeki polis merkezinde 200 adam topladılar. Storrs bunu yasaklayınca Jabotinsky, Eski Şehir'in dışında devriye gezip Araplarla birbirlerine ateş etmeye başladılar – çatışmalar asıl o gün başladı. Eski Şehir'deki Yahudi Mahallesindeki bazı sokaklar kuşatılmış ve Araplar Yahudi kızlarına toplu tecavüz etmeye başlamıştı. Bu arada İngilizler Kutsal Ateş merasimine nezaret etmekle uğraşıyorlardı ama bir Suriyeli, bir Kıptiğin sandalyesini itince ortalık karıştı ve çıkan kavgada kilisenin kapıları alev aldı. İngiliz memur Kutsal Kabir Kilisesi'nden çıkarken küçük bir Arap kızı serseri bir kurşunla vurulup yakındaki bir pencereden düştü.

---

* Storrs, Kerensky'nin 1917 yılına Petrograd vali yardımcısı olarak atadığı Rus sosyalist devrimcisi Rutenberg için, "İçlerinde en kabiliyetli olanı," demişti. Troçki'nin Kızıl Muhafızları tarafından saldırıya uğramadan evvel Kış Sarayı onun komutasındaydı. Rutenberg "tıknaz, güçlü, sürekli siyah giyen, hayret uyandırıcı, esnek ve yaman bir adamdı." 1922'de Churchill bir mühendis olan Rutenberg'in Filistin'in elektrik ihtiyacının çoğunu karşılayacak bir hidroelektrik santrali inşa etme fikrini destekledi.

Jabotinsky'nin adamlarından biri olan Nehemia Rubitzov ve meslektaşı tabancalarını doktor önlüğüyle örterek bir ambulansla savunmayı tertip etmek için Eski Şehir'e girdi. Ukrayna doğumlu Rubitzov, Ben Gurion tarafından Yahudi lejyonuna alınmıştı ve adını Rabin olarak değiştirmişti. Dehşet içerisindeki Yahudileri teskin ederken, Rusya'dan yeni gelmiş eski bir Bolşevik olan, "Kırmızı Gül" Cohen'e denk gelip onu kurtardı: Âşık olup evlendiler. Oğulları İshak Rabin, "Ben Kudüs'te doğdum," demişti ve kendisi İsrail genelkurmay başkanı olarak yıllar sonra Kudüs'ü ele geçirecekti.[15]

HERBERT VE SAMUEL: TEK FİLİSTİN, TAMAM

Ayaklanma sona erdiğinde beş Yahudi ve dört Arap ölmüş ve 216 Yahudi ve 23 Arap yaralanmıştı. 39 Yahudi ve 161 Arap, Nebi Musa ayaklanmasına iştirak ettikleri gerekçesiyle yargılandı. Storr, Weizmann ve Jabotinsky'nin evlerinin basılmasını istedi: Jabotinsky silah bulundurmaktan suçlu bulundu ve on beş yıla mahkûm edildi. Genç Emin Hüseyni –Storr'un tabiriyle "ayaklanmanın elebaşı" – on yıla mahkûm edildi ama Kudüs'ten kaçtı. Storr, Belediye Başkanı Musa Kazım Hüseyni'yi görevinden aldı ama İngilizler safça bir hareketle bu şiddet olaylarının suçunu Rusya'dan gelen Bolşevik Yahudilerin üzerine attı.

Liberal Weizmann ve sosyalist Ben-Gurion kademeli olarak evrilecek bir anavatan ve Araplarla huzur içinde yaşayabileceklerini hayal etmeye devam ettiler. Ben-Gurion, Arap milliyetçiliğini tanımayı reddetti: Arap ve Yahudi işçilerin "uyum ve dostluk içerisinde" yaşamasını istiyordu ama kimi zaman gaza gelip şöyle dediği de oluyordu, "Çözüm yok! Biz kendimize ait bir ülke istiyoruz. Araplar da kendilerine ait bir ülke istiyorlar." Siyonistler eski Hashomer'lerini –devriyelerini –yeniden tertip edip onları daha etkili bir milis kuvveti olan Haganah –Savunma –haline getirdiler.

Her şiddet hareketiyle iki taraftaki aşırılık yanlıları daha da güçlendi. Jabotinsky, Arap milliyetçiğini Siyonizm'i kabul ettiği gibi kabul ediyordu. Ona göre Ürdün'ün iki yakasını da içine alacak Yahudi devletine şiddetle karşı çıkılacaktı ve ancak "demir bir duvarla" savunulabilirdi. Yirmilerinin ortasında Jabotinsky üniformalar giyip resmigeçitler düzenleyen Betar adındaki bir gençlik hareketiyle Siyonist-Revizyonistler Birliği'ni kurmak için ayrıldı. Yeni bir tür Yahudi eylemcisi yaratmak istiyor ve artık Weizmann'ın lobi hareketlerine bağlı kalmak istemiyordu. Jabotinsky Yahudi devletinin Arapları dışlamadan iki halkın "mutlak bir eşitlikle" bir arada yaşayabileceği şekilde kurulacağına inanmaktaydı. 1922'de Benito Mussolini iktidara geldiğinde Jabotinsky, Il Duce kültüyle dalga geçip, "İngilizcedeki en saçma kelime liderdir. Bizonlar liderini takip eder. Medeni insanların lideri olmaz," dedi. Yine de Weizmann, Jabotinsky'i "Faşist eğilimli" olarak adlandırmış ve Ben-Gurion da ona "Il Duce" demişti.

Arap milliyetçilerinin umudu olan Kral Faysal, Fransızların Suriye'ye hâkim olma kararlılığı yüzünden mahvoldu. Fransızlar güç kullanarak kralı sınır dışı ettiler ve derme çatma ordusunu da dağıtarak Lawrence'ın planını tümden ortadan kaldırdılar. Büyük Suriye'nin sonu ve ayaklanmalar Filistin milli kimliğinin tesisinde büyük rol oynadı.*

24 Nisan 1920'de, San Remo Konferansı'nda, Lloyd George, Filistin'i, Balfour Deklarasyonu'na göre, mandayla yönetmeyi kabul etti ve Sir Herbert Samuel'i de ilk yüksek komiser olarak atadı. Samuel şık beyaz bir üniforma, tüylü bir miğfer ve kılıcıyla 30 Haziran'da Kudüs istasyonuna geldi ve on yedi pare top atışıyla karşılandı. Samuel bir Yahudi ve Siyonist olabilirdi ama hayalci değildi: Lloyd George onu "yavan ve soğuk" bulmuştu. Bir gazeteci onun "bir istiridye kadar ihtirastan uzak olduğunu" söylemişti ve memurları onun "biraz katı, görevini ve mevkiini asla aklından çıkaramayan bir adam" olduğunu ifade etmişti. Askerî vali, Filistin'in idaresini ona devrettiğinde Samuel önceden ezberlediği birkaç fıkrayı söyleyebildi ve şöyle bir pusula yazdı: "Tümgeneral Sir Louis J. Bols KCB'den devraldım, tek Filistin, tamam." Daha sonra da ekledi: "E ve O (hata ve ihmaller) hariç" ama ikisinden de bolca olduğunu görecekti.

Başta Samuel'in soğukkanlılığı Nebi Musa şoku ardından Filistin'in yatışmasında faydalı oldu. Hükümet Binası'nı, Zeytin Dağı'ndaki Augusta Victoria'da kurarak Jabotinsky'i serbest bıraktı, Emin Hüseyni'yi affetti, geçici olarak Yahudi göçünü sınırlandırdı ve Araplara teminat verdi. İngiliz menfaatleri 1917'dekilerle aynı değildi. Artık Dışişleri Bakanı olan Curzon, Siyonizm'in körü körüne desteklenmesine karşıydı ve Balfour'daki vaatleri sulandırmaya başlamıştı. Bir Yahudi vatanı olabilirdi ama ne bugün ne de yarın bir devleti olmayacaktı. Weizmann kendisini ihanete uğramış hissederken Araplar durumu tam bir felaket olarak kabul etti. 1921'e gelindiğinde toplam 18.500 Yahudi, Filistin'e gelmişti. Sonraki sekiz yıl içerisinde Samuel 70.000'inin daha gelmesine izin verdi.[16]

1921 ilkbaharında Samuel'in patronu, kolonilerden sorumlu devlet bakanı, Winston Churchill yanında danışmanı Arabistanlı Lawrence olduğu halde Kudüs'e geldi.

----

* "Filistinli" kelimesi Filistin Arap milleti olarak kullanılmaya başlandı ama yirminci yüzyılın ilk yarısında asıl Yahudiler, Filistinli ya da Filistinli Yahudi olarak tabir edilmekteydi; Araplar ise Filistinli Arap olarak bilinirdi. Weizmann anılarında (1949'da yayınlanmıştır) "Filistinli" dediği zaman Yahudileri kastediyordu. Bir Siyonist gazetesinin adı Palestine ve Arap olanın adı da Filistin'di.

CHURCHILL'İN MODERN ORTA DOĞU'YU İNŞASI: LAWRENCE'IN ŞERİFİ ÇÖZÜMÜ

Lawrence ileride, "Winston'ı çok sevdim ve ona büyük saygı duyuyorum," diyecekti. Churchill macera, kibir ve başarıyla dolu bir kariyer geçmişine sahipti. Kırklı yaşlarının sonlarında olan koloniler bakanı yeni bir imparatorluğun telafisi güç maliyetiyle karşı karşıyaydı: Irak çoktan İngiliz idaresine karşı ayaklanmıştı. Bunun üzerine Churchill, Kahire'de bir konferans düzenleyip Araplara, İngiliz hâkimiyetinde olmak şartıyla, belli ölçüde yetki verilmesini sağladı. Lawrence, Faysal'a Irak'ta yeni bir krallık verilmesini tavsiye etti.

12 Mart 1920'de Churchill Semiramis Hotel'de Arap uzmanlarını toplarken bir çift Somali aslanı yavrusu da ayaklarının dibinde oynuyordu. Churchill konforu sever ve nankör çölden haz etmezken Lawrence konfordan nefret ederdi. "Mermer, bronz bir otelde yaşıyoruz. Çok pahalı ve lüks –korkunç bir yer. Beni Bolşevik yapacak. Ortadoğu'daki herkes burada. İki gün sonra Kudüs'e gideceğiz. Bizler mutlu bir aileyiz: Önemli her konuda fikir birliği içerisindeyiz," diye yazdı –diğer bir deyişle Churchill "Şerifi Çözümü'nü" kabul etmişti: Lawrence nihayet şerif ve oğullarına verilen sözlerin tutulmamasının ardından bu hatanın bir ölçüde de olsa telafi edilebildiğini görüyordu.

Yaşlı şerif, Hicaz Kralı Hüseyin, Suudi reisi İbni Suud'un yönettiği Vahhabi savaşçılarıyla başa çıkacak güçte değildi.* Oğlu 1350 savaşçıyla Suudileri püskürtmeyi denediği zaman bozguna uğratıldı: Abdullah iç çamaşırıyla çadırının arkasından kaçmak zorunda kaldı ve "mucize eseri" kurtuldu. Planlarına göre Faysal, Suriye ve Filistin'i yönetecek ve Abdullah da Irak kralı olacaktı. Şimdi ise Faysal, Irak'ı alıyordu ve Abdullah'a bir şey kalmamıştı.

Churchill'in konferansı Kahire'de devam ederken, Lord Curzon "bu kadar küçük bir çöplük için çok büyük bir horoz" dese de, Abdullah otuz subay ve 200 Bedevi ile kendi toprağına sahip olabilmek için günümüz –teknik olarak İngiliz mandasındaki – Ürdün'üne gitti. Bu olay Churchill'e aktarıldı ve Lawrence ona Abdullah'ı desteklemesini söyledi. Churchill, prensi kendisiyle Kudüs'te buluşmaya davet etmesi için Lawrence'ı gönderdi.

---

* Yaşlanan Hüseyin, Arabistan'ın Kral Lear'ı olmuş, evlat nankörlüğü ve ihanetine kafayı takmıştı. Lawrence son görevine hiddetli kralı İngiliz-Fransız hegemonyasıyla uzlaşmaya ikna etmesi için gönderildi, aksi takdirde İngilizlerin ödediği para kesilecekti. Kral ağladı, köpürdü ve reddetti. Çok geçmeden Hüseyin, İbni Suud tarafından yenilgiye uğratıldı ve tahtı büyük oğlu Kral Ali'ye bırakarak çekildi. Fakat Suudiler, Mekke'yi ele geçirdi, Ali tahttan indirildi ve İbni Suud kendisini Hicaz Kralı, daha sonra da Suudi Arabistan Kralı ilan etti. İki krallık hâlâ aynı aileler tarafından yönetilmektedir – Arabistan'da Suudiler ve Ürdün'de Haşimiler.

23 Mart gece yarısında Churchill ve karısı Clementine trenle Kudüs'e doğru yola çıktı ve Gazze'de, "Yaşasın başbakan, Kahrolsun Yahudiler, hepsi gebersin!" diye tezahürat yapan coşkulu bir kalabalık tarafından karşılandı. Söylediklerinden bir şey anlamayan Churchill onlara el sallamakla yetindi.

Kudüs'te Samuel'le birlikte kaldığı Augusta Victoria'da dört kez, Lawrence'ın refakat ettiği, "ılımlı ve sıcak" Abdullah'la görüştü. Bir Haşimi İmparatorluğu kurmak isteyen Abdullah en iyi çözümün ileride Suriye'nin de ekleneceği kendisinin yönettiği bir krallıkta Yahudi ve Arapların bir arada yaşaması olduğunu düşünüyordu. Churchill Fransız Suriyesi ve İngiliz Filistini'ni kabul etmesi şartıyla ona Ürdün'ü teklif etti. Abdullah istemeden razı oldu ve böylece Churchill yeni bir ülke kurmuş oldu: "Kudüs'te bir öğleden sonra Emir Abdullah'a şimdi bulunduğu Ürdün'ü verdim." Abdullah ve Faysal'a birer krallık kazandıran Lawrence'ın vazifesi böylece sona erdi.*

Filistinli Araplar, Churchill'e müracaat edip, Siyon Protokolü geleneğinden devamla, "Yahudilerin her yerde aynı ve pek çok ülkenin yok edilmesinin en aktif savunucuları olduğunu ve Siyonistlerin de dünyayı ele geçirmek istediğini," söylediler. Churchill, Kudüslüleri eski Belediye Başkanı Musa Kazım el-Hüseyni başkanlığında kabul etti ama, "Yahudilerin bir anavatana sahip olmalarının onların hakkı olduğunu ve bunun dünyanın geleceği içinde önemli bir gelişme olacağını," söyledi.

Churchill'in babası** ona Yahudilere hayran olmayı öğretmişti ve Siyonizm'i iki bin yıllık ıstırabın doğal sonucu olarak görüyordu. Churchill, Lenin'in, Sovyet Rusya'da yarattığı kızıl korku sonrasında Siyonist Yahudilerin "Uluslararası Yahudi denen şeytani bir ucubenin önderliğindeki bir Yahudi hareketi olan Bolşevizm denen vahşete karşı panzehir olacağına" inanıyordu.

Churchill Kudüs'ü çok sevdi ve Scopus Dağı'ndaki, "Halifelerin, Haçlıların ve Makkabilerin toprağında yer alacak" İngiliz Askerî Mezarlığı'nın açılışını yaptı. Her

---

* Yirmi beş yaşındaki Coloradolu Amerikalı lowell Thomas "Arabistanlı Lawrence'ın" efsanevi maceralarını anlatan bir gezici kumpanya olan Son Haçlı'yla bir servet kazandı. Sadece Londra'da bu gösteriyi bir milyon kişi izledi ve Amerika'da sayı daha da fazla oldu. Gösteriyi beş kez izleyen Lawrence hem sevmiş hem nefret etmişti. "Gösterinizi izledim ve Tanrı'ya şükür ki ışıklar kapalıydı," diye yazmıştı. Lawrence, tarih, itiraf ve mitoloji karışımı barok ve şiirsel bir eser olan, anılarını bitirip ona eski başlık olan *İrfan'ın Yedi İlkesi* adını verdi –"yalanı doğruya tercih ederim, özellikle de benimle ilgili olduğunda" diyerek şaka yapmıştı. Tüm kusurlarına rağmen bir başyapıt olduğuna şüphe yoktur. Daha sonra Lawrence adını değiştirdi, hava kuvvetlerine katıldı, emekli oldu ve 1935'te bir motosiklet kazasında öldü.

** Lord Randolph Churchill, Rothschildlerle ve diğerleriyle dost olduğunda bu aristokratlar arasında hâlâ riskli bir işti. Bir ev partisine geldiğinde bir asil kendisini karşılayıp, "Lord Randolph Yahudi arkadaşınızı getirmediniz mi?" diye sorduğunda Randolph şöyle cevap verdi: "Hayır, buradakilerden pek hoşlanacağını zannetmiyorum."

fırsatta ziyaret ettiği Tapınak Dağı'na doğru çekiliyor ve oradan ayrı geçirdiği her dakikaya acıyordu. İngiltere'ye dönmeden önce Zeytin Dağı'nda kalmaya devam ettiği sırada Kudüs müftüsü beklenmedik şekilde öldü. Storrs zaten Hüseyni'yi Belediye Başkanlığı görevinden aldığı için müftü makamını da onlardan alarak aileyi büsbütün delirtmek istemedi. Ayrıca İngilizler onlara kendi aristokratlarını hatırlatan ailelere sıcak bakıyorlardı. Samuel ve Storrs, Belediye Başkanı ve müftünün iki önde gelen aileden seçilmesine karar verdi: Aralarındaki kan davası onları Kudüs'ün Montague ve Capuletleri yapacaktı.[17]

48

İNGİLİZ MANDASI

1920-36

MÜFTÜ BELEDİYE BAŞKANI'NA KARŞI:

EMİN HÜSEYNİ, RAGIB NAŞHAŞHİBİ'YE KARŞI

Belediye Başkanı olarak seçtikleri adam Arap aristokrasisinin tipik bir örneğiydi: Ragıp Naşhaşhibi sigarayı ağızlıkla içerdi, bir baston taşırdı ve bir Amerikan limuzinine sahip ilk Kudüslüydü – Ermeni şoförünün kullandığı yeşil Packard. Güleryüzlü Naşhaşhibi, ailelerin en yeni ama en zengininin* konaklarının ve portakal bahçelerinin vârisiydi, akıcı Fransızca ve İngilizce konuşurdu, Osmanlı Meclisi'nde Kudüs'ü temsil etmişti ve Vasıf'ı eğlence düzenlemesi ve ona ve metresine ut dersleri vermesi için tutmuştu. Artık Belediye Başkanı'ydı ve biri dostları biri de yüksek komiser için yılda iki kez parti verirdi. Eski bir Siyonist karşıtı, bir Kudüs ileri geleni ve Filistin lideri olarak rolünü çok ciddiye alırdı.

Büyük müftü olarak seçilen kişi Naşhaşhibi'nin zengin kuzeni Hacı Emin Hüseyni'ydi. Storrs genç Nebi Musa kışkırtıcısını yüce komisere tanıttığında komiser kendisinden etkilendi. Belediye Başkanı'nın yeğeni Nasrettin Naşhaşhibi, Hüseyni, "Uysal, akıllı, eğitimli, güler yüzlü, iyi giyimli, sarı saçlı, mavi gözlü, kızıl sakallı ve espri yeteneği zayıf birisi. Yine de şaka yaparken bile gözleri buz gibi," demişti. Hüseyni Samuel'e sordu: "Hangisini tercih edersin? –açık bir düşmanı mı güvenilmez bir dostu mu?" Samuel cevap verdi: "Açık düşmanı." Weizmann, "Atasözünün aksine yolcunun hancı olması her zaman iyi bir şey değildir," yorumunu yaptı. Hüseyni, Lübnanlı tarihçi Gilbert Achcar'ın tabiriyle, "kendisini tüm İslam dünyasının lideri zanneden megalomanyağın" teki olup çıkmıştı.

---

* Naşhaşhibiler on üçüncü yüzyıl Memlûk hükümdarı, iki Haram'ın (Kudüs ve el Halil) hizmetkârı, Nasir el-Din el-Naşhaşhibi'nin soyundan geldiklerini iddia ederlerdi. Aslında Osmanlılar için ok ve yay yapan on sekizinci yüzyıl tüccarlarının soyundan gelmektedirler. Ragıp'ın babası büyük servet elde etmiş ve bir Hüseyni'yle evlenmişti.

Hüseyin ilk seçimde müftülüğü Jarallah'a kaptırdı. Ancak dördüncü olabilmişti ve bu yüzden "hayırseverlikle işlenmiş totaliterlikleriyle" övünen İngilizler seçimi yok sayıp onu müftü olarak atadılar. Oysaki sadece yirmi altı yaşındaydı ve Kahire'de din eğitimi de almamıştı. Samuel yeni Yüce Müslüman Konseyi'nin başkanı olarak onun seçilmesine destek vererek siyasi ve mali gücünü ikiye katladı.

Hüseyni islam geleneğine bağlıydı; Naşhaşhibiler ise Osmanlılara. İkisi de Siyonizm'e karşıydı ama Naşhaşhibiler, İngiliz gücü nedeniyle, Arapların müzakere etmesi gerektiğine inanmaktaydılar; Hüseyni ise sonunda hiçbir anlaşmaya yanaşmayan asi bir milliyetçi olup çıktı. Başta Hüseyni pasif İngiliz müttefiki rolünü oynadı ama nihayetinde çoğu Arap'tan daha büyük bir İngiliz karşıtı olarak ırkçı bir Yahudi düşmanı oldu ve Hitler'in Yahudi sorununa bulduğu Nihai Çözümü destekledi. Samuel'in en büyük başarısı Siyonizm ve İngiltere'nin en enerjik düşmanlarını ortaya çıkarmak olmuştu. Yine de onun kendi halkı için tam bir bölücü felaket ve Siyonist mücadele için de vazgeçilmez birisi olduğunu söylemek mümkündür.[18]

MÜFTÜ: DUVAR SAVAŞI

İngiliz elçilerinin ilk nesli Kudüs'ü ehlileştirmekle övünmüşlerdi. Haziran 1925'te Samuel, Londra'ya dönüp "hukuksuzluğun artık sona erdiğini" ilan etti. Bir yıl sonra Storrs huzur içindeki bu güzel şehri bırakıp önce Kıbrıs sonra Kuzey Rodezya valiliklerine atandı –ama yine de, "Kudüs'ten sonra terfi yoktur," diyerek sızlandı. Yeni yüksek komiser, lakabı Baba Plumer ve pos bıyıklı bir mareşal olan, Viscount Plumer'di. Ödeneklerindeki kesinti nedeniyle Plumer düzeni Samuel'den daha az askerle tesis etmek zorunda kaldı ama tek başına Kudüs'te dolaşarak bile çevresine güven saçabilecek bir yapıya sahipti. Memurları siyasi gerginlikten bahsettiğinde o görmezden geldi. "Siyasi bir mesele yok," diye cevap verdi. "Siz başlatmayın!"

Plumer sağlık sebebiyle emekli oldu ve "siyasi mesele" patlak verdiğinde yeni yüksek komiser de henüz gelmemişti. Yahudi Tövbe Günü'nün arifesinde, 1928'de, Yahudiler, Yahudi şeriatına göre batı duvarında dua eden kadınlarla erkekler arasına bir perde koydular. Yaşlılar için daha önce perde ve sandalye kullanılmasına izin verilmişti ama müftü, Yahudilerin statükoyu değiştirdiği gerekçesiyle durumu protesto etti.

Müslümanlar, Duvar'ın Muhammed'in Mirac'ı sırasında insan yüzlü bineği Burak'ın sırtına bindiği yer olduğuna inanıyordu ama on dokuzuncu yüzyılda Osmanlılar bitişikteki tüneli eşek ahırı olarak kullanmıştı. Hukuki olarak Selahaddin'in oğlu Efdal'in kurduğu Ebu Maidan Vakfı'na aitti. Dolayısıyla "Müslümanlara ait bir mülktü." Müslümanlar, Yahudilerin Duvar'a erişmesinden korktukları için İslami Haram'da üçüncü bir Tapınak yapmışlardı, Yahudi Har-habayit. Yine de duvar –Kotel– Museviliğin en kutsal mekânıydı ve Filistinli Yahudiler, İngiliz sınırlamaları ve ibadet alanının çok sınırlı olmasının Siyonizm'in neden gerekli olduğunu gösteren ve asırlarca devam eden Müslüman baskısının kalıntıları olduğuna inanmaktaydılar. İngilizler, Yahudi dini bayramlarında şofar –koç boynuzu– çalınmasını bile yasaklamıştı.

Ertesi gün Storrs'un vali vekili, kendisine Kudüs Paşası demekten hoşlanan, Edward Keith-Roach, polislere en kutsal Yahudi Bayramı olan, Yom Kippur sırasında Duvar'a baskın düzenlemelerini emretti. Polisler dua eden Yahudileri dövdüler ve sandalyelerine oturmuş ibadet eden yaşlıların sandalyelerini altlarından aldılar. Britanya'nın güzel bir gününde olduğu söylenemezdi. Müftünün keyfine diyecek yoktu ama "Yahudilerin amacının adım adım El-Aksa Camisi'ni ele geçirmek olduğu yönünde" uyarıda bulundu. Bunun üzerine başlattığı seferberlikle ibadet eden Yahudiler taşa tutuldu, dövüldü ve yüksek sesli müzikle rahatsız edildi.

İki taraf da artık gerçekliği yansıtmayan, Osmanlı statükosunu değiştirmişti. Yahudi göçleri ve arazi alımları anlaşılır şekilde Arapların endişelerini artırıyordu. Deklarasyondan sonra 90.000 kadar Yahudi Filistin'e gelmişti. Sadece 1925 yılında Yahudiler, ailelerden 44.000 dönüm arazi satın almışlardı. Yahudi dindar milliyetçilerinin küçük bir bölümü üçüncü bir tapınağın hayalini kuruyordu ama ezici çoğunluk eski kutsal mekânlarında ibadete devam etmeyi istemekteydi. Yeni yüksek komiser, yakışıklı bir Shakespeare aktörüne benzediği söylenen, Sir John Chancellor, müftüden Yahudilerin orada bir avlu inşa edebilmesi için Duvar'ı satmasını istedi. Müftü reddetti. Yahudiler için Kotel onların ibadet özgürlüğünün ve kendi anavatanlarında var olmalarının simgesiydi, Araplar için ise Burak direnişin ve milli bilincin sembolü olmuştu.

Kötü bir şeyler olacağı ve klostrofobi hissi şehrin üzerine çöktü. Kudüs'te yaşayan ve Jabotinsky'nin gazetesinde yazılar yazan geç bir Macar Siyonist olan Arthur Koestler, "Bu çöldeki surlarla çevrili dağ kalesinin ve arınma olmadan trajedinin mağrur ve ıssız güzelliğidir," diye yazdı. "Trajik güzellik" ve "gayri insani atmosfer" Kudüs'ü "kasvetli bir yer" yapıyordu. Koestler, Tel Aviv'e kaçmak istiyordu. Kudüs'te "Yahweh'in öfkeli yüzünü sıcak kayaların üzerinde görür gibi" oluyordu.

1929 yazında müftü, Yahudi Duvarı'nı eşeklerin ve adamların geçeceği bir yer haline getirecek bir kapının açılmasını emretti, ayrıca sufilerin yaptığı zikirde artık duvardan duyulabilecekti. Civardaki arka sokaklarda Yahudiler saldırıya uğradılar. Filistin'de pek çok farklı noktada binlerce Yahudi "Duvar Bizimdir" sloganıyla gösteriler yaptılar. 15 Ağustos'ta aralarında Betar üyeleri de bulunan 300

Siyonist, tarihçi Joseph Klausner (İsrailli yazar Amos Oz'un amcası) liderliğinde sessizce İngiliz polisi tarafından korunan Duvar'a yürüdü, Siyonist bayrakları açıp şarkılar söylediler. Ertesi gün Cuma namazından sonra 2000 Arap, El-Aksa'dan geldi ve ibadet eden Yahudilere saldırdı, onları duvardan kovup yakaladıklarını da dövdüler. Ayın 17'sinde bir Yahudi çocuğun vurduğu futbol topu bir Arap'ın bahçesine düştü ve almaya giden çocuk öldürüldü. Cenazesinde Yahudi gençler Müslüman Mahallesi'ne saldırmayı denedi.

23 Ağustos'taki Cuma namazının ardından müftü tarafından kışkırtılan binlerce Müslüman el-Aksa'dan çıkıp Yahudilere saldırdı. Müftü ve Nashaşhibi rakipleri farkı zamanlarda kalabalığı hem tahrik etmeye hem de sakinleştirmeye çalıştı: Bazı cesur Arap liderleri kalabalığın önüne dikildiler – ama işe yaramadı. Araplar, Yahudi mahallesine saldırdılar ve Montefiore Sokağı ve çevresinde otuz bir Yahudi öldürüldü. Kudüs'teki bir evde aynı aileden beş kişi öldürüldü; el Halil'de elli dokuz Yahudi katledildi. 1920'de Siyonist milisler yani Haganah kuruldu ve karşı saldırılar başladı. Tüm Filistin'de sadece 292 İngiliz polisi olduğundan Kahire'den asker getirildi. Toplamda 131 Yahudi, Araplar tarafından öldürülürken 116 Arap da, çoğunlukla İngilizlerin açtığı ateş yüzünden, hayatını kaybetti.

Arapların Havrat el-Burak –Burak İsyanı –dedikleri ayaklanma İngilizleri şaşırttı. Şansölye oğluna, "Filistin'de Tanrı'dan başka bir yüksek komiser olmayacağını anladım," dedi. Balfour siyaseti dağılmaya başladı. Ekim 1930'da Koloni Bakanı Lord Passfield'in Beyaz Belgesi'nde (eski Fabian sosyalist Sidney Webb) Yahudi göçünün sınırlanması ve Yahudi anavatanından çekilme tavsiye edildi. Siyonistler umutsuzdu. Burak İsyanı iki taraftaki aşırıları da köpürttü. Şiddet ve Passfield'in Beyaz Belgesi Weizmann'ın İngiliz taraftarı tarzına büyük darbe indirdi: Siyonistler artık İngiltere'ye güvenemezdi ve onun yerine Jabotinsky'nin daha sert milliyetçiliğinden medet ummaya başladılar. On yedinci Siyonist Kongresi'nde Jabotinsky, İngiliz başbakanı Ramsay Macdonald'ı, Beyaz Belge'yi geri çekmeye ikna etmeye çalışan Weizmann'a saldırdı. Macdonald'ın ona yazdığı mektup Parlamento'da okundu, Balfour Deklarasyonu'na tekrar teminat verildi ve Yahudi göçü yeniden başladı. Araplar ona "Siyah Belge" dediler ama Siyonist liderlikten alınacak olan Weizmann'ı kurtarmak için artık çok geçti. Fazlasıyla kırılmış halde bir süreliğine kendisini bilime adadı. Haganah hâlâ kırsal yerleşimleri korumaya çalışıyordu ama kendisini silahlandırmaya da başlamıştı. Kısıtlamalardan bunalan militan milliyetçiler ayrıldı ve Jabotinsky'den ilham alarak Irgun Zvai Leumi'yi, Milli Askerî Teşkilat, kurdular ama bu teşkilat büyümeden kaldı. Jabotinsky, kışkırtıcı nutukları nedeniyle Filistin'den sürüldü ama Filistin ve Doğu Avrupa'daki Yahudi gençler arasındaki popülerliği artmaya devam etti. Yine de Weizmann'ın yerine geçecek kişi o değildi: müftü nasıl Arapların lideri haline geldiyse Yahudilerin lideri olacak kişi de David Ben-Gurion'du.

Müftü Aralık 1931'de Tapınak Dağı'ndaki, kendisinin başkanlık ettiği, Dünya İslam Konferansı'nda İslamcı ve rakipsiz milli lider olarak dünyanın karşısına çıktı: Zirvede olduğu an o andı ve bunun farkındaydı. Filistin'deki tüm Siyonist kolonilere karşı çıktı ama rakipleri Belediye Başkanı Naşhaşhibi, Dacaniler ve Halidiler uzlaşmanın hem Yahudiler hem de Araplar için daha yararlı olacağını söylediler. Müftünün muhalefete tahammülü yoktu ve rakiplerini Siyonist taraftarı hainler ve Naşhaşhibileri de Yahudi kanı taşımakla suçladı. Naşhaşhibi onu Yüce Müslüman Konseyi'ndeki yerinden etmeye çalıştı ama başarısız oldu ve müftü rakiplerini kontrol ettiği tüm organizasyonlardan dışlamaya başladı. Zayıf ve güvenilmez olan İngilizler ılımlılar yerine radikallere yaklaştılar: 1934'te yeni yüksek komiser Sir Arthur Wauchope, Naşhaşhibilere verdiği desteği çekti ve Halidilerden birinin belediye başkanı olmasını desteklemeye başladı. Hüseyni ve Naşhaşhibiler arasındaki rekabet daha da arttı.

Dünya kararıyor, riskler artıyordu. Faşizmin yükselişi uzlaşmayı zayıflık olarak gösteriyor ve şiddeti sadece kabul edilebilir değil cazip hale de getiriyordu. 30 Ocak 1933'te Hitler, Almanya Şansölyesi olarak atandı.* Sadece iki ay sonra 31 Mart'ta müftü gizlice Kudüs'teki Alman elçisi Heinrich Wolff'u ziyaret edip, "Filistin'deki Müslümanlar Faşist antidemokratik yeni rejimi memnuniyetle kabul etmeye hazırdırlar," dedi ve ekledi: "Müslümanlar Almanya'daki Yahudilere boykot uygulanmasını ummaktadır."

Avrupa'daki Yahudiler, Hitler yüzünden tetikteydi. Yavaşlamış olan göç demografik dengeyi tümüyle değiştirecek şekilde hızlanmıştı. 1933'te, 37.000 Yahudi, Filistin'e geldi; bu sayı 1934'te 45.000'e çıktı. 1936'ya gelindiğinde Kudüs'teki 60.000 Müslüman ve Hristiyan Araba karşılık 100.000 Yahudi bulunuyordu.[19] Tıpkı Nazi saldırganlığı ve Yahudi karşıtlığının tehdit ettiği Avrupa da olduğu gibi Filistin'de de tansiyon yükselmeye başlamıştı.** Sir Arthur Wauchope yeni bir Kudüs'ü devraldı – İngiliz Mandası'nın kısa süren altın çağının başkenti.

---

* 1917'de Kudüs'te Alman itibarını kurtarmayı çok isteyen von Papen'den destek almıştı. Daha önce şansölyelik yapmış olan Papen, Başkan Hindenburg'a Hitler'i atamasını tavsiye etmişti çünkü o ve onun aristokrat maiyetinin Nazileri kontrol edebileceğine inanmıştı: "İki hafta içerisinde Hitler'i öyle bir köşeye sıkıştırırız ki ezilir kalır." Papen, Hitler'in yardımcısı oldu ama çok geçmeden istifa edip Almanya'nın İstanbul Büyükelçisi olarak atandı. Nuremburg'da yargılandı, birkaç yılını hapiste geçirdi ve 1969'da öldü.

** İngilizler Siyon'a, Yahudi göçünü sınırlandırmayı düşünürken Joseph Stalin kendi Sovyet Kudüs'ünü inşa etmeye girişti. "Çar Yahudilere toprak vermedi ama biz vereceğiz," demişti. Yahudilere yönelik görüşleri çelişkiliydi. 1913 yılında milliyet üzerine yazdığı ünlü makalesinde Stalin, Yahudilerin bir millet değil "mistik, belirsiz ve uhrevi" olduklarını söylemişti. İktidara gelince "yamyamlık" dediği Yahudi

WAUCHOPE'UN BAŞKENTİ:
AV, KAFELER, PARTİLER VE BEYAZ TAKIMLAR

Zengin bir bekâr olan Wauchope eğlenmeyi severdi. Tüylü miğferi olan general iki yanında parlak asalı ve kırmızı kıyafetli muhafızları olduğu halde, şehrin güneyindeki Kötü Elçi Tepesi'ndeki, çevresinde çeşmeler, çam ve akasya ağaçları bulunan ve sekizgen bir kuleye sahip bir saray olan, yeni Hükümet Binası'nda misafirlerini ağırlardı. Konak, parke zeminli balo salonu, kristal avizeleri, polis bandosu galerisi, yemek salonları, bilardo salonları, İngilizler ve yerel halk için farklı tuvaletleriyle küçük bir İngiliz dünyası gibiydi –Kudüs'ün tek köpek mezarlığı da burada bulunuyordu. Misafirler üniforma ya da frap ceket ve şapka giyerlerdi. Misafirlerden biri, "Para ve şampanya su gibi akardı," demişti.

Wauchope'un malikânesi İngilizler tarafından şaşırtıcı bir hızda yaratılan modern Kudüs'ün merkeziydi. Yaşlı Balfour Earl'ü Scopus Dağı'ndaki, Hadassah Hastanesi yakınlarındaki, İbrani Üniversitesi'nin açılışı için gelmişti. Empire State Binası'nın mimarı kule şeklinde bir YMCA inşa etti. Rockefeller ailesi surların kuzeyinde bir Gotik-Magribi müze yaptırdı. Kral V. George Caddesi "şık mağazaları, avizeli kafeleri ve eşya dolu dükkânlarıyla" ileride ünlü bir İsrailli yazar olacak genç bir Kudüslü Yahudi olan Amos Oz'a "kültürlü olmak isteyen Yahudi ve Arapların medeni İngilizlerle birlikte yaşadığı ve uzun boyunlu güzel kadınların gece kıyafetleriyle gezdiği Londra şehrini" hatırlatmıştı. Kudüs'te Caz çağıydı, genç kızlar ve hızlı arabalar milenyumcu evangelizmle bir araya gelmişti. Boston Herald'da Bertha Spafford'la yapılan röportajın başlığı "HAREM GÜZELLERİ KUDÜS'TE FORD SÜRÜYORLAR" diye atıldı –yazıda kendisinden "Arabaları ve termosu Türklere öğreten ve Yahudileri Filistin'e gönderenin Balfour değil de Tanrı olduğunu söyleyen kişi" olarak bahsedilmişti.

Kudüs hâlâ büyük şehirlerin konforuna sahip değildi ama 1930'da ilk birinci sınıf oteli açıldı. Zengin Mısır Yahudileri ve İngiliz-Yahudi borsacı Frank Goldsmith'in (Sir James'in babası) desteğiyle açılan King David Oteli bir anda şehrin gözdesi haline gelip İncil tarzı Asur, Hitit ve İslam süslemeleri ve "beyaz

karşıtlığını yasakladı ve 1928'de Aşkenazi ve Rusçanın resmî dil olacağı seküler bir Yahudi vatanının kurulmasını onayladı. Mayıs 1934'te açılışı yapılan Stalin'in Siyon'u, Yahudi Otonom Bölgesi, Çin sınırındaki bir bozkırdı, Birobidzhan. İkinci Dünya Savaşı ve Yahudi Soykırımı'nın ardından Stalin'in Dışişleri Bakanı Vyacheslav Molotov ve diğerleri daha cazip bir bölge olan Kırım'da bir Yahudi vatanı –Stalinci bir California –kurulmasını destekledi ama bu yaklaşım Stalin'in katı bir Yahudi düşmanına dönüşmesinden başka bir işe yaramadı. Yine de 1948'e gelindiğinde Birobidzhan'da 35.000 Yahudi yaşıyordu. Günümüzde orada hâlâ birkaç bin Yahudi yaşamaktadır ve tabelaların hepsi hâlâ Aşkenazi dilindedir.

pantolonlu ve kırmızı başlıklı uzun boylu Sudanlı garsonlarıyla" dikkat çekmeye başladı. Bir Amerikalı turist onun Süleyman Tapınağı'nın yenilenmiş hali olduğunu zannetmişti. Ragıp Haşhaşhibi her gün saçını orada kestiriyordu. Otel, Kudüs'ü zengin Lübnanlı ve Mısırlı Arapların uğrak yeri haline getirdi. Ürdün emiri Abdullah düzenli olarak orada kalıyordu –King David'e develeri ve atlarını da getirebiliyordu. Ekim 1934'te Churchill karısı ve dostu, çok geçmeden Filistin çatışmasının kurbanı olacak, Lord Moyne'la geldiğinde bu otelde kaldı. Geri kalmak istemeyen müftü de Yahudi müteahhitleri kullanarak eski Mamilla mezarlığının olduğu yerde kendi oteli olan Palace'ı inşa ettirdi.

Eski bir hemşire olan Amerikalı bir Yahudi ilk güzellik salonunu açtığında köylüler durup bakarak vitrindeki mankenlerin konuşmasını beklemişti. Şehirdeki en iyi kitapçı, aydın Edward'ın babası, Boulos Said ve kardeşi tarafından, Yafa Kapısı yakınlarında, işletilmekteydi ve en iyi terzi dükkânı da, Hitler'den kaçan Yahudiler olan, Kurt May ve karısına aitti. May ailesi dükkânını açtığında –May adı kapının üzerine İbranice, İngilizce ve Arapça yazılmıştı –Almanya'dan tüm fikstürleri getirdi ve çok geçmeden tüm zengin Yahudi iş adamlarının ve İngiliz elçilik çalışanlarının karılarını –Ürdün Kralı Abdullah'ın karısı da dâhil olmak üzere– kendisine çekmeye başladı. İmparator Haile Selassie ve maiyeti bir seferinde dükkândaki tüm malları almıştı. May ailesi Siyonistlerden daha kültürlü Almanlardı –Kurt, Cihan Harbi'nde Demir Haç kazanmıştı – ve dinle hiçbir alakaları yoktu. May ailesi dükkânda yaşıyordu: Kızları Miriam doğduğunda bir Arap sütannesi onu emzirmişti ama büyüdüğü zaman anne babası "yeterince kültürlü olmadıkları gerekçesiyle" onun komşuları olan Polonyalı Yahudilerin çocuklarıyla oynamasını istemedi. Kudüs hâlâ küçüktü: Kimi zaman ilkbaharlarda Miriam'ın babası onu yürüyüşe çıkarır ve Yahudiye tepelerinde siklamen toplarlardı. Cuma geceleri sosyal hayatın zirvesiydi: Ultra-Ortodoks Yahudiler ibadet ederken May ailesi, King David Oteli'ndeki dansa giderdi.

İngilizler, Filistin'e, İmparatorluğa bağlı bir eyaletmiş gibi davrandılar: Tuğgeneral Angus McNeil, köpeklerle tilki ve çakal avlayacakları Ramle Vale Av Kulübü'nü kurdu. Subay kulübünde Siyonistler tüm muhabbetin ördek avı, polo oyunları ve yarışlardan ibaret olduğunu gördüler. Genç bir subay şehre kendi şahsi uçağıyla gelmişti.

Kendi aristokrat geleneklerine göre yetiştirilen İngiliz okul çocukları Kudüs'teki hiyerarşiye, özellikle de Hükümet Binası'nda verilen partilere girmek için gereken sosyal etiketlere, saygı duyuyordu. Bu partilerde John Chancellor'un yardımcısı Sir Harry Luke ziyafet reisinin yüksek komiserleri, baş hahamları, hâkimleri, belediye başkanları ve patrikleri nasıl karşıladığını şöyle anlatıyor: "Majesteleri, Sayın Hâkim, Ekselansları, Sayın Patrik, Sayın Hahambaşı, Bayanlar ve Baylar."

1931 yılında 132.661 olan nüfusuyla bu yeni ve gelişen Kudüs, İngiliz idaresi ve Siyonist göçünün ekonomiyi canlandırdığını ispatlamıştı –ve Arap göçünü de artırmıştı: Filistin'e Yahudilerden daha fazla Arap gelmişti ve Filistin'deki Arap nüfusu yüzde 10 artmıştı, Suriye ve Lübnan'dakinden iki kat daha fazla.* On yılda Kudüs'e yeni 21.000 Arap ve 20.000 Yahudi geldi –ve bu ailelerin en parlak dönemi oldu. İngilizler, hâlâ toprağın yüzde 25'ini elinde bulunduran, Arap hanedanları Nüseybe ve Naşhaşhibilere sıcak bakıyorlardı. Geleceğin Filistinli düşünürü Sarı Nüseybe, "Aileler İngilizlerin getirdiği sosyal düzene mükemmel uyum sağlamışlardı. Aynı sosyal konuma sahip İngiliz centilmenler ve subaylar onları sonradan görme Rus Yahudilerine tercih ediyorlardı," diye yazmıştı.

Ailelerin bu kadar rahat içinde yaşadığı bir dönem daha olmamıştı: Hazen Nüseybe'in babasının "her birinde 20-30 oda bulunan iki malikânesi vardı." Babaları İstanbul'da eğitim görmüştü, oğullar Şeyh Cerrah'taki Aziz George devlet okuluna oradan da Oxford'a gitmişti. Sarı'nın amcası olan Hazem Nüseybe, "Arap Kudüs'ünün efendi aristokratlarının yazın cilalı ayakkabılar, ipek kravatlar ve ipek takımlarla dolaştığını görmenin komik olduğunu," yazmıştı. Hazem'in kardeşi Enver Nüseybe şehre, orada bir ilk olan, cilalı bir Buick'le gelmişti.

Müslüman ya da Ortodoks olsun Arap orta sınıfının çoğu Manda için çalışıyordu. Şeyh Cerrahi Talbieh, Bekaa ve Katamon'un Osmanlı dünyalarında pembe taşlı villalarda yaşarlardı. Amos Oz bu banliyölere, "Haçlı, kuleli, camili ve gizemli ve keşişler, rahibeler, kadılar ve müezzinler, asiller, peçeli kadınlar ve şapkalı rahiplerle dolu peçeli şehir," demişti. Oz zengin bir Arap ailesini ziyaret ettiğinde "bıyıklı adamlara, mücevherli kadınlara ve ince belleri, kırmızı tırnakları, güzel saçları ve spor etekleriyle etkileyici genç kızlara" hayran kalmıştı.

Tarihçi ve "Bir Cambridge hocasının akıcı konuşmasına sahip" George Antonius ve bir Mısır gazetesinin sahibi bir Lübnanlının kızı olan "çekici ve güzel" karısı Katy yıl boyunca "gösterişli partiler, öğle yemekleri, akşam yemekleri ve resepsiyonlar"** düzenliyordu. Şeyh Cerrah'taki, müftüye ait olan ve içinde 12.000

---

* Woodhead Komisyonu 1938'de 1919 ve 1938 arasında Filistin'deki Arap nüfusunun 419.000'e yükseldiğini yazmıştı; Yahudi nüfusu ise 343.000'di.

** Zengin bir Hristiyan Lübnanlı pamuk tacirinin oğlu olan Antonius, İskenderiye'de doğmuş ve Victoria Koleji ve Cambridge'de eğitim görmüştü ve Manda'nın yardımcı eğitim direktörü E.M. Forster'ın arkadaşıydı. *Arap Uyanışı* kitabında Arap İsyanı'nı ve İngiliz ihanetini anlatmıştı, Arap milliyetçiliğinin öncü kitaplarından biridir. Antonius hem müftüye hem de İngiliz yüksek komiserlerine danışmanlık yaptı. Antonius'un kızı Süreyya ileride babasının anılarına dayanarak döneme dair belki de en iyi romanı kaleme aldı, *Cin'in Akıl Verdiği Yerde*.

kitap bulunan, villaları Arap asilleri, İngiliz seçkinleri ve ünlü ziyaretçiler için olduğu kadar Arap milliyetçiler için de sosyal bir karargâh haline gelmişti. Nasrettin Naşhaşhibi, "Güzel kadınlar, leziz yiyecekler, aklı başında muhabbetler: Kudüs'teki tüm önemli kişiler mutlaka oradaki partilere katılırdı ve orası her zaman en güzel loş atmosfere sahip olurdu," dedi. Evliliklerinin açık evlilik olduğu söylenirdi ve Katy herkese mavi boncuk dağıtır ve İngiliz üniforması giyen erkekleri severdi: Yaşlı bir Kudüslü, "Her şeyi merak eden erkek düşkünü bir kadındı, sürekli dedikodu yapar ve insanları birbirlerine ayarlamaya çalışırdı," demişti. Antonius ileride kızına katıldıkları bir partide diğer misafirlerin birbirlerinin eşleriyle takıldıkları bir oyun oynadıklarını görünce hayrete düştüğünü anlatmıştı: On çift davet edebilirdi ama herkes karşı cinsten ve eşleri olmayan birileriyle gelecekti –daha sonra da neler olacağını göreceklerdi.

İngilizler Siyonizm heyecanlarının sönmeye başlamasıyla Yahudilerden uzaklaşmaya başladılar. Belki de Yüksek Komiser Sir John Chancellor, Yahudiler için "nankör millet" dediğinde diğerlerinin görüşünü de dile getiriyordu. Her Yahudi Mahallesi farklı bir ülkeye aitti: Rehevia seküler Alman profesörleri ve İngiliz memurlarının mekânı, en güzel, medeni sakin ve Avrupalı banliyöydü; Buhara Mahallesi Orta Asya'ya aitti; Hasidik Mea Shearim fakir, hırpani ve on yedinci yüzyıl Polonya'sını andıran bir yerdi; Zikhron Zion, Amos Oz'a göre "fakir Aşkenazilerin yemek kokuları, pancar, soğan ve sarımsak kokusundan geçilmeyen bir yerdi"; Talpiot "Kudüs'te bulunan bir Alman banliyösünün taklidi gibiyken" Oz'un Kerem Avraham'daki eski İngiliz elçisi James Finn'in evinin yakınındaki eski evi ise öylesine Rus kalıyordu ki "Çehov'a aitmiş gibi duruyordu."

Weizmann, Kudüs'e "modern Babil" demişti ama tüm bu farklı dünyalar şiddet ve ön yargılara rağmen birbirine karışmaya devam etti. Hazem Nüseybe'in yazdığına göre bu kozmopolit Kudüs "dünya üzerindeki en heyecan verici şehirlerden birisiydi." Sürekli açık olan kafeler ailelerinin portakal bahçeleri, yazdıkları makaleler ve devlet memurluğu maaşıyla geçinen yeni bir sınıfı ağırlamaktaydılar. Kafelerde göbek dansı, kabare şarkıcıları, geleneksel ozanlar, caz grupları ve Mısır'ın popüler şarkıcıları yer alırdı. Halila Sakakini, Manda'nın ilk yıllarında, Yafa Kapısı'nın hemen içinde Imperial Hotel bitişiğindeki Vagabond Cafe'ye yerleşmişti. Orada nargilesini ve Lübnan içkisini içen bu "Boşta Gezenlerin Prensi" siyaset tartışır ve hedonist felsefesi olan Serserilerin Manifestosu'nu ilan ederdi: "Boşta gezmek bizim partimizin sloganıdır. Günlük mesai iki saat olmalı sonrası ise yeme, içme ve sevişmeye ayrılmalıdır." Ama Filistin eğitim müfettişi olduğunda bu miskinliğinden taviz vermek zorunda kalacaktı.

Udi Vasif Cevheriye de uzun zamandır tembelliği benimsemişti: Kardeşi Rus Yerleşimi'nin yanında Yafa Yolu üzerinde kabare ve grupların performans sergilediği bir kafe açmıştı. Yakındaki Postal Cafe'nin müdavimlerinden birisi müşterilerini şöyle tarif etmişti: "Beyaz sakallı bir Çarlık subayı, genç bir muhasebeci; bir göçmen ressam, sürekli Ukrayna'daki mülklerinden bahseden zarif bir kadın ve pek çok genç erkek ve kadın göçmen."

İngilizlerin çoğu "bu kültür karışımından" memnundu ve tipik bir Kudüs hanesinin sahibi olan Sir Harry Luke onlardan farklı değildi: "Dadı güney İngiltere'den, uşak Beyaz Rus,* hizmetçi Kıbrıslı Türk, aşçı Ahmet zenci Berberi, mutfak yamağı daha sonradan kız olduğunu anladığımız bir Ermeni; temizlikçi Rus." Ama herkes benzer şekilde etkilenmemişti. General Sir Walter "Fişek" Congreve, "Hepsinden nefret ediyorum. Hayvan gibiler. Hepsini toplasan bir İngiliz etmez" demişti.

BEN GURION VE MÜFTÜ: KÜÇÜLEN KANEPE

Müftü itibarının zirvesindeydi ama farklı görüşlere sahip Arapları kontrol altında tutmakta zorlanıyordu. George Antonius gibi liberal Batıcılar, Marksistler, seküler milliyetçiler ve İslamcı köktendinciler gibi farklı gruplar bulunuyordu. Pek çok Arap müftüyü sevmese de çoğunluk ancak silahlı mücadeleyle Siyonizm'in durdurulabileceğine ikna olmuştu. Kasım 1933'te eski belediye başkanı, kuzeni müftüyü pek sevmeyen, Musa Kazım Hüseyni'nin Kudüs'te başlattığı gösterilerde çıkan çatışmalarda otuz Arap öldü. Ertesi sene Musa Kazım öldüğünde Araplar her kesimden insanın saygı duyduğu önemli bir devlet adamını kaybetmiş oldular: Geleceğin Filistin lideri Ahmet Şukayri, "İnsanlar Musa Kazım'ın arkasından

---

* Kudüs Beyaz Ruslarla doluydu ama bir Grand Düşes ancak öldükten sonra buraya gelmişti. 1918'de Grand Dük Sergei'nin, rahibe olan dul karısı Ella, Bolşevikler tarafından tutuklandı. Kafatası ezildi ve cesedi Alapaevsk'teki bir maden kuyusuna atıldı, birkaç saat sonra Bolşevikler kız kardeşi İmparatoriçe Aleksandra, İmparator II. Nicholas ve tüm çocuklarını da öldürdüler. Beyazlar Alapaevsk'i ele geçirdiğinde cesetleri buldular: Ella'nın cesedi çok az çürümüştü. Onun ve diğer rahibe Barbara'nın cesedi Pekin üzerinden Bombay'a, Port Said'den Kudüs'e getirildi ve orada 1921'in Ocak ayında Sir Harry Luke tarafından karşılandılar. Luke, Yahudi göçmenlerin Bolşevik taraftarı gösterilerinden kaçınmak için şehirde takip edecekleri yolu değiştirmek zorunda kaldı. Kendi karısıyla birlikte tabutların taşınmasına yardım etmiş olan Milford Haven Markizi Louis, "İki sade tabut trenden indirildi. Küçük merasim alayı Olivet'e doğru ağır adımlarla ilerledi. Rus köylüler, hacılar ağlayıp sızlandılar ve tabuttan bir parça alabilmek için neredeyse kavga edeceklerdi," diye yazmıştı. Milford Haven ailesi, Edinburgh dükü Prens Philip'in büyük anne ve babasıydı. Yeni Şehit Elizabeth, o ve kocasının inşa ettiği Mary Magdalene Kilisesi içindeki cam kubbeli mermer lahidin içine defnedilmişti. Onun vasiyeti üzerine kalıntıları bir kefenle örtüldü ve oraya beyaz terlikler konuldu. Altın Kapı'nın karşısında Mahşer'de yeniden dirilmek için beklemektedir. Kutsal emanetlerinden bazıları Moskova'daki Martha ve Mary Manastırları'na götürüldü.

çok ağlarken Hacı Emin (müftü) pek çok kişiyi ölmeden ağlattı," diye yazmıştı. Manda'nın ikinci on yılında çeyrek milyondan fazla Yahudi Kudüs'e gelerek ilk on yılda gelenleri ikiye katladı. İster Oxford'da eğitim görmüş seçkin sınıf isterse Müslüman Kardeşler'e mensup köktendinciler olsun tüm Araplar artık İngilizlerin bu göçlere bir son vermeyeceğine ya da Yişuv'un, Yahudi toplumunun genel adı, gittikçe daha fazla teşkilatlanmasına mani olmayacağına ikna olmuşlardı. Zaman tükeniyordu. Göçün zirvesinde olduğu 1935'te 66.000 Yahudi geldi. Savaşın saflaştırıcı bir milli tören olarak görüldüğü o dönemde aydın Sakakini ve zevk sahibi Cevheriye bile Filistin'in ancak güç kullanarak kurtarılabileceğine inanmaya başlamıştı. Hazem Nüseybe'ye göre çare "silahlı ayaklanmaydı."

Tekrar Siyonist başkanı olan yaşlı Weizmann buna tepki verdi ama asıl güç, kısa süre önce seçilen –Yişuv'daki en yüksek makam – Yahudi Bürosu Direktörü Ben Gurion'un elindeydi. İki adam da aydın ve otokratikti, Siyonizme ve Batı Demokrasisi'ne bağlıydılar ama birbirlerine muhaliftiler. Ben-Gurion işçi sınıfına mensup bir eylem adamıydı ve hem savaşta hem de barışta liderlik yapabilecek bir kapasiteye sahipti. Lafı uzatmaktan anlamaz (tarih ve felsefe haricinde) ve espri yapmayı bilmezdi –Ben Gurion'un bildiği tek fıkra Napolyon hakkındaydı. "Kimse Napolyon'dan daha büyük değildir, sadece daha uzundur," derdi. Evli ve iki çocuk babası olan mutsuz bir kocaydı, Londra'daki uzun boylu mavi gözlü metresiyle yasak aşk yaşıyordu. Gerçekte içine kapalı bir adam ve derin düşünceli bir stratejistti, sürekli nedenleri öğrenmeye çalışır, kitap toplar, boş zamanlarını ikinci el kitap dükkanlarında geçirirdi. Daha önceden bildiğimiz gibi Yaşlı Adam, Cervantes okumak için İspanyolca ve Eflatun okumak için Yunanca öğrenmişti; devlet kurmayı planladığında yunan felsefesi okudu; savaşmak istediği zaman da Clausewitz okudu.

Weizmann ise Siyonizmin büyük senyörüydü. Savile Row takımları giyer, Celile'nin güneş altındaki tarlalarından çok Mayfair'in salonlarında kendisini evinde hissederdi ve arkadaşları Sieff ailesi tarafından kendisine verilen Marks & Spencer hisseleri sayesinde de zengin olmuştu. Ben Gurion ona, "Sen artık İsrail kralısın," demişti ama "Weizmann'ın kişisel fetişizm rejimine" karşı çıkmıştı. Weizmann, Ben-Gurion'dan farklı olarak, savaşçı olacak yapıda olmadığını biliyordu ve genç adamın militanlığına hem saygı duyuyor hem de kızıyordu. 600 sayfalık anılarında Ben-Gurion'dan sadece iki kez bahsetmişti. Weizmann'ın görüntüsü Lenin'e benzerken Ben-Gurion Bolşeviklerin acımasız pragmatizmini taklit ediyordu.

Ben-Gurion bir sosyalist olarak başlamış, sosyalist hareket içinde yükselmiş ve Yeni Filistin'in Yahudi ve Arap işçi sınıflarının işbirliğiyle kurulabileceği inancını da tam olarak kaybetmemişti. Ben-Gurion bir Yahudi devletinin hayalini kurmuş olabilir ama bu çok zor ve uzak bir ihtimal görünüyordu. "Arap milliyetçi hareketinin Siyonizm'le hemen hemen aynı zamanda doğmasını" takdir ettiğinden o dönem için Yahudilerin en büyük şansının bir Arap-Yahudi konfederasyonu olacağına inanıyordu. Hem o hem de müftü ortak devlet planlarıyla birbirlerini yoklamıştı: Geçmişe bakıldığında bir uzlaşma hâlâ mümkün görünüyordu. Ağustos 1934'te Ben-Gurion, İngilizler için çalışan bir avukat olan, Musa el-Alami* ve yazar George Antonius ile görüşmeye başladı –ikisi de müftünün ılımlı danışmanlarıydı. Ben-Gurion bir Yahudi-Arap ortak hükümeti ya da Ürdün ve Irak'ı içeren bir Arap konfederasyonu içerisinde bir Yahudi hükümeti önerdi. Ben-Gurion, Filistin'in bir kanepe olduğunu ve iki grubun da buraya sığabileceğini söylemişti. Müftü etkilenmiş ama çekimser kalmıştı. Alami daha sonra müftü ve Ben-Gurion'un aynı katı milliyetçiliği paylaştığını ama Yahudi liderin daha esnek ve yetenekli olduğunu söyledi. Arapların kendi Ben-Gurionlarını çıkaramamasının çok acı olduğunu da eklemişti. Bu arada müftü ve onun olan dostu asiller başlattıkları hareketin kontrolünü kaybetmeye başladılar.

Kasım 1935'te Şeyh İzzeddin el Kassam adındaki, müftünün Hayfa'daki şeriat mahkemesinde çalışan ve onu sürekli siyasi uzlaşmalardan uzak durması için kışkırtan, Suriyeli bir vaiz İngilizlere karşı ayaklandı. Müftüden daha radikal olup şehitliğin kutsallığına inanan bir köktendinciydi –el-Kaide ve bugünkü Cihatçıların ilk örneği. Kendi kurduğu Kara El hücresine mensup on üç mücahidiyle tepelere çıktı ve 20 Kasım'da 400 İngiliz polisi tarafından orada kuşatılıp öldürüldü. Kassam'ın şehadeti** müftüyü isyanın kıyısına getirdi. Nisan 1936'da Kassam'ın halefi Nablus dışında iki Yahudi'nin öldürülmesine neden olan bir eylem düzenledi –ama Nazi olduğunu söyleyen bir Almanı "Hitler'in hatırına" serbest bıraktı. Bu kıvılcımı ateşledi. Yahudi milliyetçileri olan Irgun misilleme olarak iki Arap'ı öldürdüler. Çatışma başladığında Sir Arthur Wauchope hazırlıksız yakalandı. Genç bir subayın da dediği gibi, "Ne yapması gerektiğini bilmiyordu."[20]

---

* En büyük ailelerden birinin üyesiydi. Alami hanesi Kudüs'teki en sıra dışı ailelerden biri olarak kalmaya devam etti: On yedinci yüzyılda aile, Kilise'nin yanında ve hatta çatıları ortak olan bir ev satın aldı. Manzara nefes kesiciydi. Bizans, Haçlı ve Memlûk izleri taşıyan binanın sahibi hâlâ Muhammet el-Alami'dir. Bir kuzen bitişikteki Selahaddin'in Selahiye hankâhının şeyhliğini yapmaktadır.

** Gazze'deki İslami Filistin Teşkilatı Hamas, Kassam'dan ilham alarak silahlı kanadına Kassam Tugayı ve füzelerine de Kassam füzeleri adını vermiştir.

49

ARAP İSYANI

1936-45

MÜFTÜNÜN TERÖRÜ

1936'nın başında serin bir akşamda "açık gökyüzünün altında birkaç el silah sesi duyuldu" ve Hazım Nüseybe "silahlı ayaklanmanın" başladığını anladı. İsyanın yayılması yavaş oldu. O yılın nisanında Araplar, Yafa'da on altı Yahudi'yi öldürdüler. Filistin partileri müftünün liderliğinde Yüksek Arap Komitesi'ni kurdu ve başlattığı ülke genelindeki grev çağrısı kısa sürede kontrolden çıktı. Müftü bunun mukaddes bir mücadele olduğunu söyleyip kuvvetlerini Cihat Ordusu'na katılmaya çağırınca Suriye, Irak ve Ürdün'den gönüllüler İngilizlerle savaşmak için gelmeye başladılar.

14 Mayıs'ta Yahudi mahallesinde iki Yahudi vuruldu ve müftü, "Yahudiler bizi topraklarımızdan sürmeye çalışıyorlar, oğullarımızı öldürüp evlerimizi yakıyorlar," demeye devam etti. İki gün sonra silahlı Araplar, Edison Sineması'nda üç Yahudi'yi öldürdüler.

Yişuv paniğe kapılmaya başladı ama Ben-Gurion kendine hâkim olma politikasını benimsedi. Bu arada İngiliz bakanlar Manda'nın varlığını sorgulamaya başlamış eski Kabine Bakanı Earl Peel'i bir rapor hazırlamakla görevlendirmişti. Müftü Ekim 1936'da grev çağrısını geri alsa da Pell'i tanımayı reddetti. Ama Weizmann komisyon üyelerini etkilemeyi başardı. Emir Abdullah'ın ısrarı üzerine müftü Filistinlilerin bağımsızlık istediğini, Balfour Deklarasyonu'nun iptal edilmesini ve Yahudilerin gönderilmesini söyledi.

Temmuz 1937'de Peel iki devletli çözümü teklif etti. Filistin, Emir Abdullah'ın Ürdün'ü de dâhil olmak üzere, Arap bölgesi (ülkenin yüzde 70'i) ve Yahudi bölgesi (ülkenin yüzde 20'si) olarak ikiye bölünecekti. Ayrıca 300.000 Arap'ın Yahudi bölgesine taşınmasını da önerdi. Kudüs özel bir yapı olarak İngiliz hâkimiyeti altında kalmaya devam edecekti. Siyonistler kabul etti –paylaşımda Kudüs'ün hiçbir zaman kendilerine verilmeyeceğini anlamışlardı. Weizmann, Yahudi bölgesinin küçük olması yüzünden hayal kırıklığına uğramamıştı çünkü "Kral Davud'un krallığının da küçük olduğunu" düşünüyordu.

Peel, Siyonistlerin aksine, "1919'dan beri tek bir Arap lideri bile Yahudilerle işbirliğinin mümkün olduğunu söylemedi," diye şikâyet etti. Sadece Ürdün Kralı Abdullah, Peel'in planını destekledi ve eğer bu plan gerçekleşmiş olsaydı İsrail'in bugünkü şeklini alması mümkün olmayacaktı ama o tarihte Filistinliler bu Yahudi devleti kurma planına köpürdüler: Hem müftü hem de rakibi Naşhaşhibi planı reddetti.

İsyan yeniden parladı ama bu sefer müftü şiddeti kabul ve teşvik etti; İngiliz ve Yahudilerden çok kendi Filistinli rakiplerini temizlemeye daha hevesli görünüyordu. Hüseynilerin son tarihçisi, "Kontrolü ele geçirebilmek için yok edici bir terörün tesisinden şahsen sorumlu olduğu görülmektedir," diye yazmıştı. Her daim Sudanlı fedailerinin korumasında olan müftü çok sevdiği mercimek çorbasını içtikten sonra bir mafya babası gibi davranarak iki yıl boyunca kendi hemşerilerden çok sayıda insanın öldürülmesi emrini verdi. Peel'den dokuz gün sonra müftü Alman büyükelçisiyle görüşerek Nazizme duyduğu yakınlığı ve işbirliği isteğini bildirdi. Ertesi gün İngilizler onu tutuklamaya çalışınca el-Aksa'ya sığındı.

İngilizler camiye girmeye cesaret edemedi. Onun yerine Hüseyni'yi Tapınak Dağı'nda sarıp onu isyanın faili olarak ilan ettiler. Ama tüm Arap gruplar onun kontrolünde değildi: Kassam'ın cihatçı takipçileri de yetkililerle işbirliği yaptıklarından şüphelendikleri Arapları memnuniyetle öldürdüler. Arapların kendi arasında bir iç savaş patlak vermiş ve denildiğine göre müftü yüzünden pek çok aile gözyaşı dökmüştü.

Başta isyanı destekleyen Ragıp Naşhaşhibi uyguladığı terör ve strateji nedeniyle müftüye karşı çıktı. Naşhaşhibi'nin villası makineli tüfekle tarandı; futbol izleyen genç kuzeni öldürüldü. Yeğeni Fahri Bey Naşhaşhibi, müftüyü yıkıcı bir egoizmle suçlayınca ölüm ilanı gazetelerde yayınlandı: Çok geçmeden Bağdat'ta öldürüldü. Naşhaşhib, Naşhaşhibi birimleri ya da barış grupları olarak bilinen, kendi adamlarını silahlandırdı ve müftünün adamlarıyla savaştılar. Arap başlığı isyanın simgesi oldu: Hüseyni taraftarları kefiye giyerken Naşhaşhibiler tarbuş giydiler. Müftü hainleri yargılamak için bir asi mahkemesi kurdu ve asi mühürleri hazırladı.

Kudüs'teki isyanın başında Cihat Ordusu komutanı otuz yaşındaki Abdülkadir Hüseyni bulunuyordu. Merhum Musa Kazım Hüseyni'nin oğluydu ve Siyon Dağı'ndaki Bishop Gobat okulunda iyi bir eğitim almıştı. Kahire Üniversitesi mezuniyetini İngiliz gaddarlığını ve Siyonist komploları kınamak için kullandı. Mısır'dan sürüldükten sonra müftünün Filistin Arap Partisi'ni tertip etti, kurduğu gazetenin editörlüğünü yaptı ve Yeşil El milisleri izci kisvesi altında onun askerî kanadı haline geldi.

Evde kaytan bıyığı ve İngiliz takımıyla zarif bir beyefendiydi ama sahada tam bir savaşçı haline geliyordu. Udi Vasıf Cevheriye'nin dediğine göre "Kudüs civarında koloni birliklerini sürekli küçük düşürürdü." 1936'da el Halil yakınlarında İngiliz tanklarıyla savaşırken yaralandı ama Almanya'da tedavi edildikten sonra Vaftizci Yahya'nın Köyü Ein Kerem'deki üssüne geri döndü. Şehirde İngiliz emniyet amirinin öldürülmesini o planladı. İngiliz uçakları tarafından tekrar yaralanan Hüseyni'nin hayranları onu kâfir yabancılarla savaşmak için Arap köylüler arasından çıkmış büyük bir Arap savaşçısı gibi görürlerdi – ama Filistinli düşmanları onu, adamları Hüseynileri desteklemeyenlerin köylerinde terör estiren, müftünün en kötü adamı olarak görürlerdi.

26 Eylül 1937'de Celile'deki İngiliz bölge komiseri Lewis Andrews öldürüldü. 12'sinde müftü, Filistin'deki otoritesini zayıflatan küçük düşürücü bir hareketle, kadın kılığında Kudüs'ten kaçtı. Lübnan'da sürgündeyken hâlâ tırmanmaya devam eden çatışmaları yönetti. Herkesten kendisine ve onun katı uygulamalarına boyun eğmelerini istedi.

İngilizler, Filistin'i elde tutmakta zorlanıyorlardı: Nablus, el Halil ve Celile'nin banliyöleri kontrolden çıkıyordu – Eski Şehir'i bile bir süreliğine kaybettikleri olmuştu. İngilizler Haganah'tan aldıkları adamlarla Yahudi Yerleşim Polisi'ni kurdular ama bununla dağınık haldeki köyleri savunmak mümkün olmadı. Siyonist milliyetçiler Ben-Gurion'un kendine hâkim olma politikasından nefret etmişti. İsyanın başında sadece 1500 kişi toplayabilmiş olan Irgun Zvai Leumi –Milli Askerî Teşkilat– Arap saldırılarına Arap sivillerine saldırarak misillemede bulundu ve Kudüs'teki kafelere el bombalı saldırılar düzenledi. 1937 Kasım'ındaki Kara Pazar günü, Weizmann ve Ben-Gurion'u da dehşete düşüren, koordineli bombalı saldırılar düzenlediler ama Irgun'a katılanların sayısı bir anda artmaya başladı. Müftünün adamları tarafından yok edilen ılımlı Araplar gibi İsyan, İbrani Üniversitesi'nin Amerikalı dekanı, Yahudi devleti değil de iki milletli tek bir devlet ve Yahudi ve Araplardan oluşan tek meclisi savunan, Yehuda Magnes gibi uzlaşmacı Yahudilerin itibarını da yok etti. Ben-Gurion'un kendini tutma politikası da çok geçmeden iflas etti ve İngilizler ellerindeki tüm imkânlarla Arapları imha etmeye giriştiler: Yapılanların bedelini tüm köylere ödettiler ve hatta bir seferinde Yafa'nın bir mahallesini tümden ortadan kaldırdılar. Haziran 1937'de silah taşımanın cezası idam olarak kabul edildi. Ekim'de, otuz yıldır Kalküta'yı yöneten, Sir Charles Tegart, Kudüs'e geldi. Elli tane "Tegart kalesi" inşa ettirdi, sınırlara güvenlik setleri çekti ve isyan bastırma ve istihbarat birimlerinin yönetimini ele alarak Arap Soruşturma

Merkezleri kurdu. Tegart, batı Kudüs'teki bir okulda sorgusulara şüpheliye nasıl işkence etmeleri gerektiği konusunda ders verdi –mahkûmların burunlarından cezvelerle su döküldüğü "su tenekesi" metodu da bunlara dâhildi –vali Keith-Roach ileride bu metodun sona erdirilmesini isteyecekti. Bir Kraliyet Hava Kuvvetleri subayı olan Arthur Harris –ileride Dresden bombardımanıyla ün yapacaktı –asi köylerine düzenlenen saldırılara nezaret etti. Avrupa'da Hitlerle kriz büyümeye devam ettiğinden İngilizler isyanı bastırmak için yeterli asker getirememişti ve o yüzden de Yahudilerin yardımına ihtiyaçları vardı.

Orde Wingate adındaki çevresi geniş genç bir isyan bastırma subayı Kudüs'e tayin edildiği zaman Yüksek Komiser Wauchope'la birlikte kalması için davet edildi. Wingate'e göre Wauchope "herkesin tavsiyesini dinliyor ama uygulamaya kalktığında hiçbirini beceremiyordu." Tavsiyesi Yahudi savaşçıları eğitmek ve isyanı isyancılara taşımak oldu. Lawrence'ın Siyonist versiyonu haline gelecekti – Weizmann ona "Yahudiyeli Lawrence" diyordu. Tesadüfen bu iki sıra dışı Arap uzmanı İngiliz aynı zamanda da kuzendi.[21]

ORDE WINGATE VE MOSHE DAYAN: ESKİ ŞEHİR'İN DÜŞÜŞÜ

Zengin bir koloni albayının oğlu ve yetiştirilme tarzı nedeniyle Yahudileri Hristiyan yapmak gibi evanjelist bir de vazifesi olan Wingate, Arapçayı akıcı konuşurdu ve tıpkı Lawrence gibi Arap düzensiz birliklerine komuta ederek ün kazanmıştı – Sudan'daki Doğu Arap kolordusuna bağlı bir birlik. Weizmann, "Bana Lawrence'ı hatırlatan öğrenci ve eylem adamı karışımı bir karakteri var," diye yazmıştı. Ama Kudüs'e gelmesiyle Siyonistlerin enerjisinden çok etkilenmiş ve müftünün zorba taktiklerinden ve İngiliz subaylarının Yahudi karşıtlığından rahatsız olmuştu: "Madem herkes Yahudilere karşı o zaman ben de onlardan yanayım," demişti.

Wingate, İngiliz birliklerini ve Yahudi çiftliklerini teftiş etti. Gecenin bir yarısı Borsalino ya da Wolseley şapka ve yıpranmış bir Palm Beach kıyafeti ve Kraliyet topçusu kravatı giyen ve "Tel Aviv kafelerinde takılan boşta gezenin tekine benzeyen sıra dışı bir adam" tarafından ziyaret edildiler. Sürekli silahlı dolaşan "delici mavi gözleri, şahini andıran yüz hatları ve akademik bir hava katan estetik görünümü olan" otuz üç yaşındaki Yüzbaşı Wingate, içinde "silahlar, haritalar, Lee Enfield tüfekleri, Mills el bombaları ve bir de İncil olan" bir Studebaker sedanla çıkageldi. Wingate "Yahudilerin daha iyi askerler olacağına" karar vermişti. Mart 1938'de İngiliz komutanı Sir Archibald Wavell bu fevkalade şahıstan etkilenerek Wingate'e Yahudi özel kuvvetleri eğitmesini ve bunları Özel Gece Timleri adı altında asilere karşı kullanmalarını emretti. Wavell kiminle uğraştığını bilmiyordu: "T.E. Lawrence'a olan yakınlığından haberim yoktu."

Karargâhını Yafa Kapısı yakınındaki Fast Otel'de kuran Wingate akıcı İbranice öğrendi ve çok geçmeden Siyonistler tarafından "dost" kabul edilmeye başlandı – Araplar tarafından düşman ve İngiliz subaylar tarafından da delinin teki olarak görülüyordu. Hükümet Binası'ndan taşınıp, Ruth Dayan'ın tabiriyle, "porselen bebek gibi çok güzel olan ve insanların gözlerini üzerinden alamadığı" karısı Lorna'yla Talpiot'ta bir eve yerleşti. Ruth'un kocası Moshe Dayan ilk kibbutzda doğmuş bir Rus göçmendi ve Haganah'ın gizli ve Yahudi Yerleşim Polisi'nin ise resmî bir üyesiydi. "Bir gece bir Haganah üyesi Hayfa'dan yanında bir yabancıyla birlikte geldi. Wingate zayıf bir adamdı, belinde bir altıpatlar ve elinde de küçük bir İncil bulunuyordu. Eyleme geçmeden önce eylem yapacağı yerle ilgili İncil'den bir ayet okurdu." Bir evanjelistin askerî halefi olan bu kişinin komutasında Gece Timleri'nin düzenlediği operasyonlar sonucu silahlı Araplar "Artık güvende olmalarının bir yolu kalmadığını anladılar: Her an her yerde pusuya düşürülmeleri mümkündü artık." İngilizler, İsyan ve daha sonra İkinci Dünya Savaşı sırasında 25.000 Yahudi'yi eğittiler ve bunların arasında Kızıl Ordu gazisi ve Haganah başkomutanı olacak Yitzhak Sadeh de bulunuyordu. Wingate onlara, "Sizler Makkabilerin torunlarısınız. Sizler Yahudi ordusunun ilk askerlerisiniz," diye hitap etmişti. Uzmanlıkları ve sahip oldukları moral ileride İsrail Savunma Kuvvetleri'nin temelini teşkil edecekti.

Eylül 1938'de Başbakan Neville Chamberlain, Münih Görüşmesi'nde Adolf Hitler'in saldırganlığına ve Çekoslovakya'yı bölmesine göz yumunca İngiliz birlikleri boşta kaldı: Filistin'e 25.000 takviye gönderildi. Her şeye rağmen asiler Kudüs'te bir darbe girişiminde bulundular: 17 Ekim'de tüm Eski Şehir'i ele geçirdiler, kapılara barikat kurdular, İngiliz askerlerini sürdüler ve hatta üzerinde el-Kudüs yazan posta pulları bastılar. Yafa Kapısı yakınlarında oturan Vasıf Cevheriye, Davud Kulesi üzerinde dalgalanan Arap bayrağını gururla izledi. Batı Duvarı'ndaki bir haham silahlı Araplarca taciz edildi. 19 Ekim'de İngilizler kapılara saldırıp şehri geri aldılar ve evden izleyen Vasıf'ın gözleri önünde on dokuz silahlı Arap'ı öldürdüler. "İngiliz ordusuyla asilerin savaştığı geceyi tarif edemem. Patlamaları gördük ve bomba ve mermilerin seslerini dinledik."

Yahudilerin gözünde bir kahraman olmasına rağmen Wingate'in operasyonları, onun ön kapısını misafirlerine çırılçıplak açtığını ve Yahudi bir opera şarkıcısıyla bir ilişkisi olduğunu duyan, İngiliz subayları tarafından faydasından çok zararı olan eylemler olarak görülmeye başlandı. Dayan bile şöyle demek zorunda kalmıştı: "Genel standartlar dikkate alındığında normal kabul edilemez. (Operasyonlardan sonra) bir köşede çırılçıplak oturup İncil okur ve soğan çiğnerdi." Wingate'in tümen komutanı Tümgeneral Bernard Montgomery onun pervasızlığından ve Siyonist partizanlığından nefret ediyordu. Montgomery daha sonra Dayan'a Wingate'in "akli dengesinin bozuk," olduğunu söyledi. Kudüs'teki İngiliz karargâhına geri çağrıldı. İngilizlerin artık yeterince askeri olduğundan Yahudi komandolara ihtiyaçları kalmamıştı.

Montgomery iki tarafın temsilcilerine de, "Yahudi'siniz veya değilsiniz umurumda bile değil. Görevim hukuku ve düzeni korumaktır. Bunu yapmaya da kararlıyım," dedi. Montgemery, isyanın "kesin olarak sona erdirildiğini" ilan etti. Beş yüz Yahudi ve 150 İngiliz öldürülmüştü ama en büyük zararı gören henüz kendisini toparlayamamış olan Filistin toplumu oldu: 20 ve 60 yaş arasındaki tüm erkeklerin onda biri öldü, yaralandı ya da sürgün edildi. 146 kişi ölüme mahkûm edildi, 50.000 kişi tutuklandı ve 5000 ev yıkıldı. Ölen 4000 kişiden büyük çoğunluğu bölgede yaşayan Arap'tı. İsyan tam zamanında sona ermişti çünkü İngiliz birliklerine çok geçmeden Avrupa'da ihtiyaç duyulacaktı. Montgomery, "Filistin'den ayrıldığım için üzgünüm çünkü burada savaşmak hoşuma gitmişti,"*demişti.

Babası Uganda'da bir Yahudi vatanı önermiş olan Neville Chamberlain, Balfour Deklarasyonu'nu tersine çevirmeye karar verdi. Eğer savaş olacaksa Yahudilerin Nazilere karşı İngilizleri desteklemekten başka şansı yoktu. Ama Arapların bir seçeneği vardı. Chamberlain, "Eğer bir tarafı gücendireceksek Araplar yerine Yahudileri gücendirelim," dedi. Bunun üzerine iki tarafı ve Arap devletlerini Londra'da bir konferansa davet etti. Araplar müftüyü heyet başkanı olarak seçtiler ama İngilizler onu görmek istemedikleri için Arap heyetine kuzeni Cemal el-Hüseyni başkanlık etti; Naşhaşhibi ise ılımlıların başkanlığını yapıyordu. Hüseyniler Dorchester'da Naşhaşhibiler ise Carlton'da kaldılar. Weizmann ve Ben-Gurion ise Siyonistleri temsil ediyordu. 7 Şubat 1939'da Chamberlain, St. James Palace'taki konferansı iki kez açmak zorunda kaldı çünkü Araplar ve Yahudiler doğrudan görüşmek istemediler.

Chamberlain Siyonistleri göçü durdurmaya ikna etmeyi umuyordu ama işe yaramadı. 15 Mart'ta Hitler'i yatıştırmasının ne kadar beyhude olduğu anlaşıldı ve Führer Çekoslovakya'yı işgal etti. İki gün sonra koloni sekreteri Malcolm MacDonald, Yahudi arazi satın alımlarını sınırlayan, göçü beş yıl boyunca yılda 15.000 kişiye indirip sonrasında Araplara veto hakkı sunan, on yıl içinde Filistinlilere

* Wingate, Filistin'de ün kazandı. Hayranlığını kazandığı Churchill ileride onu destekledi. 1941'de Wingate'in Gideon Kuvveti, Etiyopya'nın İtalyanlardan alınmasına yardımcı oldu ve tümgeneral olarak savaştaki en büyük özel kuvvetler olan Chinditleri kurup onları Burma'da Japonlara karşı komuta etti. 1944'te bir uçak kazasında öldü.

bağımsızlık veren ve Yahudi devleti içermeyen Beyaz Belge'yi yayınladı. Bu Filistinlilerin ya da herhangi birinin yirminci yüzyıl boyunca İngilizlerden alabileceği en iyi teklifti ama takdire değer bir siyasi öngörüsüzlük ve inatçılık örneği sergileyen müftü sürgünde olduğu Lübnan'dan bu teklifi reddetti.

Ben-Gurion, Haganah milislerini İngilizlere karşı savaşmaları için hazırladı. Yahudiler Kudüs'te ayaklandılar. 2 Haziran'da Irgun, Yafa Kapısı dışındaki bir marketi bombalayıp dokuz Arap'ı öldürdü. Ayın 8'inde, Doğu turunda Kudüs'te geçirdiği son günün akşamında, Amerika'nın Londra büyükelçisinin oğlu, genç Amerikalı ziyaretçi John F. Kennedy, Irgun'un ateşlediği ve Kutsal Şehir'in elektriğini kesen on dört patlama duydu. Artık herkes General Montgomery'nin, "Yahudiler Arapları ve Araplar da Yahudileri öldürecek ve muhtemelen bundan sonraki 50 yıl boyunca bu böyle devam edecek," şeklindeki görüşünü benimsemeye başlamıştı.[22]

MÜFTÜ VE HITLER: DÜNYA SAVAŞI KUDÜS'TE

Adolf Hitler herkesi önüne katıp süpürürken Kudüs müftüsü bunu ortak düşmanları İngiliz ve Yahudilere saldırmak için bir fırsat olarak gördü. Fransa yenilmişti, Wehrmacht Moskova'ya doğru ilerliyordu ve Hitler 6 milyon Yahudi'yi, Nihai Çözüm'de öldürmeye başlamıştı.* Müftü İngiliz karşıtı bir teşebbüsü tertip etmek için Irak'a gidip her zamanki gibi işi batırdıktan sonra İran'a kaçmak zorunda kaldı ve peşindeki İngiliz ajanlarından kurtulmak için atıldığı tehlikeli macera sonunda onu İtalya'ya getirdi. 27 Ekim 1941'de Benito Mussolini onu Roma'daki Palazzo Venezia'da karşıladı ve Filistin devletinin kurulmasını destekledi: İl Duce eğer Yahudiler ülke kurmak istiyorlarsa, "Tel-Aviv'i Amerika'da kurmaları gerekir. İtalya'da da 45.000 Yahudi var ve hiçbirine Avrupa'da yer yok," dedi. "Buluşmadan çok memnun ayrılan" müftü Berlin'e uçtu.

28 Kasım saat 16.30'da müftü gergin Adolf Hitler tarafından karşılandı: Sovyetler Almanları Moskova dışında durdurmuşlardı. Müftünün tercümanı Hitler'e

* Yunanistan'da Kudüs'le özel bir bağı olan bir prenses Yahudileri koruyan Yahudi olmayan cesur kişilerden biri oldu. Kraliçe Victoria'nın büyük torunu ve Battenberg Prensesi Alice'in kızı olan Yunan Prensesi Andrew, Cohen ailesinden üç kişiyi saklamak için hayatını tehlikeye atarken 60.000 Yunanlı Yahudi öldürüldü. 1947'de prenses Elizabeth'le evli ve Kraliyet donanmasında teğmen olan oğlu Prens Philip tahta geçti. Prenses Andrew rahibe oldu ve teyzesi Grand Düşes Ella gibi kendi tarikatını kurdu. Londra'da yaşadı ama Kudüs'te defnedilmeyi vasiyet etti. Kızı bunun ziyaretçiler için uzun bir yolculuk olacağını söylediği zaman prenses, "Saçmalık, İstanbul'dan otobüsle gayet rahatça gidilebilir," diye cevap verdi. 1969'da öldü ve Mary Magdalene kilisesindeki teyzesi Ella'nın yanına ancak 1988'de defnedilebildi. 1994'te Edinburgh Dükü Prens Philip, Kudüs'teki soykırım anıtı, Yad Vaşem'deki merasime katıldığında "en dürüst insanlardan biri olan" annesini de onurlandırdı.

Arap geleneği gereği müftüye kahve ikram edilmesi gerektiğini söyledi. Hitler kahve içmem şeklinde alelacele bir cevap verdi. Müftü bir sorun olup olmadığını sordu. Tercüman müftüyü teskin etti ama Hitler'e de misafirinin hâlâ kahve beklemekte olduğunu söyledi. Hitler cevaben yüksek rütbeli komutanlara bile huzurunda kahve içme izni vermediğini söyledi: Ardından odadan çıktı ve geri döndüğünde yanında limonata taşıyan bir SS nöbetçi vardı.

Hüseyni, Hitler'den "Filistin, Suriye ve Irak'ın bağımsızlığını ve birliğini tanımasını" ve Wehrmacht'ın yanında savaşacak bir Arap lejyonunun kurulmasını istedi. Kendince dünyanın hâkimiyle konuşan müftü sadece Filistin'i değil kendi hakimiyetinde kurulacak bir Arap İmparatorluğu'nun tesisini de talep etti.

Hitler, o ve müftünün ortak düşmanları olmasından memnundu: "Almanya Yahudilerin iki kalesiyle ölüm kalım mücadelesine girişmişti –İngiltere ve Sovyetler Birliği"– ve doğal olarak Filistin'de bir Yahudi devleti söz konusu olamazdı. Hitler Yahudi sorununa Nihai Çözümü'yle ilgili ipuçları da verdi: "Almanya adım adım tüm Avrupa devletlerinden Yahudi sorunlarını çözmesini istemeye kararlıdır. Alman orduları Kafkasya'nın güney ucuna ulaşır ulaşmaz Almanya'nın hedefi Arap nüfuz bölgesindeki Yahudi unsurların imhası olacaktır."

Ama Rusya ve İngiltere yenilgiye uğratılana kadar müftünün Ortadoğu'yla ilgili planları beklemek zorunda kalacaktı. Hitler düşünmesi gerektiğini ve "mantıklı birisi gibi sakince ve kendinden emin konuşacağını" söylemişti, müttefiki Vichy Fransa'sını darıltmak istemiyordu. Hitler, Hüseyni'ye, "Sizin hakkınızda endişeliyiz. Hayat hikâyenizi biliyorum. Uzun ve tehlikeli yolculuğunuzu ilgiyle takip ettim. Bizimle olmanızdan mutluyum," dedi. Sonrasında Hüseyni'nin mavi gözleri ve kızıl saçlarına hayran kalan Hitler onun kesinlikle Ari kanı taşıdığına karar verdi.

Müftünün sadece İngiltere'ye karşı stratejik düşmanlığı değil ırkçı Yahudi düşmanlığı da Hitler'den çok farklı değildi – hatta çok daha sonra yazılan anılarda Reichführer-SS Heinrich Himmler'den övgüyle bahsetmiş ve 1943 yazında kendisine, "Nazilerin çoktan üç milyon Yahudi'yi ortadan kaldırdığı sırrını verdiğini," söylemişti. Müftü, Nazileri destekliyordu çünkü, "O zaman da emindim, şimdi de eminim ki eğer Almanya başarılı olsaydı Filistin'de Siyonistlerden eser kalmazdı."*

---

* *Araplar ve Soykırım* adlı eserinde Profesör Gilbert Achcar şöyle yazmıştı, "Nazilerin Yahudilerle ilgili saplantılarına o da ortak olarak insanlığa karşı işlenmiş olan suçların en büyüğünün parçası oldu. Müftünün desteklediği Nazilerin Yahudi karşıtı doktrininin Pan İslamcı potada fanatik İsrail karşıtı bir kalıba dökülmesi zor olmamıştır." Balfour Deklarasyonu'nun yıldönümünde 1943'te Berlin'de yaptığı bir konuşmada şunları söylemişti: "İnsanların arasında asalak gibi yaşar, kanlarını emer, ahlaklarını bozarlar... Almanya son derece başarılı bir şekilde Yahudilerin tüm dünyaya karşı teşkil ettiği tehdidi ortadan kaldırmanın bir yolunu bulmuştur." Lübnan'da sürgündeyken yazdığı anılarında, "Yahudiler, İkinci Dünya Savaşı'nda toplam nüfuslarının yüzde 30'unu kaybederken Alman kayıpları bundan nispeten

Çok milletli Kudüs'ten uzun bir yol teperek geldiği Berlin'de, beklendiği şekilde, Yahudiler varlığından rahatsız oldu. Müftünün görüşleri savunulur gibi değildi – ama onun görüşlerinden yola çıkarak Arap milliyetçilerinin Hitler'i savunan Yahudi düşmanları olduğunu söylemek yanlış olur. Yahudilere fazlasıyla yakın olan Vasıf Cevheriye günlüğünde Kudüslü Arapların "adaletsizlikleri, yalancılıkları ve Balfour Deklarasyonu nedeniyle İngilizlerden nefret edip Almanların savaşı kazanmasını umduklarını" yazmıştı. "Oturup haberleri dinler ve Almanların kazandığı zaferleri duymayı umar ve İngiltere'yle ilgili güzel bir haber geldiğinde üzülürlerdi."

Hazem Nüseybe, "Kulağa ilginç gelse de savaş sırasında Kudüs'te barış ve refah hâkimdi," diye yazmıştı. İngilizler, Yahudi milislere göz açtırmadı: Moshe Dayan ve onun Haganah silah arkadaşları tutuklanıp Akka Kalesi'nde hapsedildi. Mayıs 1941'de İngiliz Filistin'i potansiyel olarak Vichy Fransası'nın elindeki Suriye ve Kuzey Afrika'daki mihver kuvvetlerinin arasında kalınca İngilizler Nazilerle savaşmak için Wingate'in ve Sadeh'in savaşçılarından küçük bir Yahudi komando birliği kurdular.

Hapisten çıkarılan Dayan, Vichy Fransası ve Lübnan'ın işgaline hazırlık olarak baskınlara gönderildi. Güney Lübnan'daki bir çatışma sırasında Dayan dürbünle Fransız mevzilerini kontrol ederken "bir tüfek mermisi dürbünün lensine isabet edip dürbünün metal gövdesinin göz yuvasına girmesine neden oldu." Göz bandı takmaktan nefret ederdi: "Kendimi sakat gibi hissediyordum. Keşke şu siyah göz bandından kurtulabilsem. Onun yüzünden çektiğim dikkate tahammül edemiyorum. Gittiğim her yerde insanların tepkisiyle karşılaşmaktansa kendimi eve kapatmayı tercih ederim." Dayan ve genç karısı tedavi için Kudüs'e taşındı. "Eski şehirde dolaşmayı severim, özellikle surların üzerindeki dar yollarda. Yeni Şehir bana garip geliyor. Eski Şehir ise büyülü gibi bir yer." Haganah, İngilizlerin yardımıyla, eğer Almanlar Filistin'i ele geçirirse yeraltına çekilmeye hazırlandı.

Kudüs sürgün krallar için gözde bir mekândı – Yunan kralı II. George, Yugoslavya kralı Peter ve Habeşistan İmparatoru Haile Selassie, King David'de kalıyordu. İmparator sokaklarda yalın ayak gezerdi ve tacını da Kutsal Kabir'in mihrabının dibine koymuştu. Sonunda duaları kabul oldu: Tahtına tekrar kavuştu.

King David'in barları gece gündüz Mısırlı, Lübnanlı, Suriyeli, Sırp, Yunan ve Habeşi, prens, aristokrat, gangster, saray adamı, aylak, patron, pezevenk, jigolo, fahişe, film yıldızı ve Müttefik, Mihver, Siyonist ve Arap casusları, Fransız, İngiliz, Avustralyalı ve Amerikalı subay ve diplomatlarla öylesine doluydu ki ziyaretçiler bir

---

daha hafif olmuştur," demiş, Protokoller ve Birinci Dünya Savaşı'ndaki "Arkadan bıçaklama" mitinden bahsederek Soykırımı meşrulaştırmış ve Yahudileri bilimsel olarak ıslah etmenin başka yolu olmadığını söylemiştir.

martini almak için bara giderken sürekli birbirlerini itip kakmak zorunda kalırlardı. 1942'deki misafir listesinde dönemin en ünlü Arap yıldızlarından ve Levanten'in antreposu Kudüs'ün ne kadar bozulduğunu gösteren bir isim de bulunuyordu. İsmi Esmahan'dı; bu tehlikeli ama karşı konulmaz Dürzi bir prenses, mısırlı bir film yıldızı, popüler bir Arap şarkıcı, bir fahişe ve tüm taraflar için casustu ve kendine has gizemli ve tehlikeli bir hava yaratmayı başarabilmişti.

Asil ama fakir bir ailenin çocuğu olarak Suriye'de, Emel el-Atraş adıyla doğduktan sonra 1918'de Mısır'a kaçtı, on dört yaşında şarkıcı olarak keşfedildi, on altı yaşında ilk kaydını yaptırdı, radyoda kısa sürede ünlü oldu ve daha sonra film çevirmeye başladı. Çenesindeki güzel ben sayesinde herkes onu görür görmez tanıyordu. 1933'te kuzeni Suriye'deki Dürzi Dağı emiriyle evlendi (daha sonra iki kez evlenip boşandı). Dağ sarayında bile özgür batılı bir kadın gibi yaşama konusunda ısrarcı oldu ama zamanının çoğunu King David'de geçirdi. Mayıs 1941'de prenses –ya de emire– İngiliz istihbaratı tarafından Şam'daki Suriyeli liderleri Müttefik güçleri desteklemeye ikna etmekle görevlendirildi. Müttefikler Suriye ve Lübnan'ı aldığında General Charles de Gaulle kendisine bizzat teşekkür etti. Sesi, zarafeti ve cazibesiyle (biseksüeldi) Esmahan, Beyrut'taki İngiliz ve Fransız generallerinin aklını başından alıp onları birbirine karşı kullandı ve iki taraftan da para aldı. Churchill'in elçisi General Louis Spears öylesine etkilenmişti ki onunla ilgili şunları söyledi: "O benim gördüğüm ve göreceğim en güzel kadındır. Gözleri geçtiğinizde sizi cennete ulaştıracak yeşil bir deniz gibi. İngiliz subaylarını bir makineli tüfeğin hızı ve keskinliğiyle vurup deviriyor. Paraya ihtiyacı olması da şaşılacak bir şey değil." Dendiğine göre hiçbir zaman tek bir âşığı olmaz, bir general yatağın üstünde diğeri yatağın altındayken Spears de avizeden aşağı sallanırmış.

Müttefiklerin Araplara bağımsızlık verme sözlerini tutmamalarına kızan prenses bir İngiliz aşığından askerî sırları çaldı ve onları Almanlara satmayı denedi; Türk sınırında durdurulduğunda kendisini tutuklayan subayı ısırdı. Fransızlar maaşını kesince Kudüs'e geldi. Daha yirmi dört yaşındaydı ve King David'de "Lobilerin Leydisi" olmuştu. Gece boyunca sevdiği şampanya-viski kokteylini içer, Filistinli zenginleri, İngiliz subaylarını (ve karılarını) ve Prens Aly Han'ı baştan çıkarırdı. Bir Fransız dostu şöyle anlatıyor: "Her yönüyle tam bir kadındı. Ell etait diabolique avec les hommes." Soyadı Altrash olduğu için İngiliz kadınlar ona prenses Trash (pislik) derlerdi ve ilk filmi sinemada gösterildiği zaman Dürzi hemşerilerini öyle şoke etmişti ki perdeye ateş etmişlerdi. Döneminden çok ileriydi ve en büyük düşmanı kendisiydi: Mısır Valide Sultanı Nazlı'yı en iyi süitten attırmayı denedi ve saray nazırıyla bir ilişki yaşadı. Bir Mısırlı dansçıyla bir erkek için yaptığı rekabet öyle bir seviyeye ulaştı ki birbirlerinin elbiselerini kestiler. Siyonizm'i bir moda fırsatı olarak görüyordu: "Şu Viyanalı kürkçüler için şükürler olsun – bu sayede Kudüs'te doğru düzgün bir kürk bulabiliyoruz." Şehirde bir yıl geçirdikten ve Mısırlı bir playboy olan üçüncü kocasıyla evlendikten sonra 1944'te *Aşk ve İntikam* filminde oynamak için Mısır'a gitti ama film bitmeden önce Nil'de bir araba kazasında gizemli şekilde öldü. Bu kazanın MI6, Gestapo, Kral Faruk (onu reddetmişti) ya da rakibi ve ünlü Mısırlı şarkıcı Ümmü Gülsüm tarafından tertip edildiği söylendi. Kardeşi Farid, Arap dünyasının Sinatrası ise o da Monroesuydu. Esmahan'ın melekleri andıran sesi, özellikle hit şarkısı "Viyana'daki Sihirli Geceler," hâlâ çok sevilmektedir.

Sokaklar Amerikalı ve Avustralyalı askerlerle doluydu. "Kudüs Paşası" Vali Edward Keith-Roach Avustralyalıları zapt etmekte zorlanıyordu ve Eski Şehir'in merkezindeki Madam Zeyneb'in yönettiği eski Hensman Hoteli'ndeki genelevi onlara ayırmıştı. Ama tıbbi teftişler zührevi hastalıkları önlemede hiçbir işe yaramayınca Keith-Roach "Zeyneb ve kızlarını" bölge dışına gönderdi.

1942'de Almanlar, Kafkasya'ya doğru ilerlerken General Erwin Rommel'in Afrika Kolordusu da Mısır'a yaklaşmaya başladı. Filistin'deki Yişuv'un varlığı tehlikeye girmişti. Akdeniz'in karşı kıyısındaki Yunanistan'da SS Obersturmbannführer Walter Rauff'un komutasındaki SS Einsatzkommando, Filistin ve Afrika'daki Yahudileri ortadan kaldırmakla görevlendirildi. Vasıf Cevheriye, "Almanlar Tobruk'u aldığı zaman Yahudilerin yüzünde keder, acı ve korku vardı," diye yazmıştı. Bir Arap işportacının yüksek sesle bağırması –Arapça ramel deyince Rommel gibi anlaşılmıştı– Yahudileri paniğe sevk etti. Vasıf, "Bağırıp kaçmaya başladılar," demişti. Vasıf doktoru olan Yahudiye eğer Naziler gelirse onu ve ailesini saklamayı önerdi. Ama doktor kendi tedbirini almıştı: Ona kendisi ve karısı için hazırladığı iki zehirli şırıngayı gösterdi.

Ekim 1942'de General Montgomery Almanları, el Alamein'de yendi, Weizmann bu mucizeyi Sanherib'in Kudüs'ten gizemli bir şekilde çekilmesine benzetmişti. Ama Kasım'da Soykırım'la ilgili ilk korkunç haberler Kudüs'e ulaşmaya başladı: Palestine Post "Polonya Yahudilerinin toplu katliamı!" diye duyurdu. Kudüs Yahudileri üç gün yas tuttu, Duvar'da dua ettiler.

İngilizlerin 1939 yılındaki Beyaz Belge'yle Yahudi göçüne getirdiği sınırlamanın bundan daha kötü bir zamanlaması olamazdı: Avrupa Yahudileri, Nazi Avrupası'nda katledilirken İngiliz gemileri yüzlerce çaresiz mülteciyle geri dönüyordu. Arap İsyanı, Hitler'in Nihai Çözümü ve Beyaz Belge pek çok Siyonist'i Britanya'nın kendilerine söz verdiği Yahudi vatanını vermesinin tek yolunun şiddete başvurmak olduğuna ikna etti.

Yahudiler 2000 kişilik milis kuvveti Haganah ve 25.000 milisi İngilizler tarafından eğitilmiş Palmach'la en büyük milis kuvvetine sahiptiler. Ben Gurion artık rakipsiz Siyonist liderdi. Amos'un tabiriyle "kısa ve geniş, beyaz saçlı, kalın kaşlı, kemerli burunlu eski bir deniz piyadesinin dikkat çeken çenesine ve ileri görüşlü bir köylünün iradesine sahip" bir adamdı. Ama İngilizlere karşı savaşı sürdürecek olan amansız bir adamın liderliğindeki Irgun olacaktı.

50

KİRLİ SAVAŞ

1945-47

MENACHEM BEGIN: KARA SEBT

Menachem Begin, Descartes'tan alıntı yaparak, "Savaşıyorum öyleyse varım," demişti. Brest-Litovsk'ta doğan bu shtetl çocuğu Jabotinsky'nin Polonya'daki Betar hareketine katıldı ama kahramanla birbirlerine ters düşmeleri üzerine o da alttan almayı bırakıp kendi daha sert ve militarist Siyonizm tarzını geliştirdi –"Atalarımızın topraklarını elinde tutanlara karşı verilen bir özgürlük savaşı" mantığı Marksist siyasetle dindar duygusallığı bir araya getirmişti. İkinci Dünya Savaşı'nın başında Naziler ve Sovyetler'in Polonya'yı bölüşmesinin ardından Begin, Stalinist NKVD tarafından tutuklanıp İngiliz casusu olduğu gerekçesiyle Gulag'a konuldu: "Hani İngiliz ajanıydım? İngiliz polisi başıma en büyük ödülü koydu," diyerek dalga geçti.

Stalin'in 1941'de Polonya lideri General Sikorski'yle yaptığı paktın ardından Polonya ordusuna katıldı ve bu sayede de İran üzerinden Filistin'e geldi. Tüm ailesinin içinde can verdiği Stalin ve Hitler'in kurduğu mezbahaların bulunduğu kıtada şekil alan bu adam, Weizmann ya da Ben-Gurion'dan çok daha katı birisiydi: "İbrani isyanının simgesi Masada değil Modin'dir (Makkabilerin isyanı başlattıkları yer)." Jabotinsky 1940'da kalp krizinden öldü ve 1944'te Begin 600 savaşçısıyla Irgun'un komutanı olarak atandı. Daha yaşlı olan Siyonistler, Begin'e "avam ya da köylü" gözüyle bakmışlardı. Çerçevesiz gözlükleri "yumuşak elleri, seyrek saçı ve ıslak dudaklarıyla*" Begin devrimci bir dâhiden çok Polonyalı bir köy okulu müdürüne benziyordu. Yine de "pusuya yatmış bir avcının sabrına sahipti."

Irgun, Nazilere karşı verilen savaşta Müttefiklerin safında yer almasına rağmen Abraham Stern'in önderliğindeki bazı aşırılar ayrıldılar. Stern 1942'de İngilizler tarafından öldürüldü. Ama onun fraksiyonu, Lehi, Stern Çetesi adı verilen İsrail'in

---

* Bu tasvir Revizyonist Siyonist olarak 1928'de Kudüs'e gelen ama tekrar geri dönen yazar Arthur Koestler'e aittir. 1948'de Koestler, Bağımsızlık Savaşı'nı yazmak için geri döndü ve Begin ile Ben Gurion'la röportaj yaptı.

Özgürlüğü Savaşçıları, İngilizlere karşı kendi ayaklanmasını başlattı. Müttefiklerin savaşı kazanma ihtimali arttıkça Begin de İngilizlerin Kudüs'le ilgili sabrını sınamaya başladı: 1929 yılından beri Duvar'da Tövbe Günü'nde şofar, koçboynuzu, çalmak yasaktı. Ama Jabotinsky her yıl bu kuralı ihlal ederdi. Ekim 1943'te Begin, şofar çalınmasını emretti: İngiliz polisi derhal dua eden Yahudilere saldırdı ama 1944'te İngilizler ses çıkarmadılar. Begin bunu bir zayıflık alameti olarak kabul etti.

Bu şiddet meraklısı adam İngilizlere savaş ilan etti ve Eylül 1944'te Irgun, Kudüs'teki İngiliz polis karakollarına saldırmaya başlayıp şehirde dolaşan bir CID subayını öldürdü. Daha otuzlu yaşlarında olmasına rağmen İhtiyar lakaplı Begin (aynı lakap Ben-Gurion için de kullanılırdı) yeraltına sığındı, sürekli adres değiştirdi ve sakallı bir Tevrat alimi kılığında ortalıkta dolaştı. İngilizler ölü ya da diri onu getirene 10.000 sterlin ödül vaat ettiler.

Yahudi Örgütü terörizmi kınadı ama Müttefikler, Alman işgali altındaki Avrupa'da D-Day istilasını başlatırken* Lehi, Kudüs sokaklarında iki kez Yüksek Komiser Harold MacMichael'ı öldürmeyi denedi. O Kasım, Kahire'de Walter Guiness ve Churchill'in dostu ve düşüncesizlik ederek Ben-Gurion'a Yahudi devletinin Siyon'da değil de Doğu Prusya'da kurulmasını öneren Lord Moyne'u öldürdüler. Churchill, aşırı Siyonistlere "en adi gangsterler" demişti. Ben-Gurion bu cinayetleri kınadı ve 1944-5 yıllarında İngilizlere Yahudi "ayrılıkçı" milisleri temizlemesinde yardım etti -300 ayrılıkçı tutuklandı. Siyonistler buna "av sezonu" adını verdiler.

Avrupa'da zaferin kazanıldığı 8 Mayıs 1945'te yeni yüksek komiser Feldmareşal Viscount Gort, King David Oteli'nin dışında görevi devraldı ve Kudüslüler eğlence düzenlerken o da Yahudi ve Arap siyasi tutukluları serbest bıraktı. Fakat ertesi gün ayrılıkçı siyasetin gerçekleri tekrar kendisini gösterdi: Hem Yahudiler hem de Araplar gösteri yaptılar – ve iki grupta belediye başkanlığını etkili şekilde boykot etti.

Britanya'da Churchill genel seçimleri kaybetti. Yeni başbakan Clement Attlee, William Blake'in marşını İşçi Partisi'nin kampanya şarkısı olarak kullandı ve yine "yeni bir Kudüs" sözü verdi –ama eskisini bile yönetmeyi beceremeyeceğini kısa sürede ispat etti.

İngilizler kendilerini yaklaşan mücadeleye hazırladılar. 100.000 Yahudi, 34.000 Müslüman ve 30.000 Hristiyan'ın bulunduğu şehir Macmichael'ın teklif ettiği

---

* O yaz Churchill, Stalin'e bir mektup göndererek Kudüs'te bir müttefik konferansı düzenlenmesini teklif etti –şehirde birinci sınıf oteller ve hükümet binaları bulunuyordu. Mareşal Stalin her türden korumanın refakatinde özel bir trenle Moskova'dan Kudüs'e gelebilirdi –İngiliz başbakanı kolaylık olsun diye yolu da bildirmişti: "Moskova, Tiflis, Ankara, Beyrut, Hayfa ve Kudüs." Ama onun yerine (başkan Roosevelt'le birlikte) Yalta'da buluştular.

gibi İngilizler tarafından mı yönetilmeliydi ya da Gort'un tavsiye ettiği gibi şehir bölünüp sadece kutsal mekânlar mı İngiliz idaresine devredilmeliydi? İngilizler iki şekilde de Filistin'e Yahudi göçünü durdurmaya kararlıydılar –mültecilerin çoğu Hitlerin ölüm kamplarından geliyor olsa da. Avrupa'daki Kimsesiz Kişiler kamplarından gelen gemiler dolusu Yahudi, İngilizler tarafından taciz edilip geri çevrilmeye başlandı. Çoğu ölüm kamplarından çıkıp gelmiş bu insanlar İngilizlerin saldırılarına uğradılar (üçü öldürüldü) ve durumları hiç düşünülmeden tekrar Almanya'daki kamplara gönderildiler. Ilımlı olan Yahudi Örgütü bile bunu ahlaksızlık olarak niteledi.

Bunun üzerine Ben-Gurion, Begin ve Lehi, Avrupa'dan Yahudi mültecileri gizlice getirmek, İngilizlere karşı müşterek bir mücadele yürütmek ve ülke çapında trenlere, hava alanlarına, kışlalara ve polis karakollarına saldırmak için Birleşik Direniş Komutası'nı kurdular. Ama iki fraksiyon daha ılımlı olan Haganah'a sadece sözde destek verdi. Otelleri polis karakollarına dönüştürülmüş olan Rus Yerleşimi, Irgun'un gözde hedefiydi. 27 Aralık'ta eski Nikolay hacı yatakhanesi olan CID polis merkezini yok ettiler.

Begin marifetini görmek için otobüsle Tel Aviv'den Kudüs'e geldi. Ocak 1946'da Irgun, Rus Yerleşimi'ndeki daha önceden kadın hacılar için Marianskaya Yatakhanesi olan hapishaneye saldırdı.*

Saldırılardan bunalan İngiltere bu sorunun içine Amerika'yı da çekmeye çalıştı. Amerikalı Yahudilerin Siyonizm'e yakınlığı her geçen gün artıyordu ama Başkan Franklin D. Roosevelt açıkça hiçbir zaman Yahudi devletini desteklediğini söylememişti. Yalta'da Stalin ve Roosevelt, Soykırım konusunda görüştüler. Roosevelt, "Ben Siyonist'im," dedi. Stalin, "İlkesel olarak ben de," diye cevap verdi ve "Birobidzhan'da Yahudilere bir vatan kurmaya çalıştığını ama orada sadece iki ya da üç yıl kalıp dağıldıklarını," söyledi. Ardından Yahudilerin "komisyoncu, vurguncu ve asalak" olduklarını da ekledi –ama bir Yahudi devleti kurulursa o devletin Sovyet uydusu olmasını da bekliyordu.

FDR Nisan 1945'te öldü. Yerine geçen Harry S. Truman, Soykırım'dan kurtulanları Filistin'e yerleştirebilmek için İngilizlerden onları kabul etmelerini istedi. Baptist olarak büyütülmüş eski bir çiftçi, banka memuru ve Kansaslı tuhafiyeci olan Truman sıradan bir Missouri senatörüydü, tarih bilincine sahipti ve Yahudilere sempati duyuyordu. Yeni başkan 1945'te ay yüzeyine dönmüş olan Berlin'i gezerken "Kartaca, Baalbek, Kudüs, Roma ve Atlantis'i" düşündü. Danışmanı Clark

* Burası artık orada hapsedilen Yahudi direniş savaşçılarına adanmış bir müzedir. Nikolay Yatakhanesi yapılan son Rus hacı yatakhanesidir, 1200 hacıyı ağırlama kapasitesindeydi ve 1903 yılında Romanof Prensi Nikolay tarafından yaptırılmıştı.

Clifford'a göre tuhafiyeci Yahudi ortağı Eddie Jacobson'la olan dostluğu, Siyonist taraftarı kurmaylarının etkisi ve "İncil ve antik çağ tarihi okuması" onun Yahudi anavatanını desteklemesine neden olmuştu. Fakat Truman, Siyonist lobicilerden bunalmış ve Yahudilerin güçlenmesinden endişelenen, Dışişleri Bakanlığı'nın muhalefetiyle karşılaştı: "İsa gelse bile onları ikna edemez. Ben nasıl yapayım?" demişti. Ama soruşturma için bir İngiliz-Amerikan komisyonu kurulmasını kabul etti.

King David Oteli'nde kalan komisyon üyelerinden biri olan Richard Crossman şunları yazmıştı: "Atmosfer muhteşem, özel dedektifler, Siyonist ajanlar, Arap şeyhleri, muhabirler hepsi bir arada oturmuş birbirlerini dinliyorlar." Geceleri Arap ileri gelenler ve İngiliz generalleri Katy Antonius'un villasında toplanırdı. O artık yalnızdı. Antoniusların kötü başlayan evliliği Arap İsyanı'yla aynı sıralarda bitmeye başlamıştı. Savaş sırasında Katy hasta kocasından boşandı – adam beklenmedik şekilde iki hafta sonra öldü. Siyon Dağı'na defnedildi: Mezar taşına "kalkın ey Araplar, uyanın" yazıldı. Katy'nin partileri efsaneviydi. "Gece kıyafetlerinin, Suriye yiyecek ve içeceklerinin ve mermer zeminde dans etmenin," keyfini çıkaran Crossman en iyi partileri Arapların verdiğini söyledi: "İngilizlerin Arap üst sınıfını Yahudilerinkine neden tercih ettiğini anlamak hiç zor değil. Arap üst sınıfı Fransız kültürüne sahip, neşeli, medeni, trajik ve eğlenceli adamlar. Onlarla kıyaslandığında Yahudiler gergin, burjuva ve Orta Avrupalı kalıyorlar."

Attlee, Truman'ın Yahudi göçüne karşı siyasetini destekleyeceğini umuyordu ama İngiliz-Amerikan komisyonu İngilizlerin derhal 100.000 Yahudi'nin göçüne izin vermesi gerektiğini söyledi: Truman'da bu tavsiyeyi desteklediğini halka açıkladı. Attlee hiddetle Amerikan müdahalesini reddetti. Yahudi Örgütü, Soykırım mağdurlarının gizli göçünü hızlandırıp üç yıl içinde 70.000 Yahudi'yi getirirken Palmach da İngilizleri tacize devam etti ve sonunda bu durum büyük bir çatışmaya dönüştü – Köprüler Gecesi.

İngilizler Arapları ezmişlerdi; şimdi de Yahudileri ezeceklerdi. Haziran 1946'da, artık feldmareşal ve imparatorluk başkomutanı olmuş olan, Alamein kahramanı Viscount Montgomery, Kudüs'e geri dönüp şöyle şikâyet etti: "İngilizler sadece lafta yönetiyor; yönetim çoktan Yahudilerin eline geçmiş ve sözle ifade etmeseler de 'bize dokunamazsınız' diyorlar." Ama Montgomery böyle düşünmüyordu ve takviye istedi.

29 Haziran Cumartesi günü komutanı General Evelyn "Köpük" Barker, Siyonist kurumlara yönelik bir saldırı olan, Agatha Operasyonu'nu başlattı. 3000 Yahudi'yi tutukladı –ama Paris'teki Ben-Gurion'u ele geçiremedi. Barker, Kudüs'teki üç güvenlik bölgesini takviye edip Yahudilerin İngiliz Dışişleri Bakanı Ernest Bevin'e ithafen Bevingrad dedikleri Rus Yerleşimini kaleye çevirdi. Yahudiler

bu harekâta Kara Sebt adını verdiler ve Barker, İngiliz baskısının nefret edilen simgesi haline geldi. General sürekli Katy Antonius'un partilerine katılırdı. Ev sahibi artık metresi haline gelmişti: aşk mektupları tutkulu, müstehcen ve nefret doluydu ve İngiliz askerî sırlarıyla Yahudilere dair şikâyetlerle doluydu. "Neden onlardan nefret ettiğimizi söylemekten korkuyoruz?" Lehi, bir bebek arabasının içine gizlediği bombayla Barker'ı öldürmeyi denedi. Irgun örgütünden Menachem Begin, Lehi'nin de yardımıyla, tüm dünyada ses getirecek Barker'ın Kara Sebt'ine bir misilleme planladı. Ben-Gurion ve Yahudi Örgütü onaylamasa da Haganah kabul etti.

King David Oteli, Manda Kudüs'ünün seküler mabediydi ve bir kanadı İngiliz yöneticilere ve istihbarat görevlilerine ayrılmıştı. 22 Temmuz 1946'da Arap ve Habeşi otel görevlisi kılığına giren Irgun üyeleri süt tenekeleri içerisinde otelin bodrumuna 250 kilo patlayıcı indirdi.[23]

MONTGOMERY'NİN TEDBİRLERİ: BİNBAŞI FARRAN DAVASI

Irgun, oteli, Palestine Post'u ve Fransız Konsolosluğu'nu kimlik belirtmeden arayarak bomba ihbarında bulundu ve King David'in tahliye edilmesi gerektiğini söyledi. Fakat bu çağrılar dikkate alınmadı –ve artık çok geçti. Bu ikazların dikkate alınmamasının nedeninin tesadüf mü yoksa komplo mu olduğu bilinmemektedir. Begin yakında bir yerde bekliyordu: "Her dakika bir gün gibiydi. On iki otuz bir, otuz iki. Zaman yaklaşıyordu. Yarım saat dolmak üzereydi. On iki otuz yedi. Birden tüm şehir sallandı!" Bombalar King David'in bir kanadını tümden yıkıp aralarında İngiliz, Yahudi ve Arapların da olduğu doksan bir kişiyi öldürdü.* Beş MI5 ajanı da ölenlerin arasındaydı ama Gizli Servis'in "Londra Leydileri" kurtulmuştu ve enkazın arasında "saçları tozla kaplı halde hayalet gibi" dolaşıyorlardı. Ben-Gurion saldırıyı kınadı; Begin'i Yahudi toplumu için bir tehdit olarak görüyordu ve Yahudi Örgütü, Birleşik Direniş Komutası'ndan ayrıldı.

King David'in bombalanması İngiliz karşı saldırılarını artırdı –ama Londra'nın mandadan çekilişini de hızlandırdı. Kudüs'te artık Yahudi ve Araplar bir arada yaşamayı bıraktılar. Amos Oz, "Sanki görünmez bir kas birden gerilmişti. Herkes çıkacak bir savaşı bekliyordu. Bir perde Kudüs'ü bölmeye başladı," demişti. Yahudiler katliamın yakın olduğu söylentileriyle endişe içerisinde yaşıyorlardı. İngiliz siviller Kudüs'ten tahliye edildi.

Ekim'de Irgun, Roma'daki İngiliz konsolosluğunu havaya uçurdu. Kasım'da Montgomery tekrar Kudüs'e geldi. Nasrettin Haşhaşibi, "Monty'yi, Katy Antonius'un

* Ölenler arasında Julius Jacobs da bulunuyordu, Yahudi bir İngiliz devlet adamı ve yazarın kuzeniydi.

partilerinden birinde gördüm," demişti. Feldmareşal Irgun saldırılarına sert bir karşılık vermeyi planlıyordu. Yeni emniyet amiri olan Albay Nicol Gray eski polis memurları ve özel kuvvetler mensuplarından oluşan sert adamları toplayarak yeni bir isyan bastırma Özel Timi kurdu. Binbaşı Roy Farran DSO, MC tipik bir askerdi ve sicili patlayıcıları sevdiğini gösteren İrlandalı bir SAS komandosuydu.

Kudüs'e gelen Farran önce brifing için Rus Yerleşimi'ne ve daha sonra da akşam yemeği için King David oteline götürüldü. Farran ve Özel Timi Kudüs'te dolaşıp şüphelendiklerini sorgulamaya başladı. Bu Özel Timin gizli operasyonlar konusunda bir tecrübesi yoktu ve ne bölgeyi ne de yerel dilleri biliyorlardı. O yüzden hiçbir başarı gösteremeyen Farran'ın timi 6 Mayıs 1947 günü Rehavia'dan geçerken Lehi'nin posterini kaldıran silahsız bir okul çocuğu olan Alexander Rubowitz'i gördü. Farran çocuğu kaçırdı ama aceleyle üzerinde "FARAN" yazan şapkasını düşürdü. Korkan çocuğun diğerleriyle ilgili bilgi vereceğini umuyordu. Rubowitz'i Kudüs'ten çıkardı, Eriha yolundan geçip bir tepeye geldi, onu bir ağaca bağladı, bir saat kadar onu hırpaladı ve daha sonra kendisine hakim olamayıp kafasını taşla ezdi. Kıyafetleri çıkarılan cesedi orada bırakıldı ve muhtemelen çakallar tarafından yenildi.

Kudüs Yahudileri deli gibi çocuğu ararken Binbaşı üstlerine yaşanan olayları anlattı, daha sonra da Kudüs'ten kaçtı. Önce olayın üstü örtülmeye çalışıldı ama daha sonra tüm dünya tarafından duyuldu. Lehi, Farran, Kudüs'e gelip Allenby Kışlası'na teslim olana kadar rasgele İngiliz askerlerini öldürmeye başladı. Farran 1 Ekim 1947'de Talbieh'te divanı harbe çıkarıldı ama delil yetersizliğinden beraat etti. Rubowitz'in cesedi bulunamadı. Farran iki subay tarafından bir zırhlı araca konup gece vakti Gazze'ye doğru yola çıkarıldı. Lehi onu öldürmeye kararlıydı. 1948'de üzerinde "R. FARRAN" yazan ama ad ve soyadlarının baş harfleri yazıldığı için kardeşi tarafından açılan bir paket kardeşini öldürdü.*

Bu dava Yişuv'un İngilizlerle ilgili nefret ettiği her şeyi bir kez daha doğruladı. Yetkililer bir Irgun üyesini terörist saldırı nedeniyle idama mahkûm ettiği zaman Begin, Goldsmith House'daki, İngiliz Subay Kulübü'nü bombalayıp on dört kişiyi öldürdü ve Akka Hapishanesi'nden adam kaçırdı. Adamları dövüldüğünde o da İngiliz askerlerini dövdü ve adamları terörizm suçundan Akka Hapishanesi'nde asıldığında o da iki İngiliz askerini "Yahudi karşıtı eylemler" suçundan astı.

---

* Farran, İngiliz silahlı kuvvetlerinin gözünde bir savaş kahramanı olarak kalmaya devam etti. Parlamentoda 1949'da Muhafazakârların safında bir sandalye kazanmayı başaramadı ve Kanada'ya taşındı. Orada çiftçiliğe başladı, Alberta meclisine seçildi, telefon bakanı, askerî hâkim ve siyasi bilimler profesörü oldu. 2006'da seksen altı yaşında öldü. Kudüs'te Doğu Talpiot'taki bir sokağa Rubowitz'in adı verildi.

Artık muhalefette olan Churchill, Attlee'nin "Filistin'i Araplar ya da Tanrı bilir başka kime vermek için Yahudilere karşı yürüttüğü kirli savaşı" kınadı. Savaş sırasında bile Churchill, Filistin yönetimi içerisindeki "Yahudi karşıtları ve diğer önemli mevki sahiplerine" baskı yapmaktan geri kalmamıştı. Oysa artık Irgun ve Lehi'nin sergilediği şiddet ve geleneksel Arap taraftarlığı ve Yahudi karşıtlığı İngilizleri kesin olarak Yahudilerin aleyhine çevirmişti. İngiliz firariler ve kimi zaman da görevli askerler Araplara yardım etmeye başladılar.

Yeni yüksek komiser General Sir Alan Cunningham gizli olarak Siyonizm'i "anormal ve her türden mantıktan uzak Yahudi psikolojisinin eşlik ettiği bir milliyetçilik" olarak tarif etti. General Barker, İngiliz askerlerinin Yahudi restoranlarına gitmesini yasaklayıp bunun nedeni olarak da "Yahudilere verilecek en büyük cezanın onların para kazanmasına mani olmak" olduğunu söyledi. Başbakan bu yüzden Barker'ı azarladı ama nefret artık çok derinlere inmişti. Barker, Katy Antonius'a yazdığı aşk mektubunda Arapların "bu baş belası Yahudileri... iğrenç milleti..." ortadan kaldırmalarını umduğunu söyledi.

14 Şubat 1947'de, dökülen kandan bunalan Attlee, Kabine'de Filistin'den çekilmeyi kabul etti. 2 Nisan'da yeni kurulan Birleşmiş Milletler'e Filistin'in geleceğini tayin etmek için özel bir komisyon kurulmasını (UNSCOP) tavsiye etti. Dört ay sonra UNSCOP Filistin'in iki devlete bölünmesini ve Kudüs'ün bir BM valisi tarafından yönetilen uluslararası bir bölge olmasını teklif etti. Teklifteki sınırların uygulanması zor olsa da Ben-Gurion teklifi kabul etti. Kudüs'ün "Yahudi halkının kalbi" olduğunu düşünse de onu kaybetmenin "devlet kurabilmek için ödenmesi gereken bir bedel" olduğuna inanmıştı. Irak, Suudi Arabistan ve Suriye'nin desteklediği Arap Yüksek Komitesi bölünmeyi reddetti ve "birleşik ve bağımsız bir Filistin" istedi. 29 Kasım'da BM teklifi oyladı. Gece yarısından sonra Kudüslüler radyolarının başına toplanıp sinir bozucu sessizliği dinlediler.[24]

ABDÜLKADİR HÜSEYNİ: KUDÜS CEPHESİ

Otuz üç ülke Tezkere 181'in lehinde oy kullanırken Birleşik Devletler ve Sovyetler Birliği başta olmak üzere on üç ülke karşı çıktı ve İngiltere'nin de dâhil olduğu on ülke çekimser oy kullandı. Amos Oz, "Birkaç dakikalık şokun ardından dudaklar ve gözler aralandı. Kudüs'ün kuzey köşesinde halk hep bir ağızdan gürledi. Bu sevinçten ziyade korku çığlığını andırıyordu, kayaları bile yerinden oynatacak bir feryattı," demişti. Daha sonra "sevinç çığlıkları duyuldu ve herkes şarkı söyledi." Hatta Yahudiler "şaşkın İngiliz polisleri öpmeye başladılar."

Araplar BM'in ülkeyi bölme yetkisini tanımadılar. Hâlâ toprakların yüzde 94'ünü elinde tutan 1,2 milyon Filistinli vardı; Yahudi sayısı ise 600.000'di. İki taraf da savaşa hazırlanırken Yahudi ve Arap aşırılar her türden caniliği sergilemeye başladılar. Kudüs "kendisiyle savaşıyordu."

Araplar sokaklara döküldüler, Yahudileri linç ettiler, mahallelerine ateş ettiler, dükkânlarını yağmaladılar ve "Katil Yahudiler!" diye bağırdılar. Portakal bahçelerinin ve konakların vârisi ve Cambridge mezunu bir avukat olan Enver Nüseybe, üzüntüyle ortalığın "toz, duman ve kaosa" boğulduğunu gördü: "İki taraftan da profesörler, doktorlar ve esnaf farklı şartlar altında misafirleri olacak kişilerle birbirlerine ateş ediyorlardı."

2 Aralık'ta, Eski Şehir'de üç Yahudi vuruldu; ayın 3'ünde silahlı Araplar, Montefiore Mahallesi'ne saldırdılar, bir hafta sonra 1500 Yahudi'nin gergin şekilde beklediği Yahudi Mahallesi 22.000 Arap tarafından basıldı. Yahudiler ve Araplar birlikte yaşadıkları yerlerden taşındılar. 13 Aralık'ta Irgun, Şam Kapısı dışındaki otobüs durağına bomba atarak beş Arap'ı öldürdü ve daha fazlasını da yaraladı. Enver Nüseybe'nin amcası bu saldırıdan kıl payı kurtuldu ve "insan parçalarının şehir surlarına yapışmasına" şahit oldu. İki hafta içerisinde 74 Yahudi, 71 Arap ve 9 İngiliz öldürüldü.

7 Aralık'ta Ben-Gurion, Tel-Aviv'den yüksek komiserle buluşmaya giderken konvoyu pusuya düşürüldü. Haganah yaşları on yedi ve yirmi beş arası tüm yedekleri göreve çağırırken Araplar savaşa hazırlanmaya başladılar. Düzensiz birlikler farklı milis gruplarında savaşıyordu: Bazıları önceki çatışmalardan tecrübeli ve diğerleri de Cihatçı köktendinciler olan Iraklılar, Lübnanlılar, Suriyeliler ve Bosnalılar. En büyük milis grubu olan Arap Özgürlük Ordusu'nun mevcudu 5000 savaşçıya yükselmişti. Kağıt üzerinde yedi Arap devletinin düzenli orduları tarafından desteklenen Arap kuvvetleri ezici bir üstünlüğe sahipmiş gibi görünüyordu. Filistin'den ayrılmış olan General Parker, Katy Antonius'a, "Bir asker olarak Yahudilerin yok edileceğini öngörüyorum," dedi. 1945 yılında Arap devletlerinin kurmuş olduğu yeni bir teşkilat olan Arap Birliği ise üyelerinin rekabet ve bölgesel hırsları nedeniyle bölünmüştü. Ürdün'de Haşimi krallığı kurmuş olan Abdullah hâlâ Filistin'i kendi krallığına katmak istiyordu: Şam'ın hedefi ise Büyük Suriye'ydi; Mısır kralı Faruk kendisini Arap dünyasının meşru lideri olarak görüyor ve onları Arabistan'dan kovan Kral İbni Suud'dan nefret ediyordu. Arap liderlerinin hiçbiri Mısır'a dönmüş ve Filistin devletinin başına geçmeyi kafasına koymuş olan müftüye güvenmiyordu.

Böylesine bir yozlaşma, ihanet ve beceriksizlik arasında Kudüs'ten savaşa katılacak pek çok Arap kahramanı çıktı. "Entrika ve ihanetlerden bunalan" Enver

Nüseybe silah almak için Halidi ve Dajani aileleriyle Hirodes Kapısı Komitesi'ni kurdu. 1941'de Irak'ta İngilizlerle savaşmış ve savaş müddetince Kahire'de gizlenmiş olan kuzeni Abdülkadir Hüseyni, Kudüs Cephesi denen Arap karargahının başına getirildi.

Hüseyni sürekli kefiyeh ve haki gömlek giyen ve çapraz palaska takan, Kudüs aristokrasisinin devrimci oğlu, belediye başkanlarının oğlu ve torunu, peygamberin soyundan gelen kişi, kimya bölümü mezunu, amatör şair, gazete editörü ve cesaretini ispatlamış bir savaşçıydı. Kuzeni Said el-Hüseyni şöyle anlatmıştı: "Evlerimizden birindeki bir daireye saklanmak için geldiğini ve karizmasını, vakarını ve onu her yerde takip eden kahramansı havasını hatırlıyorum. Büyük küçük herkes tarafından hayranlık duyulan birisiydi." Ailesinin Hüseynilerle akraba olmasından gurur duyan Yaser Arafat adında Gazzeli bir öğrenci de Abdülkadir'in safında görev yapıyordu.

Yahudi mahallesindeki silahlı Siyonistler Tapınak Dağı'na ateş ettiler; Araplar Katamon'dan Yahudi sivillere ateş ettiler. 5 Ocak'ta Haganah, Katamon'a saldırıp Semiramis Oteli'ni yıkarak on bir masum Hristiyan Arap'ı öldürdü. Bu saldırı Arapların şehri terk etmesini hızlandırdı. Ben-Gurion, Haganah komutanını görevinden aldı. İki gün sonra Irgun, Yahudi mahallesine yiyecek götürülmesine izin vermeyen Arap karakolunu bombaladı. 10 Şubat'ta 150 Hüseyni milisi Montefiore Mahallesi'ne saldırdı; Haganah direndi ama yakındaki King David Oteli'nde mevzilenmiş, bir genç Yahudi'yi öldüren, İngiliz keskin nişancıların ateşine maruz kaldılar. İngiliz yönetiminin sona ermesine hâlâ dört ay vardı ama Kudüs çoktan asimetrik bir savaşın pençesine düşmüştü. Önceki altı haftada 1060 Arap, 769 Yahudi ve 123 İngiliz öldürülmüştü. Her cinayetin intikamı on misli alınıyordu.

Siyonistler, Kudüs'te savunmasızdılar: Tel Aviv yolunun elli kilometresi Arap bölgesinden geçiyordu ve müftünün Cihat Ordusu'nun 1000 kişilik bir tugayına sahip olan Abdülkadir Hüseyni de sürekli bu yola saldırmaktaydı. Kutsal şehirde doğmuş olan Palmach subayı Yitzhak Rabin'e göre "Arapların planı Kudüs'teki 90.000 Yahudi'yi teslim olmaya zorlamaktı" – ve bu plan çok geçmeden etkisini göstermeye başladı.

1 Şubat'ta iki İngiliz firarinin de yardım ettiği Hüseyni'nin milisleri Palestine Post'un ofislerini havaya uçurdu; ayın 10'unda Montefiore'ye tekrar saldırdılar ama altı saatlik çatışmanın ardından Haganah tarafından püskürtüldüler. İngilizler Montefiore'yi savunmak için Yafa Kapısı'nın aşağısında bir karargâh kurdu. 13 Şubat'ta İngilizler dört Haganah militanını tutukladı ve daha sonra onları silahsız olarak serbest bıraktığında militanlar Araplar tarafından öldürüldüler. Ayın 22'sinde

Hüseyni, İngiliz firarileri Ben Yehuda Caddesi'ni havaya uçurmaya gönderdi ve bu saldırıda elli iki Yahudi sivil öldü. Irgun on İngiliz askerini vurdu.

Kudüs'teki Arap bölgelerini korumaya çalışan Nüseybe'ye göre "bunun bir deliğini tıkarken iki yeri patlayan bir hortumu onarmaya çalışmaktan farkı yoktu." Haganah, eski Müseibeh Kalesi'ni havaya uçurdu. Eski Arap Belediye Başkanı Hüseyin Halidi şöyle şikâyet etti: "Herkes gidiyor. Daha fazla dayanamayacağım. Kudüs kaybedildi. Katamon'da kimse kalmadı. Şeyh Cerrah boşaldı. Biraz parası olan herkes Mısır, Lübnan ya da Şam'a gitti." Çok geçmeden Arap banliyöleri de boşalmaya başladı. Katy Antonius, Mısır'a gitti; konağı Haganah tarafından havaya uçuruldu ve ancak ondan sonra General Barker'a gönderdiği aşk mektuplarını buldular. Her şeye rağmen Abdülkadir Hüseyni, Batı Kudüs'teki Yahudilerle kıyı arasındaki bağı kesmeyi başarmıştı.

İlginçtir Araplar gibi Yahudiler de Kudüs'ü kaybettiğini hissediyordu. 1948 başında Eski Şehir'deki Yahudi Mahallesi kuşatma altındaydı ve savaşmayan ultra-Ortodoks Yahudilerin sayısı nedeniyle savunma gittikçe daha da zorlaşıyordu. Ben-Gurion 28 Mart'ta Tel-Aviv'deki karargâhında generallerine, "Peki, Kudüs'ten ne haber?" diye sordu. "Bu tayin edici bir savaş. Kudüs'ün düşmesi Yişuv için ağır bir darbe olur." Generaller ancak 500 asker ayırabildiler. BM oylamasından beri Yahudiler savunmadaydılar ama Ben-Gurion, Kudüs yolunun açılması için Nachshon Harekâtı'nı başlattı, bu BM'nin Yahudilere temin ettiği bölgenin ve Batı Kudüs'ün güvence altına alınması için yapılacak daha büyük bir taarruz olan D Planı'nın ilk adımıydı. Tarihçi Benny Morris şöyle yazmıştı: "Plan direnen Arap köylerinin imha edilmesini ve içinde yaşayanların da sürülmesini içeriyordu ama belgenin hiçbir yerinde Filistin'in Arap sakinlerinin kovulması isteği ya da siyasetinden bahsedilmiyordu." Bazı yerlerde Filistinliler evlerinde kaldılar; bazı yerlerde ise sürüldüler.

Sahilden Kudüs'e giden yolu Kastel köyü kontrol ediyordu. 2 Nisan gecesi Haganah orayı ele geçirdi ama Hüseyni orayı geri alabilmek için milislerini (aralarında Iraklı düzensiz birlikler de bulunuyordu) yığmaya başladı. O ve Enver Nüseybe takviyeye ihtiyaçları olduğunu gördüler. İkisi, topçu desteği istemek için Şam'a gitti ama Arap birliği liderlerinin beceriksizlikleri ve entrikalarıyla uğraşmak zorunda kaldılar. Iraklı başkomutan, "Kastel düştü ve onu geri almak da senin görevin Abdülkadir," dedi.

Hüseyni öfkeyle, "İstediğim silahları verirsen geri alırım," diye cevap verdi.

General, "Ne oldu Abdülkadir, topun yok mu?" dedi ve hiçbir destek vermedi.

Hüseyni öfkeyle dışarı çıktı: "Hainler! Tarih Filistin'in sizin yüzünüzden kaybedildiğini yazacak. Kastel'i alacak ya da mücahitlerimle birlikte öleceğim!"

O gece bir şiir yazdığı yedi yaşındaki oğlu Faysal ileride Yaser Arafat'ın Kudüs sorumlusu oldu:

Bu cesurların vatanı atalarımızın topraklarıdır.
Yahudilerin bu topraklarda hiçbir hakkı yoktur.
Burası düşmanın elindeyken gözüme nasıl uyku girer?
Vatanım beni çağırırken yüreğim yanıyor.

Komutan ertesi sabah Kudüs'e geldi ve savaşçılarını topladı.

HARAMDA TOPLARIN SELAM ATEŞİ: ABDÜLKADİR HÜSEYNİ

7 Nisan'da Abdülkadir 300 savaşçı ve üç İngiliz firariyle Kastel'e doğru yola çıktı. O gece saat 11.00'da köye saldırdılar ama püskürtüldüler. Ertesi günün şafağında Hüseyni yaralı bir subayın yerini almak için ön saflara gitti, siste köye doğru yaklaşırken Yahudi takviyelerin geldiğini zanneden bir Haganah nöbetçisi Arapça seslendi: "Hey çocuklar!"

Hüseyni İngilizce olarak, "Selam!" diye cevap verdi. Yahudilerin Arapça konuştuğu olurdu ama hiç İngilizce konuşmazlardı. Haganah nöbetçi tehlikeyi fark edip yaylım ateşi açtı ve Hüseyni'yi vurdu. Arkadaşları onu yerde, "Su, su," diye inlerken bırakıp kaçtılar. Yahudi bir doktor kendisini tedavi etmeye çalışsa da öldü. Altın saati ve fildişi kabzalı tabancasından bir lider olduğu anlaşılıyordu ama kim olduğu bilinmiyordu.

Yorgun Haganah müdafileri telsizden Arapların kaybettikleri bir silah arkadaşlarının cesedini geri almaktan bahsettiklerini duydular. Komutayı kardeşi Halit aldı. Ölüm haberi yayıldıkça Arap milisler otobüsler, eşekler ve kamyonlarla bölgeye akın edip köyü geri aldılar, Palmach askerleri mevzilerinde öldü. Araplar elli Yahudi esiri öldürüp cesetlerini parçaladı. Araplar, Kudüs yolunun anahtarıyla birlikte Hüseyni'nin cesedini de ele geçirmişlerdi.

Vasıf Cevheriye, "Ne acı bir gün! Onun şehadeti herkesi yasa boğdu. Vatanseverliğin ve Arap asaletinin timsaliydi," dedi. Vasıf, 9 Nisan Cuma günü, "Hiç kimse evinde durmadı. Herkes onun cenazesine katıldı. Ben de gittim," diye ekledi. Otuz bin kişinin katıldığı cenazenin ardından –tüfeklerini sallayan Arap savaşçıları, Ürdün'den Arap lejyonerleri, köylüler ve Aile üyeleri– Abdülkadir, Tapınak Dağı'nda babasının yanına ve Kudüs Arap anıtındaki Kral Hüseyin'in yakınına defnedildi. On bir pare top atışı yapıldı; tüfeklerle saygı atışı yapıldı ve bir şahit Kastel'e yapılan saldırıdakinden daha fazla kişinin bu cenazede öldüğünü iddia etti. Umutsuzluğa kapılan Enver, "Sanki çok büyük bir savaş sürüyor gibiydi. Kilise çanları çaldı, intikam çığlıkları yükseldi; herkes bir Siyonist saldırısından korkuyordu," demişti. Ama Arap savaşçıları Hüseyni'nin cenazesine katılmaya öyle istekliydiler ki Kastel'de garnizon bırakmadılar. Palmach, köyü yok etti.

Hüseyni defnedilirken Irgun'un 120 savaşçısı ve Lehi müşterek olarak Deir Yassin adında Kudüs'ün batısındaki bir Arap köyüne saldırdı ve orada savaşın Yahudiler tarafından işlenen en utanç verici suçuna imza attılar. Onlara kadın, çocuk ve esirlere zarar vermemeleri emredilmişti. Köye girerken onlara ateş açıldı. Dört Yahudi savaşçı öldü ve birkaç düzinesi yaralandı.

Deir Yassin'e girmeyi başaran Yahudi savaşçılar evlere el bombaları atıp erkek, kadın ve çocukları öldürdüler. Kurbanların sayısı hâlâ şüphelidir ama 100 ile 254 arasında değişmektedir ve buna tümden yok edilen aileler de dâhildir. Hayatta kalanlar kamyonlarla Kudüs'te dolaştırıldıktan sonra Haganah tarafından serbest bırakıldılar. Irgun ve Lehi muhtemelen bu katliamın Arap sivilleri korkutup kaçmalarını hızlandıracağını hesaba katmamıştı. Irgun komutanı Begin bu katliamı inkâr etmeye kalksa da bir yandan da faydasıyla övünmüştü: "Efsane (Deir Yassin) İsrail ordusunun yarım düzine taburunun gücüne denkti. Araplar paniğe kapıldılar." Ben-Gurion, Kral Abdullah'tan özür dilediğinde kral özrünü kabul etmedi.

Arapların intikamı çabuk oldu. 14 Nisan'da ambulans ve yiyecek kamyonlarından oluşan bir konvoy Scopus Dağı'ndaki Hadassah Hastanesi'ne gitmek için yola çıktı. Olaya şahit olan Bertha Spafford şöyle anlatıyor: "Eski alaybozanlar ve çakmaklı tüfeklerden modern Sten ve Brenlere kadar her türden silahla donanmış yüz elli militan, Amerikan kolonisi bölgesindeki kaktüslerin arasına saklandılar. Yüzlerinde nefret ve intikam duygularının karışımından oluşan bir ifade vardı. Dışarı çıkıp onlarla yüzleştim. Onlara Amerikan kolonisinden ateş açmanın bir camiden ateş açmaktan farklı olmadığını söyledim," ama onu dinlemediler ve eğer gitmezse onu da vuracaklarını söylediler. İngilizler müdahale edene kadar çoğunluğu doktor ve hemşire olan yetmiş yedi Yahudi öldürüldü ve yirmisi yaralandı. Arap Yüksek Komitesi, "Eğer Ordu müdahale etmeseydi tek Yahudi yolcu sağ bırakılmayacaktı," diye açıklama yaptı. Silahlı adamlar ölülerin uzuvlarını kestiler ve cesetlerle poz vererek birbirlerinin resimlerini çektiler. Fotoğraflar çoğaltılıp Kudüs'te posta kartı olarak satıldı.

Deir Yassin savaşın mihenk taşlarından biri oldu: Yahudi vahşetini abartarak anlatan tüyler ürpertici Arap medya kampanyasının ana malzemesi haline geldi. Bu kampanya direnişi artırmak için tasarlanmıştı ama zaten savaşta olan bir ülkede her şeyin daha da kötü olacağı fikrinin hâkim olmasına neden oldu. Deir Yassin'den önce 75.000 Arap evlerinden ayrılmıştı. İki ay sonra ise 390.000 Arap gitmişti. Karısı ve çocuklarıyla Batı Kudüs'te, King David Oteli yakınlarında, yaşayan Vasıf Cevheriye de tipik bir örnekti – ve düşüncelerini ve eylemlerini kaydettiği günlüğü eşsiz ve çok az kullanılmış bir kaynaktır.

Bu olaylardan sonra nisan ortasında, "Berbat haldeyim, madden ve manen çöktüm," diye yazmıştı. O kadar kötü durumdaydıki Manda yönetimindeki işinden ayrılıp "evde oturup ne yapacağını düşünmeye" karar verdi ve sonunda "ayrılmasına neden olan şeyleri" kaleme aldı. İlk neden "evinin tehlikeli konumuydu." Ev, Yafa Kapısı'ndaki Arapların, Montefiore'deki Yahudilerin ve Bevingrad güvenli bölgesindeki İngilizlerin ateşine açıktı: "Gece gündüz ateş edildiğinden eve gitmekte bile zorlanıyorum. Araplar ve Yahudiler arasındaki çatışma ve binaların havaya uçurulması her gün ara vermeden sürüyor." İngilizler Montefiore'ye ateş açıp Sir Moses yel değirmeninin tepesini uçurdular ama işe yaramadı. Vasıf, Montefiore'deki Yahudi keskin nişancıların, "Yolda yürüyen herkese ateş ettiklerini ve hayatta kalmalarının mucize olduğunu," yazmıştı. Seramik koleksiyonunu, günlüğünü ve sevgili udunu nasıl koruyacağını düşündü. Sağlığı da kötüye gidiyordu: "Vücudum bitap düştüğünden baskıya dayanamıyorum ve doktorlar gitmemi tavsiye ettiler." Aile durumu değerlendirdi: "Manda sona erdiğinde ne olacak? İdareyi Araplar mı alacak Yahudiler mi?" Vasıf'ın komşusu Fransız elçisi evini ve koleksiyonunu koruyacağına söz verdi. Vasıf, "Bir daha geri gelemeyecek olsak bile kendimizi ve çocuklarımızı korumak için gitmemiz gerekiyor. Evimizden en fazla iki hafta ayrı kalacağımızı zannediyorduk çünkü Yedi Arap ülkesinin orduları ülkeyi işgal etmek için değil de onu kurtarıp halkı olan bizlere iade etmek için gelecek zannediyorduk," diyordu. Vasıf, Manda'nın son günlerinde gitti ve bir daha geri dönmedi. Vasıf'ın hikâyesi diğer Filistinlilerinkinden farklı değildi. Bazıları zorla gönderildi, bazısı daha sonra döneceğini umarak savaştan kaçtı – yarısı evlerinde kalarak İsrailli Araplar oldular, Siyonist demokrasinin Yahudi olmayan vatandaşları. Ama toplamda 600.000-750.000 Filistinli evlerini kaybetti. Yaşadıkları trajediye Nekbet –felaket– adı verildi.

Ben-Gurion, Kudüs Acil Durum Komitesi başkanı Bernard Joseph'i kıtlık içindeki Kudüs'e nasıl iaşe temin edileceğini konuşmak için Tel-Aviv'e çağırdı. 15 Nisan'da bir konvoy şehre yiyecek ulaştırmayı başardı. 20 Nisan'da Ben-Gurion, Hamursuz Bayramı'nı askerleriyle kutlamak için Kudüs'e gelme konusunda ısrar etti: Palmach'ın Haral Tugayı'nın komutanı Rabin, Ben-Gurion'un bu gereksiz hareketine karşı çıktı. Konvoy Ben-Gurion'un zırhlı otobüsüyle birlikte yola çıktıktan kısa süre sonra Arapların saldırısına uğradı. Rabin, "İki çalıntı İngiliz zırhlı aracını bile saklandıkları yerden çıkartıp olay mahalline sevk ettim," dedi. Yirmi kişinin öldürüldüğü çatışmada acı bir mizah ve keskin bir gözlem yeteneğiyle durumu şöyle tarif etti: "Yüzde 20 normal insan; yüzde 20 imtiyazlı (üniversite vs.), yüzde 60 tuhaf (köylü, feodal vs.)" – bununla Hasidikleri kastediyordu.

İngiliz idaresinin artık son günleriydi. 28 Nisan'da Rabin, ailelerin evi olan, Arap banliyösü Şeyh Cerrah'ı ele geçirdi ama İngilizler onu bölgeyi geri vermek zorunda bıraktı. İngilizler ayrılırken şehrin batısı Yahudilerin ve Eski Şehir ile şehrin doğusu da Arapların elindeydi. 14 Mayıs Cuma günü sabah sekizde son yüksek komiser Cunningham, Hükümet Binası'ndan üniforması üzerinde olduğu halde çıktı, şeref kıtasını denetledi, zırhlı Daimlerine bindi ve King David Oteli'ndeki askerlerini teftiş etmeye gitti.

51

YAHUDİ BAĞIMSIZLIĞI, ARAP FELAKETİ

1948-51

İNGİLİZLERİN GİDİŞİ; BEN-GURION: BAŞARDIK!

General Cunnigham birkaç Arap çocuktan başka kimsenin olmadığı sokaklardan geçerek Kudüs'ün çıkışına doğru ilerledi. İngiliz askerleri sokak köşelerine makineli tüfek yuvaları yerleştirmişlerdi. Daimler hızla geçip giderken çocuklar "alkışladılar ve biri asker selamı verdi. Selamı alındı." Yüksek komiser Kalandia Havaalanı'ndan Hayfa'ya geçti, oradan da gece yarısı İngiltere'ye doğru yola çıktı.

İngiliz askerleri Rus Yerleşimindeki Bevingrad Kalesi'ni tahliye ettiler: 250 kamyon ve tanktan oluşan konvoy Yahudi kalabalığın bakışları altında King George V Caddesi'nden ilerledi. Rus Yerleşimini ele geçirme yarışı başladı. Irgun, Nikolay Yatakhanesi'ne saldırdı. Şehirde silahlar ateşlendi. Nüseybe, Amman'a gidip şehri kurtarması için krala yalvardı ve ona şehrin "bir zamanlar Haçlılar tarafından yapıldığı gibi" tekrar yağmalanacağını söyledi. Kral söz verdi.

14 Mayıs 1948'de saat 16.00'da Kudüs'ün hemen dışında, yolu açık tutmak için savaşmaktan bitap düşmüş olan, Rabin ve ona bağlı Palmach askerleri, Yahudi Örgütü'nün başkanı, Ben-Gurion'un radyodan yaptığı duyuruyu dinliyorlardı. Tel Aviv Müzesi önündeki 250 kişiye hitap eden Herzl'in heykeli altında durmakta olan Ben-Gurion şunları söyledi: "Elimdeki belgede kurulduğu ilan edilen devlet..." o ve kurmayları devletin ismini çok tartışmıştı. Bazıları Yahudiye bazıları da Siyon olması gerektiğini söylemişti –ama bu isimler Kudüs'le ilişkiliydi ve Siyonistler hâlâ şehrin ancak bir bölümünü ellerinde tutabiliyorlardı. Bazıları da Ivriya ya da Herzliya isimlerini önerdi ama daha sonra Ben-Gurion'un teklifi olan İsrail kabul edildi: "İsrail ülkesi Yahudi halkının doğduğu yerdir," dedi, ardından da milli marşı, Hatikvah (Umut), okudu:

Umudumuzu kaybetmedik
Bin yıllık bir umuttu o;
Kendi topraklarımızda özgür bir halk olabilmek

Siyon ülkesinde ve Kudüs'te!

Ben-Gurion gazetecilere gülümsedi. "Başardık!" dedi ama kutlama yapmaktan da kaçındı. Defalarca iki devletli çözümü kabul etmişti ama artık yok edilmekle karşı karşıya kalan Yahudiler düzenli Arap ordularının işgaline karşı direniş göstermek zorundaydılar. İsrail devletinin varlığı tehlikedeydi. Diğer taraftan 1920'li ve 1930'lu yıllarda ortak bir sosyalist Filistin ya da federal devlet kurma fikirleri evrilmişti. Artık topyekûn savaşla karşı karşıyaydılar ve kim ne kaparsa yanına kâr kalacaktı.

Kudüs cephesinde Rabin'in Harel Tugayı'na bağlı askerleri Ben-Gurion'un radyo konuşmasını dinleyemeyecek kadar yorgundular. İçlerinden biri, "Hey kapatın şunu. Uykusuzluktan ölüyorum. Nutku yarın dinleriz," dedi.

Rabin, "Birisi kalkıp radyoyu kapattı ve sessizliğe gömüldük. Konuşmadım, karmaşık duygular içerisindeydim," dedi. Arap birlikleri elektriği kestiği için çoğu kişi zaten bu açıklamayı duymamıştı.

On bir dakika sonra Başkan Truman, İsrail'i fiilen tanıdığını açıkladı. Eddie Jacobson'ın da teşvikiyle Truman gizlice Weizmann'a bölünmeyi destekleyeceğini söylemişti. Ama BM diplomatları bölünmeyi askıya almaya çalıştığı zaman az daha kontrolü tümden kaybediyordu. Savaş sırasında genelkurmay başkanı ve Amerikan kamu hizmetlerinin duayeni olan, Dışişleri Bakanı George Marshall açıkça buna karşı olduğunu bildirdi. Truman yeni devleti ilk destekleyen olsa da Stalin, İsrail'i resmî olarak ilk tanıyan oldu.

New York'taki, neredeyse tümüyle kör kalmış olan, Weizmann, Waldorf Astoria'daki odasında beklerken bağımsızlıkla birlikte kendisini tümüyle terk edilmiş ve unutulmuş hissetmişti. Oysaki Ben-Gurion ve arkadaşları kendisinden ilk cumhurbaşkanı olmasını istediler. Truman ilk resmî ziyareti için Weizmann'ı Beyaz Saray'a davet etti. İleride Eddie Jacobson "İsrail'in kurulmasına desteğinden dolayı" Amerikan başkanına teşekkür ettiğinde başkan ona şöyle cevap verdi. "Ne demek yardım etmek? Ben Cyrus'um! Ben Cyrus'um!" İsrail baş hahamı kendisine teşekkür ettiğinde Truman ağladı.*

* Bir Amerikalı Kudüslü, Truman'ın politikasına çok kızmıştı. Üzerinde Kızıl Haç bayrağı dalgalanan Amerikan Kolonisi tarafsızlığıyla biliniyor olsa da Bertha Spafford artık Yahudilerin Siyon'a geri dönmesini İsa'nın İkinci Gelişi'nin bir şartı olarak görmüyordu: "Bizler Filistin'de yaşayan Amerikalılar olarak böyle bir kararı nasıl mazur gösterebiliriz? Amerikan devlet adamlarının oy alabilmek için her şeyi yaptığını görmek utanç verici." Haziran'da Kudüs'teki Arap liderleri ve Arap Lejyonu'nun komutanının da desteğiyle İsrail'in kurulmasına karşı olan Bertha, Truman'la görüşmek için Washington'a gitti. Başkan onunla görüşmeyi reddetti.

Başkan Weizmann, İsrail'e gitti ama bir korkusu vardı. "Ortaçağda barbar saldırılarını atlatmış olan Yahudilerin mukaddes mekânları şu anda harap edilmekte." Kudüs'te Enver Nüseybe ve çoğu eski polis olan birkaç militan gerçek ordular gelene kadar Eski Şehir'i savunmak için elinden geleni yaptı. Nüseybe budundan vuruldu ve bir bacağı kesildi. Ama gayri nizami savaş artık sona ermişti.

Gerçek savaş şimdi başlıyordu ve İsrail'in durumu hiç iç açıcı değildi. Arap birliği, Mısır, Ürdün, Irak, Suriye ve Lübnan'ın orduları Yahudileri tasfiye etmek için İsrail'i işgal ettiler. Birliğin sekreteri Azzam Paşa, "Bu bir imha ve topyekûn kıyım savaşı olacak. Moğolların ya da Haçlıların yaptığı katliamlara benzeyecek," dedi. Komutanları kendilerine çok güveniyordu. Yahudiler hep İslam İmparatorluklarının ikinci sınıf vatandaşı olmuşlardı, kimi zaman hoş görülmüş çoğunlukla baskıya uğramış ama bin yıldan uzun süredir hep boyun eğmişti. Kral Abdullah'ın Arap Lejyonu'nun İngiliz komutanı General Sir John Glubb, "Araplar kendilerini savaşçı bir millet Yahudileri ise esnaf olarak görürlerdi. Mısırlılar, Suriyeliler ve Iraklılar Yahudileri yenmekte hiçbir güçlük çekmeyeceklerini düşünüyorlardı," demişti. Seküler milliyetçilik kutsal savaşın şevkiyle bir araya geldi: Yahudilerin İslam ordularını yenmesine imkansız gözüyle bakılıyordu ve uzun zamandan beridir fanatik Yahudi düşmanı olan çoğu cihatçı fraksiyon da düzenli ordularla birlikte savaşıyordu. Mısır birliklerinin yarısı Müslüman Kardeşler'in mücahitlerinden oluşuyordu ve genç Yaser Arafat da aralarındaydı.

Yine de bu tüyler ürpertici umutlar ve kibirle yüklü müdahale Filistinliler için bir felaket oldu ve aksi takdirde oluşamayacak daha büyük ve daha güçlü bir İsrail'in ortaya çıkmasını sağladı. Kâğıt üzerinde Arap ordularında 165.000 asker vardı ama öyle bir tertip edilmişlerdi ki mayıs boyunca ancak 28.000 askeri cepheye sürebildiler –İsrail'in ordusuyla yaklaşık denk sayıda. Abdullah'ın İngilizler tarafından eğitilen 9000 kişilik Arap Lejyonu içlerinde en iyi birlik olduğundan kendisi Arap Birliği kuvvetleri başkomutanı olarak tayin edildi.

Kral Abdullah, Allenby Köprüsü üzerinde durup tabancasını çıkararak havaya ateş etti. "İleri!" diye bağırdı.[25]

TEZ CANLI ABDULLAH

Kral, torunu Hüseyin'in "dışa dönük birisi" olduğunu söylemişti. Abdullah'ı son gördüğümüzde Kudüs'te çöl krallığını Churchill'den almakla meşguldü. Lawrence onu, "kısa boylu, yapılı, at gibi güçlü, kahverengi gözlü, pürüzsüz yuvarlak yüzlü, dolgun ama ufak dudaklı, düz burunlu" olarak tasvir etmişti –ayrıca macera dolu bir hayatı olmuş ve haytalıklarıyla Lawrence'ı hayret içinde bırakmıştı: "Bir keresinde Abdullah kahve cezvesiyle üç kez yirmi metreden saray soytarısını kafasından vurdu." Peygamberin yirmi yedinci kuşaktan akrabası bir Şerifi olarak ulemayla dalga geçerdi. Müftüye, "Güzel kadına bakmak yanlış mı?" diye sordu. "Günahtır majesteleri." "Ama Kuran'da der ki bir kadın görürseniz gözlerinizi kaçırın ama gözlerini kaçırman için önce bakman gerekmez mi?" O hem gururlu bir Bedevi hem de Osmanlı devletinin tebaasıydı. Çocukken ordulara komuta etmiş ve Büyük Arap İsyanı'nın "beyni" olmuştu. Hırsı kadar sabırsızlığıyla da bilindiği için "Tez Canlı" adını almıştı. Yine de Kudüs'ü ele geçirme fırsatını uzun zaman sabırla beklemişti.

Sir Ronald Storrs, "O sadece bir asker ya da diplomat değil aynı zamanda klasik bir âlimdi. Kendisi bana İslam öncesi şiirin yedi kasidesini okuduğu zaman çok etkilenmiştim," demişti. Amman'daki İngiliz elçisi Sir Alec Kirkbridge onu "gözü seğiren kral" olarak hatırlamaktadır. Bir diplomat olarak Abdullah çok kurnazdı. Kendisine sevmediği bir diplomatı hiç kabul edip etmediği sorulduğunda, "Ancak katırım doğurduğu zaman," diye cevap vermişti.

Ama şu anda katırı doğuruyordu, Siyonistler konusunda gerçekçiydi ve şu Türk atasözünü söylemişti: "Köprüyü geçene kadar ayıya dayı derler." Yıllar içerisinde pek çok kez Weizmann ve Yahudi iş adamlarıyla görüştü ve eğer Filistin kralı olmasını kabul ederlerse Yahudilere toprak önerdi. Her fırsatta Kudüs'ü ziyaret edip müttefiki Ragıp Naşhaşhibi ile görüştü ama müftüden hiç haz etmedi. Siyonizm'in "hiçbir çözüme yanaşmayan partizan Araplar yüzünden" daha da güçlendiğini savunuyordu.

Kral gizlice Siyonistlerle bir saldırmazlık anlaşması imzaladı: Batı Şeria'nın Araplara verilmesi şartıyla BM'nin belirlediği Yahudi devleti sınırlarına itiraz etmeyecekti: İngilizler de onun ilhakını kabul edeceklerdi. Siyonist elçisi Golda Myerson'a, (ileride Meir) "Arapların sırtıma binmesine neden olacak yeni bir Arap devleti kurulmasını istemiyorum. Ben at değil de binici olmak istiyorum," dedi. Ama at çoktan kaçmıştı: savaş, özellikle de Deir Yassin katliamı, onu Yahudilerle savaşmaya mecbur bıraktı. Ayrıca diğer Arap liderleri Filistin'i kurtarmak kadar Abdullah'ın hırsını sınırlamaya da kararlıydılar, Mısır ve Suriyeliler de kendi fetih planlarını çoktan yapmışlardı. Abdullah'ın komutanı ve hayatını Haşemilere iyi bir ordu kazandırmaya adamış olan Glubb Paşa bu durumu riske atmayı hiç istemiyordu.

Arap lejyonu, Yahudiye tepelerinden geçerek temkinli şekilde, gayrı nizami Arap Kurtuluş Ordusu'nun Yahudi mahallelerine saldırdığı, Kudüs'e doğru ilerledi. 16 Mayıs gecesi Haganah, Mea Shearim polis karakolunu, kuzeydeki Şeyh Cerrah'ı, surların güneyinde kalan Yeni Şehir'in tamamını ve merkezdeki eski İngiliz kalesi olan Rus Yerleşimi ve YMCA'i ele geçirdi. Ben Gurion, "Augusta Victoria ve Eski Şehir hariç Kudüs'ün neredeyse tümünü ele geçirdik," dedi.

"SOS! Yahudiler surlara yaklaştı!" Enver Nüseybe müdahale etmesi için krala yalvardı. Abdullah tarihteki yerini hiç unutmamıştı: "Ben bir Müslüman hükümdar ve bir Haşimi kralım ve babam da tüm Arapların kralıydı." İngiliz komutanına şöyle yazdı: "Glubb Paşa, Kudüs'ün Arapların ve Müslümanların ve Arap Hristiyanların gözündeki kıymeti malumdur. Bu şehrin halkının Yahudilerden göreceği her türlü zararın bizim için büyük etkisi olacaktır. Bugün elimizde olanlar mutlaka korunmalıdır – Eski Şehir ve Eriha Yolu. Sizden bunu derhal icra etmenizi istiyorum."

ABDULLAH: KUDÜS SAVAŞI

Kralın askerlerinin "morali yerindeydi ve araçlarını yeşil dallar ve pembe zakkum çiçekleriyle süslemişlerdi." Glubb, Kudüs'e doğru ilerleyen Arap Lejyonu, "Savaşa değil de karnavala gider gibiydi," demişti. 18 Mayıs'ta ilk Lejyon birlikleri Eski Şehir'in surları civarına mevzilenirken şunları yazdı: "Yaklaşık 1900 yıl önce Yahudiler Titus'un lejyonlarına burada dart atıyorlardı." Ama kral "Yahudilerin eski şehre ve babası son hicaz kralı Hüseyin'in yattığı yere gireceği endişesini taşıyordu." Glubb'un birlikleri İsrail askerlerinin tuttuğu Şeyh Cerrah'ı aşıp Şam Kapısı'na doğru ilerledi.

Eski Şehir'de ilk düzensiz birlikler ve Arap lejyonerleri Yahudi mahallesini kuşattı. Burası Filistin'deki en eski Yahudi ailelerinin bulunduğu yerdi, sakinlerinin çoğu yaşlı Hasidiklerdi ve sadece 190 Haganah ve Irgun savaşçısı tarafından korunuyordu. Rabin eski şehri kurtarmak için bu kadar az asker ayrıldığını duyunca hiddetlendi. Kudüs komutanı David Shaltiel'e bağırdı: "Başkentlerini korumak için Yahudi halkının toplayabildikleri bundan mı ibaret?"

Rabin'in Yafa Kapısı'nı hedef alan saldırısı başarısız oldu ama o sırada diğer birlikler Siyon Kapısı'ndan Eski Şehir'e girmeyi başardılar. Seksen Palmach askeri Siyon Kapısı kaybedilmeden önce müdafilere katıldı. Ama Arap Lejyonu'nun tüm birlikleri de ulaşmıştı. Eski Şehir savaşı çaresiz bir hal aldı; Glubb'ın tabiriyle "savaş Yahudi mahallesindeki binlerce yılın enkazı üzerinde oda oda, sokak sokak, avludan bodruma her köşede cereyan etti." Glubb, Yahudi mahallesinin kademeli olarak yıkılmasını emretti. Hahamlar yardım istediler. Ben-Gurion çıldırmıştı: "Kudüs'ün düşmesi an meselesi! Ne pahasına olursa olsun saldırın!"

26 Mayıs'ta Lejyon, Hurva Meydanı'nı aldı ve oradaki muhteşem sinagogları dinamitlediler. Glubb, iki gün sonra, "İhtiyarlıktan kamburları çıkmış iki yaşlı haham ellerinde beyaz bayrakla dar bir sokaktan geldi," dedi. Savaş bölgesinden

sadece yüz metre uzaktaki Rabin, Siyon Dağı'ndan aynı "kahredici manzarayı" izledi: "Dehşete düştüm." 213 müdafiden 39'u öldü ve 134'ü yaralandı. Begin, "Davud'un Şehri düşmanların eline geçti. Hepimizin yüreğine kasvet çöktü," diye yazdı. Glubb'ın keyfi yerindeydi: "Kudüs'ü çok seviyorum. İncil gözlerimizin önünde hayat buluyor." Yine de Yahudi mahallesinin tahrip edilmesine izin verdi: Yirmi yedi sinagogdan yirmi ikisi yıkıldı. 1187 yılında Müslümanlar tarafından tekrar ele geçirilmesinden beri Yahudilerin ilk kez Batı Duvarı'yla irtibatları kesilmişti.

Glubb, Batı Kudüs'e giden yolu kapatmak için Latrun Kalesi'ni kullandı. Ben-Gurion defalarca, pek çok İsraillinin hayatı pahasına, Latrun'un alınmasını emretti ama saldırılar nihayetsiz kaldı. Bodrumlarına sığınmış olan Kudüslü Yahudiler, İsrailliler iaşe temini için yeni bir yol – Latrun'un güneyindeki sözde Burma Yolu –bulana kadar aç kaldılar.

11 Haziran'da BM müzakerecisi, İsveç kralının torunu ve savaşın son anlarında Yahudileri kurtarmak için Himmler'le görüşmüş olan, Kont Folke Bernadotte bir mütareke imzalanmasını sağladı ve Kudüs'ün tamamının kral Abdullah'a verildiği yeni bir paylaşım planı sundu. İsrail, Bernadotte'nin planını reddetti. Bu arada Ben-Gurion, emrindeki Irgun birliklerini devletin birlikleriyle birleştirmeyi kabul etmiş olan Menachem Begin kendi başına silah satın almaya kalkışınca bir isyanla karşı karşıya kaldı: İsrail ordusu silahları getiren gemiyi batırdı. Bir iç savaş başlatmak yerine Begin savaştan çekilip siyasete atıldı.

Bernadotte'nin ateşkesi bitince savaş yeniden başladı. Ertesi gün bir Mısır Spitfire uçağı Batı Kudüs'ü bombaladı. Heyecanlı Lejyon birlikleri Siyon Kapısı'ndan Yeni Şehir'e saldırıp Notre Dame'a doğru ilerlemeye başladı: Glubb, "Başlarını çevirdiklerinde Kubbetüs Sahra ve el-Aksa'yı görebiliyorlardı. Tanrı'nın yolunda savaşıyorlar," diye yazdı. Eski Şehri ele geçirmeye çalışan İsrailliler gibi.

Abdullah, Glubb'a, "Kudüs'ü elde tutabilir miyiz?" diye sordu.

"Şehri asla alamazlar, efendim!"

Kral, "Eğer Yahudilerin şehri almasının mümkün olduğunu düşünüyorsan bunu bana açıkça söyle. Oraya gider ve şehrin surları üzerinde can veririm," dedi. İsrail karşı saldırısı başarısız oldu. Ama İsrail askerî gücü artıyordu: Arapların 68.000 askerine karşı yeni devletin 88.000 askeri vardı. İkinci ateşkesten önceki on gün içerisinde İsrailliler Lydda ve Ramla'yı ele geçirdiler.

Siyonistler Bernadotte'nin teklifine öylesine kızmışlardı ki İsveçli şimdi de Kudüs'ün uluslararası bir yer haline getirilmesini teklif etti. 17 Eylül'de İsveç kontu Kutsal Şehir'e geldi. Ama Yitzhak Şamir (geleceğin İsrail başbakanı) liderliğindeki Lehi'ye bağlı aşırılar hem adamı hem de planlarını ortadan kaldırmaya karar verdiler. Bernadotte, Hükümet Binası'ndan Rehavia'daki İsrail valisi Dov

Joseph'le görüşmeye giderken bir kontrol noktasında cipi durduruldu. Başka bir cipten üç kişi indi ve Stenlerini çıkardılar; ikisi lastiklere ateş etti; üçüncüsü de kaçmalarına fırsat vermeden Bernadotte'yi taradı. Kont, Hadassah Hastanesi'nde öldü. Ben-Gurion, Lehi'yi lağvetti ama katiller yakalanamadı.

Abdullah, Eski Şehir'i güvence altına almıştı. Batı Şeria'da kral güneyi, Iraklılar da kuzeyi tutuyordu. Kudüs'ün güneyindeki Mısırlı öncüler Eski Şehir'i görebiliyor ve güney banliyölerini topa tutuyorlardı. Eylül ortasında Arap Birliği "müftü ve Kudüs aileleri tarafından yönetilecek Gazze merkezli bir Filistin hükümetini" tanıdı.* Ama çatışmalar tekrar başladığında İsrailliler, Mısırlıları yenip kuşattı ve Negev çölünü ele geçirdi. Küçük düşürülen Mısırlılar, nihayet siyasi kariyeri lekelenen, müftüyü Kahire'ye geri gönderdiler. 1948 Kasım'ının sonunda, Kudüs komutanlığına getirilmiş olan, Yarbay Moshe Dayan Ürdünlülerle ateşkes ilan etti. 1949'un ilk yarısında İsrail beş Arap ülkesiyle de ateşkes imzaladı ve Şubat 1949'da Knesset, İsrail Meclisi, Kudüs'te George V Caddesi'ndeki Yahudi Örgütü binasında toplanıp Weizmann'ı büyük ölçüde onursal bir önemi olan cumhurbaşkanlığına seçtiler. Yetmiş beş yaşındaki Weizmann, Başbakan Ben-Gurion'un kendisini ciddiye almadığını gördü ve hiçbir yetkisi olmamasına sinirlendi. Weizmann, "Neden beni İsviçre cumhurbaşkanına çevirdiniz? Neden Amerikan başkanı olmadım?" diye sordu. Dalga geçmek için kendisine "Rehovoth mahkûmu" dedi –Weizmann Bilim Enstitüsü'nü kurduğu şehre atıfta bulunmuştu. Resmî ofisi Kudüs'te olmasına rağmen, "Bu şehre karşı hep ön yargılı oldum ve şimdi de içinde bulunmaktan huzursuz oluyorum," demişti. 1952'de öldü.

Nisan 1949 yılında imzalanan ve İngiliz Hükümet Binası'ndaki BM tarafından nezaret edilen mütareke Kudüs'ü böldü: İsrail batıyı ve Scopus Dağı'nın bir bölümünü alırken Abdullah, Eski Şehir, Doğu Kudüs ve Batı Şeria'yı elinde tuttu. Anlaşmaya göre Yahudilerin Duvar'a, Zeytin Dağı'ndaki mezarlığa ve Kidron Vadisi'ndeki türbelere erişimine izin verilecekti ama buna riayet edilmedi. Sonraki on dokuz yıl boyunca Yahudilerin duvarda ibadet etmesine izin verilmedi** ve mezarlıklarındaki mezar taşları tahrip edildi.

Hem İsrailliler hem de Abdullah ellerindeki yarıyı kaybetmekten korkuyordu. BM şehrin uluslararası hale getirilmesinde ısrar etti. Bu durumda iki taraf da şehri hukuka aykırı olarak ellerinde tutuyordu ve Abdullah'ın Eski Şehir'i elinde

---

* İki Hüseyni kuzen Dışişleri Bakanı ve Savunma Bakanı olarak görev yaptı. Enver Nüseybe meclis sekreteri oldu – müftü ise Filistin Milli Meclisi'nin başkanı seçildi.

** Kudüs'ün dinî rekabetinin ve ihtiyaçtan kutsallık yaratma yeteneğinin bir ürün olarak Duvar'dan mahrum kalan Yahudi hacılar Siyon Dağı'ndaki Davud Türbesi'nde dua ettiler ve ülkenin ilk Soykırım Müzesi'ni de orada kurdular.

tutması sadece iki ülke tarafından tanınmıştı. Weizmann'ın yaveri ve kısa süre önce Londra'da kendi yayınevini kurmuş genç bir Viyanalı olan George Weidenfeld dünyayı İsrail'in batı Kudüs'ü elinde tutması gerektiğine ikna etmek için bir kampanya başlattı. 11 Aralık'ta Kudüs, İsrail'in başkenti olarak ilan edildi.

Arapların kahramanı Tez Canlı Abdullah, Arap İsyanı'ndan otuz iki yıl sonra nihayet Kudüs'ü kazanmıştı: "Hiç kimse benim sağlığımda Kudüs'ü benden alamaz," dedi.

52

BÖLÜNME

1951-1967

KUDÜS KRALI: TAPINAK DAĞI'NDA KAN

Amos Oz, "Dikenli teller, mayın tarlaları, mevziler ve gözetleme noktalarından oluşan beton bir perde örüldü ve bizi Şeyh Cerrah ve Arap mahallelerinden ayırdı," diye yazmıştı. Sürekli keskin nişancı ateşi açılıyordu: 1954'te bu şekilde dokuz kişi öldürüldü ve elli dört kişi yaralandı. İki tarafın işbirliği yaptığı zamanlarda bile ortam gergindi: 1950'de BM, İsrail'in kontrolündeki Scopus Dağı'nda bulunan İncil hayvanat bahçesindeki bir kaplan, bir aslan ve iki ayının beslenmesi için arabuluculuğu üstlendi ve resmî olarak şu açıklamayı yaptı: "Alınan karara göre a) ya İsrail parasıyla Arap eşekleri alınarak İsrail aslanı beslenecek b) ya da İsrail eşeği söz konusu aslanın beslenmesi için Ürdün topraklarından getirilecek." Sonunda hayvanlar bir BM konvoyuyla Ürdün üzerinden batı Kudüs'e götürüldü. Dikenli tellerin karşısında Nüseybiler felaketin yasını tutuyordu: Hazam Nüseybe, "Sinirlerim tümden harap oldu," demişti. Yeğeni Sarı özlediklerini şöyle sıralıyordu: "İngiliz ve Arap aristokratlar, sonradan görmeler, orta sınıf esnaf, askerlere hizmet veren fahişeler, kültürlerin zengin karışımı, aynı sokakta dolaşan piskoposlar, imamlar ve kara sakallı hahamlar."

Kasım'da Abdullah'a bir Kıpti piskopos tarafından Kudüs kralı olarak taç giydirildi – II. Frederick'ten beri şehri kontrol eden ilk kraldı. 1 Aralık'ta Eriha'da kendisini Filistin kralı ilan etti ve ülkesinin adını Ürdün Birleşik Krallığı olarak değiştirdi. Hüseyniler ve Arap milliyetçiler verdiği tavizler yüzünden Abdullah'ı kınadı ve Filistin Felaketi'nden kârlı çıkan tek Arap olduğu için onu affetmediler.

Kral, tuhaf bir Rönesans yaşayan, Kudüs ailelerine döndü. Ragıp Naşhaşhibi'ye Ürdün başbakanlığını önerdi. Naşhaşhibi kabul etmedi ama bakan olmaya razı oldu. Kral aynı zamanda onu Batı Şeria'nın valisi ve İki Haramın (Kudüs ve el Halil) sorumlusu olarak tayin ederek ona Studebaker marka bir araba ve "Ragıp Paşa" unvanını verdi. (Ürdünlüler 1950'lerde bile Osmanlı unvanlarını kullanıyorlardı.)

Züppe yeğeni Nasrettin Naşhaşhibi saray nazırı oldu.* Nefret ettiği müftünün yokluğunu fırsat bilen Abdullah onu resmî olarak görevden aldı ve yerine, 1921'de bu unvanı hileyle almış aynı kişi olan, Şeyh Hüsam el-Jarallah'ı atadı.

Abdullah suikast tehlikesine karşı uyarıldı ama hep aynı cevabı verdi: "Vadem dolana kadar bana kimse zarar veremez; o gün geldiğinde de beni kimse koruyamaz." Tehlikesi ne olursa olsun altmış dokuz yaşındaki Abdullah, Kudüs'ü elinde tutmaktan gurur duyuyordu. Torunu Hüseyin, "Çocukken dedem bana Kudüs'ün dünyadaki en güzel şehirlerden biri olduğunu anlatırdı," demişti. Zaman geçtikçe kralın "Kudüs'ü daha da fazla sevdiğini" gördü. Büyük oğlu Talal, Abdullah için bir hayal kırıklığı olmuştu ama bir kral olacak şekilde eğitilen torununu çok severdi. Okul tatil olduğunda her gün birlikte kahvaltı yaparlardı. Hüseyin, "Ben onun hep istediği oğlu olmuştum," diye yazmıştı.

20 Temmuz 1951 Cuma günü Abdullah on altı yaşındaki, madalyaları ile birlikte üniformasını da giymesini söylediği, Hüseyin'le birlikte Kudüs'e geldi. Geri dönmelerinden evvel kral ona, "Evladım günün birinde sorumluluğu üstlenmen gerekecek," dedi ve ekledi, "öleceğim zaman kafadan tek kurşunla vurulmayı tercih ederim. En kolayı bu." Nablus'ta durup, Nazi Berlin'de müftü olarak görev yapmış olan, müftünün kuzeni Dr. Musa el-Hüseyin'le görüştüler: Müftü başını eğdi ve sadakatini gösterdi.

Öğleden önce Abdullah, torunu, Glubb Paşa, saray nazırı Nasrettin Naşhaşhibi ve kaypak Musa Hüseyni ile Cuma namazını kılmak için Kudüs'e geldi. Halk keyifsiz ve şüpheciydi; gergin Arap Lejyonu korumaları o kadar kalabalıktı ki Hüseyin, "Bu ne böyle, cenaze alayı mı?" diye dalga geçti. Abdullah babasının kabrini ziyaret etti, sonra el-Aksa'ya geçti ve korumalarına geri durmalarını söyledi ama Musa Hüseyni dibinden ayrılmadı. Abdullah girişe geldi, caminin şeyhi onun elini öptü ve tam o sırada kapının arkasından bir genç çıktı. Genç, elindeki tabancasını kralın kulağına kaldırıp tetiği çekti ve onu orada öldürdü. Mermi gözünden çıkan Abdullah yere yığıldı, beyaz sarığı yuvarlandı. Herkes kendini yere attı. Hüseyin, "Yaşlı korkak kadınlar gibi iki büklüm oldular. Ama ben aklımı yitirmiş olmalıyım çünkü suikastçıya doğru gittim. Parlak dişlerini ve afallamış gözlerini gördüm. Elinde silah vardı ve ben de onun silahı bana doğrultmasını izledim, sonra dumanı gördüm, sesi işittim ve göğsümden vurulduğumu

---

* Ragıp Naşhaşhibi kanserden ölüyordu. Kral, Augusta Victoria Hastanesi'nde onu ziyaret etti. Abdullah, "Churchill'le ilk kez 1921 ilkbaharında bu binada görüşmüştüm," dedi. Nisan 1951'de Naşhaşhibi öldü ve villası yakınındaki küçük bir kabre defnedildi – villası daha sonra Ambassador Oteli'nin inşa edilmesi için yıkıldı.

hissettim. Ölüm böyle bir şey miydi? Mermisi metale denk geldi." Abdullah ona madalyalarını takmasını emrederek torununun hayatını kurtarmıştı.

Rasgele ateş eden korumalar suikastçıyı öldürdü. Burnundan kan gelen ölü kralı kollarının arasına alan Naşhaşhibi defalarca elini öptü. Lejyon askerleri sokaklara dağılırken Glubb onları zapt etmekte zorlandı. Kralın yanında diz çöken Hüseyin cübbesini çıkardı ve Avusturya Hastanesi'ne taşınan cesedin yanında yürüdü. Hüseyin orada sakinleştirildikten sonra alelacele Amman'a götürüldü.[26]

ÜRDÜN KRALI HÜSEYİN: KUDÜS'ÜN SON KRALI

Suikastın arkasında müftü ve Mısır kralı Faruk'un olduğu iddia edildi. Musa Hüseyni tutuklandı ve işkence edildikten sonra diğer üç kişiyle birlikte idam edildi. Bu suikast Arap yenilgisiyle başlayan cinayet ve askerî darbelerin sadece ilkiydi. 1952'de Mehmet Ali'nin Arnavutluk sülalesinden gelen son kişi olan Kral Faruk, General Muhammed Necib ve Albay Cemal Abdülnasır liderliğindeki Özgür Subaylar tarafından devrildi.

Ürdün kralının yerine geçen oğlu Talat'ın şiddetli şizofreni krizleri ona az daha karısını öldürtüyordu. 12 Ağustos 1952'de genç Hüseyin, Cenova'daki bir otelde tatil yaparken bir hizmetli içinde bir zarf olan gümüş bir tepsiyle içeri girdi: üzerinde "Majesteleri Kral Hüseyin" yazıyordu. Babası tahtan feragat etmişti. hâlâ on yedisinde olan Hüseyin hızlı araba ve motosikletleri, kendi de kullandığı uçak ve helikopterleri ve güzel kadınları –beş yaşında evlenmişti – severdi. Dedesi hiçbir zaman büyük Haşimi krallığı kurma umudunu kaybetmese de Kudüs'ü kazanabilmek için her şeyi riske atmıştı. Hüseyin zaman içerisinde Kudüs kralı olarak kalabilmesinin bile büyük başarı olacağını fark etti.

Sandhurst Akademisi'nden yetişme bir subay olan bu güler yüzlü kral batıcıydı, rejimi İngiltere ve Amerika tarafından destekleniyordu ama yine de ancak Arap dünyasının entrikalarına ayak uydurarak hayatta kalmayı başarabilecekti. Kimi zaman Mısır diktatörü Nasır ve Irak diktatörü Saddam Hüseyin gibi radikal tiranlarla uğraşmak zorunda kaldı. Dedesi gibi o da İsrail'le işbirliği yapmayı başarabilmişti; ileride özellikle Rabin'le arası iyi olacaktı.

Seksenli yaşlarındaki ve 1951'de tekrar başbakan olan Churchill yaverlerinden birine, "Yahudilerin Kudüs'ü almalarına izin vermeliyiz –orayı meşhur yapan onlar," dedi. Ama şehir doğu ve batı olarak bölünmüş şekilde "dikenli telleri, duvarları, engelleri, çitleri ve İbranice, Arapça ve İngilizce DUR! TEHLİKE! ASKERİ BÖLGE! yazan tabelalarıyla" kalmaya devam etti. Geceleri makineli tüfek sesleri dinmedi ve tek girişi olan Mandelbaum Kapısı en az Berlin'deki Charlie

Kontrol Noktası kadar ünlü oldu. Ama orası ne bir kapıydı ne de Mandelbaumların evleri de 1948'de Arap Lejyonu tarafından havaya uçuruldu. Mandelbaum kontrol noktası hâlâ harabe halindedir.

Kontrol Noktası kadar ünlü oldu. Ama orası ne bir kapıydı ne de Mandelbaumların evlerin

Bu mayınlı ve dikenli engellerin arasında Yahudi genci Amos Oz ve Enver'in oğlu Filistinli çocuk Sarı Nüseybe birbirlerine yakın yaşadılar. İkisi de iyi yazar ve fanatizm karşıtı olan Oz ve Nüseybe ileride arkadaş oldular. Nüseybe, "İslam bizim için neyse bizden birkaç yüz metre ileride yasak bölgenin hemen ötesinde yaşayan Amos Oz için de Museviliğin öyle olduğunu öğrendim," diye yazmıştı. Çocuklar yeni gelen mültecilerle Kudüs'ün bir kez daha değiştiğini izlediler. Araplar, özellikle Irak'ta, hınçlarını kendi Yahudi vatandaşlarından aldılar: 600.000 tanesi İsrail'e göç etti. Ama Kudüs'ün görünüşünü değiştiren Haredim (dehşete kapılmış) olarak bilinen, on yedinci yüzyıl Orta Avrupa'sının kültür ve kıyafetlerini ve mistik ve ibadetleri coşkun inançlarını da beraberlerinde getiren, ultra Ortodoks Yahudiler oldu. Sarı Nüseybe, "Durup da yasak bölgenin ötesine bakmadığım tek gün geçmemiştir. Mea Shearim'e baktığımda siyah kıyafetli adamlar gördüm. Kimi zaman o sakallı yaratıklar dönüp bana baktılar. Kim onlar diye merak ettim," demişti.

Haredimin bir kısmı Siyonizm'i kabul ederken, Mea Shearimli Taldot Haron gibi, büyük çoğunluğu kesinlikle Siyonizm'e karşıydı. Tapınak'ı ancak Tanrı'nın tekrar ihya edeceğine inanmaktaydılar. Bu içe dönük, katı ve ayinci mezhep Hasidikler ve Litvanyalılar olarak ikiye bölünmüştür ve ikisi de Aşkenazi lisanında konuşmaktadır. Hasidikler de yedi temel "grubu" esas alan farklı mezheplere bölünmüştür ve her biri mucize sergileyen bir admor ("başöğretmenimiz ve hahamımız" cümlesinin kısaltılmışı) olarak bilinen hahamdan gelen hanedan tarafından yönetilmektedir. Kıyafetleri ve mezhepler arasındaki esrarlı farklar İsrail Kudüs'ünün zaten karmaşık olan yapısını iyice içinden çıkılmaz hale getirmiştir.*

İsrail'in Batı Kudüs'te** inşa ettiği modern başkent sekülerizm ve dindarlığın rahatsız bir karışımıydı. George Weidenfeld, "İsrail sosyalist ve sekülerdi. Sosyete Tel Aviv'de yaşardı ama Kudüs'te hâkim olanlar hahamlar, akşam yemeğinden sonra mutfakta sanat ve siyaset tartışan Rehavialı Alman aydınlar ve Moshe Dayan

* En büyük grup olan Ger adını Polonya'daki bir köyden almakta ve Alter ailesi tarafından yönetilmektedir, shtreimel kürk şapkalar giyerler; Ukrayna'dan gelen Belzerler kaftan ve kürk şapka giyerler; Breslavlılar mistik ve teşhirci danslar ve şarkılarla ibadet ederler ve "Hasidik hippiler" olarak bilinirler.

** 1957'de Yad Vaşem, "Bir Yer ve Bir İsim", Soykırım'da öldürülen 6 milyon Yahudi için yapılan anıt, Herzl Dağı'nda inşa edildi. İsrail Müzesi açıldı ve bunu yeni Knesset takip etti, ikisinin de masrafları Allenby'nin ordusuna destek verecek Yahudi Lejyonu'nun kurulmasına yardımcı olan James de Rothschild tarafından karşılanmıştı.

gibi kıdemli devlet görevlileri ve generallerdi," demişti. Haredimler kendi mahrem hayatlarını yaşarken Weidenfeld gibi seküler Yahudiler akşam yemeklerini Kudüs'teki en şık restoranlarda yerlerdi –koşer olmayan gulaş ve sosisiyle Fink's. Amos Oz, restore edilmiş eserleri ve modern harabeleriyle, sürekli değişen bu şehirde kendisini huzursuz hissediyordu. Romanı Michael ile Hannah'da, "Acaba birisi Kudüs'te bir asır bile yaşasa yine de orada kendisini evinde hissedebilir mi?" diye sormuştu. "Eğer başınızı çevirirseniz tüm bu binaların arasında kayalıklar, zeytin ağaçları ve çorak topraklar görürsünüz. Sürüler yeni inşa edilen başbakanlık ofisinin etrafında otlar." Oz Kudüs'ü terk etti ama Sarı Nüseybe kaldı.

23 Mayıs 1961'de Ben-Gurion en genç yaverlerinden biri olan Yitzhak Yaacovy'i ofisine çağırdı. Başbakan Yaacovy'e baktı. "Adolf Eichmann kimdir bilir misin?"

Yaacovy, "Hayır," diye cevap verdi.

Ben Gurion, "Soykırımı tertip eden, aileni öldürüp seni de Auschwitz'e gönderen kişidir," dedi, Yaacovy'nin 1944 yılında SS-Obersturmbannführer Eichmann tarafından ölüm kamplarına gönderilen Ortodoks bir Macar ailenin çocuğu olduğunu biliyordu. Orada, belki de sarı saçlı mavi gözlü olduğu için, köle işçi olarak seçilip hayatta kalmış ve diğerleri de gaz odalarına gönderilip SS Dr. Josef Mengele tarafından öldürülmüştü. Ardından İsrail'e göç etti, Bağımsızlık Savaşı'nda savaşıp yaralandı ve Kudüs'e yerleşip başbakanın ofisinde çalışmaya başladı.

Ben-Gurion, "Bugün arabayla Knesset'e gidecek, benim misafirim olacak ve benim Eichmann'ın yargılanmak için Kudüs'e getirileceğini ilan edişimi dinleyeceksin," dedi.

İsrail gizli servisi Mossad, Eichmann'ı Arjantin'de saklandığı yerden kaçırmıştı ve Nisan'da Kudüs şehir merkezindeki bir mahkemede yargılanmasına başlandı. Ramla Hapishanesi'nde asıldı.

Sınırın diğer tarafında Kral Hüseyin şehre "ikinci başkentim" adını verdi ama rejimi başkentin Amman'dan buraya taşınmasına imkân vermeyecek şekilde nazik bir durumdaydı. Kutsal Şehir "merkezi dikenli tellerle çevrili bir kasaba" haline gelmişti. Yine de Haşimi Kudüs'ü eski cazibesinin bir bölümünü geri kazanmayı başardı. Kralın kardeşi prens Muhammed Batı Şeria'yı yönetti. On altı yaşındaki güzel bir Filistinli olan Firyal el-Reşid'le evlenmişti. Prenses Firyal, "Yılın altı ayını Kudüs'te geçirdik. Dajanislere ait olan çok güzel bir villada kaldık ama kocam zamanının çoğunu Hristiyanlarla geçirerek çatışma halindeki Ortodoks, Katolik ve Ermeniler arasında barışı tesis etmeye gayret etti!" demişti.

Kral Hüseyin, Enver Nüseybe'yi vali ve Kutsal Mekânların Sorumlusu olarak atadı. Nüseybeler asırlardır olduklarından çok daha önemli hale gelmişlerdi: Enver bazen Ürdün Savunma Bakanı, kardeşi Hazem'de Dışişleri Bakanı olarak görev yaptı. Ailelerin tümü paralarını ve zeytin bahçelerini kaybetmişti ve çoğu Şeyh Cerrah'taki villalarında yaşamaya devam ettiler. Enver Nüseybe artık Amerikan Kolonisi'nin karşısında "İran halıları, altın kabartma akademik dereceler, kristal şarap sürahileri ve düzinelerce tenis kupası olan" eski tarz bir villada kalıyordu. Nüseybe "hoşgörülü bir ekümencilik" gütmek zorunda kaldı, her Cuma el-Aksa'da namaz kılıp her Paskalya'da ailecek, oğlu Sarı'nın hatırladığı şekliyle, "ellerinde altın haçlarla Kutsal Kabir çevresinde üç kez dönen cübbeli rahiplere" katıldılar. "Kardeşim ve ben bunu (Paskalya Kutlamasını) severdik ve en büyük nedeni de şehirdeki en güzel kızların Hristiyan olmasıydı." Ama Tapınak Dağı sessizdi. O yıllarda şehri keşfe çıkan Kudüs'ün en önemli âlimlerinden biri olan Oleg Grabar, "Haram'ı ziyaret eden çok az Müslüman vardı," demişti.

Sarı Nüseybe "altın cep saatli züppe esnaf, seyyar satıcılık yapan yaşlı kadınlar ve dönen dervişlerle dolu ve kafelerinden fokurdayan nargilelerin sesleri yükselen" Eski Şehir'i araştırdı. Ürdün Kudüs'ü, Amerikan büyükelçi yardımcısı Eugene Bird'e göre, küçük bir dünyaydı. "Daha önce hiç bu kadar küçük büyük bir şehir görmemiştin. Doğru düzgün en fazla 150 kişi bulunuyordu." Ailelerden bazıları turizme yöneldi: Hüseyniler Orient House'u otele çevirdiler. Beyaz saçlı Bertha Stafford Amerikan Kolonisi'ni lüks bir otele ve kendisini de broş takan bir iş kadınına çevirdi ve Cemal Paşa'dan Arabistanlı Lawrence'a kadar herkes tarafından tanındı: Hatta İngiliz televizyon şovu İşte Hayatınız'da iki kez boy gösterdi. Katy Antonius geri dönüp Eski Şehir'de bir yetimhane açtı ve "lüks bir restorana çevirdiği" evine de yerel bir dedikodu sütunu yüzünden Katekeet adı verildi. ABD büyükelçi yardımcısı, "Eliot'ın Kokteyl Partisi'nden çıkmış birine benzeyen dedikoducu ve cazip bir kadındı. Her zaman son moda giyer ve inci gerdanlık takar, ak düşmüş saçlarını nispeten kısa kestirirdi," diye yazmıştı. Konsül yardımcısının oğlu yazar Kai Bird'e göre de "yarı çapkın yarı cilveli" bir kadındı. Ama siyasi öfkesinden bir şey yitirmemişti, "Yahudi devletinden önce Kudüs'te tanıdığım bir sürü Yahudi vardı. Şimdi ise bir Yahudi'yle ticaret yapmaya kalkan Arap dostumu tokatlarım. İlk raundu kaybettik ama henüz savaşı kaybetmiş değiliz."

Büyük devletler sürekli kendi mezheplerini destekledikleri için Soğuk Savaş'ın Kudüs'teki cübbelerin altında ve mihrapların arkasında da "en az, diğer bir bölünmüş şehir olan, Berlin'in sokaklarında olduğu kadar" şevkle sürdürüldüğünü bilmek şaşırtıcı olmayacaktır. ABD büyükelçi yardımcısı Bird, CIA'e, Grand Duke Sergey'in Mary Magdalene Kilisesi'nin altın kaplama soğan kubbelerinin tamiri için 80.000 dolar ayırmasını tavsiye etti. Eğer CIA ödemezse KGB ödeyebilirdi. Rus Ortodoksları CIA'in desteklediği New York'taki kilise ve KGB'nin desteklediği Moskova'daki versiyonu arasında bölünmüştü. Amerikan müttefiki olan Ürdünlüler,

Rus kiliselerini Komünist Karşıtı kiliseye teslim ederken İsrailliler, Stalin'in yeni devletlerini ilk tanıyan kişi olduğunu unutmayarak, Rus mülklerini, batı Kudüs'te aslında kısa süre öncesine kadar Kuzey Kore'ye danışmanlık yapan bir KGB albayı olan bir rahibin bulunduğu bir misyon kuran, Sovyetlere teslim ettiler.

Sarı Nüseybe şöyle yazmıştı: "Arka planda hâlâ Hüseyniler, Naşhaşhibiler, İslam âlimleri, Hristiyan piskoposlar tarafından yönetiliyordu ve Yasak Bölge ve mülteci kamplarını dikkate almazsanız hiçbir şey değişmemiş gibiydi." Ama hiçbir şey aynı değildi –bu melez Kudüs bile artık tehdit altındaydı. Mısır başkanı Nasır'ın yükselişi her şeyi değiştirip Kral Hüseyin'i ve onun Kudüs'teki varlığını tehlikeye attı.

53

ALTI GÜN

1967

NASIR VE HÜSEYİN: SAVAŞA GERİ SAYIM

Doğumu hakkında pek bir şey bilinmeyen Nasır tipik bir Arap devlet adamıydı -1948 İsrail kuşatmasında yaralanmış ve Arap gururunu onarmayı kafasına koymuş genç bir subay. Asırlar sonra en popüler Arap lideri olmuş ve gizli polisinin yardımıyla bir diktatör olarak yönetmişti. Arap dünyasında El Reis olarak bilinen Nasır, sosyalist pan-Arabist bir görüşle halkını Batı hâkimiyetine ve Siyonist zaferine karşı çıkmaya çağırıp yenilgilerinin intikamının alınacağına dair olan umutları yeşertti.

Nasır, artan bir şiddetle karşılanan, Filistin baskınlarına destek verdi. En güçlü Arap ülkesi olan Mısır'ın başında böyle birinin olması İsrail'i telaşlandırdı. 1956'da Süveyş Kanalı'nı millileştirerek İngiliz-Fransız İmparatorluklarının tekeline kafa tuttu ve Cezayirli direnişçileri Fransa'ya karşı destekledi. Onu yok etmeye kararlı olan Londra ve Paris, Ben-Gurion'la gizli bir ittifak yaptı. Genelkurmay başkanı Dayan tarafından planlanan Sina'ya yönelik başarılı İsrail saldırısı İngiliz ve Fransızlara Mısır'ı işgal edebilmeleri için bir bahane sundu. Ama İngiltere ve Fransa en son emperyalist maceralarını sürdürecek güce sahip değildiler: Birleşik Devletler onları geri çekilmeye zorladı. Çok geçmeden Kral Hüseyin, Glubb'ı ordu komutanlığından aldı. 1956 yılı İngiliz Ortadoğu hâkimiyetinin zayıflayıp Amerikan etkisinin artmaya başladığı tarihti. Nasır, pan-Arabist radikalizminin sokaklarında ve subayları arasında çok popüler olduğu iki Haşimi krallığını hedef aldı. 1958'de Hüseyin'in kuzeni ve okul arkadaşı Irak Kralı II. Faysal bir askerî darbe sonucu öldürüldü. Ailesi Arapların, Hicaz'ın, Suriye'nin ve Filistin'in Irak'ın krallarıydı –ve Hüseyin artık son Haşimi'ydi. Nasır resmî olarak Mısır ve Suriye'yi Birleşik Arap Cumhuriyeti adı altında birleştirip İsrail'i çembere aldı ve Ürdün üzerinde hâkimiyet kurdu ama bu birlik iki kez dağılıp iki kez tekrar bir araya getirildi ve hiçbir zaman güçlü olamadı.

Sarı Nüseybe, "Kudüs'te büyümek Detroit ve modern ordular tarafından işgal edilene kadar peri masalında yaşamak gibi bir şeydi, sihirli kalitesini hâlâ kaybetmemiş olsa da gizemlerine artık pek çok tehlike de eklenmiş oldu," diye yazmıştı. Kademeli olarak "Kudüs 1948'de kaybettiklerini tekrar yerine koyup yine dünyanın hac başkenti haline geldi." 1964'te Kral Hüseyin, Papa IV. Paul'ün haccına hazırlık olarak asırlardır kararmış halde duran Kubbetüs Sahra'nın çatısındaki kurşunu yeniden parlattırdı. Papa, Prens Muhammed ve Prenses Feryal tarafından karşılandı ve onların eşliğinde gittikleri şehirde de vali Enver Nüseybe tarafından ağırlandılar. Ama Papa da herkes gibi Mandelbaum Kapısı'ndaki hattı geçmek zorunda kaldı. Calvary Yunan şapelinde dua etmek için izin istediğinde Ortodoks patriği bu talebi yazılı olarak vermesini isteyerek onu geri çevirdi. Sarı Nüseybe, "Papa'nın ziyareti bir akım başlattı," diye yazmıştı: Hüseyniler ve Nüseybeler güzel villalarını yıkıp yerine çirkin oteller diktiler.

Radikal Nasır'ın Mısır ve Suriye'si, Araplar ve İsrailliler, kendi hanedan hırsları ve ihanet ettiği Filistinlilerin nefreti arasında kalan Kral Hüseyin var olma savaşı veriyordu. Nasır onu devirmek için komplo kurunca Kudüs ve Batı Şeria, Haşimilere karşı ayaklanmaya başladı.

1959'da, 1948 savaşı gazisi Yaser Arafat,* militan bir özgürlük hareketi olan Fetih'i kurdu. 1964'te Nasır, Kahire'de düzenlediği zirvede İsrail'le yaklaşan savaş için Birleşik Arap Komutası'nı teşkil etti ve Ahmet el-Şukayri'nin başkanlığında Filistin Kurtuluş Örgütü'nü kurdu. O Mayıs, Kudüs'te Kral Hüseyin istemeden de olsa Filistin Kongresi'nin açılışını yaptı.

Ocak ayında Arafat'ın Fetih örgütü Ürdün'den İsrail'e küçük bir baskın düzenledi. Tam bir felaket olmuştu ve tek kayıp da Ürdünlüler tarafından vurulan Filistinli bir gerillaydı. Ama Fetih'in bu eylemi Arapların dikkatini çekti ve Arafat'ın Filistin meselesini dünya gündemine taşıyacak olan kampanyasının da ilk hareketi oldu. Tabanca taşıyan, üniforma ve kefiyye giyen Fetih radikallerinin yükselişi, 1948'den ve müftüden beri itibar kaybetmekte olan, kibirli aileleri daha da gözden düşürdü. Dönemin tipik bir hareketi olarak Enver Nüseybe'nin oğlu Sarı, Fetih'e katıldı.

Filistinlilerin, Hüseyin konusunda sabırları tükenmekteydi. Vali Nüseybe bir emre itaat etmeyi reddedince kral onu azletti ve yerine bir Ürdünlüyü atadı. Eylül 1965'te, dedesinin ayak izlerini takip eden, Hüseyin gizlice İsrail Dışişleri Bakanı Golma Meir'le buluştu ve Meir kendisine, "Günün birinde silahları bir kenara bırakıp Kudüs'te aramızdaki barışı simgeleyen bir anıt inşa edeceğiz," dedi.[27]

---

* Arafat, Kudüs doğumlu olduğunu iddia etmişti. Annesi Kudüslüydü ama o Kahire'de doğmuştu. 1933'te dört yaşındayken Duvar'ın yanındaki Magribi Mahallesi'ndeki akrabalarıyla kalması için getirilmişti.

Ben-Gurion 1963 yılında başbakanlıktan istifa ettiğinde yerine Kiev yakınlarında doğmuş ve en büyük başarısı İsrail su arıtma sistemini kurmak olan altmış yedi yaşındaki Levi Eshkol geçti: o bir Ben-Gurion değildi. 1967 başında Suriye'nin Kuzey İsrail'e saldırması sonucu başlayan hava savaşında Suriye Hava Kuvvetleri Şam üzerinde ağır kayıp verdi. Suriye, Filistinlileri İsrail'i hedef alan saldırılarını artırmaya teşvik etti.*

Sovyetler Birliği, Nasır'ı –ki yanlış olduğu anlaşılacaktı– İsrail'in Suriye'ye saldırı hazırlığı içinde olduğu yönünde ihtar etti. Ama Moskova'nın neden böyle sahte bir istihbarat verdiği ve Nasır'ın da bunun yanlışlığını ispat edebilecek haftaları olmasına rağmen neden inanmayı seçtiği açık değildir. Mısır'ın tüm gücüne, kendi karizmasına ve pan-Arabizmin popülerliğine rağmen Nasır, İsrail'in misilleme saldırılarıyla küçük düştü ve Suriye'yi kaybetme tehlikesiyle karşı karşıya kaldı. Suriye'yi hedef alan bir saldırıya izin vermeyeceğini göstermek için birliklerini yarımadaya gönderdi.

15 Mayıs'ta gergin Eshkol ve genelkurmay başkanı General Rabin, Bağımsızlık Günü yürüyüşünden önce Kudüs'teki King David'de bir araya geldi: Nasır'ın tehditlerine nasıl cevap vereceklerdi? Ertesi gün Mısır, BM'den Sina'daki barış görevlilerini çekmesini istedi. Nasır bir yandan savaştan kaçınırken bir yandan da krizi tırmandırıyordu. Eğer öyleyse eylemleri ya saçma sapan ya da fazla pervasızdı. Hem Arap liderler hem de sokaktaki halk Yahudilerin yaklaşan yok oluşunu kutlarken Eshkol tereddüt içindeydi. İnisiyatifi Nasır'a kaptırmış olan İsrail'i bir hayatta kalma endişesi sardı. Kahve ve günde yetmiş sigarayla ayakta duran ve İsrail'in geleceğinin omuzları üzerinde olduğunun farkındaki General Rabin dağılmaya başladı.

RABİN: SAVAŞTAN ÖNCEKİ ÇÖKÜŞ

Nasır, kabinesini topladığında ihtimalleri değerlendirdi ve başkan yardımcısı ve başkomutanı, hayalci, ilaç kullanan ve başkanın en eski arkadaşı Feldmareşal Abdülhekim el-Amir'e sorular sordu.

Nasır: "Sina'ya birlik yığmamızın ardından savaş ihtimali yüzde 50 oldu. Eğer Tiran Boğazı'nı kapatırsak yüzde 100 savaş çıkacak. Silahlı kuvvetler hazır mı Abdülhekim?"

Amir: "Hem de nasıl! Her şey mükemmel halde."

---

* Gerginlik artarken yaşlı bir adam Kudüs'ü son kez ziyaret etti ve dünyanın bundan pek haberi olmadı: Hacı Emin Hüseyni, eski müftü, el-Aksa'da ibadet etti ve daha sonra döndüğü Lübnan'da 1974'te öldü.

23 Mayıs'ta Nasır, İsrail'in ana limanı Eilat'a giden, Tiran Boğazı'nı kapattı. Suriye seferberlik ilan etti. Kral Hüseyin birliklerini teftiş etti. Rabin ve generalleri Eshkol'a Mısır'a önleyici bir saldırı yapılması gerektiğini aksi takdirde yok oluşla karşı karşıya geleceklerini söylediler. Ama Eshkol önce tüm siyasi seçeneklerin tüketilmesi gerek diyerek bunu kabul etmedi: Dışişleri Bakanı Abba Eban savaşı önlemek için zorlu bir diplomasi sürdürdü –ya da savaş olursa destek kazanabilmek için. Yine de Rabin, İsrail'i kurtarmak için elinden geleni yapmadığını düşündüğünden dolayı vicdan azabı çekiyordu: "Doğru ya da yanlış her şeyi kendi başıma yapmam gerektiğine dair bir his var içimde. Büyük bir krize batmış durumdayım. Dokuz gündür doğru dürüst bir şey yemedim, uyumadım, durmadan sigara içiyorum ve fiziksel olarak tükendim."

Başbakanı kararsız, genelkurmay başkanı depresyonda, generalleri isyanın halkı da paniğin eşiğinde olan İsrail için durumun şakaya alınır tarafı yoktu. Washington'daki Başkan L.B. Johnson herhangi bir İsrail saldırısını desteklemeyi reddediyordu; Moskova'daki Devlet Başkanı Aleksey Kosigin ise Nasır'a savaşa girmemesini tavsiye ediyordu. Kahire'deki Feldmareşal Amir, "Bu sefer savaşı başlatan biz olacağız," diye övünerek Negev'e saldırmaya hazırlandı. Tam zamanında Nasır, Amir'e geri çekilmesini söyledi.

Umman'daki Kral Hüseyin Nasır'a katılmaktan başka seçeneği olmadığını anladı: Eğer Mısır saldırırsa Arap kardeşini desteklemek zorundaydı; aksi takdirde eğer Mısır kaybederse bir hain olarak görülürdü. 30 Mayıs'ta Hüseyin mareşal üniformasını giyip Magnumunu kuşandı ve kendi kullandığı uçakla Kahire'ye, Nasır'la görüşmeye gitti. Nasır kralın tepesine dikilip, "Ziyaretin gizli olduğuna göre seni tutuklatırsam ne olur?" diye sordu. Hüseyin, "Bu ihtimal hiç aklımdan geçmemişti" diye cevap verdi. 56.000 kişilik ordusunu zaten Mısır Generali Riyad'ın komutasına tahsis etmişti. Kral, "Tüm Arap orduları İsrail'i çembere almış durumda," dedi. İsrail üç cephede savaşmak zorunda kalacaktı. 28 Mayıs'ta Eshkol'un yaptığı radyo konuşması İsrail'i daha da gerdi. Kudüs'te bomba sığınakları kazılıp hava akını talimleri yapıldı. İsrailliler ikinci bir Soykırım'la karşı kalmaktan korkuyorlardı. Eban diplomatik seçenekleri tüketmişti ve generallerin siyasetçilerin ve halkın güvenini kaybetmiş olan Eshkol yerini İsrail'in en saygı duyulan askerine bırakmak zorunda kaldı.

DAYAN'IN KOMUTAYI ELE ALIŞI

1 Haziran'da Moşe Dayan Savunma Bakanı oldu ve Menachem Begin de kabineye görevi olmayan bir bakan olarak katıldı. Sürekli siyah göz bandını takan Dayan,

Ben-Gurion'un öğrencisiydi, Eshkol'dan nefret ediyordu ve ona kaypak, tek gözlü bir Arap haydut olan Abu Jildi'nin adını takmıştı.

Wingate'in öğrencisi, Süveyş Savaşı sırasında genelkurmay başkanı ve şimdi de milletvekili olan Dayan çelişkili bir adamdı – arkeolog ve koleksiyoncuydu, askerî gücü acımadan kullanırdı ve hoşgörülü şekilde bir arada yaşamanın mümkün olduğuna inanıyordu, Arapların yok edicisi ve Arap kültürünün hayranıydı. Arkadaşı Şimon Peres, "Çok zeki bir adamdı. Kafası çok iyi çalışırdı ve hiç aptalca bir şey söylemezdi," demişti. Arkadaşı General Ariel Şaron, Dayan'ın "yüz yeni fikirle uyandığını" söylemişti. "Bunlardan doksan beşi tehlikeliydi; üçü kötüydü; kalan ikisi harika olurdu. Çoğu kişiden nefret eder ve bu nefretini gizlemeye de çalışmazdı." Onu eleştirenler ona "partizan ya da maceracı" derlerdi ama Dayan bir keresinde Peres'e şunu söylemişti: "Bir şeyi unutma: Bana güven olmaz."

Peres'e göre, "Dayan'ın karizmasının kaynağı kurallara uyması değil de onların üstesinden kabiliyet ve cazibesiyle gelebilmesiydi." Bir sınıf arkadaşı onu "yalancı, küstah, sinsi, kendini beğenmiş ama yine de hayranlık uyandıran" birisi olarak tarif etmişti. Arkadaşı olmayan yalnız bir adamdı, çapkındı ve gösterişi severdi. Ben-Gurion bu niteliklerine kızmıyordu çünkü Dayan "İncil'deki Kral Davud'a ya da Amiral Nelson'a benzemekteydi." Dayan'ın kalbi kırık karısı Ruth'a, "Alışmak zorundasın. Büyük adamların sosyal ve mahrem hayatları genelde hiç buluşmayan düzlemlerde cereyan ederler," demişti.

Eban, Amerika'nın askerî bir harekâtı tasvip etmediğini ama engellemek için de bir şey yapmayacağını bildirirken Dayan da strateji kabiliyetini sergiledi. İsrail'in, Ürdün'le savaşmaktan kaçınırken derhal Mısır'ı vurması gerektiğini söyledi. Kudüs komutamı Uzi Narkiss ona karşı çıktı: Ürdün, Scopus Dağı'na saldırırsa ne olacak? Dayan, "O zaman dişini sık ve savun," diye cevap verdi.

Nasır çoktan kansız bir zafer kazandığını düşünmeye başlamıştı ama Mısırlılar, Sina'ya yapacakları saldırıyı planlamaya devam ettiler. Bir Irak tugayı tarafından desteklenen Ürdünlüler Batı Kudüs'ü kuşatmak için Tarık Harekâtı'nı hazırladılar. 500.000 asker, 5000 tank ve 900 savaş uçağını cepheye süren Arap dünyasının böylesine bir araya geldiği hiç görülmemişti. Nasır, "Temel hedefimiz İsrail'in imhasıdır. Irak Başkanı Aref'in de dediği gibi İsrail'i haritadan silmeliyiz," dedi. İsrail'in elinde 275.000 asker, 1100 tank ve 200 uçak bulunuyordu.

5 Haziran'da saat 7.10'da İsrail pilotları bir baskınla Mısır Hava Kuvvetleri'ni yok ettiler. 8.15'te Dayan, İsrail ordusuna Sina'yı işgal etmesini emretti. Ürdünlülerin savunmasız Scopus Dağı'na saldırıp Batı Kudüs'teki 197.000 Yahudi'yi çembere almasından korkan General Narkiss gergin şekilde bekliyordu ama bir yandan da Ürdünlülerin savaşa sadece sembolik bir katkıda bulunmalarını um-

maktaydı. Saat 8'den sonra sirenler çalmaya başladı. Ölü Deniz Belgeleri güvenli bir yere saklandı. Yedekler silah altına çağrıldı. İsrail, ABD Dışişleri Bakanlığı, Kudüs'teki BM ve İngiliz Dışişleri Bakanlığı aracılığıyla, Kral Hüseyin'e üç kez "Eğer Ürdün bir eylemde bulunmazsa İsrail'in kesinlikle saldırmayacağını" bildirdi. "Eğer Ürdün'den bir saldırı gelirse İsrail elindeki tüm gücü kullanacaktır."

Kral Hüseyin'in yaveri saat 8.50'de, "Majesteleri Mısır'a yönelik İsrail saldırısı başladı," diye bildirdi. Karargâhı arayan Hüseyin, Feldmareşal Amir'in İsrail güçlerini ezdiğini ve karşı saldırıya geçtiğini öğrendi. Saat 9.00'da Hüseyin karargâha geldiğinde Mısırlı generali Riyad'in İsrail hedeflerine saldırı ve Güney Kudüs'teki Hükümet Binası'nın ele geçirilmesini emrettiğini öğrendi. Nasır, Mısır zaferlerini ve İsrail Hava Kuvveti'nin yok edilişini onaylamak için aradı.

Saat 9.30'da kral halkına şöyle bir açıklama yaptı: "İntikam saati geldi."

5-7 HAZİRAN 1967: HÜSEYİN, DAYAN VE RABİN

Saat 11.15'te Ürdün topçusu Kudüs'e 6000 mermilik bir baraj ateşi açtı, Knesset ve başbakanın evinin yanı sıra Hadassh Hastanesi ve Siyon Dağı'ndaki Dormition Kilisesi de isabet aldı. Dayan'ın emirlerine riayet eden İsrailliler sadece hafif silahlarla karşılık verdiler. Saat 11.30'da Dayan, Ürdün Hava Kuvvetleri'ne saldırılmasını emretti. En büyük oğlu müstakbel kral II. Abdullah'la sarayının çatısından izleyen Hüseyin uçaklarının yok edilişine şahit oldu.

Kudüs'te İsrailliler ateşkes istedi ama Ürdünlüler kabul etmedi. Kubbetüs Sahra'nın müezzinleri hoparlörlerden, "Silahlarınızı kuşanın ve çalınan ülkenizi Yahudilerden geri alın," diye çağrı yaptı. Saat 12.45'te Ürdünlüler hükümet binasını ele geçirdiler: aslında orası BM karargâhı olmuştu ama Kudüs'e hâkim bir binaydı. Dayan derhal binaya saldırılmasını emretti ve dört saat süren çatışmanın ardından bina ele geçirildi. Kuzeyde İsrail havanları ve topları Ürdünlülere ateş açtılar.

Dayan, Kudüs'ü severdi ama onun siyasi karmaşıklığının İsrail'in varlığını tehlikeye attığının da farkındaydı. İsrail kabinesi Eski Şehir'e saldırmakla sadece Ürdün toplarını susturmayla yetinmek arasında seçim yapmaya çalışırken Tapınak Dağı'nın sorumluluğunu üstlenmek istemeyen Dayan şehrin ele geçirilmesine karşı çıktı ama görüşü kabul edilmedi. Sina ele geçirilene kadar diğer tüm harekâtları geciktirdi.

Hüseyin, "O gece cehennemden farksızdı. Gün gibi aydınlıktı. Gök ve yer, roketler ve İsrail uçaklarından yağan bombaların patlamalarıyla ışıl ışıldı," diyordu. 6 Haziran günü saat 2.10'da İsrail paraşütçüleri üç birlik halinde toplandı ve kendilerine General Narkiss tarafından bunun "48'deki günahlarının kefareti olacağı" söylendi. İlk birlik yasak bölgeyi geçerek –Allenby'nin mühimmatını sakladığı– Cephane Tepesi'ni almak için Mandelbaum Kapısı'ndan ilerledi. Tepe yetmiş bir Ürdünlü ve otuz beş İsraillinin öldüğü şiddetli bir çatışmanın ardından ele geçirildi. Paraşütçüler Şeyh Cerrah'ı geçip Amerikan kolonisinden Rockefeller Müzesi'ne doğru ilerleyip orayı saat 7.27'de ele geçirdiler.

Scopus Dağı ve Zeytin Dağı arasındaki Augusta Victoria Hastanesi'ni hâlâ elinde tutan kral çaresizce ateşkes ilan ederek eski şehri elinde tutmaya çalışıyordu ama artık çok geçti. Nasır, Hüseyin'i arayarak İsrail'in tek başına değil de İngiliz ve Amerikalılarla birlikte Arapları yendiğini iddia edebileceklerini söyledi.

Hüseyin cipiyle Ürdün Vadisi'nde giderken kuzeyden çekilen askerlerine denk geldi. Eski Şehir'deki karargâhları 1948'den beri Ermeni Manastırı'nda olan Ürdünlüler her kapıya elli asker koyup beklediler. İsrailliler Augusta Victoria'yı ele geçirmeyi planlıyordu ama Sherman tankları yanlış dönüş yapıp Kidron Vadisi'ne girdi ve Aslan Kapısı'ndan açılan ateşe maruz kalıp Getsemani Bahçesi yakınlarında dört tank ve beş asker kaybettiler. İsrailliler, Bakire Türbesi'nin avlusuna sığındı. Eski Şehir hâlâ teslim olmamıştı.

Dayan, Eski Şehir'e tepeden bakan Scopus Dağı'ndaki Narkiss'in yanına geldi: Dayan, "Ne ilahi bir manzara!" dedi ama saldırı yapılmasına izin vermedi. 7 Haziran'da şafak vakti BM Güvenlik Konseyi ateşkes çağrısı yapmaya hazırlandı. Menachem Begin, Eshkol'u arayarak ondan Eski Şehir'e yönelik bir saldırıyı teşvik etmesini istedi. Dayan birden zamanının tükenmek üzere olduğunu görüp Harekât Odası'nda Rabin'e "savaşın en zor ve istenen hedefini" ele geçirmesini emretti.

İsrailliler önce Augusta Victoria sırtını napalm kullanarak bombaladılar; Ürdünlüler kaçtı. Daha sonra İsrail paraşütçüleri Zeytin Dağı'nı ele geçirdi ve Getsemani Bahçesi'ne doğru ilerlediler. Paraşütçü Albay Motta Gur askerlerine, "Eski Şehir'e hâkim tepeleri ele geçirdik. Çok geçmeden oraya gireceğiz. Nesillerdir hayalini kurup istediğimiz antik Kudüs şehrine ilk giren biz olacağız. Yahudi milleti sizin zaferinizi bekliyor. Mağrur olun. İyi şanslar!" dedi.

Saat 9.45'te İsrail Sherman tankları Aslan Kapısı'na ateş açıp kapıyı kapatan otobüsü yok ettiler ve kapıyı vurarak açtılar. İsrailliler, Ürdün askerlerinin ateşi altında kapıya hücum etti.[28] Paraşütçüler Via Dolorosa'dan saldırdı ve Albay Gur bir grupla Tapınak Dağı'na ilerledi. İstihbarat subayı Arik Akhmon, "İki gündür süren çatışmanın ardından hâlâ mermiler havada uçuşurken bir yarı paletin arkasındayız ve aniden herkesin resimlerini gördüğü açık bir alana giriyoruz. Dindar biri olmamama rağmen bu noktada duyguyla dolmayacak biri olduğunu zannetmiyorum. Orada hepimiz özel bir an yaşadık," diye anlattı. Ürdün birlikleriyle gerçekleşen çatışmanın ardından Gur telsizden anons etti: "Tapınak Dağı bizimdir."

Bu arada Siyon Dağı'nda, Kudüs Tugayı'na bağlı bir bölük Siyon Kapısı'ndan geçip Ermeni Mahallesi'ne girip dik yamaçtan aşağı inerek Yahudi mahallesine ulaşırken aynı birliğe bağlı diğer askerler de Dung Kapısı'ndan geçtiler. Hepsi de Duvar'a doğru gidiyordu. Tapınak Dağı'ndaki Gur ve paraşütçüleri oraya nasıl gideceklerini bilmiyorlardı ama ihtiyar bir Arap onlara Magribi Kapısı'nı gösterdi ve üç bölük de aynı anda kutsal mekâna vardı. İsrail ordusunun baş hahamı Şolomo Goren bir elinde şofar diğer elinde Tevrat olduğu halde Duvar'a yürüdü ve Kaddisg yas duasını okumaya başladı. Askerler ise dua etti, ağladı, alkışladı, dans etti ve bazıları şehrin yeni marşı "Altın Kudüs'ü" söyledi.

Saat 14.30'da Dayan, Rabin ve Narkiss'le birlikte şehre girdi. Rabin, "Homurdanan tankların yanından geçip terk edilmiş sokaklarda yürüdüler, sessizlik bir keskin nişancı ateşiyle bozuldu. Kotel'e yaklaşırken çocukluğumu hatırladım ve içimi bir heyecan sardı," demişti. Tapınak Dağı'ndan geçerlerken Dayan, Kubbetüs Sahra'nın üzerine İsrail bayrağı konmuş olduğunu gördü ve derhal indirilmesini emretti. Rabin "savaştan yorgun ve gözleri nemli askerleri" izledi "ama şimdi ağlama zamanı değildi –kurtuluş ve umut zamanıydı."

Haham Goren, Tapınak Dağı'ndaki camileri dinamitleyerek Mesih çağının gelişini hızlandırmak istedi ama General Narkiss ona mani oldu.

Haham Goren ona, "Tarih kitaplarına geçeceksin," dedi.

Narkiss, "Adımı çoktan Kudüs tarihine yazdırdım" diye cevap verdi.

Rabin, "Bu hayatımın en önemli anı. Yıllardır Batı Duvarı'nı Yahudi halkına kazandırmada bir rolüm olmasını hayal ediyordum. Bu rüyam gerçek oldu ve neden böylesine büyük bir şerefin bana kısmet olduğunu merak ettim," demişti. Savaşa ismini verme onuru Rabin'e bahşedildi: Her zaman mağrur ve mütevazı olan Rabin basit bir isim seçti: Altı Gün Harbi. Nasır başka bir isim vermişti –el-Naksa– Ters Dönüş.

Dayan bir kâğıt parçasına şunları yazdı: "Tüm İsrail huzur içinde yaşasın" –daha sonra kağıdı Hirodes taşlarının arasına koydu. Ardından, "İsrail'in başkentini bir bütün haline getirdik ve bir daha bölünmesine izin vermeyeceğiz," diye ilan etti. Fakat Dayan –İsrailliler kadar Araplar da ona hürmet eder ve ona Ebu Musa (Musa'nın oğlu derlerdi) –şöyle devam etti: "Arap komşularımıza barış elimizi uzatıyoruz ve tüm inanç sahiplerine tam ibadet hakkı tanıyoruz. Biz kutsal yerleri fethe değil diğerleriyle uyum içerisinde yaşamaya geldik." Ayrılırken "uzun zamandır acı çeken karısına vermek için Duvar ve Magribi Kapısı arasında yeşermiş pembe siklamenlerden kopardı."

Dayan, Kudüs hakkında çok düşündü ve kendi politikasını yarattı. On gün sonra el-Aksa camisine geldi, çoraplarıyla Haram şeyhi ve ulema ile birlikte oturdu ve onlara Kudüs'ün artık İsrail'e ait olduğunu ama Tapınak Dağı'nı vakfın kontrol etmeye devam edeceğini söyledi. 2000 yılın ardından nihayet Yahudiler Har ha-Bayit'i ziyaret edebilecek hale gelmiş olsalar da orada ibadet etmenin yasak olduğunu açıkladı. Dayan'ın kararı bugün değişmeden devam etmektedir.

Başkan Nasır kısa süreliğine görevden çekildi ama gücü hiç elinden bırakmadı ve arkadaşı Feldmareşal Amir'i de hiç affetmedi. Ama Amir bir darbe planladı ve tutuklandıktan sonra hapiste gizemli şekilde öldü. Nasır "Kudüs'ten asla vazgeçmeyeceğini" söylese de bu mağlubiyeti hiç atlatamadı ve üç yıl sonra kalp krizinden öldü. Kral Hüseyin ileride 5-10 Haziran'ın "hayatının en kötü günleri" olduğunu itiraf etti. Topraklarının yarısını ve Kudüs'ü kaybetti. Kudüs için hep yas tuttu: "Kudüs'ün benim sağlığımda kaybedilmesini bir türlü hazmedemedim."[29]

SONSÖZ

"Herkesin iki şehri vardır, biri ait olduğu ve diğeri de Kudüs."

—Teddy Kollek, Röportaj

"Kudüs'ün Roma İmparatoru tarafından yok edilmesi gibi bir felaket nedeniyle ben Diaspora'nın şehirlerinden birinde dünyaya gelmişim. Ama kendimi her zaman Kudüs'te doğmuş olarak farz ettim."

S.Y. Agnon, Nobel Ödülü kabul konuşması 1966

"İleri görüşlü ve insani hislere sahip Yahudi, Hristiyan ve Müslümanların peygamberlerinin ilahi dünyalarına açılan semavi bir kapı olan Kudüs'ü sevmeyi öğrenerek yetiştim – sadece hayalimde böyle olsa da."

Sari Nuseybe, *Bir Zamanlar Bir Ülkede*

"Ey peygamber kokan Kudüs
Sema ile yer arasındaki en kısa yol…
Kanlı surlarını kimler yıkadı?
Ey Kudüs, sevgilim
Yarın limon ağaçları çiçek açacak; zeytin ağaçları serpilecek; gözlerin dans edecek ve güvercinler mukaddes kulelerine doğru uçacaklar."

—Nizar Kabbani, *Kudüs*

"Yahudi halkı Kudüs'ü 3000 yıl önce inşa etti ve Yahudi halkı bugün de Kudüs'ü inşa etmeye devam ediyor. Kudüs bir yerleşim değildir. O bizim başkentimizdir."

Binyamin Netanyahu, Konuşma, 2010

"Bir kez daha uluslararası fırtınanın merkezinde. Ne Atina ne de Roma bu kadar tutkuyu körüklemiştir. Bir Yahudi, Kudüs'ü ilk kez ziyaret ettiğinde o ilk değildir, eve dönüştür."

—Elie Wiesel, Barack Obama'ya açık mektup, 2010

KUDÜS'TE SABAH: O ZAMANDAN BUGÜNE

Fetih, Kudüs'ü aynı anda mesihçi, kıyametçi, stratejik ve milliyetçi manada değiştirdi, yüceltti ve daha karmaşık hale getirdi. Bu yeni görüş İsrail'i, Filistin'i ve Ortadoğu'yu da değiştirdi. Panik içinde alınmış bir karar, hiç planlanmamış bir fetih, felaketin kıyısından dönülerek kazanılmış bir zafer inananları, inanmayanları ve inanmak isteyenleri değiştirdi.

O tarihte bunların hiçbiri açık değildi ama geri dönüp baktığımızda Kudüs'ün İsrail'in geleneksel seküler, sosyalist ve modern hâkim ruhunu değiştirdiğini görüyoruz ve eğer bu devletin dini olsaydı bu Ortodoks Musevilik kadar Yahudiye arkeolojisinin tarih bilimi de olurdu.

Kudüs'ün ele geçirilmesi en seküler Yahudileri bile sevindirdi. Siyon tutkusu öylesine derin, öylesine eski, şarkılara, dualara efsanelere öylesine işlemiş, Duvar'dan ayrılık öylesine uzun ve acılı olmuş, mukaddesat enerjisi öylesine güçlüydü ki dünyanın dört bir yanındaki, en dinden uzak Yahudiler bile dinî bir deneyime yaklaşan ve modern dünyada elde edebilecekleri en üst seviyedeki bir coşku hissettiler.

Babil'den, Kurtuba ve Vilna'ya kadar binlerce yıldır yaşayanların vârisi olan dindar Yahudiler içinse bu selametin, kefaretin ve İncil'de geçen kehanetlerin gerçekleşmesinin işareti, Sürgün'ün sona ermesi ve Davud'un şehrindeki Tapınak'ın kapılarına dönüş manasına geliyordu. Jabotinsky'nin devamı ve milliyetçi ve askerî Siyonizm'i benimsemiş olan İsrailliler içinse bu askerî olduğu kadar siyasi ve stratejik bir zaferdi –Tanrı tarafından kendilerine bahşedilen güvenli sınırları olan İsrail'e kavuşma şansı. Hem dindar hem de milliyetçi Yahudiler, Yahudi Kudüs'ü yeniden inşa edip ebediyen ellerinde tutmaları gerektiği fikrini benimsediler. 1970'lerde bu mesihçi ve maksimalist gruplar Kutsal Şehir'de değil de Tel Aviv'de yaşayan ve seküler ve liberal kalmaya devam eden İsrail halkının çoğunluğu kadar dinamiktiler. Ama milliyetçi-selametçi program Tanrı'nın öncelikli işiydi ve bu ilahi acelecilik çok geçmeden Kudüs'ün fizyonomi ve kan akışını değiştirecekti.

Etkilenen sadece Yahudiler değildi: Daha kalabalık ve güçlü olan Hristiyan evanjelistler de, özellikle Amerika'dakiler, benzer bir milenyumcu heyecan yaşadılar. Evanjelistler, İsa'nın gelmesi için gereken iki şartın yerine geldiğine inanıyorlardı: İsrail kurulmuş ve Kudüs Yahudilerin eline geçmişti. Geriye sadece Üçüncü Tapınak'ın kuruluşu ve yedi yıl sürecek felaketler kalmıştı. Bunun ardından Aziz Michael, Zeytin Dağı'nda belirecek ve Tapınak Dağı'nda Deccal'le savaşacaktı. Bunun sonunda Yahudilerin din değiştirmesi ya da imhası gerçekleşecek ve son olarak İsa ikinci kez gelip bin yıl dünyada hüküm sürecekti.

Sovyetlerin silahlandırdığı Arap despotluklarına karşı küçük Yahudi demokrasisinin kazandığı zafer Birleşik Devletler'i, İsrail'in çok tehlikeli komşuları olan özel bir dost ve Komünist Rusya, Nasır radikalizmi ve İslami köktendinciliğe karşı yürüttüğü mücadelede değerli bir müttefik olduğuna ikna etti. Amerika ve İsrail bundan fazlasını paylaşıyordu çünkü ikisi de ilahi bir boyutu da olan özgürlük idealleri üzerine kurulmuş ülkelerdi: Biri "tepedeki şehir" olan yeni Siyon ve diğeri de eski Siyon'du. Amerikalı Yahudiler zaten sadık destekçilerdi ama artık Amerikalı evanjelistler de İsrail'in kutsanmış bir ülke olduğunu düşünmeye başlamışlardı. Kamuoyu araştırmaları İsa'nın ikinci kez Kudüs'te gelmesini bekleyen Amerikalıların kimi zaman yüzde 40'a kadar çıktığını göstermektedir. Bu abartılı olabilir ama Amerikalı Hristiyan Siyonistler, Yahudi Kudüs'ünü desteklediler ve İsrail, onların kıyamet senaryolarında Yahudilerin rolü pek parlak olmasa da, onlara hep minnettar kaldı.

Batı Kudüs'ten, tüm İsrail'den ya da Diaspora'nın herhangi bir köşesinden gelen tüm Yahudiler Duvar'a dokunmak ve orada dua etmek için Eski Şehir'e doluştular. Şehre sahip olmak öylesine bir duyguydu ki onsuz kalmak imkânsız ve tahammül edilmez gibi gelmekteydi – ve böyle bir şeyin olmasına mani olmak için de büyük kaynaklar seferber edilmişti. Pragmatik Ben-Gurion bile emekliliğinde İsrail'in barış için Batı Şeria ve Gazze'den vazgeçebileceğini söylemişti – ama Kudüs'ten asla.

İsrail resmî olarak şehrin iki yakasını birleştirip sınırlarını 267.800 vatandaşı içerecek şekilde genişletti – 196.800 Yahudi ve 71.000 Arap. Kudüs tarihte hiç olmadığı kadar genişledi. Selahaddin'in oğlu Efdal'in kurduğu Magribi Mahallesi'ndekiler yeni evlere taşındı ve Duvar'a yer açabilmek için evleri dinamitle yıkıldı. Üç metrelik bir sokakta asırlarca tıkış tıkış ibadet ettikten sonra nihayet Yahudilerin en kutsal mekânının önünde geniş bir avlu açılabilmişti; Yahudiler dua etmek için oraya aktı. Yahudi Mahallesi yenilendi, dinamitlenen sinagogları yeniden yapıldı ve harap haldeki meydan ve sokakları yenilenip süslendi. Ortodoks din okulları –yeshiva– kuruldu ya da tamir edildi ve yapımlarında ışıl ışıl altın rengi taşlar kullanıldı.

Bilime de yer verildi: İsrailli arkeologlar şehri kazmaya başladılar. Uzun Batı Duvarı, Mağrıbi Kapısı'nın kuzeyindeki ibadeti yöneten hahamlarla güneyi kazan arkeologlar arasında bölündü. Duvar'ın yakınlarındaki Müslüman ve Yahudi mahallelerinde ve Davud Şehri'nde nefes kesici hazineler bulundu –Kenan tahkimatları, Yahudiye mühürleri, Hirodes temelleri, Makkabi ve Bizans surları, Roma sokakları, Emevi sarayları, Eyyübi kapıları, Haçlı Kiliseleri– bilimsel bulguları siyasi-dinî hevesle de harmanlanmış gibi görünüyordu. Buldukları taşlar –Hezekiya suruna ait ve Romalıların Hadrian Cardo'sunu yapmak için kullandığı taşlar– restore edilen Eski Şehir'de sergilendi.

Yirmi sekiz yıldır birleşik şehri yönetmesi için seçilen Batı Kudüs Belediye Başkanı Teddy Kollek, Araplara güvence vermek için çok çalıştı ve şehri Yahudi idaresi altında birleştirmeye çalışan ama Arap Kudüs'e de saygı duyan liberal İsrail'in yüzü haline geldi.* Manda idaresinde müreffeh olan Kudüs, Batı Şeria'daki Arapları çekmiş ve on yılda nüfusu ikiye katlanmıştı. Şimdi de şehrin ele geçirilmesi tüm gruplardan İsraillileri, özellikle de milliyetçi ve selametçi Siyonistleri, ele geçirdikleri yeri imar ederek güvence altına almaya itmişti; Arap Doğu Kudüs'ünün etrafında derhal Yahudi banliyöler inşasına başlandı.

Başta Arap muhalefetinden ses çıkmadı; çoğu Filistinli, İsrailliler için çalıştı ve küçük bir çocuk olarak Kudüs'e gittiğimde Kudüs ve Batı Şeria'daki evlerinde Filistinli ve İsraillilerle zaman geçirmiş ve bunun huzur dolu bir dönem olduğu ve fazla sürmeyeceğini fark etmemiştim. Yurt dışında işler farklıydı. Yaser Arafat ve Fetih 1969 yılında FKÖ'yü ele geçirdi. Fetih, İsrail'e yönelik gerilla saldırılarını artırırken diğer bir grup olan Marksist-Leninist Filistin Kurtuluş Cephesi adam öldürme ve uçak kaçırma gibi eylemlerle sesini duyurmaya başladı.

Tapınak Dağı, Dayan'ın da söylediği gibi, beraberinde büyük bir sorumluluk gerektiriyordu. 21 Ağustos 1969'da Avustralyalı bir Hristiyan olan ve Kudüs Sendromu'ndan** mustarip olduğu görülen David Rohan, İkinci Geliş'i hızlan-

---

* Macaristan'da doğup Viyana'da büyüyen ve Theodor Herzl'in adını alan Kollek, Yahudi Örgütü için özel görevler yerine getirmiş, Irgun ve Stern Çetesi'ne karşı harekâtlarda İngiliz gizli servisiyle çalışmış daha sonra da Haganah için silah satın almıştı. Daha sonra Ben-Gurion'un ofis yöneticisi olarak görev yaptı. Bu arada Amerikan Kolonisi'nin kurucusu 90 yaşındaki Bertha Spafford Vester, İsrail'i kabullendi: "Türklerin, İngilizlerin, Ürdünlülerin idaresinde yaşadım ve hepsiyle birlikte yaşamayı öğrendim. Aynısını İsraillilerle de yapacağım." Haziran 1968'de öldü. Belediye Başkanı Kollek, Koloni'nin düzenli ziyaretçisi oldu.

** Kudüs deliliği üzerine yapılan akademik çalışmada tipik hastaların "kendisini Eski ya da Yeni Ahit'teki karakterlerle özdeşleştiren ya da onlardan biri olduğuna inanan ve Kudüs'te psikotik bir maceraya atılmaya kalkan" kişiler olduğu ifade edilmiştir. Tur rehberlerine şu kişilere ve durumlara dikkat etmeleri söylenmiştir: 1-kışkırtıcı, 2-gruptan ayrılmaya eğilimli, 3-banyo yapma takıntılı, sürekli tırnaklarını birbirine vuran, 4-otel çarşafları gibi beyaz kumaşlarla hazırlık yapan, 5-çığlık atan, İncili yüksek sesle okuyan, 6-Kudüs'teki kutsal mekânlardan biri ziyaret edilirken, 7-kutsal bir mekânda ibadet edilirken. Kudüs'teki Kfar Shaul Akıl Hastanesi bu sendrom üzerine uzmanlaşmıştır: Deir Yassin'de bulunan hastanenin güvenli duvarları içinde bu trajik köyün son evleri de bulunmaktadır. Yılda yüz civarında dırmak için el-Aksa Camisi'ni ateşe verdi. Oraya Selahaddin tarafından konulan Nureddin'in minberi yandı ve Yahudilerin Tapınak Dağı'nı ele geçirme komplosu olarak görülüp Arap ayaklanmalarına neden oldu.

1970'teki "Kara Eylül'de" Kral Hüseyin, Ürdün'ü ele geçirmeye çalışan Arafat ve FKÖ'yü yenip ülkesinden sürdü. Arafat karargâhını Lübnan'a taşıdı ve Fetih, Filistin'i dünyanın gündemine getirebilmek için uluslararası bir uçak kaçırma ve cinayet seferberliği başlattı. 1972'de Fetih militanları "Kara Eylül'ü sebep göstererek" Münih Olimpiyatları'nda 11 İsrailli sporcuyu öldürdü. Buna karşılık olarak Mossad, Avrupa'da faillerin peşine düştü.

Ekim 1973'te Yom Kippur'da Nasır'ın halefi Enver Sedat Suriye'yle birlikte, kendisine aşırı güvenen, İsrail'e karşı başarılı bir sürpriz saldırı düzenledi. Araplar ilk başta başarılı oldular ve Savunma Bakanı Moshe Dayan'ın sinirleri iki günde laçka oldu. Ama Amerika'nın desteğini alan İsrailliler toparlandılar ve General Ariel Şaron Süveyş üzerinden bir karşı saldırı başlattı. Sonrasında Arap Birliği, Kral Hüseyin'i FKÖ'yü Filistin'in tek temsilcisi olarak tanımaya ikna etti.

1977'de, King David'in bombalanmasından otuz yıl sonra, Menachem Begin ve Likud, 1948'den beri iktidarda olan İşçi Partisi'ni yenip Kudüs'ün başkenti olduğu Büyük İsrail için milliyetçi-mesihçi bir programla iktidara geldi. Yine de 10 Kasım'da Enver Sedat'ı Kudüs'te ağırlayan Begin oldu. Sedat, King David Oteli'nde kaldı, el-Aksa'da dua etti, Yad Vaşem'i ziyaret etti ve Knesset'te barış teklifinde bulundu. Umutlar artmıştı. Dışişleri Bakanı olarak atanan Moshe Dayan'ın da yardımıyla Begin barış anlaşması karşılığında Sina'yı Mısır'a iade etti. Ama kısa süre sonra istifa edecek olan Dayan'dan farklı olarak Begin, Arap dünyası hakkında çok az şey biliyordu. O bir Polonya shtetl çocuğu olarak kalmış Yahudi mücadelesine Maniheist tarzda bakan sert bir milliyetçiydi ve Musevilikle duygusal bir bağa ve İncil'deki İsrail vizyonuna sahipti. Başkan Jimmy Carter'ın koruma kalkanının güvencesiyle Sedat'la müzakere eden Begin "Kudüs'ün İsrail'in ebedi başkenti olarak kalmasında" ısrar etti ve Knesset benzeri bir şeyi oylayarak kanun haline getirdi. Tarım bakanı Ariel Şaron'un buldozeri andıran enerjisinden de güç alan ve "Kudüs'ü Yahudi halkının kalıcı başkenti" yapmaya kararlı olan Begin daha büyük bir Kudüs inşa edebilmek için Şaron'un tabiriyle "Arap Mahallesi çevresindeki dış halka tesisinin" inşasını hızlandırdı.

Nisan 1982'de bir İsrail yedek askeri olan Alan Goodman, Tapınak Dağı'nda iki Arap'ı vurdu. Müftü sürekli olarak Yahudilerin el-Aksa'nın olduğu yerde Tapınak'ı yeniden inşa etmek istediği yönünde uyarılarda bulunuyordu ve Araplar da gerçek-

---

hasta tedavi edilir (yeni milenyumda bu sayı artmıştır) fakat bu sendromu en saf haliyle yaşayan sadece iki kişiye rastlanmıştır; genelde Vaftizci Yahya ya da Bakire Meryem olduklarına inanmaktadırlar.

ten de böyle bir gizli plan var mı diye düşünmeye başlamışlardı. Oysaki İsrailli ve Yahudilerin büyük bölümü bu türden bir şeyi kesin olarak reddeder ve ultra-Ortodokslar da bunun Tanrı'nın işine karışmak olduğuna inanmaktadırlar. Sadece Tapınak Dağı'nda ibadet etmek isteyen Tapınak Dağı İnançlıları ya da üçüncü Tapınak için rahip yetiştirilmesi gerektiğini söyleyen Tapınak Kurma Hareketi'ne bağlı bin kadar Yahudi köktendincinin bu türden planları vardı. Ancak en fanatiklerin içerisindeki en küçük grupların camileri yıkmak gibi komploları oluyordu ama bu tarihe kadar İsrail polisi hepsinin planlarını boşa çıkarmıştı. Böylesi bir girişim sadece Müslümanlar için değil İsrail devleti için de bir felaket olurdu.

1982'de Begin, FKÖ'nün İsrail diplomatları ve sivillerine yönelik saldırılarına Arafat'ın yerleşmiş olduğu Lübnan'ı işgal ederek karşılık verdi. Arafat ve kuvvetleri Beyrut'tan çıkmak zorunda kaldı ve Tunus'a geçtiler. Savunma Bakanı Şaron'un yönettiği savaş sonunda Hristiyan milislerin Sabra ve Şatilla kamplarında 300-700 Filistinli sivili katlettiği bir bataklığa dönüştü. Bu vahşetin dolaylı olarak sorumluluğunu taşıyan Şaron istifaya zorlandı ve Begin'in kariyeri depresyon, istifa ve tecritle sona erdi.

1977'de artan umutlar iki tarafın aşırılıklarıyla, sivillerin öldürülmesiyle ve Kudüs ve Batı Şeria'daki Yahudi yerleşimlerinin yayılmasıyla tekrar söndü. 1981'de Kudüs'e gelmesinin karşılığı olarak Sedat'ın köktendinciler tarafından öldürülmesi İslam içinde yükselen yeni bir gücün işaretiydi. Aralık 1987'de Gazze'de bir Filistin isyanı –İntifada– patlak verdi ve Kudüs'e yayıldı. İsrail polisi Tapınak Dağı'nda göstericilerle çatıştı. FKÖ'nün uçak kaçıran katillerinin yerini Kudüs sokaklarında İsrail polisine taş atan, eziyet gören ama mağrur gençlerin görüntüsü aldı.

İntifada'nın enerjisinin yarattığı otorite boşluğu yeni liderler ve fikirler tarafından dolduruldu: FKÖ seçkinlerinin Filistin sokaklarıyla bağlantısı kesildi ve köktendinci İslam, Nasır'ın modası geçmiş pan-Arabizminin yerini almaya başladı. 1987'de İslamcı radikaller İslami Direniş Hareketi'ni, Hamas, kurdular. Bu örgüt Müslüman Kardeşler'in bir koluydu ve İsrail'i ortadan kaldırmayı amaç edinmişti.

Kollek, İntifada'nın Yahudi Kudüs'ü "temelden değiştirdiğini," itiraf etmişti –birleşik Kudüs hayalini ortadan kaldırdı. İsrailli ve Araplar birlikte çalışmayı bıraktılar; birbirlerinin mahallelerine gitmediler. Gerginlik sadece Müslümanlar ile Yahudiler arasında değil Yahudilerin kendi arasında da yükseldi: aşırı Ortodoks Yahudiler, seküler Yahudilere başkaldırdı ve seküler Yahudiler Kudüs'ten taşınmaya başladılar. Hristiyan Kudüs'ün eski dünyası hızla yok oldu: 1995'te sadece 14.100 Hristiyan kalmıştı. Ama İsrailli Yahudiler, Kudüs'ü Yahudileştirme planlarından vazgeçmediler. Şaron kışkırtıcı bir hareketle Müslüman Mahallesi'ndeki bir daireye taşındı ve 1991'de ultra-milliyetçi dindarlar asıl Davud Şehri'nin bitişindeki

Arap Silwan'a yerleşmeye başladılar. Hayatını adadığı eserin aşırılar tarafından işgal edildiğini gören Kollek, Şaron'u ve bu yerleşimcileri, "Mesihçilik tarihimiz boyunca bize büyük zarar vermiştir," diyerek kınadı.

İntifada dolaylı olarak Oslo barış görüşmelerini de yönlendirdi. 1988'de Arafat iki devletli çözümü kabul etti ve İsrail'i yok etmeye yönelik silahlı mücadeleden vazgeçti. Kral Hüseyin, Arafat'ın, Kudüs başkentli bir Filistin devleti kurmak istediği Batı Şeria ve Kudüs üzerindeki iddialarından vazgeçti. 1992'de Yitzhak Rabin başbakan oldu ve İntifada'yı ezdi; İsraillilerin bir barışçıdan beklediği en önemli nitelik olan açık sözlülüğe sahip birisiydi. Amerikalılar, Madrid'deki görüşmelere nezaret ettiler ama tarafları bilinmeyen ve sonuç verecek diğer bir gizli görüşme yapılmaktaydı.

Bu teşebbüs, İsrailli ve Filistinli akademisyenler arasındaki gayrı resmî görüşmeler şeklinde başladı. Tarafsız bölge olarak kabul edilen Amerikan Kolonisi'nde, Londra ve Oslo'da görüşmeler yapıldı. Görüşmeler başta Rabin'in bilgisi haricinde Dışişleri Bakanı Şimon Peres ve vekili Yossi Beilin tarafından yürütüldü. Rabin'e 1993'te haber verildiğinde o da görüşmeleri destekledi. 13 Eylül'de Rabin ve Peres, Beyaz Saray'da, Clinton'ın nezaretinde, Arafat'la bir anlaşma imzaladı. Batı Şeria ve Gazze'nin bir bölümü, 1948 kahramanının* oğlu ve şehirdeki en muhterem Filistinli Faysal el Hüseyin'e ait olan ve Doğu Evi olarak bilinen Hüseyin konağını, Kudüs'teki karargâhı yapan Filistin Yönetimi'ne teslim edildi. Rabin, Ürdün kralı Hüseyin'le bir barış anlaşması imzaladı ve Haşimilerin İslam'ın Kutsal Mekânları üzerindeki, bugün de devam eden, koruyucu rolünü kabul etti. İsrailli ve Filistinli arkeologlar kendi akademik barış görüşmelerini yaptılar ve ilk kez birlikte çalışmaya başladılar. Kudüs meselesi müzakerelerde en sona bırakıldı ve Rabin anlaşmaları beklemeden yerleşimlerin inşasına hız verdi. Beilin ve Arafat'ın vekili Mahmut Abbas, Kudüs'ü ortak belediyeli Arap ve Yahudi bölgelerine bölmeyi görüştüler, ayrıca Eski Şehir'e Ortadoğu'nun Vatikan'ı olmasını sağlayacak özel bir statü verilecekti – ama imzalanmadı.

Oslo görüşmeleri pek çok şeyi açıkta bıraktı ve iki tarafta şiddetle karşı çıktı. Seksen iki yaşındaki belediye başkanı Kollek seçimlerde koltuğunu daha sertlik yanlısı ve milliyetçi ve ultra-Ortodoksları destekleyen Ehud Olmert'e kaptırdı. 4

* Abdülkadir'in oğlu Faysal Hüseyni, İntifada'nın liderlerinden biri olarak ortaya çıktı. Hüseyni, Fetih'in bomba uzmanlarını yetiştirdi ve yıllarını İsrail hapishanelerinde geçirdi. Bir Filistinli lider için bu şeref madalyası sayılırdı ama hapisten salıverilip İsraillilerle görüşmeye başlayan ilk kişi oldu ve hatta derdini daha iyi anlatabilmek için İbranice öğrendi. Hüseyni, Madrid görüşmelerine katıldı ve Arafat'ın Kudüs'teki Filistin bakanı oldu. Oslo görüşmeleri yarıda kaldığında İsrailliler onu Doğu Evi'nde gözaltına aldılar ve daha sonra da evi kapattılar. 2001'de öldüğünde babası gibi Haram'a defnedildi ve Filistinliler Arafat'ın yerine geçebilecek tek lideri de kaybetmiş oldular.

Kasım 1995'te, Beilin ve Abbas'ın Kudüs konusunda gayri resmî olarak anlaşmalarından sadece dört gün sonra, Rabin, Yahudi bir fanatik tarafından öldürüldü. Kudüs'te doğmuş olan Rabin yine orada Herzl Dağı'nda defnedildi. Kral Hüseyin bir methiye yazdı; Amerikan başkanı ve iki selefi törene katıldı. Mısır başkanı Mübarek ilk kez ziyarete geldi ve Galler Prensi, İsrail'in kuruluşundan bu yana Kudüs'e tek resmî ziyaretini yaptı.

Barış görüşmeleri çıkmaza girmeye başladı. Hamas'ın İslamcı köktendincileri İsrail sivillerine yönelik intihar saldırıları düzenlemeye başladılar: Bir Arap intihar bombacısı Kudüs'teki bir otobüste yirmi beş sivili öldürdü. Bir hafta sonra bir diğeri aynı otobüs yolu üzerinde on sekiz kişiyi öldürdü. Filistinlilerin uyguladığı şiddetin bedelini başbakan Peres ödedi ve seçimlerde onun yerine Likud'un lideri Binyamin Netenyahu şu sloganla geldi: "Peres, Kudüs'ü bölecek." Netanyahu toprak karşılığı barış tarzı görüşmeleri sorguladı, Kudüs'ün bölünmesine karşı çıktı ve daha fazla yerleşime onay verdi.

Eylül 1996'da Netanyahu, Duvar'dan başlayıp Tapınak Dağı boyunca ilerleyip Müslüman Mahallesi'ne çıkan bir tünel açtı.* Bazı İsrailli radikaller yukarıya, Tapınak Dağı'na doğru kazmak istediklerinde Vakıf'ın Müslüman yetkilileri deliğe beton döktüler. Tünellerin İslam Mabeti'nin temellerini zayıflatmak için kazıldığı söylentisi yayıldı ve Kudüs'te arkeolojinin ne kadar tehlikeli olduğunu gösteren bir ayaklanmada yetmiş beş kişi öldü ve 1500 kişi yaralandı. İsrail sadece arkeolojiyi siyasileştirmedi: tarih de bundan payını aldı. FKÖ, Filistinli tarihçilerin Kudüs'te bir Yahudi Tapınağı olduğunu söylemelerini yasakladı –bu emir bizzat Arafat'tan geldi: Kendisi seküler bir gerillaydı ama İsrailliler için de olduğu gibi bazen seküler milli hikâyelerin dinî öğelerle süslenmesi gerekiyordu. 1948'de Arafat, Müslüman Kardeşler'le birlikte savaşmıştı –askerleri El-Cihat el Mukaddes'e, Kudüs Kutsal Savaşı'na, çağrılmıştı– ve şehrin İslami önemini kabullendi: Fethin silahlı kanadına Aksa Şehitleri Tugayı adını verdi. Arafat'ın yaveri Kudüs'ün onun "şahsi mülkü" olduğunu söyledi. Kendisini Selahaddin'le, Büyük Ömer'le tanımlıyor ve Kudüs'le Yahudilerin ilişkisini reddediyordu. Filistinli tarihçi Dr. Nazmi Jubeh, "Tapınak Dağı üzerindeki Yahudi baskısı ne kadar artarsa birinci ve ikinci Tapınaklar da o kadar fazla reddedilecektir," demişti.

---

* Arkeologlar Tapınak Dağı'nın Batı Duvarı boyunca uzanan Arap evlerinin altındaki tünelleri 1950'lerde araştırmaya başlamıştı. Müstakbel duayen Kudüs akademisyeni Oleg Grabar defalarca ev sahiplerinin şaşkın bakışları arasında zeminin altından onların mutfaklarına çıktıklarını hatırlamaktadır. İsrailli arkeologlar bu tünellerde Hirodes Tapınağı, Makkabi, Roma, Bizans ve Emevi binaları ve bir Haçlı şapeline dair kalıntılar buldular. Ayrıca tünelde Yahudilerin ibadet ettikleri ve Tapınak'ın Temel Taşı'na en yakın bir nokta da bulunmaktaydı –ve Yahudi ile Müslüman Mahalleleri'ni birleştirerek Kudüs'ü de birbirine bağlıyordu.

Tünel isyanından sonraki gergin günlerde ve Süleyman'ın At Ahırları'nda bir sinagog açılması planladığı söylentileri arasında İsrailliler Vakıf'a, El-Aksa'nın altındaki kadim salonları temizlemeleri için ve ardından buldozerlerle kazarak bir merdiven ve Marvan'daki, Hirodes salonlarında, yeni ve geniş bir yeraltı camisi yapmaları için izin verdi. Çıkan enkaz ise atıldı. Dünya üzerindeki en hassas bölgelerden birine böyle buldozerlerle girilmesi İsrailli arkeologları dehşete düşürdü: Din ve siyaset savaşının kaybedeni arkeoloji olmuştu.*

İsrail barışa olan inancını henüz kaybetmemişti. Camp David'deki başkanlık konutunda Clinton yeni başbakan Ehud Barak ve Arafat'ı Temmuz 2000'de bir araya getirdi. Barak büyük bir cesaretle "nihai" bir anlaşma önerdi: Batı Şeria'nın yüzde 91'i, Doğu Kudüs'teki tüm Arap banliyöleri ve Filistin'in başkentinin Abu Dis olması. Eski Şehir, İsrail'in elinde olacak ama Müslüman ve Hristiyan Mahalleleri ve Tapınak Dağı "Filistin himayesinde" bulunacaktı. Mabet'in altındaki toprak ve tüneller –Tapınak'ın temel taşlarının üzerindeki her şey– İsrail'in olacak ve ilk kez Yahudilerin sınırlı sayılarda Tapınak Dağı'nda bir yerde ibadet etmelerine izin verilecekti. Eski Şehir'de iki tarafın da devriyeleri bulunacak ama bölge askerden arındırılıp herkese açılacaktı. Kendisine Eski Şehir'in mahalleleri teklif edilmiş olan Arafat, Ermeni Mahallesi'ni de istedi. İsrail bunu da kabul ederek Eski Şehir'in dörtte üçünü vermiş oldu. Suudilerin kabul yönündeki baskısına rağmen Arafat ne Filistinlilerin haklarının iadesi için son bir karar alabilmişti ne de İslam'a ait olan Kubbetüs Sahra'yı İsrail'e teslim etmeyi kabul edebilirdi.

Arafat, Clinton'a, "Cenazemi mi görmek istiyorsunuz. Kudüs'ten ve Kutsal yerlerden vazgeçemem," dedi. Ama reddetmesinin daha esaslı bir nedeni vardı: görüşmeler sırasında Arafat, Kudüs'te bir Yahudi Tapınağı'nın hiçbir zaman olmadığını ve Tapınak'ın gerçekte Samaritan Gerizim Dağı'nda olduğunu söyleyerek Amerikalıları ve İsrailleri şok etti. Ona göre Şehrin Yahudiler için kutsal olması modern bir olguydu. Aynı yılın sonlarında Clinton'ın başkanlığının son haftalarında yapılan görüşmelerde İsrail, Tapınak Dağı'nın tümünü teklif edip sadece altındaki Kutsalların Kutsalı'yla sembolik bir bağı korumak istedi ama Arafat reddetti.

28 Eylül 2000'de Likud muhalefetinin lideri Şaron, İsrail polisinin korumasında Kubbetüs Sahra ve el-Aksa'yı tehdit eden bir "barış mesajıyla" Tapınak Dağı'nda dolaşarak Barak'ın sıkıntılarına yenilerini ekledi. Sonuçta başlayan olaylar Aksa

* Bu mücadeleler iki taraftaki karmaşıklığı da ortaya çıkardı ve kimi zaman İsraillilerle Arapları bir araya getirdi: Haham Goren, Duvar'a tepeden bakan Halidi evine yeshiva adına el koymaya kalkınca Bayan Haifa Halidi, İsrail mahkemesinde İsrailli tarihçiler olan Amnon Cohen ve Dan Bahat tarafından savunuldu ve kendisi günümüzde hâlâ ünlü Halidiye Kütüphanesi'nin üzerindeki evinde yaşamaktadır. Dindar Yahudiler, Davud'un Şehri altındaki yerleşim ve kazılarını genişletmeye kalkıştığında İsrailli arkeologların açtığı davalar sonucu durduruldular.

İntifada'ya, yani yarı taş atma başkaldırısı yarı Fetih ve Hamas tarafından önceden planlanmış İsrailli sivillere yönelik intihar saldırılarına, dönüştü. İlk İntifada, Filistinlilere yardım etmiş olsa da bu, İsrail'in barış sürecine olan inancını yok edip Şaron'un seçilmesine ve Filistinlilerin de kendi aralarında bölünmelerine neden oldu.

Şaron, Filistin Yönetimi'ni ezip, Arafat'ı çembere alıp küçük düşürerek İntifada'yı bastırdı. Arafat, 2004'te öldü ve İsrail onun Tapınak Dağı'na defnedilmesine izin vermedi. Halefi Abbas 2006 seçimlerinde Hamas'a yenildi. Kısa bir çatışmanın ardından Hamas, Gazze'yi ele geçirirken Abbas'ın Fetih'i Batı Şeria'yı yönetmeye devam etti. Şaron, Kudüs içerisinde bir güvenlik duvarı inşa etti ve bu beton duvar insanın içini karartsa da intihar saldırılarının sona ermesini sağladı.

Barış artık neredeyse imkânsız hale gelmişti çünkü barışı savunanlar haksız çıkmışlardı. Kudüs günümüzde şizofren bir heyecan içerisinde yaşamaktadır. Yahudiler ve Araplar birbirlerinin bölgesine girmeye cesaret edememektedir; seküler Yahudiler, Sebt'e uymadıkları ya da uygun şeyler giymedikleri için onlara taş atan ultra-Ortodoks Yahudilerden uzak durmaktadırlar; mesihçi Yahudiler polisin sabrını sınamakta ve Tapınak Dağı'nda dua etmeye çalışarak Müslümanları sinirlendirmektedirler; Hristiyan mezhepleri de kendi aralarında kavgaya devam etmektedir. Kudüs'te yüzler gergin, sesler öfkeli ve üç dine mensup olanlar da ilahi bir planın oyuncuları olduklarına ikna olmuş durumdular ve hiç kimse yarının ne getireceğinden emin değildir.

YARIN

Burada, dünyanın her yerinden daha fazla, hoşgörü, paylaşma ve cömertlik iksirinin bir damlasının ön yargı, kibir ve sahiplenmeye bir nebze olsun ilaç olmasını istiyor ve umuyoruz. Bunu bulmak hiç de kolay değildir. Kudüs 2000 yıldır ne böylesine büyük ve güzel ne de ağırlıklı olarak Yahudilere ait olmuştu. Ayrıca Filistin'in en kalabalık şehri de Kudüs'tür.* Kimi zaman onun Yahudiliği sentetik bir şeymiş gibi ve Kudüs'ün yapısına aykırı şekilde sunulur ama bu şehrin geçmişinin ve bugünün tahrif edilmesinden başka bir şey değildir.

Kudüs'ün tarihi aralarında Yahudiler, Araplar ve daha bir çoklarının bulunduğu göçmenler, koloniciler ve hacıların tarihidir. Bin yıldan uzun süren İslam hâkimiyetinin ardından Kudüs, Müslüman göçmenler, âlimler, Sufiler ve Arap,

---

* 2009/2010'da Kudüs'ün nüfusu 780.000'di: 514.800 Yahudi (bunlara 163.800 ultra-Ortodoks da dâhildir) ve 265.200 Arap. Eski Şehir'de de 30.000 Arap ve 3.500 Yahudi bulunmaktadır. Doğu Kudüs'ün yeni banliyölerinde 200.000 kadar İsrailli yaşamaktadır.

Türk, Hintli, Sudanlı, İranlı, Kürt, Iraklı ve Magribiler kadar Hristiyan Ermeniler, Sırplar, Gürcüler ve Ruslar tarafından da ziyaret edilmiştir –onlar benzer nedenlerle daha sonra bölgeye yerleşen Sefarad ve Rus Yahudilerinden farklı değillerdi. Bu niteliği Arabistanlı Lawrence'a onun bir Arap şehrinden ziyade bir Levanten şehri olduğunu düşündürmüştü ve bu gerçek şehrin özüne işlemişti.

Kudüs'ün surlarının dışındaki banliyölerin 1860-1948 yılları arasında Araplar kadar Yahudiler ve Avrupalılar tarafından inşa edildiği genelde unutulur. Şeyh Cerrah gibi Arap bölgeleri Yahudi olanlardan daha eski olmadığı gibi onlardan ne daha az ne de daha çok meşrudur.

Hem Müslümanların hem de Yahudilerin inkâr edilemez tarihsel iddiaları bulunmaktadır. Yahudiler 3000 yıldır bu şehirde yaşamış ve ona hürmet etmişlerdir ve Araplarla eşit yaşama haklarına sahiptirler. Ama en masum Yahudi yeniliklerinin bile gayri resmî görüldüğü zamanlar da olmaktadır: 2010'da İsrailliler nihayet Yahudi mahallesindeki, 1948 yılında Ürdünlüler tarafından tahrip edilen, Hurva Sinagoğu'nu ibadete açtılar ama bu Avrupa medyası tarafından eleştirildiği gibi Doğu Kudüs'te de küçük ayaklanmalara neden oldu.

Ama mevcut Araplar kendilerini taciz edilmiş, dışlanmış ve ayrı tutulmuş hissettikleri zaman durum tamamıyla değişmektedir. Devlet, belediye ve kutsal bir görevi yerine getirdiklerine inanan kişilerce şiddetle savunulan, yeni Yahudi yerleşim alanları açabilmek için mülkleri kamulaştırılmaktadır. Bu saldırgan yerleşim politikası Arap bölgelerini kolonileştirmek, şehri paylaşmaya yönelik barış girişimlerini baltalamak ve Arap bölgelerine yeni ev inşasını engellemek ve oraları ihtiyaç duydukları hizmetlerden mahrum bırakmak için uygulanmakta ve en masum Yahudi projelerinin bile adının kötüye çıkmasına neden olmaktadır.

İsrail'de iki grup karşı karşıya geldi – Kudüslü, dindar milliyetçi devlet, liberal batılı ve "Köpük" ismini almış Tel-Aviv'e karşı. Kudüs'teki milliyetçi projelerin ve Batı-Şeria'da yerleşim yerleri kurma takıntısının İsrail'e faydadan çok zarar vermesi gibi bir tehlike bulunmaktadır.*

---

* İsrail'in işlemeyen demokrasisinde, zayıf koalisyon hükümetleri döneminde, milliyetçi-dinci teşkilatlar Kudüs planlaması ve arkeolojisi konusunda çok daha güçlü hale geldiler. 2003'te Eski Şehir'in doğusundaki hayati öneme sahip Doğu Bir'de (Er) başlayan inşaat doğu Kudüs ile Batı Şeria arasındaki irtibatı kesti ve bir Filistin devleti kurulması ihtimalini zayıflattı. İsrailli liberaller ve Amerika, İsrail'i bunu durdurmaya ikna etti ama Şeyh Cerrah ve Silwan'daki Yahudi yerleşim projeleri devam etmektedir. Silwan, Yahudi milliyetçi-dinci bir kurum olan Elad'ın arkeolojik kazıları desteklediği ve Yahudi Kudüs'ün hikâyesini anlatan ziyaretçi merkezini işlettiği Davud'un Şehri'ne çok yakındır. Ayrıca Yahudi yerleşimcilere yer açmak için Filistinlilerin yakındaki başka evlere nakledilmesi ve King David'de Kralın Bahçesi adında bir park yapılması planlanmaktadır. Bu tür girişimler arkeoloji profesyonelliğiyle bağdaşmamaktadır. Bu projeye karşı kampanya düzenleyen tarihçi Dr. Raphael Greenberg'e göre arkeologlar "seküler akademik yaklaşımı temsil etmelerine rağmen onları destekleyenler buldukları şeylerin onların Kudüs tarih görüşüyle

Bu fikir karmaşası içerisinde İsrail de diğer tüm devletlerle aynı güvenlik ve refah içinde yaşama haklarına sahiptir – ama Kudüs sıradan bir başkent değildir. Kudüs'teki bazı yapıların varlığı onun sadece İsrail'e ait olduğu görüşünü zayıflatmaktadır. Elie Wiesel 2010 yılında Başkan Obama'ya gönderdiği açık mektupta, "Günümüzde tarihte ilk kez Yahudi, Hristiyan ve Müslümanlar kendi ibadethanelerinde özgürce ibadet edebilmektedir," diye yazmıştı ve bu büyük ölçüde doğru bir ifadedir.

M.S. 70 yılından beri Yahudilerin ilk kez özgürce ibadet edebildikleri doğrudur. Hristiyan idaresinde Yahudilerin şehre yaklaşması bile yasaktı. İslam hakimiyetinde Hristiyan ve Yahudiler zımmi olarak kabul edilip hoş görüldüler ama sıklıkla baskı altında tutuldular. Hristiyanların sahip olduğu Avrupalı güçlerin korumasına sahip olmayan Yahudiler genelde kötü muamele gördü –ama Hristiyan Avrupa'daki kadar kötü muameleye hiç tabi tutulmadılar. İslam ya da Hristiyan kutsal mekânlarına yaklaşan Yahudiler öldürülebilirdi ama dileyen – aslında bunun için izne ihtiyacı vardı– Duvar'ın yanındaki geçitten eşekle geçebilirdi. Yirminci yüzyılda bile Yahudilerin Duvar'a erişimi İngilizler tarafından sınırlandırılmış ve Ürdünlüler tarafından da yasaklanmıştı. Ama İsraillilerin "Hadise" dediği şey yüzünden Wiesel'in ibadet özgürlüğü hakkındaki iddiası bürokratik tacizle uğraşmak zorunda kalan yabancılar için her zaman geçerli değildir. Ayrıca güvenlik duvarı, Batı Şeria'daki Filistinlilerin Kilise ya da el-Aksa'da ibadet etmek için Kudüs'e gelmesini zorlaştırmaktadır.

Çatışmadıkları zamanlarda Yahudi, Müslüman ve Hristiyanlar Kudüs'ün geleneksel devekuşu yaklaşımına geri dönmektedirler – kafalarını kuma gömer ve diğerleri yokmuş gibi yaparlar. Eylül 2008'de Yahudi Bayramı ve Ramazan'ın aynı günlere denk gelmesi "tek tanrılı din trafiği yarattı" çünkü Araplar ve Yahudiler el-Aksa'da ve Duvar'da ibadet etmeye geldiler ama Ethan Bronner, New York Times'da, "Bu karşılaşmaları gergin diye nitelemek yanlış olurdu çünkü hiç karşılaşma olmadı. Kimse konuşmadı; birbirlerine bakıp geçtiler. Sanki her mekânın farklı isimlerinin ve iki grubun da kendisine ait bir zamanının olduğu paralel evrenler gibi," diye yazdı.

Kudüs'ün sıra dışı standartlarında bu devekuşu yaklaşımı normalliğin alametidir –özellikle de şehrin küresel olarak bu denli önemli olduğu bir zamanda. Günümüzde Kudüs, Ortadoğu'nun kokpitidir, Batı sekülerizmi ve İslamcı köktendinciliğin savaş alanıdır, İsrail ile Filistin arasındaki mücadeleden bahsetmiyorum

---

uyum içerisinde olmasını beklemektedirler." Şu tarihe kadar korkuları gerçekleşmedi. Arkeologların dürüstlüğü en üst seviyededir ve mevcut kazılar Yahudi değil Kenan surlarını ortaya çıkarmıştır. Yine de bu kazı alanları sürekli olarak Filistinliler ve liberal İsrailliler tarafından protesto edilmektedir.

bile. New Yorklular, Londralılar ve Parisliler, organize dinlerin ve onlara inananların alaya alındığı, ateist ve seküler bir dünyada yaşadıklarına inanmaktadırlar ama köktendinci milenyumcu İbrahim dinine mensup olanları sayısı –Hristiyan, Yahudi ve Müslüman– artmaya devam etmektedir.

Kudüs'ün kıyametle ilgili ve siyasi rolü gittikçe daha endişe verici hale gelmektedir. Amerika'nın bereketli demokrasisi çok yönlü ve sekülerdir ama aynı zamanda Amerika son ve belki de en büyük Hristiyan devletidir – ve evanjelistleri hâlâ Kudüs'teki Ahir Zaman'ı beklemektedirler, tıpkı ABD hükümetinin sakin bir Kudüs'ü Ortadoğu barışının ve Arap müttefikleriyle olan stratejik işbirliğinin anahtarı olarak görmesi gibi. Bu arada İsrail'in Kudüs'e hâkim olması Müslümanların bu şehre verdiği önemi de artırmıştır: 1979 yılında Ayetullah Humeyni tarafından başlatılan İran'daki Kudüs gününde şehir İslami bir kutsal şehir ve Filistin'in başkentinden çok daha fazlası olarak gösterilmiştir. Tahran'ın nükleer silah destekli bölgede hâkimiyet kurma gayretleri ve ABD'yle arasındaki soğuk savaş içerisinde Kudüs İranlı Şiilerle, İslam Cumhuriyeti'ne şüpheyle bakan Sünni Arapları bir araya getirmiştir. İster Lübnan'daki Şii Hizbullah isterse Gazze'deki Sünni Hamas olsun şehir günümüzde Siyonizm ve Amerikan karşıtlığı ve İran'ın liderliğinin simgesi olarak görülmektedir. Cumhurbaşkanı Mahmud Ahmedinejad, "Kudüs'teki işgal rejimi tarihe karışmalıdır," demişti. Ahmedinejat da milenyumcudur ve "adil ve kusursuz insan olan, on iki imamın sonuncusu, Mehdi'nin gelip Kudüs'ü kurtaracağına" inanmaktadır.

Bu eskatolojik-siyasi yoğunluk yirmi birinci yüzyıl Kudüs'ünü, üç dinin gözünde de Seçilmiş Şehir'i, tüm plan ve çatışmaların merkezine koymaktadır. Kudüs'ün kıyametle ilgili rolü belki abartılmaktadır ama Arap dünyasındaki değişimlerle birlikte tümünü yirmi dört saat televizyon haberlerinde izlediğimiz güç, inanç ve modanın bu eşsiz karışımı Evrensel Şehir'in kırılgan taşlarının üzerindeki baskıyı daha da artıracaktır.

Tez canlı Abdullah'ın torunu Ürdün Kralı II. Abdullah 2010 tarihinde, "Kudüs patlamaya hazır bomba gibidir. Dünyanın bu bölümündeki tüm yollar ve tüm çatışmalar Kudüs'e çıkar," diye ikaz etmişti. Amerikan başkanlarının sürekli olarak iki tarafı barıştırmaya çalışmasının nedeni budur. İsrail demokrasisi içindeki barış kanadı güç kaybedip zayıf hükümetleri aşırı güçlü milliyetçi-dinci partilerin etkisi altında kalırken Filistinli fraksiyonlar, Arap Baharı'ndan da cesaret alarak, farklı programlarla birleşik bir Filistin hükümetinin kurulması için uzlaşma arayışı içerisine girmişlerdir – Fetih'inki uzlaşmacı ve seküler, Hamas'ınki militan ve İslamcı. Fetih'in Batı Şeria'sının refah seviyesi artmaya devam etse de Gazze'yi yöneten en dinamik Filistin teşkilatı olan Hamas İsrail'i yok etme planından vaz-

Solda, Mekke şerifi, Hicaz kralı Hüseyin (sağda) Filistinli milliyetçi lider Musa Kazım Hüseyni'yle (solda) Kudüs'te görüşüyor.
Sağda, Mekke şerifi hırslı oğulları Faysal (solda), önce Suriye daha sonra Irak kralı, ve müstakbel Ürdün kralı Abdullah'ı (sağda, burada 1931 yılında Kudüs'te görülüyor) kendi krallıklarını kurdukları için hiç affetmedi.

David Ben-Gurion, 1924'te yeni Yahudi evleri üzerine çalışıyor (solda), sert bir Yahudi lider olarak ortaya çıkarken Müftü Emin el-Hüseyin'de (sağda) en az onun kadar sert bir Arap milliyetçi lider olduğunu göstermiştir: burada 1937 yılında at üzerinde Kudüs'teki en önemli Müslüman bayramı olan Nebi Musa'ya nezaret etmektedir.

Paskalya ayini olan Kutsal Ateş (Kutsal Kabir Kilisesi'nin kubbesinden görülmektedir) kalabalık, tutkulu ve çoğunlukla ölümcüldür.

1944'te Soykırım'da ölenleri anmak için Batı Duvarı'nda edilen bu duada Yahudilere dua etmeleri için ayrılmış yerin darlığı görülmektedir.

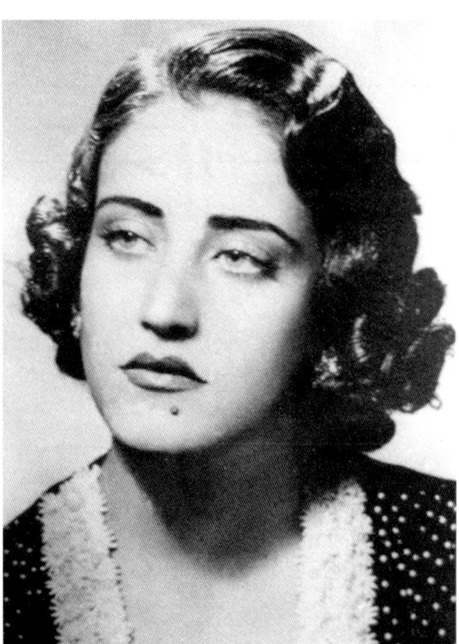

Esmahan: Arap şarkıcı, Dürzi prenses, Mısırlı film yıldızı, casus ve savaş sırasında King David Oteli'nin baştan çıkarıcı kadını.

Üstte sol, Müftü Emin el-Hüseyni'nin buluştuğu Hitler onun sarı saçları ve mavi gözlerine hayran kaldı. Aristokrat bir savaşçı ve 1947-8'in Arap kahramanı olan kuzeni Abdülkadir Hüseyni'nin (üstte sağda) ölümü Filistinlilerin umuduna büyük darbe indirmişti. Tapınak Dağı'ndaki cenazesi (aşağıda) kaotik ve kimi zaman gergindi: Havaya ateş edilirken öldürülenler olmuştu.

Jerusalem Bomb Outrage by Fanatical Zionists

KING DAVID HOTEL, where British military H.Q. and government offices in Jerusalem were located, was the scene of a bomb outrage by Jewish terrorists on July 22, 1946. Rescue work continued until August 2, when all the debris was cleared, the final death-roll—British, Arab and Jewish—being 91. Sir John Shaw (left), Chief Secretary to the Palestine Government, and Lieut.-Gen. Sir Evelyn Barker (right), G.O.C. Palestine, escaped uninjured. This incident coincided with Anglo-American conversations in London on Palestine's future. On July 31 it was announced that the British Government was willing to accept the experts' recommendations that Palestine should be divided into an Arab province, a Jewish province, a district of Jerusalem and a desert area to the south, implementation of this plan depending on United States co-operation.

1946-8: Araplar ve Yahudiler birbirlerinin sivillerini öldürürken Menachem Begin'in Irgun'u, King David Oteli'ndeki İngiliz karargahını bombaladı. Yahudilerden zaten nefret eden İngiliz generali Bubbles Barker (gazetede alt sağda) çekici ve hayat dolu metresi Filistinli Katy Antonius'tan da cesaret almıştır (altta).

1948'deki Kudüs savaşı (önceki sayfada altta): Yahudi Mahallesi'ndeki çatışmada Arap askerleri Yahudi bir esire refakat ediyorlar (üstte solda); Yahudi bir kız çatışmadan kaçıyor (üstte sağda); Arap Lejyonerleri kum torbalarının arkasında mevzide (altta)

Önceki sayfa, üstte: 1948'in kazananı Ürdün kralı Abdullah, Kudüs'te kalabalığa el sallıyor, aynı zamanda hayatını da tehlikeye atıyor. Ortada, suikastçısı el-Aksa'da yerde yatıyor. Altta, Abdullah'ın torunu Ürdün Kralı Hüseyin 1967 Savaşı'na hazırlanıyor: İstemeden de olsa kuvvetlerini Mısırlıların emrine vermesi felaketle sonuçlandı.

İsrail hükümeti krizde: İsrail genelkurmay başkanı İzak Rabin (solda) baskıyı daha fazla kaldıramadı ve görevden çekildi; Savunma Bakanlığı'na getirilen Moşe Dayan (sağda) burada 1967 krizi büyürken kabinede Rabin'le birlikte görülüyor. Dayan, Hüseyin'i üç kez Mısır ve Suriye yenilgiye uğratılana kadar saldırmaması konusunda uyardı. *Altta*, İsrail paraşütçüleri Aslan Kapısı'na ilerliyor.

Üst sağdan saat yönünde: Haziran 1967'de ele geçirilmesinden dakikalar sonra İsrail askerleri Batı Duvarı'nda dua ediyorlar; Haram el Şerif şeyhi Mağribi Kapısı'ndan bakıyor; arkasında İsrail jipleri, Kubbetüs Sahra'nın önünde Kudüs'ün tekrar birleşmesini kutlamadan önce, Haram'da ilerliyorlar.

geçmemiştir. Silah olarak intihar saldırılarını seçmiştir ve belli aralıklarla güney İsrail'e roket atarak İsrail'i kışkırtmaktadır. Avrupa ve Amerikalılar onu terörist bir örgüt olarak kabul etmişlerdir ve şimdilik 1967 sınırlarına dayalı bir yerleşimle ilgili verilen destek sinyalleri karışıktır. Seçimlerde günün birinde demokratik bir hükümetin geleceğini umuyoruz, gerçi iki fraksiyon İsrail'le görüşmek için uyum içinde mi çalışacak yoksa İsrail'le yürütülecek barış görüşmelerinde Hamas liderliği mi üstlenecek belli değildir. Müzakerelerin bir noktasında Hamas'ın şiddetten vazgeçip İsrail devletini tanıması gerekecektir. Üstelik Kudüs, tarihte hep olduğu gibi, Mısır, Suriye ve diğer ülkelerde başlayan ve Ortadoğu'ya yeniden şekil veren 2011 Arap Baharı'nın rüzgârlarından da etkilenecektir.

1993'ten beri görüşmelerin tarihi ve asil sözler, güvenilmez ve şiddet dolu eylemler arasındaki fark iki tarafı da Kudüs'ü kalıcı olarak paylaşmak için taviz vermekten uzak tutmaktadır. En iyi döneminde bile Kudüs'teki semavi, milli ve hissi uzlaşma bir labirent içerisindeki bulmaca gibidir: Yirminci yüzyılda Kudüs'le ilgili en az kırk plan yapılmış ve tümü de başarısız olmuştur ve günümüzde sadece Tapınak Dağı'nın paylaşımı için on üç farklı model bulunmaktadır.

2010'da Başkan Obama, Barak'la koalisyon yaparak tekrar iktidara gelen, Netanyahu'yu Kudüs'teki yerleşim programını geçici olarak durdurmaya zorladı. ABD-İsrail ilişkilerindeki en acı dönemin yaşanmasına rağmen Obama en azından iki tarafı tekrar masaya oturtmayı başardı, ama ilerleme çok kısa süreli oldu.

İsrail diplomatik olarak esnek değildir ve yerleşimleri inşa ederek kendi güvenliğini ve itibarını tehlikeye atmaktadır. Diğer taraftaki sorun da benzer şekilde temelde görünmektedir. Rabin, Barak ve Omert dönemlerinde İsrail, Eski Şehir de dâhil olmak üzere, Kudüs'ün paylaşılmasını önermişti. 1993 yılından beri süren görüşmelere rağmen Filistinliler resmî olarak şehrin paylaşılmasına yanaşmadılar ama hâlâ umut var: çünkü bunu gizli ve gayrı resmî olarak 2007/8'de yaptılar. İki taraf da en esnek tekliflerini yapmıştı ve konumları çok yakın olsa da diğeri için yanlış zamandı. Bu tür bir Filistin teklifine dair belgelerin ifşa edilmesi de Arap tarafında ihanet suçlamalarının yükselmesine neden oldu.

Kudüs mevcut haliyle uzun zaman daha devam edebilir ama eğer barış anlaşması imzalanırsa İsrail'in bir devlet ve demokrasi olarak var olabilmesi ve Filistinliler için de adaletin yerini bulabilmesi için şart olan iki devletli çözüme ulaşılması olacaktır. Filistin devletinin ve ortak Kudüs'ün şeklini iki taraf da bilmektedir. Oslo görüşmelerinin mimarı ve durumu herkes kadar iyi bilen Şimon Peres, "Kudüs iki devletin başkenti olacak, Arap banliyöleri Filistin'in, Yahudi banliyöleri İsrail'in olacak," demişti. İsrailliler, Clinton tarafından belirlenen şartlara göre, Doğu Kudüs'teki on iki kadar yerleşime kavuşacak, Filistinlilerin kayıpları İsrail tarafından başka yerlerde verilecek arazilerle telafi edilecek ve Batı Şeria'nın büyük bölümündeki İsrail yerleşimleri kaldırılacaktır. Peres şöyle açıklamıştı: "Basit görünse de asıl sorun Eski Şehir'de ortaya çıkacaktır. Hâkimiyet ile dini birbirinden ayırmamız gerekiyor. Herkes kendi kutsal mekânını idare edebilir ama Eski Şehir'i parçalara ayırmak kolay olmayacaktır."

Eski Şehir uluslararası bir komisyon tarafından yönetilen Arap ve İsrail polisleri tarafından ya da uluslararası güçler tarafından –hatta Vatikan'ın İsviçre muhafızlarının benzeri bir birim olabilir– korunan silahlardan arındırılmış bir Vatikan olabilir. Araplar Amerika'yı kabul etmeyebilir, İsrail ise BM ve AB'ye güvenmediği için bu iş NATO ve bir kez daha Kudüs'te önemli bir rol üstlenecek olan Rusya'ya kalabilir.* Tapınak Dağı'nı uluslararası hale getirmek zordur çünkü hiçbir İsrailli siyasetçi Tapınak'ın Temel Taşı üzerindeki haklarından vazgeçmeye cesaret edemez ayrıca hiçbir Müslüman siyasetçi de oradaki İslam mabetlerinden vazgeçemez. Ayrıca, Danzig'den Trieste'ye kadar, uluslararası ve özgür şehirlerin sonu da pek hayırlı olmamıştır.

Tapınak Dağı'nı bölmek zordur. Haram ve Kotel, Kubbetüs Sahra, Aksa ve Duvar hepsi aynı yapının parçalarıdır: Peres, "Mukaddesatı hiç kimse tekeline alamaz. Kudüs bir şehirden ziyade bir alevdir ve hiç kimse bir alevi bölemez," diye eklemişti. Alev ya da değil idarenin birisinin elinde olması gerekir ve yapılan planlara göre yüzeyin Müslümanlara ve tünellerin, sarnıçların ve alt kısmın (yani Temel Taşı'nın) İsrail'e verilmesi planlanmıştır. Yeraltı mağaraları, su boruları ve yollarının karmaşıklığı nefes kesicidir ama Kudüs için bu fazla şaşırtıcı değildir: Toprak kimin, yer kimin, gök kimin?

Herhangi bir konuda anlaşmaya varılamadı ama anlaşmaktan başka da çare yok. Siyasi hâkimiyet haritalara çizilebilir, bu haritalar hukuki anlaşmalarda ifade edilebilir ve M-16'larla dikte ettirilebilir ama tarihi, mistik ve duygusal olmadığı müddetçe bir manası yoktur. Sedat, "Arap-İsrail çatışmasının üçte ikisi psikolojiktir," demişti. Barışın asıl şartları Hirodes sarnıcının kime kalacağı değil de karşılıklı güven ve saygının tesis edilebilmesiyle ilgilidir. İki tarafta da bazı unsurlar diğerinin tarihini reddetmektedirler. Eğer bu kitap bir vazife üstlenecek olsaydı bunun iki tarafın da diğerinin tarihi ve kültürel mirasını tanımasına faydası

---

* Rusların Kudüs'e duyduğu saygı, 2007'de Sovyet Moskova Patrikliği ve Rusya Dışındaki Beyaz Rusya Ortodoks Kilisesi'ni birleştiren, Vladimir Putin'in otoriter milliyetçiliğine ayak uyduracak şekilde değiştirilmiştir. Binlerce şarkı söyleyen Rus hacılar tekrar sokakları doldurdu. Kutsal Ateş uçakla, Milli İhtişam Merkezi ve Havari Andrei Kuruluşu tarafından, Moskova'ya götürüldü. Davud Türbesi'nin dışına gerçek insan boyutunda "Çar Davud'un" altın bir heykeli konuldu. Eski başbakan Stephan Stepashin yeniden kurulan Filistin Cemiyeti'nin Başkanı oldu: "Kudüs'ün merkezindeki bir Rus bayrağına paha biçemezsiniz."

olmasını dilerdim: Arafat'ın Kudüs'teki Yahudi tarihini inkâr etmesi (bu tarihi memnuniyetle kabul eden) kendi tarihçileri tarafından saçma kabul edilmektedir ama hiçbiri onunla ters düşmeye cesaret edememiştir. 2010 yılı gibi geç bir tarihte bile sadece filozof Sarı Nüseybe, Haram el Şerif'in geçmişte Yahudi Tapınağı'nın bulunduğu yer olduğunu itiraf edebilmiştir. İsrail'in yerleşim politikası Arap güvenliğini ve Filistin devletinin kurulma ihtimalini zayıflatmaktadır. Diğer taraftan Hamas'ın İsrail'e roket atması bir savaş eylemi iken Filistin'in kadim Yahudi mirasını ve modern devletin Yahudi kimliğini reddetmesi de barış görüşmelerini benzer derecede kötü etkilemektedir. Ve tüm bunlardan önce aşmamız gereken daha büyük zorluk vardır: İki taraf da diğerinin trajedi ve kahramanlığa dair modern öykülerini kabullenmek zorundadırlar. Bu kabullenilmesi zor bir şeydir çünkü bu hikayelerin çoğunda diğeri kötü adam olarak gösterilmektedir –yine de imkansız değildir.

Kudüs konusunda insanın aklına ister istemez şu gelmektedir: Kudüs bu şekilde beş ya da kırk yıl daha devam edebilecek mi? Aşırıların Tapınak Dağı'nı harap etme, dünyanın kalbini kırarak köktendincileri Kıyamet'in kapıda ve İsa ve Deccal arasındaki savaşın başlamak üzere olduğuna ikna etme ihtimalleri her an için mevcuttur.

Şimdi Negev'de yaşayan Kudüslü yazar Amos Oz şu tuhaf teklifte bulunmuştur: "Kutsal mekânların bütün taşlarını alıp onları yüz yıllığına İskandinavya'ya taşıyalım ve herkes bir arada yaşamayı öğrenene kadar da onları bir daha Kudüs'e getirmeyelim." Ne yazık ki bu yapılabilecek bir şey değildir.

1000 yıl boyunca Kudüs sadece Yahudilere aitti: 400 yıl boyunca Hristiyanların ve 1300 yıl boyunca da Müslümanların oldu ve bu üç inanç da Kudüs'ü kılıçla, mancınıkla ve sahra topuyla kazandılar. Onların milliyetçi tarihleri kahramanca zaferlerin ve beklenmedik felaketlerin kaçınılmaz katı hikâyelerini anlatmıştır ama ben burada hiçbir şeyin kaçınılmaz olmadığını göstermeye çalıştım, her zaman seçim şansı vardır. Kudüslülerin kaderleri ve kimlikleri nadiren bariz olarak ortadadır. Hirodesler, Haçlılar ya da İngilizler döneminde Kudüs'te yaşamak aynı bugün olduğu gibi hep zor ve karmaşık olmuştu.

Sessiz evrimlerle birlikte dramatik devrimler de olmaktadır. Kudüs'ü değiştiren kimi zaman dinamit, çelik ve kan kimi zamansa çok daha yavaş bir şekilde gelip geçen kuşaklar, söylenen ve unutulan şarkılar ve şiirler, oyulan heykeller ve aşınmış merdivenlerde yüzlerce yıldır yürüyen ailelerin yarı bilinçli rutinleri, komşunun eşiğinin üzerinden sıçramaları ve taşları parlayana kadar ovmaları olmuştur.

Pek çok yönden hem sevmenin hem de nefret etmenin mümkün olduğu Kudüs her zaman mukaddes ve küstah, hem bayağı hem de estetik açıdan eşsiz ve oradaki yaşam başka yerlerde olduğundan daha yoğunmuş gibi görünecektir; her şey aynıdır ama hiçbir şey aynı kalmamaktadır. Her günün şafağında üç dinin de mukaddes mekânları kendilerine göre tekrar hayat bulmaktadırlar.

BU SABAH

Saat dört buçukta Batı Duvarı ve Mukaddes Mekânlar'ın hahamı Şamuel Rabinowitz uyanıp günlük ibadetlerine başlar ve Tevrat okur. Yahudi mahallesinden geçip hiç kapanmayan ve devasa Hirodes'e ait taşları karanlıkta ışıldayan Duvar'a gider. Yahudiler orada gece gündüz durmadan dua etmektedirler.

Kırk yaşında ve Kudüs'e gelen Rus göçmenlerin yedinci kuşağı olan hahamın soyu, Gerer ve Lubavitcher saraylarındaki ailelerden gelmektedir. Yedi çocuk babası, gözlüklü, sakallı ve mavi gözlü, siyah takımlı ve şapkalı bu adam soğuk sıcak, yağmur kar demeden Yahudi mahallesinden Büyük Hirodes'in Duvarı'nı görene kadar yürür. "Dünyanın en büyük sinagoğuna her gelişinde kalbi durur gibi olurdu. Bu taşlarla arasındaki kelimelerle ifade etmesi mümkün olmayan manevi bir bağ bulunuyordu."

Hirodes taşlarının çok yukarısındaki Kubbetüs Sahra ve el-Aksa camileri Yahudilerin Tanrı'nın Evi'nin Dağı dediği yerde duruyordu, ama haham Tapınak Dağı'na yapılacak her türlü müdahaleyi reddederek emin bir şekilde, "Hepimize yetecek yer var. Günün birinde Tanrı, Tapınak'ı tekrar inşa edebilir – ama insanlara karışmak düşmez. Bu sadece Tanrı'yı ilgilendirir," demişti.

Haham olarak Duvar'ın temizliğinden o sorumludur: Taşlar arasındaki çatlaklar ibadet edenlerin yazdıkları notlarla doludur. Yılda iki kez –Hamursuz ve Roş Aşana'dan önce– bu notlar temizlenir, kutsal kabul edildikleri için de Zeytin Dağı'na gömülürler.

Yedi yüz Yahudinin çoktan ibadete başladığı Duvar'a vardığında güneş doğuyor ve her zamanki gibi aynı dua grubunu –minyan– aynı noktada dua eder halde bulur: "Bir ibadet usulüne sahip olmak önemlidir bu sayede dualara odaklanabilirsiniz." Minyanı selamlamaz, başla selamlayabilir ama telfilini koluna dolarken hiç konuşmaz – "İlk söz Tanrı için olacak." Sabah duası şahariti okuyup şöyle bitirir: "Tanrı milletimize huzur bahşetsin." Ancak ondan sonra arkadaşlarını selamlar. Duvar'da gün başlamıştı.

Saat 4.00 olmadan kısa süre önce yani Yahudi mahallesindeki haham Rabinowitz'in uyandığı sıralarda, bir çakıl taşı Vecih Nüseybe'nin Şeyh Cerrah'taki evinin penceresine çarpar. Kapıyı açtığında seksen yaşındaki Aded el-Judeh, Nüseybe'ye ağır ve eski, 30 santimlik bir anahtar verir. Kudüs'ün en büyük ailelerinden birinin soyundan gelen altmış yaşındaki Nüseybe* çoktan takımını giyip kravatını takmıştır ve yola çıkarak Şam Kapısı'ndan Kutsal Kabir Kilisesi'ne doğru gitmeye başlar.

Yirmi beş yıldan uzun süredir Kutsal Kabir sorumlusu olan Nüseybe saat tam 4.00'da gelir ve Melisende'nin Romanesk cephesindeki büyük kapıyı çalar. Bir gece önce 20.00'da kilitlediği Kilise'nin içerisinde Yunan, Latin ve Ermeni zangoçlar belli günlerde kapıları kimin açacağını önceden belirlemiştir. Üç mezhebin rahipleri geceyi sohbet ve ibadetle geçirir. Saat 2.00'da her şeyde ilk olan hâkim Ortodokslar Aşai Rab ayinlerine başlarlar. Sekiz rahip Yunanca dua ederken Mezar'ın etrafında dönerler ve yerlerini Ermenilere bırakırlar ve onlar da tam kapılar açılırken Ermenice *badarak* ayinine başlarlar; Katoliklere sıra ancak 6.00'da gelecektir. Bu arada tüm mezhepler Matiye ayinlerini yaparlar. Geceleri sadece bir Kıptinin kalmasına izin verilir ve o da sadece eski Kıpti lisanında dua eder.

Kapılar açılırken çatının üzerindeki, girişi ana kapının hemen sağında olan, Aziz Michael Şapeli ve manastırdaki Habeşiler, Amharca dua etmeye başlarlar ve ayinleri o kadar uzundur ki kilisede ibadet edecek yorgun kişiler için bulundurdukları çoban değneklerine yaslanarak devam ederler. Geceleri farklı lisanlarda duaların yükseldiği Kilise farklı kuşların şakıdığı taştan bir ormanı andırır. Burası Kudüs'tür ve Nüseybe daha sonra ne olacağını hiçbir zaman bilemez: "Binlerce kişinin bana bağlı olduğunu biliyorum ve kilit kapıyı açmazsa ya da bir terslik olursa diye endişeleniyorum. Kapıyı ilk kez on beş yaşında açmış ve eğlenceli olduğunu düşünmüştüm ama şimdi ciddi bir mesele olduğunu anlıyorum." İster savaş ister barış olsun o kapıyı açmak zorundadır ve dediğine göre babası işin aksamaması için çoğunlukla Kilise'nin girişinde yatardı.

Yine de Nüseybe her sene rahipler arasında birkaç kavga olacağını bilmektedir. Yirmi birinci yüzyılda bile kimi zaman uzun gece dualarından bunalan ve tarihi düşmanlıkların etkisi altında kalan rahipler doğru yoldan sapıp çoğunlukla Paskalya sırasında birbirlerine girerler. Kilise'nin çoğunu elinde tutan ve en kalabalık olan Yunanlılar, Katolik ve Ermenilerle kapışır ve çoğu zaman da kazanırlar. Aynı mezhepten olmalarına rağmen Kıptiler ve Habeşiler birbirlerine hırlamaya bayılır: Altı Gün Harbi'nin ardından İsrail nadir müdahalelerinden birini yaparak, Nasır'ın Mısır'ını cezalandırmak ve Habeşi Haile Selassie'yi desteklemek için, Aziz Mikail Kilisesi'ni Habeşilere verdi. Barış görüşmelerinde Kıptilerin desteklenmesi Mısır

---

* Aileler'in Kudüs'teki önemi değişmedi. Faysal Hüseyni'nin ölümünün ardından Arafat filozof Sarı Nüseybe'yi (Weejah'ın kuzeni) Kudüs'teki Filistin temsilcisi olarak atadı ama intihar saldırılarını reddetmesinin ardından onu görevden aldı. Kudüs Üniversitesi'nin kurucusu Nüseybe şehrin entelektüel öncüsü olarak kalmaya devam etti ve iki tarafın da hayranlığını kazandı. Bu kitap yazıldığı sırada Kudüs'teki Filistin temsilcisi Adnan el-Hüseyni'ydi. Halidilere gelince, New York'taki Columbia Üniversitesi Modern Arap Çalışmaları profesörü olan Raşit Halidi, Barack Obama'ya danışmanlık yapmaktadır.

talepleri arasında yer aldı. İsrail Yüksek Mahkemesi Aziz Mikail'in Kıptilere ait olduğuna hükmetmesine rağmen orası Habeşilerin elinde kalmaya devam etti – tam Kudüs'e göre bir hadise. Temmuz 2002'de bir Kıpti rahip Habeşilerin çatısında güneşlenirken Kıptilerin Afrikalı kardeşlerine kötü davranmasının cezası olarak demir çubuklarla dövüldü. Kıptiler rahip arkadaşlarının yardımına koştular: dört Kıpti ve yedi Habeşi (görüldüğü kadarıyla her kavgayı kaybediyorlar) hastanelik oldu.

Eylül 2004'te, Kutsal Haç Ziyafeti'nde, Yunan patriği Ireneos, Fransiskenlerden, Apparation Şapeli'nin kapısını kapamalarını istedi. Fransiskenler reddedince patrik, muhafızlarını ve rahiplerini Latinlerin üzerine sürdü. İsrail polisi müdahale etti ama en az taş atan Filistinliler kadar sert rakipler olan rahiplerin direnişiyle karşılaştılar. 2005'teki Kutsal Ateş'te Yunanlılar yerine ateşle bir Ermeni büyüğü ortaya çıkmaya kalkışınca yine ortalık karıştı.* Kavgacı patrik Ireneos sonunda Yafa Kapısı'ndaki Imperial Hotel'i İsrailli göçmenlere sattığı için görevden alındı. Nüseybe bezgin şekilde omuz silkti: "Kardeşler olarak bazı sıkıntıları var ve ben de anlaşmaları için onlara yardım ediyorum. Bizler burada huzuru tesis etmek için Birleşmiş Milletler gibi davranıyoruz." Hristiyan bayramlarında Nüseybe ve Judeh karmaşık roller üstleniyorlar. Coşkun ve kalabalık Kutsal Ateş'te Nüseybe resmî şahitlik yapmaktadır.

Zangoç sağdaki kapıdaki küçük bir pencereyi açıp bir merdiven uzatır. Nüseybe merdiveni alır ve onu soldaki kapıya dayar. Büyük anahtarıyla sağdaki kapının alttaki kilidini açtıktan sonra merdivene tırmanıp üstteki kilidi de açar. Aşağı indiğinde rahipler önce büyük kapıyı daha sonra da sol kanadı kendileri için açarlar. İçeri giren Nüseybe rahipleri selamlar: "Huzur!"

"Huzur!" diye cevap verirler iyimser şekilde. Nüseybeler ve Judehler 1192'de Selahaddin'in Judehleri "Anahtarın Koruyucusu" ve Nüseybeleri de "Kutsal Kabir Kilisesi'nin Kapıcısı ve Koruyucusu" (Vecih'in kartvizitinde de bu yazmaktadır)

---

* Edward Said ölmeden önce 1992'de Kudüs'e yaptığı son ziyaretinde Kilise'yi "orta yaşlı turistlerle dolu yabancı, bitkin, itici, demode, loş ve Kıptilerin, Yunanlıların, Ermenilerin ve diğer Hristiyan mezheplerinin kendi itici ekleziyastik bahçelerini büyütüp kimi zaman açıkça birbirleriyle dövüştükleri" bir yer olarak tarif etmişti. Bu çatışmaların en ünlü alameti Kilise'nin Cephesi'nin sağındaki pencerenin dışındaki balkonda bulunan ve tur rehberlerinin diğer mezhep mensupları dokunmadığı müddetçe hiç yerinden oynamadığını iddia ettikleri Ermenilere ait olan küçük merdivendir. Bu merdiven aslında Ermeni liderin arkadaşlarıyla kahve içtiği ve çiçeklerine baktığı yere çıkmaktadır: Orada durmasının nedeni de balkon temizlenirken kullanılmasıdır. Cephenin sağındaki küçük kapının açıldığı depoda bulunan büyük haçlar kiralanarak Via Dolorosa boyunca taşınırlar. Paskalya'da bu haçlara talep o kadar fazladır ki görevliler onları hemen alıp tekrar Via'nın başına getirirler ve böylece bir sonraki Hacı grubu da onlarla İsa'nın yolculuğunu tekrar canlandırabilir.

olarak atamasından beri Kilise'nin kapılarını açmaktadırlar. Kubbetüs Sahra içindeki Muallâk Taşı'nın temizleyicisi olarak da görevlendirilmiş olan Nüseybeler Selahaddin'in onlara Halife Ömer tarafından 638 yılında tahsis edilen bu görevi sadece devam ettirdiğini iddia etmektedirler. 1830'lardaki Arnavut fethine kadar çok zengindiler ama şimdi turist rehberi olarak geçimlerini temin etmektedirler.

Yine de iki aile arasındaki rekabette bir eksilme olmamıştır. Anahtarları yirmi iki yıldır taşıyan seksenli yaşlarındaki Judeh, "Nüseybelerin bizimle bir alakası yoktur. Onlar sadece kapıcı!" diyor. Nüseybeler ise, "Judehlerin kapıya ve kilide dokunması yasaktır," diye iddia ederek Müslümanlar arasındaki rekabetin Hristiyanlarınkinden geri kalmadığını gösteriyorlar. Kişisel antrenör olan Vecih'in oğlu Obadah onun halefidir.

Nüseybe ve Judeh günlerinin bir bölümünü atalarının sekiz asırdır yaptığı gibi girişte oturarak geçirir –ama aynı vakitte değil. Nüseybe, "Buradaki her taşı bilirim, evim gibidir," diyor. Kiliseye büyük saygı duyuyor: "Biz Müslümanlar Muhammed, İsa ve Musa'nın peygamber olduğuna ve Meryem'in de mukaddes olduğuna inandığımız için burası bizim için de özel bir yerdir." İbadet etmek istediğinde yan kapıdan bitişikteki, Hristiyanları gölgede bırakmak için inşa edilmiş, camiye geçer ya da beş dakika mesafedeki el-Aksa'ya gider.

Duvar hahamının uyandığı ve Koruyucu Nüseybe'nin camına vuran taştan Kutsal Kabir'in anahtarlarının geldiğini anladığı saatlerde kırk iki yaşındaki, beş çocuk babası, siyah deri ceketli ve aile vakfına ait Müslüman Mahallesi'ndeki Memlûk evinden gelen Adeb- el Ensari, kuzey doğudaki Bab el-Ghaeanmahe'ye doğru beş dakikalık yürüyüşüne çıkar. İlginçtir Yahudileri uzak tutmak için çoğunlukla Dürzi ya da Celileli Arapların görevlendirildiği mavi kıyafetli İsrail polisinin kontrol noktasından geçip Haram el Şerif'e girer.

Kutsal bölge zaten elektrik lambalarıyla aydınlatılmış ama babasının tüm fenerleri yakmasının iki saat sürdüğünü hatırlıyor. Ensari, Haram güvenliğini selamlıyor ve Kubbetüs Sahra'nın dört ve el-Aksa'nın on kapısını açmaya başlıyor. Bu da bir saat sürecek.

Soyları Muhammed'i Medine'de karşılayan Ensar'a dayanan Ensariler, Ömer tarafından Haram'ın koruyucusu tayin edildiklerini iddia ediyorlar ama bu makamın onlara Selahaddin tarafından verildiği kesindir. (Ailenin kara lekesi Monty Parker'dan rüşvet alan Haram Şeyhi'dir.)

Cami sabah namazından bir saat önce açılır. Ensari her şafakta kapıları açmıyor –artık bir ekibi var– ama o vâris olarak Koruyucu görevini almadan önce bu görevi her sabah gururla ifa etmişti: "Başta sadece bir işti ama zamanla bir aile mesleği, büyük bir sorumluluk ve hepsinden önemlisi asil ve mukaddes bir vazife oldu. Ama parası yeterli değil. O yüzden Zeytin Dağı'ndaki bir otelin resepsiyonunda da çalışıyorum."

Haram'daki miras yoluyla intikal eden makamlar yavaş yavaş ortadan kayboluyor. Ailelerden bir diğeri olup Lübnan prenslerinin soyundan gelen ve Küçük Duvar'a yakın olan aile vakıflarında yaşayan Şihabiler, Sakal-ı Şerif'in koruyucularıydılar. Sakal ve bu iş ortadan kayboldu ama bu mekân cazibesinden bir şey kaybetmedi: Şihabiler hâlâ Haram'da çalışıyor.

Haham, Duvar'a doğru yürürken, Nüseybe Kilise'nin kapısını çalarken, Ensari Haram'ın kapısını açarken, Naci Kazaz 225 yıldır ailesine ait olan Bab el-Haid Sokağı'ndaki evinden çıkıp eski Memlûk sokaklarında yürüyerek Demir Kapı'dan geçip Haram'a gidiyor. Doğruca gittiği el-Aksa'da içinde mikrofon ve bir şişe maden suyu olan küçük bir odaya giriyor. 1960'lara kadar Kazaz ailesi minareyi kullanırdı ama ezan için artık bu odayı kullanıyorlar. Kazaz yirmi dakika boyunca oturup bir sporcu gibi esneme hareketleri yapıyor, daha sonra derin bir nefes alıp ağzını suyla çalkalıyor. Mikrofonu kontrol edip saati geldiğinde yüzünü kıbleye dönüp tüm Eski Şehir'de duyulacak ezanı okumaya başlıyor.

Kazazlar, Memlûk Sultanı Kayıtbay'dan beri, 500 yıldır el-Aksa'da müezzinlik yapmaktadırlar. Otuz yıldır müezzin olan Naci bu görevi oğlu Firaz ve iki kuzeniyle paylaşmaktadır.

Şu anda Kudüs'te şafağın sökmesine bir saat var. Kubbetüs Sahra açık: Müslümanlar ibadet ediyor. Duvar açık: Yahudiler ibadet ediyor. Kutsal Kabir Kilisesi açık: Hristiyanlar farklı dillerde ibadet ediyor. Kudüs üzerinde doğan güneşin huzmeleri –iki bin yıl önce Josephus'un tarif ettiği gibi- Duvar'ın Hirodes taşlarının üzerine vuruyor ve ardından Kubbetüs Sahra'nın muhteşem altın kubbesine çarpıp geldikleri yere geri dönüyorlar. Yerin gökle, Tanrı'nın insanla buluştuğu kutsal giriş hâlâ insan kartografisinin dışında. Bunu ancak güneş ışınları yapabilir ve sonunda ışık Kudüs'teki en sıra dışı ve gizemli yapıya erişiyor. Güneş ışıkları altında yıkanıp parlayarak ismini hak eden bir yer. Ama Altın Kapı kilitli, Ahir Zaman gelene dek de öyle kalacak.[1]

MAKKABİLER: KRALLAR VE RAHİPLER
MÖ 160 – MÖ 37

HÜKÜMDARLAR BÜYÜK HARFLE YAZILMIŞTIR; TARİHLER HÜKÜM SÜRDÜKLERİ ZAMANDIR

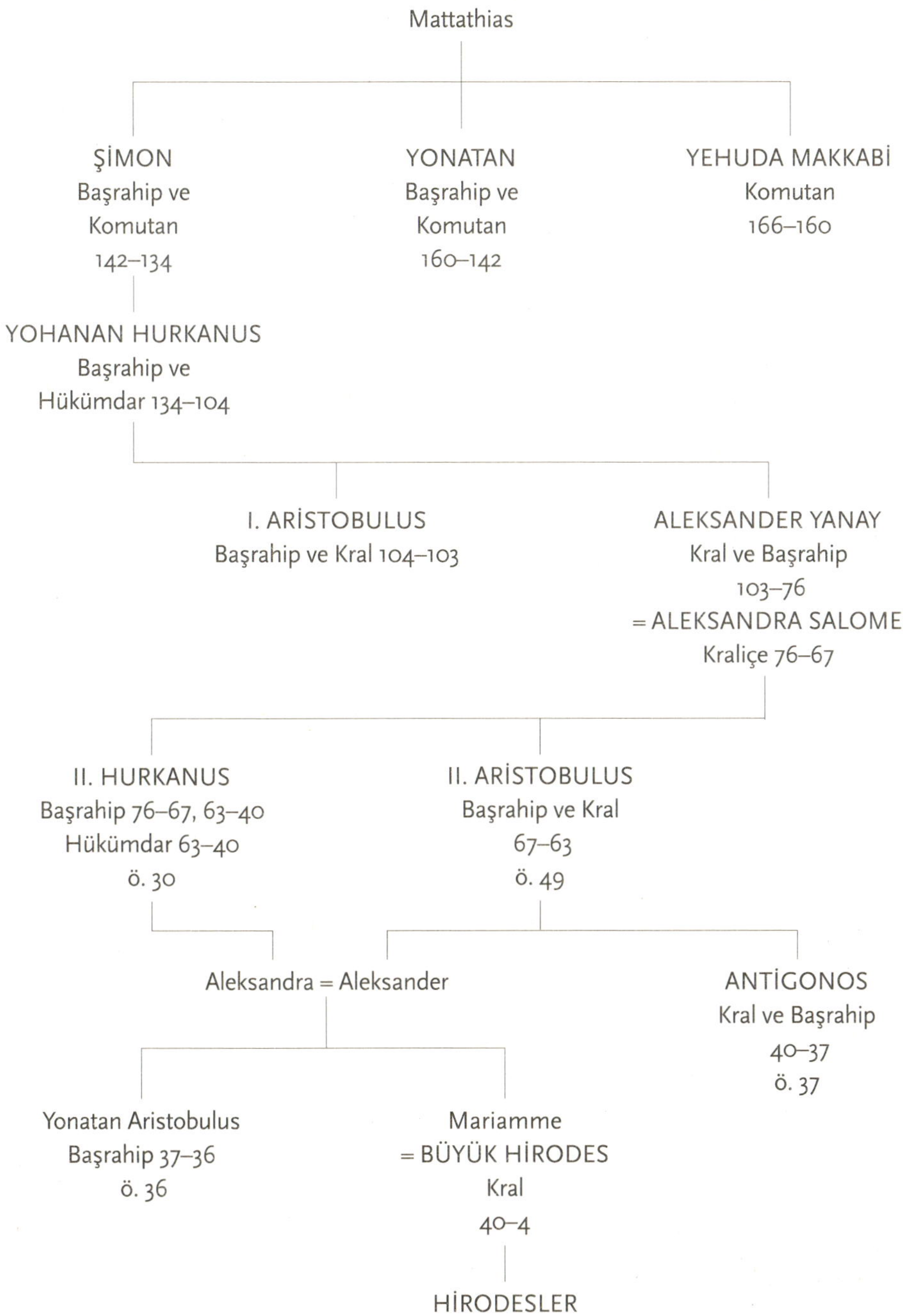

HİRODESLER
MÖ 37 – MS 100

Antipater ö. MÖ43 = Kıbrıs

PHASAEL
ö. MÖ40
Kudüs
Tetrarkı

Yusuf

BÜYÜK HİRODES
37–4 MÖ
= 1. Doris
= 2. Mariamme

II. Antipater
ö. MÖ4

Alexander
ö. MÖ6
= Glafira,
Kapadokyalı Kral
Archelaus'un kızı

Aristobulos
ö. MÖ6
= Berenice,
Salome'nin
kızı

Alexander

IV. TIGRANES
Ermenistan Kralı
ö. MS 36

HEROD
Kollis Kralı
= Berenice, I. HİRODES
AGRİPPA'nın kızı

V. TIGRANES
Ermenistan Kralı

ARISTOBULUS
Aşağı Ermenistan ve
Kolhis Kralı

ALEKSANDER
Batı Kilikya Kralı

Hükümdarlar büyük harfle yazılmıştır; tarihler hüküm sürdükleri zamandır. Bu aile ağacı sadece Hirodesleri göstermektedir. Hirodesler sıklıkla aile içinden evlendiği için tam bir aile ağacı çok karmaşıktır.

Pheroras

Salome

= 3. Maltas

= 4. Kleopatra

= altı eş daha

ARCHELAUS
Yahudiye hükümdarı
MÖ4-MS6
= Üvey kardeşi Aleksander'in dul eşi, Glafira

HİRODES ANTİPA
Galile ve Perea'nın Tetrark'ı
MÖ4-MS40
= Nebati kralı IV. Aretas'ın ilk kızı
= 2. Himdiya

FİLİP
Batanea ve Trahanitis Tetrark'ı
MÖ4–MS34

Berenice
= Aristobulus, BÜYÜK HİRODES'İN oğlu

Salome
(dansöz)

I. HİRODES AGRİPPA
Yahudiye Kralı MS41–44
Batanea Kralı MS37–44
= Cypros

Hirodiya
= HİRODES ANTİPA
Galile ve Parea'nın Tetrark'ı

II. HİRODES AGRIPPA
Halkis ve Batanea Kralı
ö. MS100

Berenice
= 1. Marcus, İskenderiye
= 2. HİRODES, Kolhis Kralı
= 3. Polemo, Kilikya Kralı
Sonrasında İmparator Titus'un metresi oldu

Drusilla
= 1. Azizus, Emesa Kralı
= 2. Antonyus Feliks, Yahudiye Temsilcisi

HZ. MUHAMMED VE İSLAM HALİFELERİ ve HANEDANLARI

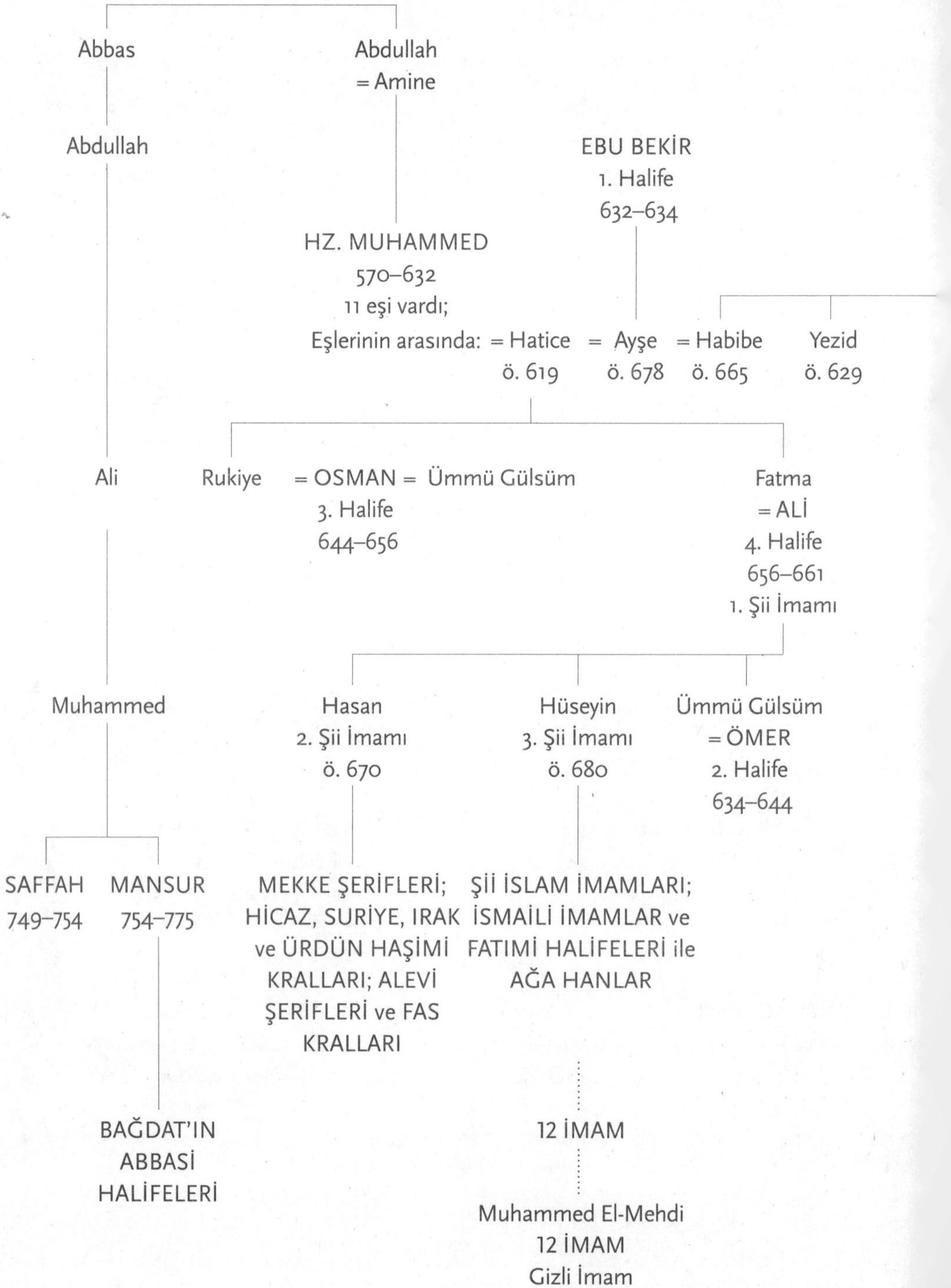

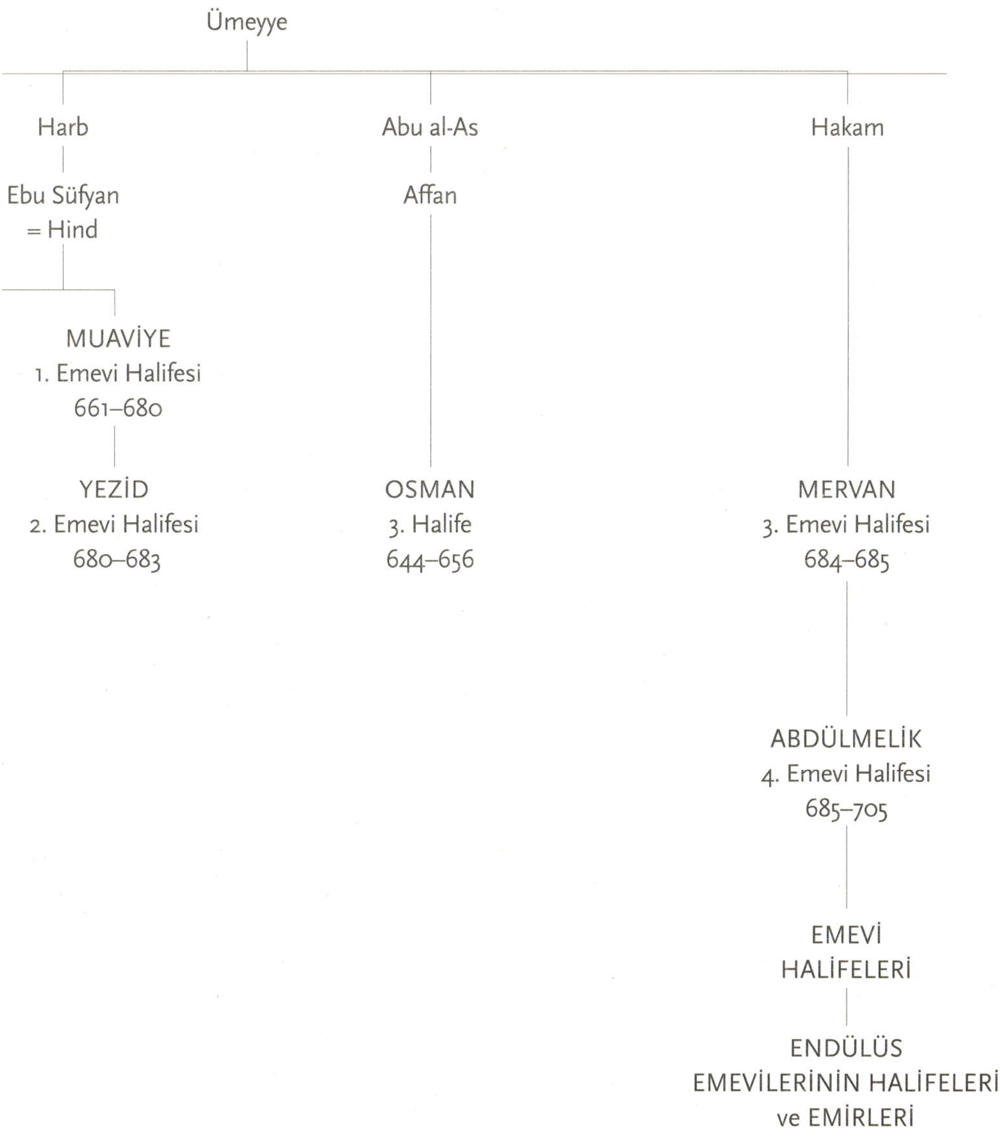

Hüküm sürmüş halifeler büyük harfle yazılmıştır. Bu soyağacı eksiksiz değildir ancak Hz. Muhammed'in ve İslam hanedanlarını göstermek amacıyladır. Ali ve Fatma'nın soyundan gelenler Şerif ve Seyyid olarak bilinir.

KUDÜS'ÜN HAÇLI KRALLARI

1099–1291

Hükümran Kral ve Kraliçeler kalın ve büyük harfle; yalnızca ünvan olarak kral olanlar büyük harfle yazılmıştır

kuzen

GODFREY
Kutsal Kabir'in
Koruyucusu
1099–1100

I. BAUDOUIN
Kudüs Kralı 1100–1118
= 1. Godehilde
= 2. Ermenistanlı Arda
= 3. Sicilyalı Adelaide

II. BAUDOUIN
1118–1131
= Malatyalı Morphia

MELISENDE
Kudüs Kraliçesi 1131–1153
= V. FULK Anjou Kontu
Kudüs Kralı 1131–1143

III. BAUDOUIN
Kudüs Kralı
1143–1162
= Theodora Comnena

I. AMAURY
Kudüs Kralı
1162–1174
= 1. Agnes Courtenay = 2. Maria Comnena

SIBYLLA
Kudüs Kraliçesi
1186–1190
= 1. Monferratlı William
= 2. GUY DE LUSIGNAN,
Kudüs Kralı 1186–1192
Kıbrıs Kralı 1192–1194

IV. BAUDOUIN
Kudüs Kralı
1174–1185

ISABELLA
Kudüs Kraliçesi
1192–1205
= 1. Toronlu IV. Humphrey
= 2. Monferratlı CONRAD
Kudüs Kralı 1192
= 3. Champagneli HENRY
Kudüs Kralı 1192–1197
= 4. Lusignanlı AMAURY
Kudüs Kralı 1197–1205

V. BAUDOUIN
1185–1186

MARIA OF MONTFERRAT
Kudüs Kraliçesi 1205–1212
= JOHN of Brienne
Kudüs Kralı 1210–1212
Bizans'ın Latin İmparatoru 1229–1237

Kıbrıs ve
Kudüs'ün
LUSIGNAN KRALLARI

YOLANDE
(II. Isabella) Kudüs Kraliçesi 1212–1228
= II. FREDERICK Kutsal Roma İmparatoru
Sicilya Kralı
Kudüs Kralı 1225–1228

II. CONRAD
Kudüs Kralı 1228–1254

III. CONRAD
Kudüs Kralı 1254–1265

HAŞİMİ (ŞERİF) HANEDANI 1916–

Hükümdarlar büyük harfle yazılmıştır; tarihler saltanat süreleridir.

- Şerif HÜSEYİN bin Ali
  Şeriflerin Şerifi, Mekke Emiri, Hicaz Kralı
  1916–1924
  - ALİ
    Hicaz Kralı
    1924–1925
    - Abdülillah
      Irak Naibi
      1939–1958
  - I ABDULLAH
    Transürdün Emiri
    1921–1946
    Ürdün Kralı
    1946–1951
    - TALAL
      Ürdün Kralı
      1951–1952
      - HÜSEYİN
        Ürdün Kralı
        1953–1999
        - II ABDULLAH
          Ürdün Kralı
          1999–
      - Muhammed
      - Hasan
    - Naif
  - I FAYSAL
    Suriye Kralı
    1920
    Irak Kralı
    1921–1933
    - GAZİ
      Irak Kralı
      1933–1939
      - II FAYSAL
        Irak Kralı
        1939–1958
  - Zeyd

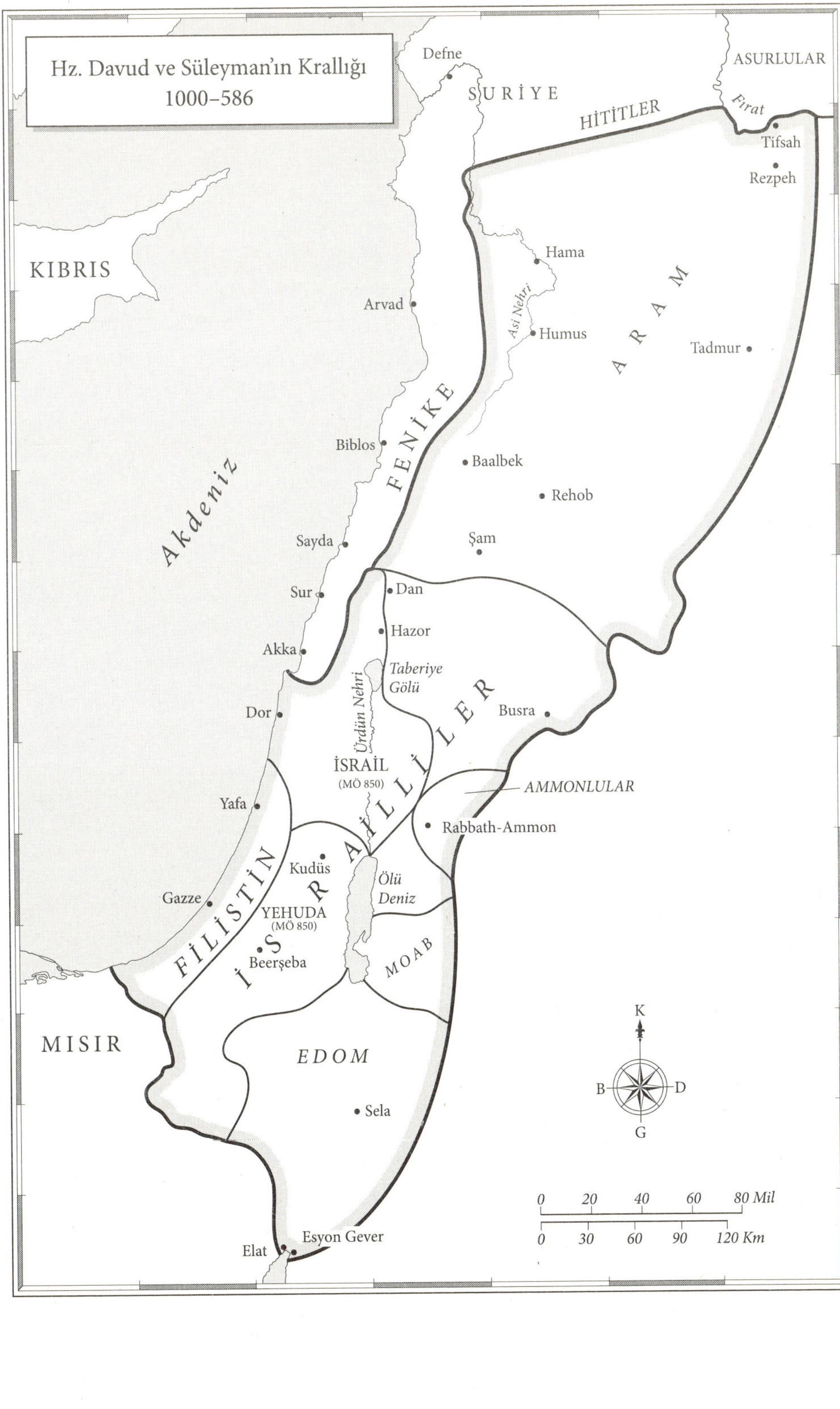

Hz. Davud ve Süleyman'ın Krallığı
1000–586
Defne
SURİYE
ASURLULAR
HİTİTLER
Fırat
Tifsah
Rezpeh
KIBRIS
Hama
Asi Nehri
Humus
Arvad
A R A M
Tadmur
FENİKE
Biblos
Baalbek
Akdeniz
Rehob
Sayda
Şam
Sur
Dan
Hazor
Akka
Taberiye
Gölü
Dor
Ürdün Nehri
Busra
İSRAİL
(MÖ 850)
İSRAİLLİLER
AMMONLULAR
Yafa
Rabbath-Ammon
FİLİSTİN
Kudüs
Ölü
Deniz
Gazze
YEHUDA
(MÖ 850)
Beerşeba
MOAB
MISIR
K
B
D
G
EDOM
Sela
0 20 40 60 80 Mil
0 30 60 90 120 Km
Esyon Gever
Elat

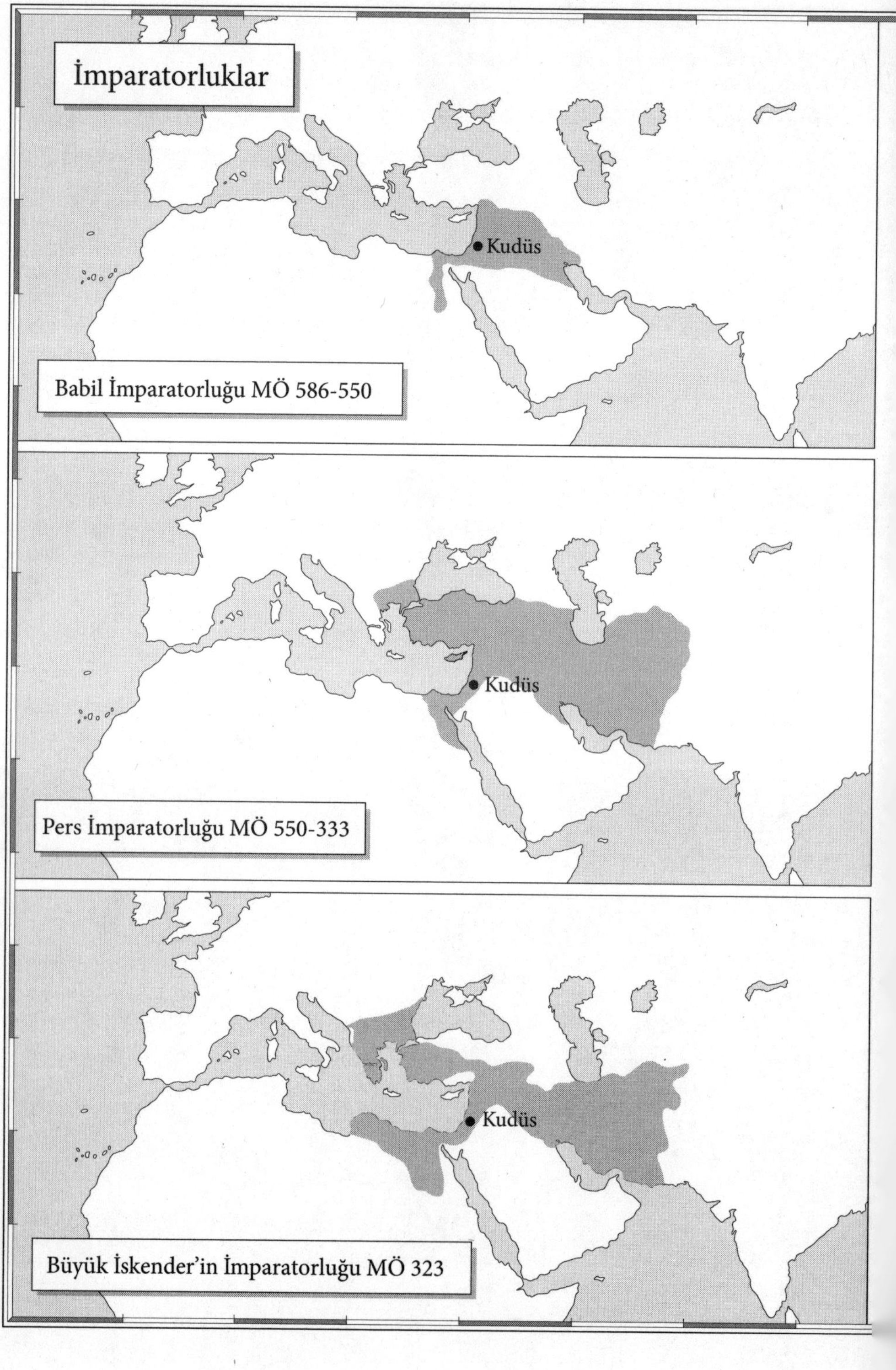
İmparatorluklar
Kudüs
Babil İmparatorluğu MÖ 586-550
Kudüs
Pers İmparatorluğu MÖ 550-333
Kudüs
Büyük İskender'in İmparatorluğu MÖ 323

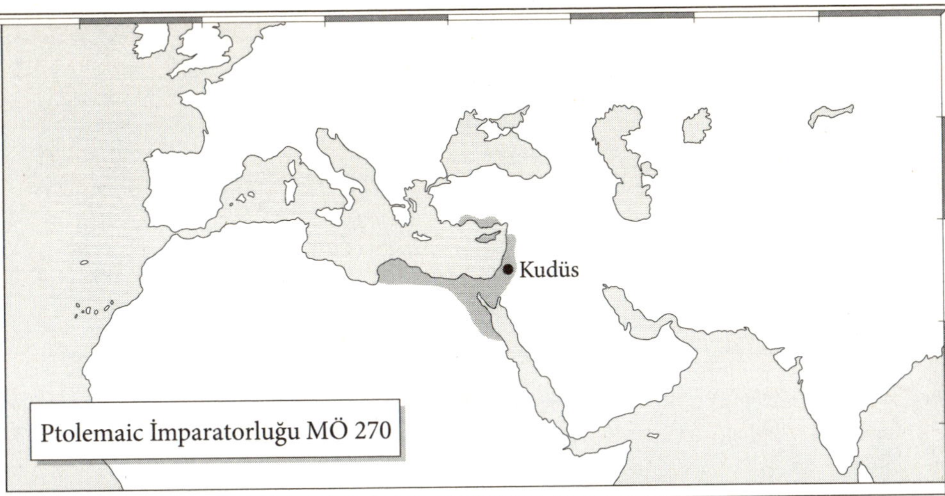
Kudüs
Ptolemaic İmparatorluğu MÖ 270

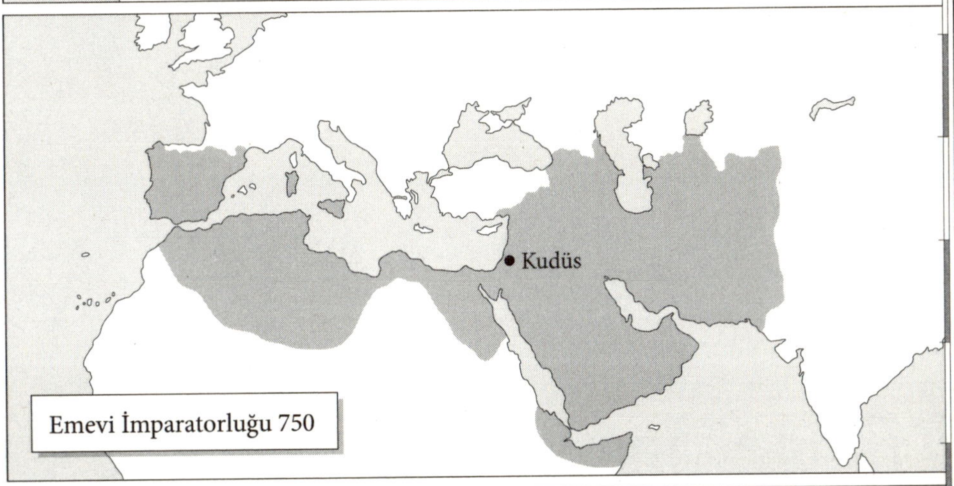
Kudüs
Emevi İmparatorluğu 750

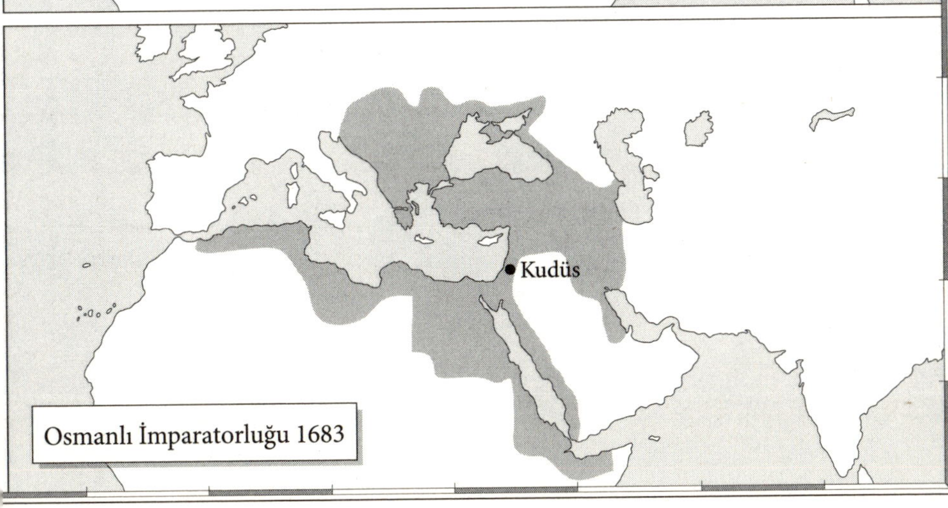
Kudüs
Osmanlı İmparatorluğu 1683

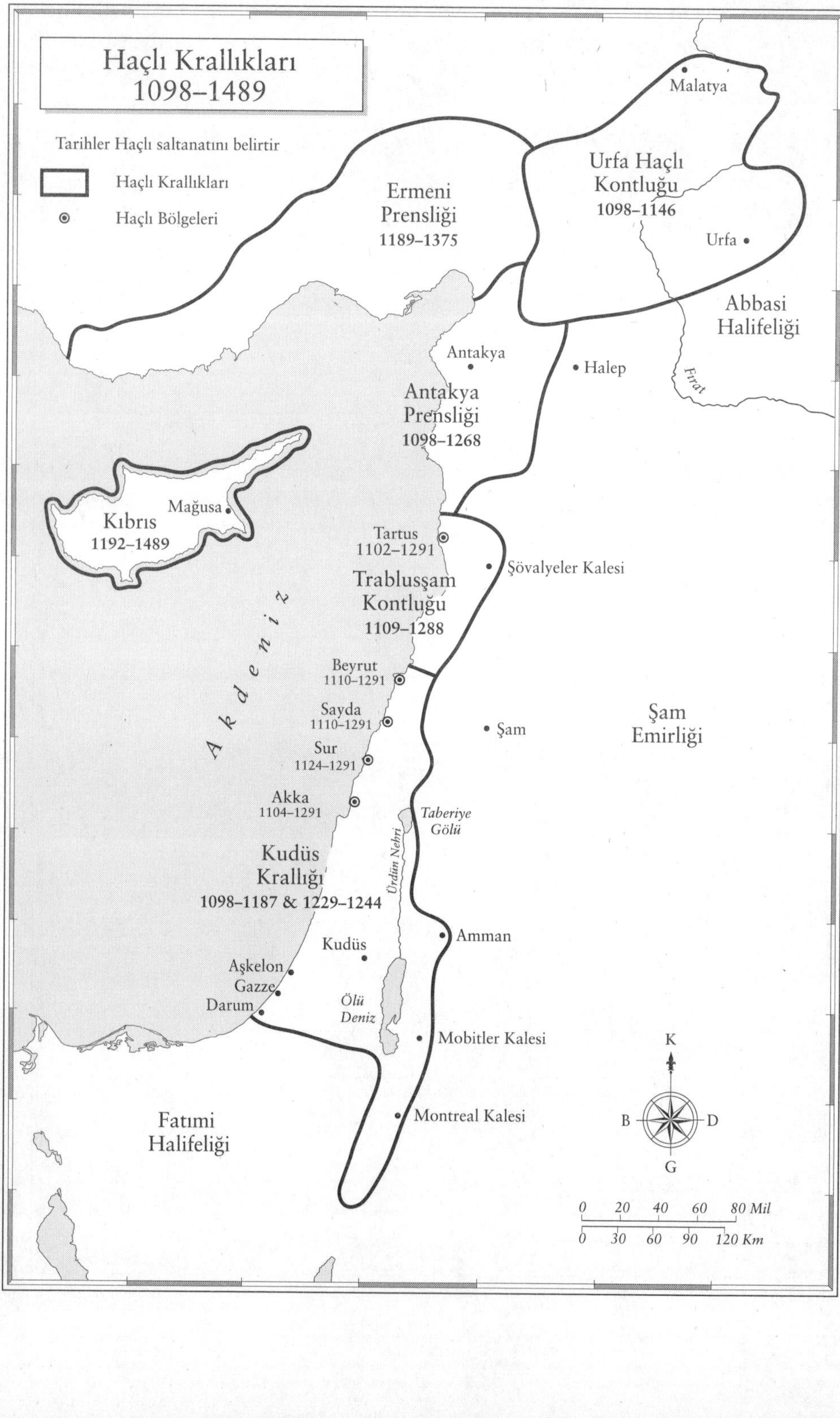

Haçlı Krallıkları
1098–1489
Tarihler Haçlı saltanatını belirtir
Haçlı Krallıkları
Haçlı Bölgeleri
Malatya
Urfa Haçlı Kontluğu
1098–1146
Urfa
Ermeni Prensliği
1189–1375
Abbasi Halifeliği
Antakya
Halep
Fırat
Antakya Prensliği
1098–1268
Kıbrıs
1192–1489
Mağusa
Tartus
1102–1291
Şövalyeler Kalesi
Trablusşam Kontluğu
1109–1288
Akdeniz
Beyrut
1110–1291
Sayda
1110–1291
Şam
Şam Emirliği
Sur
1124–1291
Akka
1104–1291
Taberiye Gölü
Ürdün Nehri
Kudüs Krallığı
1098–1187 & 1229–1244
Amman
Kudüs
Aşkelon
Gazze
Darum
Ölü Deniz
Mobitler Kalesi
Montreal Kalesi
Fatımi Halifeliği
K
B
D
G
0 20 40 60 80 Mil
0 30 60 90 120 Km

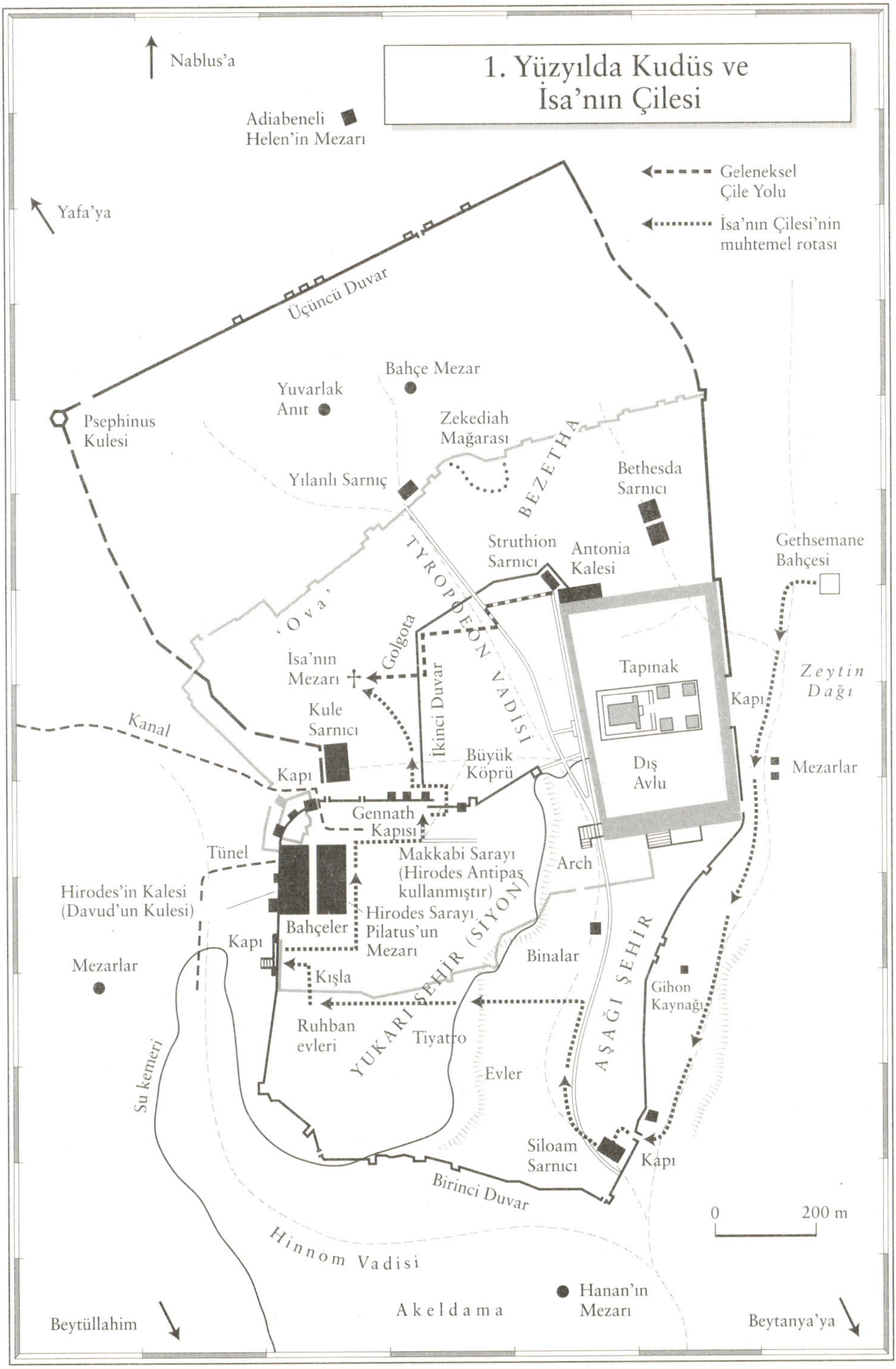
1. Yüzyılda Kudüs ve İsa'nın Çilesi
Nablus'a
Adiabeneli Helen'in Mezarı
Yafa'ya
Geleneksel Çile Yolu
İsa'nın Çilesi'nin muhtemel rotası
Üçüncü Duvar
Bahçe Mezar
Yuvarlak Anıt
Psephinus Kulesi
Zekediah Mağarası
Yılanlı Sarnıç
BEZETHA
Bethesda Sarnıcı
Struthion Sarnıcı
Antonia Kalesi
Gethsemane Bahçesi
'Ova'
TYROPOEON VADİSİ
Golgota
İsa'nın Mezarı
Tapınak
Zeytin Dağı
Kapı
Kule Sarnıcı
İkinci Duvar
Kanal
Büyük Köprü
Dış Avlu
Mezarlar
Kapı
Gennath Kapısı
Tünel
Makkabi Sarayı (Hirodes Antipas kullanmıştır)
Arch
Hirodes'in Kalesi (Davud'un Kulesi)
Hirodes Sarayı Pilatus'un Mezarı
Bahçeler
YUKARI ŞEHİR (SİYON)
Kapı
Binalar
AŞAĞI ŞEHİR
Mezarlar
Kışla
Gihon Kaynağı
Ruhban evleri
Tiyatro
Su kemeri
Evler
Siloam Sarnıcı
Kapı
Birinci Duvar
0
200 m
Hinnom Vadisi
Akeldama
Hanan'ın Mezarı
Beytüllahim
Beytanya'ya

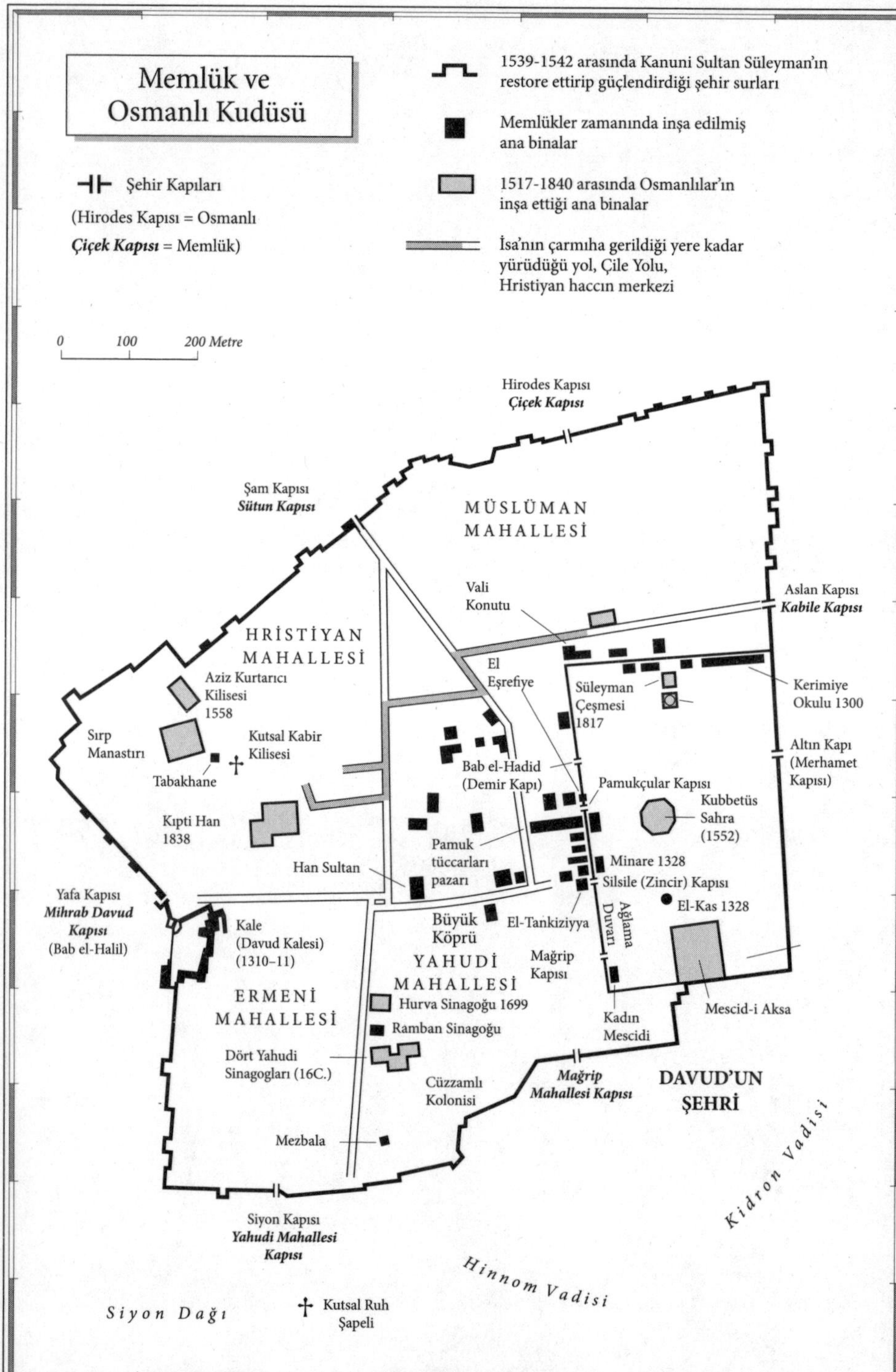

Memlük ve Osmanlı Kudüsü
1539-1542 arasında Kanuni Sultan Süleyman'ın restore ettirip güçlendirdiği şehir surları
Memlükler zamanında inşa edilmiş ana binalar
1517-1840 arasında Osmanlılar'ın inşa ettiği ana binalar
İsa'nın çarmıha gerildiği yere kadar yürüdüğü yol, Çile Yolu, Hristiyan haccın merkezi
Şehir Kapıları
(Hirodes Kapısı = Osmanlı
Çiçek Kapısı = Memlük)
0 100 200 Metre
Hirodes Kapısı
Çiçek Kapısı
Şam Kapısı
Sütun Kapısı
MÜSLÜMAN MAHALLESİ
Vali Konutu
Aslan Kapısı
Kabile Kapısı
HRİSTİYAN MAHALLESİ
El Eşrefiye
Süleyman Çeşmesi 1817
Kerimiye Okulu 1300
Aziz Kurtarıcı Kilisesi 1558
Sırp Manastırı
Kutsal Kabir Kilisesi
Tabakhane
Altın Kapı (Merhamet Kapısı)
Bab el-Hadid (Demir Kapı)
Pamukçular Kapısı
Kubbetüs Sahra (1552)
Kıpti Han 1838
Pamuk tüccarları pazarı
Han Sultan
Minare 1328
Silsile (Zincir) Kapısı
El-Kas 1328
Yafa Kapısı
Mihrab Davud Kapısı
(Bab el-Halil)
Büyük Köprü
El-Tankiziyya
Ağlama Duvarı
Kale (Davud Kalesi) (1310–11)
YAHUDİ MAHALLESİ
Mağrip Kapısı
ERMENİ MAHALLESİ
Hurva Sinagoğu 1699
Mescid-i Aksa
Ramban Sinagoğu
Kadın Mescidi
Dört Yahudi Sinagogları (16C.)
Mağrip Mahallesi Kapısı
DAVUD'UN ŞEHRİ
Cüzzamlı Kolonisi
Mezbala
Kidron Vadisi
Siyon Kapısı
Yahudi Mahallesi Kapısı
Hinnom Vadisi
Siyon Dağı
Kutsal Ruh Şapeli

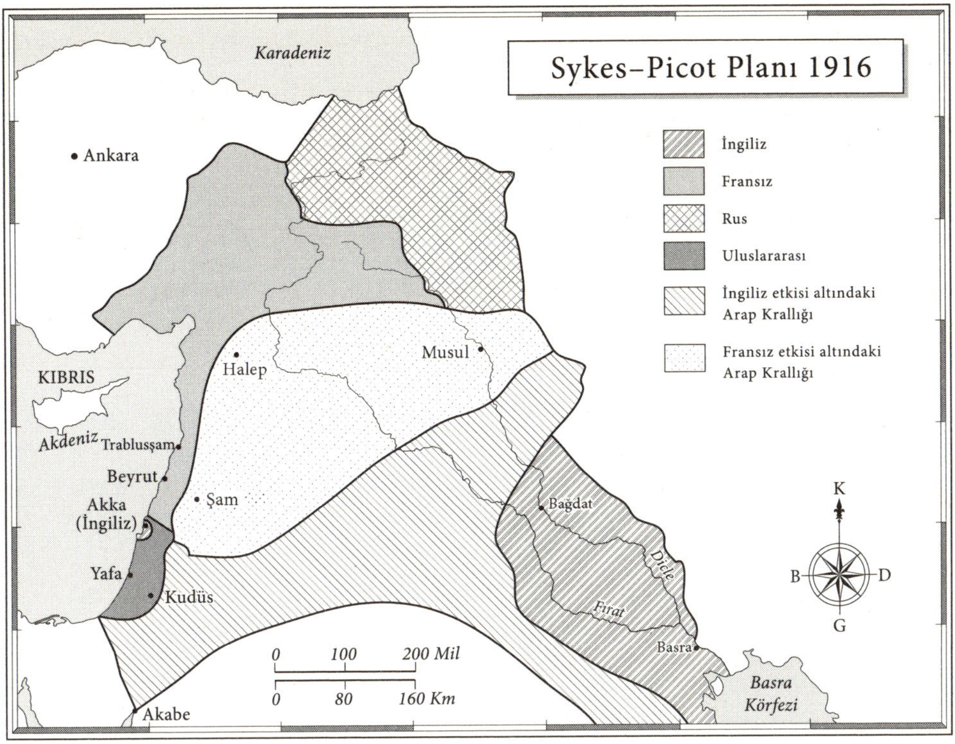
Sykes–Picot Planı 1916
İngiliz
Fransız
Rus
Uluslararası
İngiliz etkisi altındaki Arap Krallığı
Fransız etkisi altındaki Arap Krallığı
Karadeniz
Ankara
KIBRIS
Akdeniz
Trablusşam
Beyrut
Akka (İngiliz)
Yafa
Kudüs
Şam
Halep
Musul
Bağdat
Dicle
Fırat
Basra
Basra Körfezi
Akabe
K
B
D
G
0 100 200 Mil
0 80 160 Km

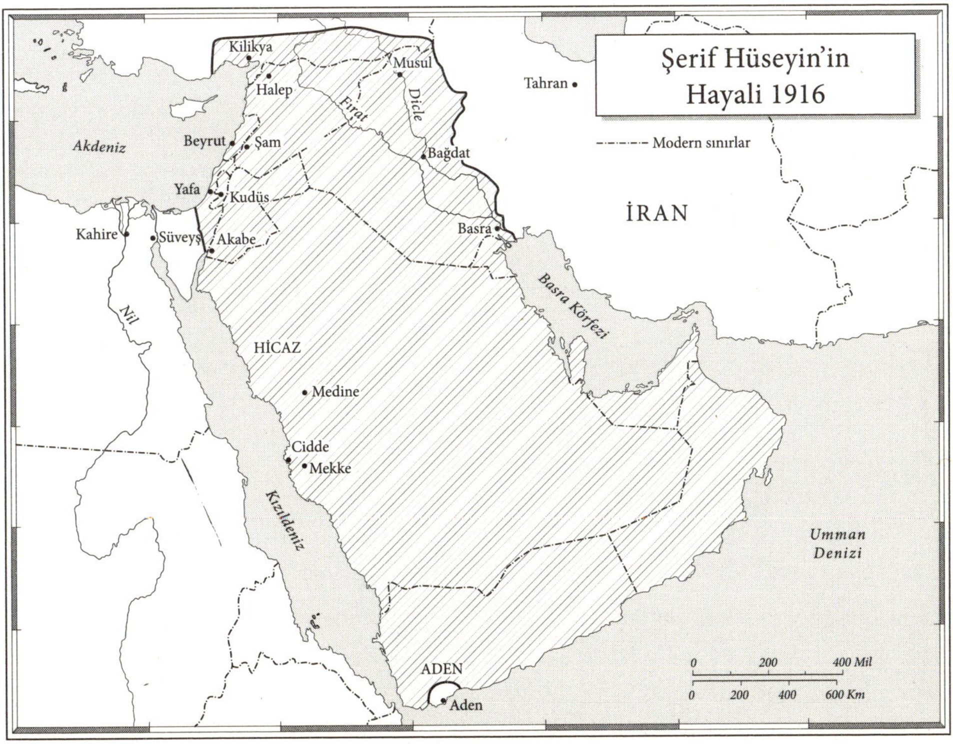
Şerif Hüseyin'in Hayali 1916
Modern sınırlar
Kilikya
Halep
Musul
Fırat
Dicle
Bağdat
Tahran
Akdeniz
Beyrut
Şam
Yafa
Kudüs
Kahire
Süveyş
Akabe
Basra
İRAN
Basra Körfezi
Nil
HİCAZ
Medine
Cidde
Mekke
Kızıldeniz
Umman Denizi
ADEN
Aden
0 200 400 Mil
0 200 400 600 Km

1948'den beri İsrail
1948-1967 arasında Ürdün kontrolünde
1967'den beri İsrail işgali altında
Filistin otoritesi kontrolünde
1948-67 arasında Mısır kontrolünde
1967'den beri İsrail işgali altında
Artık Hamas kontrolünde
LÜBNAN
Şam
SURİYE
Akka
Hayfa
Taberiye Gölü
Nasıra
Nablus
BATI ŞERİA
Ürdün Nehri
ÜRDÜN
Amman
Tel Aviv
Yafa
Akdeniz
Kudüs
Beytüllahim
El Halil
Ölü Deniz
Gazze
Refah
Beerşeba
İSRAİL
MISIR
K
B
D
G
0 10 20 30 40 Mil
0 20 40 60 Km
Elat
Akabe
Akabe Körfezi

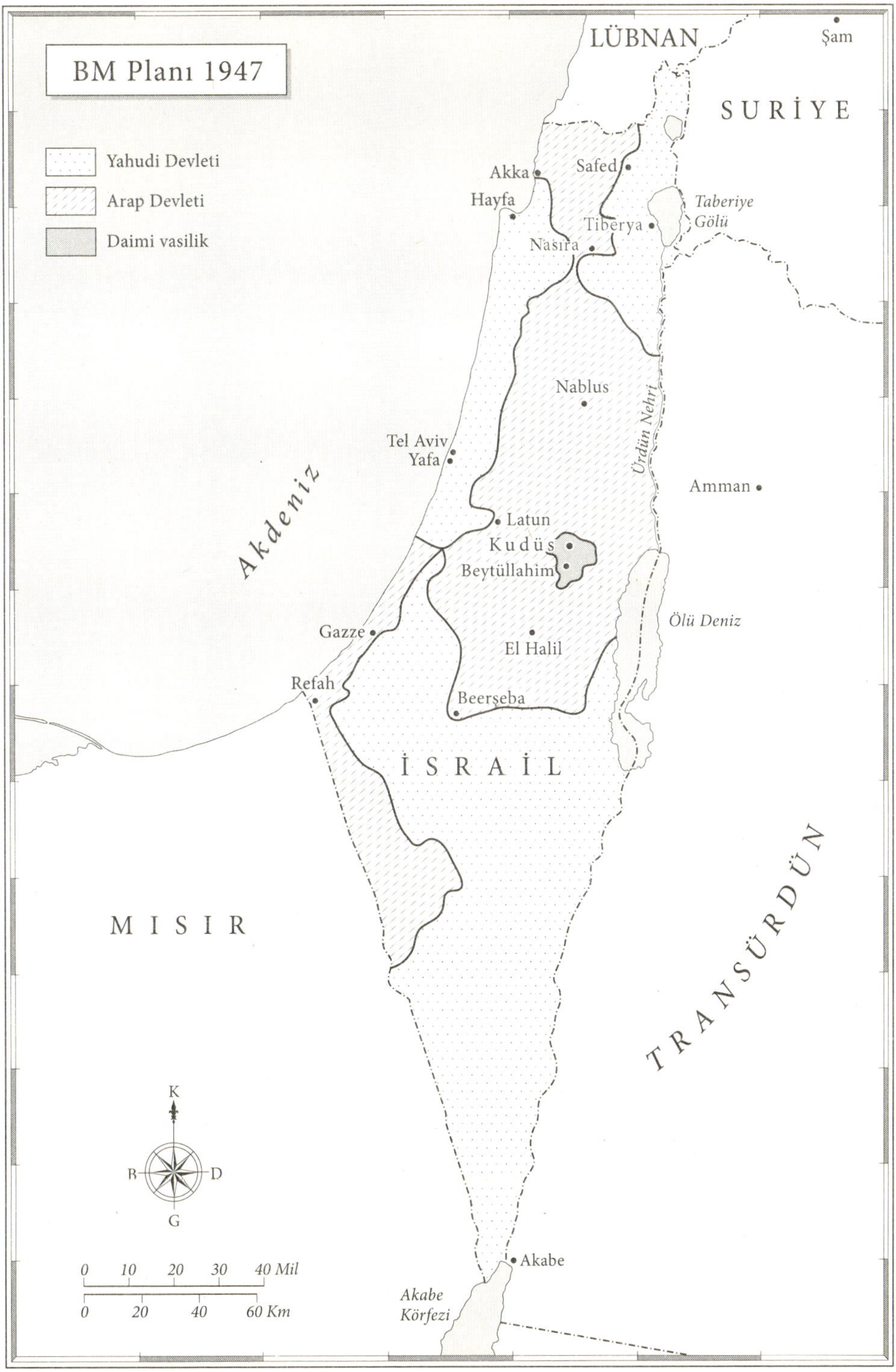
BM Planı 1947
Yahudi Devleti
Arap Devleti
Daimi vasilik
LÜBNAN
Şam
SURİYE
Akka
Safed
Hayfa
Tiberya
Taberiye Gölü
Nasıra
Nablus
Ürdün Nehri
Tel Aviv
Yafa
Amman
Akdeniz
Latun
Kudüs
Beytüllahim
Ölü Deniz
Gazze
El Halil
Refah
Beerşeba
İSRAİL
MISIR
TRANSÜRDÜN
K
B
D
G
0 10 20 30 40 Mil
0 20 40 60 Km
Akabe
Akabe Körfezi

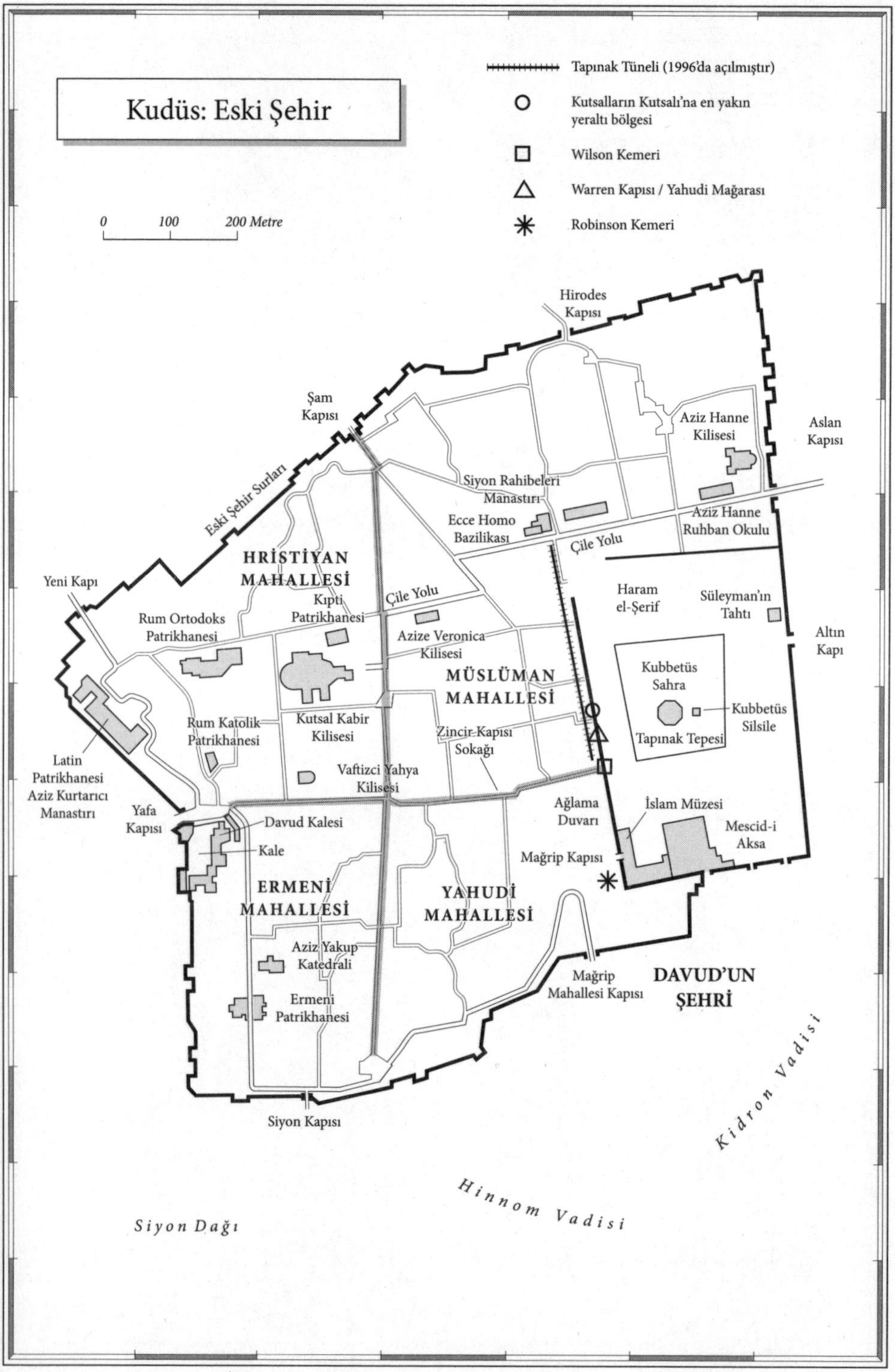
Kudüs: Eski Şehir
Tapınak Tüneli (1996'da açılmıştır)
Kutsalların Kutsalı'na en yakın yeraltı bölgesi
Wilson Kemeri
Warren Kapısı / Yahudi Mağarası
Robinson Kemeri
0 100 200 Metre
Hirodes Kapısı
Şam Kapısı
Aziz Hanne Kilisesi
Aslan Kapısı
Eski Şehir Surları
Siyon Rahibeleri Manastırı
Ecce Homo Bazilikası
Aziz Hanne Ruhban Okulu
Çile Yolu
HRİSTİYAN MAHALLESİ
Yeni Kapı
Kıpti Patrikhanesi
Çile Yolu
Haram el-Şerif
Süleyman'ın Tahtı
Rum Ortodoks Patrikhanesi
Azize Veronica Kilisesi
Altın Kapı
MÜSLÜMAN MAHALLESİ
Kubbetüs Sahra
Kubbetüs Silsile
Rum Katolik Patrikhanesi
Kutsal Kabir Kilisesi
Zincir Kapısı Sokağı
Tapınak Tepesi
Latin Patrikhanesi Aziz Kurtarıcı Manastırı
Vaftizci Yahya Kilisesi
Yafa Kapısı
Davud Kalesi
Ağlama Duvarı
İslam Müzesi
Mescid-i Aksa
Kale
Mağrip Kapısı
ERMENİ MAHALLESİ
YAHUDİ MAHALLESİ
Aziz Yakup Katedrali
Mağrip Mahallesi Kapısı
DAVUD'UN ŞEHRİ
Ermeni Patrikhanesi
Kidron Vadisi
Siyon Kapısı
Hinnom Vadisi
Siyon Dağı

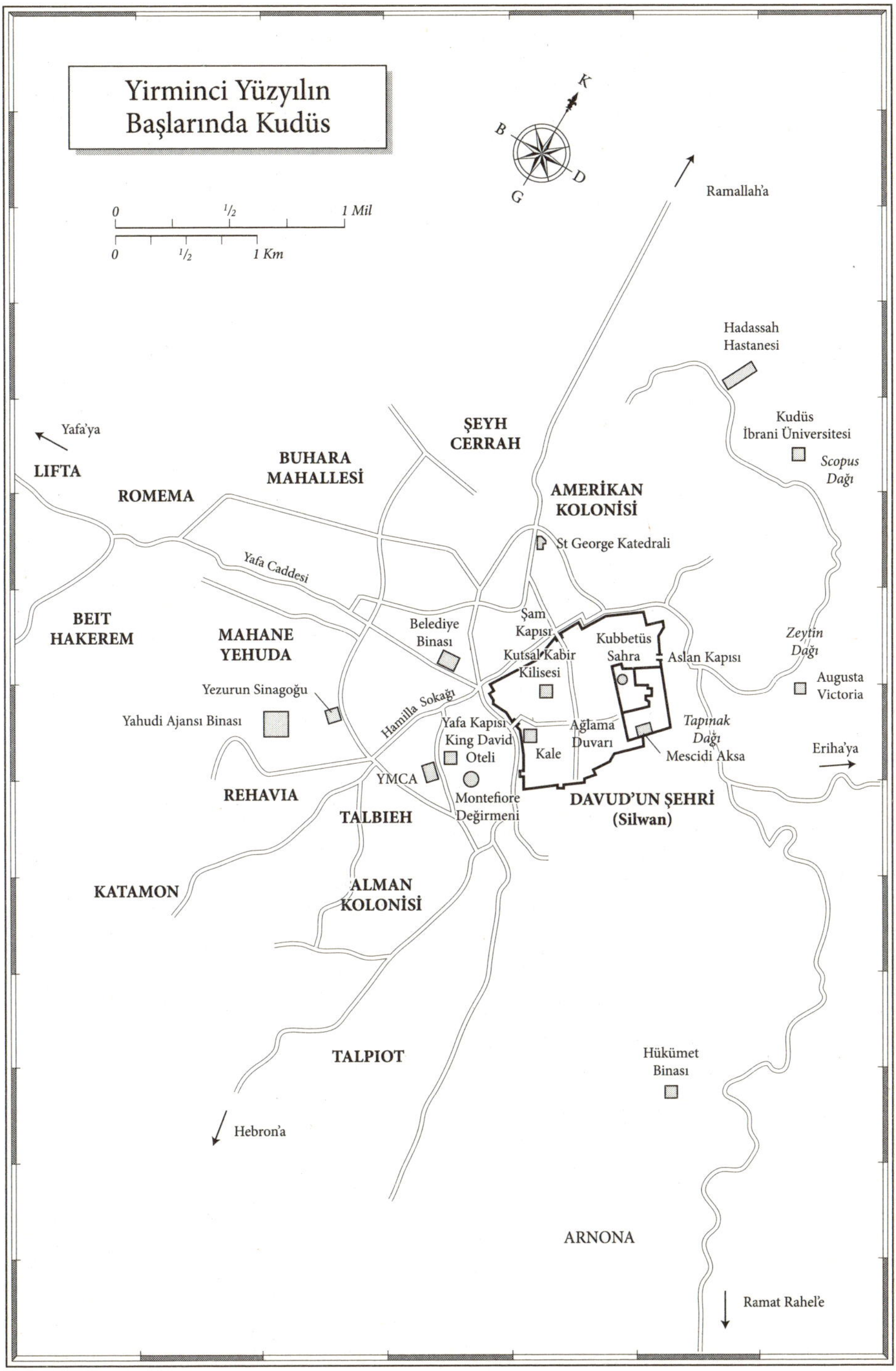

Yirminci Yüzyılın
Başlarında Kudüs
K
B
D
G
0
1/2
1 Mil
0
1/2
1 Km
Ramallah'a
Hadassah
Hastanesi
Kudüs
İbrani Üniversitesi
Scopus
Dağı
Yafa'ya
LIFTA
ŞEYH
CERRAH
BUHARA
MAHALLESİ
ROMEMA
AMERİKAN
KOLONİSİ
St George Katedrali
Yafa Caddesi
BEIT
HAKEREM
MAHANE
YEHUDA
Belediye
Binası
Şam
Kapısı
Kubbetüs
Sahra
Aslan Kapısı
Zeytin
Dağı
Kutsal Kabir
Kilisesi
Augusta
Victoria
Yezurun Sinagoğu
Yahudi Ajansı Binası
Hamilla Sokağı
Yafa Kapısı
King David
Oteli
Ağlama
Duvarı
Tapınak
Dağı
Kale
Mescidi Aksa
Eriha'ya
YMCA
Montefiore
Değirmeni
REHAVIA
TALBIEH
DAVUD'UN ŞEHRİ
(Silwan)
KATAMON
ALMAN
KOLONİSİ
TALPIOT
Hükümet
Binası
Hebron'a
ARNONA
Ramat Rahel'e

NOTLAR

Önsöz

1. Aldous Huxley'yden alıntılayan A. Elon, *Jerusalem* 62. G. Flaubert, *Les Oeuvres complétes* 1. 290. Frederick Brown, *Flaubert* 231–9, 247, 256–61. Melville: H. Melville, *Journals* 84–94. Bulos Said'den alıntılayan Edward W. Said, *Out of Place* 7. Nazmi Jubeh: Yazarla röportaj. David Lloyd George'dan alıntılayan Ronald Storrs, *Orientations* 394 (Bundan sonra sadece Storrs olarak anılacaktır). Giriş bölümümde kullandığım, Levanten kentlerindeki kimlik, birarada yaşam ve kültüre dair zengin tartışmalar için şu kitaplardan yararlandım: Sylvia Auld ve Robert Hillenbrand, *Ottoman Jerusalem: Living City 1517–1917*; Philip Mansel, *Levant: Splendour and Catastrophe on the Mediterranean*; Mark Mazower, *Salonica: City of Ghosts*; Adam LeBor, *City of Oranges: Jews and Arabs in Jaffa.*

Giriş

1. Josephus, *The New Complete Works*, 'The Jewish War' (bundan sonra sadece JW olarak anılacaktır.) 5. 446–52. Martin Goodman, *Rome and Jerusalem: the Clash of Ancient Civilisations* (Bundan sonra sadece Goodman olarak anılacaktır) ve son arkeolojik bulgulara dayanmaktadır.
2. JW 5.458–62, 4.324.
3. JW 4.559–65.
4. JW 5.429–44.
5. JW 6.201–14. Kitabı Mukaddes'ten yapılan tüm alıntılar için resmî versiyon kullanılmıştır. Matta 8.22.
6. JW 6.249–315.
7. JW 9. Tacitus, *Histories* 13. Bu arkeoloji açıklaması için: Ronny Reich, 'Roman Destruction of Jerusalem in 70 CE: Flavius Josephus' Account and Archaeological Record', G. Theissen vd. (ed.), *Jerusalem und die Länder* içinde. Tacitus 2. 4–5. Tacitus 5.1–13. Kuşatma öncesi Kudüs: JW 4. 84–5. 128. Titus ve kuşatma: JW 5.136–6.357. JW 6.358–7.62. Suetonius, *Twelve Caesars* 5. Goodman 454–5. Josephus, 'Life' 419 ve JW 6. 418–20. Peter Schäfer, *History of the Jews in the Greco-Roman World* (Bundan sonra sadece Schäfer olarak anılacaktır) 131. Shanks 102. Eusebius, *Church History* 3.5. F. E. Peters, *Jerusalem: The Holy City in the Eyes of Chroniclers, Visitors, Pilgrims and Prophet from the Days of Abraham to the Beginning of Modern Times* (Bundan sonra Peters olarak anılacaktır.) 111–20. Ronny Reich, Gideon Avni, Tamar Winter, *Jerusalem Archaeological Park* (Bundan oalrak *Archaeological Park* olarak anılacaktır.) 15 ve 96. Oleg Grabar, B. Z. Kedar (ed.), *Where Heaven and Earth Meet: Jerusalem's Sacred Esplanade* (Bundan sonra sadece *Sacred Esplanade* olarak anılacaktır): Patrich, *Sacred Esplanade* 37–73 içinde.

BÖLÜM 1: YAHUDİLİK

1. Ronny Reich, Eli Shukron ve Omri Lernau, 'Recent Discoveries in the City of David, Jerusalem: Findings from the Iron Age II in the Rock-Cut Pool near the Spring', *Israel Exploration Journal* 57 (2007) 153–69. Ayrıca Ronny Reich ve Eli Shukron'la görüşmeler. Rafi Greenberg. Richard Miles ile görüşmeler, *Ancient Worlds* 1–7.
2. Finkelstein ve N.A. Silberman, *The Bible Unearthed: Archaeology's New Vision of Ancient Israel and the Origin of its Sacred Text* (Bundan sonra sadece Finkelstein/Silberman olarak anılacaktır.) 238–41. Peters 6–14.
3. Mısır'dan Çıkış 1. "Ben, Benim" : Mısır'dan Çıkış 3. 14. İbarahim'in ahdi: Yaratılış 17.8–10. Şalem Kralı Melkisedek: Yaratılış 14.18. İshak: Yaratılış 22.2. Toby Wilkinson, *The Rise and Fall of Ancient Egypt* (Bundan sonra sadece *Egypt* olarak anılacaktır.) 324–45; Merneptah 343–5; İsrail, Deniz İnsanları, Filistinliler 343–53. Lester L. Grabbe, *Ancient Israel* 150–65. Finkelstein/Siblerman 110. Robin Lane Fox, *Unauthorized Version* 49–57, 57–70, 92, 182, 198–202. Wayne T. Pitard, 'Before Israel: Syria–Palestine in the Bronze Age', M. Coogan (ed.), *Oxford History of the Biblical World* içinde (Bundan sonra sadece *Oxford History* olarak anılacaktır.) 25–9. Edward F. Campbell, 'A Land Divided: Judah and Israel from Death of Solomon to the Fall of Samaria', *Oxford History* içinde, 209. 10 Emir'e dair iki sahne için bkz. Mısır'dan Çıkış 20 ve Tesniye 5. Şekem'in iki yağması: Yaratılış 34 ve Hâkimler 9. İki Calut versiyonu: 1. Samuel (Bundan sonra sadece 1. ve 2. S olarak anılacaktır.) 17 ve 2. S 21.19. T. C. Mitchell, *The Bible in the British Museum* (Bundan sonra sadece *BM* olarak anılcaktır), 14 Merneptah Stela. Victor Avigdor Hurowitz, 'Tenth Century to 586 BC: House of the Lord (Beyt YHWH)', *Sacred Esplanade* içinde, 15–35. H. J. Franken, 'Jerusalem in the Bronze Age', K. J. Asali (ed.), *Jerusalem in History* içinde, (Bundan sonra yalnızca Asali olarak anılacaktır.) 11–32.
4. Saul ve Davut: 1. S 8–2. S 5. Davut ve Calut 1. S 17 ve 2. S 21.19. Şaul'un hizmetkârı ve lircisi: 1. S 16.14–23. Davut'un Samuel tarafından meshedilmesi: 1. S 16.1–13. Davut'un Saul'un kızıyla evlenmesi: 1. S 18.17–27. Ziklak: 1. S 27.6. Davut'un Hebron'daki (el Halil) iktidarı: 2. S 5.5. Ağıt: 2. S 1.19–27; Yehuda Kralı: 2. S 2.4. Davut'un Filistinli ve Giritli muhafızları: 2. S 8.18 ve 1. Tarihler (Bundan sonra sadece 1. ve 2. T olarak anılacaktır) 18.17. Ronald de Vaux, *Ancient Israel: Its Life and Institutions* (Bundan sonra sadece de Vaux olarak anılacaktır) 91–7. Slings: James K. Hoffmeier, *Archaeology of the Bible* (Bundan sonra sadece Hoffmeier olarak anılacaktır) 84–5. Reich, Shukron ve Lernau, 'Findings from the Iron Age II in the Rock-Cut Pool near the Spring', *Israel Exploration Journal* 57 (2007) 153–69.
5. 2. S 6, 2 S 7.2–13. Kudüs'ün alınışı: 2. S 5, 2. S 24.25, 2. S. 5.6–9, 2. S. 7.2–3, 2. S 6.13–18. Kudüs'ün yeniden adlandırılması: 2. S 5.7–9 ve 1. T 11.5–7. Duvarın inşası: 2. S 5.9. Hurowitz, *Sacred Esplanade* 15–35. Dan Bahat, *Illustrated Atlas of*

Jerusalem (Bundan sonra sadece Bahat olarak anılacaktır) 24. De Vaux 294–300 ve 308–10. Hurowitz, *Sacred Esplanade* 15–35.

6. 2. S 6.20.
7. Batşeba: 2. S 11–12.
8. Abşalom ve mahkeme siyaseti: 2. S 13–24.
9. 2. S 24.6 ve 1. T 21.15. İbrahim: Yaratılış 22, 1. Krallar (Bundan sonra sadece 1. ve 2. K olarak anılacaktır) 5.3. Harman yeri ve sunak: 2. S 24.19–24, 1. T 21.28–22.5, 1. K 1. Kan dökücü Davut: 1. T 22.8 ve 28.3.
10. Davut'un ölümü ve Süleyman'ın mesh edilişi: 1. K 1 ve 2, 1. T 28–9. Cenaze Töreni: 1. K 2.10. Hurowitz, *Sacred Esplanade* 15–35. Yohanan Hurkanus Davut'un mabedini yağmalıyor. Josephus, 'Jewish Antiquities' (Bundan sonra sadece JA olarak anılacaktır) VII.15.3.
11. İktidarın gasp edilmesi: 1. K 1–2.
12. Süleyman, savaş arabaları/At Kapısı: 1. K 9–10, 2. K 11.16. At ticareti/savaş arabaları: 1. K 10.28–9. Altın: 1. K 10.14. Megido, Hazor, Gezer: 1. K 9.15. Ahit Sandığı'nın yerleştirilmesi ve Tapınak'ın açılışı: 1. K 8 ve 2. T 7. Davut'unTapınak'taki mızrakları: 2. K 11.10. Lane Fox, *Unauthorized Version* 134–40 ve 191–5. 1. K 2–7 ve 1. K 10. Atlar, savaş arabaları, ihtişam: 1. K 10.14–19. Geçitler: 1. K 9.15–27. Donanma: 1. K 9: 26–8 ve 1. K 10.11–13. İmparatorluk ve yönetim: 1. K 4.17–19. Süleyman'ın eşleri: 1. K 11.3. 3000 özdeyiş ve 1005 şarkı: 1. K 4.32. Kırbaçlar: 1. K 12.11. Tapınak ve saray: 1. K 6–7, 2. T 2–4. Hezekiel 40–4. 1.T 28.11–19. Shanks 165–74. Carol Meyers, 'Kinship and Kingship: The Early Monarchy', *Oxford History* içinde, 197–203 . Rivka Gonen, 'Was the Site of the Jerusalem Temple Originally a Cemetery?', *Biblical Archaeology Review* Mayıs–Haziran 1985, 44–55. *BM*, 45; 61. Richard Miles, *Carthage Must be Destroyed* 30–5. Miles, *Ancient Worlds*, 57–68. A. Neuwirth, 'Jerusalem in Islam: The Three Honorary Names of the City', Sylvia Auld ve Robert Hillenbrand (ed), *Ottoman Jerusalem: The Living City, 1517–1917* içinde (Bundan sonra sadece *OJ olarak anılacaktır*) 219. Hurowitz, *Sacred Esplanade* 15–35. Graeme Auld ve Margreet Steiner, *Jerusalem 1* 54. Süleyman ve Firavun, ganimet ve Firavun'un kızı: 1. K 9.16. Firavun Siamun'un akını; Firavun'un kızının evliliği: Wilkinson, *Egypt* 404. Lane Fox, *Unauthorized Version* 235–40. De Vaux 31–7, 108–14, 223–4, 274–94. Grabbe, *Ancient Israel* 113–18. Asur Kralı Sargon'un Sarayı ve Samarya'daki Kral Ahav: 1. K 22.39. Shanks 123–34 ve 165–74. Hurowitz, *Sacred Esplanade* 15–35. Arkeoloji üzerine: Dan Bahat ve Ronny Reich ile yazarın görüşmeleri. Finkelstein/Silberman 134–41; Finkelstein/Silberman 180–5. Nicola Schreiber, *Cypro-Phoenician Pottery of the Iron Age*, 83–213, özellikle I. Kısım, '10th Century and the Problem of Shishak' 85–113. Ayelet Gilboa ve Ilan Sharon, 'An Archaeological Contribution to the Early Iron Age Chronological Debate: Alternative Chronologies for Phoenicia and their Effects on the Levant, Cyprus and

Greece', *Bulletin of the American Schools of Oriental Research* 332, November 2003, 7–80.

13. İsrail kopuşu: 1. K 11–14 Rehavam. Asa'dan Omri'ye İsrail Kralları: 1. K 15–17 – Zimri'nin katliamı 1. K 16.11. Şeşonk'un Kudüs'e saldırısı: Wilkinson, *Egypt* 405–9. Osorkon: Hoffmeier 107. Grabbe, *Ancient Israel* 81. Campbell, *Oxford History* 212–15. Meyers, *Oxford History* 175. De Vaux 230. Lane Fox, *Unauthorized Version* 260. Finkelstein/Silberman 180–5.
14. Ahav/Yehoşafat: 1. K 15–18, 2. K 1–8. Yehoşafat: 1. K 15–24 ve 2. T 17–20. Finkelstein/Silberman 231–4. Yehu: 2. K 10.1–35. Hoffmeier 87. Campbell, *Oxford History* 220–3. *BM* 49–54. *BM* 56.
15. Yehu: 2. K 9–11, 2. T 22. *BM* 49–56. Campbell, *Oxford History* 212. Atalya: 2. K 11–12. Campbell, *Oxford History* 228–31. Reich, Shukron ve Lernau, 'Findings from the Iron Age II in the Rock-Cut Pool near the Spring', *Israel Exploration Journal* 57 (2007) 153–69: Hurowitz, *Sacred Esplanade* 15–35. Uziyahu/Yotam: 2. K 13–16. Kudüs'ün genişlemesi: 2. T 26.9. Finkelstein/Silberman 211–21, 243–8.
16. Ahaz ve Yeşaya – tüm referanslar Yeşaya'nın Kitabı'ndadır: günahkâr bir şehir olarak Kudüs fikri 1.4; Fahişe Kudüs 1.21 ve Siyon Dağı'nın kızı, Kudüs Tepesi 10.32; Ulusların rehberi olarak Kudüs 2.1–5; Siyon her yerde 4.5; Tapınak'taki Tanrı 6.1–2; Ahaz 7; İmmanuel 8.8 ve yeni doğmuş çocuk 9.6–7; yargılama ve adalet/kurt ve kuzu, 11.4–11; mahşer günü 26.1–2 ve 14–19. İsrail'in Çöküşü: 2. K 15 17. Finkelstein/Silberman 211–21, 243–8. K. Farrokh, *Shadows in the Desert: Ancient Persia at War* (Bundan sonra sadece Farrokh olarak anılacaktır) 25–7. M. Cogan, 'Into Exile: From the Assyrian Conquest of Israel to the Fall of Babylon', *Oxford History* içinde, 242–3. Campbell, *Oxford History* 236–9. Yahudi genetiğine dair son bulgular: 'Studies Show Jews' Genetic Similiarity', *New York Times* 9 Haziran 2010.
17. Hezekiya: 2. K 18–20, 2. T 29–31. Yeni duvarlar, evler: Yeşaya 22.9–11. Yeni Kudüs: kılıçlardan yapılan saban demirleri: Yeşaya 2.4; adalet 5.8–25, 1.12–17. Sanherib ve Hezekiya: Yeşaya 36–8. Yeni ayinler: 2. T 30. Yeremya 41.5. Tesniye 28.49. Hezekiya'nın tüneli ve inşası: 2. K 20.20 ve 2. T 32.30. Yeni mahalleler: 2. T 32.5. Bahat, *Atlas* 26–7. *BM* 62. Hoffmeier 108. Reich, Shukron ve Lernau, 'Findings from the Iron Age II in the Rock-Cut Pool near the Spring', *Israel Exploration Journal* 57 (2007) 153–69. *BM* 65 – Yeşaya'yla karşılaştırın 22. 15–25. *BM* 72. Grabbe, *Ancient Israel* 169–70. *Archaeology* 66; 137, muhtemelen Nehemya Kitabı 3.8. Finkelstein/Silberman 234–43 ve 251–64. Hurowitz, *Oxford History* 15–35.
18. Asur: Miles, *Ancient Worlds* 68–77. Grabbe, *Ancient Israel* 167; 185. Wilkinson, *Egypt* 430–35. Savaş felaketi: Nahum 3.1–3. Mika 1.10–13. Yeşaya 1o: 28–32 ve 36–8. bölümler. Cogan, *Oxford History* 244–51.
19. Menaşe: 2. K 21. Çocuk kurban edilmesi: Mısır'dan Çıkış 22.29. Kudüs krallarının çocuklarını kurban etmesi: 2. K 16.3 ve 21.6. Ayrıca bkz: 2. C 28.3, Leviticus 18.21, 2. K 17.31, 2 K 17.17, Yeremya 7.31 (bkz. Raşi tefsiri) ve Yeremya 32.35.

Fenikelilerin/Kartacalıların çocuk kurban etmesi ve Tunus'ta bir *tophet*in bulunması: Miles, *Carthage Must be Destroyed* 68–73. Menaşe Üzerine: Finkelstein/Silberman 263–77. Miles, *Ancient Worlds*, Grabbe, *Ancient Israel* 169. Cogan, *Oxford History* 252–7. Hurowitz, *Sacred Esplanade* 15–35.

20. Yeşaya 8.1; 9.6–7; 11.4–11; 26.1–2, 14–19. Yoşiyahu: 2. K 22 ve 23, 2. T 35.20–5. De Vaux 336–9. Hurowitz, *Sacred Esplanade* 15–35.

21. Çöküş: 2. K 24–5. Yeremya 34.1–7, 37–9, 52. Ahlaksızlık, açlık, zulüm, yamyamlık, aybaşı matemi;1.17; kadınların zulmü 4.3; çocuk eti 4.10. Mezmurlar 74 ve 137. Daniel 1.4 ve 5; Harabe, Daniel II.31. *BM* 87–8. Bahat, *Atlas* 28. Auld ve Steiner, *Jerusalem* 44. *Archaeological Park* 52–4. Şafan oğlu Gemarya: Yeremya 36.9–12. Hoffmeier 98. Babil üzerine olan bölüm şu eserlere dayamaktadır: I. L. Finkel ve M. J. Seymour, *Babylon: Myth and Reality*; D. J. Wiseman, *Nebuchadnezzar and Babylon*; Finkelstein/Silberman 296–309; Wilkinson, *Egypt* 441–4; Tom Holland, *Persian Fire* 46–7. Lane Fox, *Unauthorized Version* 69–71. Cogan, *Oxford History* 262–8. Grabbe, *Ancient Israel* 170–84. De Vaux 98. Hurowitz, *Sacred Esplanade* 15–35.

22. A. T. Olmstead, *History of the Persian Empire* (Bundan sonra sadece Olmstead olarak anılacaktır) 34–66. Farrokh 37–51. Lane Fox, *Unauthorized Version* 269–71. M. J. W. Leith, 'Israel among the Nations: The Persian Period', *Oxford History* içinde, 287– 9. E. Stern, 'Province of Yehud: Vision and Reality' Lee I. Levine (ed.) *Jerusalem Cathedra 1* (Bundan sonra sadece *Cathedra* olarak anılacaktır) içinde. 9–21. Cogan, *Oxford History* 274. Herodotus, *Histories* 84–96. Holland, *Persian Fire* 8–22. *BM* 92. Michael B. Oren, *Power, Faith, and Fantasy: America in the Middle East* 501. Dönüş: Yeşaya 44.21–8, 45.1 ve 52.1–2. Ezra 1.1–11 ve 3–4. Josephus, 'Against Apion' 1.154. Leith, *Oxford History* 276–302. Yahudilerden ilk bahsediliş: Ester 2.5. *Archaeological Park* 138.

23. Büyük Darius: Ezra 4–6. Hagay 1–2. Zekariya 1.7–6.15. Yeşaya 9.2–7. Olmstead, 86–93, 107–18, 135–43; 136– 144. Darius'a yönelik betimleme büyük ölçüde Olmstead'ın yaptığı betimlemeye dayanmaktadır, 117. Herodotus 229–42. Farrokh 52–74. Lane Fox, *Unauthorized Version* 78–85 ve 271. Leith, *Oxford History* 303–5. Holland, *Persian Fire* 20–62. Joseph Patrich, '538 BCE–70 CE: The Temple (Beyt ha-Miqdash) and its Mount', *Sacred Esplanade* içinde, 37–73. Miles, *Ancient Worlds* 115–19.

24. Nehemya 1–4, 6–7, 13. *Archeological Park* 137. Leith, *Oxford History* 276–311. Lane Fox, *Unauthorized Version* 85 ve 277–81. JA 11.159–82.

25. Olmstead 486–508. Farrokh 96–111. JA 11.304–46. Schäfer 5–7. Gunther Holbl, *History of the Ptolemaic Empire* (Bundan sonra sadece Holbl olarak anılacaktır) 10–46. Maurice Sartre, *The Middle East under Rome* (Bundan sonra sadece Sartre olarak anılacaktır) 5–6, 20.

26. JA 2. Josephus, 'Against Apion' 1. 183–92. Wilkinson, *Egypt* 469–30. Miles, *Ancient Worlds* 158–70. Adrian Goldsworthy, *Antony and Cleopatra* (Bundan sonra sadece Goldsworthy olarak anılacaktır) 37–41. Goodman 117–19. Metnin tamamı için bkz. Aristeas, *Letter of Aristeas*. Schäfer 7–18 *Cathedra* 1. 21. II. Holbl 191. Patrich, *Sacred Esplanade* 37–73.
27. Ecclesiasticus 50.1–14 ve 4. JA 12.2 ve 12.154–236. C. C. Ji, 'A New Look at the Tobiads in Iraq al-Amir', *Liber Annuus* 48 (1998) 417–40. M. Stern, 'Social and Political Realignments in Herodian Judinea', *Cathedra* içinde, 2.40–5. Leith, *Oxford History* 290–1. Schäfer 17–23. Holbl 35–71. Edwyn Bevan, *House of Seleucus* 2.168–9. Patrich, *Sacred Esplanade* 37–73.
28. Bevan, *Seleucus* 1. 300–18 ve 2. 32–3 ve 51–94. Holbl 127–43 ve 136–8. JA 3 ve 12. 129–54. Bevan, *Seleucus* 2.269–92. Schäfer 29–39. Yeni Yunan Kudüsü: 2. Makabeler 3.1–4.12.
29. Ecclesiasticus 50. Schäfer 32–4. Henri Daniel-Rops, *Daily Life in Palestine at the Time of Christ* 53–5; 95–7; 175–8. De Vaux 415–7;. Sebt Günü 3482–3; 468–500; 397. Patrich, *Sacred Esplanade* 37–73.
30. IV. Antiokhos Epifanes: 1. Makabeler 1, 1. Makabeler 4. Yason/Menelaos/ Antiokhos: 2. Makabeler 1 ve 2. Makabeler 4–6, 2. Makabeler 8.7. JA 12.237–65. Antiokhos Tapınak'a giriyor: 2. Makabeler 5.15. Tapınak'ta ahlaksızlık: 2. Makabeler 6.2. Polybius, *Histories* 31 ve 331. Diodorus, *Library of History* 31.16. Bu açıklama büyük ölçüde Bevan, *Seleucus* adlı metni takip etmektedir, 2. 126–61; 128–32; 154; 161. Schäfer 34–47. Sartre 26–8. Gymnasium'un inşası: 2. Makabeler 4.12. Dinî tebliğler: 1. Makabeler 1.34–57, 2. Makabeler 6.6–11. Daniel 11.31, 12.11. Schäfer 32–44. Holbl 190. Shanks 112–15; 113. Sartre 9–14. Şehitler ve zulümler: 2. Makabeler 6. Goodman 110. JA 12.256.
31. Yehuda and Makabi İsyanı: JA 12. 265–433. 1. Makabeler 2–4. Çekiç: 2. Makabeler 5.27. Hasidikler: Essenilerin kökeni ve apokrif düşünce: Hanok'un Kitabı 85–90 ve 93.1–10 ve 91.12–17. JA 12.7. Lisias: 1. Makabeler 4, 2. Makabeler 11. Hanuka: 1. Makabeler 4.36–9, 2. Makabeler 10.1–8. JA 12.316. Yehuda Kudüs'te: 1. Makabeler 4.69. Fetihler: 1. Makabeler 4–6. V. Antiokhos tarafından iyileştirilenYahudi hakları: 1. Makabeler 6.59. Lisias'a karşı Kudüs: 2. Makabeler 11.22–6. Alkimos: 1. Makabeler 7, 8 ve 9, 2. Makabeler 13.4–8, 14, 15. JA 8, 9, 10. Nikanor: 1. Makabeler 7.33–9, 2. Makabeler 14.26, 2. Makabeler 15.36, 2. Makabeler 15.28–37, 1. Makabeler 8.1. Bakkides/ Yehuda'nın ölümü: 1. Makabeler 8–9. Bevan, *Seleucus* 2.171–203. Joseph Sievers, *The Hasmoneans and their Supporters: From Mattathias to the Death of John Hyrcanus I* (Bundan sonra sadece Sievers olarak anılacaktır) 16–72. Michael Avi-Yonah, *The Jews of Palestine: A Political History from the Bar Kochba War to the Arab Conquest* (Bundan sonra sadece Avi-Yonah olarak anılacaktır) 4–5. Sartre 9–14. Lane Fox, *Unauthorized Version* 98–100. Daniel 12.2–44. Yeşaya 13.17–27. Yeremya 51.1. *Archeological Park* 45. Patrich, *Sacred Esplanade* 37–73.

32. Yonatan: 1. Makabeler 9–16 ve JA 13.1–217. Philometor: 1. Makabeler 11.6–7. IV. Holbl 190. JA 12.65–71, 14.131. Holbl 191–4. Schäfer 44–58. Bevan, *Seleucus* 2.203–28. Sievers 73–103. JA 13.187–228. Yüce rahip ve lider olarak Simon: 1. Makabeler 12 ve 13, 1. Makabeler 13.42–51. Akra düşüyor/mor renk ve altın: 1. Makabeler 13.51, 14.41–4. VII. Antiokhos Sidetes: 1. Makabeler 15.1–16. Simon'un ölümü: JA 13.228. 1. Makabeler 16.11. Schäfer 56–8. Bevan, *Seleucus* 2.227– 43. Sievers 105–34. Sartre 9–14. *Archeological Park* 45; 90. Peters, *Jerusalem* 591. Josephus, 'Against Apion' 2.50–5. Holbl 194–204.
33. JA 13.228–300. Schäfer 65–74. Avi-Yonah, 221– 4. Peters, *Jerusalem* 591. *Archeological Park* 90, 138. Bahat, *Atlas* 37–40. Dan Bahat'la söyleşiler. JA 14.403, 18.91. JW 1.142. Goodman 169–74. Sartre 14–16. Goodman 110. Tapınak: JA 14.110. JA 13.301–20. JA 13.320–404. Sartre 9–14. M. Stern, 'Judaea and her Neighbours in the Days of Alexander Jannaeus', *Cathedra 1* içinde, 22–46. JA 13.405–30. JA 14.1–54. Bevan, *Seleucus* 2.238– 49. Sievers 135–48. Shanks 118. Sartre 12–14.
34. JA 14.1–79, 14.65– 77; JA 14.80–103. JA 14.8–17. JA 14.82. Tapınak'a yönelik Yunan iddiaları: bkz. Apion ve Josephus, 'Against Apion'. Tacitus, *Histories* 5.8–9. Cicero, *For Flaccus*, alıntılayan Goodman 389–455. John Leach, *Pompey the Great* 78–101 ve 212–14. Goldsworthy 73–6. Patrich, *Sacred Esplanade* 37–73.
35. Crassus: Farrokh 131–40. JA 14.105–23, özellikle 110.
36. JA 14.127–294. Sezar ile Kleopatra'ya dair bu analiz ve açıklama Goldsworthy 87–9; 107; 125–7; 138; 172–81'e dayanmaktadır; Holbl 232–9; Schäfer 81–5; Sartre 44–51; Wilkinson, *Egypt* 492 501. Plutarkhos, *Makers of Rome*. Niko Kokkinos, *Herodian Dynasty: Origins, Role in Society and Eclipse* (Bundan sonra sadece Kokkinos olarak anılacaktır) 195–243.
37. JA 14.297–393. Farrokh 141–3. Part toplumu, süvariler: Farrokh 131–5. Antonius ve Kleopatra'ya dair bu açıklama Holbl 239–42'ye dayanmaktadır; Goldsworthy 87–9, 183, 342–3; Schäfer 85–6; Sartre 50–3; Wilkinson, *Egypt* 501–6. Bkz. Plutarkhos, *Makers of Rome*. M. Stern, 'Society and Political Realignments in Herodian Jerusalem', *Cathedra 2* içinde, 40–59.
38. JA 14.390–491. Farrokh 142–3; 145–7. Schäfer 86–7. Sartre 88–93.
39. JA 14–15.160. Holbl 239–42.
40. JA 15.39–200. Hirodes, Aktium ve Augustus: Çocuklarının kaderi üzerine not da dâhil olmak üzere Kleopatra'ya dair bu açıklama Holbl 242–51'e dayanmaktadır; Goldsworthy 342– 8; 364–9; 378–85. Wilkinson, *Egypt* 506–9. JA 15.88–103. JA 15.361. Augustus'un tasviri için bkz. Suetonius. JA 15.183–200.
41. JA 14.465; JA 15.21–86 ve 15.202–66. Kokkinos 153 63; 179–86 ve 206–16. Kral Hirodes: Hirodes'e dair bu açıklamalar aşağıdaki metinlere dayanmaktadır JA; Kokkinos; P. Richardson, *Herod the Great: King of the Jews, Friend of the Romans*; Stewart Perowne, *Herod the Great*; Michael Grant, *Herod the Great* 117–44.

Kokkinos 143–53 ve 351. JA 15.321–2. Kokkinos 124–43 ve 163–73. Sartre 89–93. Schäfer 87–98. Grant, *Herod* 165. JA 15.267–89. JA 15.292–8; 15.323–41. JA 15.299–317. JA 15.380–424.

42. JA 15.380–424 ve JW 5.136–247. Bahat, *Atlas* 40– 51. *Archeological Park* 90. *Archeological Park* 112–13; *Archeological Park* 29–31. Goodman 394. JW 4.12. *Cathedra* 1. 46–80. Grant, *Herod* 150. Shanks 92–100. Patrich, *Sacred Esplanade* 37–73. Kızıl Düve: Çölde Sayım 19. Lawrence Wright, 'Letter from Jerusalem: Forcing the End', *New Yorker*, 20 Temmuz 1998.
43. JA 15.342–64; JA 16.12 65. Grant, *Herod* 144–50. Goodman 394; Philo, *Works* 27.295.
44. JA 16.1–404 ve 17.1–205. Kokkinos 153–74. Grant, *Herod* 211. Philip A. Mackowiak, *Post Mortem* 89–100. İsa'nın doğumu, Beytüllahim Katliamı, İsrail kralı/Mısır'a Kaçış: Matta 1, 2 ve 3. Tapınak'ta kurban kesme/vergi/ Beytüllahim /sünnet: Luka 1–2, Yeşaya 7.14. Lane Fox, *Unauthorized Version* 202. Erkek kardeşler/kız kardeşler: Markos 6.3, Matta 13.55, Yuhanna 2.12, Elçilerin İşleri 1.14. Spekülatif Kleopas teorisi: James D. Tabor, *The Jesus Dynasty* (Bundan sonra sadece Tabor olarak anılacaktır) 86–92.
45. JA 17.206–353. Goodman 397–401. Sartre 113–14. Kokkinos 226. Schäfer 105–12. JA 18.1–23. Ethan Bronner, 'Hebrew tablet suggests tradition of resurrected messiah predates Jesus', *New York Times*, 6 Ağustos 2008.
46. İsa'nın yaşamı ve vaizliği. Matta 5.5. İsa on iki yaşındayken Tapınak'ta: Luka 2.39–51. İsa'yı tehdit eden Hirodes Antipa/Farisiler/Kudüs dışındaki peygamber: Luka 13.31–5. (Aynı konuşmanın Matta versiyonu İsa'nın son ziyaretinde, Tapınak'ta geçer. Matta 23.37.) Kudüs'ün yıkımı ve öngörülen ordular: Luka 22.20–4. İsa, ölümden dirilen Yahya – Hirodes: Markos 6.14. "Başını kestirdiğim Yahya dirildi," Luka 9.7–9. İsa'nın yüksek dağa çıkışı ve burada Musa ve İlyas'la buluşması (Muhammed'in miraca çıkmasıyla benzerlik gösterir): Markos 9.1–5. Cennetin Kralı Matta 24.3–25.46; 5.17. Yoksulların kutsanması: Matta 5.3. Kutsal Yasa'nın çiğnenmemesi: Matta 5.17. Farisiler: Matta 5.20. "Bırak ölüleri, kendi ölülerini kendileri gömsün": Matta 8.22. Apokaliptik kılıç ve Kıyamet Günü tasavvuru: Matta 10.21–32. Diş gıcırtısı ve fırın: Matta 13.41–58. İnsanoğlu ve şan: Matta 20.28. İsa'nın Kudüs'e gitme zorunluluğu: Matta 16.21. Milletlerin yargılanması: Matta 25.31–4. Doğrular için sonsuz yaşam: Matta 25.41 ve 25.46. Seçkin takipçiler, Hirodes'in kâhyasının karısı Yohanna: Luka 8.3. Büyük kralın şehri: Matta 5.35. İsa'nın Tapınak'a önceki ziyaretleri /Tapınak'ın satıcılardan temzilenmesi: Yuhanna 2.13–24.

İnsanoğlu: Daniel 7.13. Cennetin Krallığı Tasavvuru, Son günler, İnsan, hazır olmak: Matta 24.2–25.46. Kudüs'e ilk ziyaretler ve recimden kaçış: Yuhanna 7, 8, 10.22.

İsa ve Vaftizci Yahya – aynı mesaj, tövbe/Cennetin Krallığı: Matta 3.2 ve 5.17. Vaftizci Yahya, doğum: Luka 1.5–80. Meryem Yahya'nın ailesini ziyaret ediyor: Luka 1.39–41. Yahya, Hirodes ve Hirodiya'nın kötülükleriniğ yüzüne vuruyor: Luke 3.15–20.

Hirodes Antipas ve Vaftizci Yahya'nın başının kesilmesi: Markos 6.14–32. Yahya, İsa'yı vaftiz ediyor: Luka 3.21, Matta 3.16. JA 18.109–19 (Hirodiya'nın öyküsü, Aretas'ın kızı ve Vaftizci yahya). JA 18.116–19. Kokkinos 232–7. JA 18.104–42. Salome: Markos 6.17–19. Matta 14.3–11. "Gidin, o tilkiye söyleyin": Luka 13.32 Diarmaid MacCulloch, *A History of Christianity: The First Three Thousand Years* (Bundan sonra sadece MacCulloch olarak anılacaktır) 83–91.

47. İsa Kudüs'te. İsrail Kralı'nın şehre girişi: Yuhanna 12.1–15. Ayaklanma, Pilatus, Şiloah: Luka 13.1–4. İğrenç şeye dair öngörü, yıkım: Markos 13.14. Issızlık tasavvuru: Matta 23.37–8. Cennetin Krallığı ve Kıyamet Günü tasavvuru: Matta 24.3–25.46. İsa Tapınak'ta/ "taş üstünde taş kalmayacak": Markos 13.1–2 ve 14.58. Elçilerin İşleri 7.48. "Taş üstünde taş kalmaycak": Matta 24.1–3. Tapınak'a aykırı Yahudi gelenekleri: Yeşaya 66.1. Tapınak'taki günler: Markos 11–14 ve Yuhanna 12–19. JA 18.63. Tapınak'ın arındırılması:Yuhanna 2.13–24. İsa'nın karakterine dair betimleme şu çalışmalara dayanmaktadır: Geza Vermes, *The Changing Faces of Jesus*; Geza Vermes, *Jesus and the World of Judaism*; Geza Vermes, 'The Truth about the Historical Jesus', *Standpoint*, Eylül 2008; MacCulloch; Charles Freeman, *A New History of Early Christianity*; A. N. Wilson, *Jesus*; F. E. Peters, *Jesus and Muhammad, Parallel tracks, Parallel Lives.*

    İsa'nın zamanında Kudüs. Çok sayıda millet: Elçilerin İşleri 2.9–11. Daniel-Rops, *Daily Life in Palestine in the Time of Christ* 80–97. MacCulloch 91–6. Palatial Mansion ve *mikve*ler, bkz *Archeological Park*. Bahat, *Atlas* 40–53 ve 54–8. JA 18. 310–77. JA 20. 17–96. Goodman 65. Tabor 10. İnsanoğlu: Daniel 7.13. Konuk Odası/Son Akşam Yemeği/Hamsin Yortusu: Markos 14.15, Elçilerin İşleri 1.13–2.2. Patrich, *Sacred Esplanade* 37–73. İsa'nın Kudüs'teki faaliyetleri için: bkz. Shimon Gibson, *The Final Days of Jesus*, özellikle s. 115'teki harita; 46–9; 52–5; 53–5; Gibson'un Beytesta ve Şiloah havuzlarında yaptığı araştırma ve kazılar bunların mikve yani arınma havuzları olabileceğini göstermiştir, 59–80; 81–2. Havuzlardaki şifa: Yuhanna 5.1–19 ve 9.7–11. Kayafa: Yuhanna 11.50. Şiloah Havuzu'nda yapılan kazılar üzerine Ronny Reich ve Eli Shukron ile söyleşiler.

48. JA 18.55–63; JA 18.85–95. Sartre 114–15; Goodman 403. Ayrıca bkz. Daniel R. Schwartz, 'Josephus, Philo and Pontius Pilate', *Cathedra 3* içinde, 26–37. (Pilatus'un eylemleri hakkında, Filon bunların koruma amaçlı olduğunu söylerken Josephus'a göre bunlar askerî standartlardır.) Philo, *Works*, vol. 10, 37.301–3. Mahkeme: Yuhanna 18–19 ve Markos 14, 15. Kudüs'ün kızları: Luka 23.28. Goodman 327–31. Barabbas: Markos 15.7. Ayaklanma, Pilatus, Şiloah: Luka 13.1–4. Hirodes ve Pilatus: Luka 23.12. Gibson, *Final Days of Jesus* 81–106. MacCulloch 83–96.

49. İsa'nın çarmıha gerilmesi: Bu konudaki açıklama şu metne dayanmaktadır: Joe Zias, 'Crucifixion in Antiquity', www.joezias.com. Gibson: *Final Days of Jesus* 107–25 ve 141–7; 152–65. Bu açıklama Yuhanna 19–20, Markos 15, Matta 28'e dayanmaktadır. JW 7.203 ve 5.451. Tabor 246–50. Diriliş: Luka 24. Matta 27–8. Markos 16. Kayafa: Matta 27.62–6 ve 28.11–15. Yehuda, gümüş ve Çömlekçi Tarlası: Matta 27.5–8 ve Elçilerin İşleri 1.16–20. İsa'nın bedeninin taşınması: Matta 27.62–4 ve 28.11–15. Petrus İncili (tarihi muhtemelen ikinci yüzyılın başlarına dayanmaktadır) 8.29–13.56. Freeman, *New History of Early Christianity* 20–1 ve 31–8. (Şüpheci Thomas'ın öyküsü de dâhil olmak üzere) Diriliş ve Göğe Yükseliş: Yuhanna 20–1

Lider olarak Adil Yakup, hizipin ilk günleri: Elçilerin İşleri 1–2 ve Galatyalılar 1.19, 2.9, 12. Pentikost Günü ve lisanlar: Elçilerin İşleri 2. Güzel Kapı: Elçilerin İşleri 3. İstefanos: Elçilerin İşleri 6 ve 7; recim 7.47–60. Saul ve İstefanos'un ölümü/zalim/ Saul'un din değiştirmesi ve Kilise tarafından kabulü: Elçilerin İşleri 7.58–60 ve 8.1–9.28.

Tabor, 280–91. Pilatus, Samiriyeliler, çöküş: JA 18.85–106. Sartre 114–15. Schäfer 104–5. Lane Fox, *Unauthorized Version* 297–9, 283–303. Peters, *Jerusalem* 89–99. *Archeological Park* 72, 82, 111. Yehuda, Çömlekçi Tarlası: Matta 27.3– 8. Tacitus, *Histories* 15.44. MacCulloch 92–6. Sartre 336–9. Kevin Butcher, *Roman Syria and the Near East* (Bundan sonra sadece Butcher olarak anılacaktır) 375–80.

50. JA 18.143–309, 19.1–360. Yakup ve Petrus'a işkence: Elçilerin İşleri 12.20–3. Kokkinos 271–304. *Archeological Park* 138. Bahat, *Atlas* 35. Sartre 78–9 ve 98–101. Peters, *Jerusalem* 96–7. Zebedi'nin oğlu Yakup ve Petrus: Elçilerin İşleri 11.27–12.1–19. Goodman 83. Filon üzerine, bkz. Philo, *Works* vol. 10. Goodman 88, 118.
51. JW 2.- 250–70. JA 20.97–222. Goodman 375–82. Kokkinos 318–30. Stewart Perowne, *The Later Herods* 160–6. Sartre 79–80.
52. Pavlus: kökenler Elçilerin İşleri 9–11 ve 22–5; Saul ve İstefanos'un ölümü/zalim/ Saul'un din değiştirmesi ve Kilise tarafından kabulü 7.58—60 ve 8.1—9.28; Kudüs'e dönüş Elçilerin İşleri 11. Galatyalılar'dan alıntılar 11—2.20, 6.11; günah sunusu 2. Korintliler 5.21; İleri gelenler olarak Yakup, Petrus, Yuhanna Galatyalılar 2.6 ve 9; Pavlus'un yeni Kudüsü, Yeni İsrail, Galatyalılar 4.26; sünnet üzerine Filipililer 3.2—3; Kudüs'e son ziyaret, yakalanma, Felix, Agrippa Elçilerin İşleri 21—8. Buradaki analiz şu metinlere dayanmaktadır: A. N. Wilson, *Paul: The Mind of the Apostle;* MacCulloch 97—106; Freeman, *New History of Early Christianity* 47—63; Tabor 292—306; Goodman 517—27. Tabor 287–91. Havariler Tapınak'ta: Elçilerin İşleri 2.46, 5.21, 3.1–2. Sartre 298, 336–9; Elçilerin İşleri 11.26.
53. Adil Yakup: ölümü/Simon'un halefiyeti. Rahip Yakup. Pavlus: yaşamı ve din değiştirmesi Elçilerin İşleri 7–11 ve 22–5. Kayseryalı Eusebius, *Church History: Life of Constantine the Great* 2.23. Peters, *Jerusalem* 100–7. Tabor 321–32.

54. Josephus, 'Life' 1–17. Vahiy Kitabı: MacCulloch 103–5; Freeman, *New History of Early Christianity* 107–10; Freeman 108. Neron'un zulmü: Bkz. Tacitus, *Histories*. Josephus, 'Life' 17–38. JW 2.271–305. JA 20.97–223, 20.252–66. Goodman 404–18. Perowne, *Later Herods* 98–108 ve 117–18. Sartre 113–21. Schäfer 114–23. Goodman 531.
55. Suetonius, Vespasian 5; Tacitus, *Histories* 1.11; Titus ve Berenice, Tacitus 2.1–2; Tacitus 2.74–82. JW 2.405–3.340, JW 3.340–408. JW 4.1–83. Suetonius, Titus 7; 8; 3. Schäfer 125–9. Sartre 123–7.

BÖLÜM İKİ: PAGANİZM

1. Triumph: JW 7.96–162. M. S. 70 yılından itibaren Romalıların Yahudiliğe yönelik tutumuna dair bu analiz için bkz. Goodman 452–5. Tacitus 2.4–5, 5.1–13. Masada: JW 7.163–406 M. S. 70'ten sonra Titus, II. Agrippa ve Berenice: Tacitus 2.2. Suetonius, Titus 7. Goodman 459; Goodman 458–9; Goodman 378. Josephus, 'Life' 64–76. Kokkinos 246–50 ve 361. Avi-Yonah 43.
2. Mac-Culloch 103–5. Goodman 469. Goodman 471–83; 106: Flavius ve Trajan'nın, Davut'un takipçilerini infaz etmesi üzerine kaynaklar olarak Eusebius ve Epiphanius'a atıfta bulunan, Tabor 338–42. Eusebius, *Church History* 4.5. Epiphanius'tan alıntılayan Peters, *Jerusalem* 125. Sartre 126–8. Filistin'de eskatolojik beklentiler: Sibylline Oracles 4–5; III. Schäfer 135–40. Eusebius'tan alıntılayan Perowne, *Later Herods* 191; 70–132: Avi-Yonah 12–54. Goodman 471–81. Dio Cassius 68.32.1–2. Eusebius, *Church History* 4.2.1–5. Schäfer 141–2. Sartre 127–8. Butcher 45–50.
3. Dio Cassius 69.12.1–13.3. Anthony R. Birley, *Hadrian the Restless Emperor* 301–7. Frank McLynn, *Marcus Aurelius* 26–39. Bahat, *Atlas* 58–67. Thorsten Opper, *Hadrian: Empire and Conflict* 89–97; 168–91. Goodman 481–5. *Archeological Park* 140. Yoram Tsafrir, '70–638 CE: The Templeless Mountain', *Sacred Esplanade* içinde, 73–99.
4. Simon bar Kohba/Hadrian: Bu açıklama şu metinlere dayanmaktadır: Dio Cassius 69.12.1–13.3 ve 69.14.1–3; Eusebius, *Church History* 4.6 ve Justin. Opper, *Hadrian* 89–97. Birley, *Hadrian the Restless Emperor* 228–9; 231; 232–4; 268–78; Çölde Sayım Kitabı/Akiba/ mektuplaşma/Justin ve Eusebius/Betar'ın çöküşü/ yeni Kudüs'ün inşasına dair alıntıların tamamı Birley'yden yapılmıştır. McLynn, *Marcus Aurelius* 26–39. Bahat, *Atlas* 58–67. Goodman 485–93, 496. Ayrıca bkz: Yigal Yadin, *Bar-Kokhba* 66; Babatha belgeleri 235. Avi-Yonah 13. Shanks 47. Amos Klauer, 'Subterranean Hideaways of Judean Foothills', *Cathedra 3* içinde,114–35, 335: Sartre 320–5. Avi-Yonah 15–39, 66. Tsafrir, *Sacred Esplanade* 73–99.
5. Butcher 135–300, 240–50, 335–45. Sartre 155, 167–9. Shanks 43–53. Bordeaux Pilgrim, *Itinerary* 592–3. Tsafrir, *Sacred Esplanade* 73–99. Eusebius, *Life of Constantine* 3.26–8. Sozomen, *Church History* 2.1, Peters 137–42. Sartre 303–21. Goodman 490–5. Sartre 320–5. Goodman 498. Butcher 46–8. Avi-Yonah 43–5.

Goodman 498. David Kroyanker, *Jerusalem Architecture* (Bundan sonra sadece Kroyanker olarak anılacaktır) 14. Goodman 496–7, 506–11. Butcher 48–51. Sartre 319–35. Avi-Yonah 50–6, 140; Tanaim 39–40, 54–75; 79–80; 77–9. Sartre 148–9, 157; Butcher 48–51. Sartre 321–2; Goodman 501–8; 576–7. Simon Goldhill, *Jerusalem: A City of Longing* 179. Hristiyan inaçları ve eziyetler: Goodman 512–24. Isaiah Gafni, 'Reinterment in Land of Israel', *Cathedra 1* içinde, 101. Freeman, *New History of Early Christianity* 132–41; 133; 142–54. MacCulloch 121–37; 156–88; 165; 166–76. Joseph Patrich, 'The Early Church of the Holy Sepulchre in the Light of Excavations and Restoration', Y. Tsafrir (ed.), *Ancient Churches Revealed* içinde, 101–7. Bordeaux Pilgrim, *Itinerary* 592–3. Peters, *Jerusalem* 125–7. Schäfer 168. Butcher 86–9; 65–6. Avi-Yonah 91–127 ve 139–49. Michael Grant, *Constantine the Great* 126–34. Sartre 339. P. Southern, *Empress Zenobia: Palmyra's Rebel Queen.*

BÖLÜM ÜÇ: HRİSTİYANLIK

1. Warren T. Treadgold, *A History of Byzantine State and Society* (Bundan sonra sadece Treadgold olarak anılacaktır) 30–48. Grant, *Constantine* 82–4, 105–15; 134–5; Milvian Bridge 140–55; 156–86. Judith Herrin, *Byzantium: The Surprising Life of a Medieval Empire* (Bundan sonra sadece Herrin olarak anılacaktır) 8–11. Goodman 539–48. Treadgold 44. Avi-Yonah 159–64. Lane Fox, *Unauthorized Version* 247. MacCulloch 189–93. Grant, *Constantine* 213. John Julius Norwich, *Byzantium: The Early Centuries* (Bundan sonrsa sadece Norwich olarak anılacaktır) 1.31–79. Fred M. Donner, *Muhammad and the Believers: At the Origins of Islam* 10–11. Chris Wickham, *The Inheritance of Rome: A History of Europe from 400 to 1000* (Bundan sonra Wickham olarak anılacaktır) 59–67.
2. Eusebius, *Life of Constantine* 3.26–43. Sozomen, *Church History* 2.1, 2.26. Grant, *Constantine* 16–17; 202–5. Zeev Rubin, 'The Church of Holy Sepulchre and Conflict between the Sees of Caesarea and Jerusalem', *Cathedra* içinde, 2.79–99. MacCulloch 193–6. Oleg Grabar, *The Shape of the Holy: Early Islamic Jerusalem* 28. Goldhill, *City of Longing* 179. Peters, *Jerusalem* 131–40. Goodman 560–77; 576–7. Avi-Yonah 159–63; MacCulloch 199; Arianism 211–15. Bordeaux Pilgrim, *Itinerary* 589–94; Ayrıca bkz. Peters, *Jerusalem* 143–4, 2. Samuel 5.7, Mika 3.12. Tsafrir, *Sacred Esplanade* 73–99.
3. Avi-Yonah, 174–205. Treadgold 59–63. Yohanan Levy, 'Julian the Apostate and the Building of the Temple', *Cathedra* içinde, 3.70–95. Sozomen, *Church History* 5.22. Yeşaya 66.14. *Archeological Park* 22. Norwich 339–100. Shanks 53–5. Butcher 65–6.
4. Zeev Rubin, 'Christianity in Byzantine Palestine – Missionary Activity and Religious Coercion', *Cathedra* içinde, 3.97–113. Peters, *Jerusalem* 153. Freeman 274–84, Egeria, *Pilgrimage to the Holy Places*, 50, 57–8, 67–74 ve Bordeaux Pilgrim, *Itinerary* 589–94. Barbara W. Tuchman, *Bible and Sword* (Bundan sonra sadece Tuchman

olarak anılacaktır) 23. Peters, *Jerusalem* 154–7. Bordeaux Pilgrim, *Itinerary* 589–94. Peters, *Jerusalem* 145. Treadgold 56. Lane Fox, *Unauthorized Version* 213–14. Shanks 57. Peters, *Jerusalem* 143–4. Zion: 2. Samuel 5.7, Mika 3.12. Tsafrir, *Sacred Esplanade* 73–99. Monasticism: Wickham 59–67.

5. Rubin, 'Christianity in Byzantine Palestine – Missionary Activity and Religious Coercion', *Cathedra* içinde, 3.97–113. Treadgold 89–94. Bahat, *Atlas* 68–79. *Archeological Park* 42–4, 137 ve 138. Peters, *Jerusalem* 157–62. Wickham 59–67. Stephen Runciman, *A History of the Crusades* (Bundan sonra sadece Runciman olarak anılacaktır) 1.40 ve 49. Grabar, *Shape of the Holy* 25, 37. Avi-Yonah 213–21, 240–5; 222; 225–30. Norwich 139–51. Donner, *Muhammad* 10–17. MacCulloch 200–10; 222–8. G. Krämer, *A History of Palestine* (Bundan sonra sadece Krämer olarak anılacaktır) 24. Igor Dorfmann-Lazarev, 'Historical Itinerary of the Armenian People in Light of its Biblical Memory'.
6. Treadgold 174–217. Donner, *Muhammad* 5–6; 16; 31–4; 4–17. Wickham 92–5. Herrin 50–7. Bkz. Procopius, *Secret Life*. Bahat, *Atlas* 68–79. Peters, *Jerusalem* 162–4: Grabar, *Shape of the Holy* 38–40; 24–38. Avi-Yonah 221–4 ve 232–7; 246–8; 246–8. Treadgold 177. Butcher 383. Perowne, *Later Herods* 177. Norwich 212: Ashar Ovadius ve Sonia Mucznik, 'Orpheus from Jerusalem – Pagan or Christian Image', *Cathedra* içinde, 1.152–66. Grabar, *Shape of the Holy* 34–8; 27. M. Avi-Yonah, 'The Madaba Mosaic Map', *Israel Exploration Society*. Ayrıca bkz. Martine Meuwese, 'Representations of Jerusalem on Medieval Maps and Miniatures', *Eastern Christian Art* 2 (2005) 139–48. H. Donner, *The Mosaic Map of Madaba: An Introductory Guide*. Shanks 86–7. *Archeological Park* 147 ve 32–3; 10 ve 140; 125; 81; 39. Yaron Dan, 'Circus Factions in Byzantine Palestine', *Cathedra* içinde, 1.105–19. Tsafrir, *Sacred Esplanade* 73–99.
7. Treadgold 218–41. Sassanian king, state and religion: Donner, *Muhammad* 17–27. Avi-Yonah, 241, 254–65; 265–8; 269–70. Sebeos, *Histoire d'He'raclius* 63–71. Ayrıca bkz. A. Courret, *La Prise de Je'rusalem par les Perses;* ve Norwich 279–91. Butcher 66–72. Dan, 'Circus Factions in Byzantine Palestine', *Cathedra* içinde, 1.105–19.

   Farrokh 178–90; 247–61. Hugh Kennedy, *The Great Arab Conquests* 98–111.

   F. Conybeare, 'Antiochus Strategos: Account of the Sack of Jerusalem', *English Historical Review* 25 (1910) 502–16. Bahat, *Atlas* 78–9. *Archeological Park* 137. J. Prawer, *History of the Jews in the Latin Kingdom of Jerusalem* 57 ve 241. Dan, 'Circus Factions in Byzantine Palestine', *Cathedra* içinde, 1.105–19. Grabar, *Shape of the Holy* 36–43. Tsafrir, *Sacred Esplanade* 99.
8. Walter E. Kaegi, *Heraclius: Emperor of Byzantium*. Treadgold 287–303. Farrokh 256–61. Butcher 76–8. Herrin 84–6. Norwich 291–302. Conybeare, 'Antiochus Strategos' 502–16. Bahat, *Atlas* 78–9. Goldhill, *City of Longing* 126. Avi-Yonah

260–76. Runciman 1.10–13. Kennedy, *Conquests* 74; 31–2. Tsafrir, *Sacred Esplanade* 73–99. Donner, *Muhammad* 17–27; 17–18. Wickham 256–61.

BÖLÜM DÖRT: İSLAM

1. Muhammed, Peygamberden önce Arabistan: Bu bölüm aşağıdaki eserlere dayanılarak yazılmıştır: Kuran; Ibn Ishaq, *Life of Muhammad*; Al-Tabari, *Tarikh: The History of al-Tabari*. W. Montgomery Watt, *Muhammad: Prophet and Statesman*; Karen Armstrong, *Muhammad: A Biography of the Prophet*. Yeni bir yaklaşım için: Donner, *Muhammad*; F. E. Peters, *Muhammad and Jesus, Parallel Tracks, Parallel Lives*.
Kuran'da Kıyamet/Son günler/Kıyamet Vakti: Kuran 33.63, 47.18. Kuran 54.1. Kuran: Giriş ix–xxxvi. İsra ve Miraç: Kuran 17.1, 17.60, 53.1–18, 81.19 ve 25. Yönünü kıbleden çevirmek: Kuran 2.142–50; Süleyman ve cinler: Kuran 34.13. Yahudilerin günahları ve Tapınak'ın yıkılışı: Kuran 17.4–7. Cihat/öldürmek/Kılıç Ayeti/Ehli Kitap/*Zımmi*: Kuran 16.125, 4.72–4, 9.38–9, 9.5, 9.29; dinde baskıya yer olmaması 2.256, 3.3–4, 5.68, 3.64, 29.46. Donner, *Muhammad* 27–38; 39–50; 50–7; 57–61; 61–9; 72–4; 78–82; 83–6; 87–9; 92–7.
Ibn Ishaq, *Muhammad* 200–10. İsa'nın Musa ve İlyas'la karşılaşması: Markos 9.1–5. Wickham 279–89. Armstrong, *Muhammad* 94; 107; 102, 111, 161–3.
Kennedy, *Conquests* 77. Chase F. Robinson, *Abd al-Malik* 13. Herrin 86–8. Kennedy, *Conquests* 45–7. Al-Tabari, *Tarikh* 1.2269–77, 2411–24; 2442–4; 2457–63. Peters, *Jerusalem* 175. Isaac Hassan, 'Muslim Literature in Praise of Jerusalem', *Cathedra* içinde, 1.170–2. Ibn Khaldun, *The Muqaddimah: An Introduction to History* (Bundan sonra sadece Ibn Khaldun olarak anılacaktır) 260.
2. Donner, *Muhammad* 91–5; 78–82 ve 97; 96; 83–6; 87–9; 97–106; 106–19; 112; 114; 114–15; 114–5; 115; 118–33.
Kıyamet/Kıyamet Vakti: Kuran 33.63, 47.18. Kuran 54.1. Ibn Khaldun 126; 180. Kennedy, *Conquests* 54–6 ve 72–5. Barnaby Rogerson, *The Heirs of the Prophet Muhammad and the Roots of the Sunni–Shia Schism* (Bundan sonra sadece Rogerson olarak anılacaktır) 83, 128–9, 169.
Kennedy, *Conquests*, 142–98; 95–7; Amr al-As 46–51 ve 70–3; Khalid bin Walid 70–3. Yaqubi, *History* 2.160–70; al-Baladhuri, *Conquest of the Countries*, alıntılayan Peters, *Jerusalem* 176–7. Runciman 1.15. Kennedy, *Conquests* 75–89. Rogerson 220.
3. Kudüs'e giriş: Kuran 17.1, Yönünü kıbleden çevirmek: Kuran 2.142–4. Kıyamet Günü Kavramı: Kuran 3.185 33.63, 47.18. 54.1.
Tabari, *Annals* 1.2405, Peters, *Jerusalem* içinde, 18. Muthir al-Ghiram, Guy Le Strange, *Palestine under the Moslems* içinde, 139–44. Eutychius, alıntılayan Peters, *Jerusalem* 189–90. Grabar, *Shape of the Holy* 45–50. Ibn Khaldun 162. Kennedy, *Conquests* 125–30. Rogerson 171–82.

Donner, *Muhammad* 125; 114–15; 78–82 ve 97; 83–6; 87–9. Shlomo D. Goitein, 'Jerusalem in the Arab Period 638–1099, *Cathedra* içinde, 2: 168–75. Kennedy, *Conquests* 91–5. Abdul Azis Duri, 'Jerusalem in the Early Islamic Period', Asali içinde, 105; 114–16. Kuran 17.1. Mustafa Abu Sway, 'The Holy Land, Jerusalem and the Aqsa Mosque in Islamic Sources', *Sacred Esplanade* içinde, 335–43. Wickham 279–89.

J. Mann, *The Jews in Egypt and Palestine under the Fatimid Caliphs* (Bundan sonra sadece Mann olarak anılacaktır) 1.44–7. Hassan, 'Muslim Literature in Praise of Jerusalem,' *Cathedra* içinde, 1.170–2. Meir Kister, 'A Comment on the Antiquity of Traditions Praising Jerusalem', *Cathedra* içinde,1.185–6.

Angelika Neuwirth, 'Jerusalem in Islam: The Three Honorific Names of the City', *OJ* içinde, 77–93. Goitein, 'Jerusalem' 187. Grabar, *Shape of the Holy* 112. Isaac ben Joseph'den alıntılayan Peters, *Jerusalem* 191–2; Salman ben Yeruham'dan alıntılayan Peters, *Jerusalem* 191–4. Mujir al-Din, *Histoire de Je´rusalem et d'He´bron* (Bundan sonra sadece Mujir olarak anılacaktır) 56–7, Kennedy, *Conquests* 121 ve 134.

Kamal Asali, 'Cemeteries of Old Jerusalem', in *OJ* 279–84. Peters, *Jerusalem*, içinde, 190. Sari Nusseibeh, *Once Upon a Country* 29. Hussein bin Talal, Ürdün Kralı Hüseyin, *My War with Israel* 122. Thomas Wright, *Early Travels in Palestine* 1–5. Ömer'in ordusundaki Yahudiler için bkz. Profesör Rood, *JQ* içinde, 32, Autumn 2007. Sebeos'tan alıntılayan Goldhill, *City of Longing* 76. Mann 1.44–7. Ross Burns, *Damascus: A History* 100–5. Donner, *Muhammad*: daha önceki referanslara bakınız. *Sacred Esplanade* 13. Filistin/Suriye kutsal toprak: Kuran 5.21. Miriam Frenkel, 'Temple Mount in Jewish Thought', *Sacred Esplanade* içinde, 346–8.

Ibn Khaldun 162–3; 126. Kennedy, *Conquests* 40–2, 57–65; 111–13. Al-Tabari, *Tarikh* 1.2269–77, 2411–24, 2442–4, 2457–63. These sources describe the Arab invaders of Persia just after the Palestinian conquest. Asali, *Jerusalem* 105–9.

4. R. Stephen Humphreys, *Muawiya ibn Abi Sufyan: From Arabia to Empire* 1–10 ve 119–34; 38–42; 43–53. Donner, *Muhammad* 141–3; 143–4; 145–70; 171–7; 87–9. Sebeos'tan alıntılayan Guy Stroumsa, 'Christian Memories and Visions of Jerusalem in Jewish and Islamic Context', *Sacred Esplanade* içinde, 321–33, özellikle 329–30. Tsafrir, '70–638 CE: The Templeless Mountain', *Sacred Esplanade* 99. Frenkel, 'Temple Mount in Jewish Thought', *Sacred Esplanade* 346–8 Ibn Khaldun166–7; 160–8; 192; 222; 219; 216. Rogerson 326. Mosque: Arculf, St Adamnan, *Pilgrimage of Arculfus in the Holy Land* 1.1–23.

Simon ben Yahati'den alıntılayan Peters, *Jerusalem* 199–200; 201. S. D. Goitein, *A Mediterranean Society* 1. 72. Goitein, 'Jerusalem' 76. Grabar, *Shape of the Holy* 50. Burns, *Damascus* 100–15. Rogerson 189–92, Goitein, 'Jerusalem' 174.

Rogerson 233–87. Humphreys, *Muawiya* 10–12; 26–37.

Hassan, 'Muslim Literature in Praise of Jerusalem', *Cathedra* içinde, 1.170. Neuwirth, 'Jerusalem in Islam: The Three Honorific Names of the City', *OJ* 77–93.

Herrin 91–2. Grabar, *Shape of the Holy* 130. Tabari'den alıntılayan Grabar, *Shape of the Holy* 111–2. Humphreys, *Muawiya* 128–9. Asali, *Jerusalem* 108–10. Chase F. Robinson, *Abd al-Malik* 65. Humphreys, *Muawiya* 96–102. Ibn Khaldun 164.

5. Andreas Kaplony, 'The Mosque of Jerusalem', *Sacred Esplanade* içinde, 101–31; Grabar, *Shape of the Holy*; Oleg Grabar, *The Dome of the Rock*; Donner, *Muhammad*; Chase F. Robinson, *Abd al-Malik*. İslami traditions: al- Tabari, *Tarikh* 1.2405, ve Muthir al-Ghiram'dan alıntılayan in Peters, *Jerusalem* 187–9.
   Donner, *Muhammad*: 177–89; 194–9; 199–203; 203–12; 214; 216–18. Wickham 289–95. Robinson, *Abd al-Malik* 52–61; 20; 85; 25–43; 47–8. Ibn Khaldun 198–9. Le Strange, *Palestine under the Moslems* 114–20 ve 144–51.
   Grabar, *Shape of the Holy* 52–116. Kaplony, *Sacred Esplanade* 108–112. Robinson, *Abd al-Malik* 4–9 ve 98–100; 76–94; 113–12. Kutsal Kabir Kilisesi'ni gölgelemeye yönelik çabalar için bkz. al-Muqaddasi, *A Description of Syria Including Palestine* (Bundan sonra sadece Muqaddasi olarak anılacaktır) 22–3.
   Frenkel, *Sacred Esplanade* 346–8. Salman ben Yeruham'dan alıntılayan Peters, *Jerusalem* 193; 191–2. Mujir 55–7. Sebeos'tan alıntılayan Stroumsa, *Sacred Esplanade* 321– 33 ve özellikle 329–30. Tsafrir, *Sacred Esplanade* 99. Arculf, St Adamnan, *Pilgrimage of Arculfus in the Holy Land* 1.1–23.
   Mujir 56–8. Duri, Asali, *Jerusalem* içinde, 109–11. Peters, *Jerusalem* 197. Goitein, 'Jerusalem' 174. Goitein, 'Jerusalem' 175–80. Herrin 90. Shanks 9–31.
   Mustafa Abu Sway, *Sacred Esplanade* 335–43.
6. Grabar, *Shape of the Holy* 117–22; 12; 111; 107–10; 122–8 ve 152–8; 158; 128–30; 122–8; 130–2; 132–5. Goitein, 'Jerusalem' 178. Kroyanker 32. Robinson, *Abd al-Malik* 47–8. Herrin 90. Shanks 9–31. Moshe Gil, *A History of Palestine* 69–74 ve 104. Mann, 1.44–5. Kıyamet Günü: Kuran 3.185. Neuwirth, *OJ* 77–93. İslam'da Kıyamet Günü'ne dair bu açıklama çoğunlukla şu esere dayanmaktadır: Kaplony, *Sacred Esplanade* 108–31, özellikle 124.
   Goitein, 'Jerusalem' 178–81. Ibn Khaldun 136. Grabar, *Shape of the Holy* 133. Frenkel, *Sacred Esplanade* 346–8.
   Bahat, *Atlas* 82–6. Isaac ben Joseph'ten alıntılayan Peters, *Jerusalem* 191;193. Mujir 56–7. Arculf, St Adamnan, *Pilgrimage of Arculfus in the Holy Land* 1.1–23. Williband ve Arculf'tan alıntılayan Peters 202–12. *Archeological Park* 26–7. *The Umayyads: The Rise of Islamic Art* 110–25. Goitein, 'Jerusalem' 180–1. Wickham 295–7.
7. Ibn Khaldun 181; 215. Goitein, 'Jerusalem' 180–1. Kennedy, *Conquests* 11–50; 133; 139; 252–60. Wickham 324–31. Jonathan Lyons, *House of Wisdom* 62–70 ve 89–90. Peters, *Jerusalem* 215–17. Kaplony, *Sacred Esplanade* 101–31. Mujir 59. Muqaddasi 41–2. Duri, Asali, *Jerusalem* içinde, 112–13. Neuwirth, *OJ* 77–93.
8. Goitein, 'Jerusalem' 181–2. Kennedy, *The Court of the Caliphs: The Rise and Fall of Islam's Greatest Dynasty* 51–84. Peters, *Jerusalem* 217–23, Hywel Williams, *Emperor of the West: Charlemagne and the Carolingian Empire*, 230–3. William of Tyre, *Deeds*

Done Beyond the Sea (Bundan sonra sadece William of Tyre olarak anılacaktır) 1.64–5. Lyons, *House of Wisdom* 45. On legend see: Anon, *Le Pèlerinage de Charlemagne à Jérusalem et à Constantinople*. Wickham 381.

9. Ibn Khaldun 139. Maamun: Kennedy, *Court of the Caliphs* 252–260; Wickham 324–31; Lyons, *House of Wisdom* 62–70 ve 89–90. Goitein, 'Jerusalem' 182. Kaplony, *Sacred Esplanade* 101–31. Kennedy, *Conquests* 84–129; 91 ve 203; 168; 173; 208–9; 211–12. Wickham 324–31. Kennedy, *Court of the Caliphs* 252–60.
10. Ibn Khaldun 124; 155 ve 193; 165–6. Goitein, 'Jerusalem' 182–3. Kennedy, *Court of the Caliphs* 213–17; 240. Duri, Asali, *Jerusalem* içinde, 113; Goitein, 'Jerusalem' 182. Hazar tartışması için bkz. K. A. Brook, *The Jews of Khazaria*; A. Koestler, *The Thirteenth Tribe*; S. Sand, *The Invention of the Jewish People*; Yahudilerin kalıtımına dair son bulgular için bkz. 'Studies Show Jews' Genetic Similiarity', *New York Times* 9 June 2010.
11. Thierry Bianquis, 'Autonomous Egypt from Ibn Tulun to Kafur 868–969', Carl F. Petry (ed.), *Cambridge History of Egypt*, vol 1: *Islamic Egypt* içinde, *640–1517* (Bundan sonra sadece *CHE* 1 olarak anılacaktır) 86–108; 106–8; 103. Norman Stillman, 'The Non-Muslim Communities: The Jewish Community', *CHE* 1. içinde, 200. Mann 1.60–5. Goitein, 'Jerusalem' 183. Kennedy, *Court of the Caliphs* 84–111. Brook, *The Jews of Khazaria* 96–8; Mann, 1.64; 1.64–5.
12. Bianquis, *CHE* 1.109–19. Goitein, 'Jerusalem' 183–4. John Tzimiskes, Peters, *Jerusalem* içinde, 243.
13. Bianquis, *CHE* 1.117. Stillman, *CHE* 1. 206. Goitein, 'Jerusalem' 184.
14. Paul E. Walker, 'The Ismaili Dawa and the Fatimid Caliphate', *CHE* 1. içinde, 120–48. Paula A. Sanders, 'The Fatimid State', *CHE* 1. içinde,151–4. Bianquis, *CHE* 1. içinde, 117. Wickham 336–8. Stillman, *CHE* 1. içinde, 206–7. Goitein, 'Jerusalem' 184. Goitein, *Mediterranean Society* 1. 33–4.
15. Ahima'as, *The Chronicle of Ahima'as* 64–6, 95–7. Moses Maimonides, *Code of Maimonides* Book 8 *Temple Service* 12, 17 ve 28–30. Mann, 1.252. Peters, *Jerusalem* 276. Grabar, *Shape of the Holy*, 144–50, 162–8. Peters, *Jerusalem* 227–9; Karaites 229–32. Moshe Gil, 'Aliyah and Pilgrimage in Early Arab Period', *Cathedra* 3 içinde, 162–73. Peters, *Jerusalem* 232–3; 233–4; 603. Goitein, *Mediterranean Society* 1. 55 Stillman, *CHE* 1. 201–9. Ibn al-Qalanisi, *Continuation of the Chronicle of Damascus* (Bundan sonra sadece Qalanisi olarak anılacaktır) 65–7. Duri, Asali, *Jerusalem* içinde, 118–19.
16. Muqaddasi 68; 67–9; 75–7; 34–7. Ibn Khaldun 257–8. Kaplony, *Sacred Esplanade* 101–31. Duri, Asali, *Jerusalem* içinde, 119. Goitein, 'Jerusalem' 190.
17. William of Tyre 1. 65–7. Sanders, *CHE* 1. 152. Goitein, 'Jerusalem' 185. Goitein, *Mediterranean Society* 1. 51. Runciman 1. 35–6. Mann 1. 33–41. Hızır türbesi için bkz. William Dalrymple, *From Holy Mountain* 339–44. Jaber el-Atrache, 'Divinity

of al-Hakim', *Lebanon through Writers' Eyes* (ed.) T. J. Gorton ve A. F. Gorton, 170–1.

18. Qalanisi 65–7. Martin Gilbert, *Rebirth of a City* 160. Mujir 67–8. Peters, *Jerusalem* 262.. David C. Douglas, *William the Conqueror* 35–7. Runciman 1.43–9.
19. Gilbert *Rebirth of a City* 160. Mujir 67–8. Peters, *Jerusalem* 262. Runciman 1. 43–9. Kaplony, *Sacred Esplanade* 101–31. Qalanisi 65–7. Yahya ibn Said'den alıntılayan Peters, *Jerusalem* 260; 276. Hiyari, Asali, *Jerusalem* içinde, 132. Goitein, 'Jerusalem' 185–6. Goitein, *Mediterranean Society* 1. 1–5, 18, 34, 71. Douglas, *William Conqueror* 35–7: Tuchman 3–4. 'Divinity of Hakim', *Lebanon* 170–1.
20. Kaplony, *Sacred Esplanade* 101–31. William of Tyre 1. 67–71; 1. 80–1; 2. 240–5. Goitein, 'Jerusalem' 188. Peters, *Jerusalem* 267; Hiyari, Asali, *Jerusalem* içinde, 132–3.

    Stillman, *CHE* 1.206–7. Douglas, *William Conqueror 35–7. Peters, Jerusalem* 253. Kan banyosu: bkz. Worcesterli Florence, *Chronicle*. Runciman 143–9. Christopher Tyerman, *God's War: A New History of the Crusades* (Bundan sonra sadece Tyerman olarak anılcaktır) 43. William of Tyre 1. 71 ve 81. II. Urban'dan alıntılayan Peters, *Jerusalem* 251; 277. Goitein, *Mediterranean Society* 1. 55–61. Nasir-i-Khusrau, *Diary of a Journey through Syria and Palestine*; Grabar, *Shape of the Holy* 137–8, 145–53. Hasson, *Cathedra* 1. 177–83. Ibn Khaldun 269. Duri, Asali, içinde, 118. 1. 74–6. Solomon ben Yehuda, 1025–51; 1024–9; 1. 134–6; 1051–62 Mann 1. 178–80; 1.158–71. Runciman 1.35–7.
21. Ibn Khaldun 252. Solomon ben Joseph Ha-Kohen, 'The Turkoman Defeat at Cairo', *American Journal of Semitic Languages and Literatures* Ocak 1906. Hiyari, Azali, *Jerusalem* içinde, 135–7. Goitein, 'Jerusalem' 186. Joshua Prawer, *Latin Kingdom of Jerusalem* 7 9. Norman Housley, *Fighting for the Cross: Crusading to the Holy Land* 111–14. Runciman 1. 76; 1. 59. Mustafa A. Hiyari, Asali, *Jerusalem* içinde,130–7. William of Tyre 1. 71. Peters, *Jerusalem* 251; 277. Halevi, *Selected Poems of Judah Halevi*, ed. H. Brody 3–7. Maimonides, *Code* 28–30. Peters, *Jerusalem* 276–9. Gazali'den alıntılayan Peters, *Jerusalem* 279–80 ve 409; Mujir 66 ve 140; Nusseibeh, *Country* 126– 7. John Freely, *Storm on Horseback: Seljuk Warriors of Turkey* 45–64.

BÖLÜM BEŞ: HAÇLI SEFERLERİ

1. Haçlı Seferleri'ne dair açıklamalar aşağıdaki eserlere dayanmaktadır. Temel klasik metinler: Steven Runciman, *The Crusades;* Jonathan Riley-Smith, *The Crusades: A Short History*; Jonathan Riley-Smith, *The First Crusade*; Joshua Prawer, *The Latin Kingdom of Jerusalem*; Denys Pringle, *The Churches of the Crusader Kingdom of Jerusalem: A Corpus* (Bundan sonra sadece Pringle olarak anılacaktır); Benjamin Z. Kedar'ın çalışmaları. Yeni eserler: Christopher Tyerman, *God's War*; Jonathan Phillips, *Holy Warriors*; ve Thomas Asbridge, *The Crusades*. Birincil Hristiyan kaynakları: William of Tyre, Fulcher of Chartres, *Gesta Francorum* ve Raymond

d'Aguilers. İslami kaynaklar: Ibn al-Athir, Ibn Qalanisi ve Usama bin Munqidh. Savaş hali üzerine: Norman Housley, *Fighting for the Cross;* Kudüs'te yaşam üzerine: Adrian Boas, *Jerusalem in the Time of the Crusades.*

Raymond ve Gesta'dan alıntılayan August C. Krey, *The First Crusade: The Accounts of Eyewitnesses and Participants* 242–62; al-Athir ve al-Qalanisi'den alıntılayan Francesco Gabrieli, *Arab Historians of the Crusades* (Bundan sonra sadece Gabrieli olarak anılacaktır). Al-Athir, Gabrieli 10–11. Tyerman 109–12. Benjamin Z. Kedar, 'The Jerusalem Massacre of July 1099 in Western Historiography of the Crusades', *Crusades* 3 (2004) içinde, 15–75. Phillips, *Warriors* 24; Asbridge, *Crusades* 90–104. Ibn al-Arabi'den alıntılayan Benjamin Z. Kedar ve Denys Pringle, '1099–1187: The Lord's Temple (Templum Domini) and Solomon's Palace (Palatium Salomonis)', *Sacred Esplanade* içinde, 133–49. Prawer, *Latin Kingdom* 15–33. Housley, *Fighting for the Cross* 26 ve 35–8; 217–19. Tyerman 116–25; 87. Arabların ayrışması ve İslami şehir devletleri için bkz. William of Tyre ve al-Athir'den alıntılayan Tyerman 343 ve Grabar, *Shape of the Holy* 18. Runciman 1.280–5. Hiyari, Asali, *Jerusalem* içinde, 137–40.

B. Z. Kedar, 'Heraclius', B. Z. Kedar, H. E. Mayer ve R. C. Smail (ed), *Outremer: Studies in the History of the Crusading Kingdom of Jerusalem* içinde, 182. B. Z. Kedar, 'A Commentary on the Book of Isaiah Ransomed from the Crusaders', *Cathedra 2* içinde, 320. *OJ* 281. Prawer, *Jews in the Latin Kingdom* 19–40. Mann 198– 201. William of Tyre 1. 379–413. Tyerman 124 153; 155–64; 178. Al-Athir, Gabrieli içinde, 10–11. *Gesta Francorum* 86–91. Fulcher of Chartres, *A History of the Expedition to Jerusalem* 1. xxiv and xxxiii and 2. vi. Peters, *Jerusalem* 285. Tyerman 2–3. Housley, *Fighting for the Cross* 111–14; 118–22.

2. William of Tyre 1. 416–17; Fulcher, *History*; Tyerman 200–7; Runciman 1. 314 15 ve 2. 104, 92–3. 'Saga of Sigurd' alıntısı Wright, *Early Travellers* içinde, 50–62.

Boas, *Jerusalem* 73–80. Kedar ve Pringle, '1099–1187: The Lord's Temple (Templum Domini) and Solomon's Palace (Palatium Salomonis)', *Sacred Esplanade* içinde, 133–49. Charles Couasnon, *The Church of the Holy Sepulchre in Jerusalem* 19–20. Kroyanker 40–3. N. Kenaan, 'Sculptured Lintels of the Crusader Church of the Holy Sepulchre', *Cathedra 2* içinde, 25. Runciman 3.370–2. Tyerman 341. Peters, *Jerusalem* 263–5; 301. Boas, *Jerusalem* 30–2; 21–5; 32– 5; 63–4; 182; 191–8. Prawer, *Latin Kingdom* 97–102; 32–3; 94–125. Imad'dan alıntılayan Grabar, *Shape of the Holy* 136. James Fleming, *Biblical Archaeology Review*, January–February 1969, 30. Shanks 84–5. Runciman 2. 458–9; 3. 368–83. Kroyanker 4, 37–43.

3. Tyerman 206–8. Al-Qalanisi, Gabrieli 40. Bahat, *Atlas* 90–101. Boas, *Jerusalem* 77–80. Arnald von Harf'tan alıntılayan Peters, *Jerusalem* 355.

Jonathan Riley-Smith, *The Knights of St John in Jerusalem and Cyprus 1050–1310*; Piers Paul Read, *The Templars;* Michael Haag, *The Templars: History and Myth*; Boas, *Jerusalem*; ve Prawer, *Latin Kingdom*. Theodorich, *Description of the Holy Places* 30–

2. Peters, *Jerusalem* 323. Tyerman 220, 228 ve 169. Boas, *Jerusalem* 26–30; 142–60; 163; 156–9. Prawer, *Latin Kingdom* 252–79. Runciman 2. 312–14. Oleg Grabar, *The Dome of the Rock* 163. Kedar ve Pringle, *Sacred Esplanade* 133–49. Michael Hamilton Burgoyne, *Mamluk Jerusalem: An Architectural Survey* 204–5; 260–1. *Archaeological Park* 31. Dorfmann-Lazarev, 'Historical Itinerary of the Armenian People in Light of its Biblical Memory'.

4. William of Tyre 2. 50–93 ve 135; 2. 283. Tyerman 207–9. Runciman 2. 178, 233, 190. *Conquest of Jerusalem and the Third Crusade: Old French Continuation of William of Tyre and Sources in Translation* (Bundan sonra sadece *Continuation olarak* anılacaktır) 15. Boas, *Jerusalem* 30–2; 21–5; 32–5. Prawer, *Latin Kingdom* 97–102. Al-Athir, Gabrieli 41–3 ve 50–1; 53–5; Qalinisi 44–50; 38 veand 169– 71. Phillips, *Warriors* 75–6; 47; 56–8; 60–1; 69–71; 103. Asbridge, *Crusades* 225–7.

5. Usamah bin Munqidh, *The Book of Contemplation: Islam and the Crusades* (Bundan sonra sadece Usamah olarak anılacaktır) 26; 38; 169–71; 202–3; 44; 63–4 ve 202; 66; 145–6; 76–7; 205–6; 250; 93; 94; 129; 142–3; 144; 147–8; 148–50; 151–2; 153; small 156; 160.

Peters, *Jerusalem* 298–303. Kedar ve Pringle, *Sacred Esplanade* 133–49. Prawer, *Latin Kingdom* 408–9. Fulcher, *History* 2. vi, 6–9 ve 3. xxxvii. Peters 307–8. Peters, *Jerusalem* 313–18. Benjamin of Tudela, *The Itinerary of Benjamin of Tudela* 20–3; ayrıca bkz. Wright, *Early Travellers*. Benjamin of Tudela'dan alıntılayan Wright 83–6. Jerusalem 1103: Saewulf'tan alıntılayan Wright, *Early Travellers* 31–9. Peters *Jerusalem*, 302–18.

Dorfmann-Lazarev, 'Historical Itinerary of the Armenian People in Light of its Biblical Memory'. Kevork Hintlian, *History of the Armenians in the Holy Land* 18–23 ve 25–8. Ermeni mültecilerin yerleşimi hakkında verdiği bilgiler için George Hintlian'a teşekkür ederim. Boas, *Jerusalem* 39. Burgoyne, *Mamluk Jerusalem* 443 ve 204–5. Tyerman 206–11. Runciman 2. 233. Kiliseler için bkz. Pringle. Boas, *Jerusalem* 73–80. Kedar ve Pringle, *Sacred Esplanade* 133–49. Couasnon, *Church of the Holy Sepulchre in Jerusalem* 19–20. Kroyanker 40–3. Kenaan, 'Sculptured Lintels of the Crusader Church of the Holy Sepulchre', *Cathedra* 2 *içinde*, 325.

Jonathan Riley-Smith, 'The Death and Burial of Latin Christian Pilgrims to Jerusalem and Acre, 1099–1291', *Crusades* 7 (2008). Prawer, *Latin Kingdom* 184. Boas, *Jerusalem* 181–7; 163.

Prawer, *Latin Kingdom* 416–68. Runciman 3.383. Ayrıca bkz J. Folda, *Crusader Art: The Art of the Crusaders in the Holy Land, 1099–1291*. Boas, 26–30 ve 35–40. Runciman 2.291–3.

Tyerman 235–40. Boas, *Jerusalem* 39. Prawer, *Latin Kingdom* 110–11.

Housley, *Fighting for the Cross* 174–7. Imad al-Din'den alıntılayan Gabrieli 204–5. Ali al-Harawi'den alıntılayan Peters, *Jerusalem* 381. Brenner 88–90. Prawer, *History of the Jews in the Latin Kingdom* 144. *Selected Poems of Judah Halevi*, çev. Nina Salaman; ayrıca bkz. Peters, *Jerusalem*: 278.

Runciman 3. 370–2. Tyerman 341. Daniel the Abbott'tan alıntılayan Peters, *Jerusalem* 263–5, methe 301. Boas, 30–2; 21–5; 32–5. Prawer, *Latin Kingdom* 97–102; 32–3; 94–125. Imad'dan alıntılayan Grabar, *Shape of the Holy* 136.

Boas, 63–4; 182; 191–8. J. Fleming, *Biblical Archaeology Review* Ocak–Şubat 1969, 30. Shanks 84–5. Runciman 2. 458–9; 3. 368–83. Kroyanker 4, 37–43. Ali al-Harawi'den alıntılayan Peters, *Jerusalem* 318.

Asbridge, *Crusades* 225–7. Hamilton A. R. Gibb, 'Zengi and the Fall of Edessa', M. W. Baldwin (ed.), *The First Hundred Years*, vol. 1 içinde, K. M. Setton (yayına hazırlayan), *A History of the Crusades* 449–63.

6. Qalinisi'den alıntılayan Gabrieli 56–60; Al-Athir 59–62. William of Tyre 2. 180–1; 2. 182–96. Asbridge, *Crusades* 225–7. Gibb, 'Zengi and the Fall of Edessa', Baldwin, *First Hundred Years* içinde, 449–63. Jonathan Phillips, *The Second Crusade* 207–27. Ralph V. Turner, *Eleanor of Aquitaine* 70–98. Tyerman 329–37. Boas, *Jerusalem* 39. Prawer, *Latin Kingdom* 110–11. Riley-Smith, 'Death and Burial of Latin Christian Pilgrims to Jerusalem and Acre, 1099–1291', *Crusades* 7 (2008); Pringle; Folda, *Crusader Art*, Couasnon, *Church of the Holy Sepulchre in Jerusalem* 19–20; Kroyanker 40–3; Kenaan, *Cathedra* 2.325; Boas, *Jerusalem* 73–80; Runciman 3.370–2.
7. William of Tyre 2. 137–9; 2. 139–292; 2. 292–4. Tyerman 206–8. Runciman 2. 3. 334, 2. 242, 2. 361–3; 2. 337; 2. 337–58. Qalinisi 64–8. Tyerman 268–73. Asbridge, *Crusades* 229–33. Phillips, *Warriors* 110. Hamilton A. R. Gibb, 'The Career of Nur-ad-Din', Baldwin, *First Hundred Years* içinde, 513–27. Bernard Hamilton, *The Leper King and his Heirs: Baldwin IV and the Crusader Kingdom of Jerusalem* (Bundan sonra sadece *Leper olarak anılacaktır*) 173–4.
8. *Leper* 26–32. Tyerman 208–10. Amaury builds Royal Palace: Boas, *Jerusalem* 82. *Leper* 63–75. Tyerman 347–58; 212. Runciman 2. 262–93; 2. 398–400. William of Tyre 2. 240–5; 2. 362–3, 407.
9. Introduction, William of Tyre 1. 4–37. William of Tyre 2. 397–8. *Leper* 26–32.
10. Joel L. Kraemer, *Maimonides: The Life and World of One of Civilisation's Greatest Minds* 134–41; 160–1; 188–92; 197–201; 212 ve 215; 446; Taki al- Din/sex life 446–8. Prawer, *History of the Jews in the Latin Kingdom* 142. *Sacred Esplanade* 133–49. Wright, *Early Travellers* 83–6, 107–9. Michael Brenner, *Short History of the Jews* (Bundan sonra sadece Brenner olarak anılacaktır), 80; 90–92
11. William of Tyre 1. 4–37. Usamah, 44. William of Tyre 2. 397–8. *Leper* 26–32.
12. Al-Athir, Gabrieli içinde,68–70. William of Tyre 2. 394–6; 2. 398–9. *Leper* 32–197; *Leper* 245–58. *Continuation* 43–5. Tyerman 216. B. Z. Kedar, *Outremer* içinde, Kedar, Mayer ve Smail (ed.) 177–204. W. L. Warren, *King John* 32–3. Boas, *Jerusalem* 180. Tyerman 210–13 ve 358–65. Runciman 2.400–30. *Leper* 104–5. *Continuation* 29.

13. *Continuation* 25–9; 25–6. Ibn Shaddad, *The Rare and Excellent History of Saladin* (Bundan sonra sadece Shaddad olarak anılacaktır) 37. R. C. Smail, 'The Predicaments of Guy of Lusignan', Kedar, Mayer ve Smail (ed.), *Outremer* içinde, 159–76. Tyerman 356–65. Runciman 2.437–50. Kedar, *Outremer* 190–9. M. C. Lyons ve D. E. P. Jackson, *Saladin: Politics of Holy War* (Bundan sonra sadece Saladin olarak anılacaktır) *Continuation* 32–5; 37–9, 45–8. Shaddad 60–3. Raymond'un oynadığı rol için bkz. M. W. Baldwin, *Raymond III of Tripoli and the Fall of Jerusalem.*
14. Shaddad 37–8. *Continuation,* 36–9 ve 45–8. Shaddad 73–5. Al-Athir: Gabrieli 119–25. B. Z. Kedar (ed.), *The Horns of Hattin* 190–207. N. Housley, 'Saladin's Triumph over the Crusader States: The Battle of Hattin, 1187', *History Today* 37 (1987). *Saladin* 246–8; 252–65. Runciman 2.453–60. Tyerman 350–72. Housley, *Fighting for the Cross* 124–6.
15. Shaddad 77–8; 80; 89. *Continuation* 55–67. Al-Athir'den alıntılayan Gabrieli 139–46; Imad al-Din 146–63. *Saladin* 271–7; 279–94. Runciman 2.461–8. Michael Hamilton Burgoyne, '1187– 1260: The Furthest Mosque (al-Masjid al-Aqsa) under Ayyubid Rule', *Sacred Esplanade* içinde, 151–75.
16. Selahaddin, karakteri, kariyeri, ailesi, sarayı: Bu konular için birincil kaynaklar olan Ibn Shaddad ve Imad al-Din'in eserleri ile *Saladin*; R. StephenHumphreys, *From Saladin to the Mongols: The Ayyubids of Damascus 1193–1260* adlı eserlerden yararlanılmıştır. Shaddad: 18; 18; 23–4; 25; 27, 29; 28–9; 20; 28; 32; 33; 224; 34; 35; 36; 41–53; 63; 235; 66; 70.

    Saladin 1–29; 118–20; 244–6; 279–94; 364–74. Humphreys, *Ayyubids* 15–39. Al-Athir'den alıntılayan Gabrieli 180. Kraemer, *Maimonides,* 188–92; 197– 201; 212 ve 215; 446; 446–8.
17. *Saladin* 236–7. Imad al-Din: Gabrieli 164–75. Housley, *Fighting for the Cross* 111–14; 228; 229–32. Burgoyne, '1187–1260: The Furthest Mosque (al-Masjid al-Aqsa) under Ayyubid Rule', *Sacred Esplanade* 151–75. Hiyari, Asali, *Jerusalem* içinde, 169–72 ve Donald P. Little, 'Jerusalem under the Ayyubids and Mamluks', Asali, *Jerusalem* içinde, 177–83. Bahat, *Atlas* 104–7. Burgoyne, *Mamluk Jerusalem* 47–8. Hintlian, *History of the Armenians in the Holy Land* 1–5; 43.

    Prawer, *History of the Jews in the Latin Kingdom* 134 ve 230. Yehuda al-Harizi'den alıntılayan Peters, *Jerusalem* 363–4. Prawer, *Latin Kingdom* 233–47.

    Hazem Zaki Nusseibeh, *The Jerusalemites: A Living Memory* 395–9.
18. Shaddad 20–122; 32; 34. *Continuation* 92–121. Runciman 3.47–74. Shaddad 96–8; 146–50; 162 5; 147; 169; 173–5; 174–80; 181; 185; 187–8, 193; 195; 196; 197; 205–7; 210– 12; 217; 223; 224; 227; 231–4; 235; 236–7.

    Al-Athir'den alıntılayan Gabrieli 182–92 ve 198–200; Imad al-Din 200–7; 213–24; 235–6. Ayrıca bkz. *Itinerarium Regis Ricardi,* alıntılayan Thomas Archer, *Crusade of Richard I.* Phillips, *Warriors* 138–65. *Saladin* 295–306, 318–30; 333–6; 336–7;

343–8; 350–4; 356–60; 360–1; 362–3. Housley, *Fighting for the Cross* 133; 124–6 ve 143; 111–14; 229–32; 174–7. Frank McLynn, *Lionheart and Lackland* 169–218.

19. Shaddad 238–245. Humphreys, *Ayyubids* 87–123; 108; 145; 145–6, 155–6; 11; 150–4; 155–92; 185–6, 188–90. Runciman 3. 79–83. Burgoyne, '1187–1260: The Furthest Mosque (al-Masjid al-Aqsa) under Ayyubid Rule', *Sacred Esplanade* 151–75. Bahat, *Atlas* 104–7. Kroyanker 44. Burgoyne, *Mamluk Jerusalem* 47–8; 48–9. M. Hawari, 'The Citadel (Qal'a) in the Ottoman Period: An Overview', *Archeological Park* 9 içinde, 81. Mujir 85–7 ve 140. Little, Asali, *Jerusalem* içinde, 177 –180; Ay 183–4.

    Tyerman 636–40. Runciman 3. 151–60; Al- Athir'den alıntılayan Gabrieli 255–6. Little, Asali, *Jerusalem* içinde, 183. Prawer, *Latin Kingdom* 86–90.

20. Abulafia, *Frederick II: A Medieval Emperor* 137; 127; 143–4; 145–7; 147–53; 147; 150–4; 171–82; 274; 261. Humphreys, *Ayyubids* 193–207. Runciman 3. 175–84. Tyerman 726–48, 757.
21. Ibn Wasil'den alıntılayan Gabrieli 269–73 ve al-Jauzi 273–6. Abulafia, *Frederick II* 182–94; 267; 277. Little, Asali, *Jerusalem* içinde, 184–5. Tyerman 752–5. Runciman 3. 188–91. Phillips, *Warriors* 255.
22. Humphreys, *Ayyubids* 260–5. Boas, *Jerusalem* 20 ve 76. Tyerman 753–5, 765. Runciman 3. ve and 210–11. Prawer, *Latin Kingdom* 90. Goitein, Palestinian Jewry, 300. B. Z. Kedar, 'The Jews in Jerusalem', B. Z. Kedar (ed.), *Jerusalem in the Middle Ages: Selected Papers* içinde, 122–37. Hiyari, Asali, *Jerusalem* içinde, 170–1. Little, Asali, *Jerusalem* 185. J. Drory, 'Jerusalem under Mamluk Rule', *Cathedra* **1** içinde, 192. Ibn Wasil'den alıntılayan C. Hillenbrand, *Crusaders* 317.
23. Burgoyne, *Mamluk Jerusalem* 109–216 ve 380. Humphreys, *Ayyubids* 274–6. Tyerman 771. Runciman 3. 223–9.
24. Robert Irwin, *The Middle East in the Middle Ages: The Early Mamluk Sultanate 1250–1382* (Bundan sonra sadece Irwin olarak anılacaktır). Ibn Wasil'den alıntılayan Gabrieli 295–300; Ibn Az-Zahir'den alıntılayan Gabrieli 307–12. Tyerman 797–8. Runciman 3. 261–71. Irwin 1–23; 37–42. Humphreys, *Ayyubids* 302–3; 326–35; 257.

    Prawer, *History of the Jews in the Latin Kingdom* 160–1, 252–3. Hintlian, *History of the Armenians in the Holy Land* 4–5. Ibn Wasil'den alıntılayan Gabrieli 294. Phillip, *Warriors* 258–69. Jocelyn M. Ajami, 'A Hidden Treasure', *Saudi Aramco World Magazine* içinde. Reuven Amitai, 'Mongol Raids into Palestine (AD 1260 and 1300)', *Journal of Royal Asiatic Society of Great Britain and Ireland*, No. 2, 1987, 236–55.

BÖLÜM ALTI: MEMLÛKLER

1. Irwin 37–42 ve 45–58. Tyerman 727–31, 806–17. Runciman 3.315–27. Asali, *OJ* içinde, 281–2. Linda S. Northrup, 'The Bahri Mamluk Sultanate', *CHE içinde,*

1. 242–89; 251; 242; 259; 267; 271–2; 273–6. Stillman, 'The Non-Muslim Communities: The Jewish Community', *CHE 1* içinde 209 ve Jonathan P. Berkey, 'Culture and Society during the Middle Ages', *CHE* 1. 391. Irene A. Bierman, *CHE* 1. 371–2. Ibn Az-Zahir'den alıntılayan Gabrieli 307–12; 321. Burns, *Damascus* 198–200. Runciman 3.348. Burgoyne, *Mamluk Jerusalem* 58–9, 66, 77. Donald P. Little, '1260–1516: The Noble Sanctuary under Mamluk Rule – History,' *Sacred Esplanade* içinde, 177–87. Michael Hamilton Burgoyne, 'The Noble Sanctuary under Mamluk Rule – Architecture', *Sacred Esplanade* içinde, 189–209. Mujir 239. Irwin 54. Asali, *OJ* 281–2. *Cathedra* 1. 198. Tyerman 810–12; Runciman 3. 242–3. M. Prestwich, *Edward I*, 66 ve 119.

2. Linda Northrup, *From Slave to Sultan: The Career of al-Mansur Qalawun and the Consolidation of Mamluk Rule in Egypt and Syria* ve Irwin 63–76. Northrup, *From Slave to Sultan* 175. Burgoyne, *Mamluk Jerusalem 77 and 129.* Irwin 76–82. Runciman 3. 387–99, 403–5, 429.
3. Prawer, *History of the Jews in the Latin Kingdom* 155–61 ve 241. Peters, *Jerusalem* 363 ve 531. Burgoyne, *Mamluk Jerusalem* 513.
4. Hintlian, *History of the Armenians in the Holy Land* 4–5. Reuven Amitai, 'Mongol Raids into Palestine', *JRAS* 236–55. Niccolo of Poggibonsi'den alıntılayan Peters, *Jerusalem* 410.
5. Burgoyne, *Mamluk Jerusalem* 77–85; 419–21; 278–97 ve 223–33; 85; 89; 117; 167–8. Kroyanker 47–58. Drory, *Cathedra* 1. 198–209. Hawari, *OJ* 493–518.
   Ibn Battutah, *Travels* 18–20; 26–8. Burns, *Damascus* 201–16. Little, Asali, *Jerusalem* içinde, 187–9; 193–5, 191–2. Mujir 102; 181–2. Irwin 86; 96–7; 97–9; 99–104. Northrup, *CHE* 1. 265– 9; 251–3. Burgoyne, *Mamluk Jerusalem* 65. Ibn Khaldun'dan alıntılayan Peters, *Jerusalem* 381. Al Mujir 184. Burgoyne, *Mamluk Jerusalem* 59; 63. *Book of Arousing Souls*, al-Fazari'den alıntılayan Peters, *Jerusalem* 374; 375–8. Clare Mouradian, 'Les Chre´tiens: Un Enjeu pour les Puissances', C. Nicault (ed.) *Je´rusalem, 1850–1948: Des Ottomans aux Anglais, entre coexistence spirituelle et de´chirure politique* içinde, 177–204. Felix Fabri, *The Book of Wanderings* 2.279–82. Ludolph von Suchem, Peters, *Jerusalem* içinde, 422. Little, *Sacred Esplanade* 177–87. Burgoyne, *Sacred Esplanade* 189–209. Irwin 86; 96–7; 97–9; 99–104.
6. Ibn Khaldun 5, 39, 269. Walter J. Fischel, *Ibn Khaldun and Tamerlane* 14–17, 45–8. Burgoyne, *Mamluk Jerusalem* 59. Anu Mand, 'Saints' Corners in Medieval Livonia', Alan V. Murray, *Clash of Cultures on the Medieval Baltic Frontier* içinde, 191–223.
7. Little, *Sacred Esplanade* 177–87; Burgoyne, *Sacred Esplanade* 189–209. Stillman, *CHE* 1. 209. Burgoyne, *Mamluk Jerusalem* 517. Mujir 69, 163, 170; 1452, 254–6. A. David, 'Historical Significance of Elders Mentioned in Letters of Rabbi Obadiah of Bertinaro', ve Augusti Arce, 'Restrictions upon Freedom of Movement of Jews in Jerusalem', *Cathedra 2* içinde 323–4. Isaac ben Joseph'ten alıntılayan Peters, *Jerusalem*

192; Meshullam of Voltera 408; 408; 392, 473, 407–9; 474–5. *Archaeological Park* 36, 98, 107.

Hintlian, *History of the Armenians in the Holy Land* 5. Arnold von Harff'tan alıntılayan Peters, *Jerusalem* 406–7. Fabri, *Book of Wanderings* 1. 451; 1. 303–4; 1. 248–54; 1. 299, 341, 363, 411–15, 566–7, 2. 83–7. Elzear Horn, *Ichnographiae Monumentorum Terrae Sanctae* 81–3. Niccolo di Poggibonsi'den alıntılayan (1346) Peters, *Jerusalem* 434; 437; 369; 1391, 459. Tuchman 45. Christopher Allmand, *Henry V* 174. Mujir 182; 183, 142–4, 288. Burgoyne, *Mamluk Jerusalem* 78–80, 589–608; 228. Kroyanker 47.

Peters, *Jerusalem* 406. Goldhill, *City of Longing* 126. Drory, *Cathedra* 1. 1196–7. Fabri, *Book of Wanderings* 1. 451; 1. 600–2. Peters, *Jerusalem* 475–7. Carl F. Petry, 'Late Mamluk Military Institutions and Innovation', *CHE 1* içinde, 479–89. Caroline Finkel, *Osman's Dream: The Story of the Ottoman Empire 1300–1923* (Bundan sonra sadece Finkel olarak anılacaktır) 83–4.

BÖLÜM YEDİ: OSMANLILAR

1. Petry, *CHE* 1. 479–89. Evliya Celebi, *Evliya Tshelebi's Travels in Palestine* (Bundan sonra sadece Evliya olarak anılacaktır) 55–9 ve 85; Evliya Celebi, *An Ottoman Traveller* 317. Finkel 83–4.
2. Sylvia Auld ve Robert Hillenbrand (ed), *Ottoman Jerusalem: The Living City, 1517–1917* (*OJ*: Aksi belirtilmediği sürece 1. cilt kast edilmektedir). Amnon Cohen, '1517–1917 Haram al-Sherif: The Temple Mount under Ottoman Rule', *Sacred Esplanade* içinde, 211–16. Bahat, *Atlas* 118–22. Evliya 63–75; Evliya Celebi, *An Ottoman Traveller* 323–7. Dror Zeevi, *An Ottoman Century: The District of Jerusalem in the 1600s* 27. *Archeological Park* 128. Hawari, *OJ* 493–518. *OJ* 2 ve 2. 15. *OJ* 2. 709–10. Khadr Salameh, 'Aspects of the *Sijills* of the Shari'a Court in Jerusalem', *OJ* içinde, 103–43. *OJ* 4–8. Boas, *Jerusalem* 52. Finkel 115–18, 129–30; 133, 144–5, 148–50. David Myres, 'An Overview of the Islamic Architecture of Ottoman Jerusalem', *OJ* 325–54. *Archeological Park* 8. Yusuf Natsheh, 'The Architecture of Ottoman Jerusalem', *OJ* içinde 583–655. Beatrice St Laurent, 'Dome of the Rock: Restorations and Significance, 1540–1918', *OJ* içinde, 415–21. *OJ* 747–73. David Myres, 'Al-Imara al-Amira: The Khassaki Sultan 1552', *OJ* içinde 539–82. Hillenbrand, *OJ* 15–23. Mahmud Atallah, 'The Architects in Jerusalem in the 10th–11th/16th–17th Centuries', *OJ* içinde, 159–90.

Miriam Frenkel, 'The Temple Mount in Jewish Thought', *Sacred Esplanade* içinde, 351. Rabbi Moses of Basola, Peters, *Jerusalem* içinde, 483–7; 490–2; 484. Asali, *Jerusalem* 204. Yusuf Said al-Natsheh, 'Uninventing the Bab al-Khalil Tombs: Between the Magic of Legend and Historical Fact', *JQ* 22–3, Sonbahar/ Kış 2005. Horn, *Ichnographiae Monumentorum Terrae Sanctae* 160–6. St Laurent, *OJ* 415–21. AmnonCohen, *Economic Life in Ottoman Jerusalem* 1–124.

3. Cecil Roth, *The House of Nasi: The Duke of Naxos* 17–28, 75–111; Duke of Mytilene 205. Brenner 142–3. Finkel 161. Cohen, *Economic Life in Ottoman Jerusalem* 120 ve 166. Bernard Wasserstein, *Divided Jerusalem: The Struggle for the Holy City* (Bundan sonra sadece Wasserstein olarak anılacaktır) 15–23. Martin Gilbert, *Jerusalem: Rebirth of a City* 125; Goldhill, *City of Longing* 167. Henry Maundrell, *A Journey from Aleppo to Jerusalem in 1697* 80–100 ve 125–30. Evliya, *Ottoman Traveller* 330–7 ve 352. Peters, *Jerusalem* 437. Hugh Thomas, *Rivers of Gold: The Rise of the Spanish Empire*, 53–78; 77- 8; 1492: 85- 95; 105; 223 ve 233 ve 283/4; 578. Abulafia, *The Great Sea: A Human History of the Mediterranean*, on Ferdinand and Expulsion 405-410. B. Netanyahu, *The Origins of the Inquisition in Fifteenth-Century Spain.*
4. Zeevi, *Ottoman Century* 20–5; 35–1; 43–56; 57–61. *OJ* 831–57. Abdul-Karim Rafeq, *Province of Damascus 1723–83* 57. Finkel 179. Peters, *Jerusalem* 461. Horn, *Ichnographiae Monumentorum Terrae Sanctae* 160–86. Henry Timberlake, Peters, *Jerusalem* içinde, 508–9; Sanderson 488–90, 510–15. George Hintlian, 'Commercial Life of Jerusalem', *OJ* içinde 229–34: Cohen, *Sacred Esplanade* 211–16. Wasserstein 15–23.
5. George Sandys, *A Relation of a Journey begun AD 1610* 147–9, 154–73. Hilton Obenzinger, *American Palestine: Melville, Twain, and the Holy Land Mania* 14–23. Peters, *Jerusalem* 511–2; 512–14. American Puritans, Cromwell, End of Days and conversion: MacCulloch 717–25. Oren, *Power* 80–3. Evliya, *Ottoman Traveller* 330–7. Cohen, *Sacred Esplanade* 211–26. Kevork Hintlian, 'Travellers and Pilgrims in the Holy Land: The Armenian Patriarchate of Jerusalem in the 17th and 18th Centuries', Anthony O'Mahony (ed.), *The Christian Heritage in the Holy Land* içinde, 149–59. Brenner 124–7. Thomas Huxley'yden alıntılayan Tuchman 81; 121–45. Zeevi, *Ottoman Century* 20–5; 35–41; 43–56; 57–61. Rafeq, *Province of Damascus* 57. Wasserstein 15–23.
6. Sabetaylara dair açıklamalar şu eserlere dayanmaktadır: Gershom G. Scholem, *Major Trends in Jewish Mysticism*; G. G. Scholem, *Sabbatai Zevi: The Mystical Messiah*; David Abulafia, *The Great Sea: A Human History of the Mediterranean*; Brenner. Scholem, *Mysticism* 3–8, *Zohar* 156–9, 205, 243; 244–6; Sabbatai 287–324. Mazower, *Salonica* 66–78. Gilbert, *Rebirth* 125. Goldhill, *City of Longing* 167. Finkel 280.
7. Robert Dankoff, *An Ottoman Mentality: The World of Evliya Çelebi*; Evliya Celebi, *An Ottoman Traveller* 330–7. Tshelebi, *Travels in Palestine.* Dankoff, *Çelebi* 9–10; 9; 22; 31; 33- 46; 61; 117; 118–19; 139; 142–5, 151; 197–8. Evliya, *Travels in Palestine* 55–94. Mazower, *Salonica* 79–82. Ilan Pappe, *Rise and Fall of a Palestinian Dynasty: the Husaynis 1700–1948* (Bundan sonra sadece Pappe olarak anılacaktır) 26–7. Qashashi, *Jewels on the Excellence of Mosques,* Peters, *Jerusalem* içinde, 496–8. Claudia Ott, 'The Songs and Musical Instruments of Ottoman Jerusalem' *OJ* içinde, 305. Peters, *Jerusalem* 511–12. Maundrell, *Journey* 80–100, 125–30.

Abraham Kalisker'den alıntılayan Peters, *Jerusalem* 525; 526–34; 528. Minna Rozen, 'Relations between Egyptian Jewry and the Jewish Community in Jerusalem in 17th Century', A. Cohen ve G. Baer (ed.), *Egypt and Palestine* içinde, 251–65. Cohen, *Sacred Esplanade* 216–26. Gilbert, *Rebirth* 125. Goldhill, *City of Longing* 167. Wasserstein 15–23. Zeevi, *Ottoman Century* 20–5; 35–41; 43–56; 57–61. Mouradian, 'Les Chrétiens', Nicault, *Jérusalem* içinde, 177–204.

8. Minna Rozen, 'The Naqib al-Ashraf Rebellion in Jerusalem and its Repercussions on the City's Dhimmis', *Journal of Asian and African Studies* 18/2, Kasım 1984, 249–70. Adel Manna, 'Scholars and Notables: Tracing the Effendiya's Hold on Power in 18th-Century Jerusalem', *JQ* 32, Sonbahar 2007. Butris Abu-Manneh, 'The Husaynis: Rise of a Notable Family in 18th-Century Palestine', David Kushner (ed), *Palestine in Late Ottoman Period: Political, Social and Economic Transformation* içinde, 93–100; ve Pappe 23–30. Gedaliah'tan alıntılayan Peters, *Jerusalem* 530–4. Finkel 279. Zeevi, *Ottoman Century* 75. M. Hawari, *OJ* 498–9. Gilbert, *Rebirth* 125. Goldhill, *City of Longing* 167. Abraham Kalisker'den alıntılayan Peters, *Jerusalem* 525; 526–34; Gedaliah 528. Wasserstein 15–23.

9. Adel Manna, 'Scholars and Notables Tracing the Effendiya's Hold on Power in 18th Century Jerusalem', *JQ* 32, Sonbahar 2007. Papper 25–38 Illan Pappe, 'The Rise and Fall of the Husaynis', Part 1, *JQ* 10, Sonbahar 2000. Butrus Abu-Manneh, 'The Husaynis: Rise of a Notable Family in 18th Century Palestine', David Kushner (ed.) *Palestine in the Late Ottoman Period: Political, Social and Economic Transformation* içinde, 93–100. Zeevi, *Ottoman Century* 63–73. A. K. Rafeq, 'Political History of Ottoman Jerusalem', *OJ* 25–8. Mohammad al-Alami, 'The Waqfs of the Traditional Families of Jerusalem during the Ottoman Period', *OJ* içinde, 145–57. Atallah, *OJ* 159–90. Lawrence Conrad, 'The Khalidi Library', *OJ* içinde, 191–209. Sari Nusseibeh, *Country* 1–20, 52. Burgoyne, *Mamluk Jerusalem* 60. Khalwat al-Dajani, Sabil al-Husseini, Sabil al-Khalidi – *OJ* 2 963, 966, 968. Hazem Zaki Nusseibeh, *Jerusalemites* 398–9.

   Horn, *Ichnographiae Monumentorum Terrae Sanctae* 60–78. Henry Timberlake'ten alıntılayan Peters, *Jerusalem* 508–9. Maundrell, *Journey* 80–100, 125–30. Evliya Celebi, *Ottoman Traveller* 332. Peters, *Jerusalem* 540. St Laurent, *OJ* 415–21. Amnon Cohen, *Palestine in the 18th Century* 1–10; 271–80. Finkel 407–9; 378–9. Constantin Volney, *Voyage en Egypte et en Syrie* 332.

10. Rafeq, *OJ* 28–9. D. Crecelius, 'Egypt's Reawakening Interest in Palestine', Kushner, *Palestine in Late Ottoman Period* içinde, 247–60; Cohen 12–19 ve 92, 47; Zahir's 285; 147–250. 35–8. Eugene Rogan, *The Arabs: A History* (Bundan sonra sadece Rogan olarak anılacaktır) 48–53. Karl Sabbagh, *Palestine: A Personal History* 26–46. Bulutkapan Ali: Finkel 407–9; Russia 378–9.

BÖLÜM SEKİZ: İMPARATORLUK

1. Constatin de Volney, *Voyage en Egypte et en Syrie* 235. Edward Daniel Clarke, *Travels in Various Countries of Europe, Asia and Africa* 2. 1. 359–88, 2. 2. 3–5. *Voyage and Travels of HM Caroline Queen of Great Britain* 589–91. Cohen, *Palestine in the 18th Century* 20–9, 68–70, 285. Pappe 38–46. Finkel 399–412. Krämer 61–3. Nathan Schur, *Napoleon in the Holy Land* (Bundan sonra sadece Schur olarak anılacaktır) 17–32. Paul Strathern, *Napoleon in Egypt* (Bundan sonra sadece Strathern olarak anılacaktır) 185, 335–7.
2. Schur 67; 140–6; 163; 163–7. 6–17; 336–46; 317; 326. Schur 117–21. Strathearn 352–6. Hintlian, *JQ* 2, 1998. 46–51.
3. Tom Pocock, *A Thirst for Glory: The Life of Admiral Sir Sidney Smith* 100–20. Ayrıca John Barrow, *The Life and Correspondence of Admiral Sir William Sidney Smith* 207. Strathern 337–40; 371–81; 378; Kléber 409. Peter Shankland, *Beware of Heroes: Admiral Sir S. Smith* 91–5. Colonel Bunbury'den alıntılayan Flora Fraser, *The Unruly Queen: The Life of Queen Caroline* 136. Clarke, *Travels in Various Countries* 2. 1. 520. James Finn, *Stirring Times* (Bundan sonra sadece Finn olarak anılacaktır) 157. Edward Howard, *The Memoirs of Sir Sidney Smith* 146. Schur 171. Peters, *Jerusalem* 542. *OJ* 4–5. Krämer 41–4. Pappe 47–51.
4. N. A. Silberman, *Digging for Jerusalem* (Bundan sonra sadece Silberman olarak anılacaktır) 19–29. Y. Ben Arieh, *Jerusalem in the 19th Century* 31–67. Peters, *Jerusalem* 582–62. A. Elon, *Jerusalem: A City of Mirrors* 217. Clarke, *Travels in Various Countries* 2. 1. 393–593, 2. 2. 3.
5. F. R. de Chateaubriand, *Travels in Greece, Palestine, Egypt and Barbary during the Years 1806 and 1807* 1. 368–86 ve 2. 15–179. Julien, *Itinéraire de Paris à Jérusalem par Julien, domestique de M. de Chateaubriand* 88–9. Ernst Axel Knauf, 'Ottoman Jerusalem in Western Eyes', *OJ* içinde, 73–6. Pappe 49–53.
6. Hawari, *OJ* 499–500. Rafeq, *OJ* 29. Pappe 49–50. Salameh, *OJ* 103–43. Hillenbrand, *OJ* 14. Peters, *Jerusalem* 582. Cohen, *Sacred Esplanade* 216–26.
7. Moses ve Judith Montefiore, *Diaries of Sir Moses and Lady Montefiore* (Bundan sonra sadece Montefiore olarak anılacaktır) 36–42. Abigail Green, *Moses Montefiore: Jewish Liberator, Imperial Hero* (Bundan sonra sadece Green olarak anılacaktır) 74–83. Alphonse de Lamartine, *Travels in the East Including Journey to the Holy Land* 78–88. Pappe 60–65.
8. Jane Ridley, *Young Disraeli* 79–97. Minna Rozen, 'Pedigree Remembered, Reconstructed, Invented: Benjamin Disraeli between East and West', M. Kramer (ed.), *The Jewish Discovery of Islam* içinde, 49–75. Niall Ferguson, *World's Banker:A History of the House of Rothschild* (Bundan sonra sadece Ferguson olarak anılacaktır) 418–22 ve 1131. Pappe 66–76. Jewish life: Tudor Parfitt, *Jews of Palestine 1800–1882* ch. 2. Tuchman 220–3.

9. Finkel 427, 422–46, 428. Rogan 66–83. Khaled Fahmy, *CHE 2* içinde, 139–73. Pappe 66–76. Philip Mansel, *Levant: Splendour and Catastrophe on the Mediterranean* 63–90. William Brown Hodgson, *An Edited Biographical Sketch of Mohammed Ali, Pasha of Egypt, Syria, and Arabia.* Rafek, *OJ* 31–2. Judith M. Rood, 'The Time the Peasants Entered Jerusalem: The Revolt against Ibrahim Pasha in the Islamic Court Sources', *JQ* 27, Yaz 2006. Judith M. Rood, 'Intercommunal Relations in Jerusalem during Egyptian Rule 1934–41', *JQ* 32, Sonbahar 2007 ve *JQ* 34, Bahar 2009. Y. Ben-Arieh, *Jerusalem in the 19th Century*, 25–30; 67–70. R. Curzon, *Visits to the Monasteries of the Levant* 192–204. Goldhill, *City of Longing* 169. Montefiore 177–87; Green ch. 6. Oren, *Power* 121–5. Mouradian, 'Les Chrétiens', Nicault, *Jérusalem* içinde, 177–204.
10. David Brown, *Palmerston: A Biography* 211–37; 416–21; Norman Bentwich ve John M. Shaftesley, 'Forerunners of Zionism in the Christian Era', *Remember the Days: Essays on Anglo-Jewish History Presented to Cecil Roth* içinde, 207–40. Green 88–9. Tuchman 175–207. Wasserstein 26–9; 29 ve 34–7. Gilbert, *Rebirth* 14–27, 42–5. M. Vereté, 'Why was a British Consulate Established in Jerusalem?', *English Historical Review* 75 (1970) 342–5. M. Vereté, 'The restoration of the Jews in English Protestant Thought, 1790–1840', *Middle Eastern Studies* 8 (1972) 4–50.
    Ruth Kark, *American Consuls in the Holy Land* (Bundan sonra sadece Kark olarak anılacaktır) 26–9, 55, 110–11; 128–90; 212–27, 307–10. Silberman 51–62. James ve Elizabeth Finn, *View from Jerusalem, 1849–58: The Consular Diary of James and Elizabeth Anne Finn* (Bundan sonra sadece Finn günlükleri diye anılacaktır) 28–35 ve 51; 107–15. Finn 2.141, 2:221. Green 214–19 ve 232–3. Mouradian, 'Les Chrétiens', Nicault, *Jérusalem* içinde, 177–204.
11. Warder Cresson, *The Key of David*, 327 30; 2; 211–44. Levi Parsons, *Memoir of Rev. Levi Parsons* 357–79. Oren, *Power* 80–92, 142–3. Obenzinger, *American Palestine*, 4–5 ve 188–27. MacCulloch 903–7. Silberman 31–6. W. E. Blackstone, Memorial, Obenzinger, *American Palestine* içinde, 269–70. Gilbert, *Rebirth* 217–22. M. Obenzinger, *JQ* 17 Şubat 2003. Krämer 102–3 ve 138. Kark 19–37. W. Thackeray, *Notes on a Journey from Cornhill to Grand Cairo* (Bundan sonra sadece Thackeray olarak anılacaktır) 681–99.
    H. Melville, *Journals* 84–94; 65–81. Knauf, *OJ* 74–5. Finn günlükleri 260–77. Green 219 ve 232–33. Mouradian, 'Les Chrétiens', Nicault, *Jérusalem* içinde, 177–204.
12. W. Bruce Lincoln, *Nicholas I* 49, 223, 243–6, 251, 291, 330–4. Orlando Figes, *Crimea: The Last Crusade* (Bundan sonra sadece Figes olarak anılacaktır) 1–17; 36–7. Julian Henry Lowenfeld, *My Talisman: The Poetry and Life of Alexander Pushkin* (New York 2010) 95. H. Martineau, *Eastern Life*, 3: 162–5. Gogol: V. Voropanov, 'Gogol v Ierusalime', *Pravoslavny Palomnik* (2006) 2, 44–6 ve 3. 35–59. 1.99–105. P. A. Kulish, *Zapiski iz zhizni N. V. Gogolia sostavlennye iz vospominaniy ego druzey*

i znakomykh i iz ego sobstvennykh pisem 2.164–89. N. V. Gogol, *Polnoe sobranie sochineniy: Pisma, 1848–52* vol. 14. I. P. Zolutusky, *Gogol* 394–401. Elon, *Jerusalem* 138–9. Yair Bar-El et al., *British Journal of Psychiatry* 176 (2000) 86–90.

13. W. B. Lincoln, *Nicholas I* 330–40. Figes 100–8; 155–7; 157. Finkel 457–60. Elon, *Jerusalem* 70–1. Gilbert, *Rebirth* 67–9, 83–6. Finn 2: 192 32. Ben-Arieh, 66–8. Derek Hopwood, *The Russian Presence in Syria and Palestine* 1–49. Lynch günlükleri, Gilbert, *Rebirth* içinde, 51. Karl Marx, *New York Daily Tribune* 15 April 1854. Colin Shindler, *A History of Modern Israel* 23. Oren, *Power* 137–40. Finn 230–50. Finn günlükleri 104 ve 133–57. Finn xxvii, 4, 40–2; 159–74; 2. 458–9; 2. 237.
    Green 116–17; 119–32; 181; 235–57; 324–38; 277. Chaim Weizmann, *Trial and Error* (Bundan sonra sadece Weizmann olarak anılacaktır) 16. David F. Dorr, *A Colored Man Round the World by a Quadroon* 183–4 ve 186–7. G. Flaubert, *Notes de voyage, Les Oeuvres complétes* 19. cilt içinde, 19. Frederick Brown, *Flaubert: A Life* 231–9, 247, 256–61; Elon, *Jerusalem* 37 ve 139–41. Antony Sattin, *Winter on the Nile* 17–18. Ruth Victor-Hummel, 'Culture and Image: Christians and the Beginnings of Local Photography in 19th Century Ottoman Palestine', Anthony O'Mahony (ed.), *Christian Heritage in the Holy Land* içinde, 181–91.
    Oren *Power* 236–47. Melville, *Journals* 84–94; 65–81. Obenzinger, *American Palestine* 65–82, 161; 227–47. Knauf, *OJ* 74–5. Alexander Kinglake, *Eothen* 144–58, 161–2. Gilbert, *Rebirth* 51. Gogol için yukarıda 12 numaralı dipnota bakın.
14. Finkel 457–60. Elon, *Jerusalem* 70–1. Gilbert, *Rebirth* 67–9, 83–6. Finn 1. 2–4, 78, 2. 452. Ben-Arieh, 66–8. Hopwood, *Russian Presence* 1–49. Mouradian, 'Les Chrétiens', Nicault, *Jérusalem* içinde, 177–204. Gilbert, *Rebirth* 51. Figes 415–16; 418; 464–5.
15. Montefiore: all quotations unless otherwise stated are from the *Diaries*. Green 176–94, 227, 35–53, 59; fifth visit 1857 63–9; Montefiore windmill and almshouses 1860 109–16; death of Judith 140; sixth visit 1866 171–86; Jerusalem views 338; awning for Wailing Wall and removal of slaughterhouse 332–3; pre-Zionist views, Jewish empire 320; negotiations with Ottomans 324. Rothschilds: Montefiore missions funded; Disraeli comment; reluctance to involve in Jordan; Ferguson, 418–422, and 1131. Melville on Montefiore, 'this Croesus – a huge man of 75': Melville, *Journals* 91–4. Hurva Synagogue: Gilbert, *Rebirth* 98–100. Ben-Arieh, 42–4. Visitsand tensions: Finn diaries 197, 244; Montefiore and Col Gawlon Jewish settlements: Green 50–9.
    Flaubert, *Notes de voyage* 19. Brown, *Flaubert* 231–9, 247, 256–61; also Elon, *Jerusalem* 37 and 139–41. Flaubert on Du Camp official mission: W. B. Lincoln, Nicholas I, war and death 340–50. Victor-Hummel, 'Culture and Image' 181–91.
16. Wasserstein 50–65. Silberman 37–47, 63–72; Wilson 79–85; Warren 88–99; 79, 86, 113–27; 147–60; 165–70. Ben-Arieh, 169; 183–5. Goldhill, *City of Longing* 216. Gilbert, *Rebirth*, xxii, 4–7 ve 65–7; 128–35; 128–32. Oren, *Power* 135–7;

236–8. Lane Fox, *Unauthorized Version* 216–19. Kark 29–30. Obenzinger, *American Palestine* 253. Ben-Arieh, 183–5. Ruth Hummel, 'Imperial Pilgrim: Franz Josef's Journey to the Holy Land in 1869', M.Wrba (ed.), *Austrian Presence in the Holy Land* içinde, 158–77. Simon Dixon, 'A Stunted International: Russian Orthodoxy in the Holy Land in the 19th Century', taslak metin. N. N. Lisovoy ve P. V. Stegniy, *Rossiya v Svyatoy Zemle: Dokumenty i materialy* 1. 125–7; 128–35. Hopwood, *Russian Presence* 51. Bertha Spafford Vester, *Our Jerusalem* (Bundan sonra sadece Vester olarak anılacaktır) 86–7. Wasserstein 50–65.

Silberman 113–27; 147–53–70; 100–12; 131–40. Obenzinger, *American Palestine*, 161. Kark 128–30 ve 323–5. Gilbert, *Rebirth* 109–14 ve 177–80. Rider Haggard, *A Winter Pilgrimage* 267. Edward Lear, Elon, *Jerusalem* içinde, 142; 144–5. Gilbert, *Rebirth* 187. Pollock, *Kitchener: Saviour of the Realm* 29–37 ve 31. Boas, *Jerusalem* 160. Goldhill, *City of Longing* 21; Elon, *Jerusalem* 147; Grabar, 16.

17. Hummel, 'Imperial Pilgrims' 158–77. Dixon, 'A Stunted international.' Lisovoy ve Stegniy, *Rossiya v Svyatoy Zemle* 1. 125–45. Hopwood, *Russian Presence* 51. Vester 86–7. Wasserstein 50–65.
18. Edward W. Blyden, *From West Africa to Palestine* 9–12; 165; 166; 170; 180; Wall 280–3; 199. Obenzinger, *American Palestine* 161–2; Blyden ve Dorr 227–47. *Haaretz* 15 July 2008. Alıntılar Mark Twain, *The Innocents Abroad, or the New Pilgrims' Progress'ten yapılmıştır.* Judith Montefiore 140; 171–86; 338; 332–3. Oren, *Power* 189, 236–8, 239–47. Mazower *Salonica* 205–21.
19. Alexander Scholch, 'An Ottoman Bismarck from Jerusalem: Yusuf Diya al Khalidi', *JQ* 24, Yaz 2005. K. Kasmieh, 'The Leading Intellectuals of late Ottoman Jerusalem', *OJ* içinde, 37–42. Warren'dan alıntılayan Goldhill, *City of Longing,* 146. Conrad, 'Khalidi Library,' *OJ* 191–209. Ben-Arieh, 74–6. Martin Drow, 'The Hammams of Ottoman Jerusalem', *OJ* 518–24. Sharif M. Sharif, 'Ceiling Decoration in Jerusalem during the Late Ottoman Period: 1856–1917', *OJ* içinde, 473–8. Susan Roaf, 'Life in 19th-Century Jerusalem', *OJ* içinde, 389–414. Nancy Micklewright, 'Costume in Ottoman Jerusalem', *OJ* içinde, 294–300. Ott, 'Songs and Musical Instruments of Ottoman Jerusalem', *OJ* içinde, 301–20. Wasif Jawhariyyeh, *Al Quds Al Othmaniyah Fi Al Muthakrat Al Jawhariyyeh* 1. 68; 1. 74; 1. 148. Salim Tamari, 'Jerusalem's Ottoman Modernity: The Times and Lives of Wasif Jawhariyyeh', ve 'Ottoman Jerusalem in the Jawhariyyeh Memoirs', *JQ 9*, Yaz 2000. Vera Tamari, 'Two Ottoman Ceremonial Banners in Jerusalem', *OJ* içinde, 317. Joseph B. Glass ve Ruth Kark, 'Sarah la Preta: A Slave in Jerusalem', *JQ* 34, Bahar 2009. Ruth Kark ve Joseph B. Glass, 'The Valero Family: Sephardi–Arab Relations in Ottoman and Mandatory Jerusalem', *OJ* içinde 21, August 2004. Janet Soskice, *Sisters of the Sinai* 237. Wasif Jawhariyyeh, günlük, not 4, Siyonizm bölümü. Weddings. Pappe 53 and 97–8.

Sari Nusseibeh, *Country* 48–9. Nazmi al-Jubeh, 'The Khalidiyah Library', *JQ* 3, Kış 1999. Conrad, 'Khalidi Library', *OJ* 191–205. Ajami, 'Hidden Treasure', *Saudi Aramco World Magazine*. Kasmieh, 'Leading Intellectuals of Late Ottoman Jerusalem', *OJ* 37–42. Illan Pappe, 'The Rise and Fall of the Husaynis', Part 1, *JQ* 10, Sonbahar 2000; 'The Husayni Family Faces New Challenges: Tanzimat, Young Turks, the Europeans and Zionism, 1840–1922', Part 2, *JQ* 11–12, Kış 2001. Pappe 87–91. Rogan 138–9. Krämer 120–8. Wasserstein 103. Gabriel Baer, 'Jerusalem Notables and the Waqf', Kushner, *Palestine in the Late Ottoman Period* içinde, 109–21. Vester 181; 114–17; 69; 118. Rafeq, *OJ* 32–6.

Fotoğraf: Victor-Hummel, 'Culture and Image' 181–91.

Finkel 488–512. Tuchman 292. Jonathan Schneer, *The Balfour Declaration: the Origins of the Arab–Israeli Conflict* (Bundan sonra sadece Schneer olarak anılacaktır), 17–18. Cohen, *Sacred Esplanade* 216–26. Kroyanker 101–41. Mouradian, 'Les Chrétiens', Nicault, *Jérusalem* içinde, 77–204. Brenner 267.

Vester 1–64; 93 ve 187; 102–4; 95–8; 126–41; 89. *Detroit News* 23 March 1902. Bkz: J. F. Geniesse, *American Priestess*. Oren, *Power* 281–3. Kark 128–30 ve 323–5. Pappe 104–7.

Kroyanker 101–41. Finkel 488–512. Silberman 113–27; 147–70; 100–12. Selah Merrill 128–30; 323–5.

20. Gilbert, *Rebirth* 14 ve 177–80; Kitchener/Gordon 187. Haggard, *Winter Pilgrimage* 267. Edward Lear, Elon, *Jerusalem* içinde, 142; Rudolf 144–5. Pollock, *Kitchener* 29–37. Boas, *Jerusalem* 160. Gordon, Goldhill, *City of Longing* içinde, 21; Elon, *Jerusalem* 147; Grabar, *Shape of the Holy* 16. Dixon, 'A stunted international'. Stephen Graham, *With the Russian Pilgrims to Jerusalem* (Bundan sonra sadece Graham olarak anılacaktır) 3–10; 35; 40–2; 44–6; 55; 62–4; 69–76; 101–10; 118; 126–8; 130–2. Lisovoi ve Stegnii, *Rossiia v Sviatoi Zemle* 1. 125–7; 1. 147–60. Hopwood, *Russian Presence* 70–115. Christopher Warwick, *Ella: Princess, Saint and Martyr* 85–101; Ella 143–53; 162–6. Brenner 238–43. Vester 86–7. Ben-Arieh 78. Krämer 120–8. Nusseibeh, *Country* 48–9. Al-Jubeh, 'Khalidiyah Library'. Kasmieh, 'Leading Intellectuals of Late Ottoman Jerusalem', *OJ* 37–42. Pappe 115–17.

BÖLÜM DOKUZ: SİYONİZM

1. Shindler, *History* 10–17. Jabotinsky'den alıntılayan Colin Shindler, *The Triumph of Military Zionism* 54–61. Desmond Stewart, *Herzl* 171–222, 261–73. Brenner 256–67. Ferguson 800–4. Tuchman 281–309. Paolo Cuneo, 'The Urban Structure and Physical Organisation of Ottoman Jerusalem in Context of Ottoman Urbanism', *OJ* içinde, 218. Gilbert, *Rebirth* 118–23 ve 165–73; 185–9, 207–15. Ben-Arieh 31–40 ve 78. Shmuel Ettinger and Israel Bartal, 'First Aliyah, Ideological Roots and Practical Accomplishments', *Cathedra 2* içinde, 197–200. Nitza Druyon, 'Immigration and Integration of Yemenite Jews in 1st *Aliyah*', *Cathedra* 3 *içinde*, 193–5. Green 322–4.

W. E. Blackstone, Obenzinger, *American Palestine* içinde 269–70. Gilbert, *Rebirth* 217–22. Obenzinger, *JQ* 2003. Krämer 102–11, 138; 197–9. Martin Gilbert, *Churchill and the Jews* 249. Kark 19–37. Gilbert, *Rebirth* 140–5. Tom Segev, *One Palestine Complete: Jews and Arabs under the British Mandate* 221–3. Ben-Arieh 48–58. Wasserstein 320. Weizmann, *Trial and Error*: 41, 63; 62–5. Sufian Abu Zaida, '"A Miserable Provincial Town": The Zionist Approach to Jerusalem 1897–1937', *JQ* 32, Sonbahar 2007. Pappe 116–17.

2. *New York Times* 29 October 1898. Cohen, *Sacred Esplanade* 216–26. *New York Times* 20 August 1932. Gilbert, *Rebirth* 154–60. Vester 160–1. Ruth ve Thomas Hummel, *Patterns of the Sacred: English Protestant and Russian Orthodox Pilgrims of the Nineteenth Century*, fotoğraf. John Rohl, *Wilhelm II: The Kaiser's Personal Monarchy 1888–1900* 944–54; 899; 843; 784. John Rohl, *The Kaiser and his Court* 190–212; 16. Kroyanker 24. *OJ* 270–1. Vester 194–8. Silberman 162–3. Sean McMeekin, *The Berlin–Baghdad Express* 14–16.

   Stewart, *Herzl* 261–73. Goldhill, *City of Longing* 140. Gilbert, *Rebirth* 223–7. Victor-Hummel, 'Culture and Image' 181–91. Fotoğraflar: *OJ* 267. Ben-Arieh 76. Marcus, *Jerusalem, 1913: Origins of Arab–Israeli Conflict* 39–44 ve 99. Krämer111–15. Ferguson 802–4. David Fromkin, *A Peace to End All Peace* (Bundan sonra sadece Fromkin olarak anılacaktır) 271–5. Gilbert, *Churchill and the Jews* 249. Obenzinger, *JQ* 2003 17. Pappe 108–11. Ilan Pappe, 'Rise and Fall of the Husaynis', Part 1, *JQ* 10, Sonbahar 2000; 'Husayni Family Faces New Challenges', Part 2, *JQ* 11–12, Kış 2001. Wasserstein 320.

   Amy Dockser Marcus, *Jerusalem 1913: Origins of the Arab–Israeli Conflict* 30–60. Nusseibeh, *Country* 23. Kasmeh, 'Leading Intellectuals of Late Ottoman Jerusalem', *OJ* 37–42.

3. Ben-Gurion, *Recollections* 34–43, 59–61. Bar-Zohar, *Ben-Gurion* 1–12, 26– 8. Krämer 111–15. Shindler, *History* 21–35, 42–4 ve 99–101. Weizmann 119–122; 109–18. *Protocols of Elders of Zion*: David Aaronovitch, *Voodoo Histories* 22–48. Abu Zaida, '"A Miserable Provincial Town"', *JQ* 32, Sonbahar 2007.

4. Jön Türk Devrimi ve Arap milliyetçiliği: Bu bölüm için şu eserlerden faydalanılmıştır: Wasif Jawhariyyeh, *Al Quds Al Othmaniyah Fi Al Muthakrat Al Jawhariyyeh*, vol. 1: *1904–1917*, vol. 2: *1918–1948*, çev. Bu kitap için Maral Amin Quttieneh tarafından çevrilmiştir. (Bundan sonra sadece Wasif olarak anılacaktır). Günlükteki şu başlıklar kullanılmıştır: 1. 160, 167, 168–9, 190, 204, 211, 217, 219, 231. Tamari, 'Jerusalem's Ottoman Modernity', *JQ* 9, Yaz 2000. Salim Tamari, 'The Last Feudal Lord in Palestine', *JQ* 16, Kasım 2002. Salim Tamari, 'The Vagabond Café and Jerusalem's Prince of Idleness', *JQ* 19, Ekim 2003. Marcus, *Jerusalem 1913* 50–73. Gilbert, *Rebirth* 154–60. Baedeker (1912) xxii, 19, 57. Norman Rose, *A Senseless Squalid War: Voices from Palestine* 8. Rogan 147–9. Shindler, *History* 23–8. Efraim Karsh ve Inari Karsh, *Empires of the Sand: Struggle for Mastery in the Middle East*

1789–1923 (Bundan sonra sadece Karsh olarak anılacaktır) 95–117. Ayrıca bkz. P. S. Khoury, *Urban Notables and Arab Nationalism: The Politics of Damascus1860–1920.* Mazower, *Salonica* 272–290. Pappe 124–6; 127–9; 39–46.

5. G. E. Rasputin, *Moi mysli i razmyshleniia. Kratkoe opisanie puteshestviya po svyatym mestam i vyzvannye im razmyshleniya po religioznym voprosam* 60–74. Graham 3–10; 35; 44–6; 55; 62–4; 69–76; 101–10; 118; 126–8; 130–2. Martin Gilbert, *Jerusalem in the Twentieth Century* (Bundan sonra Gilbert, *JTC* olarak anılacaktır) 20. Eduard Radzinsky, *Rasputin* 180–3. Hummel, *Patterns of the Sacred* 39–61.
6. *The Times* (London) 4 Mayıs 1911. *New York Times* 5 ve 7 Mayıs 1911. Major Foley, *Daily- Express* 3 ve 10 Ekim 1926. Philip Coppens, 'Found: One Ark of the Covenant?', *Nexus Magazine* 13/6, Ekim–Kasım 2006. Silberman 180–8. Vester 224–30. Pappe 142.
7. Rogan 147–9. Karsh 95–117. Majower: 280–90. Marcus, *Jerusalem 1913* 66–8, 186. Finkel 526–32. Krämer 75. Gilbert, *JTC* 20–4; 25–40. Weizmann 3–4. Wasserstein 70–81. Storrs 296. Karsh 94–101. Pappe 139–150.
8. Wasif 1:167. Kress von Kressenstein on Sheikh's parade and Suez expedition, Sean McMeekin, *Berlin–Baghdad Express,* 166–179. Wasif 1. 232. *OJ* 57–62. Pappe 150–9. Falih Rıfkı'dan alıntılayan Geoffrey Lewis, 'An Ottoman Officer in Palestine 1914–18', Kushner, *Palestine in the Late Ottoman Period* içinde, 403–14. Djemal Pasha, *Memoirs of a Turkish Statesman 1913–19.* Franz von Papen, *Memoirs* 70. Burns, *Damascus* 263–5. Rudolf Hoess, *Commandant of Auschwitz* 38–41. Vester 209 ve 263. Karsh 105–17; 141; 160–70. Krämer 143–7. Finkel 533–40. Segev, *Palestine* 15–20. Storrs 371; 288; 303. Hintlian, *History of the Armenians in the Holy Land* 65–6. Gilbert, *JTC* 41–5. Vester 259–67; 81; 208– 9 ve 263. Fromkin: 209–11. Roger Ford, *Eden to Armageddon: World War I in the Middle East* 311–61. T. E. Lawrence, *Seven Pillars of Wisdom* (Bundan sonra sadece Lawrence olarak anılacaktır) 46, 51. George Hintlian, 'The First World War inPalestine and Msgr. Franz Fellinger', Marion Wrba, *Austrian Presence in the Holy Land in the 19th and Early 20th Century* içinde, 179–93. Wasserstein 70–81. Karsh 161–70.
9. Salim Tamari, 'The Short Life of Private Ihsan: Jerusalem 1915', *JQ* 30, Bahar 2007. Vester, 264–7, 270–1. Wasif 1. 160, 167, 168–9, 190, 204, 211, 217, 219, 231. Tamari, 'Jerusalem's Ottoman Modernity', *JQ* 9, Yaz 2000. Adel Manna, 'Between Jerusalem and Damascus: The End of Ottoman Rule as Seen by a Palestinian Modernist', *JQ* 22–23, Sonbahar/Kış 2005. Karsh 161–70. Khoury, *Urban Notables and Arab Nationalism.* Pappe 150–9.

Henry Morgenthau, *United States Diplomacy on the Bosphorus: The Diaries of Ambassador Morgenthau 1913–1916* 400. Marcus, *Jerusalem 1913* 138–44; 156–9. Karsh 166–70. Raymond Kevorkian, *Le Génocide des Arméniens* ch. 7. Vester 264. Segev, *Palestine* 7. Conde de Ballobar, *Diario de Jerusalén* – 26 Mayıs 1915 ve 9 Temmuz 1916. R. Mazza, 'Antonio de la Cierva y Lewita: Spanish Consul in

Jerusalem 1914–1920', ve 'Dining Out in Times of War', *JQ* 40, Kış 2009, ve 41, Bahar 2010. Storrs 303–4. R. Mazza, *Jerusalem from the Ottomans to the British*.

10. Wilson, *Lawrence* 19; 656 ve 432; 445; 196; 213; 74; 184–5; 212–18; 232; 305–9 ve 385–7; 314; 446; 44; 27 960–5; 333–5; 230–3; 410–12; 361–5; 370–81; 383; 604–5. Margaret Macmillan, *Peacemakers: The Paris Peace Conference of 1919 and its Attempt to End War* 399–401. George Antonius, *The Arab Awakening: The Story of the Arab National Movement* 8–12, 245–50. Rogan 150–7. Karsh 191. Janet Wallach, *Desert Queen: The Extraordinary Life of Gertrude Bell* 299. Avi Shlaim, *Lion of Jordan: The Life of KingHussein in War and Peace* 1–10. Schneer 24–6. Lawrence: Storrs 467 anved 202. Silberman 190–2. Lawrence 48; 64–7, 219–20; 129; 580–1; 583; 582. Karsh 199–221; 222–43. Karl E. Meyer ve S. B. Brysac, *Kingmakers: The Invention of the Modern Middle East* on Arab Revolt, Sykes–Picot 107–13. Karsh: 171–221; Sykes–Picot 222–46. Fromkin 218–28; Storrs 88–105 ve 142; Sykes 146–9; McMahon 173–87; Sykes–Picot 188 99. Elie Kedourie, *In the Anglo-Arab Labyrinth: The McMahon Husayn Correspondence and its Interpretations*. Schneer, 32–48 ve 64–74.
11. Papen, 7–84. *OJ* 276. Antonius, *Arab Awakening* 8–12, 245–50. Rogan 150–7. Shlaim, *Lion of Jordan* 1–10. Storrs 467 ve 202; Silberman 190–2. Lawrence 48, 64–7, 219–20, 129, 582; 580–3. Wilson, *Lawrence* 400–20; 462–4. Arab Revolt: Karsh 171–221; Sykes–Picot 22–43. Meyer and Brysac, *Kingmakers* 107–13. Fromkin 88–105, 142; Sykes 146–9, 218–28; McMahon 173–87; Sykes–Picot 188–99; 209–11; 214–15. S. McMeekin, *Berlin-Baghdad Express* 294–5. Scheer 87–103; 171–2. Wasif 1. 232–3. Vester 246–71. Manna, 'Between Jerusalem and Damascus', *JQ* 22–23, Sonbahar/Kış 2005. Sakakini ve Levine: Segev, *Palestine* 13–15. Fromkin 309. Marcus, *Jerusalem 1913* 149–51.
12. Doreen Ingrams (ed.), *Palestine Papers, 1917–1922: Seeds of Conflict* 7–18, 7–8; 9; 16. John Grigg, *Lloyd George: War Leader* 339–57, 347–9; 349. R. J. Q. Adams, *Balfour: The Last Grandee* 330–5. MacMillan, *Peacemakers*: 43–51; 424–6. Krämer 148–54 ve 167. Segev, *Palestine* 33–50. Rogan 153–6. Weizmann: 100; 143–5; 169–76 ve 181; C. P. Scott, 190–8; 200–30 ve 252; 226; 228; 234– 5; 252–62. MacMillan, *Peacemakers* 423. Schneer 44–6; 126; 124–61, 166–8; 349–59. McMeekin, *Berlin-Baghdad Express* 340–51.

    Herbert Samuel, *Memoirs* 140. Meyer ve Brysac, *Kingmakers* 112–26. Max Egremont, *Balfour* 293–6. Karsh 247–58. Fromkin 276–301. Avi Shlaim, *Israel and Palestine* 3–24. Rose, *Senseless Squalid War* 16–17. Karsh 247–58. Gilbert, *Churchill and the Jews* 23–30; 95. George Weidenfeld, *Remembering My Good Friends* 201–20. Ferguson 977–81. Abu Zaida, '"A Miserable Provincial Town",' *JQ* 32, Sonbahar 2007.
13. Grigg, *Lloyd George: War Leader* 339–43. Storrs 303–5; 292. Marcus, *Jerusalem 1913* 149–51. Segev, *Palestine* 30. MosheGoodman, 'Immortalizing a Historic

Moment: The Surrender of Jerusalem', *Cathedra 3* içinde, 280–2. Vester 273–80. Pappe 162–6. Hintlian, 'First World War in Palestine and Msgr. Franz Fellinger', Wrba, *Austrian Presence* içinde, 179–93. Tamari, 'Last Feudal Lord in Palestine', *JQ* 16, November 2002. Manna, 'Between Jerusalem and Damascus', *JQ* 22–23, Sonbahar/Kış 2005. Günlük: K. Sakakini 20 Ocak 1920. Nasser Eddin Nashashibi, *Jerusalem's Other Voice: Ragheb Nashashibi and Moderation in Palestinian Politics 1920–1948* (Bundan sonra sadece Nashashibi olarak anılacaktır) 134–5, 130–1; 69. Krämer 158–62. Ballobar, *Diario* 30 November 1917.

14. Grigg, *Lloyd George: War Leader* 342–5. Wasif 2.280. Storrs 305–7. Lawrence 330; 341, 553; 668. Wilson, *Lawrence* 459–66: Gilbert, *JTC* 45–61. Segev, *Palestine* 23–4 ve 50–5. Meyer ve Brysac, *Kingmakers* 109. Fromkin 308–29. Elon, *Jerusalem* 167. Vester 278–80. Nusseibeh, *Jerusalemites* 426–7. Pappe 165–75; 234.
15. Lawrence 56–7. Wilson, *Lawrence* 489; 442–4, 513–14, 514 ve 576–7; 593. Shindler, *Military Zionism* 61–7. Shindler, *History* 26–30; 131. *Protocols of Elders of Zion* 265–81, 273; 293–6; 317–21. *Protocols of Elders of Zion*: Aaronovitch, *Voodoo Histories* 22–48. Abu Zaida, '"A Miserable Provincial Town"', *JQ* 32, Sonbahar 2007. Pappe 166–87: ; 111–12; 170–1; 189–203.
16. Storrs 352–8 ve 412–14. Segev, *Palestine* 155. Schneer 122–6. Grigg, *Lloyd George: War Leader* 348. Wooden: Edward Keith-Roach, *Pasha of Jerusalem* 73. Chaim Bermant, *The Cousinhood: The Anglo-Jewish Gentry* 329–54. Krämer 213–24. Segev, *Palestine* 91–9. Gilbert, *JTC* 88. Samuel, *Memoirs* 154–75. Lukeand Keith-Roach, *Handbook of Palestine* 86–101. Shindler, *Military Zionism* 50, 61–5, 85–92; 1–32. Shindler, *History* 21–35. Abu Zaida, '"A Miserable Provincial Town"', *JQ* 32, Sonbahar 2007.
17. Martin Gilbert, *Churchill: A Life* 428–38; ayrıca Gilbert, *JTC* 92. Gilbert, *Churchill and the Jews* 1; 7–15; 24–33; 37–44, 45–64; 78–85; 109. Shlaim, *History* 11–20. Wilson, *Lawrence* 540; 643–63 ve 674. Karsh 309–25, özellikle 314–16, 318. Rogan 178–85. Fromkin 424–6, 435–48, 504–29. Khoury, *Urban Notables and Arab-Nationalism* 80–90. Wallach, *Desert Queen* 293–301. Segev, *Palestine* 143–5. Krämer 161–3. Rogan 179–84. Fromkin 498–9. Weizmann 293–6. Oren, *Power* 399–402.
18. Pappe 169–73; sele 201, 212–45. Gilbert Achcar, *The Arabs and the Holocaust: The Arab–Israeli War Narratives*, (Bundan sonra sadece Achcar olarak anılacaktır) 123–30; 127, 41–123; 52. Nashashibi 14–19; 38 ve 126–8; 79; 75; 32. Wasserstein 324–7. Krämer 200–7 ve 217–22. Benny Morris, *1948: A History of the First Arab–Israeli War* 13–14. Weizmann 342. Segev, *Palestine* 4–9. Edward Keith-Roach, *Pasha of Jerusalem* 94. Sari Nusseibeh, *Once Upon a Country* 36. Krämer 237 ve 251–3; 239–40. Tamari, 'Jerusalem's Ottoman Modernity', *JQ* 9, Yaz 2000. Tamari, 'Vagabond Cafe' and Jerusalem's Prince of Idleness', *JQ* 19, Ekim 2003. John Tleel,

'I am Jerusalem: Life in the Old City from the Mandate Period to the Present', *JQ* 4, Bahar 1999. Amos Oz, *A Tale of Love and Darkness* (Bundan sonra sadece Oz olarak anılacaktır) 23, 38–42, 62, 118–19, 307, 324, 325, 329. Wasserstein 108–12. Shlaim, *Israel and Palestine* 25–36. 'Harem Beauties Drive Fords thro Jerusalem', *Boston Sunday Herald 9* Temmuz 1922. Rose, *Senseless Squalid War* 31; Richard Crossman 32. Segev, *Palestine* 342–5; 275–7. Simon Sebag Montefiore, *Stalin: Court of the Red Tsar* and *Young Stalin;* Arkady Vaksberg, *Stalin against the Jews* 5.

19. Wasif 2.484. Pappe 233–45. Achcar 128–133. Nusseibeh, *Jerusalemites* 39–43. Ilan Pappe, 'Haj Amin and the Buraq Revolt', *JQ* 18, Haziran 2003. Shindler, *Military Zionism* 94–104. Keith-Roach, *Pasha* 119–22. Nusseibeh 31. Rogan 198–201. Krämer 225–37. Segev, *Palestine* 296–333. Gilbert, *JTC* 119–28. A. J. Sherman, *Mandate Days: British Lives in Palestine* 73–93. Jeffrey Herf, *Nazi Propaganda for the Arab World* 16–17 ve 29. Michael Scammell, *Koestler: The Indispensable Intellectual* 55–65. Shindler, *History* 21–35.
Weizmann 409–16; 417–22. Bar-Zohar, *Ben-Gurion* 59–67.
20. Kroyanker 143–65. *Boston Sunday Herald* 9 Temmuz 1922. Rose, *Senseless Squalid War* 31; 32. Segev, *Palestine* 342–50; Nasser Eddin Nashashibi. Kai Bird, *Crossing Mandelbaum Gate* (Bundan sonra sadece Bird olarak anılacaktır), 16–19 ve 22–42. Colonel P. H. Massy, *Eastern Mediterranean Lands: Twenty Years of Life, Sport and Travel* 69–70. Keith-Roach, *Pasha* 89; 95. Harry Luke, *Cities and Men: An Autobiography* 207; 213; 241–5; 218. Gilbert, *JTC* 101–19 ve 130. John Bierman ve Colin Smith, *Fire in the Night: Wingate of Burma, Ethiopia and Zion* 79. Segev, *Palestine* 289. Tamari, 'Vagabond Cafe' and Jerusalem's Prince of Idleness', *JQ* 19 Ekim 2003. Oz, *Tale* 23, 38–42. Miriam Gross, 'Jerusalem Childhood', *Standpoint* Eylül 2010. Warwick, *Ella* 302–12; Luke, *Cities and Men* 214.

Storrs 423–5. Nusseibeh, *Country* 28–36, 62. Krämer 257–66. Segev, *Palestine* 9; 342–8. Nusseibeh, *Jerusalemites* 52; 133; 409–25; 44–7. Segev, *Palestine* 37. Gilbert, *Churchill and the Jews* 102; 152; 76–9; 82– 7; 118–19. Weidenfeld, *Remembering my Good Friends* 201–20. 41–123. Pappe 226–8.

21. Arab Rebellion: Krämer 259–65. Rogan 204–7. Morris, *1948* 18–20. Achcar 133–40; 41–133. Nashashibi 97–103 ve 46–57. Wasif 2.539–49. Segev, *Palestine* 350–2, 361–74, 382–8, 402, 414–43. Nusseibeh, *Jerusalemites* 42–9. Weizmann 489–91 ve 588. Oren, *Power* 436–8. Walid Khalidi, *From Haven to Conquest*, 20–2, 33–5. Pappe 278; 246–82; 225; 260–2; 269; 292–6.
22. Wingate and Dayan, Arab Rebellion: Wasif 2.539–49. Ruthless methods: Segev, *Palestine* 400–2, 414–43. Bierman and Smith, *Fire in the Night* 29–30, 55–130. Moshe Dayan, *Story of my Life* (henceforth Dayan) 41–7; Montgomery executions: Rose, *Senseless Squalid War* 45. Walid Khalidi, *From Haven to Conquest*, 20–2, 33–5. Dayan: Ariel Sharon, *Warrior* 76, 127, 222. Revolt, restraint: Segev, *Palestine*

420–43; Wingate, negotiations 489–91 and 588. Wasserstein 115–16. Ben-Gurion emergence as strongman of Zionism: Shindler, *History* 21–35; restraint 35–6; Sadeh and Wingate 36–8. St James's Palace conference/White Paper/war: Bar-Zohar, *Ben-Gurion* 93–105. Moderates undermined: Oren, *Power* 436–8. Jerusalem lost to Arabs 17 October 1938: Pappe 287; 292–6.

23. Herf, *Nazi Propaganda for the Arab World* 73–9, 185–9; 199–203. Morris, *1948* 21–2. Achcar 140–52. Pappe 305–17. Mansel, *Levant* 306–7; Nusseibeh, *Jerusalemites* 49–51. Rogan 246–50. Dayan 48–74. Krämer 307–10. Pappe 305–17. Wasif 2. 558–60; 2. 601–2. Musa Budeiri, 'A Chronicle of a Defeat Foretold: The Battle for Jerusalem in the Memoirs of Anwar Nusseibeh', *JQ* 3, Kış/Bahar 2001. Rose, *Senseless Squalid War* 63–5. Scammell, *Koestler* 331. Shindler, *Military Zionism* 205–12, 219–23. Shindler, *History* 147–150. Pappe 323–7. Menachem Begin, *The Revolt* (Bundan sonra sadece Begin olarak anılacaktır) 25; 88, 91; 46–7; 49, 62; 191–7; 212–20. Christopher Andrew, *Defence of the Realm: The Authorized History of MI5* 352–66, 353. Wasserstein 121; 116; 120–3; 122; population 100,000 128. S. M. Plokhy, *Yalta: The Price of Peace* 343. Vaksberg, *Stalin Against the Jews* 139 Morris, *1948* 24–5. Gilbert, *Winston S. Churchill* 7. 1046– 7, 1050, 1064. David McCullough, *Truman* 415 ve 595–620. Oren, *Power* 475–7. Bar-Zohar, *Ben-Gurion* 106. Segev, *Palestine* 480, 499; *The Times* 8 Aralık 1984; Bird 16–19 and 37–43.

24. Rogan 251–62. Krämer 310–12. Pappe 328–41. Gilbert, *JTC* 186–271. Gilbert, *Churchill and the Jews*, speech 'senseless squalid war' 261–7. David Cesarani, *Major Farran's Hat: Murder, Scandal and Britain's War against Jewish Terrorism 1945–8* 10–58; 63–81; 90–8; 173–4. *The Times* 6 Haziran 2006 obituary. Rose, *Senseless Squalid War* 73. Morris, *1948* 24–5. McCullough, *Truman* 415, 595–620. Gilbert, *Churchill and the Jews* 266. Efraim Karsh, *Palestine Betrayed* 75. Segev, *Palestine* 480, 499; *The Times* 8 Aralık 1984; Bird 16–18 ve 37–43. Gilbert *Churchill, and the Jews* 190; 270. Andrew, *Defence of the Realm* 352–66; Keith Jefferey, *MI6* 689–97.

25. Rogan 251–62. 133–424; 150. Hadi, *Palestinian Personalities.*
Oz, *Tale* 424. Dayan 48–74. Yitzhak Rabin, *The Rabin Memoirs* (Bundan saonra sadece Rabin olarak anılacaktır) 1–10; 16–27. Krämer 310–12. Gilbert, *JTC* 186–271. Nusseibeh, *Country* 38–56, 52–4; 43; 56. 10 Şubat 1948. Nusseibeh, *Jerusalemites* 64–5. Wasif 2.603–5. Wasif 2.601–2. Budeiri, 'Chronicle of a Defeat Foretold', *JQ* 3, Kış/Bahar 2001. Shlaim, *Lion of Jordan* 20–49. Shlaim, *Israel and Palestine* 37–53. Oz, *Tale* 318–21; 333; 343. Achcar 153–6.
Morris, *1948*, 121; Pappe 336–41; Rogan; Wasif 2.603–5. Nusseibeh, *Jerusalemites* 59–77. Shindler, *History* 38–42; 43–4 ve 99–100; 46. Morris, *1948*: 90; 91; 93–132, 122; Kastel 121–5; 126–8; 128–9; 129–32. Bird 11. Rogan 255–61. Achcar 268–9. 480, 499. Bird 16 ve 37–43. Bar-Zohar, *Ben-Gurion* 164–70. Pappe 334–5. Odd Karsten Tveit, *Anna's House: The American Colony in Jerusalem* (Nicosia 2011) 389–94.

26. Aksi belirtilmediği sürece bu savaşa dair açıklamalar şu eserlere dayanmaktadır: Morris, *1948*; Rogan 262–9, Pappe 323–41 ve Shindler, *History* 45–9. Abdullah bin Hussein *Memoirs* 142–203. Shlaim, *Lion of Jordan* 20–49. Storrs 135. Luke, *Cities and Men* 243 ve 248. Lawrence 67–9, 219–21. Hussein bin Talal, *Uneasy Lies the Head* 1–18. Rabin 16–27. John Glubb, *A Soldier with the Arabs* 50–5, 271–5; 105–31; 43–4, 213. Karsh, *Palestine Betrayed* 96. Burgoyne, *Mamluk Jerusalem* 358. Abdullah ve yapılan görüşmelere dair açıklamalar şu esere dayanmaktadır: Avi Shlaim, *The Collusion across the Jordon*, and Benny Morris, *The Road to Jerusalem: Glubb Pasha, Palestine and the Jews*. Krämer 315–19. Elon, *Jerusalem* 81.
Hussein, *Uneasy Lies the Head* 1–9. Glubb, *Soldier with the Arabs* 275–9; Shlaim, *Lion of Jordan* 398–417. Pappe 313 ve 343–5. Nusseibeh, *Country* 62–75. Nashashibi 20–1, 215–20. Budeiri, 'Chronicle of a Defeat Foretold', *JQ* 3, Kış/Bahar 2001. Nusseibeh, *Country* 59–64; 64–94. Oz, *Tale* 369–70. Begin 160. Wasserstein 165; 169; 188; 182. Nusseibeh, *Jerusalemites* 59–77. Weizmann 201–20. John Shuckburgh Gilbert, *Churchill and the Jews* içinde, 292. Weizmann 169. Bar-Zohar, *Ben-Gurion* 164–70. Truman, 'I am Cyrus': Oren, *Power* 501.
27. Shlaim, *Lion of Jordan* 49; PLO 218–27; 235–51. Nigel Ashton, *King Hussein of Jordan:APolitical Life* (Bundan sonra sadece Ashton olarak anılacaktır) 13–26; 113–20. Hussein, *Uneasy Lies the Head* 110. Pappe 346; 337. Cresswell, *OJ* 415–21. Goldhill, *City of Longing* 38. Nusseibeh, *Country* 62–8; 72–5; 62–94. Budeiri, 'Chronicle of a Defeat Foretold', *JQ* 3, Kış/Bahar 2001. Oz, *Tale* 70. Wasserstein 40, 180–2, 191–2, 200. Bird 10–11; Katy Antonius, 16–20; 20–4; 32, 33.
Yakov Lupo ve Nitzan Chen, 'The Ultra-Orthodox', O. Ahimeir ve Y. Bar-Simon-Tov (ed), *Forty Years in Jerusalem* içinde, 65–95. Ayrıca bkz. Yakov Loupo ve Nitzan Chen, 'The Jerusalem Area Ultra-Orthodox Population'. Elon, *Jerusalem* 189–94. Oleg Grabar, *Sacred Explanade* 388. Nusseibeh, *Jerusalemites* 133–53.
28. Altı Gün Savaşı'yla ilgili bölüm için şu eserlerden faydalanılmıştır: Michael B. Oren, *Six Days of War: June 1967 and the Making of the Modern Middle East*; Tom Segev, *1967: Israel, the War and the Year that Transformed the Middle East*; Shlaim, *Lion of Jordan*; Jeremy Bowen, *Six Days: How the 1967 War Shaped the Middle East* ve Rogan 333–43, 343–53. Nashashibi 228. Shlaim, *Lion of Jordan* 235–51. Ashton 113–20. Dayan 287–381. Gilbert, *JTC* 272–97. Shindler, *History* 101. Michael Bar-Zohar, *Shimon Peres: A Biography* 87–90. Bar-Zohar, *Ben-Gurion* 118–19. Ariel Sharon, *Warrior* 76, 127, 222.
29. Dayan 13–17. Ashton 118–20, Shlaim, *Lion of Jordon* 248–51 ve 258. Noor, Queen of Jordan, *Leap of Faith*, 75–7.

SONSÖZ

1. Wasserstein 212, 328–38; 345. Shlaim, *Israel and* Palestine 229, ayrıca 25–36; 253–60. Loupo ve Chen, 'Ultra-Orthodox', Ahimeir and Bar-Simon-Tov, *Forty Years in* Jerusalem 65–95. Population 2008: figures based on Jerusalem Institute for Israel Studies. After 1967 and Resolution 339 Rogan 242. 'Jerusalem's Settlements', *The Economist* 3 July 2010 'Jerusalem Mayor Handing City to Settlers' *Haaretz*, 22 February 2010 and 'Jerusalem Master Plan', *Haaretz*, 28 June 2010. Jerusalem Syndrome: Yair Bar-El et al., *British Journal of Psychiatry* 176 (2000) 86–90. Views of Bertha Spafford Vester on Israeli rule/her death: Odd Karsten Tveit, *Anna's House: The American Colony in Jerusalem*, 398.

BİBLİYOGRAFYA

Kudüs literatürü oldukça geniş bir literatürdür ve bu bibliyografya teferruatlı olmamasına rağmen bu kitapta kullanılan ana kaynakların bir listesini oluşturmaktadır.

Kitap boyunca Kitabı Mukaddes'in tasdik edilmiş versiyonu ile Kuran'ın, M. A. S. Abdel Haleem tarafından tercüme edilen (Oxford, 2004) versiyonu kullanılmıştır.

DERGİLER

Al-Fajr al-Adabi
American Journal of Semitic Languages and Literatures
Associated Christian Press
Biblical Archaeologist
Biblical Archaeology Review
British Journal of Psychiatry
Bulletin of the American Schools of Oriental Research
Conservation and Management of Archaeological Sites
Crusades
Eastern Christian Art
The Economist
English Historical Review
Graeco-Arabia
History Today
Israel Exploration Journal
Jerusalem Quarterly (Institute of Jerusalem Studies, al-Quds University) (JQ)
Jewish Chronicle, London
Jewish Quarterly
Journal of Asian and African Studies
Journal of the Royal Asiatic Society (JRAS)
Liber Annuus (Studium Biblicum Franciscanum, Jerusalem)
Middle Eastern Studies
New York Times
The New Yorker
Palestine Exploration Fund Annual
Palestine Exploration Quarterly
Pravoslavny Palomnik
Revue des Etudes Juives
Saudi Aramco World
Standpoint
Tadias Magazine
The Times, London

MAKALELER

Abu Zaida, Sufian, "'A Miserable Provincial Town': The Zionist Approach to Jerusalem 1897–1937", *JQ* 32, Sonbahar 2007.

Amitai, Reuven, "Mongol Raids into Palestine (AD 1260 and 1300)", *Journal of Royal Asiatic Society of Great Britain and Ireland*, No. 2, 1987, 236–55.

Anon., "Where Piety Meets Power (Russia in Jerusalem)", *Economist* 19 Aralık 2009.

Ayele, Negussay, "Deir Sultan, Ethiopia and the Black World", *Tadias Magazine* Ağustos 2008.

Bar-El, Yair et al, "Jerusalem Syndrome", *British Journal of Psychiatry* 176 (2000).

Bronner, Ethan, "Jews and Muslims Share Holy Season in Jerusalem", *New York Times* 28 Eylül 2008.

Budeiri, Musa, "A Chronicle of a Defeat Foretold: The Battle for Jerusalem in the Memoirs of Anwar Nusseibeh", *JQ* 3, Kış/Bahar 2001.

Conybeare, F., "Antiochus Strategos: Account of the Sack of Jerusalem", *English Historical Review* 25 (1910) 502–16.

Curtis, Sarah, "Sarah Palin's Jerusalem and Pentecostal Faith: A Hysteric Symptom of American Utopianism", *Colloquy Text Theory Critique* 17 (2009).

Der Matossian, Bedross, "The Young Turk Revolution: Its Impact on Religious Politics of Jerusalem (1908–1912)", *JQ* 40, Kış 2009.

Dixon, Simon, "A Stunted International: Russian Orthodoxy in the Holy Land in the 19th Century", yayınlanmamış taslak, Ocak 2009.

Dorfmann-Lazarev, Igor, "Historical Itinerary of the Armenian People in Light of its Biblical Memory", yayınlanmamış taslak, 2009.

Dumper, Michael, "Two State Plus: Jerusalem and the Binational Debate", *JQ* 39, Sonbahar 2009.

Gilboa, Ayelet ve Sharon, Ilan, "An Archaeological Contribution to the Early Iron Age Chronological Debate: Alternative Chronologies for Phoenicia and their Effects on the Levant, Cyprus and Greece", *Bulletin of the American Schools of Oriental Research* 332, Kasım 2003.

Glass, Joseph B. ve Kark, Ruth, "Sarah la Preta: A Slave in Jerusalem", *JQ* 34, Bahar 2009.

Gonen, Rivka, "Was the Site of the Jerusalem Temple Originally a Cemetery?", *Biblical Archaeology Review* Mayıs-Haziran 1985.

Greenberg, Raphael, "Extreme Exposure: Archaeology in Jerusalem, 1967–2007", *Conservation and Management of Archaeological Sites*, vol 11, no. 3–4, 2009.

Gross, Miriam, "A Jerusalem Childhood", *Standpoint* Eylül 2010.

Hintlian, George, "Armenians of Jerusalem", *JQ* 2, Sonbahar 1998.

Housley, Norman, "Saladin's Triumph over the Crusader States: The Battle of Hattin, 1187", *History Today* 37 (1987).

Ji, C. C., "A New Look at the Tobiads in Iraq al-Amir", *Liber Annuus* 48 (1998) 417–40.

Al-Jubeh, Nazmi, "The Khalidiyah Library", *JQ* 3, Kış 1999.

Kark, Ruth ve Glass, Joseph B., "The Valero Family: Sephardi–Arab Relations in Ottoman and Mandatory Jerusalem", *JQ* 21, Ağustos 2004.

Kedar, Benjamin Z., "The Jerusalem Massacre of 1099 in the Western Historiography of the Crusades", *Crusades* 3 (2004) 15–75.

Loupo, Yakov ve Chen, Nitzan, "The Jerusalem Area Ultra-Orthodox Population", yayınlanmamış taslak.

Lutfi, Huda, "Al-Quds Al-Mamelukiyya: A History of Mamluk Jerusalem Based on the Haram Documents", *JQ* 2, Sonbahar 1998.

Manna, Adel, "Yusuf Diyaddin al-Khalidi', *Al-Fajr al-Adabi* 35–6 (1983).

Manna, Adel, "Scholars and Notables Tracing the Effendiya's Hold on Power in 18th Century Jerusalem", *JQ* 32, Sonbahar 2007.

Manna, Adel, "Between Jerusalem and Damascus: The End of Ottoman Rule as Seen by a Palestinian Modernist", *JQ* 22–23, Sonbahar/Kış 2005.

Mazza, Roberto, "Antonio de la Cierva y Lewita: Spanish Consul in Jerusalem 1914–1920", ve "Dining Out in Times of War", *JQ* 40, Kış 2009 ve 41, Bahar 2010.

Meuwese, Martine, "Representations of Jerusalem on Medieval Maps and Miniatures", *Eastern Christian Art* 2 (2005) 139–48.

Mouradian, Clare, "Les Chre´tiens: Un enjeu pour les Puissances", Catherine Nicault (ed.), *Je´rusalem, 1850–1948: Des Ottomans aux Anglais, entre coexistence spirituelle et de´chirure politique* içinde, Paris, 1999, pp. 177–204.

Al-Natsheh, Yusuf Said, "Uninventing the Bab al-Khalil Tombs: Between the Magic of Legend and Historical Fact", *JQ* 22–23, Sonbahar/Kış 2005.

Pappe, Ilan, "The Rise and Fall of the Husaynis", Part 1, *JQ* 10, Sonbahar 2000

Pappe, Ilan, "The Husayni Family Faces New Challenges: Tanzimat, Young Turks, the Europeans and Zionism, 1840–1922", Part 2, *JQ* 11–12, Kış 2001.

Pappe, Ilan, "Haj Amin and the Buraq Revolt", *JQ* 18, Haziran 2003.

Peters, F. E., 'Who Built the Dome of the Rock?', *Graeco-Arabia* 2 (1983)

Reich, Ronny, "The Roman Destruction of Jerusalem in 70 CE: Flavius Josephus" Account and Archaeological Record', Gerd Theissen, vd. (ed.), *Jerusalem und die Länder* içinde, Göttingen 2009.

Reich, Ronny, Shukron, Eli ve Lernau, Omri, "Recent Discoveries in the City of David, Jerusalem: Findings from the Iron Age II Rock-Cut Pool Near the Spring", *Israel Exploration Journal* 57/2 (2007).

Riley-Smith, Jonathan, "The Death and Burial of Latin Christian Pilgrims to Jerusalem and Acre, 1099–1291", *Crusades* 7 (2008).

Robson, Laura C., "Archeology and Mission: The British Presence in Nineteenth-Century Jerusalem", *JQ* 40, Kış 2009.

Rood, Judith M., "The Time the Peasants Entered Jerusalem: The Revolt against Ibrahim Pasha in the Islamic Court Sources", *JQ* 27, Yaz 2006.

Rood, Judith M., "Intercommunal Relations in Jerusalem during Egyptian Rule", Parts 1-2, *JQ* 32, Sonbahar 2007 ve 34, Bahar 2009.

Rozen, Minna, "The Naqib al-Ashraf Rebellion in Jerusalem and its Repercussions on the City's Dhimmis', *Journal of Asian and African Studies* 18/2, Kasım 1984, 249–70.

Rozen, Minna ve Witztum, Eliezer, "The Dark Mirror of the Soul: Dreams of a Jewish Physician in Jerusalem at the End of the 17th Century", *Revue des Etudes Juives* 151 (1992) 5–42.

Scholch, Alexander, "An Ottoman Bismarck from Jerusalem: Yusuf Diya al-Khalidi", *JQ* 24, Yaz 2005.

Tamari, Salim, "Ottoman Jerusalem in the Jawhariyyeh Memoirs", *JQ* 9, Summer 2000.

Tamari, Salim, "Jerusalem's Ottoman Modernity: The Times and Lives of Wasif Jawhariyyeh", *JQ* 9, Yaz 2000.
Tamari, Salim, "The Last Feudal Lord in Palestine", *JQ* 16, Kasım 2002.
Tamari, Salim, "The Vagabond Café and Jerusalem's Prince of Idleness", *JQ* 19, Ekim 2003.
Tamari, Salim, "The Short life of Private Ihsan: Jerusalem 1915", *JQ* 30, Bahar 2007.
Tamari, Salim, "With God's Camel in Siberia: The Russian Exile of an Ottoman Officer from Jerusalem", *JQ* 35, Sonbahar 2008.
Tleel, John, "I am Jerusalem: Life in the Old City from the Mandate Period to the Present", *JQ* 4, Bahar 1999.
Vereté, M., "Why was a British Consulate Established in Jerusalem?", *English Historical Review* 75 (1970).
Vereté, M., "The Restoration of the Jews in English Protestant Thought, 1790–1840", *Middle Eastern Studies* 8/1 (1972).
Voropanov, V. A., 'Gogol v Ierusalime', *Pravoslavnyy Palomnik* (2006) 2
Wright, Lawrence, "Letter from Jerusalem", The New Yorker 20 July 1998
Zias, Joe, "Crucifixion in Antiquity", www.joezias.com
Zweig, Zachi, "New Substantial Discoveries in Past Waqf Excavations on Temple Mount: New Information from Various Temple Mount Digs", New Studies on Jerusalem, Conference of Ingeborg Rennert Center for Jerusalem Studies at Bar-Ilan University, Kasım 2008.

BİRİNCİL KAYNAKLAR

Abdullah bin Hussein, King of Jordan, *Memoirs*, London 1950.
Ahima'as, *The Chronicle of Ahima'as,* ed. ve çev. M. Salzman, New York 1924.
Albert of Achen, *Historia Iherosolimitana*, ed. ve çev. S. B. Edgington, London 2007.
Anon., *Le Pèlerinage de Charlemagne à Jérusalem et à Constantinople*, çev. G. S. Burgess ve A. E. Cobbs, New York 1988.
Antonius, Soroya, *Where the Jinn Consult*, London 1987.
Arculf, Saint Adamnan, *The Pilgrimage of Arculfus in the Holy Land*, ed. ve çev. J. R. Macpherson, London 1895.
Aristeas, *Letter of Aristeas*, ed. ve çev. H. S. J. Thackeray, London 2009.
Al-Athir, The *Chronicle of Ibn Al-Athir for the Crusading Period from Al-Kamil Fi'l-Ta'rikh: Years 589–629/1193–1231: The Ayyubids after Saladin and the Mongol Menace Part 3*, Aldershot 2008.
Baedeker, Karl, *Palestine and Syria*, Leipzig/London 1876 ve 1912.
Al-Baladhuri, *The Origins of the Islamic State*, çev. P. Hitti ve F. Murgotten, New York 1916–24.
Ballobar, Conde de, *Diario de Jerusalén*, Madrid 1996.
Ballobar, Conde de, *Jerusalem in World War One: The Palestine Diary of a European Diplomat,* Edwards Manzano Moreno ve Roberto *Mazza* (ed.), London 2011.
Barclay, James Turner, *City of the Great King*, Philadelphia 1858.
Begin, Menachem, *The Revolt*, Jerusalem 1952/1977.
Ben-Gurion, David, *Recollections*, London 1970.

Benjamin of Tudela, *The Itinerary of Benjamin of Tudela*, ed. ve çev. M. N. Adler, London 1907.
Bird, Kai, *Crossing Mandelbaum Gate: Coming of Age between the Arabs and Israelis 1956–78*, London 2010.
Blyden, Edward Wilmot, *From West Africa to Palestine*, Freetown 1873.
Bordeaux Pilgrim, *Itinerary from Bordeaux to Jerusalem*, çev. Aubrey Stewart, London 1987.
Brothers, Richard, *Plan of the Holy City the New Jerusalem*, London 1800.
Cassius Dio, *Roman History* LXIX, New York 1925/1989.
Celebi, Evliya, bkz. Evliya
Chateaubriand, F. R. de, *Journal de Jérusalem: Notes inédites*, Paris 1950.
Chateaubriand, F. R. de, *Travels in Greece, Palestine, Egypt and Barbary during the Years 1806 and 1807*, London 1812.
Clarke, Edward Daniel, *Travels in Various Countries of Europe, Asia and Africa*, London 1810.
Cresson, Warder, *Jerusalem: Centre and Joy of the Universe*, Philadelphia 1844.
Cresson, Warder, *The Key of David*, Philadelphia 1852.
Conquest of Jerusalem and the Third Crusade: Old French Continuation of William of Tyre and Sources in Translation, ed. Peter W. Edbury, Aldershot 1998.
Curzon, R., *Visits to the Monasteries of the Leva*nt, London 1849.
Daniel the Abbot, *Pilgrimage of the Russian Abbot Daniel in the Holy Land*, New York 1917.
Dayan, Moshe, *Story of My Life*, London 1976.
Diodorus, *Library of History*, New York 1989.
Djemal Pasha, *Memoirs of a Turkish Statesman 1913–19*, London 1922.
Dorr, David F., *A Colored Man Round the World by a Quadroon*, Cleveland 1858.
Egeria/Sylvia, *Pilgrimage of Saint Sylvia of Aquitaine to the Holy Places*, çev. J. Bernard, London 1891.
Eusebius of Caesarea, *Church History* [and] *Life of Constantine the Great*, çev. A. C. McGiffert vd., New York 1890.
Evliya, Celebi, *An Ottoman Traveller: Selections from the Books of Travels of Evliya Celebi*, ed. ve çev. Robert Dankoff ve Sooying Kim, London, 2010.
Fabri, Felix, *The Book of Wanderings of Brother Felix Fabri*, ed. ve çev. Aubrey Stewart, London 1887–97.
Finn, E. A., *Reminiscences of Mrs Finn*, London 1929.
Finn, James, *Stirring Times*, London 1878.
Finn, James ve Elizabeth, *View from Jerusalem, 1849–58: The Consular Diary of James and Elizabeth Anne Finn*, ed. Arnold Blumberg, Madison NJ 1981.
Flaubert, G., *Les Oeuvres complètes de Gustave Flaubert*, vol. 19: *Notes de voyage*, Paris 1901.
Florence of Worcester, *Chronicle*, ed. T. Forester, London 1854.
Fosdick, H. E., *A Pilgrimage to Palestine*, London 1930.
Fulcher of Chartres, *A History of the Expedition to Jerusalem*, çev. F. R. Ryan, Knoxville TN 1969.
Gabrieli, Francesco, *Arab Historians of the Crusades*, London 1969.

Gesta Francorum et Aliorum Hierosolimitanorum, ed. ve çev. R. Hill, London 1962.
Glubb, John, *A Soldier with the Arabs*, London 1957.
Gogol, N. V., *Polnoe sobranie sochineniy*, vol. 14: Pisma, 1848–52, Moscow 1952.
Graham, Stephen, *With the Russian Pilgrims to Jerusalem*, London 1913.
Hadi, Mahdi Abdul (ed.) *Documents on Jerusalem*, Jerusalem 1996.
Haggard, Rider, *A Winter Pilgrimage*, London 1900.
Halevi, Judah, *Selected Poems*, çev. Nina Salaman, Philadelphia 1946.
Halevi, Judah, *Selected Poems*, ed. H. Brody, New York 1924/1973.
Harff, Arnold von, *Pilgrimage of Arnold von Harff*, London 1946.
Al-Harizi, Judah, *The Tahkemoni: The 28th Gate*, çev. V. Reichert, Jerusalem 1973.
Al-Harawi, Abu al-Hasan, *Guide des Lieux de Pèlerinage*, çev. J. Sourdel-Thomime, Damascus 1957.
Herodotus, *Histories*, London 1972.
Herzl, Theodor, *The Complete Diaries of Theodor Herzl*, London/New York 1960.
Hess, Moses, *Rome and Jerusalem*, New York 1943.
Hill, R. (ed. ve çev.), *The Deeds of the Franks and Other Pilgrims to Jerusalem*, London 1962.
Hodgson, William Brown, *An Edited Biographical Sketch of Mohammed Ali, Pasha of Egypt, Syria, and Arabia*, Washington DC 1835.
Hoess, Rudolf, *Commandant of Auschwitz*, London 1959.
Horn, Elzear, Ichnographiae Monumentorum Terrae Sanctae 1724–44, ed. ve çev. E. Hoade, Jerusalem 1962.
Hussein bin Talal, *King Hussein of Jordan, Uneasy Lies the Head*, London 1962.
Hussein bin Talal, *King Hussein of Jordan, My War with Israel*, London 1969.
Ibn Battutah, *Travels of Ibn Battutah*, ed. Tim Mackintosh-Smith, London 2002.
Ibn Ishaq, *The Life of Muhammad*, ed. A. Guillaume, Oxford 1955.
Ibn Khaldun, *The Muqaddimah: An Introduction to History*, Princeton 1967.
Ibn Shaddad (Baha al-Din Ibn Shaddad), *The Rare and Excellent History of Saladin*, çev. D. S. Richards, Aldershot 2002.
Ibn al-Qalinisi, *Continuation of the Chronicle of Damascus: The Damascus Chronicle of the Crusades*, ed. ve çev. H. A. R. Gibb, London 1932.
Ingrams, Doreen (ed.), *Palestine Papers 1917–1922: Seeds of Conflict*, London 1972/2009.
Jawhariyyeh, Wasif, *Al Quds Al Othmaniyah Fi Al Muthakrat Al Jawhariyyeh* (The Jawhariyyeh Memoirs: Ottoman Jerusalem, 1904–1917), vol. 1, ve *Al Quds Al Intedabiyeh Fi Al Muthakrat al Jawhariyyeh* (The Jawhariyyeh Memoirs: British Mandate Jerusalem, 1918–1948), vol. 2, ed. Salim Tamari and Issam Nassar, Jerusalem 2001.
John of Wurzburg, *Description of the Holy Land*, ed. ve çev. Aubrey Stewart, London 1896.
Joinville ve Villehardouin, *Chronicles of the Crusades*, ed. ve çev. Caroline Smith, London 2008.
Joseph, B., *Faithful City: Siege of Jerusalem*, 1948, New York 1960.
Josephus, *The New Complete Works of Josephus*, ed. Paul L. Maier, çev. William Whiston, Grand Rapids MI 1999.

Julien, *Itinéraire de Paris à Jérusalem par Julien, domestique de M. de Chateaubriand*, Paris 1904.

Keith-Roach, Edward, *Pasha of Jerusalem*, London 1994.

Kinglake, A. W., *Eothen*, London 1844.

Ha-Kohen, Solomon ben Joseph, "The Turkoman Defeat at Cairo", ed. Julius Greenstone, *American Journal of Semitic Languages and Literatures* Ocak 1906.

Kollek, Teddy, *For Jerusalem*, New York 1978.

Krey, August C., *The First Crusade: The Accounts of Eyewitnesses and Participants*, Princeton/London 1921.

Kulish, P. A., *Zapiski iz zhizni N. V. Gogolya, sostavlennye iz vospominaniy ego druzey i znakomykh i iz ego sobstvennykh pisem*, St Petersburg 1856.

Lagerlöf, Selma, *Jerusalem*, Dearborn MI 2009.

Lamartine, Alphonse de, *Travels in the East Including Journey to the Holy Land*, Edinburgh 1839.

Lawrence, T. E., *Seven Pillars of Wisdom*, London 1926.

Le Strange, Guy, *Palestine under the Moslems: A Description of Syria and the Holy Land from A.D. 650 to 1500*, London 1890.

Lisovoy, N. N., *Russkoe dukhovnoe i politicheskoe prisutstvie v Svyatoy Zemle i na Blizhnem Vostoke v XIX–nachale XXv*, Moscow 2006

Lisovoy, N. N. ve Stegniy, P. V., *Rossia v Svyatoy Zemle: Dokumenty Imaterialy*, Moscow 2000

Luke, Harry, *Cities and Men: An Autobiography*, London 1953–6

Lynch, William, *Narrative of the US Expedition to the River Jordan and the Dead Sea*, Philadelphia 1853.

Maimonides, Moses, *Code of Maimonides*, Book 8: *Temple Service*, çev. M. Lewittes, New Haven 1957.

Martineau, Harriet, *Eastern Life: Present and Past*, London 1848.

Massy, Colonel P. H. H., *Eastern Mediterranean Lands: Twenty Years of Life, Sport and Travel*, London 1928.

Maundrell, Henry, *A Journey from Aleppo to Jerusalem in 1697*, Beirut 1963.

Melville, Herman, *Journal of a Visit to Europe and the Levant*, Princeton/New York 1955.

Melville, Herman, *Journals*, ed. Howard C. Horsford ve L. Horth, Chicago 1989.

Melville, Herman, Clarel: A Poem and Pilgrimage to the Holy Land, Chicago 1991

Montefiore, Moses and Judith, *Diaries of Sir Moses and Lady Montefiore*, London 1983.

Morgenthau, Henry, *United States Diplomacy on the Bosphorus: The Diaries of Ambassador Morgenthau*, ed. Ara Sarafian, Princeton 2004.

Mujir al-Din, *Histoire de Jérusalem et d'Hébron: Fragments de la Chronique de Mujir al-Din*, ed. ve çev. Henry Sauvaire, Paris 1876

Al-Muqaddasi, *A Description of Syria Including Palestine*, ed. ve çev. Guy Le Strange, London 1896.

Nashashibi, *Nasser Eddin, Jerusalem's Other Voice: Ragheb Nashashibi and Moderation in Palestinian Politics 1920–1948*, Exeter 1990.

Nasir-i-Khusrau, *Diary of a Journey through Syria and Palestine*, ed. ve çev. Guy Le Strange, London 1893.

Niccolo of Poggibonsi, *A Voyage Beyond the Sea 1346–50*, çev. T. Bellorini ve E. Hoade, Jerusalem 1945.
Noor, Queen of Jordan, *Leap of Faith*, London 2003
Nusseibeh, Hazem Zaki, *The Jerusalemites: A Living Memory*, Nicosia/London 2009.
Nusseibeh, Sari, Anthony David ile, *Once Upon a Country: A Palestinian Life*, London 2007.
Oz, Amos, *My Michael*, London 1984.
Oz, Amos, *A Tale of Love and Darkness*, London 2005.
Papen, Franz von, *Memoirs*, London 1952.
Parsons, Levi, *Dereliction and Restoration of the Jews: A Sermon, Sabbath Oct 31 1819*, Boston 1819.
Parsons, Levi, *Memoir of Rev. Levi Parsons*, New York 1977.
Peters, F. E (ed.), *Jerusalem: The Holy City in the Eyes of Chroniclers, Visitors, Pilgrims and Prophets from the Days of Abraham to the Beginning of Modern Times*, Princeton 1985.
Peters, F. E. (ed.), *The First Crusade: Chronicle of Fulcher of Chartres and Other Source Materials*, Philadelphia 1998.
Philo, *Works*, çev. F. H. Colson, Cambridge MA 1962.
Pliny the Elder, *Historia Naturalis*, çev. H. T. Riley, London 1857.
Plutarch, *Makers of Rome*, London 1965.
Polybius, *The Histories*, Oxford 2010.
Procopius, *Of the Buildings of Justinian*, ed. ve çev. Aubrey Stewart, London 1896.
Procopius, *The Secret History*, London 2007.
Rabin, Yitzhak, *The Rabin Memoirs*, London 1979.
Rasputin, G., *Moi mysli i razmyshleniya: kratkoe opisanie puteshestviya po svyatym mestam i vyzvannye im razmyshleniya po religioznym voprosam* (My Thoughts and Reflections: Brief Description of a Journey to the Holy Places and Reflections on Religious Matters Caused by This Journey), Petrograd 1915.
Raymond of Aguilers, *Le 'Liber' de Raymond d'Aguilers*, ed. ve çev. J. H. Hill ve L. L. Hill, Paris 1969.
Robinson, Edward, *Biblical Researches in Palestine, Mount Sinai and Arabia Petraea*, Boston 1841.
Rose, John H. Melkon, Armenians of Jerusalem: Memories of Life in Palestine, London/New York 1993
Saewulf, *Pilgrimage to Jerusalem and the Holy Land*, ed. ve trans. Rt Rev. Bishop of Clifton, London 1896.
Said, Edward, *Out of Place*, London 1999.
Samuel, Herbert, *Memoirs*, London 1945.
Sanderson, John, *The Travels of John Sanderson in the Levant*, ed. W. Forster, London 1931.
Sandys, *George, A Relation of a Journey begun AD 1610*. London 1615.
Saulcy, F. de, *Les Derniers Jours de Jérusalem*, Paris 1866.
Sebeos, *Histoire d'Heraclius*, çev. F. Macler, Paris 1904.
Suchem, Ludolp von, *Description of the Holy Land and the Way Thither*, ed. ve çev. Aubrey Stewart, London 1895.
Sharon, Ariel, *Warrior: An Autobiography*, New York 1989.

Spafford, Bertha, bkz. Vester
Stanley, Arthur, *Sinai and Palestine in Connection with their History*, London 1856.
Storrs, Ronald, *Orientations*, London 1939.
Suetonius, *The Twelve Caesars*, London 1957.
Al-Tabari, Tarikh: *The History of al-Tabari*, ed. Y. Yarshater, Albany 1985–98.
Tacitus, *The Annals of Imperial Rome*, London 1956.
Tacitus, *The Histories*, London 1964.
Thackeray, William, *Notes on a Journey from Cornhill to Grand Cairo*, London 1888.
Theodorich, *Description of the Holy Places*, ed. ve çev. Aubrey Stewart, London 1896.
Thomson, William M., *The Land and the Book*, New York 1859.
Timberlake, Henry, *ATrue and Strange Discourse of the Travels of Two English Pilgrims*, London 1616/1808.
Twain, Mark, *The Innocents Abroad, or the New Pilgrims' Progress*, New York 1911.
Usama ibn Munqidh, *The Book of Contemplation: Islam and the Crusades*, ed. ve çev. Paul M. Cobb, London 2008.
Vester, Bertha Spafford, *Our Jerusalem*, Jerusalem 1988.
Vincent, H. ve Abel, F. M., *Jérusalem: Recherches de topographie, d'archéologie et d'histoire*, Paris 1912/1926.
Volney, C.-F., *Travels through Syria and Egypt*, London 1787.
Warren, C., *Underground Jerusalem*, London 1876.
Warren, C. ve Conder, C. R., *Survey of Western Palestine*, Jerusalem 1884.
Weidenfeld, George, *Remembering my Good Friends*, London 1995.
Weizmann, Chaim, *Trial and Error*, London 1949.
Wilkinson, J., *Jerusalem Pilgrims before the Crusades*, Jerusalem 1977.
Wilkinson, J., *Egeria's Travels to the Holy Land*, Warminster 1918.
William of Tyre, *A History of Deeds Done beyond the Sea*, çev. E. A. Babcock ve A. C. Krey, New York 1943.
Wilson, C. *Ordnance Survey of Jerusalem*, London 1865.
Wilson, C. (ed.), *Palestine Pilgrims Text Society*, ed. Aubrey Stewart, New York 1971.
Wright, Thomas, *Early Travels in Palestine*, Mineola NY 1848/2003.
Yizhar, S., *Khirbet Khizeh*, Jerusalem 1949.
Zakharova, L. G., *Perepiska Imperatora Aleksandra II s Velikim Kniazem Konstantinom Nikolaevichem; Dnevnik Velikogo Kniazia Konstantina Nikolaevicha*, Moscow 1994.

İKİNCİL KAYNAKLAR

Aaronovitch, David, *Voodoo Histories*, London 2009.
Abel, F. M., *Histoire de la Palestine*, Paris 1952.
Abulafia, David, Frederick II: A Medieval Emperor, London 2002.
Abulafia, David, The *Great Sea: A Human History of the Mediterranean*, London 2011.
Abu-Manneh, Butros, "The Husaynis: Rise of a Notable Family in 18th Century Palestine", David Kushner (ed.), *Palestine in the Late Ottoman Period: Political, Social and Economic Transformation* içinde, Leiden/Boston 1983.

Abu Sway, Mustafa, "Holy Land, Jerusalem and the Aqsa Mosque in Islamic Sources", Oleg Grabar ve Benjamin Z., Kedar (ed.), *Where Heaven and Earth Meet: Jerusalem's Sacred Esplanade* içinde, Jerusalem/Austin 2009.

Achcar, Gilbert, *The Arabs and the Holocaust: The Arab–Israeli War of Narratives*, London 2010.

Adams, R. J. Q., Balfour, *The Last Grandee*, London 2007.

Ahimeir, O., ve Bar-Simon-Tov, Y. (ed.), *Forty Years in Jerusalem*, Jerusalem 2008. Ahlstrom, Gosta W., *History of Ancient Palestine*, Minneapolis 1993.

Al-Alami, Muhammad Ali, "The Waqfs of the Traditional Families of Jerusalem during the Ottoman Period", Sylvia Auld ve Robert Hillenbrand (ed.), *Ottoman Jerusalem: The Living City* içinde, 1517–1917, London 2000.

Al-Khalili, Jim, *The House of Wisdom*, London 2010

Allmand, Christopher, Henry V, New Haven/London 1998

Andrew, Christopher, *Defence of the Realm: The Authorized History of MI5*, London 2009

Ansary, Tanim, *Destiny Disrupted: A History of the World through Islamic Eyes*, London 2009.

Antonius, George, *The Arab Awakening: The Story of the Arab National Movement*, London 1938.

Archer, Thomas, *Crusade of Richard I*, London 1988.

Armstrong, Karen, *The First Christian: St Paul's Impact on Christianity*, London 1983.

Armstrong, Karen, *Muhammad: A Biography of the Prophet*, London 2001

Armstrong, Karen, *A History of Jerusalem: One City, Three Faiths*, London 2005.

Asali, K. J. (ed.), *Jerusalem in History*, New York 1990.

Asali, K. J., "The Cemeteries of Ottoman Jerusalem' and 'The Libraries of Ottoman Jerusalem", Sylvia Auld ve Robert Hillenbrand (ed.), *Ottoman Jerusalem: The Living City, 1517–1917* içinde, London 2000.

Asbridge, Thomas, *The First Crusade: A New History*, London 2005.

Asbridge, Thomas, *The Crusades: The War for the Holy Land*, London 2010.

Ascalone, Enrico, *Mesopotamia*, Berkeley 2007.

Ashton, Nigel, *King Hussein of Jordan: A Political Life*, London 2008.

Atallah, Mahmud, "The Architects in Jerusalem in the 10th–11th/16th–17th Centuries", in Sylvia Auld ve Robert Hillenbrand (ed.), *Ottoman Jerusalem: The Living City, 1517–1917* içinde, London 2000.

Auld, Graeme ve Steiner, Margreet, *Jerusalem 1: From Bronze Age to Maccabees*, Cambridge 1996.

Auld, Sylvia and Hillenbrand, Robert (ed.), Ottoman Jerusalem: The Living City, 1517–1917, London 2000.

Auld, Sylvia ve Hillenbrand, Robert (ed.), *Ayyubid Jerusalem: The Holy City in Context, 1187–1250*, London 2009.

Avigad, N., Discovering Jerusalem, Nashville 1983.

Avi-Yonah, Michael, *The Jews of Palestine: A Political History from the Bar Kochba War to the Arab Conquest*, Oxford 1976.

Avi-Yonah, Michael, *The Madaba Mosaic Map*, Jerusalem 1954.

Azarya, V., *Armenian Quarter of Jerusalem*, Berkeley/Los Angeles/London 1984.

Bahat, Dan, with Chaim T. Rubinstein, Illustrated Atlas of Jerusalem, New York 1990.

Bahat, Dan, "Western Wall Tunnels", H. Geva (ed.), *Ancient Jerusalem Revealed* içinde, Jerusalem 2000.
Bahat, Dan, *The Western Wall Tunnels: Touching the Stones of our Heritage*, Jerusalem 2007.
Baldwin, M. W., *Raymond III of Tripoli and the Fall of Jerusalem*, Princeton 1936.
Baldwin, M. W. (ed.), *The First Hundred Years*, vol. 1 of K. M. Setton (baş editör), *A History of the Crusades*, Madison WI 1969.
Barr, James, *Setting the Desert on Fire: T. E. Lawrence and Britain's Secret War in Arabia 1916–18*, London 2006.
Barrow, J., *The Life and Correspondence of Admiral Sir William Sidney Smith*, London 1848.
Bar-Zohar, Michael, *Ben-Gurion*, New York 1977.
Bar-Zohar, Michael, *Shimon Peres*, New York 2007.
Ben-Ami, Shlomo, *Scars of War, Wounds of Peace: The Arab–Israel Tragedy*, London 2005.
Ben-Arieh, Y., *Jerusalem in the 19th Century: The Old City*, New York 1984
Ben-Arieh, Y., *Jerusalem in the 19th Century: Emergence of the New City*, Jerusalem 1986.
Ben-Arieh, Y., *The Rediscovery of the Holy Land in the 19th Century*, Jerusalem 2007.
Ben-Dov, Meir, *The Western Wall*, Jerusalem 1983.
Bentwich, Norman ve Shaftesley, John M., "Forerunners of Zionism in the Victorian Era", John M. Shaftesley (ed.), *Remember the Days: Essays on Anglo-Jewish History Presented to Cecil Roth* içinde, London 1966.
Benvenisti, Meron, *Jerusalem: The Torn City*, Jerusalem 1975.
Benvenisti, Meron, *Sacred Landscape: The Buried History of the Holy Land since 1948*, Berkeley 2000.
Berlin, Andrea ve Overman, J. A., *The First Jewish Revolt: Archaeology, History, and Ideology*, London 2002.
Bermant, Chaim, *The Cousinhood: The Anglo-Jewish Gentry*, London 1971.
Bevan, Edwyn, *The House of Seleucus*, London 1902.
Bevan, Edwyn, *Jerusalem under the High Priests*, London 1904.
Bianquis, Thierry, "Autonomous Egypt from Ibn Tulun to Kafur 868–969", Carl F. Petry (ed.), *The Cambridge History of Egypt*, vol. 1: *Islamic Egypt 640–1517* içinde, Cambridge 1998.
Bickermann, E. J., *Jews in the Greek Age*, Cambridge MA/London 1988.
Bierman, John ve Smith, Colin, *Fire in the Night: Wingate of Burma, Ethiopia and Zion*, London 1999.
Birley, Anthony R., *Hadrian: the Restless Emperor*, London 1997.
Blake, R., *Disraeli*, London 1967.
Blake, R., *Disraeli on the Grand Tour*, London 1982.
Bliss, F. J. ve Dickie, A., *Excavations at Jerusalem*, London 1898.
Boas, Adrian, *Crusader Archeology: The Material Culture of the Latin East*, London/New York 1999.
Boas, Adrian, *Jerusalem in the Time of the Crusades*, London/New York 2001.
Bosworth, C. E., *The Islamic Dynasties*, Edinburgh 1967.
Bowen, Jeremy, *Six Days: How the 1967 War Shaped the Middle East*, London 2004.
Brenner, Michael, *A Short History of the Jews*, Princeton 2010.
Brook, Kevin Alan, *The Jews of Khazaria*, Lanham MD 1999.

Brown, David, *Palmerston: A Biography*, Yale 2010.

Brown, Frederick, *Flaubert: A Life*, London 2007.

Burgoyne, Michael Hamilton, Richards, D. S. ile birlikte, *Mamluk Jerusalem: an Architectural Survey*, London 1987.

Burgoyne, Michael Hamilton, "1187–1260: The Furthest Mosque (al-Masjid al-Aqsa) under Ayyubid Rule", Oleg Grabar ve Benjamin Z. Kedar (ed.), *Where Heaven and Earth Meet: Jerusalem's Sacred Esplanade* içinde, Jerusalem/Austin 2009.

Burgoyne, Michael Hamilton, "The Noble Sanctuary under Mamluk Rule", Oleg Grabar ve Benjamin Z. Kedar (ed.), *Where Heaven and Earth Meet: Jerusalem's Sacred Esplanade* içinde, Jerusalem/Austin 2009.

Burns, Ross, *Damascus: A History*, London 2005.

Butcher, Kevin, *Roman Syria and the Near East*, London 2003.

Campbell Jr, Edward F., "A Land Divided: Judah and Israel from the Death of Solomon to the Fall of Samaria", Michael Coogan (ed.), *The Oxford History of the Biblical World* içinde, Oxford 1998.

Carswell, John, "Decoration of the Dome of the Rock", Sylvia Auld ve Robert Hillenbrand (ed.), *Ottoman Jerusalem: The Living City, 1517–1917* içinde, London 2000.

Cesarani, David, *Major Farran's Hat: Murder, Scandal, and Britain's War against Jewish Terrorism 1945–8*, London 2009.

Chamberlain, Michael, 'The Crusader Era and the Ayyubid Dynasty', in

Carl F. Petry (ed.), *The Cambridge History of Egypt*, vol. 1: *Islamic Egypt 640–1517*, Cambridge 1998.

Cline, EricH., *Jerusalem Besieged: From Ancient Canaan to Modern Israel*, Ann Arbor 2004.

Cogan, Mordecai, "Into Exile: From the Assyrian Conquest of Israel to the Fall of Babylon", Michael Coogan (ed.), *The Oxford History of the Biblical World* içinde, Oxford 1998.

Cohen, A. ve Baer, G. (ed.), *Egypt and Palestine: A Millennium of Association (868–1948)*, Jerusalem 1984.

Cohen, Amnon, *Palestine in the 18th Century*, Jerusalem 1973.

Cohen, Amnon, *Jewish Life under Islam: Jerusalem in the 16th Century*, Cambridge MA/ London 1984.

Cohen, Amnon, *Economic Life in Ottoman Jerusalem*, Cambridge 2002.

Cohen, Amnon, "1517–1917 Haram-al-Sherif: The Temple Mount under Ottoman Rule", Oleg Grabar ve Benjamin Z. Kedar (ed.), *Where Heaven and Earth Meet: Jerusalem's Sacred Esplanade* içinde, Jerusalem/Austin 2009.

Cohn, Norman, *The Pursuit of the Millennium: Revolutionary Millenarians and Mystical Anarchists of the Middle Ages*, London 1958/1993.

Conrad, L., "The Khalidi Library", Sylvia Auld ve Robert Hillenbrand (ed.), *Ottoman Jerusalem: The Living City, 1517–1917* içinde, London 2000.

Coogan, Michael, "In the Beginning: The Earliest History", Michael Coogan (ed.), *The Oxford History of the Biblical World* içinde, Oxford 1998

Coogan, Michael (ed.) *The Oxford History of the Biblical World*, Oxford 1998

Couasnon, Charles, *The Church of the Holy Sepulchre in Jerusalem*, London 1974.

Coughlin, Con, *A Golden Basin Full of Scorpions: The Quest for Modern Jerusalem*, London 1997

Courret, A., La Prise de Je´rusalem par les Perses, Orleans 1876

Curtis, J. E. and Reade, J. E. (ed.), Art and Empire: Treasures from Assyria in the British Museum, London 1995.

Cust, L. G. A., The Status Quo in the Holy Place, Jerusalem 1929.

Dalrymple, William, From the Holy Mountain: A Journey in the Shadow of Byzantium, London 1998.

Daly, M. W. (ed.), *Modern Egypt from 1517 to the End of the Twentieth Century*, vol 2 of *The Cambridge History of Egypt*, Cambridge 1998.

Dan, Yaron, "Circus Factions in Byzantine Palestine", Lee I. Levine (ed.), *Jerusalem Cathedra: Studies in the History, Geography and Ethnology of the Land of Israel* içinde, vol. 1: Jerusalem 1981.

Daniel-Rops, Henri, *Daily Life in Palestine at the Time of Christ*, London 1962.

Dankoff, Robert, *An Ottoman Mentality: The world of Evliya Celebi*, Leiden/Boston 2006.

De Vaux, Ronald, Ancient Israel: Its Life and Institutions, New York/London 1961.

Donner, Fred M., The Early Islamic Conquests, Princeton 1981.

Donner, Fred M., Muhammad and the Believers: At the Origins of Islam, Cambridge MA 2010.

Donner, H., The Mosaic Map of Madaba: An Introductory Guide, Kampen 1992.

Douglas, David C. *William the Conqueror*, New Haven/London 1964.

Dow, Martin, "The Hammams of Ottoman Jerusalem", Sylvia Auld ve Robert Hillenbrand (ed.), *Ottoman Jerusalem: The Living City, 1517–1917* içinde, London 2000.

Drory, J., "Jerusalem during the Mamluk Period", Lee I. Levine (ed.), *Jerusalem Cathedra: Studies in the History, Geography and Ethnology of the Land of Israel*, vol. 1 içinde, Jerusalem 1981.

Duri, Abdul Aziz, "Jerusalem in the Early IslamicPeriod", K. J. Asali (ed.), *Jerusalem in History* içinde, New York 1990.

Egremont, Max, *Balfour*, London 1980.

Elior, Rachel, "From Priestly and Early Christian Mount Zion to Rabbinic Temple Mount", Oleg Grabar ve Benjamin Z. Kedar (ed.) *Where Heaven and Earth Meet: Jerusalem's Sacred Esplanade*, Jerusalem/Austin 2009.

Ellenblum, Ronnie, *Crusader Castles and Modern Histories*, Cambridge 2007.

Ellis, Kirsten, *Star of the Morning: The Extraordinary Life of Lady Hester Stanhope*, London 2008.

Elon, Amos, *Herzl*, New York 1975.

Elon, Amos, *Jerusalem: A City of Mirrors*, London 1991.

Farrokh, Kaveh, *Shadows in the Desert: Ancient Persia at War*, London 2007.

Ferguson, Niall, *The World's Banker: The History of the House of Rothschild*, London 1998.

Figes, Orlando, *Crimea: the Last Crusade*, London 2010.

Finkel, Caroline, *Osman's Dream: The Story of the Ottoman Empire 1300–1923*, London 2005.

Finkel, I. L. ve Seymour, M. J., *Babylon: Myth and Reality*, London 2008.

Finkelstein, Israel ve Silberman, Neil Asher, *The Bible Unearthed: Archeology's New Vision of Ancient Israel and the Origin of its Sacred Text*, New York 2002.

Finucane, R., *Soldiers of the Faith*, London 1983.
Fischel, Walter J., *Ibn Khaldun and Tamerlane*, Berkeley 1952.
Folda, Jaroslav, *Crusader Art: The Art of the Crusaders in the Holy Land 1099–1291*, Farnham 2008.
Folda, Jaroslav, *Crusader Art in the Holy Land: From the Third Crusade to the Fall of Acre*, Cambridge 2005.
Ford, Roger, *Eden to Armageddon: World War I in the Middle East*, London 2009.
Franken, H. J., "Jerusalem in the Bronze Age", K. J. Asali, (ed.), *Jerusalem in History* içinde, New York 1990.
Fraser, Flora, *The Unruly Queen: The Life of Queen Caroline*, London 1997.
Freely, John, *Storm on Horseback: Seljuk Warriors of Turkey*, London 2008
Freeman, Charles, *A New History of Early Christianity*, New Haven 2009.
Freeman, Charles, *Holy Bones, Holy Dust*, New Haven 2011.
Frenkel, Miriam, "The Temple Mount in Jewish Thought", Oleg Grabar ve Benjamin Z. Kedar (ed.), *Where Heaven and Earth Meet: Jerusalem's Sacred Esplanade*, Jerusalem/Austin 2009.
Friedman, Thomas L., *From Beirut to Jerusalem*, New York 1989.
Fromkin, David, *A Peace to End All Peace: The Fall of the Ottoman Empire and the Creation of the Modern Middle East*, New York 1989.
Garcin, J. C., "The Regime of the Circassian Mamluks", Carl F. Petry (ed.), *The Cambridge History of Egypt*, vol. 1: *Islamic Egypt 640–1517* içinde, Cambridge 1998
Gelvin, James, *Divided Loyalties: Nationalism and Mass Politics in Syria at the Close of Empire*, Berkeley 1998.
Geniesse, Jane Fletcher, *American Priestess: The Extraordinary Story of Anna Spafford and the American Colony in Jerusalem*, New York 2008.
Geva, H. (ed.), *Ancient Jerusalem Revealed*, Jerusalem 2000.
Gibb, Hamilton A. R., "The Career of Nur-ad-Din", *A History of the Crusades,* vol. 1: *The First Hundred Years* içinde, ed. M. W. Baldwin, Madison WI 1969–89
Gibb, Hamilton, A. R., "Zengi and the Fall of Edessa", *A History of the Crusades,* vol. 1: *The First Hundred Years* içinde, ed. M. W. Baldwin, Madison WI 1969–89.
Gibson, Shimon, *The Final Days of Jesus*, New York 2009.
Gil, Moshe, "Aliyah and Pilgrimage in Early Arab Period", Lee I. Levine (ed.), *Jerusalem Cathedra: Studies in the History, Geography and Ethnology of the Land of Israel*, vol. 3 içinde, Jerusalem 1983.
Gil, Moshe, *A History of Palestine*, Cambridge 1992
Gilbert, Martin, *Jerusalem: Illustrated History Atlas*, London 1977
Gilbert, Martin, *Jerusalem: Rebirth of a City*, London 1985
Gilbert, Martin, *Churchill: A Life*, London 1991
Gilbert, Martin, *Jerusalem in the Twentieth Century*, London 1996
Gilbert, Martin, *Israel: A History*, London 1998
Gilbert, Martin, *Churchill and the Jews*, London 2007
Gilbert, Martin, *In Ishmael's House: A History of the Jews in Muslim Lands*, London/New Haven 2010.
Gillingham, John, *Richard I*, London 1999.
Glass, Charles, *Tribes with Flags: A Journey Curtailed*, London 1990.

Glass, Charles, *The Tribes Triumphant: Return Journey to the Middle East*, London 2010.
Goitein, S. D., *A Mediterranean Society*, 5 cilt, Berkeley 1967–88.
Goitein, S.D., "Jerusalem in the Arab Period 638–1099", Lee I. Levine (ed.), *Jerusalem Cathedra: Studies in the History, Geography and Ethnology of the Land of Israel*, vol. 2 içinde, Jerusalem 1982..
Goldhill, Simon, *The Temple of Jerusalem*, London 2005
Goldhill, Simon, *Jerusalem: A City of Longing*, London/Cambridge MA 2008.
Goldsworthy, Adrian, *Antony and Cleopatra*, London 2010.
Goodman, Martin, *Rome and Jerusalem: The Clash of Ancient Civilisations*, London 2007.
Gorton, T. J. ve A. F. (ed.), *Lebanon Through Writers' Eyes*, London 2009.
Grabar, Oleg, *The Shape of the Holy: Early Islamic Jerusalem*, Princeton 1996.
Grabar, Oleg, *The Dome of the Rock*, Cambridge MA 2006.
Grabar, Oleg, *Jerusalem*, Aldershot 2005.
Grabar, Oleg ve Kedar, Benjamin Z. (ed.), *Where Heaven and Earth Meet: Jerusalem's Sacred Esplanade*, Jerusalem/Austin, Texas 2009.
Grabbe, Lester L., *Ancient Israel*, New York 2007.
Grabbe, Lester L., *Good Kings and Bad Kings: The Kingdom of Judah in the Seventh Century BCE*, London 2007.
Grant, Michael, *Herod the Great*, New York 1971.
Grant, Michael, *Cleopatra*, London 1972.
Grant, Michael, *History of Ancient Israel*, London 1984.
Grant, Michael, *Emperor Constantine*, London 1993.
Green, Abigail, *Moses Montefiore: Jewish Liberator, Imperial Hero*, London 2010.
Greenberg, Raphael and Keinan, Adi, Present Past of Israeli–Palestinian Conflict: Israeli Archaeology in the West Bank and East Jerusalem since 1967, Tel Aviv 2007.
Grigg, J., *Lloyd George: War Leader*, London 2002.
Haag, Michael, The Templars: History and Myth, London 2008.
Hackett, Jo Ann, "There Was No King in Israel: The Era of the Judges", Michael Coogan (ed.), *The Oxford History of the Biblical World* içinde, Oxford 1998.
Hadi, Mahdi Abdul, Dialogue on Jerusalem, PASSIA Meetings 1990–8, Jerusalem 1998.
Hadi, Mahdi Abdul, *100 Years of Palestinian History: A 20th Century Chronology*, Jerusalem 2001/2005.
Hadi, Mahdi Abdul, *Palestinian Personalities: A Biographical Dictionary*, Jerusalem 2005.
Halpern, Ben, *A Clash of Heroes: Brandeis, Weizmann and American Zionism*, New York 1987.
Hamilton, Bernard, *The Leper King and his Heirs: Baldwin IV and the Crusader Kingdom of Jerusalem*, Cambridge 2000.
Hamilton, R. W., *The Structural History of the Aqsa Mosque: A Record of Archaeological Gleanings from the Repairs of 1938–42*, Jerusalem/London/Oxford 1949.
Hare, David, *Via Dolorosa*, London 1998.
Harrington, D., *The Maccabee Revolt: Anatomy of a Biblical Revolution*, Wilmington DE 1988.
Hassan bin Talal, *Crown Prince of Jordan, A Study on Jerusalem*, London 1979.

Hassan, Isaac, "Muslim Literature in Praise of Jerusalem", Lee I. Levine (ed.), *Jerusalem Cathedra: Studies in the History, Geography and Ethnology of the Land of Israel*, vol. 1 içinde, Jerusalem 1981.

Hawari, M., "The Citadel (Qal'a) in the Ottoman Period: An Overview", Sylvia Auld ve Robert Hillenbrand (ed.), *Ottoman Jerusalem: The Living City, 1517–1917* içinde, London 2000.

Hawting, G. R., *The First Dynasty of Islam: The Umayyad Caliphate, AD 661–750*, London 2000.

Heaton, E. W., *Everyday Life in Old Testament Times*, London 1956.

Herf, Jeffrey, *Nazi Propaganda for the Arab World*, New Haven 2009.

Herrin, Judith, *Byzantium: The Surprising Life of a Medieval Empire*, London 2007.

Hillenbrand, Carole, *The Crusades: Islamic Perspectives*, New York 2000.

Hintlian, George, "The First World War in Palestine and Msgr. Franz Fellinger", Marian Wrba (ed.), *Austrian Presence in the Holy Land in the 19th and Early 20th Century içinde*, Tel Aviv 1996.

Hintlian, George, "Commercial Life of Ottoman Jerusalem", Sylvia Auld ve Robert Hillenbrand (ed.), *Ottoman Jerusalem: The Living City, 1517–1917* içinde, London 2000.

Hintlian, Kevork, *History of the Armenians in the Holy Land*, Jerusalem 1989.

Hintlian, Kevork, "Travellers and Pilgrims in the Holy Land: The Armenian Patriarchate of Jerusalem in 17th and 18th Century", *Anthony O'Mahony (ed.), The Christian Heritage in the Holy Land* içinde, London 1995.

Hirst, David, *The Gun and the Olive Branch*, London 2003.

Hiyari, M. A., "Crusader Jerusalem", K. J. Asali (ed.), *Jerusalem in History* içinde, New York 1990.

Hoffmeier, J. K., *The Archaeology of the Bible*, London 2008.

Holbl, Gunther, A History of the Ptolemaic Empire, London 2001.

Holland, Tom, *Persian Fire: The First World Empire, Battle for the West*, London 2005.

Holland, Tom, *Millennium: The End of the World and the Forging of Christianity*, London 2008.

Hopwood, Derek, *The Russian Presence in Syria and Palestine 1843–1914: Church and Politics in the Near East*, Oxford 1969.

Hourani, Albert, *The Emergence of the Modern Middle East*, Berkeley/Los Angeles 1981.

Hourani, *Albert, History of the Arab P*eoples, London 2005.

Housley, *Norman, Fighting for the Cross: Crusading to the Holy Land*, London/New Haven 2008.

Howard, Edward, *The Memoirs of Sir Sidney Smith*, London 2008

Hudson, M. C., "Transformation of Jerusalem", K. J. Asali (ed.), *Jerusalem in History* içinde, New York 1990.

Hummel, Ruth ve Thomas, *Patterns of the Sacred: English Protestant and Russian Orthodox Pilgrims of the Nineteenth Century*, Jerusalem 1995.

Hummel, Ruth Victor-, "Culture and Image: Christians and the Beginning of Local Photography in 19th Century Ottoman Palestine", Anthony O'Mahony (ed.), *The Christian Heritage in the Holy Land* içinde, London 1995.

Hummel, Ruth, "Imperial Pilgrim: Franz Josef's Journey to the Holy Land in 1869", Marian Wrba, (ed.), *Austrian Presence in the Holy Land in the 19th and Early 20th Century* içinde, Tel Aviv 1996.

Hummel, Ruth Victor-, "Reality, Imagination and Belief: Jerusalem in Photography", Sylvia Auld ve Robert Hillenbrand (ed.), *Ottoman Jerusalem: The Living City, 1517–1917* içinde, London 2000.

Humphreys, R. Stephen, *From Saladin to the Mongols: The Ayyubids of Damascus 1193–1260*, Albany 1977.

Humphreys, R. Stephen, *Muawiya ibn Abi Sufyan: From Arabia to Empire*, Oxford 2006.

Huneidi, Sahar ve Khalidi, Walid, A Broken Trust: Herbert Samuel, Zionism and the Palestinians, London 1999.

Hurowitz, V. A., "Tenth Century to 586 BC: House of the Lord", Oleg Grabar ve Benjamin Z. Kedar (ed.), *Where Heaven and Earth Meet: Jerusalem's Sacred Esplanade* içinde, Jerusalem/Austin 2009.

Irwin, Robert, *The Middle East in the Middle Ages: The Early Mamluk Sultanate 1250–1382*, Carbondale and Edwardsville IL 1986.

James, Lawrence, *Golden Warrior: The Life and Legend of Lawrence of Arabia*, New York 1993.

Jeffery, Keith, *MI6: History of the Secret Intelligence Service 1909–1949*, London 2010.

Johnson, Paul, *History of the Jews*, London 1987.

Joudah, A. H., *Revolt in Palestine in the Eighteenth Century: The Era of Shaykh Zahir al-Umar*, Princeton 1987.

Al-Jubeh, Nazmi, "BasicChanges But Not Dramatic: Al-Haram al-Sherif in the Aftermath of 1967", Oleg Grabar ve Benjamin Z. Kedar (ed.), *Where Heaven and Earth Meet: Jerusalem's Sacred Esplanade* içinde, Jerusalem/Austin 2009.

Kaegi, Walter, *Heraclius: Emperor of Byzantium*, Cambridge 2003.

Kaplony, Andreas, "The Mosque of Jerusalem", Oleg Grabar ve Benjamin Z. Kedar (ed.), *Where Heaven and Earth Meet: Jerusalem's Sacred Esplanade* içinde, Jerusalem/Austin 2009.

Kark, Ruth, *American Consuls in the Holy Land 1932–1914*, Jerusalem 1994.

Karsh, Efraim, *Palestine Betrayed*, New Haven 2010.

Karsh, Efraim ve Karsh, Inari, *Empires of the Sand: The Struggle for Mastery in the Middle East 1789–1923*, Cambridge MA 2001.

Kasmieh, Khairia, "The Leading Intellectuals of Late Ottoman Jerusalem", Sylvia Auld ve Robert Hillenbrand (ed.), *Ottoman Jerusalem: The Living City, 1517–1917* içinde, London 2000.

Kedar, Benjamin Z. (ed.), *Jerusalem in the Middle Ages: Selected Papers*, Jerusalem 1979.

Kedar, Benjamin Z., "A Commentary on the Book of Isaiah Ransomed from the Crusaders", Lee I. Levine (ed.), *Jerusalem Cathedra: Studies in the History, Geography and Ethnology of the Land of Israel*, vol. 2 içinde, Jerusalem 1982.

Kedar, Benjamin Z. (ed.), The Horns of Hattin, London 1992.

Kedar, Benjamin Z, Mayer H. E. ve Smail, R. C. (ed.), *Outremer: Studies in the History of the Crusading Kingdom of Jerusalem, Presented to Joshua Prawer*, Jerusalem 1982.

Kedar, Benjamin Z. ve Pringle, Denys, "1099–1187: The Lord's Temple (Templum Domini) and Solomon's Palace (Palatium Salominis)", Oleg Grabar ve Benjamin

Z. Kedar (ed.), *Where Heaven and Earth Meet: Jerusalem's Sacred Esplanade* içinde, Jerusalem/Austin 2009.

Kedourie, Elie, *In the Anglo-Arab Labyrinth: The McMahon–Husayn Correspondence and its Interpretations*, Cambridge 1976.

Kennedy, Hugh, *Armies of the Caliphs*, London 2001.

Kennedy, Hugh, *The Court of the Caliphs: The Rise and Fall of Islam's Greatest Dynasty*, London 2004.

Kennedy, Hugh, *The Great Arab Conquests: How the Spread of Islam Changed the World We Live In*, London 2007.

Kenyon, K. M., *Digging Up Jerusalem*, London 1974.

Khalidi, Rashid, *British Policy towards Syria and Palestine 1906–14*, London 1980.

Khalidi, Rashid, Palestinian *Identity: The Construction of Modern National Consciousness*, New York 1998.

Khalidi, Rashid, "Intellectual Life in Late Ottoman Jerusalem", Sylvia Auld ve Robert Hillenbrand (ed.*), Ottoman Jerusalem: The Living City, 1517–1917* içinde, London 2000.

Khalidi, Rashid, *The Iron Cage: The Story of the Palestinian Struggle for Statehood*, London 2009.

Khalidi, Walid, *From Haven to Conquest: readings in Zionism and the Palestinian Problem until 1948*, Beirut 1987.

Khoury, Philip S., Urban Notables and Arab Nationalism: The Politics of Damascus 1860–1920, Cambridge 2003.

Kister, Meir, "A Comment on the Antiquity of Traditions Praising Jerusalem", Lee I. Levine (ed.), *Jerusalem Cathedra: Studies in the History, Geography and Ethnology of the Land of Israel*, vol. 1 içinde, Jerusalem 1981.

Kokkinos, Nikos, *The Herodian Dynasty: Origins, Role in Society and Eclipse*, Sheffield 1998.

Kollek, Teddy ve Pearlman, Moshe, *Jerusalem, Sacred City of Mankind: A History of Forty Centuries*, Jerusalem 1968.

Kraemer, Joel L., *Maimonides: The Life and World of One of Civilisation's Greatest Minds*, New York 2008.

Krämer, Gudrun, *A History of Palestine: From the Ottoman Conquest to the Founding of the State of Israel*, Princeton 2008.

Kroyanker, David, *Jerusalem Architecture*, New York 1994.

Kushner, David (ed.), *Palestine in the Late Ottoman Period: Political, Social and Economic Transformation*, Leiden/Boston 1983.

La Guardia, Anton, *Holy Land, Unholy War*, London 2001.

Lane Fox, Robin, *Alexander the Great*, London 1973.

Lane Fox, Robin, *The Unauthorized Version: Truth and Fiction in the Bib*le, London 1991.

Leach, John, *Pompey the Great*, London 1978.

LeBor, Adam, *City of Oranges: Arabs and Jews in Jaffa*, London 2006.

Leith, Mary Joan Winn, "Israel among the Nations: The Persian Period", Michael Coogan (ed.), *The Oxford History of the Biblical World* içinde, Oxford 1998.

Levine, Lee I. (ed.), *Jerusalem Cathedra: Studies in the History, Geography and Ethnology of the Land of Israel*, Jerusalem 1981–3.

Levy, Y., "Julian the Apostate and the Building of the Temple", Lee I. Levine (ed.), *Jerusalem Cathedra: Studies in the History, Geography and Ethnology of the Land of Israel*, vol. 3 içinde, Jerusalem 1983.

Lewis, Bernard, The Arabs in History, New York 1966.

Lewis, Bernard, The Middle East, London 1995.

Lewis, David Levering, *God's Crucible: Islam and the Making of Europe 570–1215*, New York 2010.

Lewis, Donald M., *The Origins of Christian Zionism: Lord Shaftesbury and Evangelical Support for a Jewish Homeland*, Cambridge 2009.

Lewis, Geoffrey, *Balfour and Weizmann: The Zionist, the Zealot and the Declaration which Changed the World*, London 2009.

Lewis, Geoffrey, "An Ottoman Officer in Palestine 1914–18", David Kushner (ed.), *Palestine in the Late Ottoman Period: Political, Social and Economic Transformation* içinde, Leiden/Boston 1983.

Lincoln, W. Bruce, *Nicholas I*, London 1978.

Little, Donald P., "Jerusalem under the Ayyubids and Mamluks", K. J. Asali (ed.), *Jerusalem in History* içinde, New York 1990.

Little, Donald P., "1260–1516: The Noble Sanctuary under Mamluk Rule", Oleg Grabar ve Benjamin Z. Kedar (ed.), *Where Heaven and Earth Meet: Jerusalem's Sacred Esplanade* içinde, Jerusalem/Austin 2009

Loupo, Yakov ve Chen, Nitzan, "The Ultra-Orthodox", O. Ahimeir ve Y. Bar-Simon-Tov (ed.), *Forty Years in Jerusalem* içinde, Jerusalem 2008

Lubetski, Meir (ed.), *New Seals and Inscriptions, Hebrew, Idumean and Cuneiform*, Sheffield 2007.

Luke, Harry Charles ve Keith-Roach, Edward, *The Handbook of Palestine*, London 1922.

Lyons, Jonathan, House of Wisdom, London 2009.

Lyons, M. C. ve Jackson, D. E. P., *Saladin: Politics of Holy War*, Cambridge 1982.

Maalouf, Amin, *Crusades through Arab Eyes*, London 1973.

McCullough, David, *Truman*, New York, 1992.

MacCulloch, Diarmaid, *A History of Christianity: The First Three Thousand Years*, London 2010.

Mackowiak, P. A., *Post Mortem: Solving History's Great Medical Mysteries*, New York 2007.

McLynn, Frank, *Lionheart and Lackland*, London 2008.

McLynn, Frank, *Marcus Aurelius: Warrior, Philosopher, Emperor*, London 2009.

McMeekin, Sean, *The Berlin–Baghdad Express: The Ottoman Empire and Germany's Bid for World Power, 1898–1918*, London 2010.

MacMillan, Margaret, *Peacemakers: The Paris Peace Conference of 1919 and its Attempt to End War*, London 2001.

Mamluk Art: Splendour and Magic of the Sultans, Museumwith No Frontiers, Cairo 2001.

Mann, J., *The Jews in Egypt and Palestine under the Fatimid Caliphs*, 2 cilt, New York 1970.

Manna, Adel, *Liwa' al Quds fi Awasit al Ahd al othmani al idarah wa al mujtama mundhu awasit al qarn al thamin ashar hatta hamlat Mohammad Ali Basha sanat 1831* (The District of Jerusalem in the Mid-Ottoman Period: Administration and Society, from the Mid-Eighteenth Century to the Campaign of Mohammad Ali Pasha in 1831), Jerusalem 2008.

Mansel, Philip, *Levant: Splendour and Catastrophe on the Mediterranean*, London 2010.

Mansel, Philip, *Asmahan: Siren of the Nile* (yayınlanmamış taslak)

Maoz, M. (ed.), *Studies on Palestine during the Ottoman Period*, Jerusalem 1975.

Marcus, Amy Dockser, *Jerusalem 1913: Origins of the Arab–Israeli Co*nflict, New York 2007.

Mattar, Philip, *The Mufti of Jerusalem: Al-Hajj Amin al-Hussayni and the Palestinian National Movement*, New York 1988.

Mazar, Benjamin, *The Mountain of the Lord*, New York 1975.

Mazar, Benjamin, "Jerusalem in Biblical Times", Lee I. Levine (ed.), *Jerusalem Cathedra: Studies in the History, Geography and Ethnology of the Land of Israel*, vol. 2 içinde, Jerusalem 1982.

Mazower, Mark, *Salonica, City of Ghosts: Christians, Muslims and Jews*, London 2005.

Mazza, Roberto, *Jerusalem from the Ottomans to the British*, London 2009.

Mendenhall, G. E., "Jerusalem from 1000–63 BC", K. J. Asali (ed.), *Jerusalem in History* içinde, New York 1990

Merkley, P. C., *The Politics of Christian Zionism 1891–1948*, London 1998.

Meyer, Karl E. ve Brysac, S. B., *Kingmakers: The Invention of the Modern Middle East*, New York 2008.

Meyers, Carol, "Kinship and Kingship: The Early Monarchy", Michael Coogan (ed.), *The Oxford History of the Biblical World* içinde, Oxford 1998.

Miles, Richard, *Carthage Must Be Destroyed*, London 2009.

Miles, Richard, *Ancient Worlds: The Search for the Origins of Western Civilizatio*n, London 2010.

Mitchell, T. C., *The Bible in the British Museu*m, London 1998.

Morris, Benny, *The Road to Jerusalem: Glubb Pasha, Palestine and the Jews*, London 2002.

Morris, Benny, *1948: A History of the First Arab–Israeli War*, London 2008.

Murphy-O'Connor, J., *The Holy Land: An Archaeological Gui*de, Oxford 1986.

Murray, Alan V., *Clash of Cultures on the Medieval Baltic Frontier*, Farnham 2009.

Myres, David, "An overview of the Islamic Architecture of Ottoman Jerusalem", "Restorations on Masjid Mahd Isa (the Cradle of Jesus) during the Ottoman Period", "Al-Imara al-Amira, The Charitable Foundation of Khassaki Sultan" ve "A Grammar of Ottoman Ornament in Jerusalem', Sylvia Auld ve Robert Hillenbrand (ed.), *Ottoman Jerusalem: The Living City, 1517–1917* içinde, London 2000.

Nashashibi, Nasser Eddin, *Jerusalem's Other Voice: Ragheb Nashashibi and Moderation in Palestinian Politics 1920–1948*, Exeter 1990.

al-Natsheh, Yusuf Said, "The Architecture of Ottoman Jerusalem", Sylvia Auld ve Robert Hillenbrand (ed.), *Ottoman Jerusalem: The Living City, 1517–1917* içinde, London 2000.

Netanyahu, Benzion, *The Origins of the Inquisition in Fifteenth-Century Spain*, New York 1995

Neuwirth, Angelika, "Jerusalem in Islam: The Three HonorificNames of the City", Sylvia Auld ve Robert Hillenbrand (ed.), *Ottoman Jerusalem: The Living City, 1517–1917* içinde, London 2000.

Newby, Martine S., *The Shlomo Moussaieff Collection: Byzantine Mould-Blown Glass from the Holy Land*, London 2008.

Nicault, Catherine (ed.), *Jérusalem, 1850–1948: Des Ottomans aux Anglais, entre coexistence spirituelle et déchirure politique*, Paris 1999.

Northrup, Linda S., *From Slave to Sultan: The Career of Al-Mansur Qalawun and the Consolidation of Mamluk Rule in Egypt and Syria (678–689 A.H./1279–1290 A.D.)*, Wiesbaden 1998

Northrup, Linda S., "The Bahri Mamluk Sultanate", Carl F. Petry (ed.), *The Cambridge History of Egypt*, vol. 1: *Islamic Egypt 640–1517* içinde, Cambridge1998.

Norwich, John Julius, *The Normans in the South* (iki cilt), London 1967.

Norwich, John Julius, *Byzantium: The Early Centuries*, London 1988

Nusseibeh, Sari, "The Haram al-Sharif", Oleg Grabar ve Benjamin Z. Kedar (ed.), *Where Heaven and Earth Meet: Jerusalem's Sacred Esplanade* içinde, Jerusalem/Austin 2009.

Obenzinger, Hilton, *American Palestine: Melville, Twain and the Holy Land Mania*, Princeton 1999.

Olmstead, A. T., *History of the Persian Empire*, Chicago 1948.

O'Mahoney, Anthony, *Christian Heritage in the Holy Land*, London 1995.

Opper, Thorsten, *Hadrian: Empire and Conflict*, London 2008.

Oren, Michael B., *Six Days of War: June 1967 and the Making of the Modern Middle East*, New York 2002.

Oren, Michael B., *Power, Faith, and Fantasy: America in the Middle East 1776 to the Present*, New York 2007.

Ott, Claudia, "Songs and Musical Instruments", Sylvia Auld ve Robert Hillenbrand (ed.), *Ottoman Jerusalem: The Living City, 1517–1917* içinde, London 2000.

Pappe, Ilan, *The Rise and Fall of a Palestinian Dynasty: The Husaynis, 1700–1948*, London 2010.

Pappe, Ilan, *The Making of the Arab-Israeli Conflict* 1947–51, London 1994.

Pappe, Ilan, *A History of Modern Palestine: One Land, Two Peoples*, London 2006.

Pappe, Ilan, *Ethnic Cleansing of Palestine*, London 2007.

Peters, F. E., *Jesus and Muhammad: Parallel Tracks, Parallel Lives*, Oxford 2010, bkz. birincil kaynaklar.

Parfitt, Tudor, *The Jews of Palestine 1800–82*, London 1987

Patrich, J., "538 BCE–70 CE: The Temple (Beyt ha-Miqdash) and its Mount", Oleg Grabar ve Benjamin Z. Kedar (ed.), *Where Heaven and Earth Meet: Jerusalem's Sacred Esplanade* içinde, Jerusalem/Austin 2009.

Perowne, Stewart, *Herod the Great*, London 1956.

Perowne, Stewart, *The Later Herods*, London 1958.

Peters, F. E., *The Distant Shrine: Islamic Centuries in Jerusalem*, New York 1993.

Petry, Carl F. (ed.), *The Cambridge History of Egypt*, vol. 1: *Islamic Egypt 640–1517*, Cambridge 1998.

Phillips, Jonathan, *The Second Crusade: Extending the Frontiers of Christendom*, London 2007.

Phillips, Jonathan, *Holy Warriors: A Modern History of the Crusades*, London 2009.

Pitard, Wayne T., "Before Israel: Syria–Palestine in the Bronze Age", Michael Coogan (ed.), *The Oxford History of the Biblical World* içinde, Oxford 1998.

Plokhy, S. M., *Yalta: The Price of Peace*, New York 2010.
Pocock, Tom, *A Thirst for Glory: The Life of Admiral Sir Sidney Smith*, London 1996.
Pollock, John, *Kitchener: Saviour of the Realm*, London 2001.
Prawer, Joshua, *The Latin Kingdom of Jerusalem*, London 1972.
Prawer, Joshua, The *History of the Jews in the Latin Kingdom of Jerusalem*, Oxford 1988.
Prestwich, Michael, *Edward I*, New Haven/London 1988
Pringle, Denys, *The Churches of the Crusader Kingdom of Jerusalem: A Corpus*, Cambridge 1993–9.
Rabinowitz, E., *Justice Louis D. Brandeis: The Zionist Chapter of his Life*, New York 1968.
Rafeq, Abdul-Karim, *The Province of Damascus 1723–83*, Beirut 1966.
Rafeq, Abdul-Karim, "Political History of Ottoman Jerusalem", Sylvia Auld ve Robert Hillenbrand (ed.), *Ottoman Jerusalem: The Living City, 1517–1917* içinde, London 2000.
Rafeq, Abdul-Karim, "Ulema of Ottoman Jerusalem", Sylvia Auld ve Robert Hillenbrand (ed.), *Ottoman Jerusalem: The Living City, 1517–1917* içinde, London 2000.
Raider, M. A., *The Emergence of American Zionism*, New York 1998.
Read, Piers Paul, *The Templars*, London 1999.
Redford, Donald P., *Egypt, Canaan and Israel in Ancient Times*, Princeton 1992.
Redmount, Carol A., "Bitter Lives: Israel in and out of Egypt", Michael Coogan (ed.), *The Oxford History of the Biblical World* içinde, Oxford 1998.
Reich, Ronny, Avni, Gideon ve Winter, Tamar, *The Jerusalem Archeological Park*, Jerusalem 1999.
Reiter, Y. ve Seligman, J., "Al-Haram al-Sherif/Temple Mount (Har ha-Bayit) and the Western Wall", Oleg Grabar ve Benjamin Z. Kedar (ed.), *Where Heaven and Earth Meet: Jerusalem's Sacred Esplanade* içinde, Jerusalem/Austin 2009.
Richardson, Peter, *Herod the Great: King of the Jews, Friend of the Romans*, New York 1999.
Ridley, Jane, *Young Disraeli*, London 1995.
Riley-Smith, Jonathan, *The Knights of St John in Jerusalem and Cyprus 1050–1310*, London 1967.
Riley-Smith, Jonathan, *The Feudal Nobility and the Kingdom of Jerusalem 1174–1277*, London 1973.
Riley-Smith, Jonathan, *The First Crusade and the Idea of Crusading*, London 1987.
Riley-Smith, Jonathan, *The Crusades: A Short History*, London 2005.
Roaf, Susan, "Life in 19th Century Jerusalem", Sylvia Auld ve Robert Hillenbrand (ed.), Ottoman Jerusalem: The Living City, 1517–1917 içinde, London 2000.
Robinson, Chase F., *Abd al-Malik*, Oxford 2007.
Rogan, Eugene, *The Arabs: A History*, London 2009.
Rogerson, Barnaby, *The Heirs of the Prophet Muhammad and the Roots of the Sunni–Shia Schism*, London 2006.
Rohl, John C. G., *The Kaiser and his Court*, Cambridge 1987.
Rohl, John C. G., *Wilhelm II: The Kaiser's Personal Monarchy 1888–1900*, Cambridge 2004.
Rood, Judith, *Sacred Law in the Holy City: The Khedival Challenge to the Ottomans as Seen from Jerusalem, 1829–1841*, Leyden/Boston 2004

Rose, Norman, *A Senseless Squalid War: Voices from Palestine 1945–8*, London 2009.
Rose, Norman, *Chaim Weizmann: A Biography*, London 1986.
Roth, Cecil, *The House of Nasi: The Duke of Naxos*, Philadelphia 1948.
Roux, G., *Ancient Iraq*, London 1864.
Royle, Trevor, *Glubb Pasha*, London 1992.
Rozen, Minna, "The Relations between Egyptian Jewry and the Jewish Community of Jerusalem in the 17th Century", A. Cohen ve G. Baer (ed.), *Egypt and Palestine: A Millennium of Association (868–1948)* içinde, Jerusalem 1984.
Rozen, Minna, *Jewish Identity and Society in the Seventeenth Century: Reflections on the Life and Works of Refael Mordekhai Malki*, Tübingen 1992.
Rozen, Minna, "Pedigree Remembered, Reconstructed, Invented: Benjamin Disraeli between East and West", Martin Kramer (ed.), *The Jewish Discovery of Islam* içinde, Tel Aviv 1999.
Rubin, Zeev, "Christianity in Byzantine Palestine – Missionary Activity and Religious Coercion", Lee I. Levine (ed.), *Jerusalem Cathedra: Studies in the History, Geography and Ethnology of the Land of Israel*, vol. 3 içinde, Jerusalem 1983.
Ruderman, David B., *Early Modern Jewry: A New Cultural History*, Princeton NJ 2011.
Runciman, Steven, *A History of the Crusades*, 3 cilt, Cambridge 1951–4.
Sabbagh, Karl, *Palestine: A Personal History*, London 2006.
Said, Edward, *Orientalism*, New York 1978.
Sand, Shlomo, The Invention of the Jewish People, London 2009.
Sanders, Paula A., "The Fatimid State", Carl F. Petry (ed.), *The Cambridge History of Egypt*, vol. 1: *Islamic Egypt 640–1517* içinde, Cambridge 1998.
Sanders, Ronald, *The High Walls of Jerusalem: A History of the Balfour Declaration and the Birth of the British Mandate for Palestine*, London 1989.
Sartre, Maurice, *The Middle East under Rome*, Cambridge MA 2005.
Satloff, Robert, *Among the Righteous: Lost Stories from the Holocaust's Long Reach into Arab Lands*, London 2007.
Sattin, Anthony, *A Winter on the Nile: Florence Nightingale, Gustave Flaubert and the Temptations of Egypt*, London 2010.
Scammell, Michael, *Koestler: The Indispensable Intellectual*, London 2010.
Schäfer, Peter, *The History of the Jews in the Greco-Roman World*, London 1983.
Schneer, Jonathan, *The Balfour Declaration: The Origins of the Arab–IsraeliConflict*, London 2010.
Scholch, A., "Jerusalem in the 19th Century", K. J. Asali (ed.), *Jerusalem in History* içinde, New York 1990.
Scholem, G., *Major Trends in Jewish Mysticism*, New York 1961.
Scholem, G., *Sabbatai Zevi: The Mystical Messiah*, Princeton 1973.
Schreiber, Nicola, *Cypro-Phoenician Pottery of the Iron Age*, Leiden/Boston 2003.
Schur, Nathan, *Napoleon in the Holy Land*, London 1999.
Schürer, E., *The History of the Jewish People in the Age of Jesus Christ*, Edinburgh 1973/1979.

Schwartz, Daniel, "Josephus, Philo and Pontius Pilate", Lee I. Levine (ed.), *Jerusalem Cathedra: Studies in the History, Geography and Ethnology of the Land of Israel*, vol. 3 içinde, Jerusalem 1983.

Schwartz, Daniel, *Agrippa the First, the Last King of Judaea*, Tübingen 1990.

Segev, Tom, *One Palestine Complete: Jews and Arabs under The British Mandate*, London 2000.

Segev, Tom, *1967: Israel, the War and the Year that Transformed the Middle East*, London 2007.

Shanks, Hershel, *Jerusalem's Temple Mount*, New York/London 2007

Shepherd, Naomi, *The Zealous Intruders: The Western Rediscovery of Palestine*, London 1987.

Sherman, A. J., *Mandate Days: British Lives in Palestine 1918–48*, London 1997.

Shindler, Colin, *A History of Modern Israel*, Cambridge 2008.

Shindler, Colin, *The Triumph of Military Zionism*, London 2010.

Shlaim, Avi, *Collusion across the Jordan: King Abdullah, the Zionist Movement and the Partition of Palestine*, New York 1988.

Shlaim, Avi, *Lion of Jordan: The Life of King Hussein in War and Peace*, London 2007.

Shlaim, Avi, *Israel and Palestine*, London 2009.

Sievers, J., *The Hasmoneans and their Supporters: From Mattathias to the Death of John Hyrcanus*, Atlanta 1990.

Silberman, Neil Asher, *Digging for God and Country: Exploration, Archaeology and the Secret Struggle for the Holy Land 1799–1917*, New York 1990.

Slater, Robert, *Rabin of Israel*, London 1996.

Smail, R. C., "The Predicaments of Guy of Lusignan", Benjamin Z. Kedar, H. E. Mayer ve R. C. Smail (ed.), *Outremer: Studies in the History of the Crusading Kingdom of Jerusalem, Presented to Joshua Prawer* içinde, Jerusalem 1982.

Soskice, Janet, *Sisters of Sinai: How Two Lady Adventurers Found the Hidden Gospels*, London 2009.

Stager, Lawrence E., "Forging an Identity: The Emergence of Ancient Israel", Michael Coogan (ed.), *The Oxford History of the Biblical World* içinde, Oxford 1998

Stern, M., "Judaea and her Neighbours in the Days of Alexander Jannaeus", *Jerusalem Cathedra: Studies in the History, Geography and Ethnology of the Land of Israel*, vol. 1 içinde, Jerusalem 1981.

Stewart, Desmond, *Theodor Herzl*, London 1974.

Stillman, Norman A., "The Non-Muslim Communities: The Jewish Community", Carl F. Petry (ed.), *The Cambridge History of Egypt*, vol. 1: *Islamic Egypt 640–1517* içinde, Cambridge 1998.

Strathern, Paul, *Napoleon in Egypt*, London 2007.

Stroumsa, G. G., "Christian Memories and Visions of Jerusalem in the Jewish and Islamic Context", Oleg Grabar ve Benjamin Z. Kedar (ed.), *Where Heaven and Earth Meet: Jerusalem's Sacred Esplanade* içinde, Jerusalem/Austin 2009.

Tabor, James D., *The Jesus Dynasty*, London 2006

Tamari, Salim, *Mountain Against the Sea: Essays on Palestinian Society and Culture*, Berkeley/Los Angeles/London 2009
Tchamkerten, Astrig, *The Gulbenkians in Jerusalem*, Lisbon 2006.
Thomas, Hugh, *Rivers of Blood: The Rise of the Spanish Empire*, London 2010.
Thompson, Thomas L., *The Bible in History: How Writers Create a Past*, London 1999.
Thubron, Colin, *Jerusalem*, London 1986.
Tibawi, A., *British Interests in Pal*estine, Oxford 1961
Tibawi, A., *Jerusalem: Its Place in Islam and Arab History*, Beirut 1967
Tibawi, A., *The Islamic Pious Foundations in Jerusalem: Origins, History and Usurpation by Israel*, London 1978
Treadgold, Warren T., *A History of Byzantine State and Society*, Stanford 1997.
Tsafrir, Yoram (ed.), *Ancient Churches Revealed*, Jerusalem 1993.
Tsafrir, Yoram, "The Templeless Mountain", Oleg Grabar ve Benjamin Z. Kedar (ed.), *Where Heaven and Earth Meet: Jerusalem's Sacred Esplanade* içinde, Jerusalem/Austin 2009.
Tuchman, Barbara, *Bible and Sword*, London 1998.
Turner, R. V., *Eleanor of Aquitaine*, New Haven 2009.
Tveit, Odd Karsten, *Anna's House: The American Colony in Jerusalem*, Nicosia 2011.
Tyerman, Christopher, *God's War: A New History of the Crusades*, London 2007.
The Umayyads: The Rise of Islamic Art, Museum with No Frontiers, Amman/Vienna 2000.
Van Creveld, Martin, *Moshe Dayan*, London 2004.
Vermes, Geza, *The Dead Sea Scrolls in English*, London 1987.
Vermes, Geza, *Jesus and the World of Judaism*, London 1993.
Vermes, Geza, *The Changing Faces of Jesus*, London 2000.
Vermes, Geza, *The Story of the Scrolls: The Miraculous Discovery and True Significance of the Dead Sea Scrolls*, London 2010.
Vincent, L. H. and Abel, F. M., Je´rusalem nouvelle, Paris 1914–26
Walker, Paul E., "The Ismaili Dawa and Fatimid Caliphate", Carl F. Petry (ed.), *The Cambridge History of Egypt*, vol 1: *Islamic Egypt 640–1517* içinde, Cambridge 1998.
Wallach, Janet, Desert Queen: The Extraordinary Life of Gertrude Bell, London 1997.
Warren, W. L., *King John*, New Haven/London 1981.
Warwick, Christopher, *Ella: Princess, Saint and Martyr*, London 2006.
Wasserstein, Bernard, *The British in Palestine: Mandatory Government and the Arab–Jewish Conflict 1917–29*, Oxford 1991.
Wasserstein, Bernard, *Herbert Samuel: A Political Life*, Oxford 1992.
Wasserstein, Bernard, *Divided Jerusalem: The Struggle for the Holy City*, London 2001.
Watt, W. Montgomery, *Muhammad: Prophet and Statesman*, Oxford 1961
Watt, W. Montgomery, *Muhammad's Mecca: History in the Quran*, Edinburgh 1988.
Whitelam, Keith, *The Invention of Ancient Israel: The Silencing of Palestinian History*, London 1997.
Wickham, Chris, *The Inheritance of Rome: A History of Europe from 400 to 1000*, London 2009.
Wilkinson, J., *Jerusalem Pilgrims before the Crusades*, Warminster 1977.

Wilkinson, J., "Jerusalem under Rome and Byzantium", K. J. Asali, *Jerusalem in History* içinde, New York 1990.

Wilkinson, Toby, *The Rise and Fall of Ancient Egypt: The History of a Civilization from 3000 BC to Cleopatra*, London 2010.

Williams, Hywel, *Emperor of the West: Charlemagne and the Carolingian Empire*, London 2010

Wilson, A. N., *Jesus*, London 1993.

Wilson, A. N., *Paul: The Mind of the Apostle*, London 1998

Wrba, Marion, *Austrian Presence in the Holy Land in the Nineteenth and Twentieth Centuries*, Tel Aviv 1996

Ze'evi, Dror, *An Ottoman Century: The District of Jerusalem in the 1600s*, New York 1996

İNDEKS

A

B

C

D

E

H

I-İ

J

K

L

M

N

O-Ö

P

R

S-Ş

T